数理经济学的基本方法

(第4版)

〔美〕蒋中一　〔加〕凯尔文·温赖特　著
刘　学　顾佳峰　译
刘　学　审校

著作权合同登记号　图字:01－2005－4916号
图书在版编目(CIP)数据

数理经济学的基本方法（第4版）/（美）蒋中一，（加）凯尔文·温赖特著；刘学，顾佳峰译.—北京：北京大学出版社，2006.11
ISBN 978－7－301－10004－2

Ⅰ.数…　Ⅱ.①蒋…②温…③刘…④顾…　Ⅲ.数理经济学　Ⅳ.F224.0

中国版本图书馆CIP数据核字（2006）第128810号

书　　　名	数理经济学的基本方法（第4版） SHULI JINGJIXUE DE JIBEN FANGFA
著作责任者	〔美〕蒋中一　〔加〕凯尔文·温赖特　著 刘　学　顾佳峰　译
责任编辑	朱启兵
标准书号	ISBN 978－7－301－10004－2
出版发行	北京大学出版社
地　　　址	北京市海淀区成府路205号　100871
网　　　址	http://www.pup.cn
微信公众号	北京大学经管书苑（pupembook）
电子邮箱	编辑部 em@pup.cn　总编室 zpup@pup.cn
电　　　话	邮购部 010－62752015　发行部 010－62750672 编辑部 010－62752926
印　刷　者	北京中科印刷有限公司
经　销　者	新华书店
	890毫米×1240毫米　A5　27.625印张　795千字 2006年11月第1版　2024年9月第19次印刷
定　　　价	79.00元

未经许可，不得以任何方式复制或抄袭本书之部分或全部内容。
版权所有，侵权必究
举报电话：010－62752024　电子邮箱：fd@pup.cn
图书如有印装质量问题，请与出版部联系，电话：010－62756370

内 容 简 介

本书是一本经典的数理经济学教科书,自首次出版以来已获得国内外使用者的广泛认可。本书涵盖以下主要内容:静态(均衡)分析、比较静态分析、最优化问题、动态分析,全书结合数学方法在经济学中的应用,由浅入深、循序渐进地阐述了矩阵代数、导数与微分、积分学、微分方程与差分方程、最优控制理论等经济学中使用的主要数学方法。全书省略了过于艰深的数学证明,而将重点放在数学方法的经济应用上,书中穿插了大量的例题与习题,从而适用于致力于学习基本数学方法的经济学专业的学生,也适于学生自学。在保持以前版本的主要目的、风格、结构的基础上,本版(第4版)主要做了以下改进:一是将数学规划问题放在第13章("最优化问题"部分的最后一章),定名为"最优化问题的其他主题";二是新增了关于最优控制理论的内容(第20章);另外,对部分习题也进行了重新编排,使其在帮助巩固所学知识的同时,更能激发学生的自信,给予学生更好地表现能力的机会。

作者简介

蒋中一(Alpha C. Chiang)
  美国康涅狄格大学荣誉教授。

凯尔文·温赖特(Kevin Wainwright)
  任教于加拿大西蒙·弗雷泽大学(Simon Fraser University)经济系及大不列颠哥伦比亚技术学院(British Columbia Institute of Technology)商学院,并担任大不列颠哥伦比亚技术学院工商管理学士项目主任。

译者简介

刘 学
  北京大学光华管理学院教授,卫生经济与管理学系副系主任。

顾佳峰
  北京大学光华管理学院博士,现任教于北京大学教育学院。

译　者　序

在当代各门学科中，经济学已经成为应用数学知识最为普遍、最为深入的学科之一。有效地掌握数学理论和方法，已成为步入经济学殿堂的一个必备条件。

蒋中一(Alpha C. Chiang)先生所著的《数理经济学基本方法》，是美国很多大学长期应用的优秀数理经济学教材。它的最大特点在于把经济分析循序渐进的发展过程(从静态分析、比较静态分析到最优化问题、动态分析等)与数学方法和工具由易到难、由简到繁的深化过程(从矩阵代数、微积分、微分方程到差分方程和最优控制等)有机地结合起来，通过大量的经济分析例证，使学习者能够深入浅出、系统完整地掌握理解经济学所需要的数学知识和方法，在避免为深奥的数学推导所困扰的同时，真正欣赏和体验现代经济学的美妙。没有深厚的数学功底和渊博的经济学知识，是不可能达到这种完美的境界。这里，我们要再次向蒋中一先生表示敬意。

《数理经济学基本方法》第四版在保持第三版的基本结构以及内容的浅显易懂性和可读性的同时，对内容做了很多重要的修改：关于数学规划问题现在被放在第 13 章，取名为"最优化问题的其他主题"，在第 20 章增加了最优控制理论，同时还对许多章节的细节包括习题等，结合现代经济学的发展，进行了大量的改进，更便于读者学习和理解。

在《数理经济学基本方法》第四版即将付印之际，北京大学出版社约我写个序言，唤起我对第三版翻译过程的回忆。毕竟站在译者角度，翻译第三版的工作量和难度要比第四版大得多，特别是第四版的翻译还有了一个新的合作者——顾佳峰博士的加入。第三版的翻译工作始于1997年，正值我在光华管理学院攻读博士学位之际。伏案三年，五百字的稿纸写了接近两千页。为了避免数学公式抄写时出现错误，也为了出版社打印书稿时更便于识别数学符号，我把原稿复印下来,然后将公式部分剪切下来,粘贴在稿纸中预留的位置上。而这个剪切和粘贴的工作,则是我太太和当时仅有四岁的儿子共同完成的。儿子的责任感和专注,让我感动,更让我骄傲。

第三版在2001年出版以后,国内许多大学采用这本书作为教材,商务印书馆重印了很多次,译者在这里向使用这本书的朋友和同学表示诚挚的谢意。另外,还有部分读者给我发信,纠正翻译中的部分不当之处,这里在感谢的同时,也期望读者依然能够继续指出这一版翻译中的错误,以便为以后的完善提供保证。另外,我们还要向北京大学出版社的责任编辑朱启兵先生表示谢意,他对本书部分译法的极具专业性的修改建议以及在其他方面所付的辛苦和贡献,已经远远超过了责任编辑正常的工作范围。当然,翻译中的错误和不当,完全由译者承担。

刘　学

2006年温暖的初冬于北京大学光华管理学院

序　言

　　本书是为那些致力于学习基本数学方法的经济学专业的学生而写的。这些数学方法已成为正确理解当前经济文献的必不可少的工具。不幸的是，对于多数学生而言，学习数学恰如服食苦口良药：必要而且难以回避，却又非常艰涩。这种被称之为"数学焦虑症"的态度的根源，我们相信很大程度上在于数学不当的陈述方式。在"简洁即美"的信念的驱使下，数学解释有时只是为了清晰而过于简洁，从而使学生感到困惑，产生一种认为自身知识不足的错误意识。过分正式的表述，如果不能伴以直观的解释，或者"贴切"的证明，就会挫伤学生学习的动力；内容水平的参差不齐也会使某些数学问题表现得比它们实际的难度要大。最后，过分复杂的练习题往往会击垮学生的信心，而不是激发他们思考。

　　基于以上认识，我们作了极大努力以缩小导致数学焦虑症的问题。在可能的范围内，我们对有关内容进行了耐心而又明晰的解释，并审慎地采用了一种非正式的"读者友好"的方式。在顺序的安排上，我们力图预测并且回答那些学生在阅读时，心中有可能提出的问题。为强调数学对经济学的价值，我们让经济学家的分析需要驱动对相关数学方法的学习，然后立即以适当的经济模型演示说明这种数学方法。而且，一系列数学工具的介绍也是认真地建立在循序渐进的基础之上的。我们首先介绍基本的数学工具，以作为后面要讨论的更复杂的工具的阶梯。在合适的场合，还采用图形解释以对代数的结果予以直观的支持。此外，我们设计了一些练习题。这些练习题更能帮助读者巩固自己所掌握的知识，并激发自信，而不是那种有可能不小心挫伤并吓跑初学者的挑战。

　　本书涵盖如下主要经济分析的内容：静态（或均衡）分析、比较静态学、最优化问题（静态学的一种特例）、动态学和动态优化。为掌握上述内容，本书介绍了如下数学方法：矩阵代数、微积分、微分方程、差分方程和最优控制理论。由于书中介绍了大量宏观、微观经济模型，所以，本书对那些已受过数学训练，但需要一个向导，引导其由数学王国步入经济学殿堂的人来说，也是极有裨益的。基于同样的原因，本书不仅可以作为数学方法的教科书，而且也可以作为学习宏观经济理论、微观经济理论、经济增长与经济发展理论等课程的补充读物。

尽管依然保持了前几版的主要目的、风格、结构，本版还是作了如下几个重要修改:关于数学规划问题现在被放在第13章，名为"最优化问题的其他主题"，该章有两个主题:不等式约束下的优化问题和包络定理。在前一个主题下，库恩-塔克条件以与上一版类似的形式得到发展。但是，通过经济应用，比如尖峰定价和配额等例子使库恩-塔克条件得到进一步强化。第二个主题与包络定理、最大值函数和对偶的发展有关。通过在多个经济模型中应用包络定理，我们推导出罗伊恒等式、谢泼德引理和霍特林引理等重要结论。

本版新增的第二个内容是第20章"最优控制理论"。该章的目的是为了向读者介绍基本的最优控制理论，并通过自然资源经济和最优增长理论的例子来证明其如何应用在经济分析中。这部分主要的内容来自《动态优化基础》(*Elements of Dynamic Optimization*)中的优化控制理论，这本书也是由蒋中一编写(最初由麦格劳-希尔(McGraw-Hill)在1992年出版，现在由魏兰出版社(Waveland Press)出版)，在那本书中详细阐述了优化控制及其先导课程变分法。

另外，本版还有其他改进:在第3章，我们扩展了通过因子法来求解高阶多项式方程的方法(3.3节)。在第4章，增加了关于马尔可夫链的新内容。在第5章，我们介绍了通过阶梯矩阵来检查矩阵的秩(5.1节)，并把霍金斯-西蒙条件和里昂惕夫投入-产出模型联系在一起(5.7节)。在经济应用方面，增加了许多例子和现存的应用。在5.6节，叙述了IS-LM模型的线性形式，在8.6节将其扩展到封闭和开放经济体，以此证明比较静态分析对于一般问题的适用性。其他的增加包括期望效用和风险偏好(9.3节)，包含C-D生产函数的利润最大化模型(11.6节)和两阶段代际选择模型(12.3节)。最后，习题被重新编辑，给予学生一个更好的表现能力的机会。

致　　谢

在写作本书的过程中,我们应当向许多人表示感谢。首先是应当向那些数学家和经济学家表示感谢,他们的原创工作构成了本书的基础;其次,许多学生多年来的努力和提出的问题帮助形成了本书的思路和方法。

本书的前三版得益于下列人士(按字母顺序排序)的评论和建议:南希·S.巴雷特(Nancy S. Barret)、托马斯·伯恩伯格(Thomas Birnberg)、E. J. 布思(E. J. R. Booth)、查尔斯·E. 巴特勒(Charles E. Butler)、罗伯塔·格罗尔·凯里(Robert Grower Carey)、埃米莉·蒋(Emily Chang)、劳埃德·R. 科恩(Lloyd R. Chen)、加里·康奈尔(Gary Cornell)、哈拉尔德·迪克森(Harald Dickson)、约翰·C. H. 费(John C. H. Fei)、沃伦·L. 费希尔(Warren L. Fisher)、罗杰·N. 福尔瑟姆(Roger N. Folsom)、丹尼斯·R. 赫夫利(Dennis R. Heffley)、杰克·赫什雷菲尔(Jack Hirshleifer)、詹姆斯·C. 萧(James C. Hsiao)、荣凯军(Ki-Jun Jeong)、乔治·康多(George Kondor)、威廉·F. 洛特(William F. Lott)、保罗·B. 曼彻斯特(Paul B. Manchester)、彼得·摩根(Peter Morgan)、马克·纳洛夫(Mark Nerlove)、J. 弗兰克·夏普(J. Frank Sharp)、艾伦·G. 斯利曼(Alan G. Sleeman)、丹尼斯·斯塔里夫(Dennis Starleaf)、亨利·Y. 万(Herry Y. Wan, Jr.)和叶周南(Chiou-Nan Yeh)。

对于本版,我们诚挚地感谢下列人士的建议和思想,他们是:柯特·L. 安德森(Curt L. Anderson)、戴维·安多尔菲托(David Andolfatto)、詹姆斯·巴思盖特(James Bathgate)、C. R. 伯奇霍尔(C. R. Birchenhall)、迈克尔·鲍(Michael Bowe)、约翰·卡森(John Carson)、郑基文(Kimoon Cheong)、郑用升(Youngsub Chun)、卡姆兰·M. 达德克哈(Kamran M. Dadkhah)、罗伯特·德洛姆(Robert Delorme)、帕特里克·埃默森(Patrick Emerson)、罗杰·尼尔斯·福尔

瑟姆(Roger Nils Folsom)、保罗·戈姆(Paul Gomme)、特里·希普斯(Terry Heaps)、苏珊娜·赫尔本(Suzanne Helburn)、梅尔文·尤古(Melvin Iyogu)、荣凯军(Ki-Jun Jeong)、罗比·琼斯(Robbie Jones)、约翰·凯恩(John Kane)、金亨镐(Heon-Goo Kim)、乔治·康多(George Kondor)、古慧雯(Hui-wen Koo)、斯蒂芬·莱森(Stephen Layson)、布恩·T. 利姆(Boon T. Lim)、安东尼·M. 马里诺(Anthony M. Marino)、理查德·迈尔斯(Richard Miles)、彼得·摩根(Peter Mogan)、拉斐尔·埃尔南德斯·努涅斯(Rafael Hernandez Nunez)、亚历克斯·帕纳吉德斯(Alex Panayides)、王兴贺(Xinghe Wang)和汉斯·奥拉夫·威斯曼(Hans-Olaf Wiesemann)。

我们对萨拉·邓恩(Sarah Dunn)表示深深的谢意,她作为打字员、校对者和研究助理提供了富有能力和奉献精神的工作。我们同样要对本书出版过程中丹尼斯·波顿(Denise Potten)所表现出的努力和逻辑技巧表示感谢。最后,我们向麦格劳-希尔公司的露西利·萨顿(Lucille Sutton)、布鲁斯·金(Bruce Gin)和露西·马林斯(Lucy Mullins)表示诚挚的谢意,因为他们在处理本书手稿时表现出来的耐心和努力。当然,本书的最终版本和任何错误都由作者本人负责。

对如何使用本书的建议

由于本书的内容是按数学工具循序渐进的演化顺序来组织的,所以学习本书的理想方式当然是按本书的具体展开顺序来进行。不过,阅读顺序的某些调整是允许的:在完成一阶差分方程后(第15章),读者可以直接进入最优控制理论(第20章)。但是,如果直接从第15章到第20章,读者可以先看19.5节,那里处理两变量相位图。

如果比较静态不是主要问题,那么读者可以跳过一般函数模型的比较静态分析(第8章),从第7章直接跳到第9章。但是,在这种情况下,有必要忽略第11.7节、第12.5节的比较静态部分和第13章的对偶的讨论。

蒋中一(Alpha C. Chiang)
凯尔文·温赖特(Kevin Wainwright)

目 录

第一篇 导 论

第1章 数理经济学的实质 (3)
  1.1 数理经济学与非数理经济学 (3)
  1.2 数理经济学与经济计量学 (5)

第2章 经济模型 (7)
  2.1 数学模型的构成 (7)
  2.2 实数系 (10)
  2.3 集合的概念 (11)
  2.4 关系与函数 (18)
  2.5 函数的类型 (24)
  2.6 两个或两个以上自变量的函数 (30)
  2.7 一般性水平 (32)

第二篇 静态(或均衡)分析

第3章 经济学中的均衡分析 (37)
  3.1 均衡的含义 (37)
  3.2 局部市场均衡——线性模型 (38)
  3.3 局部市场均衡——非线性模型 (42)
  3.4 一般市场均衡 (49)
  3.5 国民收入分析中的均衡 (56)

第4章 线性模型与矩阵代数 (59)
  4.1 矩阵与向量 (60)
  4.2 矩阵运算 (63)
  4.3 对向量运算的注释 (72)

- 4.4 交换律、结合律、分配律 …………………………………… (82)
- 4.5 单位矩阵与零矩阵 ……………………………………………… (86)
- 4.6 矩阵的转置与逆 ………………………………………………… (90)
- 4.7 有限马尔可夫链 ………………………………………………… (96)

第5章 线性模型与矩阵代数(续) …………………………………… (101)
- 5.1 矩阵非奇异性的条件 …………………………………………… (101)
- 5.2 用行列式检验非奇异性 ………………………………………… (108)
- 5.3 行列式的基本性质 ……………………………………………… (115)
- 5.4 求逆矩阵 ………………………………………………………… (121)
- 5.5 克莱姆法则 ……………………………………………………… (127)
- 5.6 克莱姆法则在市场模型和国民收入模型中的应用 ……………………………………………………… (132)
- 5.7 里昂惕夫投入–产出模型 ……………………………………… (138)
- 5.8 静态分析的局限性 ……………………………………………… (149)

第三篇 比较静态分析

第6章 比较静态学与导数的概念 …………………………………… (153)
- 6.1 比较静态学的性质 ……………………………………………… (153)
- 6.2 变化率与导数 …………………………………………………… (154)
- 6.3 导数与曲线的斜率 ……………………………………………… (157)
- 6.4 极限的概念 ……………………………………………………… (159)
- 6.5 关于不等式和绝对值的题外讨论 ……………………………… (167)
- 6.6 极限定理 ………………………………………………………… (171)
- 6.7 函数的连续性与可微性 ………………………………………… (174)

第7章 求导法则及其在比较静态学中的应用 ……………………… (182)
- 7.1 一元函数的求导法则 …………………………………………… (182)
- 7.2 相同变量的两个或两个以上函数的求导法则 ………………… (186)
- 7.3 包含不同自变量的函数的求导法则 …………………………… (197)
- 7.4 偏微分 …………………………………………………………… (202)
- 7.5 导数在比较静态分析中的应用 ………………………………… (207)
- 7.6 雅可比行列式的注释 …………………………………………… (213)

第8章　一般函数模型的比较静态分析 ………………… (217)
　　8.1　微分 ……………………………………………… (218)
　　8.2　全微分 …………………………………………… (224)
　　8.3　微分法则 ………………………………………… (227)
　　8.4　全导数 …………………………………………… (230)
　　8.5　隐函数的导数 …………………………………… (235)
　　8.6　一般函数模型的比较静态学 …………………… (249)
　　8.7　比较静态学的局限性 …………………………… (265)

第四篇　最优化问题

第9章　最优化：一类特殊的均衡分析 ………………… (269)
　　9.1　最优值与极值 …………………………………… (269)
　　9.2　相对极大值和极小值：一阶导数检验 ………… (271)
　　9.3　二阶及高阶导数 ………………………………… (277)
　　9.4　二阶导数检验 …………………………………… (285)
　　9.5　麦克劳林级数与泰勒级数 ……………………… (295)
　　9.6　一元函数相对极值的 n 阶导数检验 …………… (305)
第10章　指数函数与对数函数 …………………………… (311)
　　10.1　指数函数的性质 ………………………………… (312)
　　10.2　自然指数函数与增长问题 ……………………… (317)
　　10.3　对数 ……………………………………………… (325)
　　10.4　对数函数 ………………………………………… (330)
　　10.5　指数函数与对数函数的导数 …………………… (335)
　　10.6　最优时间安排 …………………………………… (342)
　　10.7　指数函数与对数函数导数的进一步应用 ……… (347)
第11章　多于一个选择变量的情况 ……………………… (352)
　　11.1　最优化条件的微分形式 ………………………… (352)
　　11.2　两个变量函数的极值 …………………………… (355)
　　11.3　二次型——偏离主题的讨论 …………………… (363)
　　11.4　具有多于两个变量的目标函数 ………………… (378)
　　11.5　与函数凹性和凸性相关的二阶条件 …………… (384)

11.6 经济应用 (401)
11.7 最优化的比较静态方面 (415)

第12章 具有约束方程的最优化 (420)
12.1 约束的影响 (420)
12.2 求稳定值 (422)
12.3 二阶条件 (430)
12.4 拟凹性与拟凸性 (440)
12.5 效用最大化与消费需求 (454)
12.6 齐次函数 (464)
12.7 投入的最小成本组合 (473)

第13章 最优化问题的其他主题 (488)
13.1 非线性规划和库恩-塔克条件 (488)
13.2 约束规范 (501)
13.3 经济应用 (509)
13.4 非线性规划中的充分性定理 (516)
13.5 极大值函数和包络定理 (521)
13.6 对偶和包络定理 (529)
13.7 一些结论性评论 (538)

第五篇 动态分析

第14章 动态经济学与积分学 (541)
14.1 动态学与积分 (541)
14.2 不定积分 (543)
14.3 定积分 (553)
14.4 广义积分 (562)
14.5 积分的经济应用 (565)
14.6 多马增长模型 (573)

第15章 连续时间：一阶微分方程 (578)
15.1 具有常系数和常数项的一阶线性微分方程 (578)
15.2 市场价格的动态学 (583)
15.3 可变系数和可变项 (588)

- 15.4 恰当微分方程 …… (592)
- 15.5 一阶一次非线性微分方程 …… (598)
- 15.6 定性图解法 …… (602)
- 15.7 索洛增长模型 …… (606)

第 16 章 高阶微分方程 …… (612)
- 16.1 具有常系数和常数项的二阶线性微分方程 …… (612)
- 16.2 复数和三角函数 …… (621)
- 16.3 复根情况的分析 …… (634)
- 16.4 具有价格预期的市场模型 …… (641)
- 16.5 通货膨胀与失业的相互作用 …… (646)
- 16.6 具有可变项的微分方程 …… (653)
- 16.7 高阶线性微分方程 …… (656)

第 17 章 离散时间：一阶差分方程 …… (662)
- 17.1 离散时间、差分与差分方程 …… (662)
- 17.2 解一阶差分方程 …… (664)
- 17.3 均衡的动态稳定性 …… (670)
- 17.4 蛛网模型 …… (675)
- 17.5 一个具有存货的市场模型 …… (680)
- 17.6 非线性差分方程——定性图解法 …… (684)

第 18 章 高阶差分方程 …… (691)
- 18.1 具有常系数和常数项的二阶线性差分方程 …… (692)
- 18.2 萨缪尔森乘数-加速数相互作用模型 …… (700)
- 18.3 离散时间条件下的通货膨胀与失业 …… (707)
- 18.4 推广到可变项和高阶方程 …… (713)

第 19 章 联立微分方程与差分方程 …… (722)
- 19.1 动态方程组的起源 …… (722)
- 19.2 解联立动态方程 …… (725)
- 19.3 动态投入-产出模型 …… (735)
- 19.4 对通货膨胀-失业模型的进一步讨论 …… (743)
- 19.5 双变量相位图 …… (749)
- 19.6 非线性微分方程组的线性化 …… (760)

第 20 章　最优控制理论 ················· (769)
20.1　最优控制的特性 ················· (769)
20.2　其他终止条件 ··················· (778)
20.3　自治问题 ······················· (784)
20.4　经济应用 ······················· (786)
20.5　无限时间跨度 ··················· (790)
20.6　动态分析的局限性 ··············· (796)

附录 I　希腊字母 ······················· (798)
附录 II　数学符号 ······················ (799)
附录 III　主要参考文献 ·················· (802)
附录 IV　部分习题答案 ·················· (807)
附录 V　索引 ·························· (828)

第一篇

导 论

第1章 数理经济学的实质

公共财政和国际贸易是经济学的分支学科。从这个意义上看，数理经济学显然不是经济学的一个分支学科。确切地说，它是一种经济分析方法，是经济学家利用数学符号描述经济问题，运用已知的数学定理进行推理的一种方法。就分析的具体对象而言，它可以是微观或宏观经济理论，也可以是公共财政、城市经济学，或者其他经济学科。

从更广泛的意义上使用数理经济学这一概念，我们甚至可以将现在的任何一本初级经济学教程均称之为数理经济学，因为它们经常运用几何学方法推导理论结果。然而，习惯上，数理经济学是指不仅使用简单的几何学方法，而且还运用像矩阵代数、微积分、微分方程、差分方程等数学工具来描述经济问题的一种方法。本书的目的就是向读者介绍这些数学方法的基本内容。这些内容是在现代经济学文献中经常遇到的。

1.1 数理经济学与非数理经济学

因为数理经济学仅仅是一种经济分析的方法，所以，它与非数理的经济分析方法不应当，事实上也不存在任何根本的不同。任何一种理论分析，不管运用何种方法，其目的总是从一些给定的假设或公理出发，通过推理过程得出一组结论或定理。数理经济学与所谓"文字经济学"（literary economics）的主要区别基本源于以下事实：首先，前者使用数学符号而非文字、使用方程而非语句来描述假设和结论；其次，前者运用大量的可供引用的数学定理而非文字逻辑进行推理。因为符号和文字表述实际上是相同的（符号通常用文字加以定义便可证明这一点），所以，选择哪一种表述方式并无实质差别。不过，人们公认的是，数学符号更便于演绎推理，且能使表述更为言简意赅。

另外,选择文字逻辑和数学逻辑虽然并无实质差别,但运用数学推理有这样一个优势:它可以促使分析者在推理的每一阶段都做出明确的假设,这是因为数学定理通常是按"如果-那么"形式加以陈述的,所以,为了导出所运用定理的"那么"(结论)部分,分析者必须确保"如果"(条件)部分与其所采纳的明晰假设相一致。

纵使假设上述观点都正确,可能有人仍会问:有何必要超越几何学方法呢?答案是,尽管几何分析具有直观性这一重要优点,但它也苦于严格的维数限制。例如,在无差异曲线的一般图形讨论时,标准的假设是消费者仅能得到两种商品,采用这种简化的假设并非出于自愿,而是不得已而为之,因为绘出三维空间的几何图形极为困难,要绘出四维(或更多维)空间的几何图形是根本不可能的。要研究 3 种、4 种或 n 种商品等更为一般的情况,我们必须寻求更为灵活的工具——方程。仅此一个理由已足以使我们研究几何学以外的数学方法。

简而言之,我们看到数学方法具有如下优点:(1) 所运用的"语言"更为简练、精确;(2) 有大量的数学定理可为我们所用;(3) 它迫使我们明确陈述所有假设,作为运用数学定理的先决条件,这能使我们戒除不自觉地采用不明确的假设的缺点;(4) 使我们能够处理 n 个变量的一般情况。

与这些优点相对照,人们也能听到这种批评:以数学推导的理论必然是不现实的。然而这种批评并不切中要害。事实上,"不现实的"这种说法甚至也不能用于批评一般的经济理论,无论其所运用的方法是数理性的还是非数理性的。就其本质而言,理论是对现实世界的抽象,是一种找出最重要的因素和联系,以使我们对所关注问题的核心进行研究的一种手段。它能使我们免于陷入现实世界中确实存在的种种复杂性而难以自拔。因此,"理论缺乏现实性"这种批评只不过是一种陈词滥调,不能视为对理论的一种有效的批评。类似地,把任何一种探讨理论的方法都视为"不现实的"方法是极其无意义的。例如,完全竞争的厂商理论与不完全竞争的厂商理论一样,都是不现实的,但这些理论是否用数学推导,与此无关,也并不重要。

为了获取数学工具带来的财富,我们首先要获得这些工具。不幸的是,经济学家感兴趣的数学工具散落在许多数学课程中——太多了,以致不适于一名典型的经济学学生的学习计划。本书的目的就是将经济学文献中最相关的数学方法汇聚到一处,按逻辑顺序将它们组织起来,完整地解释这些方法,并立即阐述其如何应用于经济分析。由于试图将方法和其应用联系起来,数学与经济学的相关性也被阐述得更加清楚。而在一般的数学课程中,数学方法的应用往往是用物理学和工程学的例子来阐述的。

熟悉本书的内容(可能的话,以及其续篇《动态优化基础》),你至少会非常熟练地理解偶然碰到的下列经济学期刊中的大部分专业论文:《美国经济评论》(*American Economic Review*)、《经济学季刊》(*Quarterly Journal of Economics*)、《政治经济学杂志》(*Journal of Political Economy*)、《经济学与统计学评论》(*Review of Economics and Statistics*)以及《经济学杂志》(*Economic Journal*)等。学习了上述内容之后,那些对数理经济学产生了极大兴趣的人则可以进行更严格的数学训练,学习更高深的数学内容。

1.2 数理经济学与经济计量学

"数理经济学"这一术语有时常与另一个与其相关的术语"经济计量学"相混淆。正如这术语的后一部分"计量学"所表明的那样,经济计量学主要与经济数据的度量有关,它运用估计和假设检验的统计学方法进行经验观测的研究。而数理经济学则是把数学应用于经济分析的纯理论方面,基本不涉及或不关心诸如所研究的变量的度量误差这类统计问题。

本书仅限于研究数理经济学,即主要集中于将数学应用于演绎推理而非归纳研究,因而,我们将主要进行理论研究而非经济分析。当然,这仅仅是一个研究范围的选择问题,绝不意味着经济计量学不如数理经济学重要。

实际上,经验研究和理论分析是相辅相成、相互促进的。一方面,理论在有把握地应用之前,必须运用经验数据对其有效性进行检验。另一方面,要确定关系最为密切和最富有成效的研究方向,统计工作必须有理论作为指南。

然而,从某种意义上说,数理经济学在这两者之中更具基础性:因为要进行有价值的统计和经济计量研究,有一个好的理论框架——最好以数学公式的形式——是必不可少的。所以,本书的内容不仅对热衷于理论经济学的人有所帮助,而且对那些研究经济计量学而又缺乏数学基础的人也极有价值。

第 2 章 经济模型

如前所述,任何经济理论都是对现实世界的必要抽象。一方面,由于现实经济的极端复杂性,我们不可能一下子理解其全部内在联系;另一方面,这些内部关系对于理解我们所研究的特殊经济现象,也并不具有同样的重要性。因此,合理的研究程序应当是:根据我们的目的选择与我们研究问题相关的基本因素和基本关系,然后把我们的研究集中于这些因素和关系上。这种精心简化的分析结构被称作经济模型,因为它只是现实经济的结构性的粗略表示。

2.1 数学模型的构成

经济模型仅仅是一种理论框架,并没有必须采用数学形式的内在理由。然而,如果模型是数学模型,那么,它通常包括一组用以描述模型结构的方程。这些方程以某种方式把一定数量的变量联系在一起,并给出所采用的一组分析假设的数学形式。然后通过对这些方程进行相应的数学计算,我们便可以推导出一系列在逻辑上服从这些假设的结论。

变量、常数和参数

变量是大小可以变化的量,即可以取不同值的量。经济学中经常使用的变量包括价格、利润、收益、成本、国民收入、消费、投资、进口、出口等。因为这些变量可以取不同的值,所以必须用一个符号而不是特定的数字表示它。例如,我们可以用 P 表示价格,以 π 表示利润,以 R 表示收益,以 C 表示成本,以 Y 表示国民收入,等等。但是当我们写出 $P=3$ 或 $C=18$ 时(选择适当单位),我们就把这些变量"固定"在这些具体的数值上。

通过解一个适当构建的经济模型,我们可以得到一组变量的解值,如市场出清时的价格水平、利润最大化时的产出水平等。其解值可以通过模型求出的变量,称作内生变量(源于模型内部),但模型中也包含一些由模型外部因素所决定的变量,其大小仅被视为给定的数据,这样的变量被称为外生变量(源于模型之外)。需要指出的是,一个模型中的内生变量可能是另一个模型的外生变量。例如,在分析小麦市场价格(P)的决定时,变量 P 无疑是内生的;但在消费者支出理论的分析架构内,P 对于个别消费者而言是一个常数,因此必然被视为外生的。

变量常常与固定的值或常数结合出现,像表达式 $7P$ 或 $0.5R$。常数是一个大小不变的值,所以它恰好与变量相反。当一个常数与一个变量结合在一起时,我们将该常数称作该变量的系数。但系数也可以是符号而非数字。例如,为了获得更广泛的一般性,在模型中我们可以用 a 代表给定常数,以表达式 aP 代表 $7P$(参见 2.7 节)。这个符号 a 极为特殊,——我们假定它表示给定常数,但因我们未赋予其具体的数值,它实际上可以取任意值。简而言之,它是一个可变的常数! 为便于识别其特殊身份,我们将其明确命名为参常数(或简称为参数)。

必须强调指出,尽管参数可取不同的值,但在模型中仍要将其视为已知数。正是由于这个原因,即使常数是一个参数,人们还是将其简称为"常数"。在这方面,参数与外生变量极为相似,因为二者在模型中均被视为"给定值"。这可以解释为什么许多作者为了简便,将二者用一个术语"参数"来表示。

按照习惯,参常数通常以字母 a、b、c,或者相应的希腊字母 α、β、γ 表示,但也可以使用其他符号表示。至于外生变量,为使其与内生变量明显区别开来,我们用对选定的符号加下标 0 的方式来表示。如 P 表示价格,则 P_0 表示外生的价格。

方程和恒等式

变量固然可以独立存在,但只有通过方程或不等式将其联系起来才具有实际价值。在这里,我们只讨论方程。

在经济学的应用范围内,我们需要区别三种类型的方程:即定义方程、行为方程和均衡条件。

定义方程是在两个具有完全相同含义的不同表达式之间建立恒等式。对于这种方程,我们通常用恒等符号"≡"(读作"恒等于")代替通常的等号" = ",尽管后者也是可以接受的。比如,总利润被定义为总收益与总成本之差,因此我们可以写成:

$$\pi \equiv R - C.$$

而行为方程则规定了当其他变量变化时,某一变量相应的变化方式。这可能包括人类行为,比如当国民收入变化时总消费模式的变化;也可能不包括人类行为,比如厂商的总成本如何随产出的变化而变化。从广义上讲,行为方程可以用于描述一般的制度性模型,包括技术方面(如生产函数)的模型,也包括法律方面的模型(如税收结构)。但在写出行为方程之前,必须对所研究的变量的行为模式做出明确的假设。考察下面两个成本函数

$$C = 75 + 10Q, \qquad (2.1)$$

$$C = 110 + Q^2, \qquad (2.2)$$

其中 Q 表示产量。由于两个方程具有不同的形式,所以每一方程所假设的生产条件必然与另一个方程有明显不同。在(2.1)式中,固定成本为75(当 $Q = 0$ 时的 C 值),而(2.2)式中则为110。成本的变化也不同。在(2.1)式中,产量 Q 每增加 1 个单位,C 固定增加 10 单位。而在(2.2)式中,当 Q 一个单位一个单位增加时,C 的增加越来越大。很明显,正是通过对行为方程形式的设定,我们才给出模型所采纳的假设的数学表达式。

第三类方程,均衡条件,只有当我们的模型包含均衡这一概念时才会涉及。如果模型中包含这一概念,则均衡条件就是描述实现均衡前提条件的方程。经济学中人们最为熟悉的两个前提条件是:

$$Q_d = Q_s \quad [需求量 = 供给量]$$

和

$$S = I \quad [合意储蓄 = 合意投资],$$

它们分别与市场均衡模型和最简单的国民收入均衡模型有关。类似地,一个优化模型则推导或应用了一个或更多的最优化条件,一个很容易被想到的这类条件是厂商理论中的:

$$MC = MR \quad [边际成本 = 边际收益].$$

因为这类方程既非定义方程,也非行为方程,所以它们单独构成一类方程。

2.2 实 数 系

方程和变量是数学模型的基本组成部分,但因经济变量的取值一般为数字,因此我们需要简单介绍一下数系的概念。这里我们只讨论所谓的"实数"。

像 1,2,3…这类整数被称作正整数。正整数最常用于计数。其对应的负值,如 -1,-2,-3,…称为负整数,例如,可以用其表示零度以下的温度(单位为度)。而数字 0,既非正数,也非负数,在此意义上看,它是唯一的。我们把所有的正整数、负整数以及 0 归为一类,称其为整数集合。

当然,整数并未穷尽所有可能的数,因为我们还有诸如 2/3,5/4,7/3 之类的分数,如果将其标在直尺上,它们位于两个整数之间。同样,我们还有负分数,如 -1/2,-2/5 等。正负分数合在一起,构成了分数集合。

所有分数的一个共性是可以将其表示为两个整数之比。任何可以表示为两个整数的比的数字称为有理数。但任何一个整数都是有理数,因为任意整数 n,均可视为比率 $n/1$。整数集合与分数集合合在一起,构成了有理数集合。

当然,我们一旦运用了有理数这个概念,自然会引出无理数这个概念。无理数是不能表示为两个整数之比的数。如 $\sqrt{2}=1.4142\cdots$,它是一个无限不循环小数;再如 $\pi=3.1415\cdots$(表示圆的周长与直径之比),也是一个无限不循环小数。其小数部分为无限不循环的,这是所有无理数的特征。

如果将一个无理数标在尺上,则它将居于两个有理数之间。正如分数可以填满两个整数之间的空隙一样,无理数也可以填满两个有理数之间的空隙。这种填充的过程会产生一个数的连续统,它被称作"实数"。连续统构成全部实数集合,常以符号 R 表示。当我们将集合 R 标示在直线上时(一个加长的尺子),我们将其称为实线。

在图 2.1 中,我们根据讨论顺序及彼此之间的相互关系,列出了所有的数集。但如果我们从下向上看这个图,实际上我们得到一个分类图解:即实数集可以分解成它的子集以及子集的子集。所以这个图是实数系结构的一个概览。

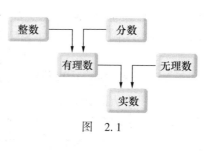

图 2.1

实数已能满足本书前 15 章的需要,但它并非数学中使用的全部的数。事实上,使用"实数"这个概念就意味着有"虚数"的存在,虚数与负数的平方根有关,我们将在第 16 章中讨论。

2.3 集合的概念

我们已多次使用"集合"一词。由于集合这一概念已成为现代数学各分支的基础,我们至少要掌握其基本内容,才能满足我们的需要。

集合的符号

简言之,一个集合就是不同对象的集成。这些对象可以是不同的数,也可以是别的什么东西。因此,如同三个整数 2,3,4 可以构成一个集合一样,所有选修一门特定经济学课程的学生也可以视为一个集合。集合中的对象称作集合的元素。

有两种书写集合的方法:列举法和描述法。如果令 S 表示由 2,3,4 三个数组成的集合,用元素列举法可以将其写成:

$$S = \{2, 3, 4\},$$

但若令 I 代表所有正整数的集合,列举便很困难,则我们可以简单地描述其元素,并写成:

$$I = \{x \mid x \text{ 为一任意正整数}\},$$

此式可读作:"I 为满足 x 为一任意正整数的所有 x 的集合。"注意,集合两边均使用大括号将其括住。使用描述法,一定要在代表元素的一般符号和所描述的元素之间加一竖线或冒号,以便将二者区分开来。再举一例,大于 2 小于 5 的实数集合 J 可以用符号表示为

$$J = \{x \mid 2 < x < 5\},$$

这里,描述性陈述也是以符号表示的。

一个具有有限元素的集合,如上例中的集合 S,称为**有限集合**。而集合 I 和 J 均有无限个元素,称为**无限集合**。有限集合总是**可数**(或可列)的,即其元素数量可以以基数 $1,2,3,\cdots$ 表示。但无限集合既可能是可数的,如集合 I;也可能是不可数的,如集合 J。我们无法将后者中的元素与基数 $1,2,3,\cdots$ 联系起来,所以是不可数的。

集合中的成员以符号 $\in$(希腊字母 ε 即 epsilon 的变形,表示"元素")表示,读作"属于⋯的元素"。因此,对于我们前面定义的集合 I 和 J,我们可以写出

$$2 \in S, 3 \in S, 8 \in I, 9 \in I \text{ 等},$$

但显然 $8 \notin S$(读作: 8 不是集合 S 的元素)。如果我们使用符号 R 表示所有实数集合,则"x 是某些实数"可简单表示成

$$x \in R.$$

集合间的关系

将两个集合加以比较时,可能观测到几种可能的关系。若两个集合 S_1 和 S_2 恰好有相同的元素:

$$S_1 = \{2, 7, a, f\} \quad \text{和} \quad S_2 = \{2, a, 7, f\},$$

则称 S_1 和 S_2 **相等**($S_1 = S_2$)。注意集合中元素出现的次序是无关紧要的。但只要其中有一个元素不同,两个集合便不相等。

另一种关系是,一个集合可能是另一集合的**子集**。若我们有两个集合

$$S = \{1, 3, 5, 7, 9\} \quad \text{和} \quad T = \{3, 7\},$$

则 T 是 S 的子集,因为集合 T 的每一个元素都同时是集合 S 的元素。对这种情况更为正式的表述为:当且仅当"$x \in T$"意味着"$x \in S$"时,T 为 S 的子集。使用集合符号 $\subset$(包含于)和 $\supset$(包含),则我们可以写成

$$T \subset S \quad \text{或} \quad S \supset T,$$

两个集合恰好互为子集也是可能的。但这必然意味着两个集合相等。我们可以将此正式表述为:当且仅当 $S_1 = S_2$ 时,我们可以有

$$S_1 \subset S_2 \quad \text{且} \quad S_2 \subset S_1.$$

需要注意的是,符号 $\in$ 表示个别元素与集合之间的关系,而符号 $\subset$ 则表示子集与集合之间的关系。我们可以运用这一思想对图 2.1 中的某些关系进行描述:整数集合是有理数集合的子集;同样,无理数集合是实数集合的子集。

具有 5 个元素的集合 $S = \{1,3,5,7,9\}$ 可以有多少子集呢?首先,S 中的每一个元素,可单独构成一个 S 的子集,如 $\{1\}$、$\{3\}$ 等。同样,S 中的任意两个、三个、四个元素,均可构成 S 的子集,如 $\{1,3\}$、$\{1,5\}$,$\cdots$,$\{3,7,9\}$,等等。任何一个不包含 S 中的所有元素的子集被称为 S 的真子集。而且,集合 S 本身(包括全部 5 个元素)也可视为其自身的子集——S 中的每一个元素均是 S 的元素,因此它符合子集的定义。当然,这是一种极端的情况,它使我们得到集合 S "最大的"子集,即 S 自身。

另一种极端的情况是 S 的"最小的"可能的子集,即它本身不包含任何元素。这种集合被称作零集,或者空集,以符号 $\varnothing$ 或 $\{\}$ 表示。将零集称作 S 的子集的理由非常有趣:如果零集并非 S 的子集($\varnothing \not\subset S$),则 $\varnothing$ 必定至少包含一个元素 x 使得 $x \notin S$,但根据定义,零集不含有任何元素,所以我们不能说 $\varnothing \not\subset S$;因此零集为 S 的子集。

清楚地区别符号 $\varnothing$ 或 $\{\}$ 与 $\{0\}$ 是极端重要的,前者不含任何元素,而后者则含有一个元素,0。空集是唯一的,世界上只有一个这样的集合,且它是所有能够想到的集合的子集。

计算 S 的所有子集,包括两种极端情况 S 和 $\varnothing$,我们知道共有 $2^5 = 32$ 个子集。一般而言,若一个集合含有 n 个元素,则它共可形成 2^n 个子集。①

---

① 给定一个具有 n 个元素的集合 $\{a,b,c,\cdots,n\}$,我们首先可将其子集分为两类:一类包括元素 a,另一类不包括 a。而上述每一类还可以进一步分成两个子类:一类含有素 b 而另一类则没有。注意,在考察第二个元素 b 时,我们已把类别的数量增加了一倍,即从 2 增加到 4($= 2^2$)。同样,考察元素 c,将使类别总数增到 8($= 2^3$)。当考察到 n 个元素时,类别的总数将等于子集的总数,其数量为 2^n。

第三种可能的关系类型是：两个集合不含有任何共同的元素。在这种情况下，我们称两个集合不相交。如所有正整数的集合与所有负整数的集合是不相交的集合。

第四种可能的关系类型是：两个集合具有某些共同的元素，但另一些元素分属不同的集合。在此情况下，两个集合既不相等，也并非不相交；且每一集合也不是另一个集合的子集。

集合的运算

当我们对某些数进行加、减、乘、除或开方时，我们便是在对其进行数学运算。集合不同于数，但我们仍可对其进行类似的数学运算。这里讨论三种基本的运算，即集合的并、交和补。

取两个集合的并就是构成一个包含且仅包含属于集合 A、B 或者同时属于 A 和 B 的元素的新的集合。并集以符号 $A \cup B$ 表示，读作"A 并 B"。

例1 若 $A = \{3,5,7\}$ 且 $B = \{2,3,4,8\}$，则
$$A \cup B = \{2,3,4,5,7,8\}.$$

此例描述了这样一种情况：两个集合既不相等，也非不相交，且互不为对方子集。

例2 再看图 2.1，我们知道整数集合与分数集合的并集是有理数集合；同样，有理数集合与无理数集合的并集构成了所有实数集合。

另外，两个集合 A 和 B 的交是一个新的集合，它包含且仅包含同时属于 A 和 B 的那些元素。交集以符号 $A \cap B$ 表示，读作"A 交 B"。

例3 对于例1中的集合 A 和 B，其交集可以写成
$$A \cap B = \{3\}.$$

例4 若 $A = \{-3,6,10\}$，$B = \{9,2,7,4\}$，则 $A \cap B = \emptyset$，即集合 A 与 B 不相交，因此其交集为空集——A 和 B 没有任何公共元素。

很明显，交集是一个比并集受到更多约束的概念，只有共同属于 A 和 B 的元素，才被前者所接受；然而无论属于 A 或者 B 的元素，都可构成并集的元素。运算符号 $\cap$ 和 $\cup$——顺便说一句，它们同符号

√、+、÷等具有同样的地位——分别具有"和"与"或"的含义。比较下面的交和并的正式定义,可更好地理解这一点:

交
$$A \cap B = \{x \mid x \in A \text{ 且 } x \in B\}.$$

并
$$A \cup B = \{x \mid x \in A \text{ 或 } x \in B\}.$$

在解释集合的补的概念以前,我们首先引入全集的概念,在所讨论的特定范围内,如果我们仅把前7个正整数作为一个集合,并将其视为全集 U,那么,对于一个给定集合,比如 $A = \{3,6,7\}$,我们可以定义另一个集合 $\tilde{A}$,它由包含在全集 U 但不包含在集合 A 中的所有元素构成,读作"A 的补集"。即,
$$\tilde{A} = \{x \mid x \in U \text{ 且 } x \notin A\} = \{1,2,4,5\}.$$

注意,符号∪有"或"的含义,符号∩意味着"和",而补集符号 ~ 则有"不"的含义。

例5 若 $U = \{5,6,7,8,9\}, A = \{5,6\}$,那么 $\tilde{A} = \{7,8,9\}$。

例6 何为全集 U 的补集?因为所考察的每一对象(数)均在全集之中,所以 U 的补集必定为空集,即 $\tilde{U} = \varnothing$。

集合的三种运算可以用图2.2更直观地表示,此图被称为维恩图。图(a)中,上面圆中的点组成集合 A,下面圆中的点组成集合 B,而集合 A 和 B 的并集则由覆盖两个圆的阴影部分所组成。在图(b)

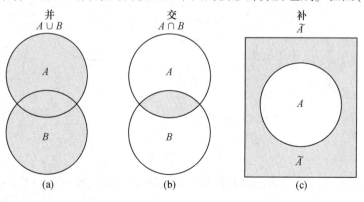

图 2.2

中,给出同样两个集合(两个圆)。因为两集合的交仅包含共属于两集合的部分,所以只有两个集合的交叉部分(阴影)符合定义要求。在图(c)中,令矩形内的所有点为全集,圆内的所有点为集合 A,则补集 $\tilde{A}$ 则是圆以外的阴影区域。

集合的运算法则

需要指出的是,从图 2.2 可知,图形(a)的阴影面积不仅是 $A \cup B$,而且也是 $B \cup A$。类似地,图形(b)中的小阴影面积不仅直观地表示 $A \cap B$,而且同样表示 $B \cap A$,将此结果规律化,可称之为并和交的交换律

$$A \cup B = B \cup A, \quad A \cap B = B \cap A,$$

这些关系非常类似于代数运算法则 $a+b=b+a$ 及 $a \times b = b \times a$。

要取三个集合 A、B、C 的并集,可以先取任意两个集合的并集,再将其与第三个集合取并集。类似的过程也可用于交集的运算。这些运算结果在图 2.3 中加以说明。有趣的是,运算过程中集合选择的次序是无关紧要的,这一事实便引出了并与交的结合律:

$$A \cup (B \cup C) = (A \cup B) \cup C,$$
$$A \cap (B \cap C) = (A \cap B) \cap C,$$

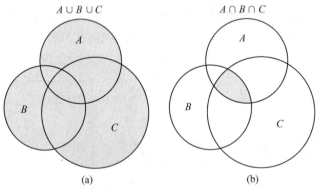

图 2.3

这些方程极易使我们想起代数运算法则 $a+(b+c)=(a+b)+c$,以及 $a \times (b \times c) = (a \times b) \times c$。

在联合运用并集和交集时，还有另一条法则，即并和交的分配律：
$$A \cup (B \cap C) = (A \cup B) \cap (A \cup C),$$
$$A \cap (B \cup C) = (A \cap B) \cup (A \cap C),$$
它们类似于代数运算法则 $a \times (b + c) = (a \times b) + (a \times c)$。

例 7 已知 $A = \{4,5\}$，$B = \{3,6,7\}$，$C = \{2,3\}$，验证分配律。为验证此规律的前一部分，我们分别求出左边和右边的表达式。

左：$A \cup (B \cap C) = \{4,5\} \cup \{3\} = \{3,4,5\}$；

右：$(A \cup B) \cap (A \cup C) = \{3,4,5,6,7\} \cap \{2,3,4,5\} = \{3,4,5\}$，

因两边结果相同，所以第一部分得证，重复此过程，可验证规律的第二部分，我们有

左：$A \cap (B \cup C) = \{4,5\} \cap \{2,3,6,7\} = \emptyset$；

右：$(A \cap B) \cup (A \cap C) = \emptyset \cup \emptyset = \emptyset$，

所以分配律得证。

练习 2.3

1 用集合符号写出下列集合：
   (a) 大于 34 的所有实数集；
   (b) 大于 8 但小于 65 的所有实数集。

2 给定集合 $S_1 = \{2,4,6\}$，$S_2 = \{7,2,6\}$，$S_3 = \{4,2,6\}$，$S_4 = \{2,4\}$，下面哪些说法正确？

   (a) $S_1 = S_3$ (b) $S_1 = R$ (c) $8 \in S_2$
   (d) $3 \notin S_2$ (e) $4 \notin S_3$ (f) $S_4 \subset R$
   (g) $S_3 \supset S_4$ (h) $\emptyset \subset S_2$ (i) $S_3 \supset \{1,2\}$

3 根据上题给出的四个集合，求

   (a) $S_1 \cup S_2$ (b) $S_1 \cup S_3$ (c) $S_2 \cap S_3$
   (d) $S_2 \cap S_4$ (e) $S_4 \cap S_2 \cap S_1$ (f) $S_3 \cup S_1 \cup S_4$

4 下述哪些说法是正确的？

   (a) $A \cup A = A$ (b) $A \cap A = A$ (c) $A \cup \emptyset = A$
   (d) $A \cup U = U$ (e) $A \cap \emptyset = \emptyset$ (f) $A \cap U = A$
   (g) $\bar{A}$ 的补集是 A

5 已知集合 $A=\{4,5,6\}$，$B=\{3,4,6,7\}$，$C=\{2,3,6\}$，验证分配律。
6 用维恩图法，根据逐次形成阴影的不同顺序，验证分配律。
7 列举集合 $\{5,6,7\}$ 的所有子集。
8 列举集合 $S=\{a,b,c,d\}$ 的所有子集。共有多少个？
9 例6表明 $\varnothing$ 是 U 的补集，但因空集是任意集合的子集，所以它必定是 U 的子集。因为"U 的补集"这个术语具有"不在 U 中"的含义，而"U 的子集"这一术语又有"包含在 U 中"的含义。$\varnothing$ 同时具有这两种含义，似乎是自相矛盾的，你如何解释这个谜？

2.4 关系与函数

通过使用数系中各类数的概念推进了我们对集合的讨论。但集合的元素不仅可以是数，也可以是其他对象。特别地，我们可以运用"有序偶"集合这一术语（下面将定义），引出关系和函数的重要概念。

有序偶

根据定义 $\{a,b\}=\{b,a\}$，所以在写出集合 $\{a,b\}$ 时，我们并不关注元素 a、b 出现的顺序。在此情况下，这对元素 a 和 b 是无序偶。但是当 a 和 b 的顺序具有重要意义时，我们可以写出两对不同的有序偶，以 (a,b) 和 (b,a) 表示，且具有 $(a,b)\neq(b,a)$ 的性质，除非 $a=b$。类似的概念还可以应用于两个以上元素的集合，在此情况下我们可以区分有序三元组和无序三元组，有序四元组和无序四元组，有序五元组和无序五元组等。有序偶、有序三元组等统称有序集合。

例1 为表示某班学生的年龄和体重，我们可以构造一个有序偶 (a,w)，其中第一个元素表示学生年龄（以岁为单位），第二个元素表示体重（以磅为单位）。则 $(19,127)$ 和 $(127,19)$ 具有明显不同的含义。且后一有序偶几乎不可能适合于任何一个学生。

例2 当我们谈及一场奥林匹克竞赛的五个决赛选手集合时，其顺序是无关紧要的，所以我们有一个无序集，但集合｛金牌获得者,银牌获得者,铜牌获得者}是一个有序三元组。

同其他对象一样,有序组可以作为集合的元素。考察图 2.4 中的直角坐标即笛卡儿坐标平面,x 轴和 y 轴垂直相交,将一平面分成四个象限。这个 xy 平面是一个无限点集,每一个点代表一个有序偶,其中第一个元素代表 x 的值,第二个元素代表 y 的值。显然,标以 $(4,2)$ 的点不同于标以 $(2,4)$ 的点,在这里顺序是重要的。

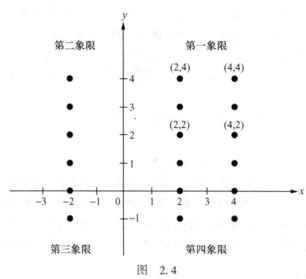

图 2.4

根据这种直观的理解,我们考察有序偶的生成过程。假设由两个已知的集合 $x=\{1,2\}$, $y=\{3,4\}$,我们希望形成所有如下的有序偶集合,其中第一个元素取自集合 x,第二个元素取自集合 y。这样我们便得到 4 个有序偶构成的集合 $(1,3)$,$(1,4)$,$(2,3)$ 和 $(2,4)$。此集合被称作 x 和 y 的笛卡儿积(以笛卡儿名字命名),或称为 x 和 y 的直积,以 $x \times y$ 表示,读作"x 叉乘 y"。需要重点记忆的是,当 x 和 y 是数集时,笛卡儿积便是有序偶。用列举法或描述法,我们可分别将笛卡儿积表示成

$$x \times y = \{(1,3),(1,4),(2,3),(2,4)\}$$

或

$$x \times y = \{(a,b) \mid a \in x \text{ 且 } b \in y\},$$

后者实际上可作为任意给定集合 x 和 y 的笛卡儿积的一般定义。

为开阔视野,现在我们令 x 和 y 包括所有的实数,则相应的笛卡儿积为

$$x \times y = \{(a,b) \mid a \in R \text{ 且 } b \in R\}, \qquad (2.3)$$

将表示具有实值元素的全部有序偶的集合。此外,每个有序偶对应图 2.4 笛卡儿坐标平面上的唯一的点。反之,笛卡儿坐标平面上的每一个点也对应于集合 $x \times y$ 中的唯一一个有序偶。根据这两种唯一性,我们说笛卡儿积(2.3)中的有序偶集与平面直角坐标中的点集之间存在一一对应性。我们现在易于理解 $x \times y$ 这一概念了,因为我们可以将其与图 2.4 中 x 轴与 y 轴的交叉联系起来。表示(2.3)中的集合 $(x \times y)$ 的更为简洁的方式是将其直接写成 $R \times R$,它通常也表示成 R^2。

拓展这一思想,我们也可以将三个集合 x, y 和 z 的笛卡儿积定义为

$$x \times y \times z = \{(a,b,c) \mid a \in x, b \in y, c \in z\},$$

这是一个有序三元组的集合。进而,如果集合 x, y 和 z 均由全部实数构成,则笛卡儿积将对应于三维空间的所有点的集合,这可以用 $R \times R \times R$ 表示,或更简单地表示成 R^3。在后面的推广中,所有变量均取实值,因而我们的一般性讨论均表示成 R^2,或 R^3,…,或 R^n。

关系与函数

因为任意有序偶将 x 值和 y 值联系起来,任意有序偶的集聚——笛卡儿积(2.3)的任意子集——将包含 x 和 y 的关系。给定一个 x 值,将根据这种关系确定另一个或多个 y 值。为方便起见,我们将 $x \times y$ 的元素一般写成 (x,y)。不像(2.3)中那样写成 (a,b),这里的 x 和 y 均为变量。

例3 集合 $\{(x,y) \mid y = 2x\}$ 是一个有序偶集合,比如它包括 $(1,2), (0,0)$ 和 $(-1,-2)$。这个集合包含一种关系,其对应的图形部分是图 2.5 中的直线 $y = 2x$ 上的点的集合。

例4 集合 $\{(x,y) \mid y \leq x\}$,包含如 $(1,0), (1,1), (1,-4)$ 这样的有序偶,它构成了另一种关系。在图 2.5 中,这个集合对应于满足不等式 $y \leq x$ 的阴影面积的所有点的集合。

当 x 值给定时,未必一定总能从某种关系中确定唯一的 y 值。在例 4 中,三个作为例子的有序偶表明,若 $x=1$,则 y 可以取 n 个不同的值,如 0,1 或 -4,且满足给定的关系。从图形上看,满足这一关系的两个或多个点可能落在 xy 平面中的一条垂线上。图 2.5 可以说明这一点。图中阴影区域(表示关系 $y \leqslant x$)中的许多点落在标有 $x=a$ 的一条垂直虚线上。

然而,作为一个特例,一种关系可以使得给定的 x 值,仅存在一个对应的 y 值,例 3 就是一例。在这种情况下,称 y 为 x 的一个函数,并以 $y=f(x)$ 表示,读作"y 是 x 的函数 f"[注意 $f(x)$ 并不意味着 f 乘以 x]。因此,一个函数是具有这种性质的有序偶集合:x 值唯一地确定一个 y 值。① 显然,一个函数一定是一种关系,但一种关系未必是一个函数。

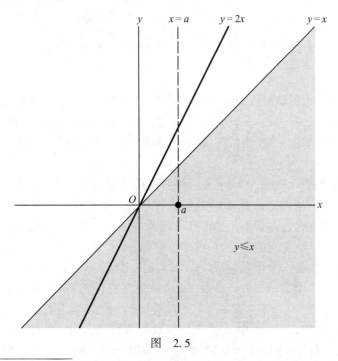

图 2.5

---

① "函数"这一定义对应于我们以前所称的单值函数这一术语,以前所称的多值函数现在被称为关系或对应。

尽管函数的定义规定对于每一个 x 有一个唯一的 y，但并不要求反之也成立，换句话说，多个 x 值可与同一个 y 值相联系。图 2.6 描述了这种可能性：图中根据函数 $y=f(x)$，集合 x 中的 x_1 和 x_2 均与集合 y 中的同一值 (y_0) 相联系。

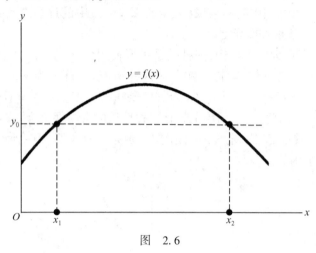

图 2.6

函数也称映射或变换，二者均意味着将一对象与另一对象联系起来的行动。表达式 $y=f(x)$ 中的函数符号 f 则可以解释成一种规则：依此规则集合 x 被"映射"（或变换）到集合 y。因此我们可以写成：

$$f: x \to y,$$

其中箭头表示映射，字母 f 表示映射遵循的规则。因为 f 表示映射的特殊规则，所以必须用不同的函数符号去表示出现在同一模型中的另外一个函数。习惯使用的符号还有 g, F, G，希腊字母 ϕ (phi) 和 φ (psi)，以及它们的大写 Φ 和 Ψ。例如，两个变量 y 和 z 可能都是 x 的函数，但若一个函数写成 $y=f(x)$，另一个则应写成 $z=g(x)$ 或者 $z=\phi(x)$。但写成 $y=y(x)$ 及 $z=z(x)$ 也是允许的，这样就省略了符号 f 和 g。

在函数 $y=f(x)$ 中，x 被称作函数的自变量，y 则被称作函数值。我们还可以把 x 称作自变量，把 y 称作因变量。在给定的范围内，x 能够取的所有值的集合称作函数的定义域，它可能是所有实数集合的一个子集。x 所映射的 y 值称作 x 值的象。所有象的集合称作函数的值域,它是变量 y 可以取的所有值的集合。所以定义域与自变量 x 相联系,值域则与因变量 y 相联系。

如图 2.7(a)所示,我们可以将函数 f 视为一个映射规则,它将某线段(定义域)上的每一点映射到另一线段(值域)上的某点。如图 2.7(b)所示,将定义域置于 x 轴上,值域置于 y 轴上,我们马上得到熟悉的二维图形,在此图形中,x 值与 y 值的关系是由诸如 (x_1, y_1) 和 (x_2, y_2) 等有序偶集合规定的。

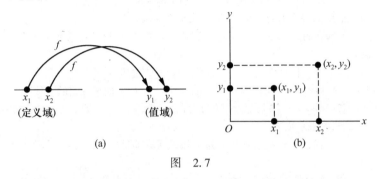

图 2.7

在经济模型中,行为方程通常以函数形式引入。由于经济模型中的大多数变量因其性质所限,一般取非负实数①,所以其定义域也受到同样限制。这就是为什么大多数经济模型的几何表示仅画第一象限的原因。一般而言,我们不需为每一经济模型的每一函数设定定义域而伤脑筋。当未特别设定时,我们将定义域和值域理解为仅包括使函数具有经济意义的那些数值。

例 5 厂商每日的总成本 C 为其日产出 Q 的函数:$C = 150 + 7Q$。该厂商日最大产出为 100 单位。那么,成本函数的定义域和值域是什么?因为 Q 可在 0 与 100 之间变化,所以定义域为集合 $0 \leq Q \leq 100$,或更正式地

$$\text{定义域} = \{Q \mid 0 \leq Q \leq 100\},$$

至于值域,因函数的图形为一条直线,C 的最小值为 150(当 $Q = 0$),最大值为 850(当 $Q = 100$),所以我们有

---

① 如果可以取零值,我们就说"非负"而不说"正"。

值域 = {C | 150 ≤ C ≤ 850},

但要注意,值域的最大值未必总是在定义域的最大值时达到。

练习 2.4

1 给定 $S_1 = \{3,6,9\}$, $S_2 = \{a,b\}$ 及 $S_3 = \{m,n\}$,求笛卡儿积:
   (a) $S_1 \times S_2$ (b) $S_2 \times S_3$ (c) $S_3 \times S_1$

2 根据上题给出的信息,求笛卡儿积 $S_1 \times S_2 \times S_3$。

3 一般而言,$S_1 \times S_2 = S_2 \times S_1$ 是否成立?在什么条件下,这两个笛卡儿积相等?

4 在直角坐标系内画出下列图形,它们是否表示一个函数?
   (a) 圆   (b) 三角形   (c) 矩形   (d) 向下倾斜的直线

5 若函数 $y = 5 + 3x$ 的定义域为集合 $\{x | 1 \leq x \leq 9\}$,求此函数的值域并以集合方式将其表示出来。

6 对于函数 $y = -x^2$,如果其定义域是所有非负实数的集合,那么其值域是什么?

7 在厂商理论中,经济学家认为总成本 C 是产出水平 Q 的函数:$C = f(Q)$。
   (a) 按照函数的定义,是否每一个成本数字都与唯一的产出水平相联系?
   (b) 每一个产出水平是否决定了唯一的成本数字?

8 若可以以成本 C_1 生产产出水平 Q_1,那么也有可能以成本 $C_1 + \$1$、$C_1 + \$2$ 等生产产出 Q_1(效率较低时)。因此似乎产出 Q 并不能唯一地决定总成本 C。如果是这样,将 C 写为 Q 的函数 $C = f(Q)$ 将违反函数的定义。不考虑这种推断,你如何判断使用函数 $C = f(Q)$ 的正确性?

2.5 函数的类型

表达式 $y = f(x)$ 是一个一般描述,它表明存在映射的可能,但并不明确映射的实际规则。下面我们考察几种特定的函数类型,每种类型均代表不同的映射规则。

常值函数

值域仅有一个元素的函数,称作常值函数。我们拿出一个函数

作为例子:
$$y = f(x) = 7,$$
也可将其表示成 $y=7$ 或 $f(x)=7$,无论 x 取何值,其值始终为 7。在坐标平面上,这样的函数表现为一条水平线。在国民收入模型中,当投资(I)为外生决定的,我们可以有下述形式的投资函数:$I=1$ 亿美元,或 $I=I_0$,它是常值函数的例子。

多项式函数

常值函数实际上是我们所说的多项式函数的一种"退化"。具有一个变量 x 的多项式的一般形式为
$$y = a_0 + a_1 x + a_2 x^2 + \cdots + a_n x^n, \qquad (2.4)$$
其中每一项均包含一个系数和变量 x 的一个非负整数幂(本节后面将说明,一般我们可以写成 $x^1=x, x^0=1$,所以上式前两项可以分别写成 $a_0 x^0$ 和 $a_1 x^1$)。注意,我们使用标有下标的符号 $a_0, a_1, a_2, \cdots, a_n$,而不用符号 $a, b, c \cdots$ 来表示系数。这基于两方面的考虑:(1) 我们可以节约符号,因为以此方式表示,仅有一个符号 a 就够用了;(2) 下标可以帮助我们确定一个特定系数在整个方程中的位置,如在(2.4)式中,a_2 是 x^2 的系数,等等。

依赖于整数 n 的值(它设定了 x 的最高幂数),我们可以有以下几种多项式函数的子类别:

当 $n=0, y=a_0$;   [常值函数]
当 $n=1, y=a_0+a_1 x$;   [线性函数]
当 $n=2, y=a_0+a_1 x+a_2 x^2$;   [二次函数]
当 $n=3, y=a_0+a_1 x+a_2 x^2+a_3 x^3$.   [三次函数]

x 的幂次的上标值称为指数。函数的最高幂次,即 n 值,被称作多项式函数的次数;比如,二次函数称作二次多项式,三次函数称作三次多项式等。① 等号右边的各项的排列顺序是无关紧要的,也可以将其降幂排列。尽管方程左边我们运用符号 y,但也可以用 $f(x)$ 来

---

① 刚才提到的几个方程,最后一项的系数 a_n 总是假设不为零,否则此函数将退化为低次多项式。

代替。

如图 2.8(a)所示,在直角坐标平面内,线性函数是一条直线。当 $x=0$ 时,线性函数得出 $y=a_0$,有序偶 $(0,a_0)$ 位于此直线上,这样我们得到所谓的"y 截距"(或纵截距),因为它是纵轴与该直线的交

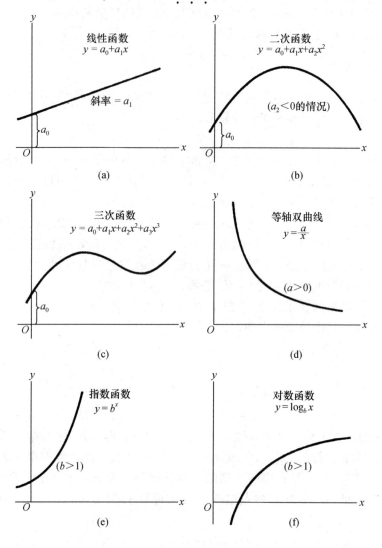

图 2.8

点。另一个系数 a_1，测度直线的斜率(倾斜的程度)。这意味着 x 增加一单位，将会导致 y 增加 a_1 单位。图 2.8(a)所描述的是 $a_1>0$ 的情况，斜率为正，因此是一条向上倾斜的直线；若 $a_1<0$，则直线将向下方倾斜。

另一方面，二次函数的图形为抛物线——或粗略地讲，是一条内部只有一个折返或弯曲的曲线。图 2.8(b)所描述的特定情况中，a_2 为负；当 $a_2>0$ 时，曲线向另一方向张开，状似山谷，而非山峰。三次函数的图形如图 2.8(c)所示，一般会出现两次弯曲。这些函数在下面讨论的经济模型中要经常使用。

有理函数

下面这样一个函数

$$y = \frac{x-1}{x^2+2x+4}$$

中，y 被表示成变量 x 的两个多项式的比率，称为有理函数。根据这一定义，任何多项式函数本身必定为有理函数，因为它总可以表示成该式与常值函数 1 之比。

在经济学中有重要应用的一个特殊有理函数是

$$y = \frac{a}{x} \quad 或 \quad xy = a,$$

如图 2.8(d)所示，绘出的图形是等轴双曲线。因为在此情况下，两个变量之积总为一固定常数，此函数可以用于表示一种特定的需求曲线——价格 P 和需求量 Q 作为两轴——在所有价格水平上，总支出不变(这种需求曲线是一种在曲线的每一点都有单位需求弹性的曲线)。另一个应用是平均固定成本曲线(AFC)。令 AFC 为坐标系的一轴，产出 Q 为另一轴，AFC 曲线一定是条等轴双曲线，因为 AFC$\times Q$(= 总固定成本)是一个固定常数。

等轴双曲线 $xy=a$ 即使无限向上和向右延伸，也不会与两轴相交。或者说，曲线将逐渐趋近于两轴：随着 y 的增大，曲线将越来越接近 y 轴，但实际上永远不可能与之相交；对于 x 轴来说，也是同理。这两轴构成函数的渐近线。

非代数函数

任何以多项式和(或)多项式的根(如平方根)表示的函数,均是代数函数。因此,我们到目前为止所讨论的函数均为代数函数。

然而,像 $y = b^x$ 这样的指数函数,其自变量出现在指数上,称**非代数函数**。与其密切相关的对数函数,如 $y = \log_b x$,也是非代数函数。这两类函数在特定的经济应用中扮演了特别的角色,将在第 10 章中详细讨论,但在图 2.8(e)和图 2.8(f)中我们绘出其一般图形。其他类型的非代数函数还有**三角函数**,我们将在第 16 章与动态分析相关的内容中讨论。我们还要加上一句,更为深奥的**超越函数**也是非代数函数。

关于指数的额外解释

在讨论多项式函数时,我们引入了指数这一术语,用以表示一个变量(或者数)的自乘幂数。表达式 6^2 表示 6 自乘到二次幂,即 6 被自己相乘,或 $6^2 \equiv 6 \times 6 = 36$。一般而言,我们定义,对于正整数 n,

$$x^n \equiv \underbrace{x \times x \times \cdots \times x}_{n \text{项}},$$

且作为特殊情况,我们要注意 $x^1 = x$。由此一般定义,对于正整数 m 和 n,指数服从以下法则:

法则 I $x^m \times x^n = x^{m+n}$(例如 $x^3 \times x^4 = x^7$)。

证明 $x^m \times x^n = \underbrace{(x \times x \times \cdots \times x)}_{m \text{项}} \underbrace{(x \times x \times \cdots \times x)}_{n \text{项}}$

$$= \underbrace{x \times x \times \cdots \times x}_{m+n \text{项}} = x^{m+n}.$$

注意在这一证明中,我们没有对 x 或对指数 m 和 n 赋以特定值。因此,所获得的结果在一般意义上是成立的。正是因为这一原因,上述表达式构成了一个证明,而非仅仅是验证。下面对法则 II 的证明也是类似的。

法则 II $\dfrac{x^m}{x^n} = x^{m-n}$ ($x \neq 0$) $\left(\text{例如} \dfrac{x^4}{x^3} = x\right)$。

证明 $\dfrac{x^m}{x^n} = \dfrac{\overbrace{x \times x \times \cdots \times x}^{m\text{项}}}{\underbrace{x \times x \times \cdots \times x}_{n\text{项}}} = \underbrace{x \times x \times \cdots \times x}_{m-n\text{项}} = x^{m-n}.$

因为分母中的 n 项消去了分子中的 m 项。注意当 $x = 0$ 时,该法则不成立。因为当 $x = 0$ 时,表达式 x^m/x^n 以零作除数,没有意义。

如果 $m < n$,比如 $m = 2, n = 5$,会如何? 在此情况下,依法则 II,$x^{m-n} = x^{-3}$,x 的幂次为负。这意味着什么呢? 答案仍由法则 II 自己给出:当 $m = 2, n = 5$ 时,我们有

$$\dfrac{x^2}{x^5} = \dfrac{x \times x}{x \times x \times x \times x \times x} = \dfrac{1}{x \times x \times x} = \dfrac{1}{x^3},$$

因此 $x^{-3} = 1/x^3$。可以将其推广为另一法则:

法则 III $\qquad x^{-n} = \dfrac{1}{x^n} \quad (x \neq 0).$

一个非零数的负 n 次幂等于该数 n 次幂的倒数。

应用法则 II 时的另一种特殊情况是 $m = n$,它使得表达式 $x^{m-n} = x^{m-m} = x^0$。为解释 x 的零次幂的含义,我们可以按法则 II 写出 x^{m-m} 项,会得到 $x^m/x^m = 1$。因此我们可以得出这一结论:任何非零数的零次幂等于 1(表达式 0^0 无意义)。可将此表示成另一法则

法则 IV $\qquad x^0 = 1 \quad (x \neq 0).$

只要我们仅涉及多项式函数,x 的(非负)整数次幂已足以满足需要。但在指数函数中,指数是一个也可取非整数的变量。为解释像 $x^{1/2}$ 这样的数的含义,我们考察这样一个事实:由法则 I,我们有

$$x^{1/2} \times x^{1/2} = x^1 = x,$$

因为 $x^{1/2}$ 被自乘等于 x,$x^{1/2}$ 一定是 x 的平方根,类似地,$x^{1/3}$ 一定是 x 的立方根。因此,一般而言,我们可表述下列法则:

法则 V $\qquad x^{1/n} = \sqrt[n]{x}.$

指数服从的另两个法则是

法则 VI $\qquad (x^m)^n = x^{mn}.$

法则 VII $\qquad x^m \times y^m = (xy)^m.$

练习 2.5

1. 用图形表示下列函数：
   (a) $y = 16 + 2x$ (b) $y = 8 - 2x$ (c) $y = 2x + 12$
   (以上仅考察定义域为非负实数的情况。)

2. 上题(a)与(b)的主要区别是什么？这种区别在图形上如何反映出来？(a)与(c)的主要区别是什么？这种区别在图形上如何反映出来？

3. 用图形表示下列函数。其定义域为 $-5 \leq x \leq 5$ 的值的集合。
   (a) $y = -x^2 + 5x - 2$ (b) $y = x^2 + 5x - 2$
   我们已经知道 x^2 的系数的符号决定二次函数的图形状似"山峰"或"山谷"。就现在这两个问题而言，哪一个符号与山峰有联系？给出直观解释。

4. 假设 x 和 y 仅取正值，用图形表示函数 $y = 36/x$，然后再假设两变量也可取负值，图形要作何调整以反映假设的变化？

5. 化简下列各式：
   (a) $x^4 \times x^{15}$ (b) $x^a \times x^b \times x^c$ (c) $x^3 \times y^3 \times z^3$

6. 求：(a) x^3/x^{-3} (b) $(x^{1/2} \times x^{1/3})/x^{2/3}$

7. 证明 $x^{m/n} = \sqrt[n]{x^m} = (\sqrt[n]{x})^m$。指明在每一步骤所应用的法则。

8. 证明法则 VI 和法则 VII。

2.6 两个或两个以上自变量的函数

迄今为止，我们仅考察了只有一个自变量的情况，$y = f(x)$。但函数的概念极易推广到具有两个及两个以上自变量的情况。给定函数：
$$z = g(x, y),$$
一对给定的 x 值和 y 值将唯一地确定一个因变量 z 的值。这样的函数例子有
$$z = ax + by \quad \text{或} \quad z = a_0 + a_1 x + a_2 x^2 + b_1 y + b_2 y^2.$$

函数 $y = f(x)$ 把定义域中的点映射到值域中的点，函数 g 也同样如此。但是这里的定义域不再是一个数集，而是有序偶 (x, y) 的集合，因为只有同时给定 x 和 y 值之后，才能确定 z 值。因而函数 g 是从二维空间中的点到线段上的点（即一维空间上的点）的映射。如图

2.9(a)所示,从点(x_1,y_1)映射到点z_1,从点(x_2,y_2)映射到z_2,等等。

如图 2.9(b)所示,如果作纵轴 z 垂直于 xy 平面,则产生一个三维空间。我们在这个三维空间中给出函数 g 的如下几何解释:函数的定义域是 xy 平面上的点的某个子集,定义域中给定点,比如(x_1,y_1)的函数值(z 的值),由该点垂直线段的高度表示。三个变量之间的联系可通过一个有序三元组(x_1,y_1,z_1)来概括,它是三维空间中的一个特定的点。有序三元组的轨迹是一个曲面,构成了函数 g 的图形。函数 $y=f(x)$ 是一个有序偶的集合,而函数 $z=g(x,y)$ 是一个有序三元组的集合。在经济模型中,这类函数我们将经常用到。一个现成的应用是在生产函数领域。假设产量由资本(K)和劳动(L)的数量决定,则我们可以将生产函数的一般形式写成:$Q=Q(K,L)$。

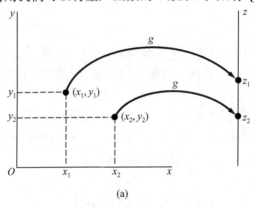

(a)

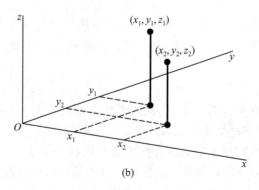

(b)

图 2.9

进一步将函数推广到三个或多个自变量的可能性是不言自明的。例如,对于函数 $y = h(u, v, w)$,我们可以将三维空间中的点 (u_1, v_1, w_1) 映射到一维空间的点 y_1 上,这样的函数可以用于表示消费者效用函数,即消费者的效用是其消费的三种不同商品的函数,其映射是从三维商品空间到一维效用空间。但此时不可能画出函数的图形,因为画出四维图形要画出有序四元组,但我们生活的这个世界仅是三维的。但无论如何,凭借直观的几何推理,我们仍可以将有序四元组 (u_1, v_1, w_1, y_1) 视为四维空间中的一个点。这些点的轨迹给出函数 $y = h(u, v, w)$ 的图形(不能画出),我们称其为超平面。这些术语,即点和超平面,也可推广到 n 维空间的一般情况。

一个以上自变量的函数也可以分成不同类型。如下述形式的函数

$$y = a_1 x_1 + a_2 x_2 + \cdots + a_n x_n$$

是线性函数,其特点是每一个自变量均为一次幂。而二次函数则包含一个或多个自变量的一次幂和二次幂,但任何一项的变量的指数和不能超过 2。

注意,我们不用 x, u, v, w 等表示自变量,而用符号 $x_1, x_2, \cdots, x_n$ 表示自变量。后一种符号,像系数的下标一样,具有节省符号、易于计算函数中包含的变量的数量等优点。

2.7 一般性水平

在讨论各种类型的函数时,我们没有明确关注所介绍函数例子的一般性水平变化的有关情况。在有些例子中,我们曾写出下述形式的函数:

$$y = 7, \quad y = 6x + 4, \quad y = x^2 - 3x + 1 \text{ 等}。$$

这些函数不仅都以数字系数表示,而且也都具体指明了每个函数是常值函数、线性函数还是二次函数。以图形看,每个这样的函数都给出了明确定义的唯一的曲线。鉴于这些函数的数字性质,以此为基础的模型的解也将以数值形式出现。这些函数的缺点在于:如果我们想知道,当出现不同的数值系数集合时,我们的分析结论会如何变

化,我们必须每次都重新进行推理过程。因而,从特定函数得到的结果缺乏一般性。

在更一般水平的讨论和分析中,有下列形式的函数
$$y = a, \quad y = a + bx, \quad y = a + bx + cx^2 \quad \cdots$$
由于使用了参数,每个函数不是代表一条曲线,而是代表一族曲线。例如 $y=a$,不仅代表一些特定的情况,如 $y=0, y=1$ 及 $y=2$ 等,而且也表示 $y = \frac{1}{3}, y = -5, \cdots$ 无穷尽的情况。运用参数函数,数学运算的结果也可以用参数表示。在下述意义上,模型的结果更具有一般性:赋予模型解中的参数以不同的值,不必再重复推理过程,就可以得到所有具体答案。

为获得更高层次的一般性描述,我们可以运用一般函数形式 $y = f(x)$ 或 $z = g(x,y)$。当运用这种形式时,函数就不再局限于线性函数、二次函数、指数函数或者三角函数。所有这些函数均可纳入这个概念的框架内。因此,基于这种一般公式的分析结论最具一般性。然而,为了获得具有经济意义的结果,常需要对纳入模型的一般函数施加某些性质上的限制,比如限定需求函数的斜率应当为负,消费函数具有小于 1 的正的斜率等。

概括一下本章的内容,数学经济模型的结构已经清楚了。一般而言,它由方程组构成,这些方程可能是定义方程、行为方程或者具有均衡条件性质的方程。① 行为方程通常以函数形式存在,函数可能是线性的或非线性的,可能是数值的或参数的,还可能有一个自变量或多个自变量,等等。正是通过这些函数,模型所采纳的分析假设才得以给出数学表达。

因此,开始分析问题的第一步是为模型选择合适的内生变量和外生变量。第二步我们必须把所选定的关于环境中人类、组织、技术、法律以及其他有关方面的行为的分析假设转化为方程。这些环境因素影响着变量的变动。自此以后,我们便可以通过有关的数学运算和处理推导出一系列的结论,并给出合适的经济解释。

---

① 不等式也可能是模型的重要组成部分,但此时我们不予以考虑。

第二篇

静态(或均衡)分析

第3章 经济学中的均衡分析

我们将上一章介绍的分析程序首先应用于静态分析或均衡分析。为此,我们必须先明确地理解"均衡"的含义。

3.1 均衡的含义

像其他经济术语一样,均衡这一概念也可以不同方式来定义。有一个定义为"选定的一组具有内在联系的变量经过彼此调整,从而使这些变量所构成的模型不存在内在变化倾向"[①]的一种状态。在此定义中,有几个词需要特别加以注意。

第一,"选定的"一词强调了这样一个事实:确实存在一些变量,由于分析者的选择而未被包含于模型之中。因此,这里所讨论的均衡仅与选定的特定变量集合有关。如果模型扩大,包含了额外的变量,适合于较小模型的均衡状态便不再适用于这种新的状态。

第二,"内在联系"一词意味着为了实现均衡状态,模型中的所有变量必须同时处于静止状态;而且,每一变量的静止状态必须与所有其他变量的静止状态相一致。否则某一(些)变量将会变化,并引起其他变量的连锁反应,均衡便不再存在。

第三,"内在的"一词意指在定义均衡时,所涉及的静止状态仅以模型内部力量的平衡为基础,而假定外部因素不变。从运算角度说,这意味着参数和外生变量被视为常数。当外部因素实际变化时,将会导致定义在新参数值基础上的新均衡;但在定义新均衡时,还要假设新参数值保持不变。

---

① Fritz Machlup, "Equilibrium and Disequilibrium: Misplaced Concreteness and Disguised Politics," *Economic Journal*, March 1958, p.9. (重印于 F. Machlup, *Essays on Economic Semantics*, Prentice Hall, Inc., Englewood Cliffs, N.J., 1963。)

从本质上看,一个特定模型的均衡,是以缺乏变化趋势为特征的一种状态,正是因为如此,均衡分析(更确切地说,研究什么是均衡状态)被称之为静态学。

均衡意味着缺乏变化趋势这一事实,易使人们得出这一结论:均衡是事物的一种理想的或合意的状态,因为只有理想状态才会缺乏变化动力。这个结论是缺乏依据的。尽管某些均衡代表了某种理想状态和可值得追求的东西——如从厂商角度来看的利润最大化状态——可另一些均衡却是不理想的、需加以回避的状态,如非充分就业的国民收入均衡水平等。唯一合理的解释是:均衡是这样一种状态,其一旦达到且外力不发生变化时,就有维持不变的倾向。

我们将称之为目标均衡的那种理想均衡,在第四篇中作为最优化问题加以讨论。本章的讨论仅限于非目标均衡,这种均衡并不是由于对特定目标的刻意追求,而是由于非个人的或超个人的经济力量相互作用与调节所致。例如,在给定供求条件下的市场均衡和给定消费与投资方式下的国民收入均衡,均属此例。

3.2 局部市场均衡——线性模型

在静态均衡模型中,标准的问题是求出满足模型均衡条件的一组内生变量的值。这是因为我们一旦确定了这组值,实际上也就确定了均衡条件。下面我们描述所谓的"局部均衡市场模型",即在一个孤立市场中的价格决定模型。

模型的构建

因为仅考察一种商品,所以模型中只需包括三个变量:商品的需求量(Q_d),商品的供给量(Q_s)以及该商品的价格(P)。商品的需求量可以用每周多少磅等来度量,价格可用美元等来度量。选择完变量后,下一步的任务就是要对市场运行作出若干假设,首先,我们必须设定市场均衡模型必不可少的市场均衡条件。标准的假设是:当且仅当超额需求为零($Q_d - Q_s = 0$),即当且仅当市场出清时,市场实现均衡。但这马上提出一个问题:供求数量 Q_d 和 Q_s 本身是如何决定的？要回答此问题，我们需假设 Q_d 是 P 的递减线性函数（当 P 增加时，Q_d 减少）；而 Q_s 被假定为 P 的递增线性函数（P 增加时，Q_s 也随之增加），并满足这个条件：除非价格超过某一特定的正的价格水平，否则不会有商品供给。这样，模型将包括一个均衡条件、两个行为方程，这两个行为方程分别决定着市场供给和市场需求两个方面。

将其转化为数学表述，模型可以写成：

$$Q_d = Q_s,$$
$$Q_d = a - bP, \quad (a, b > 0)$$
$$Q_s = -c + dP, \quad (c, d > 0) \qquad (3.1)$$

两个线性函数中出现的四个参数 a、b、c 和 d，均设定为正。当画出需求函数曲线时，如图 3.1 所示，它与纵轴相交于 a，其斜率正如所要求的那样，为负，即 $-b$。供给函数也具有符合要求的斜率，d 值为正，但它与纵轴交于 $-c$，为什么我们要设定这样一个负的截距呢？因为只有这样做，我们才能使得供给曲线与横轴相交于正值 P_1，从而满足我们前面所述的附加条件：除非价格为正且足够高，否则就不会有供给。

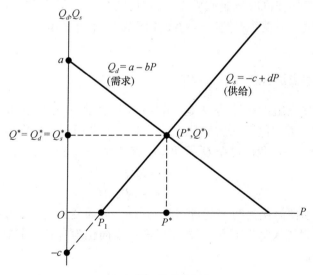

图 3.1

读者应注意到,在图 3.1 中,与通常将价格作为纵轴的画法相反,数量被作为纵轴。但这与数学上将因变量置于纵轴上的习惯是一致的。在下面的有关内容中,从厂商的角度考虑,需求曲线用于代表平均收益曲线,$AR \equiv P = f(Q_d)$,我们将把两轴的位置颠倒过来,让纵轴代表价格。

建模完毕,下一步就是求解,即解出三个内生变量 Q_d、Q_s 和 P 的值。解值必须同时满足(3.1)中的三个方程,即将这些解值代入方程时,必须使这三个方程同时成立。在与均衡模型相关的内容中,解值也被称作刚才所提到变量的均衡值。许多作者并不使用特别的符号来表示内生变量的解值。因此,$\dot{Q}_d$ 既被用来表示需求数量这一变量(整个值域),也被用来表示其解值(一个特定的值);符号 $\dot{Q}_s$ 和 $\dot{P}$ 也有类似的含义。遗憾的是,这种做法可能引起混淆,尤其是在比较静态分析的背景下(如 7.5 节)。为了避免这种混淆,我们用星号表示内生变量的解值。因此,Q_d、Q_s 和 P 的解值分别被记为 Q_d^*,Q_s^* 和 P^*。然而,因为 $Q_d^* = Q_s^*$,它们也可以用一个符号 Q^* 来表示。因此模型的均衡解可以用有序偶 (P^*, Q^*) 表示。当解不唯一,有几个有序偶同时满足联立方程组时,则存在一个不只包含一个元素的解集。但在像本例这样的线性模型中,不可能出现多个均衡解的情况。

用变量消去法求解

解方程组的一个办法是通过代换逐步消去变量和方程。在(3.1)中,模型包括三个方程、三个变量。但考虑到由均衡条件可知 Q_d 与 Q_s 相等,我们可令 $Q_d = Q_s = Q$,将模型等价地改写为:
$$\begin{aligned} Q &= a - bP, \\ Q &= -c + dP, \end{aligned} \quad (3.2)$$
这样模型便简化为两个变量、两个方程。进而通过将(3.2)中的第一个方程代入第二个方程,模型可进一步简化为含有一个变量的一个方程。
$$a - bP = -c + dP$$
或者,在方程两边同时减去 $(a + bP)$,并同乘 -1,有

$$(b+d)P = a+c, \qquad (3.3)$$

在(3.1)中将第二和第三个方程直接代入第一个方程,也可以得到此结果。

因 $b+d \neq 0$,所以可将(3.3)两边同时除以$(b+d)$,其结果便是价格的解值。

$$P^* = \frac{a+c}{b+d} \qquad (3.4)$$

注意,同所有解值一样,P^*是完全以参数表示的,参数代表模型的给定值,所以P^*是一个确定的值。另外,P^*是一个正值——它也应当是一个正值,因为模型设定四个参数均为正值。

要求出对应于P^*的均衡数量$Q^*(=Q_d^* = Q_s^*)$,仅需将(3.4)代入(3.2)的任一方程,并解此方程,便可以得到解。例如将(3.4)代入需求函数,我们可以得到

$$Q^* = a - \frac{b(a+c)}{b+d} = \frac{a(b+d) - b(a+c)}{b+d} = \frac{ad-bc}{b+d},$$
$$(3.5)$$

此式也是一个参数表达式。因为分母$(b+d)$为正,要使Q^*为正,则分子$(ad-bc)$也需为正。因此,要使此模型具有经济意义,还需包含额外的约束条件 $ad > bc$。

在图3.1中可以看出这个约束的含义。我们知道市场模型的解P^*和Q^*在图形上由供求曲线的交点决定,要使$Q^* > 0$,供求曲线的交点必须位于图3.1横轴的上方,这就要求两曲线的斜率和纵截距的相对大小受到某些约束。根据(3.5),给定 b 和 d 为正,这些约束就是 $ad > bc$。

顺便说一句,图3.1中供求曲线的交点与维恩图2.2(b)中的交点并无概念上的不同。唯一的差别是:维恩图是位于两圆内的点;而本例则是位于两条直线上的交点。分别以 D 和 S 表示需求曲线和供给曲线上的点集,则通过利用符号 $Q(=Q_s = Q_d)$,两个集合及其交点可以写成:

$$D = \{(P,Q) \mid Q = a - bP\},$$
$$S = \{(P,Q) \mid Q = -c + dP\},$$

和 $D \cap S = (P^*, Q^*)$

在本例中，交集仅包含一个元素，即有序偶(P^*, Q^*)。市场均衡是唯一的。

练习3.2

1 给定市场模型
$$Q_d = Q_s,$$
$$Q_d = 21 - 3P,$$
$$Q_s = -4 + 8P,$$

分别运用下述方法求出P^*和Q^*：

(a) 变量消去法；

(b) 运用公式(3.4)和(3.5)。（结果以分数表示，不要用小数。）

2 令需求和供给函数取下述形式：

(a) $Q_d = 51 - 3P$ (b) $Q_d = 30 - 2P$
   $Q_s = 6P - 10$ $Q_s = -6 + 5P$

用变量消去法求P^*和Q^*。（用分数表示结果，不要用小数。）

3 根据(3.5)，要使Q^*为正，一个必要条件是$(ad - bc)$与$(b + d)$的代数符号相同。验证习题1、2的模型确实满足这一条件。

4 若在线性市场模型中，$(b + d) = 0$，能够利用(3.4)和(3.5)求出均衡解吗？解释为什么。

5 在线性市场模型中，若$(b + d) = 0$，对于图3.1中供求曲线的位置，你能得出何结论？关于均衡解，你能得出何结论？

3.3 局部市场均衡——非线性模型

在孤立的市场模型中，用二次需求函数代替线性需求函数，而供给函数仍为线性函数。如果系数用数值而非参数，则可有下面的模型：

$$Q_d = Q_s,$$
$$Q_d = 4 - P^2, \qquad (3.6)$$
$$Q_s = 4P - 1$$

同以往一样,这个含有三个方程的方程组可以用变量消去法(代入法)简化为一个方程:

$$4 - P^2 = 4P - 1$$

或者

$$P^2 + 4P - 5 = 0, \quad (3.7)$$

这是一个二次方程,因为方程左侧的表达式是变量 P 的二次函数。二次方程和线性方程的主要区别在于前者一般有两个解值。

二次方程与二次函数

在讨论二次方程的解法以前,应对两个术语——二次方程和二次函数——加以明确区分。根据前面的讨论,表达式 $P^2 + 4P - 5$ 构成了一个二次函数,比如说 $f(P)$。因此,我们可以写成:

$$f(P) = P^2 + 4P - 5, \quad (3.8)$$

(3.8)式规定了 P 到 $f(P)$ 的一个映射规则,例如:

P	⋯	-6	-5	-4	-3	-2	-1	0	1	2	⋯
$f(P)$	⋯	7	0	-5	-8	-9	-8	-5	0	7	⋯

尽管我们在表中仅列了九个 P 值,实际上函数定义域中所有的 P 值都可以列出来。也许正是由于这一原因,我们很少谈到"解"方程 $f(P) = P^2 + 4P - 5$,因为我们一般期望"解值"仅是有限的几个数值,但这里却包括所有的 P 值。当然,人们可以合理地将上表中的每一个有序偶,如 $(-6,7)$,$(-5,0)$ 等视为(3.8)的解,因为每一个这样的有序偶确实满足方程。由于有无数这样的有序偶(每一个 P 值对应一个有序偶),所以,(3.8)式有无数个解。把这些有序偶连在一起绘出一条曲线,可以得到图3.2的抛物线。

在(3.7)中,由于二次方程 $f(P) = 0$,情况便产生了根本性的变化。因为变量 $f(P)$ 现在不再存在(它被赋值为零),结果二次方程只有一个变量 P。① 既然 $f(P)$ 仅限取零值,那么只有一定数量的 P 值

---

① 这里讨论的二次函数与二次方程的区别也可以拓展到非二次的多项式的情况。因此,令三次函数为零时,就得到三次方程。

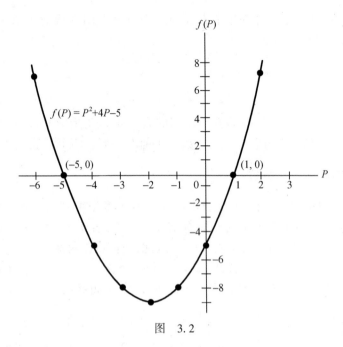

图 3.2

可以满足(3.7),并可以作为此方程的解。这些 P 值也就是图3.2中抛物线与横轴的交点[在横轴上 $f(P)$ 为零]。注意,此时的解值仅仅是 P 值,而非有序偶。方程的解 P 值通常被称作二次方程 $f(P) = 0$ 时的根,或者说当二次函数为零时的根。

在图 3.2 中,有两个这样的交点,即 $(1,0)$ 和 $(-5,0)$。正如所要求的那样,有序偶的第二个元素(对应点的纵坐标)在两种情况下均表明 $f(P)$ 为零,而每一个有序偶的第一个元素(点的横坐标),则是解值 P。这里我们得到两个解:

$$P_1^* = 1 \quad 和 \quad P_2^* = -5,$$

但因为负的价格被舍掉,仅有第一个值在经济上是可接受的。

二次公式

方程(3.7)已通过图解法解出,但也可以用代数法求解。一般而言,给定下述形式的二次方程

$$ax^2 + bx + c = 0, \quad (a \neq 0) \tag{3.9}$$

它的两个根可通过二次公式得到

$$x_1^*, x_2^* = \frac{-b \pm (b^2 - 4ac)^{1/2}}{2a}, \tag{3.10}$$

其中取正号得到 x_1^*,取负号得到 x_2^*。

注意到只要 $b^2 - 4ac > 0$, x_1^* 和 x_2^* 的值就不同,我们可得到两个不同的实数根。但在 $b^2 - 4ac = 0$ 的特定情况下,我们将发现 $x_1^* = x_2^* = -b/2a$。在这种情况下,两个根的值相同,它们被称为重根。在另一种 $b^2 - 4ac < 0$ 的特殊情况下,我们需要求出负数的平方根,这在实数系统中是不可能的。这种情况下没有实根存在,我们将在16.1节中进一步讨论它。

这个得到广泛运用的公式是通过"配方"的过程推导出来的。首先,(3.9)的每一项除以 a 得到方程

$$x^2 + \frac{b}{a}x + \frac{c}{a} = 0,$$

方程两边同时减去 c/a,加上 $b^2/4a^2$,得到

$$x^2 + \frac{b}{a}x + \frac{b^2}{4a^2} = \frac{b^2}{4a^2} - \frac{c}{a},$$

方程左侧现在是"完全平方",因此方程可以表示成

$$\left(x + \frac{b}{2a}\right)^2 = \frac{b^2 - 4ac}{4a^2},$$

或者两边开平方后

$$x + \frac{b}{2a} = \pm \frac{(b^2 - 4ac)^{1/2}}{2a},$$

最后,方程两边同时减去 $b/2a$,则可得到(3.10)的结果。

将此公式应用于(3.7),其中 $a = 1, b = 4, c = -5$ 及 $x = P$,求得其根为

$$P_1^*, P_2^* = \frac{-4 \pm (16 + 20)^{1/2}}{2} = \frac{-4 \pm 6}{2} = 1, -5$$

可将其与图3.2的结果加以比较验证。基于经济意义上的考虑,我们拒绝 $P_2^* = -5$。舍弃下标1,简写为 $P^* = 1$。

有了这个结果 $P^* = 1$,再利用(3.6)的第二个或第三个方程,可

很容易地求得均衡数量 $Q^* = 3$。

另一种图解法

此模型图解法的一种方式已在图 3.2 中给出。但是，因为数量变量在推导二次方程时被消去，在该图中只能求出 P^*。如果我们旨在从图形中同时求出 P^* 和 Q^*，必须使用以 Q 为一轴，以 P 为另一轴的图形，类似于图 3.1。图 3.3 描述了这种方法，当然，我们的问题还是要求出两个点集的交集，即

$$D = \{(P,Q) \mid Q = 4 - P^2\}$$

和 $$S = \{(P,Q) \mid Q = 4P - 1\},$$

如果定义域和值域没有约束，交集应包含两个元素，即

$$D \cap S = \{(1,3), (-5, -21)\},$$

前者位于第 I 象限，后者（未画出）位于第 III 象限。但如果定义域和值域限定为非负，则只有第一个有序偶 $(1,3)$ 可被接受。于是此均衡又是唯一的均衡。

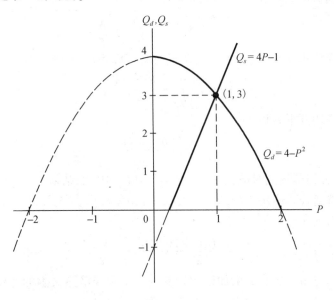

图 3.3

高次多项式方程

如果联立方程组不能化简成如(3.3)①那样的线性方程,或者像(3.7)那样的二次方程,而是化简成三次(三次多项式)方程或者四次(四次多项式)方程等,求根则更为困难。一种行之有效的方法是对函数进行因式分解。

例1 表达式 $x^3 - x^2 - 4x + 4$ 可以写成三个因子 $(x-1)$,$(x+2)$,$(x-2)$ 的乘积。因此,三次方程可写成:

$$(x-1)(x+2)(x-2) = 0,$$

要使方程左侧的积为零,乘积中至少有一项为零。依次令每一项为零,我们得到:

$$x - 1 = 0 \quad \text{或} \quad x + 2 = 0 \quad \text{或} \quad x - 2 = 0,$$

这三个方程给出三次方程式的三个根,即:

$$x_1^* = 1, \quad x_2^* = -2, \quad x_3^* = 2。$$

例1演示了两个有意思也很有用的关于因子的结论。第一,给定一个三阶多项式方程,进行因式分解得到以 (x - 根) 的形式表示的三项,这样得到三个根。一般而言,一个 n 阶多项式可以得到 n 个根。第二,比求根更重要的是,我们得到如下三个根(1, -2, 2)和固定值4的联系:因为固定值是三个根的乘积,每个根都必须是这个固定值的除数。它们的关系可以用如下定理来表示:

定理1 给定一个多项式方程:

$$x^n + a_{n-1}x^{n-1} + \cdots + a_1 x + a_0 = 0,$$

这里所有系数都是整数,并且 x^n 的系数是1。如果存在整数根,那么每一个都必须是 a_0 的除数。

但是,有时我们会遇到系数是分数的多项式方程,比如:

$$x^4 + \frac{5}{2}x^3 - \frac{11}{2}x^2 - 10x + 6 = 0.$$

这不在定理1的范畴。即使如果我们乘以2消去分母(就如例2的形式),我们还是不能应用定理1,因为最高阶项的系数不等于

---

① 方程(3.3)可视作令线性函数 $(b+d)P - (a+c)$ 等于零的结果。

1。在这个例子中,我们需要求助于更加一般的定理:

定理2 给定整数系数的多项式方程:
$$a_n x^n + a_{n-1} x^{n-1} + \cdots + a_1 x + a_0 = 0,$$
如果存在一个有理根 r/s,这里 r 和 s 是除了1以外没有公约数的整数,那么 r 是 a_0 的除数,s 是 a_n 的除数。

例2 下面四次方程有没有有理根?
$$2x^4 + 5x^3 - 11x^2 - 20x + 12 = 0,$$
当 $a_0 = 12$ 时,r/s 中 r 的唯一可能值属于除数集合 $\{1, -1, 2, -2, 3, -3, 4, -4, 6, -6, 12, -12\}$。当 $a_n = 2$ 时,s 唯一可能的值属于除数集合 $\{1, -1, 2, -2\}$。依次在 r 集中取值,用 s 集中的值来除,我们得到 r/s 只可能取如下值:
$$1, -1, \frac{1}{2}, -\frac{1}{2}, 2, -2, 3, -3, \frac{3}{2}, -\frac{3}{2}, 4, -4, 6, -6, 12, -12,$$
在这些候选根中,许多不能满足这个给定等式。比如,在四次方程中让 $x=1$,我们得到荒谬的结果 $-12=0$。事实上,因为我们正在求解一个四次方程,我们能够期望最多4个 r/s 值满足这个等式。这4个方程的根是 $\frac{1}{2}, 2, -2$ 和 -3。根据因式分解原则,我们能够写出如下四次方程:
$$\left(x - \frac{1}{2}\right)(x-2)(x+2)(x+3) = 0,$$
这里第一个因子可以写成 $(2x-1)$。

在例2中,我们拒绝候选根1,因为 $x=1$ 没有能够满足给定的等式,即把 $x=1$ 代入等式不能得到恒等式 $0=0$。现在,考虑 $x=1$ 确实是某个多项式方程的根的情形。在这个例子中,因为 $x^n = x^{n-1} = \cdots x = 1$,这个多项式方程变成简单的形式就是 $a_n + a_{n-1} + \cdots + a_1 + a_0 = 0$。这个等式为下面的定理提供了基础:

定理3 给定多项式方程
$$a_n x^n + a_{n-1} x^{n-1} + \cdots + a_1 x + a_0 = 0,$$
如果系数 $a_n, a_{n-1}, \cdots, a_0$ 加起来等于0,那么 $x=1$ 是方程的根。

练习3.3

1. 用图的方式来找出下面等式的零点：
   (a) $f(x) = x^2 - 8x + 15$ (b) $g(x) = 2x^2 - 4x - 16$
2. 通过二次公式方法来求解问题1。
3. (a) 找出根是6，-1和3的三次方程；
   (b) 找出根是1，2，3和5的四次方程。
4. 对于下面多项式方程，确定 $x = 1$ 是否是其根：
   (a) $x^3 - 2x^2 + 3x - 2 = 0$ (b) $2x^3 - \frac{1}{2}x^2 + x - 2 = 0$
   (c) $3x^4 - x^2 + 2x - 4 = 0$
5. 如果有，找出下面方程的有理根：
   (a) $x^3 - 4x^2 + x + 6 = 0$ (b) $8x^3 + 6x^2 - 3x - 1 = 0$
   (c) $x^3 + \frac{3}{4}x^2 - \frac{3}{8}x - \frac{1}{8} = 0$ (d) $x^4 - 6x^3 + 7\frac{3}{4}x^2 - \frac{3}{2}x - 2 = 0$
6. 找出下面模型的均衡解：
   (a) $Q_d = Q_s$ (b) $Q_d = Q_s$
       $Q_d = 3 - P^2$ $Q_d = 8 - P^2$
       $Q_s = 6P - 4$ $Q_s = P^2 - 2$
7. 市场均衡条件，$Q_d = Q_s$，经常用另一个等式来表述，$Q_d - Q_s = 0$，其经济含义是"超额需求等于0"。那么，(3.7)是否代表了后一种均衡条件？如果没有，提供一个对于(3.7)的恰当的经济学解释。

3.4 一般市场均衡

上两节讨论了孤立的市场模型，在那里，商品的 Q_d 和 Q_s 仅仅是该商品价格的函数。然而在现实世界中，没有一种商品是这样孤立存在的，每一种商品都有许多替代品和互补品。因此，对一种商品的需求函数更为实际的描述不但应考虑到商品自身价格的影响，还应考虑到相关产品价格的影响。供给函数也应如此。但是，一旦其他商品价格被纳入考虑范围，模型的结构必须加以扩充，以便能求出其他商品价格的均衡值。因此,多种商品的价格和数量变量必须一并作为内生变量纳入模型。

在孤立市场模型中,均衡条件仅包含一个方程 $Q_d = Q_s$,或 $E = Q_d - Q_s = 0$,其中 E 代表超额需求。当同时考虑几种相互关联的商品时,均衡要求模型中的每一种商品都不存在超额需求。因为只要有一种商品存在超额需求,该商品的价格调整就会影响到其他商品的需求数量和供给数量,从而导致所有商品的价格变化。因此,n 种商品市场模型的均衡条件将包含 n 个方程,每个方程代表一种商品,其形式为:

$$E_i = Q_{di} - Q_{si} = 0, \quad (i = 1, 2, \cdots, n) \quad (3.11)$$

如果存在均衡解,它将是一个价格 P_i^* 和对应的数量 Q_i^* 的集合,使得均衡条件中的所有 n 个方程同时得到满足。

两种商品市场模型

为了说明问题,我们讨论一种仅包含两种相互关联的商品的简单模型。为简化起见,两种商品的需求函数和供给函数均假设为线性的。用参数形式,这种模型可以写成

$$\begin{aligned} Q_{d1} - Q_{s1} &= 0, \\ Q_{d1} &= a_0 + a_1 P_1 + a_2 P_2, \\ Q_{s1} &= b_0 + b_1 P_1 + b_2 P_2, \\ Q_{d2} - Q_{s2} &= 0, \\ Q_{d2} &= \alpha_0 + \alpha_1 P_1 + \alpha_2 P_2, \\ Q_{s2} &= \beta_0 + \beta_1 P_1 + \beta_2 P_2, \end{aligned} \quad (3.12)$$

其中系数 a 和 b 属于第一种商品的需求和供给函数,α 和 β 属于第二种商品的需求和供给函数。我们没有设定系数的符号,但在分析过程中为使结果具有经济意义,要施加某些限制以作为先决条件。在后面的数值系数的例子中,对于某些系数的特定符号还要予以说明。

作为求解此模型的第一步,我们再次利用变量消去法。通过将第二个、第三个方程代入第一个方程(描述第一个商品的方程),第

五、第六个方程代入第四个方程(描述第二个商品的方程),模型可以简化为含有两个变量的两个方程:

$$(a_0 - b_0) + (a_1 - b_1)P_1 + (a_2 - b_2)P_2 = 0,$$
$$(\alpha_0 - \beta_0) + (\alpha_1 - \beta_1)P_1 + (\alpha_2 - \beta_2)P_2 = 0, \quad (3.13)$$

将需求和供给函数代入两个均衡条件方程之后,就得到了(3.11)在两种商品情形下的形式。

尽管这是一个仅含有两个方程的简单方程组,但所包含的参数达12个,如果不引入一些简写符号,代数处理将是极其麻烦的。因此,我们定义简写符号:

$$c_i \equiv a_i - b_i,$$
$$\gamma_i \equiv \alpha_i - \beta_i, \quad (i = 0,1,2)$$

将 c_0 和 γ_0 移至方程等号右侧后,(3.13)式变成:

$$c_1 P_1 + c_2 P_2 = -c_0,$$
$$\gamma_1 P_1 + \gamma_2 P_2 = -\gamma_0, \quad (3.13')$$

通过进一步使用变量消去法,此式可解。由第一个方程可得 $P_2 = -(c_0 + c_1 P_1)/c_2$。将其代入第二个方程并解之,我们得到

$$P_1^* = \frac{c_2 \gamma_0 - c_0 \gamma_2}{c_1 \gamma_2 - c_2 \gamma_1}, \quad (3.14)$$

注意 P_1^* 是完全以模型中的数据(参数)表示的,作为解值,它也应当如此。通过类似的过程,求得第二种商品的均衡价格为:

$$P_2^* = \frac{c_0 \gamma_1 - c_1 \gamma_0}{c_1 \gamma_2 - c_2 \gamma_1}, \quad (3.15)$$

为使这两个解值有意义,对模型需施加某些限制。第一,因为用零去除没有意义,我们要求(3.14)和(3.15)中的相同的分母不为零,即 $c_1 \gamma_2 \neq c_2 \gamma_1$。第二,为保证 P^* 为正,分子、分母的符号应相同。

求出均衡价格后,通过将(3.14)和(3.15)代入(3.12)的第二(或第三)个方程和第五(或第六)个方程,可以求出均衡数量 Q_1^* 和 Q_2^*,其解值自然也应以参数表示。(实际计算过程留给读者作为练习。)

数值例子

假设需求和供给函数取下述数值形式：

$$Q_{d1} = 10 - 2P_1 + P_2,$$
$$Q_{s1} = -2 + 3P_1,$$
$$Q_{d2} = 15 + P_1 - P_2, \quad (3.16)$$
$$Q_{s2} = -1 + 2P_2,$$

其均衡解是什么？

在回答此问题前，我们先考察一下数值系数。对于每一商品，Q_{si} 仅取决于 P_i，但 Q_{di} 是两种商品价格的函数。注意，尽管在 Q_{d1} 中，P_1 的系数为负，正如我们期望的那样，但 P_2 的系数为正。P_2 上升使 Q_{d1} 增加这一事实意味着这两种商品互为替代品。在 Q_{d2} 中 P_1 的作用也有类似的解释。

在上述系数的情形下，简写符号 c_i 和 γ_i 将取以下值：

$c_0 = 10 - (-2) = 12, \quad c_1 = -2 - 3 = -5, \quad c_2 = 1 - 0 = 1,$

$\gamma_0 = 15 - (-1) = 16, \quad \gamma_1 = 1 - 0 = 1, \quad \gamma_2 = -1 - 2 = -3,$

直接将其代入 (3.14) 和 (3.15)，得到

$$P_1^* = \frac{52}{14} = 3\frac{5}{7} \quad \text{和} \quad P_2^* = \frac{92}{14} = 6\frac{4}{7},$$

再进一步将 P_1^* 和 P_2^* 代入 (3.16)，有

$$Q_1^* = \frac{64}{7} = 9\frac{1}{7} \quad \text{和} \quad Q_2^* = \frac{85}{7} = 12\frac{1}{7},$$

于是所有均衡值均如所要求的那样，都是正值。为了保留 P_1^* 和 P_2^* 的精确值以便在进一步计算 Q_1^* 和 Q_2^* 时使用，以分数而非小数表示 P_1^* 和 P_2^* 是明智的。

我们能用图解法解出均衡价格吗？答案是肯定的。由 (3.13)，很显然两商品模型可以由具有两个变量 P_1^*、P_2^* 的两个方程概括而成。在已知数值系数时，在 P_1P_2 坐标平面中可绘出两个方程的曲线，两条曲线的交点则可准确地确定 P_1^* 和 P_2^*。

n 种商品的情况

上面对多种商品市场模型的讨论仅限于两种商品的情况,但很明显我们已由局部均衡分析向一般均衡分析转变。当更多的商品进入模型时,变量和方程的数量也随之增加,方程也会变得更长、更复杂。如果综合市场模型包括一个经济的所有商品,则此模型便是瓦尔拉斯一般均衡模型。在此模型中,每一商品的超额需求被视为该经济中所有商品价格的函数。

当然,当某些商品的价格对某种特定商品的超额需求不产生作用时,其系数可取值为零。例如在钢琴的超额需求函数中,花生价格的系数可以取零值。但一般而言,具有 n 种商品的需求函数和供给函数可以表述成如下形式(使用 Q_{di} 和 Q_{si} 作为函数符号代替 f 和 g):

$$Q_{di} = Q_{di}(P_1, P_2, \cdots, P_n),$$
$$Q_{si} = Q_{si}(P_1, P_2, \cdots, P_n), \quad (i = 1, 2, \cdots, n) \quad (3.17)$$

根据下标可知,这两个方程代表了模型所包含的所有 $2n$ 个方程(这些方程不必都是线性的)。而且,均衡条件本身由 n 个方程的集合组成:

$$Q_{di} - Q_{si} = 0, \quad (i = 1, 2, \cdots, n) \quad (3.18)$$

把(3.17)和(3.18)组合在一起,便成为完整的模型,共含有 $3n$ 个方程。

然而,把(3.17)代入(3.18),模型可以简化为仅含有 n 个方程的联立方程组:

$$Q_{di}(P_1, P_2, \cdots, P_n) - Q_{si}(P_1, P_2, \cdots, P_n) = 0, \quad (i = 1, 2, \cdots, n)$$

此外,由于 $E_i \equiv Q_{di} - Q_{si}$,其中 E_i 必然也是 n 种商品价格的函数,上述方程组还可以写成

$$E_i(P_1, P_2, \cdots, P_n) = 0, \quad (i = 1, 2, \cdots, n)$$

如果确实有解,联立求解,n 个方程将决定 n 个价格 P_i^*,而 Q_i^* 则可从需求函数或供给函数推导出来。

一般方程组的解

若一模型具有数值系数,如(3.16)式,则变量均衡值也将是数

值的。在更一般的情况下,如果一模型像(3.12)那样,以参常数表示,则均衡值也由参数表示,并如(3.14)、(3.15)那样,以"公式"形式出现。但如果为了获得更广泛的一般性,比如像(3.17)那样,对模型中函数的形式也不作设定,那么,解值的表示方式也必然有更为广泛的一般性。

根据参数模型中的经验,我们知道解值总是以参数表示的。因此,对于一般函数模型,比如含有 m 个参数$(a_1, a_2, \cdots, a_m)$的一般函数模型(m 不一定等于 n),可以预期 n 种均衡价格取如下一般解析形式:

$$P_i^* = P_i^*(a_1, a_2, \cdots, a_m) \quad (i = 1, 2, \cdots, n) \qquad (3.19)$$

此式是对每一变量(这里是价格)的解值是模型所有参数集合的函数这一结论的符号表述。因为这是一个极一般化的描述,它确实没有给出解的详细信息。但是正如我们在第 8 章中将要看到的那样,在对此类问题的一般分析与处理方式中,即使这种对解的不含信息的表达方式也是有益的。

写出这样的解是一个轻松的工作,但还存在一个意外的困难:当且仅当只存在唯一解时,表达式(3.19)才有意义;当且仅当(3.19)式有意义时,我们才能把 m 元数组$(a_1, a_2, \cdots, a_m)$映射到每一个价格 P_i^* 的一个确定的值。但遗憾的是,我们并无先验的理由认为每一个模型会自动产生一个唯一解。在这方面,需要强调的是,"计算方程和未知数的个数"不足以作为一种检验方法。下面一些简单的例子足以证明,方程数量和未知数(内生变量)相等不足以保证唯一解的存在。

考察下面三个联立方程组:

$$\begin{aligned} x + y &= 8, \\ x + y &= 9, \end{aligned} \qquad (3.20)$$

$$\begin{aligned} 2x + y &= 12, \\ 4x + 2y &= 24, \end{aligned} \qquad (3.21)$$

$$\begin{aligned} 2x + 3y &= 58, \\ y &= 18, \\ x + y &= 20, \end{aligned} \qquad (3.22)$$

在(3.20)中,尽管两个未知数确实通过两个方程联系起来,但方程组无解。因为这两个方程是不相容的,因为 x 加 y 若等于 8,则二者之和不可能同时还等于 9。(3.21)则给出了两变量两方程的另一种情况:这两个方程是函数相关的,即可以从一个函数中推导出另一个函数,或一个函数中隐含着另一个函数(这里,第二个方程为第一个方程的两倍)。因而,其中一个方程是多余的,可从方程组中去掉,结果只留下含有两个未知数的一个方程,其解可以是 $y = 12 - 2x$,由它不能得到一个唯一的有序偶 (x^*, y^*),而是一组无穷的数,包括 (0,12)、(1,10)、(2,8) 等等,所有这些均使方程成立。最后一个例子(3.22)则给出了方程数多于未知数个数的情况,但有序偶 (2,18) 确实构成了此方程组的唯一解。其原因是,由于方程组中存在函数相关(第一个方程等于第二个方程与第三个方程两倍之和),我们实际上只有两个变量及两个独立且相容的方程。

这些简单的例子足以表明相容性和函数非相关性作为应用计算方程和未知数个数方法的先决条件的重要性。一般而言,应用这种方法应确保:(1) 变量满足模型中任一方程时也必须满足模型中其他方程;(2) 模型中无多余方程。如在(3.17)中,无疑可以假设 n 个需求函数和 n 个供给函数是彼此无关的,因为每个函数均有不同的来源:每一需求函数源于一组消费者的决策,而每一供给函数源于一组厂商的决策。因此,每一函数用于描述市场状况的一个侧面,没有一个函数是多余的。我们还可以假设(3.17)具有相容性。此外,均衡条件方程(3.18)也是非相关的,且可假设它们是相容的。因此,写成如(3.19)那样的解析解一般认为是有道理的。①

对于联立方程组,有系统方法检验其唯一(或定值)解的存在。对于线性模型,还可以运用将于第 5 章中介绍的行列式的概念。在非线性模型情况下,这种检验要运用"偏导数"的知识以及雅可比行

---

① 这实质上是瓦尔拉斯分析一般市场均衡存在问题所采用的方法。在现代文献中,可以看到在某些假定条件下,对竞争市场均衡存在的复杂的数学证明。但他们所运用的数学是深奥的。其中最易理解的可能是罗伯特·多夫曼(Robert Dorfman)、保罗·萨缪尔森(Paul A. Samuelson)和罗伯特·索洛(Robert M. Solow)在《线性规划与经济分析》(*Linear Programming and Economic Analysis*)中的证明(纽约,麦格劳-希尔出版公司 1958 年版,第 13 章)。

列式这类特殊类型的行列式。后者我们将要在第7、8章中讨论。

练习3.4

1 逐步求解(3.13′),由此验证(3.14),(3.15)的结果。
2 用模型(3.12)中的原始参数重写(3.14)和(3.15)式。
3 两商品市场模型的需求和供给函数如下:

$$Q_{d1} = 18 - 3P_1 + P_2 \qquad Q_{d2} = 12 + P_1 - 2P_2$$
$$Q_{s1} = -2 + 4P_1 \qquad Q_{s2} = -2 + 3P_2$$

求 $P_i^*, Q_i^* (i=1,2)$。(使用分数,不要使用小数。)

3.5 国民收入分析中的均衡

尽管静态分析迄今为止仅限于讨论各类市场模型,比如线性的和非线性的,一种商品和多种商品,特殊的和一般的,等等,但是它当然还可以应用于经济分析的其他领域。我们引用熟悉的凯恩斯国民收入模型作为一个简单的例子:

$$Y = C + I_0 + G_0, \qquad (a > 0, 0 < b < 1) \qquad (3.23)$$
$$C = a + bY,$$

其中 Y 和 C 分别表示内生变量国民收入和(计划)消费支出,I_0 和 G_0 分别表示外生决定的投资和政府支出。第一个方程是均衡条件(国民收入等于总支出)。第二个方程即消费函数,是行为方程。消费函数中的两个参数 a 和 b 分别代表自发消费支出和边际消费倾向。

很明显,这两个方程中包含两个内生变量,它们既不存在函数相关,也非互不相容。因此,我们可以求出以参数 a、b 和外生变量 I_0、G_0 表示的收入与消费支出的均衡值 Y^* 和 C^*。

将(3.23)的第二个方程代入第一个方程,可将其简化为仅包含一个变量 Y 的一个方程:

$$Y = a + bY + I_0 + G_0 \quad 或 \quad (1-b)Y = a + I_0 + G_0,$$

因而 Y 的解值(均衡国民收入)为

$$Y^* = \frac{a + I_0 + G_0}{1 - b}, \qquad (3.24)$$

需要指出的是,此式完全是以模型给定的数据,即参数和外生变量表示的。将(3.24)代入(3.23)的第二个方程,则得到均衡的消费支出水平:

$$C^* = a + bY^* = a + \frac{b(a + I_0 + G_0)}{1 - b}$$

$$= \frac{a(1 - b) + b(a + I_0 + G_0)}{1 - b} = \frac{a + b(I_0 + G_0)}{1 - b}, \qquad (3.25)$$

此式也是完全以给定参数表示的。

Y^* 和 C^* 的分母均为表达式 $(1-b)$,因此,限定 $b \neq 1$ 是必要的,以避免被零除。因为边际消费倾向 b 已被假设为一个正分数,所以 $b \neq 1$ 的限制自然满足。因为要使 Y^* 和 C^* 为正,则(3.24)、(3.25)的分子也必须为正。由于外生支出 I_0 和 G_0 通常为正,参数 a(消费函数的纵截距)为正,所以分子表达式的符号也为正。

作为对计算的一项检验,我们可以把 C^* 的表达式(3.25)加上 $(I_0 + G_0)$,看此和是否与 Y^* 的表达式(3.24)相等。

很明显,此模型是极为简单、粗糙的,但也可以建立起其他复杂性和完备性不同的国民收入决定模型。而建立和分析这些模型的原理同前面的讨论是一致的,所以我们不在此作进一步说明。货币市场和产品市场同时处于均衡状态的更为综合的国民收入模型,将在8.6节中讨论。

练习3.5

1 给定下列模型
   $Y = C + I_0 + G_0,$
   $C = a + b(Y - T), \quad (a > 0, 0 < b < 1) [T: 税收]$
   $T = d + tY, \quad (d > 0, 0 < t < 1) [t: 所得税率]$
   (a) 有几个内生变量?
   (b) 求解 Y^*, T^*, C^*。
2 令国民收入模型为
   $$Y = C + I_0 + G,$$

$$C = a + b(Y - T_0), \quad (a > 0, 0 < b < 1)$$
$$G = gY, \quad (0 < g < 1)$$

(a) 识别内生变量;
(b) 解释参数 g 的经济意义;
(c) 求均衡国民收入;
(d) 要使解存在,对参数要施加何种限制?

3 由下述模型求解 Y^* 和 C^*:
$$Y = C + I_0 + G_0,$$
$$C = 25 + 6Y^{1/2},$$
$$I_0 = 16,$$
$$G_0 = 14.$$

第4章 线性模型与矩阵代数

仅有一种商品的模型(3.1)的解 P^* 和 Q^* 分别以(3.4)和(3.5)表示。尽管解中包含若干参数,但还是相对简单的。随着越来越多的商品纳入模型,解的公式变得越来越庞杂,难于应用。这就是我们之所以寻求简化表达的原因。即使对于两种商品的情况,我们仍寻求简化的表达方式,以使其解(3.14)和(3.15)能以相对简洁的方式表示出来。我们并不谋求解决三种或四种商品的模型,即使是线性模型,这主要是因为我们还没有掌握处理复杂的联立方程组的合适方法。这种方法可在矩阵代数中找到,这是本章和下一章的主题。

矩阵代数可使我们得以处理很多问题。首先,它提供了一种描写方程组——即使是非常庞大的方程——的简洁方式。其次,它引出一种通过估计行列式(与矩阵密切相关的一个概念)来检验解的存在的一种方法。再次,它提供一种求解的方法(若解存在的话)。因为方程组不仅在静态分析中要遇到,而且在比较静态分析、动态分析和最优化问题中也要遇到,所以读者将会看到矩阵代数在本书以后各章中几乎都有应用。

然而在本章开始还要提到一个小小的"困难":矩阵代数仅可应用于线性方程组。当然,线性方程能在多大程度上描述实际经济关系,取决于所研究问题的关系的性质。在很多情况下,即使线性假设可能使真实性蒙受某些损失,但假设的线性关系仍能与实际的非线性关系产生足够充分的近似,从而保证其使用。

在另外一些情况下,尽管模型中保留非线性关系,我们可以通过变量变换,以得到可以处理的线性关系。例如,非线性函数

$$y = ax^b,$$

可通过对两边取对数,变换成函数

$$\log y = \log a + b \log x,$$

它是一个具有两个变量的线性函数($\log y$ 和 $\log x$)。(对数将在第10

章中详细讨论。)

更重要的是,在很多应用中,如我们后面将要讨论的比较静态分析和最优化问题,尽管最初的经济模型的形式在本质上是非线性的,在分析的过程中仍然会出现线性方程系统。因此,线性假设的限制性并不像其最初看起来那样严格。

4.1 矩阵与向量

两种商品市场模型(3.12)在消去数量变量之后,可以写成如(3.13′)那样的由两个线性方程组成的方程组,

$$c_1 P_1 + c_2 P_2 = -c_0,$$
$$\gamma_1 P_1 + \gamma_2 P_2 = -\gamma_0,$$

此处参数 c_0 与 γ_0 出现在等号右边。一般而言,含有 n 个变量($x_1, x_2, \cdots, x_n$)的 m 个线性方程组成的方程组可以整理成以下形式:

$$\begin{aligned} a_{11}x_1 + a_{12}x_2 + \cdots + a_{1n}x_n &= d_1, \\ a_{21}x_1 + a_{22}x_2 + \cdots + a_{2n}x_n &= d_2, \\ &\cdots\cdots\cdots\cdots\cdots\cdots\cdots \\ a_{m1}x_1 + a_{m2}x_2 + \cdots + a_{mn}x_n &= d_m, \end{aligned} \quad (4.1)$$

在(4.1)中,x_1 仅出现于最左侧的一列。一般而言,x_j 仅出现于等号左侧第 j 列。双下标参数符号 a_{ij} 表示第 i 个方程第 j 个变量的系数。例如 a_{21} 表示第 2 个方程第 1 个变量 x_1 的系数。而参数 d_i,它不与任何一个变量相联,表示第 i 个方程的常数项。例如,d_1 表示第 1 个方程的常数项。因此,所有的下标都表示变量和参数在(4.1)中的特定位置。

作为阵列的矩阵

在方程组(4.1)中主要有三种类型的成分。第一种为系数 a_{ij} 的集合;第二种是变量 $x_1, \cdots, x_n$ 的集合;最后一种则是常数项 $d_1, \cdots, d_m$ 的集合。若我们将此三个集合排成三个矩形阵列,并分别以 A, x 和 d(无下标)标示,则我们有

$$A = \begin{bmatrix} a_{11} & a_{12} & \cdots & a_{1n} \\ a_{21} & a_{22} & \cdots & a_{2n} \\ \multicolumn{4}{c}{\cdots\cdots\cdots\cdots\cdots\cdots} \\ a_{m1} & a_{m2} & \cdots & a_{mn} \end{bmatrix}, \quad x = \begin{bmatrix} x_1 \\ x_2 \\ \vdots \\ x_n \end{bmatrix}, \quad d = \begin{bmatrix} d_1 \\ d_2 \\ \vdots \\ d_m \end{bmatrix}, \quad (4.2)$$

作为一个简单的例子,给定线性方程组

$$\begin{aligned} 6x_1 + 3x_2 + x_3 &= 22, \\ x_1 + 4x_2 - 2x_3 &= 12, \\ 4x_1 - x_2 + 5x_3 &= 10, \end{aligned} \quad (4.3)$$

我们可以写出

$$A = \begin{bmatrix} 6 & 3 & 1 \\ 1 & 4 & -2 \\ 4 & -1 & 5 \end{bmatrix}, \quad x = \begin{bmatrix} x_1 \\ x_2 \\ x_3 \end{bmatrix}, \quad d = \begin{bmatrix} 22 \\ 12 \\ 10 \end{bmatrix}, \quad (4.4)$$

(4.2)或(4.4)中三个阵列中的每一个阵列,均构成一个矩阵。

矩阵定义为数字、参数或变量的矩形阵列。阵列中的成员,也指矩阵中的元素,通常如(4.2)式,以括弧括之,有时也用小括号或双竖线围之。注意,在矩阵 A(方程组系数矩阵)中,元素不以逗号分开,而仅以空格分开。作为一种简写方式,矩阵 A 中的阵列还可以更简单地写成

$$A = [a_{ij}] \quad \begin{bmatrix} i = 1,2,\cdots,m \\ j = 1,2,\cdots,n \end{bmatrix},$$

由于矩阵中每一元素的位置由下标明确确定,所以每一矩阵均是一个有序集合。

作为特殊矩阵的向量

矩阵中的行数和列数一起定义为矩阵的维数。因为(4.2)中的矩阵 A 包括 m 行,n 列,所以称其为 $m \times n$(读作"m 乘 n")维矩阵。记住行数总是在列数的前面是重要的。这与 a_{ij} 下标的顺序是一致的。当 $m = n$ 时的特殊情况出现时,矩阵被称作方阵;所以(4.4)中的矩阵 A 为 3×3 方阵。

有些矩阵可能仅包含一列,如(4.2)或者(4.4)中的 x 和 d。这

样的矩阵有一个特别的名称——列向量。在(4.2)中,x 的维数为 $n \times 1$,d 的维数为 $m \times 1$。在(4.4)中,x 和 d 的维数均为 3×1。如果我们将变量 x 排成横的阵列,则会得到 $1 \times n$ 阶矩阵,我们称其为行向量。我们通常使用撇号:

$$x' = [x_1, x_2, \cdots, x_n]$$

以使行向量和列向量区别开来。读者应注意到无论行向量还是列向量,只是一个有序 n 元数组,因此它可以解释为 n 维空间中的一个点。进而,$m \times n$ 维矩阵 A 可以解释为 m 个行向量的有序集合,或者 n 个列向量的有序集合。这种思想在第 5 章中还要继续应用。

一个更令人感兴趣的问题是:矩阵这个概念如何能像我们预想的那样,以更简洁的方式表示方程组。运用(4.4)定义的矩阵,我们可以将方程组(4.3)简单地表示成

$$Ax = d,$$

事实上,若 A, x, d 的意义与(4.2)相同,则一般方程组(4.1)也可以写成 $Ax = d$。所以矩阵概念的简洁性是毫无疑问的。

然而,方程 $Ax = d$ 至少会引起两个问题:我们如何将两个矩阵 A 和 x 相乘?Ax 和 d 的相等意味着什么?因为矩阵包括整个的数块,我们熟悉的对单个数定义的代数运算难以直接应用,所以需要新的运算规则。

练习 4.1

1 按(4.1)方式改写方程组(3.1),并证明:若三个变量的顺序重排为 Q_d, Q_s 和 P,则系数矩阵将为:

$$\begin{bmatrix} 1 & -1 & 0 \\ 1 & 0 & b \\ 0 & 1 & -d \end{bmatrix}$$

如何写出常数向量?

2 变量按下列顺序排列:$Q_{d1}, Q_{s1}, Q_{d2}, Q_{s2}, P_1, P_2$,按(4.1)方式改写方程组(3.12)。写出系数矩阵、变量向量和常数向量。

3 市场模型(3.6)可以写成(4.1)的形式吗?为什么?

4 重新将国民收入模型(3.23)写成(4.1)的形式,其中 Y 为第一个变量。写出系数矩阵和常数向量。

5 将练习3.5-1中的国民收入模型改写成(4.1)的形式,变量的顺序为 Y, T, C。(提示:注意消费函数中的乘法表达式 $b(Y-T)$。)

4.2 矩阵运算

作为基础,我们先定义矩阵"相等"。两个矩阵 $A = [a_{ij}]$ 和 $B = [b_{ij}]$,当且仅当二者有相同的维数,且阵列中对应位置的元素相同,我们才称二者相等,换句话说,对于所有的 i 和 j,当且仅当 $a_{ij} = b_{ij}$,则 $A = B$。因此,我们有此例:

$$\begin{bmatrix} 4 & 3 \\ 2 & 0 \end{bmatrix} = \begin{bmatrix} 4 & 3 \\ 2 & 0 \end{bmatrix} \neq \begin{bmatrix} 2 & 0 \\ 4 & 3 \end{bmatrix},$$

又如,若 $\begin{bmatrix} x \\ y \end{bmatrix} = \begin{bmatrix} 7 \\ 4 \end{bmatrix}$,这意味着 $x = 7$,且 $y = 4$。

矩阵的加法和减法

当且仅当两个矩阵具有相同维数时,二者才可以相加。当这种维数要求得到满足时,则称矩阵是可相加的。在此情况下,矩阵 $A = [a_{aj}]$ 和 $B = [b_{ij}]$ 相加定义为每一对对应元素相加。

例1

$$\begin{bmatrix} 4 & 9 \\ 2 & 1 \end{bmatrix} + \begin{bmatrix} 2 & 0 \\ 0 & 7 \end{bmatrix} = \begin{bmatrix} 4+2 & 9+0 \\ 2+0 & 1+7 \end{bmatrix} = \begin{bmatrix} 6 & 9 \\ 2 & 8 \end{bmatrix}.$$

例2

$$\begin{bmatrix} a_{11} & a_{12} \\ a_{21} & a_{22} \\ a_{31} & a_{32} \end{bmatrix} + \begin{bmatrix} b_{11} & b_{12} \\ b_{21} & b_{22} \\ b_{31} & b_{32} \end{bmatrix} = \begin{bmatrix} a_{11}+b_{11} & a_{12}+b_{12} \\ a_{21}+b_{21} & a_{22}+b_{22} \\ a_{31}+b_{31} & a_{32}+b_{32} \end{bmatrix},$$

一般情况下,我们可将这一规则表述成

$$[a_{ij}] + [b_{ij}] = [c_{ij}] \quad \text{其中} \ c_{ij} = a_{ij} + b_{ij},$$

注意,和矩阵 $[c_{ij}]$ 与其分量矩阵 $[a_{ij}]$ 和 $[b_{ij}]$ 的维数一定相同。

类似地,当且仅当矩阵 A 与 B 具有相同维数时,才可以定义其减法运算。运算产生结果

$$[a_{ij}] - [b_{ij}] = [d_{ij}] \quad \text{其中} \, d_{ij} = a_{ij} - b_{ij}.$$

例 3

$$\begin{bmatrix} 19 & 3 \\ 2 & 0 \end{bmatrix} - \begin{bmatrix} 6 & 8 \\ 1 & 3 \end{bmatrix} = \begin{bmatrix} 19-6 & 3-8 \\ 2-1 & 0-3 \end{bmatrix} = \begin{bmatrix} 13 & -5 \\ 1 & -3 \end{bmatrix},$$

减法运算 $A - B$ 还可以视为矩阵 A 与另一矩阵 $(-1)B$ 相加。但这又引出了矩阵如何与一个数(这里为 -1)相乘的问题。

标量乘法

一个数,或者用矩阵代数的语言来说,一个标量与一个矩阵相乘,就是用这个给定标量与该矩阵的每一个元素相乘。

例 4

$$7 \begin{bmatrix} 3 & -1 \\ 0 & 5 \end{bmatrix} = \begin{bmatrix} 21 & -7 \\ 0 & 35 \end{bmatrix}.$$

例 5

$$\frac{1}{2} \begin{bmatrix} a_{11} & a_{12} \\ a_{21} & a_{22} \end{bmatrix} = \begin{bmatrix} \frac{1}{2}a_{11} & \frac{1}{2}a_{12} \\ \frac{1}{2}a_{21} & \frac{1}{2}a_{22} \end{bmatrix}.$$

由这些例子,我们可以明了标量(scalar)这个术语的合理性了。因为它按一定的乘数"按比例扩大或缩小"(scales up or down)矩阵。当然,标量也可以是负数。

例 6

$$-1 \begin{bmatrix} a_{11} & a_{12} & d_1 \\ a_{21} & a_{22} & d_2 \end{bmatrix} = \begin{bmatrix} -a_{11} & -a_{12} & -d_1 \\ -a_{21} & -a_{22} & -d_2 \end{bmatrix},$$

注意,若左侧的矩阵表示下列联立方程组

$$a_{11}x_1 + a_{12}x_2 = d_1,$$
$$a_{21}x_1 + a_{22}x_2 = d_2$$

中的系数和常数项,则以标量 -1 相乘等价于在方程两侧同时以 -1 相乘,因而改变了方程组每一项的符号。

矩阵乘法

尽管标量可与任意维数的矩阵相乘,但两个矩阵能否相乘则要视另一个对维数的要求能否得到满足而定。

给定两个矩阵 A 和 B,假设我们要求乘积 AB。矩阵可相乘的条件是 A 矩阵(表达式 AB 中的前一个矩阵)的列维数,一定等于 B(后一矩阵)的行维数。例如,若

$$\underset{(1\times 2)}{A} = [a_{11} \quad a_{12}], \quad \underset{(2\times 3)}{B} = \begin{bmatrix} b_{11} & b_{12} & b_{13} \\ b_{21} & b_{22} & b_{23} \end{bmatrix}, \quad (4.5)$$

乘积 AB 符合定义,因 A 具有两列, B 有两行,二者恰好相等。① 将表示矩阵 A 的维数 (1×2) 的第二个数和表示 B 的维数 (2×3) 的第一个数比较一下,就可以检验这一点。另一方面,乘积 BA 没有意义,因为 B(现在为前一个矩阵)具有 3 列,而 A(后一矩阵)仅有一行,因此违背可相乘条件。

一般而言,若 A 为 $m\times n$ 维矩阵, B 为 $p\times q$ 维矩阵,当且仅当 $n=p$ 时,矩阵积 $A\times B$ 有定义。若其有定义,则矩阵积 $A\times B$ 的维数为 $m\times q$——行数与前一矩阵 A 相同,列数与后一矩阵 B 相同。对于在 (4.5) 中给出的矩阵, AB 的维数为 1×3。

还需要准确定义乘法的计算步骤。为此,我们以 (4.5) 中的矩阵 A 和 B 为例来加以说明。因为矩阵积 AB 有定义,且预期其维数为 1×3,我们一般可写成(使用符号 C 而非表示行向量的 c'):

$$AB = C = [c_{11} \quad c_{12} \quad c_{13}],$$

积矩阵 C 中的每一元素以 c_{ij} 表示,它定义为前一矩阵 A 中第 i 行的元素与后一矩阵 B 中的第 j 列的乘积之和。例如,为求 c_{11},我们应取矩阵 A 中的第 1 行(因 $i=1$),矩阵 B 中的第 1 列($j=1$)(如图 4.1 上半部分所示)再按顺序将这些元素对偶在一处,将每一对相乘,然后再对乘积之结果求和,得到

$$c_{11} = a_{11}b_{11} + a_{12}b_{21}, \quad (4.6)$$

---

① 矩阵 A 为行向量时,常以 a' 表示。我们运用符号 A 是为了强调这里解释的乘法法则不仅适用于一向量与一矩阵相乘,也适用于一般矩阵之间的相乘。

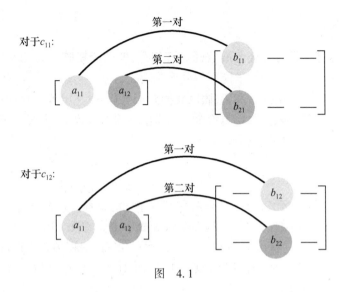

图 4.1

类似地,对于 c_{12},我们可取 A 中第 1 行(因 $i=1$)和 B 中第 2 列(因 $j=2$),计算指定的乘积和——如图 4.1 的下半部分所示——结果如下:

$$c_{12} = a_{11}b_{12} + a_{12}b_{22}, \quad (4.6')$$

以同样方法,我们还有

$$c_{13} = a_{11}b_{13} + a_{12}b_{23}, \quad (4.6'')$$

在乘积运算能够完成前,正是在此过程中的配对要求必须使得前一矩阵的列维数与后一矩阵的行维数相匹配。

图 4.1 所描述的乘积运算过程还可以用两个向量内积的概念来表达。已知两个向量 u 和 v,每个向量具有 n 个元素,如 $(u_1,u_2,\cdots,u_n)$ 和 $(v_1,v_2,\cdots,v_n)$,将其排成两行,或两列,或者一行和一列,其内积以 u、v 表示,可以定义为

$$u \cdot v = u_1v_1 + u_2v_2 + \cdots + u_nv_n,$$

它是对应元素的积的和,因而两个向量的内积为一标量。

例7 在一次购物后,我们把所采购的 n 种商品的数量写成行向量 $Q' = [Q_1,Q_2,\cdots,Q_n]$,将其价格写成价格向量 $P' = [P_1,P_2,\cdots,P_n]$,则这两个向量的内积

$Q' \cdot P' = Q_1 P_1 + Q_2 P_2 + \cdots + Q_n P_n =$ 总采购成本.

运用这一概念,我们可以将矩阵积 $C = AB$ 中的元素 c_{ij} 简单地描述为前一矩阵 A 中的第 i 行与后一矩阵中的第 j 列的内积。通过检查图4.1,我们可以很容易验证这一描述是正确的。

当矩阵 A 和 B 的维数与上述例子不同时,前面描述的乘法法则同样有效。唯一的前提条件是满足可相乘条件。

例8 已知

$$A_{(3 \times 2)} = \begin{bmatrix} 1 & 3 \\ 2 & 8 \\ 4 & 0 \end{bmatrix} \text{ 和 } B_{(2 \times 1)} = \begin{bmatrix} 5 \\ 9 \end{bmatrix},$$

求 AB。由于 A 有两列,B 有两行,乘积 AB 有意义。积矩阵维数应为 3×1,即它是一个列向量

$$AB = \begin{bmatrix} 1(5) + 3(9) \\ 2(5) + 8(9) \\ 4(5) + 0(9) \end{bmatrix} = \begin{bmatrix} 32 \\ 82 \\ 20 \end{bmatrix}.$$

例9 给定

$$A_{(3 \times 3)} = \begin{bmatrix} 3 & -1 & 2 \\ 1 & 0 & 3 \\ 4 & 0 & 2 \end{bmatrix} \text{ 和 } B_{(3 \times 3)} = \begin{bmatrix} 0 & -\dfrac{1}{5} & \dfrac{3}{10} \\ -1 & \dfrac{1}{5} & \dfrac{7}{10} \\ 0 & \dfrac{2}{5} & -\dfrac{1}{10} \end{bmatrix},$$

求 AB。应用同样的运算法则,这次得到一个极特殊的积矩阵

$$AB = \begin{bmatrix} 0+1+0 & -\dfrac{3}{5} - \dfrac{1}{5} + \dfrac{4}{5} & \dfrac{9}{10} - \dfrac{7}{10} - \dfrac{2}{10} \\ 0+0+0 & -\dfrac{1}{5} + 0 + \dfrac{6}{5} & \dfrac{3}{10} + 0 - \dfrac{3}{10} \\ 0+0+0 & -\dfrac{4}{5} + 0 + \dfrac{4}{5} & \dfrac{12}{10} + 0 - \dfrac{2}{10} \end{bmatrix} = \begin{bmatrix} 1 & 0 & 0 \\ 0 & 1 & 0 \\ 0 & 0 & 1 \end{bmatrix},$$

最后一个矩阵——主对角线(从西北到东南的对角线)上的元素为1,其余为0的方阵——给出了一种重要的矩阵类型,即单位矩阵。4.5节还要对其进行进一步的讨论。

例10 现在我们取如(4.4)所定义的矩阵 A 和向量 x,求 Ax。积矩阵为一个 3×1 列向量

$$Ax = \begin{bmatrix} 6 & 3 & 1 \\ 1 & 4 & -2 \\ 4 & -1 & 5 \end{bmatrix} \begin{bmatrix} x_1 \\ x_2 \\ x_3 \end{bmatrix} = \begin{bmatrix} 6x_1 + 3x_2 + x_3 \\ x_1 + 4x_2 - 2x_3 \\ 4x_1 - x_2 + 5x_3 \end{bmatrix},$$

$$(3 \times 3) \quad (3 \times 1) \qquad\qquad (3 \times 1)$$

重述一遍:尽管右侧的矩阵外形臃肿,但仍是一个向量。因此,当我们写出 $Ax = d$ 时,有:

$$\begin{bmatrix} 6x_1 + 3x_2 + x_3 \\ x_1 + 4x_2 - 2x_3 \\ 4x_1 - x_2 + 5x_3 \end{bmatrix} = \begin{bmatrix} 22 \\ 12 \\ 10 \end{bmatrix},$$

根据矩阵相等的定义,上式与(4.3)的整个方程组的表述是相等的。

注意,运用矩阵概念 $Ax = d$,由于可相乘条件,将变量 x_j 排成列向量是必要的,尽管在原方程组中这些变量被排成横的顺序。

例11 包含两个内生变量 Y 和 C 的简单国民收入模型

$$Y = C + I_0 + G_0,$$
$$C = a + bY,$$

可以重排成如(4.1)那样的标准形式

$$Y - C = I_0 + G_0,$$
$$-bY + C = a,$$

因此系数矩阵 A,变量向量 x,常数向量 d 为:

$$\underset{(2\times 2)}{A} = \begin{bmatrix} 1 & -1 \\ -b & 1 \end{bmatrix}, \quad \underset{(2\times 1)}{x} = \begin{bmatrix} Y \\ C \end{bmatrix}, \quad \underset{(2\times 1)}{d} = \begin{bmatrix} I_0 + G_0 \\ a \end{bmatrix}.$$

现在我们验证可以通过方程 $Ax = d$ 来表示该给定方程组。

根据矩阵乘法法则,我们有

$$Ax = \begin{bmatrix} 1 & -1 \\ -b & 1 \end{bmatrix} \begin{bmatrix} Y \\ C \end{bmatrix} = \begin{bmatrix} 1(Y) + (-1)(C) \\ -b(Y) + 1(C) \end{bmatrix} = \begin{bmatrix} Y - C \\ -bY + C \end{bmatrix},$$

因而矩阵方程 $Ax = d$ 将使我们得到

$$\begin{bmatrix} Y - C \\ -bY + C \end{bmatrix} = \begin{bmatrix} I_0 + G_0 \\ a \end{bmatrix},$$

因为矩阵相等意味着对应元素相等,很明显方程 $Ax = d$ 确实代表了以(4.1)形式表示的原方程组。

除法问题

尽管矩阵像数一样,可以进行加、减、乘(当然要满足可相乘条件)运算,但却不可能用一个矩阵去除另一个矩阵,即我们不能写出 A/B。

对于两个数 a 和 b,商 $a/b(b\neq 0)$ 还可以写成 ab^{-1} 或 $b^{-1}a$,其中 b^{-1} 表示 b 的逆或倒数。因为 $ab^{-1} = b^{-1}a$,商式 a/b 既可用于表示 ab^{-1},也可用于表示 $b^{-1}a$。而矩阵的情况则不同,把逆的概念应用于矩阵,我们可以在某些情况下(4.6节将要讨论)定义矩阵 B 的逆矩阵 B^{-1}。但由前面矩阵可乘条件的讨论可知,若 AB^{-1} 有定义,但不能保证 $B^{-1}A$ 也有定义。即使 AB^{-1} 和 $B^{-1}A$ 均有定义,但二者未必表示同样的积。所以 A/B 不能做到明确无误地应用,因而应避免使用这种表达方式。若逆矩阵 B^{-1} 确实存在,且所讨论的矩阵积有定义,必须指明所指的是 AB^{-1} 还是 $B^{-1}A$。逆矩阵将在4.6节进一步讨论。

对"$\sum$"符号的探讨

运用下标符号不仅有助于标明参数和变量的位置,而且有利于灵活地简化加和项的表示,正如在矩阵积运算过程中出现的那样。

运用希腊字母 Σ(sigma,表示"和")表示和的简写形式。例如,要表示 x_1, x_2, x_3 的和,可以写成

$$x_1 + x_2 + x_3 = \sum_{j=1}^{3} x_j,$$

此式读作:"当 j 取1至3时,x_j 的和"。符号 j,称作求和指数,仅取整数值。x_j 表示被加数(即将要被加的数),它实际上是 j 的函数。除了字母 j 外,求和指数也常以 i 或 k 表示,比如

$$\sum_{i=3}^{7} x_i = x_3 + x_4 + x_5 + x_6 + x_7,$$

$$\sum_{k=0}^{n} x_k = x_0 + x_1 + \cdots + x_n.$$

$\sum$ 符号的应用极易推广到以下情况：x 项前具有系数或和中各项具有整数幂。例如，我们可以写：

$$\sum_{j=1}^{3} ax_j = ax_1 + ax_2 + ax_3 = a(x_1 + x_2 + x_3) = a\sum_{j=1}^{3} x_j,$$

$$\sum_{j=1}^{3} a_j x_j = a_1 x_1 + a_2 x_2 + a_3 x_3,$$

$$\sum_{i=0}^{n} a_i x^i = a_0 x^0 + a_1 x^1 + a_2 x^2 + \cdots + a_n x^n$$
$$= a_0 + a_1 x + a_2 x^2 + \cdots + a_n x^n,$$

特别地，最后一个例子说明，表达式 $\sum_{i=0}^{n} x^i$ 实际上可以用作一般多项式(2.4)的简写形式。

顺便提一句，当所讨论问题的求和范围在上下文中非常明确时，符号 $\sum$ 可以单独使用，无需附上求和指数（如 $\sum x_i$），或者仅在下面标上一个指数字母（如 $\sum_i x_i$）。

我们将简写符号 $\sum$ 应用于矩阵积。在(4.6)、(4.6′)及(4.6″)中，积矩阵 $C=AB$ 的每一元素被定义为各项和。现在可将其改写成如下形式：

$$c_{11} = a_{11}b_{11} + a_{12}b_{21} = \sum_{k=1}^{2} a_{1k}b_{k1},$$

$$c_{12} = a_{11}b_{12} + a_{12}b_{22} = \sum_{k=1}^{2} a_{1k}b_{k2},$$

$$c_{13} = a_{11}b_{13} + a_{12}b_{23} = \sum_{k=1}^{2} a_{1k}b_{k3},$$

在每一种情况下，c_{1j} 的第 1 个下标在 $\sum$ 表达式中反映在 a_{1k} 的第 1 个下标上，c_{1j} 的第 2 个下标在 $\sum$ 表达式中反映在 b_{kj} 的第 2 个下标上。另外，指标 k 是一个"哑"下标，它用于表示哪一特定的元素偶相乘,但并未在符号 c_{1j} 中出现。

将这种简写方式拓展到 $m \times n$ 维矩阵 $A = [a_{ik}]$ 和 $n \times p$ 维矩阵 B = $[b_{kj}]$ 相乘的情况。现在我们可以将 $m \times p$ 维积矩阵 $AB = C = [c_{ij}]$ 中的每一元素写成

$$c_{11} = \sum_{k=1}^{n} a_{1k}b_{k1}, \quad c_{12} = \sum_{k=1}^{n} a_{1k}b_{k2}, \quad \cdots$$

或者更一般地

$$c_{ij} = \sum_{k=1}^{n} a_{ik}b_{kj}, \quad \begin{pmatrix} i = 1,2,\cdots,m \\ j = 1,2,\cdots,p \end{pmatrix}.$$

最后一个方程还为前面所定义的矩阵乘法法则给出了另一种表达方式。

练习 4.2

1 已知 $A = \begin{bmatrix} 7 & -1 \\ 6 & 9 \end{bmatrix}, B = \begin{bmatrix} 0 & 4 \\ 3 & -2 \end{bmatrix}, C = \begin{bmatrix} 8 & 3 \\ 6 & 1 \end{bmatrix}$,求:

(a) $A + B$ (b) $C - A$ (c) $3A$ (d) $4B + 2C$

2 已知 $A = \begin{bmatrix} 2 & 8 \\ 3 & 0 \\ 5 & 1 \end{bmatrix}, B = \begin{bmatrix} 2 & 0 \\ 3 & 8 \end{bmatrix}, C = \begin{bmatrix} 7 & 2 \\ 6 & 3 \end{bmatrix}$:

(a) AB 有定义吗?计算 AB。可以计算 BA 吗?为什么?

(b) BC 是否有定义?计算 BC。CB 是否有定义?若有,计算之。$BC = CB$ 成立吗?

3 在例 9 给出的矩阵的基础上,判断 BA 是否有定义?若有,计算其积。在此例中,我们是否有 $AB = BA$?

4 求下列积矩阵(在每一积矩阵下面标上维数):

(a) $\begin{bmatrix} 0 & 2 & 0 \\ 3 & 0 & 4 \\ 2 & 3 & 0 \end{bmatrix} \begin{bmatrix} 8 & 0 \\ 0 & 1 \\ 3 & 5 \end{bmatrix}$ (b) $\begin{bmatrix} 6 & 5 & -1 \\ 3 & 0 & 4 \end{bmatrix} \begin{bmatrix} 4 & -1 \\ 5 & 2 \\ 0 & 1 \end{bmatrix}$

(c) $\begin{bmatrix} 3 & 5 & 0 \\ 4 & 2 & -7 \end{bmatrix} \begin{bmatrix} x \\ y \\ z \end{bmatrix}$ (d) $\begin{bmatrix} a & b & c \end{bmatrix} \begin{bmatrix} 7 & 0 \\ 0 & 2 \\ 1 & 4 \end{bmatrix}$

5 在例 7 中,如果我们将数量和价格写成列向量而非行向量,$Q \cdot P$ 有定

义吗?我们能否将总采购成本表示为 $Q \cdot P$? 或 $Q' \cdot P$? 或 $Q \cdot P'$?

6 展开下列和表达式:

(a) $\sum_{i=2}^{5} x_i$ (b) $\sum_{i=5}^{8} a_i x_i$ (c) $\sum_{i=1}^{4} bx_i$

(d) $\sum_{i=1}^{n} a_i x^{i-1}$ (e) $\sum_{i=0}^{3} (x+i)^2$

7 用 $\sum$ 符号改写下列各式:

(a) $x_1(x_1-1) + 2x_2(x_2-1) + 3x_3(x_3-1)$

(b) $a_2(x_3+2) + a_3(x_4+3) + a_4(x_5+4)$

(c) $\dfrac{1}{x} + \dfrac{1}{x^2} + \cdots + \dfrac{1}{x^n} (x \neq 0)$

(d) $1 + \dfrac{1}{x} + \dfrac{1}{x^2} + \cdots + \dfrac{1}{x^n} (x \neq 0)$

8 证明下列各式成立:

(a) $\left(\sum_{i=0}^{n} x_i \right) + x_{n+1} = \sum_{i=0}^{n+1} x_i$

(b) $\sum_{j=1}^{n} a b_j y_j = a \sum_{j=1}^{n} b_j y_j$

(c) $\sum_{j=1}^{n} (x_j + y_j) = \sum_{j=1}^{n} x_j + \sum_{j=1}^{n} y_j$

4.3 对向量运算的注释

在 4.1 节和 4.2 节,向量被视为矩阵的一种特殊类型。因此,它们适用于所讨论的所有代数运算。然而,由于向量维数的特殊性,对其作额外的讨论是有益的。

向量乘法

一个 $m \times 1$ 列向量 u 与一个 $1 \times n$ 行向量 v' 相乘,得到 $m \times n$ 维积矩阵 uv'。

例1 已知 $u = \begin{bmatrix} 3 \\ 2 \end{bmatrix}$ 和 $v' = \begin{bmatrix} 1 & 4 & 5 \end{bmatrix}$,可以得到

$$uv' = \begin{bmatrix} 3(1) & 3(4) & 3(5) \\ 2(1) & 2(4) & 2(5) \end{bmatrix} = \begin{bmatrix} 3 & 12 & 15 \\ 2 & 8 & 10 \end{bmatrix},$$

因为矩阵 u 中的每一行仅有一个元素,v' 中每一列也仅有一个元素,结果 uv' 中的每一元素仅是一个单积而非积的和。尽管我们仅用两个向量相乘,但积矩阵 uv' 却是一个 2×3 维矩阵。

另一方面,已知一个 $1 \times n$ 行向量 u' 和一个 $n \times 1$ 列向量 v,积 $u'v$ 将是一个 1×1 维矩阵。

例2 已知 $u' = \begin{bmatrix} 3 & 4 \end{bmatrix}$ 和 $v = \begin{bmatrix} 9 \\ 7 \end{bmatrix}$,我们有

$$u'v = [3(9) + 4(7)] = [55],$$

$u'v$ 尽管只有一个元素,但正如上面所写出的那样,它仍是一个矩阵。然而,1×1 矩阵就加法和乘法而言,完全类似于标量:$[4] + [8] = [12]$ 恰如 $4 + 8 = 12$;$[3][7] = [21]$ 恰如 $3(7) = 21$。此外,1×1 矩阵并不具有标量所不具备的性质。事实上,所有标量集合与元素为标量的所有 1×1 矩阵集合之间存在一一对应的关系。因此,我们可以将 $u'v$ 定义为对应于 1×1 积矩阵的标量。对于上面的例子,我们可相应地写成 $u'v = 55$。这样的积称为标量积。① 但要记住,尽管 1×1 矩阵可以看做标量,但在矩阵进一步计算过程中,不能随意以 1×1 矩阵代替标量,除非其满足可相乘条件。

例3 已知行向量 $u' = \begin{bmatrix} 3 & 6 & 9 \end{bmatrix}$,求 $u'u$。因为 u 仅是一个将 u' 的元素纵排的列向量,我们有

$$u'u = \begin{bmatrix} 3 & 6 & 9 \end{bmatrix} \begin{bmatrix} 3 \\ 6 \\ 9 \end{bmatrix} = (3)^2 + (6)^2 + (9)^2,$$

这里我们省略了右侧 1×1 积矩阵中的括号 [ ]。注意,积 $u'u$ 给出了 u 的元素的平方和。

一般而言,若 $u' = [u_1, u_2, \cdots, u_n]$,则 $u'u$ 将是元素 u_j 的平方和

---

① 标量积的概念类似于两个元素数量相同向量的内积概念,后者也得到一个标量。但读者回忆一下,内积是不要求可相乘条件的,所以可写成 $u \cdot v$。另一方面,在标量积情况下(在写法上,两个向量符号之间无小圆点),我们仅能将其表示为一个行向量被列向量乘,行向量居前。

(一个标量):

$$u'u = u_1^2 + u_2^2 + \cdots + u_n^2 = \sum_{j=1}^{n} u_j^2,$$

若我们计算内积 $u \cdot u$(或 $u' \cdot u'$),当然会得到完全相同的结果。

总之,区分 uv'(维数超过 1×1 的矩阵)与 $u'v$(一个 1×1 矩阵或标量)的含义是重要的。特别要注意,标量积一定要行向量居前,列向量居后,否则积矩阵不可能是 1×1 矩阵。

向量运算的几何解释

前面已提到,具有 n 个元素的行向量或列向量(以后称作 n-向量)可视作 n 元数组,并还可视作 n 维空间中的(以后称 n-空间)一个点。下面我们来详细讨论这一思想。在图 4.2(a)中,一个点(3,2)被画在 2-空间中并标以 u。这是向量 $u = \begin{bmatrix} 3 \\ 2 \end{bmatrix}$ 或向量 $u' = \begin{bmatrix} 3 & 2 \end{bmatrix}$ 的几何表示。在这里这两个向量代表同一个相同的有序偶。若从原点 (0,0) 向点 u 画一射线(方向线段),则它规定了从原点到点 u 的唯一一条直线。因为对于每一点有唯一的方向线段,所以在图形上,我们既可以把向量 u 以点 (3,2) 表示,也可以相应的方向线段表示。这样从原点 (0,0) 发出的方向线段,像表的指针,有确定的长度和方向,被称作矢径。

由这个对向量的新的解释,可以给出下列运算的几何含义:(a) 向量的标量积;(b) 向量的加减法;以及更一般地,(c) 所谓向量的"线性组合"。

首先,若我们在图 4.2(a) 中画出向量 $\begin{bmatrix} 6 \\ 4 \end{bmatrix} = 2u$,相应的方向线段将覆盖原有方向线段并为其两倍长。事实上,向量 u 被任意标量相乘将产生一重叠的方向线段,但除非 $k = 1$,否则箭头的位置将重新确定。若标量乘子 $k > 1$,则方向线段会延长(比例扩大);若 $0 < k < 1$,则方向线段会缩短(比例缩小)。若 $k = 0$,则方向线段会缩回到原点——它表示零向量,$\begin{bmatrix} 0 \\ 0 \end{bmatrix}$。负的标量乘子甚至会倒转方向线段的

第4章 线性模型与矩阵代数 75

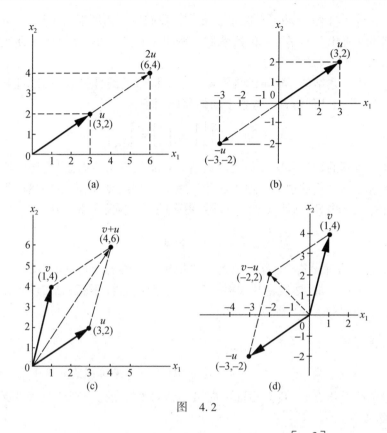

图 4.2

方向。例如,向量 u 被 -1 乘,我们得到 $-u = \begin{bmatrix} -3 \\ -2 \end{bmatrix}$,将其在图 4.2(b)中画出,它是一条与 u 长度相同,但方向完全相反的方向线段。

其次,我们考察两个向量 $v = \begin{bmatrix} 1 \\ 4 \end{bmatrix}, u = \begin{bmatrix} 3 \\ 2 \end{bmatrix}$ 的加法。其和 $v + u = \begin{bmatrix} 4 \\ 6 \end{bmatrix}$ 可直接在图 4.2(c)中以虚方向线段画出。若以向量 u 和 v(实线)为两边作平行四边形,此平行四边形的对角线恰是表示向量和 $v + u$ 的方向线段。一般而言,向量和在几何上可由平行四边形得到。进而,这种方法还可以使我们得到向量差 $v - u$。因为后者等价

于 v 与 $(-1)u$ 之和。在图 4.2(d)中,我们首先由图形(b)和(c)分别重新画出了向量 $-u$ 和 v,然后再画出平行四边形,其对角线便表示向量差 $v-u$。

将上述结论作简单的推广便可以对向量的线性组合(即线性和或差)作出几何解释。考察下面的简单例子,

$$3v + 2u = 3\begin{bmatrix}1\\4\end{bmatrix} + 2\begin{bmatrix}3\\2\end{bmatrix} = \begin{bmatrix}9\\16\end{bmatrix}$$

这个运算的标量乘法分别使两向量 v 和 u 的箭头重新定位,加法则要求作出平行四边形。除了这些基本的图解运算外,向量的线性组合并无新内容;即使线性组合涉及更多的项也同样如此。比如,

$$\sum_{i=1}^{n} k_i v_i = k_1 v_1 + k_2 v_2 + \cdots + k_n v_n,$$

其中 k_i 为标量集合,而 v_i 则表示向量集合。要想求得此和,应首先将前两项相加,然后将其和再与第三项相加,这样不断相加,就可以求出各项和。

线性相关

当且仅当一组向量 $v_1, v_2, \cdots, v_n$ 中任一向量可以表示为其他向量的线性组合时,我们称这组向量为线性相关的,否则便是线性无关的。

例 4 三个向量 $v_1 = \begin{bmatrix}2\\7\end{bmatrix}, v_2 = \begin{bmatrix}1\\8\end{bmatrix}$ 以及 $v_3 = \begin{bmatrix}4\\5\end{bmatrix}$ 是线性相关的,因为 v_3 是 v_1 与 v_2 的线性组合:

$$3v_1 - 2v_2 = \begin{bmatrix}6\\21\end{bmatrix} - \begin{bmatrix}2\\16\end{bmatrix} = \begin{bmatrix}4\\5\end{bmatrix} = v_3,$$

注意,上一个方程也可以表示成

$$3v_1 - 2v_2 - v_3 = 0,$$

其中 $0 \equiv \begin{bmatrix}0\\0\end{bmatrix}$,表示零向量。

例 5 两个行向量 $v_1' = [5 \quad 12]$ 和 $v_2' = [10 \quad 24]$ 是线性相关的,因为

$$2v_1' = 2[5 \quad 12] = [10 \quad 24] = v_2',$$

事实上,一个向量是另一个向量的倍数是向量线性组合的最简单的情况。再提醒一下,上一个方程可以等价地写成

$$2v_1' - v_2' = 0',$$

其中 $0'$ 表示 0 行向量 $[0 \quad 0]$。

运用零向量的概念,线性相关可以重新定义如下:一组 m-向量 $v_1, v_2, \cdots, v_n$ 为线性相关的,当且仅当存在一组标量 $k_1, k_2, \cdots, k_n$(不全为 0)使得

$$\sum_{i=1}^{n} k_i v_i = \underset{(m \times 1)}{0},$$

另一方面,若对所有的 i,仅当 $k_i = 0$ 时,上述方程才成立,则这些向量是线性无关的。

线性相关的概念也可以很容易给出几何解释。两个向量 u 和 $2u$,——一个为另一个的倍数——明显是线性相关的。在图 4.2(a) 中,从图形上看,其箭头位于同一条直线上。图 4.2(b) 中的两个相关向量 u 和 $-u$ 也同样如此。相反,图 4.2(c) 中的两个向量 u 和 v 是线性无关的,因为不可能将其中一个表示成另一个的倍数。从几何上看,其箭头并不位于同一条直线上。

在 2-空间中考察两个以上的向量,可以得出这样一个重要结论:在 2-空间中,一旦我们找到两个线性无关的向量(比如 u 和 v),该空间中所有其他向量均可表示为这两个向量(u 和 v)的线性组合。在图 4.2(c) 和 (d) 中,我们已经说明了如何求出两个简单的线性组合 $v+u$ 和 $v-u$。进而,通过延长、缩短、旋转已知向量 u 和 v,然后将其构造成各种平行四边形,可以得到无数新的向量,将所有的 2-向量包罗无遗。因此,任意三个或更多的 2-向量(2-空间中三个或三个以上的向量)必定是线性相关的。其中的两个向量可能是线性无关的,但第三个必定是前两个的线性组合。

向量空间

两个线性无关的向量 u 和 v 的各种线性组合生成的所有 2-向量的全体称为二维向量空间。因为我们现在仅考察具有实值元素的向

量,而该向量空间恰好是 R^2,即我们一直所说的 2-空间。2-空间不能由单个 2-向量生成,因为单个 2-向量的"线性组合"只能生成位于一条直线上的向量集合。2-空间的生成也无需两个以上线性无关的 2-向量——无论如何,不可能找到两个以上线性无关的 2-向量。

我们说,两个线性无关的向量 u 和 v 生成了 2-空间,还可以说二者构成了 2-空间的某个基。注意,我们说二者构成 2-空间的"某个基",而不说二者构成 2-空间的"基",是因为任何一对 2-向量,只要它们是线性无关的,都可以构成 2-空间的一个基。特别地,考察两个单位向量[1 0]和[0 1]。前者可画成一个位于横轴上的一个箭头(方向线段),后者可画成一个位于纵轴的方向线段。因为它们线性无关,所以可作为 2-空间的一个基,而且我们通常确实认为 2-空间由两个轴生成,而两轴不过是两个单位向量的延伸。

类似地,三维向量空间是 3-向量的全体,它由三个线性无关的 3-向量生成。作为一个说明,考察三个单位向量集

$$e_1 \equiv \begin{bmatrix} 1 \\ 0 \\ 0 \end{bmatrix}, \quad e_2 \equiv \begin{bmatrix} 0 \\ 1 \\ 0 \end{bmatrix}, \quad e_3 \equiv \begin{bmatrix} 0 \\ 0 \\ 1 \end{bmatrix}, \quad (4.7)$$

其中 e_i 为第 i 个元素为 1,其余元素为零的向量。这三个向量显然是线性无关的。事实上,其方向线段位于图 4.3 三维空间的三个轴上。因而它们生成了 3-空间。这意味着整个 3-空间(在我们的分析框架中为 R^3)可由这些单位向量生成。例如,向量 $\begin{bmatrix} 1 \\ 2 \\ 2 \end{bmatrix}$ 可视为 $e_1 +$ $2e_2 + 2e_3$ 的线性组合。在几何上,我们可以首先用平行四边形法将 e_1 和 $2e_2$ 在图 4.3 中相加,在 $x_1 x_2$ 平面上得到以点(1,2,0)表示的向量,然后再将此向量与 $2e_3$ 相加——在阴影垂直平面上作平行四边形——在点(1,2,2)得到了所希望的最终结果。

向 n-空间推广也是显然的。n-空间可以定义为 n-向量的全体。尽管难以画出图形,我们仍可想象 n-空间由全部线性无关的 $n(n$-元素)个单位向量的全体所生成。每一个 n-向量,作为一个有序 n 元数组,代表 n-空间中的一个点,或者由原点(即 n-元素零向量)延伸

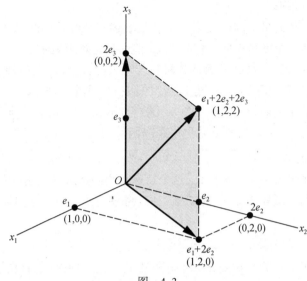

图 4.3

至该点的方向线段。事实上,任意给定的 n 个线性无关的 n-向量的集合,都能生成整个 n-空间。因为在我们的讨论中,n-向量的每一元素限定为一个实数,该 n-空间实际上是 R^n。

上面所指的 n-空间有时更特别地称作欧几里得 n-空间(以欧几里得名字命名)。为对后一概念进行解释,我们首先简要地介绍一下两个向量点之间的距离的概念。对于给定空间中任意一对向量点 u 和 v,u 到 v 的距离是某个具有下述性质的实值函数

$$d = d(u,v),$$

(1) 当 u 和 v 重合时,其距离为零;(2) 当两个点不重合时,从 u 和 v 的距离和从 v 到 u 的距离由同一正实数表示;(3) u 到 v 的距离永不会长于 u 到 w(一个与 u 和 v 不同的点)的距离与 w 到 v 的距离之和。以符号表示,

$$d(u,v) = 0, \quad (对于 u = v)$$
$$d(u,v) = d(v,u) > 0, \quad (对于 u \neq v)$$
$$d(u,v) \leq d(u,w) + d(w,v), \quad (对于 w \neq u,v)$$

最后一个性质被称作三角形不等式,因为这三个点 u,v,w 通常可定

义一个三角形。

当一个向量空间定义了一个满足上述三个性质的距离函数时，则称其为一个度量空间。但要注意，前面只是对距离 $d(u,v)$ 作了一般意义的讨论。当 d 函数取各种特定形式时，能够产生各种度量空间。所谓"欧几里得空间"是度量空间中的一种特殊形式，它具有如下定义的距离函数：令点 u 为 n 元数组 $(a_1, a_2, \cdots, a_n)$，点 v 为 n 元数组 $(b_1, b_2, \cdots, b_n)$，则欧几里得距离函数为

$$d(u,v) = \sqrt{(a_1-b_1)^2 + (a_2-b_2)^2 + \cdots + (a_n-b_n)^2},$$

这里取正平方根。容易验证，这个特殊距离函数满足上述三个性质。将其应用于图 4.2(a) 中的二维空间，可求得点 (6,4) 与 (3,2) 间的距离为

$$\sqrt{(6-3)^2 + (4-2)^2} = \sqrt{3^2 + 2^2} = \sqrt{13},$$

这一结果与毕达哥拉斯定理①是一致的。此定理表明，直角三角形的斜边等于另外两边平方和的（正）平方根。因为若我们将点 (6,4) 和 (3,2) 看做 u 和 v，并在 (6,2) 画出一个新的点 w，则我们得到一个直角三角形，其横直角边和纵直角边分别为 3 和 2，斜边长度（u 和 v 的距离）等于 $\sqrt{3^2+2^2} = \sqrt{13}$。

欧几里得距离函数也可以用两个向量的标量积的平方根来表示。因为 u 和 v 表示两个 n 元数组 $(a_1, a_2, \cdots, a_n)$ 和 $(b_1, b_2, \cdots, b_n)$，所以我们可以写出列向量 $u-v$，其元素为 $a_1-b_1, a_2-b_2, \cdots, a_n-b_n$。欧几里得距离函数中平方根号下的数当然就等于这 n 个元素的平方和，参照本节例 3，可将其写成标量积 $(u-v)'(u-v)$，因此我们有

$$d(u,v) = \sqrt{(u-v)'(u-v)}.$$

练习 4.3

1 已知 $u' = [5\ 1\ 3]$, $v' = [3\ 1\ -1]$, $w' = [7\ 5\ 8]$, $x' = [x_1\ x_2\ x_3]$，写出列向量 u, v, w 和 x，并求

---

① 即勾股定理。——译者

(a) uv' (b) uw' (c) xx' (d) $v'u$

(e) $u'v$ (f) $w'x$ (g) $u'u$ (h) $x'x$

2. 已知 $w = \begin{bmatrix} 3 \\ 2 \\ 16 \end{bmatrix}, x = \begin{bmatrix} x_1 \\ x_2 \end{bmatrix}, y = \begin{bmatrix} y_1 \\ y_2 \end{bmatrix}, z = \begin{bmatrix} z_1 \\ z_2 \end{bmatrix}$:

(a) 下列乘积哪些有定义?
$$w'x, x'y', xy', y'y, zz', yw', x \cdot y$$
(b) 求出有定义的所有积。

3. 购买 n 种商品,数量为 $Q_1, Q_2, \cdots, Q_n$,价格为 $P_1, P_2, \cdots, P_n$,如何以 (a) 符号 $\sum$ 和 (b) 向量概念表示全部采购成本?

4. 给定两个非零向量 w_1 和 w_2,二者间形成的角 $\theta(0° \leq \theta \leq 180°)$ 以下列方式与标量积 $w_1'w_2(= w_2'w_1)$ 相联系:

$$\theta \text{ 是一} \begin{cases} \text{锐角} \\ \text{直角} \\ \text{钝角} \end{cases}, \text{当且仅当 } w_1'w_2 \begin{cases} > \\ = \\ < \end{cases} 0,$$

通过计算下面每一对向量的标量积验证这一结论(见图 4.2 和 4.3):

(a) $w_1 = \begin{bmatrix} 3 \\ 2 \end{bmatrix}, w_2 = \begin{bmatrix} 1 \\ 4 \end{bmatrix}$ (b) $w_1 = \begin{bmatrix} 1 \\ 4 \end{bmatrix}, w_2 = \begin{bmatrix} -3 \\ -2 \end{bmatrix}$

(c) $w_1 = \begin{bmatrix} 3 \\ 2 \end{bmatrix}, w_2 = \begin{bmatrix} -3 \\ -2 \end{bmatrix}$ (d) $w_1 = \begin{bmatrix} 1 \\ 0 \\ 0 \end{bmatrix}, w_2 = \begin{bmatrix} 0 \\ 2 \\ 0 \end{bmatrix}$

(e) $w_1 = \begin{bmatrix} 1 \\ 2 \\ 2 \end{bmatrix}, w_2 = \begin{bmatrix} 1 \\ 2 \\ 0 \end{bmatrix}$

5. 已知 $u = \begin{bmatrix} 5 \\ 1 \end{bmatrix}, v = \begin{bmatrix} 0 \\ 3 \end{bmatrix}$,求下列向量的图形解:

(a) $2v$ (b) $u+v$ (c) $u-v$

(d) $v-u$ (e) $2u+3v$ (f) $4u-2v$

6. 因为 3-空间由(4.7)定义的三个单位向量所生成,任意其他 3-向量均可表示成 e_1, e_2, e_3 的线性组合。证明下列 3-向量可表示为 e_1, e_2, e_3 的线性组合:

(a) $\begin{bmatrix} 4 \\ 7 \\ 0 \end{bmatrix}$ (b) $\begin{bmatrix} 25 \\ -2 \\ 1 \end{bmatrix}$ (c) $\begin{bmatrix} -1 \\ 6 \\ 9 \end{bmatrix}$ (d) $\begin{bmatrix} 2 \\ 0 \\ 8 \end{bmatrix}$

7. 在三维欧几里得空间中,下列两点之间的距离为多少?

(a) (3,2,8)和(0,-1,5)　　(b) (9,0,4)和(2,0,-4)

8　三角形不等式以弱不等式符号≤表示,而非以严格不等号<表示。在何情况下弱不等式中"="部分能够应用。

9　分别用

(a) 标量　　(b) 标量积　　(c) 内积

表示欧几里得 n-空间向量半径的长度(即从原点到 v 点的距离)。

4.4　交换律、结合律、分配律

在普通标量代数中,加法和乘法运算满足下列交换律、结合律、分配律:

加法的交换律　　　$a+b=b+a$;

乘法的交换律　　　$ab=ba$;

加法的结合律　　$(a+b)+c=a+(b+c)$;

乘法的结合律　　$(ab)c=a(bc)$;

分配律　　　$a(b+c)=ab+ac$.

在具有类似的名称的定律应用于并集和交集的讨论时,已涉及上述定律,这些定律的大多数均可应用于矩阵运算——乘法的交换律除外。

矩阵加法

矩阵加法不仅可运用结合律,也可运用交换律。从下述事实可知:矩阵加法仅要求两个对应元素相加,但相加的顺序无关紧要。对此,顺便说一句,减法运算 $A-B$ 可简单视为加法运算 $A+(-B)$。这样就没有必要单独讨论减法运算了。

交换律　　　　　$A+B=B+A$.

证明　$A+B=[a_{ij}]+[b_{ij}]=[a_{ij}+b_{ij}]=[b_{ij}+a_{ij}]=B+A$.

例1　已知 $A=\begin{bmatrix}3&1\\0&2\end{bmatrix}$ 和 $B=\begin{bmatrix}6&2\\3&4\end{bmatrix}$,求得

$$A+B=B+A=\begin{bmatrix}9&3\\3&6\end{bmatrix}.$$

结合律 $(A+B)+C = A+(B+C).$

证明 $(A+B)+C = [a_{ij}+b_{ij}]+[c_{ij}] = [a_{ij}+b_{ij}+c_{ij}]$
$= [a_{ij}]+[b_{ij}+c_{ij}] = A+(B+C).$

例2 已知 $v_1 = \begin{bmatrix} 3 \\ 4 \end{bmatrix}, v_2 = \begin{bmatrix} 9 \\ 1 \end{bmatrix}, v_3 = \begin{bmatrix} 2 \\ 5 \end{bmatrix}$,求得

$$(v_1+v_2)-v_3 = \begin{bmatrix} 12 \\ 5 \end{bmatrix} - \begin{bmatrix} 2 \\ 5 \end{bmatrix} = \begin{bmatrix} 10 \\ 0 \end{bmatrix},$$

它也等于

$$v_1+(v_2-v_3) = \begin{bmatrix} 3 \\ 4 \end{bmatrix} + \begin{bmatrix} 7 \\ -4 \end{bmatrix} = \begin{bmatrix} 10 \\ 0 \end{bmatrix}.$$

结合律应用于向量线性组合 $k_1v_1+\cdots+k_nv_n$,使我们得以选择任意两项首先相加(减),不必遵从线性组合中 n 项的排列顺序。

矩阵乘法

矩阵乘法不服从交换律,即
$$AB \neq BA,$$
如前面所解释的那样,即使 AB 有定义,BA 也未必有;即使 AB, BA 均有定义,一般的规律仍是 $AB \neq BA$。

例3 令 $A = \begin{bmatrix} 1 & 2 \\ 3 & 4 \end{bmatrix}$ 和 $B = \begin{bmatrix} 0 & -1 \\ 6 & 7 \end{bmatrix}$,则

$$AB = \begin{bmatrix} 1(0)+2(6) & 1(-1)+2(7) \\ 3(0)+4(6) & 3(-1)+4(7) \end{bmatrix} = \begin{bmatrix} 12 & 13 \\ 24 & 25 \end{bmatrix},$$

但 $BA = \begin{bmatrix} 0(1)-1(3) & 0(2)-1(4) \\ 6(1)+7(3) & 6(2)+7(4) \end{bmatrix} = \begin{bmatrix} -3 & -4 \\ 27 & 40 \end{bmatrix}$。

例4 令 u' 为 1×3(行向量),则相应的列向量必定为 3×1。积 $u'u$ 必定为 1×1 矩阵,但积 uu' 将是 3×3 矩阵。因此很明显,$u'u \neq uu'$。

鉴于一般规律 $AB \neq BA$ 成立,我们常用术语左乘和右乘来规定乘积的顺序。在积 AB 中,我们说矩阵 B 被矩阵 A 左乘,矩阵 A 被 B 右乘。

然而,规律 $AB \neq BA$ 确实存在令人感兴趣的例外。一种情况是

A 为方阵，B 为单位矩阵；另一种情况是 A 是 B 的逆矩阵，即 $A = B^{-1}$。这两种例外我们后面还要讨论。这里我们还要强调矩阵的标量积确实服从交换律。因此，

$$kA = Ak,$$

若 k 为一标量。

结合律　　　　$(AB)C = A(BC) = ABC.$

在形成乘积 ABC 时，每一相邻的矩阵偶必须自然满足可相乘条件。若 A 为 $m \times n$ 矩阵，C 为 $p \times q$ 矩阵，则可相乘条件要求矩阵 B 为 $n \times p$：

$$\underset{(m \times n)}{A} \underset{(n \times p)}{B} \underset{(p \times q)}{C}$$

注意，n 和 p 在维数标示中出现两次。若可相乘条件得以满足，结合律表明，任何相邻的一对矩阵必然可首先相乘，只要假设乘积准确地插在初始矩阵偶的恰当位置上。

例5　如果 $x = \begin{bmatrix} x_1 \\ x_2 \end{bmatrix}$ 和 $A = \begin{bmatrix} a_{11} & 0 \\ 0 & a_{22} \end{bmatrix}$，那么

$$x'Ax = x'(Ax) = \begin{bmatrix} x_1 & x_2 \end{bmatrix} \begin{bmatrix} a_{11}x_1 \\ a_{22}x_2 \end{bmatrix} = a_{11}x_1^2 + a_{22}x_2^2$$

下面的式子给出了完全相同的结果

$$(x'A)x = \begin{bmatrix} a_{11}x_1 & a_{22}x_2 \end{bmatrix} \begin{bmatrix} x_1 \\ x_2 \end{bmatrix} = a_{11}x_1^2 + a_{22}x_2^2$$

在例 5 中，方阵 A 在主对角线上有非零元素 a_{11} 和 a_{22}。这种矩阵被称为对角矩阵。当对角矩阵 A 出现在积 $x'Ax$ 中时，结果给出了一个"加权"平方和，x_1^2 和 x_2^2 项的权数分别由 A 的对角线元素给出。这一结果与标量积 $x'x$ 不同，那里给出的是简单（非加权）平方和。

例6　令理想状态下的国民收入为 Y^0，通货膨胀率为 p^0，假设我们所观察到的现实收入 Y 对 Y^0 的正向和负向偏离数值相等，现实的通货膨胀率 p 对 p^0 的偏离也是如此。那么，我们可以写出如下形式的社会损失函数

$$\Lambda = \alpha(Y - Y^0)^2 + \beta(p - p^0)^2$$

其中 α, β 为两种社会损失的权数。若 Y 的偏离被视为更加严重的

损失,则 α 应大于 β。注意到平方项产生了两种效应。首先,通过平方,正向的偏离和负向的偏离产生了同样大小的损失值。其次,平方使得较大的偏离比较小的偏离在社会损失的度量中显得更加显著。这一社会损失函数可以用矩阵积表示为

$$[Y - Y^0 \quad p - p^0] \begin{bmatrix} \alpha & 0 \\ 0 & \beta \end{bmatrix} \begin{bmatrix} Y - Y^0 \\ p - p^0 \end{bmatrix}$$

矩阵乘法也服从分配律。

分配律 $\quad A(B+C) = AB + AC \quad$ 以 A 左乘

$\qquad\qquad (B+C)A = BA + CA \quad$ 以 A 右乘

在每一情况下,可加性条件和可相乘条件均得满足。

练习 4.4

1 已知 $A = \begin{bmatrix} 3 & 6 \\ 2 & 4 \end{bmatrix}, B = \begin{bmatrix} -1 & 7 \\ 8 & 4 \end{bmatrix}$,和 $C = \begin{bmatrix} 3 & 4 \\ 1 & 9 \end{bmatrix}$,证明

(a) $(A+B) + C = A + (B+C)$

(b) $(A+B) - C = A + (B-C)$

2 减去矩阵 B 可视作加上矩阵 $(-1)B$。加法的交换律允许我们作下述表述吗?

$$A - B = B - A$$

若不能,如何作出正确表述?

3 用下列矩阵验证乘法的结合律:

$$A = \begin{bmatrix} 5 & 3 \\ 0 & 5 \end{bmatrix}, \quad B = \begin{bmatrix} -8 & 0 & 7 \\ 1 & 3 & 2 \end{bmatrix}, \quad C = \begin{bmatrix} 1 & 0 \\ 0 & 3 \\ 7 & 1 \end{bmatrix}$$

4 对任意两个标量 g 和 k,证明下式成立:

(a) $k(A+B) = kA + kB$

(b) $(g+k)A = gA + kA$

5 在以下(a)至(d)中,求 $C = AB$。

(a) $A = \begin{bmatrix} 12 & 14 \\ 20 & 5 \end{bmatrix} \quad B = \begin{bmatrix} 3 & 9 \\ 0 & 2 \end{bmatrix}$

(b) $A = \begin{bmatrix} 4 & 7 \\ 9 & 1 \end{bmatrix}$ $B = \begin{bmatrix} 3 & 8 & 5 \\ 2 & 6 & 7 \end{bmatrix}$

(c) $A = \begin{bmatrix} 7 & 11 \\ 2 & 9 \\ 10 & 6 \end{bmatrix}$ $B = \begin{bmatrix} 12 & 4 & 5 \\ 3 & 6 & 1 \end{bmatrix}$

(d) $A = \begin{bmatrix} 6 & 2 & 5 \\ 7 & 9 & 4 \end{bmatrix}$ $B = \begin{bmatrix} 10 & 1 \\ 11 & 3 \\ 2 & 9 \end{bmatrix}$

(e) 求(i) $C = AB$

(ii) $D = BA$,若

$$A = \begin{bmatrix} -2 \\ 4 \\ 7 \end{bmatrix}, \quad B = \begin{bmatrix} 3 & 6 & -2 \end{bmatrix}$$

6 证明:$(A+B)(C+D) = AC + AD + BC + BD$。

7 若例5中的矩阵 A 的全部四个元素为非零,$x'Ax$ 仍能给出加权平方和吗? 结合律仍适用吗?

8 举出与加权及非加权平方和相关的某些情形。

4.5 单位矩阵与零矩阵

单位矩阵

前面已经提到单位矩阵这一术语。它被定义为主对角线元素为 1,其余元素为零的方阵。单位矩阵以符号 I 或 I_n 表示,下标 n 表示行或列数。因此,

$$I_2 = \begin{bmatrix} 1 & 0 \\ 0 & 1 \end{bmatrix}, \quad I_3 = \begin{bmatrix} 1 & 0 & 0 \\ 0 & 1 & 0 \\ 0 & 0 & 1 \end{bmatrix},$$

但二者也可以 I 表示。

这种特殊类型的单位矩阵之所以重要,是因为它与标量代数中的1起着类似的作用。对于任意数 a,我们有 $1(a) = a(1) = a$。类似地,对于任意矩阵 A,我们有

$$IA = AI = A. \tag{4.8}$$

例1 令 $A = \begin{bmatrix} 1 & 2 & 3 \\ 2 & 0 & 3 \end{bmatrix}$，则

$$IA = \begin{bmatrix} 1 & 0 \\ 0 & 1 \end{bmatrix} \begin{bmatrix} 1 & 2 & 3 \\ 2 & 0 & 3 \end{bmatrix} = \begin{bmatrix} 1 & 2 & 3 \\ 2 & 0 & 3 \end{bmatrix} = A,$$

$$AI = \begin{bmatrix} 1 & 2 & 3 \\ 2 & 0 & 3 \end{bmatrix} \begin{bmatrix} 1 & 0 & 0 \\ 0 & 1 & 0 \\ 0 & 0 & 1 \end{bmatrix} = \begin{bmatrix} 1 & 2 & 3 \\ 2 & 0 & 3 \end{bmatrix} = A,$$

因为 A 为 2×3 矩阵，A 被 I 左乘和右乘分别要求不同维数的单位矩阵，即 I_2 和 I_3。但若 A 为 $n \times n$ 矩阵，则可用相同单位矩阵 I_n，使得式(4.8)变为 $I_n A = AI_n$，这是矩阵乘法不服从交换律的一个例外。

在乘积过程中，单位矩阵的特殊性质使得可以插入或删除一个单位矩阵而不影响矩阵积。由式(4.8)可直接得出此结论。回忆结合律，我们有，比如

$$\underset{(m \times n)}{A} \underset{(n \times n)}{I} \underset{(n \times p)}{B} = (AI)B = \underset{(m \times n)}{A} \underset{(n \times p)}{B},$$

此式表明单位矩阵 I 的存在与否并不影响矩阵积。注意，无论 I 是否出现在矩阵积中，相乘的维数相容性条件仍要保留。

当 $A = I_n$ 时，式(4.8)出现一种令人感兴趣的情况。因为这时，我们有：

$$AI_n = (I_n)^2 = I_n$$

此式表明单位矩阵的平方仍等于其自身。此结果可一般化为

$$(I_n)^k = I_n \quad (k = 1, 2, \cdots),$$

即单位矩阵无论自乘多少次仍保持不变。具有这种性质(即 $AA = A$)的矩阵称作幂等矩阵。

零矩阵

恰如单位矩阵 I 与数 1 起同样作用一样，以"0"表示的零矩阵，与数 0 起着同样的作用。零矩阵是一个所有元素均为零的简单矩阵。不同于 I，零矩阵并不仅限于方阵。因此它可能写成：

$$\underset{(2 \times 2)}{0} = \begin{bmatrix} 0 & 0 \\ 0 & 0 \end{bmatrix} \quad \text{和} \quad \underset{(2 \times 3)}{0} = \begin{bmatrix} 0 & 0 & 0 \\ 0 & 0 & 0 \end{bmatrix}$$

等等。零方阵为幂等矩阵,但不为方阵的零矩阵则不是幂等的(为什么?)。

作为与数 0 作用相似的矩阵,零矩阵的加法和乘法服从下列运算法则(在服从可相加、相乘的前提下):

$$\underset{(m\times n)}{A} + \underset{(m\times n)}{0} = \underset{(m\times n)}{0} + \underset{(m\times n)}{A} = \underset{(m\times n)}{A}$$

$$\underset{(m\times n)}{A}\underset{(n\times p)}{0} = \underset{(m\times p)}{0} \quad \text{和} \quad \underset{(q\times m)}{0}\underset{(m\times n)}{A} = \underset{(q\times n)}{0}$$

注意,在乘法中,等号左边矩阵和等号右边矩阵的维数可能不同。

例 2

$$A + 0 = \begin{bmatrix} a_{11} & a_{12} \\ a_{21} & a_{22} \end{bmatrix} + \begin{bmatrix} 0 & 0 \\ 0 & 0 \end{bmatrix} = \begin{bmatrix} a_{11} & a_{12} \\ a_{21} & a_{22} \end{bmatrix} = A.$$

例 3

$$\underset{(2\times 3)}{A}\underset{(3\times 1)}{0} = \begin{bmatrix} a_{11} & a_{12} & a_{13} \\ a_{21} & a_{22} & a_{23} \end{bmatrix} \begin{bmatrix} 0 \\ 0 \\ 0 \end{bmatrix} = \begin{bmatrix} 0 \\ 0 \end{bmatrix} = \underset{(2\times 1)}{0}$$

左边的零矩阵为 3×1 零向量,右边为 2×1 零向量。

矩阵代数的特征

尽管矩阵代数与标量代数有明显的相似之处,但矩阵代数确实表现出一些独特的特点,使我们不能"照搬"标量代数的运算规律。我们已经知道,在矩阵代数中,一般 $AB \neq BA$。现在我们考察矩阵代数的另外两个特征。

首先,在标量情况下,$ab = 0$ 总是意味着或者 a 为零,或者 b 为零,但在矩阵乘法中并不如此。因为我们有:

$$AB = \begin{bmatrix} 2 & 4 \\ 1 & 2 \end{bmatrix}\begin{bmatrix} -2 & 4 \\ 1 & -2 \end{bmatrix} = \begin{bmatrix} 0 & 0 \\ 0 & 0 \end{bmatrix} = 0,$$

无论 A 还是 B 都不是零矩阵。

另外,在标量情况下,方程 $cd = ce(c \neq 0)$ 意味着 $d = e$。但对矩阵而言并非如此。因而,已知

$$C = \begin{bmatrix} 2 & 3 \\ 6 & 9 \end{bmatrix}, \quad D = \begin{bmatrix} 1 & 1 \\ 1 & 2 \end{bmatrix}, \quad E = \begin{bmatrix} -2 & 1 \\ 3 & 2 \end{bmatrix},$$

我们求出

$$CD = CE = \begin{bmatrix} 5 & 8 \\ 15 & 24 \end{bmatrix},$$

但是 $D \neq E$。

这些奇特结果实际上仅与被称作奇异矩阵的一类特殊矩阵有关,矩阵 A、B、C 就是这类矩阵的一些例子(粗略地讲,这些矩阵有一行是另一行的倍数)。无论如何,这些例子确实揭示了将代数定理不加思考地运用到矩阵运算的一些弊端。

练习 4.5

给定 $A = \begin{bmatrix} -1 & 5 & 7 \\ 0 & -2 & 4 \end{bmatrix}, b = \begin{bmatrix} 9 \\ 6 \\ 0 \end{bmatrix}, x = \begin{bmatrix} x_1 \\ x_2 \end{bmatrix}:$

1 计算:(a) AI (b) IA (c) Ix (d) $x'I$
指明每一情况下所应用单位矩阵的维数。

2 计算:(a) Ab (b) AIb (c) $x'IA$ (d) $x'A$
在(b)中插入单位矩阵 I 影响(a)的结果吗?在(d)中删除 I 影响在(c)中的结果吗?

3 由下列所得的各零矩阵的维数为多少?
(a) 5×2 零矩阵左乘 A;
(b) 3×6 零矩阵右乘 A;
(c) 2×3 零矩阵左乘 b;
(d) 1×5 零矩阵右乘 x。

4 证明对角阵,即下述形式的矩阵

$$\begin{bmatrix} a_{11} & 0 & \cdots & 0 \\ 0 & a_{22} & \cdots & 0 \\ \vdots & \vdots & & \vdots \\ 0 & 0 & \cdots & a_{nn} \end{bmatrix}$$

仅当对角线上每一元素为 1 或 0 时,才是幂等矩阵。由上述矩阵可构造多少个不同数字的幂等矩阵?

4.6 矩阵的转置与逆

当矩阵 A 的行和列互换——使得第一行变为第一列,反之亦然——我们得到 A 的转置,以 A' 或 A^T 表示。符号"'"我们并不陌生,在区分行向量和列向量时,我们曾使用过它。用这里新引进的术语,行向量 x' 构成列向量 x 的转置。显然,另外一种表示转置的符号中,T 是 Transpose(转置)的缩写。

例 1 给定 $\underset{(2 \times 3)}{A} = \begin{bmatrix} 3 & 8 & -9 \\ 1 & 0 & 4 \end{bmatrix}$ 和 $\underset{(2 \times 2)}{B} = \begin{bmatrix} 3 & 4 \\ 1 & 7 \end{bmatrix}$

我们将行和列互换并写成

$$\underset{(3 \times 2)}{A'} = \begin{bmatrix} 3 & 1 \\ 8 & 0 \\ -9 & 4 \end{bmatrix} \quad \text{和} \quad \underset{(2 \times 2)}{B'} = \begin{bmatrix} 3 & 1 \\ 4 & 7 \end{bmatrix}$$

根据定义,若 A 为 $m \times n$ 矩阵,则其转置必定为 $n \times m$ 矩阵。然而,一个 $n \times n$ 的方阵,转置后的维数不变。

例 2 如果 $C = \begin{bmatrix} 9 & -1 \\ 2 & 0 \end{bmatrix}$ 和 $D = \begin{bmatrix} 1 & 0 & 4 \\ 0 & 3 & 7 \\ 4 & 7 & 2 \end{bmatrix}$,那么

$$C' = \begin{bmatrix} 9 & 2 \\ -1 & 0 \end{bmatrix} \quad \text{和} \quad D' = \begin{bmatrix} 1 & 0 & 4 \\ 0 & 3 & 7 \\ 4 & 7 & 2 \end{bmatrix},$$

这里,每一转置矩阵的维数与原矩阵是相同的。

在 D' 中,我们还要注意其极为显著的一个结果:它不仅保留了原矩阵的维数,而且也保留了原矩阵的排列。$D = D'$ 是由于其元素关于主对角线对称的结果。将 D 中的主对角线视作镜子,位于其东北方向的元素恰好为其西南方向元素的像;因而第一行的元素与第一列相同,依此类推。矩阵 D 就是这类被称作对称矩阵的方阵的一个例子。另一个对称矩阵的例子是单位矩阵 I,它像对称矩阵一样,具有转置 $I' = I$。

转置的性质

转置具有下列性质：
$$(A')' = A, \qquad (4.9)$$
$$(A+B)' = A' + B', \qquad (4.10)$$
$$(AB)' = B'A'. \qquad (4.11)$$

第一个性质是说，转置矩阵的转置为原矩阵——一个不言自明的结论。

第二个性质可用文字这样表述：和的转置为转置的和。

例3 若 $A = \begin{bmatrix} 4 & 1 \\ 9 & 0 \end{bmatrix}, B = \begin{bmatrix} 2 & 0 \\ 7 & 1 \end{bmatrix}$，则

$$(A+B)' = \begin{bmatrix} 6 & 1 \\ 16 & 1 \end{bmatrix}' = \begin{bmatrix} 6 & 16 \\ 1 & 1 \end{bmatrix},$$

和 $\quad A' + B' = \begin{bmatrix} 4 & 9 \\ 1 & 0 \end{bmatrix} + \begin{bmatrix} 2 & 7 \\ 0 & 1 \end{bmatrix} = \begin{bmatrix} 6 & 16 \\ 1 & 1 \end{bmatrix}.$

第三个性质为乘积的转置是转置的乘积，但转置矩阵顺序颠倒。为理解顺序颠倒的重要性，我们考察式(4.11)左右两边两个乘积维数的可相乘条件。若我们令 A 为 $m \times n$ 矩阵，B 为 $n \times p$ 矩阵，则 AB 为 $m \times p$ 矩阵，$(AB)'$ 将是 $p \times m$ 矩阵。要使等式成立，右边表达式 $B'A'$ 必有相等的维数。因 B' 为 $p \times n$，A' 为 $n \times m$，其积 $B'A'$ 确实为 $p \times m$，正如所要求的那样。这样 $B'A'$ 的维数就得到预期的结果。另外还要注意，除非 $m = p$，否则 $A'B'$ 甚至无定义。

例4 已知 $A = \begin{bmatrix} 1 & 2 \\ 3 & 4 \end{bmatrix}$ 和 $B = \begin{bmatrix} 0 & -1 \\ 6 & 7 \end{bmatrix}$，具有

$$(AB)' = \begin{bmatrix} 12 & 13 \\ 24 & 25 \end{bmatrix}' = \begin{bmatrix} 12 & 24 \\ 13 & 25 \end{bmatrix}$$

和 $\quad B'A' = \begin{bmatrix} 0 & 6 \\ -1 & 7 \end{bmatrix}\begin{bmatrix} 1 & 3 \\ 2 & 4 \end{bmatrix} = \begin{bmatrix} 12 & 24 \\ 13 & 25 \end{bmatrix}$

证明了该性质。

75 逆及其性质

给定矩阵 A,总可以推导出其转置 A',另一方面,其逆矩阵——另一类导出的矩阵——可能存在,也可能不存在。矩阵 A 的逆,以 A^{-1} 表示,仅当 A 为方阵时才有定义。在此情况下逆为满足下列条件的矩阵:

$$AA^{-1} = A^{-1}A = I, \qquad (4.12)$$

即无论 A 是被 A^{-1} 左乘还是右乘,其积总是同一单位矩阵。这是矩阵乘法不服从交换律的另一例外。

以下各点值得注意:

1. 并非每一方阵均有逆矩阵,方阵是逆矩阵存在的必要条件,但并非充分条件。若方阵 A 有逆矩阵,则 A 被称作非奇异的;若 A 无逆矩阵,则 A 为奇异矩阵。

2. 若 A^{-1} 存在,则 A 可视为 A^{-1} 的逆,恰如 A^{-1} 可视为 A 的逆一样。简言之,A 与 A^{-1} 互为逆矩阵。

3. 若 A 为 $n \times n$ 矩阵,则 A^{-1} 必为 $n \times n$ 矩阵,否则,它不能既满足左乘又满足右乘的可相乘条件。乘积而得到的单位矩阵也是 $n \times n$ 矩阵。

4. 若逆矩阵存在,则它是唯一的。为证明逆的唯一性,我们假定已知 B 为 A 的逆,所以

$$AB = BA = I,$$

现在假设存在另一矩阵 C 使得 $AC = CA = I$,通过将 $AB = I$ 两边同时以 C 左乘,我们得到

$$CAB = CI(= C), \qquad [由(4.8)]$$

因为由假设 $CA = I$,上一方程可简化为

$$IB = C \quad \text{或} \quad B = C,$$

即 B 与 C 必然相同,是同一逆矩阵。因此我们说 A 的逆,而不说 A 的一个逆。

5. 条件(4.12)的两部分,即 $AA^{-1} = I$ 和 $A^{-1}A = I$ 实际上互相包容,所以满足一个方程就足以确定 A 与 A^{-1} 的逆的关系。为证明这一点,我们需证明若 $AA^{-1} = I$,而存在矩阵 B 使得 BA

$= I$,则 $B = A^{-1}$(所以 $BA = I$ 实际上就是 $A^{-1}A = I$)。我们以 A^{-1} 同时右乘给定方程 $BA = I$,则

$$(BA)A^{-1} = IA^{-1},$$
$$B(AA^{-1}) = IA^{-1}, \quad [结合律]$$
$$BI = IA^{-1}. \quad [由假设 AA^{-1} = I]$$

因而,正如要求的那样,

$$B = A^{-1}, \quad [由(4.8)]$$

类似地,还可以证明,若 $A^{-1}A = I$,则产生 $CA^{-1} = I$ 的唯一矩阵 C 是 $C = A$。

例5 令 $A = \begin{bmatrix} 3 & 1 \\ 0 & 2 \end{bmatrix}$ 和 $B = \frac{1}{6}\begin{bmatrix} 2 & -1 \\ 0 & 3 \end{bmatrix}$,则因 B 中的标量乘子 $\left(\frac{1}{6}\right)$ 可移至后面(交换律),我们可以写成:

$$AB = \begin{bmatrix} 3 & 1 \\ 0 & 2 \end{bmatrix}\begin{bmatrix} 2 & -1 \\ 0 & 3 \end{bmatrix}\frac{1}{6} = \begin{bmatrix} 6 & 0 \\ 0 & 6 \end{bmatrix}\frac{1}{6} = \begin{bmatrix} 1 & 0 \\ 0 & 1 \end{bmatrix}$$

这就确立了 B 为 A 的逆,反之亦然。颠倒乘积顺序,正如我们预期的那样,也得到同样的单位矩阵:

$$BA = \frac{1}{6}\begin{bmatrix} 2 & -1 \\ 0 & 3 \end{bmatrix}\begin{bmatrix} 3 & 1 \\ 0 & 2 \end{bmatrix} = \frac{1}{6}\begin{bmatrix} 6 & 0 \\ 0 & 6 \end{bmatrix} = \begin{bmatrix} 1 & 0 \\ 0 & 1 \end{bmatrix}.$$

逆阵的下述三个性质是令人感兴趣的。若 A 和 B 为两个 $n \times n$ 非奇异矩阵,则

$$(A^{-1})^{-1} = A, \quad (4.13)$$
$$(AB)^{-1} = B^{-1}A^{-1}, \quad (4.14)$$
$$(A')^{-1} = (A^{-1})'. \quad (4.15)$$

第一个性质表明逆阵的逆就是原矩阵。第二个性质表明积的逆矩阵等于逆矩阵的积,但乘积顺序颠倒。最后一个性质意味着转置的逆为逆的转置。应注意,在这些表述中,逆的存在和可相乘条件是预先假设的。

式(4.13)的有效性是显而易见的,所以我们仅证明式(4.14)和式(4.15)。给定积 AB,我们求出其逆,称之为 C。由式(4.12)我们知道 $CAB = I$;因此,以 $B^{-1}A^{-1}$ 右乘两边,将产生

$$CABB^{-1}A^{-1} = IB^{-1}A^{-1}(= B^{-1}A^{-1}), \qquad (4.16)$$

但左边可简化为

$$CA(BB^{-1})A^{-1} = CAIA^{-1} \qquad [\text{由}(4.12)]$$
$$= CAA^{-1} = CI = C, \quad [\text{由}(4.12)\text{和}(4.8)]$$

将其代入式(4.16)则有 $C = B^{-1}A^{-1}$，或者换句话说，AB 的逆等于 $B^{-1}A^{-1}$，这正是前面所宣称的结果。在这个证明中，方程 $AA^{-1} = A^{-1}A = I$ 被运用了两次。注意，当且仅当一个矩阵和它的逆在积中严格毗邻时，才可以应用这个方程。我们可以写 $AA^{-1}B = IB = B$，但绝不能写 $ABA^{-1} = B$。

式(4.15)的证明如下。给定 A'，我们求其逆，称作 D。由定义，则我们有 $DA' = I$。但我们知道：

$$(AA^{-1})' = I' = I$$

产生同样的单位矩阵。因此我们可以写出

$$DA' = (AA^{-1})'$$
$$= (A^{-1})'A', \quad [\text{由}(4.11)]$$

两边以 $(A')^{-1}$ 右乘，得到

$$DA'(A')^{-1} = (A^{-1})'A'(A')^{-1}$$

或

$$D = (A^{-1})', \quad [\text{由}(4.12)]$$

因此 A' 的逆等于 $(A^{-1})'$，正如所声明的那样。

在刚才的证明中，数学运算是对整个数块进行的，如果不把这些数块作为数学整体(矩阵)，则同样的运算会变得极其冗长复杂。矩阵代数的精妙之处就在于运算的简化。

逆矩阵与线性方程组的解

逆矩阵的概念可直接方便地应用于解联立方程组。关于式(4.3)中的方程组，我们早已指出，它用矩阵的概念可以写成

$$\underset{(3\times 3)}{A}\underset{(3\times 1)}{x} = \underset{(3\times 1)}{d}, \qquad (4.17)$$

其中 A, x 和 d 在式(4.4)中已有定义，现在，若 A^{-1} 存在，方程(4.17)两边均以 A^{-1} 左乘，将产生

$$A^{-1}Ax = A^{-1}d$$

或 (4.18)
$$\underset{(3\times 1)}{x} = \underset{(3\times 3)}{A^{-1}} \underset{(3\times 1)}{d},$$

式(4.18)的左侧为变量的列向量,而右侧积则是某些已知数的列向量。因此,由矩阵或向量相等的定义,式(4.18)表明了满足方程组的变量的一组值,即解值。而且,若 A^{-1} 存在,则它是唯一的,所以 $A^{-1}d$ 一定是解值的唯一向量。因而我们可以将式(4.18)中的 x 向量写成 x^*,以表示其为唯一解。

检验逆存在及计算逆的方法将在下一章中讨论。但这里可以表明(4.4)中矩阵 A 的逆为

$$A^{-1} = \frac{1}{52}\begin{bmatrix} 18 & -16 & -10 \\ -13 & 26 & 13 \\ -17 & 18 & 21 \end{bmatrix},$$

因而(4.18)的结果是

$$\begin{bmatrix} x_1^* \\ x_2^* \\ x_3^* \end{bmatrix} = \frac{1}{52}\begin{bmatrix} 18 & -16 & -10 \\ -13 & 26 & 13 \\ -17 & 18 & 21 \end{bmatrix}\begin{bmatrix} 22 \\ 12 \\ 10 \end{bmatrix} = \begin{bmatrix} 2 \\ 3 \\ 1 \end{bmatrix},$$

此式给出解值 $x_1^* = 2, x_2^* = 3, x_3^* = 1$。

上式作为求解线性方程组 $Ax = d$(其中系数矩阵 A 为非奇异阵)的一种方法,其要点是:首先求出逆阵 A^{-1},然后以常数向量 d 右乘 A^{-1}。则积 $A^{-1}d$ 将给出变量的解值。

例6 如4.2节的例11所示,简单的国民收入模型

$$Y = C + I_0 + G_0$$
$$C = a + bY$$

可以写成矩阵形式 $Ax = d$,其中

$$A = \begin{bmatrix} 1 & -1 \\ -b & 1 \end{bmatrix}, \quad x = \begin{bmatrix} Y \\ C \end{bmatrix}, \quad d = \begin{bmatrix} I_0 + G_0 \\ a \end{bmatrix}.$$

矩阵 A 的逆(见5.6节)

$$A^{-1} = \frac{1}{1-b}\begin{bmatrix} 1 & 1 \\ b & 1 \end{bmatrix},$$

从而模型的解 $x^* = A^{-1}d$,或

$$\begin{bmatrix} Y^* \\ C^* \end{bmatrix} = \frac{1}{1-b} \begin{bmatrix} 1 & 1 \\ b & 1 \end{bmatrix} \begin{bmatrix} I_0 + G_0 \\ a \end{bmatrix} = \frac{1}{1-b} \begin{bmatrix} I_0 + G_0 + a \\ b(I_0 + G_0) + a \end{bmatrix}.$$

练习 4.6

1 给定 $A = \begin{bmatrix} 0 & 4 \\ -1 & 3 \end{bmatrix}, B = \begin{bmatrix} 3 & -8 \\ 0 & 1 \end{bmatrix}, C = \begin{bmatrix} 1 & 0 & 9 \\ 6 & 1 & 1 \end{bmatrix}$, 求 A', B', C'。

2 运用上题中给出的矩阵验证
 (a) $(A+B)' = A' + B'$ (b) $(AC)' = C'A'$

3 证明任意可相乘矩阵 A、B、C, 方程 $(ABC)' = C'B'A'$ 成立, 从而将(4.11)的结论推广到三个矩阵相乘的情况。

4 给定下列四个矩阵, 检验是否其中任意一个矩阵均是其他矩阵的逆。

$$D = \begin{bmatrix} 1 & 12 \\ 0 & 3 \end{bmatrix}, \quad E = \begin{bmatrix} 1 & 1 \\ 6 & 8 \end{bmatrix}, \quad F = \begin{bmatrix} 1 & -4 \\ 0 & \frac{1}{3} \end{bmatrix}, \quad G = \begin{bmatrix} 4 & -\frac{1}{2} \\ -3 & -\frac{1}{2} \end{bmatrix}$$

5 证明对任意可相乘非奇异矩阵 A, B, C, 方程 $(ABC)^{-1} = C^{-1}B^{-1}A^{-1}$, 从而将(4.14)的结论推广。

6 令 $A = I - X(X'X)^{-1}X'$。
 (a) A 必须为方阵吗? $(X'X)$ 必须为方阵吗? X 必须为方阵吗?
 (b) 证明矩阵 A 为幂等矩阵。[提示: 若 X' 与 X 不为方阵, 则不能应用 (4.14)。]

4.7 有限马尔可夫链

矩阵代数的一个主要应用就是在马尔可夫过程或者马尔可夫链。马尔可夫过程是用来测量或者估计随着时间的推移而发生的移动。这种移动涉及马尔可夫转移矩阵, 转移矩阵中的每一个值都是从一种状态向另一种状态移动的可能性(地点、工作等)。这也涉及包含在不同状态下的初始分布的向量。通过反复用转移矩阵乘以这个向量, 我们可以估计不同时间上的状态的变化。

考虑一个公司内部雇员流动的问题,这个公司具有不同的部门,或者分店。① 一个简单的例子是两部门的公司,比如阿博伏特(Abbosford)和博纳比(Burnaby),这会表明马尔可夫过程的基本特征。为了决定阿博伏特明天的雇员,我们采用雇员依然留在阿博伏特部门的概率乘以现在在阿博伏特的总雇员数,得到现在在阿博伏特部门且明天还依然留在阿博伏特部门的员工数。在此基础上,加上博纳比部门明天可能流向阿博伏特部门的员工数。这个数是通过现在在博纳比部门的员工总数乘以博纳比流向阿博伏特部门的概率得出的。类似地,决定博纳比部门明天员工人数的方法与这一过程相同,由留在博纳比部门员工人数加上从阿博伏特部门过来的员工决定。这个过程涉及四个概率。这四个概率一起可以放在一个矩阵中,这就是马尔可夫矩阵(简称马尔可夫)。

让 A_t 和 B_t 分别代表在时间 t 上的阿博伏特和博纳比的员工人数,再定义转移概率是:

$$P_{AA} \equiv 目前在 A 者还留在 A 的概率,$$
$$P_{AB} \equiv 目前在 A 者转移到 B 的概率,$$
$$P_{BB} \equiv 目前在 B 者还留在 B 的概率,$$
$$P_{BA} \equiv 目前在 B 者转移到 A 的概率,$$

如果我们把在时间 t 上员工转移的分布写成向量,得到:

$$x_t' = \begin{bmatrix} A_t & B_t \end{bmatrix}$$

矩阵形式的转移概率就是:

$$M = \begin{bmatrix} P_{AA} & P_{AB} \\ P_{BA} & P_{BB} \end{bmatrix},$$

那么在时间 $(t+1)$ 上的跨区域的员工分布是:

$$\underset{(1\times 2)}{x_t'} \underset{(2\times 2)}{M} = \underset{(1\times 2)}{x_{t+1}'},$$

$$\begin{bmatrix} A_t & B_t \end{bmatrix} \begin{bmatrix} P_{AA} & P_{AB} \\ P_{BA} & P_{BB} \end{bmatrix} = \begin{bmatrix} (A_t P_{AA} + B_t P_{BA}) & (A_t P_{AB} + B_t P_{BB}) \end{bmatrix}$$

---

① 我们感谢萨拉·邓恩提供这个例子。这个工作来自她在加拿大的大不列颠哥伦比亚技术研究所做学生时的最终项目(2003 年 6 月)。

80 为了找出两个时间段后的雇员分布：

$$= [A_{t+1} \quad B_{t+1}],$$

$$[A_{t+1} \quad B_{t+1}] \begin{bmatrix} P_{AA} & P_{AB} \\ P_{BA} & P_{BB} \end{bmatrix} = [A_{t+2} \quad B_{t+2}],$$

$$[A_t \quad B_t] \begin{bmatrix} P_{AA} & P_{AB} \\ P_{BA} & P_{BB} \end{bmatrix} \begin{bmatrix} P_{AA} & P_{AB} \\ P_{BA} & P_{BB} \end{bmatrix} = [A_{t+2} \quad B_{t+2}],$$

$$[A_t \quad B_t] \begin{bmatrix} P_{AA} & P_{AB} \\ P_{BA} & P_{BB} \end{bmatrix}^2 = [A_{t+2} \quad B_{t+2}].$$

一般，对于 n 个时间段：

$$[A_t \quad B_t] \begin{bmatrix} P_{AA} & P_{AB} \\ P_{BA} & P_{BB} \end{bmatrix}^n = [A_{t+n} \quad B_{t+n}].$$

这个 2×2 概率矩阵 M 就是马尔可夫转移矩阵。在这个例子中，n 是外生的，这过程就被称为有限马尔可夫链。

例 1 假设在时间 $t = 0$ 上这两个地点的员工分布是：

$$x_0' = [A_0 \quad B_0] = [100 \quad 100],$$

换言之，在每个地点上最初都有相同的雇员数。此外，令矩阵中的转移概率是：

$$M = \begin{bmatrix} P_{AA} & P_{AB} \\ P_{BA} & P_{BB} \end{bmatrix} = \begin{bmatrix} 0.7 & 0.3 \\ 0.4 & 0.6 \end{bmatrix},$$

那么，在下一个时间段 $(t=1)$ 上的不同地点的雇员人数是：

$$[100 \quad 100] \begin{bmatrix} 0.7 & 0.3 \\ 0.4 & 0.6 \end{bmatrix} = [110 \quad 90] = [A_1 \quad B_1],$$

两个时间段后得到的分布是：

$$[100 \quad 100] \begin{bmatrix} 0.7 & 0.3 \\ 0.4 & 0.6 \end{bmatrix}^2 = [100 \quad 100] \begin{bmatrix} 0.61 & 0.39 \\ 0.52 & 0.48 \end{bmatrix}$$

$$= [113 \quad 87] = [A_2 \quad B_2],$$

在 10 个时间段 $(t=10)$ 后的分布是：

$$[100 \quad 100] \begin{bmatrix} 0.7 & 0.3 \\ 0.4 & 0.6 \end{bmatrix}^{10} = [100 \quad 100] \begin{bmatrix} 0.5174 & 0.4286 \\ 0.5174 & 0.4286 \end{bmatrix}$$

$$= [114.3 \quad 85.7] = [A_{10} \quad B_{10}],$$

注意当马尔可夫转移矩阵的幂越来越高时,会出现的情景。由最初的转移矩阵的幂次数上升而形成的新的转移矩阵最终收敛到各行数字相同的矩阵。这被称为稳定状态。我们可以从第11次或者更高的分布中看到何种情景?

特例:吸收马尔可夫链

现在,让我们通过第三个选择来扩展模型:员工能够离开公司:

$$P_{AE} \equiv 目前在 A 者选择离开的概率,$$

$$P_{BE} \equiv 目前在 B 者选择离开的概率,$$

此时,我们能够加上下面假设:

$$P_{EA} = 0, \quad P_{EB} = 0, \quad P_{EE} = 1,$$

这里 P_{EA},P_{EB} 和 P_{EE} 是现在在 E 离开将要去 A,B 或者 E 的员工的概率。换言之,没有人在离开后再回来。这也隐含着公司不会再重聘离职的员工(没有新雇员)。

在时间 $t=0$ 上,我们的马尔可夫链变成了:

$$\begin{bmatrix} A_0 & B_0 & E_0 \end{bmatrix} \begin{bmatrix} P_{AA} & P_{AB} & P_{AE} \\ P_{BA} & P_{BB} & P_{BE} \\ P_{EA} & P_{EB} & P_{EE} \end{bmatrix}^n = \begin{bmatrix} A_n & B_n & E_n \end{bmatrix},$$

$$\begin{bmatrix} A_0 & B_0 & E_0 \end{bmatrix} \begin{bmatrix} P_{AA} & P_{AB} & P_{AE} \\ P_{BA} & P_{BB} & P_{BE} \\ 0 & 0 & 1 \end{bmatrix}^n = \begin{bmatrix} A_n & B_n & E_n \end{bmatrix}.$$

(假设 $E_0 = 0$)

这个马尔可夫过程的类型就是吸收马尔可夫链。因为在第三行转移概率的值,我们可以看到一旦一个员工在一个时间段内成为 E,那么这个雇员会在其他时间都保留在原来的位置。随着 n 趋向于无穷,A_n 和 B_n 趋向于 0,E_n 趋向于在时间零点的总员工人数(即 $A_0 + B_0 + E_0$)。

练习4.7

1 考虑到大众失业的情形(即工厂关闭),1200人失业,开始寻找新的工

作。在这个例子中,有两种状态:雇用(E)和失业(U),初始向量是:
$$x_0' = \begin{bmatrix} E & U \end{bmatrix} = \begin{bmatrix} 0 & 1200 \end{bmatrix}$$
假设在给定的时间上,失业者找到一项工作的概率是 0.7,因此继续失业的概率是 0.3。另外,在一个时期找到工作的人在下个时期可能会失去工作的概率是 0.1(继续留任的概率是 0.9):

(a) 对于这个问题构造一个马尔可夫转移矩阵。

(b) 在 2 期、3 期、5 期、10 期后失业人数是多少?

(c) 失业的稳定状态水平是什么?

第5章 线性模型与矩阵代数(续)

第4章已经表明,无论多大的线性方程组,均可用简洁的矩阵符号来表示。而且若方程组系数矩阵的逆存在,还可通过求系数矩阵逆矩阵的方法解方程组。我们现在则必须考虑解决以下问题:如何检验逆矩阵的存在,以及如何求逆矩阵。只有回答了这些问题,我们才能将矩阵代数应用于经济模型。

5.1 矩阵非奇异性的条件

仅当系数矩阵 A 为方阵时,它才可能有逆矩阵(即可能是"非奇异的")。但正如前面已指出的那样,方阵条件是逆矩阵 A^{-1} 存在的必要条件,而非充分条件。一个矩阵可能是方阵,但也可能是奇异矩阵(没有逆矩阵)。

必要条件和充分条件

在经济学中,我们经常用到"必要条件"和"充分条件"这些概念。在进一步讨论前,理解其确切含义是重要的。

必要条件具有先决条件的性质:假设仅当另一陈述 q 为真时,陈述 p 才为真,则 q 便构成 p 的必要条件。我们可用符号表示如下:

$$p \Longrightarrow q \tag{5.1}$$

读作"仅当 q 成立时,p 成立",或者"若 p 成立,则 q 成立"。将(5.1)解释成"p 成立意味着 q 成立"在逻辑上也是正确的。当然,也可能出现这种情况,若我们同时还有 $p \Longrightarrow w$,则 q 和 w 都是 p 的必要条件。

例1 我们令 p 为陈述"某人是一个父亲",q 为陈述"某人是男性",则逻辑表述 $p \Longrightarrow q$ 成立,因为仅当一个人为男性时他才能是一个父亲,男性是作父亲的必要条件。但要注意,反之不成立;父亲身份不是男性的必要条件。

另一种不同类型的情况是若 q 为真,则 p 为真,但 q 不为真时 p 也可能为真。在此情况下,q 被称作 p 的充分条件。q 为真足以保证 p 为真成立,但它不是 p 为真的必要条件。以符号表示这种情况:

$$p \Longleftarrow q \tag{5.2}$$

读作:"当 q 成立,则 p 成立"(没有"仅"这个字),或读作"若 q 成立,则 p 成立",这好像反读(5.2)式。还可以将其解释为"q 成立意味着 p 成立"。

例 2 若我们令 p 代表陈述"一个人可到达欧洲",q 代表陈述"一个人乘飞机到达欧洲",则 $p \Longleftarrow q$。乘飞机可抵达欧洲,但海上交通也可抵达欧洲,所以乘飞机并非先决条件。因而我们可以写 $p \Longleftarrow q$,但不能写 $p \Longrightarrow q$。

在第三种可能的情况中,q 既是 p 的必要条件,也是充分条件。在此情况下,我们写成:

$$p \Longleftrightarrow q \tag{5.3}$$

读作:"当且仅当 q 成立,则 p 成立",双箭头实际上是(5.1)和(5.2)中箭头的结合,因而同时使用"当"和"仅当"两个词。注意,(5.3)表明,不仅 p 成立意味着 q 成立,而且 q 成立意味着 p 成立。

例 3 若我们令 p 代表陈述"少于 30 天的一个月",而 q 代表陈述"它是二月",则 $p \Longleftrightarrow q$。少于 30 天的月份,必然是 2 月。反过来,2 月份的设定足以确定该月少于 30 天。因而 q 为 p 的充分必要条件。

为证明 $p \Longrightarrow q$,需证明在逻辑上 q 可从 p 推出。类似地,为证明 $p \Longleftarrow q$,需证明在逻辑上 p 可从 q 推出,但要证明 $p \Longleftrightarrow q$,则需证明 p 和 q 可互相从对方推出。

必要条件和充分条件的重要性类似于筛选机制。考虑一群奖学金或工作岗位的申请人,由于必要条件具有先决条件的性质,它们将申请人分为两组:不满足必要条件者自动落选;满足必要条件者成为有资格的候选人。然而,成为有资格的候选人不等于候选人一定就会最后成功。因此,必要条件在筛选不合格候选人方面比确定合格候选人方面更有决定性。一般而言,我们必须记住必要条件本身不是充分的。

与必要条件不同,充分条件被直接用来确定成功的候选人。满足充分条件的候选人自然成为成功者。正如必要条件本身不是充分的一样,充分条件本身也不是必要的。这是因为,对于任何给定的充分条件,都存在另一个较不严格的充分条件,不满足这一充分条件的候选人可能满足另一个较不严格的充分条件。例如,分数"A"对于通过考试是充分的,但它不是必要条件,因为分数"B"也是充分的。

最有效的筛选机制是充分必要条件。不满足这一条件意味着候选人一定不合格,满足这一条件意味着候选人一定合格。我们可以在下面对矩阵的非奇异性的讨论中看到这一点的应用。

非奇异性条件

当方阵条件(必要条件)已满足时,矩阵非奇异性的充分条件是行线性无关(或者同样的,列线性无关)。方阵条件和线性无关条件结合在一起,构成了非奇异性的充分必要条件(非奇异性 $\Leftrightarrow$ 方阵且线性无关)。

一个 $n \times n$ 系数矩阵 A 可以视为行向量的有序集,即视为一个元素为行向量的列向量:

$$A = \begin{bmatrix} a_{11} & a_{12} & \cdots & a_{1n} \\ a_{21} & a_{22} & \cdots & a_{2n} \\ \cdots\cdots\cdots\cdots\cdots\cdots\cdots \\ a_{n1} & a_{n2} & \cdots & a_{nn} \end{bmatrix} = \begin{bmatrix} v_1' \\ v_2' \\ \vdots \\ v_n' \end{bmatrix},$$

其中 $v_i' = [a_{i1} \ a_{i2} \cdots a_{in}], i = 1, 2, \cdots, n$。因为行向量线性无关,所以没有一行为其他行的线性组合。更正式地,如在 4.3 节所提到的那样,行线性无关要求唯一满足下列向量方程的标量 k_i 的集合

$$\sum_{i=1}^{n} k_i v_i' = \underset{(1 \times n)}{0} \tag{5.4}$$

对所有的 $i, k_i = 0$。

例 4 若系数矩阵

$$A = \begin{bmatrix} 3 & 4 & 5 \\ 0 & 1 & 2 \\ 6 & 8 & 10 \end{bmatrix} = \begin{bmatrix} v_1' \\ v_2' \\ v_3' \end{bmatrix},$$

则因 $[6\ 8\ 10] = 2[3\ 4\ 5]$,我们有 $v_3' = 2v_1' = 2v_1' + 0v_2'$。所以第三行可以表示为前两行的线性组合,行并非线性无关。因此,我们可以将方程另写成

$$2v_1' + 0v_2' - v_3' = [6\ 8\ 10] + [0\ 0\ 0] - [6\ 8\ 10] = [0\ 0\ 0],$$

由于导出(5.4)零向量的标量集 k_i 对所有的 i 并不全为零,所以行向量是线性相关的。

不同于方阵条件,线性无关条件一般难以看一眼就确定。所以需开发检验行或列线性无关的方法。但在开发这种方法之前,我们首先需要对为什么将线性无关条件和方阵条件联系在一起有一个直观的了解。由 3.4 节对计算方程数与未知数的讨论,我们可以回忆起这个一般结论:要使方程组有唯一解,仅满足方程数与未知数个数相同的条件是不够的,此外还要有方程必须彼此相容且函数无关(在现在线性方程组的情况下,意味着线性无关)。显然,在"方程数与未知数个数相同"这一标准与系数矩阵为方阵(行数与列数相同)这一情况之间存在着紧密的联系。"行间线性无关"的要求确实可以排除方程间的不相容和线性相关。因此,将其结合在一起,系数矩阵的方形和行线性无关这两个要求相当于 3.4 节所述的方程存在唯一解的条件。

我们举例说明系数矩阵行间线性相关如何导致方程之间的不相容或线性相关。令方程组 $Ax = d$ 取下述形式

$$\begin{bmatrix} 10 & 4 \\ 5 & 2 \end{bmatrix} \begin{bmatrix} x_1 \\ x_2 \end{bmatrix} = \begin{bmatrix} d_1 \\ d_2 \end{bmatrix},$$

其中系数矩阵 A 包含线性相关的行:$v_1' = 2v_2'$。(注意,矩阵的列也是线性相关的,第一列为第二列的 5/2。)我们未设定常数项 d_1 和 d_2 的值,但关于其相对值仅有两种明显的可能性:(1)$d_1 = 2d_2$ 和 (2)$d_1 \neq 2d_2$。在第一种情况下,比如 $d_1 = 12, d_2 = 6$,两个方程是相

容的但线性相关(恰如矩阵 A 的两行线性相关一样),因为第一个方程等于第二个方程乘 2。这时一个方程足矣,方程组实际上简化为一个方程 $5x_1 + 2x_2 = 6$,它具有无数个解。在第二种可能的情况下,比如 $d_1 = 12, d_2 = 0$,两个方程是不相容的,因为若第一个方程 $(10x_1 + 4x_2 = 12)$ 成立,对每一项以 2 相除,我们将其化简为:$5x_1 + 2x_2 = 6$;结果第二个方程 $(5x_1 + 2x_2 = 0)$ 不可能同时成立,因此方程无解。

结果是只要系数矩阵的行线性相关,就没有适当的唯一解存在(在上述任意一种情况下),事实上,获得唯一解的唯一可能是系数矩阵的行或列线性无关。在此情况下,A 为非奇异矩阵,这意味着 A^{-1} 确实存在。且唯一解 $x^* = A^{-1}d$ 可求。

矩阵的秩

尽管行线性无关的概念仅在与方阵有关的情形下讨论,但它同样可以运用于任意 $m \times n$ 矩阵。在一个矩阵中,若线性无关的最大行数为 r,则称该矩阵的秩为 r(秩也告诉我们该矩阵线性无关的最大列数)。$m \times n$ 矩阵的秩的最大值等于 m、n 中较小的一个。

给定一个矩阵,只有两行(或者两列),通过观察很容易判断行无关(或者列无关),只要检查一行(一列)是否是另一行(列)的倍数就可以了。但是,对于高维度的矩阵,视觉观察是不够的,需要更加正式的办法。一个办法是计算矩阵 A(并不必然是方阵)的秩,即决定 A 中无关的行数,通过使用"初等行变换"把 A 转化成所谓的阶梯矩阵。阶梯矩阵的特定的结构特征能够告诉我们矩阵 A 的秩。

一个矩阵只有三类初等行变换[①]:

1. 任意两行互相交换;
2. 用 $k \neq 0$ 来乘或者除行;
3. 把"任意一行的 k 倍"加到另一行上。

尽管每一个变换都把给定的矩阵 A 转换为不同的形式,但没有一个改变其秩。这是初等行变换的特征,能够使我们通过阶梯矩阵来得到 A 的秩。最容易解释这个方法的途径就是举例子。

[①] 与初等行变换相类似,可以定义初等列变换。在这里,行变换足够了。

例 5 从其阶梯矩阵中找出这个矩阵的秩：

$$A = \begin{bmatrix} 0 & -11 & -4 \\ 2 & 6 & 2 \\ 4 & 1 & 0 \end{bmatrix},$$

首先,我们检查 A 的列中的 0 元素,我们把 0 元素移到矩阵的底部。在这里,我们需要把 0(列 1 的第一个元素)移到底部,这可以通过行 1 和行 3 互换得到,结果是：

$$A_1 = \begin{bmatrix} 4 & 1 & 0 \\ 2 & 6 & 2 \\ 0 & -11 & -4 \end{bmatrix},$$

我们下一步目标是把 A_1 的第一列改成(4.7)所定义的单位向量 e_1。把元素 4 变成 1,那么我们把 A_1 的行 1 除以 4 得到：

$$A_2 = \begin{bmatrix} 1 & \frac{1}{4} & 0 \\ 2 & 6 & 2 \\ 0 & -11 & -4 \end{bmatrix},$$

然后,把 A_2 列 1 中的元素 2 变成 0,我们用 -2 乘以 A_2 的行 1,把结果加到行 2(第三种初等行变换),得到：

$$A_3 = \begin{bmatrix} 1 & \frac{1}{4} & 0 \\ 0 & 5\frac{1}{2} & 2 \\ 0 & -11 & -4 \end{bmatrix},$$

现在,在第一列中得到单位向量 e_1。我们现在在进一步的考虑中,把 A_3 的第一行排除,只对剩下的两行进行处理,这时我们在第二列中要得到二元素的单位向量——将 $5\frac{1}{2}$ 变为 1,将 -11 变为 0。为此,我们需将 A_3 的第 2 行除以 $5\frac{1}{2}$,将这一行变为向量 $\begin{bmatrix} 0 & 1 & \frac{4}{11} \end{bmatrix}$,然后将其乘以 11,加到 A_3 的第 3 行上。最后,得到：

$$A_4 = \begin{bmatrix} 1 & \frac{1}{4} & 0 \\ 0 & 1 & \frac{4}{11} \\ 0 & 0 & 0 \end{bmatrix},$$

这正是阶梯矩阵的形式。从定义看,它有三个结构特征。首先,非零行(至少有 1 个元素不为零的行)出现在零行(只有零元素的行)上面。其次,在每一个非零行中,第一个非零元素是 1。第三,在每行的元素 1(第一个非零元素)必须出现在其下一行的非零元素的左边。应该清楚,初等行变换正是用来得到 A_4 中的特征的。

现在,我们能够简单地从阶梯矩阵 A_4 中读出非零行的个数,这就是秩。因为 A_4 包含两个非零行,我们能够得出结论: $r(A) = 2$。这当然也是 A_1 到 A_4 的秩,因为初等行变换不改变矩阵的秩。

应用在非方阵的阶梯矩阵转换方法和方阵是一样的。我们在例 5 选择了方阵,因为我们最直接的目标是解决非奇异问题,这与方阵有关。由定义看,若一个 $n \times n$ 矩阵是一个非奇异矩阵,那么它就必须有 n 个线性无关的列或者行;结果,它的秩必须是 n,它的阶梯矩阵必须包含 n 个非零行,根本没有零行。反过来,一个秩为 n 的 $n \times n$ 矩阵必须是非奇异的。这样,一个没有零行的 $n \times n$ 阶梯矩阵必须是非奇异的,由初等行变换推导出该阶梯矩阵的原先的矩阵也应是非奇异的。在例 5 中,矩阵 A 是 3×3 矩阵,但是 $r(A) = 2$,因此,A 不是非奇异矩阵。

练习 5.1

1 在下列每对陈述中,令 p 代表第一个陈述,q 代表第二个陈述。指明下列每一情况适用(5.1),(5.2)还是(5.3)。

(a) 今天是假期;今天是感恩节。

(b) 一个几何图形有四条边;它是一个矩形。

(c) 两个有序偶 $(a,b),(b,a)$ 相等;a 等于 b。

(d) 一个数为有理数;一个数可以表示为两个整数的比。

(e) 一个 4×4 矩阵为非奇异矩阵;该矩阵的秩为 4。

(f) 我的汽车油箱是空的;我不能发动我的汽车。

(g) 因邮资不足,这封信被返还寄信人;寄信人忘记在信封上贴邮票。

2 令 p 表示陈述"一个几何图形为正方形";q 代表如下陈述:

(a) 该几何图形有四条边。

(b) 该几何图形有四条等边。

(c) 该几何图形有四条相等的边,且每条边与邻边垂直。

对于每一陈述,$p \Longrightarrow q, p \Longleftarrow q, p \Longleftrightarrow q$ 哪种情况为真?

3 在下面每一矩阵中,行向量均线性无关吗?

(a) $\begin{bmatrix} 24 & 8 \\ 9 & -3 \end{bmatrix}$ (b) $\begin{bmatrix} 2 & 0 \\ 0 & 2 \end{bmatrix}$ (c) $\begin{bmatrix} 0 & 4 \\ 3 & 2 \end{bmatrix}$ (d) $\begin{bmatrix} -1 & 5 \\ 2 & -10 \end{bmatrix}$

4 检验上题的列是否也都线性无关。你得出的结论与行线性无关相同吗?

5 根据其各自的阶梯矩阵来得出下面各矩阵的秩,并评价其非奇异性:

(a) $A = \begin{bmatrix} 1 & 5 & 1 \\ 0 & 3 & 9 \\ -1 & 0 & 0 \end{bmatrix}$ (b) $B = \begin{bmatrix} 0 & -1 & -4 \\ 3 & 1 & 2 \\ 6 & 1 & 0 \end{bmatrix}$

(c) $C = \begin{bmatrix} 7 & 6 & 3 & 3 \\ 0 & 1 & 2 & 1 \\ 8 & 0 & 0 & 8 \end{bmatrix}$ (d) $D = \begin{bmatrix} 2 & 7 & 9 & -1 \\ 1 & 1 & 0 & 1 \\ 0 & 5 & 9 & -3 \end{bmatrix}$

6 通过定义矩阵行之间的线性相关,一行或者多行可以用其他行的线性组合来表述。在阶梯矩阵中,线性相关表现为出现一行或者多行零行。那么,给定的矩阵存在行线性相关和其阶梯矩阵出现零行之间有何种关系?

5.2 用行列式检验非奇异性

要确定一个方阵是否为非奇异矩阵,我们可以运用行列式的概念。

行列式与非奇异性

方阵 A 的行列式以 $|A|$ 表示,它是唯一定义的与该矩阵相联系的标量(数)。只有对方阵才能定义行列式。

最小的可能矩阵当然是 1×1 矩阵 $A = [a_{11}]$。根据定义,其行列式等于其单一元素 a_{11} 本身:$|A| = |a_{11}| = a_{11}$。这里的 $|a_{11}|$ 不能与数的绝对值混淆。在绝对值的情形下,例如,我们不仅

有 $|5|=5$,而且有 $|-5|=5$,因为数的绝对值是其数值,而不论其符号如何。相反,绝对值符号是元素的符号,因此,尽管 $|8|=8$(正数),我们有 $|-8|=-8$(负数)。这一区别在后面的讨论中是非常关键的,那里,我们将应用行列式检验,其结果关键地依赖不同维度的行列式的符号,包括 $1×1$ 的行列式,如 $|a_{11}|=a_{11}$。

对于一个 $2×2$ 矩阵 $A = \begin{bmatrix} a_{11} & a_{12} \\ a_{21} & a_{22} \end{bmatrix}$,其行列式定义为下面两项的和:

$$|A| = \begin{vmatrix} a_{11} & a_{12} \\ a_{21} & a_{22} \end{vmatrix} = a_{11}a_{22} - a_{21}a_{12}, \quad [一个标量] \quad (5.5)$$

将 A 的主对角线上的两个元素相乘,然后减去其余两元素之积,便得到上式。根据矩阵 A 的维数,(5.5)所定义的 $|A|$ 被称作二阶行列式。

例 1 已知 $A = \begin{bmatrix} 10 & 4 \\ 8 & 5 \end{bmatrix}$, $B = \begin{bmatrix} 3 & 5 \\ 0 & -1 \end{bmatrix}$,其行列式为

$$|A| = \begin{vmatrix} 10 & 4 \\ 8 & 5 \end{vmatrix} = 10(5) - 8(4) = 18$$

和 $|B| = \begin{vmatrix} 3 & 5 \\ 0 & -1 \end{vmatrix} = 3(-1) - 0(5) = -3,$

尽管由定义,一个行列式(以两条纵线括住,而不用方括号括住)是一个标量,但这样的矩阵本身并没有一个数值。换句话说,一个行列式可化简为一个数,而矩阵则相反,它是一个数块的整体。还需强调的是,行列式仅对方阵有定义,而矩阵则不要求一定为方阵。

即使在讨论的初期,我们也可能对矩阵 A 行线性相关与行列式 $|A|$ 之间的关系,形成模糊的印象。两个矩阵

$$C = \begin{bmatrix} c_1' \\ c_2' \end{bmatrix} = \begin{bmatrix} 3 & 8 \\ 3 & 8 \end{bmatrix} \quad 和 \quad D = \begin{bmatrix} d_1' \\ d_2' \end{bmatrix} = \begin{bmatrix} 2 & 6 \\ 8 & 24 \end{bmatrix}$$

均为行线性相关,因为 $c_1' = c_2'$, $d_2' = 4d_1'$。两个矩阵的行列式的结果都等于 0:

$$|C| = \begin{vmatrix} 3 & 8 \\ 3 & 8 \end{vmatrix} = 3(8) - 3(8) = 0,$$

$$|D| = \begin{vmatrix} 2 & 6 \\ 8 & 24 \end{vmatrix} = 2(24) - 8(6) = 0,$$

此结果明显表明"零"行列式(值为零的行列式)与线性相关具有某种联系。我们将看到事实确实如此。而且,行列式$|A|$的值不仅可以作为检验矩阵A行线性无关(因而为非奇异矩阵)的一个标准,还将在A^{-1}的计算中发挥作用,若逆存在的话。

但首先我们必须讨论高阶行列式以扩大我们的视野。

计算三阶行列式

三阶行列式与一个3×3矩阵相联系。给定

$$A = \begin{bmatrix} a_{11} & a_{12} & a_{13} \\ a_{22} & a_{22} & a_{23} \\ a_{31} & a_{32} & a_{33} \end{bmatrix},$$

其行列式的值为

$$|A| = \begin{vmatrix} a_{11} & a_{12} & a_{13} \\ a_{21} & a_{22} & a_{23} \\ a_{31} & a_{32} & a_{33} \end{vmatrix}$$

$$= a_{11}\begin{vmatrix} a_{22} & a_{23} \\ a_{32} & a_{33} \end{vmatrix} - a_{12}\begin{vmatrix} a_{21} & a_{23} \\ a_{31} & a_{33} \end{vmatrix} + a_{13}\begin{vmatrix} a_{21} & a_{22} \\ a_{31} & a_{32} \end{vmatrix}$$

$$= a_{11}a_{22}a_{33} - a_{11}a_{23}a_{32} + a_{12}a_{23}a_{31} - a_{12}a_{21}a_{33}$$

$$+ a_{13}a_{21}a_{32} - a_{13}a_{22}a_{31}. \quad [= \text{一个标量}] \quad (5.6)$$

首先,观察(5.6)式的下面两行,我们看到$|A|$的值表示为六项乘积之和,其中三项前面为负号,三项前面为正号。尽管此和看起来有些复杂,仍然有一个简单的方法从一个给定的三阶行列式中"捕捉到"这六项。这在图5.1中得到了最好的解释。在图5.1所示的行列式中,最上一行的每一元素用两个实箭头以下述方式与另外两个元素相联: $a_{11} \rightarrow a_{22} \rightarrow a_{33}, a_{12} \rightarrow a_{23} \rightarrow a_{31}, a_{13} \rightarrow a_{32} \rightarrow a_{21}$。每三个这样的元素通过相乘联系起来,其积便是(5.6)六项乘积中的一项。

实箭头积项前面的符号为正。

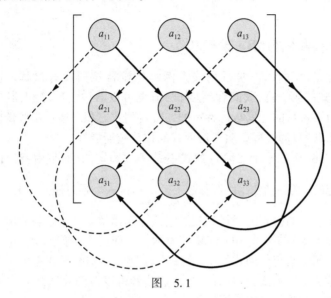

图 5.1

另外,最上一行每一元素还用两个虚箭头与另外两个元素相联:
$a_{11} \to a_{32} \to a_{23}$, $a_{12} \to a_{21} \to a_{33}$, $a_{13} \to a_{22} \to a_{31}$。每三个元素也以乘积结合在一起,此积也是(5.6)中六项之一项。这些积前面的符号为负。全部六项乘积之和便是行列式的值。

例2

$$\begin{vmatrix} 2 & 1 & 3 \\ 4 & 5 & 6 \\ 7 & 8 & 9 \end{vmatrix} = (2)(5)(9) + (1)(6)(7) + (3)(8)(4)$$
$$- (2)(8)(6) - (1)(4)(9) - (3)(5)(7) = -9.$$

例3

$$\begin{vmatrix} -7 & 0 & 3 \\ 9 & 1 & 4 \\ 0 & 6 & 5 \end{vmatrix} = (-7)(1)(5) + (0)(4)(0) + (3)(6)(9)$$
$$- (-7)(6)(4) - (0)(9)(5) - (3)(1)(0) = 295.$$

这种交叉对角线乘积的方法是计算三阶行列式的一种简洁方式。但遗憾的是,它难以应用于高于三阶行列式的计算。对这种高于三阶的行列式,我们必须借助于所谓的"行列式的拉普拉斯展开"。

用拉普拉斯展开计算 n 阶行列式

首先,我们以三阶行列式为例解释拉普拉斯展开过程。回到(5.6)式的第一行,我们看到$|A|$的值也可以看做三项之和,其中每一项为第一行的元素与一特定的二阶行列式之积。通过某些低阶行列式计算$|A|$的过程说明了行列式的拉普拉斯展开。

(5.6)中的三个二阶行列式不是任意确定的,而是由特定的规律设定的。第一个二阶行列式 $\begin{vmatrix} a_{22} & a_{23} \\ a_{32} & a_{33} \end{vmatrix}$ 是一个通过删除$|A|$的第一行和第一列而得到的子行列式。它被称作元素a_{11}(位于删除的行与列的交叉点)的子式,并以$|M_{11}|$表示。一般而言,符号$|M_{ij}|$可以用于表示删除给定行列式的第i行和第j列而得到的子式。由于子式本身是一个行列式,它具有一个值。读者可以自己验证,(5.6)式中其他两个二阶行列式分别是子式$|M_{12}|$和$|M_{13}|$,即

$$|M_{11}| \equiv \begin{vmatrix} a_{22} & a_{23} \\ a_{32} & a_{33} \end{vmatrix}, \quad |M_{12}| \equiv \begin{vmatrix} a_{21} & a_{23} \\ a_{31} & a_{33} \end{vmatrix}, \quad |M_{13}| \equiv \begin{vmatrix} a_{21} & a_{22} \\ a_{31} & a_{32} \end{vmatrix}.$$

与子式密切相关的一个概念是余子式。余子式以$|C_{ij}|$表示,是规定了代数符号的子式。[①] 其符号确定的规则如下:若子式$|M_{ij}|$中下标i和j之和为偶数,则余子式与子式符号相同,即$|C_{ij}| = |M_{ij}|$。若为奇数,则余子式符号与子式相反,即$|C_{ij}| = -|M_{ij}|$。简言之,我们有:

$$|C_{ij}| = (-1)^{i+j} |M_{ij}|,$$

这里很明显,当且仅当$(i+j)$为偶数时,表达式$(-1)^{i+j}$为正。余子式具有特定的符号是极其重要的,应牢记在心。

例4 行列式 $\begin{vmatrix} 9 & 8 & 7 \\ 6 & 5 & 4 \\ 3 & 2 & 1 \end{vmatrix}$ 中,元素8的子式为

---

① 很多作者使用符号 M_{ij} 和 C_{ij}(没有两条纵线)来表示子式和余子式。我们加上两条短纵线是为了直观地强调这一事实:子式和余子式具有行列式性质,因此具有标量值。

$$|M_{12}| = \begin{vmatrix} 6 & 4 \\ 3 & 1 \end{vmatrix} = -6,$$

但同一元素的余子式为

$$|C_{12}| = -|M_{12}| = 6,$$

因为 $i+j=1+2=3$ 为奇数。类似地,元素 4 的余子式为

$$|C_{23}| = -|M_{23}| = -\begin{vmatrix} 9 & 8 \\ 3 & 2 \end{vmatrix} = 6.$$

运用这些新的概念,我们可以将三阶行列式表示成:

$$|A| = a_{11}|M_{11}| - a_{12}|M_{12}| + a_{13}|M_{13}|$$

$$= a_{11}|C_{11}| + a_{12}|C_{12}| + a_{13}|C_{13}| = \sum_{j=1}^{3} a_{1j}|C_{1j}|,$$

(5.7)

即表示成三项之和,其中每一项是第一行的元素与其对应的余子式的积,注意在(5.7)式中,$a_{12}|M_{12}|$ 与 $a_{12}|C_{12}|$ 的符号不同。这是因为 $1+2$ 为奇数。

三阶行列式的拉普拉斯展开可以使三阶行列式的计算问题简化为某些二阶行列式的计算问题。类似的简化在高阶行列式的拉普拉斯展开中也可以实现。例如,在四阶行列式$|B|$中,第一行包含四个元素 $b_{11},\cdots,b_{14}$,因此,根据(5.7)式的精神,我们可以写出

$$|B| = \sum_{j=1}^{4} b_{1j}|C_{1j}|,$$

其中余子式$|C_{1j}|$是三阶的。每个三阶余子式则可按(5.6)式计算。一般而言,n 阶行列式的拉普拉斯展开可把问题简化为计算 n 个 $(n-1)$ 阶余子式;重复运用这种展开过程,将使行列式的阶数越来越低,最终获得如(5.5)式所定义的基本的二阶行列式。则初始行列式的值就很容易计算了。

尽管拉普拉斯展开过程是按照第一行元素的余子式来表达的,但也可以用任意一行,或者任意一列去展开一个行列式。例如,若一个三阶行列式$|A|$的第 1 列包含元素 a_{11},a_{21},a_{31},这些元素的余子式展开也将会产生$|A|$的值:

$$|A| = a_{11}|C_{11}| + a_{21}|C_{21}| + a_{31}|C_{31}| = \sum_{i=1}^{3} a_{i1}|C_{i1}|.$$

例 5 已知 $A = \begin{vmatrix} 5 & 6 & 1 \\ 2 & 3 & 0 \\ 7 & -3 & 0 \end{vmatrix}$,由第一行展开,得到结果

$$|A| = 5\begin{vmatrix} 3 & 0 \\ -3 & 0 \end{vmatrix} - 6\begin{vmatrix} 2 & 0 \\ 7 & 0 \end{vmatrix} + \begin{vmatrix} 2 & 3 \\ 7 & -3 \end{vmatrix} = 0 + 0 - 27 = -27,$$

但由第一列展开也得到一致的答案

$$|A| = 5\begin{vmatrix} 3 & 0 \\ -3 & 0 \end{vmatrix} - 2\begin{vmatrix} 6 & 1 \\ -3 & 0 \end{vmatrix} + 7\begin{vmatrix} 6 & 1 \\ 3 & 0 \end{vmatrix} = 0 - 6 - 21 = -27.$$

迄今为止我们仅涉及数字运算,这一事实使我们有机会选择某些"容易"的行或列去展开。具有最多 0 或 1 的行或列最易展开,因为 0 乘以其余子式等于 0,所以该项可以舍弃,1 乘以余子式等于余子式自身,所以至少可以省略一个乘积步骤。在例 5 中,展开行列式的最容易的方式是用第三列展开,该列包含元素 1,0,0。因而我们可以这样计算:

$$|A| = 1\begin{vmatrix} 2 & 3 \\ 7 & -3 \end{vmatrix} = -6 - 21 = -27.$$

总之,n 阶行列式 $|A|$ 的值可以通过任意行或任意列的拉普拉斯展开来计算:

$$\begin{aligned} |A| &= \sum_{j=1}^{n} a_{ij}|C_{ij}|. \quad [\text{由第 } i \text{ 行展开}] \\ &= \sum_{i=1}^{n} a_{ij}|C_{ij}|. \quad [\text{由第 } j \text{ 列展开}] \end{aligned} \quad (5.8)$$

练习 5.2

1 计算下列行列式:

(a) $\begin{vmatrix} 8 & 1 & 3 \\ 4 & 0 & 1 \\ 6 & 0 & 3 \end{vmatrix}$ (b) $\begin{vmatrix} 1 & 2 & 3 \\ 4 & 7 & 5 \\ 3 & 6 & 9 \end{vmatrix}$ (c) $\begin{vmatrix} 4 & 0 & 2 \\ 6 & 0 & 3 \\ 8 & 2 & 3 \end{vmatrix}$

(d) $\begin{vmatrix} 1 & 1 & 4 \\ 8 & 11 & -2 \\ 0 & 4 & 7 \end{vmatrix}$ (e) $\begin{vmatrix} a & b & c \\ b & c & a \\ c & a & b \end{vmatrix}$ (f) $\begin{vmatrix} x & 5 & 0 \\ 3 & y & 2 \\ 9 & -1 & 8 \end{vmatrix}$

2 为求得下列余子式：

$$|C_{13}|, |C_{23}|, |C_{33}|, |C_{41}| \text{ 及 } |C_{34}|,$$

请确定相应子式前的符号。

3 给定行列式 $\begin{vmatrix} a & b & c \\ d & e & f \\ g & h & i \end{vmatrix}$，求元素 a, b, f 的子式和余子式。

4 计算下列行列式：

(a) $\begin{vmatrix} 1 & 2 & 0 & 9 \\ 2 & 3 & 4 & 6 \\ 1 & 6 & 0 & -1 \\ 0 & -5 & 0 & 8 \end{vmatrix}$ (b) $\begin{vmatrix} 2 & 7 & 0 & 1 \\ 5 & 6 & 4 & 8 \\ 0 & 0 & 9 & 0 \\ 1 & -3 & 1 & 4 \end{vmatrix}$

5 在上题的第一个行列式中，求元素 9 的余子式的值。

6 给定 $A = \begin{bmatrix} 9 & 11 & 4 \\ 3 & 2 & 7 \\ 6 & 10 & 4 \end{bmatrix}$，求第 3 行的子式及余子式。

7 利用拉普拉斯展开，计算下列矩阵的行列式。

$$A = \begin{bmatrix} 15 & 7 & 9 \\ 2 & 5 & 6 \\ 9 & 0 & 12 \end{bmatrix}$$

5.3 行列式的基本性质

现在，我们可以讨论行列式的某些性质，从而使我们可以"发现"方阵行线性相关与矩阵行列式等于零之间的关系。

这里讨论五个基本性质。尽管我们在多数情况下将以二阶行列式为例来说明，但这些性质对各阶行列式均适用。

性质 I 行与列互换不影响行列式的值。换言之，矩阵 A 的行列式与其转置矩阵 A' 的行列式具有相同的值，即 $|A| = |A'|$。

例 1 $\begin{vmatrix} 4 & 3 \\ 5 & 6 \end{vmatrix} = \begin{vmatrix} 4 & 5 \\ 3 & 6 \end{vmatrix} = 9$。

例 2 $\begin{vmatrix} a & b \\ c & d \end{vmatrix} = \begin{vmatrix} a & c \\ b & d \end{vmatrix} = ad - bc$。

性质 II 任意两行或两列互换将改变行列式符号,但数值不变。(这一性质显然与矩阵的第一种初等行变换有关。)

例 3 $\begin{vmatrix} a & b \\ c & d \end{vmatrix} = ad - bc$,但两行互换有

$$\begin{vmatrix} c & d \\ a & b \end{vmatrix} = cb - ad = -(ad - bc).$$

例 4 $\begin{vmatrix} 0 & 1 & 3 \\ 2 & 5 & 7 \\ 3 & 0 & 1 \end{vmatrix} = -26$,但第一列与第三列互换得到

$$\begin{vmatrix} 3 & 1 & 0 \\ 7 & 5 & 2 \\ 1 & 0 & 3 \end{vmatrix} = 26.$$

性质 III 以一标量 k 乘行列式任意一行(或任意一列),行列式的值将发生 k 倍变化。(这一性质与矩阵的第二种初等行变换有关。)

例 5 以 k 乘例 3 中行列式的第一行,我们得到

$$\begin{vmatrix} ka & kb \\ c & d \end{vmatrix} = kad - kbc = k(ad - bc) = k\begin{vmatrix} a & b \\ c & d \end{vmatrix}.$$

区分两个表达式 kA 与 $k|A|$ 之间的差别是重要的。在以标量 k 乘矩阵 A 时,A 中所有元素均乘以 k。但若我们从左到右读本例中的方程,很明显,以 k 乘以行列式 $|A|$,仅有一行或列被 k 乘。因此,这一方程实际上给出了一个分解行列式的法则:当任意一行或列含有公约数时,就可以将其提到行列式外面。

例 6 依次提取第一列和第二行的公约数,我们有

$$\begin{vmatrix} 15a & 7b \\ 12c & 2d \end{vmatrix} = 3\begin{vmatrix} 5a & 7b \\ 4c & 2d \end{vmatrix} = 3(2)\begin{vmatrix} 5a & 7b \\ 2c & d \end{vmatrix} = 6(5ad - 14bc),$$

当然,直接计算原行列式也会产生同样结果。

相反,提取矩阵的公约数要求矩阵中所有元素具有公约数,如下式:

$$\begin{bmatrix} ka & kb \\ kc & kd \end{bmatrix} = k \begin{bmatrix} a & b \\ c & d \end{bmatrix}.$$

性质 IV 行列式的某一行加上(减去)另一行的倍数,其值不变。将上述表述中的"行"变为"列",也同样成立。(这一性质与矩阵的第三种初等行变换有关。)

例7 将例3中的行列式的第一行乘以 k,并加到第二行上,我们以得到原行列式而结束计算:

$$\begin{vmatrix} a & b \\ c+ka & d+kb \end{vmatrix} = a(d+kb) - b(c+ka) = ad - bc = \begin{vmatrix} a & b \\ c & d \end{vmatrix}.$$

性质 V 若行列式的一行(或列)为另一行(或列)的倍数,则行列式的值为零。作为这种情况的一个特例,当行列式两行(或两列)相同时,行列式将变成零。

例8 $\begin{vmatrix} 2a & 2b \\ a & b \end{vmatrix} = 2ab - 2ab = 0$, $\begin{vmatrix} c & c \\ d & d \end{vmatrix} = cd - cd = 0$,

行列式"变成零"的另外一个例子在练习5.2-1中可找到。

这个重要性质实际是性质IV的逻辑结果。为理解这一点,我们将性质IV应用于例8中的两个行列式并观察其结果。对于第一个行列式,从第一行减去第二行的二倍;对于第二个行列式,从第一列减去第二列的二倍。因为这些运算不改变行列式的值,我们可以写成

$$\begin{vmatrix} 2a & 2b \\ a & b \end{vmatrix} = \begin{vmatrix} 0 & 0 \\ a & b \end{vmatrix}, \quad \begin{vmatrix} c & c \\ d & d \end{vmatrix} = \begin{vmatrix} 0 & c \\ 0 & d \end{vmatrix},$$

现在新的(化简的)行列式分别有一行和一列为零,因此在这两个例子中,其拉普拉斯展开一定为零。一般而言,当行列式的一行(列)为另一行(列)的倍数时,应用性质IV总可以将该行(列)的所有元素化简为零,因此,性质V成立。

刚才讨论的基本性质有几方面的用途。首先,它有助于极大地简化行列式的计算。例如,通过从一行(或列)中减去另一行(或列)的倍数,行列式中的元素可以化简成比较小和更简单的数。若可能

的话,提取公约数也具有同样的效果。若我们真能应用这些性质将某些行或列转化成尽可能包含更多的 0 和 1 的形式,则行列式的拉普拉斯展开将会是非常轻松的工作。

非奇异性行列式的判别标准

我们现在主要关心的是行线性相关与行列式为零之间的联系。为此,可以引用性质 V。考察方程组 $Ax = d$:

$$\begin{bmatrix} 3 & 4 & 2 \\ 15 & 20 & 10 \\ 4 & 0 & 1 \end{bmatrix} \begin{bmatrix} x_1 \\ x_2 \\ x_3 \end{bmatrix} = \begin{bmatrix} d_1 \\ d_2 \\ d_3 \end{bmatrix},$$

当且仅当系数矩阵 A 的行线性无关时,方程组具有唯一解,此时 A 为非奇异矩阵。但矩阵第二行为第一行的 5 倍,行实际上线性相关,因此没有唯一解。这个行相关是通过直接观察确定的,但运用性质 V,通过 $|A|=0$ 这一事实,也可以发现这一点。

当然,矩阵行相关还可以假设为更复杂、更隐蔽的形式。例如在下列矩阵中

$$B = \begin{bmatrix} 4 & 1 & 2 \\ 5 & 2 & 1 \\ 1 & 0 & 1 \end{bmatrix} = \begin{bmatrix} v_1' \\ v_2' \\ v_3' \end{bmatrix}$$

就存在行相关,因为 $2v_1' - v_2' - 3v_3' = 0$;但这一事实难以通过直接观察发现。由性质 V 可知行列式为零,即 $|B|=0$,因为 3 倍的 v_3' 加上 v_2' 减去 2 倍的 v_1',可使第二行化简为零向量。一般而言,任何类型行线性相关均可由一个等于零的行列式来反映,性质 V 的美妙之处也正在这里。相反,若行线性无关,则行列式一定有非零值。

上面我们已把矩阵非奇异性与行线性无关基本联系起来了。但有时我们需要这一结论:对于一个方阵 A,行线性无关 $\Leftrightarrow$ 列线性无关,现在我们来对其加以证明:

根据性质 I,我们知道 $|A|=|A'|$。因为 A 中行线性无关 $\Leftrightarrow |A| \neq 0$,所以也可以说 A 中行线性无关 $\Leftrightarrow |A'| \neq 0$。但 $|A'| \neq 0 \Leftrightarrow$ 转置

矩阵 A' 中行线性无关 $\Longleftrightarrow A$ 中列线性无关(据定义 A' 的行为 A 的列)因而 A 中行线性无关 $\Longleftrightarrow A$ 中列线性无关。

现在,我们把关于非奇异性检验的讨论总结一下。给定线性方程组 $Ax = d$,其中 A 为一 $n \times n$ 系数矩阵,

$$|A| \neq 0 \Longleftrightarrow 矩阵\ A\ 中行(列)线性无关$$
$$\Longleftrightarrow A\ 为非奇异矩阵$$
$$\Longleftrightarrow A^{-1}\ 存在$$
$$\Longleftrightarrow 一个唯一解\ x^* = A^{-1}d\ 存在,$$

因而,系数矩阵行列式的值$|A|$,提供了一个检验矩阵 A 非奇异性和方程组 $Ax = d$ 存在唯一解的非常方便的判别标准。但要注意,行列式判别标准并未提到解值的代数符号,尽管我们可以肯定当$|A| \neq 0$时,存在唯一解,但有时我们也可能得到经济上不允许的负的解值。

例 9 下列方程组有唯一解吗?

$$7x_1 - 3x_2 - 3x_3 = 7,$$
$$2x_1 + 4x_2 + x_3 = 0,$$
$$-2x_2 - x_3 = 2,$$

行列式$|A|$为

$$\begin{vmatrix} 7 & -3 & -3 \\ 2 & 4 & 1 \\ 0 & -2 & -1 \end{vmatrix} = -8 \neq 0$$

因而该方程组确实存在唯一解。

重新定义矩阵的秩

前面我们把矩阵 A 的秩定义为 A 中线性无关的行的最大数量。根据行线性不相关与其行列式不为零之间的关系,我们可以将 $m \times n$ 矩阵的秩重新定义为由该矩阵的行和列所构造的不为零的行列式的最大阶数。任何矩阵的秩都是一个唯一的值。

显然,$m \times n$ 矩阵的最大秩为 m 与 n 中较小的一个。因为行列式仅对方阵有定义,一个 3×5 矩阵,其行列式最大可能的阶数为 3。这一事实用符号表示如下:

$$r(A) \leq \min\{m, n\}$$

读作:"A 的秩小于或等于由 m 和 n 组成的集合中最小的一个数"。$n \times n$ 非奇异矩阵的秩必为 n,在此情况下,我们可以写成:$r(A) = n$。

有时,有人可能会对两矩阵积的秩感兴趣。在这种情况下,可运用下列法则:

$$r(AB) \leq \min\{r(A), r(B)\}. \tag{5.9}$$

尽管这一规则本身没有给出 $r(AB)$ 的唯一值,应用这一规则仍然会给出唯一的结果。特别地,利用(5.9)式,我们可以得出,若矩阵 $A, r(A) = j$,被任何非奇异矩阵 B 乘(满足可乘条件),积矩阵 AB(或 BA)的秩一定为 j。下面我们将证明积 AB 的情形(积 BA 情形下的证明类似)。首先,从(5.9)式的右边,我们发现只有三种可能的情况:(i) $r(A) < r(B)$,(ii) $r(A) = r(B)$,(iii) $r(A) > r(B)$。对于前两种情况,(5.9)式可简化为 $r(AB) \leq r(A) = j$。在第三种情况下,我们得到 $r(AB) \leq r(B) < r(A) = j$。因此,无论在何种情况下,我们都有

$$r(AB) \leq r(A) = j. \tag{5.10}$$

现在考虑等式 $(AB)B^{-1} = A$。由(5.9)式,我们可以得出

$$r[(AB)B^{-1}] \leq \min\{r(AB), r(B^{-1})\}.$$

应用得出(5.10)式的同样的推理,我们可以得出

$$r[(AB)B^{-1}] \leq r(AB).$$

由于不等式的左边等同于 $r(A) = j$,我们可以得到

$$j \leq r(AB). \tag{5.11}$$

但是,除非 $r(AB) = j$,否则(5.9)式和(5.10)式不可能同时满足,因此积矩阵 AB 的秩必然为 j。

练习 5.3

1 用行列式 $\begin{vmatrix} 4 & 0 & -1 \\ 2 & 1 & -7 \\ 3 & 3 & 9 \end{vmatrix}$ 验证行列式的前四个性质。

2 证明:当 n 阶行列式 $|A|$ 的所有元素被数 k 乘时,结果将为 $k^n |A|$。

3 行列式的哪一性质使我们可以作下列运算?

(a) $\begin{vmatrix} 9 & 18 \\ 27 & 56 \end{vmatrix} = \begin{vmatrix} 9 & 18 \\ 0 & 2 \end{vmatrix}$ (b) $\begin{vmatrix} 9 & 27 \\ 4 & 2 \end{vmatrix} = 18 \begin{vmatrix} 1 & 3 \\ 2 & 1 \end{vmatrix}$

4. 检验下列行列式是否为非奇异矩阵:

(a) $\begin{vmatrix} 4 & 0 & 1 \\ 19 & 1 & -3 \\ 7 & 1 & 0 \end{vmatrix}$ (b) $\begin{vmatrix} 4 & -2 & 1 \\ -5 & 6 & 0 \\ 7 & 0 & 3 \end{vmatrix}$

(c) $\begin{vmatrix} 7 & -1 & 0 \\ 1 & 1 & 4 \\ 13 & -3 & -4 \end{vmatrix}$ (d) $\begin{vmatrix} -4 & 9 & 5 \\ 3 & 0 & 1 \\ 10 & 8 & 6 \end{vmatrix}$

5. 对上题中每一矩阵的秩可以得出何结论?
6. 下面每组3-向量能生成3-空间吗?为什么能?或者为什么不能?

(a) [1 2 1] [2 3 1] [3 4 2]

(b) [8 1 3] [1 2 8] [-7 1 5]

7. 用 $Ax = d$ 的形式改写(3.23)简单国民收入模型(把 Y 作为向量 x 中的第一个变量),然后检验系数矩阵 A 是否为非奇异矩阵。
8. 评论以下陈述的正确性。

(a) "给定任意矩阵 A,我们总是能得到其转置矩阵和其行列式。"

(b) "将一个 $n \times n$ 行列式的每一个元素都乘以 2 将使行列式的值变为原来的 2 倍。"

(c) "若一个方阵 A 为 0,我们可以确定方程组 $Ax = d$ 是非奇异的。"

5.4 求逆矩阵

若线性方程组 $Ax = d$ 中的矩阵 A 为非奇异矩阵,则 A^{-1} 存在,且方程组的解为 $x^* = A^{-1}d$。我们已知道,通过判别标准 $|A| \neq 0$,可以检验 A 的非奇异性。下一个问题是:若 A 确实通过了非奇异性检验,我们如何求 A^{-1}。

按异行余子式展开行列式

在回答这个问题之前,我们先讨论行列式的另一个重要性质:

性质 VI 按异行余子式(未按"正确"的行或列展开的余子式)展开的行列式,其值恒为零。

例1 若我们用第一行的元素和第二行中对应元素的余子式来展开行列式 $\begin{vmatrix} 4 & 1 & 2 \\ 5 & 2 & 1 \\ 1 & 0 & 3 \end{vmatrix}$,第二行元素的余子式为

$$|C_{21}| = -\begin{vmatrix} 1 & 2 \\ 0 & 3 \end{vmatrix} = -3, \quad |C_{22}| = \begin{vmatrix} 4 & 2 \\ 1 & 3 \end{vmatrix} = 10,$$

$$|C_{23}| = -\begin{vmatrix} 4 & 1 \\ 1 & 0 \end{vmatrix} = 1,$$

我们得到

$$a_{11}|C_{21}| + a_{12}|C_{22}| + a_{13}|C_{23}| = 4(-3) + 1(10) + 2(1) = 0.$$

更一般地,把例1所述的按异行余子式展开行列式的方法应用于行列式 $|A| = \begin{vmatrix} a_{11} & a_{12} & a_{13} \\ a_{21} & a_{22} & a_{23} \\ a_{31} & a_{32} & a_{33} \end{vmatrix}$ 得到的如下乘积之和也为零:

$$\sum_{j=1}^{3} a_{1j}|C_{2j}| = a_{11}|C_{21}| + a_{12}|C_{22}| + a_{13}|C_{23}|$$

$$= -a_{11}\begin{vmatrix} a_{12} & a_{13} \\ a_{32} & a_{33} \end{vmatrix} + a_{12}\begin{vmatrix} a_{11} & a_{13} \\ a_{31} & a_{33} \end{vmatrix} - a_{13}\begin{vmatrix} a_{11} & a_{12} \\ a_{31} & a_{32} \end{vmatrix}$$

$$= -a_{11}a_{12}a_{33} + a_{11}a_{13}a_{32} + a_{11}a_{12}a_{33} - a_{12}a_{13}a_{31}$$

$$- a_{11}a_{13}a_{32} + a_{12}a_{13}a_{31} = 0, \qquad (5.12)$$

产生这一结果的原因在于这一事实:(5.12)中乘积之和可以视为另一行列式

$$|A^*| = \begin{vmatrix} a_{11} & a_{12} & a_{13} \\ a_{11} & a_{12} & a_{13} \\ a_{31} & a_{32} & a_{33} \end{vmatrix},$$

按第二行正规展开的结果,$|A^*|$ 与 $|A|$ 的区别仅在于第二行,$|A^*|$ 的前两行是相同的。作为一个练习,读者可以自己写出 $|A^*|$ 第二行的余子式,并验证它们确实是(5.12)中出现的余子式,并且具有正确的符号。因为 $|A^*|$ 的前两行相同,所以 $|A^*| = 0$,因而(5.12)所示的按异行余子式展开的行列式必须也为零。

性质 VI 对各阶行列式均成立,并且当行列式按任意行或列的异行余子式展开时也可应用此性质,因而我们一般可断言,对于 n 阶行列式,下列结论成立:

$$\sum_{j=1}^{n} a_{ij} \mid C_{i'j} \mid = 0 \quad (i \neq i'),$$

[按第 i 行和第 i' 行的余子式展开]

$$\sum_{i=1}^{n} a_{ij} \mid C_{ij'} \mid = 0 \quad (j \neq j'). \tag{5.13}$$

[按第 j 列和第 j' 列的余子式展开]

仔细比较(5.13)与(5.8):(5.8)式(正规的拉普拉斯展开)的和中的每一乘积项中 a_{ij} 和 $|C_{ij}|$ 的下标必相同;而在像(5.13)的异行余子式展开中,两个下标中的一个(一选定的 i' 或 j' 的值)必定是不合适的。

矩阵求逆

在(5.13)中归纳的性质 VI,对于发展一种矩阵求逆的方法,即求出逆矩阵的方法,有直接的帮助。

假设给定 $n \times n$ 非奇异矩阵 A

$$\underset{(n \times n)}{A} = \begin{bmatrix} a_{11} & a_{12} & \cdots & a_{1n} \\ a_{21} & a_{22} & \cdots & a_{2n} \\ \multicolumn{4}{c}{\dotfill} \\ a_{n1} & a_{n2} & \cdots & a_{nn} \end{bmatrix}, \quad (|A| \neq 0) \tag{5.14}$$

因 A 中每一元素具有余子式 $|C_{ij}|$,有可能通过以余子式 $|C_{ij}|$ 置换(5.14)中每一元素 a_{ij} 而形成一个余子式矩阵。这样的余子式矩阵,以 $C = [\,|C_{ij}|\,]$ 表示,必为 $n \times n$ 矩阵。但基于现在之目的,我们对 C 的转置更感兴趣。这一转置 C' 一般称作 A 的伴随矩阵,以符号 adj$A$ 表示。伴随矩阵的形式如下:

$$\underset{(n \times n)}{C'} \equiv \text{adj}A \equiv \begin{bmatrix} \mid C_{11} \mid & \mid C_{21} \mid & \cdots & \mid C_{n1} \mid \\ \mid C_{12} \mid & \mid C_{22} \mid & \cdots & \mid C_{n2} \mid \\ \multicolumn{4}{c}{\dotfill} \\ \mid C_{1n} \mid & \mid C_{2n} \mid & \cdots & \mid C_{nn} \mid \end{bmatrix}. \tag{5.15}$$

矩阵 A 和 C' 可相乘,其积 AC' 为另一个 $n \times n$ 矩阵,其中的每一元素为乘积和。通过利用拉普拉斯展开公式和行列式性质 VI，乘积 AC' 可以表示如下：

$$AC'_{(n\times n)} = \begin{bmatrix} \sum_{j=1}^{n} a_{1j} \mid C_{1j} \mid & \sum_{j=1}^{n} a_{1j} \mid C_{2j} \mid & \cdots & \sum_{j=1}^{n} a_{1j} \mid C_{nj} \mid \\ \sum_{j=1}^{n} a_{2j} \mid C_{1j} \mid & \sum_{j=1}^{n} a_{2j} \mid C_{2j} \mid & \cdots & \sum_{j=1}^{n} a_{2j} \mid C_{nj} \mid \\ \vdots & \vdots & & \vdots \\ \sum_{j=1}^{n} a_{nj} \mid C_{1j} \mid & \sum_{j=1}^{n} a_{nj} \mid C_{2j} \mid & \cdots & \sum_{j=1}^{n} a_{nj} \mid C_{nj} \mid \end{bmatrix}$$

$$= \begin{bmatrix} \mid A \mid & 0 & \cdots & 0 \\ 0 & \mid A \mid & \cdots & 0 \\ \vdots & \vdots & & \vdots \\ 0 & 0 & \cdots & \mid A \mid \end{bmatrix} \quad [\text{由}(5.8)\text{ 和}(5.13)]$$

$$= \mid A \mid \begin{bmatrix} 1 & 0 & \cdots & 0 \\ 0 & 1 & \cdots & 0 \\ \vdots & \vdots & & \vdots \\ 0 & 0 & \cdots & 1 \end{bmatrix} = \mid A \mid I_n. \quad [\text{因式分解}]$$

因为行列式 $\mid A \mid$ 为一非零标量，所以可以将方程 $AC' = \mid A \mid I$ 两边同除以 $\mid A \mid$，结果为：

$$\frac{AC'}{\mid A \mid} = I \quad \text{或} \quad A\frac{C'}{\mid A \mid} = I,$$

以 A^{-1} 同时左乘后一方程两边，并利用结果 $A^{-1}A = I$，我们得到 $\frac{C'}{\mid A \mid} = A^{-1}$，或者

$$A^{-1} = \frac{1}{\mid A \mid}\text{adj}A, \quad [\text{由}(5.15)] \qquad (5.16)$$

现在，我们已找到求矩阵 A 的逆的方法了。

求方阵 A 的逆矩阵的一般步骤可概括如下：(1) 求 $\mid A \mid$ [当且仅当 $\mid A \mid \neq 0$，我们才可进行下一步骤，因若 $\mid A \mid = 0$，(5.16)中的逆无定义]；(2) 求 A 所有元素的余子式，将其排成余子式矩阵 $C =$

$[|C_{ij}|]$;(3) 求 C 的转置以得到 adj$A$;(4) 以行列式$|A|$除 adj$A$,其结果便是所要求的逆矩阵 A^{-1}。

例2 求 $A = \begin{bmatrix} 3 & 2 \\ 1 & 0 \end{bmatrix}$ 的逆矩阵。因$|A| = -2 \neq 0$,逆矩阵 A^{-1} 存在。在本例中每一元素的余子式为 1×1 行列式,它简单定义为行列式本身的标量元素(即$|a_{ij}| \equiv a_{ij}$)。因此我们有:

$$C = \begin{bmatrix} |C_{11}| & |C_{12}| \\ |C_{21}| & |C_{22}| \end{bmatrix} = \begin{bmatrix} 0 & -1 \\ -2 & 3 \end{bmatrix},$$

注意,1 和 2 前面有负号,正如余子式所要求的那样。转置余子式矩阵得到

$$\text{adj}A = \begin{bmatrix} 0 & -2 \\ -1 & 3 \end{bmatrix},$$

所以逆矩阵 A^{-1} 可以写成

$$A^{-1} = \frac{1}{|A|} \text{adj}A = -\frac{1}{2} \begin{bmatrix} 0 & -2 \\ -1 & 3 \end{bmatrix} = \begin{bmatrix} 0 & 1 \\ \frac{1}{2} & -\frac{3}{2} \end{bmatrix}.$$

例3 求矩阵 $B = \begin{bmatrix} 4 & 1 & -1 \\ 0 & 3 & 2 \\ 3 & 0 & 7 \end{bmatrix}$ 的逆矩阵。

因$|B| = 99 \neq 0$,所以逆矩阵 B^{-1} 存在。余子式矩阵为:

$$\begin{bmatrix} \begin{vmatrix} 3 & 2 \\ 0 & 7 \end{vmatrix} & -\begin{vmatrix} 0 & 2 \\ 3 & 7 \end{vmatrix} & \begin{vmatrix} 0 & 3 \\ 3 & 0 \end{vmatrix} \\ -\begin{vmatrix} 1 & -1 \\ 0 & 7 \end{vmatrix} & \begin{vmatrix} 4 & -1 \\ 3 & 7 \end{vmatrix} & -\begin{vmatrix} 4 & 1 \\ 3 & 0 \end{vmatrix} \\ \begin{vmatrix} 1 & -1 \\ 3 & 2 \end{vmatrix} & -\begin{vmatrix} 4 & -1 \\ 0 & 2 \end{vmatrix} & \begin{vmatrix} 4 & 1 \\ 0 & 3 \end{vmatrix} \end{bmatrix} = \begin{bmatrix} 21 & 6 & -9 \\ -7 & 31 & 3 \\ 5 & -8 & 12 \end{bmatrix},$$

因而

$$\text{adj}B = \begin{bmatrix} 21 & -7 & 5 \\ 6 & 31 & -8 \\ -9 & 3 & 12 \end{bmatrix},$$

且所求逆矩阵为

$$B^{-1} = \frac{1}{|B|}\text{adj}B = \frac{1}{99}\begin{bmatrix} 21 & -7 & 5 \\ 6 & 31 & -8 \\ -9 & 3 & 12 \end{bmatrix}.$$

读者可以检验,以上两例的结果分别满足

$$AA^{-1} = A^{-1}A = I \quad \text{和} \quad BB^{-1} = B^{-1}B = I_\circ$$

练习 5.4

1 假定我们按第三列和第二列元素的余子式展开一个四阶行列式,如何用 $\sum$ 符号写出所得到的乘积之和?若我们按第二行和第四行元素的余子式展开此行列式,以 $\sum$ 符号表示的乘积和将会如何呢?

2 求下列矩阵的逆。

(a) $A = \begin{bmatrix} 5 & 2 \\ 0 & 1 \end{bmatrix}$ (b) $B = \begin{bmatrix} -1 & 0 \\ 9 & 2 \end{bmatrix}$

(c) $C = \begin{bmatrix} 3 & 7 \\ 3 & -1 \end{bmatrix}$ (d) $D = \begin{bmatrix} 7 & 6 \\ 0 & 3 \end{bmatrix}$

3 (a) 利用上一题的答案,推出一个求一已知 2×2 矩阵 A 的伴随矩阵的两步法则:第一步,指明为求出 adj$A$ 的对角元素,应如何处理 A 的两个对角元素;第二步,如何处理 A 的两个非对角元素。[注意,此法则仅适于 2×2 矩阵。]

(b) 在上述两步基础上,求出 2×2 逆矩阵 A^{-1}。

4 求下列矩阵的逆矩阵:

(a) $E = \begin{bmatrix} 4 & -2 & 1 \\ 7 & 3 & 0 \\ 2 & 0 & 1 \end{bmatrix}$ (b) $F = \begin{bmatrix} 1 & -1 & 2 \\ 1 & 0 & 3 \\ 4 & 0 & 2 \end{bmatrix}$

(c) $G = \begin{bmatrix} 1 & 0 & 0 \\ 0 & 0 & 1 \\ 0 & 1 & 0 \end{bmatrix}$ (d) $H = \begin{bmatrix} 1 & 0 & 0 \\ 0 & 1 & 0 \\ 0 & 0 & 1 \end{bmatrix}$

5 求 $A = \begin{bmatrix} -4 & 1 & -5 \\ -2 & 3 & 1 \\ 3 & -1 & 4 \end{bmatrix}$ 的逆矩阵。

6 解矩阵形式的方程 $Ax = d$。

(a) $4x + 3y = 28$
　　$2x + 5y = 42$

(b) $4x_1 + x_2 - 5x_3 = 8$
　　$-2x_1 + 3x_2 + x_3 = 12$
　　$3x_1 - x_2 + 4x_3 = 5$

7　一个矩阵可能是其自身的逆矩阵吗？

5.5　克莱姆法则

5.4 节讨论的矩阵求逆的方法，使我们得以推导出一种实用的解线性方程组的方法(尽管有时其缺乏效率)，这种方法称作克莱姆法则。

克莱姆法则的推导

给定方程组 $Ax = d$，其中 A 为 $n \times n$ 矩阵。若 A 为非奇异矩阵，方程组的解可以写成

$$x^* = A^{-1}d = \frac{1}{|A|}(\mathrm{adj}A)d, \quad [\text{由}(5.16)]$$

根据(5.15)，这意味着

$$\begin{bmatrix} x_1^* \\ x_2^* \\ \vdots \\ x_n^* \end{bmatrix} = \frac{1}{|A|} \begin{bmatrix} |C_{11}| & |C_{21}| & \cdots & |C_{n1}| \\ |C_{12}| & |C_{22}| & \cdots & |C_{n2}| \\ \cdots\cdots\cdots\cdots\cdots\cdots\cdots\cdots\cdots \\ |C_{1n}| & |C_{2n}| & \cdots & |C_{nn}| \end{bmatrix} \begin{bmatrix} d_1 \\ d_2 \\ \vdots \\ d_n \end{bmatrix}$$

$$= \frac{1}{|A|} \begin{bmatrix} d_1|C_{11}| + d_2|C_{21}| + \cdots + d_n|C_{n1}| \\ d_1|C_{12}| + d_2|C_{22}| + \cdots + d_n|C_{n2}| \\ \cdots\cdots\cdots\cdots\cdots\cdots\cdots\cdots\cdots\cdots\cdots\cdots \\ d_1|C_{1n}| + d_2|C_{2n}| + \cdots + d_n|C_{nn}| \end{bmatrix}$$

$$= \frac{1}{|A|} \begin{bmatrix} \sum_{i=1}^{n} d_i \mid C_{i1} \mid \\ \sum_{i=1}^{n} d_i \mid C_{i2} \mid \\ \vdots \\ \sum_{i=1}^{n} d_i \mid C_{in} \mid \end{bmatrix},$$

使方程两边对应元素相等,我们得到解值

$$x_1^* = \frac{1}{|A|} \sum_{i=1}^{n} d_i \mid C_{i1} \mid, \quad x_2^* = \frac{1}{|A|} \sum_{i=1}^{n} d_i \mid C_{i2} \mid (\text{等}).$$
(5.17)

(5.17)中的 $\sum$ 项看起来有些陌生。它们表示什么呢?由(5.8)我们知道,行列式$|A|$按第一列的拉普拉斯展开可以表示成 $\sum_{i=1}^{n} a_{i1} \mid C_{i1} \mid$。若我们以列向量 d 置换$|A|$中的第一列,但保持$|A|$中的其他各列不变,则得到一个新的行列式,称其为$|A_1|$,下标 1 标明第一列已被 d 置换。按第一列(d 列)展开$|A_1|$得到表达式 $\sum_{i=1}^{n} d_i \mid C_{i1} \mid$,因为现在元素 d_i 已代替了元素 a_{i1}。回到(5.17),我们便看到

$$x_1^* = \frac{1}{|A|} \mid A_1 \mid,$$

类似地,若我们以列向量 d 置换$|A|$中的第二列,而保持其他各列不变,按第二列(d 列)展开新行列式$|A_2|$,得到表达式 $\sum_{i=1}^{n} d_i \mid C_{i2} \mid$。被$|A|$除,便得到 x_2^* 的解值;如此等等。

这个过程可归纳如下:要求出第 j 个变量 x_j^* 的解值,我们仅需以常数项 $d_1, \cdots, d_n$ 代替行列式$|A|$中的第 j 列,得到新行列式$|A_j|$,然后以原行列式$|A|$除以$|A_j|$。这样,方程组 $Ax = d$ 的解可以表示成

$$x_j^* = \frac{|A_j|}{|A|} = \frac{1}{|A|}\begin{bmatrix} a_{11} & a_{12} & \cdots & d_1 & \cdots & a_{1n} \\ a_{21} & a_{22} & \cdots & d_2 & \cdots & a_{2n} \\ \vdots & \vdots & & \vdots & & \vdots \\ a_{n1} & a_{n2} & \cdots & d_n & \cdots & a_{nn} \end{bmatrix},$$

(由 d 代替第 j 列) (5.18)

(5.18)中的结果便是克莱姆法则的表述。注意,矩阵求逆的方法一次得到所有内生变量的解值(x^* 是一个向量),但克莱姆法则一次只得到一个内生变量的解值(x_j^* 是一个标量)。这就是其有时缺乏效率的原因。

例 1 求下列方程组的解
$$5x_1 + 3x_2 = 30,$$
$$6x_1 - 2x_2 = 8,$$
由系数和常数项可得下列矩阵

$$|A| = \begin{vmatrix} 5 & 3 \\ 6 & -2 \end{vmatrix} = -28, \quad |A_1| = \begin{vmatrix} 30 & 3 \\ 8 & -2 \end{vmatrix} = -84,$$

$$|A_2| = \begin{vmatrix} 5 & 30 \\ 6 & 8 \end{vmatrix} = -140,$$

因此,由(5.18)式,我们马上得到

$$x_1^* = \frac{|A_1|}{|A|} = \frac{-84}{-28} = 3 \quad \text{和} \quad x_2^* = \frac{|A_2|}{|A|} = \frac{-140}{-28} = 5.$$

例 2 求下列方程组的解
$$7x_1 - x_2 - x_3 = 0,$$
$$10x_1 - 2x_2 + x_3 = 8,$$
$$6x_1 + 3x_2 - 2x_3 = 7,$$
可求得相应的行列式 $|A|$ 和 $|A_j|$ 为

$$|A| = \begin{vmatrix} 7 & -1 & -1 \\ 10 & -2 & 1 \\ 6 & 3 & -2 \end{vmatrix} = -61, \quad |A_1| = \begin{vmatrix} 0 & -1 & -1 \\ 8 & -2 & 1 \\ 7 & 3 & -2 \end{vmatrix} = -61,$$

$$|A_2| = \begin{vmatrix} 7 & 0 & -1 \\ 10 & 8 & 1 \\ 6 & 7 & -2 \end{vmatrix} = -183, \quad |A_3| = \begin{vmatrix} 7 & -1 & 0 \\ 10 & -2 & 8 \\ 6 & 3 & 7 \end{vmatrix} = -244,$$

因而变量解值为

$$x_1^* = \frac{|A_1|}{|A|} = \frac{-61}{-61} = 1, \quad x_2^* = \frac{|A_2|}{|A|} = \frac{-183}{-61} = 3,$$

$$x_3^* = \frac{|A_3|}{|A|} = \frac{-244}{-61} = 4.$$

注意,在上面每一例中,我们求得$|A| \neq 0$。这是应用克莱姆法则的必要条件,因为它也是逆矩阵A^{-1}存在的必要条件。克莱姆法则在计算时绕过了矩阵求逆的过程,但它毕竟是建立在矩阵求逆概念基础上的。

对齐次方程组的阐释

上面所考察的方程组$Ax = d$在向量d中可具有任意常数。但若$d = 0$,即若$d_1 = d_2 = \cdots = d_n = 0$,方程组将变成

$$Ax = 0,$$

其中0为零向量。这种特殊情况被称作齐次方程组。"齐次"一词描述这样一种性质:当所有变量$x_1, \cdots, x_n$被一常数乘时,方程组仍然成立。仅当常数项(不属于任意x_i的项)全部为零时,才有这种可能。

若A为非奇异矩阵,齐次方程组仅能得到一个"零解",即$x_1^* = x_2^* = \cdots = x_n^* = 0$。这一结论是从下述事实推导出来的:解$x^* = A^{-1}d$在这种情况下会变成

$$\underset{(n \times 1)}{x^*} = \underset{(n \times n)}{A^{-1}} \underset{(n \times 1)}{0} = \underset{(n \times 1)}{0},$$

另外,还可以从克莱姆法则推出这一结论。$d = 0$这一事实意味着对所有的j,$|A_j|$一定包含一个全部元素为零的列,因而解值将为

$$x_j^* = \frac{|A_j|}{|A|} = \frac{0}{|A|} = 0. \quad (j = 1, 2, \cdots, n)$$

令人费解的是,齐次方程组得到非零解的唯一方式是有$|A| = 0$,即具有奇异矩阵A!在此情况下我们有

$$x_j^* = \frac{|A_j|}{|A|} = \frac{0}{0},$$

这里表达式0/0并不等于0,而是没有定义。因而克莱姆法则不能

应用。这并不意味着我们不能得到解,而是意味着我们不能得到唯一解。

考察齐次方程组

$$\begin{aligned} a_{11}x_1 + a_{12}x_2 &= 0, \\ a_{21}x_1 + a_{22}x_2 &= 0, \end{aligned} \quad (5.19)$$

很明显,$x_1^* = x_2^* = 0$ 是一个解,但这个解为零解。现在假定系数矩阵 A 为奇异矩阵,所以 $|A| = 0$。这意味着行向量 $[a_{11}\ a_{12}]$ 为行向量 $[a_{21}\ a_{22}]$ 的倍数,结果其中一个方程是多余的。假如从(5.19)中删除第二个方程,我们得到一个(第一个)方程,具有两个变量,解是 $x_1^* = (-a_{12}/a_{11})x_2^*$。若 $a_{11} \neq 0$,此解有定义,且为非零解,但实际上它代表了无穷多个解,因为对于每一个可能的 x_2^* 值,都存在一个对应的 x_1^* 值,使得 x_1^* 和 x_2^* 的解的关系成立。因此对于齐次方程组,不存在唯一的非零解。这个结论对于几个变量的情况也是成立的。

线性方程组解的结果

我们对线性方程组 $Ax = d$ 的几种变化形式的讨论表明,其解的结果可能存在四种类型。为更好地全面考察这些变化形式,我们将其列于表 5.1 中。

表 5.1 线性方程组 $Ax = d$ 的解的结果

行列式 $\|A\|$	向量 d	$d \neq 0$ (非齐次方程组)	$d = 0$ (齐次方程组)
$\|A\| \neq 0$ A 为非奇异矩阵		存在唯一的非零解 $x^* \neq 0$	存在唯一的零解 $x^* = 0$
$\|A\| = 0$ A 为奇异矩阵	方程相关	存在无数个解(不包括零解)	存在无数个解(包括零解)
	方程不相容	无解	不可能出现

在第一种情况下,方程组可得到唯一的非零解。仅在方程组为非齐次方程组,其系数矩阵为非奇异矩阵的情况下,我们才可能得到这一结果。第二种可能的结果是唯一的零解。这一结果与具有非奇异矩阵 A 的齐次方程组相联系。在第三种可能性中,我们可能具有

无数个解。这种偶然性仅当方程组中方程间存在相关性(即存在多余方程)时才会出现。零解是否包括在无数解中,则要视方程组是否为齐次方程组而定。最后,在方程组不相容的情况下,根本没有解。从模型构建者的角度看,最有益、最理想的结果当然是存在唯一的非零解,即 $x^* \neq 0$。

练习 5.5

1. 运用克莱姆法则解下列方程组

   (a) $3x_1 - 2x_2 = 6$
   $2x_1 + x_2 = 11$

   (b) $-x_1 + 3x_2 = -3$
   $4x_1 - x_2 = 12$

   (c) $8x_1 - 7x_2 = 9$
   $x_1 + x_2 = 3$

   (d) $5x_1 + 9x_2 = 15$
   $7x_1 - 3x_2 = 4$

2. 求上题每一方程组系数矩阵的逆,并以公式 $x^* = A^{-1}d$ 求方程组的解。

3. 运用克莱姆法则解下列方程组

   (a) $8x_1 - x_2 = 16$
   $2x_2 + 5x_3 = 5$
   $2x_1 + 3x_3 = 7$

   (b) $-x_1 + 3x_2 + 2x_3 = 24$
   $x_1 + x_3 = 6$
   $5x_2 - x_3 = 8$

   (c) $4x + 3y - 2z = 1$
   $x + 2y = 6$
   $3x + z = 4$

   (d) $-x + y + z = a$
   $x - y + z = b$
   $x + y - z = c$

4. 证明:克莱姆法则还可以按下列步骤推导出来:以余子式 $|C_{1j}|$ 同时乘方程组 $Ax = d$ 中第一个方程的两边,再以余子式 $|C_{2j}|$ 同乘第二个方程的两边,等等。将所有新得到的方程相加,然后连续对下标 j 赋予数值 $1, 2, \cdots, n$,这样便得到如(5.17)所示的解值 $x_1^*, x_2^*, \cdots, x_n^*$。

5.6 克莱姆法则在市场模型和国民收入模型中的应用

第 3 章中讨论的简单均衡模型可通过克莱姆法则或矩阵求逆的

方法很容易地解出。

市场模型

在消去数量变量以后，(3.12) 所描述的两商品模型可以像 (3.13′) 那样写成两个线性方程组成的方程组：

$$c_1 P_1 + c_2 P_2 = -c_0,$$
$$\gamma_1 P_1 + \gamma_2 P_2 = -\gamma_0,$$

所需的三个行列式 $|A|, |A_1|, |A_2|$ 的值如下：

$$|A| = \begin{vmatrix} c_1 & c_2 \\ \gamma_1 & \gamma_2 \end{vmatrix} = c_1\gamma_2 - c_2\gamma_1,$$

$$|A_1| = \begin{vmatrix} -c_0 & c_2 \\ -\gamma_0 & \gamma_2 \end{vmatrix} = -c_0\gamma_2 + c_2\gamma_0,$$

$$|A_2| = \begin{vmatrix} c_1 & -c_0 \\ \gamma_1 & -\gamma_0 \end{vmatrix} = -c_1\gamma_0 + c_0\gamma_1,$$

因此均衡价格必为

$$P_1^* = \frac{|A_1|}{|A|} = \frac{c_2\gamma_0 - c_0\gamma_2}{c_1\gamma_2 - c_2\gamma_1},$$

$$P_2^* = \frac{|A_2|}{|A|} = \frac{c_0\gamma_1 - c_1\gamma_0}{c_1\gamma_2 - c_2\gamma_1},$$

它们与 (3.14) 式和 (3.15) 式中的结果完全一致。同以往一样，在需求或供给方程中通过设定 $P_1 = P_1^*, P_2 = P_2^*$，便可求得均衡数量。

国民收入模型

(3.23) 式所描述的简单国民收入模型也可用克莱姆法则来解。如 (3.23) 所示，模型包括下列两个联立方程：

$$Y = C + I_0 + G_0,$$
$$C = a + bY, \quad (a > 0, 0 < b < 1)$$

可将其重排为

$$Y - C = I_0 + G_0,$$
$$-bY + C = a,$$

从而使内生变量 Y 和 C 仅出现在等号左边,而外生变量和常数参数位于等号的右边。系数矩阵为 $\begin{bmatrix} 1 & -1 \\ -b & 1 \end{bmatrix}$,常数列向量(数字)为 $\begin{bmatrix} I_0 + G_0 \\ a \end{bmatrix}$。注意,和 $I_0 + G_0$ 被视作一个整体,即常数向量中的一个元素。

利用克莱姆法则可立即得到下列解

$$Y^* = \frac{\begin{vmatrix} (I_0 + G_0) & -1 \\ a & 1 \end{vmatrix}}{\begin{vmatrix} 1 & -1 \\ -b & 1 \end{vmatrix}} = \frac{I_0 + G_0 + a}{1 - b},$$

$$C^* = \frac{\begin{vmatrix} 1 & (I_0 + G_0) \\ -b & a \end{vmatrix}}{\begin{vmatrix} 1 & -1 \\ -b & 1 \end{vmatrix}} = \frac{a + b(I_0 + G_0)}{1 - b},$$

读者可以验证,刚得到的这个解与(3.24)式和(3.25)式中的解是一致的。

现在我们试用系数矩阵求逆的方法来解此模型。因为系数矩阵为 $A = \begin{bmatrix} 1 & -1 \\ -b & 1 \end{bmatrix}$,其余子式矩阵为 $\begin{bmatrix} 1 & b \\ 1 & 1 \end{bmatrix}$,因而我们有 $\mathrm{adj} A = \begin{bmatrix} 1 & 1 \\ b & 1 \end{bmatrix}$。由此可知逆矩阵为

$$A^{-1} = \frac{1}{|A|} \mathrm{adj} A = \frac{1}{1-b} \begin{bmatrix} 1 & 1 \\ b & 1 \end{bmatrix},$$

我们知道,对方程组 $Ax = d$,解可以表示为 $x^* = A^{-1}d$。将其应用于现在的模型,这意味着

$$\begin{bmatrix} Y^* \\ C^* \end{bmatrix} = \frac{1}{1-b} \begin{bmatrix} 1 & 1 \\ b & 1 \end{bmatrix} \begin{bmatrix} I_0 + G_0 \\ a \end{bmatrix} = \frac{1}{1-b} \begin{bmatrix} I_0 + G_0 + a \\ b(I_0 + G_0) + a \end{bmatrix},$$

很容易看到,这个解同前面得到的解也是相同的。

IS-LM 模型：封闭经济

作为经济的另一个线性模型，我们可以把经济看成由两个部门组成：实际商品部门和货币部门。

商品市场中有如下等式：

$$Y = C + I + G,$$
$$C = a + b(1-t)Y,$$
$$I = d - ei,$$
$$G = G_0,$$

内生变量是 Y, C, I 和 i（这里 i 是利率）。外生变量是 G_0，这里 a, b, e, d 和 t 都是结构参数。

在新引入的货币市场中，我们有：

均衡条件：$\qquad M_d = M_s;$
货币需求：$\qquad M_d = kY - li;$
货币供给：$\qquad M_s = M_0;$

这里 M_0 是外生的货币存量，k 和 l 是参数。这三个等式可以写成：

$$M_0 = kY - li$$

这两个部门一起构成下面的方程组：

$$Y - C - I = G_0,$$
$$b(1-t)Y - C = -a,$$
$$I + ei = d,$$
$$kY - li = M_0,$$

注意通过更多的替换，我们能够得到一个 2×2 矩阵。现在，我们还是用这个 4×4 矩阵：

$$\begin{bmatrix} 1 & -1 & -1 & 0 \\ b(1-t) & -1 & 0 & 0 \\ 0 & 0 & 1 & e \\ k & 0 & 0 & -l \end{bmatrix} \begin{bmatrix} Y \\ C \\ I \\ i \end{bmatrix} = \begin{bmatrix} G_0 \\ -a \\ d \\ M_0 \end{bmatrix},$$

为了找出系数矩阵的行列式，我们采用拉普拉斯展开。展开第 4 列得到：

$$|A| = (-e)\begin{vmatrix} 1 & -1 & -1 \\ b(1-t) & -1 & 0 \\ k & 0 & 0 \end{vmatrix} - l\begin{vmatrix} 1 & -1 & -1 \\ b(1-t) & -1 & 0 \\ 0 & 0 & 1 \end{vmatrix}$$

$$= (-e)(k)\begin{vmatrix} -1 & -1 \\ -1 & 0 \end{vmatrix} - l\begin{vmatrix} 1 & -1 \\ b(1-t) & -1 \end{vmatrix}$$

$$= ek - l[(-1) - (-1)b(1-t)]$$

$$= ek + l[1 - b(1-t)],$$

我们用克莱姆法则得到均衡收入 Y^*。这通过把系数矩阵 A 的第一列用外生变量向量来替换,并求新矩阵的行列式与原行列式之比,或者:

$$Y^* = \frac{|A_1|}{|A|} = \frac{\begin{vmatrix} G_0 & -1 & -1 & 0 \\ -a & -1 & 0 & 0 \\ d & 0 & 1 & e \\ M_0 & 0 & 0 & -l \end{vmatrix}}{ek + l[1 - b(1-t)]}.$$

对于分子的第二列使用拉普拉斯展开,得到:

$$Y^* = \frac{(-1)(-1)^3\begin{vmatrix} -a & 0 & 0 \\ d & 1 & e \\ M_0 & 0 & -l \end{vmatrix}}{ek + l[1 - b(1-t)]} + \frac{(-1)(-1)^4\begin{vmatrix} G_0 & -1 & 0 \\ d & 1 & e \\ M_0 & 0 & -l \end{vmatrix}}{ek + l[1 - b(1-t)]}$$

$$= \frac{\begin{vmatrix} -a & 0 & 0 \\ d & 1 & e \\ M_0 & 0 & -l \end{vmatrix} - \begin{vmatrix} G_0 & -1 & 0 \\ d & 1 & e \\ M_0 & 0 & -l \end{vmatrix}}{ek + l[1 - b(1-t)]},$$

进一步展开,我们得到:

$$Y^* = \frac{(1)\begin{vmatrix} -a & 0 \\ M_0 & -l \end{vmatrix} - \left\{(-1)(-1)^3\begin{vmatrix} d & e \\ M_0 & -l \end{vmatrix} + (-1)^4\begin{vmatrix} G_0 & 0 \\ M_0 & -l \end{vmatrix}\right\}}{ek + l[1 - b(1-t)]}$$

$$= \frac{al - [d(-l) - eM_0] - G_0(-l)}{ek + l[1 - b(1-t)]}$$

$$= \frac{l(a + d + G_0) + eM_0}{ek + l[1 - b(1-t)]},$$

因为对于外生变量而言,解 Y^* 是线性的,那么我们能够把 Y^* 写成:

$$Y^* = \left(\frac{e}{ek + l[1 - b(1 - t)]}\right)M_0$$

$$+ \left(\frac{l}{ek + l[1 - b(1 - t)]}\right)(a + d + G_0).$$

在上述表达式中,我们能看到对于货币供给和政府支出的凯恩斯政策乘数,它们分别是 M_0 和 G_0 的系数,即:

货币供给乘数:

$$\frac{e}{ek + l[1 - b(1 - t)]};$$

政府支出乘数:

$$\frac{l}{ek + l[1 - b(1 - t)]}.$$

矩阵代数与变量消去法

这里举例说明的两个经济模型仅包含两个及四个方程,所以只需计算四阶或更低阶的行列式。对于大的方程组,将会出现高阶行列式,而高阶行列式的计算并非轻松的任务,大矩阵的求逆更是绝非易事。事实上,从计算的角度看,克莱姆法则和矩阵求逆并不必然比连续变量消去法更有效。

然而,矩阵方法有其他的优点。正如我们在前面的内容中所看到的,矩阵代数使我们可以用简洁的符号表示任意方程组,还给出了检验方程组存在唯一解的行列式判别准则。这些优点是其他方法不具备的。此外,需要提到的是,消元法不能给出任何解的解析表达式,而矩阵求逆和克莱姆法则却与其不同,它们能给出解的简洁表达式 $x^* = A^{-1}d$ 和 $x_j^* = |A_j|/|A|$。这种解的解析表达式的用途不仅在于它们是实际求解过程的归纳总结,而且也在于在需要时可对这些解进行进一步的数学运算。

在某些情况下,矩阵方法甚至具有计算上的优势。比如当同时解几个具有相同系数矩阵 A 但常数项向量不同的方程组时,就有这一优点。在此情况下,若用变量消去法,考虑每个新方程组时均需重复计算过程。但用矩阵求逆法,仅需一次求出共同的逆矩阵 A^{-1},然后用其左乘属于不同方程组的所有常数项向量,就可以分别得到不同方程组的解值。在我们下一节考察里昂惕夫投入-产出模型时,这种计算上的特殊优点具有极大的实用价值。

练习 5.6

1. 用下列方法解练习 3.5-1 的国民收入模型:
   (a) 矩阵求逆法　　(b) 克莱姆法则
   (按 Y、C、T 的顺序排列变量)
2. 用下列方法解练习 3.5-2 的国民收入模型:
   (a) 矩阵求逆法　　(b) 克莱姆法则
   (按 Y、C、G 的顺序排列变量。)
3. 假设 IS 方程为:

$$Y = \frac{A}{1-b} - \frac{g}{1-b}i,$$

这里 $1-b$ 是边际储蓄倾向,g 是投资对利率的敏感性,A 是外生变量。令 LM 方程是:

$$Y = \frac{M_0}{k} + \frac{l}{k}i,$$

这里 k 和 l 是货币需求对收入和利息率的敏感性,M_0 是真实货币余额。
如果
$b = 0.7,\quad g = 100,\quad A = 252,\quad k = 0.25,\quad l = 200,\quad M_0 = 176,$
那么(a) 用矩阵的形式写出 IS-LM 系统;
(b) 用矩阵方法求解 Y 和 i。

5.7　里昂惕夫投入-产出模型

诺贝尔奖获得者里昂惕夫教授的投入-产出分析的"静态"分析[1]研究以下特定问题:"n 部门(产业)经济中的每一部门维持何种

---

[1] Wassily W. Leontief, *The Structure of American Economy, 1919—1939*, 2nd ed., Oxford University Press, Fair Lawn, N.J., 1951.

产出水平,才能充分满足对这 n 种产品的总需求?"

投入-产出分析这一术语的合理性是很明显的。任何一个产业(比如钢铁工业)的产出,往往是其他许多产业的投入,或者是该产业自身的投入。因此,"正确"(即既不短缺也不滞存)的钢铁产出水平将取决于所有 n 个产业的投入需求。而其他许多产业的产出又是钢铁工业的投入,因而其他产业部门"正确"的产业水平又部分地取决于钢铁工业的投入需求。考虑到产业之间的相关性,n 个产业"正确"的产出水平必定是与该经济所有投入需求相一致的产出水平,从而不存在任何"瓶颈"现象。由此看来,投入-产出分析在制订生产计划过程中是极有价值的。比如,它对一国制定经济发展规划或国防规划,都有很大用处。

严格地讲,投入-产出分析不是我们在第 3 章中所讨论的一般均衡分析。尽管这里也强调不同产业之间的内在联系,但所设想的"正确"的产出水平是为了满足技术上的投入-产出关系,而不是为了满足市场均衡条件。然而,投入-产出分析所提出的问题也可归结为解联立方程组的问题,所以矩阵代数对此也是很有帮助的。

投入-产出模型的结构

因为一个投入-产出模型通常涵盖很多产业部门,其结构是非常复杂的。为使问题简化,我们采用下列假设:(1) 每个产业仅生产一种同质的产品(从广义上解释,两种或两种以上联合生产的产品,若它们彼此是按固定比例生产的,也是允许的)。(2) 每个产业用固定的投入比例或要素组合生产其产品,并且(3) 每一产业的生产服从常数规模报酬,从而所有投入增加 k 倍,产出也将恰好增加 k 倍。当然,这些假设是不现实的,但这一缺陷也有可弥补之处:因为一个产业者生产两种不同的商品或使用两种不同的要素组合,则至少从概念上可以将该产业分成两个独立的部门。

由上述假设可知,为生产每一单位 j 产品所需的投入的第 i 种商品一定为一固定数量,我们以 a_{ij} 表示。具体而言,生产每单位 j 商品需 a_{1j} 数量的第一种商品,a_{2j} 数量的第二种商品,……,a_{nj} 数量的第 j 种商品(a_{ij} 的下标的顺序是容易记忆的:第一个下标是指投入,第二个下标是指产出,因而 a_{ij} 表示生产每单位的 j 产品,需要投入多少单位的 i 商品)。基于我们的目的,我们可以假设价格是给定的,并采用每种商品的美元价值作为其计价单位。这样,$a_{32} = 0.35$ 表明生产价值 1 美元的第二种商品需要投入价值 35 美分的第三种商品。符号 a_{ij} 可以称作投入系数。

对于 n 部门经济,投入系数可排成表 5.2 那样的矩阵 $A = [a_{ij}]$,其中每一列表示生产每单位特定产业的产品所需的投入。例如,第二列表示生产一单位(1 美元)的第 II 种商品,所需投入的第 I 种商品为 a_{12} 单位,第 II 种商品为 a_{22} 单位,等等。若每一产业均不需本产业的产品作为投入,则矩阵 A 主对角线上所有元素均为零。

表 5.2 投入系数矩阵

输入	输出				
	I	II	III	⋯	N
I	a_{11}	a_{12}	a_{13}	⋯	a_{1n}
II	a_{21}	a_{22}	a_{23}	⋯	a_{2n}
III	a_{31}	a_{32}	a_{33}	⋯	a_{3n}
⋮	⋮	⋮	⋮		⋮
N	a_{n1}	a_{n2}	a_{n3}	⋯	a_{nn}

开放模型

若表 5.2 中的 n 个部门构成了整个经济,则它们所有的产出都将被仅用以满足同样 n 个部门的投入需求(用于后续生产)而非满足最终需求(如消费者需求,不用于后续生产)。同时,经济中所用的所有投入将具有中间投入(由 n 个部门供给的投入)的性质而非基本投入(如劳动,它不是任何一个部门的产出)的性质。为了允许最终需求和基本投入的存在,我们必须在 n 个部门的框架之外,在模型中引入一个开放部门。这一开放部门包括居民消费者、政府部门,甚至外国的活动。

考虑到开放部门的存在,投入系数矩阵 A(或简称投入矩阵 A)每一列的元素和必定小于 1。每一列的和代表生产价值为 1 美元的某种商品所需的部分投入成本(不包括基本投入成本)。若此和大

于或等于 1 美元,则该生产在经济上是不合算的。这一事实可用符号表示如下:

$$\sum_{i=1}^{n} a_{ij} < 1, \quad (j = 1, 2, \cdots, n)$$

这里是对 i 求和,即对某一特定的 j 列出现于不同行的元素求和。沿此思路进一步考虑,还可以这样推论;因为产出的价值(1 美元)一定被完全用来支付所有生产要素的投入,某一列之和不足 1 的量(即 1 与该列和之差)必定代表对开放部门的基本投入的支付。因此,生产 1 单位 j 商品所需的基本投入值应为 $1 - \sum_{i=1}^{n} a_{ij}$。

若产业 I 要生产恰好足以满足 n 个产业的投入需求以及开放部门最终需求的产品,其产出水平 x_1 必定满足下列方程:

$$x_1 = a_{11}x_1 + a_{12}x_2 + \cdots + a_{1n}x_n + d_1,$$

或 $\quad (1 - a_{11})x_1 - a_{12}x_2 - \cdots - a_{1n}x_n = d_1,$

其中 d_1 表示对其产出的最终需求,$a_{1j}x_j$ 代表第 j 产业的投入需求。①类似地,其他产业的产出水平应满足以下方程:

$$x_2 = a_{21}x_1 + a_{22}x_2 + \cdots + a_{2n}x_n + d_2,$$
$$\cdots\cdots\cdots\cdots\cdots\cdots\cdots\cdots\cdots\cdots\cdots\cdots$$
$$x_n = a_{n1}x_1 + a_{n2}x_2 + \cdots + a_{nn}x_n + d_n,$$

将所有含 x_j 的项移到等号的左边,右边仅保留外生的最终需求 d_j 后,我们可用以下包含 n 个线性方程的方程组来表示 n 个产业"正确"的产出水平:

$$\begin{aligned}
(1 - a_{11})x_1 \quad &- a_{12}x_2 - \cdots - \quad a_{1n}x_n = d_1, \\
- a_{21}x_1 + (1 - a_{22})x_2 - \cdots - \quad a_{2n}x_n = d_2, \\
&\cdots\cdots\cdots\cdots\cdots\cdots\cdots\cdots\cdots \\
- a_{n1}x_1 \quad &- a_{n2}x_2 - \cdots + (1 - a_{nn})x_n = d_n,
\end{aligned} \quad (5.20)$$

用矩阵符号,可以将其表示成:

---

① 不要把投入系数按行加起来,比如按 $a_{11} + a_{12} + \cdots + a_{1n}$ 方式加起来,这种和没有经济意义。另一方面,乘积和 $a_{11}x_1 + a_{12}x_2 + \cdots + a_{1n}x_n$ 确具有经济意义,它表示作为所有 n 个产业部门的投入所需的 x_1 的总量。

$$\begin{bmatrix} (1-a_{11}) & -a_{12} & \cdots & -a_{1n} \\ -a_{21} & (1-a_{22}) & \cdots & -a_{2n} \\ \vdots & \vdots & & \vdots \\ -a_{n1} & -a_{n2} & \cdots & (1-a_{nn}) \end{bmatrix} \begin{bmatrix} x_1 \\ x_2 \\ \vdots \\ x_n \end{bmatrix} = \begin{bmatrix} d_1 \\ d_2 \\ \vdots \\ d_n \end{bmatrix}.$$
(5.20′)

若省略左边的矩阵主对角线元素中所有的 1，则可将该矩阵简写为 $-A=[-a_{ij}]$。另一方面，这个矩阵实际上是单位矩阵 I_n（主对角元素为 1，其余元素为 0）与矩阵 $-A$ 之和，因而(5.20′)也可以写成

$$(I-A)x = d, \qquad (5.20'')$$

其中 x 和 d 分别为变量向量和最终需求（常数项）向量。矩阵 $(I-A)$ 被称作里昂惕夫矩阵，只要 $(I-A)$ 为非奇异矩阵，则可求其逆 $(I-A)^{-1}$，并由下列方程求得该方程组的唯一解：

$$x^* = (I-A)^{-1}d. \qquad (5.21)$$

一个数字例子

为举例说明，假定一个经济体中只有三个产业、一种基本投入，其投入系数矩阵如下（这里使用小数）：

$$A = \begin{bmatrix} a_{11} & a_{12} & a_{13} \\ a_{21} & a_{22} & a_{23} \\ a_{31} & a_{32} & a_{33} \end{bmatrix} = \begin{bmatrix} 0.2 & 0.3 & 0.2 \\ 0.4 & 0.1 & 0.2 \\ 0.1 & 0.3 & 0.2 \end{bmatrix}, \qquad (5.22)$$

注意，A 中每列的和小于 1，当然，也应该小于 1。进而，若我们以 a_{0j} 表示生产 1 美元的 j 产品所需的基本投入的美元数量，用 1 减 (5.22)式每一列的和，我们有

$$a_{01} = 0.3, \quad a_{02} = 0.3 \quad 和 \quad a_{03} = 0.4. \qquad (5.23)$$

运用上述矩阵 A，以 $(I-A)x = d$ 形式表示开放的投入-产出系统如下：

$$\begin{bmatrix} 0.8 & -0.3 & -0.2 \\ -0.4 & 0.9 & -0.2 \\ -0.1 & -0.3 & 0.8 \end{bmatrix} \begin{bmatrix} x_1 \\ x_2 \\ x_3 \end{bmatrix} = \begin{bmatrix} d_1 \\ d_2 \\ d_3 \end{bmatrix}, \qquad (5.24)$$

这里我们有意不给出最终需求 d_1, d_2, d_3 的值,通过把向量 d 保持成参数形式,其解便会以"公式"形式出现,给出各种具体的 d 向量值,我们就可以得到各种相应的具体解值。

通过求出 3×3 里昂惕夫矩阵的逆,可以近似地求出(5.24)的解(因小数的四舍五入)为:

$$\begin{bmatrix} x_1^* \\ x_2^* \\ x_3^* \end{bmatrix} = (I - A)^{-1} d = \frac{1}{0.384} \begin{bmatrix} 0.66 & 0.30 & 0.24 \\ 0.34 & 0.62 & 0.24 \\ 0.21 & 0.27 & 0.60 \end{bmatrix} \begin{bmatrix} d_1 \\ d_2 \\ d_3 \end{bmatrix},$$

若具体的最终需求向量(比如,某一开发项目的最终产出目标)恰好为 $d = \begin{bmatrix} 10 \\ 5 \\ 6 \end{bmatrix}$,单位为 10 亿美元,则可得到下面具体的解值(单位同样为 10 亿美元):

$$x_1^* = \frac{1}{0.384}(0.66 \times 10 + 0.30 \times 5 + 0.24 \times 6) = \frac{9.54}{0.384} = 24.84,$$

类似地

$$x_2^* = \frac{7.94}{0.384} = 20.68 \quad 和 \quad x_3^* = \frac{7.05}{0.384} = 18.36.$$

现在产生一个重要问题。产出组合 x_1^*, x_2^*, x_3^* 的生产必定需要一定数量的基本投入。那么,一个经济所需要的基本投入数量与其能够供给的数量是否一致呢?在(5.23)式基础上,所需的基本投入可计算如下:

$$\sum_{j=1}^{3} a_{0j} x_j^* = 0.3 \times 24.84 + 0.3 \times 20.68$$
$$+ 0.4 \times 18.36 = 21.00.$$

因而当且仅当可供给的基本投入数量不少于 210 亿美元时,具体的最终需求向量 $d = \begin{bmatrix} 10 \\ 5 \\ 6 \end{bmatrix}$ 才是可行的。如果可供给的基本投入数量下降,则特定的产出目标当然不得不相应地向下调整。

上述分析的一个重要特征是,只要投入系数保持不变,逆矩阵$(I-A)^{-1}$就将保持不变。因此,即使我们需要考察成百上千个不同的最终需求向量(像一个连续的发展目标谱),也仅需计算一个逆矩阵。这意味着与变量消去法相比较,可以节约大量的计算。注意,(5.18)式所展示的克莱姆法则并不具备这一优点。按照克莱姆法则,每次使用不同的最终需求向量 d 时,必须重新计算(5.18)式分子中的行列式,这比将一个已知的逆矩阵$(I-A)^{-1}$被新的向量 d 乘更耗费时间。

非负解的存在

在前面数字例子中,里昂惕夫矩阵$(I-A)$碰巧是非奇异的,所以产出变量 x_j 的确存在。而且,解 x_j^* 都是非负的,就像经济含义所要求的一样。但是,这种结果并不一定自动出现,只有在里昂惕夫矩阵拥有一定的特征时才能出现。这些特征就是所谓的霍金斯－西蒙条件。[①]

为了解释这个条件,我们需要引入矩阵主子式的数学概念,因为主子式的数学符号将提供很多线索,将指导我们进行分析。我们已经知道,给定一个方阵,比如 B,行列式是 $|B|$,通过删去 $|B|$ 的第 i 行和第 j 列,我们得到其子式,这里 i 和 j 不一定相同。如果我们现在施加条件 $i=j$,那么所得的子式就是主子式。例如,给定一个 3×3 矩阵 B,我们可将其行列式写成:

$$|B| = \begin{vmatrix} b_{11} & b_{12} & b_{13} \\ b_{21} & b_{22} & b_{23} \\ b_{31} & b_{32} & b_{33} \end{vmatrix}, \qquad (5.25)$$

同时删去第 i 行和第 i 列$(i=3,2,1)$,那么得到如下三个 2×2 主子式:

$$\begin{vmatrix} b_{11} & b_{12} \\ b_{21} & b_{22} \end{vmatrix} \quad \begin{vmatrix} b_{11} & b_{13} \\ b_{31} & b_{33} \end{vmatrix} \quad \begin{vmatrix} b_{22} & b_{23} \\ b_{32} & b_{33} \end{vmatrix}. \qquad (5.26)$$

[①] David Hawkins and Herbert A. Simon, "Note: Some Conditions of Macroeconomic Stability," *Econometrica*, July—October, 1949, pp.245—248.

由于其维度为 2×2,它们被称为二阶主子式。我们能够通过删去 $|B|$ 的任意两行及对应的列来得到一阶主子式:

$$|b_{11}| = b_{11} \quad |b_{22}| = b_{22} \quad |b_{33}| = b_{33}. \quad (5.27)$$

最后,为了完成这个图景,我们可以把 $|B|$ 考虑为它自身的三阶主子式。注意,(5.25) 和 (5.27) 中所有的子式,它们的主子式都由 B 的主对角元素组成。这就是"主子式"这一名称的来源。①

尽管一些经济应用要求检查所有主子式的代数符号,但是,我们的结论取决于一类特殊的主子式的符号特征,这些主子式又称为领导主子式,自然排序主子式或顺序主子式。在 3×3 例子中,这些主子式只包含(5.25)到(5.27)中的第一项:

$$|B_1| \equiv |b_{11}|, \quad |B_2| \equiv \begin{vmatrix} b_{11} & b_{12} \\ b_{21} & b_{22} \end{vmatrix}, \quad |B_3| \equiv \begin{vmatrix} b_{11} & b_{12} & b_{13} \\ b_{21} & b_{22} & b_{23} \\ b_{31} & b_{32} & b_{33} \end{vmatrix},$$

$$(5.28)$$

这里,在符号 $|B_m|$ 中的下标 m,不同于克莱姆法则中的下标,前者是用来表示主子式的维度是 $m \times m$。一个推导顺序主子式的简便方法是通过如下虚线所示的方式来选取行列式元素:

$$\begin{vmatrix} b_{11} & b_{12} & b_{13} \\ b_{21} & b_{22} & b_{23} \\ b_{31} & b_{32} & b_{33} \end{vmatrix}, \quad (5.29)$$

---

① 对主子式的另一种定义将允许下标 i, j, k 的不同排列。这意味着在投入-产出背景下,对产业的重新排序(如将产业 1 变成产业 2,产业 2 变成产业 1,则下标 11 变成 22,下标 22 变成 11,等等)。其结果是,在(5.26)式的 2×2 阶主子式之外,我们还得到 $\begin{vmatrix} b_{22} & b_{21} \\ b_{12} & b_{11} \end{vmatrix}, \begin{vmatrix} b_{33} & b_{31} \\ b_{13} & b_{11} \end{vmatrix}$ 和 $\begin{vmatrix} b_{33} & b_{32} \\ b_{23} & b_{22} \end{vmatrix}$.
但这三个主子式按照其给定的顺序,恰恰与(5.26)式列出的三个主子式在数值上和代数符号上一致,因此它们可以从我们的考虑中略去。类似地,即使下标的重新排列可以得出新的 3×3 阶主子式,它们也仅仅复制了(5.25)式所列出的主子式的数值和符号,因此也可以不予考虑。

从行列式 $|B|$ 主对角线的第一个元素就得到 $|B_1|$;由主对角线前两个元素,得到 b_{11} 和 b_{22},加上相应的非对角线元素得到 $|B_2|$;依此类推。

给定一个高阶行列式,比如 $n\times n$ 阶,它当然有更多的主子式,但是其构建是一致的。一个 k 阶主子式总是通过删去 $(n-k)$ 行和对应的列来得到。其顺序主子式 $|B_m|(m=1,2,\cdots,n)$ 总是通过 $|B|$ 的前 m 个主对角线元素和对应的非对角线元素来得到。

在这个背景下,由霍金斯-西蒙条件,我们可以得出如下重要定理:

给定(a) $n\times n$ 矩阵 B,其中 $b_{ij}\leqslant 0(i\neq j)$(所有的非对角元素都是非正的),并且(b)一个 $n\times 1$ 向量 $d\geqslant 0$(所有元素都非负),则存在一个 $n\times 1$ 向量 $x^*\geqslant 0$ 使得 $Bx^*=d$,当且仅当:

$$|B_m|>0,\quad (m=1,2,\cdots,n)$$

设 B 代表里昂惕夫矩阵 $(I-A)$(这里 $b_{ij}=-a_{ij}$,对于任何 $i\neq j$ 都是非正的),这一定理与投入-产出分析的相关性就清楚了。那么 $Bx^*=d$ 就等价于 $(I-A)x^*=d$,存在 $x^*\geqslant 0$,确保非负产出水平的存在。其充分必要条件,称为霍金斯-西蒙条件,是里昂惕夫矩阵 $(I-A)$ 的所有顺序主子式均为正。

证明这个定理的过程太复杂了,不能在此写出。[①] 但是值得去探索其经济意义,这在简单的两产业例子中很容易看到($n=2$)。

霍金斯-西蒙条件的经济意义

对于两个产业的例子而言,里昂惕夫矩阵是:

[①] 一个透彻的讨论可参见 Akira Takayama, *Mathematical Economics*, 2nd ed., Cambridge University Press, 1985, pp.380—385。

有些作者使用霍金斯-西蒙条件的另一种版本,这要求 B 的所有主子式为正,而不仅是顺序主子式。然而,如高山晟(Akira Takayama)所表述的,在上述例子中 B 的限制条件下,只需要顺序主子式为正(一个较宽松的条件)就可以得到同样的结果。不过,需要强调,一般而言,顺序主子式满足特定的符号要求并不表明所有的主子式自然满足同样的要求。因此,要求所有主子式满足的条件必须对所有主子式进行检验,而不能仅仅检验顺序主子式。

$$I - A = \begin{bmatrix} 1 - a_{11} & -a_{12} \\ -a_{21} & 1 - a_{22} \end{bmatrix},$$

霍金斯-西蒙条件的第一部分是,$|B_1|>0$,要求:

$$1 - a_{11} > 0 \quad \text{或} \quad a_{11} < 1,$$

在经济上,这要求生产价值 1 美元的第一种商品时所用的第一种商品的价值低于 1 美元。条件的另一个部分是,$|B_2|>0$,要求:

$$(1 - a_{11})(1 - a_{22}) - a_{12}a_{21} > 0,$$

或者,

$$a_{11} + a_{12}a_{21} + (1 - a_{11})a_{22} < 1,$$

此外,因为$(1 - a_{11})a_{22}$是正的,那么这一不等式意味着:

$$a_{11} + a_{12}a_{21} < 1,$$

其经济意义是,a_{11}测量第一种商品生产过程中使用其自身作为投入的直接使用量,$a_{12}a_{21}$测量间接使用量——其给出了生产作为第一种商品的投入所需的第二种商品时要使用的第一种商品的数量。因此上一不等式要求作为生产价值 1 美元的第一种商品的直接投入与间接投入的第一种商品的自身价值必须小于 1 美元。这样,霍金斯-西蒙条件对生产过程施加了特定的可行性约束条件。当且仅当生产过程是经济上可行的,才能得出有意义的非负产出水平的解。

封闭模型

若投入-产出模型中的外生部门被纳入该系统,并成为其中的一个产业部门,则该开放模型便变成封闭模型。在封闭模型中,不再出现最终需求和基本投入,其位置由新构建的产业部门的投入需求和产出所填补。所有物品均具有中间产品的性质,仅是为了满足$(n+1)$个产业的投入需求而生产的。

粗略看来,开放部门转化成额外的产业部门似乎不会对分析产生明显的影响。但实际上,因为新的产业被假定与其他产业一样具有固定的投入比例,过去用作基本投入的供给,现在必须与过去称作的最终需求保持固定的比例。更具体地说,比如,这意味着居民户将按照与其供给的劳动固定的比例消费每一商品。这当然使分析框架发生了明显的变化。

从数学角度看,最终需求的消失意味着我们将有一个齐次方程组。假设一经济中仅有四个产业(包括新的产业,以下标 0 标示),按(5.20′)类推,"正确"的产出水平应当满足下列方程组

$$\begin{bmatrix} (1-a_{00}) & -a_{01} & -a_{02} & -a_{03} \\ -a_{10} & (1-a_{11}) & -a_{12} & -a_{13} \\ -a_{20} & -a_{21} & (1-a_{22}) & -a_{23} \\ -a_{30} & -a_{31} & -a_{32} & (1-a_{33}) \end{bmatrix} \begin{bmatrix} x_0 \\ x_1 \\ x_2 \\ x_3 \end{bmatrix} = \begin{bmatrix} 0 \\ 0 \\ 0 \\ 0 \end{bmatrix},$$

因为该方程组是齐次的,当且仅当 4×4 里昂惕夫矩阵 $(I-A)$ 具有零行列式时,才会有非零解。后一条件实际上总是满足的:在一个封闭模型中,不再有基本投入,现在投入系数矩阵每一列的和必定等于 1(而非小于 1),即 $a_{0j} + a_{1j} + a_{2j} + a_{3j} = 1$,或者

$$a_{0j} = 1 - a_{1j} - a_{2j} - a_{3j},$$

这意味着矩阵 $(I-A)$ 的每一列的第一个元素总是等于其他三个元素之和的负值,结果,矩阵的四行线性相关,我们必然有 $|I-A|=0$。这确保了方程组确实具有非零解。事实上,如表 5.1 所指明的那样,它具有无穷多组解。这意味着在以齐次方程组表示的封闭模型中,不存在唯一"正确"的产出组合。我们可以确定产出水平 $x_1^*, \cdots, x_4^*$ 之间的比例,但不能固定产出的绝对水平,除非我们对模型施加额外的限制。

练习 5.7

1　基于(5.24)的模型,若最终需求 $d_1 = 30, d_2 = 15, d_3 = 10$(单位均为 10 亿美元),三个产业的产出水平解为多少?(保留两位小数。)

2　运用(5.23)式的信息,计算上题产出水平解所需的基本投入的全部数量。

3　在两部门经济中,产业 I 生产 1 美元的第 I 种商品需 10 美分的自身产品作投入,60 美分的第 II 产业的商品作投入。产业 II 生产 1 美元的 II 商品不需自身产业的产品作投入,仅需投入 50 美分的 I 商品。开放部门需要 10 000 亿美元的商品 I,20 000 亿美元的商品 II。

(a) 写出投入矩阵,里昂惕夫矩阵,该经济的投入-产出矩阵方程。

(b) 验证本题的数据是否满足霍金斯-西蒙条件。

(c) 用克莱姆法则求产出水平解。

4 给定投入矩阵和最终需求向量

$$A = \begin{bmatrix} 0.05 & 0.25 & 0.34 \\ 0.33 & 0.10 & 0.12 \\ 0.19 & 0.38 & 0 \end{bmatrix}, \quad d = \begin{bmatrix} 1\,800 \\ 200 \\ 900 \end{bmatrix}$$

(a) 解释元素 0.33、0、200 的经济含义。

(b) 充分解释第三列和的经济含义。

(c) 充分解释第三行和的经济含义。

(d) 写出该模型的具体投入-产出矩阵方程。

(e) 验证本题的数据是否满足霍金斯-西蒙条件。

5 (a) 给定一个 4×4 矩阵 $B = [b_{ij}]$,写出所有主子式。

(b) 写出所有顺序主子式。

6 证明在没有对矩阵 B 的其他约束条件的情况下,霍金斯-西蒙条件总是能够确保唯一解向量 x^* 的存在,尽管不一定是非负。

5.8 静态分析的局限性

在市场和国民收入静态均衡的讨论中,我们主要关心的是求模型中内生变量的均衡值。在这种分析中我们忽略的一个基本问题是:导致均衡状态的各变量调整和再调整的实际过程(若这种状态可以达到)。我们只关心在何处达到均衡状态,但对何时达到均衡状态以及达到均衡状态的过程中出现何种问题并不关心。

因此这种静态均衡分析有两个重要问题没有顾及。一个问题是,因为调整过程需很长时间方能完成,所以如果模型中的外生变量在此期间发生了某些变化,在特定静态分析框架中决定的静态均衡将在它最终达到之前,就失去了其实际意义。这就是均衡状态的移动问题。另一个问题是,即使调整的过程不受干扰,静态分析所构想的均衡状态也可能难以达到。这可能是由于出现了所谓的"非稳态均衡"的情况,其特征是调整过程驱使变量逐渐偏离,而不是逐渐趋近于均衡状态。因此,忽略调整过程,也就是忽略了均衡的可实现性问题。

　　对由外生变化所致的均衡状态的转移的分析,属于比较静态分析的范畴;均衡的可实现性和稳定性问题则属于动态分析的范畴。很明显,比较静态分析和动态分析都将弥补静态分析的不足,所以探索这些领域也是我们极为迫切的任务。动态分析的研究将在本书第五篇进行,下面我们将注意力转移到比较静态分析的讨论上来。

第三篇

比较静态分析

第6章 比较静态学与导数的概念

本章和后面两章将专门研究比较静态分析的方法。

6.1 比较静态学的性质

比较静态学,顾名思义,涉及两种与不同参数值和内生变量相联系的不同均衡状态的比较。基于比较之目的,我们总是假设给定初始均衡状态作为出发点。例如,在孤立市场模型中,这样的初始均衡由确定的价格 P^* 和相应的数量 Q^* 代表。类似地,在(3.23)式的简单国民收入模型中,初始均衡由确定的 Y^* 和相应的 C^* 所规定。现在,若我们令模型发生非均衡变化(按某些参数或外生变量发生变化的形式进行),则初始均衡必然会被打破。因而,各内生变量必然经历某些调整。若假设,与新的参数和变量值相关的新的均衡有定义且可达到,则比较静态分析面临的问题是:新均衡如何与原均衡相比较?

需指出的是,在比较静态分析中我们再一次忽略了变量的调整过程。我们仅比较初始(变化前的)均衡状态与最终(变化后的)均衡状态。同样,我们也回避了均衡的稳定性问题,因为我们像对待原均衡一样,假设新均衡是可实现的。

比较静态分析可以是定性分析,也可以是定量分析。比如,若我们仅对投资 I_0 的增加是增加还是减少均衡收入 Y^* 感兴趣,则这种分析是定性的,因为我们仅关心变化的方向。但若我们关注的是:由给定 I_0 的变化,会导致 Y^* 变化的大小(即投资乘数的值),这种分析显然是定量的。而且通过获得定量的答案,由代数符号,我们可以自动地得知变化的方向。因而,定量分析总是包含定性分析。

很明显,我们关注的问题之一实质上是求变化率的问题,变化率即内生变量均衡值对特定参数或外生变量变化的比率。为此,导数这个数学概念在比较静态分析中具有极为重要的意义。因为导数这个在数学的一个分支——微分学中最基本的概念,直接与变化率这一概念有关。而且,我们在后面将发现,导数这个概念对最优化问题也是极其重要的。

6.2 变化率与导数

尽管我们目前的讨论仅与模型中变量均衡值的变化率有关,但我们仍可以更一般的方式展开讨论:考察任意变量 y 对另一变量 x 的变化率,其中这两个变量以下列函数联系起来

$$y = f(x).$$

将其应用于比较静态分析,变量 y 将代表内生变量的均衡值,x 代表某个参数。注意,在开始阶段,我们仅限于讨论模型中仅有一个参数或外生变量的情况。但一旦我们能够熟练处理这种简单情况,向更多参数的情况拓展就比较容易了。

差商

因为"变化"这个概念现在极为重要,需要用一个特别的符号来表示它。当变量 x 由 x_0 变化到 x_1 时,这个变化由差 $x_1 - x_0$ 度量。因此,我们用符号 Δ(大写希腊字母,表示"差")表示变化,写成 $\Delta x = x_1 - x_0$。我们还需要一种表示在不同 x 值时函数 $f(x)$ 值的方式。标准的做法是使用 $f(x_i)$ 表示当 $x = x_i$ 时 $f(x)$ 的值。因此,对于函数 $f(x) = 5 + x^2$,我们有 $f(0) = 5 + 0^2 = 5$。同样,$f(2) = 5 + 2^2 = 9$,等等。

当 x 由初始值 x_0 变为新值 $(x_0 + \Delta x)$ 时,函数 $y = f(x)$ 的值由 $f(x_0)$ 变为 $f(x_0 + \Delta x)$。每单位 x 的变化所引致的 y 的变化可用差商来表示:

$$\frac{\Delta y}{\Delta x} = \frac{f(x_0 + \Delta x) - f(x_0)}{\Delta x}, \tag{6.1}$$

此差商度量 y 的平均变化率。如果我们知道 x 的初始值 (x_0),以及 x 变化的大小 (Δx),就可以对差商进行计算。即 $\Delta y/\Delta x$ 是 x_0 和 Δx 的

函数。

例1 给定 $y=f(x)=3x^2-4$，我们可以写成：
$$f(x_0)=3(x_0)^2-4, \quad f(x_0+\Delta x)=3(x_0+\Delta x)^2-4,$$
因而，差商为
$$\frac{\Delta y}{\Delta x}=\frac{3(x_0+\Delta x)^2-4-(3x_0^2-4)}{\Delta x}$$
$$=\frac{6x_0\Delta x+3(\Delta x)^2}{\Delta x}=6x_0+3\Delta x. \tag{6.2}$$

若已知 x_0 和 Δx，则可计算差商。令 $x_0=3$，$\Delta x=4$，则 y 的平均变化率为 $6(3)+3(4)=30$。这意味着当 x 由 3 变至 7 时，x 每变化 1 个单位，y 平均变化 30 个单位。

导数

通常我们关心的是当 Δx 很小时，y 的变化率。在此情况下，有可能舍弃差商中涉及表达式 Δx 的所有项，从而得到 $\Delta y/\Delta x$ 的近似值。例如在(6.2)中，若 Δx 很小，我们可以仅取方程右侧的项 $6x_0$ 作为 $\Delta y/\Delta x$ 的近似。当然，Δx 的值越小，近似值越趋近于 $\Delta y/\Delta x$ 的真实值。

当 Δx 趋近于零（即 Δx 越来越接近于零但从来不会成为零），$(6x_0+3\Delta x)$ 将趋近于 $6x_0$，即 $\Delta y/\Delta x$ 将趋近于 $6x_0$。这一事实用符号可以表示成当 $\Delta x \to 0$ 时，$\Delta y/\Delta x \to 6x_0$，或者用下列方程表示

$$\lim_{\Delta x \to 0}\frac{\Delta y}{\Delta x}=\lim_{\Delta x \to 0}(6x_0+3\Delta x)=6x_0. \tag{6.3}$$

其中符号 $\lim\limits_{\Delta x \to 0}$ 读作："当 Δx 趋近于零时，……的极限。"若当 $\Delta x \to 0$ 时，差商 $\Delta y/\Delta x$ 的极限存在，则该极限就是函数 $y=f(x)$ 的导数。

关于导数，有以下几点需要注意。

第一，导数是一个函数，实际上使用导数一词原意是指导函数。原来的函数 $y=f(x)$ 是原函数，而导数则是由原函数推导出的另一个函数。读者由(6.3)可知，差商是 x_0 和 Δx 的函数，但导数只是 x_0 的函数。这是因为 Δx 已被强制趋于零，因而它不能再被看做函数中的一个变量。还需补充说明，我们一直使用加下标的符号 x_0，仅

是为了强调 x 的变化必须从某个特定的 x 值开始。既然我们已了解这一点,就可以去掉下标,并可以说导数像原函数一样,本身也是自变量 x 的函数。即对于每个 x 值,都有一个唯一的导函数值与之相对应。

第二,由于导数仅为差商的极限,而差商则度量 y 的变化率,因此导数必然也度量某种变化率。但由于导数中自变量 x 的变化为无穷小($\Delta x \to 0$),导数所度量的变化率具有瞬时变化率的性质。

第三,关于导数的记号问题,导函数通常用两种方法表示。给定原函数 $y = f(x)$,表示导数的一种方法是使用符号 $f'(x)$,或仅记为 f'。这种记法要归功于数学家拉格朗日。另一种常见记法是 dy/dx,由数学家莱布尼兹发明[实际上还存在第三种记法:Dy 或 $Df(x)$,但我们在后面的讨论中不使用这种记号]。记号 $f'(x)$ 与原函数的记号 $f(x)$ 相似,具有能表示导数本身是 x 的函数的优点。将导数表示成 $f'(x)$ 而非 $\phi(x)$,是为了强调函数 f' 是由原函数 f 推导而来的。另一种记号 dy/dx 则是为了强调导数值能够度量变化率。字母"d"对应于希腊字母"Δ",dy/dx 与 $\Delta y/\Delta x$ 的主要区别在于前者是后者当 $\Delta x \to 0$ 时的极限。在后面的讨论中,我们将依哪种符号更符合具体的情况而选择使用这两种符号。

运用这两种记号,我们可以将给定函数 $y = f(x)$ 的导数定义如下:

$$\frac{dy}{dx} \equiv f'(x) \equiv \lim_{\Delta x \to 0} \frac{\Delta y}{\Delta x}.$$

例 2 再考虑函数 $y = 3x^2 - 4$,我们已在(6.2)式中求出其差商,差商的极限在(6.3)式中给出。根据(6.3)式,我们现在写出(以 x 代替 x_0):

$$\frac{dy}{dx} = 6x \quad 或 \quad f'(x) = 6x.$$

注意,不同的 x 值将对应不同的导数值。例如,当 $x = 3$ 时,我们有 $f'(x) = 6(3) = 18$;但当 $x = 4$ 时,我们求得 $f'(4) = 6(4) = 24$。因此,$f'(x)$ 表示一个导函数,而 $f'(3)$ 和 $f'(4)$ 则分别表示特定的导数值。

练习 6.2

1 已知函数 $y = 4x^2 + 9$：
  (a) 求作为 x 和 Δx 函数的差商（用 x 代替 x_0）。
  (b) 求导数 dy/dx。
  (c) 求 $f'(3)$ 和 $f'(4)$。

2 已知函数 $y = 5x^2 - 4x$：
  (a) 求作为 x 和 Δx 的函数的差商。
  (b) 求导数 dy/dx。
  (c) 求 $f'(2)$ 和 $f'(3)$。

3 已知函数 $y = 5x - 2$：
  (a) 求差商 $\Delta y/\Delta x$。它是何种类型的函数？
  (b) 因 Δx 在上面的函数 $\Delta y/\Delta x$ 中并未出现，Δx 的值变大或变小，对 $\Delta y/\Delta x$ 的值有影响吗？当 $\Delta x \to 0$ 时，差商的极限为多少？

6.3 导数与曲线的斜率

基础经济学告诉我们：给定总成本函数 $C = f(Q)$，其中 C 表示总成本，Q 表示产出，边际成本(MC)定义为单位产出增加导致的总成本变化，即 $MC = \Delta C/\Delta Q$。当然 ΔQ 极小。在产品取离散单位(仅取整数)时，最小的变化就是一单位。但在产品数量为连续变量的情况下，ΔQ 是指无穷小的变化。众所周知，在后一种情况下，边际成本可通过总成本曲线的斜率来度量。而总成本曲线的斜率只不过是当 ΔQ 趋于零时，比率 $\Delta C/\Delta Q$ 的极限值。因而，曲线斜率的概念仅是导数概念的几何表示。二者均与经济学中广泛使用的"边际"这一术语有关。

在图 6.1 中，我们绘出了原函数 $C = f(Q)$ 的图形，即总成本曲线 C。假设 Q_0 为初始产出水平，并由此度量产出的增长，则在成本曲线上相应的点为 A。若产出增至 $Q_0 + \Delta Q = Q_2$，则总成本将由 C_0 增至 $C_0 + \Delta C = C_2$，这样，$\Delta C/\Delta Q = (C_2 - C_0)/(Q_2 - Q_0)$。从几何上看，这是两条线段的比率，即 EB/AE，或者说直线 AB 的斜率。这个特定的比率度量平均变化率——即图中特定的 ΔQ 的平均边际成本——表示差商。所以,它是初始值 Q_0 和变化量 ΔQ 的函数。

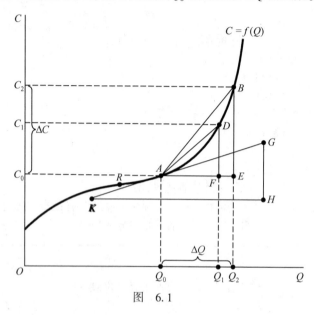

图　6.1

当我们改变 ΔQ 的大小,会出现何种情况？若我们仅考察较小的产出增量(如仅由 Q_0 增至 Q_1),则平均边际成本将由直线 AD 的斜率来度量。进而,随着我们不断减少产出增量,直线将越来越趋于平坦,直至极限即 $\Delta Q \to 0$ 时,我们得到直线 KG,即成本曲线在点 A 的切线。KG 的斜率 HG/KH,度量总成本曲线在点 A 的斜率,并表示当 $\Delta Q \to 0$ 时 $\Delta C/\Delta Q$ 的极值(初始产出水平为 $Q = Q_0$)。因此,用导数的概念来表示,曲线 $C = f(Q)$ 在点 A 的斜率对应于特定的导数值 $f'(Q_0)$。

若初始产出水平由 Q_0 变到 Q_2,会出现何种情况？在此情况下,曲线上的点 B 将取代点 A 成为相关的点,曲线上新的点 B 的斜率给出导数值 $f'(Q_2)$。对于其他初始产出水平,也可以得到类似的结果。一般而言,导数 $f'(Q)$ 作为 Q 的函数,将随 Q 的变化而变化。

6.4 极限的概念

导数 dy/dx 被定义为当 $\Delta x \to 0$ 时,差商 $\Delta y/\Delta x$ 的极限。若我们采用简写符号 $q \equiv \Delta y/\Delta x$($q$ 表示差商)和 $v = \Delta x$(v 表示变差),则有:

$$\frac{dy}{dx} = \lim_{\Delta x \to 0} \frac{\Delta y}{\Delta x} = \lim_{v \to 0} q.$$

鉴于导数概念极大地依赖于极限概念这一事实,我们迫切需要掌握极限这一概念。

左极限和右极限

极限这一概念与下述问题有关:"当一个变量,比如 v,趋近于某一特定值,比如零时,另一个变量,比如 q,将趋近于何值?"要使这一问题有意义,q 当然应该是 v 的函数,即 $q = g(v)$。我们迫切关注的是求出当 $v \to 0$ 时,q 的极限。但我们首先应探讨更一般的情况,即当 $v \to N$,N 为有限实数的情况。而 $\lim_{v \to 0} q$ 仅是 $\lim_{v \to N} q$ 当 $N = 0$ 时的一个特例。在讨论过程中,我们实际上也考察当 $v \to +\infty$(正无穷)或当 $v \to -\infty$(负无穷)时 q 的极限。

当我们说 $v \to N$ 时,变量 v 可以从大于 N,也可以从小于 N 的方向趋近于 N。若当 v 从左侧即小于 N 的方向趋于 N,q 趋近于一有限数 L,则我们称 L 为 q 的左极限;若当 v 从右侧即大于 N 的方向趋近于 N 时 q 趋近于 L,我们则称 L 为 q 的右极限。左极限和右极限可能相等,也可能不相等。

q 的左极限以符号 $\lim_{v \to N^-} q$(负号表示从小于 N 的值趋近),右极限则写成 $\lim_{v \to N^+} q$。当且仅当两极限具有共同的有限值,比如 L 时,q 的极限才存在,并写成 $\lim_{v \to N} q = L$。注意,L 必须为有限数值。若出现这种情况:$\lim_{v \to N} = \infty$(或 $-\infty$),则认为 q 无极限,因为 $\lim_{v \to N} q = \infty$ 意味着当 $v \to N$ 时,$q \to \infty$,如果当 v 趋近于 N 时,q 的值永远增加,这同 q 有极限的说法相矛盾。但作为表述当 $v \to N$ 时 $q \to \infty$ 这一事

实的方便方法，人们有时确实写成 $\lim\limits_{v\to N} q = \infty$，并称 q 具有"无穷大的极限"。

在某些情况下，只需考虑单侧极限。例如，在提到当 $v \to +\infty$ 时 q 的极限，仅有 q 的左极限是可能存在的，因为 v 仅从左侧才能趋于 $+\infty$。类似地，当 $v \to -\infty$ 时，仅有右极限才可能存在。在这些情况下，q 的极限是否存在将取决于当 $v \to +\infty$ 或当 $v \to -\infty$ 时，q 是否趋近于一个有限值。

认识到符号 ∞（无穷大）不是一个数，因而不能对其进行一般的代数运算是重要的。我们不能有 $3 + \infty$ 或 $1/\infty$，我们也不能写成 $q = \infty$，它不同于 $q \to \infty$。但把 q 的极限表示成"="（相对于 $\to$）∞ 是可以的，因为这仅表示 $q \to \infty$。

图例说明

图 6.2 中说明了有关函数 $q = g(v)$ 的极限的几种可能的情形。

图 6.2(a) 中是一条平滑曲线。当变量 v 从垂线两边中的一边趋近于 N 值时，变量 q 趋近于 L 值。在此情况下，左极限与右极限的值是一致的，因此，我们可以写成 $\lim\limits_{v\to N} q = L$。

图 6.2(b) 中是一条非平滑曲线。在 N 点的正上方有一个尖转折点，但当 v 从左右两边趋近于 N 时，q 同样趋近于同样的值 L。q 的极限同样存在，并等于 L。

图 6.2(c) 表示的是一条所谓的"阶梯函数"。[①] 在此情况下，当 v 趋近于 N 时，q 的左极限为 L_1，右极限为 L_2，二者数值不同。因此，当 $v \to N$ 时，q 的极限不存在。

---

① 阶梯函数这个名称很容易通过曲线的形状来解释。但也可以通过代数方法来进行解释。图 6.2(c) 所描述的情况可以用下述方程表示

$$q = \begin{cases} L_1 & (0 \leq v < N), \\ L_2 & (N \leq v). \end{cases}$$

注意，在上述定义域的每个子集中，函数表现为不同的常值函数，它们构成了"阶梯"形。

在经济学中，阶梯函数可用于表示对不同的购买量所支付的不同价格[图 6.2(c) 的曲线刻画出数量折扣的概念]，也可以用于表示适用于不同收入等级的各种税率。

第 6 章 比较静态学与导数的概念 **161**

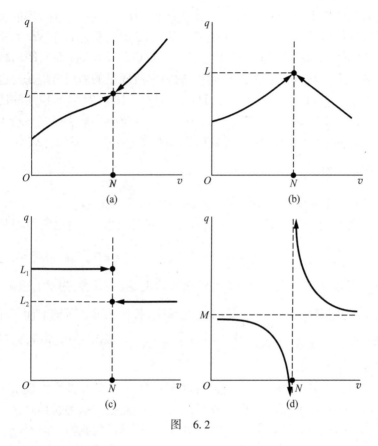

图 6.2

最后,在图 6.2(d)中,当 $v \to N$ 时,q 的左极限为 $-\infty$,而右极限为 $+\infty$,这是因为双曲线的两部分与纵垂虚线即渐近线无限接近时,它们将分别无限下降和上升。同样,$\lim\limits_{v \to N} q$ 不存在。另一方面,若我们考察图 6.2(d)中另一种类型的极限,即 $\lim\limits_{v \to \infty} q$,则与此相关的极限为左极限,且我们知道极限存在:$\lim\limits_{v \to +\infty} q = M$。类似地,读者还可以验证 $\lim\limits_{v \to -\infty} q = M$。

我们还可以用左、右极限的概念来讨论图 6.1 中的边际成本。在那里,变量 q 和 v 分别指差商 $\Delta C/\Delta Q$ 和 ΔQ 的大小,所有的变化均从曲线上的 A 点开始度量。换句话说,q 是指诸如 AB、AD、KG 这类直线的斜率,而 v 则指诸如线段 $Q_0Q_2(=AE)$、$Q_0Q_1(=AF)$ 等的长度。我们已经看到,当 v 由正值趋于零时,q 的值将趋近于 KG 的斜率。类似地,我们能够确定,如果 ΔQ 从负值趋于零时(即当产出越来越下降),像 RA(未在图中画出)的斜率所度量的差商 $\Delta C/\Delta Q$,也将趋近于 KG 的斜率。实际上,这非常类似于图 6.2(a)所描述的情况。图 6.1 中 KG 的斜率(图 6.2 中 L 的对应物)实际上是当 v 趋于零时差商 q 的极限,因而它给出在产出水平 $Q=Q_0$ 时的边际成本。

极限的计算

现在我们举例说明给定函数 $q=g(v)$ 的代数运算。

例1 已知 $q=2+v^2$,求 $\lim\limits_{v\to 0}q$。为取左极限,我们以负值序列 -1、$-\dfrac{1}{10}$、$-\dfrac{1}{100}$…(依此顺序)替代 v,并求 $(2+v^2)$,我们将看到,它将稳定地递减,并趋于 2(因 v^2 将逐渐趋于零)。其次,为求右极限,我们以正值序列 1、$\dfrac{1}{10}$、$\dfrac{1}{100}$,…(依此顺序)替代 v,并得到同前面一样的极限。由于左、右极限是一致的,我们认定 q 的极限存在,可写成 $\lim\limits_{v\to 0}q=2$。

始终存在这样一种诱惑,即将所得到的答案看做令方程 $q=2+v^2$ 中的 $v=0$ 的结果,但一般而言,我们必须拒绝这种诱惑。在计算 $\lim\limits_{v\to N}q$ 时,我们仅能令 v 趋于 N,但作为一个规则,我们一般不能令 $v=N$。实际上,即使 N 不在函数 $q=g(v)$ 的定义中,当 $v\to N$ 时,我们仍可以有充分理由提到 q 的极限。在后一种情况下,若我们试图令 $v=N$,q 显然无定义。

例2 已知 $q=(1-v^2)/(1-v)$,求 $\lim\limits_{v\to 1}q$。这里,$N=1$ 不在函数的定义域中,我们不能令 $v=1$,因为这将使分母为零。而且,甚至令 $v\to 1$ 的极限计算步骤,像在例 1 中所运用的,也会导致一定困难,因为当 $v\to 1$ 时,分母 $(1-v)$ 将趋于零,所以我们仍然无法进行除法运算。

克服这一困难的一种方法是对比率 $(1-v^2)/(1-v)$ 进行变换,使分母中不再包含 v。因为 $v\to 1$ 意味着 $v\neq 1$,所以 $(1-v)$ 不等于

零,因而$(1-v^2)$被$(1-v)$除是可以的,并可写成[①]

$$q = \frac{1-v^2}{1-v} = 1 + v \quad (v \neq 1),$$

在 q 的这个新表达式中,分母中不再包含 v。由于当 $v \to 1$ 时 $(1+v) \to 2$(左、右极限一致),所以我们可以得出结论:$\lim_{v \to 1} q = 2$。

例 3 已知 $q = (2v+5)/(v+1)$,求 $\lim_{v \to \infty} q$。这里,变量 v 再次在分子和分母中同时出现。若我们令分子、分母中的 $v \to \infty$,则结果是两个无穷大数的比率,没有明确意义。为了克服这一困难,我们这次尝试将此给定比率进行变换,使分子中不再包含变量 v[②],这同样可以用相除的方式得出。因 $(2v+5)$ 不能被 $(v+1)$ 整除,所以如下结果中含有一个余项:

$$q = \frac{2v+5}{v+1} = 2 + \frac{3}{v+1}.$$

但无论如何,这个 q 的新表达式分子中不再含有 v,注意,当 $v \to \infty$ 时,余项 $3/(v+1) \to 0$,所以我们可得出结论:$\lim_{v \to \infty} q = 2$。

极限的计算还有几个有用的定理,我们将在 6.6 节中对其进行讨论。

极限概念的正规考察

上面的讨论已介绍了极限概念的一般思想。现在我们给出更精确的定义。因为这一定义要用到直线上点(特别是作为实数线上的

---

① 像数的情形一样,可按下式进行除法:

$$\begin{array}{r} 1+v \\ 1-v \overline{\smash{\big)}\, 1 -v^2} \\ \underline{1-v} \\ v - v^2 \\ \underline{v - v^2} \end{array}$$

我们还可以进行如下因式分解:

$$\frac{1-v^2}{1-v} = \frac{(1+v)(1-v)}{1-v} = 1+v \quad (v \neq 1).$$

② 注意,这不同于 $v \to 0$ 的情况。当 $v \to 0$ 时,我们将 v 从分母中提出以免被零除。当 $v \to \infty$ 时,最好将 v 从分子中提出。因为当 $v \to \infty$ 时,表达式分子中含有 v 将变得无穷大,但若分母中含有 v,则将趋于零,从而平静地消失,使我们方便地求得极限。

一个特定数的点)的邻域的概念,所以我们首先对其进行解释。

对于给定数 L,总会找到一个数 $(L-a_1)<L$ 和另一个数 $(L+a_2)>L$,其中 a_1 和 a_2 为任意正数,所有位于 $(L-a_1)$ 和 $(L+a_2)$ 之间的数的集合称作这两个数之间的区间,若数 $(L-a_1)$ 和 $(L+a_2)$ 包含在集合内,则此集合称作闭区间;若它们不包含在这集合中,此集称作开区间。$(L-a_1)$ 和 $(L+a_2)$ 之间的闭区间用方括号表示:

$$[L-a_1, L+a_2] \equiv \{q \mid L-a_1 \leq q \leq L+a_2\},$$

而对应的开区间以圆括号表示:

$$(L-a_1, L+a_2) \equiv \{q \mid L-a_1 < q < L+a_2\} \quad (6.4)$$

因此,[ ]与弱不等号 $\leq$ 相联系,而( )则与严格不等号 $<$ 相联系。但是在两种类型的区间中,较小的数 $(L-a_1)$ 总是列在前面。以后,我们还会遇到如 $(3,5]$ 和 $[6,\infty)$ 这样的半开区间和半闭区间,其含义如下:

$$(3,5] \equiv \{x \mid 3 < x \leq 5\}, \quad [6,\infty) \equiv \{x \mid 6 \leq x < \infty\}.$$

现在我们可以将 L 的邻域定义为像 (6.4) 所定义的开区间,且此区间"包含"数 L。① 根据任意数 a_1 和 a_2 的大小,可为已知数 L 构建各种不同的邻域。运用邻域的概念,函数的极限可定义如下:

当 v 趋近于一个数 N,$q=g(v)$ 的极限是数 L,如果对 L 的每个邻域,不管它多么小,总可以在函数的定义域中找到相应的 N 的邻域(点 $v=N$ 除外),使得 N 邻域中每个 v 值,其像落在 L 的邻域内。

这个定义可以用图 6.3 来加以解释。此图类似于图 6.2(a)。根据我们已经学到的知识,我们知道图 6.3 的 $\lim\limits_{v \to N} q = L$。现在我们来证明 L 确实满足极限的新定义。首先,选择 L 的任意小的邻域,比如 $(L-a_1, L+a_2)$(应将其选择得更小一些,但为便于图形说明,我们将其相对放大了)。现在我们构建 N 的一个邻域,比如 $(N-b_1, N+b_2)$,使得两个邻域共同定义一个矩形(图中阴影部分),其两个角位于给定的曲线上。这样便可以证明,对于 N 的邻域中的

---

① 仅当我们考察直线(一维空间)上的点时,才可以将开区间视为点的邻域。在平面(二维空间)上一个点的情况下,其邻域必须被看做一个区域,比如环绕一个点的圆。

每个 v 值(不包括 $v=N$),对应的函数 $q=g(v)$ 的值位于选定的 L 的邻域内。事实上,无论我们将 L 的邻域选择得多么小,总可以找到具有上述性质的(相应的也很小)的 N 邻域。因此,正如前面所证明的那样,L 满足极限的定义。

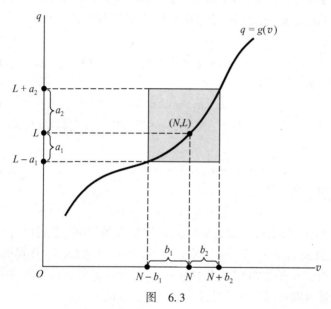

图 6.3

我们还可以将上述定义应用于图 6.2(c)的阶梯函数以证明无论 L_1 还是 L_2,均不是极限 $\lim\limits_{v \to N} q$。若我们选择 L_1 的一个极小的邻域,比如它仅在 L_1 两侧各有一根头发那么宽,那么,无论我们选择 N 的什么邻域,与两个邻域相联系的矩形不可能包容阶梯函数中较低的部分。结果,对于 $v > N$ 的任意值,相应的 q 值(位于阶梯函数较低部分)将不会在 L_1 的邻域内,因此,L_1 未能通过极限定义存在的检验。基于类似的理由,L_2 也不是 $\lim\limits_{v \to N} q$ 的候选值。事实上,在此情况下,当 $v \to N$ 时 q 不存在极限。

定义是否满足还可以通过代数方法而不是图形方法来检验。例如,再一次考察函数

$$q = \frac{1-v^2}{1-v} = 1+v \quad (v \neq 1) \tag{6.5}$$

在例2中已经知道 $\lim_{v\to 1} q = 2$,因而这里有 $N=1$ 和 $L=2$。为验证 $L=2$ 实际上是 q 的极限,我们必须证明,对于每个选定的 L 的邻域 $(2-a_1, 2+a_2)$,存在一个 N 的邻域 $(1-b_1, 1+b_2)$,使得 v 无论何时在 N 的邻域内,q 必然在所选定的 L 邻域内。实际上这意味着,对于给定的 a_1 和 a_2 值,无论它们多么小,总可以找到两个数 b_1、b_2,使得不等式

$$1 - b_1 < v < 1 + b_2 \quad (v \neq 1) \tag{6.6}$$

满足时,另一个不等式

$$2 - a_1 < q < 2 + a_2 \tag{6.7}$$

必然也成立。为找到这样一对数 b_1 和 b_2,我们首先利用(6.5)式,将(6.7)式改写成

$$2 - a_1 < 1 + v < 2 + a_2, \tag{6.7'}$$

进而,可以将其变换成不等式

$$1 - a_1 < v < 1 + a_2. \tag{6.7''}$$

将(6.7)的变式(6.7″)与(6.6)式的比较表明,若我们选择两个数 b_1 和 b_2,且使 $b_1 = a_1$,$b_2 = a_2$,两个不等式(6.6)和(6.7)总将同时成立。因此,N 的邻域 $(1-b_1, 1+b_2)$,如极限定义所需要的那样,在 $L=2$ 时的确可以找到,这证明了 $L=2$ 是 q 的极限。

现在我们以相反的方式利用极限的定义,来证明另一个数,比如3,不是函数(6.5)的极限 $\lim_{v\to 1} q$。假设3是此函数的极限,则对于3的每一个选定的邻域 $(3-a_1, 3+a_2)$,存在一个1的邻域 $(1-b_1, 1+b_2)$,使得当 v 在1的邻域中时,q 必定在3的邻域中。即无论何时不等式

$$1 - b_1 < v < 1 + b_2$$

满足,另一不等式

$$3 - a_1 < 1 + v < 3 + a_2$$

或 $\qquad\qquad 2 - a_1 < v < 2 + a_2$

必然也满足。要达到这一结果的唯一方式是选择 $b_1 = a_1 - 1$ 和 $b_2 = a_2 + 1$。这意味着1的邻域将是开区间 $(2-a_1, 2+a_2)$。但按极限的定义,a_1 和 a_2 可取任意小的值,比如 $a_1 = a_2 = 0.1$。在此情况下,开

区间为$(1.9, 2.1)$,它完全位于横轴上的点$v=1$的右侧。因此,3不满足极限的定义。还可以用类似的步骤证明除了2以外的任意数,均与本例中极限的定义相矛盾。

一般而言,若当$v \to N$时,某一数满足q的极限定义,则没有以外的数能满足定义。若极限存在,它将是唯一的。

练习6.4

1 已知函数$q = (v^2 + v - 56)/(v - 7)$,$(v \neq 7)$,求当$v \to 7$时$q$的左极限和右极限。我们可以根据这些答案断定当$v \to 7$时,$q$有极限吗?

2 已知$q = [(v + 2)^3 - 8]/v$,$(v \neq 0)$,求:
(a) $\lim\limits_{v \to 0} q$　　(b) $\lim\limits_{v \to 2} q$　　(c) $\lim\limits_{v \to a} q$

3 已知$q = 5 - 1/v$,$(v \neq 0)$,求:
(a) $\lim\limits_{v \to +\infty} q$　　(b) $\lim\limits_{v \to -\infty} q$

4 运用图6.3证明:我们不能将$(L + a_2)$看做当v趋近于N时q的极限。

6.5　关于不等式和绝对值的题外讨论

前面,我们已多次遇到不等号。在上一节最后的讨论中,我们还应用了不等式的数学运算。例如,在将(6.7′)变换成(6.7″)时,我们在不等式的两边同时减去1。什么法则适于不等式(相对于方程而言)的运算呢?

不等式的运算法则

首先,我们描述不等式的一个重要性质:不等式是可传递的。即若$a > b$,$b > c$,则$a > c$。因为等式(方程)也是可传递的,传递性既适用于"弱"不等式($\geq$或$\leq$),也适用于"严格"不等式($>$或$<$)。因此,我们有

$$a > b, b > c \Rightarrow a > c,$$

$$a \geq b, b \geq c \Rightarrow a \geq c.$$

利用这一性质可以写出连不等式,如 $3 < a < b < 8$ 或 $7 \leq x \leq 24$ 等。(在书写连不等式时,不等式符号排成相同方向,通常将最小的数排在左边)。

不等式最重要的运算法则是不等式与数的加法、减法、乘法、除法,以及不等式的平方等。具体地说,这些法则如下:

法则 I （加法与减法）

$$a > b \Rightarrow a \pm k > b \pm k,$$

若不等式两边加上或减去同样的数,不等式仍然成立。这一法则可推广为:若 $a > b > c$,则 $a \pm k > b \pm k > c \pm k$。

法则 II （乘法和除法）

$$a > b \Rightarrow \begin{cases} ka > kb & (k > 0), \\ ka < kb & (k < 0). \end{cases}$$

不等式两边被一个正数乘,不等式方向不变;但被负的乘子乘则使不等式符号方向改变。

例1 因 $6 > 5$,所以它被 3 乘得到 $3(6) > 3(5)$ 或 $18 > 15$;但若被 -3 乘则得到 $(-3)6 < (-3)5$,或 $-18 < -15$。

不等式被一个数 n 除等价于它被一个数 $1/n$ 相乘,因而除法法则包含于乘法法则之中。

法则 III （平方）

$$a > b, (b \geq 0) \Rightarrow a^2 > b^2.$$

若不等式两边均为非负,则当其两边取平方时不等式仍然成立。

例2 因 $4 > 3$,且两边均为正,我们有 $4^2 > 3^2$,或 $16 > 9$。类似地,因 $2 > 0$,由此得到 $2^2 > 0^2$,或 $4 > 0$。

上述三个法则均按严格不等式形式表述,但若不等号"$>$"被弱不等号"$\geq$"替代,上述法则依然成立。

137 绝对值与不等式

当变量 x 的定义域为开区间 (a, b) 时,此定义域可以用集合 $\{x \mid a < x < b\}$ 表示,或简单地以不等式 $a < x < b$ 表示。类似地,若定义域为闭区间 $[a, b]$,则可以用弱不等式 $a \leq x \leq b$ 表示。在区间的

形式为$(-a,a)$这种特殊情况下,比如$(-10,10)$,则此定义域既可以用不等式$-10<x<10$表示,或者用不等式
$$|x|<10$$
来表示。其中符号$|x|$表示x的绝对值(或数值)。

对任意实数n,n的绝对值定义如下:①

$$|n|\equiv\begin{cases} n & (若\ n>0),\\ -n & (若\ n<0),\\ 0 & (若\ n=0). \end{cases} \tag{6.8}$$

注意,若$n=15$,则$|15|=15$,但若$n=-15$,则我们有
$$|-15|=-(-15)=15,$$
因而实际上任意实数的绝对值仅是去掉符号的数值。所以,我们总有$|n|=|-n|$。n的绝对值也称作n的模。

给定表达式$|x|=10$,由(6.8)可知,x或者等于10,或者等于-10。同理,表达式$|x|<10$意味着(1)若$x>0$,则$x\equiv|x|<10$,从而x必小于10;但(2)若$x<0$,则依(6.8),我们有$-x\equiv|x|<10$,或$x>-10$,从而x必大于-10。因此,把这个结果的两部分结合起来,我们知道x必定位于开区间$(-10,10)$内。一般而言,我们可以写成

$$|x|<n\Leftrightarrow -n<x<n\quad(n>0),\tag{6.9}$$

它也可以拓展到如下弱不等式

$$|x|\leq n\Leftrightarrow -n\leq x\leq n\quad(n\geq 0).\tag{6.10}$$

因为绝对值本身是数,两个数m、n的绝对值可以相加、减、乘、除。下述性质刻画了绝对值的特征:

$$|m|+|n|\geq|m+n|,$$
$$|m|\cdot|n|=|m\cdot n|,$$
$$\frac{|m|}{|n|}=\left|\frac{m}{n}\right|.$$

---

① 绝对值的符号类似于一阶行列式的符号,但它们是完全不同的两个概念。一阶行列式的定义为$|a_{ij}|\equiv a_{ij}$,与a_{ij}的正负号无关。按照绝对值$|n|$的定义,n的符号则会造成差异。在讨论的有关内容中,要弄清楚所考虑的是绝对值还是一阶行列式。

令人感兴趣的是第一个性质,它涉及的是不等式而非方程。原因很简单:左边的表达式 $|m|+|n|$ 定义为两个数值(均视为正数)之和,表达式 $|m+n|$ 或者是两个数之和(若 m 和 n 均为正)或二者之差(若 m 和 n 的符号相反)。因而左侧的表达式可能大于右侧。

例 3 若 $m=5, n=3$,则 $|m|+|n|=|m+n|=8$。但若 $m=5$,$n=-3$,则 $|m|+|n|=5+3=8$,而

$$|m+n|=|5-3|=2$$

则是较小的数。

另一方面,在其他两个性质中,m 和 n 的符号是相同还是相反是没有差别的。因为不等式右侧的积或商取绝对值,其符号无论如何,总会被去掉。

例 4 若 $m=7, n=8$,则 $|m|\cdot|n|=|m\cdot n|=7(8)=56$。但即使 $m=-7$ 和 $n=8$(符号相反),由下式仍可得到同样的结果:

$$|m|\cdot|n|=|-7|\cdot|8|=7(8)=56$$

和

$$|m\cdot n|=|-7(8)|=7(8)=56.$$

不等式的解

像方程一样,包含变量(比如 x)的不等式可能有解。若解存在,它将是一个使不等式成立的 x 值的集合。这样的解本身一般是以不等式的形式表示。

例 5 求不等式的解

$$3x-3>x+1,$$

像解方程一样,首先将含变量的项移至不等式一边。在不等式两边同时加上 $(3-x)$,我们得到

$$3x-3+3-x>x+1+3-x \quad \text{或} \quad 2x>4.$$

两边同乘 $\frac{1}{2}$(因 $1/2$ 大于 0,所以不改变不等号的方向)则可得到解

$$x>2.$$

它本身是一个不等式。这个解不是一个数,而是一个数集。因而我们也可以将其表示成集合 $\{x|x>2\}$ 或表示成开区间 $(2, \infty)$。

例 6 解不等式 $|1-x|\le 3$。首先,我们运用(6.10)式而不用绝

对值的符号。这个已知不等式等价于
$$-3 \leq 1 - x \leq 3,$$
或,在每一边减去 1 后,有
$$-4 \leq -x \leq 2,$$
将每一边乘 -1,我们则有
$$4 \geq x \geq -2,$$
这里不等式的方向已颠倒了。先写出较小的一个数,我们可以将解表示成不等式的形式
$$-2 \leq x \leq 4$$
或表示成集合的形式 $\{x \mid -2 \leq x \leq 4\}$,或闭区间 $[-2, 4]$。

有时,一个问题可能要求几个变量同时满足几个不等式,那么就要解一个联合不等式组。例如本书的第 13 章中将要讨论的非线性规划就提出了这样的问题。

练习 6.5

1 解下列不等式:
   (a) $3x - 1 < 7x + 2$ (b) $2x + 5 < x - 4$
   (c) $5x + 1 < x + 3$ (d) $2x - 1 < 6x + 5$
2 若 $8x - 3 < 0$ 且 $8x > 0$,以连不等式对其进行表达,并求出其解。
3 解如下不等式:
   (a) $|x + 1| < 6$ (b) $|4 - 3x| < 2$ (c) $|2x + 3| \leq 5$

6.6 极限定理

对变化率的兴趣使我们考察了导数的概念,而导数的差商极限的性质又激发我们研究极限的存在和计算问题。极限的基本计算步骤,如 6.4 节所述,包括令变量 v 趋近于特定的数(比如 N),以及观测 q 所趋近的值等。但当实际计算一个函数的极限时,我们可以引用几个现成的极限定理,它可以极大地简化计算过程,对复杂的函数

尤其如此。

单一函数的极限定理

当仅涉及单个函数 $q = g(v)$ 时,可应用下述定理。

定理 I 若 $q = av + b$,则 $\lim_{v \to N} q = aN + b$($a$、$b$ 为常数)。

例 1 已知 $q = 5v + 7$,则我们有 $\lim_{v \to 2} q = 5(2) + 7 = 17$。类似地,$\lim_{v \to 0} q = 5(0) + 7 = 7$。

定理 II 若 $q = g(v) = b$,则 $\lim_{v \to N} q = b$。

此定理表明,常函数的极限是该函数中的常数。它仅是定理 I 当 $a = 0$ 时的一个特例。(读者早已在练习 6.2-3 中遇到了这一例子。)

定理 III 若 $q = v$,则 $\lim_{v \to N} q = N$。

若 $q = v^k$,则 $\lim_{v \to N} q = N^k$。

例 2 给定 $q = v^3$,我们有 $\lim_{v \to 2} q = (2)^3 = 8$。

读者可能已经注意到,在上述三个定理中,求当 $v \to N$ 时 q 的极限,实际上是令 $v = N$。但这是一些特例,且它们并不能破坏"$v \to N$"并不意味着"$v = N$"的一般法则。

涉及两个函数的极限定理

若我们有两个具有同样自变量 v 的函数 $q_1 = g(v)$ 和 $q_2 = h(v)$,且两个函数都有如下极限

$$\lim_{v \to N} q_1 = L_1 \quad \lim_{v \to N} q_2 = L_2.$$

其中 L_1 和 L_2 为两个有限的数,可应用下述定理:

定理 IV (和-差极限定理)

$$\lim_{v \to N}(q_1 \pm q_2) = L_1 \pm L_2,$$

两个函数的和(差)的极限分别是其极限的和(差)。

特别地,我们要注意

$$\lim_{v \to N} 2q_1 = \lim_{v \to N}(q_1 + q_1) = L_1 + L_1 = 2L_1.$$

它与定理 I 是一致的。

定理Ⅴ （积的极限定理）

$$\lim_{v \to N}(q_1 q_2) = L_1 L_2,$$

两函数积的极限为其极限之积。

将其应用于函数的平方,给出

$$\lim_{v \to N}(q_1 q_1) = L_1 L_1 = L_1^2.$$

这与定理Ⅲ是一致的。

定理Ⅵ （商的极限定理）

$$\lim_{v \to N}\frac{q_1}{q_2} = \frac{L_1}{L_2} \quad (L_2) \neq 0.$$

两个函数商的极限是其极限的商。自然,极限 L_2 为非零,否则商无意义。

例3 求 $\lim_{v \to 0}(1+v)/(2+v)$。因为我们这里有 $\lim_{v \to 0}(1+v) = 1$ 和 $\lim_{v \to 0}(2+v) = 2$,所求的极限为 $1/2$。

注意,L_1 和 L_2 代表有限的数,否则不能应用这些定理。在定理Ⅵ情况下,L_2 也必须是非零的。若这些条件不满足,我们必须求助于6.4节中例2和例3所述的计算极限的方法,它们分别与 L_2 等于零,以及 L_2 为无穷大的情况有关。

多项式函数的极限

掌握上述极限定理后,我们便可以轻松地计算任何多项式函数当 v 趋于数 N 时的极限了:

$$q = g(v) = a_0 + a_1 v + a_2 v^2 + \cdots + a_n v^n, \quad (6.11)$$

因为其中的每一项的极限分别为

$$\lim_{v \to N} a_0 = a_0 \quad \lim_{v \to N} a_1 v = a_1 N \quad \lim_{v \to N} a_2 v^2 = a_2 N^2 \ (\text{等})$$

所以多项式函数的极限为(根据和极限定理):

$$\lim_{v \to N} q = a_0 + a_1 N + a_2 N^2 + \cdots + a_n N^n \quad (6.12)$$

我们注意到,此极限实际上也等于 $g(N)$,即等于当 $v = N$ 时(6.11)的函数值。在讨论多项式函数的连续性时,这一特定结果将是非常重要的。

练习 6.6

1. 求函数 $q = 7 - 9v + v^2$ 的极限:
   (a) 当 $v \to 0$ (b) 当 $v \to 3$ (c) 当 $v \to -1$
2. 求 $q = (v+2)(v-3)$ 的极限:
   (a) 当 $v \to -1$ (b) 当 $v \to 0$ (c) 当 $v \to 5$
3. 求 $q = (3v+5)/(v+2)$ 的极限:
   (a) 当 $v \to 0$ (b) 当 $v \to 5$ (c) 当 $v \to -1$

6.7 函数的连续性与可微性

现在我们运用前面对极限概念和极限计算的讨论来定义函数的连续性和可微性。这些概念与我们感兴趣的函数的导数直接相关。

函数的连续性

当 v 趋近于定义域中的点 A 时,函数 $q = g(v)$ 的极限存在,且等于 $g(N)$,即等于函数在 $v = N$ 时的值,则我们说函数在点 N 是连续的。如上所述,连续性这个概念至少有以下三个要求:(1) 点 N 必须在函数的定义域内,即 $g(N)$ 有定义;(2) 当 $v \to N$ 时,函数的极限存在,即 $\lim_{v \to N} g(v)$ 存在;(3) 极值必等于 $g(N)$ 的值,即 $\lim_{v \to N} g(v) = g(N)$。

注意到这一点是重要的:尽管在图 6.3 讨论曲线的极限时,点 (N, L) 未被考虑,但在这里我们必须将其考虑在内。特别是,正如上述第三条要求所具体说明的那样,在将函数视为于点 N 连续以前,点 (N, L) 必定在函数的图形上。

我们来检验图 6.2 所示的函数是否是连续的。在图 6.2(a) 中,在点 N,三条要求均被满足:点 N 在定义域内;当 $v \to N$ 时,q 具有极限值 L;极限值 L 恰好等于函数在点 N 的值。因此,该曲线所表示的函数在 N 处是连续的。同样,图 6.2(b) 所描述的函数也是连续的,因为 L 是当 v 趋近于定义域内点 N 时函数的极限值,且 L 也是在点 N 时的函数值。后一图例足以证明,函数在点 N 的连续性并不一定

要求函数的图形在 $v=N$ 处必须是"平滑的"。因为在图 6.2(b) 中点 (N,L) 实际上是一个"尖"折点,但函数在此 v 值处仍是连续的。

当函数 $q=g(v)$ 在区间 (a,b) 中所有的 v 值处均连续时,则此函数在这一区间内连续。若函数在定义域内的子集 S(其中子集 S 可能是几个不相交的区间的并集)中的所有点连续,则我们称函数在 S 中连续。最后,若函数在其定义域中的所有点连续,则称函数在其定义域中连续,但甚至在后一种情况下,对于某些不在定义域中的点,比如 $v=5$,函数的图形仍然会表现出不连续性(缺口)。

再回到图 6.2,我们看到图 6.2(c) 中函数在点 N 处是不连续的,因为极限在该点不存在。与连续性的第二条要求相违背。但是在区间 $(0,N)$ 和 $[N,\infty)$,函数确实满足连续性的三条要求。图 6.2(d) 在 $v=N$ 处明显也是不连续的。但这一次,不连续性是因为点 N 不在定义域内,违反连续性的第一条要求。

由图 6.2 可以看出,连续性与角点是相容的,如图 6.2(b) 所示;但像图 6.2(c) 和 6.2(d) 中的缺口是不允许的。情况的确如此。因此,粗略说来,如果在给定区间中作图时不用抬起笔,就可以说函数在该区间中是连续的,即使出现角点,也是允许的,但不允许有间断的情况出现。

多项式函数和有理函数

我们现在考察某些常见函数的连续性。对于任意多项式函数,如(6.11)中的 $q=g(v)$,由(6.12)我们已经知道 $\lim_{v\to N} q$ 存在,且等于函数在 N 点时的值。因为 N 是函数定义域中的一个点(任意点),我们可以得出这一结论:任何多项式函数在其定义域中是连续的。这是一条非常重要的信息,因为多项式函数是经常遇到的。

那么,有理函数又如何呢?关于其连续性,存在一个很有价值的定理。该定理表明:在定义域内连续的任意有限个函数的和、差、积、商,在定义域内同样分别是连续的。因此,任意有理函数(两个多项式函数的商)在定义域内必然也是连续的。

例1 有理函数

$$q = g(v) = \frac{4v^2}{v^2+1}$$

对全部有限实数有定义。因此其定义域为 $(-\infty, +\infty)$。对于定义

域中任意数 N，由商极限定理，q 的极限为

$$\lim_{v \to N} q = \frac{\lim_{v \to N}(4v^2)}{\lim_{v \to N}(v^2+1)} = \frac{4N^2}{N^2+1}.$$

它等于 $g(N)$。因此在 N，连续性的三条要求均满足，并且，我们知道 N 可以代表其定义域中的任意点，所以函数在定义域中是连续的。

例2 有理函数

$$q = \frac{v^3 + v^2 - 4v - 4}{v^2 - 4}$$

在 $v=2$ 和 $v=-2$ 无意义。因 v 的这两个值不在定义域中，函数在 $v=2$ 和 $v=-2$ 是不连续的，尽管当 $v \to 2$ 和 $v \to -2$ 时，q 的极限是存在的。从图形上看，函数在 v 的这两个值处会出现两个缺口。但对于在定义域的 v 的其他值，函数是连续的。

函数的可微性

前面的讨论已为我们提供了一些基本的工具，用以判断当自变量趋近于某个选定的值时，函数的极限是否存在。因此，我们可以尝试取当 x 趋近于某个选定的值 x_0，求函数 $y=f(x)$ 的极限。但我们还可以在不同水平上应用"极限"这一概念，并在当 $\Delta x \to 0$ 时，取函数的差商 $\Delta y/\Delta x$ 的极限。在这两种不同水平上取极限的结果与函数 f 的两种不同却相联系的性质有关。

取函数 $y=f(x)$ 的极限，与上一小节的讨论一致，我们可以检验函数 f 在 $x=x_0$ 处是否连续。连续性的条件为：(1) $x=x_0$ 必定在函数的定义域内；(2) 当 $x \to x_0$ 时，y 的极限存在；(3) 该极限必等于 $f(x_0)$。当这些条件满足，我们可以写成

$$\lim_{x \to x_0} f(x) = f(x_0), \quad [连续性条件] \tag{6.13}$$

另一方面，当我们在 $\Delta x \to 0$ 时对差商 $\Delta y/\Delta x$ 应用"极限"的概念，我们便在研究函数 f 在 $x=x_0$ 是否可微，即导数 dy/dx 在 $x=x_0$ 是否存在，或 $f'(x_0)$ 是否存在的问题了。这里使用"可微"这一术语是因为求得导数 dy/dx 的过程被看做微分(也称求导)的过程。由于当且仅当 $\Delta x \to 0$，$\Delta y/\Delta x$ 在 $x=x_0$ 的极限存在时 $f'(x)$ 存在，因此以符号表示函数 f 的可微性如下：

$$f'(x_0) = \lim_{\Delta x \to 0} \frac{\Delta y}{\Delta x}, \qquad (6.14)$$

$$\equiv \lim_{\Delta x \to 0} \frac{f(x_0 + \Delta x) - f(x_0)}{\Delta x} \quad [可微性条件]$$

连续性和可微性这两个性质,是紧密相关的:函数的连续性是可微性的必要条件(但我们后面将看到,它不是充分条件)。这意味着,函数要在 $x = x_0$ 处可微,必须首先通过在 $x = x_0$ 点的连续性检验。为证明这一点,我们需要证明,已知函数 $y = f(x)$,由它在 $x = x_0$ 处可微,便可以推定它在 $x = x_0$ 处连续,即满足条件(6.14)便可满足条件(6.13)。但在证明之前,我们需简化一下符号:(1) 以符号 N 代替 x_0;(2) 以符号 x 代替 $(x_0 + \Delta x)$——这种替代是合理的。因为 x 变化后的值可以是任何数(取决于变化的大小),因此可以是一个以 x 表示的变量。两种符号的等价性在图 6.4 中已经表示清楚了,其中原符号(在括号中)与新符号一起标出。注意,由于符号的变化,Δx 现在变成 $(x - N)$,从而"$\Delta x \to 0$"变成"$x \to N$"。它类似于与函数 $q = g(v)$ 相联系的"$v \to N$"。相应地,(6.13) 和 (6.14) 现在可分别改写为

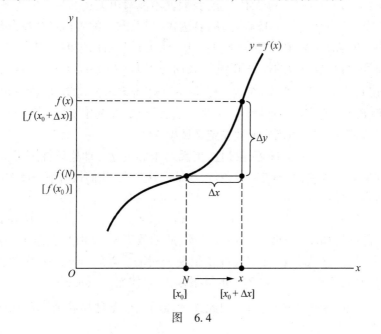

图 6.4

$$\lim_{x \to N} f(x) = f(N), \quad (6.13')$$

$$f'(N) = \lim_{x \to N} \frac{f(x) - f(N)}{x - N}. \quad (6.14')$$

因此,我们想证明的是,由可微性条件(6.14′)可推出连续性条件(6.13′)。首先,因为记号 $x \to N$ 意味着 $x \neq N$,所以 $x - N$ 不等于零,可以写出下列恒等式

$$f(x) - f(N) \equiv \frac{f(x) - f(N)}{x - N}(x - N). \quad (6.15)$$

当 $x \to N$ 时对(6.15)式两边取极限,得到下面的结果:

左边 $= \lim_{x \to N} f(x) - \lim_{x \to N} f(N)$ [差的极限定理]

$\quad\quad = \lim_{x \to N} f(x) - f(N)$ [$f(N)$ 是常数]

右边 $= \lim_{x \to N} \frac{f(x) - f(N)}{x - N} \lim_{x \to N}(x - N)$ [积的极限定理]

$\quad\quad = f'(N)(\lim_{x \to N} x - \lim_{x \to N} N)$ [由(6.14′)和差的极限定理]

$\quad\quad = f'(N)(N - N) = 0.$

注意,如果条件(6.14′)不成立,我们就不能写出上述结果。因为若 $f'(N)$ 不存在,则(6.15)右边的表达式(以及左边的表达式)没有极限。但若 $f'(N)$ 确实存在,则如上所述,上式左右两边的极限存在。而且,当左右两边的极限相等时,我们得到 $\lim_{x \to N} f(x) - f(N) = 0$,这与(6.13′)是一致的。因而我们便由(6.14)所表示的可微性,推导出了(6.13)所表示的连续性。一般而言,若函数在其定义域中每点均可微,则我们便可断定函数在定义域中连续。

尽管可微性意味着连续性,但反之未必成立。即连续性是可微性的必要条件,但不是充分条件,为证明这一点,我们仅需举一反例。考察函数:

$$y = f(x) = |x - 2| + 1, \quad (6.16)$$

它的图形如图6.5所示。容易证明,此函数当 $x = 2$ 时尽管连续,但不可微。函数在 $x = 2$ 处连续是很易证明的。首先,$x = 2$ 在函数定义域内;其次,当 $x \to 2$ 时 y 的极限存在;具体而言,$\lim_{x \to 2^+} y = \lim_{x \to 2^-} y = 1$。最后,也可求得 $f(2) = 1$。因此连续性的三个条件均满足。为证明

函数 f 在 $x=2$ 不可微,我们必须证明差商的极限

$$\lim_{x \to 2} \frac{f(x)-f(2)}{x-2} = \lim_{x \to 2} \frac{|x-2|+1-1}{x-2} = \lim_{x \to 2} \frac{|x-2|}{x-2}$$

不存在。这就要证明左极限和右极限不相等。因为考察右极限可知,x 必大于 2,按照绝对值定义(6.8),我们有 $|x-2|=x-2$。因此,右极限为

$$\lim_{x \to 2^+} \frac{|x-2|}{x-2} = \lim_{x \to 2^+} \frac{x-2}{x-2} = \lim_{x \to 2^+} 1 = 1.$$

另一方面,在考察左极限时,x 必定小于 2;因此,按照(6.8),$|x-2|=-(x-2)$。结果,左极限为

$$\lim_{x \to 2^-} \frac{|x-2|}{x-2} = \lim_{x \to 2^-} \frac{-(x-2)}{x-2} = \lim_{x \to 2^-} (-1) = -1.$$

它不同于右极限。这就证明了连续性不能保证可微性。简言之,所有可微的函数必定是连续的,但不是所有连续的函数都是可微的。

在图 6.5 中,函数在 $x=2$ 处显然不可微,因为在点(2,1)没有有定义的切线,因而在此点也就没有明确的斜率。具体而言,在该点左侧,曲线的斜率为 -1,而右侧的斜率为 +1,在 $x=2$ 处,左右两边的斜率并没有趋向相同数值的倾向。当然,点(2,1)是一个特殊的点,它是曲线上的唯一角点。在曲线上其他的点,导数有定义,函数可微。更具体地说,(6.16)中的函数可以分成如下两个线性函数:

左侧:$y=-(x-2)+1=3-x \ (x \leq 2)$,

右侧:$y=(x-2)+1=x-1 \ (x>2)$.

左侧在定义域区间 $(-\infty, 2)$ 是可微的,右侧在定义域区间 $(2, \infty)$ 是可微的。

一般而言,可微性的条件比连续性更严格,因为除了连续性的条件之外,可微性还要求额外的条件。连续性仅排除了缺口的存在,而可微性还要求不存在角点。因此,可微性不仅要求函数具有连续性,而且还要求函数(曲线)具有"平滑性"。经济学中所遇到的大多数具体的函数均具有处处可微的性质。所以,在本书中一般假定所运用的一般函数是处处可微的。

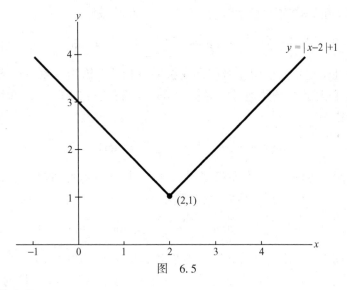

图 6.5

练习 6.7

1 函数 $y = f(x)$ 在 $x = x_0$ 处连续的三个要求中,只要有一条违背了,函数 $y = f(x)$ 在 $x = x_0$ 处便不连续。请构造三种图形分别说明违背上述每一条要求的情形。

2 将所有有限实数集作为函数 $q = g(v) = v^2 - 5v - 2$ 的定义域:

(a) 求 $\lim_{x \to N} q$(N 为有限实数)。

(b) 检验该极限是否等于 $g(N)$。

(c) 检验函数 $g(v)$ 在 N 点及其定义域 $(-\infty, +\infty)$ 的连续性。

3 给定函数 $q = g(v) = \dfrac{v+2}{v^2+2}$:

(a) 运用极限定理求 $\lim_{v \to N} q$,N 为有限实数。

(b) 检验该极限是否等于 $g(N)$。

(c) 检验函数 $g(v)$ 在点 N 以及它的定义域 $(-\infty, +\infty)$ 内是否连续。

4 已知 $y = f(x) = \dfrac{x^2 - 9x + 20}{x - 4}$:

(a) 能否应用商极限定理求 $x \to 4$ 时此函数的极限?

(b) 函数在 $x = 4$ 处连续吗? 为什么?

(c) 求一个与上述函数等价的函数(对于 $x \neq 4$),并由此等价函数求原函

数 y 当 $x \to 4$ 时的极限。

5　在例 2 的有理函数中,分子可被分母整除,其商为 $(v+1)$。我们能因此而以 $q = v+1$ 代替该函数吗？为什么能？为什么不能？

6　根据图 2.8 中 6 个函数的图形,你能推断这些函数在其定义域的每一点都可微吗？请予以解释。

第 7 章 求导法则及其在比较静态学中的应用

比较静态分析的核心问题,即求变化率的问题,当所考察的 x 变化很小时,与求函数 $y=f(x)$ 的导数的问题相一致。尽管导数 dy/dx 被定义为当 $v\to 0$ 时, $q=g(v)$ 的差商的极限,但每次求导数时,并没有必要都进行取极限的过程,因为存在各种求导(微分)法则可直接求得所需要的导数。因此,我们并不立即开始涉及比较静态模型,而是首先学习一些求导法则。

7.1 一元函数的求导法则

首先,我们讨论分别应用于以下三种类型的一元函数的求导法则: $y=k$ (常值函数), $y=x^n$ 以及 $y=cx^n$ (幂函数)。这些函数均有平滑、连续曲线,因而是处处可微的。

常值函数求导法则

常值函数 $y=k$,或 $f(x)=k$ 的导数等于零,即对所有的 x 值,其导数均为零。可用符号表示如下:给定 $y=f(x)=k$,其导数为

$$\frac{dy}{dx} = \frac{dk}{dx} = 0 \quad \text{或} \quad f'(x) = 0.$$

事实上,我们还可以写成如下形式:给定 $y=f(x)=k$,其导数为

$$\frac{d}{dx}y = \frac{d}{dx}f(x) = \frac{d}{dx}k = 0,$$

其中导数符号被分成两部分, d/dx 为一部分, y [或 $f(x)$ 或 k]为另一部分。第一部分 d/dx 可视为算子符,它向我们说明一种特定的数学运算。正如算子符 $\sqrt{}$ 可表明取平方根一样,算子符 d/dx 表示对变量 x 取导数,或者对 x 微分。被运算或被求导的函数在第二部分中标示出来,在这里为 $y=f(x)=k$ 。

这个求导法则的证明如下:给定 $f(x) = k$,对于任意 N 值,我们有 $f(N) = k$。因此 $f'(N)$ 的值,即在 $x = N$ 处的导数值,按定义 (6.13) 应为

$$f'(N) = \lim_{x \to N} \frac{f(x) - f(N)}{x - N} = \lim_{x \to N} \frac{k - k}{x - N} = \lim_{x \to N} 0 = 0,$$

进而,因 N 表示 x 的任意值,结果 $f'(N) = 0$ 可立即一般化为 $f'(x) = 0$,法则得证。

将 $f'(x) = 0$ 与看起来类似但实际不同的 $f'(x_0) = 0$ 作明确区分是极为重要的。由 $f'(x) = 0$,我们知道导函数 f' 对所有 x 值均为零。但是写成 $f'(x_0) = 0$,我们只能将导数为零与一个特定的 x 值,即 $x = x_0$,联系起来。

如前所述,函数的导数的几何意义是曲线的斜率,常值函数,比如固定成本函数 $C_F = f(Q) = 1\,200$ 美元的图形,是一条斜率始终为零的水平线。相应地,对所有 Q 值,导数必然始终为零:

$$\frac{\mathrm{d}}{\mathrm{d}Q} C_F = \frac{\mathrm{d}}{\mathrm{d}Q} 1\,200 = 0 \quad \text{或} \quad f'(Q) = 0.$$

幂函数求导法则

幂函数 $y = f(x) = x^n$ 的导数是 nx^{n-1}。用符号可表示成

$$\frac{\mathrm{d}}{\mathrm{d}x} x^n = nx^{n-1} \quad \text{或} \quad f'(x) = nx^{n-1}. \tag{7.1}$$

例 1 $y = x^3$ 的导数为 $\dfrac{\mathrm{d}y}{\mathrm{d}x} = \dfrac{\mathrm{d}}{\mathrm{d}x} x^3 = 3x^2$.

例 2 $y = x^9$ 的导数为 $\dfrac{\mathrm{d}}{\mathrm{d}x} x^9 = 9x^8$.

这一法则对 x 的任意实数次幂都是成立的,即指数可以是任意实数。但我们仅在 n 为正整数的情况下证明这一法则。

在最简单的情况下,即 $n = 1$ 时,函数为 $f(x) = x$,按照幂函数求导法则,导数为

$$f'(x) = \frac{\mathrm{d}}{\mathrm{d}x} x = 1(x^0) = 1,$$

这个结果由 (6.14′) 中 $f'(N)$ 的定义很容易得到证明。给定 $f(x) =$

x,任意 x 值,比如 $x = N$ 的导数值为

$$f'(N) = \lim_{x \to N}\frac{f(x) - f(N)}{x - N} = \lim_{x \to N}\frac{x - N}{x - N} = \lim_{x \to N}1 = 1.$$

因 N 表示 x 的任意值,所以可以写成 $f'(x) = 1$。这证明了在 $n = 1$ 时,法则成立。将此结果用几何图形表示出来,我们看到函数 $y = f(x) = x$ 画成一条 45° 的直线,其斜率始终为 1。

对于大于 1 的整数,$n = 2, 3\cdots$ 的情况,我们首先注意下列等式

$$\frac{x^2 - N^2}{x - N} = x + N, \quad [右边两项]$$

$$\frac{x^3 - N^3}{x - N} = x^2 + Nx + N^2, \quad [右边三项]$$

$$\vdots$$

$$\frac{x^n - N^n}{x - N} = x^{n-1} + Nx^{n-2} + N^2 x^{n-3} + \cdots + N^{n-1}. \quad [右边 n 项]$$

$$(7.2)$$

根据 (7.2),我们可以将幂函数 $f(x) = x^n$ 在 $x = N$ 的导数表示如下:

$$\begin{aligned}
f'(N) &= \lim_{x \to N}\frac{f(x) - f(N)}{x - N} = \lim_{x \to N}\frac{x^n - N^n}{x - N} \\
&= \lim_{x \to N}(x^{n-1} + Nx^{n-2} + \cdots + N^{n-1}) \quad [\text{by}(7.2)] \\
&= \lim_{x \to N}x^{n-1} + \lim_{x \to N}Nx^{n-2} + \cdots + \lim_{x \to N}N^{n-1} \quad [和的极限定理] \\
&= N^{n-1} + N^{n-1} + \cdots + N^{n-1} \quad [n \text{ 项的总和}] \\
&= nN^{n-1}.
\end{aligned}$$

$$(7.3)$$

同样,N 为任意 x 值,所以最后结果可推广为

$$f'(x) = nx^{n-1}.$$

这证明了对任意正整数 n,法则成立。

正如前面所提到的那样,即使幂函数 x^n 的指数 n 不是正整数,仍可应用这一法则。下面的几个例子可以说明这种应用。

例 3 求 $y = x^0$ 的导数。应用 (7.1),我们求得

$$\frac{d}{dx}x^0 = 0(x^{-1}) = 0.$$

例 4 求 $y = 1/x^3$ 的导数。此式含有幂数的倒数,但我们将函数

重写成 $y = x^{-3}$，我们可再应用(7.1)得到导数：

$$\frac{d}{dx}x^{-3} = -3x^{-4} \quad \left[= \frac{-3}{x^4} \right].$$

例 5 求 $y = \sqrt{x}$ 的导数。此式包含平方根，但因 $\sqrt{x} = x^{1/2}$，可求出导数如下：

$$\frac{d}{dx}x^{1/2} = \frac{1}{2}x^{-1/2} \quad \left[= \frac{1}{2\sqrt{x}} = \frac{\sqrt{x}}{2x} \right].$$

导数本身是自变量 x 的函数。如在例 1 中，导数为 $dy/dx = 3x^2$，或 $f'(x) = 3x^2$，因而不同的 x 值，将产生不同的导数值，如

$$f'(1) = 3(1)^2 = 3, \quad f'(2) = 3(2)^2 = 12.$$

这些具体的导数值还可以表示成

$$\left.\frac{dy}{dx}\right|_{x=1} = 3, \quad \left.\frac{dy}{dx}\right|_{x=2} = 12.$$

显然记号 $f'(1)$ 和 $f'(2)$ 更受欢迎，因为它们更简洁。

认识到要求导数值 $f'(1), f'(2)$ 等，必须首先对函数 $f(x)$ 求导，以得到导函数 $f'(x)$，然后再令 $f'(x)$ 中的 x 为具体的值，是至关重要的。在求导前将具体值代入原函数 $f(x)$ 是不允许的。举例说明一下，若我们在求导前令例 1 中的 $x = 1$，函数将退化为 $y = x = 1$，一个常值函数，其导数为零，而非正确的答案 $f'(x) = 3x^2$。

幂函数求导法则的一般化

当一个常数乘子 c 出现于幂函数中，从而有 $f(x) = cx^n$，其导数为

$$\frac{d}{dx}cx^n = cnx^{n-1} \quad \text{或} \quad f'(x) = cnx^{n-1}.$$

这个结果表明，在求 cx^n 的导数时，我们仅需保持常数乘子 c 不变，按(7.1)对 x^n 项求导数。

例 6 给定 $y = 2x$，有 $dy/dx = 2x^0 = 2$。

例 7 给定 $f(x) = 4x^3$，导数为 $f'(x) = 12x^2$。

例 8 $f(x) = 3x^{-2}$ 的导数为 $f'(x) = -6x^{-3}$。

对于这个新法则的证明，我们考察下述事实：对任意 x 值，比如

$x = N$，$f(x) = cx^n$ 的导数值是

$$f'(N) = \lim_{x \to N} \frac{f(x) - f(N)}{x - N} = \lim_{x \to N} \frac{cx^n - cN^n}{x - N} = \lim_{x \to N} c\left(\frac{x^n - N^n}{x - N}\right)$$

$$= \lim_{x \to N} c \lim_{x \to N} \frac{x^n - N^n}{x - N} \quad [积的极限定理]$$

$$= c \lim_{x \to N} \frac{x^n - N^n}{x - N} \quad [常数的极限]$$

$$= cnN^{n-1} \quad [由(7.3)]$$

由于 N 为 x 的任意值，最后的结果可立即一般化为 $f'(x) = cnx^{n-1}$，法则得证。

练习 7.1

1. 求下述每一函数的导数：
   (a) $y = x^{12}$ (b) $y = 63$ (c) $y = 7x^5$
   (d) $w = 3u^{-1}$ (e) $w = -4u^{1/2}$ (f) $w = 4u^{1/4}$

2. 求下列各式结果：
   (a) $\dfrac{d}{dx}(-x^{-4})$ (b) $\dfrac{d}{dx}9x^{1/3}$ (c) $\dfrac{d}{dw}5w^4$
   (d) $\dfrac{d}{dx}cx^2$ (e) $\dfrac{d}{du}au^b$ (f) $\dfrac{d}{du}-au^{-b}$

3. 求下述每一函数的 $f'(1)$、$f'(2)$ 的值：
   (a) $y = f(x) = 18x$ (b) $y = f(x) = cx^3$ (c) $f(x) = -5x^{-2}$
   (d) $f(x) = \dfrac{3}{4}x^{4/3}$ (e) $f(w) = 6w^{1/3}$ (f) $f(w) = -3w^{-1/6}$

4. 绘出使得导函数 $f'(x) = 0$ 的原函数 $f(x)$ 的图形。然后再绘出以 $g'(x_0) = 0$ 为特征的函数 $g(x)$ 的图形。

7.2 相同变量的两个或两个以上函数的求导法则

上节给出的三个法则均与单个给定函数 $f(x)$ 有关。现在假设我们有相同变量 x 的两个可微函数，比如 $f(x)$、$g(x)$，我们想对两个

函数的和、差、积、商求导数。在此情况下,我们是否有合适的法则可应用?更具体地说,给定两个函数,比如 $f(x)=3x^2$ 和 $g(x)=9x^{12}$,我们如何求 $3x^2+9x^{12}$ 的导数呢?或者 $(3x^2)(9x^{12})$ 的导数呢?

和、差的求导法则

两个函数和(差)的导数等于两个函数的导数的和(差)。

$$\frac{d}{dx}[f(x)\pm g(x)]=\frac{d}{dx}f(x)\pm\frac{d}{dx}g(x)=f'(x)\pm g'(x),$$

这个法则的证明涉及导数定义和各极限定理的应用。我们将省略对它的证明,而只验证其有效性并举例说明其应用。

例 1 由函数 $y=14x^3$,我们得到导数 $dy/dx=42x^2$。但 $14x^3=5x^3+9x^3$,从而 y 可以看做两个函数 $f(x)=5x^3$ 和 $g(x)=9x^3$ 的和。按照函数和的求导法则,则我们有

$$\frac{dy}{dx}=\frac{d}{dx}(5x^3+9x^3)=\frac{d}{dx}5x^3+\frac{d}{dx}9x^3$$
$$=15x^2+27x^2=42x^2,$$

它与我们前面的结果是一致的。

这个按两函数表述的法则,可以很容易推广至更多的函数。因此,写出下式也是正确的:

$$\frac{d}{dx}[f(x)\pm g(x)\pm h(x)]=f'(x)\pm g'(x)\pm h'(x).$$

例 2 引用例 1 的函数 $y=14x^3$,可以将其写成 $y=2x^3+13x^3-x^3$。按照和差求导法则,这个式子的导数为

$$\frac{dy}{dx}=\frac{d}{dx}(2x^3+13x^3-x^3)=6x^2+39x^2-3x^2=42x^2,$$

这再一次验证了上面的答案。

这一法则是极其重要的。有了它,就可以求出任意多项式的导数,因为多项式不过是幂函数的和。

例 3 $\quad\dfrac{d}{dx}(ax^2+bx+c)=2ax+b.$

例 4 $\quad\dfrac{d}{dx}(7x^4+2x^3-3x+37)=28x^3+6x^2-3+0$
$$=28x^3+6x^2-3.$$

注意，在最后两个例子中，常数 c 和 37 对导数实际上不产生任何影响，因为常数项导数为零。与在求导时依然保留的乘子常数相反，加和常数在求导时去掉了。这一事实为下述众所周知的经济原理提供了数学解释：厂商的固定成本不影响边际成本。给定短期成本函数：

$$C = Q^3 - 4Q^2 + 10Q + 75,$$

边际成本函数（对无穷小的产出变化而言）是差商 $\Delta C/\Delta Q$ 的极限，或成本函数的导数

$$\frac{dC}{dQ} = 3Q^2 - 8Q + 10,$$

而固定成本以加和常数 75 表示。因为后者在求导过程中消去了，固定成本的大小显然不对边际成本产生影响。

一般而言，若原函数 $y = f(x)$ 表示总函数，则导函数 dy/dx 则是边际函数。当然，两个函数均可对变量 x 作出图形。并且由于函数导数与其曲线斜率之间的对应性，对于每一个 x 值，边际函数应表示出总函数在该 x 值处的斜率。在图 7.1(a) 中，线性（常斜率）总函数看来具有常值边际函数。另一方面，图 7.1(b) 中的非线性（斜率在变化）总成本导致弯曲的边际函数，当总函数斜率为负（正）时，曲线位于横轴的下（上）方。最后，读者可能由图 7.1(c) 注意到，总函数的"不光滑性"会使边际函数或导函数曲线出现"缺口"（不连续）。它与图 7.1(b) 处处平滑的总函数形成了鲜明的对照，后者给出了连续的边际函数。因此，原函数的平滑性与导函数的连续性是联系在一起的。特别是，我们可以不说某个函数是处处平滑的（和可微的），而是称其具有连续导函数，并称其为连续可微的函数。

以下记号常用来表示函数 f 的连续性和连续可微性：

$f \in C^{(0)}$ 或 $f \in C$： f 为连续函数

$f \in C^{(1)}$ 或 $f \in C'$： f 为连续可微函数

其中 $C^{(0)}$，或其简写 C，是所有连续函数集合的符号；而 $C^{(1)}$，或 C'，是所有连续可微函数集合的符号。

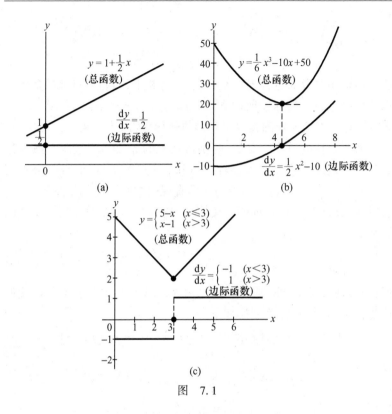

图 7.1

积的求导法则

两个(可微)函数的积的导数等于第一个函数乘以第二个函数的导数,加上第二个函数乘以第一个函数的导数:

$$\frac{d}{dx}[f(x)g(x)] = f(x)\frac{d}{dx}g(x) + g(x)\frac{d}{dx}f(x)$$
$$= f(x)g'(x) + g(x)f'(x). \qquad (7.4)$$

当然,也可改变各项顺序,将该法则表示为:

$$\frac{d}{dx}[f(x)g(x)] = f'(x)g(x) + f(x)g'(x). \qquad (7.4')$$

例5 求函数 $y = (2x+3)(3x^2)$ 的导数。令 $f(x) = 2x+3$, $g(x) = 3x^2$。则由此得 $f'(x) = 2, g'(x) = 6x$。按照(7.4),所求函数为

$$\frac{d}{dx}[(2x+3)(3x^2)] = (2x+3)(6x) + (3x^2)(2)$$
$$= 18x^2 + 18x.$$

这个结果还可以通过首先将 $f(x)$ 与 $g(x)$ 相乘,然后再对乘积多项式求导加以检验。乘积多项式情况是 $f(x)g(x) = (2x+3)(3x^2) = 6x^3 + 9x^2$,对其直接求导确实也得到同样的导数:$18x^2 + 18x$。

需要记住的重要一点是:两函数乘积的导数并不是两个孤立导数的简单乘积。事实上,它是 $f'(x)$ 和 $g'(x)$ 的加权和,权数分别为 $g(x)$ 和 $f(x)$。因为这一结论与人们直观归纳所预期的结论不一致,所以我们对(7.4)进行证明。按照(6.13),当 $x \to N$ 时,$f(x)g(x)$ 的导数值应为

$$\frac{d}{dx}[f(x)g(x)]\bigg|_{x=N} = \lim_{x \to N}\frac{f(x)g(x) - f(N)g(N)}{x - N}. \qquad (7.5)$$

但,通过在分子中同时加和减 $f(x)g(N)$(从而原式大小不变),我们可将(7.5)右侧的差商变换如下:

$$\frac{f(x)g(x) - f(x)g(N) + f(x)g(N) - f(N)g(N)}{x - N}$$
$$= f(x)\frac{g(x) - g(N)}{x - N} + g(N)\frac{f(x) - f(N)}{x - N}.$$

用此式代换(7.5)右边的差商并取极限,我们得到

$$\frac{d}{dx}[f(x)g(x)]\bigg|_{x=N} = \lim_{x \to N}f(x)\lim_{x \to N}\frac{g(x) - g(N)}{x - N}$$
$$+ \lim_{x \to N}g(N)\lim_{x \to N}\frac{f(x) - f(N)}{x - N}. \qquad (7.5')$$

(7.5')式中的四个极限表达式极易计算。第一项为 $f(N)$,第三项为 $g(N)$(常数的极限)。按(6.13),余下两项的极限分别为 $g'(N)$ 和 $f'(N)$。因而(7.5')简化为

$$\frac{d}{dx}[f(x)g(x)]\bigg|_{x=N} = f(N)g'(N) + g(N)f'(N). \qquad (7.5'')$$

并且,因 N 表示 x 的任意值,若我们以 x 代替 N,(7.5'')依然成立。所以法则得证。

将此法则推广至三个函数的情况,我们有

$$\frac{\mathrm{d}}{\mathrm{d}x}[f(x)g(x)h(x)] = f'(x)g(x)h(x) + f(x)g'(x)h(x)$$
$$+ f(x)g(x)h'(x), \tag{7.6}$$

用文字描述即:三个函数乘积的导数等于第二个、第三个函数的积乘以第一个函数的导数,加上第一个、第三个函数的积乘以第二个函数的导数,再加上第一个、第二个函数的积乘以第三个函数的导数。这个结果可以通过反复应用(7.4)而推导出来。首先将积 $g(x)h(x)$ 当做单个函数,比如 $\phi(x)$,从而使原来三个函数的积变成两个函数的积,$f(x)\phi(x)$。这样,便可应用(7.4)了。求得 $f(x)\phi(x)$ 的导数后,我们可以对乘积 $g(x)h(x) \equiv \phi(x)$ 再应用(7.4)以得到 $\phi'(x)$。则可得到(7.6)。详细推导过程留给读者作为练习。

这个法则的正确性是一回事,而其适用性则是另一回事。若可以将函数 $f(x)$ 和 $g(x)$ 相乘,然后再直接取积的导数,我们为什么还需要积的求导法则呢?对此问题的一个解释是这种直接取导数的步骤仅适用于特定的(数字或参数)函数,而如果函数是一般形式,则可应用积的求导法则。我们运用经济例子对此加以说明。

由平均收益函数求边际收益函数

若有下述形式的平均收益(AR)函数,
$$\mathrm{AR} = 15 - Q,$$
首先用 Q 乘以 AR 以得到总收益(R)函数,从而求得边际收益(MR)函数:
$$R \equiv \mathrm{AR} \cdot Q = (15 - Q)Q = 15Q - Q^2,$$
然后对 R 求导数:
$$\mathrm{MR} \equiv \frac{\mathrm{d}R}{\mathrm{d}Q} = 15 - 2Q.$$

但若 AR 函数以一般形式 $\mathrm{AR} = f(Q)$ 给出,则总收益函数也是一般形式的:
$$R = \mathrm{AR} \cdot Q = f(Q) \cdot Q.$$
因而"相乘"的方法就完全失效了。然而,因 R 是 Q 的两个函数的积,即 $f(Q)$ 和 Q 的积,积的求导法则便可以发生作用了。我们可以对 R 求导以得到如下 MR 函数:

$$\text{MR} \equiv \frac{dR}{dQ} = f(Q) \cdot 1 + Q \cdot f'(Q) = f(Q) + Qf'(Q), \tag{7.7}$$

但是,这个一般结果能使我们对 MR 有更多认识吗？答案是肯定的。回忆一下,$f(Q)$ 表示 AR 函数,我们将(7.7)重排并写成

$$\text{MR} - \text{AR} = \text{MR} - f(Q) = Qf'(Q) \tag{7.7'}$$

这使我们了解 MR 与 AR 之间的重要关系:即它们之间总是相差 $Qf'(Q)$。

我们继续考察 $Qf'(Q)$。其第一个部分 Q 表示产出且总为非负,另一部分 $f'(Q)$ 表示对 Q 作出的 AR 曲线的斜率。因为"平均收益"与"价格"是同一事物的不同表述:

$$\text{AR} \equiv \frac{R}{Q} \equiv \frac{PQ}{Q} \equiv P,$$

因此,平均收益曲线也可以看做价格 P 与产量 Q 之间的关系曲线: $P = f(Q)$。因此,AR 曲线只是对该厂商产品需求曲线的反向曲线,即 P 轴和 Q 轴对换后所绘成的需求曲线。在完全竞争条件下,AR 曲线为水平直线,从而 $f'(Q) = 0$,由(7.7'),对所有可能的 Q 值,MR − AR = 0。因此,MR 曲线与 AR 曲线必定是重合的。另一方面,在不完全竞争条件下,AR 曲线一般为向下倾斜的曲线,如图 7.2 所示,从而 $f'(Q) < 0$,且由(7.7'),对所有正的产出水平,MR − AR < 0。在这种情况下,MR 曲线必位于 AR 曲线之下。

刚才阐述的结论实质上是定性的。它仅涉及两个曲线的相对位置。但(7.7')也提供了下述定量的信息:在任何产出水平 Q, MR 曲线总是精确地低于 AR 曲线 $Qf'(Q)$ 的距离。我们再看一下图 7.2,并考察特定的产出水平 N。在该产出水平,表达式 $Qf'(Q)$ 则变成 $Nf'(N)$。若我们能求出图中 $Nf'(N)$ 的大小,我们便可以知道平均收益点 G 与相应的边际收益点之间的距离。

N 的大小已经给定。$f'(N)$ 仅为 AR 曲线在点 G(其中 $Q = N$)的斜率,即切线 JM 的斜率,它是距离 OJ 与 OM 的比率,即 OJ/OM。但我们看到 $OJ/OM = HJ/HG$,此外,HG 正好等于所考察的产出水平 N 的数量。因此,距离 $Nf'(N)$,即在产出水平 N 时 MR 曲线位于 AR

曲线之下的距离,为

$$Nf'(N) = HG\frac{HJ}{HG} = HJ.$$

据此,若我们直接在点 G 下标出垂线距离 $KG = HJ$,则点 K 必定是 MR 曲线上的点。(准确绘出 KG 的简单方法是画一条通过点 H 并与 JG 平行的直线;点 K 为该线与垂线 NG 的交点。)

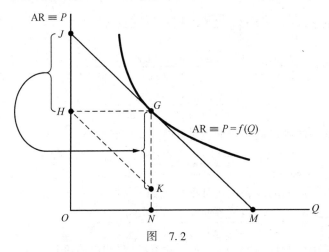

图 7.2

可用同样的方法确定 MR 曲线上其他的点。对于 AR 曲线上任意选定的点 G',我们所要做的是,首先过 G' 画一条 AR 曲线的切线,它与纵轴交于 J'。然后过 G' 向纵轴画一条水平线,它与纵轴交于 H'。若我们直接在 G' 点下方标出垂直距离 $K'G' = H'J'$,则 K' 将位于 MR 曲线上。这就是由已知的 AR 曲线导出 MR 曲线的作图方法。严格地讲,精确地绘出切线需要知道在相应产出水平的导数值,即 $f'(N)$。所以刚才描述的图形法是不能独立存在的。一个主要的例外是线性平均收益的情况,AR 曲线上任何一点的切线都是 AR 曲线本身,所以没有必要绘出任何切线。所以上述图形法可以直接应用。

商的求导法则

两个函数的商 $f(x)/g(x)$ 的导数为
$$\frac{\mathrm{d}}{\mathrm{d}x}\frac{f(x)}{g(x)} = \frac{f'(x)g(x) - f(x)g'(x)}{g^2(x)}.$$

在右侧表达式的分子中,我们看到两个乘积项,每项中仅涉及两个原函数中的一个函数的导数。注意:$f'(x)$ 出现在正的一项中,$g'(x)$ 出现在负的一项中。分母由函数 $g(x)$ 的平方构成,即 $g^2(x) \equiv [g(x)]^2$。

例 6 $\dfrac{\mathrm{d}}{\mathrm{d}x}\left(\dfrac{2x-3}{x+1}\right) = \dfrac{2(x+1)-(2x-3)(1)}{(x+1)^2} = \dfrac{5}{(x+1)^2}.$

例 7 $\dfrac{\mathrm{d}}{\mathrm{d}x}\left(\dfrac{5x}{x^2+1}\right) = \dfrac{5(x^2+1)-5x(2x)}{(x^2+1)^2} = \dfrac{5(1-x^2)}{(x^2+1)^2}.$

例 8 $\dfrac{\mathrm{d}}{\mathrm{d}x}\left(\dfrac{ax^2+b}{cx}\right) = \dfrac{2ax(cx)-(ax^2+b)(c)}{(cx)^2}$

$$= \dfrac{c(ax^2-b)}{(cx)^2} = \dfrac{ax^2-b}{cx^2}.$$

这一法则可证明如下。对任意 $x = N$,我们有

$$\dfrac{\mathrm{d}}{\mathrm{d}x}\dfrac{f(x)}{g(x)}\bigg|_{x=N} = \lim_{x\to N}\dfrac{f(x)/g(x) - f(N)/g(N)}{x - N}, \qquad (7.8)$$

极限符号后面的商表达式可重写成如下形式

$$\dfrac{f(x)g(N) - f(N)g(x)}{g(x)g(N)}\dfrac{1}{x-N}.$$

在分子中同时加、减 $f(N)g(N)$,并重排,我们可以将其变换为

$$\dfrac{1}{g(x)g(N)}\left[\dfrac{f(x)g(N) - f(N)g(N) + f(N)g(N) - f(N)g(x)}{x - N}\right]$$

$$= \dfrac{1}{g(x)g(N)}\left[g(N)\dfrac{f(x) - f(N)}{x - N} - f(N)\dfrac{g(x) - g(N)}{x - N}\right].$$

将此结果代入(7.8)并取极限,我们有

$$\dfrac{\mathrm{d}}{\mathrm{d}x}\dfrac{f(x)}{g(x)}\bigg|_{x=N} = \lim_{x\to N}\dfrac{1}{g(x)g(N)}\left[\lim_{x\to N}g(N)\lim_{x\to N}\dfrac{f(x)-f(N)}{x-N}\right.$$

$$\left. - \lim_{x\to N}f(N)\lim_{x\to N}\dfrac{g(x)-g(N)}{x-N}\right]$$

$$= \dfrac{1}{g^2(N)}[g(N)f'(N) - f(N)g'(N)].$$

[由(6.13)]

通过用 x 代替符号 N。可使上式一般化,因为 N 表示任意 x 值。商的求导法则得证。

边际成本与平均成本的关系

作为商的求导法则在经济中的一个应用,我们考察产出变化时平均成本的变化率。

给定总成本函数 $C = C(Q)$,平均成本(AC)函数为 Q 的两个函数的商,因为 $AC = C(Q)/Q$,只要 $Q > 0$ 便有定义。因此,通过对 AC 求导可求出 AC 对 Q 的变化率:

$$\frac{d}{dQ}\frac{C(Q)}{Q} = \frac{[C'(Q) \cdot Q - C(Q) \cdot 1]}{Q^2} = \frac{1}{Q}\left[C'(Q) - \frac{C(Q)}{Q}\right], \quad (7.9)$$

由此可得,对于 $Q > 0$,

$$\frac{d}{dQ}\frac{C(Q)}{Q} \gtreqless 0 \quad \text{当且仅当} \quad C'(Q) \gtreqless \frac{C(Q)}{Q}. \quad (7.10)$$

由于导数 $C'(Q)$ 表示边际成本(MC)函数,$C(Q)/Q$ 表示平均成本(AC)函数,(7.10) 的经济含义为:当且仅当边际成本曲线位于 AC 曲线的上方、与之相交,或者位于其下方时,AC 曲线的斜率将为正、零,或者为负。这个结果在图 7.3 中加以说明。其中 MC 和 AC 函数是按下面特定的总成本函数绘出的

$$C = Q^3 - 12Q^2 + 60Q,$$

在 $Q = 6$ 的左侧,AC 是递减的,MC 位于 AC 的下方。在该点右侧,情况恰好相反。而在 $Q = 6$ 处,AC 的斜率为零,MC 和 AC 的值相等。[①]

(7.10) 中的定性结论是完全按成本函数来表述的。但若我们将 $C(Q)$ 看做其他任何可微的总函数,把 $C(Q)/Q$ 和 $C'(Q)$ 看做相应的平均和边际函数,上述结论依然是有效的。所以,这个结果揭示了一般的边际-平均关系。我们特别应指出的是:在与图 7.2 有关的讨论中,当 AR 向下倾斜时 MR 位于 AR 下方,仅是(7.10)的一般性结论中的一个特例。

[①] 注意,(7.10)并不表明当 AC 斜率为负时,MC 的斜率也必然为负;它只表明此时 AC 必定大于 MC。在图 7.3 中,如 $Q = 5$ 时,AC 递减,而 MC 增加,所以 MC 斜率为正。

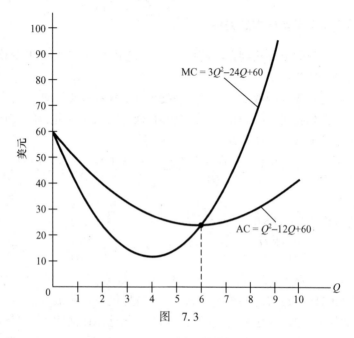

图 7.3

练习 7.2

1. 给定总成本函数 $C = Q^3 - 5Q^2 + 12Q + 75$,写成可变成本(VC)函数,求 VC 函数的导数,并解释其经济含义。

2. 已知平均成本函数 $AC = Q^2 - 4Q + 174$,求 MC 函数。这个已知函数更适合于作长期成本函数或短期成本函数吗？为什么？

3. 运用积的求导法则求下列导数
(a) $(9x^2 - 2)(3x + 1)$ (b) $(3x + 10)(6x^2 - 7x)$
(c) $x^2(4x + 6)$ (d) $(ax - b)(cx^2)$
(e) $(2 - 3x)(1 + x)(x + 2)$ (f) $(x^2 + 3)x^{-1}$

4. (a) 给定 $AR = 60 - 3Q$,绘出平均收益曲线,并运用图 7.2 所用的方法求出 MR 曲线。
(b) 用数学方法由给定的 AR 函数求总收益函数和边际收益函数。
(c) (a)中以图形方法推导出的 MR 曲线与(b)中以数学方法推导出的 MR 曲线一致吗？
(d) 比较 AR 和 MR 函数,关于其相对斜率可得出何结论？

5　给出下述一般结论的数学证明:给定线性平均曲线,其相应的边际曲线必定与平均曲线有相同的截距,而其陡度是平均曲线的二倍。

6　用下述方法证明(7.6)的结论:先将 $g(x)h(x)$ 看做单个函数,即令 $g(x)h(x) \equiv \phi(x)$,然后再应用(7.4)的积的求导法则。

7　求下列函数的导数
(a)　$(x^2+3)/x$　　　　　　(b)　$(x+9)/x$
(c)　$6x/(x+5)$　　　　　　(d)　$(ax^2+b)/(cx+d)$

8　已知函数 $f(x)=ax+b$,求下列函数的导数:
(a)　$f(x)$　　(b)　$xf(x)$　　(c)　$1/f(x)$　　(d)　$f(x)/x$

9　(a)　以下命题成立吗? $f \in C' \Longrightarrow f \in C$。
　(b)　以下命题成立吗? $f \in C \Longrightarrow f \in C'$。

10　求以下总函数的边际函数与平均函数,并绘出相应图形。
(a)　总成本函数:
$$C = 3Q^2 + 7Q + 12;$$
(b)　总收益函数:
$$R = 10Q - Q^2;$$
(c)　总生产函数:
$$Q = aL + bL^2 - cL^3 \quad (a,b,c>0)$$

7.3　包含不同自变量的函数的求导法则

上一节,我们讨论了具有同一变量的两个或两个以上可微函数的和、差、积、商的求导法则。现在我们考察两个或两个以上可微函数,每个函数具有不同自变量的情况。

链求导法则

若我们有可微函数 $z = f(y)$,其中 y 又是另一变量 x 的可微函数,比如 $y = g(x)$,则 z 对 x 的导数等于 z 对 y 的导数乘以 y 对 x 的导数,用符号表示如下:

$$\frac{\mathrm{d}z}{\mathrm{d}x} = \frac{\mathrm{d}z}{\mathrm{d}y}\frac{\mathrm{d}y}{\mathrm{d}x} = f'(y)g'(x). \tag{7.11}$$

这一求导法则称作链求导法则,这个名称是很直观的。给定 Δx,必

定通过函数 $y=g(x)$ 产生相应的 Δy;而 Δy 必定通过函数 $z=f(y)$ 产生 Δz。因而存在如下"链式反应":

$$\Delta x \xrightarrow{\text{通过}g} \Delta y \xrightarrow{\text{通过}f} \Delta z.$$

在这个链的两个衔接处,产生两个差商 $\Delta y/\Delta x$ 和 $\Delta z/\Delta y$,但它们相乘时,Δy 本身会消去,从而我们得到

$$\frac{\Delta z}{\Delta y}\frac{\Delta y}{\Delta x}=\frac{\Delta z}{\Delta x},$$

一个将 Δz 与 Δx 联系起来的差商。若我们取当 $\Delta x \to 0$ 时这些差商的极限,每一个差商都将变成导数,即我们有 $(dz/dy)(dy/dx) = dz/dx$。这与(7.11)中的结果完全一致。

考虑到函数 $y=g(x)$,我们可以将函数 $z=f(y)$ 表示成 $z=f[g(x)]$。其中两个函数符号 f 和 g 相连出现,表明它是一个复合函数(函数的函数)。由于这个原因,链求导法则也称复合函数求导法则或复函数求导法则。

链求导法则可直接推广至三个或更多函数中去。若我们有 $z=f(y),y=g(x),x=h(w)$,则

$$\frac{dz}{dw}=\frac{dz}{dy}\frac{dy}{dx}\frac{dx}{dw}=f'(y)g'(x)h'(w).$$

类似的推广也适用于更多函数的情况。

例1 若 $z=3y^2$,其中 $y=2x+5$,则

$$\frac{dz}{dx}=\frac{dz}{dy}\frac{dy}{dx}=6y(2)=12y=12(2x+5).$$

例2 若 $z=y-3$,其中 $y=x^3$,则

$$\frac{dz}{dx}=1(3x^2)=3x^2.$$

例3 当必须对像 $z=(x^2+3x-2)^{17}$ 这样的函数求导时,我们便可以更好地理解链求导法则的价值。如果不掌握此法则,dz/dx 只能通过先将表达式的 17 次幂展开后,才能极其繁琐地求得。但运用链求导法则,我们便可以走捷径:定义一个新的中间变量 $y=x^2+3x-2$,从而得到联结成链的两个函数:

$$z=y^{17} \quad \text{和} \quad y=x^2+3x-2,$$

则导数 $\mathrm{d}z/\mathrm{d}x$ 可求出如下:

$$\frac{\mathrm{d}z}{\mathrm{d}x} = \frac{\mathrm{d}z}{\mathrm{d}y}\frac{\mathrm{d}y}{\mathrm{d}x} = 17y^{16}(2x+3) = 17(x^2+3x-2)^{16}(2x+3).$$

例4 给定某厂商的总收益函数 $R=f(Q)$,其中产出 Q 为劳动投入 L 的函数,或 $Q=g(L)$。由链求导法则,我们有

$$\frac{\mathrm{d}R}{\mathrm{d}L} = \frac{\mathrm{d}R}{\mathrm{d}Q}\frac{\mathrm{d}Q}{\mathrm{d}L} = f'(Q)g'(L),$$

将其转换成经济术语,$\mathrm{d}R/\mathrm{d}Q$ 是 MR 函数,$\mathrm{d}Q/\mathrm{d}L$ 为劳动的边际物质产品(MPP_L)函数。类似地,$\mathrm{d}R/\mathrm{d}L$ 为劳动的边际收益产品(MRP_L)函数。因此,上述结果给出了经济学中著名结论的数学表述:$\mathrm{MRP}_L = \mathrm{MR} \cdot \mathrm{MPP}_L$。

反函数求导法则

若函数是一个一一映射的函数,即若函数使得不同的 x 值总对应不同的 y 值,则函数 f 具有反函数 $x=f^{-1}(y)$(读作 x 为 y 的反函数)。这里,符号 f^{-1} 像导函数符号 f' 一样,是一个函数符号,表示一个与函数 f 相联系的一个函数,它并非函数 $f(x)$ 的倒数。

反函数的存在实际上意味着,在此情况下,不仅给定的 x 值产生唯一的 y 值,即 $y=f(x)$,而且,给定的 y 值也产生一个唯一的 x 值。我们给出一个非数字的例子:在一个一夫一妻制社会中,我们可以把所有丈夫的集合对所有妻子的集合看作一个一对一的映射。每个丈夫拥有一个妻子,每个妻子也有唯一的丈夫。相反,所有父亲的集合对所有儿子的集合则不是一对一的映射,因为一个父亲可能拥有多个儿子,而每个儿子则有唯一的父亲。

当 x 和 y 指具体的数时,一对一映射的性质被看作是单调函数所特有的性质。给定函数 $f(x)$,若自变量 x 的值连续增大时,$f(x)$ 的值也总是连续地增大,即若

$$x_1 > x_2 \Rightarrow f(x_1) > f(x_2),$$

则函数 f 称作严格单调递增函数。若 x 的连续增加总是导致 $f(x)$ 的连续递减,即若

$$x_1 > x_2 \Rightarrow f(x_1) < f(x_2)$$

则该函数被称作严格单调递减函数。在上述每种情况下,反函数 f^{-1} 存在。①

确定给定函数 $y = f(x)$ 单调性的一种实用的方法是检验导数 $f'(x)$ 对所有的 x 值,是否总是具有同样的代数符号(不能为零)。从几何上看,这意味着曲线或者总是向上倾斜,或者总是向下倾斜。因此,一个厂商的需求曲线 $Q = f(P)$ 若总具有负斜率,则它是严格单调递减的。所以,它具有反函数 $P = f^{-1}(Q)$。如前面所提到的那样,它给出了厂商的平均收益曲线,因为 $P \equiv AR$。

例 5 函数

$$y = 5x + 25$$

具有导数 $dy/dx = 5$,无论 x 取何值,它始终为正。因此,此函数是严格单调递增函数。所以,反函数存在。在本例中,解已知方程 $y = 5x + 25$,求出 x,便很容易求出了反函数。反函数为

$$x = \frac{1}{5}y - 5.$$

令人感兴趣的是,这个反函数也是严格单调递增的,因为对所有的 y 值,$dx/dy = 1/5 > 0$。

一般而言,若反函数存在,原函数和反函数必定都是严格单调的。进而,若 f^{-1} 为函数 f 的反函数,则 f 必为 f^{-1} 的反函数。即 f 和 f^{-1} 必然互为反函数。

很容易验证,$y = f(x)$ 的图形与 $x = f^{-1}(y)$ 的图形是同一图形,但两个坐标轴恰好颠倒了。若我们将 f^{-1} 图形的 x 轴置于 f 图形的 x 轴上(对 y 轴也作类似处理),则两条曲线将重合。若 f^{-1} 图形中的 x 轴置于 f 图形中的 y 轴上(而反之亦然)则两条曲线以通过原点的 $45°$ 直线为轴,呈镜像对称。一旦原函数 f 的图形给定,镜像关系为我们

---

① 通过省略"严格"一词,我们可以定义单调函数如下:
增函数是具有如下性质的函数
$$x_1 > x_2 \implies f(x_1) \geqslant f(x_2) \quad [以弱不等号 \geqslant 表示]$$
减函数是具有如下性质的函数
$$x_1 > x_2 \implies f(x_1) \leqslant f(x_2) \quad [以弱不等号 \leqslant 表示]$$
注意,在这一定义下,升序(降序)排列的阶梯函数为增(减)函数,尽管其图形中包含水平的线段。由于这种函数不对应于一一映射,因此它没有反函数。

提供了绘制反函数 f^{-1} 图形的简单方法。(读者可用例5中的两个函数尝试作图。)

反函数的求导法则为

$$\frac{\mathrm{d}x}{\mathrm{d}y} = \frac{1}{\mathrm{d}y/\mathrm{d}x},$$

这意味着反函数的导数是原函数导数的倒数。因此,$\mathrm{d}x/\mathrm{d}y$ 一定与 $\mathrm{d}y/\mathrm{d}x$ 具有相同的正负号。从而若 f 是严格增(减)函数,则 f^{-1} 必然也为严格增(减)函数。

要验证此求导法则,我们可以回到例5,其中已求得 $\mathrm{d}y/\mathrm{d}x = 5$, $\mathrm{d}x/\mathrm{d}y = 1/5$。两个导数确实互为倒数,并且具有相同的符号。

在这个简单的例子中,反函数相对易于求得,从而导数 $\mathrm{d}x/\mathrm{d}y$ 可直接从反函数求出。但正如下一个例子将要显示的那样,反函数有时是很难直接表示清楚的。所以直接求导是行不通的。因此,反函数求导法则的价值变得更为明显。

例6 给定 $y = x^5 + x$,求 $\mathrm{d}x/\mathrm{d}y$。首先,因为对任意 x 值,

$$\frac{\mathrm{d}y}{\mathrm{d}x} = 5x^4 + 1 > 0,$$

所以这个函数是严格单调增的,且反函数存在。解此方程求出 x 并不是一个轻松的任务,但通过运用反函数求导法则,便可很快求出反函数的导数:

$$\frac{\mathrm{d}x}{\mathrm{d}y} = \frac{1}{\mathrm{d}y/\mathrm{d}x} = \frac{1}{5x^4 + 1}.$$

严格地讲,仅当函数包含一对一的映射时,才可应用反函数的求导法则。但事实上,我们确实还有一些选择余地。例如,当涉及 U 形曲线(非单调)时,我们可以将曲线向下和向上倾斜的部分分别看成两个单独的函数,每个函数具有限定的定义域,且在限定定义域中是严格单调的,所以便可对其应用反函数的求导法则了。

练习 7.3

1 已知 $y = u^3 + 2u$,其中 $u = 5 - x^2$,运用链求导法则求 $\mathrm{d}y/\mathrm{d}x$。

2 已知 $w = ay^2, y = bx^2 + cx$，运用链求导法则求 dw/dx。

3 运用链求导法则求下列函数的导数：
(a) $y = (3x^2 - 13)^3$ (b) $y = (7x^3 - 5)^9$ (c) $y = (ax + b)^4$

4 已知 $y = (16x + 3)^{-2}$，运用链求导法则求 dy/dx。然后将函数改写成 $y = 1/(16x + 3)^2$，并用商的求导法则求 dy/dx。两个答案一致吗？

5 给定 $y = 7x + 21$，求其反函数。然后求 dy/dx 和 dx/dy，并验证反函数求导法则。然后验证两函数图形彼此间存在镜像关系。

6 下列函数是严格单调函数吗？
(a) $y = -x^6 + 5 (x > 0)$
(b) $y = 4x^5 + x^3 + 3x$

对于每个单调函数，用反函数求导法则求 dx/dy。

7.4 偏 微 分

迄今为止，我们仅考察了具有单个自变量的函数的导数。但在比较静态分析中，我们可能遇到模型中出现几个参数的情况，在此情况下内生变量的均衡值可能不止是一个参数的函数。因此，作为将导数概念用于比较静态分析的最后准备，我们必须学习如何求多于一个变量的函数的导数问题。

偏导数

我们考察函数

$$y = f(x_1, x_2, \cdots, x_n). \quad (7.12)$$

其中变量 $x_i (i = 1, 2, \cdots, n)$ 彼此完全独立，所以，每个变量自己的变化不会对其他变量产生影响。若变量 x_1 发生变化 Δx_1，其他变量 $x_2, \cdots, x_n$ 保持不变，则 y 会产生相应的变化 Δy。此情况下的差商可以表示为

$$\frac{\Delta y}{\Delta x_1} \frac{f(x_1 + \Delta x_1, x_2, \cdots, x_n) - f(x_1, x_2, \cdots, x_n)}{\Delta x_1}. \quad (7.13)$$

若我们取当 $\Delta x_1 \to 0$ 时 $\Delta y/\Delta x_1$ 的极限，极限将构成一个导数。我们称其为 y 对 x_1 的偏导数，以表示当取这个特定导数时，函数中所有

其他自变量均保持不变。当其他自变量有无穷小变化时,还可以定义类似的偏导数。取偏导数的过程称作偏微分。

偏导数可用不同的符号表示。这里我们不用符号 d(像 dy/dx),而用希腊字母 δ(小写的 delta)的变体 ∂ 表示偏导数。所以我们现在写成 $\partial y/\partial x_i$,读作"y 对 x_i 的偏导数"。偏导数符号有时也被写成 $\dfrac{\partial}{\partial x_i} y$;在此情况下,$\partial/\partial x_i$ 部分可以视作一个运算符号,它告诉我们取某一函数对 x_i 的偏导数。因为这里所涉及的函数在(7.12)中以 f 表示,所以将此偏导数写成 $\partial f/\partial x_i$ 也是可以的。

我们前面曾用符号 $f'(x)$ 表示导数,偏导数也有对应的简写表示吗?答案是肯定的。但这里用 f_1, f_2 等,而不用 f',其中下标标明允许变化的自变量。若函数(7.12)以未带下标的自变量表示,如 $y = f(u, v, w)$,则偏导数以 f_u, f_v, f_w 表示,而不用 f_1, f_2, f_3 表示。

与上面这些记号一致,根据(7.12)和(7.13),我们现在可以将下式

$$f_1 \equiv \frac{\partial y}{\partial x_1} \equiv \lim_{\Delta x_1 \to 0} \frac{\Delta y}{\Delta x_1}$$

定义为函数 f 的 n 个偏导数集合中的第一个偏导数。

求偏导数的技巧

偏导数与前面讨论的求导的基本差别在于,我们必须保持 $(n-1)$ 个变量不变,而只允许一个变量变化。由于我们已掌握了在求导中如何处理常数的方法,所以,求偏导数不应存在什么问题。

例 1 已知 $y = f(x_1, x_2) = 3x_1^2 + x_1 x_2 + 4x_2^2$,求偏导数。我们必须记住,在求 $\partial y/\partial x_1$(或 f_1)时,应把 x_2 视为常数。因此,若 x_2 是一个加和常数,在求导时将被去掉;但若它是一个乘积常数(如 $x_1 x_2$ 项中的 x_2),它仍将被保留。因此,我们有

$$\frac{\partial y}{\partial x_1} \equiv f_1 = 6x_1 + x_2,$$

类似地,把 x_1 作为常数,我们求得

$$\frac{\partial y}{\partial x_2} \equiv f_2 = x_1 + 8x_2.$$

注意,像原函数 f 一样,两个偏导数均为变量 x_1 和 x_2 的函数。即我们可以将其写成两个导函数

$$f_1 = f_1(x_1, x_2) \quad \text{和} \quad f_2 = f_2(x_1, x_2).$$

例如,在函数 f 定义域中的点 $(x_1, x_2) = (1, 3)$,偏导数将取下面两个具体值:

$$f_1(1,3) = 6(1) + 3 = 9 \quad \text{和} \quad f_2(1,3) = 1 + 8(3) = 25.$$

例 2 已知 $y = f(u, v) = (u+4)(3u+2v)$,可用积的求导法则求偏导数。保持 v 不变,我们有

$$f_u = (u+4)(3) + 1(3u+2v) = 2(3u+v+6),$$

类似地,保持 u 不变,我们求得

$$f_v = (u+4)(2) + 0(3u+2v) = 2(u+4),$$

当 $u = 2, v = 1$ 时,这两个偏导数取值如下:

$$f_u(2,1) = 2(13) = 26 \quad \text{和} \quad f_v(2,1) = 2(6) = 12.$$

例 3 给定 $y = (3u-2v)/(u^2+3v)$,可用商的求导法则求偏导数

$$\frac{\partial y}{\partial u} = \frac{3(u^2+3v) - 2u(3u-2v)}{(u^2+3v)^2} = \frac{-3u^2 + 4uv + 9v}{(u^2+3v)^2},$$

$$\frac{\partial y}{\partial v} = \frac{-2(u^2+3v) - 3(3u-2v)}{(u^2+3v)^2} = \frac{-u(2u+9)}{(u^2+3v)^2}.$$

偏导数的几何解释

偏导数作为一种特殊类型的导数,是某个变量瞬间变化率的度量,在几何上它也对应于特定曲线的斜率。

我们考察生产函数 $Q = Q(K, L)$,其中 Q、K、L 分别表示产出、资本投入和劳动投入。这个函数是(7.12)的两变量形式,即 $n = 2$。因此我们可以定义两个偏导数 $\partial Q/\partial K$(或 Q_K)和 $\partial Q/\partial L$(或 Q_L)。偏导数 Q_K 与资本有无穷小变化,而劳动投入保持不变时的产出变化率相联系。所以,Q_K 表示资本的边际物质产品(MPP_K)函数。类似地,偏导数 Q_L 是 MPP_L 函数的数学表示。

从几何上看,如图 7.4 所示,生产函数 $Q = Q(K, L)$ 可用三维空间中的一个生产曲面来描绘。变量 Q 绘成纵轴,所以对底平面(KL

平面)上任意一点(K,L),曲面的高度将标明产出Q。函数的定义域由底平面的整个非负象限构成,但基于分析目的,考察此非负象限中的一个子集——矩形OK_0BL_0已经足够了。因此,在图7.4中仅显示生产曲线中很小一部分。

现在我们将资本维持在水平K_0,仅考察投入L的变化。令$K=K_0$,除了线段K_0B上的点以外,(缩小了的)定义域中所有的点均与所考察之问题无关。同样,只有曲线K_0CDA(生产曲面的截线)与我们现在所讨论的问题有关。此曲线表示对固定资本数量$K=K_0$时的劳动的总物质产品(TPP_L)曲线。因此,我们可由其斜率读出当K不变时,产出对L变化的变化率。很明显,所以像K_0CDA这样的曲线是偏导数Q_L在几何上的对应物。再强调一次:劳动的总物质产品(TPP_L)曲线的斜率对应于劳动的边际物质产品($\text{MPP}_L=Q_L$)曲线。

前面已提到,偏导数是原函数中所有自变量的函数,Q_L作为L的函数从K_0CDA曲线可立即看出,当$L=L_1$时,Q_L的值等于曲线在点C的斜率;但当$L=L_2$时,Q_L的值则等于在点D的斜率。那么,为什么Q_L也是K的函数呢?答案是,K可以固定在不同水平,对于不同的固定的K水平,将会产生不同的TPP_L曲线(生产曲线的不同的截线),从而必然会对导数Q_L产生影响。因此,Q_L也是K的函数。

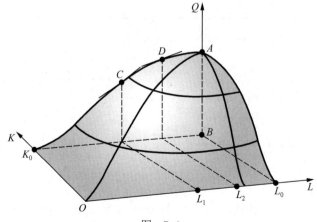

图 7.4

类似的解释也适用于偏导数 Q_K。若劳动投入固定不变(比如固定在水平 L_0),则 L_0B 为定义域中的相关子集;曲线 L_0A 表示生产曲面上的相关子集。偏导数 Q_K 则可解释为曲线 L_0A 的斜率,要注意在图 7.4 中,K 轴由东南向西北方向延伸。还应指出的是,Q_K 也是变量 L 和 K 的函数。

梯度向量

函数 $y = f(x_1, x_2, \cdots, x_n)$ 的所有偏导数可以汇集在一个被称为函数 f 的梯度向量,或简称为梯度的数学概念中。

$$\text{grad} f(x_1, x_2, \cdots, x_n) = (f_1, f_2, \cdots, f_n),$$

其中 $f_i = \partial y / \partial x_i$。注意,在写该向量时,我们用圆括号而非方括号。梯度也可被记为 $\nabla f(x_1, x_2, \cdots, x_n)$,其中 ∇ 是希腊字母 Δ 的颠倒。

由于函数 f 有 n 个自变量,共有 n 个偏导数,因此 grad f 为 n 维向量,当这些偏导数在定义域中的一个特定点 $(x_{10}, x_{20}, \cdots, x_{n0})$ 取值时,我们得到 grad $f(x_{10}, x_{20}, \cdots, x_{n0})$,一个特定导数值的向量。

例 4 生产函数 $Q = Q(K, L)$ 的梯度向量为

$$\nabla Q = \nabla Q(K, L) = (Q_K, Q_L).$$

练习 7.4

1 求下列每个函数的 $\partial y / \partial x_1, \partial y / \partial x_2$:
   (a) $y = 2x_1^3 - 11x_1^2 x_2 + 3x_2^2$
   (b) $y = 7x_1 + 6x_1 x_2^2 - 9x_2^3$
   (c) $y = (2x_1 + 3)(x_2 - 2)$
   (d) $y = (5x_1 + 3)/(x_2 - 2)$

2 求下列函数的 f_x 和 f_y:
   (a) $f(x, y) = x^2 + 5xy - y^3$
   (b) $f(x, y) = (x^2 - 3y)(x - 2)$
   (c) $f(x, y) = \dfrac{2x - 3y}{x + y}$
   (d) $f(x, y) = \dfrac{x^2 - 1}{xy}$

3 由上述问题的答案,求每一函数的 $f_x(1, 2)$,即求当 $x = 1, y = 2$ 时,偏导数 f_x 的值。

4 给定生产函数 $Q = 96K^{0.3} L^{0.7}$,求 MPP_K 函数和 MPP_L 函数。MPP_K 仅是 K 的函数,还是既是 K 的函数,又是 L 的函数?MPP_L 呢?

5 若某人的效用函数取下述形式：
$$U = U(x_1, x_2) = (x_1 + 2)^2 (x_2 + 3)^3.$$
其中 U 为总效用函数，x_1、x_2 为所消费商品的数量，

(a) 求每一商品的边际效用函数。

(b) 求当消费的每个商品均为 3 个单位时，第一个商品的边际效用值。

6 总货币供给 M 分为两部分：银行存款 D 和持有现金 C。我们假定二者的比例固定，$C/D = c, 0 < c < 1$。高能货币 H 被定义为公众持有的现金和银行持有的准备金之和。银行准备金为银行存款的一部分，由准备金率 r 决定，$0 < r < 1$。

(a) 将货币供给 M 表示为高能货币 H 的函数。

(b) 准备金率 r 的增加将会增加还是减少货币供给？

(c) 现金-存款比率 c 的增加将会如何影响货币供给？

7 求下列函数的梯度：

(a) $f(x, y, z) = x^2 + y^3 + z^4$

(b) $f(x, y, z) = xyz$

7.5 导数在比较静态分析中的应用

掌握了各种求导法则的知识后，我们终于可以解决比较静态分析所提出的问题：即当任意外生变量或参数发生变化时，内生变量的均衡值将如何变化。

市场模型

首先，我们再一次考察(3.1)式简单的单一商品市场模型。此模型可以写成下述形式的两个方程：

$$Q = a - bP \quad (a, b > 0), \quad [需求]$$
$$Q = -c + dP \quad (c, d > 0). \quad [供给]$$

其解为

$$P^* = \frac{a + c}{b + d}, \tag{7.14}$$

$$Q^* = \frac{ad - bc}{b + d}. \tag{7.15}$$

这两个解可以看作简化形式：两个内生变量被简化为四个独立参数

a, b, c, d 的显式表示。

为了解某一参数的一个无穷小变化如何影响 P^* 值,我们仅需对 (7.14) 中每一参数求偏导数。若偏导数的正负号,比如 $\partial P^*/\partial a$ 的正负号可由关于参数的给定信息来确定,我们便会知道当参数 a 变化时 P^* 的变化方向。这个分析给出了定性的结论。若 $\partial P^*/\partial a$ 的大小可以确定,则此分析给出了定量的结论。

类似地,由 Q^* 对每一参数的偏导数,如 $\dfrac{\partial Q^*}{\partial a}$,我们也可以得出定性或定量的结论。然而,为了避免误解,我们应在导数 $\partial Q^*/\partial a$ 和 $\partial Q/\partial a$ 之间作明确区分。后一导数是一个仅适于需求函数的概念,不考虑供给函数的影响。而导数 $\partial Q^*/\partial a$ 由(7.15)的均衡数量求得,(7.15)本质上是模型的解,将供给和需求的相互作用综合到了一起。为强调这一区别,我们将 P^* 和 Q^* 对参数的导数称作比较静态导数。$\dfrac{\partial Q^*}{\partial a}$ 与 $\dfrac{\partial Q}{\partial a}$ 可能混淆,这也正是我们使用"*"号来表示均衡值的原因。

现在集中讨论 P^*,我们由(7.14)可得出四个偏导数:

$$\frac{\partial P^*}{\partial a} = \frac{1}{b+d}, \quad [\text{参数 } a \text{ 的系数是} \frac{1}{b+d}]$$

$$\frac{\partial P^*}{\partial b} = \frac{0(b+d) - 1(a+c)}{(b+d)^2} = \frac{-(a+c)}{(b+d)^2}, \quad [\text{商的求导法则}]$$

$$\frac{\partial P^*}{\partial c} = \frac{1}{b+d} \left(= \frac{\partial P^*}{\partial a} \right),$$

$$\frac{\partial P^*}{\partial d} = \frac{0(b+d) - 1(a+c)}{(b+d)^2} = \frac{-(a+c)}{(b+d)^2} \left(= \frac{\partial P^*}{\partial b} \right).$$

在此模型中,因所有参数被限定为正,所以我们可以得出结论

$$\frac{\partial P^*}{\partial a} = \frac{\partial P^*}{\partial c} > 0 \quad \text{和} \quad \frac{\partial P^*}{\partial b} = \frac{\partial P^*}{\partial d} < 0. \quad (7.16)$$

为充分理解(7.16)中的结论,我们观察图 7.5,其中每个图表示一个参数的变化。同前面一样,我们把 Q(而非 P)画作纵轴。

图 7.5(a) 给出了参数 a 增至 a' 时的图形表示,这意味着需求曲线有更高的纵截距,由于参数 b(斜率参数)未变,a 的增加导致需求

曲线由 D 平移至 D'。D' 与供给曲线 S 的交点决定了均衡价格 $P^{*'}$，它高于原均衡价格 P^*。这便证明了 $\partial P^*/\partial a > 0$ 的结论，尽管为清晰起见，我们在图 7.5(a) 中所绘出的参数 a 的变化比导数概念所指的变化要大。

图 7.5(c) 与图 7.5(a) 有类似的解释。但因发生变化的是参数 c，所以结果是供给曲线的平行移动。注意，这里是向下的平行移动，因为供给曲线具有纵截距 $-c$，因此，c 的增加会使纵截距下移，如从 -2 变为 -4。这个图形比较静态分析的结果是 $P^{*'}$ 大于 P^*，与导数 $\partial P^*/\partial c$ 具有正号是一致的，这也是我们期望的结果。

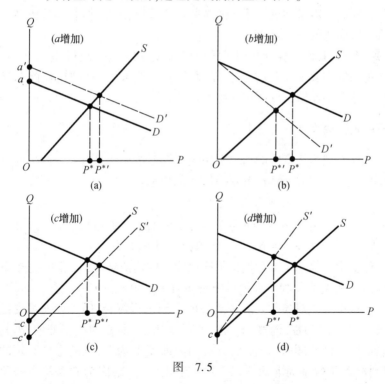

图 7.5

图 7.5(b) 和图 7.5(d) 描述了模型中两个函数的斜率参数变化的影响。b 的增加意味着需求曲线的斜率的绝对值增大，即它将变得更陡。按照结论 $\partial P^*/\partial b < 0$，我们知道此图中的 P^* 下降。而 d 的增加将使供给曲线更陡，从而使均衡价格下降。当然，这与比较静态

导数 $\partial P^*/\partial d$ 具有负号是一致的。

这样,(7.16)中的结论似乎都可由图形法得到。若如此,我们为什么要如此麻烦地学习求导法呢?原因是求导法至少有两个主要优点。首先,图形法受维数限制,而求导法则没有这种约束。甚至在内生变量和参数数量较多,使得难以通过图形法表示均衡状态时,我们仍可运用求导法来解决问题。其次,求导法可以给出更具一般性的结论。不论参数 a,b,c,d 取何具体值,只要它们满足正负号约束条件,(7.16)中的结论总是正确的。所以,此模型的比较静态分析结论实际上可应用于无数(线性)供给和需求函数的组合。相反,图形法仅适于需求和供给曲线的某些特殊情形;严格地讲,其分析结论源于所描述的具体函数。

上面,我们将偏导数用于简单市场模型的比较静态分析,但实际上我们仅完成了任务的一半,因为我们还需求出 Q^* 的比较静态导数。这个工作留给读者作为练习。

国民收入模型

我们把第 3 章中的简单国民收入模型扩大为具有三个内生变量 Y(国民收入)、C(消费)和 T(税收)的模型:

$$Y = C + I_0 + G_0,$$
$$C = \alpha + \beta(Y - T) \quad (\alpha > 0; 0 < \beta < 1), \quad (7.17)$$
$$T = \gamma + \delta Y \quad (\gamma > 0; 0 < \delta < 1).$$

方程组中的第一个方程给出了国民收入的均衡条件,而第二、三个方程则分别表示 C 和 T 在模型中是如何决定的。

这里必须对参数 $\alpha,\beta,\gamma,\delta$ 值的限制进行解释:因为即使可支配收入 $(Y-T)$ 为零,消费仍为正,所以 α 为正;而 β 为一正分数,因其表示边际消费倾向;γ 也为正值,因为即使 Y 为零,政府也会有正的税收(源于税基而非收入);δ 是一个正的分数,因为它表示所得税率,因此,它不能超过 100%。外生变量 I_0(投资),G_0(政府支出)当然为非负,假设所有参数和外生变量彼此独立,所以,其中任何一个参数和外生变量被赋予新值,均不影响其他变量。

将(7.17)中的第三个方程代入第二个方程,再将所得方程代入

第一个方程,可以解模型得到 Y^*。均衡收入(以简化式表示)为:

$$Y^* = \frac{\alpha - \beta\gamma + I_0 + G_0}{1 - \beta + \beta\delta}. \tag{7.18}$$

类似地,我们还可以求得内生变量 C 和 T 的均衡值,但我们这里集中讨论均衡收入。

由(7.18)式,可求得六个比较静态导数。其中,下述三个具有特别的政策意义:

$$\frac{\partial Y^*}{\partial G_0} = \frac{1}{1 - \beta + \beta\delta} > 0, \tag{7.19}$$

$$\frac{\partial Y^*}{\partial \gamma} = \frac{-\beta}{1 - \beta + \beta\delta} < 0, \tag{7.20}$$

$$\frac{\partial Y^*}{\partial \delta} = \frac{-\beta(\alpha - \beta\gamma + I_0 + G_0)}{(1 - \beta + \beta\delta)^2} = \frac{-\beta Y^*}{1 - \beta + \beta\delta} < 0. \quad [由(7.18)]$$
$$\tag{7.21}$$

(7.19)式给出政府支出乘数,因为 β 小于 1 且 $\beta\delta$ 大于 0,所以其符号为正。若给定参数 β 和 δ 的数值,我们还可由(7.19)式求出乘数的数值。(7.20)式的导数可称作非所得税乘数,因为它表明 γ 的单位变化,即政府源于非所得税的收入的单位变化,将对均衡收入产生何种影响。在本模型中乘数为负,因为(7.20)中的分母为正而分子为负。最后,(7.21)中的偏导数——其在本质上并非乘数,因为它不像(7.19)与(7.20)中的偏导数那样,与 1 美元变化引起的其他美元价值变化相关——告诉我们所得税率 δ 的增加将会使均衡收入降低的程度。

投入-产出模型

开放投入产出模型的解是一个矩阵方程 $x^* = (I-A)^{-1}d$。若我们以 $V = [v_{ij}]$ 表示逆矩阵 $(I-A)^{-1}$,则一个三个产业的经济的解可以写成 $x^* = Vd$,或者

$$\begin{bmatrix} x_1^* \\ x_2^* \\ x_3^* \end{bmatrix} = \begin{bmatrix} v_{11} & v_{12} & v_{13} \\ v_{21} & v_{22} & v_{23} \\ v_{31} & v_{32} & v_{33} \end{bmatrix} \begin{bmatrix} d_1 \\ d_2 \\ d_3 \end{bmatrix}. \tag{7.22}$$

那么，解值 x_j^* 对外生的最终需求 d_1,d_2 和 d_3 的变化率为多少呢？一般答案为

$$\frac{\partial x_j^*}{\partial d_k} = v_{jk} \quad (j,k = 1,2,3) \tag{7.23}$$

为看清这一点，我们乘开(7.22)式的 Vd，并将解表示成

$$\begin{bmatrix} x_1^* \\ x_2^* \\ x_3^* \end{bmatrix} = \begin{bmatrix} v_{11}d_1 + v_{12}d_2 + v_{13}d_3 \\ v_{21}d_1 + v_{22}d_2 + v_{23}d_3 \\ v_{31}d_1 + v_{32}d_2 + v_{33}d_3 \end{bmatrix}.$$

在这个三个方程组成的方程组中，每个方程给出了作为外生最终需求的函数的特定解值。这些解值的偏导数将产生九个比较静态导数：

$$\frac{\partial x_1^*}{\partial d_1} = v_{11} \quad \frac{\partial x_1^*}{\partial d_2} = v_{12} \quad \frac{\partial x_1^*}{\partial d_3} = v_{13},$$

$$\frac{\partial x_2^*}{\partial d_1} = v_{21} \quad \frac{\partial x_2^*}{\partial d_2} = v_{22} \quad \frac{\partial x_2^*}{\partial d_3} = v_{23}, \tag{7.23$'$}$$

$$\frac{\partial x_3^*}{\partial d_1} = v_{31} \quad \frac{\partial x_3^*}{\partial d_2} = v_{32} \quad \frac{\partial x_3^*}{\partial d_3} = v_{33}.$$

这是(7.23)式的展开形式。

分三个不同的列来读(7.23$'$)式，我们可以将每列中的三个导数组成一个矩阵(向量)导数：

$$\frac{\partial x^*}{\partial d_1} \equiv \frac{\partial}{\partial d_1}\begin{bmatrix} x_1^* \\ x_2^* \\ x_3^* \end{bmatrix} = \begin{bmatrix} v_{11} \\ v_{21} \\ v_{31} \end{bmatrix} \quad \frac{\partial x^*}{\partial d_2} = \begin{bmatrix} v_{12} \\ v_{22} \\ v_{32} \end{bmatrix} \quad \frac{\partial x^*}{\partial d_3} = \begin{bmatrix} v_{13} \\ v_{23} \\ v_{33} \end{bmatrix}.$$

$$\tag{7.23$''$}$$

因为(7.23$''$)中的三个列向量仅是矩阵 V 的列，经过进一步的考虑，我们可以将九个导数概括成一个单一矩阵导数 $\partial x^*/\partial d$。给定 $x = Vd$，我们能简单写成

$$\frac{\partial x^*}{\partial d} = \begin{bmatrix} v_{11} & v_{12} & v_{13} \\ v_{21} & v_{22} & v_{23} \\ v_{31} & v_{32} & v_{33} \end{bmatrix} = V \equiv (I-A)^{-1}.$$

因此,里昂惕夫矩阵的逆$(I-A)^{-1}$给出了这个开放的投入-产出模型的全部比较静态导数的简洁表达方式。显然,此矩阵导数可轻易由现在的三个产业经济推广到一般的n产业经济。

投入-产出模型的比较静态导数是经济规划的有用工具,因为它为下述问题提供了答案:如果反映在$(d_1, d_2, \cdots, d_n)$中的规划目标被修订,且如果我们希望照顾到该经济中所有直接和间接的需要以完全避免瓶颈因素,我们需如何改变n个产业的产出目标呢?

练习 7.5

1 检验(7.15)式的均衡数量的比较静态性质,并以图形分析验证你的结论。

2 根据(7.18)式,求出偏导数 $\partial Y^*/\partial I_0$、$\partial Y^*/\partial \alpha$ 以及 $\partial Y^*/\partial \beta$。解释其含义并确定其正负号。

3 在5.7节中解出了投入-产出模型(5.21)的一个数字例子:
(a) 其中可推导出多少个比较静态导数?
(b) 按(7.23′)和(7.23″)的形式写出这些导数。

7.6 雅可比行列式的注释

前面对偏导数的研究,完全由比较静态分析的动机所驱使。但偏导数也提供了一种检验n个变量n个函数的集合中是否存在函数(线性或非线性的)相关的方法。这个问题与雅可比行列式(以雅可比的名字命名)的概念相联系。

考察两个函数

$$\begin{aligned} y_1 &= 2x_1 + 3x_2, \\ y_2 &= 4x_1^2 + 12x_1 x_2 + 9x_2^2. \end{aligned} \tag{7.24}$$

若我们求出所有四个偏导数

$$\frac{\partial y_1}{\partial x_1} = 2 \quad \frac{\partial y_1}{\partial x_2} = 3 \quad \frac{\partial y_2}{\partial x_1} = 8x_1 + 12x_2 \quad \frac{\partial y_2}{\partial x_2} = 12x_1 + 18x_2.$$

并按规定顺序将其重排成一个方阵,将其称作雅可比矩阵,并以 J 表示;然后取其行列式,便得到所谓的雅可比行列式(或简称雅可比式),以 $|J|$ 表示:

$$|J| \equiv \begin{vmatrix} \dfrac{\partial y_1}{\partial x_1} & \dfrac{\partial y_1}{\partial x_2} \\ \dfrac{\partial y_2}{\partial x_1} & \dfrac{\partial y_2}{\partial x_2} \end{vmatrix} = \begin{vmatrix} 2 & 3 \\ (8x_1 + 12x_2) & (12x_1 + 18x_2) \end{vmatrix}. \tag{7.25}$$

为节约空间,雅可比行列式有时也表示成

$$|J| \equiv \left| \frac{\partial(y_1, y_2)}{\partial(x_1, x_2)} \right|.$$

更一般地,若我们有具有 n 个变量的 n 个可微函数(不必都是线性的):

$$\begin{aligned} y_1 &= f^1(x_1, x_2, \cdots, x_n), \\ y_2 &= f^2(x_1, x_2, \cdots, x_n), \\ &\cdots\cdots\cdots\cdots\cdots\cdots\cdots \\ y_n &= f^n(x_1, x_2, \cdots, x_n). \end{aligned} \tag{7.26}$$

其中,f^n 表示第 n 个函数(而非函数的 n 次幂)。我们可以由此推导出 n^2 个偏导数。将其归在一起,将得到雅可比行列式

$$|J| \equiv \left| \frac{\partial(y_1, y_2, \cdots, y_n)}{\partial(x_1, x_2, \cdots, x_n)} \right| \equiv \begin{vmatrix} \dfrac{\partial y_1}{\partial x_1} & \dfrac{\partial y_1}{\partial x_2} & \cdots & \dfrac{\partial y_1}{\partial x_n} \\ \cdots\cdots\cdots\cdots\cdots\cdots \\ \dfrac{\partial y_n}{\partial x_1} & \dfrac{\partial y_n}{\partial x_2} & \cdots & \dfrac{\partial y_n}{\partial x_n} \end{vmatrix} \equiv \begin{vmatrix} f_1^1 & \cdots & f_n^1 \\ \vdots & & \vdots \\ f_1^n & \cdots & f_n^n \end{vmatrix}. \tag{7.27}$$

下述定理给出 n 个函数集合中函数相关存在性的雅可比检验:当且仅当(7.26)式中的 n 个函数 $f^1, \cdots, f^n$ 为函数(线性或非

线性的)相关时,(7.27)所定义的雅可比行列式对所有的 $x_1,\cdots,$ x_n 值恒为零。

作为一个例子,对于(7.24)中的两个函数,(7.25)所给出的雅可比行列式的值为

$$|J| = (24x_1 + 36x_2) - (24x_1 + 36x_2) = 0.$$

即雅可比式对 x_1 和 x_2 的所有值均为零。因此,按照上述定理,(7.24)中的两个函数必然是函数相关的。读者可以自己验证这一点:y_2 只是 y_1 的平方,因此,它们确实是函数相关的,这里是非线性相关。

现在我们考察线性函数的特殊情况。我们前面已经证明,当且仅当下列线性方程组

$$\begin{aligned} a_{11}x_1 + a_{12}x_2 + \cdots + a_{1n}x_n &= d_1 \\ a_{21}x_1 + a_{22}x_2 + \cdots + a_{2n}x_n &= d_2 \\ &\cdots\cdots\cdots\cdots\cdots\cdots\cdots\cdots \\ a_{n1}x_1 + a_{n2}x_2 + \cdots + a_{nn}x_n &= d_n \end{aligned} \quad (7.28)$$

系数矩阵 A 的行列式$|A|=0$时,线性方程组系数矩阵 A 的行间存在线性相关。这个结果可以看做函数相关的雅可比行列式检验准则的一个具体应用。

将(7.28)式中每一方程的左边作为一个单独的包括 n 个变量 $x_1,\cdots,x_n$ 的函数,并将这些函数以 $y_1,\cdots,y_n$ 表示。这些函数的偏导数为 $\partial y_1/\partial x_1 = a_{11}$,$\partial y_1/\partial x_2 = a_{12}$,等等,因而我们可以一般地写成 $\partial y_i/\partial x_j = a_{ij}$。所以,$n$ 个函数的雅可比行列式的元素恰好是已按正确顺序排列的系数矩阵 A 的元素。即我们有$|J|=|A|$,这样,$y_1,\cdots,$ y_n 间的函数相关(或者,实际上是一样的,系数矩阵 A 各行间的函数相关)的雅可比行列式检验准则在现在的线性情况下,等价于判别准则$|A|=0$。

前面,雅可比行列式是在含 n 个变量的 n 个函数系中进行讨论的。但需要指出的是,(7.27)式中的雅可比行列式即使是在(7.26)中的函数包含的变量多于 n 个,如 $n+2$ 个时,仍然有定义:

$$y_i = f^i(x_1,\cdots,x_n,x_{n+1},x_{n+2}) \quad (i=1,2,\cdots,n).$$

在此情况下,若我们将其中的任意两个变量(比如 x_{n+1}, x_{n+2})保持不变,或者将其视为参数,我们又可以有含 n 个变量的 n 个函数,并形成雅可比行列式。进而,通过使不同的 x 变量对保持不变,我们可以形成不同的雅可比行列式。在第 8 章讨论隐函数定理时还会遇到这种情况。

练习 7.6

1 运用雅可比行列式检验下列函数对中是否存在函数相关:
 (a) $y_1 = 3x_1^2 + x_2, y_2 = 9x_1^4 + 6x_1^2(x_2+4) + x_2(x_2+8) + 12$
 (b) $y_1 = 3x_1^2 + 2x_2^2, y_2 = 5x_1 + 1$

2 将(7.22)看成三个函数 $x_i^* = f^i(d_1, d_2, d_3)$ $(i=1,2,3)$ 的一个集合:
 (a) 写出 3×3 雅可比行列式。它与(7.23′)是否具有某些联系?我们可以写出 $|J| = |V|$ 吗?
 (b) 因为 $V \equiv (I-A)^{-1}$,我们可得出结论 $|V| \neq 0$ 吗?对(7.22)中的三个方程,我们能由此得出何结论?

第8章 一般函数模型的比较静态分析

通过上一章对偏导数的学习,我们已可以处理一些简单的比较静态问题,其中模型的均衡解以简化型显式表示。在那种情况下,解的偏导数将直接给出所期望的比较静态信息。读者可以回忆一下,偏导数的定义要求自变量(比如 x_i)之间不存在任何函数相关,从而 x_1 可独立变化而不对 $x_2, x_3, \cdots, x_n$ 的值产生影响。当将其应用于比较静态分析时,这意味着简化型解中的参数和(或)外生变量必定为相互无关的。因为这实际上是为建模而定义的预定信息,其相互影响的可能性已被内在地排除了。因而上一章采用偏导数的方法是完全合理的。

但是,当模型中包含一般函数,因而不能得到简化型显式解时,便不能再指望会有这样的方便了。在此情况下,我们必须从模型原来给定的方程中直接求出比较静态导数。例如,取一个具有两个内生变量 Y 和 C 的简单国民收入模型:

$$Y = C + I_0 + G_0,$$
$$C = C(Y, T_0). \quad [T_0:外生的税收]$$

它可简化为一个方程(均衡条件)

$$Y = C(Y, T_0) + I_0 + G_0$$

以解出 Y^*。但由于函数 C 为一般形式,没有合适的显式解。因此,我们必须由此方程直接求出比较静态导数。我们能解决这一问题吗?我们能遇到什么特殊困难呢?

我们假设均衡解 Y^* 确实存在。则在非常一般的条件(将在8.5节讨论)下,我们可取 Y^* 为外生变量 I_0、G_0、T_0 的可微函数。因此,我们可写出方程

$$Y^* = Y^*(I_0, G_0, T_0),$$

尽管我们不能确定该函数所取的显式形式。进而,在均衡值 Y^* 的某个邻域,下列恒等式成立:

$$Y^* \equiv C(Y^*, T_0) + I_0 + G_0.$$

这种恒等式称做均衡恒等式,因为此式只不过是均衡条件中的 Y 变量被均衡值 Y^* 替代而已。既然 Y^* 已经出现,似乎初看起来,对此恒等式简单求偏导便会得到所期望的比较静态导数,比如,$\partial Y^*/\partial T_0$。但遗憾的是,情况并非如此。因为 Y^* 是 T_0 的函数,C 函数的两个自变量并非不相关。特别是在此情况下,T_0 不仅直接影响 C,而且通过 Y^* 间接影响 C。因此,求偏微分已不能再实现我们的目的。那么,怎样解决这一问题呢?

答案是,我们必须借助于全微分(以区别于偏微分),基于全微分的概念,求全微分的过程可使我们得到一个相关的概念——全导数,当 T_0 同时影响另一自变量 Y^* 时,它度量函数 $C(Y^*, T_0)$ 对自变量 T_0 的变化率。因此,一旦我们掌握了这些概念,便可以处理那些自变量并不独立的函数,这样便可以清除我们在研究一般函数模型比较静态分析中迄今所遇到的最大障碍。但在讨论这些概念之前,我们应先导入微分这一概念。

8.1 微　　分

符号 dy/dx,作为函数 $y = f(x)$ 的导数,迄今为止一直被视为一个单独的整体。现在我们将其重新解释为两个量 dy 和 dx 的比率。

微分与导数

根据定义,导数 dy/dx 是差商的极限:

$$\frac{dy}{dx} = f'(x) = \lim_{\Delta x \to 0} \frac{\Delta y}{\Delta x}, \tag{8.1}$$

因此,$\Delta y/\Delta x$ 自身(不需要 $\Delta x \to 0$)并不等于 dy/dx。若我们将其差记为 δ,我们可以写出

$$\frac{\Delta y}{\Delta x} - \frac{dy}{dx} = \delta, \text{其中当 } \Delta x \to 0 \text{ 时}, \delta \to 0 \quad [\text{由}(8.1)]. \tag{8.2}$$

将(8.2)乘以 Δx,重排顺序,我们得到

$$\Delta y = \frac{dy}{dx}\Delta x + \delta \Delta x, \quad \text{或} \quad \Delta y = f'(x)\Delta x + \delta \Delta x. \tag{8.3}$$

这一等式描述了从 x 在函数 $y=f(x)$ 的定义域中的任何一点开始的特定变化(Δx)所引起的 y 的变化(Δy)。但这也意味着我们可以忽略差项 $\delta\Delta x$,以 $f'(x)\Delta x$ 作为 Δy 真实值的近似,Δx 越小,这一近似值越理想。

在图 8.1(a) 中,当 x 从 x_0 变化到 $x_0+\Delta x$ 时,在 $y=f(x)$ 的图形上由点 A 移动到点 B,Δy 的真实值由距离 CB 度量,两个距离的比值 $CB/AC=\Delta y/\Delta x$ 可以从线段 AB 的斜率得出。但如果我们从点 A 作一切线 AD,以 AD 代替 AB 来近似表示 Δy,我们将获得距离 CD,距离 DB 则是近似的误差。由于 AD 的斜率为 $f'(x_0)$,距离 CD 等于 $f'(x_0)\Delta x$,由(8.3),距离 DB 等于 $\delta\Delta x$。显然,随着 Δx 递减,点 B 将沿着曲线移向点 A,从而减少误差,使 dy/dx 成为 $\Delta y/\Delta x$ 的更好的近似。

现在,我们集中讨论切线 AD,将距离 CD 作为 CB 的近似。如图 8.1(b) 所示,我们将距离 AC 和 CD 分别记为 dx 和 dy。于是,
$$dy/dx = 切线 AD 的斜率 = f'(x),$$
并且,在乘以 dx 后,我们得到
$$dy = f'(x)dx. \tag{8.4}$$
导数 $f'(x)$ 被重新阐释为两个有限变化 dy 和 dx 之间的比例因子。因此,给定 dx 的特定值,我们可以将其乘以 $f'(x)$ 以得到 dy,作为对 Δy 的近似。Δx 越小,这一近似越理想。dx 和 dy 分别被称为 x 和 y 的微分。

将微分视为一个数学整体,需要说明几点:第一,dx 为自变量,dy 为因变量。特别地,dy 既是 x 的函数,也是 dx 的函数。其依赖于 x 是因为图 8.1 中 x_0 的不同位置意味着点 A 及其切线的不同位置,其依赖于 dx 是因为 dx 的大小不同将意味着点 C 的不同位置以及不同的距离 CD。第二,若 $dx=0$,则 $dy=0$,因为此时点 B 将与点 A 重合。但若 $dx\neq 0$,则可以用 dy 除以 dx 以得到 $f'(x)$,正如我们用 dx 乘以 $f'(x)$ 来得到 dy 一样。第三,微分 dy 只能够用含有其他微分(这里是 dx)的项来表示。这是因为我们所讨论的是自变量的变化 dx 引起的因变量变化 dy。写成是 $dy=f'(x)dx$ 有意义的,但在等式右边省去 dx 项,仅写成 $dy=f'(x)$ 是无意义的。两个变化都是由导数 $f'(x)$ 引起的,可以将 $f'(x)$ 看成一个"变换因子",将给定的变化

dx 转换成了变化 dy。

从给定函数 $y=f(x)$ 求微分 dy 的过程被称作微分。回忆一下，我们前面一直将微分作为求导的同义语使用，但却未给出适当的解释。然而，按照我们将导数解释成两个微分的商的做法，这个术语的合理性便不言自明了。但将同一术语"微分"既用于描述求微分 dy 的过程，又用于描述求导数 dy/dx 的过程，总是有点不明确。为避免混淆，在取导数 dy/dx 时，我们通常就把"微分"这个词说成是"对 x 求导"。

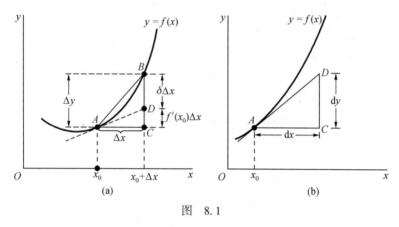

图 8.1

微分与点弹性

为举例说明微分在经济学中的应用，我们考察函数弹性这一概念。例如，对于需求函数 $Q=f(P)$，弹性定义为 $(\Delta Q/Q)/(\Delta P/P)$。利用图 8.1 所阐释的取近似值的思路，我们可以将 ΔP 和 ΔQ 变成微分 dP 和 dQ，来得到近似的弹性度量，这被称为需求的点弹性，我们以 ε_d（希腊字母 epsilon，用于表示弹性）表示。[①]

$$\varepsilon_d \equiv \frac{dQ/Q}{dP/P} = \frac{dQ/dP}{Q/P}, \tag{8.5}$$

[①] 点弹性还可以解释成当 $\Delta P \to 0$ 时，$\frac{\Delta Q/Q}{\Delta P/P} = \frac{\Delta Q/\Delta P}{Q/P}$ 的极限，它与(8.5)式的结果相同。

注意上式最右边的部分,我们已将微分 $\mathrm{d}Q$ 和 $\mathrm{d}P$ 重排成比率 $\mathrm{d}Q/\mathrm{d}P$,它是需求函数 $Q=f(P)$ 的导数或边际函数,因为类似地,我们还可以将分母中的比率 Q/P 看做需求函数的平均函数,所以(8.5)中的需求点弹性 ε_d 可以看做是需求函数的边际函数对平均函数的比率。

实际上,刚才所描述的关系不仅对需求函数,而且对其他函数都是成立的,因为对任意给定总函数 $y=f(x)$,我们可以将 y 对 x 的点弹性公式写成

$$\varepsilon_{yx} = \frac{\mathrm{d}y/\mathrm{d}x}{y/x} = \frac{\text{边际函数}}{\text{平均函数}}. \tag{8.6}$$

为方便计,我们用弹性的绝对值来度量函数在某一特定的点是否有弹性。例如,在需求函数的例子中,我们规定:

当 $|\varepsilon_d|=1$ 时,需求在该点 $\begin{cases} > \\ \\ < \end{cases}$ $\begin{cases} \text{有弹性,} \\ \text{为单位弹性,} \\ \text{缺乏弹性。} \end{cases}$

例1 若需求函数为 $Q=100-2P$,求 ε_d。给定函数的边际函数和平均函数为

$$\frac{\mathrm{d}Q}{\mathrm{d}P} = -2 \quad \text{和} \quad \frac{Q}{P} = \frac{100-2P}{P}.$$

所以其比率使我们得出

$$\varepsilon_d = \frac{-P}{50-P}.$$

在上式中,弹性表现为 P 的函数。只要具体的价格选定,点弹性的大小便确定了。例如,当 $P=25$ 时,我们有 $\varepsilon_d=-1$ 或 $|\varepsilon_d|=1$,所以该点的需求弹性为单位弹性。但当 $P=30$ 时,我们有 $|\varepsilon_d|=1.5$,因此,在此价格水平上,需求富有弹性。更一般地,可以验证,在本例中,当 $25<P<50$ 时,我们有 $|\varepsilon_d|>1$;当 $0<P<25$ 时,$|\varepsilon_d|<1$。(在这里,价格 $P>50$ 有意义吗?)

例2 由供给函数 $Q=P^2+7P$,求供给的点弹性 ε_S,并判断在 $P=2$ 时,供给是否有弹性。由于边际函数和平均函数分别为

$$\frac{\mathrm{d}Q}{\mathrm{d}P} = 2P+7 \quad \text{和} \quad \frac{Q}{P} = P+7,$$

其比例给出了供给弹性

$$\varepsilon_S = \frac{2P+7}{P+7}.$$

当 $P=2$ 时,弹性值为 $11/9>1$,因此供给在 $P=2$ 时是有弹性的。

尽管可能会有些离题,但仍需补充的是,将两个微分的比看做导数,从而将函数点弹性的公式变换为边际函数对平均函数的比,使得可以用图形法迅速确定点弹性。图 8.2 分别描述了曲线斜率为负及为正的两种情况。在每一情况下,在曲线上 A 点或定义域中 $x = x_0$ 点的边际函数值,由切线 AB 的斜率来度量。而在每一情况下的平均函数值,则由直线 OA(连接原点与曲线上给定点 A 的直线,像一个矢径)的斜率来度量。因为在点 A,我们有 $y = x_0 A$ 和 $x = Ox_0$,所以平均函数为 $y/x = x_0 A/Ox_0 = OA$ 的斜率。因而在 A 点的弹性便可以通过比较上述两个斜率的数值来确定:若 AB 陡于 OA,则函数在 A 点富于弹性;若相反,则函数在 A 点缺乏弹性。因此,图 8.2(a)所绘函数在 A 点或 $x = x_0$ 是缺乏弹性的,而在图 8.2(b)中的 A 点则是富于弹性的。

进一步看,所比较的两个斜率直接取决于两个角 θ_m 和 θ_a(希腊字母 theta,下标 m 和 α 分别表示边际和平均)的大小。因此,我们还可以用比较两个角来代替比较两个斜率。再观察图 8.2,读者可以看到在图(a)中的点 A,$\theta_m < \theta_a$,表明边际值小于平均值,所以函数在点 A 缺乏弹性。图(b)中的情况恰好完全相反。

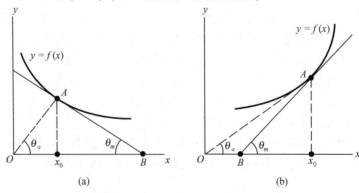

图 8.2

有时,我们对给定曲线的单位弹性点感兴趣。现在可以很容易地找到这个点。若曲线斜率为负,如图8.3(a)所示,我们可以找到点 C,使得直线 OC 和切线 BC 与 x 轴形成的角的大小相同,尽管方向相反。在曲线斜率为正的情况下,如图8.3(b)所示,我们仅需要在曲线上找到点 C,使得切线切于 C 点,并经适当延伸,可通过原点即可。

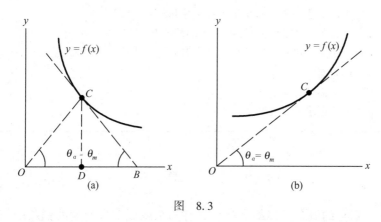

图 8.3

我们必须提醒读者,刚才所描述的图形法是以以下假设为基础的:函数 $y = f(x)$ 的图形是把因变量 y 作为纵轴绘成的。具体来说,当我们将此方法应用于需求函数时,我们应使 Q 为纵轴(假设 Q 实际上在作图时被绘成横轴,我们读点弹性的方法应作何种修正)。

练习8.1

1 已知下列函数,求微分 dy:

(a) $y = -x(x^2 + 3)$ (b) $y = (x-8)(7x+5)$ (c) $y = \dfrac{x}{x^2+1}$

2 给定进口函数 $M = f(Y)$,其中 M 为进口,Y 为国民收入。用进口倾向表示进口的收入弹性 ε_{MY}。

3 给定消费函数 $C = a + bY (a > 0; 0 < b < 1)$:

(a) 求其边际函数和平均函数。
(b) 求消费的收入弹性 ε_{CY},假设 $Y>0$,确定 ε_{CY} 的符号。
(c) 证明此消费函数在所有正的收入水平上均是缺乏弹性的。

4 给定 $Q=k/P^n$,其中 k 与 n 为正常数,
(a) 在这种情况下,弹性取决于价格吗?
(b) 在 $n=1$ 的特定情况下,需求曲线是何形状? 需求的点弹性为多少?

5 (a) 找出一条斜率为正,具有常数点弹性的曲线。
(b) 写出该曲线方程,并用(8.6)验证点弹性确实为常数。

6 给定 $Q=100-2P+0.02Y$,Q 为需求量,P 为价格,Y 为收入。给定 $P=20, Y=5000$,求:
(a) 需求的价格弹性;
(b) 需求的收入弹性。

8.2 全 微 分

微分的概念很容易推广至具有两个或更多自变量的函数的情况。考察储蓄函数

$$S = S(Y,i), \tag{8.7}$$

其中 S 为储蓄,Y 为国民收入,i 为利息率。像这里要使用的所有函数均将采用的假设一样,我们假设此函数连续,且具有连续的(偏)导数,或者用符号表示为 $f \in C'$。我们知道,偏导数 $\partial S/\partial Y$ 表示边际储蓄倾向。因此,由于 Y 的变化所引致的 S 的变化可以用表达式 $(\partial S/\partial Y)\mathrm{d}Y$ 表示,此式与(8.4)式右边的表达式具有可比性。基于同样的理由,给定 i 的变化 $\mathrm{d}i$,其引致的 S 变化可近似表示成 $(\partial S/\partial i)\mathrm{d}i$。则 S 的总变化近似等于微分

$$\mathrm{d}S = \frac{\partial S}{\partial Y}\mathrm{d}Y + \frac{\partial S}{\partial i}\mathrm{d}i, \tag{8.8}$$

或用另一种记号:

$$\mathrm{d}S = S_Y \mathrm{d}Y + S_i \mathrm{d}i.$$

注意,两个偏导数 S_Y 和 S_i 同样起"变换因子"的作用:它将变化 $\mathrm{d}Y$

和 di 分别变换为对应的变化 dS。而表达式 dS,作为两种不同原因所引致的变化之和,称作储蓄函数的全微分。求此全微分的过程,称作全微分法。而(8.8)等号右边的两个加项分别被称为储蓄函数的偏微分。

当然,i 保持不变时,Y 仍可变化。在此情况下,di = 0,则全微分将简化为 dS = ($\partial S/\partial Y$)dY。两边同时除以 dY,我们得到:

$$\frac{\partial S}{\partial Y} = \left(\frac{\mathrm{d}S}{\mathrm{d}Y}\right)_{i\text{不变}}.$$

因此,很明显,据图 8.1(b)的思路,偏导数 $\partial S/\partial Y$ 也可以解释成两个微分 dS 与 dY 的比率,其前提是函数中另一自变量 i 保持不变。依照完全类似的方式,当 dY = 0 时,我们可将偏导数 $\partial S/\partial i$ 解释为微分 dS(Y 保持不变)对微分 di 的比率,注意,dS 和 di 现在均可代表独立的微分,但表达式 $\partial S/\partial i$ 仍然是一个整体。

具有 n 个自变量的更一般情况的例子可由一般形式的效用函数给出:

$$U = U(x_1, x_2, \cdots, x_n). \tag{8.9}$$

此函数的全微分可以表示成

$$\mathrm{d}U = \frac{\partial U}{\partial x_1}\mathrm{d}x_1 + \frac{\partial U}{\partial x_2}\mathrm{d}x_2 + \cdots + \frac{\partial U}{\partial x_n}\mathrm{d}x_n, \tag{8.10}$$

或 $\quad \mathrm{d}U = U_1\mathrm{d}x_1 + U_2\mathrm{d}x_2 + \cdots + U_n\mathrm{d}x_n = \sum_{i=1}^{n} U_i\mathrm{d}x_i.$

其中,右边表达式中的每一项表示由某一自变量变化引致的 U 的近似变化量。上式中第一项 $U_1\mathrm{d}x_1$ 的经济意义是第一个商品的边际效用乘以该商品消费的增量。其他各项也类似。因此,这些项的和 dU 表示由所有可能的原因所引致的效用变化的总和。如(8.3)式所示,dU 作为近似值,在所有 dx_i 趋向于 0 时,趋向于真实的变化值 Δu。

像任意其他函数一样,储蓄函数(8.7)和效用函数(8.9)均可产生类似于(8.6)所定义的点弹性量度。但在这两种情况下,弹性量度必须仅根据一个自变量的变化来定义,因此,这个储蓄函数有两个这样的弹性量度,效用函数则有 n 个这样的弹性量度。它们被称作

偏弹性。对储蓄函数而言,偏弹性可以表示成

$$\varepsilon_{SY} = \frac{\partial S/\partial Y}{S/Y} = \frac{\partial S}{\partial Y}\frac{Y}{S} \quad \text{和} \quad \varepsilon_{Si} = \frac{\partial S/\partial i}{S/i} = \frac{\partial S}{\partial i}\frac{i}{S}.$$

对于效用函数,n 个偏弹性可以简洁地表示如下:

$$\varepsilon_{Ux_i} = \frac{\partial U}{\partial x_i}\frac{x_i}{U} \quad (i = 1, 2, \cdots, n).$$

例1 求下列效用函数的全微分,其中 $a, b > 0$:

(a) $U(x_1, x_2) = ax_1 + bx_2$;

(b) $U(x_1, x_2) = x_1^2 + x_2^3 + x_1 x_2$;

(c) $U(x_1, x_2) = x_1^a x_2^b$。

全微分如下:

(a) $\dfrac{\partial U}{\partial x_1} = U_1 = a, \dfrac{\partial U}{\partial x_2} = U_2 = b$,

则 $dU = U_1 dx_1 + U_2 dx_2 = a dx_1 + b dx_2$;

(b) $\dfrac{\partial U}{\partial x_1} = U_1 = 2x_1 + x_2, \dfrac{\partial U}{\partial x_2} = U_2 = 3x_2^2 + x_1$,

则 $dU = U_1 dx_1 + U_2 dx_2 = (2x_1 + x_2) dx_1 + (3x_2^2 + x_1) dx_2$;

(c) $\dfrac{\partial U}{\partial x_1} = U_1 = ax_1^{a-1} x_2^b = \dfrac{ax_1^a x_2^b}{x_1}, \dfrac{\partial U}{\partial x_2} = U_2 = bx_1^a x_2^{b-1} = \dfrac{bx_1^a x_2^b}{x_2}$,

则 $dU = \left(\dfrac{ax_1^a x_2^b}{x_1}\right) dx_1 + \left(\dfrac{bx_1^a x_2^b}{x_2}\right) dx_2$.

练习 8.2

1 以梯度向量 ∇U 表示全微分 dU。

2 求下列函数的全微分:

(a) $z = 3x^2 + xy - 2y^3$ (b) $U = 2x_1 + 9x_1 x_2 + x_2^2$

3 求下列函数的全微分:

(a) $y = \dfrac{x_1}{x_1 + x_2}$ (b) $y = \dfrac{2x_1 x_2}{x_1 + x_2}$

4　某商品的供给函数为
$$Q = a + bP^2 + R^{1/2} \quad (a<0, b>0)\,[R:\text{降雨量}]:$$
求供给的价格弹性 ε_{QP}，供给的降雨量弹性 ε_{QR}。

5　上题中两个偏弹性如何随 P 和 R 的变化而变化？若 P 和 R 为正，变化是严格单调的吗？

6　外国对我国出口的需求 X 取决于外国的收入 Y_f，我国的价格水平 $P: X = Y_f^{1/2} + P^{-2}$。求：外国对我国出口的需求相对于我国价格水平的偏弹性。

7　求下列函数的全微分：
(a) $U = -5x^3 - 12xy - 6y^5$
(b) $U = 7x^2 y^3$
(c) $U = 3x^3(8x - 7y)$
(d) $U = (5x^2 + 7y)(2x - 4y^3)$
(e) $U = \dfrac{9y^3}{x-y}$
(f) $U = (x - 3y)^3$

8.3　微分法则

给定函数
$$y = f(x_1, x_2),$$
求全微分 $\mathrm{d}y$ 的一个直接方法是求偏导数 f_1 和 f_2，并将其代入方程
$$\mathrm{d}y = f_1 \mathrm{d}x_1 + f_2 \mathrm{d}x_2.$$
但有时应用某些微分法则可能会更方便；由于微分法则与前面学习的导数公式有着极大的相似之处，所以记忆起来非常方便。

令 k 为常数，u 和 v 为变量 x_1 和 x_2 的两个函数。则下列法则成立：①

法则 I　$\mathrm{d}k = 0.$　　　　　　　　　（参见常值函数求导法则）
法则 II　$\mathrm{d}(cu^n) = cnu^{n-1}\mathrm{d}u.$　　（参见幂函数求导法则）
法则 III　$\mathrm{d}(u \pm v) = \mathrm{d}u \pm \mathrm{d}v.$　　（参见和差求导法则）
法则 IV　$\mathrm{d}(uv) = v\mathrm{d}u + u\mathrm{d}v.$　　（参见积的求导法则）

---

① 当 u 和 v 本身也是自变量，而不是其他变量 x_1 和 x_2 的函数时，本节所讨论的这些微分法则同样也可以应用。

法则 V　$d\left(\dfrac{u}{v}\right) = \dfrac{1}{v^2}(v\,du - u\,dv)$. （参见商的求导法则）

这里我们不证明这些法则，而仅说明其实际应用。

例 1　求函数

$$y = 5x_1^2 + 3x_2$$

的全微分。直接法要求计算偏导数 $f_1 = 10x_1, f_2 = 3$，然后可以写出

$$dy = f_1 dx_1 + f_2 dx_2 = 10x_1 dx_1 + 3 dx_2.$$

但我们还可以令 $u = 5x_1^2, v = 3x_2$，应用上述法则可得到如下同样的答案：

$$dy = d(5x_1^2) + d(3x_2) \quad [\text{由法则 III}]$$

$$= 10x_1 dx_1 + 3 dx_2. \quad [\text{由法则 II}]$$

例 2　求下列函数的全微分：

$$y = 3x_1^2 + x_1 x_2^2.$$

因 $f_1 = 6x_1 + x_2^2, f_2 = 2x_1 x_2$，则所求微分为

$$dy = (6x_1 + x_2^2) dx_1 + 2x_1 x_2 dx_2.$$

通过应用已知法则，也可得出如下同样的结果

$$dy = d(3x_1^2) + d(x_1 x_2^2) \quad [\text{由法则 III}]$$

$$= 6x_1 dx_1 + x_2^2 dx_1 + x_1 d(x_2^2) \quad [\text{由法则 II 和 IV}]$$

$$= (6x_1 + x_2^2) dx_1 + 2x_1 x_2 dx_2. \quad [\text{由法则 II}]$$

例 3　求函数

$$y = \dfrac{x_1 + x_2}{2x_1^2}$$

的全微分。由于在本例中，偏导数为

$$f_1 = \dfrac{-(x_1 + 2x_2)}{2x_1^3} \quad \text{和} \quad f_2 = \dfrac{1}{2x_1^2}.$$

（请读者对其进行验证以作为练习），所求全微分为

$$dy = \dfrac{-(x_1 + 2x_2)}{2x_1^3} dx_1 + \dfrac{1}{2x_1^2} dx_2.$$

但通过应用微分法则，也可得到同样结果：

$$dy = \frac{1}{4x_1^4}[2x_1^2 d(x_1 + x_2) - (x_1 + x_2)d(2x_1^2)]$$

[由法则 V]

$$= \frac{1}{4x_1^4}[2x_1^2(dx_1 + dx_2) - (x_1 + x_2)4x_1 dx_1]$$

[由法则 III 和 II]

$$= \frac{1}{4x_1^4}[-2x_1(x_1 + 2x_2)dx_1 + 2x_1^2 dx_2]$$

$$= \frac{-(x_1 + 2x_2)}{2x_1^3}dx_1 + \frac{1}{2x_1^2}dx_2.$$

当然,这些微分法则还可以推广到 x_1、x_2 的两个以上函数的情况。具体而言,我们可以增加下述两个法则:

法则 VI $d(u \pm v \pm w) = du \pm dv \pm dw$,

法则 VII $d(uvw) = vw du + uw dv + uv dw$.

为导出法则 VII,我们可以应用熟悉的技巧,令 $z = vw$,从而

$$d(uvw) = d(uz) = z du + u dz, \quad [由法则 IV]$$

再对 dz 应用法则 IV,我们得到中间结果

$$dz = d(vw) = w dv + v dw.$$

将其代入上一个方程,则得到所求的最终结果:

$$d(uvw) = vw du + u(w dv + v dw) = vw du + uw dv + uv dw.$$

类似的步骤可用于推导法则 VI。

练习 8.3

1 运用微分法则求下列函数的全微分(a) $z = 3x^2 + xy - 2y^3$ 和(b) $U = 2x_1 + 9x_1 x_2 + x_2^2$。根据练习 8.2-2 的答案对你的答案进行验证。

2 用微分法则求下列函数的 dy,根据练习 8.2-3 的答案对你的答案进行验证。

(a) $y = \dfrac{x_1}{x_1 + x_2}$ (b) $y = \dfrac{2x_1 x_2}{x_1 + x_2}$

3 给定 $y = 3x_1(2x_2 - 1)(x_3 + 5)$
 (a) 用法则 VII 求 dy。
 (b) 若 $dx_2 = dx_3 = 0$,求 y 的偏导数。
4 假设 u 和 v 为自变量而非其他变量的函数,证明法则 II、III、IV 和 V。

8.4 全 导 数

掌握了微分的概念,我们现在便可以回答本章开头所提出的问题,即当 Y^* 与 T_0 相关时,如何求函数 $C(Y^*, T_0)$ 对 T_0 的变化率。如前所述,答案在于全导数的概念。与偏导数概念不同,全导数的概念并不要求当 T_0 变化时,自变量 Y^* 保持不变,这样,便可以考虑两个自变量间所假设的关系。

求全导数

为在一个更具一般性的框架内展开讨论,我们考察任意函数
$$y = f(x, w), \quad \text{其中} \ x = g(w). \tag{8.11}$$
两个函数 f 和 g 可被纳入复合函数
$$y = f[g(w), w]. \tag{8.11'}$$
如图 8.4 所示,三个变量 y, x, w 彼此相关。我们将图 8.4 称为通道图。由此图可清楚地看到,本例中变化的基本根源 w,可以通过两条渠道影响 y:(1) 通过函数 g,进而通过 f(加直线箭头)间接影响;(2) 通过函数 f(曲线箭头)直接影响。偏导数 f_w 反映出直接影响,但间接影响仅能通过两个导数的积,$f_x \dfrac{dx}{dw}$ 或 $\dfrac{\partial y}{\partial x}\dfrac{dx}{dw}$ 表示,这由复合函数的链法则得出。将这两种影响相加,即得所要求的 y 对 w 的全导数:
$$\frac{dy}{dw} = f_x \frac{dx}{dw} + f_w = \frac{\partial y}{\partial x}\frac{dx}{dw} + \frac{\partial y}{\partial w}. \tag{8.12}$$

全导数也可由另一种方法求出:我们先对 $y = f(x, w)$ 全微分,以得到全微分
$$dy = f_x dx + f_w dw,$$

此方程两边再同时被 dw 相除,结果与(8.12)相同。无论哪种情况,求全导数 $\dfrac{\mathrm{d}y}{\mathrm{d}w}$ 的过程都被视为 y 对 w 求全微分的过程。

区别(8.12)中的两个看起来相似的符号 $\dfrac{\mathrm{d}y}{\mathrm{d}w}$ 和 $\dfrac{\partial y}{\partial w}$ 是极其重要的,前者是全导数,后者是偏导数,后者实际上只是前者的一个部分。

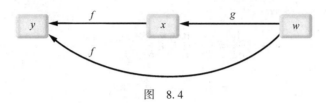

图 8.4

例 1 已知函数
$y = f(x,w) = 3x - w^2$,其中 $x = g(w) = 2w^2 + w + 4$,求全导数 $\mathrm{d}y/\mathrm{d}w$。由(8.12)式,全导数应为

$$\frac{\mathrm{d}y}{\mathrm{d}w} = 3(4w + 1) + (-2w) = 10w + 3,$$

作为检验,我们可将函数 g 代入函数 f,得到

$$y = 3(2w^2 + w + 4) - w^2 = 5w^2 + 3w + 12.$$

此式仅为 w 的函数。其导数 $\mathrm{d}y/\mathrm{d}w$ 很容易求得为 $10w + 3$,与上述结果一致。

例 2 若我们有效用函数 $U = U(c,s)$,其中 c 为咖啡的消费量,s 为糖的消费量,另一个函数 $s = g(c)$ 表示两物品之间存在互补关系,则可以简单写成

$$U = U[c,g(c)],$$

对此,有

$$\frac{\mathrm{d}U}{\mathrm{d}c} = \frac{\partial U}{\partial c} + \frac{\partial U}{\partial g(c)} g'(c).$$

论题的一个引申

当我们有

$$y = f(x_1, x_2, w), \quad \text{其中} \quad \begin{cases} x_1 = g(w), \\ x_2 = h(w). \end{cases} \tag{8.13}$$

情况便稍有些复杂。这种情况的通道图如图8.5所示:变量 w 可通过三条渠道影响 y:(1) 通过函数 g,进而通过 f 间接影响;(2) 通过函数 h,进而通过 f 间接影响;(3) 通过函数 f 直接影响。根据前面的经验,可以预期,这三种影响分别可以表示为 $\frac{\partial y}{\partial x_1}\frac{dx_1}{dw}$,$\frac{\partial y}{\partial x_2}\frac{dx_2}{dw}$ 和 $\frac{\partial y}{\partial w}$。这一预期是正确的,因为当我们取 y 的全微分,并将其两边分别除以 dw,得到全导数:

$$\frac{dy}{dw} = \frac{\partial y}{\partial x_1}\frac{dx_1}{dw} + \frac{\partial y}{\partial x_2}\frac{dx_2}{dw} + \frac{\partial y}{\partial w}$$

$$= f_1\frac{dx_1}{dw} + f_2\frac{dx_2}{dw} + f_w. \tag{8.14}$$

此式与(8.12)式是类似的。如果先取全微分 dy,然后用 dw 除,也会得到同样的结果。

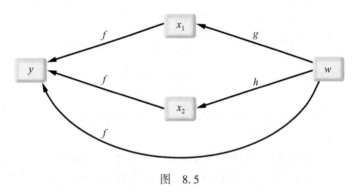

图 8.5

例3 令生产函数为

$$Q = Q(K, L, t),$$

其中除了两种投入 K 和 L 之外,还有第三个自变量 t,表示时间。变量 t 的存在表明,生产函数可能随时间而变化以反映技术变化。因此,这是一个动态的,而非静态的生产函数。因为资本与劳动也随时间而变化,所以,我们可以写成

$$K = K(t) \quad 和 \quad L = L(t).$$

则按照(8.14)的全导数公式,产出对时间的变化率可以表示成

$$\frac{dQ}{dt} = \frac{\partial Q}{\partial K}\frac{dK}{dt} + \frac{\partial Q}{\partial L}\frac{dL}{dt} + \frac{\partial Q}{\partial t},$$

或者用另一种符号表示：

$$\frac{dQ}{dt} = Q_K K'(t) + Q_L L'(t) + Q_t.$$

论题的另一个引申

当(8.13)式变化的基本根源 w 为两个共同存在的根源 u 和 v 所替代时，便产生以下情形：

$$y = f(x_1, x_2, u, v), \quad \text{其中} \quad \begin{cases} x_1 = g(u,v), \\ x_2 = h(u,v). \end{cases} \quad (8.15)$$

尽管现在的通道图可能包含更多的箭头(路径)，但其构造的基本原理是相同的，因此，留给读者自己去完成。为求出 y 对 u (v 保持不变)的全导数，我们可以再一次求 y 的全微分，并将各项除以 du，得到结果

$$\frac{dy}{du} = \frac{\partial y}{\partial x_1}\frac{dx_1}{du} + \frac{\partial y}{\partial x_2}\frac{dx_2}{du} + \frac{\partial y}{\partial u}\frac{du}{du} + \frac{\partial y}{\partial v}\frac{dv}{du}$$

$$= \frac{\partial y}{\partial x_1}\frac{dx_1}{du} + \frac{\partial y}{\partial x_2}\frac{dx_2}{du} + \frac{\partial y}{\partial u}. \quad \left[\frac{dv}{du} = 0, \text{因 } v \text{ 保持不变}\right]$$

由于我们在变动 u 时，使 v 保持不变(因为单一导数不能处理 u 和 v 同时变化的情况)，所以，上述结论必须以下述两种方式进行修正：(1) 右边的导数 dx_1/du 和 dx_2/du 应改写成偏导数符号 $\partial x_1/\partial u$ 和 $\partial x_2/\partial u$，这与(8.15)式的函数 g 和 h 是一致的；(2) 左边的比率 dy/du 也应解释为偏导数，尽管它是由 y 的全微分推导而来的，实质上仍是一个全导数。因此，为使其与简单偏导数 $\partial y/\partial u$ 相区别，我们称其为偏全导数，并以符号 $\S y/\S u$(以 $\S$ 而不是 ∂) 表示；如前面的结果所示，简单偏导数只是加起来构成偏全导数的三项中的一项。[①]

根据上述修正，我们的结果变成

[①] 表示偏全导数的另一种方法是 $\left.\dfrac{dy}{du}\right|_{v\text{不变}}$ 或 $\left.\dfrac{dy}{du}\right|_{dv=0}$

$$\frac{\S y}{\S u} = \frac{\partial y}{\partial x_1}\frac{\partial x_1}{\partial u} + \frac{\partial y}{\partial x_2}\frac{\partial x_2}{\partial u} + \frac{\partial y}{\partial u}. \tag{8.16}$$

它与(8.14)类似。注意,在上式右边已出现符号 $\partial y/\partial u$,从而有必要在左边采用新的符号 $\S y/\S u$ 以表示偏全导数这一概念更广的含义。我们还可以用完全类似的方式,推导出另一个偏全导数 $\S y/\S v$。但由于在(8.15)中 u 和 v 完全对称,所以,我们可采用另一种更简单的方法。即将(8.16)中所有的符号 u 用 v 替换,便可得到 $\S y/\S v$。

运用新符号 $\S y/\S u$ 和 $\S y/\S v$ 表示偏全导数尽管有些不便,但确实可避免与(8.15)式的函数 f 所产生的简单偏导数 $\partial y/\partial u$ 和 $\partial y/\partial v$ 之间的混淆。然而,在 f 函数取 $y = f(x_1, x_2)$ 而不用自变量 u 和 v 的具体情况下,简单偏导数 $\partial y/\partial u$ 和 $\partial y/\partial v$ 没有定义。因此,在这种情况下使用后一种符号 ∂ 表示 y 对 u 和 v 的偏全导数,并没有什么不妥之处,也不可能引起什么混淆。但即使在这种情况下,使用特殊符号 $\S$ 仍是明智之举,因为这可以增加透明度。

本节综述

关于全导数和全微分,我们得出三个结论:

1. 在本节所讨论的各种例子和情形中,无不涉及一个变量与第二个变量函数相关,而第二个变量又与第三个变量函数相关的情况。因而,必然出现链的概念。全导数的项中出现两个导数的一个积(或多个积)便足以证明这一点。所以,(8.12)、(8.14)、(8.16)中的全导数公式也可以视为链求导法则,或复合函数的求导法则的表达式,它是 7.3 节所引入的链求导法则的更复杂形式。

2. 导数的链并不仅限于两个"环节"(两个导数相乘);全导数的概念可拓展至复合函数具有两个或多个环节的情况。

3. 在讨论的所有情形中,全导数,包括偏全导数,度量因变量对链中某些基本变量,或者说对某些具有外生性的或不能表示成其他变量的函数的变量的变化率。全导数和全微分法的实质,是考虑到直接和间接的所有渠道;通过这些渠道,基本变量变化的影响能够传递到所研究的特定因变量中。

练习 8.4

1. 已知下列函数,求其全导数 dz/dy:
   (a) $z = f(x,y) = 5x + xy - y^2$,其中 $x = g(y) = 3y^2$
   (b) $z = 4x^2 - 3xy + 2y^2$,其中 $x = 1/y$
   (c) $z = (x+y)(x-2y)$,其中 $x = 2 - 7y$

2. 给定下列函数,求其全导数 dz/dt:
   (a) $z = x^2 - 8xy - y^3$,其中 $x = 3t, y = 1 - t$
   (b) $z = 7u + vt$,其中 $u = 2t^2, v = t + 1$
   (c) $z = f(x,y,t)$,其中 $x = a + bt, y = c + kt$

3. 若生产函数为 $Q = A(t)K^\alpha L^\beta$,其中 $A(t)$ 是 t 的增函数,且 $K = K_0 + at$,$L = L_0 + bt$,求产出对时间的变化率。

4. 给定下列函数,求偏全导数 $\S W/\S u$ 和 $\S W/\S v$:
   (a) $W = ax^2 + bxy + cu$,其中 $x = \alpha u + \beta v, y = \gamma u$
   (b) $W = f(x_1, x_2)$,其中 $x_1 = 5u^2 + 3v, x_2 = u - 4v^3$

5. 画出适于(8.15)式的通道图。

6. 由(8.15)式,通过求 y 的全微分,然后以 dv 通除 y 的全微分,以正式推导出 $\S y/\S v$ 的表达式。

8.5 隐函数的导数

全导数的概念还可以使我们求出所谓的"隐函数"的导数。

隐函数

形式为 $y = f(x)$ 的函数,比如

$$y = f(x) = 3x^4, \tag{8.17}$$

被称作显函数,因为变量 y 被明确地表示成 x 的函数。若此函数被写成另一种等价形式

$$y - 3x^4 = 0, \tag{8.17'}$$

则我们便不再有显函数了。确切地说,函数(8.17)被隐含地定义于方程(8.17')中了。因此,形式为(8.17')的方程隐含着函数

$y=f(x)$,但我们甚至不知道此函数的具体形式,我们便称其为隐函数。

因为方程的左边是两个变量 y 和 x 的函数,所以一般地,形式为(8.17′)的方程可以写成这种形式:$F(y,x)=0$。注意,这里我们使用大写字母 F,以区别于函数 f。函数 F,代表(8.17′)左边的表达式,具有两个自变量 y 和 x。函数 f,代表隐函数,仅有一个自变量 x。当然,F 函数也可以有不止两个自变量。例如,我们可以有方程 $F(y,x_1,\cdots,x_m)=0$。这样的方程可能定义成隐函数 $y=f(x_1,\cdots,x_m)$。

在上一段最后一个句子中,我们使用了一个不是很确定的词——"可能",这是经过谨慎斟酌的。因为虽然一个显函数,比如 $y=f(x)$,简单地将 $f(x)$ 移至等号左边,使总可以将其变换成方程 $F(y,x)=0$,但这种变换并不总是可逆的。事实上,在某些情况下,给定方程 $F(y,x)=0$,并不能定义显函数 $y=f(x)$。例如,方程 $x^2+y^2=0$ 仅在原点 $(0,0)$ 成立,因此,并不能得到我们所说的有意义的函数。另一个例子是,方程

$$F(y,x) = x^2 + y^2 - 9 = 0, \qquad (8.18)$$

并不是一个函数,而仅代表一种关系,因为如图 8.6 所示,(8.18)绘出图时是一个圆,所以每一 x 值并不对应一个唯一的 y 值。但注意,若我

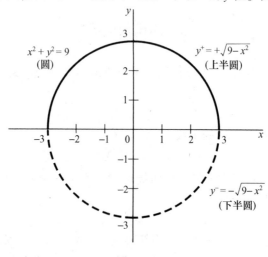

图 8.6

们将 y 值限定为非负,则仅得到上半个圆,它确实构成一个函数,即 $y = +\sqrt{9-x^2}$。类似地,当 y 值为非负时,下半圆构成了另一个函数,$y = -\sqrt{9-x^2}$。相反,左半圆和右半圆则不能构成任何函数。

鉴于这种不确定性,有必要提出下述问题:是否存在已知的一般条件,在此条件下我们可以确定,给定下述形式的一般方程

$$F(y, x_1, \cdots, x_m) = 0, \qquad (8.19)$$

确实可以局部(即在定义域内某些特定点的附近)定义一个隐函数

$$y = f(x_1, \cdots, x_m). \qquad (8.20)$$

此问题的答案由所谓的"隐函数定理"给出。该定理可表述如下:

给定方程(8.19),若(a)函数 F 具有连续偏导数 $F_y, F_1, \cdots, F_m$,且若(b)在点 $(y_0, x_{10}, \cdots, x_{m0})$ 满足方程(8.19),$F_y \neq 0$,则存在一个 $(x_{10}, \cdots, x_{m0})$ 的 m 维邻域 N,在此邻域中,y 是变量 $x_1, \cdots, x_m$ 隐性定义的函数,其函数形式为(8.20)。此隐函数满足 $y_0 = f(x_{10}, \cdots, x_{m0})$,且对邻域 N 内的每个有序 m 元素组 $(x_1, \cdots, x_m)$,也满足方程(8.19)——因而在此邻域内使得(8.19)成为恒等式。而且,隐函数 f 连续,且有连续偏导数 $f_1, \cdots, f_m$。

我们将此定理应用于仅含一个变量的圆的方程(8.18)。首先,我们可证明 $F_y = 2y$ 和 $F_x = 2x$ 连续。其次,我们注意到除了 $y = 0$,即除了在圆上最左边的点 $(-3, 0)$ 和最右边的点 $(3, 0)$ 以外,$F_y \neq 0$。因此,在圆上除 $(-3, 0)$ 和 $(3, 0)$ 外的任意一点,我们都可构造一个邻域,在此邻域内,方程(8.18)定义一个隐函数 $y = f(x)$。这一结论在图8.6中很容易得到证明。在图8.6中除 $(-3, 0)$ 和 $(3, 0)$ 外的任意一点附近,我们确实可以画出一个长方形,使得封闭起来的圆周部分构成一个函数的图形,在此长方形中每个 x 值,对应一个唯一的 y 值。

关于隐函数定理,有以下几点值得注意。首先,定理中所列举的条件实质上是充分条件而非必要条件。这意味着如果我们在满足方程(8.19)的某点求得 $F_y = 0$,我们不能依此定理排除在该点附近隐函数的存在。因为这样的隐函数实际上是可能存在的(参见练习

8.5-7)。① 其次,即便隐函数 f 确实存在,定理并未给出隐函数 f 的形式的任何线索。而且,该定理也并未告诉我们定义隐函数的邻域 N 的大小。但尽管有这些局限性,此定理依然具有重要意义。因为当定理的条件得到满足时,讨论和利用诸如(8.20)这样的函数就变得有意义,即使我们的模型中包含方程(8.19),很难或者不可能将其求解,以便显化成 y 对变量 x 的函数。另外,由于定理也保证偏导数 $f_1,\cdots,f_m$ 的存在,所以现在讨论隐函数的导数也有意义了。

隐函数的导数

若方程 $F(y,x_1,\cdots,x_m)=0$ 对 y 可解,则我们可以将其写成显函数 $y=f(x_1,\cdots,x_m)$,运用前面学过的方法求其导数。例如,解(8.18)可以得到两个独立的方程:

$$y^+ = +\sqrt{9-x^2}, \quad [上半圆]$$
$$y^- = -\sqrt{9-x^2}. \quad [下半圆] \qquad (8.18')$$

其导数如下:

$$\frac{\mathrm{d}y^+}{\mathrm{d}x} = \frac{\mathrm{d}}{\mathrm{d}x}(9-x^2)^{\frac{1}{2}} = \frac{1}{2}(9-x^2)^{-\frac{1}{2}}(-2x)$$

$$= \frac{-x}{\sqrt{9-x^2}} = \frac{-x}{y^+} \quad (y^+ \neq 0),$$

$$\frac{\mathrm{d}y^-}{\mathrm{d}x} = \frac{\mathrm{d}}{\mathrm{d}x}[-(9-x^2)^{\frac{1}{2}}] = -\frac{1}{2}(9-x^2)^{-\frac{1}{2}}(-2x)$$

$$= \frac{x}{\sqrt{9-x^2}} = \frac{-x}{y^-} \quad (y^- \neq 0). \qquad (8.21)$$

但若给定方程 $F(y,x_1,\cdots,x_m)=0$ 不能直接解出 y,那又该如何呢?在这种情况下,若根据隐函数定理可知隐函数存在,则我们仍可不需解出 y 而求得所需要的导数。为此,我们需要运用"隐函数法则"。通过该法则,我们可求出由给定方程所确定的每个隐函数的导数。隐函数法则的推导基于下述基本事实:(1)若两个表达式恒

---

① 另一方面,在整个邻域内若 $F_y=0$,则可得出在该邻域内不存在隐函数的结论。同理,若 $F_y=0$ 恒成立,则在任何一点均不存在隐函数。

等,则它们各自的全微分必定相等;①(2) 对包含变量 $y, x_1, \cdots, x_m$ 的表达式微分,将会得到一个含有微分 $dy, dx_1, \cdots, dx_m$ 的表达式;(3) y 的微分 dy,可以被代换,因此不能解出 y 并无关系。

将上述事实应用于方程 $F(y, x_1, \cdots, x_m) = 0$(回忆一下,此方程在确定隐函数的邻域内具有恒等性质),我们可以写成 $dF = d0$,或者

$$F_y dy + F_1 dx_1 + F_2 dx_2 + \cdots + F_m dx_m = 0. \quad (8.22)$$

由于隐函数 $y = f(x_1, x_2, \cdots, x_m)$ 有全微分

$$dy = f_1 dx_1 + f_2 dx_2 + \cdots + f_n dx_n,$$

我们可以将此式代入(8.22)式,求得

$$(F_y f_1 + F_1) dx_1 + (F_y f_2 + F_2) dx_2 + \cdots + (F_y f_m + F_m) dx_m = 0.$$
$$(8.22')$$

所有的 dx_i 均可以独立变化,这意味着,为使(8.22′)成立,每个括号内的表达式必须为零,即

$$F_y f_i + F_i = 0. \quad (\text{对所有 } i \text{ 成立})$$

两边除以 F_y,解出 f_i,我们得到了求隐函数 $y = f(x_1, x_2, \cdots, x_m)$ 的偏导数 f_i 的"隐函数法则":

$$f_i = \frac{\partial y}{\partial x_i} = -\frac{F_i}{F_y} \quad (i = 1, 2, \cdots, m). \quad (8.23)$$

一个简单的情形是给定方程是 $F(y, x) = 0$,由上述法则得出

---

① 例如,取恒等式
$$x^2 - y^2 \equiv (x + y)(x - y),$$
由于 x 和 y 取任何值,方程两边均相等,所以此式为恒等式。对方程两边取全微分,有
$$d(左边) = 2x dx - 2y dy$$
$$\begin{aligned} d(右边) &= (x - y) d(x + y) + (x + y) d(x - y) \\ &= (x - y)(dx + dy) + (x + y)(dx - dy) \\ &= 2x dx - 2y dy. \end{aligned}$$
这两个结果实际上是相等的。然而,若这两个表达式不恒等,而只是对变量的某些特定的值相等,则全微分不相等。例如,方程
$$x^2 - y^2 = x^2 + y^2 - 2,$$
仅当 $y = \pm 1$ 时成立。两边的全微分为
$$d(左边) = 2x dx - 2y dy,$$
$$d(右边) = 2x dx + 2y dy.$$
显然不等。特别要注意的是,它们在 $y = \pm 1$ 处也不等。

$$\frac{\mathrm{d}y}{\mathrm{d}x} = -\frac{F_x}{F_y}. \qquad (8.23')$$

这个法则表明,即使隐函数的具体形式为未知,我们仍可通过取函数 F 的一对偏导数的比值的负值而求得隐函数的偏导数,其中函数 F 是确定隐函数的已知方程 $F(y,x_1,\cdots,x_m)=0$。要注意的是 F_y 总是以比率的分母而出现。因此,不允许出现 $F_y=0$ 的情况。由于隐函数定理设定在定义隐函数的某点附近 $F_y \neq 0$,因而在该点的相关邻域内分母为零的问题被自动排除了。

例 1 求由 $(8.17')$ 定义的隐函数的导数 $\mathrm{d}y/\mathrm{d}x$。因为 $F(y,x)$ 取 $y-3x^4$ 的形式,由 $(8.23')$,有:

$$\frac{\mathrm{d}y}{\mathrm{d}x} = -\frac{F_x}{F_y} = -\frac{-12x^3}{1} = 12x^3.$$

在这个特定问题中,我们可以很容易解此方程得到 y,即 $y=3x^4$。因此,用上述方法求得的导数的正确与否很容易得到验证。

例 2 求由圆方程 (8.18) 所定义的隐函数的导数 $\mathrm{d}y/\mathrm{d}x$。这里我们有 $F(y,x)=x^2+y^2-9$,因而 $F_y=2y, F_x=2x$,由 $(8.23')$,所求导数为

$$\frac{\mathrm{d}y}{\mathrm{d}x} = -\frac{2x}{2y} = -\frac{x}{y} \quad (y \neq 0).①$$

前面曾指出,由隐函数法则可求出由给定方程确定的每个隐函数的导数。下面,我们用 $(8.18')$ 中的两个函数和它们相应的导数 (8.21) 对此加以验证。若以 y^+ 替代用隐函数法则求得的结果 $\mathrm{d}y/\mathrm{d}x=-x/y$ 中的 y,我们便得到在 (8.21) 中所表示的结果 $\mathrm{d}y^+/\mathrm{d}x$;类似地,以 y^- 替代 y,会得到 (8.21) 中的另一个导数。因而前面的结论得证。

例 3 求由方程 $F(y,x,w)=y^3x^2+w^3+yxw-3=0$ 定义的任意隐函数的偏导数 $\partial y/\partial x$。此方程很难解出 y,但因 F_y, F_x, F_w 明显连续,且 $F_y=3y^2x^2+xw$ 在满足给定方程的点,如 $(1,1,1)$ 确实为非零,所以隐函数 $y=f(x,w)$ 至少在该点确实存在,因而讨论导数 $\partial y/\partial x$

---

① $y \neq 0$ 的限制与前面引出隐函数定理时对 (8.18) 的讨论是非常一致的。

有意义。进而由(8.19),我们可立即得出

$$\frac{\partial y}{\partial x} = -\frac{F_x}{F_y} = -\frac{2y^3 x + yw}{3y^2 x^2 + xw}.$$

在点$(1,1,1)$,该导数之值为$-3/4$。

例 4 假设方程$F(Q,K,L)=0$隐含地定义了一个生产函数$Q=f(K,L)$,让我们求出表示与函数F相关的边际物质产品MPP_K和MPP_L的方法。因为边际产品仅为偏导数$\partial Q/\partial K$和$\partial Q/\partial L$,我们可应用隐函数法则并写出:

$$\mathrm{MPP}_K \equiv \frac{\partial Q}{\partial K} = -\frac{F_K}{F_Q} \quad \text{和} \quad \mathrm{MPP}_L \equiv \frac{\partial Q}{\partial L} = -\frac{F_L}{F_Q}.$$

此外,我们还可由方程$F(Q,K,L)=0$得到另一偏导数

$$\frac{\partial K}{\partial L} = -\frac{F_L}{F_K}.$$

$\partial K/\partial L$的经济含义是什么呢?偏导数符号意味着另一变量Q保持不变,由此可知此导数所描述的K和L的变化实质上是一种"补偿"变化,从而使产出Q维持在某一特定水平不变,因而这种变化属于沿着等产量曲线上的移动,该等产量曲线以K为纵轴,L为横轴绘制。实际上,导数$\partial K/\partial L$是此等产量线斜率的度量,它在正常情况下为负。而$\partial K/\partial L$的绝对值,则是两种投入的边际技术替代率的度量。

推广到联立方程组的情况

隐函数定理也可以更一般的形式出现,它讨论联立方程组

$$\begin{aligned} F^1(y_1,\cdots,y_n;x_1,\cdots,x_m) &= 0, \\ F^2(y_1,\cdots,y_n;x_1,\cdots,x_m) &= 0, \\ &\cdots\cdots\cdots\cdots\cdots\cdots \\ F^n(y_1,\cdots,y_n;x_1,\cdots,x_m) &= 0. \end{aligned} \quad (8.24)$$

此联立方程组定义了一组隐函数[①]

[①] 从另一方面考虑,这些条件可确保(8.24)中的n个方程原则上可解出n个变量$y_1,\cdots,y_n$,尽管我们可能不能以显函数形式得到解(8.25)。

$$y_1 = f^1(x_1, \cdots, x_m),$$
$$y_2 = f^2(x_1, \cdots, x_m),$$
$$\cdots\cdots\cdots\cdots\cdots\cdots \quad (8.25)$$
$$y_n = f^n(x_1, \cdots, x_m).$$

隐函数定理的一般化形式表达如下：

给定方程组(8.24)，若(a)对所有的 y 变量和 x 变量，函数 $F^1, \cdots, F^n$ 均具有连续偏导数，且若(b)在点($y_{10}, \cdots, y_{n0}; x_{10}, \cdots, x_{m0}$)满足方程组(8.24)，且下述雅可比行列式为非零：

$$|J| \equiv \left|\frac{\partial(F^1, \cdots, F^n)}{\partial(y_1, \cdots, y_n)}\right| \equiv \begin{vmatrix} \dfrac{\partial F^1}{\partial y_1} & \dfrac{\partial F^1}{\partial y_2} & \cdots & \dfrac{\partial F^1}{\partial y_n} \\ \dfrac{\partial F^2}{\partial y_1} & \dfrac{\partial F^2}{\partial y_2} & \cdots & \dfrac{\partial F^2}{\partial y_n} \\ \cdots\cdots\cdots\cdots\cdots\cdots\cdots \\ \dfrac{\partial F^n}{\partial y_1} & \dfrac{\partial F^n}{\partial y_2} & \cdots & \dfrac{\partial F^n}{\partial y_n} \end{vmatrix} \neq 0.$$

则存在一个($x_{10}, \cdots, x_{m0}$)的 m 维邻域 N，在此邻域内，变量 $y_1, \cdots, y_n$ 是变量 $x_1, \cdots, x_m$ 的函数，其形式如(8.25)。这些隐函数满足

$$y_{10} = f^1(x_{10}, \cdots, x_{m0}),$$
$$\cdots\cdots\cdots\cdots\cdots\cdots$$
$$y_{n0} = f^n(x_{10}, \cdots, x_{m0}).$$

对邻域 N 中的每个 m 元数组($x_1, \cdots, x_m$)，它们也满足 (8.24)——因而在此邻域中使得(8.24)成为一组恒等式。而且，隐函数 $f^1, \cdots, f^n$ 连续，且对所有的 x 变量具有连续偏导数。

同单一方程的情况一样，可直接从(8.24)的 n 个方程中解得隐函数的偏导数，而不需解出变量 y。利用在邻域 N 中(8.24)为恒等式这一事实，我们可以对每个恒等式取全微分并写成 $\mathrm{d}F^j = 0 (j=1, 2, \cdots, n)$。其结果是包括微分 $\mathrm{d}y_1, \cdots, \mathrm{d}y_n$ 和 $\mathrm{d}x_1, \cdots, \mathrm{d}x_m$ 的方程组。具体地，将 $\mathrm{d}x_i$ 项移至等号右边后，我们有

$$\frac{\partial F^1}{\partial y_1}dy_1 + \frac{\partial F^1}{\partial y_2}dy_2 + \cdots + \frac{\partial F^1}{\partial y_n}dy_n = -\left(\frac{\partial F^1}{\partial x_1}dx_1 + \cdots + \frac{\partial F^1}{\partial x_m}dx_m\right),$$

$$\frac{\partial F^2}{\partial y_1}dy_1 + \frac{\partial F^2}{\partial y_2}dy_2 + \cdots + \frac{\partial F^2}{\partial y_n}dy_n = -\left(\frac{\partial F^2}{\partial x_1}dx_1 + \cdots + \frac{\partial F^2}{\partial x_m}dx_m\right),$$

$$\cdots\cdots\cdots\cdots\cdots\cdots\cdots\cdots\cdots\cdots\cdots\cdots\cdots\cdots\cdots\cdots\cdots\cdots\cdots\cdots\cdots\cdots$$

$$\frac{\partial F^n}{\partial y_1}dy_1 + \frac{\partial F^n}{\partial y_2}dy_2 + \cdots + \frac{\partial F^n}{\partial y_n}dy_n = -\left(\frac{\partial F^n}{\partial x_1}dx_1 + \cdots + \frac{\partial F^n}{\partial x_m}dx_m\right).$$

(8.26)

并且,由(8.25),我们可以将变量 y_i 的微分写成:

$$dy_1 = \frac{\partial y_1}{\partial x_1}dx_1 + \frac{\partial y_1}{\partial x_2}dx_2 + \cdots + \frac{\partial y_1}{\partial x_m}dx_m,$$

$$dy_2 = \frac{\partial y_2}{\partial x_1}dx_1 + \frac{\partial y_2}{\partial x_2}dx_2 + \cdots + \frac{\partial y_2}{\partial x_m}dx_m,$$

(8.27)

$$\cdots\cdots\cdots\cdots\cdots\cdots\cdots\cdots\cdots\cdots\cdots\cdots\cdots\cdots$$

$$dy_n = \frac{\partial y_n}{\partial x_1}dx_1 + \frac{\partial y_n}{\partial x_2}dx_2 + \cdots + \frac{\partial y_n}{\partial x_m}dx_m.$$

可用(8.27)式消去(8.26)中的 dy_j 项。但由于代入的过程很麻烦,我们仅考虑以下简化情形:仅 x_1 变化,而其他变量 $x_2,\cdots,x_m$ 保持不变。在(8.26)和(8.27)中令 $dx_1 \neq 0$,而 $dx_2 = \cdots = dx_m = 0$,然后将(8.27)代入(8.26),两边同除以 $dx_1 \neq 0$,我们得到方程组:

$$\frac{\partial F^1}{\partial y_1}\left(\frac{\partial y_1}{\partial x_1}\right) + \frac{\partial F^1}{\partial y_2}\left(\frac{\partial y_2}{\partial x_1}\right) + \cdots + \frac{\partial F^1}{\partial y_n}\left(\frac{\partial y_n}{\partial x_1}\right) = -\frac{\partial F^1}{\partial x_1},$$

$$\frac{\partial F^2}{\partial y_1}\left(\frac{\partial y_1}{\partial x_1}\right) + \frac{\partial F^2}{\partial y_2}\left(\frac{\partial y_2}{\partial x_1}\right) + \cdots + \frac{\partial F^2}{\partial y_n}\left(\frac{\partial y_n}{\partial x_1}\right) = -\frac{\partial F^2}{\partial x_1},$$

(8.28)

$$\cdots\cdots\cdots\cdots\cdots\cdots\cdots\cdots\cdots\cdots\cdots\cdots\cdots\cdots\cdots\cdots$$

$$\frac{\partial F^n}{\partial y_1}\left(\frac{\partial y_1}{\partial x_1}\right) + \frac{\partial F^n}{\partial y_2}\left(\frac{\partial y_2}{\partial x_1}\right) + \cdots + \frac{\partial F^n}{\partial y_n}\left(\frac{\partial y_n}{\partial x_1}\right) = -\frac{\partial F^n}{\partial x_1}.$$

即使是这一结果(仅有 x_1 变化),因为全是导数,它看起来也是很复杂的。然而如果我们能够区分(8.28)中的两类导数,其结构却很容易理解。我们用括号括起来的一类导数是我们要求的隐函数对 x_1

的导数,这些应被看做需要从(8.28)中解出的"变量"。另一类导数则是(8.24)中给出的 F_j 函数的偏导数。由于它们在点 $(y_{10},\cdots,y_{n0};x_{10},\cdots,x_{m0})$——在其附近定义隐函数的点——均取特定值,这里它们不是偏导函数,而是导数值。因此,它们可以被视为给定的常数。这使得(8.28)变成了一个线性方程组,其结构类似于(4.1)。有趣的是,这一线性方程组产生于对一个并非必然是线性的问题的分析过程中,因为对方程组(8.24)没有任何线性限制条件。因此,我们这里也阐释了线性代数如何可以在非线性问题中发挥作用。

作为线性方程组,(8.28)式可以用矩阵符号表示成:

$$\begin{bmatrix} \dfrac{\partial F^1}{\partial y_1} & \dfrac{\partial F^1}{\partial y_2} & \cdots & \dfrac{\partial F^1}{\partial y_n} \\ \dfrac{\partial F^2}{\partial y_1} & \dfrac{\partial F^2}{\partial y_2} & \cdots & \dfrac{\partial F^2}{\partial y_n} \\ \cdots\cdots\cdots\cdots\cdots\cdots \\ \dfrac{\partial F^n}{\partial y_1} & \dfrac{\partial F^n}{\partial y_2} & \cdots & \dfrac{\partial F^n}{\partial y_n} \end{bmatrix} \begin{pmatrix} \left(\dfrac{\partial y_1}{\partial x_1}\right) \\ \left(\dfrac{\partial y_2}{\partial x_1}\right) \\ \vdots \\ \left(\dfrac{\partial y_n}{\partial x_1}\right) \end{pmatrix} = \begin{bmatrix} -\dfrac{\partial F^1}{\partial x_1} \\ -\dfrac{\partial F^2}{\partial x_1} \\ \vdots \\ -\dfrac{\partial F^n}{\partial x_1} \end{bmatrix}. \quad (8.28')$$

因为(8.28′)中的系数矩阵只不过是特定的雅可比行列式 $|J|$,在隐函数定理的条件下,它不等于零。又因为方程组必是非齐次的(为什么?),所以方程组(8.28′)有唯一解。根据克莱姆法则,此解的解析表达式可表示成

$$\left(\frac{\partial y_j}{\partial x_1}\right) = \frac{|J_j|}{|J|}, \quad (j=1,2,\cdots,n). \quad [见(5.18)] \quad (8.29)$$

适当调整上述步骤,隐函数对其他变量 $x_2,\cdots,x_m$ 的偏导数也可以得到。这一过程的一个令人满意的特征是,当每次我们让一个特定的变量 x_i 变化,我们可以一次性获得所有隐函数 $f^1,\cdots,f^n$ 对该变量的偏导数。

与单一方程相适应的隐函数法则(8.23)相似,在计算隐函数 $f^1,\cdots,f^n$ 的偏导数时,其步骤仅要求运用函数 $F[$在点 $(y_{10},\cdots,y_{n0};x_{10},\cdots,x_{m0})$ 计算而来$]$的偏导数。因此,矩阵方程(8.28′)和其解析解(8.29)实际上表述了联立方程组形式的隐函数法则。

注意，要求$|J|\neq 0$，就排除了(8.29)分母为零的情况，这与在隐函数法则(8.23)和(8.23′)中要求$F_y\neq 0$是一样的。同样，条件$|J|\neq 0$在保证一般方程组(可能是非线性的)(8.25)具有唯一解(尽管是隐式解)方面所起的作用，与线性方程组$Ax=d$中的非奇异条件$|A|\neq 0$所起的作用是非常相似的。

例5 以下三个方程

$$xy - w = 0, \quad F^1 = (x,y,w;z) = 0;$$
$$y - w^3 - 3z = 0, \quad F^2 = (x,y,w;z) = 0;$$
$$w^3 + z^3 - 2zw = 0, \quad F^3 = (x,y,w;z) = 0;$$

在点$P:(x,y,w;z)=\left(\dfrac{1}{4},4,1,1\right)$成立。$F^j$函数显然有连续偏导数。因此，若在点$P$雅可比行列式$|J|\neq 0$，我们即可利用隐函数定理求出比较静态导数$(\partial x/\partial z)$。

首先，我们求出方程组的全微分：

$$y\mathrm{d}x + x\mathrm{d}y - \mathrm{d}w = 0,$$
$$\mathrm{d}y - 3w^2\mathrm{d}w - 3\mathrm{d}z = 0,$$
$$(3w^2 - 2z)\mathrm{d}w + (3z^2 - 2w)\mathrm{d}z = 0,$$

将外生的微分(及其系数)移到右边，写成矩阵形式，我们有，

$$\begin{bmatrix} y & x & -1 \\ 0 & 1 & -3w^2 \\ 0 & 0 & (3w^2-2z) \end{bmatrix} \begin{bmatrix} \mathrm{d}x \\ \mathrm{d}y \\ \mathrm{d}w \end{bmatrix} = \begin{bmatrix} 0 \\ 1 \\ 2w-3z^2 \end{bmatrix}\mathrm{d}z.$$

左边的系数矩阵是雅可比矩阵

$$|J| = \begin{vmatrix} F^1_x & F^1_y & F^1_w \\ F^2_x & F^2_y & F^2_w \\ F^3_x & F^3_y & F^3_w \end{vmatrix} = \begin{vmatrix} y & x & -1 \\ 0 & 1 & -3w^2 \\ 0 & 0 & (3w^2-2z) \end{vmatrix} = y(3w^2-2z).$$

在点P，雅可比行列式$|J|=4\neq 0$，因此，可应用隐函数定理，

$$\begin{bmatrix} y & x & -1 \\ 0 & 1 & -3w^2 \\ 0 & 0 & (3w^2-2z) \end{bmatrix} \begin{bmatrix} \left(\dfrac{\partial x}{\partial z}\right) \\ \left(\dfrac{\partial y}{\partial z}\right) \\ \left(\dfrac{\partial w}{\partial z}\right) \end{bmatrix} = \begin{bmatrix} 0 \\ 3 \\ 2w-3z^2 \end{bmatrix}.$$

利用克莱姆法则,解出 $\left(\dfrac{\partial x}{\partial z}\right)$,

$$\left(\dfrac{\partial x}{\partial z}\right) = \dfrac{\begin{vmatrix} 0 & x & -1 \\ 3 & 1 & -3w^2 \\ 2w-3z^2 & 0 & 3w^2-2z \end{vmatrix}}{|J|} = \dfrac{\begin{vmatrix} 0 & \dfrac{1}{4} & -1 \\ 3 & 1 & -3 \\ 1 & 0 & 1 \end{vmatrix}}{4}$$

$$= 0 + (-3)\dfrac{\begin{vmatrix} \dfrac{1}{4} & -1 \\ 0 & 1 \end{vmatrix}}{4} + (-1)\dfrac{\begin{vmatrix} \dfrac{1}{4} & -1 \\ 1 & -3 \end{vmatrix}}{4}$$

$$= \dfrac{-3}{16} + \dfrac{-1}{16}$$

$$= -\dfrac{1}{4}.$$

例 6 将国民收入模型(7.17)重新写成下述形式

$$\begin{aligned} Y - C - I_0 - G_0 &= 0, \\ C - \alpha - \beta(Y-T) &= 0, \\ T - \gamma - \delta Y &= 0. \end{aligned} \quad (8.30)$$

若我们将内生变量 (Y,C,T) 取为 (y_1,y_2,y_3),将外生变量和参数 $(I_0, G_0,\alpha,\beta,\gamma,\delta)$ 取为 $(x_1,x_2,\cdots,x_6)$,则每个方程左边的表达式可以视为一个特定的 F 函数,其形式为 $F^j(Y,C,T;I_0,G_0,\alpha,\beta,\gamma,\delta)$。因此,(8.30)是(8.24)的一个特例,其中 $n=3, m=6$。因为函数 F^1, F^2 和 F^3 确实具有连续偏导数,且相应的雅可比行列式(仅包括内生变量的行列式)

$$|J| = \begin{vmatrix} \dfrac{\partial F^1}{\partial Y} & \dfrac{\partial F^1}{\partial C} & \dfrac{\partial F^1}{\partial T} \\ \dfrac{\partial F^2}{\partial Y} & \dfrac{\partial F^2}{\partial C} & \dfrac{\partial F^2}{\partial T} \\ \dfrac{\partial F^3}{\partial Y} & \dfrac{\partial F^3}{\partial C} & \dfrac{\partial F^3}{\partial T} \end{vmatrix} = \begin{vmatrix} 1 & -1 & 0 \\ -\beta & 1 & \beta \\ -\delta & 0 & 1 \end{vmatrix} = 1 - \beta + \beta\delta$$

(8.31)

总不为零(β 和 δ 被限定为正分数),所以我们可以在满足(8.30)的任意一点附近把 Y,C,T 看做 $(I_0,G_0,\alpha,\beta,\gamma,\delta)$ 的隐函数。但满足(8.30)的点应是与 Y^*、C^* 和 T^* 相关的均衡解,因此,根据隐函数定理我们可以写成

$$Y^* = f^1(I_0, G_0, \alpha, \beta, \gamma, \delta),$$
$$C^* = f^2(I_0, G_0, \alpha, \beta, \gamma, \delta),$$
$$T^* = f^3(I_0, G_0, \alpha, \beta, \gamma, \delta).$$

此式表明内生变量的均衡值是外生变量及参数的隐函数。

隐函数的偏导数,如 $\partial Y^*/\partial I_0$ 和 $\partial Y^*/\partial G_0$ 等,实质上是比较静态导数。为求得这些导数,我们仅需计算模型在均衡状态时的 F 函数的偏导数。进而,因 $n=3$,所以通过一次运算可得到三个偏导数值。现在我们假设除 G_0 外,所有其他外生变量和参数保持不变,则由(8.28)的结果,我们可以写成方程

$$\begin{bmatrix} 1 & -1 & 0 \\ -\beta & 1 & \beta \\ -\delta & 0 & 1 \end{bmatrix} \begin{bmatrix} \partial Y^*/\partial G_0 \\ \partial C^*/\partial G_0 \\ \partial T^*/\partial G_0 \end{bmatrix} = \begin{bmatrix} 1 \\ 0 \\ 0 \end{bmatrix}.$$

由此式可以计算出三个比较静态导数(均为对 G_0 的导数)。例如,表示政府支出乘数的第一个导数为

$$\frac{\partial Y^*}{\partial G_0} = \frac{\begin{vmatrix} 1 & -1 & 0 \\ 0 & 1 & \beta \\ 0 & 0 & 1 \end{vmatrix}}{|J|} = \frac{1}{1-\beta+\beta\delta}. \quad [\text{由}(8.31)]$$

当然,这不过是前面在(7.19)中所得到的结果。但要注意,我们这里所运用的方法只是对隐函数进行运算,完全不需解方程组(8.30)

以求得 Y^*, C^* 和 T^*。正是由于这种方法的此类特征,才使得我们可以处理本质上难以有显式解的一般函数模型的比较静态分析问题。

练习 8.5

1 求以下 $F(x,y)=0$ 的 $\dfrac{dy}{dx}$。

   (a) $y-6x+7=0$

   (b) $3y+12x+17=0$

   (c) $x^2+6x-13-y=0$

2 对每一 $F(x,y)=0$,用隐函数法则求 $\dfrac{dy}{dx}$。

   (a) $F(x,y)=3x^2+2xy+4y^3=0$

   (b) $F(x,y)=12x^5-2y=0$

   (c) $F(x,y)=7x^2+2xy^2+9y^4=0$

   (d) $F(x,y)=6x^3-3y=0$

3 对每一 $F(x,y,z)=0$,用隐函数法则求 $\dfrac{\partial y}{\partial x}$ 和 $\dfrac{\partial y}{\partial z}$。

   (a) $F(x,y,z)=x^2y^3+z^2+xyz=0$

   (b) $F(x,y,z)=x^3z^2+y^3+4xyz=0$

   (c) $F(x,y,z)=3x^2y^3+xz^2y^2+y^3zx^4+y^2z=0$

4 假设方程 $F(U,x_1,x_2,\cdots,x_n)=0$ 隐式定义了一个效用函数 $U=f(x_1,x_2,\cdots,x_n)$:

   (a) 求 $\partial u/\partial x_2$, $\partial u/\partial x_n$, $\partial x_3/\partial x_2$, $\partial x_4/\partial x_n$ 的表达式。

   (b) 分别解释其经济含义。

5 给定如下方程 $F(y,x)=0$:

   (a) $x^3-2x^2y+3xy^2-22=0$

   (b) $2x^2+4xy-y^4+67=0$

   在点 $(y=3,x=1)$ 附近能确定一个隐函数 $y=f(x)$ 吗?若你的答案是肯定的,用隐函数法则求 dy/dx,并在点 $(y=3,x=1)$ 处计算其值。

6 已知 $x^2+3xy+2yz+y^2+z^2-11=0$,在点 $(x=1,y=2,z=0)$ 附近能否定义隐函数 $z=f(x,y)$?若能,运用隐函数法则求 $\partial z/\partial x$, $\partial z/\partial y$,并计算其在该点的

值。

7 在原点附近的邻域内,考察方程 $F(y,x) = (x-y)^3 = 0$,证明隐函数定理所提到的条件并非必要条件。

8 如果方程 $F(x,y,z) = 0$ 将三个变量中的每个变量定义为另两个变量的隐函数,且如果所要求的导数均存在,求下式的值:
$$\frac{\partial z}{\partial x} \frac{\partial x}{\partial y} \frac{\partial y}{\partial z}.$$

9 验证正文中的结论"方程组(8.28′)必定为非齐次的"是正确的。

10 由国民收入模型(8.30),运用隐函数法则求非所得税乘数。与(7.20)相比较,验证你的结果。

8.6 一般函数模型的比较静态学

当我们在第7章初次考察比较静态分析问题时,我们讨论了这样一种情况:模型内生变量的均衡值可由外生变量和参数显式表示。在那里,简单的偏微分技术已足以解决全部问题。但是,当模型含有以一般形式表示的函数时,由于难以得到显示解,偏微分技术已难以适应。因此必须使用像全微分、全导数,以及隐函数定理、隐函数法则等新的方法。我们首先用市场模型,然后再运用国民收入模型来介绍这些方法。

市场模型

考察一个单一商品市场,其中需求量 Q_d 不仅是价格 P,而且是外生确定的收入 Y_0 的函数,但供给量 Q_s 则仅是价格的函数。如果这些函数并未以具体形式给出,则我们可以将这个模型一般地写成:

$$Q_d = Q_s,$$
$$Q_d = D(P, Y_0) \quad (\partial D/\partial P < 0; \partial D/\partial Y_0 > 0), \quad (8.32)$$
$$Q_s = S(P) \quad (dS/dP > 0).$$

假设函数 D 和 S 均拥有连续偏导数,或者换句话说,均具有平滑的曲线;而且,为了保证其经济意义,我们对这些导数的符号施加明确的限制。尽管供给函数可以是线性的,也可以是非线性的,但限

制条件 $dS/dP > 0$ 规定了供给函数是严格单调递增函数。类似地，对需求函数的两个偏导数符号的限制可以表明它是价格的严格减函数、收入的严格增函数。为书写简便起见，函数的偏导数的符号可以直接由自变量下方的"＋"或"－"号表示，于是(8.32)中的函数 D 和 S 可表示为

$$Q_d = D(\underset{-}{P}, \underset{+}{Y_0}), \quad Q_s = S(\underset{+}{P}).$$

这些限制可以把分析限定在我们希望遇到的"正常"情况。

在描绘通常的二维需求曲线时，收入水平被假定为固定不变。当收入变化时，由于会导致需求曲线移动而破坏给定的均衡。类似地，在(8.32)中，Y_0 可通过需求函数导致非均衡变化。这里，Y_0 是唯一的外生变量或参数，所以此模型的比较静态分析就只关注 Y_0 的变化如何影响模型的均衡状态。

市场的均衡状态由均衡条件 $Q_d = Q_s$ 所确定。通过替代和重排，均衡条件可以表示成：

$$D(P, Y_0) - S(P) = 0, \tag{8.33}$$

尽管不能解此方程求出均衡价格 P^*，但我们仍假设确实存在静态均衡——否则即便提出比较静态分析问题都没有意义。根据我们处理具体函数模型的经验，我们可以预期 P^* 是外生变量 Y_0 的函数：

$$P^* = P^*(Y_0). \tag{8.34}$$

现在我们借助于隐函数定理，对这种预期提供严格的依据。因为(8.33)的形式是 $F(P, Y_0) = 0$，满足隐函数定理的条件将会保证在满足(8.33)的某一点的邻域内，即在均衡(初始或旧的)解的邻域内，每一个 Y_0 值都得到一个唯一的 P^* 值。在此情况下，我们实际上可以写出隐函数 $P^* = P^*(Y_0)$，并讨论其导数 dP^*/dY_0——我们知道它是存在的，它正是我们所要求的比较静态导数。现在我们来检验那些条件。首先，函数 $F(P^*, Y_0)$ 确实具有连续导数，因为根据假设，函数和的两个部分 $D(P, Y_0)$ 和 $S(P)$ 均具有连续导数；其次，函数 F 对 P 的偏导数，即 $F_P = \partial D/\partial P - dS/dP$ 为负，因此无论在何处计算均不等于零。因此，可应用隐函数定理，且(8.34)确实成立。

基于同样的定理，均衡条件(8.33)在均衡解的某一邻域内可视

作恒等式。这样,我们可以把均衡等式写成

$$\underbrace{D(P^*, Y_0) - S(P^*)}_{F(P^*, Y_0)} \equiv 0. \quad [\text{均衡时过度需求} \equiv 0]$$

(8.35)

则只需直接应用隐函数法则便可得到比较静态导数 dP^*/dY_0。为便于识别,以后我们将导数 dP^*/dY_0 加上括号以区别于一般的导数。这些导数只是模型特征的一部分。比较静态导数的结果是

$$\left(\frac{dP^*}{dY_0}\right) = -\frac{\partial F/\partial Y_0}{\partial F/\partial P^*} = -\frac{\partial D/\partial Y_0}{\partial D/\partial P^* - dS/dP^*} > 0. \quad (8.36)$$

在此结果中,表达式 $\partial D/\partial P^*$ 是导数 $\partial D/\partial P$ 在初始均衡点 $P = P^*$ 处计算的值。对 dS/dP^* 也可以作类似的解释。事实上, $\partial D/\partial Y_0$ 也必须在均衡点计算。由于(8.32)中符号的设定,(dP^*/dY_0) 恒为正,因此我们的定性结论是:收入水平的提高(下降)将会导致均衡价格的提高(下降)。如果供给函数和需求函数在初始均衡的导数值为已知,则(8.36)当然也会给出定量的结论。

上述讨论涉及 Y_0 变化对 P^* 的影响。那么,能否发现 Y_0 变化对均衡数量 $Q^*(= Q_d^* = Q_s^*)$ 的影响呢?答案是肯定的。因为在均衡状态,我们有 $Q^* = S(P^*)$,又因为 $P^* = P^*(Y_0)$,我们可应用链式法则得到导数

$$\left(\frac{dQ^*}{dY_0}\right) = \frac{dS}{dP^*}\left(\frac{dP^*}{dY_0}\right) > 0. \quad [\text{因为} \frac{dS}{dP^*} > 0] \quad (8.37)$$

因此,在此模型中,均衡数量也与 Y_0 正相关。而且,如果各导数在均衡时的取值已知,(8.37)也会给出定量的结论。

(8.36)和(8.37)包括了市场模型中所有的比较静态分析的内容(因为这里只有两个内生变量和一个外生变量),这些结果并不出人意料。事实上,它们只不过传递了这样一个命题:需求曲线向上移动将会导致更高的均衡价格和更大的均衡数量。好像只用简单的图解分析就可以得到同样的命题,这似乎有道理,但人们不应忽略我们这里所用的分析方法具有更普遍的一般性。再重复一遍:图形分析就其本质而言仅局限于一组具体的曲线(即一组特定函数的几何表示),因此严格地说,其结论也仅与这组曲线相联系,仅适应于这组

曲线。与此形成鲜明对照的是,(8.32)式虽然简单,却包含了斜率为负的需求曲线和斜率为正的供给曲线所有可能组合的全部集合,这样它也就更为一般化。此外,这里采用的分析方法还可处理图形分析方法难以解决的远为复杂的问题。

联立方程法

模型(8.32)的分析是以一个单一方程即(8.35)为基础完成的。由于一个方程只能包含一个内生变量,所以包含了 P^* 则意味着排除了 Q^*。因而我们不得不首先求出 $(\mathrm{d}P^*/\mathrm{d}Y_0)$,然后在下一步再导出 $(\mathrm{d}Q^*/\mathrm{d}Y_0)$。现在我们来介绍如何同时研究 P^* 和 Q^*。因为有两个内生变量,相应地我们要建立由两个方程组成的方程组。首先,令(8.32)中的 $Q = Q_d = Q_s$,并重排,我们可将市场模型表示成

$$F^1(P,Q;Y_0) = D(P,Y_0) - Q = 0, \\ F^2(P,Q;Y_0) = S(P) - Q = 0. \tag{8.38}$$

此式与(8.24)的形式一致,其中 $n=2, m=1$。再一次检验隐函数定理的条件是有意义的。首先,因需求与供给函数均假定有连续偏导数,所以函数 F^1 与 F^2 必定也具有连续偏导数。其次,内生变量雅可比行列式(包含 P 和 Q 的雅可比行列式)确实不为零,不管在哪一点计算其值。因为:

$$|J| = \begin{vmatrix} \dfrac{\partial F^1}{\partial P} & \dfrac{\partial F^1}{\partial Q} \\ \dfrac{\partial F^2}{\partial P} & \dfrac{\partial F^2}{\partial Q} \end{vmatrix} = \begin{vmatrix} \dfrac{\partial D}{\partial P} & -1 \\ \dfrac{\mathrm{d}S}{\mathrm{d}P} & -1 \end{vmatrix} = \dfrac{\mathrm{d}S}{\mathrm{d}P} - \dfrac{\partial D}{\partial P} > 0. \tag{8.39}$$

因此,如果均衡解存在(我们必须作这样的假定才能使我们对比较静态学的讨论有意义),根据隐函数定理我们可以写出隐函数:

$$P^* = P^*(Y_0) \quad \text{和} \quad Q^* = Q^*(Y_0). \tag{8.40}$$

尽管我们不能解出 P^* 和 Q^*。我们知道,这些函数具有连续导数,而且在均衡状态的某一邻域内,(8.38)是一对恒等式,所以我们也可以写成

$$D(P^*,Y_0) - Q^* \equiv 0, \quad [\text{即 } F^1(P^*,Q^*;Y_0) \equiv 0] \\ S(P^*) - Q^* \equiv 0. \quad [\text{即 } F^2(P^*,Q^*;Y_0) \equiv 0] \tag{8.41}$$

由隐函数法则(8.28′),(dP^*/dY_0)和(dQ^*/dY_0)可同时得到。

在目前的情形下,F^1,F^2 由(8.41)式定义,两个内生变量为 P^* 和 Q^*,唯一的外生变量为 Y_0,隐函数法则取以下形式

$$\begin{bmatrix} \dfrac{\partial F^1}{\partial P^*} & \dfrac{\partial F^1}{\partial Q^*} \\ \dfrac{\partial F^2}{\partial P^*} & \dfrac{\partial F^2}{\partial Q^*} \end{bmatrix} \begin{pmatrix} \dfrac{\mathrm{d} P^*}{\mathrm{d} Y_0} \\ \dfrac{\mathrm{d} Q^*}{\mathrm{d} Y_0} \end{pmatrix} = \begin{bmatrix} -\dfrac{\partial F^1}{\partial Y_0} \\ -\dfrac{\partial F^2}{\partial Y_0} \end{bmatrix}.$$

注意这里的比较静态导数使用符号 d 而非 ∂,这是因为该问题中只有一个外生变量。特别地,上一式可以表示为

$$\begin{bmatrix} \dfrac{\partial D}{\partial P^*} & -1 \\ \dfrac{\mathrm{d} S}{\mathrm{d} P^*} & -1 \end{bmatrix} \begin{pmatrix} \dfrac{\mathrm{d} P^*}{\mathrm{d} Y_0} \\ \dfrac{\mathrm{d} Q^*}{\mathrm{d} Y_0} \end{pmatrix} = \begin{bmatrix} -\dfrac{\partial D}{\partial Y_0} \\ 0 \end{bmatrix}.$$

由克莱姆法则,并利用(8.39),我们得到解为:

$$\left(\dfrac{\mathrm{d} P^*}{\mathrm{d} Y_0} \right) = \dfrac{\begin{vmatrix} -\dfrac{\partial D}{\partial Y_0} & -1 \\ 0 & -1 \end{vmatrix}}{|J|} = \dfrac{\dfrac{\partial D}{\partial Y_0}}{|J|},$$

$$\left(\dfrac{\mathrm{d} Q^*}{\mathrm{d} Y_0} \right) = \dfrac{\begin{vmatrix} \dfrac{\partial D}{\partial P^*} & -\dfrac{\partial D}{\partial Y_0} \\ \dfrac{\mathrm{d} S}{\mathrm{d} P^*} & 0 \end{vmatrix}}{|J|} = \dfrac{\dfrac{\mathrm{d} S}{\mathrm{d} P^*} \dfrac{\partial D}{\partial Y_0}}{|J|}. \tag{8.42}$$

其中需求与供给函数(包括那些在雅可比行列式中的供求函数)的所有导数均在初始均衡处计算其值。读者可以验证,刚才所得到的结果与前面通过单一方程方法所得到的结果(8.36)和(8.37)是一致的。

在直接应用隐函数法则之外,我们也可通过以下方法得到同样的结果。首先对(8.41)式的每个等式求全微分,得到变量 $\mathrm{d} P^*$ 和 $\mathrm{d} Q^*$ 的线性方程组:

$$\dfrac{\partial D}{\partial P^*} \mathrm{d} P^* - \mathrm{d} Q^* = -\dfrac{\partial D}{\partial Y_0} \mathrm{d} Y_0,$$

$$\frac{\mathrm{d}S}{\mathrm{d}P^*}\mathrm{d}P^* - \mathrm{d}Q^* = 0.$$

然后两边同除以 $\mathrm{d}Y_0 \neq 0$,将两个微分的商视为导数。

全导数方法的运用

上面所介绍的单一方程法和联立方程组法均具有一个共同的特点:都对均衡恒等式两边取全微分,然后令其相等来应用隐函数法则。然而,不取全微分,仍可能对特定的外生变量或参数取全导数,并令其结果相等。

例如,在单一方程法中,均衡恒等式为

$$D(P^*, Y_0) - S(P^*) \equiv 0, \quad [由(8.35)]$$

其中 $\quad P^* = P^*(Y_0), \quad [由(8.34)]$

在均衡恒等式两边对 Y_0 取全导数(这不仅考虑到了 Y_0 变化的直接影响,而且也考虑到了间接影响),因而得到方程

$$\frac{\partial D}{\partial P^*}\left(\frac{\mathrm{d}P^*}{\mathrm{d}Y_0}\right) + \frac{\partial D}{\partial Y_0} - \frac{\mathrm{d}S}{\mathrm{d}P^*}\left(\frac{\mathrm{d}P^*}{\mathrm{d}Y_0}\right) = 0.$$

(Y_0 对 D 的　　(Y_0 对 D 的　　(Y_0 对 S 的
间接影响)　　　直接影响)　　　间接影响)

将此式解出($\mathrm{d}P^*/\mathrm{d}Y_0$),其结果与(8.36)是一致的。

而在联立方程法中,有两个均衡恒等式

$$D(P^*, Y_0) - Q^* \equiv 0,$$
$$S(P^*) - Q^* \equiv 0, \quad [由(8.41)]$$

其中 $\quad P^* = P^*(Y_0), \quad Q^* = Q^*(Y_0). \quad [由(8.40)]$

显然,Y_0 变化的各种影响很难识别,但借助于图 8.7 的通道图,影响的模式就变得非常明了了。比如,由此通道图可知,将函数 D 对 Y_0 微分时,我们必须考虑到 Y_0 通过 P^* 对 D 的间接影响,以及 Y_0 的直接影响(曲线箭头)。另一方面,在将函数 S 对 Y_0 微分时,则只需考虑通过 P^* 对 S 的间接影响。所以经重新整理后,两个恒等式对 Y_0 微分的结果是下面两个方程

$$\frac{\partial D}{\partial P^*}\left(\frac{\mathrm{d}P^*}{\mathrm{d}Y_0}\right) - \left(\frac{\mathrm{d}Q^*}{\mathrm{d}Y_0}\right) = -\frac{\partial D}{\partial Y_0},$$

$$\frac{dS}{dP^*}\left(\frac{dP^*}{dY_0}\right) - \left(\frac{dQ^*}{dY_0}\right) = 0.$$

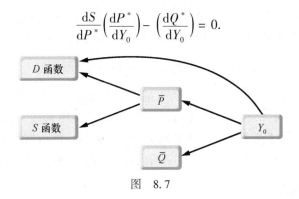

图 8.7

当然,它们与通过全微分法得到的方程是一致的,而且由它们可再次导出(8.42)中的比较静态导数。

国民收入模型(IS-LM)

隐函数定理的典型应用是在一般形式的 IS-LM 模型中。① 这一宏观经济模型中的均衡由同时导致商品市场和货币市场均衡的收入水平和利率刻画。

商品市场由以下方程描述:
$$Y = C + I + G, \quad C = C(Y - T), \quad G = G_0,$$
$$I = I(r), \quad T = T(Y).$$

Y 为国民生产总值(GDP)或国民收入。在这一模型中,Y 也可以被视为总供给。C, I, G,和 T 分别是消费、投资、政府支出和税收。

1. 消费被假定为可支配收入 $(Y-T)$ 的严格递增函数。如果我们将可支配收入记为 $Y^d = Y - T$,则消费函数可表示为
$$C = C(Y^d),$$
其中 $dC/dY = C'(Y^d)$ 为边际消费倾向 $[0 < C'(Y^d) < 1]$。

2. 消费支出被假定为利息率 r 的严格递减函数。
$$\frac{dI}{dr} = I'(r) < 0.$$

---

① IS 表示"投资(investment)等于储蓄(savings)",LM 表示"流动性偏好(liquidity preference)等于货币供给(money suppply)"。

3. 公共部门由两个变量描述:政府支出(G)和税收(T)。一般而言,政府支出被假定为外生的(由政策确定),而税收被假定为收入的增函数。$\frac{dT}{dY} = T'(Y)$为边际税率$[0 < T'(Y) < 1]$。

如果将函数C, I, G分别代入第一个方程$Y = C + I + G$,我们得到
$$Y = C(Y - T(Y)) + I(r) + G_0, \quad (\text{IS 曲线})$$
这给出了关于两个内生变量Y和r的一个方程。这一方程给出了所有能导致商品市场均衡的Y和r的组合,从而隐含地定义了 IS 曲线。

IS 曲线的斜率

IS 曲线本质上是一个恒等式,我们将其重写为:
$$Y - C(Y^d) - I(r) - G_0 \equiv 0,$$
对Y和r求全微分,得
$$dY - C'(Y^d)[1 - T'(Y)]dY - I'(r)dr = 0.$$
注意:
$$\frac{dY^d}{dY} = 1 - T'(Y).$$

我们可以重新排列含dY和dr的各项,以得到 IS 曲线斜率的表达式:
$$\frac{dr}{dY} = \frac{1 - C'(Y^d)[1 - T'(Y)]}{I'(r)} < 0.$$
给定对C, I和T的导数的限制,我们很容易验证 IS 曲线的斜率为负。

货币市场可以用以下三个方程来描述:
$$M^d = L(Y, r), \quad [\text{货币需求}], \text{其中} L_Y > 0, L_r < 0$$
$$M^s = M_0^s, \quad [\text{货币供给}]$$
其中货币供给被假定为由中央货币当局外生地决定。
$$M^d = M^s. \quad [\text{均衡条件}]$$

将前两个方程代入第三个,我们可以得到隐含地定义了 LM 曲线的以下表达式,其在本质上也是一个恒等式。
$$L(Y, r) \equiv M_0^s.$$

LM 曲线的斜率

由于上式为一个恒等式,我们可以对外生变量 Y 和 r 分别求全微分:
$$L_Y \mathrm{d}Y + L_r \mathrm{d}r = 0,$$
重新排列各项,可以得到 LM 曲线斜率的表达式为:
$$\frac{\mathrm{d}r}{\mathrm{d}Y} = -\frac{L_Y}{L_r} > 0,$$
由于 $L_Y > 0$ 且 $L_r < 0$,我们可以确认 LM 曲线的斜率为正。

以下方程组描述了商品市场和货币市场同时均衡的宏观经济状态:
$$Y \equiv C(Y^d) + I(r) + G_0,$$
$$L(Y,r) \equiv M_0^s.$$
这一均衡隐含地定义了两个内生变量 Y 和 r 为外生变量 G_0 和 M_0^s 的函数。对方程组取全微分,我们得到
$$\mathrm{d}Y - C'(Y^d)[1 - T'(Y)]\mathrm{d}Y - I'(r)\mathrm{d}r = \mathrm{d}G_0,$$
$$L_Y \mathrm{d}Y + L_r \mathrm{d}r = \mathrm{d}M_0^s,$$
或者,写成矩阵形式
$$\begin{bmatrix} 1 - C'(Y^d)[1 - T'(Y)] & -I'(r) \\ L_Y & L_r \end{bmatrix} \begin{bmatrix} \mathrm{d}Y \\ \mathrm{d}r \end{bmatrix} = \begin{bmatrix} \mathrm{d}G_0 \\ \mathrm{d}M_0^s \end{bmatrix}.$$
其雅可比行列式为
$$|J| = \begin{vmatrix} 1 - C'(Y^d)[1 - T'(Y)] & -I'(r) \\ L_Y & L_r \end{vmatrix}$$
$$= \{1 - C'(Y^d)[1 - T'(Y)]\}L_r + L_Y I'(r) < 0.$$

由于 $|J| \neq 0$,这一方程组满足隐函数定理的条件,并且尽管我们不能解出 Y^* 和 r^* 的显示解,仍可以写出隐函数:
$$Y^* = Y^*(G_0, M_0^s)$$
和
$$r^* = r^*(G_0, M_0^s).$$
尽管不能解出 Y^* 和 r^* 的显示解,但我们可以进行比较静态分析,来

213　确认外生变量(G_0, M_0^s)的变化对Y^*和r^*的均衡值的影响。通过对矩阵形式的全微分方程组应用隐函数定理,可以得出比较静态导数$\partial Y^*/\partial G_0$和$\partial r^*/\partial G_0$:

$$\begin{bmatrix} 1 - C'(Y^d)[1 - T'(Y)] & -I'(r) \\ L_Y & L_r \end{bmatrix} \begin{bmatrix} dY \\ dr \end{bmatrix} = \begin{bmatrix} dG_0 \\ dM_0^s \end{bmatrix}.$$

首先,我们令$dM_0^s = 0$,将两边同除以dG_0。

$$\begin{bmatrix} 1 - C'(1 - T') & -I'(r) \\ L_Y & L_r \end{bmatrix} \begin{bmatrix} \dfrac{dY^*}{dG_0} \\ \dfrac{dr^*}{dG_0} \end{bmatrix} = \begin{bmatrix} 1 \\ 0 \end{bmatrix},$$

利用克莱姆法则,可以得到

$$\frac{dY^*}{dG_0} = \frac{\begin{vmatrix} 1 & -I' \\ 0 & L_r \end{vmatrix}}{|J|} = \frac{L_r}{|J|} = \frac{\theta}{\theta} > 0$$

及

$$\frac{dr^*}{dG^*} = \frac{\begin{vmatrix} 1 - C'(1 - T') & 1 \\ L_Y & 0 \end{vmatrix}}{|J|} = \frac{-L_Y}{|J|} = \frac{\theta}{\theta} > 0.$$

由隐函数定理,微分的比例$\dfrac{dY^*}{dG_0}$和$\dfrac{dr^*}{dG_0}$可以被解释为导数

$$\frac{\partial Y^*(G_0, M_0^s)}{\partial G_0} \quad \text{和} \quad \frac{\partial r^*(G_0, M_0^s)}{\partial G_0},$$

这正是我们所需要的比较静态导数。

扩展模型:一个开放经济

经济学家对一个模型的所要求的特性之一是稳健性,即这个模型能够在不同的背景下的应用程度。在这里我们将这个基本的模型扩展到包含外国部门:

1. 净出口。令X代表出口,M代表进口,E代表汇率(用外币的本国价格来测量)。出口是汇率的增函数:

$$X = X(E), \quad \text{其中} \quad X'(E) > 0,$$

进口是汇率的减函数,但是是收入的增函数:

$$M = M(Y, E), \quad \text{其中} \quad M_Y > 0, M_E < 0.$$

2. 资本流动。资本流动是本国利率 r 和世界利率 r_w 的函数,让 K 代表净资本流动:

$$K = K(r, r_w), \quad \text{其中} \quad K_r > 0, K_{r_w} < 0.$$

3. 国际收支平衡。一国的外币的流入和流出可以分成两部分: 经常账户(商品和服务净出口)和资本账户(购买外国和本国债券)。它们一起组成国际收支平衡表:

$$\text{BP} = \text{经常账户} + \text{资本账户}$$
$$= [X(E) - M(Y, E)] + K(r, r_w).$$

在弹性汇率的前提下,汇率调整使得国际收支余额为 0。收支账户余额等于零,表明一国的外币供应等于外币的需求。①

开放经济均衡

在开放经济中,均衡有三个条件:总需求等于总供给;货币需求等于货币供给;国际收支余额等于零。在基本模型中加上外国部分得到下面三个等式:

$$Y = C(Y^d) + I(r) + G_0 + X(E) - M(Y, E),$$
$$L(Y, r) = M_0^s,$$
$$X(E) - M(Y, E) + K(r, r_w) = 0.$$

因为有三个等式,需要三个内生变量,分别是 Y, r 和 E。外生变量现在成为 G_0, M_0^s 和 r_w。重新把上述方程组改写,均衡等式是 $F^1 \equiv 0$,$F^2 \equiv 0, F^3 \equiv 0$,我们得到如下雅可比行列式:

$$Y - C(Y^d) - I(r) - G_0 - X(E) + M(Y, E) \equiv 0,$$
$$L(Y, r) - M_0^s \equiv 0,$$
$$X(E) - M(Y, E) + K(r, r_w) \equiv 0,$$

$$|J| = \begin{vmatrix} 1 - C'(1-T') + M_Y & -I' & M_E - X' \\ L_Y & L_r & 0 \\ -M_Y & K_r & X' - M_E \end{vmatrix}.$$

---

① 在固定汇率制下,国际收支余额并不必然为 0,任何赤字或盈余都记为官方储备的变化。

用拉普拉斯展开得到:

$$|J| = (M_E - X') \begin{vmatrix} L_Y & L_r \\ -M_Y & K_r \end{vmatrix} + (X' - M_E)$$

$$\cdot \begin{vmatrix} 1 - C'(1-T') + M_Y & -I' \\ L_Y & L_r \end{vmatrix}$$

$$= (M_E - X')(L_Y K_r + L_r M_Y) + (X' - M_E)$$

$$\cdot \{[1 - C'(1-T') + M_Y]L_r + I'L_Y\}$$

$$= (M_E - X')\{L_Y(K_r - I') + L_r[C'(1-T') - 1]\}.$$

给定假设的偏导数的符号和约束条件 $0 < C'(1-T') < 1$,我们能确认 $|J| < 0$。因此,我们能写出隐函数:

$$Y^* = Y^*(G_0, M_0^s, r_w),$$
$$r^* = r^*(G_0, M_0^s, r_w),$$
$$E^* = E^*(G_0, M_0^s, r_w).$$

把整个方程组进行微分,把它写成矩阵形式:

$$\begin{bmatrix} 1 - C'(1-T') + M_Y & -I' & M_E - X' \\ L_Y & L_r & 0 \\ -M_Y & K_r & X' - M_E \end{bmatrix} \begin{bmatrix} \mathrm{d}Y^* \\ \mathrm{d}r^* \\ \mathrm{d}E^* \end{bmatrix} = \begin{bmatrix} \mathrm{d}G_0 \\ \mathrm{d}M_0^s \\ -K_{r_w}\mathrm{d}r_w \end{bmatrix},$$

可以让我们解出一系列比较静态结果。让我们考虑世界利率 r_w 变化对于 Y, r 和 E 的影响。令 $\mathrm{d}G_0 = \mathrm{d}M_0^s = 0$,两边同时除以 $\mathrm{d}r_w$ 得到:

$$\begin{bmatrix} 1 - C'(1-T') + M_Y & -I' & M_E - X' \\ L_Y & L_r & 0 \\ -M_Y & K_r & X' - M_E \end{bmatrix} \begin{bmatrix} \dfrac{\mathrm{d}Y^*}{\mathrm{d}r_w} \\ \dfrac{\mathrm{d}r^*}{\mathrm{d}r_w} \\ \dfrac{\mathrm{d}E^*}{\mathrm{d}r_w} \end{bmatrix} = \begin{bmatrix} 0 \\ 0 \\ -K_{r_w} \end{bmatrix}.$$

采用克莱姆法则,我们得到比较静态导数:

$$\frac{\partial Y^*}{\partial r_w} = \frac{\begin{vmatrix} 0 & -I' & M_E - X' \\ 0 & L_r & 0 \\ -K_{r_w} & K_r & X' - M_E \end{vmatrix}}{|J|}$$

$$= \frac{(-K_{r_w})(-L_r)(M_E - X')}{|J|} > 0$$

和

$$\frac{\partial r^*}{\partial r_w} = \frac{\begin{vmatrix} 1 - C'(1-T') + M_Y & 0 & M_E - X' \\ L_Y & 0 & 0 \\ -M_Y & -K_{r_w} & X' - M_E \end{vmatrix}}{|J|}$$

$$= \frac{K_{r_w}(-L_Y)(M_E - X')}{|J|} > 0,$$

以及

$$\frac{\partial \dot{E}^*}{\partial r_w} = \frac{\begin{vmatrix} 1 - C'(1-T') + M_Y & -I' & 0 \\ L_Y & L_r & 0 \\ -M_Y & K_r & -K_{r_w} \end{vmatrix}}{|J|}$$

$$= \frac{-K_{r_w}\{[1 - C'(1-T') + M_Y]L_r + L_Y I'\}}{|J|} > 0.$$

此时,读者可以将我们得出的结果与宏观经济原理相比较。直观上,世界利率的上升能够增加资本的外流,使本国货币贬值。这反过来导致净出口和收入的增加。国内收入的增加会增加货币的需求,对于国内利率产生上升压力。结果就像图 8.8 所示的那样,世界利率的增加导致 IS 曲线的右移。

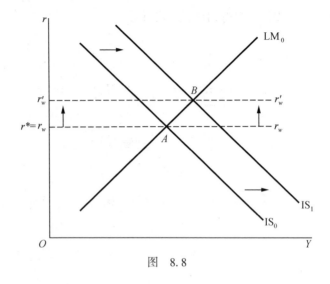

图 8.8

步骤总结

在分析一般函数市场模型和国民收入模型时,不可能得到内生变量显式解的值。相反,我们依靠隐函数定理写出下面的隐函数:

$$P^* = P^*(Y_0) \quad \text{和} \quad r^* = r^*(G_0, M_0^s),$$

我们下一步求出诸如$(\mathrm{d}P^*/\mathrm{d}Y_0)$和$(\partial r^*/\partial G_0)$等的比较静态导数,然后基于隐函数定理所要求的函数$P^*$和$i^*$具有连续导数来阐释其意义。

为便于应用这个定理,我们使以(8.19)或(8.24)形式写出模型的均衡条件成为标准的做法,然后检验:(1) 函数F是否具有连续导数;(2) F_y的值或者内生变量的雅可比行列式(取决于具体情况)在模型初始均衡处是否为非零。然而,只要模型中的单个函数具有连续导数——在一般函数模型中经常自然地采用此假设——上述第一个条件便自动得到满足。因此,实际上只需检验F_y的值或者内生变量雅可比行列式的值。如果其在均衡处不为零,则我们便可以立刻求出比较静态导数。

要达到此目的,隐函数法则是有用的。在单一方程情况下,仅需令内生变量等于均衡条件下的均衡值,即令$P = P^*$,然后将(8.23)

中所述的法则应用于所得到的均衡恒等式。对于联立方程组的情况,我们也必须首先令所有内生变量分别等于均衡状态时的均衡值;然后再对所得到的均衡恒等式应用(8.29)所述的隐函数法则,或者按下面介绍的几个步骤进行:

1. 对每个均衡恒等式依次取全微分。
2. 选择一个且仅选择一个外生变量,比如 X_0 作为唯一的非均衡因素,并令所有其他外生变量的微分等于零。然后以 dX_0 除以每个恒等式中余下各项,并将两个微分的商视为比较静态导数——若模型包含两个或两个以上的外生变量,应视作一个偏导数。①
3. 解所得到的方程组,求出比较静态导数,并解释其经济意义。在这一步,如果使用克莱姆法则,则可以利用这一事实:即前面在检验$|J|\neq 0$ 条件时,我们已经计算出现在要解的方程组的系数矩阵行列式的值。
4. 若有其他非均衡因素(其他外生变量),其分析可重复步骤2和步骤3。尽管在新的方程组中会出现一组不同的比较静态导数,系数矩阵却会同以前一样,所以可再次运用已知的$|J|$值。

如果给定的模型具有 m 个外生变量,要求得所有的比较静态导数,则需应用上述步骤 1,2,3 m 次。

练习 8.6

1 令国民收入的均衡条件是
$$S(Y) + T(Y) = I(Y) + G_0(S', T', I' > 0; S' + T' > I'),$$
其中 S, Y, T, I 和 G 分别代表储蓄、国民收入、税收、投资和政府支出。所有的导数均连续。

(a) 解释导数 S', T' 和 I' 的经济含义。

---

① 若不采取步骤1和步骤2,我们也可以采用全导数的方法,将每个均衡恒等式的两边对选定的外生变量取全微分。若这样做,通道图就是很有益的了。

(b) 检验隐函数定理的条件是否满足。若满足,写出均衡恒等式。

(c) 求(dY^*/dG_0)并讨论其经济意义。

2 令某一商品的需求和供给函数为

$$Q_d = D(P, Y_0) \qquad (D_p < 0; D_{Y_0} > 0),$$
$$Q_s = S(P, T_0) \qquad (S_p > 0; S_{T_0} < 0).$$

其中Y_0为收入,T_0为对此商品征的税。所有导数均连续。

(a) 写出单一方程的均衡条件。

(b) 检验能否应用隐函数定理。若能,写出均衡恒等式。

(c) 求$(\partial P^*/\partial Y_0)$和$(\partial P^*/\partial T_0)$,并讨论其经济意义。

(d) 运用与(8.37)类似的步骤,由供给函数求$(\partial Q^*/\partial Y_0)$;由需求函数求$(\partial Q^*/\partial T_0)$。[为什么不由需求函数求$(\partial Q^*/\partial Y_0)$,而由供给函数求$(\partial Q^*/\partial T_0)$呢?]

3 以联立方程法解上题。

4 假设某一商品的需求函数和供给函数为:

$$Q_d = D(\underset{-}{P}, \underset{+}{t_0}) \quad \text{和} \quad Q_s = Q_{s0}.$$

其中t_0是消费者对此商品的偏好,而且两个偏导数均连续。

(a) 自变量P和t_0下的"$-$"和"$+$"有什么含义?

(b) 写出单一方程的均衡条件。

(c) 能够运用隐函数定理吗?

(d) 均衡价格将如何随着消费者偏好的变化而变化?

5 考察下列国民收入模型(忽略税收):

$$Y - C(Y) - I(i) - G_0 = 0 \quad (0 < C' < 1; I' < 0),$$
$$kY + L(i) - M_{s0} = 0 \quad (k = \text{正常数}; L' < 0).$$

(a) 第一个方程具有均衡条件的性质吗?

(b) 在此模型中,货币需求总量是多少?

(c) 当货币供给变化(货币政策)和政府支出变化(财政政策)时,分析模型的比较静态结果。

6 在第 5 个问题中,假设对于货币的需求依赖于Y,现在不再受到利率的影响。

(a) 那么模型应该作何种修改?

(b) 写出新的雅可比行列式$|J|'$。在数值上,$|J|'$是否大于$|J|$?

(c) 隐函数定理还能适用吗?

(d) 找出新的比较静态导数。

(e) 比较新的$(\partial Y^*/\partial G_0)$和问题 5 中的$(\partial Y^*/\partial G_0)$,在新模型中$Y$独立于

i,你能够对财政政策的有效性得出何种结论?

(f) 比较新的$(\partial Y^*/\partial M_{s0})$和问题 5 中的$(\partial Y^*/\partial M_{s0})$,你能够对于新模型的货币政策有效性有何见解?

8.7 比较静态学的局限性

由于在经济学中,我们常对发现一个参数的非均衡变化如何影响模型的均衡状态感兴趣,所以比较静态分析是一个有价值的研究领域。但是,认识到比较静态学的这一性质是非常重要的:即比较静态学忽略了从旧均衡向新均衡的调整过程,同时它也忽略了调整过程中的时间因素。结果,它必然忽略了由于模型内在的不稳定性,从而导致新均衡难以达到的可能性。对调整过程的研究属于动态经济学的范畴。当我们进入动态经济学的范畴时,我们将会特别关注变量随时间变化的方式,以及均衡的稳定性问题。

但是我们必须暂缓对动态经济学这一重要问题的研究。在本书的第四篇,我们将研究最优化问题,它也是一种具有比较静态含义的非常重要且复杂的一类特殊均衡分析。

第四篇

最优化问题

第9章 最优化:一类特殊的均衡分析

在第3章首次引入均衡概念时,我们在目标均衡与非目标均衡之间作了大致的区分。以我们研究的市场模型和国民收入模型为例,非目标均衡是指模型中的某些相反的力量——比如市场模型中的供给和需求以及国民收入模型中的注入与漏出——恰好处于彼此相等、相互平衡的状态,因而排除了进一步变化的趋势。这种均衡的实现是这些力量非人为平衡的结果,不需要有关参与人有意识地努力以实现特定目标。诚然,需求力量背后的居民户和供给力量背后的厂商在给定环境下都会主动谋求一种最佳的地位,但仅就市场本身而言,没有人会追求任何一种特定的均衡价格和均衡数量,除非政府恰好试图固定价格。与此相似,在国民收入决定中,漏出与注入的平衡会导致均衡状态,不需任何旨在实现特定目标(比如通过货币政策或财政政策以调整非意愿的收入水平等)的人为努力。

但在本书的这一部分,我们将研究目标均衡。所谓目标均衡是指给定经济单位,如居民户、厂商或者整个经济等的最优状态;而且这些经济单位主动谋求均衡的实现。因此,在这里,而且仅仅是在这里,我们前面提醒大家注意的"均衡并不意味着人为需要",就变得无关紧要,甚至不恰当了。在本书这一部分中,我们将主要介绍确定最优化的古典方法——微积分法。较为现代的方法,如数学规划等,将在第13章讨论。

9.1 最优值与极值

经济学基本上是一门关于选择的科学。当要实现一个特定的经济目标,如要实现一个特定水平的产出,通常有许多可供选择的方式。但是在诸多选择中,按照某一标准,会有一种方式会比其他方式更好;根据所规定的标准,选择最适宜的方式,这就是最优化问题的实质。

在经济学中,最常见的选择标准是最大化目标(如厂商利润最大化、消费者效用最大化、厂商或一国经济增长率最大化等)或最小化目标(如在给定产出下使成本最低等)。在经济学上,我们可以把最大化问题和最小化问题归为最优化问题这一类,表示"寻求最优"。但从纯数学角度看,"极大值"和"极小值"这两个术语并无最优化的含义。因此,作为数学概念,极大值和极小值这两个术语更符合实际的称呼是极值,意味着极端值。

系统地阐述一个最优化问题,首先要确定目标函数,其中因变量表示最大化或最小化的对象;而自变量则表示这样一组对象,其大小由所涉及的经济单位出于最优化的考虑而进行选择。因此,我们将这些自变量称作选择变量。① 简单地说,最优化的实质就是求出那些能够使目标函数达到极值的选择变量的值的集合。

举例来说,某厂商可能寻求利润 π 最大化,即最大化总收益 R 与总成本 C 的差。因为在给定技术水平和市场对该厂商产品需求的情况下,R 与 C 均为产出水平 Q 的函数,因而 π 也可以表示成 Q 的函数:

$$\pi(Q) = R(Q) - C(Q).$$

此方程构成了目标函数,π 为最大化的目标,Q 则是唯一的选择变量。最优化问题是选择产出水平 Q 使得 π 最大化。注意,根据定义,π 的最优水平即是其最大化水平,但是选择变量 Q 的最优水平本身并不要求是最大值或最小值。

为将此问题纳入更一般的模式以便于进一步讨论(尽管我们这里仍局限于只有一个选择变量的目标函数),我们考察一般函数:

$$y = f(x).$$

以研究出这样一种方法:求出 x 值的水平,从而使 y 值最大化或最小化。在下面的讨论中,我们将假定函数 f 连续可导。

---

① 有时它们也被称作决策变量或政策变量。

9.2 相对极大值和极小值:一阶导数检验

因为目标函数 $y=f(x)$ 是以一般形式表示的,对其是线性的还是非线性的,是单调的还是既含有递增成分又含有递减成分等,并无限制。在符合上述目标函数形式的诸多可能类型中,我们选择了三种类型,将其描绘在图 9.1 中。尽管这些图形可能很简单,但它们对我们了解函数 $y=f(x)$ 的极大值或极小值问题是有极大价值的。

相对极值与绝对极值

如图 9.1(a) 所示,若目标函数为常函数,无论变量 x 选择何值,都会得到同样的 y 值。该函数图形上每一点(如 A、B 或 C)的高度都可以看做极大值或是极小值,或者既非极大值也非极小值。在此情况下,为极大化或极小化 y 而对 x 进行选择没有什么意义。

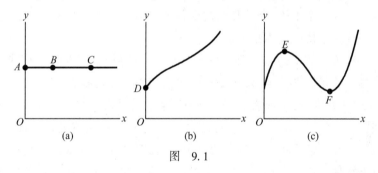

图 9.1

在图 9.1(b) 中,函数是单调递增的,若其定义域为非负实数,那么它就没有有限的极大值。但我们可以将左端的值 $D(y$ 截距$)$ 看做极小值,事实上,它是函数值域中的绝对(或总体)极小值。

而图 9.1(c) 中的点 E 和 F 则是相对(或局部)极值的例子,因为它们中的每个点仅代表在该点紧密邻域中的极值。当然,点 F 是相对极小值并不能确保它也是函数的总体极小值,尽管在此例中它可能恰好是总体极小值。类似地,相对极大值点 E 可能是,也可能不是总体极大值。还要注意的是,一个函数很可能有几个极值,其中一些是极大值,另一些是极小值。

在我们要处理的绝大多数经济问题中，我们即便不是全部，也是主要关心极值而非端点值。因为大多数此类问题的目标函数的定义域被限定为非负数的集合，因而左端点值表示选择变量处于零水平，所以通常没有什么实际意义。实际上在经济分析中最常遇到的函数类型是图 9.1(c) 中的函数，或者是此类函数的变形：即曲线中仅有一处弯曲。因此，我们后面的讨论主要集中于寻找像 E 点和 F 点这样的相对极值。即便我们想要求出绝对极值，先求出相对极值也是必要的，因为绝对极值必定为相对极值或者端点值中的一个。因此，如果我们知道了所有相对极值，则我们只需选择其中最大的一个与端点值相比较，便可确定绝对极值。函数的绝对极小值也可以类似的方法发现。后面，我们所要考察的极值都是指相对或局部极值，除非另作说明。

一阶导数检验

作为一个术语，今后我们把函数的导数称作一阶导数。这样称呼的理由很快就会清楚。

给定函数 $y = f(x)$，其一阶导数 $f'(x)$ 在寻求极值方面起着重要作用。这是因为若函数在 $x = x_0$ 处存在极值，则我们或者有 (1) $f'(x)$ 不存在；(2) 或者 $f'(x_0) = 0$。第一种情况在图 9.2(a) 中描述，其中 A 点和 B 点代表 y 的相对极值，但在这些角点处，函数的导数不存在。然而由于在现在的讨论中，我们假设 $y = f(x)$ 连续，并具有连续偏导数，所以我们实际上已经排除了角点的存在。对于平滑的函数，相对极值仅在一阶导数为零处存在。图 9.2(b) 中的 C 点和 D 点说明了这种情况；这两个点均表示极值，且二者均具有斜率为零的特征，即 $f'(x_1) = 0$ 和 $f'(x_2) = 0$。不难看出，当斜率不为零时，我们不可能得到相对极小值（谷底），或者相对极大值（峰顶）。为此，在与平滑函数相关的内容中，我们取 $f'(x) = 0$ 作为相对极值（极大值或极小值）存在的必要条件。

但我们必须补充一点：斜率为零尽管是相对极值存在的必要条件，但却不是充分条件。我们很快就会给出斜率为零但却与极值无关的例子。然而,如果在导数为零的条件的基础上再增加某些附加条件,我们就会得到一种相对极值检验的重要方法。此方法可以表述如下:

相对极值的一阶导数检验 若函数$f(x)$在$x = x_0$处的一阶导数等于零,即$f'(x_0) = 0$,则函数在x_0的值$f(x_0)$将是:

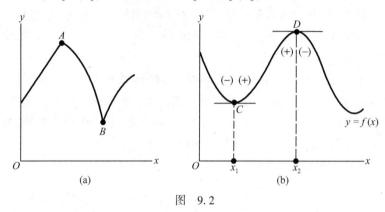

图 9.2

a. 当x从x_0左边增至x_0右边时,若$f'(x)$由正变为负,则存在相对极大值。

b. 若x从x_0的左边增至x_0右边时,若$f'(x)$由负变正,则存在相对极小值。

c. 当x从x_0左边增至x_0右边时,若$f'(x)$的符号不变,则既无相对极大值存在,也无相对极小值存在。

如果$f'(x_0) = 0$,则我们称x_0为x的临界值,称$f(x_0)$为y或函数f的稳定值。相应地,把坐标为x_0和$f(x_0)$的点称作稳定点(我们使用稳定一词的合理性是不言自明的:只要是在斜率为零的地方,所研究的点就不会处于向上或向下倾斜的斜面上,而总是位于相对静止的位置)。所以从几何上看,上文中所列的第一种可能的稳定点将会是在峰顶,如图9.2(b)中的点D;而第二个可能的稳定点则会是在谷底,如图9.2(b)中的C。但要注意,考虑到还存在第三种可能性(待讨论),我们还不能将条件$f'(x) = 0$视为相对极值存在的充分条件。然而,我们现在可以看到,如果必要条件$f'(x) = 0$得到满足,则导数符号变化的条件可以视为相对极值存在的充分条件;是极大值还是极小值取决于符号变化的方向。

现在我们来解释第三种可能性。在图 9.3(a) 中,函数 f 在点 J(当 $x=j$ 时)的斜率为零。但是,虽然 $f'(j)=0$,$f(j)$ 是一个稳定值,可当 x 从 $x=j$ 的一边变至其另一边时,导数的符号并不发生变化。因此,根据一阶导数检验可知,点 J 既非极大值,也非极小值,从图形中我们也可以看到这一点。确切地说,点 J 只不过是人们所说的拐点的一个例子而已。

拐点的特征是:在该点,导函数(与原函数相对照)达到极值。由于此极值可能是极大值,也可能是极小值,所以我们有两类拐点。在图 9.3(a′) 中,我们绘出了导数 $f'(x)$ 的图形,从图中可以看到,当 $x=j$ 时(即点 J'),导数值等于零,但在 J' 两边均为正,所以 J' 是导函数 $f'(x)$ 的极小值。

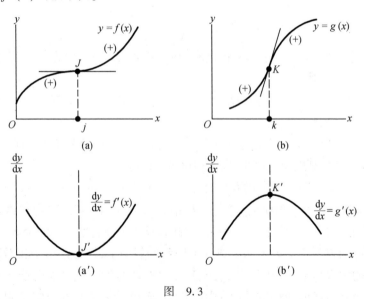

图 9.3

另一类拐点绘在图 9.3(b) 中,函数 $g(x)$ 的斜率在 $x=k$ 以前递增,在 $x=k$ 以后递减。因而,导函数 $g'(x)$ 的图形绘在图 9.3(b′)

中,其中 K' 是导函数 $g'(x)$ 的极大值。①

总之,相对极值必定为稳定值,但稳定值或者与相对极值相联系,或者与拐点相联系。因此,要求出给定函数的相对极大值或极小值,第一步应先求出 $f'(x)=0$ 的函数稳定值;第二步再运用一阶导数检验法来确定每个稳定值是极大值、极小值,还是二者都不是。

例1 求函数

$$y = f(x) = x^3 - 12x^2 + 36x + 8,$$

的相对极值。首先,求出函数的导数

$$f'(x) = 3x^2 - 24x + 36,$$

为求出临界值,即满足条件 $f'(x)=0$ 的 x 的值,我们令二次导函数等于零,得到二次方程

$$3x^2 - 24x + 36 = 0.$$

将其因式分解,或应用二次公式,我们得到下面两个根:

$x_1^* = 6$　[在该点我们有 $f'(6) = 0$ 和 $f(6) = 8$],

$x_2^* = 2$　[在该点我们有 $f'(2) = 0$ 和 $f(2) = 40$].

因为 $f'(6) = f'(2) = 0$,这两个 x 值为我们所求的临界值。

很容易验证,在 x 的最小邻域内,对 $x<2, f'(x)>0, x>2, f'(x)<0$;因此,相应的函数值 $f(2) = 40$ 是相对极大值。类似地,在 $x=6$ 的最小邻域内,因当 $x<6$ 时,$f'(x)<0; x>6$ 时,$f'(x)>0$,函数值 $f(6) = 8$ 必然为相对极小值。

此例的函数图形绘在图 9.4 中。这样的图形也许有助于验证通过一阶导数检验所得到的极值的位置。但实际上,在多数情况下这种"帮助"来自于相反的方向:在数学上所推导出的极值有助于绘出图形;从理论上看,准确地绘出图形需要知道函数在定义域内每个点的值;但实际上要绘出图形,只要在定义域内选择若干个点,再将其余有代表性的点插入即可。这种绘图方法的问题在于:除非由于巧合碰上了稳定点,否则我们便难以画准曲线转折点的位置。现在,掌握了一阶导数检验方法,我们便能准确地确定转折点的位置。

---

① 注意,导数值为零尽管是相对极值的必要条件,但并不是拐点的必要条件;因为导数 $g'(x)$ 在 $x=k$ 的值为正,但点 K 是拐点。

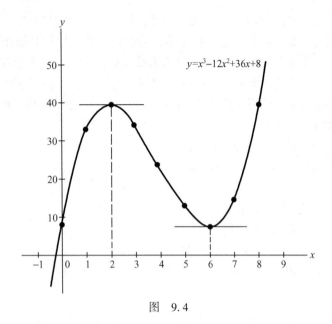

图 9.4

例2 求平均成本函数的相对极值

$$AC = f(Q) = Q^2 - 5Q + 8.$$

其导数 $f'(Q) = 2Q - 5$,是一个线性方程。令 $f'(Q) = 0$,得到 $2Q - 5 = 0$,此方程只有一个根 $Q^* = 2.5$。在本例中只有一个临界值。要应用一阶导数检验,我们需要分别求出比如 $Q = 2.4$ 和 $Q = 2.6$ 的导数值。因 $f'(2.4) = -0.2 < 0$,而 $f'(2.6) = 0.2 > 0$,所以我们可以得出结论,稳定值 $AC = f(2.5) = 1.75$ 表示相对极小值。本例的函数图形实际上是一个 U 形曲线,所以此相对极小值也是绝对极小值。确切地知道这个点的位置对描绘 AC 曲线图具有极大的益处。

练习 9.2

1 假设定义域为全部实数的集合,求下列函数的稳定值,并检验其为相对极大值、极小值还是拐点:

(a) $y = -2x^2 + 8x + 7$ (b) $y = 5x^2 + x$
(c) $y = 3x^2 + 3$ (d) $y = 3x^2 - 6x + 2$

2 假设定义域为区间$[0, \infty)$，求下列函数的稳定值，并检验其为相对极小值、极大值，还是拐点：

(a) $y = x^3 - 3x + 5$

(b) $y = \frac{1}{3}x^3 - x^2 + x + 10$

(c) $y = -x^3 + 4.5x^2 - 6x + 6$

3 证明函数$y = x + 1/x (x \neq 0)$具有两个相对极值，一个为极大值，另一个为极小值。"极小值"是大于还是小于"极大值"？为什么会出现这种相悖的结果？

4 令$T = \phi(x)$为一总函数，如总生产函数、总成本函数等：

(a) 写出边际函数M和平均函数A的表达式。

(b) 证明：当A达到相对极值时，M和A的值必相同。

(c) 上述结论对在同一图形中绘出边际曲线与平均曲线有什么一般原则意义？

(d) 当A达到极值时，你对总函数T在该点的弹性能得出何结论？

9.3 二阶及高阶导数

迄今为止，我们仅考察了$y = f(x)$的一阶导数$f'(x)$。现在让我们引入二阶导数以及更高阶导数的概念。这些概念有助于我们提出确定相对极值的其他标准。

导数的导数

因为导数$f'(x)$本身是x的函数，若它是连续和平滑的，则它对x也应是可微的。求导的结果便是函数f的二阶导数，表示成

$f''(x)$ 其中双撇号表示函数$f(x)$对x求导两次，而双撇号后面的表达式(x)表明二阶导数仍是x的函数。

或者

$\dfrac{d^2y}{dx^2}$ 这个符号源于这样一种考虑：二阶导数实际上意味着$\dfrac{d}{dx}\left(\dfrac{dy}{dx}\right)$。

因此,d^2 出现在此符号的分子上,dx^2 出现在分母上。

若 $f''(x)$ 对定义域内所有 x 值都存在,则称函数 $f(x)$ 是二阶可微的。此外,若 $f''(x)$ 连续,则称 $f(x)$ 是二阶连续可微的。正如符号 $f \in C^{(1)}$ 或 $f \in C'$ 被用来表示函数 f 是连续可微的,类似的符号

$$f \in C^{(2)} \quad \text{或} \quad f \in C''$$

被用来表示 f 是二阶连续可微的。

作为 x 的函数,二阶导数可对 x 再次求导得到三阶导数,依次还可以得到四阶导数;只要可微性条件得到满足,还可以得到无穷高阶导数。按照二阶导数同样的表示方法,这些导数可表示为:

$$f'''(x), f^{(4)}(x), \cdots, f^{(n)}(x), \quad [\text{上标加上小括号}(\ )]$$

或者

$$\frac{d^3 y}{dx^3}, \frac{d^4 y}{dx^4}, \cdots, \frac{d^n y}{dx^n}.$$

上述最后一个表达式还可以写成 $\frac{d^n}{dx^n} y$,其中 $\frac{d^n}{dx^n}$ 部分作为运算符,表示对 x 取 n 阶导数。

几乎我们要处理的所有的具体函数都有高至我们所期望的任何阶的连续导数,即它们都连续可微任意次。无论何时使用一般函数,如 $f(x)$,我们总是假设它有可达到我们所需要的阶数的导数。

例 1 求下面函数的一阶至五阶导数:

$$y = f(x) = 4x^4 - x^3 + 17x^2 + 3x - 1,$$

所需求的函数如下:

$$f'(x) = 16x^3 - 3x^2 + 34x + 3,$$
$$f''(x) = 48x^2 - 6x + 34,$$
$$f'''(x) = 96x - 6,$$
$$f^{(4)}(x) = 96,$$
$$f^{(5)}(x) = 0.$$

在这个特定的例子(多项式函数)中,每一个更高一阶的导数都是比前一个导数更低阶的多项式,从三次到二次,到线性,到常数,到五阶导数时,由于是常数的导数,对于所有的 x 值,它便等于零了,因此我们可以写成 $f^{(5)}(x) \equiv 0$。需要仔细区分等式 $f^{(5)}(x) = 0$ 和

$f^{(5)}(x_0) = 0$(仅在点 x_0 处为 0)。此外,$f^{(5)}(x) \equiv 0$ 并不意味着五阶导数不存在,它确实存在,其值为零。

例 2 求如下有理函数的一阶至四阶导数

$$y = g(x) = \frac{x}{1+x} \quad (x \neq -1).$$

这些导数既可以运用商求导法则求出,也可以在将函数改写成 $y = x(1+x)^{-1}$ 后,用积的求导法则求出:

$$\left. \begin{array}{l} g'(x) = (1+x)^{-2} \\ g''(x) = -2(1+x)^{-3} \\ g'''(x) = 6(1+x)^{-4} \\ g^{(4)}(x) = -24(1+x)^{-5} \end{array} \right\} (x \neq -1).$$

在本例中,反复求导,并不能使更高阶的导数比前一阶导数更简单。

注意,所得到的各阶导数,像原函数 $g(x)$ 一样,也是 x 的函数。给定 x 的具体值,这些导数也会取具体值。例如当 x 取 2 时,例 2 的二阶导数可计算为

$$g''(2) = -2(3)^{-3} = \frac{-2}{27},$$

对 x 的其他值,也可以作同样的计算。最重要的是必须认识到,要像我们上面做过的那样,计算二阶导数 $g''(x)$ 在 $x = 2$ 的值,我们必须首先由 $g'(x)$ 得到 $g''(x)$,再将 $x = 2$ 代入方程。在对 $g'(x)$ 求导从而得到 $g''(x)$ 之前将 $x = 2$ 代入函数 $g(x)$ 或 $g'(x)$ 是错误的。

二阶导数的解释

导函数 $f'(x)$ 度量函数 f 的变化率。同样,二阶导函数 f'' 度量一阶导数 f' 的变化率,换句话说,二阶导数度量原函数 f 变化率的变化率。为说明一阶和二阶导数的区别,在 $x = x_0$ 处给出自变量 x 的无穷小增量,

$$\left. \begin{array}{l} f'(x_0) > 0 \\ f'(x_0) < 0 \end{array} \right\} \text{意味着函数值趋向于} \left\{ \begin{array}{l} \text{递增} \\ \text{递减} \end{array} \right.,$$

而对于二阶导数

$$\left. \begin{array}{l} f''(x_0) > 0 \\ f''(x_0) < 0 \end{array} \right\} \text{意味着曲线斜率趋向于} \left\{ \begin{array}{l} \text{递增} \\ \text{递减} \end{array} \right. .$$

因此,在 $x=x_0$,正的一阶和二阶导数意味着曲线在该点的斜率不仅为正,而且递增,即函数值以递增的速率递增。同样,一阶导数为正而二阶导数为负表明曲线斜率为正但递减,即函数值以递减的速率递增。负的一阶导数的情况也可以作类似的解释。但应提醒的是,当 $f'(x_0)<0$ 和 $f''(x_0)>0$ 时,曲线斜率为负且递增,但这并不意味着曲线斜率这样变化,比如从 (-10) 变为 (-11);相反,函数从较小的数字 (-11) 变为较大的数字 (-10)。换句话说,当 x 增加时,斜率为负的曲线趋于平缓。最后,当 $f'(x_0)<0$,$f''(x_0)<0$ 时,曲线斜率必然为负且递减。这意味着随着 x 的增加,斜率为负的曲线倾向于变得较为陡峭。

上述情形可以用图形进一步阐释。图 9.5(a) 阐释了 $f''(x)<0$ 的函数的情形。由于随着 x 在图中的增加,曲线的斜率递减,因此我们从左往右移动时,首先经过斜率为正的点 A,然后经过斜率为 0 的点 B,最后经过斜率为负的点 C。当然,若 $f''(x)<0$ 的函数也具有 $f'(x)$ 处处大于 0 的特性时,图形将只是倒 U 形曲线的上升部分;或者,若同时 $f'(x)$ 处处小于 0,图形则只是倒 U 形曲线的下降部分。

相反,图 9.5(b) 则阐释了 $f''(x)>0$ 的情形。当我们由点 D 向点 E、点 F 移动时,斜率递增并且由负变为 0,又转为正。同样,由于一阶导数的特性不同,$f''(x)>0$ 的函数的图形可能仅是 U 形曲线的下降或上升部分。

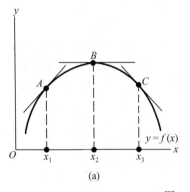
(a)

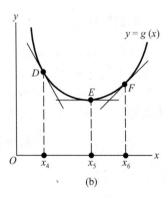
(b)

图 9.5

从图 9.5 可以看出,二阶导数 $f''(x)$ 与曲线的曲率相联系。为了描述我们所讨论的两类不同的曲率,我们将图 9.5(a) 中的情形称为严格凹,图 9.5(b) 中的情形称为严格凸。与此相一致,图形为严格凹(严格凸)的函数称为严格凹(严格凸)函数。严格凹函数精确的几何特征如下:如果我们在曲线上选择任意两个点 M 和 N,并以一条直线将它们连起来,线段 MN(除点 M 和 N 外)必定完全位于曲线的下方。如果我们将上面一段话中的"下方"改成"上方",便得到了关于严格凸函数几何特征的描述。在图 9.5 中可以对此进行验证。若特征条件有所放松,使得线段 MN 既可以位于曲线以下,又可以在曲线中(与曲线一致),则我们可以去掉副词"严格",将其称为凹函数。类似地,如果线段 MN 或者位于曲线上方,或者与曲线重合,则我们还可以去掉副词"严格",称其为凸函数。注意,因为线段 MN 可与非严格凹和凸的曲线重合,因此,后者极可能包含一直线段。由此可知,严格凹(凸)函数必然是凹(凸)函数,但反之不成立。[1]

根据前面对二阶导数的讨论,我们现在可以推断若对所有的 x,$f''(x)$ 为负,则原函数 $f(x)$ 必定为严格凹函数。类似地,若对所有的 x,$f''(x)$ 为正,则 $f(x)$ 必然为严格凸函数。尽管如此,将上述推断颠倒过来,比如说:若 $f(x)$ 严格凹(严格凸),则 $f''(x)$ 必定对所有的 x 都为负(正),则不成立。这是因为在某些例外情况下,二阶导数在曲线上的稳定点可以取零值。这种情况的一个例子是 $y=f(x)=x^4$,其曲线为严格凸的曲线,但其导数为:

$$f'(x) = 4x^3, \quad f''(x) = 12x^2.$$

它们表明,在稳定点 $x=0$,二阶导数为 $f''(0)=0$。但要注意,在任意的 $x \neq 0$ 的点,此函数的二阶导数确实具有我们所期望的正值。所以,除了在稳定点有可能取零值外,严格凹函数和严格凸函数一般都保持单一的代数符号。

至于其他类型的函数,二阶导数可能取正值,也可能取负值,这取决于 x 的值。例如,在图 9.3(a) 和 (b) 中,函数 $f(x)$ 和 $g(x)$ 的二阶导

---

[1] 我们将在 11.5 节对这些问题进行进一步的讨论。

数分别在拐点 J 和 K 都经历了符号变化。根据图 9.3(a')，$f'(x)$ 的斜率，即 $f''(x)$ 的值，在 $x=j$ 处由负变为正；与其恰好相反的是 $g'(x)$ 的斜率，即 $g''(x)$ 的值，其图形绘在图 9.3(b') 中。以描述曲率的术语来说就是，$f(x)$ 的图形在点 J 由严格凹变为严格凸，而 $g(x)$ 的图形在点 K 处则有相反的变化。所以，我们可不必将拐点视为一阶导数达到极值的点，而将其视为具有以下特征的点：函数的图形在该点产生了弯曲方向上的变化，或函数的二阶导数符号在该点发生了变化。

一个应用

图 9.5 给出了二次函数的一个例子，此二次函数可以如下一般形式表示：
$$y = ax^2 + bx + c. \quad (a \neq 0)$$
由我们对二阶导数的讨论，现在可以推出一个方便的方法来确定已知的二次函数的图形是严格凸(U 形)还是严格凹(倒 U 形)。

因为上面的二次函数的二阶导数为 $d^2y/dx^2 = 2a$，此导数总具有与系数 a 相同的代数符号。回顾一下，正的二阶导数意味着严格凸函数，由此我们可以推断在上述二次函数中系数 a 若为正，将会得到 U 形曲线；若系数 a 为负则得到倒 U 形曲线。

正如在 9.2 节末所表明的，此函数的相对极值也是其绝对极值。因为从 U 形曲线或倒 U 形曲线显然可以看出，二次函数仅有一个谷底或峰顶。

对于风险的态度

边际效用最常用的应用就是商品消费。但是，另一个应用，我们指的是收入的边际效用，或者说(更切合于下面的讨论)是打赌游戏中的回报，采用这个概念来区分不同人对于风险的态度。

比如这样一个游戏，事前支付固定数目的货币(游戏的成本)，你扔骰子，如果出现奇数，那么你只能得到 10 美元；如果出现偶数，那么你能得到 20 美元。由于这两个结果出现的概率是相同的，那么回报的数学期望值就是：
$$\text{EV} = 0.5 \times \$10 + 0.5 \times \$20 = \$15.$$

如果游戏成本是 15 美元,那么这一游戏被称为公平游戏(或公平赌博)。尽管是公平的,从事这种游戏也存在一定风险,因为尽管两种结果的概率分布是知道的,但是实际个人所得是不知道的。因此,风险规避型的人不愿意参加这样的活动。另一方面,风险偏好的人喜欢这种游戏,他们甚至喜欢那些对他们来说不利的游戏(即成本超过期望收入的游戏)。

这种对于风险的不同态度的现象可以通过人们所拥有的不同的效用函数得到解释。假设潜在的玩家有严格凹的效用函数 $U = U(x)$,就像图 9.6(a)所画的那样,这里 x 代表回报,并且 $U(0) = 0$, $U'(x) > 0$(收入或者回报的正的边际效用),对于所有 x 都有 $U''(x) < 0$(递减的边际效用)。那么,个人所面对的经济决策涉及两种行为的选择:首先,不参加这个游戏,个人可以节省作为游戏的成本的 15 美元(= EV),并可享受 $U(\$15)$ 的效用,在图中,以 A 点的纵坐标衡量。其次,参加游戏,个人有 0.5 的概率收到 10 美元并享受 $U(\$10)$(如点 M 所示),有 0.5 的概率收到 20 美元并享受 $U(\$20)$(如点 N 所示)。游戏的期望效用就是:

$$EU = 0.5 \times U(\$10) + 0.5 \times U(\$20).$$

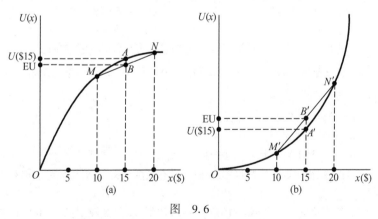

图 9.6

这一效用是 M 和 N 的高度的平均值,以线段 MN 的中点 B 的高度来衡量。因为,由严格凹的效用函数的定义,线段 MN 一定位于弧线 MN 下,点 B 一定低于点 A;因此,EU,游戏的期望效用比游戏成本的效用要低,因此,应该不参加游戏。可见,严格凹效用函数体现的是风险规避行为。

对于一个风险爱好者而言,决策过程也是类似的,但是会做出相反的决策,因为现在相关的效用函数是严格凸函数。在图 9.6(b)中,$U(\$15)$,即拥有这 15 美元而不参加游戏的效用,由曲线上的点 A' 表示,而参加游戏的期望效用由点 B',即线段 $M'N'$ 的中点表示。但是线段 $M'N'$ 位于弧 $M'N'$ 之上,点 B' 在点 A' 之上。因此,具有参与游戏的正的激励。与图 9.6(a)不同,我们把严格凸效用函数和风险偏好行为联系在一起。

练习 9.3

1 求下列函数的二阶和三阶导数:
(a) $ax^2 + bx + c$
(b) $7x^4 - 3x - 4$
(c) $\dfrac{3x}{1-x} (x \neq 1)$
(d) $\dfrac{1+x}{1-x} (x \neq 1)$

2 下列二次函数哪个是严格凸函数?
(a) $y = 9x^2 - 4x + 8$
(b) $w = -3x^2 + 39$
(c) $u = 9 - 2x^2$
(d) $v = 8 - 5x + x^2$

3 画出(a)一条不是严格凹的凹曲线;(b)一条既凹又凸的曲线。

4 已知函数 $y = a - \dfrac{b}{c+x} (a, b, c > 0; x \geq 0)$,考察以下因素确定函数的一般图形:
(a) 函数的一阶和二阶导数;
(b) 函数的纵截距;
(c) 当 x 趋于无穷大时 y 的极值。

若此函数用于表示消费函数,要使其具有经济意义,应对参数施以何种限制?

5 绘出使得 $f'(x) \equiv 0$ 的函数 $f(x)$ 的图形,以及使得 $g'(3) = 0$ 的函数 $g(x)$ 的图形。用稳定点的概念以一句话来概括 $f(x)$ 与 $g(x)$ 的本质区别。

6 一个既不是"风险规避"也不是"风险偏好"(对于公平游戏无差异)的人被称为"风险中性"。
(a) 你会用哪种效用函数来描述这种人?

(b) 采用课本中提到的扔骰子游戏,叙述对于风险中性者而言 $U(15)$ 和 EU 之间的联系。

9.4 二阶导数检验

回到图 9.5 中的两个极值点 B 和 E,并记住我们刚刚确立的二阶导数与曲线曲率之间的联系,我们应该能够看到下述判定相对极值的标准的正确性。

相对极值的二阶导数检验　如果函数 f 的一阶导数在 $x = x_0$ 为 $f'(x_0) = 0$,且,

a. 若在 x_0 的二阶导数值 $f''(x_0) < 0$,则函数在 x_0 的函数值 $f(x_0)$ 为相对极大值。

b. 若在 x_0 的二阶导数值 $f''(x_0) > 0$,则函数在 x_0 的函数值 $f(x_0)$ 为相对极小值。

此检验一般来说比一阶导数检验更便于应用,因为它不要求我们检验 x_0 左右两侧的符号。但它也有一个缺陷,即在 $f''(x_0) = 0$ 时无法得出确切的结论。在 $f''(x_0) = 0$ 时,稳定值 $f(x_0)$ 可能是极大值,或者极小值,甚至也可能是拐点。① 当遇到 $f''(x_0) = 0$ 的情况时,我们或者回头使用一阶导数检验,或者借助于我们将在 9.6 节中提出的涉及三阶甚至更高阶导数的其他检验。然而,对于经济学中遇到的绝大多数问题,二阶导数检验通常已足以判定相对极大值或极小值。

例 1　求如下函数的相对极值

---

① 为了解当 $f''(x_0) = 0$ 时该点有可能为拐点,我们重新回到图 9.3(a) 和 (a')。上图中的点 J 是拐点,$x = j$ 是其临界值。因为下图中的 $f'(x)$ 曲线在 $x = j$ 达到最小值,$f'(x)$ 的斜率即 $f''(x)$ 在临界值 $x = j$ 必定为零。因此当 $f''(x) = 0$ 时点 J 描述了一个拐点。

为考察相对极小值与 $f''(x_0) = 0$ 也是一致的,我们考察函数 $y = x^4$。此函数可绘成 U 形曲线,并在临界值 $x = 0$ 达极小值 $y = 0$,因为此函数的二阶导数 $f''(x) = 12x^2$,所以在临界值 $x = 0$,此导数的值也为零。因此,此函数解释了当 $f''(x_0) = 0$ 时出现相对极小值。

$$y = f(x) = 4x^2 - x.$$

其一阶和二阶导数为

$$f'(x) = 8x - 1 \quad \text{和} \quad f''(x) = 8.$$

令 $f'(x)=0$，解所得到的方程，我们求得（唯一的）临界值为 $x^* = 1/8$，由此产生（唯一的）稳定值 $f(1/8) = -1/16$。因为二阶导数为正（因为在此情况下对任意 x 值，它总是为正），此极值是极小值。实际上，因为给定函数的曲线为 U 形曲线，相对极小值也是绝对极小值。

例 2 求函数

$$y = g(x) = x^3 - 3x^2 + 2.$$

的相对极值。此函数的一阶和二阶导数为

$$g'(x) = 3x^2 - 6x \quad \text{和} \quad g''(x) = 6x - 6.$$

令 $g'(x)=0$，并解所得到的二次方程 $3x^2 - 6x = 0$，我们得到临界值 $x_1^* = 0, x_2^* = 2$；由此又产生两个稳定值：

$$g(0) = 2 \quad [\text{是极大值，因 } g''(0) = -6 < 0],$$
$$g(2) = -2 \quad [\text{是极小值，因 } g''(2) = 6 > 0].$$

必要条件与充分条件

像在一阶导数检验中的情况一样，斜率为零的条件 $f'(x)=0$ 在二阶导数检验中充当必要条件。因为此条件以一阶导数为基础，它也常被称作一阶条件。一旦我们知道一阶条件在 $x=x_0$ 处得到满足，$f''(x_0)$ 为负（正）就成为稳定值为相对极大值（极小值）的充分条件。这些以二阶导数为基础的充分条件，通常被称为二阶条件。

重复一下：一阶条件仅是相对极大值或极小值的必要条件，但不是充分条件。（还记得拐点吗？）与此形成鲜明对照的是，虽然二阶条件 $f''(x)$ 在临界值 x_0 为负（正）是相对极大值（极小值）存在的充分条件，但却不是必要条件。（还记得当 $f''(x_0)=0$ 时存在相对极值吗？）因此，读者必须非常谨慎地防止进行下述推断："因为已知稳定值 $f(x_0)$ 为极小值，所以我们必然有 $f''(x_0)>0$。"上述推理之所以错误，是因为误把 $f''(x_0)$ 为正当做 $f(x_0)$ 是极小值的必要条件。

这并不是说二阶导数永远不能作为相对极值存在的必要条件。

事实上,它们是可以作为必要条件的。但必须谨慎地考虑到这一事实:相对极大值(极小值)不仅在 $f''(x_0)$ 为负(正)时存在,而且在 $f''(x_0)=0$ 时也可能存在。因此,二阶必要条件必须按照弱不等式来表示:要使稳定值 $f(x_0)$ 为相对 $\begin{Bmatrix} 极大值 \\ 极小值 \end{Bmatrix}$,必须使 $f''(x_0) \begin{Bmatrix} \leqslant \\ \geqslant \end{Bmatrix} 0$。

表 9.1 概括了以上的讨论,表中的所有等式和不等式都是(所需)满足的条件,而非对某一给定函数的设定的描述。特别是,等式 $f'(x)=0$ 并不意味着函数 f 处处斜率为 0,它只是表明了这一约束条件:只有满足 $f'(x)=0$ 的 x 值可以被视为临界值。

表 9.1　$y=f(x)$ 的相对极值的条件

条件	极大值	极小值
一阶必要条件	$f'(x)=0$	$f'(x)=0$
二阶必要条件*	$f''(x) \leqslant 0$	$f''(x) \geqslant 0$
二阶充分条件*	$f''(x)<0$	$f''(x)>0$

*:仅可在一阶必要条件满足后应用。

利润最大化的条件

现在我们提供一些极大值问题,即最优化问题在经济上应用的例子。

学习经济学的学生首先要学习的问题之一就是,要实现利润最大化,厂商必须使边际成本等于边际收益。我们给出这一条件的数学推导。为使我们的分析保持一般性,我们将使用总收益函数 $R=R(Q)$ 和总成本函数 $C=C(Q)$,二者均是单一变量 Q 的函数。由此可知,利润函数(目标函数)也可以表示成 Q(选择变量)的函数:

$$\pi = \pi(Q) = R(Q) - C(Q). \tag{9.1}$$

为求得利润最大化的产出水平,必须满足最大化的一阶必要条件: $d\pi/dQ=0$。因此,将(9.1)对 Q 求导,并令所得的导数等于零。结果为:

$$\frac{d\pi}{dQ} \equiv \pi'(Q) = R'(Q) - C'(Q)$$
$$= 0 \text{ 当且仅当 } R'(Q) = C'(Q). \tag{9.2}$$

因此,最优产出(均衡产出)Q^*必须满足方程$R'(Q^*) = C'(Q^*)$,或者 MR = MC。此条件构成了利润最大化的一阶必要条件。

然而,满足一阶条件也可能得到最小值,而不是最大值,因此下一步我们还得检验二阶条件。将(9.2)对 Q 求导得到二阶导数:

$$\frac{d^2\pi}{dQ^2} \equiv \pi''(Q) = R''(Q) - C''(Q)$$

$$< 0 \text{ 当且仅当 } R''(Q) < C''(Q).$$

后一个不等式是最大化的二阶必要条件。若该条件没有满足,则Q^*不能最大化利润,事实上,它最小化利润。若$R''(Q^*) = C''(Q^*)$,则我们不能得出明确的结论。最佳的情形是得出$R''(Q^*) < C''(Q^*)$,这满足了最大值的二阶充分条件。从经济的角度看,这意味着在 MC = MR 的产出水平时,如果 MR 的变化率低于 MC 的变化率,则该产出将使利润最大化。

这些条件描述在图9.7中。在图9.7(a)中,我们绘出了总收益和总成本曲线。这两条曲线在产出水平Q_2和Q_4相交了两次。在开区间(Q_2, Q_4)中,总收益 R 超过总成本 C,因此 π 为正。但在区间$[0, Q_2)$和$(Q_4, Q_5]$,其中Q_5代表厂商生产能力的上限,π 为负。这一事实反映在图9.7(b)中,其中的利润曲线——它根据每一产出水平 R 曲线与 C 曲线之间的垂直距离绘出——仅在区间(Q_2, Q_4)位于横轴的上方。

与一阶条件相一致,当我们令 $d\pi/dQ = 0$ 时,我们的目的便是要确定利润曲线在产出Q_3的峰点 K,此点的斜率为零。但是在产出Q_1的相对极小值点 M 也是一个候选点,因为它也满足斜率为零的要求。我们后面要借助于二阶条件来排除"错误"的极值。

一阶条件 $d\pi/dQ = 0$ 与条件 $R'(Q) = C'(Q)$ 是等价的。在图9.7(a)中,产出水平Q_3满足这一条件,因为 R 与 C 曲线在Q_3斜率相同(在 H 点与 J 点绘出的两条切线是平行的),在产出水平Q_1也同样如此。因为 R 与 C 曲线斜率相同意味着 MR = MC,产出水平Q_3和Q_1必定为 MR 曲线与 MC 曲线的交点,如图9.7(c)所示。

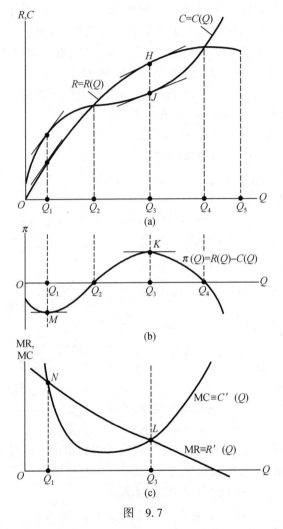

图 9.7

二阶条件是如何发挥作用的呢? 我们首先看图 9.7(b)。在点 K, π 函数的二阶导数的值为负(除去零值的例外情况),即 $\pi''(Q_3) < 0$,因为曲线在 K 点附近为倒 U 形,这意味着 Q_3 将使利润最大化。另一方面,在点 M,我们预期 $\pi''(Q_1) > 0$, Q_1 使 π 达到极小值,当然极大值的二阶充分条件也可以表述为 $R''(Q) < C''(Q)$,即 MR 曲线

的斜率小于 MC 曲线的斜率。由图 9.7(c)立即可以看到产出 Q_3 可以满足这一条件,因为在点 L,MR 的斜率为负,而 MC 的斜率为正。但产出 Q_1 不符合这一条件,因为此处 MC 与 MR 的斜率均为负,而且在点 N,MR 斜率的数值小于 MC 的斜率,这意味着 $R''(Q)$ 大于 $C''(Q)$。所以实际上,产出 Q_1 也不符合相对极大值的二阶必要条件,但满足相对极小值的二阶充分条件。

例 3 令 $R(Q)$ 与 $C(Q)$ 函数为

$$R(Q) = 1\,200Q - 2Q^2,$$
$$C(Q) = Q^3 - 61.25Q^2 + 1\,528.5Q + 2\,000.$$

则利润函数为

$$\pi(Q) = -Q^3 + 59.25Q^2 - 328.5Q - 2\,000.$$

其中 R, C, π 均以美元为单位,而 Q 则可以吨/周为单位。此函数有两个临界值 $Q = 3$ 和 $Q = 36.5$,因为

$$\frac{d\pi}{dQ} = -3Q^2 + 118.5Q - 328.5 = 0, \quad 当 Q = \begin{cases} 3 \\ 36.5 \end{cases},$$

但因二阶导数为

$$\frac{d^2\pi}{dQ^2} = -6Q + 118.5 \quad \begin{cases} > 0 & 当 Q = 3, \\ < 0 & 当 Q = 36.5. \end{cases}$$

所以利润最大化产出为 $Q^* = 36.5$(吨/周)。(另一产出使利润最小。)通过把 Q^* 代入利润函数,我们可以求得最大利润为

$$\pi^* = \pi(36.5) = 16\,318.44(美元/周).$$

本例还可用另一办法求解。我们可以先求出 MR 与 MC 函数,然后令二者相等,即求其交点。因为

$$R'(Q) = 1\,200 - 4Q,$$
$$C'(Q) = 3Q^2 - 122.5Q + 1\,528.5.$$

令两个函数相等,将得到一个与 $d\pi/dQ = 0$ 相一致的二次方程,它能产生两个与前面一样的临界值。

三次总成本函数的系数

在上面例 3,我们使用了三次函数来表示总成本函数。如图 9.7(a)所示,传统的总成本曲线 $C = C(Q)$ 被假定含有两个"扭动",

从而形成一个凹弧(递减的边际成本)和一个凸弧(递增的边际成本)。因为三次函数,如图9.4所示,总是含有两次转折,所以它能够很好地充当这一角色。但图9.4还提醒我们警惕一个问题:三次函数的图形可能产生一个向下倾斜的弧段,而要使总成本函数具有经济意义,它必须始终保持向上倾斜(更大的产出要承担更高的成本)。如果我们要运用的成本函数为

$$C = C(Q) = aQ^3 + bQ^2 + cQ + d. \tag{9.3}$$

则有必要对参数施以适当的限制,以防止 C 曲线向下倾斜。

描述上述要求的另一种方式是:MC 函数必须处处为正;仅当 MC 函数的绝对极小值为正时,才可以保证这一点。将(9.3)对 Q 求导,我们得到 MC 函数

$$\mathrm{MC} = C'(Q) = 3aQ^2 + 2bQ + c. \tag{9.4}$$

因为它是一个二次函数,所以其图形如图9.7(c)中的抛物线。要使 MC 曲线处处为正(位于横轴之上),必须使抛物线为 U 形(否则,如果曲线为倒 U 形,则肯定会延伸到第二象限)。因此,(9.4)中的 Q^2 项的系数必须为正,即我们必须限定 $a>0$。然而,此限制绝非充分条件,因为 U 形 MC 曲线的最小值——称其为 $\mathrm{MC}_{\min}$(一个相对极小值,也可能恰好是绝对极小值)——仍可能出现于横轴之下。因此我们下一步必须求出 $\mathrm{MC}_{\min}$,并确定使其为正所需的参数限制。

根据我们关于相对极值的知识,MC 的相对极小值将出现于

$$\frac{d}{dQ}\mathrm{MC} = 6aQ + 2b = 0,$$

满足一阶条件的产出水平是

$$Q^* = \frac{-2b}{6a} = \frac{-b}{3a}.$$

它使 MC 最小化(而非最大化),因为考虑到 $a>0$,二阶导数 $d^2(\mathrm{MC})/dQ^2 = 6a$ 一定为正。知道了 Q^*,现在我们就可以计算 $\mathrm{MC}_{\min}$ 了,但我们现在也可以由它来推断系数 b 的符号。因为要排除负的产出水平,所以我们知道 b 不能为正(给定 $a>0$)。进而,因为在某一正的产出水平,边际收益递减规律成立,即 MC 在初始阶段下降,Q^* 应为正而不是为零。因此,我们必然有约束 $b<0$。

现在将令 MC 最小的产出 Q^* 代入 (9.4) 以求得 $\mathrm{MC}_{\min}$ 就很简单了

$$\mathrm{MC}_{\min} = 3a\left(\frac{-b}{3a}\right)^2 + 2b\frac{-b}{3a} + c = \frac{3ac - b^2}{3a}.$$

因此,为保证 $\mathrm{MC}_{\min}$ 为正,我们还必须施加约束[①] $b^2 < 3ac$。这最后一个约束,实际上也意味着约束 $C > 0$(为什么?)。

上述讨论涉及三个参数 a, b, c。那么另一个参数 d 呢?答案是对 d 也需要加以限制,但它与保持 MC 为正无关。若我们令 (9.3) 中的 $Q = 0$,我们求得 $C(0) = d$。因此,d 的作用仅在于决定成本曲线的纵截距,而与其斜率无关。因为 d 的经济意义是固定成本,所以适当的约束(仅在短期)应当是 $d > 0$。

总之,总成本函数 (9.3) 的系数应被施加如下限制(仅与短期有关):

$$a, c, d > 0, \quad b < 0, \quad b^2 < 3ac. \tag{9.5}$$

正如你能够验证的那样,例 3 中的 $C(Q)$ 函数确实满足 (9.5)。

向上倾斜的边际收益曲线

在图 9.7c 中边际收益曲线被表示成一条处处向下倾斜的曲线,当然,这也是在不完全竞争条件下厂商 MR 曲线的传统画法。但是,绝不能事先排除 MR 曲线部分,甚至全部向上倾斜的可能性。[②]

给定平均收益函数 $\mathrm{AR} = f(Q)$,边际收益函数可以表示成

[①] 此约束也可以通过完全平方法得到。MC 函数可连续变换如下:

$$\mathrm{MC} = 3aQ^2 + 2bQ + c$$
$$= \left(3aQ^2 + 2bQ + \frac{b^2}{3a}\right) - \frac{b^2}{3a} + c$$
$$= \left(\sqrt{3a}Q + \sqrt{\frac{b^2}{3a}}\right)^2 + \frac{-b^2 + 3ac}{3a}$$

因为平方表达式有可能为零,在知道 $a > 0$ 的情况下,仅当 $b^2 < 3ac$ 时,MC 为正才能得到保证。

[②] 这一点在约翰·P. 丰比(John P. Formby),斯蒂芬·拉森(Stephen Layson)和詹姆斯·史密斯(W. James Smith)的论文"需求定律、正斜率的边际收益以及多重利润均衡"(The Law of Demand, Positive Sloping Marginal Revenue, and Multiple Profit Equilibria)中被重点揭示出来。此论文载于《经济探索》(*Economic Inquiry*),1982 年 4 月,第 303—311 页。

$$\text{MR} = f(Q) + Qf'(Q), \quad [\text{由}(7.7)]$$

MR 曲线的斜率则可由下述导数确定

$$\frac{\mathrm{d}}{\mathrm{d}Q}\text{MR} = f'(Q) + f'(Q) + Qf''(Q) = 2f'(Q) + Qf''(Q).$$

只要 AR 曲线向下倾斜(正如在不完全竞争市场中那样),则 $2f'(Q)$ 必定为负。但 $Qf''(Q)$ 可能为负,或者是零,也可能为正,这取决于 AR 函数二阶导数的符号,即取决于 AR 曲线是严格凹的、线性的,还是严格凸的。如果 AR 曲线是严格凸的,无论是全部(如图 7.2 所描述的那样),还是沿着一个特定的弧段,那么,(正的) $Qf''(Q)$ 大于(负的) $2f'(Q)$,从而导致 MR 曲线全部或部分向上倾斜的可能性是存在的。

例4 令平均收益函数为

$$\text{AR} = f(Q) = 8\,000 - 23Q + 1.1Q^2 - 0.018Q^3.$$

正如可验证的那样(见练习 9.4-7),此函数给出向下倾斜的 AR 曲线,所以适于不完全竞争下的厂商。因为

$$\text{MR} = f(Q) + Qf'(Q) = 8\,000 - 46Q + 3.3Q^2 - 0.072Q^3.$$

由此得 MR 的斜率为

$$\frac{\mathrm{d}}{\mathrm{d}Q}\text{MR} = -46 + 6.6Q - 0.216Q^2.$$

因为这是一个二次方程,且因 Q^2 的系数为负,所以如图 9.5(a)所示,$\mathrm{d}\text{MR}/\mathrm{d}Q$ 必定可以绘成一个关于 Q 的倒 U 形曲线。若此曲线的一部分恰好位于横轴之上,则 MR 的斜率将取正值。

令 $\text{MR}/\mathrm{d}Q = 0$ 并应用二次公式,我们求得二次函数的两个根为 $Q_1 = 10.76, Q_2 = 19.79$(近似值)。这意味着对于在开区间 (Q_1, Q_2) 的 Q 值,$\mathrm{d}\text{MR}/\mathrm{d}Q$ 曲线确实位于横轴之上。所以在 Q_1 和 Q_2 之间的产出水平上,边际收益曲线的斜率确实为正。

MR 曲线上存在正斜率的弧段具有有趣的含义。这样的 MR 曲线可能会与 MC 曲线产生不止一个满足利润最大化二阶充分条件的交点。然而,尽管这些交点构成了局部最优,但仅有一个是厂商追求的全局最优。

练习 9.4

1. 以二阶导数检验,求 y 的相对极大值和极小值:
   (a) $y = -2x^2 + 8x + 25$
   (b) $y = x^3 + 6x^2 + 9$
   (c) $y = \frac{1}{3}x^3 - 3x^2 + 5x + 3$
   (d) $y = \frac{2x}{1-2x}$ $(x \neq \frac{1}{2})$

2. 格林萨姆先生想在他的房子边设计一个长方形花坛,以房子的墙作为花坛的一边,另外三边以金属网围上。他只有 64 英尺金属网可用。当矩形的长 L 和宽 W 为多少时,才能使种植面积最大?你如何保证你给出的答案能得到最大面积,而不是最小面积?

3. 某厂商有如下总成本与总需求函数:
$$C = \frac{1}{3}Q^3 - 7Q^2 + 111Q + 50,$$
$$Q = 100 - P.$$
   (a) 此总成本函数是否满足(9.5)的系数限制?
   (b) 写出以 Q 表示的总收益函数 R。
   (c) 列出以 Q 表示的总利润函数 π。
   (d) 求出利润最大化的产出水平 Q^*。
   (e) 最大利润是多少?

4. 若(9.3)中的系数 b 为零,边际成本曲线与总成本曲线将会如何?

5. 二次利润函数 $\pi(Q) = hQ^2 + jQ + k$ 用于下列假设:
   (a) 若什么也不生产,由于固定成本的关系,利润将为负。
   (b) 利润函数为严格凹函数。
   (c) 在正产出水平 Q^* 达到利润最大化。
   这要求对参数进行何种限制?

6. 某完全竞争厂商有单一可变投入 L(劳动),每期工资率为 W_0。若该厂商每期的固定成本为 F 美元,产品的价格为 P_0:
   (a) 写出厂商的生产函数、收益函数、成本函数和利润函数。
   (b) 何为利润最大化的一阶条件?解释此条件的经济意义。
   (c) 什么样的经济环境才能保证利润最大而不是最小?

7. 用下列步骤验证例 4 中的 AR 曲线具有负的斜率:
   (a) 以 S 表示 AR 的斜率;写出 S 的表达式。
   (b) 运用二阶导数检验,求 S 的极大值,即 $S_{\max}$。
   (c) 由 $S_{\max}$ 的值推断出 AR 曲线的斜率为负。

9.5　麦克劳林级数与泰勒级数

现在我们到了开发一种新的关于相对极值的检验方法的时候了。即便二阶导数在稳定点的值为零时，这种方法也可以应用。但在此之前，我们有必要先讨论如何将函数 $y = f(x)$ 分别"展开"为我们所知道的麦克劳林级数(在点 $x = 0$ 附近展开)和泰勒级数(在任意点 $x = x_0$ 附近展开)的问题。

在目前的内容中，在 x_0 附近展开函数 $y = f(x)$ 意味着把此函数变换成一个多项式，其中各项系数均以导数 $f'(x_0)$，$f''(x_0)$ 等来表示——所有导数均在展开点 x_0 处计算其值。在麦克劳林级数中，均在 $x = 0$ 处计算各阶导数的值，所以在系数中我们有 $f'(0)$，$f''(0)$ 等。展开的结果可以称为幂级数，因它是由幂函数构成的多项式。

多项式函数的麦克劳林级数

我们首先考察 n 次多项式函数

$$f(x) = a_0 + a_1 x + a_2 x^2 + a_3 x^3 + a_4 x^4 + \cdots + a_n x^n. \quad (9.6)$$

的展开，其中多项式的系数为 a_0, a_1 等，而非导数值 $f'(0), f''(0)$ 等。因为这涉及将一个多项式变换为另一个多项式，似乎这是一种毫无意义、毫无目的的练习，但它实际上能够清楚地阐明函数展开的思想。

因为展开后的幂级数包含函数 f 的各阶导数，所以我们首先求出这些导数。对(9.6)连续求导，我们得到以下各阶导数：

$$f'(x) = a_1 + 2a_2 x + 3a_3 x^2 + 4a_4 x^3 + \cdots + n a_n x^{n-1},$$

$$f''(x) = 2a_2 + 3(2)a_3 x + 4(3)a_4 x^2 + \cdots + n(n-1)a_n x^{n-2},$$

$$f'''(x) = 3(2)a_3 + 4(3)(2)a_4 x + \cdots + n(n-1)(n-2)a_n x^{n-3},$$

$$f^{(4)}(x) = 4(3)(2)a_4 + 5(4)(3)(2)a_5 x + \cdots + n(n-1)(n-2)(n-3)a_n x^{n-4},$$

$$\vdots$$

$$f^{(n)}(x) = n(n-1)(n-2)(n-3)\cdots(3)(2)(1)a_n.$$

注意,每次逐次求导,项数就减少一个——加在前面的常数项消失了——直至 n 阶导数,剩下一个常数项(乘积项)。这些导数值可在不同的 x 值处计算;这里我们将在 $x = 0$ 处计算,结果所有含有 x 的项将消失。于是我们得到如下非常整洁的导数值:

$$f'(0) = a_1, \quad f''(0) = 2a_2, \quad f'''(0) = 3(2)a_3,$$
$$f^{(4)}(0) = 4(3)(2)a_4, \quad \cdots,$$
$$f^{(n)}(0) = n(n-1)(n-2)(n-3)\cdots(3)(2)(1)a_n. \quad (9.7)$$

若我们现在采用简写符号 $n!$ (读作:n 的阶乘),定义为

$$n! = n(n-1)(n-2)\cdots(3)(2)(1) \quad (n = 正整数).$$

因而如 $2! = 2 \times 1 = 2, 3! = 3 \times 2 \times 1 = 6$ 等。($0!$ 定义为等于 1),则结果(9.7)可重写成:

$$a_1 = \frac{f'(0)}{1!}, \quad a_2 = \frac{f''(0)}{2!}, \quad a_3 = \frac{f'''(0)}{3!},$$
$$a_4 = \frac{f^{(4)}(0)}{4!}, \quad \cdots, \quad a_n = \frac{f^{(n)}(0)}{n!}.$$

将其代入(9.6)并利用 $f(0) = a_0$ 这一明显的事实,我们现在可以将已知函数 $f(x)$ 表示成一个新的多项式,其中的系数用 $x = 0$ 时的导数值表示:①

$$f(x) = \frac{f(0)}{0!} + \frac{f'(0)}{1!}x + \frac{f''(0)}{2!}x^2$$
$$+ \frac{f'''(0)}{3!}x^3 + \cdots + \frac{f^{(n)}(0)}{n!}x^n. \quad [麦克劳林公式] (9.8)$$

这个新的多项式被称为多项式函数 $f(x)$ 的麦克劳林级数,表示函数 $f(x)$ 围绕零($x=0$)展开。注意,展开点(这里为 0)仅为用来计算 $f(x)$ 和其各阶导数的 x 值。

例 1 求

$$f(x) = 2 + 4x + 3x^2 \quad (9.9)$$

的麦克劳林级数。此函数有导数

---

① 因为 $0! = 1$ 和 $1! = 1$,所以(9.8)式等号右侧的前两项可以简单地分别写成 $f(0)$ 和 $f'(0)x$,我们这里在分母中写上 $0!$ 和 $1!$ 是为了引起读者对展开式中不同项间的对称性的注意。

$$f'(x) = 4 + 6x, \qquad \text{则} \begin{cases} f'(0) = 4, \\ f''(0) = 6. \end{cases}$$
$$f''(x) = 6.$$

麦克劳林级数为

$$f(x) = f(0) + f'(0)x + \frac{f''(0)}{2}x^2$$
$$= 2 + 4x + 3x^2.$$

这验证了麦克劳林级数确实正确地表示了给定的函数。

多项式函数的泰勒级数

更一般地,多项式函数(9.6)可在任意点 $x = x_0$ 附近展开,而不一定非在零处展开。为简化起见,我们利用具体的二次函数(9.9)来对此加以解释,然后再将此结果一般化。

为了围绕一个特定点 x_0 展开函数,我们可先把任意给定的 x 值看成对 x_0 的偏离。更具体地,可令 $x = x_0 + \delta$,其中 δ 表示与 x_0 的偏差。根据这些解释,已知函数(9.9)及其导数现在则成为:

$$f(x) = 2 + 4(x_0 + \delta) + 3(x_0 + \delta)^2,$$
$$f'(x) = 4 + 6(x_0 + \delta), \qquad (9.10)$$
$$f''(x) = 6.$$

我们知道,表达式 $(x_0 + \delta) = x$ 在函数中是一个变量,但在目前情况下,x_0 是一个固定值,在(9.10)中仅有 δ 可视为变量。因此,$f(x)$ 实际上是 δ 的函数,比如可表示为 $g(\delta)$:

$$g(\delta) = 2 + 4(x_0 + \delta) + 3(x_0 + \delta)^2 \quad [\equiv f(x)],$$

其导数为

$$g'(\delta) = 4 + 6(x_0 + \delta) \qquad [\equiv f'(x)],$$
$$g''(\delta) = 6 \qquad\qquad\quad [\equiv f''(x)].$$

我们已知道如何在零($\delta = 0$)的某邻域内展开 $g(\delta)$。根据(9.8),如此展开将得到麦克劳林级数:

$$g(\delta) = \frac{g(0)}{0!} + \frac{g'(0)}{1!}\delta + \frac{g''(0)}{2!}\delta^2. \qquad (9.11)$$

但因我们令 $x = x_0 + \delta$,所以 $\delta = 0$ 意味着 $x = x_0$,因此在恒等式 $g(\delta) \equiv f(x)$ 的基础上,对 $\delta = 0$ 的情况,我们可以写成

$$g(0) = f(x_0) \quad g'(0) = f'(x_0) \quad g''(0) = f''(x_0).$$

将结果代入(9.11),我们求得函数 $f(x)$ 在 x_0 附近展开的结果。因为其系数包含导数 $f'(x_0)$, $f''(x_0)$ 等,这些导数均在 $x = x_0$ 处取值:

$$f(x)[=g(\delta)] = \frac{f(x_0)}{0!} + \frac{f'(x_0)}{1!}(x-x_0)$$
$$+ \frac{f''(x_0)}{2!}(x-x_0)^2. \tag{9.12}$$

读者可将此结果,即 $f(x)$ 的泰勒级数与(9.11)中 $g(\delta)$ 的麦克劳林级数进行比较。

因为对于所考察的具体函数(9.9),我们有:

$$f(x_0) = 2 + 4x_0 + 3x_0^2, \quad f'(x_0) = 4 + 6x_0, \quad f''(x_0) = 6.$$

泰勒公式(9.12)将产生

$$f(x) = 2 + 4x_0 + 3x_0^2 + (4+6x_0)(x-x_0) + \frac{6}{2}(x-x_0)^2$$
$$= 2 + 4x + 3x^2.$$

这验证了泰勒级数确实正确表示了给定函数。

展开式(9.12)可推广应用于(9.6)的 n 次多项式。一般化的泰勒级数公式为

$$f(x) = \frac{f(x_0)}{0!} + \frac{f'(x_0)}{1!}(x-x_0) + \frac{f''(x_0)}{2!}(x-x_0)^2 + \cdots$$
$$+ \frac{f^{(n)}(x_0)}{n!}(x-x_0)^n. \quad [\text{泰勒公式}] \tag{9.13}$$

此式与(9.8)的麦克劳林级数的差别仅在于 x_0 取代零作为展开点,以及以 $(x-x_0)$ 取代了 x_0。(9.13)告诉我们,已知 n 次多项式 $f(x)$,如果我们在(9.13)右边的项中(比如)令 $x = 7$,选择任意数 x_0,则计算这些项的值并将其相加,我们将准确地得到 $f(7)$,即 $f(x)$ 在 $x = 7$ 处的值。

例 2 取 $x_0 = 3$ 作为展开点,我们可将(9.6)等价地写成

$$f(x) = f(3) + f'(3)(x-3) + \frac{f''(3)}{2}(x-3)^2 + \cdots$$
$$+ \frac{f^{(n)}(3)}{n!}(x-3)^n.$$

任意函数的展开

迄今为止，我们已说明了如何将一个 n 次多项式以另一种形式的 n 次多项式来表示。正如要证明的那样，只要任意函数 $\phi(x)$（不必一定是多项式）在展开点 x_0 具有有限、连续和直至所需阶数的导数，就有可能将其以类似于(9.13)的多项式形式表示。

根据被称为泰勒定理的数学命题，给定任意函数 $\phi(x)$，若我们知道此函数在 $x = x_0$ 的值 $\phi(x_0)$ 和其在 x_0 的导数值 $\phi'(x_0)$、$\phi''(x_0)$ 等，则此函数可在点 x_0 的邻域展开如下（n 为任意选定的正整数）：

$$\phi(x) = \left[\frac{\phi(x_0)}{0!} + \frac{\phi'(x_0)}{1!}(x - x_0) + \frac{\phi''(x_0)}{2!}(x - x_0)^2 + \cdots \right.$$
$$\left. + \frac{\phi^{(n)}(x_0)}{n!}(x - x_0)^n \right] + R_n \quad (9.14)$$
$$\equiv P_n + R_n.$$

其中 P_n 表示括号内的 n 次多项式[右边的前 $(n+1)$ 项]，R_n 表示余项[1]；余项这个概念下面再解释。R_n 的存在使得(9.14)有别于(9.13)，因此，(9.14)被称作带有余项的泰勒公式。多项式 P_n 的形式与余项 R_n 的大小取决于我们如何选择 n 值。n 值越大，P_n 中的项数越多；相应地，对每一个不同的 n，R_n 也有不同的值。这个事实说明了给这两个符号加上下标 n 的必要性。为便于记忆，我们可以把 n 视为 P_n 中最高阶导数的阶数。（在 $n = 0$ 的特殊情况下，P_n 中根本不会出现导数。）

在(9.14)中出现 R_n，是由于我们这里讨论的是任意函数 ϕ，它不能总是被精确地，但可以被近似地变换为(9.13)所示的多项式形式。因此，它包括一个余项作为 P_n 的补充，以表示 $\phi(x)$ 与多项式 P_n 的区别。从另一个角度看，P_n 可视为一个近似于 $\phi(x)$ 的多项式，而 R_n 则是近似误差的度量。例如，若我们选择 $n = 1$，则我们有

$$\phi(x) = [\phi(x_0) + \phi'(x_0)(x - x_0)] + R_1 = P_1 + R_1.$$

其中 P_1 包括 $n + 1 = 2$ 项，并构成了 $\phi(x)$ 的线性近似。若 $n = 2$，则会出现 2 次幂的项，所以

---

[1] 不要把符号 R_n（余项）与符号 R^n（n 维空间）相混淆。

$$\phi(x) = \left[\phi(x_0) + \phi'(x_0)(x-x_0) + \frac{\phi''(x_0)}{2!}(x-x_0)^2\right] + R_2$$
$$= P_2 + R_2.$$

其中 P_2 包括 $n+1=3$ 项,它是 $\phi(x)$ 的二次近似,等等。我们可以用多项式对任意函数进行近似(只要它有有限、连续的导数)这一结果是非常有实际意义的。多项式(即使是高阶次的多项式)相对容易处理,正如下面两个例子所显示的,若它们可以用来作为某些复杂函数的良好近似,将会非常方便。

我们应当顺便提一句,任意函数 $\phi(x)$ 显然应当包括 n 次多项式 (9.6)。当然这是它的一个特例。在后一种情况下,如果将其展开成一个 n 次多项式,则 (9.13) 的结果完全可以应用。换句话说,我们可以应用 (9.14) 的结果,其中 $R_n=0$。但若给定的 n 次多项式展开为一个低次多项式,则后者只能视为 $f(x)$ 的近似,且余项会出现;相应地,(9.14) 中的结果只能在带有非零的余项时应用。因此,(9.14) 类型的泰勒公式是非常一般化的。

例 3 在点 $x_0=1$ 的某邻域内展开如下非多项式函数,取 $n=4$:
$$\phi(x) = \frac{1}{1+x}.$$
我们需求出 $\phi(x)$ 的前四阶导数

$\phi'(x) = -(1+x)^{-2},$ 从而 $\phi'(1) = -(2)^{-2} = -\frac{1}{4},$

$\phi''(x) = 2(1+x)^{-3},$ $\phi''(1) = 2(2)^{-3} = \frac{1}{4},$

$\phi'''(x) = -6(1+x)^{-4},$ $\phi'''(1) = -6(2)^{-4} = -\frac{3}{8},$

$\phi^{(4)}(x) = 24(1+x)^{-5},$ $\phi^{(4)}(1) = 24(2)^{-5} = \frac{3}{4},$

我们还可以看到 $\phi(1) = \frac{1}{2}$。因此,令 (9.14) 中的 $x_0=1$,并运用上面推导的结果,我们得到如下带有余项的泰勒级数:

$$\phi(x) = \frac{1}{2} - \frac{1}{4}(x-1) + \frac{1}{8}(x-1)^2 - \frac{1}{16}(x-1)^3$$
$$+ \frac{1}{32}(x-1)^4 + R_4$$

$$= \frac{31}{32} - \frac{13}{16}x + \frac{1}{2}x^2 - \frac{3}{16}x^3 + \frac{1}{32}x^4 + R_4.$$

当然，选择 $x_0 = 0$ 作为展开点也是可以的。在这种情况下，令 (9.14) 中的 $x_0 = 0$，展开的结果将是带有余项的麦克劳林级数。

例 4 在 $x_0 = 1$ 附近展开下列二次函数，取 $n = 1$:
$$\phi(x) = 5 + 2x + x^2.$$

像例 1 中 (9.9) 式一样，此函数为一个二次多项式，但我们的任务却是将其展开成一次多项式 ($n = 1$)，即求出给定二次函数的线性近似，所以，必然会出现余项。因此，为进行泰勒展开，将 $\phi(x)$ 视为一个"任意"函数。

为完成这一展开，我们仅需一阶导数 $\phi'(x) = 2 + 2x$。在 $x_0 = 1$ 处计值，给定函数及其导数产生
$$\phi(x_0) = \phi(1) = 8, \quad \phi'(x_0) = \phi'(1) = 4.$$
因此，带有余项的泰勒公式为
$$\phi(x) = \phi(x_0) + \phi'(x_0)(x - x_0) + R_1$$
$$= 8 + 4(x-1) + R_1 = 4 + 4x + R_1.$$
其中 $(4 + 4x)$ 项表示线性近似，R_1 项则表示近似误差。

在图 9.8 中，$\phi(x)$ 的图形是一个抛物线，而其线性近似，则是 $\phi(x)$ 曲线在点 $(1, 8)$ 的切线。切点在 $x = 1$ 处出现并非由于巧合；相反，它是展开点确定在那个特定的值 ($x_0 = 1$) 的直接结果。这表明，当任意函数 $\phi(x)$ 被近似地表示成一个多项式时，后者将给出 $\phi(x)$ 在展开点（但仅仅是在展开点）的确切值，其误差为零 ($R_1 = 0$)。在其他点，R_1 严格不等于零，而且当近似 $\phi(x)$ 的 x 值越来越远离展开点 x_0 时，R_1 则反映了不断增大的近似误差。因此，当我们试图用多项式近似表示任意函数 $\phi(x)$ 时，如果我们对获得在 x 的某个特定值（如 x_0）的邻域内的精确近似最感兴趣，我们应选择 x_0 作为展开点。

图 9.8 的构造令人很容易回忆起图 8.1。事实上，两个图都与"近似"有关，但近似的范围则有所不同。在图 8.1 中，我们试图在 x 的给定起始点 x_0 处所作的切线的帮助下，用微分 dy 来近似表示 Δy。另一方面，在图 9.8 中，我们的目标更为广阔，是用一条特定的

直线来近似整条曲线,即用直线上相应的点的纵坐标来近似表示曲线上任意点 x(比如 x_1)的纵坐标。注意,在两种情况下,近似误差均随 x 的值而变化。在图 8.1 中,随着 Δx 变小,或随着 x 接近于切点 x_0,误差(dy 与 Δy 的差异)在变小;在图 9.8 中,随着 x 接近选定的展开点 x_0,误差(直线与曲线之间的垂直距离)也在减小。

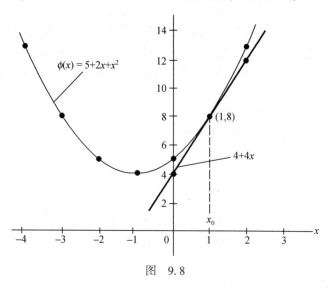

图 9.8

拉格朗日型的余项

现在我们必须对余项作进一步讨论。根据拉格朗日型的余项,我们可以将 R_n 表示为:

$$R_n = \frac{\phi^{(n+1)}(p)}{(n+1)!}(x-x_0)^{n+1}. \tag{9.15}$$

其中 p 为位于 x(我们要计算任意函数 ϕ 的值的点)与 x_0(我们展开函数 ϕ 的点)之间的某个数。注意,这个表达式与(9.14)中从逻辑上看紧接着 P_n 中最后一项的那一项非常相似,只是这里涉及的导数在点 P 而不是在 x_0 计值。此外因为点 P 没有设定,所以我们不能依据此式计算 R_n,不过它确实具有很重要的分析意义。所以,我们以图形来解释其含义,尽管我们仅对 $n=0$ 的简单情况加以说明。

当 $n=0$ 时,在多项式 P_0 中不会出现任何导数,因此,(9.14)简化为

$$\phi(x) = P_0 + R_0 = \phi(x_0) + \phi'(p)(x-x_0),$$

或 $\phi(x) - \phi(x_0) = \phi'(p)(x-x_0)$

这个结果——亦即中值定理的简化形式——表明函数 ϕ 在 x_0 的值与在任意其他 x 处的值之差可以表示为差 $(x-x_0)$ 与在 p(p 是 x 与 x_0 间的某点)计值的导数 ϕ' 的积。让我们观察图 9.9,其中函数 $\phi(x)$ 是一条在各点均有导数的连续曲线。令 x_0 为选定的展开点,x 为横轴上的任意点,若我们以 $\phi(x_0)$ 近似表示 $\phi(x)$,或以距离 x_0A 近似表示 xB,其误差将为 $\phi(x) - \phi(x_0)$,或者说为距离 CB。中值定理的含义是:误差 CB(即展开式中余项 R_0 的值)可以表示成 $\phi'(p)(x-x_0)$,其中 p 为 x 与 x_0 间的某点。首先,在曲线上 A 点与 B 点之间,我们确定点 D,使得过点 D 的切线平行于 AB;因为由 A 到 B 的曲线是连续、平滑的,所以这个 D 点必定存在。则余项将为

$$R_0 = CB = \frac{CB}{AC} \cdot AC = (AB \text{ 的斜率}) \cdot AC$$
$$= (D \text{ 点切线的斜率}) \cdot AC$$
$$= (\text{曲线在 } x = p \text{ 的斜率}) \cdot AC$$
$$= \phi'(p)(x-x_0).$$

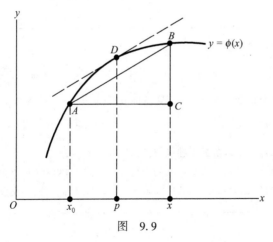

图 9.9

其中 p 点正如所要求的那样,位于 x 与 x_0 之间。这证明了在 $n=0$ 情况下余项的拉格朗日型的合理性。我们总可以将 R_0 表示成 $\phi'(p)(x-x_0)$,因为尽管不能确定 p 的具体值,但我们可以肯定,这样的点是存在的。

等式(9.15)提供了一种表示余项 R_n 的方式,但它不能排除 R_n 作为 $\phi(x)$ 与多项式 P_n 之间偏差的根源。然而,若恰好有

当 $n\to\infty$ 时,$R_n\to 0$ 使得当 $n\to\infty$ 时,$P_n\to\phi(x)$,

则泰勒级数被称为在展开点收敛到 $\phi(x)$,并可以写成如下的收敛无穷级数:

$$\phi(x) = \frac{\phi(x_0)}{0!} + \frac{\phi'(x_0)}{1!}(x-x_0) + \frac{\phi''(x_0)}{2!}(x-x_0)^2 + \cdots.$$

(9.16)

注意,R_n 项不再出现了,在其位置是一个省略号,表明多项式有无穷多的后续项,其结构与前面的项类似。在这种(方便的)情况下,通过选择足够大的 n 值,即在多项式 P_n 中包含足够多的项,就可以使 P_n 对 $\phi(x)$ 的近似达到我们要求的精度。我们将于后面 10.2 节中讨论一个这样的例子。

练习 9.5

1 求下列阶乘的值:

(a) 5!　　(b) 8!　　(c) $\frac{4!}{3!}$　　(d) $\frac{6!}{4!}$　　(e) $\frac{(n+2)!}{n!}$

2 求下列函数的麦克劳林级数的前五项(取 $n=4$,并令 $x_0=0$)

(a) $\phi(x) = \dfrac{1}{1-x}$　　　　　　(b) $\phi(x) = \dfrac{1-x}{1+x}$

3 求上题两个函数的泰勒级数,取 $n=4, x_0=-2$。

4 根据带有拉格朗日型余项的泰勒级数[见(9.14)和(9.15)],证明在展开点($x=x_0$)的泰勒级数总是给出在该点的精确值 $\phi(x_0)$,而不仅仅是近似值。

9.6 一元函数相对极值的 n 阶导数检验

在 $n\to\infty$,$R_n\to 0$ 的情况下,将函数展开成泰勒(或麦克劳林)级数,是一种很有用的近似计算方法,但我们现在关心的是应用这种展开式导出相对极值的一般检验方法。

泰勒展开式与相对极值

作为导出这种检验方法的预备性步骤,我们将相对极值重新定义如下:

对于在 x_0 最近邻域内的 x 值(包括 x_0 左右两边的 x 值),如果 $f(x)-f(x_0)$ 为负(正),则函数 $f(x)$ 达到极大(极小)值。

参考图 9.10 会使这一定义更清楚。在图中,x_1 是 x_0 左边的 x 值,x_2 是 x_0 右边的 x 值。在图 9.10(a)中,$f(x_0)$ 是相对极大值,因此 $f(x_0)$ 大于 $f(x_1)$ 和 $f(x_2)$。简言之,对在 x_0 的最近邻域内的任意 x 值,$f(x)-f(x_0)$ 为负。图 9.10(b)中给出的相反的情形也同样成立,其中 $f(x_0)$ 是相对极小值,因此,$f(x)-f(x_0)>0$。

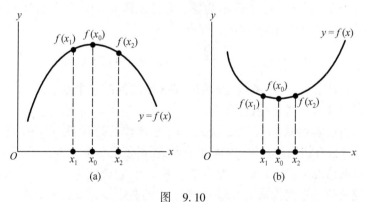

图 9.10

假设 $f(x)$ 在点 $x=x_0$ 具有有限的、至我们所需阶数的连续导数,则函数 $f(x)$(不必一定是多项式)可在 x_0 的邻域内展开为泰勒级数。在(9.14)的基础上(仅需将 ϕ 变为 f),并运用拉格朗日型的余项,我们可写出:

$$f(x) - f(x_0) = f'(x_0)(x - x_0) + \frac{f''(x_0)}{2!}(x - x_0)^2$$
$$+ \cdots + \frac{f^{(n)}(x_0)}{n!}(x - x_0)^n + \frac{f^{(n+1)}(p)}{(n+1)!}(x - x_0)^{n+1}.$$

(9.17)

如果对 x_0 最近邻域内的 x 值,我们可以确定表达式 $f(x) - f(x_0)$ 的符号,那么对 $f(x_0)$ 是否是相对极值,若是,是相对极大值还是极小值,我们便可得出结论。为此,有必要考察(9.17)右边的和。在和中共有 $n+1$ 项,其中 P_n 中有 n 项,再加上一个余项,因此,实际的项数是不确定的,它取决于我们选定的 n 值。但通过选择适当的 n,我们总可以保证右边只有一项,这样,计算 $f(x) - f(x_0)$ 的符号,确定 $f(x_0)$ 是否是极值,若是,属于哪类极值等便极大地简化了。

某些特例

通过一些具体说明,以 n 阶导数检验相对极值的方法就会变得更清楚。

特例1 $f'(x_0) \neq 0$

若在 x_0 处一阶导数不为零,我们选择 $n=0$,则在右边仅有 $n+1=1$ 项,即只有余项 R_0。即有

$$f(x) - f(x_0) = \frac{f'(p)}{1!}(x - x_0) = f'(p)(x - x_0).$$

其中 p 是在 x_0 与 x_0 的最近邻域中的 x 值之间的一个数。注意,p 与 x_0 必须非常非常地接近。

右边表达式的符号是什么?因为导数的连续性,$f'(p)$ 将与 $f'(x_0)$ 具有相同的符号,因为如前所述,p 必须非常非常接近于 x_0。在目前情况下,$f'(p)$ 必定为非零。事实上,它必定为某一具体的正数或负数。当我们从 x_0 的左边移至 x_0 的右边,x 从 $x_1 < x_0$ 的数值变为 $x_2 > x_0$ 的数值(见图9.10),$(x - x_0)$ 部分会如何呢?显然,当移动时,$(x - x_0)$ 必然由负变为正,而且 $f(x) - f(x_0) = f'(p)(x - x_0)$ 也会从 x_0 左边的符号变成 x_0 右边的符号。但这与相对极值的新定义不符,所以当 $f'(x_0) \neq 0$ 时,在 $f(x_0)$ 处不存在相对极值。实际上这是

第9章 最优化:一类特殊的均衡分析

我们早已知道的事实。

特例2 $f'(x_0) = 0$; $f''(x_0) \neq 0$

在此情况下,选择 $n = 1$,余项将为二次项,从而右边起初有 $n + 1 = 2$ 项。但因 $f'(x_0) = 0$,所以其中一项消失了。这样我们仍仅有一项要计算:

$$f(x) - f(x_0) = f'(x_0)(x - x_0) + \frac{f''(p)}{2!}(x - x_0)^2$$

$$= \frac{1}{2} f''(p)(x - x_0)^2 \quad [因为 f'(x_0) = 0].$$

同前面一样,$f''(p)$ 与 $f''(x_0)$ 有相同的符号,这个符号是确定不变的;而 $(x - x_0)^2$ 是一个平方项,总是为正。因此,表达式 $f(x) - f(x_0)$ 必与 $f''(x_0)$ 符号相同。根据前面的相对极值定义,将确定

若 $f''(x_0) < 0 \quad [f'(x_0) = 0]$,则 $f(x_0)$ 为 $f(x)$ 的相对极大值;

若 $f''(x_0) > 0 \quad [f'(x_0) = 0]$,则 $f(x_0)$ 为 $f(x)$ 的相对极小值。

读者会认出它是前面介绍的二阶导数检验。

特例3 $f'(x_0) = f''(x_0) = 0$,但 $f'''(x_0) \neq 0$

这里我们遇到了二阶导数检验不能处理的情况,因为 $f''(x_0)$ 现在为零。但借助于泰勒级数,仍不难得到结论。

我们选择 $n = 2$,则右边起初有三项。但因 $f'(x_0) = f''(x_0) = 0$,所以其中的两项会消失,所以我们仍只需计算一项:

$$f(x) - f(x_0) = f'(x_0)(x - x_0) + \frac{1}{2} f''(x_0)(x - x_0)^2$$

$$+ \frac{1}{3!} f'''(p)(x - x_0)^3$$

$$= \frac{1}{6} f'''(p)(x - x_0)^3.$$

同以前一样,因导数的连续性及 p 非常接近于 x_0,$f'''(p)$ 的符号与 $f'''(x_0)$ 的符号是一致的。但 $(x - x_0)^3$ 的符号则会变化。具体地说,当 x 在 x_0 左边,$x - x_0$ 为负时,$(x - x_0)^3$ 也将为负,x 在 x_0 右边,$(x - x_0)^3$ 将为正。同样,当我们通过 x_0 点时,$f(x) - f(x_0)$ 的符号会变化,与相对极值的定义不符。但我们知道,x 是一个临界值 $[f'(x_0) = 0]$,由于它不是相对极值,所以必然是一个拐点。

特例 4　$f'(x_0) = f''(x_0) = \cdots = f^{(N-1)}(x_0) = 0$，但 $f^{(N)}(x_0) \neq 0$。

这是一种非常一般的情况，所以我们可由此得到一个一般化的结果。注意，除 n 阶导数外，其余导数均为零。

类似于上述三个特例，特例 4 的泰勒级数可简化为

$$f(x) - f(x_0) = \frac{1}{N!} f^{(N)}(p)(x - x_0)^N.$$

同样，$f^{(N)}(p)$ 与 $f^{(N)}(x_0)$ 的符号相同且不变。而 $(x-x_0)^N$ 部分的符号，若 N 是奇数（参见特例 1 和 3），它就变化；若 N 是偶数（参见特例 2），它就保持不变。相应地，当 N 为奇数时，当我们通过点 x_0 时，$f(x) - f(x_0)$ 的符号就会改变，因此与相对极值的定义相违背（这表明 x_0 将给出一个拐点）。但当 N 为偶数，x 自 x_0 的左边变至右边时，$f(x) - f(x_0)$ 符号不变，这就确定了稳定值 $f(x_0)$ 为相对极值，是极大值还是极小值则取决于 $f^{(N)}(x_0)$ 为负还是正。

N 阶导数检验

最后，我们可给出如下一般检验：

一元函数相对极值的 N 阶导数检验　如果 $f(x)$ 在 x_0 的一阶导数 $f'(x_0) = 0$，如果在各阶导数中所遇到的第一个非零导数值是 N 阶导数，即 $f^{(N)}(x_0) \neq 0$，则：

a. 若 N 为偶数，且 $f^{(N)}(x_0) < 0$，则稳定值 $f(x_0)$ 将为相对极大值；

b. 若 N 为偶数，但 $f^{(N)}(x_0) > 0$，则稳定值 $f(x_0)$ 将为相对极小值；

c. 若 N 为奇数，则稳定值 $f(x_0)$ 为拐点。

上述阐述表明，当且仅当函数 $f(x)$ 在临界值 x_0 或早或晚会产生非零导数时，才能应用 N 阶导数检验。尽管存在不满足上述条件的例外情况，但我们可能遇到的大多数函数在其各阶导数中确实都能

产生非零的 $f^{(N)}(x_0)$。① 因此,在绝大多数情况下,此检验都是可应用的。

例 1   考察函数 $y = (7-x)^4$ 的相对极值。我们取 $x = 7$ 作为检验的临界值,$y = 0$ 作为函数的稳定值,因为 $f'(x) = -4(7-x)^3$ 为零,当 $x = 7$ 时。通过逐次求导,直至在点 $x = 7$ 遇到非零导数值,我们得到:

$$f''(x) = 12(7-x)^2, \quad \text{从而} \quad f''(7) = 0,$$
$$f'''(x) = -24(7-x), \quad\quad\quad f'''(7) = 0,$$
$$f^{(4)}(x) = 24, \quad\quad\quad\quad\quad f^{(4)}(7) = 24,$$

因为 4 是偶数,且因 $f^{(4)}(7)$ 为正,所以我们确定点 $(7,0)$ 是相对极小值。

很易验证,此函数的图形为严格凸函数。由于在 $x = 7$,二阶导数为零,而非为正,此例可用于说明我们前面关于二阶导数和曲线曲率的论述。其大意是:尽管对所有 x,正的 $f''(x)$ 意味着严格凸的 $f(x)$,但严格凸的 $f(x)$ 函数并不意味着对所有 x,$f''(x)$ 为正。更重要的是,它还可以用于描述这一事实:给定一条严格凸(严格凹)曲线,在此曲线上求得的相对极值必定为相对极小(极大)值,因为这样的极值或者满足二阶充分条件,或者不能满足极小值(极大值)的另一个(更高阶的)充分条件。

---

①   例如,若 $f(x)$ 是一个常函数,则显然 $f'(x) = f''(x) = \cdots = 0$,所以永远不会得到非零导数值。但这是一种无关紧要的情况,因为常函数无需进行任何极值检验。作为一种重要情况的例子,考察函数

$$y = \begin{cases} e^{-1/x^2} & (\text{因为 } x \neq 0) \\ 0 & (\text{因为 } x = 0) \end{cases}$$

其中 $y = e^{-1/x^2}$ 是一个将在第 10 章中介绍的指数函数。由函数本身可知,$y = e^{-1/x^2}$ 在 $x = 0$ 处不连续,因为 $x = 0$ 不在定义域内(被零除无定义)。但因 $\lim_{x \to 0} y = 0$,通过附加规定对 $x = 0$,$y = 0$,则可填补定义域中的这一缺口,因而得到连续函数。其图形表明,在 $x = 0$ 处函数达到极小值。但已证明在 $x = 0$,高至任意阶的导数的值均为零。因此我们不能应用 N 阶导数检验来确认在图形上确定的函数在 $x = 0$ 处有极值这一事实。关于指数函数情况的进一步讨论,请参阅 R. 考伦特(R. Courant)《微积分》(*Differential and Integral Calculus*)第 1 卷[由 E. J. 麦克沙恩(E. J. McShane)翻译],纽约交叉科学出版社(Interscience)1937 年第 2 版,第 196、197 及 336 页。

练习9.6

1 求下列函数的稳定值：

(a) $y = x^3$　　　　(b) $y = -x^4$　　　　(c) $y = x^6 + 5$

通过 N 阶导数检验确定它们是表示相对极大值、相对极小值，还是拐点。

2 求下列函数的稳定值：

(a) $y = (x-1)^3 + 16$　　　(b) $y = (x-2)^4$

(c) $y = (3-x)^6 + 7$　　　(d) $y = (5-2x)^4 + 8$

运用 N 阶导数检验确定稳定值的确切性质。

第10章 指数函数与对数函数

第9章提出的 N 阶导数检验,使我们得以确定任意目标函数的相对极值——只要此函数仅包含一个选择变量,拥有至我们所需阶数的导数,且在临界值 x_0 迟早会产生一个非零导数。但在第9章中,我们所举的例子仅是多项式函数和有理函数。对于这些函数,我们知道如何求出所需的导数。假设我们的目标函数恰好是一个指数函数,比如

$$y = 8^{x-\sqrt{x}},$$

则我们便无法应用导数检验标准,因为我们还需学习如何对这样函数求导。这正是本章的任务。

指数函数及与其有密切联系的对数函数,在经济学中,特别是在增长问题、一般经济动态问题中有非常重要的应用。但在本书现在这部分内容,相关的具体应用则涉及一类特定的优化问题。在这类优化问题中,时间是选择变量。例如某葡萄酒商拥有一批酒的存货。由于酿造年代的关系,葡萄酒的价值以某种特定的方式随时间的增长而增长。考虑到投入在酒的存货中的货币资本的利息成本之后,酒商的问题就是根据酒的价值函数确定销售存货的最佳时间。指数函数可以通过两种方式被导入这类问题。首先,酒的价值可能随时间以某指数增长规律增长。在此情况下,我们便会有一个酒的价值的指数函数。其次,当我们考虑到利息成本时,由于复利因素的关系,则必然会将指数函数导入优化问题。因此,在我们考察此类优化问题之前,必须首先研究指数函数的性质。

因为我们的基本目的是处理时间作为选择变量的问题,所以现在我们改用符号 t(代替 x)表示后面讨论中的自变量(但是,符号 t 也可以很好地表示时间以外的变量)。

10.1 指数函数的性质

正如在与多项式相关的内容中介绍的那样,指数概念表示变量自乘的幂指标。在如 x^3 或 x^5 这样的幂表达式中,指数为常数;但我们没有理由不能使用变量指数,比如 3^x, 3^t 等,其中数值 3 被自乘至可变幂数(x 的不同值)。自变量作为指数而出现的函数,称作指数函数。

简单指数函数

简单的指数函数可通过如下形式表示:
$$y = f(t) = b^t, \quad (b > 1) \tag{10.1}$$
其中 y 和 t 分别表示因变量与自变量,而 b 则表示指数函数不变的底,此函数的定义域为全体实数的集合。因此,与多项式函数中的指数不同,(10.1)中的可变指数 t 并不限定为正整数——除非我们希望施加这种限制。

但为什么要限定 $b>1$ 呢?解释如下:因函数(10.1)的定义域为全体实数的集合,t 可能取这样的值,比如 $1/2$。若允许 b 为负,则 b 的 $1/2$ 次幂便涉及取负数的平方根。虽然这并非不可能,但我们当然愿意采取简单的办法,限定 $b>0$。可一旦我们限定 $b>0$,这便与限定 $b>1$ 是一致的:约束 $b>1$ 与 $b>0$ 的区别在于前者排除了 (1) $0<b<1$ 和 (2) $b=1$ 这两种情况。但正如我们要证明的那样,第一种情况可与限制 $b>1$ 归为一类,而第二种情况则可完全不予考虑。首先考察第一种情况:若 $b=1/5$,则我们有

$$y = \left(\frac{1}{5}\right)^t = \frac{1}{5^t} = 5^{-t},$$

这表明有分数底的函数可以很容易重写成具有大于 1 的底的函数。至于第二种情况,事实上 $b=1$ 将给我们函数 $y=1^t=1$,所以指数函数实际上退化成为常数,不再具备指数家族成员的资格。

图形形式

指数函数(10.1)的图形的一般形状绘在图 10.1 中。此图是以 $b=2$ 为基础做出的,但即便对其他 b 值,图形的一般结构是相同的。

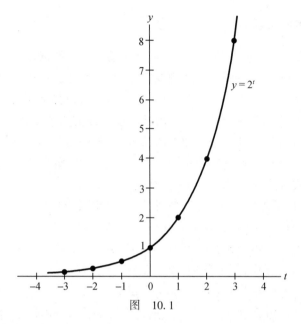

图 10.1

这类指数曲线的几个显著特征应加以注意。第一,它是处处连续、平滑的,因而函数是处处可微的。事实上,它可连续可微任意次。第二,它是严格递增的,而且 y 始终以一个递增的速率递增,所以函数 $y=b^t$ 的一阶导数和二阶导数为正(导出相关的求导公式后,我们再对这一事实加以认证)。第三,应注意,尽管函数的定义域既包含正数,亦包含负数,但函数的值域仅限于开区间 $(0,\infty)$,即无论自变量 t 的符号如何,因变量 y 始终为正。

指数函数的严格单调性至少包含两点有趣且重要的含义:首先,我们可以推断,指数函数必有一个反函数,且反函数也是单调的。我们将要求出的这个反函数就是对数函数。其次,因为单调性意味着对每个给定的 y 值有一个唯一的 t 值与之对应,且因指数函数的值域为开区间 $(0,\infty)$,由此可知我们可将任意正数表示成底 $b>1$ 的唯一的幂。这一点可由图 10.1 得到证明,图中 $y=2^t$ 的曲线包括了 y 的值域中所有的正值,因此任意正的 y 值必定可以表示成为 2 的某个唯一的幂。实际上,即使将底变成大于 1 的其他任意实数,只要值域不变,则仍可能将任意正数 y 表示成任意底 $b>1$ 的一个幂。

一般化的指数函数

上面最后一点特别值得注意。若正数 y 确实可表示成不同底的幂,则必定存在一种换底的一般方法。例如在函数 $y=9^t$ 的情况下,我们完全可以将其变换成为 $y=(3^2)^t=3^{2t}$,假设指数可以由 t 变为 $2t$,则便可以将底由 9 变为 3。由换底所导致的指数变化,不会产生任何新的函数类型,因为若我们令 $w=2t$,则 $y=3^{2t}=3^w$,仍与(10.1)形式一致。但是从底 3 的角度看,指数现在是 $2t$ 而非 t。在指数 t 前增加了数字系数(这里是 2)会产生何种影响呢?

在图 10.2(a)中可找到答案,图中绘出两条曲线,一条是函数 $y=f(t)=b^t$,另一条是函数 $y=g(t)=b^{2t}$。因后一函数的指数恰为前者指数的 2 倍,且因两函数的底相同,所以在函数 g 中任意赋值 $t=t_0$,在函数 f 中任意赋值 $t=2t_0$ 必定产生同样的值:

$$f(2t_0)=g(t_0)=b^{2t_0}=y_0,$$

因此,距离 y_0J 等于 y_0K 的一半,通过类似的推理,对任意 y 值,函数 g 恰在函数 f 与纵轴的正中间。因此可以得出结论:指数加倍,会使指数曲线向 y 轴压缩恰好一半的距离,而指数减半,将使指数曲线与 y 轴的水平距离加倍。

有趣的是两个函数均有相同的纵截距

$$f(0)=g(0)=b^0=1,$$

指数由 t 变为 $2t$,或变至其他任意倍数,都不会影响纵截距。因为根据压缩的概念,压缩零的水平距离还是得零距离。

改变指数是变换及一般化指数函数(10.1)的一种方式。另一种方式是在 b^t 前加上系数,如 $2b^t$ 等[注意:$2b^t\neq(2b)^t$]。加上这种系数的影响依然是压缩或加大曲线的距离,但这次是使曲线纵向移动。在图 10.2(b)中,上面的曲线表示 $y=2b^t$,下面的曲线为 $y=b^t$。对于每个 t 值,前者的高度必定为后者之 2 倍,因为其 y 值恰好为后者之 2 倍。所以,我们有 $t_0J'=J'K'$。还要注意纵截距,它同样变为了原来的 2 倍。我们可以得出结论:系数加倍(这里由 1 变至 2),使曲线与横轴的纵向距离加倍,系数减半,则使曲线与 t 轴的纵向距离压缩至原来的一半。

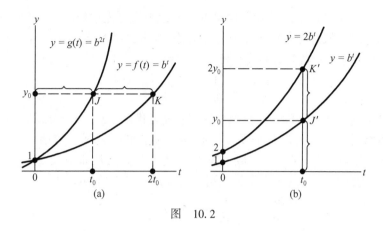

图 10.2

有了上面指数函数两种变换的知识,现在可把指数函数一般化为如下形式:

$$y = ab^{ct}, \quad (10.2)$$

其中 a 与 c 为"压缩"或"放大"因子。当赋予不同值时,它们将改变指数曲线的位置,从而产生一个指数曲线族。若 a 与 c 为正,则图 10.2 所示之一般图形便适用。但若 a 或 c 或两者均为负,则曲线的图形要作根本的修正(见练习 10.1-5)。

一个优先选用的底

促使讨论将指数由 t 变至 ct 的原因是换底问题。但即便换底是可行的,为什么要换底呢?理由之一是就数学处理而言,有些底比另一些底更方便。

奇怪的是,在微积分中优先选用的底恰好是一个以符号 e 表示的无理数:

$$e = 2.71828\cdots,$$

当在指数函数中运用此指数 e 时,此函数便是自然指数函数,比如

$$y = e^t, \quad y = e^{3t}, \quad y = Ae^{rt},$$

这些函数也可以用另一种符号表示

$$y = \exp(t), \quad y = \exp(3t), \quad y = A\exp(rt),$$

其中 exp(exponential 的缩写)表示括号中的式子为 e 的指数。

选择像 e = 2.71828…这样古怪的数作为优先选择的底,当然令人困惑。但这种选择有充分的理由,因为函数 e^t 具有这样一种重要性质:它的导数是其自身! 即

$$\frac{d}{dt}e^t = e^t,$$

这实际上使求导的工作量减少到零。而且借助于这个求导法则——本章后面要对其进行证明——也很容易求出更为复杂的诸如 $y = Ae^{rt}$ 这样的指数函数的导数。为此,首先令 $w = rt$,从而函数变成 $y = Ae^w$,其中 $w = rt, A 、r$ 为常数。则根据链式法则,我们可写出

$$\frac{dy}{dt} = \frac{dy}{dw}\frac{dw}{dt} = Ae^w(r) = rAe^{rt},$$

即

$$\frac{d}{dt}Ae^{rt} = rAe^{rt}, \qquad (10.3)$$

这样底 e 在数学上的方便性便很清楚了。

练习 10.1

1 在一个图中绘出指数函数 $y = 3^t$ 和 $y = 3^{2t}$ 的图形。
  (a) 这两个图形是否与图 10.2(a)反映了相同的一般位置关系?
  (b) 这两条曲线是否有相同的 y 截距? 为什么?
  (c) 在此图中画出函数 $y = 3^{3t}$ 的图形。

2 在同一图中绘出指数函数 $y = 4^t$ 与 $y = 3(4^t)$ 的图形。
  (a) 两条曲线是否与图 10.2(b)表示大致相同的位置关系?
  (b) 两条曲线是否有同样的 y 截距? 为什么?
  (c) 在同一图中绘出函数 $y = \frac{3}{2}(4)^t$ 的图形。

3 认可 e^t 的导数为其自身,运用链式法则求下列函数的 dy/dt:
  (a) $y = e^{5t}$ (b) $y = 4e^{3t}$ (c) $y = 6e^{-2t}$

4 根据我们对(10.1)的讨论,你能预期函数 $y = e^t$ 是以递增速率单调地递增吗? 通过确定此函数的一阶和二阶导数的符号验证你的答案。在验证答案时,记住此函数的定义域为全体实数的集合,即区间 $(-\infty, \infty)$。

5 在(10.2)中,若 a 与 c 被赋予负值,则图 10.2 中的曲线图形便不再适用。通过取(a) $a = -1$ 代替 $a = 1$ 和(b) $c = -1$ 代替 $c = 1$,比较曲线图形的变化。

10.2　自然指数函数与增长问题

仍未回答的一个相关问题是：数 e 是如何定义的？除了作为一个方便的底的数学意义外，它是否具有经济意义？自然指数以何种方式应用于经济分析？

数 e

考察下列函数：

$$f(m) = \left(1 + \frac{1}{m}\right)^m, \qquad (10.4)$$

若 m 被赋予越来越大的值，则 $f(m)$ 也将取更大的值。具体地，我们求得

$$f(1) = \left(1 + \frac{1}{1}\right)^1 = 2,$$

$$f(2) = \left(1 + \frac{1}{2}\right)^2 = 2.25,$$

$$f(3) = \left(1 + \frac{1}{3}\right)^3 = 2.37037\cdots,$$

$$f(4) = \left(1 + \frac{1}{4}\right)^4 = 2.44141\cdots,$$

$$\vdots$$

进而，若 m 增至无穷大，则 $f(m)$ 将收敛于数 $2.71828\cdots \equiv e$；因此，e 可以定义为当 $m \to \infty$ 时，(10.4)的极限：

$$e \equiv \lim_{m \to \infty} f(m) = \lim_{m \to \infty} \left(1 + \frac{1}{m}\right)^m. \qquad (10.5)$$

e 的近似值为 2.71828 可通过求函数 $\phi(x) = e^x$ 的麦克劳林级数来加以验证[这里使用 x 是为了便于应用展开式(9.14)]。这样的级数可以给出 e^x 的多项式近似；令多项式中的 $x = 1$，则此多项式便可近似表示 $e(= e^1)$ 的值。如果当级数中的项数增至无穷大时，余项 R_n 趋近于零，即若级数收敛于 $\phi(x)$，则通过使级数中包含的项数足够多，我们便可使 e 值精确至我们所需要的程度。

为此，我们需要此函数的各阶导数。接受 e^x 的一阶导数是 e^x

本身这一事实,我们可以知道,$\phi(x)$ 的导数便是 e^x,类似地,二阶、三阶或者任意高阶导数必定也为 e^x。因此,当我们在展开点($x_0 = 0$)计算所有导数值时,我们得到一个非常简洁的结果:

$$\phi'(0) = \phi''(0) = \cdots = \phi^{(n)}(0) = e^0 = 1,$$

所以,令(9.14)中的 $x_0 = 0$,e^x 的麦克劳林级数为

$$e^x = \phi(x) = \phi(0) + \phi'(0)x + \frac{\phi''(0)}{2!}x^2 + \frac{\phi'''(0)}{3!}x^3 + \cdots$$

$$+ \frac{\phi^{(n)}(0)}{n!}x^n + R_n$$

$$= 1 + x + \frac{1}{2!}x^2 + \frac{1}{3!}x^3 + \cdots + \frac{1}{n!}x^n + R_n,$$

根据(9.15),余项 R_n 可以写成

$$R_n = \frac{\phi^{(n+1)}(p)}{(n+1)!}x^{n+1} = \frac{e^p}{(n+1)!}x^{n+1},$$

$$[\phi^{(n+1)}(x) = e^x; \therefore \phi^{(n+1)}(p) = e^p],$$

当 n 增大时,阶乘 $(n+1)!$ 的值的增加要快于 x^{n+1}(对于有限的 x)的增加,由此可知当 $n \to \infty$ 时,$R_n \to 0$。所以麦克劳林级数收敛,因而 e^x 的值可以表示成一个收敛的无穷级数如下:

$$e^x = 1 + x + \frac{1}{2!}x^2 + \frac{1}{3!}x^3 + \frac{1}{4!}x^4 + \frac{1}{5!}x^5 + \cdots \quad (10.6)$$

作为一个特例,对于 $x = 1$,我们求得

$$e = 1 + 1 + \frac{1}{2!} + \frac{1}{3!} + \frac{1}{4!} + \frac{1}{5!} + \cdots$$

$$= 2 + 0.5 + 0.1666667 + 0.0416667 + 0.0083333$$

$$\quad + 0.0013889 + 0.0001984 + 0.0000248$$

$$\quad + 0.0000028 + 0.0000003 + \cdots$$

$$= 2.7182819,$$

因此,若我们希望数字精确到小数点后五位,则可以写成 $e = 2.71828$。注意,我们无须为无穷级数中后面各项担心,因为若我们仅关心前五位小数,它们的大小均可忽略不计。

e 的经济解释

从数学上看,数 e 是(10.5)的极限。但它是否具有某种经济意

义呢？答案是：它可以解释成复利的一种具体计算过程的结果。

假设开始时本金(或资本)为 1 美元，一个假设的银行家给我们 100% 的不平常的年利率(每年 1 美元利息)。若利息按复利每年计算一次，则年末资产价值为 2 美元；我们以 $V(1)$ 表示此值，其中括号中的数字表示一年内计算复利的次数。

$$V(1) = \text{初始本金}(1 + \text{利息率})$$
$$= 1(1 + 100\%) = \left(1 + \frac{1}{1}\right)^1 = 2.$$

但是，若半年计算一次复利，则 6 个月末利息等于本金的 50%(100% 的一半)。因此在第二个 6 个月期间，本金为 1.5 美元，此期间利息将按 1.5 美元的 50% 计算。因此年末资产价值为 $1.50(1+50\%)$，即

$$V(2) = (1 + 50\%)(1 + 50\%) = \left(1 + \frac{1}{2}\right)^2.$$

通过类似的推理，我们可以写出 $V(3) = \left(1 + \frac{1}{3}\right)^3$，$V(4) = \left(1 + \frac{1}{4}\right)^4$ 等，或者一般地

$$V(m) = \left(1 + \frac{1}{m}\right)^m, \qquad (10.7)$$

其中 m 表示 1 年内复利计算次数。

在极限情况下，当利息在一年内连续按复利计算时，即 m 为无穷大时，资产价值将以"滚雪球"的方式增长，在一年末变成

$$\lim_{m \to \infty} V(m) = \lim_{m \to \infty}\left(1 + \frac{1}{m}\right)^m = e(\text{美元}), \quad [\text{由}(10.5)]$$

因此，如果按年利率 100% 连续计算复利，则 $e = 2.71828$ 可以解释为一美元本金到年末的价值。

注意，100% 的利息率仅是名义利息率，若一年后 1 美元变成 $e = 2.718$ 美元，则此情况下的实际利率约为每年 172%。

复利计算与函数 Ae^n

刚才讨论的连续复利计算过程可以考虑在如下三个方向一般

化：(1) 多年复利计算；(2) 本金不是 1 美元；(3) 年名义利息率不是 100%。

若连续计算复利，1 美元本金一年后变成 e 美元，若我们令 e 为第二年的新本金(在第二年，每美元又会增至 e 美元)，则第二年末我们的资产显然会成为 $e(e) = e^2$ 美元。同理，第三年末将会变成 e^3 美元，更一般地，t 年末将会成为 e^t 美元。

其次，我们将本金由 1 美元变成一个不具体的数量 A 美元。这个变化很容易处理：若按 100% 的名义年利率连续计算复利，t 年后 1 美元的本金变成 e^t 美元，则可以推断 A 美元将增至 Ae^t 美元。

如果名义利息率不是 100%，比如是 $r = 0.05 (= 5\%)$，那将如何呢？这种利率变化的影响是将表达式 Ae^t 变为 Ae^{rt}，我们下面对此进行证明。初始本金为 A 美元，按名义利息率 r 投资 t 年，复利计算公式必须修正为如下形式：

$$V(m) = A\left(1 + \frac{r}{m}\right)^{mt}, \qquad (10.8)$$

系数 A 的插入，反映了本金由原来的 1 美元变至 A 美元。商 r/m 意味着在一年计算 m 次复利时，每次名义利率 r 只有 1/m 可以应用。最后指数 mt 表示，因利息按复利一年计算 m 次，所以在 t 年将总共计算 mt 次。

(10.8) 还可以变换成另一种形式

$$V(m) = A\left[\left(1 + \frac{r}{m}\right)^{m/r}\right]^{rt} \qquad (10.8')$$

$$= A\left[\left(1 + \frac{1}{w}\right)^w\right]^{rt}, \quad 其中 w \equiv \frac{m}{r}.$$

随着复利计算次数 m 的增加，新产生的变量 w 必然同时增加，所以，当 $m \to \infty$，我们有 $w \to \infty$，而且由 (10.5)，(10.8') 括号中的表达式将趋于 e。因而，我们以一般化的连续复利计算方法求得的资产价值为

$$V \equiv \lim_{m \to \infty} V(m) = Ae^{rt}, \qquad (10.8'')$$

它与前面的预期是一致的。

注意，在 (10.8) 中，t 是一个离散(相对于连续的)的变量；它只

能取 $1/m$ 的整数倍的值。例如,若 $m=4$(每季度计算一次复利),则 t 仅可以取值 $1/4, 1/2, 3/4, 1$ 等,这表明仅在每个新季度末,$V(m)$ 才可以取新值。但是,如在 (10.8″) 中那样,当 $m \to \infty$ 时,$1/m$ 将变得无穷小,而且变量 t 也将变得连续。在此情况下,谈及一年的几分之一,或者令 $t=1.2$ 或 $t=2.35$ 等便合理了。

总之,如在表 10.1 中所概括的那样,表达式 e, e^t, Ae^t 的经济解释均与连续复利计算有关。

表 10.1 连续的复利计算

本金 美元	名义利 息率	连续计算 复利的年份	复利计算过程末的 资产价值,美元
1	100% (= 1)	1	e
1	100%	t	e^t
A	100%	t	Ae^t
A	r	t	Ae^{rt}

瞬时增长率

应该指出,复利计算是自然指数 Ae^{rt} 性质的一种解释,但不是唯一的解释。复利计算仅仅是指数增长一般过程的一个例子(这里是货币资本总额随时间的增长),我们同样还可以将指数函数应用于人口、财富、有形资本等的增长。

应用于其他内容而非复利计算,则 Ae^{rt} 中的系数 r 便不再表示名义利息率。那么它的经济含义又是什么呢? 答案是,r 可以重新解释成函数 Ae^{rt} 的瞬时增长率[事实上,这也是为什么我们一开始就选择符号 r(rate of growth) 的原因]。已知函数 $V = Ae^{rt}$,它给出每个时点 t 的 V 值,V 的变化率可通过求导得出:

$$\frac{dV}{dt} = rAe^{rt} = rV, \quad [见(10.3)]$$

但 V 的增长率也就是以相对值(百分率)表示的 V 的变化率,即可以表示成 V 值自身的比率。因此,对任意给定时点,我们有

$$V \text{ 的增长率} \equiv \frac{dV/dt}{V} = \frac{rV}{V} = r, \quad (10.9)$$

这与前面的表述是一致的。

关于增长率还有几点要注意。但首先,我们应澄清时间概念的一个基本点:即时点与时期的区别。变量 V(表示货币总量、人口数量等)是一个存量概念,它与这样的问题有关:在给定时刻,它存在的数量是多少?因此,V 是一个与时点相关的量;在每一时点,V 取唯一值。而 V 的变化则代表流量,它涉及这样的问题:在给定时段,它产生了多大变化?同样,V 的变化、V 的变化率等必须参照某一特定时期,比如每年来确定。

基于这些理解,我们对(10.9)进行一些说明:

1. (10.9)所定义的增长率是瞬时增长率。因为导数 $dV/dt = rAe^{rt}$ 在不同的 t 点取不同的值,$V = Ae^{rt}$ 也同样如此,因此,dV/dt 与 V 的比率仅与特定 t 点(或瞬时点)有关。在这个意义上,此增长率为瞬时增长率。

2. 但在目前的情况下,瞬时增长率恰好为常数 r,增长率在所有时点保持不变。当然,并非我们遇到的所有增长情况总是如此。

3. 尽管增长率 r 是在某一特定时点度量的,但其大小仍具有 "单位时间(比如每年,若 t 以年为单位)百分之几"的含义。增长就其本质而言,仅在一段时间内才可能发生。这就是为什么单个静止的图像(记录一个瞬间的状态)永远不能描述(比如说)一个儿童的成长,而两张取自不同时点(比如间隔一年)的相片,则可以描述其成长的原因。因此,称 V 在时刻 $t = t_0$ 具有增长率 r,实际上意味着,若在 $t = t_0$ 时的变化率 $dV/dt(\,=rV)$ 在一个完整的时间段(1 年)内保持不变,则在年末 V 将增加 rV。

4. 对于指数函数 $V = Ae^{rt}$,在所有 t 点,增长的百分率是相同的,但 V 的绝对增量随着时间的增加而增大,这是因为百分率是在越来越大的基数上计算的。

把 r 视为瞬时增长率后,若 r 为常数,则很容易求出形式为 $y = Ae^{rt}$ 的自然指数函数的增长率。比如,给定函数 $y = 75e^{0.02t}$,我们立即可以读出 y 的增长率为 0.02 或 2%。

连续增长与离散增长

上面的讨论尽管具有分析意义,但其在经济上的适用性仍有待于讨论,因为实际增长并不总是在连续的基础上发生的,即便复利计算也不是如此。但幸运的是,即使对离散增长的情况,亦即变化是在某一时段中发生而不是每时每刻都发生的情况,运用连续指数增长函数仍是合理的。

在复利计算频数尽管并非无限,但仍然相对高的情况下,连续增长模式可以视为真实增长模式的一种近似。但更重要的是,我们能够证明离散或不连续增长问题均可以变换成等价的连续形式。

假设我们有如下序列表示的几何增长模式(比如离散的复利计算):

$$A, A(1+i), A(1+i)^2, A(1+i)^3, \cdots$$

其中 i 表示每期实际利息率,$(1+i)$ 的指数表示复利计算的时期的数字。如果我们将 $(1+i)$ 视为一个指数表达式中的底 b,则上述序列便可以指数函数 Ab^t 来概括,只是由于问题的离散性,t 仅限于取正整数。而且,$b=1+i$ 为正数(即使利率 i 为负,比如 -0.04,b 仍为正),所以它总可以表示为任意大于 1 的任意实数(包括 e)的幂。这意味着必然存在一个数 r 使得①

$$1 + i = b = e^r,$$

因此,我们可将 Ab^t 变换成为自然指数函数:

$$A(1+i)^t = Ab^t = Ae^{rt}.$$

对任意给定 t 值(这里,t 取整数值),函数 Ae^{rt} 当然会同 $A(1+i)^t$ 产生完全相同的值,比如 $A(1+i) = Ae^r$,$A(1+i)^2 = Ae^{2r}$ 等。因此,尽管考察的是离散的情况 $A(1+i)^t$,但我们仍可运用连续的自然指数函数 Ae^{rt}。这就解释了为什么尽管所有增长模式并不都是连续的,但自然指数函数在经济分析中仍然得到广泛应用的原因。

贴现与负增长

现在我们从复利计算转至与其有密切关系的概念——贴现。在

---

① 给定具体 b 值,求数 r 的方法将在 10.4 节讨论。

复利问题中,我们要由一个给定现值 A(初始本金),计算未来值 V(本金加利息)。而贴现问题则与其相反:由一个已知的 t 年后可利用的总额 V,求现值 A。

首先我们考察离散的情况。若按年利息率 i 每年计算复利至 t 年后,本金 A 的数量增至未来值 $A(1+i)^t$,即如果

$$V = A(1+i)^t,$$

则通过将方程两边除以非零表达式 $(1+i)^t$,我们可以得到贴现公式:

$$A = \frac{V}{(1+i)^t} = V(1+i)^{-t}, \qquad (10.10)$$

此式包含一个负指数。应认识到,在此式中,V 与 A 的角色已颠倒了:V 是已知值,而 A 则是有待于通过 i(贴现率)、t(年数)和 V 来计算的未知值。

类似地,在连续的情况下,若按利率 r 连续计算复利至 t 年后,本金 A 增至 Ae^{rt},即按公式

$$V = Ae^{rt},$$

则通过以 e^{rt} 除方程两边,我们便可得到相应的连续贴现公式

$$A = \frac{V}{e^{rt}} = Ve^{-rt}, \qquad (10.11)$$

同样,这里 A(而非 V)是有待于通过给定未来值 V、名义贴现率 r、年份数 t 来计算的未知值。表达值 e^{-rt} 常被称为贴现因子。

将(10.11)看做指数增长函数,我们立即可以读出 $-r$ 是 A 的瞬时增长率。作为负值,它有时也被称作缩减率(rate of decay)。正如计算复利说明了增长过程一样,贴现描述了负的增长。

练习 10.2

1 运用(10.6)中 e^x 的无穷级数形式,求下列函数的近似值:

 (a) e^2 (b) $\sqrt{e}\,(=e^{\frac{1}{2}})$

(每项计算至小数点后面第三位,再四舍五入,计算级数各项至你得到 0.000 的

项为止。)

2 给定函数 $\phi(x) = e^{2x}$：

(a) 写出其麦克劳林级数的多项式部分 P_n。

(b) 写出拉格朗日型的余项 R_n。确定当 $n \to \infty$ 时，是否有 $R_n \to 0$，即确定级数是否收敛于 $\phi(x)$。

(c) 若级数收敛，则 $\phi(x)$ 可以用一无穷级数表示，写出此级数。

3 写出下列值的指数表达式：

(a) 本金 70 美元，按利率 4% 连续计算复利 3 年。

(b) 本金 690 美元，按利率 5% 连续计算复利 2 年。

(这些利率均为年名义利息率。)

4 在下列各式中，y 的瞬时增长率为多少？

(a) $y = e^{0.07t}$ (b) $y = 15e^{0.03t}$ (c) $y = Ae^{0.4t}$ (d) $y = 0.03e^t$

5 证明：函数 $y_1 = Ae^{rt}$（计算复利）与 $y_2 = Ae^{-rt}$（贴现）关于 y 轴镜像对称[参见练习 10.1-5(b) 部分]。

10.3 对　　数

指数函数与对数函数(简写为 log 函数)有着密切的关系。在我们讨论 log 函数之前，我们必须先理解对数的含义。

对数的含义

若我们有两个数 4 和 16，二者可以通过方程 $4^2 = 16$ 联系起来，则我们可以定义指数 2 为以 4 为底的 16 的对数，并写成：

$$\log_4 16 = 2,$$

由此例应当清楚，对数只不过是一个幂，底(4)自乘到这个幂便得到一个特定值(16)。一般而言，我们可以表述如下：

$$y = b^t \iff t = \log_b y, \qquad (10.12)$$

它表明，以 b 为底 y 的对数(表示为 $\log_b y$)等于底 b 自乘以得到 y 的幂。因此，写出下式

$$b^{\log_b y} = y$$

是正确的，尽管有些重复。给定 y，找出其对数 $\log_b y$ 的过程被称为

求 y 以 b 为底的对数。相反的过程,即已知对数 $\log_b y$,求 y 的过程,被称为对 $\log_b y$ 求反对数。

在讨论指数函数时,我们强调函数 $y = b^t (b > 1)$ 是单调递增的。这意味着对任意正值 y,存在一个唯一的指数 t(不必一定为正)使得 $y = b^t$;而且,如在图 10.2 中可以见到那样,y 值越大,t 必定越大。用对数来表达这个含义,即指数函数的单调性意味着任意正数 y 必定有底 $b > 1$ 的唯一的对数 t,使得 y 越大,其对数越大。如图 10.1 和 10.2 所示,在指数函数 $y = b^t$ 中,y 必然为正,所以负数或零没有对数。

常用对数与自然对数

对数的底 $b > 1$,并不必限定为某个特定的数。但在实际应用中,有两个数,即 10 和 e,被广泛地选用为底。当 10 作为底时,此对数被称作常用对数,以 $\log_{10}$(若文中含义清楚,亦可简写为 $\log$)表示。另一方面,以 e 为底的对数被称作自然对数,或者以 $\log_e$ 表示,或者以 $\ln$(对自然对数)表示。若在具体的上下文中不至于造成歧义,也可以使用符号 $\log$(舍去下标 e)。

在计算工作中常用的常用对数,举例如下:

$$\log_{10} 1\,000 = 3, \quad [因为 10^3 = 1\,000]$$
$$\log_{10} 100 = 2, \quad [因为 10^2 = 100]$$
$$\log_{10} 10 = 1, \quad [因为 10^1 = 10]$$
$$\log_{10} 1 = 0, \quad [因为 10^0 = 1]$$
$$\log_{10} 0.1 = -1, \quad [因为 10^{-1} = 0.1]$$
$$\log_{10} 0.01 = -2. \quad [因为 10^{-2} = 0.01]$$

观察紧邻等号左边的数集与紧邻等号右边的数集的关系。由此可知,10 与 100 之间的数的常用对数必在 1 与 2 之间,1 与 10 之间的常用对数必定为正分数,等等。确切的对数值可通过常用对数表,或具有对数功能的电子计算器得到。[①]

但在分析工作中,使用自然对数远比使用常用对数方便。因为根据对数定义,我们有这种关系:

$$y = e^t \iff t = \log_e y(或 t = \ln y), \quad (10.13)$$

很容易看到,指数函数中 e 在分析中的方便性自然会转移到以 e 为底的对数中去。

下面的例子用于说明自然对数:

$$\ln e^3 = \log_e e^3 = 3,$$
$$\ln e^2 = \log_e e^2 = 2,$$
$$\ln e^1 = \log_e e^1 = 1,$$
$$\ln 1 = \log_e e^0 = 0,$$
$$\ln \frac{1}{e} = \log_e e^{-1} = -1,$$

上述例子表明的一般原理是:给定表达式 e^k,其中 k 为任意实数,我们可立即读出指数 k 为 e^k 的自然对数。因此,一般地我们有结果 $\ln e^k = k$。[②]

常用对数与自然对数可互相转换,即对数的底像指数式的底一样,均可改换。在学完对数的基本法则后,我们将给出互换公式。

对数法则

对数与指数类似,因此,对数也遵守与在 2.5 节中介绍的指数法则密切相关的一些法则。这些法则对简化数学计算具有极大益处。前三个法则仅按自然对数表述,当以 $\log_b$ 取代 ln 时,它们依然成立。

法则 I (积的对数) $\ln(uv) = \ln u + \ln v.$ $(u, v > 0)$

例 1 $\ln(e^6 e^4) = \ln e^6 + \ln e^4 = 6 + 4 = 10.$

例 2 $\ln(A e^7) = \ln A + \ln e^7 = \ln A + 7.$

[①] 更基本地,对数值,像 e 值一样,可以借助于对数函数的麦克劳林级数求得,方法与(10.6)式描述的方法类似。但我们在这里不涉及这个问题。

[②] 作为一种记忆方法,我们可以观察到,当符号 ln(或 $\log_e$)置于 e^k 左边时,符号 ln 似乎消掉了符号 e,剩下答案 k。

证明 由定义，$\ln u$ 是为得到 u 所需的 e 的自乘的幂，从而 $e^{\ln u} = u$。[①] 类似地，我们有 $e^{\ln v} = v$，以及 $e^{\ln(uv)} = uv$。后者是 uv 的指数式。但是 uv 的另一个表达式可由 u 与 v 直接相乘得到：

$$uv = e^{\ln u} e^{\ln v} = e^{\ln u + \ln v},$$

因此，使 uv 的两个表达式相等，我们有

$$e^{\ln(uv)} = e^{\ln u + \ln v} \quad \text{或} \quad \ln(uv) = \ln u + \ln v.$$

法则 II （商的对数） $\ln(u/v) = \ln u - \ln v.$ （$u, v > 0$）

例 3 $\ln(e^2/c) = \ln e^2 - \ln c = 2 - \ln c.$

例 4 $\ln(e^2/e^5) = \ln e^2 - \ln e^5 = 2 - 5 = -3.$

此法则的证明与法则 I 极为类似，所以留给读者作为练习，自行证明。

法则 III （幂的对数） $\ln u^a = a \ln u.$ （$u > 0$）

例 5 $\ln e^{15} = 15 \ln e = 15.$

例 6 $\ln A^3 = 3 \ln A.$

证明 由定义，$e^{\ln u} = u$；类似地，$e^{\ln u^a} = u^a$。但是，u^a 的另一表达式还可以这样建立：

$$u^a = (e^{\ln u})^a = e^{a \ln u},$$

通过使 u^a 的两个表达式相等，我们得到所需要的结果：$\ln u^a = a \ln u$。

这三个法则对简化某些类型问题的数学计算是非常有用的工具。法则 I 通过对数，将乘积运算（uv）转换成加法运算（$\ln u + \ln v$）；法则 II 把除法（u/v）转换为减法（$\ln u - \ln v$）；而法则 III 则使我们将幂简化为乘积常数。而且这些法则还可以组合运用。

例 7 $\ln(uv^a) = \ln u + \ln v^a = \ln u + a \ln v.$

例 8 $\ln u + a \ln v = \ln u + \ln v^a = \ln(uv^a).$ ［例 7 的逆运算］

但读者应注意，若我们首先有加法表达式，则对数对简化计算毫无帮助。特别是，应当记住

$$\ln(u \pm v) \neq \ln u \pm \ln v.$$

现在我们引入关于对数底的变化的另外两个法则。

法则 IV （对数底的转换）$\log_b u = (\log_b e)(\log_e u).$ （$u > 0$）

[①] 注意，当 e 被以幂 $\ln u$ 自乘时，符号 e 与符号 ln 似乎又相互抵消，剩下答案 u。

此法则与链式法则有神似之处("链"$b \nearrow^e \searrow^u$便是证明),它使我们由对数$\log_b u$(以 b 为底)推导出$\log_e u$(以 e 为底),反之亦然。

证明 令$u = e^p$,从而$p = \log_e u$。则由此可知
$$\log_b u = \log_b e^p = p\log_b e = (\log_e u)(\log_b e),$$
法则 IV 可以很容易推广为
$$\log_b u = (\log_b c)(\log_c u),$$
其中 c 是不同于 b 的底。

法则 V (对数底的转换) $\log_b e = \dfrac{1}{\log_e b}$.

此法则类似于反函数的求导法则,它使我们在知道以 b 为底 e 的对数的基础上,马上就可以得到以 e 为底 b 的对数。反之亦然。(此法则也可以推广成这种形式:$\log_b c = 1/\log_c b$。)

证明 作为法则 IV 的一个应用,令$u = b$,则有
$$\log_b b = (\log_b e)(\log_e b),$$
但表达式左侧是$\log_b b = 1$,因此,$\log_b e$ 与 $\log_e b$ 必定互为倒数,这正是法则 V 的结论。

由上面后两个法则,很容易推导出常用对数与自然对数间的转换公式:
$$\log_{10} N = (\log_{10} e)(\log_e N) = 0.4343\log_e N,$$
$$\log_e N = (\log_e 10)(\log_{10} N) = 2.3026\log_{10} N, \quad (10.14)$$
其中 N 是一个正实数。每个公式中第一个等号很容易由法则 IV 得到证明。在第一个公式中,值 0.4343(2.71828 的常用对数)可由常用对数表或计算器求出。在第二个公式中,值 2.3026(10 的自然对数)仅是 0.4343 的倒数,这样计算是由于法则 V。

例 9 $\log_e 100 = 2.3026(\log_{10} 100) = 2.3026(2) = 4.6052$。反之,我们有$\log_{10} 100 = 0.4343(\log_e 100) = 0.4343(4.6052) = 2$。

一个应用

上述对数法则使我们可以解一些简单的指数方程(令指数函数等于零)。例如,若我们求满足如下方程的 x 的值
$$ab^x - c = 0, \quad (a, b, c > 0)$$

首先,通过使用对数,我们将此指数方程转换成线性方程,然后再解它。为此,应首先将 c 项移至左边:

$$ab^x = c,$$

这是因为,虽然对 $(ab^x - c)$ 并无简单的对数表达式,但对乘积 ab^x 和单项 c 则可方便地取对数。因此,将 c 移项后,对方程两边取对数(比如以 10 为底),我们有

$$\log a + x \log b = \log c,$$

这是关于变量 x 的线性方程,其解为

$$x = \frac{\log c - \log a}{\log b}.$$

练习 10.3

1. 下列对数的值为多少?
   (a) $\log_{10} 10\,000$ (b) $\log_{10} 0.0001$ (c) $\log_3 81$ (d) $\log_5 3\,125$
2. 计算下列对数:
   (a) $\ln e^7$ (b) $\log_e e^{-4}$ (c) $\ln(1/e^3)$
   (d) $\log_e(1/e^2)$ (e) $(e^{\ln 3})!$ (f) $\ln e^x - e^{\ln x}$
3. 应用对数法则计算下列对数:
   (a) $\log_{10}(100)^{13}$ (b) $\log_{10} \dfrac{1}{100}$
   (c) $\ln(3/B)$ (d) $\ln Ae^2$
   (e) $\ln ABe^{-4}$ (f) $(\log_4 e)(\log_e 64)$
4. 下列哪些等式成立?
   (a) $\ln u - 2 = \ln \dfrac{u}{e^2}$ (b) $3 + \ln v = \ln \dfrac{e^3}{v}$
   (c) $\ln u + \ln v - \ln w = \ln \dfrac{uv}{w}$ (d) $\ln 3 + \ln 5 = \ln 8$
5. 证明 $\ln(u/v) = \ln u - \ln v$。

10.4 对数函数

当一个变量被表示成另一个变量的对数的函数时,此函数被称

为对数函数。在(10.12)和(10.13)式中,我们已看到两种类型的对数函数,即

$$t = \log_b y \quad \text{和} \quad t = \log_e y (= \ln y),$$

二者的差别仅在于对数的底不同。

对数函数与指数函数

如前所述,对数函数是某些指数函数的反函数。考察上述两个对数函数可以进一步确认,它们确实分别是两个指数函数的反函数:

$$y = b^t \quad \text{和} \quad y = e^t$$

因为所列对数函数是对应的指数函数的因变量与自变量角色互换的结果。当然,读者应当认识到,这里把符号 t 用作一般的符号,它并不一定表示时间。即使当它表示时间时,它以因变量出现并不意味着时间是由某个变量 y 决定的,它仅意味着一个给定 y 值是与一个唯一的时点相联系的。

作为单调递增(指数)函数的反函数,对数函数也是单调递增的,这与我们前面的描述是一致的:对任意给定的底,数越大,其对数也越大。这个性质用符号可按照下面两个命题来表示:对于两个 y 的正值(y_1 和 y_2)

$$\begin{aligned} \ln y_1 &= \ln y_2 \Longleftrightarrow y_1 = y_2, \\ \ln y_1 &> \ln y_2 \Longleftrightarrow y_1 > y_2, \end{aligned} \qquad (10.15)$$

当然,若我们以 $\log_b$ 代替 ln,这两个命题仍成立。

图形形状

对数函数的单调性及其他一般性质可由其图形清楚地观察到。给定指数函数 $y = e^t$ 的图形,我们互换两轴的位置,并重画原来的图形,便可得到对应的对数函数的图形。这样重画的图形见图 10.3。注意,若将图 10.3(b)与图 10.3(a)重叠,y 轴对 y 轴,t 轴对 t 轴,则两条曲线将完全重合。另一方面,如图 10.3 所示(互换两轴),则两条曲线关于通过原点的 45°线呈镜像对称(任何一对反函数的图形都是对称的)。

这种镜像对称关系有几点值得注意的含义。第一,尽管两条曲

线均为单调递增的,但对数曲线以递减的速率递增,而指数函数则与其相反,以递增的速率递增。第二,也是另一个有趣的对比是,指数函数的值域为正,而对数函数的定义域为正(当然,对对数函数定义域的限制仅仅是只有正数方可有对数的另一种表述)。镜像关系的第三个特点是,正如 $y=e^t$ 具有纵截距 1 一样,对数函数 $t=\log_e y$ 必定在 $y=1$ 处通过横轴,表明 $\log_e 1=0$。由于横截距不受对数底的影响(比如, $\log_{10} 1$ 同样为 0),所以由图 10.3(b)中对数函数曲线的一般形状,我们可以推论,对于任意底

$$\left.\begin{matrix} 0<y<1 \\ y=1 \\ y>1 \end{matrix}\right\} \Longleftrightarrow \begin{cases} \log y<0 \\ \log y=0. \\ \log y>0 \end{cases} \quad (10.16)$$

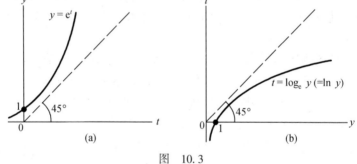

图 10.3

为对此进行验证,读者可检验 10.3 节中给出的两组常用对数与自然对数的例子。此外,还要注意:

$$\log y \to \begin{Bmatrix} \infty \\ -\infty \end{Bmatrix}, \quad 当 y \to \begin{cases} \infty \\ 0^+ \end{cases}. \quad (10.16')$$

对数函数与指数函数在图 10.3 中的图形比较是以简单对数函数 $y=e^t$ 和 $t=\ln y$ 为基础的。若我们将一般化的指数函数 $y=Ae^{rt}$ 与对应的对数函数相比较,将会得到同样的结果。由于(正)常数 A 和 r 表示压缩或放大指数曲线, $y=Ae^{rt}$ 的图形与图 10.3(a)中的一般形状仍是类似的,只是纵截距不再是 $y=1$,而是 $y=A$ (当 $t=0$ 时,我们有 $y=Ae^0=A$)。相应地,其反函数的横截距也是 $y=A$ 。一般而言,相应的对数曲线与指数曲线关于 $45°$ 线呈镜像关系。

如果要求出 $y = Ae^{rt}$ 的反函数的具体表达式,则对指数函数的两边取自然对数[根据命题(10.15),取对数后方程仍相等],然后解出 t 即可:
$$\ln y = \ln(Ae^{rt}) = \ln A + rt\ln e = \ln A + rt,$$
因此
$$t = \frac{\ln y - \ln A}{r}, \quad (r \neq 0) \tag{10.17}$$
这个结果,即对数函数,便是指数函数 $y = Ae^{rt}$ 的反函数。如前所述,函数(10.17)的横截距为 $y = A$。因为当 $y = A$ 时,我们有 $\ln y = \ln A$,因此 $t = 0$。

换 底

在 10.2 节中曾表明,指数函数 $y = Ab^t$ 总可以转换成为自然指数函数 $y = Ae^{rt}$。现在我们准备推导出一个转换公式。但我们要考察的是如何将更一般的表达式 Ab^{ct} 转换为 Ae^{rt},而不是转换为 Ab^t。因为问题的实质是由给定的 b、c 求 r,使得
$$e^r = b^c,$$
所要做的就是将 r 表示成 b 和 c 的函数。对上面的方程两边取自然对数,便可以很轻松地完成这个工作:
$$\ln e^r = \ln b^c,$$
方程的左边显然等于 r,所以所求函数(转换公式)为
$$r = \ln b^c = c\ln b, \tag{10.18}$$
这表明,函数 $y = Ab^{ct}$ 总可以改写成自然底的形式:
$$y = Ae^{(c\ln b)t}.$$

例 1 将 $y = 2^t$ 变换成自然指数函数。这里,我们有 $A = 1, b = 2$ 及 $c = 1$。因此 $r = c\ln b = \ln 2$,且所求指数函数为
$$y = Ae^{rt} = e^{(\ln 2)t},$$
若愿意,我们还可以运用(10.14)和常用对数表,计算出 $\ln 2$ 的数值:
$$\ln 2 = 2.3026\log_{10}2 = 2.3026(0.3010) = 0.6931, \tag{10.19}$$
则我们还可以将前面的结果写成 $y = e^{0.6931t}$。

例 2 将 $y = 3(5)^{2t}$ 转换为自然指数函数。在本例中,$A = 3$,

$b=5, c=2$,由公式(10.18)可知 $r=2\ln 5$。因此,所求方程为
$$y = Ae^{rt} = 3e^{(2\ln 5)t}.$$
同样,若愿意,我们还可以计算出
$$2\ln 5 = \ln 25 = 2.3026\log_{10}25 = 2.3026(1.3979) = 3.2188,$$
所以前面的结果还可以表示成 $y = 3e^{3.2188t}$。

当然,将形式为 $t = \log_b y$ 的对数函数转换为等价的自然对数函数也是可以的。为此,只需应用对数法则 IV 便足矣。此法则可表示为
$$\log_b y = (\log_b e)(\log_e y),$$
将此结果直接代入给定对数函数,马上便可得到所求的自然对数函数:

$$t = \log_b y = (\log_b e)(\log_e y)$$
$$= \frac{1}{\log_e b}\log_e y \quad [\text{由对数法则 V}]$$
$$= \frac{\ln y}{\ln b},$$

运用同样的方法,我们还可将更一般的对数函数 $t = a\log_b(cy)$ 变换为等价形式
$$t = a(\log_b e)(\log_e cy) = \frac{a}{\log_e b}\log_e(cy) = \frac{a}{\ln b}\ln(cy).$$

例 3 将函数 $t = \log_2 y$ 变换为自然对数形式。因为在本例中 $b=2, a=c=1$,所以所求结果为
$$t = \frac{1}{\ln 2}\ln y,$$
但根据(10.19),我们也可将其表示成 $t = (1/0.6931)\ln y$。

例 4 将函数 $t = 7\log_{10}2y$ 变换成自然对数。本例中的常数为 $a=7, b=10, c=2$,因而所求函数为
$$t = \frac{7}{\ln 10}\ln 2y,$$
如(10.14)所示,因 $\ln 10 = 2.3026$,所以上面的函数可以重写为
$$t = (7/2.3026)\ln 2y = 3.0400\ln 2y.$$

在上面的讨论中,当函数为对数函数时,我们一直遵循将 t 表示成 y 的函数的做法。这样做的唯一原因是我们希望强调指数函数与

对数函数间的反函数关系。当仅研究对数函数时，我们可以按惯例写成 $y = \ln t$（而非 $t = \ln y$）。当然，符号上的这种变换对分析不产生任何影响。

练习 10.4

1　$y = Ae^{rt}$ 的反函数(10.17)要求 r 为非零。从原指数函数 $y = Ae^{rt}$ 角度看，这个要求意味着什么？

2　(a) 画出指数函数 $y = Ae^{rt}$ 的图形。指出纵截距的值。

　　(b) 画出对数函数 $t = \dfrac{\ln y - \ln A}{r}$ 的图形，指出其横截距的值。

3　求 $y = ab^{ct}$ 的反函数。

4　将下列函数转换成自然指数形式：
　(a) $y = 8^{3t}$　　　(b) $y = 2(7)^{2t}$
　(c) $y = 5(5)^t$　　(d) $y = 2(15)^{4t}$

5　将下列函数转换成自然对数形式：
　(a) $t = \log_7 y$　　(b) $t = \log_8 3y$
　(c) $t = 3\log_{15} 9y$　(d) $t = 2\log_{10} y$

6　已知下列离散复利率 (i)，求与之等价的连续复利年名义利率 (r)：
　(a) 年利率 5%，按年计算复利。
　(b) 年利率 5%，按半年计算复利。
　(c) 年利率 6%，按半年计算复利。
　(d) 年利率 6%，按季度计算复利。

7　(a) 在描述图 10.3 时，正文中称若两条曲线重叠，它们呈镜像关系，其中的"镜子"位于何处？

　　(b) 若我们在同一图中画出函数 $f(x)$ 和 $-f(x)$，这两条曲线也呈镜像关系吗？如果是，"镜子"位于何处？

　　(c) 若我们在同一图中画出 Ae^{rt} 和 Ae^{-rt} 的图形，这两条曲线也呈镜像关系吗？如果是，"镜子"位于何处？

10.5　指数函数与对数函数的导数

前面曾指出，函数 e^t 的导数为其自身。实际上，自然对数函数

$\ln t$ 也具有非常方便的导数,即 $d(\ln t)/dt = 1/t$。这一事实强化了我们对底 e 的偏爱。现在我们来证明这两个导数公式的正确性,然后再推导指数函数和对数函数的导数公式的某些变化形式。

对数函数求导法则

对数函数 $y = \ln t$ 的导数为

$$\frac{d}{dt}\ln t = \frac{1}{t},$$

为证明此法则,我们回顾一下,根据定义,函数 $y = \psi(t) = \ln t$ 的导数在 $t = N$ 处具有如下值(假设 $t \to N^+$):

$$\psi'(N) = \lim_{t \to N^+}\frac{\psi(t)-\psi(N)}{t-N} = \lim_{t\to N^+}\frac{\ln t-\ln N}{t-N} = \lim_{t\to N^+}\frac{\ln(t/N)}{t-N},$$

[由对数法则 II]

现在我们引入简写符号 $m = \dfrac{N}{t-N}$,则我们可以写出 $\dfrac{1}{t-N} = \dfrac{m}{N}$,以及 $\dfrac{t}{N} = 1 + \dfrac{t-N}{N} = 1 + \dfrac{1}{m}$,因此,上面极限符号右边的表达式可变换成如下形式:

$$\frac{1}{t-N}\ln\frac{t}{N} = \frac{m}{N}\ln\left(1+\frac{1}{m}\right) = \frac{1}{N}\ln\left(1+\frac{1}{m}\right)^m,$$

[根据对数法则 III]

注意,当 $t \to N^+$ 时,m 将趋于无穷大,所以要求出所需求的导数值,我们可以取当 $m \to \infty$ 时最后一个表达式的极限:

$$\psi'(N) = \lim_{m\to\infty}\frac{1}{N}\ln\left(1+\frac{1}{m}\right)^m = \frac{1}{N}\ln e = \frac{1}{N},$$

[由(10.5)]

但是,因 N 可以为使对数有定义的任意数,所以我们可以将此结果一般化,并写成 $\psi'(t) = d(\ln t)/dt = 1/t$。$t \to N^+$ 时的对数求导法则得证。

$t \to N^-$ 时的情形需要一些修正,但证明的本质是类似的。现在 $y = \ln t$ 的导数如下取值:

$$\psi'(N) = \lim_{t\to N^-}\frac{\psi(t)-\psi(N)}{t-N} = \lim_{t\to N^-}\frac{\psi(N)-\psi(t)}{N-t}$$

$$= \lim_{t \to N^-} \frac{\ln N - \ln t}{N - t} = \lim_{t \to N^-} \frac{\ln(N/t)}{N - t},$$

令 $\mu = \frac{t}{N-t}$,则 $\frac{1}{N-t} = \frac{\mu}{t}, \frac{N}{t} = 1 + \frac{N-t}{t} = 1 + \frac{1}{\mu}$。从而我们可以将上面的等式最右边极限符号后的部分写成

$$\frac{1}{N-t}\ln\frac{N}{t} = \frac{\mu}{t}\ln\left(1 + \frac{1}{\mu}\right) = \frac{1}{t}\ln\left(1 + \frac{1}{\mu}\right)^{\mu},$$

$t \to N^-$ 时,$\mu \to \infty$,从而所求导数值为

$$\psi'(N) = \lim_{t \to N^-}\frac{1}{N}\ln e = \frac{1}{N},$$

与 $t \to N^+$ 时的结果相同。这就完成了对数函数求导法则的证明。注意,证明过程中仍然没有用到特定的数值,因此该结果是可以在一般意义上应用的。

指数函数求导法则

函数 $y = e^t$ 的导数为

$$\frac{d}{dt}e^t = e^t,$$

由对数函数求导法则很容易得出这一结果。我们知道函数 $y = e^t$ 的反函数为 $t = \ln y$,后者的导数为 $dt/dy = 1/y$。因此由反函数法则,我们可立即得出

$$\frac{d}{dt}e^t = \frac{dy}{dt} = \frac{1}{dt/dy} = \frac{1}{1/y} = y = e^t.$$

一般化的指数函数求导法则

上述两个法则可推广至表达式 e^t 与 $\ln t$ 中的变量 t 可为 t 的某些函数,比如 $f(t)$ 代替的情况。两个法则的一般化形式为:

$$\frac{d}{dt}e^{f(t)} = f'(t)e^{f(t)}, \quad \left[\text{或}\frac{d}{dt}e^u = e^u\frac{du}{dt}\right]$$

$$\frac{d}{dt}\ln f(t) = \frac{f'(t)}{f(t)}. \quad \left[\text{或}\frac{d}{dt}\ln v = \frac{1}{v}\frac{dv}{dt}\right]$$

(10.20)

(10.20)通过直接应用链式法则便可得到证明。已知函数 $y = e^{f(t)}$,我们可首先令 $u = f(t)$,从而 $y = e^u$。则由链式法则,导数为

$$\frac{d}{dt}e^{f(t)} = \frac{d}{dt}e^u = \frac{d}{du}e^u \frac{du}{dt} = e^u \frac{du}{dt} = e^{f(t)}f'(t).$$

类似地,已知函数 $y = \ln f(t)$,我们可以首先令 $v = f(t)$,从而形成链:$y = \ln v$,其中 $v = f(t)$,则由链式法则,我们有

$$\frac{d}{dt}\ln f(t) = \frac{d}{dt}\ln v = \frac{d}{dv}\ln v \frac{dv}{dt} = \frac{1}{v}\frac{dv}{dt} = \frac{1}{f(t)}f'(t),$$

注意,(10.20)与较简单的法则 $de^t/dt = e^t$ 和 $d(\ln t)/dt = 1/t$ 相比较,其实质的修正只是引入了一个乘数因子 $f'(t)$。

例1 求函数 $y = e^{rt}$ 的导数。这里指数为 $rt = f(t)$,有 $f'(t) = r$,因此

$$\frac{dy}{dt} = \frac{d}{dt}e^{rt} = re^{rt}.$$

例2 由函数 $y = e^{-t}$,求导数 dy/dt。在本例中,$f(t) = -t$,所以 $f'(t) = -1$,因而

$$\frac{dy}{dt} = \frac{d}{dt}e^{-t} = -e^{-t}.$$

例3 由函数 $y = \ln at$,求 dy/dt。因在本例中 $f(t) = at, f'(t) = a$,所以导数为

$$\frac{d}{dt}\ln at = \frac{a}{at} = \frac{1}{t},$$

非常有趣的是,它与 $y = \ln t$ 的导数是一致的。

此例说明了这样一个事实:在对数表达式内与 t 相乘的常数在求导过程中被消去了。但要注意,对于常数 k,我们有

$$\frac{d}{dt}k\ln t = k\frac{d}{dt}\ln t = \frac{k}{t},$$

所以在对数表达式外与之相乘的常数在求导过程中仍得到保留。

例4 求函数 $y = \ln t^c$ 的导数,因 $f(t) = t^c, f'(t) = ct^{c-1}$,所以由(10.20)得到

$$\frac{d}{dt}\ln t^c = \frac{ct^{c-1}}{t^c} = \frac{c}{t}.$$

例5 由 $y = t^3 \ln t^2$,求 dy/dt。因为此函数是 t^3 与 $\ln t^2$ 的积,所以

需应用积的求导法则：

$$\frac{dy}{dt} = t^3 \frac{d}{dt}\ln t^2 + \ln t^2 \frac{d}{dt}t^3$$

$$= t^3 \left(\frac{2t}{t^2}\right) + (\ln t^2)(3t^2)$$

$$= 2t^2 + 3t^2(2\ln t) \quad [\text{对数求导法则(III)}]$$

$$= 2t^2(1 + 3\ln t).$$

底 b 的情况

对于以 b 为底的指数函数与对数函数，导数为

$$\frac{d}{dt}b^t = b^t \ln b, \quad \left[\text{注意：} \frac{d}{dt}b^t \neq tb^{t-1}\right]$$

$$\frac{d}{dt}\log_b t = \frac{1}{t\ln b}, \qquad (10.21)$$

注意在底为 e 的特定情况下（$b = e$ 时），我们有 $\ln b = \ln e = 1$，所以这两个导数将分别简化为 $(d/dt)e^t = e^t$ 和 $(d/dt)\ln t = 1/t$。

(10.21)的证明并不难。对于 b^t 的情况，根据恒等式 $b \equiv e^{\ln b}$，我们可以写出

$$b^t = e^{(\ln b)t} = e^{t\ln b},$$

(我们写成 $t\ln b$，而不写成 $\ln bt$，以强调 t 不是对数表达式中的一部分。)因此，

$$\frac{d}{dt}b^t = \frac{d}{dt}e^{t\ln b} = (\ln b)(e^{t\ln b}) \quad [\text{由}(10.20)]$$

$$= (\ln b)(b^t) = b^t \ln b.$$

要证明(10.21)的第二部分，我们需依靠对数的基本性质

$$\log_b t = (\log_b e)(\log_e t) = \frac{1}{\ln b}\ln t,$$

它使我们得到导数

$$\frac{d}{dt}\log_b t = \frac{d}{dt}\left(\frac{1}{\ln b}\ln t\right) = \frac{1}{\ln b}\frac{d}{dt}\ln t = \frac{1}{\ln b}\left(\frac{1}{t}\right).$$

这两个公式的更一般的形式为

$$\frac{d}{dt}b^{f(t)} = f'(t)b^{f(t)}\ln b,$$

$$\frac{\mathrm{d}}{\mathrm{d}t}\log_b f(t) = \frac{f'(t)}{f(t)} \frac{1}{\ln b}, \qquad (10.21')$$

同样,若 $b=e$,则 $\ln b=1$,则此式可以简化为(10.20)。

例6 求函数 $y=12^{1-t}$ 的导数。这里,$b=12, f(t)=1-t, f'(t)=-1$,所以

$$\frac{\mathrm{d}y}{\mathrm{d}t} = -(12)^{1-t}\ln 12.$$

高阶导数

同其他类型的函数一样,指数函数与对数函数的高阶导数仅仅是重复求导的结果。

例7 求 $y=b^t(b>1)$ 的二阶导数。由(10.21)知,一阶导数为 $y'(t)=b^t\ln b$(当然,其中 $\ln b$ 为常数),于是对 t 再求导,我们有

$$y''(t) = \frac{\mathrm{d}}{\mathrm{d}t}y'(t) = \left(\frac{\mathrm{d}}{\mathrm{d}t}b^t\right)\ln b = (b^t\ln b)\ln b = b^t(\ln b)^2,$$

注意,$y=b^t$ 总为正,且因 $b>1$,所以 $\ln b$ 也总为正[由(10.16)],因而 $y'(t)=b^t\ln b$ 必然也为正。这一事实支持了我们前面的关于指数函数 $y=b^t$ 以递增的速率单调递增的观点。

例8 求 $y=\ln t$ 的二阶导数。其一阶导数为 $y'=1/t=t^{-1}$,因此二阶导数为

$$y'' = -t^{-2} = -\frac{1}{t^2},$$

由于此函数的定义域为开区间 $(0,\infty)$,所以 $y'=1/t$ 必为正。而 y'' 必为负。这两个结论的结合则支持了我们前面关于对数函数 $y=\ln t$ 以递减速率单调递增的判断。

一个应用

对数函数的主要优点之一是它能将乘法转化为加法,将除法转化为减法,当我们对任意类型的函数(并不必然是指数或对数函数)的积或商求导时,我们就可以利用这一性质。

例9 求函数

$$y = \frac{x^2}{(x+3)(2x+1)}$$

的导数 dy/dx。我们首先对方程两边取自然对数,而不是应用积和商的求导法则,从而得到

$$\ln y = \ln x^2 - \ln(x+3) - \ln(2x+1),$$

根据(10.20),左边对 x 的导数为

$$\frac{d}{dx}(左边) = \frac{1}{y}\frac{dy}{dx},$$

而右边的导数为

$$\frac{d}{dx}(右边) = \frac{2x}{x^2} - \frac{1}{x+3} - \frac{2}{2x+1} = \frac{7x+6}{x(x+3)(2x+1)},$$

当两个结果相等,并均被 y 相乘时,我们得到所求的导数为

$$\frac{dy}{dx} = \frac{7x+6}{x(x+3)(2x+1)}y$$

$$= \frac{7x+6}{x(x+3)(2x+1)} \frac{x^2}{(x+3)(2x+1)},$$

$$= \frac{x(7x+6)}{(x+3)^2(2x+1)^2}.$$

例 10 求 $y = x^a e^{kx-c}$ 的导数 dy/dx。对方程两边取自然对数,有

$$\ln y = a\ln x + \ln e^{kx-c} = a\ln x + kx - c,$$

将两边对 x 求导,并利用(10.20),则得到

$$\frac{1}{y}\frac{dy}{dx} = \frac{a}{x} + k,$$

$$\frac{dy}{dx} = \left(\frac{a}{x}+k\right)y = \left(\frac{a}{x}+k\right)x^a e^{kx-c}.$$

注意,如果给定的函数中包含求和项,则它可能不能转化成对数形式。

练习 10.5

1 求下列函数的导数:
(a) $y = e^{2t+4}$
(b) $y = e^{1-9t}$
(c) $y = e^{t^2+1}$
(d) $y = 5e^{2-t^2}$

(e) $y = e^{ax^2+bx+c}$ (f) $y = xe^x$
(g) $y = x^2 e^{2x}$ (h) $h = axe^{bx+c}$

2 (a) 运用方程 $\ln at = \ln a + \ln t$ 验证例 3 的导数。
  (b) 运用方程 $\ln t^c = c\ln t$ 验证例 4 的结果。

3 求下列函数的导数
  (a) $y = \ln 7t^5$ (b) $y = \ln at^c$
  (c) $y = \ln(t+19)$ (d) $y = 5\ln(t+1)^2$
  (e) $y = \ln x - \ln(1+x)$ (f) $y = \ln[x(1-x)^8]$
  (g) $y = \ln\left(\dfrac{2x}{1+x}\right)$ (h) $y = 5x^4 \ln x^2$

4 求下列函数的导数
  (a) $y = 5^t$ (b) $y = \log_2(t+1)$
  (c) $y = 13^{2t+3}$ (d) $y = \log_7 7x^2$
  (e) $y = \log_2(8x^2+3)$ (f) $y = x^2 \log_3 x$

5 证明(10.21′)的两个公式。

6 证明函数 $v = Ae^{rt}(A>0, r>0)$ 和函数 $A = ve^{-rt}(v>0, r>0)$ 均为严格单调函数,但一个单调递增,另一个单调递减,且二者均为严格凸函数(参见练习 10.2-5)。

7 首先对下列函数取自然对数后,再求其导数:
  (a) $y = \dfrac{3x}{(x+2)(x+4)}$ (b) $y = (x^2+3)e^{x^2+1}$

10.6 最优时间安排

我们所拥有的关于指数函数和对数函数的知识现在可以应用于某些简单的最优时间安排问题。

酒的窖藏问题

假设某酒商拥有特定数量的(比如一箱)的葡萄酒,他可以现在($t=0$)销售以得到 K 美元,也可以将其窖藏某一时间以便以更高的价格销售。已知酒的价值(V)是时间的如下函数:

$$V = Ke^{\sqrt{t}}, \quad [\,= K\exp(t^{1/2})\,] \qquad (10.22)$$

从而若 $t=0$(现在销售),则 $V=K$。假设窖藏成本为零,酒商的问题便是确定何时销售以得到最大利润。①

因酒的成本为酒商早已支付的"沉没"成本,且因假定不存在窖藏成本,最大化利润亦即最大化销售收益,或者使 V 值最大化。但有一点要注意,对应于每一特定时点 t 的每一 V 值表示在不同日期收到的美元数额,由于涉及利息因素,一个日期的 V 值与另一日期的 V 值不能直接比较。解决这一困难的办法是将每一 V 值贴现到等价的现值(在时间 $t=0$ 的价值),则所有的 V 值都具有了可比较的基础。

我们假设在连续复利基础上的利率水平是 r。则根据(10.11), V 的现值可以表示为

$$A(t) = Ve^{-rt} = Ke^{\sqrt{t}}e^{-rt} = Ke^{\sqrt{t}-rt}, \qquad (10.22')$$

其中 A 表示现值 V,它是 t 的函数。因此,我们的问题相当于求使 A 最大化的 t 值。

最大化条件

最大化 A 的一阶条件是令 $dA/dt = 0$。为求此导数,我们可以将 (10.22') 直接对 t 求导,或者间接地,先对 (10.22') 两边取自然对数,然后再将其对 t 求导。我们先描述后一种方法。

首先,由 (10.22') 我们得到方程

$$\ln A(t) = \ln K + \ln e^{\sqrt{t}-rt} = \ln K + (t^{1/2} - rt),$$

将两边对 t 求导,则有

$$\frac{1}{A}\frac{dA}{dt} = \frac{1}{2}t^{-1/2} - r$$

或

$$\frac{dA}{dt} = A\left(\frac{1}{2}t^{-1/2} - r\right),$$

因为 $A \neq 0$,当且仅当

$$\frac{1}{2}t^{-1/2} = r \quad \text{或} \quad \frac{1}{2\sqrt{t}} = r \quad \text{或} \quad \frac{1}{2r} = \sqrt{t},$$

---

① 考虑窖藏成本会遇到我们现在还无法解决的困难。在 14 章中,我们会再研究这一问题。

条件 $dA/dt = 0$ 方能得到满足。这意味着最优窖藏时间长度为

$$t^* = \left(\frac{1}{2r}\right)^2 = \frac{1}{4r^2},$$

例如,若 $r = 0.10$,则 $t^* = 25$,即此酒商应将这箱酒窖藏 25 年。注意,利息率(贴现率)越高,最优窖藏期越短。

一阶条件 $1/(2\sqrt{t}) = r$,具有一个简单的经济解释。左边的表达式仅表示酒的价值 V 的增长率,因为由(10.22)

$$\frac{dV}{dt} = \frac{d}{dt}K\exp(t^{1/2}) = K\frac{d}{dt}\exp(t^{1/2}) \quad (K \text{ 为常数})$$

$$= K\left(\frac{1}{2}t^{-1/2}\right)\exp(t^{1/2}) \qquad [\text{由}(10.20)]$$

$$= \left(\frac{1}{2}t^{-1/2}\right)V, \qquad [\text{由}(10.22)]$$

所以 V 的增长率实际上是一阶条件中的左边的表达式:

$$r_V \equiv \frac{dV/dt}{V} = \frac{1}{2}t^{-1/2} = \frac{1}{2\sqrt{t}}.$$

与其相对照,表达式右边的 r,则是利息率或若酒现在卖掉,可收到现金的复利增长率(相对于窖藏的机会成本)。因此,如图 10.4 所示,令两个瞬时增长率相等,也就意味着保存酒直至窖藏的好处完全

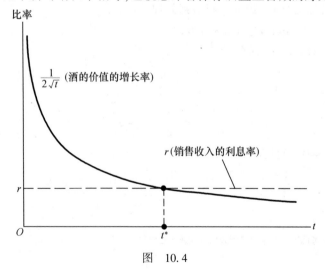

图 10.4

消失,亦即保存酒直至当酒的价值的递减的增长率与销售酒所得现金的不变的利息率相等时止。

下一步要做的工作是检验 t^* 的值是否满足使 A 最大化的二阶条件。A 的二阶导数为

$$\frac{d^2A}{dt^2} = \frac{d}{dt}A\left(\frac{1}{2}t^{-1/2} - r\right) = A\frac{d}{dt}\left(\frac{1}{2}t^{-1/2} - r\right)$$
$$+ \left(\frac{1}{2}t^{-1/2} - r\right)\frac{dA}{dt},$$

但因当我们在均衡(最优)点计值时,$dA/dt = 0$,最后一项可舍弃,所以我们有

$$\frac{d^2A}{dt^2} = A\frac{d}{dt}\left(\frac{1}{2}t^{-1/2} - r\right) = A\left(-\frac{1}{4}t^{-3/2}\right) = \frac{-A}{4\sqrt{t^3}},$$

考虑到 $A > 0$,当在 $t^* > 0$ 计值时二阶导数为负,因而保证了解值 t^* 确实使利润最大化。

伐木问题

另一个类似的问题是伐木问题。它也涉及采取行动的最优时间选择。

假定木材(早已在给定土地上种植)的价值是时间的如下增函数:

$$V = 2^{\sqrt{t}},$$

单位为千美元。假设贴现率为 r(在连续的基础上),并假定在树木成长期间养护成本为零,什么是砍伐树木并进行销售的最佳时机?

像在葡萄酒中的问题一样,我们首先将 V 变换成现值:

$$A(t) = Ve^{-rt} = 2^{\sqrt{t}}e^{-rt},$$

因此

$$\ln A = \ln 2^{\sqrt{t}} + \ln e^{-rt} = \sqrt{t}\ln 2 - rt = t^{1/2}\ln 2 - rt,$$

要使 A 最大化,我们必须令 $dA/dt = 0$。将 $\ln A$ 对 t 求导,并以 A 与之相乘,可以得到一阶导数:

$$\frac{1}{A}\frac{dA}{dt} = \frac{1}{2}t^{-1/2}\ln 2 - r,$$

因此
$$\frac{dA}{dt} = A\left(\frac{\ln 2}{2\sqrt{t}} - r\right),$$

因 $A \neq 0$,当且仅当

$$\frac{\ln 2}{2\sqrt{t}} = r \quad \text{或} \quad \sqrt{t} = \frac{\ln 2}{2r}$$

时,条件 $dA/dt = 0$ 方能得到满足。从而,最优生长年数为

$$t^* = \left(\frac{\ln 2}{2r}\right)^2,$$

很明显,贴现率越高,树木越应早砍伐。

为保证 t^* 是最大化解而非最小化解,应进行二阶条件检验。但这个问题留给读者作为练习之用。

在本例中,我们通过假设树木为以前所植,从而舍去了植树成本,使沉没的植树成本合理地排除在最优决策问题之外。但若决策不是关于何时收获的问题,而是关于是否植树的问题,则现在发生的植树成本就必须与树木产出的现值相比较,且现值应按最优值 t^* 来计算。例如,若 $r = 0.05$,则有

$$t^* = \left(\frac{0.6931}{0.10}\right)^2 = (6.931)^2 = 48.0 \text{ 年}$$

和
$$A^* = 2^{6.931} e^{-0.05(48.0)} = (122.0222) e^{-2.40}$$
$$= 122.0222(0.0907) = 11.0674(\text{千美元}),$$

所以仅当植树成本低于 A^* 时,植树才是值得的(同样假定养护成本为零)。

练习 10.6

1 若酒的价值按函数 $V = Ke^{2t}$ 增长,而不是按(10.22)式增长,那么,酒商储酒时间应为多长?

2 检验伐木问题的二阶条件。

3 作为本节描述的最优化问题的推广,证明:

(a) 有任意值函数 $V = f(t)$,已知连续贴现率 r,V 的现值 A 达到极大值的一阶条件是 V 的增长率等于 r。

(b) 最大值的二阶充分条件实际上相当于规定 V 的增长率随时间递减。

4. 对酒的窖藏问题进行比较静态分析。

10.7 指数函数与对数函数导数的进一步应用

除了在最优化问题中应用以外，10.5 节的导数公式在经济中还有其他有意义的应用。

求增长率

当变量 y 是时间的函数，即 $y=f(t)$，其瞬时增长率定义为①

$$r_y \equiv \frac{dy/dt}{y} = \frac{f'(t)}{f(t)} = \frac{\text{边际函数}}{\text{总函数}}, \quad (10.23)$$

但由 (10.20) 可知，此比率恰好是 $\ln f(t) = \ln y$ 的导数。因此，为求时间函数 $f(t)$ 的瞬时增长率，我们可以不采取将函数对 t 求导，然后再以 $f(t)$ 相除的方法，而是简单地将函数两边取自然对数，然后再将 $\ln f(t)$ 对时间求导。② 后一种方法可能是一种更简单的方法，若 $f(t)$ 是积或商的表达式，通过取对数，会使其简化为可加项的和或差。

例 1 求 $V = Ae^{rt}$ 的增长率，其中 t 表示时间。我们已知道 V 的增长率即 r，但我们还是通过求 $\ln V$ 的导数来对此进行检验：

$$\ln V = \ln A + rt\ln e = \ln A + rt, \quad [A\text{ 为常数}],$$

因此

$$r_V = \frac{d}{dt}\ln V = 0 + \frac{d}{dt}rt = r,$$

结论得证。

例 2 求 $y = 4^t$ 的增长率。在本例中

$$\ln y = \ln 4^t = t\ln 4,$$

---

① 若变量 t 不表示时间，那么，表达式 $(dy/dt)/y$ 被称作 y 对 t 变化的比率。

② 若我们在一个两维空间中绘出函数 $f(t)$ 对 t 的图形，曲线的斜率便会告知我们 $f(t)$ 的增长率。这还证明了所谓"半对数标度"图的合理性，该图常用来比较不同变量的增长率，或者不同国家同一变量的增长率。

因此
$$r_y = \frac{\mathrm{d}}{\mathrm{d}t}\ln y = \ln 4,$$
它确实应当如此,因为 $e^{\ln 4} \equiv 4$,因而,$y = 4^t$ 可改写成 $y = e^{(\ln 4)t}$,由此我们马上可看出 $(\ln 4)$ 是 y 的增长率。

组合函数的增长率

为更深一步的讨论,我们考察两个时间函数之积的增长率:
$$y = uv, \quad 其中 \begin{cases} u = f(t), \\ v = g(t), \end{cases}$$
取 y 的自然对数,我们得到
$$\ln y = \ln u + \ln v,$$
因此所求增长率为
$$r_y = \frac{\mathrm{d}}{\mathrm{d}t}\ln y = \frac{\mathrm{d}}{\mathrm{d}t}\ln u + \frac{\mathrm{d}}{\mathrm{d}t}\ln v,$$
但等号右边两项分别为 u 和 v 的增长率。因此我们有法则
$$r_{(uv)} = r_u + r_v, \tag{10.24}$$
以文字表达即:两函数积的瞬时增长率等于每个函数增长率的和。

通过类似的步骤还可以证明,函数商的增长率等于被除数与除数两者增长率之差(参见练习10.7-4):
$$r_{(u/v)} = r_u - r_v. \tag{10.25}$$

例3 若消费 C 以比率 α 增长,人口 H 以比率 β 增长,那么人均消费增长率为多少?因人均消费等于 C/H,其增长率应为
$$r_{(C/H)} = r_C - r_H = \alpha - \beta.$$

现在我们来考察两个时间函数的和的瞬时增长率:
$$z = u + v, \quad 其中 \begin{cases} u = f(t), \\ v = g(t), \end{cases}$$
这时,自然对数为
$$\ln z = \ln(u + v), \quad [\neq \ln u + \ln v]$$
因此,
$$r_z = \frac{\mathrm{d}}{\mathrm{d}t}\ln z = \frac{\mathrm{d}}{\mathrm{d}t}\ln(u + v),$$

$$= \frac{1}{u+v}\frac{\mathrm{d}}{\mathrm{d}t}(u+v) \quad [\text{由}(10.20)]$$

$$= \frac{1}{u+v}[f'(t)+g'(t)],$$

但由(10.23),我们有 $r_u = f'(t)/f(t)$,从而 $f'(t) = f(t)r_u = ur_u$。类似地,我们有 $g'(t) = vr_v$。因此,我们可以写出法则

$$r_{(u+v)} = \frac{u}{u+v}r_u + \frac{v}{u+v}r_v, \quad (10.26)$$

此式表明,两个时间函数和的增长率是每个函数增长率的加权平均值。

同理,我们有(见练习10.7-5)

$$r_{(u-v)} = \frac{u}{u-v}r_u - \frac{v}{u-v}r_v. \quad (10.27)$$

例4 某国商品出口为 $G = G(t)$,其增长率为 a/t;该国服务出口为 $S = S(t)$,其增长率为 b/t,总出口增长率为多少？因为总出口 $X_{(t)} = G_{(t)} + S_{(t)}$,所以其增长率应为

$$r_X = \frac{G}{X}r_G + \frac{S}{X}r_S$$

$$= \frac{G}{X}\left(\frac{a}{t}\right) + \frac{S}{X}\left(\frac{b}{t}\right) = \frac{Ga + Sb}{Xt}.$$

求点弹性

我们已知道,给定 $y = f(t)$,$\ln y$ 的导数度量 y 的瞬时增长率。现在我们来考察给定函数 $y = f(x)$,当我们将$(\ln y)$对$(\ln x)$求导,而不是对 x 求导时,会出现何种情况。

首先,定义 $u \equiv \ln y$ 和 $v \equiv \ln x$。则我们可以看到将 u 与 y 以及 x 与 v 联系起来的链式关系:

$$u \equiv \ln y, \quad y = f(x), \quad x \equiv \mathrm{e}^{\ln x} \equiv \mathrm{e}^v,$$

因而,$(\ln y)$对$(\ln x)$的导数为

$$\frac{\mathrm{d}(\ln y)}{\mathrm{d}(\ln x)} = \frac{\mathrm{d}u}{\mathrm{d}v} = \frac{\mathrm{d}u}{\mathrm{d}y}\frac{\mathrm{d}y}{\mathrm{d}x}\frac{\mathrm{d}x}{\mathrm{d}v}$$

$$= \left(\frac{d}{dy}\ln y\right)\left(\frac{dy}{dx}\right)\left(\frac{d}{dv}e^v\right) = \frac{1}{y}\frac{dy}{dx}e^v = \frac{1}{y}\frac{dy}{dx}x = \frac{dy}{dx}\frac{x}{y},$$

此式即函数的点弹性。因此我们确立一个一般原则:对于函数 $y=f(x)$, y 对 x 的点弹性为

$$\varepsilon_{yx} = \frac{d(\ln y)}{d(\ln x)}, \qquad (10.28)$$

应注意,符号中的下标 yx 仅表明 y 与 x 是所涉及的两个变量,而不意味着 y 与 x 的乘积。这与 $r_{(uv)}$ 中的情形是不一样的,在那里,(uv) 确实表示乘积关系。同样,我们现在还可以用另一种方法求函数的点弹性,即用对数法,若给定函数以积或商的形式出现,对数法通常是一种更为简单的方法。

例 5 给定 $Q = k/P$,其中 k 为正常数,求需求的点弹性。这是一个等轴双曲线方程(见图 2.8d),而且,众所周知,此类方程在所有点具有单位点弹性,为证明这一点,我们应用(10.28)。因需求函数的自然对数为

$$\ln Q = \ln k - \ln P,$$

所以(Q 对 P 的)需求点弹性为

$$\varepsilon_d = \frac{d(\ln Q)}{d(\ln P)} = -1 \quad \text{或} \quad |\varepsilon_d| = 1.$$

(10.28)中的结果是运用链式求导法则推导出来的。有趣的是,类似的链式法则对弹性也成立,即给定函数 $y = g(w)$,其中 $w = h(x)$,我们有

$$\varepsilon_{yx} = \varepsilon_{yw}\varepsilon_{wx}, \qquad (10.29)$$

证明如下:

$$\varepsilon_{yw}\varepsilon_{wx} = \left(\frac{dy}{dw}\frac{w}{y}\right)\left(\frac{dw}{dx}\frac{x}{w}\right) = \frac{dy}{dw}\frac{dw}{dx}\frac{w}{y}\frac{x}{w} = \frac{dy}{dx}\frac{x}{y} = \varepsilon_{yx}.$$

练习 10.7

1 求瞬时增长率

    (a) $y = 5t^2$ (b) $y = at^c$ (c) $y = ab^t$

(d) $y = 2^t(t^2)$ (e) $y = t/3^t$

2 若人口增长函数为 $H = H_0(2)^{bt}$,消费函数为 $C = C_0 e^{at}$,运用自然对数法求人口增长率、消费增长率、人均消费增长率。

3 若 y 通过 $y = x^k$ 与 x 相联系,那么,增长率 r_y 与 r_x 以何种方式相联系?

4 证明:若 $y = u/v$,其中 $u = f(t)$,$v = g(t)$,则如(10.25)所示,y 的增长率将为 $r_y = r_u - r_v$。

5 实际收入 y 被定义为名义收入 Y 除以价格水平 P。r_y(实际收入)与 r_Y(名义收入)以何种方式联系?

6 证明增长率法则(10.27)。

7 给定需求函数 $Q_d = k/P^n$,其中 k 与 n 均为正常数,运用(10.28)求需求点弹性 ε_d(见练习 8.1-4)。

8 (a) 已知 $y = wz$,其中 $w = g(x)$,$z = h(x)$,证明:
$$\varepsilon_{yx} = \varepsilon_{wx} + \varepsilon_{zx}$$
(b) 已知 $y = u/v$,其中 $u = G(x)$,$v = H(x)$,证明:
$$\varepsilon_{yx} = \varepsilon_{ux} - \varepsilon_{vx}$$

9 已知 $y = f(x)$,证明导数
$$\frac{\mathrm{d}(\log_b y)}{\mathrm{d}(\log_b x)}$$
(对数的底为 b 而非 e)
也度量点弹性 ε_{yx}。

10 若货币需求 M_d 是国民收入 $Y = Y(t)$ 和利率 $i = i(t)$ 的函数,证明:M_d 的增长率可以表示成 r_Y 与 r_i 的加权和,其中,权数分别为 M_d 对 Y 与 i 的弹性。
$$r_{M_d} = \varepsilon_{M_d Y} r_Y + \varepsilon_{M_d i} r_i。$$

11 已知生产函数 $Q = F(K, L)$,求用 K 和 L 的增长率表示的 Q 的增长率的一般表达式。

第 11 章 多于一个选择变量的情况

在第 9 章中讨论的最优化问题一直限定在目标函数具有单一选择变量的框架内。在上一章,讨论的范围扩展到了指数目标函数,但所涉及的仍是单一选择变量问题。现在我们必须研究一种求包括两个或两个以上选择变量目标函数的相对极值的方法。只有这样,我们才能解决这些即将面临的问题,比如多产品厂商利润最大化的决策问题。这些决策包括几种商品最优产出水平及几种不同投入最优组合的选择等问题。

为利用目标函数的图形,我们首先讨论含两个选择变量的目标函数 $z=f(x,y)$ 的情况。然后再将分析结果推广至难以作图的 n 个变量的情况。但是,无论变量数量为多少,我们一般假定,当目标函数以一般形式写出时,它总具有连续的至任意所需阶数的偏导数。这一假定将保证目标函数及其偏导数的平滑性及可微性。

对于多变量的函数,其极值也分绝对或整体极值,以及相对或局部极值两类。同以前一样,我们的注意力主要集中于相对极值,为此,我们将省略形容词"相对"二字;一般所说的极值,均指相对极值,除非另作说明。但在 11.5 节中,我们将对绝对极值的条件给予适当的考虑。

11.1 最优化条件的微分形式

第 9 章对单一选择变量函数最优化条件问题的讨论完全是以导数概念而非微分概念来表达的。为讨论两个或多个变量问题作准备,知道如何按照微分概念来表达最优化条件也是有益的。

一阶条件

给定函数 $z=f(x)$,如 8.1 节所示,我们可以写出其微分

$$dz = f'(x)dx, \qquad (11.1)$$

并且用 dz 作为由 x 从 x_0 变化到 $x_0 + \Delta x$ 所引起的变化 Δz 的近似。$\Delta(x)$ 越小,近似的效果越好。由(11.1)式,显然,若 $f'(x) > 0$,dz 与 dx 必然符号相同,图 11.1 中的点 A 阐释了这一点[参看图 8.1(b)]。相反,若 $f'(x) < 0$,如点 A' 所示,则 dz 与 dx 符号相反。由于像点 A 和 A' 这样的点(在该点 $f'(x) \neq 0$,因此 $dz \neq 0$)不能被视为稳定点,这表明了 z 取得极值(一个稳定值)的必要条件是 $dz = 0$ 的原因。更准确地,该条件应表述为"对于任意非零的 dx,$dz = 0$",因为为 0 的 dx(x 不变)与我们现在的讨论无关。在图 11.1 中,z 在点 B 取极小值,在点 B' 取极大值。在这两种情况下,由于该点的切线是水平的,即 $f'(x) = 0$,dz(切线形成的直角三角形的纵边)实际减为 0。因此一阶导数条件"$f'(x) = 0$"可以转化为一阶微分条件"对于任意非零的 dx,$dz = 0$"。然而,必须记住,尽管这一微分条件是极值的必要条件,它并不是充分条件,因为如图 11.1 中的 C 点那样的拐点,同样满足对任意非零 dx,$dz = 0$ 的条件。

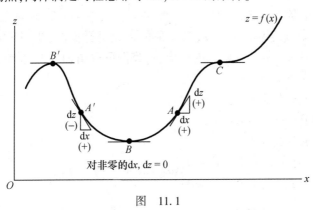

图 11.1

二阶条件

用导数的术语表述,z 的极值的二阶充分条件为在稳定点 $f''(x) < 0$(极大值)和 $f''(x) > 0$(极小值)。为将这些条件转化为等价的微分条件,我们需要二阶微分的概念,其定义为微分的微分,即 $d(dz)$,通常记作 d^2z。

已知 $dz = f'(x)dx$，仅通过 dz 的进一步微分，便可以得到 d^2z。但在微分时我们必须记住，dx 在这里代表 x 的任意的或给定的非零变化，在微分过程中应当作常数看待。因而，dz 仅随 $f'(x)$ 的变化而变化，但因 $f'(x)$ 又是 x 的函数，所以在最终分析中，dz 仅随 x 变化而变化。考虑到这一点，我们有

$$d^2z \equiv d(dz) = d[f'(x)dx] \quad [\text{由}(11.1)]$$
$$= [df'(x)]dx \quad [dx \text{ 是常数}] \quad (11.2)$$
$$= [f''(x)dx]dx = f''(x)dx^2,$$

注意，在 (11.2) 中，指数 2 以两种完全不同的方式出现。在符号 d^2z 中，指数 2 表示 z 的二阶微分；而在符号 $dx^2 \equiv (dx)^2$ 中，指数 2 表示一阶微分 dx 的平方。(11.2) 的结果给出了 d^2z 与 $f''(x)$ 之间的直接联系。由于我们现在仅考察 dx 的非零值，所以 dx^2 项总为正，因而 d^2z 和 $f''(x)$ 必然取相同的代数符号。正如在稳定点正（负）的 $f''(x)$ 描绘了峰顶（谷底），该点处的 d^2z 必然为正（负）。

这一事实进一步支持了前面的观点：作为 z 存在极值的充分条件，微分条件"对于任意非零 dx 值，$d^2z < 0$"与导数条件"$f''(x) < 0$"是等价的。z 的极小值的情况是类似的，我们只需将上述陈述中的不等号反向。进一步地，我们可以由 (11.2) 推断 z 的极值的二阶必要条件：

对于 z 的极大值：$\quad f''(x) \leq 0$；

对于 z 的极小值：$\quad f''(x) \geq 0$；

可以分别变换成：

对于 z 的极大值：$d^2z \leq 0$ $\Big\}$ 对于 dx 的任意非零值。
对于 z 的极小值：$d^2z \geq 0$

微分条件与导数条件

现在我们已证明了以 dz 和 d^2z 来表示导数形式的一阶条件和二阶条件的可行性。读者可能要问：在导数条件已经适用的情况下，为什么我们还要推出一套微分条件呢？答案是，微分条件是以这样一种形式表述的：它可以直接从单变量的情况推广至两个或两个以上变量的情况，而导数形式则不能作这种推广。更具体地说，只要

短语"对于 dx 的任意非零值"作适当修改以反映选择变量数量的变化,一阶条件(dz 为零)和二阶条件(d^2z 为正或负)就可以有效地应用于所有情况。

但是,这并不意味着导数条件不能发挥进一步的作用了。相反,因为导数条件更便于应用,在运用微分条件完成向更多变量推广的过程之后,我们将努力发展并利用适于那些情况的导数条件。

11.2 两个变量函数的极值

对于一个选择变量的函数,在二维空间中,极值在图形上是以峰顶或谷底来表示的。具有两个选择变量的函数 $z = f(x, y)$ 的图形,是三维空间中的一个曲面;其极值仍与峰顶或谷底相联系,但其"峰顶"或"谷底"现已具有三维空间的特征。在这个新的内容中,其形状分别像圆丘和碗。在图 11.2 中的两个图形对此进行了描述。图(a)中的点 A,即圆丘之顶,构成了极大值;此点的 z 值大于其紧邻邻域中的其他任意值。类似地,图(b)中的点 B,即"碗底",表示极小值;在其紧邻邻域中的任意函数值均大于该点的函数值。

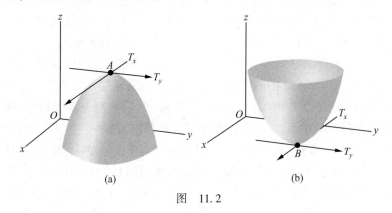

图 11.2

一阶条件

对于函数

$$z = f(x, y)$$

极值(极大值或极小值)的一阶必要条件仍是 $dz=0$。但因这里有两个自变量,所以现在 dz 是全微分,因此一阶条件应修正为如下形式:

$$\text{对于二者不同时为零的任意 } dx \text{ 和 } dy \text{ 值}, dz = 0, \tag{11.3}$$

关于(11.3)合理性的解释与单变量情况下对条件 $dz=0$ 的解释是类似的:极值点必定为稳定点,而在稳定点,对两个变量 x 与 y 的不同时为零的任意无穷小变化 dx 和 dy,z 必定为常数。

在目前两变量情况下,全微分为

$$dz = f_x dx + f_y dy, \tag{11.4}$$

要满足条件(11.3),两个偏导数 f_x 和 f_y 同时为零是充要条件。因此,一阶条件(11.3)的等价的导数形式为

$$f_x = f_y = 0 \quad \left[\text{或} \frac{\partial z}{\partial x} = \frac{\partial z}{\partial y} = 0\right], \tag{11.5}$$

此条件存在一个简单的图形解释。参看图 11.2 中的点 A,使 f_x 在 A 点为零,意味着通过 A 点且与 xz 平面平行的切线 T_x 的斜率必然为零。同理,使 f_y 在 A 点等于零,意味着通过 A 点且与 yz 平面(x 保持不变)平行的切线 T_y 的斜率必然为零。读者还可以验证,这些切线要求也可以应用于图 11.2(b) 中的极小值点 B。这是因为条件(11.5)同(11.3)一样,也是极大值和极小值存在的必要条件。

同以往的讨论一样,一阶条件是极值存在的必要条件,但不是充分条件。在图 11.3 的两个图形中也可以看到,仅靠一阶条件不足以确定一个极值。在图(a)中的 C 点,T_x 和 T_y 斜率均为零,但此点并不是合格的极值点:以 yz 平面为背景来考察,它是一个极小值;而从 xz 平面来考察,它又是一个极大值。由于图形上的原因,这种具有"双重人格"的点,被称作鞍点。类似地,图 11.3(b) 中的点 D,尽管具有水平线 T_x 和 T_y 的特征,也不是极值点。它位于扭曲的曲面上,无论从 xy 平面,还是从 yz 平面上看,它都是一个拐点。这些反例从根本上排除了一阶条件作为极值充分条件的可能性。

为导出极值存在的充分条件,我们需要考察与二阶偏微分相联系的二阶全导数。

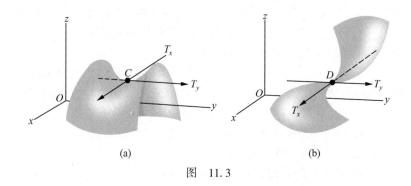

图 11.3

二阶偏导数

函数 $z=f(x,y)$ 可以引致两个一阶偏导数

$$f_x \equiv \frac{\partial z}{\partial x} \quad \text{和} \quad f_y \equiv \frac{\partial z}{\partial y},$$

因 f_x 本身是 x（及 y）的函数，所以当 y 保持不变时，我们可以用特定的二阶偏导数 f_{xx} 或 $\partial^2 z/\partial x^2$ 来表示 f_x 对 x 的变化率：

$$f_{xx} \equiv \frac{\partial}{\partial x}(f_x) \quad \text{或} \quad \frac{\partial^2 z}{\partial x^2} \equiv \frac{\partial}{\partial x}\left(\frac{\partial z}{\partial x}\right),$$

符号 f_{xx} 具有双下标，表示原函数 f 对 x 求偏微分两次，而除了使用偏导数符号外，符号 $\partial^2 z/\partial x^2$ 与 $d^2 z/dx^2$ 是类似的。我们可以以完全类似的方式运用二阶偏导数

$$f_{yy} \equiv \frac{\partial}{\partial y}(f_y) \quad \text{或} \quad \frac{\partial^2 z}{\partial y^2} = \frac{\partial}{\partial y}\left(\frac{\partial z}{\partial y}\right)$$

来表示当 x 固定不变时 f_y 对 y 的变化率。

但是，我们知道 f_x 也是 y 的函数，f_y 也是 x 的函数，因此，可以写出另外两个偏导数：

$$f_{xy} \equiv \frac{\partial^2 z}{\partial x \partial y} \equiv \frac{\partial}{\partial x}\left(\frac{\partial z}{\partial y}\right) \quad \text{和} \quad f_{yx} \equiv \frac{\partial^2 z}{\partial y \partial x} \equiv \frac{\partial}{\partial y}\left(\frac{\partial z}{\partial x}\right),$$

它们被称作交叉（或混合）偏导数，因为它们度量一个一阶偏导数对"另一个"变量的变化率。

值得重复一下：$z=f(x,y)$ 的二阶偏导数，像 z, f_x 及 f_y 一样，都

是变量 x 和 y 的函数。当需要强调这一事实时,我们可以将 f_{xx} 写成 $f_{xx}(x,y)$,将 f_{xy} 写成 $f_{xy}(x,y)$ 等。同样,我们可以使用符号 $f_{yx}(1,2)$ 来表示 f_{yx} 在 $x=1, y=2$ 计算的值,等等。

尽管 f_{xy} 与 f_{yx} 是分别定义的,但按照通称为杨氏定理(Young's theorem)的命题,二者是相等的,只要两个交叉偏导数是连续的。在此情况下,由于 $f_{xy}=f_{yx}$,所以求偏微分的顺序变量不重要了。对于我们所研究的一般类型的具体函数,连续性条件通常是满足的;对于我们前面所提到的那些一般函数,我们总是假定连续性条件成立。所以一般情况下我们可以预期能够求得相同的交叉偏导数。事实上,此定理还可以应用于三个或更多变量的函数。例如,已知 $z = g(u,v,w)$,假设这些偏导数全都连续,则其混合偏导数具有 $g_{uv} = g_{vu}$, $g_{vw} = g_{wv}$ 等特征。

例 1 求函数

$$z = x^3 + 5xy - y^2$$

的四个二阶偏导数。此函数的一阶偏导数为:

$$f_x = 3x^2 + 5y \quad \text{和} \quad f_y = 5x - 2y,$$

因此,通过进一步求导,我们有

$$f_{xx} = 6x, \quad f_{yx} = 5, \quad f_{xy} = 5, \quad f_{yy} = -2,$$

正如所预期的那样,f_{yx} 与 f_{xy} 是相等的。

例 2 求函数

$$z = x^2 \mathrm{e}^{-y}$$

的所有二阶偏导数。在本例中,一阶偏导数为:

$$f_x = 2x\mathrm{e}^{-y} \quad \text{和} \quad f_y = -x^2 \mathrm{e}^{-y},$$

因此,我们有

$$f_{xx} = 2\mathrm{e}^{-y}, \quad f_{yx} = -2x\mathrm{e}^{-y}, \quad f_{xy} = -2x\mathrm{e}^{-y}, \quad f_{yy} = x^2 \mathrm{e}^{-y},$$

同样,我们看到 $f_{yx} = f_{xy}$。

注意,二阶偏导数都是原始变量 x 和 y 的函数。这一事实在例 2 中非常明显;即便在例 1 中也同样成立,尽管在该例中有些二阶偏导数恰好为常函数。

二阶全微分

给定(11.4)中的全微分 dz,根据我们掌握的二阶偏导数的概念,通过进一步微分 dz,我们可以推导出二阶全微分 d^2z 的表达式。在推导时我们应记住,在方程 $dz = f_x dx + f_y dy$ 中,符号 dx 和 dy 表示 x 与 y 的任意或给定的变化;所以在微分过程中必须视为常数。因而 dz 仅依赖于 f_x 和 f_y,又因 f_x 和 f_y 本身又是 x 和 y 的函数,所以 dz 像 z 本身一样,也是 x 和 y 的函数。

为得到 d^2z,我们仅需将如(11.4)所示的微分定义应用于 dz 本身即可。因而,

$$\begin{aligned} d^2z \equiv d(dz) &= \frac{\partial(dz)}{\partial x}dx + \frac{\partial(dz)}{\partial y}dy \quad [\text{参见}(11.4)] \\ &= \frac{\partial}{\partial x}(f_x dx + f_y dy)dx + \frac{\partial}{\partial y}(f_x dx + f_y dy)dy \\ &= (f_{xx}dx + f_{xy}dy)dx + (f_{yx}dx + f_{yy}dy)dy \\ &= f_{xx}dx^2 + f_{xy}dydx + f_{yx}dxdy + f_{yy}dy^2 \\ &= f_{xx}dx^2 + 2f_{xy}dxdy + f_{yy}dy^2, \quad [f_{xy} = f_{yx}] \end{aligned} \quad (11.6)$$

还要注意,在(11.6)中的指数 2 以两种不同方式出现。在符号 d^2z 中,指数 2 表示 z 的二阶全微分;而在符号 $dx^2 \equiv (dx)^2$ 中,指数表示一阶微分 dx 的平方。

(11.6)中的结果表明按照给定的 dx 和 dy 表示 $d^2z(dz$ 的变化)的大小,其中 dx 和 dy 是在定义域中某点 (x_0, y_0) 处度量的。但为了计算 d^2z,也需知道二阶偏导数 f_{xx}, f_{xy}, f_{yy} 的大小,它们均在点 (x_0, y_0) 处取值——正如由(11.4)计算 dz,需要知道一阶偏导数的值一样。

例3 给定 $z = x^3 + 5xy - y^2$,求 dz 和 d^2z。此函数与例 1 相同。因此,将我们在例 1 中已得到的各导数代入(11.4)和(11.6),我们求得①

---

① 得到这一结果的另一种方式是直接对函数求微分:

$$dz = d(x^3) + d(5xy) - d(y^2)$$
$$= 3x^2 dx + 5ydx + 5xdy - 2ydy,$$

记住 dx, dy 为常数,对 dz 再微分则有:

$$d^2z = d(3x^2)dx + d(5y)dx + d(5x)dy - d(2y)dy$$
$$= (6xdx)dx + (5dy)dx + (5dx)dy - (2dy)dy$$
$$= 6xdx^2 + 10dxdy - 2dy^2.$$

$$dz = (3x^2 + 5y)dx + (5x - 2y)dy$$

和

$$d^2z = 6xdx^2 + 10dxdy - 2dy^2,$$

我们同样可以在定义域内的具体的点计算 dz 和 d^2z。例如在点 $x = 1, y = 2$，我们有

$$dz = 13dx + dy \quad 和 \quad d^2z = 6dx^2 + 10dxdy - 2dy^2.$$

二阶条件

在单变量的情形下，在稳定点处，$d^2z < 0$ 确认了作为二维空间中的峰顶的点。类似地，在两个变量的情形下，在稳定点的 $d^2z < 0$ 将确认作为三维空间中的丘顶的点。因此，当一阶必要条件满足时，$z = f(x,y)$ 的极大值的二阶充分条件是

$$\text{对于任意不同时为零的 } dx \text{ 和 } dy, d^2z < 0。 \quad (11.7)$$

另一方面，在稳定点的正的 d^2z 则与碗底相联系。$z = f(x,y)$ 的极小值的二阶充分条件是

$$\text{对于任意不同时为零的 } dx \text{ 和 } dy, d^2z > 0。 \quad (11.8)$$

(11.7) 和 (11.8) 仅是充分条件，但不是必要条件的原因在于，在极大值或极小值，d^2z 也有可能取零值。因此，二阶必要条件必须用弱不等式表述如下：

$$\left.\begin{array}{l} z \text{ 的极大值}: d^2z \leq 0 \\ z \text{ 的极小值}: d^2z \geq 0 \end{array}\right\} \text{对于不同时为零的任意 } dx \text{ 和 } dy \text{ 值}。 \quad (11.9)$$

但在下面，我们将把更多的注意力放在二阶充分条件上。

为便于运算，二阶微分条件可以转换成等价的二阶导数条件。在两变量情况下，(11.6) 表明要对二阶偏导数 f_{xx}, f_{xy}, f_{yy} 施加一些限制，实际变换需要了解二次型，我们在 11.3 节要对其进行讨论。但我们可以在这里先介绍主要结果：对于不同时为零的任意 dx 和 dy 值，

$$d^2z \begin{cases} < 0 & \text{当且仅当} \quad f_{xx} < 0, f_{yy} < 0 \quad \text{且} \quad f_{xx}f_{yy} > f_{xy}^2, \\ > 0 & \text{当且仅当} \quad f_{xx} > 0, f_{yy} > 0 \quad \text{且} \quad f_{xx}f_{yy} > f_{xy}^2。 \end{cases}$$

注意，d^2z 的符号不仅取决于 f_{xx} 和 f_{yy} 的符号 [它们的符号与 A 点（图 11.4）附近由 T_x（东西）和 T_y（南北）所示的两个基本方向的曲面图形有关]，而且与交叉偏导数 f_{xy} 有关。后一个偏导数所起的作用是

保证所研究的曲面能够产生(二维)横截面;这些横截面不仅在两个基本方向(东西和南北),而且在所有其他可能的方向(如东北-西南等)都具有相同类型的图形(山峰或低谷,如本例所示)。

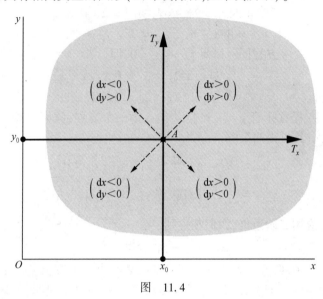

图 11.4

上述结果,同一阶条件(11.5)一起,使我们得到表 11.1。可以理解,表中所有二阶偏导数都在 $f_x = f_y = 0$ 的稳定点计值。还应强调的是,极值的二阶充分条件并不是必要条件。特别地,若稳定值具有 $f_{xx}f_{yy} = f_{xy}^2$ 的特征,违背二阶条件,稳定值仍有可能是极值。另一方面,在另一种违背二阶条件的情况下,稳定值具有 $f_{xx}f_{yy} < f_{xy}^2$ 的特征,我们可以确认此点为鞍点,因为在此情况下,d^2z 的符号是不确定的(对于某些 dx 和 dy 值为正,对于另一些则为负。)。

表 11.1 相对极值的条件: $z = f(x, y)$

条件	极大值	极小值
一阶必要条件	$f_x = f_y = 0$	$f_x = f_y = 0$
二阶充分条件*	$f_{xx}f_{yy} < 0$ 和 $f_{xx}f_{yy} > f_{xy}^2$	$f_{xx}f_{yy} > 0$ 和 $f_{xx}f_{yy} > f_{xy}^2$

* 仅在一阶必要条件满足之后方可应用。

例 4 求函数

$$z = 8x^3 + 2xy - 3x^2 + y^2 + 1$$

的极值。首先,我们求出所有一阶、二阶导数

$$f_x = 24x^2 + 2y - 6x, \quad f_y = 2x + 2y,$$
$$f_{xx} = 48x - 6, \quad f_{yy} = 2, \quad f_{xy} = 2,$$

一阶条件要求方程同时满足 $f_x = 0, f_y = 0$,即

$$24x^2 + 2y - 6x = 0,$$
$$2y + 2x = 0,$$

第二个方程意味着 $y = -x$,将其代入第一个方程,我们得到 $24x^2 - 8x = 0$,由其可得两个解

$$x_1^* = 0, \quad [\text{意味着 } y_1^* = -x_1^* = 0]$$
$$x_2^* = \frac{1}{3}, \quad [\text{意味着 } y_2^* = -\frac{1}{3}]$$

为应用二阶条件,我们注意到,当

$$x_1^* = y_1^* = 0$$

时,$f_{xx} = -6$,而 $f_{yy} = 2$,所以 $f_{xx}f_{yy}$ 为负,必然小于平方值 f_{xy}^2。它不满足二阶条件。当然,f_{xx} 和 f_{yy} 具有相反符号这一事实表明,所研究的曲面在一个方向向上卷曲,在另一个方向向下卷曲,因而产生了鞍点。

另一个解的情况如何呢?当在 $x_2^* = 1/3$ 计值时,我们求得 $f_{xx} = 10$,加之 $f_{yy} = f_{xy} = 2$,满足了极小值二阶充分条件的三部分内容。因此,通过令给定方程中的 $x = 1/3, y = -1/3$,我们可以得到 z 的极小值 $z^* = 23/27$。在此例中,仅存在一个相对极值(极小值),它可以用有序三元组来表示

$$(x^*, y^*, z^*) = \left(\frac{1}{3}, \frac{-1}{3}, \frac{23}{27}\right).$$

例 5 求函数

$$z = x + 2ey - e^x - e^{2y}$$

的相对极值。此函数的有关导数为

$$f_x = 1 - e^x, \quad f_y = 2e - 2e^{2y},$$
$$f_{xx} = -e^x, \quad f_{yy} = -4e^{2y}, \quad f_{xy} = 0$$

为满足必要条件,必须有

$$1 - e^x = 0,$$
$$2e - 2e^{2y} = 0,$$

它只有一个解,即 $x^* = 0, y^* = 1/2$。为确定对应于此解的 z 值是否是极值,我们在 $x = 0, y = 1/2$ 处计算二阶导数的值,求得 $f_{xx} = -1$, $f_{yy} = -4e, f_{xy} = 0$。因 f_{xx}, f_{yy} 均为负,且因 $(-1)(-4e) > 0$,所以我们可以得出结论:所研究的 z 值,即

$$z^* = 0 + e - e^0 - e^1 = -1$$

为函数的极大值。这个在给定曲面上的极大值点可以有序三元组 $(x^*, y^*, z^*) = \left(0, \dfrac{1}{2}, -1\right)$ 来表示。

再次强调一下,为计算 (x^*, y^*) 处的二阶偏导数,必须先求导,最后才将 x^*, y^* 的特定值代入导数。

练习 11.2

运用表 11.1 分别求下列四个函数的极值,并确定其为极大值还是极小值。
1 $z = x^2 + xy + 2y^2 + 3$
2 $z = -x^2 - y^2 + 6x + 2y$
3 $z = ax^2 + by^2 + c$,考察下面三种情况:
 (a) $a > 0, b > 0$ (b) $a < 0, b < 0$ (c) a 与 b 符号相反
4 $z = e^{2x} - 2x + 2y^2 + 3$
5 考察函数 $z = (x-2)^4 + (y-3)^4$。
 (a) 用直观推理确定 z 在 $x^* = 2, y^* = 3$ 处达到极小值,$z^* = 0$。
 (b) 表 11.1 中的一阶必要条件得到满足了吗?
 (c) 表 11.1 中的二阶充分条件得到满足了吗?
 (d) 求 d^2z 的值。它满足极小值的二阶必要条件(11.9)吗?

11.3 二次型——偏离主题的讨论

在 d^2z 表达式(11.6)最后一行,给出了通称为二次型的一个例

子。对于二次型,存在现成的标准判断对于不同时为零的任意 dx 和 dy,其符号恒为正、负,还是非正或者非负。因为极值的二阶条件直接依赖于 d^2z 的符号,所以这些判别标准有重要意义。

首先,我们把型定义为各项具有相同次数的多项式。我们前面遇到的多项式都被限定在单一变量的情况: $a_0 + a_1 x + a_2 x + \cdots + a_n x$。当包含更多变量时,多项式的每一项可能含有一个或几个变量,每个变量都自乘至非负整数幂,如 $3x + 4x^2 y^3 - 2yz$ 等。在多项式中的每一项都有相同的次数,即每一项的指数和相同的特殊情况下,这种多项式被称作型。例如,$4x - 9y + z$ 是一个三变量的线性型,因为其中的每一项都是一次的。另一方面,$4x^2 - xy + 3y^2$,其中每一项均为二次(整数指数和为 2),所以构成了一个两个变量的二次型。我们也可能遇到三变量的二次型,如 $x^2 + 2xy - yw + 7w^2$,或者 n 个变量的二次型等。

二次型的二阶全微分

若我们将(11.6)中的微分 dx 和 dy 视为变量,将偏导数视为系数,即若令

$$u \equiv dx, \quad v \equiv dy,$$
$$a \equiv f_{xx}, \quad b \equiv f_{yy}, \quad h \equiv f_{xy}[= f_{yx}],$$

(11.10)

则二阶全微分

$$d^2 z = f_{xx} dx^2 + 2 f_{xy} dx dy + f_{yy} dy^2$$

可以很容易地被视为两个变量 u, v 的二次型 q:

$$q = au^2 + 2huv + bv^2,$$

(11.6′)

注意,在此二次型中,$dx \equiv u, dy \equiv v$ 充当变量的角色,而二次偏导数则被视为常数,这与我们微分 dz 以得到 d^2z 时的情形恰恰相反。角色颠倒的原因在于我们现在研究的问题的性质发生了变化。极值的二阶充分条件规定,无论 dx 和 dy 可能取何值,只要它们不同时为零,对于极小值,d^2z 必然为正;对于极大值,d^2z 必定为负。因此很明显,在现在的内容中,dx 和 dy 必须被视为变量。而二阶偏导数,在我们考察可能为极值的点上取具体值,所以可以视为常数。

这样，主要问题变成：当允许(11.6′)中的 u 和 v 可以取任意值时，为了得到确定符号的 q，应对 a,b 和 h 施加何种限制？

正定与负定

就一个术语而言，我们可将二次型 q 表述成：

$$\text{若 } q \text{ 恒为} \begin{cases} \text{正} & (>0) \\ \text{非负} & (\geq 0) \\ \text{非正} & (\leq 0) \\ \text{负} & (<0) \end{cases}, \quad \text{则 } q \text{ 为} \begin{cases} \text{正定} \\ \text{半正定} \\ \text{半负定} \\ \text{负定} \end{cases},$$

不管二次型中的变量取何值，只要不全为零。另一方面，当变量取不同值时，q 的符号发生了变化，则称 q 是不定的。很明显，$q = \mathrm{d}^2 z$ 为正定或负定的情况是分别与极小值或极大值的二阶充分条件联系在一起的。而半定的情况则是与二阶必要条件相联系的。当 $q = \mathrm{d}^2 z$ 为不定时，则出现了鞍点的征兆。

二次型有定符号的行列式检验

广泛使用的 q 的有定符号检验，需要考察某行列式的符号。这种方法恰好可以更容易地应用于正定和负定（相对于半定而言）。即它可以更方便地应用于二阶充分条件（与必要条件相比较）。所以，我们这里仅限于讨论充分条件。①

对于两变量的情况，q 的有定符号的行列式条件是相对容易推导的。首先我们看到，(11.6′)中的第一项、第三项与变量 u 和 v 的值无关，因这些变量是以平方形式出现的。因此，通过限制 a 和 b 的符号，容易单独确定这些项正定和负定的条件。麻烦的是中间那项。但若我们能将多项式变换成变量 u 和 v 仅在平方项中出现的表达式，那么 q 的符号的确定就容易了。

完成这一任务的方法是配方。通过在(11.6′)中加上并减去 $h^2 v^2 / a$，我们可将二次型改写成如下形式：

---

① 关于二阶必要条件行列式检验的讨论，请参阅 Alpha C. Chiang, *Elements of Dynamic Optimization*, Waveland Press Inc., 1992, pp.85—90。

$$q = au^2 + 2huv + \frac{h^2}{a}v^2 + bv^2 - \frac{h^2}{a}v^2$$

$$= a\left(u^2 + \frac{2h}{a}uv + \frac{h^2}{a^2}v^2\right) + \left(b - \frac{h^2}{a}\right)v^2$$

$$= a\left(u + \frac{h}{a}v\right)^2 + \left(\frac{ab - h^2}{a}\right)v^2,$$

注意,变量 u 和 v 仅在平方项中出现,我们完全可以根据系数 a,b 和 h 的如下值确定 q 的符号:

$$\text{当且仅当}\begin{cases} a > 0, \\ a < 0, \end{cases}\text{且}\ ab - h^2 > 0, \quad q\ \text{为}\begin{cases} \text{正定}, \\ \text{负定}。\end{cases} \quad (11.11)$$

还要注意(1) 在两种情况下, $ab - h^2$ 均应为正;(2) 作为 $ab - h^2$ 为正的前提条件,积 ab 必须为正,因为它必须大于平方项 h^2 。因此,上述条件必然意味着 a 与 b 必须取相同的代数符号。

刚才推导出来的条件可用行列式简洁表示。首先,我们注意到,(11.6′)中的二次型可重排成如下对称的方形:

$$q = a(u^2) + h(uv) + h(vu) + b(v^2),$$

将平方项置于对角位置,将 $2huv$ 拆分成两个相等的部分,也分别置于对角位置。现在系数构成一个对称矩阵: a 和 b 在主对角线上, h 在非对角线上。由此看来,二次型可以视为由下列矩阵乘法得到的 1×1 矩阵(标量):

$$q = \begin{bmatrix} u & v \end{bmatrix} \begin{bmatrix} a & h \\ h & b \end{bmatrix} \begin{bmatrix} u \\ v \end{bmatrix},$$

注意,这是我们在4.4节例5中讨论的矩阵积 $x'Ax$ 的更一般的形式。在那个例子中,由于 A 为对角矩阵(非对角线元素均为0的对称矩阵),乘积 $x'Ax$ 代表了加权的平方和。这里, A 为任意对称矩阵(非对角线元素可以不为0),乘积 $x'Ax$ 为二次型。

2×2 系数矩阵的行列式 $\begin{vmatrix} a & h \\ h & b \end{vmatrix}$,可以称作二次型 q 的判别式,我们以 $|D|$ 来表示。它为(11.11)中的判别准则用行列式表示提供了线索,因为此准则也可以表示成:

当且仅当 $\begin{cases} |a| > 0 \\ |a| < 0 \end{cases}$ 且 $\begin{vmatrix} a & h \\ h & b \end{vmatrix} > 0$, q 为 $\begin{cases} 正定 \\ 负定 \end{cases}$。

(11.11′)

行列式 $|a| = a$ 被称作 $|D|$ 的一阶主子式。另一方面,行列式 $\begin{vmatrix} a & h \\ h & b \end{vmatrix}$ 被称为 $|D|$ 的二阶主子式。在本例中,仅有两个主子式,其符号将用于确定 q 是正定还是负定。

通过(11.10),当(11.11′)各项以二阶全微分 d^2z 的各项表示时,我们有:

当且仅当 $\begin{cases} f_{xx} > 0 \\ f_{xx} < 0 \end{cases}$ 和 $\begin{vmatrix} f_{xx} & f_{xy} \\ f_{xy} & f_{yy} \end{vmatrix} = f_{xx}f_{yy} - f_{xy}^2 > 0$,

d^2z 为 $\begin{cases} 正定 \\ 负定 \end{cases}$。

回想一下,上式最后一个不等式意味着 f_{xx} 和 f_{yy} 应取相同的符号,这实际上是在表 11.1 中所列的二阶充分条件。

一般而言,二次型

$$q = au^2 + 2huv + bv^2$$

的行列式为对称行列式 $\begin{vmatrix} a & h \\ h & b \end{vmatrix}$。在具体二次型

$$d^2z = f_{xx}dx^2 + 2f_{xy}dxdy + f_{yy}dy^2$$

中,其判别式是以二阶偏导数为元素的行列式。此行列式被称为海塞行列式(或简称海塞)。在两变量情况下,海塞行列式为

$$|H| = \begin{vmatrix} f_{xx} & f_{xy} \\ f_{yx} & f_{yy} \end{vmatrix},$$

根据杨氏定理($f_{xy} = f_{yx}$),此行列式是对称的——作为判别式它也应当如此。读者应将海塞行列式与 7.6 节讨论的雅可比行列式区别开来。

例 1 判断 $q = 5u^2 + 3uv + 2v^2$ 为正定还是负定。q 的判别式为 $\begin{vmatrix} 5 & 1.5 \\ 1.5 & 2 \end{vmatrix}$,其主子式为

$$5 > 0 \quad \text{和} \quad \begin{vmatrix} 5 & 1.5 \\ 1.5 & 2 \end{vmatrix} = 7.75 > 0,$$

因此 q 为正定的二次型。

例2 在函数 $z = f(x, y)$ 的某点,已知 $f_{xx} = -2, f_{xy} = 1, f_{yy} = -1$,无论 dx 与 dy 取何值,d^2z 在该点有确定符号吗?在本例中,二次型 d^2z 的判别式 $\begin{vmatrix} -2 & 1 \\ 1 & -1 \end{vmatrix}$,具有主子式

$$-2 < 0 \quad \text{和} \quad \begin{vmatrix} -2 & 1 \\ 1 & -1 \end{vmatrix} = 1 > 0,$$

因此,d^2z 是负定的。

305 三变量二次型

关于三变量二次型,也可得到类似条件吗?

具有三个变量 u_1, u_2, u_3 的二次型一般可表示成

$$\begin{aligned} q(u_1, u_2, u_3) &= d_{11}(u_1^2) + d_{12}(u_1 u_2) + d_{13}(u_1 u_3) \\ &\quad + d_{21}(u_2 u_1) + d_{22}(u_2^2) + d_{23}(u_2 u_3) \\ &\quad + d_{31}(u_3 u_1) + d_{32}(u_3 u_2) + d_{33}(u_3^2) \\ &= \sum_{i=1}^{3} \sum_{j=1}^{3} d_{ij} u_i u_j, \end{aligned} \quad (11.12)$$

其中双 $\sum$(双重求和)符号表示指标 i 和 j 均可取值 1、2、3。因此双重求和表达式等价于上面所表示的 3×3 阵列。顺便提一句,尽管我们已将每对系数写成 (d_{12}, d_{21}) 或 (d_{23}, d_{32}) 这种形式,似乎每对中的两个数是不同的,但二次型的方形阵列总是可以看作对称的。因为如果二次型包含的变量 u_1 和 u_2 的项,比如说恰好是 $12u_1u_2$,我们总可以令 $d_{12} = d_{21} = 6$,使得 $d_{12}u_1u_2 = d_{21}u_2u_1$。应用类似的办法还可以使其他非对角元素对称。

实际上,三变量二次型还可以表示成三个矩阵之积:

$$q(u_1, u_2, u_3) = \begin{bmatrix} u_1 & u_2 & u_3 \end{bmatrix} \begin{bmatrix} d_{11} & d_{12} & d_{13} \\ d_{21} & d_{22} & d_{23} \\ d_{31} & d_{32} & d_{33} \end{bmatrix} \begin{bmatrix} u_1 \\ u_2 \\ u_3 \end{bmatrix} \equiv u'Du,$$

$(11.12')$

同两变量的情况一样,第一个矩阵(行向量)与第三个矩阵(列向量)仅列出了变量,中间矩阵(D)是源于二次型(11.12)的方阵阵列的对称系数矩阵。但这里,由判别式共可形成三个主子式,即

$$|D_1| \equiv d_{11}, \quad |D_2| \equiv \begin{vmatrix} d_{11} & d_{12} \\ d_{21} & d_{22} \end{vmatrix},$$

$$|D_3| \equiv \begin{bmatrix} d_{11} & d_{12} & d_{13} \\ d_{21} & d_{22} & d_{23} \\ d_{31} & d_{32} & d_{33} \end{bmatrix},$$

其中$|D_i|$表示判别式$|D|$的第i阶主子式。[①] 可以证明,对这些主子式的符号加以限制,也可用来表示正定和负定的条件。

运用刚熟悉的配方法,(11.12)中的二次型可以变换成三个变量仅以平方形式出现的表达式。具体地,回想 $a_{12} = a_{21}$ 等,我们有

$$q = d_{11}\left(u_1 + \frac{d_{12}}{d_{11}}u_2 + \frac{d_{13}}{d_{11}}u_3\right)^2$$

$$+ \frac{d_{11}d_{22} - d_{12}^2}{d_{11}}\left(u_2 + \frac{d_{11}d_{23} - d_{12}d_{13}}{d_{11}d_{22} - d_{12}^2}u_3\right)^2$$

$$+ \frac{d_{11}d_{22}d_{33} - d_{11}d_{23}^2 - d_{22}d_{13}^2 - d_{33}d_{12}^2 + 2d_{12}d_{13}d_{23}}{d_{11}d_{22} - d_{12}^2}(u_3)^2,$$

对于任意不同时为零的 u_1、u_2、u_3,当且仅当三个平方表达式的系数均为正(负)时,平方和为正(负)。但三个系数按给定顺序,可以按如下三个主子式表示:

[①] 迄今为止,我们一直把第i阶主子式$|D_i|$看成是由包含$|D|$的前i个主对角元素所形成的子行列式。但因式的概念就是从原行列式删去某些行和列而得到的子行列式,所以也可把第i阶主子式看做删去$|D|$的最后$(n-i)$行和列后所得到的子行列式。

$$|D_1|, \quad \frac{|D_2|}{|D_1|}, \quad \frac{|D_3|}{|D_2|},$$

因此,正定的充要条件包括三个方面

$$|D_1| > 0,$$
$$|D_2| > 0, \quad [已知 |D_1| > 0]$$
$$|D_3| > 0, \quad [已知 |D_2| > 0]$$

换句话说,即三个主子式必须都为正。而负定的充要条件则为

$$|D_1| < 0,$$
$$|D_2| > 0, \quad [已知 |D_1| < 0]$$
$$|D_3| < 0, \quad [已知 |D_2| > 0]$$

即三个主子式必须按规定的方式交替改变符号。

例3 确定

$$q = u_1^2 + 6u_2^2 + 3u_3^2 - 2u_1u_2 - 4u_2u_3$$

是正定还是负定,q 的判别式是:

$$\begin{vmatrix} 1 & -1 & 0 \\ -1 & 6 & -2 \\ 0 & -2 & 3 \end{vmatrix},$$

其主子式如下:

$$1 > 0 \quad \begin{vmatrix} 1 & -1 \\ -1 & 6 \end{vmatrix} = 5 > 0 \quad 和 \quad \begin{vmatrix} 1 & -1 & 0 \\ -1 & 6 & -2 \\ 0 & -2 & 3 \end{vmatrix} = 11 > 0,$$

因此,二次型为正定的。

例4 确定

$$q = 2u^2 + 3v^2 - w^2 + 6uv - 8uw - 2vw$$

是正定还是负定。判别式可以写成

$$\begin{vmatrix} 2 & 3 & -4 \\ 3 & 3 & -1 \\ -4 & -1 & -1 \end{vmatrix},$$

我们求得其第一个主子式为 $2 > 0$,但第二个主子式 $\begin{vmatrix} 2 & 3 \\ 3 & 3 \end{vmatrix} = -3 <$

0。这既违背了正定的条件,也违背了负定的条件,所以此二次型既非正定,也非负定。

n-变量二次型

把上述结果推广到 n 变量情况,我们可以这样表述(不作证明):对于二次型

$$q(u_1, u_2, \cdots, u_n) = \sum_{i=1}^{n} \sum_{j=1}^{n} d_{ij} u_i u_j \quad [\text{其中 } d_{ij} = d_{ji}]$$

$$= \underset{(1 \times n)}{u'} \underset{(n \times n)}{D} \underset{(n \times 1)}{u} . \quad [\text{参见}(11.12')]$$

正定的充要条件为 $|D|$ 的主子式,即

$$|D_1| \equiv d_{11}, \quad |D_2| \equiv \begin{vmatrix} d_{11} & d_{12} \\ d_{21} & d_{22} \end{vmatrix}, \quad \cdots,$$

$$|D_n| \equiv \begin{vmatrix} d_{11} & d_{12} & \cdots & d_{1n} \\ d_{21} & d_{22} & \cdots & d_{2n} \\ \cdots\cdots\cdots\cdots\cdots\cdots\cdots \\ d_{n1} & d_{n2} & \cdots & d_{nn} \end{vmatrix}$$

均为正。相应地,负定的充要条件是:主子式按如下方式交替改变符号:

$$|D_1| < 0, \quad |D_2| > 0, \quad |D_3| < 0(\text{等}),$$

使得所有奇数主子式为负,所有偶数主子式为正。第 n 个主子式 $|D_n| = |D|$,若 n 为偶数,则为正;若 n 为奇数,则为负。此结论可通过不等式 $(-1)^n |D_n| > 0$ 简洁地表示。

二次型有定符号的特征根检验

对二次型 $u'Du$ 的有定符号,除了上面介绍的行列式检验外,还有另一种利用所谓矩阵 D 的"特征根"概念来进行检验的方法。特征根这个概念出现在具有如下性质的问题中:给定一个 $n \times n$ 矩阵 D,我们能否求得标量 r 和 $n \times 1$ 向量 $x \neq 0$,使得矩阵方程

$$\underset{(n \times n)}{D} \underset{(n \times 1)}{x} = r \underset{(n \times 1)}{x} \tag{11.13}$$

成立?若能,则标量 r 称作矩阵 D 的特征根,向量 x 称作该矩阵的特

征向量。①

矩阵方程 $Dx = rx$ 可重写成 $Dx - rIx = 0$ 或者
$$(D - rI)x = 0, \quad \text{其中 0 是 } n \times 1 \text{ 向量}, \quad (11.13')$$
当然,此式表示 n 个齐次线性方程的方程组。因为我们要求出 x 的非零解,所以要求系数矩阵 $(D-rI)$ (称作矩阵 D 的特征矩阵)是奇异矩阵。换言之,其行列式必为零

$$|D - rI| = \begin{vmatrix} d_{11} - r & d_{12} & \cdots & d_{1n} \\ d_{21} & d_{22} - r & \cdots & d_{2n} \\ \cdots\cdots\cdots\cdots\cdots\cdots\cdots\cdots \\ d_{n1} & d_{n2} & \cdots & d_{nn} - r \end{vmatrix} = 0, \quad (11.14)$$

方程(11.14)被称作矩阵 D 的特征方程。因为行列式 $|D - rI|$ 的拉普拉斯展开会得到变量 r 的 n 次多项式,所以(11.14)实际上是一个 n 次多项式方程。于是它共有 n 个根 $(r_1, \cdots, r_n)$,每一个根都是特征根。若 D 是对称的,像二次型中的情形一样,则其特征根将总是实数,但它们可能为正,也可能为负,或者为零。

由于这些 r 值均使行列式 $|D - rI|$ 等于零,因此,将上述任何一个 r 值,比如 r_i 代入方程组(11.13'),都将产生相应的向量 $x|_{r=r_i}$。更确切地说,作为齐次方程组,对应于特征根 r_i,会产生无数个向量。但我们可用正规化办法(在下面的例 5 中解释),从无数个向量中选择特定的向量作为对应于 r_i 的特征向量;此向量可以 v_i 表示。因有 n 个特征根,所以对应的特征向量应共有 n 个。

例 5 求矩阵

$$\begin{bmatrix} 2 & 2 \\ 2 & -1 \end{bmatrix}$$

的特征向量和特征根。将已知矩阵 D 代入(11.14),得到方程

$$\begin{vmatrix} 2 - r & 2 \\ 2 & -1 - r \end{vmatrix} = r^2 - r - 6 = 0,$$

其根为 $r_1 = 3, r_2 = -2$。利用第一个根,矩阵方程(11.13')取如下形式:

---

① 特征根还可称为本征根,或本征值,特征向量也可称作本征向量。

$$\begin{bmatrix} 2-3 & 2 \\ 2 & -1-3 \end{bmatrix} \begin{bmatrix} x_1 \\ x_2 \end{bmatrix} = \begin{bmatrix} -1 & 2 \\ 2 & -4 \end{bmatrix} \begin{bmatrix} x_1 \\ x_2 \end{bmatrix} = \begin{bmatrix} 0 \\ 0 \end{bmatrix},$$

正如我们根据(11.14)所预料的那样,系数矩阵的两行线性相关,方程有无穷多个解。它可以方程 $x_1 = 2x_2$ 来表示,为得出唯一解,我们施加限制 $x_1^2 + x_2^2 = 1$ 以使解正规化。① 则因

$$x_1^2 + x_2^2 = (2x_2)^2 + x_2^2 = 5x_2^2 = 1,$$

取正的平方根,我们有 $x_2 = 1/\sqrt{5}$,和 $x_1 = 2x_2 = 2/\sqrt{5}$。因此第一个特征向量为

$$v_1 = \begin{bmatrix} 2/\sqrt{5} \\ 1/\sqrt{5} \end{bmatrix}.$$

类似地,在(11.13′)中运用第二个特征根 $r_2 = -2$,得到方程

$$\begin{bmatrix} 2-(-2) & 2 \\ 2 & -1-(-2) \end{bmatrix} \begin{bmatrix} x_1 \\ x_2 \end{bmatrix} = \begin{bmatrix} 4 & 2 \\ 2 & 1 \end{bmatrix} \begin{bmatrix} x_1 \\ x_2 \end{bmatrix} = \begin{bmatrix} 0 \\ 0 \end{bmatrix},$$

方程有解 $x_1 = -\frac{1}{2}x_2$。通过正规化,我们可得到

$$x_1^2 + x_2^2 = \left(-\frac{1}{2}x_2\right)^2 + x_2^2 = \frac{5}{4}x_2^2 = 1,$$

它有解 $x_2 = 2/\sqrt{5}$ 和 $x_1 = -1/\sqrt{5}$。所以第二个特征向量为:

$$v_2 = \begin{bmatrix} -1/\sqrt{5} \\ 2/\sqrt{5} \end{bmatrix}.$$

以此方式得到的特征向量集有两个重要性质:首先,标量积 $v_i'v(i=1,2,\cdots,n)$ 必定等于1,因为

$$v_i'v_i = [x_1, x_2, \cdots, x_n] \begin{bmatrix} x_1 \\ x_2 \\ \vdots \\ x_n \end{bmatrix} = \sum_{i=1}^{n} x_i^2 = 1. \quad [通过正规化]$$

---

① 更一般地,对于 n- 变量的情况,我们要求 $\sum_{i=1}^{n} x_i^2 = 1$。

第二,标量积 $v_i'v_j$(其中 $i\neq j$)总为零。① 因此,我们可以写成

$$v_i'v_i = 1 \quad 和 \quad v_i'v_j = 0, \quad (i \neq j) \tag{11.15}$$

后面会看到,这个性质很有用处(见例6)。就术语而言,当两个向量的标量积为零时,可称它们互为正交(垂直)。② 因此,矩阵 D 的每对特征向量必然为正交的。另一个性质 $v_i'v_i = 1$ 表示正规化。这两个性质合起来解释了特征向量 $(v_1,\cdots,v_n)$ 被称作一组标准正交向量的原因。读者可以试证例 5 中的两个特征向量为标准正交向量。

现在,我们开始解释矩阵 D 的特征根和特征向量如何用于确定二次型 $u'Du$ 的有定符号。这种思想的实质依然是把 $u'Du$(它不仅包含平方项 $u_1^2,\cdots,u_n^2$,而且包含 u_1u_2,u_2u_3 这样的交叉积)转换成仅含平方项的形式,因此,方法也与前面推导行列式检验时所用的配方法类似。但在这里变换还有新的特点:每个平方项均有一个特征根系数,所以 n 个根的符号足以确定二次型的有定符号。

实现上述目的的变换如下:令特征向量 $v_1,\cdots,v_n$ 构成特征矩阵 T 的列:

---

① 为证明这一点,由(11.13),我们可以写出 $Dv_j = r_jv_j$ 和 $Dv_i = r_iv_i$。以适当的行向量左乘上述方程两边,我们有

$$v_i'Dv_j = v_i'r_jv_j = r_jv_i'v_j, \qquad [r_j \text{ 是标量}]$$
$$v_j'Dv_i = v_j'r_iv_i = r_iv_j'v_i = r_iv_i'v_j, \qquad [v_i'v_j = v_j'v_i]$$

因 $v_i'Dv_j$ 和 $v_j'Dv_i$ 均为 1×1 矩阵,且二者可互换(回忆一下,因 D 是对称的,所以 $D' = D$),所以,它们必然表示相同的标量。由此可知,上面两个方程最右边的表达式相等。因此,将其相减,有

$$(r_j - r_i)v_i'v_j = 0,$$

现在,若 $r_j \neq r_i$(不同的根),为使方程成立,$v_i'v_j$ 必须为零,这便证明了我们的结论。而且,若 $r_j = r_i$(重根),则总可以找到两个线性无关的正规化的向量,满足 $v_i'v_j = 0$。因此,我们可以作如下表述:一般地,当 $i\neq j$ 时,$v_i'v_j = 0$。

② 作为这一问题的简单描述,考虑二维空间中的两个单位向量 $e_1 = \begin{bmatrix} 1 \\ 0 \end{bmatrix}$ 和 $e_2 = \begin{bmatrix} 0 \\ 1 \end{bmatrix}$。这两个向量分别位于两个轴上,因此是垂直的。同时,我们确实求得 $e_1'e_2 = e_2'e_1 = 0$(参见练习4.3-4)。

$$T_{(n\times n)} = \begin{bmatrix} v_1 & v_2 & \cdots & v_n \end{bmatrix},$$

则对二次型 $u'Du$ 应用变换 $u_{(n\times 1)} = T_{(n\times n)} y_{(n\times 1)}$：

$$u'Du = (Ty)'D(Ty) = y'T'DTy \quad [由(4.11)]$$
$$= y'Ry, \quad 其中 R \equiv T'DT,$$

因此，变量 u_i 的初始二次型现在变换成为另一个变量 y_i 的二次型。因变量 u_i 和 y_i 取相同的值域，因此变换并不影响二次型的有定符号。这样，我们便可以考察二次型 $y'Ry$ 的符号了。我们对后一个二次型感兴趣的是，矩阵 R 是一个对角阵，矩阵 D 的根 $r_1, \cdots, r_n$ 位于对角线上，其他各处均为零，从而我们事实上有

$$u'Du = y'Ry = \begin{bmatrix} y_1 & y_2 & \cdots & y_n \end{bmatrix} \begin{bmatrix} r_1 & 0 & \cdots & 0 \\ 0 & r_2 & \cdots & 0 \\ \multicolumn{4}{c}{\cdots\cdots\cdots\cdots\cdots} \\ 0 & 0 & \cdots & r_n \end{bmatrix} \begin{bmatrix} y_1 \\ y_2 \\ \vdots \\ y_n \end{bmatrix}$$

$$= r_1 y_1^2 + r_2 y_2^2 + \cdots + r_n y_n^2, \tag{11.16}$$

它是一个仅含平方项的表达式。因此，变换 $R \equiv T'DT$ 给我们提供了一种将对称矩阵 D 对角化成特定对角阵 R 的方法。

例 6 验证在例 5 中给出的矩阵 $\begin{bmatrix} 2 & 2 \\ 2 & -1 \end{bmatrix}$ 可以对角化为矩阵 $\begin{bmatrix} r_1 & 0 \\ 0 & r_2 \end{bmatrix} = \begin{bmatrix} 3 & 0 \\ 0 & -2 \end{bmatrix}$。根据例 5 中求出的特征向量，变换矩阵 T 应为

$$T = \begin{bmatrix} v_1 & v_2 \end{bmatrix} = \begin{bmatrix} 2/\sqrt{5} & -1/\sqrt{5} \\ 1/\sqrt{5} & 2/\sqrt{5} \end{bmatrix},$$

因此，我们可以写成

$$R \equiv T'DT = \begin{bmatrix} \dfrac{2}{\sqrt{5}} & \dfrac{1}{\sqrt{5}} \\ -\dfrac{1}{\sqrt{5}} & \dfrac{2}{\sqrt{5}} \end{bmatrix} \begin{bmatrix} 2 & 2 \\ 2 & -1 \end{bmatrix} \begin{bmatrix} \dfrac{2}{\sqrt{5}} & -\dfrac{1}{\sqrt{5}} \\ \dfrac{1}{\sqrt{5}} & \dfrac{2}{\sqrt{5}} \end{bmatrix} = \begin{bmatrix} 3 & 0 \\ 0 & -2 \end{bmatrix},$$

它完全验证了对角化过程。

为证明(11.16)中的对角化结果,我们写出矩阵 R 如下:

$$R \equiv T'DT = \begin{bmatrix} v'_1 \\ v'_2 \\ \vdots \\ v'_n \end{bmatrix} D \begin{bmatrix} v_1 & v_2 & \cdots & v_n \end{bmatrix},$$

很容易验证,$D[v_1, v_2, \cdots, v_n]$ 可重写成为 $[Dv_1, Dv_2, \cdots, Dv_n]$。此外,由(11.13),我们还可以进一步将其改写成 $[r_1v_1, r_2v_2, \cdots, r_nv_n]$。因此,我们看到

$$R = \begin{bmatrix} v'_1 \\ v'_2 \\ \vdots \\ v'_n \end{bmatrix} \begin{bmatrix} r_1v_1 & r_2v_2 & \cdots & r_nv_n \end{bmatrix}$$

$$= \begin{bmatrix} r_1v'_1v_1 & r_2v'_1v_2 & \cdots & r_nv'_1v_n \\ r_1v'_2v_1 & r_2v'_2v_2 & \cdots & r_nv'_2v_n \\ \cdots\cdots\cdots\cdots\cdots\cdots\cdots\cdots\cdots\cdots \\ r_1v'_nv_1 & r_2v'_nv_2 & \cdots & r_nv'_nv_n \end{bmatrix}$$

$$= \begin{bmatrix} r_1 & 0 & \cdots & 0 \\ 0 & r_2 & \cdots & 0 \\ \vdots & \vdots & & \vdots \\ 0 & 0 & \cdots & r_n \end{bmatrix}, \qquad [\text{由}(11.15)]$$

这恰好是我们想证明的。

根据(11.16)中的结果,我们可以正式地将二次型有定符号的特征根检验表述如下:

a 当且仅当 D 的每个特征根为正(负),则 $q = u'Du$ 为正(负)定。

b 当且仅当 D 的所有特征根为非负(非正),则 $q = u'Du$ 为半正(负)定。

c 当且仅当 D 的某些特征根为正,而另一些为负时,$q = u'Du$ 是不定的。

注意,在应用这一检验时,我们所需要的就是特征根;除非我们希望求出变换矩阵 T,否则,我们不需要特征向量。还要注意,不同于前面介绍的行列式检验,这种检验方法使我们能够同时检验二阶必要条件(上面的 b 部分)和二阶充分条件(a 部分)。但这种检验方法也具有一个缺点。当矩阵 D 阶数高时,很难解多项式方程(11.14)以得到这种检验所需要的特征根。在这种情况下,行列式检验可能是一种更好的方法。

练习 11.3

1 直接运用矩阵乘法,将下面的矩阵积表示为二次型:

(a) $\begin{bmatrix} u & v \end{bmatrix} \begin{bmatrix} 4 & 2 \\ 2 & 3 \end{bmatrix} \begin{bmatrix} u \\ v \end{bmatrix}$
(b) $\begin{bmatrix} u & v \end{bmatrix} \begin{bmatrix} -2 & 3 \\ 1 & -4 \end{bmatrix} \begin{bmatrix} u \\ v \end{bmatrix}$

(c) $\begin{bmatrix} x & y \end{bmatrix} \begin{bmatrix} 5 & 2 \\ 4 & 0 \end{bmatrix} \begin{bmatrix} x \\ y \end{bmatrix}$
(d) $\begin{bmatrix} dx & dy \end{bmatrix} \begin{bmatrix} f_{xx} & f_{xy} \\ f_{yx} & f_{yy} \end{bmatrix} \begin{bmatrix} dx \\ dy \end{bmatrix}$

2 在上题的(b)和(c)中,系数矩阵对主对角线不是对称的。验证通过取非对角元素的平均值,因而将其分别转换成 $\begin{bmatrix} -2 & 2 \\ 2 & -4 \end{bmatrix}$ 和 $\begin{bmatrix} 5 & 3 \\ 3 & 0 \end{bmatrix}$,我们得到的二次型同前面是一样的。

3 根据其系数矩阵(对称形式),运用行列式检验确定练习 11.3-1 的(a)、(b)、(c)中的二次型是正定还是负定。

4 将下面的每个二次型表示成包含对称系数矩阵的矩阵积:

(a) $q = 3u^2 - 4uv + 7v^2$
(b) $q = u^2 + 7uv + 3v^2$
(c) $q = 8uv - u^2 - 31v^2$
(d) $q = 6xy - 5y^2 - 2x^2$
(e) $q = 3u_1^2 - 2u_1u_2 + 4u_1u_3 + 5u_2^2 + 4u_3^2 - 2u_2u_3$
(f) $q = -u^2 + 4uv - 6uw - 4v^2 - 7w^2$

5 由从上题对称系数矩阵得到的判别式,运用行列式检验,判定哪个二次型为正定,哪个二次型为负定。

6 求下列每个矩阵的特征根

(a) $D = \begin{bmatrix} 4 & 2 \\ 2 & 3 \end{bmatrix}$ (b) $E = \begin{bmatrix} -2 & 2 \\ 2 & -4 \end{bmatrix}$ (c) $F = \begin{bmatrix} 5 & 3 \\ 3 & 0 \end{bmatrix}$

关于二次型 $u'Du$、$u'Eu$、$u'Fu$ 的符号,能得出什么结论?(对照练习 11.3-3,检验你的结论。)

7 求矩阵 $\begin{bmatrix} 4 & 2 \\ 2 & 1 \end{bmatrix}$ 的特征向量。

8 给定二次型 $u'Du$,其中 D 为 2×2 矩阵,矩阵 D 的特征方程可以写成

$$\begin{vmatrix} d_{11} - r & d_{12} \\ d_{21} & d_{22} - r \end{vmatrix} = 0, \quad (d_{12} = d_{21})$$

展开此行列式,用平方公式表示此方程的根,并推断下列结论:

(a) 在 r_1 和 r_2 中不存在虚数(包含 $\sqrt{-1}$ 的数)。

(b) 要有重根,矩阵 D 必须具有这种形式:$\begin{bmatrix} c & 0 \\ 0 & c \end{bmatrix}$。

(c) 要得到半正定或半负定,二次型的判别式必为零,即 $|D| = 0$。

11.4 具有多于两个变量的目标函数

当目标函数中出现 $n > 2$ 个选择变量时,尽管我们仍可以谈及 $(n+1)$ 维空间中的超平面,但不可能绘出函数的图形。在这种不能图形化的超平面中,仍可能存在 $(n+1)$ 维的类似的峰顶和谷底。如何识别它们呢?

极值的一阶条件

我们具体考察一个具有三个选择变量的函数:

$$z = f(x_1, x_2, x_3),$$

其一阶偏导数 f_1, f_2, f_3 和二阶导数 $f_{ij} (\equiv \partial^2 z / \partial x_i \partial x_j)$,$i, j = 1, 2, 3$。利用杨氏定理,我们有 $f_{ij} = f_{ji}$。

我们前面的讨论表明,要得到 z 的极大值或极小值,必须使对于不同时为零的任意 dx_1, dx_2, dx_3 值,$dz = 0$。因为 dz 的值现在为

$$dz = f_1 dx_1 + f_2 dx_2 + f_3 dx_3, \tag{11.17}$$

且因 dx_1, dx_2, dx_3 是不同时为零的任意(无穷小)变化的自变量,所

以确保 $dz=0$ 的唯一办法是 $f_1=f_2=f_3=0$。因此,同两变量情形一样,极值的必要条件仍是所有一阶偏导数均为零。①

二阶条件

一阶条件的满足给 z 的某些值打上了目标函数稳定值的标记。若在 z 的一个稳定值,我们发现 d^2z 为正定,便可确定此 z 值为极小值。类似地,d^2z 为负定则是此稳定值为极大值的充分条件。这引出了一个问题:在目标函数中存在三个变量时如何表示 d^2z 呢?如何确定它是正定还是负定呢?

对 (11.17) 的 dz 求微分,可以得到 d^2z 的表达式。在微分过程中,如在 (11.6) 中一样,我们应将导数 f_i 作为变量,将微分 dx_i 作为常量对待。因此,我们有

$$\begin{aligned} d^2z = d(dz) &= \frac{\partial(dz)}{\partial x_1}dx_1 + \frac{\partial(dz)}{\partial x_2}dx_2 + \frac{\partial(dz)}{\partial x_3}dx_3 \\ &= \frac{\partial}{\partial x_1}(f_1 dx_1 + f_2 dx_2 + f_3 dx_3) dx_1 \\ &\quad + \frac{\partial}{\partial x_2}(f_1 dx_1 + f_2 dx_2 + f_3 dx_3) dx_2 \\ &\quad + \frac{\partial}{\partial x_3}(f_1 dx_1 + f_2 dx_2 + f_3 dx_3) dx_3 \\ &= f_{11} dx_1^2 + f_{12} dx_1 dx_2 + f_{13} dx_1 dx_3 \\ &\quad + f_{21} dx_2 dx_1 + f_{22} dx_2^2 + f_{23} dx_2 dx_3 \\ &\quad + f_{31} dx_3 dx_1 + f_{32} dx_3 dx_2 \\ &\quad + f_{33} dx_3^2, \end{aligned} \qquad (11.18)$$

---

① 作为一个特例,注意若我们讨论的恰好是一个由方程 $F(z,x_1,x_2,x_3)=0$ 隐性地定义的方程 $z=f(x_1,x_2,x_3)$。其中

$$f_i \equiv \frac{\partial z}{\partial x_i} = \frac{-\partial F/\partial x_i}{\partial F/\partial z}, \quad (i=1,2,3)$$

则一阶条件 $f_1=f_2=f_3=0$ 等价于条件

$$\frac{\partial F}{\partial x_1} = \frac{\partial F}{\partial x_2} = \frac{\partial F}{\partial x_3} = 0,$$

因分母的值 $\partial F/\partial z \neq 0$ 不变。

这是一个类似于(11.12)的二次型。因而,我们前面掌握的正定和负定的判别标准可直接在这里应用。

在确定 d^2z 是正定或负定时,我们还要像在(11.6′)中一样,把 dx_i 视为可取任意值但不同时为零的变量,而把导数 f_{ij} 看做施加某些限制的系数。(11.18)中的系数产生对称的海塞行列式

$$|H| = \begin{vmatrix} f_{11} & f_{12} & f_{13} \\ f_{21} & f_{22} & f_{23} \\ f_{31} & f_{32} & f_{33} \end{vmatrix},$$

其逐次主子式可以表示为

$$|H_1| = f_{11}, \quad |H_2| = \begin{vmatrix} f_{11} & f_{12} \\ f_{21} & f_{22} \end{vmatrix}, \quad |H_3| = |H|,$$

因此,根据正定和负定的行列式判断标准,我们可将 z 的极值的二阶充分条件表述如下:

z^* 为 $\begin{cases} 极大值 \\ 极小值 \end{cases}$

如果 $\begin{cases} |H_1|<0; |H_2|>0; |H_3|<0 (d^2z \text{ 负定}), \\ |H_1|>0; |H_2|>0; |H_3|>0 (d^2z \text{ 正定}), \end{cases}$ (11.19)

在运用此条件时,我们必须在稳定点 $f_1 = f_2 = f_3 = 0$ 处,计算全部主子式的值。

当然,我们也可以应用特征根检验,把 d^2z 的正定(负定)与海塞矩阵 $\begin{bmatrix} f_{11} & f_{12} & f_{13} \\ f_{21} & f_{22} & f_{23} \\ f_{31} & f_{32} & f_{33} \end{bmatrix}$ 所有特征根的正(负)联系起来。事实上,不将二阶充分条件描述为"二阶全微分 d^2z 为正定(负定)",代之以描述"海塞矩阵 H(有别于海塞行列式$|H|$)为正定(负定)",也是可以的。但是,在这种用法中,要注意 H 的有定符号是指与 H 相联系的二次型 d^2z 的符号,而不是 H 本身的元素的符号。

例1 求函数

$$z = 2x_1^2 + x_1x_2 + 4x_2^2 + x_1x_3 + x_3^2 + 2$$

的极值。极值的一阶必要条件要求同时满足下面三个方程:

$$(f_1 =)4x_1 + x_2 + x_3 = 0,$$
$$(f_2 =)x_1 + 8x_2 = 0,$$
$$(f_3 =)x_1 + 2x_3 = 0,$$

因为这是一个齐次线性方程组,其中三个方程均独立无关(系数矩阵行列式不为零),所以只有一个唯一解 $x_1^* = x_2^* = x_3^* = 0$。这意味着仅有一个稳定值 $z^* = 2$。

此函数的海塞行列式为

$$|H| = \begin{vmatrix} f_{11} & f_{12} & f_{13} \\ f_{21} & f_{22} & f_{23} \\ f_{31} & f_{32} & f_{33} \end{vmatrix} = \begin{vmatrix} 4 & 1 & 1 \\ 1 & 8 & 0 \\ 1 & 0 & 2 \end{vmatrix}.$$

其主子式均为正:

$$|H_1| = 4, \quad |H_2| = 31, \quad |H_3| = 54,$$

因此由(11.9),我们可以得出结论:$z^* = 2$ 是极小值。

例2 求函数

$$z = -x_1^3 + 3x_1x_3 + 2x_2 - x_2^2 - 3x_3^2$$

的极值。求得其一阶偏导数如下:

$$f_1 = -3x_1^2 + 3x_3, \quad f_2 = 2 - 2x_2, \quad f_3 = 3x_1 - 6x_3$$

令所有的 $f_i = 0$,我们得到三个联立方程。其中一个是非线性的,两个是线性的:

$$-3x_1^2 + 3x_3 = 0,$$
$$-2x_2 = -2,$$
$$3x_1 - 6x_3 = 0,$$

因为第二个方程给出 $x_2^* = 1$,第三个方程意味着 $x_1^* = 2x_3$,将其代入第一个方程,得到两个解:

$$(x_1^*, x_2^*, x_3^*) = \begin{cases} (0,1,0), \text{意味着 } z^* = 1, \\ \left(\frac{1}{2}, 1, \frac{1}{4}\right), \text{意味着 } z^* = \frac{17}{16}, \end{cases}$$

适当排列二阶偏导数,得到海塞行列式

$$|H| = \begin{vmatrix} -6x_1 & 0 & 3 \\ 0 & -2 & 0 \\ 3 & 0 & -6 \end{vmatrix},$$

其中,根据第一个解($x_1^* = 0$),第一个元素($-6x_1$)可简化为零;根据第二个解($x_1^* = 1/2$),此元素可简化为 -3。立即可以看出,第一个解不满足二阶充分条件,因为$|H_1| = 0$。但我们可以借助于特征根检验对此进行进一步验证。为此,我们应用特征方程(11.14)。因为用于检验的二次型是 d^2z,其判别式是海塞行列式,当然,我们应当用海塞行列式中的元素代替方程中的元素 d_{ij}。因此,第一个解的特征方程为

$$\begin{vmatrix} -r & 0 & 3 \\ 0 & -2-r & 0 \\ 3 & 0 & -6-r \end{vmatrix} = 0,$$

将其展开,变成一个三次方程

$$r^3 + 8r^2 + 3r - 18 = 0,$$

利用 3.3 节的定理 1,我们可以得到整数根 -2,因而该三次函数可以被 $(r+2)$ 除,于是我们可以将三次函数因式分解,将上面的方程重写成

$$(r+2)(r^2 + 6r - 9) = 0,$$

显然,由 $(r+2)$ 项可知,一个特征根为 $r_1 = -2$。对另一项运用平方公式,可求出另外两个特征根:$r_2 = -3 + \frac{1}{2}\sqrt{72}, r_3 = -3 - \frac{1}{2}\sqrt{72}$。由于 r_1, r_3 为负,而 r_2 为正,二次型 d^2z 是不定的,因此违背 z 的极大值和极小值的二阶必要条件。因此,第一个解($z^* = 1$)不是极值,只是一个拐点。

至于第二个解,情况便简单了。因为逐次主子式为

$$|H_1| = -3, \quad |H_2| = 6 \quad \text{和} \quad |H_3| = -18,$$

符号正好交替改变,行列式检验能够得出结论。根据(11.19),解 $z^* = 17/16$ 是极大值。

n-变量的情况

当存在 n 个变量时,目标函数可以表示成

$$z = f(x_1, x_2, \cdots, x_n),$$

全微分则为

$$dz = f_1 dx_1 + f_2 dx_2 + \cdots + f_n dx_n,$$

所以极值的必要条件(对任意非零的 dx_i, $dz = 0$)意味着要求所有的一阶偏导数等于零。

二阶微分 d^2z 还是一个二次型,其推导过程类似于(11.18),并可用一个 $n \times n$ 阵列来表示。适当重排该阵列的系数,可得到对称海塞行列式:

$$|H| = \begin{vmatrix} f_{11} & f_{12} & \cdots & f_{1n} \\ f_{21} & f_{22} & \cdots & f_{2n} \\ \cdots\cdots\cdots\cdots\cdots \\ f_{n1} & f_{n2} & \cdots & f_{nn} \end{vmatrix},$$

其主子式 $|H_1|, |H_2|, \cdots, |H_n|$ 的定义如前。同以前一样,极值的二阶充分条件是:对于 z 的极小值,所有 n 个主子式为正;对于 z 的极大值,第一个主子式为负,其他主子式符号交替改变。

总而言之,若我们集中于行列式检验,则我们把检验标准列于表 11.2 中,对于有任意选择变量的目标函数,这些标准均是有效的。在特殊情况下,我们可能有 $n=1$ 或 $n=2$。当 $n=1$ 时,目标函数为 $z = f(x)$,最大化条件 $f_1 = 0$,$|H_1| < 0$ 可简化为 $f'(x) = 0$,$f''(x) < 0$,同我们在 9.4 节中所学的内容完全一致。类似地,当 $n=2$ 时,目标函数为 $z = f(x_1, x_2)$,因而极大值的一阶条件为 $f_1 = f_2 = 0$,而二阶充分条件变成

$$f_{11} < 0 \quad \text{和} \quad \begin{vmatrix} f_{11} & f_{12} \\ f_{21} & f_{22} \end{vmatrix} = f_{11}f_{12} - f_{12}^2 > 0,$$

这不过是表 11.1 所列信息的重述而已。

表 11.2 相对极值的行列式检验:$z = f(x_1, x_2, \cdots, x_n)$

条件	极大值	极小值
一阶必要条件	$f_1 = f_2 = \cdots = f_n = 0$	$f_1 = f_2 = \cdots = f_n = 0$
二阶充分条件*	$\|H_1\| < 0; \|H_2\| > 0;$ $\|H_3\| < 0; \cdots; (-1)^n\|H_n\| > 0$	$\|H_1\|, \|H_2\|, \cdots, \|H_n\| > 0$

* 仅当一阶必要条件得到满足后,方能应用此条件。

练习 11.4

求下列四个函数的极值(若存在的话)。运用行列式检验判定它们是极大值,还是极小值。

1. $z = x_1^2 + 3x_2^2 - 3x_1x_2 + 4x_2x_3 + 6x_3^2$
2. $z = 29 - (x_1^2 + x_2^2 + x_3^2)$
3. $z = x_1x_3 + x_1^2 - x_2 + x_2x_3 + x_2^2 + 3x_3^2$
4. $z = e^{2x} + e^{-y} + e^{w^2} - (2x + 2e^w - y)$

然后回答下列关于其海塞矩阵及其特征根的问题:

5. (a) 上述四题哪些产生了对角海塞矩阵?在每个对角海塞矩阵中,对角元素拥有相同的符号吗?
   (b) 对求得的每个对角海塞阵,关于其特征根,你能得出什么结论?对于 d^2z 的有定符号你又能得出什么结论?
   (c) 特征根检验的结果与行列式检验的结果相符吗?
6. (a) 求第 3 题海塞矩阵的特征根。
   (b) 你对求得的结果能得出什么结论?
   (c) 你对于(b)问题的答案是否与前面用行列式检验法对第 3 题的检验结论相一致?

11.5 与函数凹性和凸性相关的二阶条件

无论是按照海塞行列式主子式表述的二阶条件,还是按照海塞矩阵特征根表述的二阶条件,总是与稳定点是峰顶还是谷底这一问题有关。换言之,它们总是与一条曲线、一个曲面或者一个超曲面(视情况而定)在稳定点附近如何弯曲有关。在单一选择变量情况下,即 $z = f(x)$ 情况下,峰顶或谷底的图形是以一条倒 U 形或 U 形曲线表示的。对于二元函数 $z = f(x,y)$,其峰顶(谷底)的形状是以山丘形(碗形)表面来表示的,如图 11.2(a)[图 11.2(b)]所示。当存在三个或更多选择变量时,峰顶或谷底难以图形化,但我们可以在超平面中想象出"峰顶"或"谷底"。

一个在整个定义域中给出峰形(谷底)的函数被称作凹(凸)函数。① 在现在的讨论中,我们取定义域为整个 R^n,其中 n 为选择变量数。由于峰形或谷底在整个定义域中存在,所以凹性和凸性当然也就是一个整体概念。为便于更好地分类,我们一方面在凹性和凸性之间作了区分,另一方面也在严格凹性和严格凸性之间作了区分。在非严格的情况下,允许峰形或谷底包含一个或多个平坦(相对于弯曲)的部分,比如线段(在曲线上)或者平面(在曲面上)。但"严格"一词的存在,则排除了线段或平面存在的可能性。图 11.2 所示的两个曲面,分别代表严格凹函数和严格凸函数。而在图 6.5 中的曲线,是一条凸曲线(形如谷底),但不是严格凸的曲线(它包含了一段线段)。严格凹(凸)函数必定为凹(凸)函数,但反之不成立。

考虑到凹性和严格凹性与整体峰形之间的联系,凹函数的极值必然是极大值——峰顶。而且,此极大值必定为绝对极大值(与相对极大值对照),因为峰形覆盖整个定义域。但绝对极大值可能不是唯一的,因为如果山峰包含一个平顶,则可能存在多重绝对极大值。仅当我们限定为严格凹性时,才可以排除后一种可能性。只有如此,峰值才包括一个单一的点,绝对极大值才是唯一的。唯一的(非唯一的)绝对极大值也称作强(弱)绝对极大值。

通过类似推理可知,凸函数的极值必定为绝对(或整体)极小值,但可能不是唯一的。但严格凸函数的极值必定是唯一的绝对极小值。

在上一段中,凹性和凸性的性质是在整体范围中考察的。若这些性质仅在曲线或曲面(仅在定义域中的子集 S)的一部分中成立,则与之相联系的极大值或极小值,则是相对于定义域该子集的(局部)极值,因为我们不能确定子集 S 以外的情况。在我们前面关于 d^2z(或海塞矩阵 H)有定符号的讨论中,我们仅在稳定点计算海塞行列式主子式的值。因此,通过把山峰或谷底形状的验证限定在稳定点非常小的邻域内,我们仅能讨论相对极大和相对极小。但也可能恰好无论主子式在何处计值,d^2z 都有确定符号。在此情况下,峰形或谷底将覆盖整个定义域,所求的极大值或极小值应为绝对极值。更

---

① 若峰形(谷底)仅在定义域的子集 S 中出现,则称函数在子集 S 上凹(凸)。

具体地,若 d^2z 处处为半负(正)定,则函数 $z=f(x_1,x_2,\cdots,x_n)$ 必定为凹(凸)函数;若 d^2z 处处为负(正)定,则 f 必为严格凹(严格凸)函数。

上面关于二次连续可微函数 $z=f(x_1,x_2,\cdots,x_n)$ 的讨论归纳在图 11.5 中。为明确起见,我们仅集中于凹性和极大值;但如果"凹"、"负"、"极大值"分别被"凸"、"正"、"极小值"等词替代,其所描述的关系依然成立。在阅读图 11.5 时,回忆一下,符号"$\Longrightarrow$"(这里符号被拉长,甚至弯曲)表示"意味着"。当该符号从一个单元(比如一个矩形)延伸至另一单元(比如椭圆形)时,它表示前者意味着后者(前者对后者是充分的);它也表示后者对前者是必要的。当符号"$\Longrightarrow$"从一单元通过第二个单元延至第三个单元时,它表示第一个单元与第二个单元一起,意味着第三个单元。

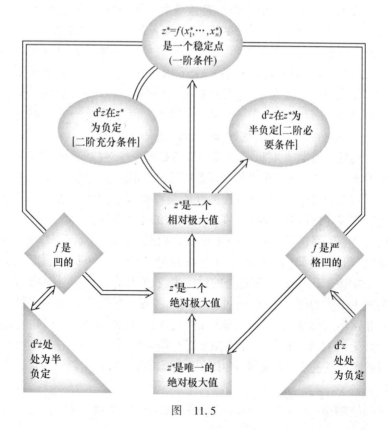

图 11.5

据此,图 11.5 中间一列(从上向下读)表明:一阶条件是 z^* 为相对极大值的必要条件;而 z^* 为相对极大值又是 z^* 为绝对极大值的必要条件,等等。反之,将中间那列从下向上读,我们看到:z^* 为唯一的绝对极大值是确定 z^* 为绝对极大值的充分条件,进而又是 z^* 为相对极大值的充分条件,如此等等。最上边的三个椭圆形与在稳定点 z^* 的一阶和二阶条件有关。因此,它们仅与相对极大值相联系。下半部分的菱形和三角形,则描述了使我们可以得出关于绝对极大值结论的整体性质。注意,尽管我们前面的讨论表明 d^2z 处处为半负定仅是函数 f 为凹性的充分条件,但我们在图 11.5 中增加了这一信息:它也是 f 为凹性的必要条件。与此相对照的是,d^2z 处处为负定是函数 f 为严格凹的充分条件,但不是必要条件,因为 f 的严格凹性与 d^2z 在稳定点取零值是一致的。

然而,穿过两个菱形的延长的"$\Longrightarrow$"传递的信息是图 11.5 中最重要的信息。左边的一个表明:给定凹目标函数,任意稳定点可立即被视为一个绝对极大值。更进一步,而右边的一个则表明:若目标函数是严格凹函数,稳定点则必定是唯一的绝对极大值。无论在哪种情况下,一旦一阶条件得到满足,凹性或严格凹性实际上取代二阶条件,成为极值(而是绝对极值)的充分条件。如果我们回顾一下,d^2z 的峰值可能恰好为零,因而导致二阶充分条件失效,那么,我们就会更清楚地理解这一新的充分条件的有效性。凹性或严格凹性条件甚至可以处理这些有些麻烦的峰值,因为即使二阶条件未能得到满足,凹性或严格凹性能保证二阶以上的充分条件得到满足。正是由于这个原因,当构建一个具有一般目标函数的最优化模型时,经济学家往往从一开始就假定目标函数具有凹性(类似地,我们假定极小化模型的目标函数具有凸性),然后只需应用一阶条件即可。但要注意,若使用具体目标函数,则其凹凸性就不能作简单的假设,必须进行检验。

目标函数凹、凸性的检验

函数的凹性和凸性(严格的或不严格的)可用多种方式进行定义和检验。我们首先按照与 9.3 节类似的方式(对一元函数的情

况),定义双变量函数 $z=f(x_1,x_2)$ 的凹凸性:

对于函数 $z=f(x_1,x_2)$,在函数曲面上找任意两个不同的点 M 和 N,连接线段 MN,当且仅当 MN 位于曲面表面或曲面下方(上方)时,函数 z 为凹(凸)函数。当且仅当除了点 M 和 N 外,线段 MN 完全位于曲面下方(上方)时,函数 z 为严格凹(严格凸)函数。

图 11.6 描绘了严格凹函数的情况。其中 M 与 N 为曲面上的两个任意点,由一条虚线段和一条实弧线连结起来,实弧线由位于虚线段正上方的曲面上的点的集合组成。因为对于曲面上任意两点 M 和 N,严格凹性要求线段 MN(除点 M 和 N 外)完全位于弧线 MN 之下,所以曲面必定为山丘状的。类似地,严格凸函数的图形必定为碗形的。至于非严格凹和凸函数,因允许线段 MN 位于曲面上(曲面的一部分,甚至整个曲面),其图形可能是一个平面,而非曲面。

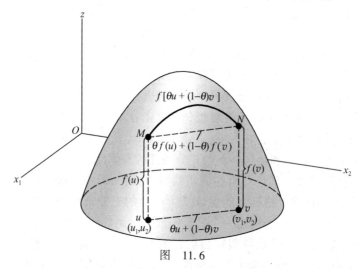

图 11.6

为便于推广到不能图形化的 n 维情况,我们需要将几何定义转换为等价的代数形式。回到图 11.6,令 $u=(u_1,u_2)$ 和 $v=(v_1,v_2)$ 为 $z=f(x_1,x_2)$ 定义域内的任意两个不同的有序偶(2-向量),则对应于它们的 z 值(曲面的高度)分别为 $f(u)=f(u_1,u_2)$ 和 $f(v)=f(v_1,v_2)$。我们已假定,变量可取所有实数值,所以,若 u 与 v 在定义域内,则线段 uv 上所有的点也都在定义域内。而线段 uv 上所有的点,实质上

是 u 和 v 的"加权平均"。因此，我们可以 $\theta u + (1-\theta)v$ 来表示此线段，其中 θ（希腊字母 theta）不同于 u 和 v，是一个取值范围为 $0 \leqslant \theta \leqslant 1$ 的可变的标量。① 同理，表示 $f(u)$ 和 $f(v)$ 加权平均值的所有点的集合的线段 MN，可用 $\theta f(u) + (1-\theta)f(v)$ 表示，θ 的取值范围仍为 0 到 1。那么，曲面上的弧线段 MN 又如何呢？因为弧线表示函数 f 在线段 uv 上不同点计算的值，所以可以将弧线 MN 简单地写成 $f[\theta u + (1-\theta)v]$。利用这些表达式，我们现在可以给出如下代数定义：

对于函数 f 定义域内任意两个不同的点 u 和 v，且对于 $0 < \theta < 1$，当且仅当

$$\underbrace{\theta f(u) + (1-\theta)f(v)}_{\text{线段的高度}} \begin{Bmatrix} \leqslant \\ \geqslant \end{Bmatrix} \underbrace{f[\theta u + (1-\theta)v]}_{\text{弧的高度}} \quad (11.20)$$

时，f 为 $\begin{cases} \text{凹函数} \\ \text{凸函数} \end{cases}$。

注意，为将两个端点 M 和 N 从高度比较中排除，我们将 θ 限定在开区间 $(0,1)$ 中。

将弱不等号"$\leqslant$"和"$\geqslant$"分别变换成严格不等号"$<$"和"$>$"，上述定义便适用于严格凹性和凸性的定义。代数定义的优势在于，它们可以应用于任意个变量的函数，因为定义中的向量 u 和 v 完全可以解释成 n-向量，而非 2-向量。

由 (11.20)，下面三个关于凹性和凸性的定理可以非常容易地推导出来。这些定理将按函数 $f(x)$ 和 $g(x)$ 来表述，但 x 可以解释成向量变量，所以这些定理对具有任意变量数的函数均适用。

定理 I(线性函数) 若 $f(x)$ 是一个线性函数，则此函数既可以是凹函数，也可以是凸函数，但不是严格凹或凸函数。

定理 II(函数的正负与凹凸性) 若 $f(x)$ 为凹函数，则 $-f(x)$ 为凸函数，反之亦然；类似地，若 $f(x)$ 为严格凹函数，则 $-f(x)$ 为严格

---

① 对于 0 和 1 之间的任意具体 θ 值，加权平均表达式 $\theta u + (1-\theta)v$，特指两个变量 u 和 v 的凸组合。对此概念我们在本节后面还要详细解释，这里仅需注意这一点：当 $\theta = 0$ 时，给定表达式简化为向量 v；类似地，当 $\theta = 1$ 时，表达式简化为向量 u。而在 0 与 1 间的 θ 值，则给出了两个向量 u 和 v 的平均值。

凸函数,反之亦成立。

定理 III(函数的和) 若 $f(x)$ 与 $g(x)$ 均为凹(凸)函数,则 $f(x)+g(x)$ 也为凹(凸)函数;若 $f(x)$ 和 $g(x)$ 均为凹(凸)函数,且其中至少有一个为严格凹(严格凸)函数,则 $f(x)+g(x)$ 为严格凹(严格凸)函数。

定理 I 的结论基于这样一个事实:线性函数的图形是一条直线,或是一个平面,或是一个超平面,所以"线段 MN"与"弧线 MN"总是重合的。因而,(11.20)式中的两个弱不等号中的等号部分同时成立,使得此函数既是一个凹函数,也是一个凸函数。但因它舍弃了定义中的严格不等式部分,所以线性函数既非严格凹函数,也非严格凸函数。

定理 II 则以这样的事实为基础:凹性和凸性的定义仅在不等号的方向上有所区别。假定 $f(x)$ 为凹函数,则

$$\theta f(u)+(1-\theta)f(v) \leq f[\theta u+(1-\theta)v],$$

以 -1 通乘,使不等号完全改变方向,则我们得到

$$\theta[-f(u)]+(1-\theta)[-f(v)] \geq -f[\theta u+(1-\theta)v],$$

而这恰好为 $-f(x)$ 为凸函数的条件。因此,对于凹函数 $f(x)$ 的情况,定理得到了证明。此结果的几何解释也是非常简单的:相对于底平面或超平面的山峰的镜像是深谷。相反的情况也可通过类似办法证明。

为弄清定理 III 成立的理由,我们假定 $f(x)$ 和 $g(x)$ 均为凹函数。则下面两个不等式成立:

$$\theta f(u)+(1-\theta)f(v) \leq f[\theta u+(1-\theta)v], \quad (11.21)$$

$$\theta g(u)+(1-\theta)g(v) \leq g[\theta u+(1-\theta)v], \quad (11.22)$$

将其相加,得到新不等式

$$\theta[f(u)+g(u)]+(1-\theta)[f(v)+g(v)]$$
$$\leq f[\theta u+(1-\theta)v]+g[\theta u+(1-\theta)v], \quad (11.23)$$

而此式恰好为 $[f(x)+g(x)]$ 为凹函数的条件。因此对于凹函数的情况,此定理得到了证明。凸函数情形的证明也类似。

现在考察定理 III 的第二部分内容,令 $f(x)$ 为严格凸函数。则 (11.21)式变成严格不等式:

$$\theta f(u) + (1-\theta)f(v) < f[\theta u + (1-\theta)v], \quad (11.21')$$

将此式与(11.22)相加,我们看到两个不等式左边表达式之和严格小于右边表达式之和,无论(11.22)中的"<"成立,还是"="成立,这意味着(11.23)现在变成了一个严格不等式,因而使得$[f(x) + g(x)]$严格凹。此外,若$g(x)$与$f(x)$都是严格凹函数,即若(11.22)与(11.21)一起转换成严格不等式,则可得出同样的结论。这样,对凹函数的情况,证明了定理的第二部分。凸函数情况的证明也类似。

对于两个以上凹(凸)函数的和,定理 III 依然成立。此定理有时很有价值,因为当一个函数包含相加项时,它使检验函数凹凸性的任务分解成为可能。如果已知函数相加的各项均为凹(凸),则可知和函数必然也为凹(凸)。

例1 检验$z = x_1^2 + x_2^2$的凹凸性。为应用(11.20),令$u = (u_1, u_2)$, $v = (v_1, v_2)$为定义域中任意两个不同的点。则我们有:

$$f(u) = f(u_1, u_2) = u_1^2 + u_2^2,$$
$$f(v) = f(v_1, v_2) = v_1^2 + v_2^2$$

和 $f[\theta u + (1-\theta)v] = f[\underbrace{\theta u_1 + (1-\theta)v_1}_{x_1\text{的值}}, \underbrace{\theta u_2 + (1-\theta)v_2}_{x_2\text{的值}}]$

$$= [\theta u_1 + (1-\theta)v_1]^2 + [\theta u_2 + (1-\theta)v_2]^2,$$

代入(11.20),从左边表达式中减去右边表达式并合并各项,求得其差为

$$\theta(1-\theta)(u_1^2 + u_2^2) + \theta(1-\theta)(v_1^2 + v_2^2)$$
$$- 2\theta(1-\theta)(u_1 v_1 + u_2 v_2)$$
$$= \theta(1-\theta)[(u_1 - v_1)^2 + (u_2 - v_2)^2],$$

因θ是一个正分数,$\theta(1-\theta)$必然为正。进而因(u_1, u_2)和(v_1, v_2)为不同的点,所以或者有$u_1 \neq v_1$,或者有$u_2 \neq v_2$(或者二者都不相等),因而括号内的表达式必定也为正。因此,(11.20)中的严格不等号成立,且$z = x_1^2 + x_2^2$为严格凸函数。

另外,我们还可以单独检验x_1^2项和x_2^2项。因为这两项中每一项都是严格凸的,所以其和也是严格凸的。

因为此函数为严格凸函数,所以它具有唯一的绝对极小值。很

容易验证,所说的最小值是 $z^* = 0$,此最小值在 $x_1^* = x_2^* = 0$ 达到,而且它确实是唯一的绝对最小值,因为任意有序偶 $(x_1, x_2) \neq (0, 0)$ 所产生的 z 值都大于零。

例2 检验 $z = -x_1^2 - x_2^2$ 的凹凸性。此函数为例1中函数的相反数。因此,根据定理 II,它是严格凹函数。

例3 检验 $z = (x+y)^2$ 的凹凸性。尽管这里变量以 x 和 y 表示而不以 x_1, x_2 表示,但我们仍可用 $u = (u_1, u_2)$ 和 $v = (v_1, v_2)$ 表示定义域中的两个不同的点,用下标 i 表示第 i 个变量。这样,我们有

$$f(u) = f(u_1, u_2) = (u_1 + u_2)^2,$$
$$f(v) = f(v_1, v_2) = (v_1 + v_2)^2$$

和 $f[\theta u + (1-\theta)v] = [\theta u_1 + (1-\theta)v_1 + \theta u_2 + (1-\theta)v_2]^2$
$$= [\theta(u_1 + u_2) + (1-\theta)(v_1 + v_2)]^2,$$

将其代入(11.20),从左边表达式中减去右边表达式,并化简,我们求得其差为

$$\theta(1-\theta)(u_1 + u_2)^2 - 2\theta(1-\theta)(u_1 + u_2)(v_1 + v_2)$$
$$+ \theta(1-\theta)(v_1 + v_2)^2$$
$$= \theta(1-\theta)[(u_1 + u_2) - (v_1 + v_2)]^2,$$

同例1中一样,$\theta(1-\theta)$ 为正,括号中的表达式的平方为非负(这时不能排除其为零)。因此,(11.20)中的"$\geq$"成立,函数 $(x+y)^2$ 为凸函数,但不是严格凸函数。

因此,此函数具有一个绝对极小值,它可能并不是唯一的。此极小值为 $z^* = 0$,在任意 $(x^* + y^*) = 0$ 达到,很明显,它是一个绝对极小值,因为只要 $x + y \neq 0$,z 就将大于 $z^* = 0$。它不是唯一的极小值则是由于存在无数个可以满足条件 $x^* + y^* = 0$ 的有序偶 (x^*, y^*)。

可微函数

在(11.20)中所描述的函数凹凸性定义并未用到导数概念,因而并不要求函数具有可微性。但如果函数是可微的,函数的凹凸性也可以按其一阶导数来定义。在单变量情况下,其定义为:

对于定义域中任意给定点 u 和另一个点 v,当且仅当

$$f(v) \begin{Bmatrix} \leq \\ \geq \end{Bmatrix} f(u) + f'(u)(v-u) \tag{11.24}$$

时, 可微函数 $f(x)$ 为 $\begin{cases} 凹函数 \\ 凸函数 \end{cases}$。

如果(11.24)中的弱不等号分别被严格不等号 < 与 > 所代替, 上面的定义就变成严格凹性和凸性的定义。从几何上看, 此定义将凹(凸)曲线描绘成一条与其切线重合或者位于其切线下面(上面)的曲线。而严格凹曲线(严格凸曲线)必须位于所有切线的下方(上方), 但切点除外。

在图 11.7 中, 令 A 为曲线上任意一点, 其高度 $f(u)$, 过该点的切线为 AB。令 x 自 u 值开始递增, 则形成一个峰形, 严格凹曲线必须逐渐向下弯曲, 远离切线 AB, 从而使点 C[其高度为 $f(v)$]必然位于点 B 之下。在此情况下, 线段 AC 的斜率小于切线 AB 的斜率。另一方面, 若曲线为非严格凹曲线, 它也可能包含一个线段, 因而, 弧线 AC 可能变成一个线段, 并与线段 AB 重合, 成为曲线中的一个直线部分。在后一种情况下, AC 的斜率等于 AB 的斜率。将这两种情况综合起来, 它们意味着

$$\left(线段\ AC\ 的斜率 = \frac{DC}{AD} = \right) \frac{f(v)-f(u)}{v-u} \leq (AB\ 的斜率 =) = f'(u),$$

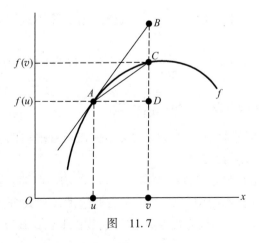

图 11.7

以正数 $(v-u)$ 通乘此不等式,得到一个在 (11.24) 中表达的适用于凹函数的结论。若我们考察小于 u 的 x 值,也可以得到同样的结论。

当函数中有两个或两个以上自变量时,此定义需要进行小小的修正:

对于定义域中任意给定点 $u=(u_1,\cdots,u_n)$ 和另一个给定点 $v=(v_1,\cdots,v_n)$,当且仅当

$$f(v)\begin{Bmatrix}\leq\\ \geq\end{Bmatrix} f(u)+\sum_{j=1}^{n}f_j(u)(v_j-u_j), \quad (11.24')$$

可微函数 $f(x_1,\cdots,x_n)$ 为 $\begin{Bmatrix}凹函数\\ 凸函数\end{Bmatrix}$ 其中 $f_j(u)\equiv\partial f/\partial x_j$ 在 $u=(u_1,\cdots,u_n)$ 计算其值。

此定义要求凹(凸)函数 $f(x)$ 的图形与其切平面或切超平面重合或位于其下方。对于严格凹性和严格凸性的情况,$(11.24')$ 中的弱不等式应换成严格不等式,它要求严格凹(严格凸)函数的图形严格位于所有切平面或切超平面之下(之上),但切点除外。

最后,考察一个二次连续可微的函数 $z=f(x_1,\cdots,x_n)$。因为此函数的二阶偏导数存在,因此 d^2z 有定义。所以函数凹性和凸性可用 d^2z 的符号来检验:

当且仅当 d^2z 处处为 $\begin{Bmatrix}负\\ 正\end{Bmatrix}$ 半定时,则二阶连续可微函数 $z=f(x_1,\cdots,x_n)$ 是 $\begin{Bmatrix}凹函数\\ 凸函数\end{Bmatrix}$。当(但不是仅当) d^2z 为处处 $\begin{Bmatrix}负\\ 正\end{Bmatrix}$ 定时,所说的函数为严格 $\begin{Bmatrix}凹\\ 凸\end{Bmatrix}$ 函数。 $\qquad(11.25)$

读者应回想起来,(11.25) 式关于凹函数和严格凹函数的有关内容已被纳入图 11.5 中。

例 4 运用导数条件检验函数 $z=-x^4$ 的凹凸性。我们首先应用 (11.24)。在本例中,(11.24) 左右两边的表达式分别为 $-v^4$ 和 $-u^4-4u^3(v-u)$。从前式中减去后式,我们得到其差为

$$-v^4+u^4+4u^3(v-u)$$

$$= (v-u)\left(-\frac{v^4-u^4}{v-u}+4u^3\right) \quad [\text{提出公因子}]$$
$$= (v-u)[-(v^3+v^2u+vu^2+u^3)+4u^3], \quad [\text{由}(7.2)]$$

若括号内的表达式可被$(v-u)$除尽,那就美妙至极,因为这样我们就可以消掉$(v-u)$,并得到一个便于计算其符号的平方项$(v-u)^2$。正如将要证明的那样,上式确实如此。因此,上面所列的差可以写成

$$-(v-u)^2[v^2+2vu+3u^2] = -(v-u)^2[(v+u)^2+2u^2],$$

给定$v \neq u$,此式的符号必定为负。(11.24)中的严格不等式成立,函数$z = -x^4$是严格凹函数。这意味着它有唯一的绝对极大值。很容易验证,极大值为$z^* = 0$,在点$x^* = 0$处达到。

因为此函数是二阶连续可微的,所以我们也可以应用(11.25)来检验其凹凸性。由于仅有一个变量,因而(11.25)给出

$$d^2z = f''(x)dx^2 = -12x^2 dx^2, \quad [\text{由}(11.2)]$$

我们知道dx^2为正(仅考察x的非零变化),但$-12x^2$既可能为负,也可能为零。因此我们充其量得出这一结论:d^2z为处处负半定,且$z = -x^4$为(非严格)凹函数。由(11.25)得出的结论显然弱于我们前面由(11.24)所得到的$z = -x^4$是严格凹函数的结论。因为此处产生的局限性,因而得出较弱结论的原因与导致二阶导数检验有时失效的原因是相同的,即d^2z在已知严格凹函数或严格凸函数的稳定点可能取零值。这就是为什么在(11.25)中给出的d^2z为负(正)半定仅是严格凹性(严格凸性)的充分条件,但不是必要条件的原因。

例5 以导数条件检验$z = x_1^2 + x_2^2$的凹凸性。这次我们用$(11.24')$而不用(11.24)。在定义域中有任意两点$u = (u_1, u_2), v = (v_1, v_2), (11.24')$的两边为

$$\text{左边} = v_1^2 + v_2^2,$$
$$\text{右边} = u_1^2 + u_2^2 + 2u_1(v_1-u_1) + 2u_2(v_2-u_2),$$

从前者中减去后者,化简,我们可将差表示成:

$$v_1^2 - 2v_1u_1 + u_1^2 + v_2^2 - 2v_2u_2 + u_2^2 = (v_1-u_1)^2 + (v_2-u_2)^2,$$

给定$(u_1, u_2) \neq (v_1, v_2)$,此差总为正。因此$(11.24')$中的严格不等号成立,$z = x_1^2 + x_2^2$是严格凸函数。注意,这里的结论仅是再一次证

实了我们前面在例 1 中已经得出了的结论。

若运用 (11.25), 因 $f_1 = 2x_1, f_2 = 2x_2$, 无论二阶偏导数在何处计值, 我们有

$$f_{11} = 2 > 0 \quad \text{和} \quad \begin{vmatrix} f_{11} & f_{12} \\ f_{21} & f_{22} \end{vmatrix} = \begin{vmatrix} 2 & 0 \\ 0 & 2 \end{vmatrix} = 4 > 0,$$

因此, d^2z 处处为正定, 完全满足严格凸性的充分条件。因而在本例中, (11.24′) 与 (11.25) 确实得出同样结论。

凸函数与凸集

在澄清了将形容词"凸的"一词应用于函数的含义之后, 我们迫切需要解释用其描述集合的含义。尽管凸集与凸函数并非不相关, 但它们却是不同的概念, 所以, 注意其区别, 谨防混淆是重要的。

为便于直观把握, 我们首先介绍凸集的几何特征。令 S 为 2-空间或 3-空间中的点集, 对于 S 中的任意两点, 若连接两点的线段完全位于 S 内, 则称 S 为凸集。很明显, 直线满足此条件并构成了一个凸集。习惯上, 仅包含一个点的集合也称为凸集, 空集 (没有点) 也视为凸集。对于其他的例子, 请考察图 11.8, 圆盘——即"实"圆, 亦即一个圆加上其内部的所有点——是一个凸集, 因为圆盘任意两点的连线均完全在圆盘内, 比如图中的 ab (连接边缘上的两点) 和 cd (连接圆内的两点)。但要注意, 中空的圆本身不是凸集。类似地, 三角形或五边形本身不是凸集, 实的三角形或五边形则是凸集。在图 11.8 中余下的两个实的几何图形不是凸集。其中那个调色板型的图有一处凹入, 因而像 gh 这样的线段并不完全位于集合中。在那个钥匙形的图中, 不仅有凹入, 而且存在一个孔, 这个孔又造成了另一种非凸性。一般而言, 一个点集要成为凸集, 此点集必须无孔, 边缘各处无缩进。

凸性的几何定义也可以应用于 3-空间中的点集。例如, 一个实的立方体是凸集, 而圆筒则不是凸集。但在四维或更高维空间中, 几何解释变得不明显了。因而我们需要转向凸集的代数定义。

为此, 引入向量 (点) 凸组合的概念是有益的。向量凸组合是一种特殊类型的线性组合。两个向量 u 和 v 的线性组合可以写成:

$$k_1 u + k_2 v,$$

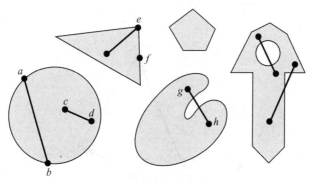

图 11.8

其中 k_1 和 k_2 是两个标量。当两个标量均位于闭区间 $[0,1]$ 内,且二者之和为 1 时,此线性组合称作凸组合,且可表示成

$$\theta u + (1-\theta)v, \quad (0 \leq \theta \leq 1) \tag{11.26}$$

举例来说,$\frac{1}{3}\begin{bmatrix}2\\0\end{bmatrix} + \frac{2}{3}\begin{bmatrix}4\\9\end{bmatrix}$ 是一个凸组合。考虑到两个标量乘子为正分数且其和为 1 这一事实,我们也可以将这样的凸组合解释成两个向量的加权平均。①

组合 (11.26) 唯一的特征是,对于任意可接受的 θ 值,所产生的和向量位于连接点 u 和 v 的线段上。这一点可利用图 11.9 来证明。在图中我们把两个向量 $u = \begin{bmatrix}u_1\\u_2\end{bmatrix}$ 与 $v = \begin{bmatrix}v_1\\v_2\end{bmatrix}$ 绘成了分别与 (u_1, u_2) 和 (v_1, v_2) 相对应的两个点。若我们再绘出另一个向量 q,使得 $oquv$ 形成一个平行四边形,则根据在图 4.3 中的讨论,我们有

$$u = q + v \quad \text{或} \quad q = u - v,$$

由此可知,向量 u 和 v 的凸组合(称其为 w)可用向量 q 来表示,因为

$$w = \theta u + (1-\theta)v = \theta u + v - \theta v = \theta(u-v) + v = \theta q + v,$$

因此,要绘出向量 w,我们只需用熟悉的平行四边形法将 θq 和 v 相加即可。若标量 θ 为一正分数,向量 θq 将仅是向量 q 的简缩形式,因此 θq 必然位于线段 Oq 之上。所以使 θq 和 v 相加,我们必然会得

---

① 在讨论凹函数和凸函数时,我们已利用了这种解释方式。

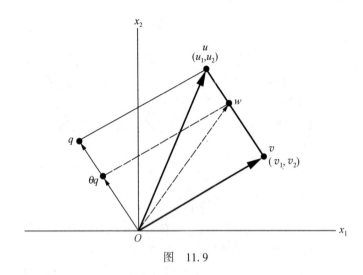

图 11.9

到位于线段 uv 上的线段 w,因为新的小一些的平行四边形只不过是原平行四边形的边 qu 向下移而形成的。当然,向量 w 的确切位置将随 θ 值的变化而变化。当 θ 由 0 变至 1,w 的位置将由 v 移至 u。因此,线段 uv 上的所有点的集合,包括 u 和 v 本身,对应于向量 u 和 v 所有凸组合的集合。

基于上述分析,现在可将凸集定义如下:对于任意两点 $u \in S$ 和 $v \in S$,且对于每一个标量 $\theta \in [0,1]$,当且仅当 $w = \theta u + (1-\theta)v \in S$ 为真时,集合 S 为凸集。因为此定义是代数形式的,所以不管向量 u 和 v 所在的空间是几维的,此定义均适用。将凸集与凸函数定义(11.20)相比较,我们看到尽管两个定义都使用同一形容词"凸的",但这个词在两个定义中却有根本不同的含义。在描述函数时,"凸的"一词确定一条曲线或曲面如何弯曲(它必然形成一个深谷)。但在描述一个集合时,此词确定集合中的点是如何"填充"到一起的——不允许出现任何孔,边缘不能有缩进。因此凸集与凸函数有明显不同的数学内涵。

然而,凸函数与凸集并非毫不相关。首先,在定义凸函数时,我们需要定义域为凸集。这是因为定义(11.20)要求,对于定义域中的任意两点 u 和 v,u 和 v 的所有凸组合——具体地说,$\theta u + (1-\theta)v$,

$0 \leq \theta \leq 1$——必须也在定义域中,这实际上就是定义域必须为凸集的另一种表达方式。为满足这一要求,我们前面采纳了一个非常强的假设,即定义域由整个 n-空间构成(其中 n 为选择变量数), n-空间确实是一个凸集。但是掌握了凸集概念以后,我们完全可以弱化这一假设。因为我们需要假设定义域是 R^n 空间中的一个凸子集,而非 R^n 本身。

凸函数与凸集还存在另一种联系方式。若 $f(x)$ 为凸函数,则对任意常数 k,它可以引致一个凸集

$$S^{\leq} \equiv \{x \mid f(x) \leq k\}, \quad [f(x) \text{ 为凸函数}] \quad (11.27)$$

图 11.10(a)描述了单变量的情形。集合 $S^{\leq}$ 由在虚水平线上或位于其下方的 $f(x)$ 曲线的弧段相联系的 x 值组成。因此,它是横轴上以重黑点标示的线段,它是一个凸集。注意,如果 k 值变化,集合 $S^{\leq}$ 会变成横轴上的不同线段,但它仍然是个凸集。

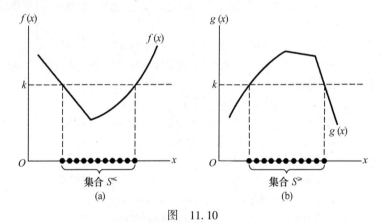

图 11.10

进一步,我们甚至还可以看到凹函数也以类似的方式与凸集相联系。首先,在(11.20)中凹函数的定义(像凸函数情况一样)是以定义域为凸集为基础的。进而,给定某一常数 k,即便凹函数,比如 $g(x)$,也可以产生一个相联系的凸集。此凸集为

$$S^{\geq} \equiv \{x \mid g(x) \geq k\}, \quad [g(x) \text{ 为凹函数}] \quad (11.28)$$

其中符号 $\geq$ 代替了(11.27)中的符号 $\leq$。从几何上看,对于单变量函数情形,如图 11.10(b)所示,集合 $S^{\geq}$ 包含了对应于与虚水平线交

叉或位于其上面的 $g(x)$ 曲线弧段的所有的 x 值。因此，它仍是横轴上的一个线段———一个凸集。

尽管图 11.10 具体地描述了单变量的情形，在(11.27)和(11.28)中的 $S^\leqslant$ 与 $S^\geqslant$ 的定义却并不限于单变量函数。若我们将 x 视作向量，即令 $x = (x_1, \cdots, x_n)$，它们同样成立。但在这种情况下，(11.27)和(11.28)将在 n-空间中定义凸函数。记住这一点是重要的：虽然凸函数意味着(11.27)，凹函数意味着(11.28)，但反之不成立，因为非凸函数也可满足(11.27)，非凹函数也满足(11.28)。在 12.4 节中还要讨论这一问题。

练习 11.5

1 运用(11.20)检验下列函数是凹函数、凸函数，还是严格凹函数、严格凸函数，或者都不是：

(a) $z = x^2$　　(b) $z = x_1^2 + 2x_2^2$　　(c) $z = 2x^2 - xy + y^2$

2 运用(11.24)或(11.24′)检验下列函数是凹函数、凸函数，还是严格凹函数、严格凸函数，或者都不是：

(a) $z = -x^2$　　(b) $z = (x_1 + x_2)^2$　　(c) $z = -xy$

3 根据你关于上题 2(c)的答案，你能运用定理 III 分解检验题 1(c)的函数 $z = 2x^2 - xy + y^2$ 这一任务吗？解释你的结论。

4 在下列物体中，哪一种构成 3-空间中的凸集？

(a) 汽车轮胎　　(b) 保龄球　　(c) 完好的大理石

5 方程 $x^2 + y^2 = 4$ 表示以 $(0,0)$ 为圆心，2 为半径的圆：

(a) 给出集合 $\{(x,y) \mid x^2 + y^2 \leqslant 4\}$ 的几何解释。

(b) 它是凸集吗？

6 绘出下列集合的图形，指出哪个是凸集：

(a) $\{(x,y) \mid y = e^x\}$　　(b) $\{(x,y) \mid y \geqslant e^x\}$

(c) $\{(x,y) \mid y \leqslant 13 - x^2\}$　　(d) $\{(x,y) \mid xy \geqslant 1; x > 0, y > 0\}$

7 已知 $u = \begin{bmatrix} 10 \\ 6 \end{bmatrix}$ 和 $v = \begin{bmatrix} 4 \\ 8 \end{bmatrix}$，下列各式哪个是 u 与 v 的凸组合？

(a) $\begin{bmatrix} 7 \\ 7 \end{bmatrix}$　　(b) $\begin{bmatrix} 5.2 \\ 7.6 \end{bmatrix}$　　(c) $\begin{bmatrix} 6.2 \\ 8.2 \end{bmatrix}$

8. 已知 2-空间中的两个向量 u 和 v，求出下列集合并绘出草图：
   (a) u 与 v 所有线性组合的集合；
   (b) u 与 v 所有非线性组合的集合；
   (c) u 与 v 所有凸组合的集合。
9. (a) 按 f 与 g 函数具有 n 个自变量的情况重写(11.27)和(11.28)。
   (b) 令 $n=2$，令函数 f 的形状像一个竖握的锥形蛋卷冰激凌，函数 g 的形状类似于一个金字塔。描述集合 $S^{\leq}$ 与 $S^{\geq}$。

11.6 经济应用

本章开头，我们以多产品产商为例描述了具有多于一个选择变量的一般最优化问题。现在我们就准备处理这些问题及与其性质类似的问题。

多产品厂商问题

例1 我们首先假设有一个完全竞争条件下的两产品厂商。因完全竞争条件下两商品的价格必然是外生的，所以它们可分别以 P_{10} 与 P_{20} 表示。据此，厂商的收益函数为
$$R = P_{10}Q_1 + P_{20}Q_2,$$
其中 Q_i 表示单位时间内 i 产品的产出水平。假设厂商成本函数为
$$C = 2Q_1^2 + Q_1Q_2 + 2Q_2^2,$$
注意 $\partial C/\partial Q_1 = 4Q_1 + Q_2$（第一个产品的边际成本）不仅是 Q_1 的函数，而且是 Q_2 的函数。类似地，第二个产品的边际成本也部分依赖于第一个产品的产出水平。因此，按照假定的成本函数，这两个商品在生产上看来存在技术的相关性。

现在可将此假定厂商的利润函数写成
$$\pi = R - C = P_{10}Q_1 + P_{20}Q_2 - 2Q_1^2 - Q_1Q_2 - 2Q_2^2,$$
它是两个选择变量 Q_1, Q_2 及两个价格参数的函数。我们的任务是求出使 π 最大化的产出水平 Q_1 与 Q_2 的组合。为此，我们先求出利润函数的一阶偏导数

$$\pi_1\left(\equiv \frac{\partial \pi}{\partial Q_1}\right) = P_{10} - 4Q_1 - Q_2,$$
$$\pi_2\left(\equiv \frac{\partial \pi}{\partial Q_2}\right) = P_{20} - Q_1 - 4Q_2, \quad (11.29)$$

令二者等于零,为满足最大化的必要条件,我们得到联立方程

$$4Q_1 + Q_2 = P_{10},$$
$$Q_1 + 4Q_2 = P_{20},$$

产生唯一解

$$Q_1^* = \frac{4P_{10} - P_{20}}{15} \quad \text{和} \quad Q_2^* = \frac{4P_{20} - P_{10}}{15},$$

因此,若 $P_{10} = 12$, $P_{20} = 18$, 我们有 $Q_1^* = 2$, $Q_2^* = 4$, 这意味着单位时间的最大利润为 $\pi^* = 48$。

为确认此值的确是最大利润,我们来检验二阶条件。从(11.29)中的偏导数得到的二阶偏导数得出如下海塞行列式

$$|H| = \begin{vmatrix} \pi_{11} & \pi_{12} \\ \pi_{21} & \pi_{22} \end{vmatrix} = \begin{vmatrix} -4 & -1 \\ -1 & -4 \end{vmatrix},$$

因 $|H_1| = -4 < 0$, $|H_2| = 15 > 0$, 海塞矩阵(或 d^2z)为负定,此解确实使利润最大化。事实上,由于本例中主子式的符号与其在何处计值无关,所以在本例中, d^2z 处处为负定。因此,根据(11.25),目标函数必定为严格凹函数,上面所求得的最大利润实际上是唯一的绝对极大值。

例2 现在我们把例 1 移植到垄断市场环境中。由于这一新的市场结构假设,收益函数必须修正以反映这样的事实:两产品价格将随其产出水平(这里假设产出水平与销售水平一致,不考虑存货积累)的变化而变化。当然,价格随产出水平变化的确切方式还有待于从厂商两种产品的需求函数中求出。

假设对垄断厂商产品的需求函数如下:

$$Q_1 = 40 - 2P_1 + P_2,$$
$$Q_2 = 15 + P_1 - P_2, \quad (11.30)$$

以上两个方程揭示出,这两种商品在消费中存在着某种联系。具体地说,它们是替代品,因为一种商品价格的提高将提高对另一商品的

需求。正如(11.30)给出的那样,需求量 Q_1 和 Q_2 是价格的函数,但就我们现在的目的而言,将价格 P_1 和 P_2 表示成 Q_1 和 Q_2 的函数,即两个产品的平均收益函数要更方便一些。因为(11.30)可以重写成

$$-2P_1 + P_2 = Q_1 - 40,$$
$$P_1 - P_2 = Q_2 - 15,$$

将 Q_1、Q_2 视为参数,我们可应用克莱姆法则解 P_1 和 P_2 如下:

$$P_1 = 55 - Q_1 - Q_2, \quad (11.30')$$
$$P_2 = 70 - Q_1 - 2Q_2,$$

因为 $P_1 \equiv AR_1, P_2 \equiv AR_2$,所以这两个函数构成了所求的平均收益函数。

因而,厂商的总收益函数可以写成

$$R = P_1 Q_1 + P_2 Q_2$$
$$= (55 - Q_1 - Q_2)Q_1 + (70 - Q_1 - 2Q_2)Q_2 \quad [由(11.30')]$$
$$= 55Q_1 + 70Q_2 - 2Q_1 Q_2 - Q_1^2 - 2Q_2^2,$$

若我们再假设总成本函数为

$$C = Q_1^2 + Q_1 Q_2 + Q_2^2,$$

则利润函数将为

$$\pi = R - C = 55Q_1 + 70Q_2 - 3Q_1 Q_2 - 2Q_1^2 - 3Q_2^2, \quad (11.31)$$

这是一个有两个选择变量的目标函数。一旦求出利润最大化的产出水平 Q_1^* 和 Q_2^*,最优价格水平 P_1^* 和 P_2^* 便可由(11.30')轻松求出。

目标函数产生如下两个一阶和二阶偏导数:

$$\pi_1 = 55 - 3Q_2 - 4Q_1, \quad \pi_2 = 70 - 3Q_1 - 6Q_2,$$
$$\pi_{11} = -4, \quad \pi_{12} = \pi_{21} = -3, \quad \pi_{22} = -6,$$

为满足 π 最大化的一阶条件,我们必须有 $\pi_1 = \pi_2 = 0$,即

$$4Q_1 + 3Q_2 = 55,$$
$$3Q_1 + 6Q_2 = 70,$$

因此,单位时间的产出水平为

$$(Q_1^*, Q_2^*) = \left(8, 7\frac{2}{3}\right),$$

分别将此结果代入(11.30')和(11.31),我们求得

$P_1^* = 39\frac{1}{3}$, $P_2^* = 46\frac{2}{3}$ 和 $\pi^* = 488\frac{1}{3}$, （单位时间）

由于海塞矩阵为 $\begin{vmatrix} -4 & -3 \\ -4 & -6 \end{vmatrix}$，我们有

$$|H_1| = -4 < 0, \quad |H_2| = 15 > 0,$$

所以 π 值确实表示最大利润。这里,主子式的符号同样与其在何处计值无关。因此,海塞矩阵处处为负定,意味着目标函数为严格凹函数,且具有唯一的绝对极大值。

价格歧视

即便在单一产品厂商中,也会产生涉及两个或多个选择变量的最优化问题。比如,可能会有这种情况：一个垄断厂商在两个或多个隔离的(比如国内和国外)市场中销售单一产品,因此必须确定向每个市场分别供给的数量(Q_1, Q_2 等)以使利润最大化。一般而言,这几个不同的市场会有不同的需求条件,如果在不同市场中需求弹性不同,利润最大化就会涉及价格歧视问题。下面从数学上我们导出这个大家熟悉的结论。

例 3 为改变一下步调,这次我们选择三个选择变量,即假设存在三个隔离的市场。我们仍使用一般函数,而不使用数字函数。因此,我们仅假定此厂商具有如下总收益函数和总成本函数：

$$R = R_1(Q_1) + R_2(Q_2) + R_3(Q_3),$$
$$C = C(Q), \quad \text{其中 } Q = Q_1 + Q_2 + Q_3.$$

注意,这里符号 R_i 表示第 i 个市场的收益函数,它并没有 f_i 这种导数意义。每个这样的收益函数自然意味着特殊的需求结构,它与另外两个市场流行的需求结构一般有所不同。另外,在成本方面,假设仅有一个成本函数,因为一个厂商为所有三个市场供应产品。考虑到 $Q = Q_1 + Q_2 + Q_3$，总成本 C 基本上也是模型中三个选择变量 Q_1, Q_2, Q_3 的函数。当然,我们可以将 $C(Q)$ 重写成 $C(Q_1 + Q_2 + Q_3)$。但应注意,尽管后一种形式包含三个自变量,但此函数仍可视为仅有一个变量,因为 Q_i 的和实际上是一个整体。相反,若函数以 $C(Q_1, Q_2, Q_3)$ 这种形式出现,则出现几个变数就应视作有几个自变

量。

现在利润函数为
$$\pi = R_1(Q_1) + R_2(Q_2) + R_3(Q_3) - C(Q),$$
其一阶偏导数 $\pi_i \equiv \partial \pi / \partial Q_i$(对于 $i = 1, 2, 3$)如下:①

$$\begin{aligned}
\pi_1 &= R_1'(Q_1) - C'(Q) \frac{\partial Q}{\partial Q_1} \\
&= R_1'(Q_1) - C'(Q), \quad \left[\text{因} \frac{\partial Q}{\partial Q_1} = 1 \right] \\
\pi_2 &= R_2'(Q_2) - C'(Q) \frac{\partial Q}{\partial Q_2} \\
&= R_2'(Q_2) - C'(Q), \quad \left[\text{因} \frac{\partial Q}{\partial Q_2} = 1 \right] \quad (11.32) \\
\pi_3 &= R_3'(Q_3) - C'(Q) \frac{\partial Q}{\partial Q_3} \\
&= R_3'(Q_3) - C'(Q), \quad \left[\text{因} \frac{\partial Q}{\partial Q_3} = 1 \right]
\end{aligned}$$

令上述方程等于零,同时得到
$$C'(Q) = R_1'(Q_1) = R_2'(Q_2) = R_3'(Q_3),$$
即
$$MC = MR_1 = MR_2 = MR_3,$$
因此,所选择的供给量水平 Q_1, Q_2, Q_3 应使得每个市场的边际收益等于总产出 Q 的边际成本。

为理解此条件关于价格歧视的含义,我们首先找出任意市场的 MR 是如何具体地与那个市场的价格联系起来的。因为每个市场的收益是 $R_i = P_i Q_i$,由此可知,边际收益必然为

$$\begin{aligned}
MR_i &\equiv \frac{dR_i}{dQ_i} = P_i \frac{dQ_i}{dQ_i} + Q_i \frac{dP_i}{dQ_i} \\
&= P_i \left(1 + \frac{dP_i}{dQ_i} \frac{Q_i}{P_i} \right) = P_i \left(1 + \frac{1}{\varepsilon_{di}} \right), \quad [\text{由}(8.4)]
\end{aligned}$$

---

① 要求出 $\partial C / \partial Q_i$,可应用链式法则:$\frac{\partial C}{\partial Q_i} = \frac{dC}{dQ} \cdot \frac{\partial Q}{\partial Q_i}$。

其中 ε_{di} 为第 i 个市场的点弹性,通常为负。因此,MR_i 与 P_i 之间的关系可分别以如下方程表示

$$MR_i = P_i\left(1 - \frac{1}{|\varepsilon_{di}|}\right), \tag{11.33}$$

回忆一下,$|\varepsilon_{di}|$ 一般是 P_i 的函数,因此当 Q_i^* 选定时,P_i^* 便确定了,$|\varepsilon_{di}|$ 也将取定为一具体的值,它或者大于 1,或者等于 1,或者小于 1。但若 $|\varepsilon_{di}|<1$(需求在该点缺乏弹性),则其倒数大于 1,(11.33) 式括号中的式子为负,因而意味着 MR_i 的值为负。类似地,若 $|\varepsilon_{di}|=1$(单位弹性),则 MR_i 将取零值。由于厂商的 MC 为正,一阶条件 $MC=MR_i$ 要求厂商在 MR_i 为正的水平上经营,因此厂商所选择的销售水平 Q_i 必须使该市场中相对应的点弹性大于 1。

根据(11.33),一阶条件 $MR_1 = MR_2 = MR_3$ 现在可以变换成如下形式:

$$P_1\left(1-\frac{1}{|\varepsilon_{d1}|}\right) = P_2\left(1-\frac{1}{|\varepsilon_{d2}|}\right) = P_3\left(1-\frac{1}{|\varepsilon_{d3}|}\right),$$

由此式可很容易推断出:在某一特定市场中(在选定的产出水平),$|\varepsilon_d|$ 越小,在该市场中所要索取的价格必须越高——即价格歧视——如果要使利润最大化。

为确保最大化,我们检验二阶条件。由(11.32),求得二阶偏导数如下

$$\pi_{11} = R_1''(Q_1) - C''(Q)\frac{\partial Q}{\partial Q_1} = R_1''(Q_1) - C''(Q),$$

$$\pi_{22} = R_2''(Q_2) - C''(Q)\frac{\partial Q}{\partial Q_2} = R_2''(Q_2) - C''(Q),$$

$$\pi_{33} = R_3''(Q_3) - C''(Q)\frac{\partial Q}{\partial Q_3} = R_3''(Q_3) - C''(Q)$$

和 $\pi_{12} = \pi_{21} = \pi_{13} = \pi_{31} = \pi_{23} = \pi_{32} = -C''(Q),$

$$\left[因\frac{\partial Q}{\partial Q_i} = 1\right]$$

所以在简化二阶导数符号后,我们有

$$|H| = \begin{vmatrix} R_1'' - C'' & -C'' & -C'' \\ -C'' & R_2'' - C'' & -C'' \\ -C'' & -C'' & R_3'' - C'' \end{vmatrix},$$

因此,如果下述要求成立,则二阶充分条件便完全满足:

1. $|H_1| = R_1'' - C'' < 0$;即 MR_1 的斜率小于整个产出 MC 的斜率 [参见图 9.7(c)中点 L 的情形]。(因为三个市场中任意一个市场都可以视为"第一个"市场,所以这实际上也意味着 $R_2'' - C'' < 0$ 和 $R_3'' - C'' < 0$。)
2. $|H_2| = (R_1'' - C'')(R_2'' - C'') - (C'')^2 > 0$;或,$R_1''R_2'' - (R_1'' + R_2'')C'' > 0$。
3. $|H_3| = R_1''R_2''R_3'' - (R_1''R_2'' + R_1''R_3'' + R_2''R_3'')C'' < 0$。

上述条件的后两部分的经济意义并不像第一部分那样容易解释。注意,如果我们假设一般的 $R_i(Q_i)$ 函数均为凹函数,一般的 $C(Q)$ 函数为凸函数,那么,$-C(Q)$ 是凹函数,则利润函数——凹函数之和——也可以视为凹函数,从而避免了检验二阶条件的必要性。

例 4 为使上述例子更具体,我们现在给出一个数字形式的例子。假定我们的垄断厂商具有如下具体的平均收益函数

$$P_1 = 63 - 4Q_1 \quad \text{从而} \quad R_1 = P_1Q_1 = 63Q_1 - 4Q_1^2,$$
$$P_2 = 105 - 5Q_2 \qquad\qquad R_2 = P_2Q_2 = 105Q_2 - 5Q_2^2,$$
$$P_3 = 75 - 6Q_3 \qquad\qquad R_3 = P_3Q_3 = 75Q_3 - 6Q_3^2,$$

且总成本函数为

$$C = 20 + 15Q,$$

则边际函数为

$$R_1' = 63 - 8Q_1, \ R_2' = 105 - 10Q_2, \ R_3' = 75 - 12Q_3, \ C' = 15,$$

当令每个边际收益 R_i' 等于总产出的边际成本 C' 时,可求得均衡数量为

$$Q_1^* = 6, \quad Q_2^* = 9 \quad 和 \quad Q_3^* = 5,$$

则
$$Q^* = \sum_{i=1}^{3} Q_i^* = 20,$$

将上述结果代入收益和成本方程,我们得到 $\pi^* = 679$,这是在三个市场经营中得到的总利润。

因为这是一个具体模型,我们必须检验二阶条件(或目标函数的凹性)。因为二阶导数为:

$$R_1'' = -8, \quad R_2'' = -10, \quad R_3'' = -12, \quad C'' = 0,$$

所以,例3中给定的二阶充分条件的三部分内容完全得到满足。

由平均收益函数很容易看出:厂商在三个市场中应索取不同的价格 $P_1^* = 39, P_2^* = 60, P_3^* = 45$。正如你已经验证的那样,在第二个市场中需求的点弹性最低,所索要的价格也最高。

厂商的投入决策

除了产出水平 Q_i 外,厂商的选择变量还可以是投入水平。

例5 考察具有下面利润函数的竞争性企业:

$$\pi = R - C = PQ - wL - rK \tag{11.34}$$

其中 P = 价格,

Q = 产出,

L = 劳动力,

K = 资本,

w, r = 投入 L 和 K 的价格。

因为企业是在一个竞争性市场环境中运行的,因此,外生变量是 P, w 和 r(没有下标0)。这里有三个内生变量 K, L 和 Q。但是产出 Q 是 K 和 L 的函数,其生产函数是:

$$Q = Q(K, L),$$

我们假设柯布-道格拉斯生产函数(更加深入的讨论在12.6节)如下:

$$Q = L^\alpha K^\beta,$$

这里 α 和 β 是正参数。如果我们进一步假定递减规模报酬,那么

$\alpha+\beta<1$。为了简化起见,我们考虑对称的情况 $\alpha=\beta<\dfrac{1}{2}$。

$$Q = L^{\alpha}K^{\alpha}, \tag{11.35}$$

把(11.35)代入(11.34),得到:

$$\pi(K,L) = PL^{\alpha}K^{\alpha} - wL - rK,$$

利润最大化的一阶条件是:

$$\begin{aligned}\dfrac{\partial \pi}{\partial L} &= P\alpha L^{\alpha-1}K^{\alpha} - w = 0,\\ \dfrac{\partial \pi}{\partial K} &= P\alpha L^{\alpha}K^{\alpha-1} - r = 0,\end{aligned} \tag{11.36}$$

这个方程系统定义了利润最大化时的 L 和 K。但是,首先要检查二阶条件以证明我们得到最大化值。

这个问题的海塞矩阵是:

$$|H| = \begin{vmatrix} \pi_{LL} & \pi_{LK} \\ \pi_{KL} & \pi_{KK} \end{vmatrix} = \begin{vmatrix} P\alpha(\alpha-1)L^{\alpha-2}K^{\alpha} & P\alpha^{2}L^{\alpha-1}K^{\alpha-1} \\ P\alpha^{2}L^{\alpha-1}K^{\alpha-1} & P\alpha(\alpha-1)L^{\alpha}K^{\alpha-2} \end{vmatrix}.$$

最大化的充分条件是$|H_1|<0$ 和$|H|>0$:

$$\begin{aligned}|H_1| &= P\alpha(\alpha-1)L^{\alpha-2}K^{\alpha} < 0\\ |H| &= P^2\alpha^2(\alpha-1)^2 L^{2\alpha-2}K^{2\alpha-2} - P^2\alpha^4 L^{2\alpha-2}K^{2\alpha-2}\\ &= P^2\alpha^2 L^{2\alpha-2}K^{2\alpha-2}(1-2\alpha) > 0.\end{aligned}$$

因此,对于 $\alpha<\dfrac{1}{2}$,其二阶充分条件得到满足。

现在回到一阶条件以此解出最优的 K 和 L,把(11.36)中的第一个等式再重新写一遍,分离出 K,我们得到:

$$P\alpha L^{\alpha-1}K^{\alpha} = w,$$

$$K = \left(\dfrac{w}{P\alpha}L^{1-\alpha}\right)^{\frac{1}{\alpha}},$$

把其代入(11.36)的第二个等式中,我们得到:

$$P\alpha L^{\alpha}K^{\alpha-1} - r = P\alpha L^{\alpha}\left[\left(\dfrac{w}{P\alpha}L^{1-\alpha}\right)^{\frac{1}{\alpha}}\right]^{\alpha-1} - r = 0,$$

或者:

$$P^{\frac{1}{\alpha}}\alpha^{\frac{1}{\alpha}}w^{(\alpha-1)/\alpha}L^{(2\alpha-1)/\alpha} = r,$$

重新安排 L 得到：
$$L^* = (P\alpha w^{\alpha-1} r^{-\alpha})^{1/(1-2\alpha)},$$
由于模型的对称性这一优点，我们很快地得到最优的 K：
$$K^* = (P\alpha r^{\alpha-1} w^{-\alpha})^{1/(1-2\alpha)},$$
L^* 和 K^* 是企业的要素需求函数。

如果把 L^* 和 K^* 代入生产函数，我们得到：
$$\begin{aligned} Q^* &= (L^*)^\alpha (K^*)^\alpha \\ &= (P\alpha w^{\alpha-1} r^{-\alpha})^{\alpha/(1-2\alpha)} (P\alpha r^{\alpha-1} w^{-\alpha})^{\alpha/(1-2\alpha)} \\ &= \left(\frac{\alpha^2 P^2}{wr}\right)^{\alpha/(1-2\alpha)}. \end{aligned} \quad (11.36)$$

因此，最优产出是外生变量 P, w 和 r 的函数。

例 6 我们假设存在如下环境：(1) 一个假定的厂商运用投入 a 和 b 生产单一产品 Q；(2) 投入的价格 P_a 和 P_b 不能为该厂商所控制，该厂商也不能控制其产出的价格 P，所以我们将其分别表示成 P_{a0}, P_{b0}, P_0；(3) 生产过程要 t_0 年（t_0 为正常数）完成，所以在将销售收益与现在发生的投入成本进行比较之前，需将其完全贴现至现值。在连续基础上，假定贴现率为 r_0。

根据假设 1，我们可以写出一般生产函数 $Q = Q(a, b)$，其边际物质产品为 Q_a, Q_b。由假设 2，可将总成本函数表示成
$$C = aP_{a0} + bP_{b0},$$
将总收益函数表示成
$$R = P_0 Q(a, b),$$
为写出利润函数，我们必须将收益与一个常数 $e^{-r_0 t_0}$ 相乘以将收益贴现，为避免上标与下标混淆，我们将 $e^{-r_0 t_0}$ 写成 e^{-rt}。因此，利润函数为
$$\pi = P_0 Q(a, b) e^{-rt} - aP_{a0} - bP_{b0},$$
其中仅有 a 和 b 为选择变量。

为使利润最大化，必须先求出一阶偏导数：
$$\begin{aligned} \pi_a \left(\equiv \frac{\partial \pi}{\partial a}\right) &= P_0 Q_a e^{-rt} - P_{a0}, \\ \pi_b \left(\equiv \frac{\partial \pi}{\partial b}\right) &= P_0 Q_b e^{-rt} - P_{b0}. \end{aligned} \quad (11.38)$$

令二者均为零,这意味着
$$P_0 Q_a \mathrm{e}^{-rt} = P_{a0} \quad \text{和} \quad P_0 Q_b \mathrm{e}^{-rt} = P_{b0}, \quad (11.39)$$
因为 $P_0 Q_a$(产品价格乘投入 a 的边际产品)表示投入 a 的边际产品价值(VMP_a),所以第一个方程仅表示 VMP_a 的现值应等于投入 a 的给定价格。第二个方程表示同样的先决条件应用于投入 b。

注意,要满足(11.39),边际物质产品 Q_a 和 Q_b 必须均为正,因为 P_0, P_{a0}, P_{b0} 以及 e^{-rt} 均为正值。按照等产量曲线,这一条件具有非常重要的含义;等产量曲线定义为能获得同样产出水平的投入组合的轨迹。当在 ab 平面上绘出时,等产量曲线一般与图 11.11 中出现的曲线类似。由于每一等产量曲线代表一个固定产出水平,在任意等产量曲线上,我们必然有
$$\mathrm{d}Q = Q_a \mathrm{d}a + Q_b \mathrm{d}b = 0,$$

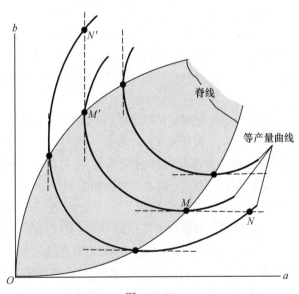

图 11.11

这意味着等产量曲线的斜率可以表示成
$$\frac{\mathrm{d}b}{\mathrm{d}a} = -\frac{Q_a}{Q_b}, \quad \left(= -\frac{\mathrm{MPP}_a}{\mathrm{MPP}_b} \right) \quad (11.40)$$

因此,要使 Q_a 和 Q_b 均为正,必须把厂商的投入选择限定在等产量曲线斜率为负的弧段内。在图 11.11 中,经营的相关领域是由两条所谓的"脊线"所确定的阴影区域。在阴影区域外,等产量曲线的斜率为正,一种投入的边际产品必定为负。例如,由投入组合 M 移至 N,表明投入 b 保持不变时增加投入 a,使我们达到较低的等产量线(一个较小的产出),因此,Q_a 必定为负。类似地,M' 移至 N' 表明 Q_b 为负。注意,当我们将注意力集中于阴影区域时,每一等产量线可以视为形式为 $b=\phi(a)$ 的函数,因为对于每一个可接受的 a 值,等产量线确定了一个唯一的 b 值。

二阶条件由 π 的二阶偏导数决定,而 π 的二阶偏导数可以从 (11.38) 求得。记住,作为导数,Q_a 和 Q_b 本身是变量 a 和 b 的函数,我们可以求得 $\pi_{aa}, \pi_{ab}=\pi_{ba}$ 和 π_{bb},将它们整理,写出海塞矩阵:

$$|H| = \begin{vmatrix} \pi_{aa} & \pi_{ab} \\ \pi_{ab} & \pi_{bb} \end{vmatrix} = \begin{vmatrix} P_0 Q_{aa} \mathrm{e}^{-rt} & P_0 Q_{ab} \mathrm{e}^{-rt} \\ P_0 Q_{ab} \mathrm{e}^{-rt} & P_0 Q_{bb} \mathrm{e}^{-rt} \end{vmatrix}, \quad (11.41)$$

要使 π 的稳定值为极大值,其充分条件是

$|H_1| < 0,$ [即 $\pi_{aa} < 0$,当且仅当 $Q_{aa} < 0$ 时,可得到 $\pi_{aa} < 0$。]

$|H_2| = |H| > 0,$ [即 $\pi_{aa} \cdot \pi_{bb} > \pi_{ab}^2$,当且仅当 $Q_{aa} Q_{bb} > Q_{ab}^2$ 时,可得到 $\pi_{aa} \pi_{bb} > \pi_{ab}^2$。]

由此我们知道,二阶条件既可以通过导数 π_{ij} 也可以通过导数 Q_{ij} 来检验;至于在检验中运用哪个,视方便程度而定。

符号 Q_{aa} 表示当投入 b 固定而投入 a 变化时,$Q_a (\equiv \mathrm{MPP}_a)$ 的变化率;类似地,Q_{bb} 表示仅当投入 b 变化时 $Q_b (\equiv \mathrm{MPP}_b)$ 的变化率。所以二阶充分条件部分地规定了两种投入的 MPP 在选定投入水平 a^* 和 b^* 是递减的。但要注意到,MPP_a 和 MPP_b 的递减并不能确保二阶条件的满足,因为二阶条件还包括 $Q_{ab} = Q_{ba}$ 的大小,它度量当一种投入的数量变化时,另一投入的 MPP 的变化率。

通过进一步考察可以揭示出,正如一阶条件在选定的投入组合(如图 11.11 阴影区域所示)中确定了等产量曲线斜率为负一样,二阶充分条件确定了同一等产量曲线在选定的投入产出组合为严格

凸。等产量曲线的曲率与二阶导数 d^2b/da^2 的符号有关。要求得此二阶导数,必须将(11.40)对 a 求全微分,记住 Q_a 和 Q_b 均为 a 与 b 的函数,且在等产量曲线上,b 本身是 a 的函数,即

$$Q_a = Q_a(a,b), \quad Q_b = Q_b(a,b) \quad \text{和} \quad b = \phi(a),$$

因此可求全微分如下:

$$\frac{d^2b}{da^2} = \frac{d}{da}\left(-\frac{Q_a}{Q_b}\right) = -\frac{1}{Q_b^2}\left[Q_b \frac{dQ_a}{da} - Q_a \frac{dQ_b}{da}\right], \quad (11.42)$$

因在等产量曲线上,b 为 a 的函数,由全导数公式(8.9)可知:

$$\frac{dQ_a}{da} = \frac{\partial Q_a}{\partial b}\frac{db}{da} + \frac{\partial Q_a}{\partial a} = Q_{ba}\frac{db}{da} + Q_{aa},$$

$$\frac{dQ_b}{da} = \frac{\partial Q_b}{\partial b}\frac{db}{da} + \frac{\partial Q_b}{\partial a} = Q_{bb}\frac{db}{da} + Q_{ab}, \quad (11.43)$$

将(11.40)代入(11.43)后,再将后者代入(11.42),则我们可以将二阶导数重写成

$$\frac{d^2b}{da^2} = -\frac{1}{Q_b^2}\left[Q_{aa}Q_b - Q_{ba}Q_a - Q_{ab}Q_a + Q_{bb}Q_a^2\left(\frac{1}{Q_b}\right)\right]$$

$$= -\frac{1}{Q_b^3}[Q_{aa}(Q_b)^2 - 2Q_{ab}(Q_a)(Q_b) + Q_{bb}(Q_a)^2],$$

$$(11.44)$$

应注意到,第二行括号中的表达式是两个变量 Q_a 和 Q_b 的二次型。若二阶充分条件得到满足,那么

$$Q_{aa} < 0 \quad \text{和} \quad \begin{vmatrix} Q_{aa} & -Q_{ab} \\ -Q_{ab} & Q_{bb} \end{vmatrix} > 0,$$

则根据(11.11′),上面所说的二次型必然为负定。这又将使 d^2b/da^2 为正,因为 Q_b 已被一阶条件限定为正。因此,二阶充分条件的满足意味着相关的(斜率为负的)等产量线在选定的投入组合为严格凸,这与我们前面的结论一致。

严格凸性的概念应用于等产量曲线 $b = \phi(a)$ 时,应与将此概念应用于生产函数 $Q(a,b)$ 作严格的区分。$b = \phi(a)$ 是在二维 ab 平面中绘出的,而 $Q(a,b)$ 则是在三维 abQ 空间中绘出的。特别要注意,如果我们把严格凹性或严格凸性的概念应用于这里的生产函数,以

便产生所需要的等产量曲线形状,适当的规定是 $Q(a,b)$ 在三维空间中为严格凹(呈山丘形),这与规定相关的等产量曲线在二维空间中为严格凸(呈 U 形或 U 形的一部分)形成了鲜明的对照。

例 7 (接例 6)其次,假设利息按季度计算复利,已知每季度利率为 i_0。还假设生产过程恰好需一季度完成。利润函数则变成

$$\pi = P_0 Q(a,b)(1+i_0)^{-1} - aP_{a0} - bP_{b0},$$

现在求得一阶条件为

$$P_0 Q_a (1+i_0)^{-1} - P_{a0} = 0,$$
$$P_0 Q_b (1+i_0)^{-1} - P_{b0} = 0,$$

除了贴现方式不同外,其分析解释与例 6 完全相同。

读者可能已经看到,例 6 中推导的充分条件也需要在这里应用。

练习 11.6

1. 若例 1 中的竞争厂商拥有成本函数 $C = 2Q_1^2 + 2Q_2^2$,则
   (a) 两产品的生产仍存在技术相关性吗?
   (b) Q_1 和 Q_2 的新的最优水平是多少?
   (c) π_{12} 的值是多少?如何解释其经济含义?

2. 一个两产品厂商的需求函数和成本函数如下:
   $$Q_1 = 40 - 2P_1 - P_2, \quad Q_2 = 35 - P_1 - P_2, \quad C = Q_1^2 + 2Q_2^2 + 10.$$
   (a) 求满足利润最大化一阶条件的产出水平。(结果用分数表示。)
   (b) 检验二阶充分条件。你能断定此题只有一个绝对极大值吗?
   (c) 最大利润为多少?

3. 在例 4 的均衡价格和均衡利润的基础上,计算需求的点弹性 $|\varepsilon_{di}|$ ($i = 1, 2, 3$)。哪个市场的需求弹性最高?哪个市场的需求弹性最低?

4. 若例 4 的成本函数变为 $C = 20 + 15Q + Q^2$:
   (a) 求新的边际成本函数。
   (b) 求新的均衡数量。(用分数表示结果。)
   (c) 求新的均衡价格。
   (d) 验证二阶充分条件是满足的。

5. 在例 7 中,若下列条件成立,你如何重新写出利润函数?
   (a) 年利率 i_0,按半年计算复利,且生产过程为 1 年。

(b) 年利率 i_0，按季度计算复利，生产过程为 9 个月。

6 给定 $Q = Q(a,b)$，你如何用代数形式表示比如产出水平为 260 的等产量线。

11.7 最优化的比较静态方面

最优化作为一种特殊类型的比较静态分析，自然也可以用于研究比较静态方面的问题。其思想仍然是求出任意参数的变化将如何影响模型的均衡状态；在这里模型的均衡状态是指选择变量的最优值（以及目标函数的最优值）。除了在第三篇中讨论的内容之外，这里并不涉及新的技术，我们在上节介绍的例子的基础上，直接展开陈述。

简化型解

11.6 节中的例 1 包含两个参数（或外生变量）P_{10} 和 P_{20}，因此，毫不奇怪，这个两产品厂商的最优产出水平可严格地按照这两个参数表示：

$$Q_1^* = \frac{4P_{10} - P_{20}}{15} \quad \text{和} \quad Q_2^* = \frac{4P_{20} - P_{10}}{15},$$

这两个是简化型解，简单的偏导数便足以告诉我们模型的比较静态性质，即

$$\frac{\partial Q_1^*}{\partial P_{10}} = \frac{4}{15}, \quad \frac{\partial Q_1^*}{\partial P_{20}} = -\frac{1}{15}, \quad \frac{\partial Q_2^*}{\partial P_{10}} = -\frac{1}{15}, \quad \frac{\partial Q_2^*}{\partial P_{20}} = \frac{4}{15},$$

要获得最大利润，当某产品价格上升或另一种产品价格下降时，厂商应扩大该产品的产量。

当然，这些结论仅在所研究模型的特定假设下才成立。我们特别应当指出，P_{10} 变化对 Q_2^* 的影响以及 P_{20} 变化对 Q_1^* 的影响是假设两产品在生产方面存在技术相关性的结果。在不存在这种技术相关性时，我们有

$$\frac{\partial Q_1^*}{\partial P_{20}} = \frac{\partial Q_2^*}{\partial P_{10}} = 0.$$

现在考察例2,我们注意到最优产出水平是以数字表述的,$Q_1^* = 8, Q_2^* = 7\frac{2}{3}$——没有参数出现。事实上,模型方程所有的常数均是数字而非参数,所以当我们进入求解阶段时,经过算术运算过程,这些常数均已失去了其各自的特性。这表明由于使用数字常数缺乏一般性,所以均衡解的结果也缺乏比较静态含义。

另一方面,不使用数字常数就不能保证一个问题能自然符合比较静态分析的要求。比如,价格歧视问题(例3)基本上是为研究均衡(利润最大化)条件而设立的,没有引进任何参数。相应地,尽管按照一般函数形式表述,若比较静态研究需要,重新按照公式表述也是必要的。

一般函数模型

例6中的投入决策问题表明一般函数公式确实包含了几个参数——事实上不少于五个(P_0, P_{a0}, P_{b0}, r 和 t),这里我们同以前一样,省略了外生变量 r_0 和 t_0 的下标。我们如何推导此模型的比较静态性质呢?

答案仍在于应用隐函数定理。但是,这次与市场或国民收入决定的非目标均衡模型不同,在现在的目标均衡中,我们利用最优化的一阶条件,而在非目标均衡中,我们利用模型的均衡条件。对于例6而言,这些条件表述在(11.39)中。将(11.39)中各项移至等号左边,并使 Q_a 和 Q_b 表示成内生(选择)变量 a 和 b 的显性函数,我们可以将在(8.24)中的一阶条件重写成如下形式:

$$F^1(a, b; P_0, P_{a0}, P_{b0}, r, t) = P_0 Q_a(a, b) e^{-rt} - P_{a0} = 0,$$
$$F^2(a, b; P_0, P_{a0}, P_{b0}, r, t) = P_0 Q_b(a, b) e^{-rt} - P_{b0} = 0,$$

$$(11.45)$$

假设函数 F^1 和 F^2 拥有连续导数。如果此方程组对内生变量 a, b 的雅可比行列式在初始均衡时不为零,则可以应用隐函数定理。这里所说的雅可比行列式只不过是例6中 π 函数的海塞行列式:

$$|J| = \begin{vmatrix} \dfrac{\partial F^1}{\partial a} & \dfrac{\partial F^1}{\partial b} \\ \dfrac{\partial F^2}{\partial a} & \dfrac{\partial F^2}{\partial b} \end{vmatrix} = \begin{vmatrix} P_0 Q_{aa} \mathrm{e}^{-rt} & P_0 Q_{ab} \mathrm{e}^{-rt} \\ P_0 Q_{ab} \mathrm{e}^{-rt} & P_0 Q_{bb} \mathrm{e}^{-rt} \end{vmatrix} = |H|,$$

$$[\text{由}(11.41)] \tag{11.46}$$

因此,若我们假设利润最大化的二阶充分条件得到满足,则在初始均衡或极值处,$|H|$ 必定为正,$|J|$ 也可正。在这种情况下,根据隐函数定理,我们可以写出以下两个隐函数

$$\begin{aligned} a^* &= a^*(P_0, P_{a0}, P_{b0}, r, t), \\ b^* &= b^*(P_0, P_{a0}, P_{b0}, r, t), \end{aligned} \tag{11.47}$$

以及以下两个恒等式

$$\begin{aligned} P_0 Q_a(a^*, b^*) \mathrm{e}^{-rt} - P_{a0} &\equiv 0, \\ P_0 Q_b(a^*, b^*) \mathrm{e}^{-rt} - P_{b0} &\equiv 0. \end{aligned} \tag{11.48}$$

为研究此模型的比较静态性质,首先取(11.48)中每个恒等式的全微分。暂时我们允许外生变量变化,所以全微分的结果将包含 $\mathrm{d}a^*, \mathrm{d}b^*$ 以及 $\mathrm{d}P_0, \mathrm{d}P_{a0}, \mathrm{d}P_{b0}, \mathrm{d}r$ 和 $\mathrm{d}t$。如果我们将等号左边仅放置那些包含 $\mathrm{d}a^*$ 和 $\mathrm{d}b^*$ 的项,则结果将为

$$\begin{aligned} P_0 Q_{aa} \mathrm{e}^{-rt} \mathrm{d}a^* &+ P_0 Q_{ab} \mathrm{e}^{-rt} \mathrm{d}b^* \\ &= -Q_a \mathrm{e}^{-rt} \mathrm{d}P_0 + \mathrm{d}P_{a0} + P_0 Q_a t \mathrm{e}^{-rt} \mathrm{d}r + P_0 Q_a r \mathrm{e}^{-rt} \mathrm{d}t, \\ P_0 Q_{ab} \mathrm{e}^{-rt} \mathrm{d}a^* &+ P_0 Q_{bb} \mathrm{e}^{-rt} \mathrm{d}b^* \\ &= -Q_b \mathrm{e}^{-rt} \mathrm{d}P_0 + \mathrm{d}P_{b0} + P_0 Q_b t \mathrm{e}^{-rt} \mathrm{d}r + P_0 Q_b r \mathrm{e}^{-rt} \mathrm{d}t, \end{aligned} \tag{11.49}$$

应注意,Q 的一阶和二阶导数均在均衡处,亦即在 a^* 和 b^* 处计值。读者还要注意左边 $\mathrm{d}a^*$ 和 $\mathrm{d}b^*$ 的系数正好是(11.46)中雅可比行列式的元素。

为导出具体的比较静态导数(共有 10 个,为什么?),我们现在每次仅允许一个外生变量发生变化。假设我们仅允许 P_0 变化,则 $\mathrm{d}P_0 \neq 0$,但 $\mathrm{d}P_{a0} = \mathrm{d}P_{b0} = \mathrm{d}r = \mathrm{d}t = 0$,所以在(11.49)中每个方程的右边只剩下第一项。以 $\mathrm{d}P_0$ 通除,并将比率 $\mathrm{d}a^*/\mathrm{d}P_0$ 解释为比较静态导数($\partial a^*/\partial P_0$),并将比率 $\mathrm{d}b^*/\mathrm{d}P_0$ 也作类似解释,则我们可以写

出矩阵方程

$$\begin{bmatrix} P_0 Q_{aa} e^{-rt} & P_0 Q_{ab} e^{-rt} \\ P_0 Q_{ab} e^{-rt} & P_0 Q_{bb} e^{-rt} \end{bmatrix} \begin{bmatrix} (\partial a^*/\partial P_0) \\ (\partial b^*/\partial P_0) \end{bmatrix} = \begin{bmatrix} -Q_a e^{-rt} \\ -Q_b e^{-rt} \end{bmatrix},$$

由克莱姆法则,求得解为

$$\left(\frac{\partial a^*}{\partial P_0} \right) = \frac{(Q_b Q_{ab} - Q_a Q_{bb}) P_0 e^{-2rt}}{|J|},$$

$$\left(\frac{\partial b^*}{\partial P_0} \right) = \frac{(Q_a Q_{ab} - Q_b Q_{aa}) P_0 e^{-2rt}}{|J|}, \tag{11.50}$$

如果你愿意,还可以用其他方法得到这些结果:你可以将(11.48)中的两个恒等式对 P_0 求全微分(使其他四个外生变量保持不变),但要记住 P_0 可通过(11.47)影响 a^* 和 b^*。

现在我们来分析(11.50)中比较静态导数的符号。在二阶充分条件满足的假设下,分母中的雅可比行列式必定为正。正如一阶条件意味着 Q_a 和 Q_b 为正一样,二阶条件也意味着 Q_{aa} 和 Q_{bb} 为负。而且,表达式 $P_0 e^{-2rt}$ 必然为正,因此,若 $Q_{ab} > 0$(若增加一种投入将提高另一投入的 MPP),我们可以得出结论:$(\partial a^*/\partial P_0)$ 和 $(\partial b^*/\partial P_0)$ 均为正,这意味着产品价格的提高将导致均衡时两种投入使用量的增加。另一方面,若 $Q_{ab} < 0$,(11.50)中每个导数的符号将取决于右边括号中表达式的正项与负项的相对大小。

其次,仅令外生变量 r 变化。则(11.49)中右边各项除了含 dr 的项以外,均为零。以 $dr \neq 0$ 通除,我们现在可得到如下矩阵方程:

$$\begin{bmatrix} P_0 Q_{aa} e^{-rt} & P_0 Q_{ab} e^{-rt} \\ P_0 Q_{ab} e^{-rt} & P_0 Q_{bb} e^{-rt} \end{bmatrix} \begin{bmatrix} (\partial a^*/\partial r) \\ (\partial b^*/\partial r) \end{bmatrix} = \begin{bmatrix} P_0 Q_a t e^{-rt} \\ P_0 Q_b t e^{-rt} \end{bmatrix},$$

其解为

$$\left(\frac{\partial a^*}{\partial r} \right) = \frac{t(Q_a Q_{bb} - Q_b Q_{ab})(P_0 e^{-rt})^2}{|J|},$$

$$\left(\frac{\partial b^*}{\partial r} \right) = \frac{t(Q_b Q_{aa} - Q_a Q_{ab})(P_0 e^{-rt})^2}{|J|}, \tag{11.51}$$

若 Q_{ab} 为正,这两个比较静态导数为负,但若 Q_{ab} 为负,则其符号不确定。

同类似的步骤,我们可以求出余下参数变化的影响。实际上,考虑到(11.48)中 r 和 t 的对称性,立即就可以明了($\partial a^*/\partial t$)和($\partial b^*/\partial t$)必然会有与(11.51)类似的形式。

P_{a0} 和 P_{b0} 变化的影响留给读者自己分析。正如你将发现的那样,二阶充分条件的符号限制在计算比较静态导数时仍然是有用的,因为它可以告诉我们 Q_{aa}、Q_{bb} 的符号,以及在初始均衡(最优值)处雅可比行列式 $|J|$ 的符号。因此,除了区分极大值和极小值外,二阶条件在均衡状态移动的研究中,也发挥非常重要的作用。

练习 11.7

对于如下三个问题,假设 $Q_{ab} > 0$。

1 在(11.45)至(11.48)所描述模型的基础上,求比较静态导数($\partial a^*/\partial P_{a0}$)和($\partial b^*/\partial P_{a0}$)。解释此结果的经济意义。并分析 P_{b0} 变化对 a^* 和 b^* 的影响。

2 对于11.6节中例7的问题:

(a) 其中有多少个参数?请分别列出每个参数。

(b) 按照(11.45)至(11.50)所描述的步骤,并假设满足二阶充分条件,求比较静态导数($\partial a^*/\partial P_0$)和($\partial b^*/\partial P_0$)。判断其符号并解释其经济意义。

(c) 求($\partial a^*/\partial i_0$)和($\partial b^*/\partial i_0$),判断其符号并解释其经济含义。

3 证明(11.50)的结果还可以通过将(11.48)中的两个恒等式对 P_0 求全微分,同时保持其他外生变量不变的方法得到。记住,由于(11.47),P_0 能够对 a^* 和 b^* 产生影响。

4 雅可比行列式,正如(7.27)所定义那样,由一阶偏导数构成。而海塞行列式,如11.3节和11.4节所定义那样,其元素则是二阶偏导数,那么,如何才能像(11.46)那样,证明 $|J| = |H|$?

第12章　具有约束方程的最优化

第11章提供了求具有两个或多个选择变量目标函数相对极值的一般方法。这些讨论的一个重要特征是所有的选择变量彼此独立无关,在这个意义上,关于一个选择变量的决策不会对其他变量产生任何影响。例如,一个两产品厂商可以选择他所期望的任意 Q_1 值和 Q_2 值,这两种选择不会彼此限制。

但是,如果上面所提到的厂商需要遵守形式为 $Q_1 + Q_2 = 950$ 的约束(比如生产配额),那么,选择变量间的独立性便不存在了。在这种情况下,厂商利润最大化的产出水平 Q_1^* 和 Q_2^* 不仅同时确定,而且还彼此依赖,因为要维持在950的配额内,Q_1^* 提高,Q_2^* 便要相应降低。这种新的需要满足生产配额的最优化称作约束最优化,它一般有别于第11章所讨论的自由最优化。

一个约束,比如上面提到的生产配额,确立了两个变量在充当选择变量时的关系,但这种关系与其他类型的将两个变量联系在一起的关系是不同的。比如,在11.6节例2中,厂商的两种产品在生产(反映在成本函数中)和消费(替代关系)方面存在着相互联系,但这并不是约束最优化问题,因为两个产出变量作为选择变量依然是独立无关的。

在本章,我们将仅考察等式约束,比如 $Q_1 + Q_2 = 950$ 等。我们主要关注的是相对约束极值,尽管在12.4节我们也讨论绝对极值。

12.1　约束的影响

施加约束的基本目的是对在所讨论的最优化问题中存在的某些限制因素给出合理的认识。

我们已经看到对产出选择的限制会导致生产配额。为进一步对此进行解释,我们考察一个具有简单效用函数的消费者

$$U = x_1 x_2 + 2x_1, \tag{12.1}$$

因为边际效用——偏导数 $U_1 \equiv \partial U/\partial x_1$ 和 $U_2 \equiv \partial U/\partial x_2$——对所有的正的 x_1 和 x_2 均为正,要使 U 最大化而不施加任何约束,该消费者将购买无穷多数量的两种商品,此解显然没有任何实际意义。为使得此最优化问题有意义,我们必须考虑消费者的购买力问题,即把预算约束纳入问题之中。如果消费者在两种商品上准备支付的总额为 60 美元,两种商品价格为 $P_{10}=4$ 和 $P_{20}=2$,则预算约束可以用线性方程表示:

$$4x_1 + 2x_2 = 60. \tag{12.2}$$

这个约束,同前面提到的生产配额一样,使得 x_1^* 和 x_2^* 的选择相互依赖。

现在的问题是在(12.2)约束下,使(12.1)最大化。从数学上看,约束(也称限制、边条件或附加条件)的作用在于缩小定义域,从而缩小目标函数的值域。(12.1)的定义域正常情况下为集合 $\{(x_1, x_2) \mid x_1 \geq 0, x_2 \geq 0\}$。从图形上看,此定义域是由图 12.1(a)中 $x_1 x_2$ 平面中的非负象限表示的。但加上预算约束(12.2)以后,我们只能接受那些满足后一方程的变量值,所以定义域立即缩减为位于预算线上点的集合。这自然也会影响到目标函数的值域,只有位于预算约束线正上方的效用曲面的子集,才是相关的值域。刚才提到的子集(曲面的截痕)看起来像图 12.1(b)中的曲线,其中 U 标在纵轴上,而图(a)中的预算线则绘在横轴上。那么,我们感兴趣的是确定图(b)中曲线的极大值。

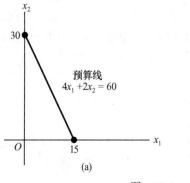

图 12.1

一般而言,对于函数 $z=f(x,y)$,约束极值与自由极值的差别可以通过图 12.2 中的三维图形来描述。在此特定图形中,自由极值是整个山丘的峰值,而约束极值是位于约束线正上方的倒 U 形曲线的峰值。一般情况下,可以预期约束极值要小于自由极值,尽管偶然情况下它们也可能恰巧相等。但约束极值永远不能大于自由极值。

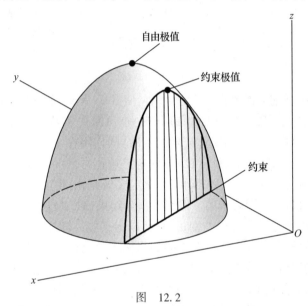

图 12.2

值得注意的是,如果我们增加另一个约束,此约束与第一个约束在 xy 平面上相交于一个点,则这两个约束的结合使定义域限定在这个点上。因而确定极值变得极其简单。在一个有意义的问题中,约束的数量和性质应当是限制选择的可能性,而不是排除选择的可能性。一般而言,约束的数量应少于选择变量的数量。

12.2 求稳定值

即使不运用新的求解方法,像在(12.1)和(12.2)中所定义的简单约束极值也可以轻松求出。因为约束(12.2)意味着

$$x_2 = \frac{60 - 4x_1}{2} = 30 - 2x_1, \tag{12.2'}$$

我们可以通过把(12.2′)代入(12.1)而将约束与目标函数结合起来。结果得到一个具有一元变量的目标函数：

$$U = x_1(30 - 2x_1) + 2x_1 = 32x_1 - 2x_1^2,$$

它可以用早已知道的方法求解。令 $dU/dx_1 = 32 - 4x_1 = 0$，我们可以得到解 $x_1^* = 8$，利用(12.2′)马上可以得到 $x_2^* = 30 - 2(8) = 14$。由(12.1)，我们可以得到稳定值 $U^* = 128$，又因二阶导数 $d^2U/dx_1^2 = -4 < 0$，所以稳定值亦即(约束)极大值。①

但是，当约束函数本身是一个复杂的函数，或者存在几个需要考虑的约束时，以代入法和消元法求解变得非常麻烦。更重要的是，当约束以这种形式出现：即我们不能解约束方程，从而将一个变量(x_2)表示成另一个变量(x_1)的显函数，那么，即使知道 x_2 是 x_1 的隐函数，亦即即使隐函数定理的条件得到满足，实际上也难以应用消元法。在这种情况下，我们可以借助于拉格朗日(待定)乘数法。正如我们将要看到的那样，拉格朗日乘数法具有别具一格的分析优势。

拉格朗日乘数法

拉格朗日乘数法的实质是将约束极值问题转化成这样一种形式，从而使得自由极值问题的一阶条件仍可以应用。

给定 $U = x_1x_2 + 2x_1$，约束条件 $4x_1 + 2x_2 = 60$ [由(12.1)和(12.2)]，求 U 的极大值。我们先写出所谓的拉格朗日函数，它是容纳了约束条件的目标函数的一种变形：

$$Z = x_1x_2 + 2x_1 + \lambda(60 - 4x_1 - 2x_2), \tag{12.3}$$

符号 λ(希腊字母 Lambda)表示一个尚未确定的数，称作拉格朗日(待定)乘数。如果我们能设法确定 $4x_1 + 2x_2 = 60$，约束条件得到满足，那么，无论 λ 取何值，(12.3)最后一项都将为零。在此情况下，Z 将等于 U。这样，避开了约束条件，对于两个变量 x_1 和 x_2，我们就可

---

① 读者回忆一下练习 9.4-2 中的花坛问题，使用过同样的代入法，即用约束条件(供使用的金属网数量)从两个变量中消去一个变量(花坛的长度或宽度)，求出最大面积。

以求 Z 的自由极值来代替 U 的约束极值。问题是：我们如何才能使 (12.3) 中括号内的表达式为零呢？

达到此目的的办法之一就是将 λ 视为 (12.3) 中的一个额外的变量，即视 Z 为 $Z = Z(\lambda, x_1, x_2)$。这样，自由极值的一阶条件将由下列联立方程组决定：

$$\begin{aligned} Z_\lambda (\equiv \partial Z/\partial \lambda) &= 60 - 4x_1 - 2x_2 = 0, \\ Z_1 (\equiv \partial Z/\partial x_1) &= x_2 + 2 - 4\lambda = 0, \\ Z_2 (\equiv \partial Z/\partial x_2) &= x_1 - 2\lambda = 0, \end{aligned} \quad (12.4)$$

而且第一个方程将自动保证满足约束条件。因此，通过将约束纳入拉格朗日函数，将拉格朗日乘数作为额外变量，就可以将 Z 视为三个选择变量的自由函数，通过筛选 Z 的稳定值，我们便可得到约束极值 U^*（两个选择变量）。

解 (12.4)，求出变量的临界值，我们得到 $x_1^* = 8, x_2^* = 14$（和 $\lambda^* = 4$）。正如我们所预料的那样，x_1^* 和 x_2^* 的值可与用代入法得到的答案进行核对。而且，显然由 (12.3) 可知，$Z^* = 128$。这与前面求得的 U^* 值是一致的。

一般而言，给定目标函数

$$z = f(x, y), \quad (12.5)$$

满足约束条件

$$g(x, y) = c, \quad (12.6)$$

其中 c 是一个常数①，我们可以将拉格朗日函数写成

$$Z = f(x, y) + \lambda [c - g(x, y)], \quad (12.7)$$

对于 Z（可把 Z 视为三个变量 λ, x 和 y 的函数）的稳定值，必要条件是

$$\begin{aligned} Z_\lambda &= c - g(x, y) = 0, \\ Z_x &= f_x - \lambda g_x = 0, \\ Z_y &= f_y - \lambda g_y = 0, \end{aligned} \quad (12.8)$$

---

① 还可以将常数 c 归并到约束函数中，使得 (12.6) 表现为 $G(x, y) = 0$，其中 $G(x, y) = g(x, y) - c$。在这种情况下，(12.7) 被变换成 $Z = f(x, y) + \lambda [0 - G(x, y)] = f(x, y) - \lambda G(x, y)$。选择 (12.6) 这种形式是因为它便于研究后面约束常数变化的比较静态效果 [请参见 (12.16)]。

因为(12.8)中的第一个方程仅是(12.6)的重新表述,拉格朗日函数 Z 的稳定值自然满足原函数 z 的约束。而且因为表达式 $\lambda[c - g(x,y)]$ 现在必然为零,所以(12.7)中 Z 的稳定值必然与满足约束(12.6)的(12.5)的稳定值一致。

我们用以下两个例子描述这种方法。

例1 求函数
$$z = xy, \quad 满足约束 x + y = 6$$
的极值。第一步是写出拉格朗日函数:
$$Z = xy + \lambda(6 - x - y)$$
为求 Z 的一个稳定值,必须
$$\left.\begin{aligned} Z_\lambda &= 6 - x - y = 0, \\ Z_x &= y - \lambda = 0, \\ Z_y &= x - \lambda = 0, \end{aligned}\right\} 或 \begin{cases} x + y = 6, \\ -\lambda + y = 0, \\ -\lambda + x = 0, \end{cases}$$
因此,根据克莱姆法则或者其他方法,我们可求得:
$$\lambda^* = 3, \quad x^* = 3, \quad y^* = 3,$$
此稳定值为 $Z^* = z^* = 9$,在我们确定它为极大值还是极小值(或两者都不是)之前,还需要对其进行二阶条件检验。这个检验我们到12.3节再做。

例2 求函数
$$z = x_1^2 + x_2^2, \quad 满足 x_1 + 4x_2 = 2,$$
拉格朗日函数为
$$Z = x_1^2 + x_2^2 + \lambda(2 - x_1 - 4x_2),$$
稳定值的必要条件为
$$\left.\begin{aligned} Z_\lambda &= 2 - x_1 - 4x_2 = 0, \\ Z_1 &= 2x_1 - \lambda = 0, \\ Z_2 &= 2x_2 - 4\lambda = 0 \end{aligned}\right\} 或 \begin{cases} x_1 + 4x_2 = 2, \\ -\lambda + 2x_1 = 0, \\ -4\lambda + 2x_2 = 0, \end{cases}$$
因此由解
$$\lambda^* = \frac{4}{17}, \quad x_1^* = \frac{2}{17}, \quad x_2^* = \frac{8}{17},$$
所定义的 Z 的稳定值是 $Z^* = z^* = \dfrac{4}{17}$。同样,若我们要确定 z^* 是极

大值还是极小值,还应进行二阶条件检验。

全微分法

在讨论 $z=f(x,y)$ 的自由极值时,我们知道一阶必要条件可按全微分 dz 表示如下

$$dz = f_x dx + f_y dy, \qquad (12.9)$$

这种表述在加入约束 $g(x,y)=c$ 后仍然成立。但是在出现这个约束后,我们不能再像以前那样将 dx 和 dy 视作"任意"变化的量,因为若 $g(x,y)=c$,则 dg 必定等于 dc,因为 c 是常数,dc 为零。因此

$$(dg =) g_x dx + g_y dy = 0, \qquad (12.10)$$

而且这个联系使 dx 和 dy 彼此相关。这样,一阶必要条件变成 $dz=0$ [(12.9)],满足约束 $g=c$,因此也满足 $dg=0$ [(12.10)]。考察(12.9)和(12.10),应该明确,为满足这一必要条件,我们必须有

$$\frac{f_x}{g_x} = \frac{f_y}{g_y}, \qquad (12.11)$$

解(12.10)求 dy,并将此结果代入(12.9),可以验证这一结果。条件(12.11)与约束 $g(x,y)=c$ 一起构成了两个方程,由此可以求出 x 和 y 的临界值。①

全微分法能够与拉格朗日乘数法得出同样的一阶条件吗?我们将(12.8)与刚得到的结果相比较。(12.8)中的第一个方程仅是重复约束条件;新的结果也需满足这一约束。(12.8)中后两个方程可分别重写成

$$\frac{f_x}{g_x} = \lambda \quad \text{和} \quad \frac{f_y}{g_y} = \lambda, \qquad (12.11')$$

且它们与(12.11)传达完全相同的信息。但要注意全微分法只能得到 x^* 值和 y^* 值,而拉格朗日乘数法不仅可以得到 x^* 和 y^* 值,还可以得到一个直接的副产品 λ^* 值。实际上 λ^* 还是 Z^*(和 z^*)对约束

---

① 注意,约束 $g=c$ 仍可以同(12.11)一起考察,尽管在推导(12.11)时,我们利用了方程 $dg=0$,即(12.10)。虽然 $g=c$ 必然意味着 $dg=0$,但反之不成立:即 $dg=0$ 仅意味着 $g=$ 某个常数(不一定为 c)。除非明确地考察约束条件,否则问题中的有些信息就不为所知地被遗漏了。

变化敏感性的度量,对此我们马上就将证明。因此,拉格朗日乘数法由于其解中内在地包含比较静态分析的内容,所以具有特别的优势。

拉格朗日乘数的解释

为证明 λ^* 确实度量 Z^* 对约束条件变化的敏感性,我们对一阶条件(12.8)进行比较静态分析。因为 λ、x、y 均为内生变量,唯一合适的外生变量是约束参数 c。参数 c 的变化将导致 xy 平面中约束曲线的移动,从而使最优解改变。特别地,c 增加(预算增加或生产配额增加)的影响表明约束条件的放宽如何影响最优解。

要进行比较静态分析,我们仍需求助于隐函数定理。将(12.8)中三个方程取 $F^j(\lambda,x,y;c)=0(j=1,2,3)$ 的形式,并假定其具有连续偏导数,我们首先检验下列内生变量的雅可比行列式(其中 $f_{xy}=f_{yx}$ 及 $g_{xy}=g_{yx}$)

$$|J| = \begin{vmatrix} \dfrac{\partial F^1}{\partial \lambda} & \dfrac{\partial F^1}{\partial x} & \dfrac{\partial F^1}{\partial y} \\ \dfrac{\partial F^2}{\partial \lambda} & \dfrac{\partial F^2}{\partial x} & \dfrac{\partial F^2}{\partial y} \\ \dfrac{\partial F^3}{\partial \lambda} & \dfrac{\partial F^3}{\partial x} & \dfrac{\partial F^3}{\partial y} \end{vmatrix} = \begin{vmatrix} 0 & -g_x & -g_y \\ -g_x & f_{xx}-\lambda g_{xx} & f_{xy}-\lambda g_{xy} \\ -g_y & f_{xy}-\lambda g_{xy} & f_{yy}-\lambda g_{yy} \end{vmatrix}$$

(12.12)

在最优状态下不为零。当然,此时我们对此还一无所知。但我们前面已有的关于最优化问题比较静态分析的经验[参见(11.46)式的讨论]表明,雅可比行列式与二阶充分条件密切相关,且如果满足充分条件,则雅可比行列式在均衡(最优)状态为非零。我们把对此事实的证明留至 12.3 节,在 $|J|\neq 0$ 的假设下推导下面的内容。若 $|J|\neq 0$,则我们可将 λ^*,x^* 和 y^* 表示成参数 c 的隐函数:

$$\lambda^* = \lambda^*(c), \quad x^* = x^*(c) \quad \text{和} \quad y^* = y^*(c), \quad (12.13)$$

它们均具有连续导数。我们还有恒等式

$$\begin{aligned} c - g(x^*,y^*) &\equiv 0, \\ f_x(x^*,y^*) - \lambda^* g_x(x^*,y^*) &\equiv 0, \\ f_y(x^*,y^*) - \lambda^* g_x(x^*,y^*) &\equiv 0. \end{aligned} \quad (12.14)$$

现在,因 Z 的最优值取决于 λ^*, x^* 和 y^*,即

$$Z^* = f(x^*, y^*) + \lambda^*[c - g(x^*, y^*)], \qquad (12.15)$$

由(12.13),我们可将 Z^* 视为 c 的函数。将 Z^* 对 c 全微分,我们得到:

$$\begin{aligned}\frac{dZ^*}{dc} &= f_x \frac{dx^*}{dc} + f_y \frac{dy^*}{dc} + [c - g(x^*, y^*)] \frac{d\lambda^*}{dc} \\ &\quad + \lambda^* \left(1 - g_x \frac{dx^*}{dc} - g_y \frac{dy^*}{dc}\right) \\ &= (f_x - \lambda^* g_x) \frac{dx^*}{dc} + (f_y - \lambda^* g_y) \frac{dy^*}{dc} \\ &\quad + [c - g(x^*, y^*)] \frac{d\lambda^*}{dc} + \lambda^*,\end{aligned}$$

其中 f_x, f_y, g_x, g_y 均在最优处计值。但根据(12.14),上式右边的前三项全部消失,因此我们得到一个简单的结果

$$\frac{dZ^*}{dc} = \lambda^*, \qquad (12.16)$$

这就证实了我们的结论:拉格朗日乘数的解值是由参数 c 引起的约束条件变化对目标函数最优值影响的度量。

但这里也许应当提醒一次。对于这个 λ^* 的解释,特别应强调 Z 是(12.7)中的 Z。特别地,应把(12.7)中的最后一项写成 $\lambda[c - g(x,y)]$,而不能写成 $\lambda[g(x,y) - c]$。

n 个变量和多重约束的情况

如果我们将选择变量写上下标符号,就可以很容易地将拉格朗日乘数法推广至 n 个变量的情况。这样,目标函数将是这种形式

$$z = f(x_1, x_2, \cdots, x_n),$$

满足约束条件

$$g(x_1, x_2, \cdots, x_n) = c,$$

由此可知,拉格朗日函数将为

$$Z = f(x_1, x_2, \cdots, x_n) + \lambda[c - g(x_1, x_2, \cdots, x_n)],$$

其一阶条件将由下述 $(n+1)$ 个联立方程构成:

$$Z_\lambda = c - g(x_1, x_2, \cdots, x_n) = 0,$$
$$Z_1 = f_1 - \lambda g_1 = 0,$$

$$Z_2 = f_2 - \lambda g_2 = 0,$$
$$\cdots\cdots\cdots\cdots\cdots$$
$$Z_n = f_n - \lambda g_n = 0,$$

同样,上述方程中的第一个方程可以确保约束条件得到满足,虽然我们将把注意力集中于自由拉格朗日乘数。

当存在不止一个约束条件时,如果在拉格朗日函数中引入数量与约束条件相同的乘数,我们同样可以应用拉格朗日乘数法。令 n 个变量函数同时满足两个约束:

$$g(x_1, x_2, \cdots, x_n) = c \quad \text{和} \quad h(x_1, x_2, \cdots, x_n) = d,$$

则用 λ 和 μ(希腊字母 mu)表示两个待定乘数,我们可构建如下拉格朗日乘数:

$$Z = f(x_1, x_2, \cdots, x_n) + \lambda[c - g(x_1, x_2, \cdots, x_n)] + \mu[d - h(x_1, x_2, \cdots, x_n)],$$

若满足两个约束条件,即拉格朗日函数中的最后两项均为零,则此函数将与原目标函数 f 有相同的值。

将 λ 和 μ 视为两个变量,我们现在共有 $(n+2)$ 个变量,因此这种情况下的一阶条件将由 $(n+2)$ 个联立方程构成:

$$Z_\lambda = c - g(x_1, x_2, \cdots, x_n) = 0,$$
$$Z_\mu = d - h(x_1, x_2, \cdots, x_n) = 0,$$
$$Z_i = f_i - \lambda g_i - \mu h_i = 0, \quad (i = 1, 2, \cdots, n)$$

这些方程可使我们解得所有的 x_i、λ 及 μ。同前面一样,必要条件中的前两个方程实质上只是两个约束条件的重述。

练习12.2

1. 运用拉格朗日乘数法求 z 的稳定值:
   (a) $z = xy$ 满足约束 $x + 2y = 2$
   (b) $z = x(y+4)$ 满足约束 $x + y = 8$
   (c) $z = x - 3y - xy$ 满足约束 $x + y = 6$
   (d) $z = 7 - y + x^2$ 满足约束 $x + y = 0$
2. 在上题中,约束条件略微放松是增加还是降低了 z 的最优值,增加或降低的速率是多少?

3 写出下列函数的拉格朗日函数和稳定值的一阶条件(不必解方程):

(a) $z = x + 2y + 3w + xy - yw$

满足约束 $x + y + 2w = 10$

(b) $z = x^2 + 2xy + yw^2$

满足约束 $2x + y + w^2 = 24$ 和 $x + w = 8$

4 若将约束条件写成 $G(x,y) = 0$,而不是写成 $g(x,y) = c$ 的形式,那么,拉格朗日函数和一阶条件应如何修正?

5 在讨论全微分法时,我们曾指出已知约束条件 $g(x,y) = c$,可以推导出 $dg = 0$。同理我们还可以进一步推导出 $d^2g = d(dg) = d(0) = 0$。但前面在讨论函数 $z = f(x,y)$ 的非约束极值时,我们得到这样一种情况:其中 $dz = 0$ 或者伴随着 d^2z 的正定,或者伴随着其负定,但却没有 $d^2z = 0$。你如何解释这两种情况处理上的差别?

6 如果拉格朗日函数被写成 $Z = f(x,y) + \lambda[g(x,y) - c]$,而不是(12.7)那种形式,我们仍可以像(12.16)那样解释拉格朗日乘数吗? 如果存在新的解释,指出之。

12.3 二阶条件

把拉格朗日乘数作为附加变量,使得在自由极值中使用的一阶条件,也可以应用于约束极值问题。这就诱使人们想更进一步,以借用其二阶必要条件和充分条件,但并不能这样做。因为即使 Z^* 对选择变量是一个标准的极值问题,但对拉格朗日乘数来说却不是。从 (12.15)我们可以具体地看到,λ^* 不同于 x^* 和 y^*,若它被 λ 的任意其他值所取代,对 Z^* 都不会产生影响,因为 $[c - g(x^*, y^*)]$ 恒为零。因此在最优解中 λ 所充当的角色与 x 和 y 有根本的不同。① 虽

---

① 在第 13 章将要讨论的更一般的约束最优化"非线性规划"的框架中,我们将要证明,在具有不等式约束时,若 Z^* 是对 x 和 y 的极大值(或极小值),那么,它实际上是对 λ 的极小值(极大值)。换言之,点 (λ^*, x^*, y^*) 是个鞍点。现在的情况(其中 Z^* 是对 x 和 y 的真正极值,但对 λ 却是不变的)可以看做是鞍点的变形。鞍点解 (λ^*, x^*, y^*) 的性质也可以引出一个重要的概念——"对偶性"。但这一问题最好还是在后面探讨。

然在讨论一阶条件时将 λ 视为另一个选择变量没有害处,但我们必须小心,不能盲目地把自由极值中使用的二阶条件应用于现有约束条件的情况。而且,我们必须推导出新的二阶条件。正如我们将看到的,这样的条件仍然是用二阶全微分 d^2z 表述的。但由于约束条件的存在,判别准则需要作一些重要的修正。

二阶全微分

我们曾指出,由于约束 $g(x,y) = c$ 意味着 $dg = g_x dx + g_y dy = 0$, 如(12.10)中那样,dx 和 dy 不再都是任意的。当然,我们仍可以将 dx 看成任意变化的,但 dy 必被视为取决于 dx,且总可以选择 dx,以满足(12.10),即满足 $dy = -(g_x/g_y)dx$。从另一角度看,一旦 dx 值设定,dy 将取决于 g_x 和 g_y,但因导数 g_x 和 g_y 又依赖于变量 x 和 y,所以,dy 也将依赖于 x 和 y。显然,由于前面(11.6)中 d^2z 的公式是以 dx 和 dy 为任意值为基础的,所以它不再适用了。

为求出 d^2z 的新的合适的表达式,我们必须在微分时(若 dx 保持不变)将 dy 视为依赖于 x 和 y 的变量。那么,

$$\begin{aligned} d^2z = d(dz) &= \frac{\partial(dz)}{\partial x}dx + \frac{\partial(dz)}{\partial y}dy \\ &= \frac{\partial}{\partial x}(f_x dx + f_y dy)dx + \frac{\partial}{\partial y}(f_x dx + f_y dy)dy \\ &= \left[f_{xx}dx + \left(f_{xy}dy + f_y \frac{\partial dy}{\partial x}\right)\right]dx \\ &\quad + \left[f_{yx}dx + \left(f_{yy}dy + f_y \frac{\partial dy}{\partial y}\right)\right]dy \\ &= f_{xx}dx^2 + f_{xy}dy dx + f_y \frac{\partial(dy)}{\partial x}dx + f_{yx}dx dy \\ &\quad + f_{yy}dy^2 + f_y \frac{\partial(dy)}{\partial y}dy, \end{aligned}$$

因第三项和第六项可以简化为

$$f_y \left[\frac{\partial(dy)}{\partial x}dx + \frac{\partial(dy)}{\partial y}dy\right] = f_y d(dy) = f_y d^2y,$$

所以所求的 d^2z 表达式为

$$d^2z = f_{xx}dx^2 + 2f_{xy}dx dy + f_{yy}dy^2 + f_y d^2y, \qquad (12.17)$$

它与(12.6)的不同之处仅在于最后一项 $f_y \mathrm{d}^2 y$。

应注意的是,最后一项是一次的[$\mathrm{d}^2 y$ 不同于 $(\mathrm{d}y)^2$],因此,由于(12.17)中存在 $\mathrm{d}^2 y$,所以 $\mathrm{d}^2 z$ 不是二次型。但利用约束 $g(x,y)=c$,可将 $\mathrm{d}^2 z$ 变换成二次型。因为约束意味着 $\mathrm{d}g = 0$ 和 $\mathrm{d}^2 g = \mathrm{d}(\mathrm{d}g) = 0$,所以利用获得(12.17)的步骤,可以得到

$$(\mathrm{d}^2 g =) g_{xx}\mathrm{d}x^2 + 2g_{xy}\mathrm{d}x\mathrm{d}y + g_{yy}\mathrm{d}y^2 + g_y \mathrm{d}^2 y = 0,$$

解这个方程得到 $\mathrm{d}^2 y$,再将此结果代入(12.17),我们可以去掉一次表达式 $\mathrm{d}^2 y$,并将 $\mathrm{d}^2 z$ 写成如下二次型:

$$\mathrm{d}^2 z = \left(f_{xx} - \frac{f_y}{g_y}g_{xx}\right)\mathrm{d}x^2 + 2\left(f_{xy} - \frac{f_y}{g_y}g_{xy}\right)\mathrm{d}x\mathrm{d}y$$
$$+ \left(f_{yy} - \frac{f_y}{g_y}g_{yy}\right)\mathrm{d}y^2,$$

由于(12.11′),第一个加括号的系数可以化简为 $(f_{xx} - \lambda g_{xx})$,其他各项也可作类似简化。但对(12.8)中的导数进行偏微分,可以求出下列二阶导数:

$$Z_{xx} = f_{xx} - \lambda g_{xx},$$
$$Z_{xy} = f_{xy} - \lambda g_{xy} = Z_{yx},$$
$$Z_{yy} = f_{yy} - \lambda g_{yy}, \qquad (12.18)$$

它们恰为括号中的系数。因此,利用拉格朗日函数,我们最终可将 $\mathrm{d}^2 z$ 更简洁地表示如下:

$$\mathrm{d}^2 z = Z_{xx}\mathrm{d}x^2 + Z_{xy}\mathrm{d}x\mathrm{d}y + Z_{yx}\mathrm{d}y\mathrm{d}x + Z_{yy}\mathrm{d}y^2, \quad (12.17')$$

(12.17′)的系数仅是 Z 对选择变量 x 和 y 的二阶偏导数;因此,它们合在一起可产生一个海塞行列式。

二阶条件

对于 $z = f(x,y)$ 的满足约束 $g(x,y) = c$ 的约束极值,其二阶必要条件和充分条件仍由在稳定点计值的二阶全导数 $\mathrm{d}^2 z$ 的代数符号所决定。但这里有一个非常重要的变化。我们这里关注的不是对 $\mathrm{d}x$ 和 $\mathrm{d}y$(不同时为零)的所有可能值的 $\mathrm{d}^2 z$ 的有定性或半定性符号,而是满足线性约束(12.10),即 $g_x\mathrm{d}x + g_y\mathrm{d}y = 0$ 的那些 $\mathrm{d}x$ 和 $\mathrm{d}y$(不同时为零)值的 $\mathrm{d}^2 z$ 的符号。因此,二阶必要条件为:

对于 z 的极大值：d^2z 为半负定，满足 $dg = 0$，

对于 z 的极小值：d^2z 为半正定，满足 $dg = 0$；

二阶充分条件为：

对于 z 的极大值：d^2z 为负定，满足 $dg = 0$，

对于 z 的极小值：d^2z 为正定，满足 $dg = 0$。

下面，我们将集中讨论二阶充分条件。

由于满足约束 $g_x dx + g_y dy = 0$ 的数偶 (dx, dy) 仅构成了 dx 和 dy 可行集合中的一个子集，因此约束的有定性符号相对于第 11 章所讨论的非约束的有定性符号而言是不严格的，即更易于满足的。换言之，约束极值的二阶充分条件比自由极值的条件要弱。这是一个好消息，因为充分条件与必要条件不同，必要条件必须非常严格以使之成为一种有效的筛选机制，而充分条件应当弱一些，从而使极值得以存在。[①]

海塞加边行列式

如自由极值中的情况一样，可以用行列式表示约束极值的二阶充分条件。但在约束极值情况下，我们遇到的是所谓的"海塞加边行列式"，而非海塞行列式 $|H|$。

为发展这一思想作准备，我们首先分析满足线性约束的两个变量的二次型，比如

$$q = au^2 + 2huv + bv^2, \quad \text{满足约束} \quad \alpha u + \beta v = 0$$

的有定性符号的条件。因为由约束条件有 $v = -(\alpha/\beta)u$，我们可以将 q 写成仅有一个变量的函数：

$$q = au^2 - 2h\frac{\alpha}{\beta}u^2 + b\frac{\alpha^2}{\beta^2}u^2 = (a\beta^2 - 2h\alpha\beta + b\alpha^2)\frac{u^2}{\beta^2},$$

很明显，当且仅当括号中的表达式为正（负）时，q 为正（负）定。现在，恰巧下列对称行列式

---

① "百万美元银行存款"对于"能够吃得起牛排晚餐"而言，显然是一个充分条件。但这个条件极其有限的适用性使之没有什么实际价值。更有意义的充分条件也许应当像"钱包里的 20 美元"，它没有那么严格的财务要求。

$$\begin{vmatrix} 0 & \alpha & \beta \\ \alpha & a & h \\ \beta & h & b \end{vmatrix} = 2h\alpha\beta - a\beta^2 - b\alpha^2,$$

正好是上面所提到的表达式的负数。因此，我们可以表述为

当且仅当 $\begin{vmatrix} 0 & \alpha & \beta \\ \alpha & a & h \\ \beta & h & b \end{vmatrix} \begin{cases} < 0, \\ > 0, \end{cases}$

q 为 $\begin{Bmatrix} 正定 \\ 负定 \end{Bmatrix}$ 且满足 $\alpha u + \beta v = 0$。

值得注意的是，此判别标准中所运用的判别式只不过是由原来二次型的判别式 $\begin{vmatrix} a & h \\ h & b \end{vmatrix}$，上面和左面加上相同的边所构成。而且，所加的边由约束条件的两个系数 α 和 β 构成，并在主对角线上加上一个零。此加边判别式是对称的。

例 1 确定

$q = 4u^2 + 4uv + 3v^2$ 满足约束 $u - 2v = 0$ 是正定还是负定。

我们首先形成加边判别式：$\begin{vmatrix} 0 & 1 & -2 \\ 1 & 4 & 2 \\ -2 & 2 & 3 \end{vmatrix}$，此行列式由在原二次型行列式中加入约束条件 uv 的系数所构成。由于此行列式具有负值（-27），所以 q 必为正定。

当将此判别标准应用于 (12.17′) 中的二次型 d^2z 时，变量 u 和 v 分别变成 dx 和 dy，一般判别式由海塞矩阵 $\begin{vmatrix} Z_{xx} & Z_{xy} \\ Z_{yx} & Z_{yy} \end{vmatrix}$ 所构成。而且对二次型的约束为 $g_x dx + g_y dy = 0$，所以有 $\alpha = g_x, \beta = g_y$。因此，对于满足上文提到的约束中的 dx 和 dy 值，我们现在有如下关于 d^2z 定性符号的行列式判别准则：

当且仅当 $\begin{vmatrix} 0 & g_x & g_y \\ g_x & Z_{xx} & Z_{xy} \\ g_y & Z_{yx} & Z_{yy} \end{vmatrix} \begin{cases} < 0, \\ > 0 \end{cases}$

d^2z 为 $\begin{Bmatrix} \text{正定} \\ \text{负定} \end{Bmatrix}$ 满足 $dg = 0$,

上面的行列式,通常称作海塞加边行列式,用符号 $|\bar{H}|$ 表示,其中 H 上面的"−"表示边。在此基础上,我们可以得出结论:给定 $z = f(x, y)$ 或 $Z = f(x, y) + \lambda[c - g(x, y)]$ 的稳定值,$|\bar{H}|$ 为正是此稳定值为 z 的极大值的充分条件;类似地,$|\bar{H}|$ 为负是此稳定值为 z 的极小值的充分条件;$|\bar{H}|$ 中所包含的导数均在 x 和 y 的临界值计值。

现在,我们已推导出二阶充分条件。正如前面所指出的那样,验证满足此条件可确保内生变量雅可比行列式在最优状态不为零,是非常容易的事。将(12.18)代入(12.12),并以 −1 同时乘雅可比行列式的第一列和第一行(这不改变行列式的值),可以看出

$$|J| = \begin{vmatrix} 0 & g_x & g_y \\ g_x & Z_{xx} & Z_{xy} \\ g_y & Z_{yx} & Z_{yy} \end{vmatrix} = |\bar{H}|, \qquad (12.19)$$

即内生变量雅可比行列式与海塞加边行列式相等,这是一个与(11.42)类似的结果。与自由极值相联系的(11.42)表明内生变量雅可比行列式与一般海塞行列式是相等的。若在满足充分条件时,在最优状态有 $|\bar{H}| \neq 0$,则 $|J|$ 必然也不等于零。因而,在这里应用隐函数定理,以条件 $|H| \neq 0$ 代替通常的条件 $|J| \neq 0$ 是不会出错的。在第 12.5 节分析约束最优化问题时,我们就将采用这种做法。

例2 现在我们回到 12.2 节例1,确定那里求出的稳定值是极大值还是极小值。因 $Z_x = y - \lambda$,$Z_y = x - \lambda$,所以二阶偏导数为 $Z_{xx} = 0$,$Z_{xy} = Z_{yx} = 1$,$Z_{yy} = 0$。我们需要的加边元素为 $g_x = 1$,$g_y = 1$。因此求得

$$|\bar{H}| = \begin{vmatrix} 0 & 1 & 1 \\ 1 & 0 & 1 \\ 1 & 1 & 0 \end{vmatrix} = 2 > 0,$$

这证明 $z^* = 9$ 为极大值。

例3 继续看 12.2 节中的例2。我们看到 $Z_1 = 2x_1 - \lambda$ 和 $Z_2 = 2x_2 - 4\lambda$。由此得 $Z_{11} = 2$,$Z_{12} = Z_{21} = 0$,$Z_{22} = 2$。由约束 $x_1 + 4x_2 = 2$,

可以得到 $g_1 = 1$ 和 $g_2 = 4$。由此可知海塞加边行列式为

$$|\bar{H}| = \begin{vmatrix} 0 & 1 & 4 \\ 1 & 2 & 0 \\ 4 & 0 & 2 \end{vmatrix} = -34 < 0,$$

所以 $z^* = \dfrac{4}{17}$ 为极小值。

例 4 考虑一个简单的两阶段模型,其中消费者的效用是两阶段消费的函数。假设消费者效用函数是:

$$U(x_1, x_2) = x_1 x_2,$$

这里 x_1 是在时间 1 上的消费,x_2 是在时间 2 上的消费。消费者在起点时间 1 上有预算约束 B。

让 r 代表消费者可以借贷的市场利率。消费者跨期间预算是 x_1 和 x_2 现值的和等于预算 B。那么,得到:

$$x_1 + \frac{x_2}{1+r} = B.$$

这个效用最大化问题的拉格朗日函数是:

$$Z = x_1 x_2 + \lambda \left(B - x_1 - \frac{x_2}{1+r} \right),$$

一阶条件是:

$$\frac{\partial Z}{\partial \lambda} = B - x_1 - \frac{x_2}{1+r} = 0,$$

$$\frac{\partial Z}{\partial x_1} = x_2 - \lambda = 0,$$

$$\frac{\partial Z}{\partial x_2} = x_1 - \frac{\lambda}{1+r} = 0,$$

把最后两个一阶条件合并消除 λ 得到:

$$\frac{x_2}{x_1} = \frac{\lambda}{\lambda/(1+r)} = 1 + r,$$

把这个等式代入预算约束中,得到:

$$x_1^* = \frac{B}{2} \quad \text{和} \quad x_2^* = \frac{B(1+r)}{2},$$

下一步,我们检查其最大化的二阶充分条件。这个问题的海塞加边

行列式是：

$$|\bar{H}| = \begin{vmatrix} 0 & -1 & -\dfrac{1}{1+r} \\ -1 & 0 & 1 \\ -\dfrac{1}{1+r} & 1 & 0 \end{vmatrix} = \dfrac{2}{1+r} > 0,$$

因此，对于 U 的最大值的二次充分条件是满足的。

n 个变量的情况

当目标函数形式为

$$z = f(x_1, x_2, \cdots, x_n), \quad 满足\ g(x_1, x_2, \cdots, x_n) = c,$$

二阶条件仍取决于 $\mathrm{d}^2 z$ 的符号。因为 $\mathrm{d}^2 z$ 是一个变量为 $\mathrm{d}x_1, \mathrm{d}x_2, \cdots, \mathrm{d}x_n$ 的约束二次型，满足关系

$$(\mathrm{d}g =)\, g_1 \mathrm{d}x_1 + g_2 \mathrm{d}x_2 + \cdots + g_n \mathrm{d}x_n = 0,$$

$\mathrm{d}^2 z$ 正定或负定的条件中仍包含海塞加边行列式。但这次，这些条件必须表示成海塞加边主子式。

给定海塞加边行列式

$$|\bar{H}| = \begin{vmatrix} 0 & g_1 & g_2 & \cdots & g_n \\ g_1 & Z_{11} & Z_{12} & \cdots & Z_{1n} \\ g_2 & Z_{21} & Z_{22} & \cdots & Z_{2n} \\ \cdots\cdots\cdots\cdots\cdots\cdots\cdots \\ g_n & Z_{n1} & Z_{n2} & \cdots & Z_{nn} \end{vmatrix},$$

其逐次加边主子式定义为

$$|\bar{H}_2| \equiv \begin{vmatrix} 0 & g_1 & g_2 \\ g_1 & Z_{11} & Z_{12} \\ g_2 & Z_{21} & Z_{22} \end{vmatrix},\ |\bar{H}_3| \equiv \begin{vmatrix} 0 & g_1 & g_2 & g_3 \\ g_1 & Z_{11} & Z_{12} & Z_{13} \\ g_2 & Z_{21} & Z_{22} & Z_{23} \\ g_3 & Z_{31} & Z_{32} & Z_{33} \end{vmatrix} (\text{等}),$$

而最后一个加边主子式为 $|\bar{H}_n| = |\bar{H}|$。在新引入的符号中，H 上面的符号依然表示加边，而下标表示加边主子式的阶。例如，$|\bar{H}_2|$ 包括海塞行列式的二阶主子式，以及加边 $0, g_1, g_2$。其他情况也类似。$\mathrm{d}^2 z$ 为正定和负定的条件则为

当且仅当 $\begin{cases} |\bar{H}_2|, |\bar{H}_3|, \cdots, |\bar{H}_n| < 0, \\ |\bar{H}_2| > 0; |\bar{H}_3| < 0; |\bar{H}_4| > 0; 等等。 \end{cases}$

d^2z 为 $\begin{Bmatrix} 正定 \\ 负定 \end{Bmatrix}$ 满足 $dg = 0$。

表 12.1　相对约束极值的行列式检验

$z = f(x_1, x_2, \cdots, x_n)$，满足 $g(x_1, x_2, \cdots, x_n) = c$；具有拉格朗日函数
$Z = f(x_1, x_2, \cdots, x_n) + \lambda [c - g(x_1, x_2, \cdots, x_n)]$

条件	极大值	极小值
一阶必要条件	$Z_\lambda = Z_1 = Z_2 = \cdots = Z_n = 0$	$Z_\lambda = Z_1 = Z_2 = \cdots = Z_n = 0$
二阶充分条件*	$\lvert\bar{H}_2\rvert > 0; \lvert\bar{H}_3\rvert < 0;$ $\lvert\bar{H}_4\rvert > 0; \cdots; (-1)^n \lvert\bar{H}_n\rvert > 0$	$\lvert\bar{H}_2\rvert, \lvert\bar{H}_3\rvert, \cdots, \lvert\bar{H}_n\rvert < 0$

* 仅当一阶条件满足后方可应用。

在前一个条件中，从 $|\bar{H}_2|$ 开始的所有加边主子式必须都为负；在后一条件中，主子式的符号则必须交替改变。如前所述，d^2z 为正定是 z 的稳定值为极小值的充分条件，而 d^2z 为负定是 z 的稳定值为极大值的充分条件。

综上所述，我们把约束相对极值的条件归纳在表 12.1 中。但读者应认识到，表中所列判别标准是不完全的。因为二阶充分条件并不是必要条件，不满足那些判别标准并不能排除稳定值为极大值或极小值的可能性。然而，在许多经济应用中，这个相对不严格的二阶充分条件或者得到满足，或者假定得到满足，所以表中的条件已经足够了。读者将表 12.1 中的结果与表 11.2 中自由极值情况下的结果相比较，应该是有启发的。

多重约束的情况

在问题中存在一个以上的约束时，二阶条件所包含的海塞行列式也要加上一个以上的边。假设存在 n 个选择变量和形式为 $g^j(x_1, \cdots, x_n) = c_j$ 的 m 个约束（$m < n$）。那么，拉格朗日函数将为

$$Z = f(x_1, \cdots, x_n) + \sum_{j=1}^{m} \lambda_j [c_j - g^j(x_1, \cdots, x_n)],$$

海塞加边行列式将表现为

$$|\bar{H}| \equiv \begin{vmatrix} 0 & 0 & \cdots & 0 & g_1^1 & g_2^1 & \cdots & g_n^1 \\ 0 & 0 & \cdots & 0 & g_1^2 & g_2^2 & \cdots & g_n^2 \\ 0 & 0 & \cdots & 0 & g_1^m & g_2^m & \cdots & g_n^m \\ g_1^1 & g_1^2 & \cdots & g_1^m & Z_{11} & Z_{12} & \cdots & Z_{1n} \\ g_2^1 & g_2^2 & \cdots & g_2^m & Z_{21} & Z_{22} & \cdots & Z_{2n} \\ g_n^1 & g_n^2 & \cdots & g_n^m & Z_{n1} & Z_{n2} & \cdots & Z_{nn} \end{vmatrix},$$

其中,$g_i^j \equiv \partial g^j / \partial x_i$ 为约束函数的偏导数,带有双下标符号的 Z 同以前一样,表示拉格朗日函数的二阶偏导数。注意,为清晰见,我们已将海塞加边行列式分隔成四个区域。左上部的区域仅由零组成,右下部的区域只是一个普通的海塞行列式;另外两个区域则包含导数 g_i^j,它们关于主对角线呈镜像关系,因而使整个海塞加边行列式中的元素形成对称的阵列。

从 $|\bar{H}|$ 中可以形成不同的加边主子式。同前面一样,主对角线最后一个元素为 Z_{22} 的加边主子式以 $|\bar{H}_2|$ 表示。再加上一行和一列,便出现 Z_{33},我们就得到 $|\bar{H}_3|$,如此等等。运用上述符号,我们可用下列 $(n-m)$ 个加边主子式的代数符号表述二阶充分条件:

$$|\bar{H}_{m+1}|, |\bar{H}_{m+2}|, \cdots, |\bar{H}_n| \ (=|\bar{H}|),$$

对于 z 的极大值,充分条件是这些加边主子式的符号交替变换,$|\bar{H}_{m+1}|$ 的符号为 $(-1)^{m+1}$。对于 z 的极小值,充分条件是这些加边主子式均取相同符号,即都为 $(-1)^m$。

注意,由于 (-1) 的奇次幂与偶次幂的符号恰好相反,所以约束条件的数量是奇数还是偶数,导致的结果有重大不同。还应注意,当 $m=1$ 时,刚才所述的条件便简化为表 12.1 中所列的条件。

练习 12.3

1 利用海塞加边行列式确定练习 12.2-1 中得到的每一小题的 z 的稳定值是极大值还是极小值。

2 在表述约束极大值和极小值的二阶充分条件时,我们设定了$|\overline{H}_2|$,$|\overline{H}_3|$,$|\overline{H}_4|$等的代数符号,但未规定$|\overline{H}_1|$的符号。写出$|\overline{H}_1|$的适当表达式,并证明它总取负值。

3 回忆行列式性质 II(5.3 节),证明:

(a) 适当互换$|\overline{H}_2|$的两行和(或)两列,每互换一次,行列式便改变一次符号,它可以变换成

$$\begin{vmatrix} Z_{11} & Z_{12} & g_1 \\ Z_{21} & Z_{22} & g_2 \\ g_1 & g_2 & 0 \end{vmatrix}$$

(b) 用类似的步骤,$|\overline{H}_3|$可以变换成

$$\begin{vmatrix} Z_{11} & Z_{12} & Z_{13} & g_1 \\ Z_{21} & Z_{22} & Z_{23} & g_2 \\ Z_{31} & Z_{32} & Z_{33} & g_3 \\ g_1 & g_2 & g_3 & 0 \end{vmatrix}$$

上述结果对海塞行列式主子式的"加边"方式有何启发?

4 写出具有四个选择变量和两个约束条件的约束最优化问题的海塞加边行列式。然后分别写出z的极大值和极小值的具体的二阶充分条件。

12.4 拟凹性与拟凸性

11.5 节表明,对于自由极值问题,知道目标函数的凹性和凸性,可以免去检验二阶条件的必要性。在约束最优化问题中,如果曲面和超曲面具有适当类型的图形,也可能免除检验二阶条件。但这次极大值所求的图形是拟凹性(而非凹性),极小值所要求的图形是拟凸性(而非凸性)。正如我们将要证明的那样,拟凹性(拟凸性)是比凹性(凸性)弱的条件。这是必然的,因为约束极值问题所免除的二阶充分条件(仅对于那些满足 $dg=0$ 的 dx_i,d^2z 有确定的符号),比自由极值所免除的条件(对所有 dx_i,d^2z 有确定的符号)更弱。

几何特征

像凹性和凸性一样,拟凹性和拟凸性也有严格与非严格之分。我们首先介绍这些概念的几何特征:

令 u 和 v 为函数 f 定义域(凸集)中的两个不同的点,定义域中的线段 uv 在函数 f 图形上给出弧段 MN,使得点 N 高于或等于点 M。如果弧段 MN 上除点 M 和 N 外的所有点的高度均高于或等于点 M 的高度(低于或等于点 N 的高度),则称函数 f 为拟凹(拟凸)函数。如果弧段 MN 上除 M 和 N 外的所有点均严格高于点 M(严格低于点 N),则称 f 为严格拟凹(严格拟凸)函数。

由此定义可以明确,严格拟凹(严格拟凸)函数必为拟凹(拟凸)函数,但反之不成立。

为加深理解,我们考察图 12.3,其中各图均按一元函数绘成。在图 12.3(a)中,定义域中的线段 uv 在曲线上产生弧段 MN,使得 N 高于 M,这个特定的弧满足严格拟凹性的条件。但是,对于符合严格拟凹条件的曲线,所有可能的 (u,v) 对必定具有满足同样条件的弧段。图 12.3(a)中的函数确实属于这种情况。注意,此函数也满足(非严格)拟凹性的条件,但它不满足拟凸性条件,因为弧 MN 上的某些点高于 N,这是拟凸函数所不允许的。图 12.3(b)中的函数图形恰好相反。弧 $M'N'$ 上的所有点均低于 N' 点(N' 是弧 $M'N'$ 两个端点中较高的一个点),且所有的弧都可以绘成这种形状。因此图 12.3(b)中的函数为严格拟凸函数。读者可以验证,它也满足非严格拟凸条件,但不满足拟凹性条件。使图 12.3(c)有别于图 12.3(a)和 12.3(b)之处在于曲线中存在水平线段 $M''N''$,线段上各点高度相同。因此,线段——以及整个曲线——只满足拟凹性条件,但不满足严格拟凹条件。

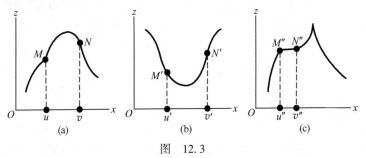

图 12.3

概言之，拟凹但不是凹的函数的图形大致像一个钟，或者其中一部分像钟。拟凸函数的图形像一个倒置的钟，或者部分像一个倒置的钟。在钟上，同时有凹和凸的弧段是可以的（尽管并不要求这样）。这个更可以接受的特征性质使得拟凹（拟凸）性条件弱于凹（凸）性条件。在图 12.4 中，我们在二元函数情况下将严格凹性与严格拟凹性进行了对比。如图所示，两个曲面均呈增函数性质，因为它们分别由山丘和钟的向上部分构成。图 12.4(a) 中的曲面是严格凹的，但图 12.4(b) 中的曲面则显然不是，因为它在接近钟的底部包含凸的部分。然而它是严格拟凹的。曲面上以 MN 和 $M'N'$ 为代表的所有弧都满足这一条件：两个端点间的每个弧上的所有点均高于较低的一个端点。回到图 12.4(a)，我们应当注意，那里的曲面也是严格拟凹的。尽管我们没有在图 12.4(a) 中绘出一条说明性的弧段 MN 及 $M'N'$，但不难验证所有可能的弧段都满足严格拟凹性条件。一般而言，严格凹函数必为严格拟凹函数，尽管反之不成立。我们在下面的章节中将更正式地证明这一点。

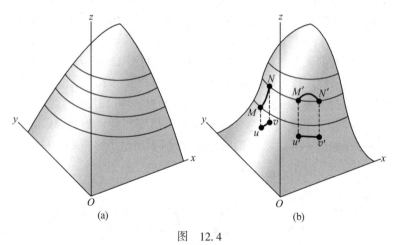

图 12.4

代数定义

上面的几何特征可以转换成更易于推广至多维情况的代数形式：

当且仅当对于函数 f 定义域(凸集)中的两个不同的点 u 和 v,和 $0<\theta<1$,

$$f(v) \geq f(u) \Longrightarrow f[\theta u+(1-\theta) v]\begin{Bmatrix}\geq f(u)\\ \leq f(v)\end{Bmatrix}, \quad (12.20)$$

f 为 $\begin{cases}\text{拟凹},\\ \text{拟凸}。\end{cases}$

为使此定义适合于严格拟凹性和严格拟凸性,需将(12.20)右边两个弱不等式变成严格不等式 $\begin{Bmatrix}>f(u)\\ <f(v)\end{Bmatrix}$。将(12.20)与(11.20)相比较,读者会得到有益的启示。

由此定义,下述三个定理成立。这些定理用函数 $f(x)$ 来阐述,其中 x 可以解释成一个向量,$x=(x_1,\cdots,x_n)$。

定理 I(函数的相反数) 若 $f(x)$ 为拟凹(严格拟凹),则 $-f(x)$ 为拟凸(严格拟凸)。

定理 II(凹性与拟凹性) 任意凹(凸)函数是拟凹(拟凸)函数,但反之不成立。类似地,任意严格凹(严格凸)函数是严格拟凹(严格拟凸)函数,但反之亦不成立。

定理 III(线性函数) 若 $f(x)$ 是线性函数,则它既是拟凹函数,也是拟凸函数。

定理 I 以这一事实为基础:以 -1 乘以一个不等式,将使不等号改变方向。令 $f(x)$ 为拟凹函数,且 $f(v) \geq f(u)$,则由(12.20),有 $f[\theta u+(1-\theta)v] \geq f(u)$。但是,就涉及的函数 $-f(x)$ 而言,我们(在以 -1 通乘两个不等式后)有:$-f(u) \geq -f(v)$ 和 $-f[\theta u+(1-\theta)v] \leq -f(u)$。将 $-f(u)$ 看做点 N 的高度,$-f(v)$ 看做点 M 的高度,我们看到函数 $-f(x)$ 满足(12.20)的拟凸条件。这证明了定理 I 中四种情况之一种,其余三种情况的证明也类似。

对于定理 II,我们仅证明凹性意味着拟凹性的情况。令 $f(x)$ 为凹函数,则由(11.20),

$$f[\theta u+(1-\theta)v] \geq \theta f(u)+(1-\theta)f(v),$$

现在假设 $f(v) \geq f(u)$,则 $f(v)$ 和 $f(u)$ 的任意加权平均都不小于 $f(u)$,即

$$\theta f(u) + (1-\theta)f(v) \geq f(u),$$

综合上面两个结果,求得

$$f[\theta u + (1-\theta)v] \geq f(u) \quad \text{因} \quad f(v) \geq f(u),$$

它满足(12.20)中的拟凹定义。但要注意,该拟凹性条件不能保证凹性。

一旦定理 II 成立,便可立即得到定理 III。我们已知道,线性函数既是凹函数,也是凸函数,虽然不是严格凹和凸。根据定理 II,线性函数必然也既是拟凹,又是拟凸的,尽管不是严格拟凹和拟凸。

在凹函数和凸函数情况下,存在一个有意义的定理:即凹函数(凸函数)的和也是凹(凸)函数。遗憾的是,此定理不能推广至拟凹和拟凸函数的情况。比如,两个拟凹函数的和并不必然是拟凹函数(参见练习12.4-3)。

有时按如下另一种定义,也许可以更容易检验函数的拟凹性和拟凸性:

对于任意常数 k,当且仅当

$$\begin{cases} S^{\geq} \equiv \{x \mid f(x) \geq k\} \\ S^{\leq} \equiv \{x \mid f(x) \leq k\} \end{cases} \tag{12.21}$$

是凸集时,函数 $f(x)$(其中 x 是一个变量向量)是 $\begin{cases} \text{拟凹的} \\ \text{拟凸的}。\end{cases}$

前面引入集合 $S^{\geq}$ 和 $S^{\leq}$(图 11.10)是为证明凸函数(甚至凹函数)能产生一个凸集。这里我们运用这两个集合作为检验拟凹性和拟凸性的方法。图 12.5 中的三个函数均包含凹和凸的弧段,因此它们既非凹函数,亦非凸函数。但图(a)中的函数是拟凹的,因为对 k 的任意值(其中仅有一个被描述),集合 $S^{\geq}$ 是凸集。图(b)中的函数是一个拟凸函数,因为集合 $S^{\leq}$ 是凸集。图(c)中的函数是一个单调函数,它与另两个函数的不同之处在于 $S^{\geq}$ 和 $S^{\leq}$ 均为凸集。因此,此函数既是拟凹函数,又是拟凸函数。

注意,尽管(12.21)可用于检验拟凹性和拟凸性,但不能用于区别那些性质的严格与非严格变化。还需注意,(12.21)的定义性质本身不是凹性与凸性的充分条件。特别地,给定一个凹函数,它必然是拟凹函数,我们可以得出结论:$S^{\geq}$ 是一个凸集;但给定 $S^{\geq}$ 是凸集,我们仅能得出结论:函数 f 是拟凹(但并不必然是凹的)的。

例 1 检验 $z = x^2 (x \geq 0)$ 的拟凹性和拟凸性。从几何上很容易验证此函数为凸函数,而且实际上是严格凸函数。因而它是拟凸函数。有趣的是,它还是拟凹函数。因为其图形——自原点起以递增的速率增长的 U 形曲线的右半部分——类似于图 12.5(c) 能够生成凸集 $S^{\geq}$ 以及凸集 $S^{\leq}$。

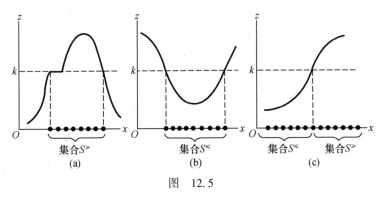

图 12.5

若我们想应用(12.20),先令 u 和 v 为 x 的任意两个不同的非零值,则
$$f(u) = u^2, \quad f(v) = v^2$$
和 $\quad f[\theta u + (1-\theta)v] = [\theta u + (1-\theta)v]^2,$
假设 $f(v) \geq f(u)$,即 $v^2 \geq u^2$,则 $v \geq u$,或更具体地,$v > u$(因为 u 和 v 为不同的值)。由于加权平均值 $[\theta u + (1-\theta)v]$ 必定位于 u 与 v 之间,我们可以写出连续不等式
$$v^2 > [\theta u + (1-\theta)v]^2 > u^2, \quad 因 0 < \theta < 1$$
或 $\quad f(v) > f[\theta u + (1-\theta)v] > f(u), \quad 因 0 < \theta < 1$
由(12.20),此结果使函数 f 既是拟凹的,也是拟凸的——而且是严格拟凹和拟凸的。

例 2 证明 $z = f(x,y) = xy (x,y \geq 0)$ 是拟凹函数。我们将运用判别标准(12.21),并确定集合 $S^{\geq} \{(x,y) | xy \geq k\}$ 对任意 k 值是凸集。为此,对于每个 k 值,我们令 $xy = k$ 以得到一条等值曲线。同 x 和 y 一样,k 应为非负值。在 $k > 0$ 情况下,此等值曲线是 xy 平面第

一象限中的等轴双曲线。由等轴双曲线上及其上部的所有点组成的集合 $S^{\geqslant}$ 是个凸集。在 $k=0$ 的另一种情况下,由 $xy=0$ 定义的等值曲线是一个 L 形线,且 L 与 x 和 y 轴的非负部分重合。这时集合 $S^{\geqslant}$ 包括了整个非负象限,仍是一个凸集。因此,根据(12.21),函数 $z=xy(x,y\geqslant 0)$ 是拟凹函数。

读者应小心,以免将等值曲线 $xy=k$(定义在 xy 平面)形状与曲面 $z=xy$(定义在 xyz 空间)的形状相混淆。z 曲面的特征(在三维空间中为拟凹)是我们期望加以确定的,而我们对等值曲线的形状(在二维空间中对正的 k 值为凸)感兴趣只是借助于它来描述集合 $S^{\geqslant}$,以应用(12.21)中的判别标准。

例3 证明 $z=f(x,y)=(x-a)^2+(y-b)^2$ 为拟凸函数。再次应用(12.21),令 $(x-a)^2+(y-b)^2=k$,我们知道 k 必定为非负。对于每一 k 值,等值曲线是 xy 平面上以 (a,b) 为圆心,以 $\sqrt{k}$ 为半径的圆。因为 $S^{\leqslant}=\{(x,y)\mid (x-a)^2+(y-b)^2\leqslant k\}$ 是圆及圆内所有点的集合,所以它构成了一个凸集。甚至当 $k=0$,圆退化成一个点 (a,b) 时,也是如此,因为习惯上一个点被视作凸集。因此给定函数是拟凸函数。

可微函数

定义(12.20)和(12.21)并不要求函数 f 的可微性。但若 f 可微,拟凹性和拟凸性还可以按照其一阶导数来定义:

对于一元可微函数 f 定义域中的任意两个不同点 u 和 v,当且仅当

$$f(v)\geqslant f(u)\Longrightarrow \begin{cases} f'(u)(v-u)\\ f'(v)(v-u)\end{cases}\geqslant 0, \qquad (12.22)$$

一元可微函数 $f(x)$ 是 $\begin{cases}\text{拟凹}\\ \text{拟凸}\end{cases}$ 函数。

当右边的弱不等号变成严格不等号时,定义便成为严格拟凹性与严格拟凸性的定义。当存在两个及两个以上自变量时,定义修正如下:

对于可微函数 $f(x_1,\cdots,x_n)$ 定义域中任意两个不同点 $u=$

$(u_1, \cdots, u_n)$ 和 $v = (v_1, \cdots, v_n)$，当且仅当

$$f(v) \geq f(u) \Longrightarrow \left\{ \begin{array}{l} \sum_{j=1}^{n} f_j(u)(v_j - u_j) \\ \sum_{j=1}^{n} f_j(v)(v_j - u_j) \end{array} \right\} \geq 0, \quad (12.22')$$

$f(x_1, \cdots, x_n)$ 为 $\left\{\begin{array}{l}\text{拟凹}\\ \text{拟凸}\end{array}\right\}$ 函数。

其中，$f_j \equiv \partial f / \partial x_j$，在 u 或 v 处计值；具体在哪点计值，视情况而定。

同样，对于严格凹性和严格凸性，右边的弱不等号应改变为严格不等号。

最后，若函数 $z = f(x_1, \cdots, x_n)$ 为二阶连续可微，拟凹性和拟凸性可以用函数的一阶导数和二阶导数(整理成加边行列式)的方法来检验：

$$|B| = \begin{vmatrix} 0 & f_1 & f_2 & \cdots & f_n \\ f_1 & f_{11} & f_{12} & \cdots & f_{1n} \\ f_2 & f_{21} & f_{22} & \cdots & f_{2n} \\ \multicolumn{5}{c}{\cdots\cdots\cdots\cdots\cdots} \\ f_n & f_{n1} & f_{n2} & \cdots & f_{nn} \end{vmatrix}, \quad (12.23)$$

此加边行列式类似于上一节中介绍的海塞加边行列式 $|\bar{H}|$。但 $|B|$ 与 $|\bar{H}|$ 的不同之处在于，它的边由函数 f 的一阶导数组成，而不是由外部约束函数 g 组成。正是由于 $|B|$ 仅依靠 f 的一阶导数本身，所以我们可以运用 $|B|$ 及其逐阶主子式

$$|B_1| = \begin{vmatrix} 0 & f_1 \\ f_1 & f_{11} \end{vmatrix},$$

$$|B_2| = \begin{vmatrix} 0 & f_1 & f_2 \\ f_1 & f_{11} & f_{12} \\ f_2 & f_{21} & f_{22} \end{vmatrix}, \quad \cdots, \quad |B_n| = |B| \quad (12.24)$$

来描述该函数构型的特征。

我们这里将表述两个条件：一个是必要条件，另一个是充分条

件。两个条件均与仅由非负正交分划体(非负象限的 n 维模拟)即由 $x_1,\cdots,x_n \geq 0$ 组成的定义域中的拟凹性和拟凸性相联系。①

在非负正交分划体中,$z=f(x_1,\cdots,x_n)$ 要为拟凹函数,其必要条件为

$$|B_1| \leq 0, \quad |B_2| \geq 0, \quad \cdots, \quad |B_n| \begin{Bmatrix} \leq \\ \geq \end{Bmatrix} 0,$$

$$当 n 为 \begin{cases} 奇数 \\ 偶数 \end{cases}, \quad (12.25)$$

无论偏导数在非负正交分划体的何处计值。

在非负正交分划体中,f 为严格拟凹的充分条件为

$$|B_1| < 0, \quad |B_2| > 0, \quad \cdots, \quad |B_n| \begin{Bmatrix} < \\ > \end{Bmatrix} 0, 当 n 为 \begin{cases} 奇数 \\ 偶数 \end{cases},$$
$$(12.26)$$

无论偏导数在非负正交分划体的何处计值。

注意,在(12.25)中的条件 $|B_1| \leq 0$ 是自动满足的,因为 $|B_1|=-f_1^2$;这里列出它出于对称性的考虑。(12.26)中的条件 $|B_1|<0$ 同样如此。

例4 函数 $z=f(x_1,x_2)=x_1x_2(x_1,x_2 \geq 0)$ 是拟凹的(参见例2)。现在用(12.22′)对此进行检验。令 $u=(u_1,u_2)$ 和 $v=(v_1,v_2)$ 是定义域中的任意两点,则 $f(u)=u_1u_2$ 和 $f(v)=v_1v_2$。假定

$$f(v) \geq f(u) \quad 或 \quad v_1v_2 \geq u_1u_2, \quad (v_1,v_2,u_1,u_2 \geq 0)$$
$$(12.27)$$

因为 f 的偏导数为 $f_1=x_2, f_2=x_1$,(12.22′)相当于条件

$$f_1(u)(v_1-u_1)+f_2(u)(v_2-u_2)$$
$$=u_2(v_1-u_1)+u_1(v_2-u_2) \geq 0,$$

或者重排后

---

① 虽然函数在凸定义域中的凹(凸)性总可以拓展至整个空间,但拟凹性和拟凸性却不能。例如,如果允许上面例1和例2中的变量取负值,则其结论便不成立。这里给出的两个条件基于 Kenneth J. Arrow and Alain C. Enthoven, "Quasi-Concave Programming," *Econometrica*, October 1961, p. 797(定理5)和 Akira Takayama, *Analytical Methods in Economics*, University of Michigan Press, 1993, p.65(定理1.12)。

$$u_2(v_1 - u_1) \geq u_1(u_2 - v_2). \tag{12.28}$$

我们需要考察 u_1 和 u_2 值的四种可能性。首先,若 $u_1 = u_2 = 0$,则(12.28)肯定是满足的。其次,若 $u_1 = 0, u_2 > 0$,则(12.28)化简为条件 $u_2 v_1 \geq 0$,因为 u_2 和 v_1 均为非负,所以,条件(12.28)依然满足。第三,若 $u_1 > 0, u_2 = 0$,则(12.28)化简为条件 $0 \geq -u_1 v_2$,条件仍然满足。最后,假定 u_1 和 u_2 均为正,从而 v_1 和 v_2 也为正。在(12.27)两边同时减去 $v_2 u_1$,得到

$$v_2(v_1 - u_1) \geq u_1(u_2 - v_2), \tag{12.29}$$

它本身又有三种子可能性:

1. 若 $u_2 = v_2$,则 $v_1 \geq u_1$。实际上我们应当有 $v_1 > u_1$,因为 (u_1, u_2) 和 (v_1, v_2) 是不同的点。这样 $u_2 = v_2$ 和 $v_1 > u_1$ 意味着条件(12.28)满足。

2. 若 $u_2 > v_2$,则由(12.29),必然也有 $v_1 > u_1$,以 u_2/v_2 同乘(12.29)两边,得到

$$\begin{aligned} u_2(v_1 - u_1) &\geq \frac{u_2}{v_2} u_1(u_2 - v_2) \\ &> u_1(u_2 - v_2), \quad \left[\text{因为} \frac{u_2}{v_2} > 1\right] \end{aligned} \tag{12.30}$$

因此(12.28)又得到满足。

3. 最后一种子可能性是 $u_2 < v_2$,这意味着 u_2/v_2 是一正分数。在此情况下,(12.30)的第一行成立。第二行也成立,但原因不同:负数 $(u_2 - v_2)$ 的分数 (u_2/v_2) 大于 $(u_2 - v_2)$ 自身。

由于(12.28)在可能发生的各种情况下均得到满足,所以函数 $z = x_1 x_2 (x_1, x_2 \geq 0)$ 是拟凹的。因此,必要条件(12.25)应成立。由于 f 的偏导数为

$$f_1 = x_2, \quad f_2 = x_1, \quad f_{11} = f_{22} = 0, \quad f_{12} = f_{21} = 1,$$

可知相关的主子式是

$$|B_1| = \begin{vmatrix} 0 & x_2 \\ x_2 & 0 \end{vmatrix} = -x_2^2 \leq 0,$$

$$|B_2| = \begin{vmatrix} 0 & x_2 & x_1 \\ x_2 & 0 & 1 \\ x_1 & 1 & 0 \end{vmatrix} = 2x_1 x_2 \geq 0,$$

所以(12.25)的确满足。但要注意,仅在正的正交分划体上,(12.26)才能得到满足。

例5 证明 $z = f(x, y) = x^a y^b (x, y > 0, 0 < a, b < 1)$ 是严格拟凹函数。此函数的偏导数为

$$f_x = ax^{a-1} y^b, \quad f_y = bx^a y^{b-1}, \quad f_{yy} = b(b-1)x^a y^{b-2}$$

$$f_{xx} = a(a-1)x^{a-2} y^b, \quad f_{xy} = f_{yx} = abx^{a-1} y^{b-1}$$

因此,$|B|$ 的主子式有如下符号

$$|B_1| = \begin{vmatrix} 0 & f_x \\ f_x & f_{xx} \end{vmatrix} = -(ax^{a-1} y^b)^2 < 0,$$

$$|B_2| = \begin{vmatrix} 0 & f_x & f_y \\ f_x & f_{xx} & f_{xy} \\ f_y & f_{yx} & f_{yy} \end{vmatrix} = [2a^2 b^2 - a(a-1)b^2$$

$$- a^2 b(b-1)] x^{3a-2} y^{3b-2} > 0,$$

这满足严格拟凹性的充分条件(12.26)。

对海塞加边行列式的进一步考察

(12.23)定义的加边行列式 $|B|$ 与海塞加边行列式

$$|\overline{H}| = \begin{vmatrix} 0 & g_1 & g_2 & \cdots & g_n \\ g_1 & Z_{11} & Z_{12} & \cdots & Z_{1n} \\ g_2 & Z_{21} & Z_{22} & \cdots & Z_{2n} \\ \cdots & \cdots & \cdots & \cdots & \cdots \\ g_n & Z_{n1} & Z_{n2} & \cdots & Z_{nn} \end{vmatrix}$$

的不同之处有两方面:(1)$|B|$ 中的加边元素是函数 f 而非 g 的一阶偏导数;且(2)$|B|$ 中的其余元素是 f 而非拉格朗日函数 Z 的二阶偏导数。然而,在线性约束方程 $g(x_1, \cdots, x_n) = a_1 x_1 + \cdots + a_n x_n = c$ 的特定情况下[一种在经济学中经常遇到的情况(见 12.5 节)],Z_{ij} 简

化为f_{ij}。这样,拉格朗日函数为
$$Z = f(x_1, \cdots, x_n) + \lambda[c - a_1 x_1 - \cdots - a_n x_n],$$
所以 $\quad Z_j = f_j - \lambda a_j \quad$ 且 $\quad Z_{ij} = f_{ij}$。

回到"边",我们注意到线性约束函数产生一阶导数 $g_j = a_j$。进而,当一阶条件满足,我们有 $Z_j = f_j - \lambda a_j = 0$,所以 $f_j = \lambda a_j$ 或 $f_j = \lambda g_j$。因此 $|B|$ 中的边只不过是 $|\overline{H}|$ 的边被正的标量 λ 乘。通过顺序提取 $|\overline{H}|$ 的横边和纵边的公因子 λ(见 5.3 节例 5),得到
$$|B| = \lambda^2 |\overline{H}|,$$
结果,在线性约束情况下,在 Z 的稳定点,两个行列式总有相同的符号。同理,在该点主子式 $|B_i|$ 和 $|\overline{H}_i|$ ($i = 1, \cdots, n$) 必然也有相同的符号。那么由此可知,如果加边行列式 $|B|$ 满足(12.26)中拟凹性的充分条件,则海塞加边行列式 $|\overline{H}|$ 必定满足表 12.1 约束最大化的二阶充分条件。

绝对与相对极值

拟凹性与二阶条件之间关系的更全面的描述列在图 12.6 中(对其作适当修正,它也适于拟凸性的图形)。图 12.6 与图 11.5 按照相同的思想构造起来,并按相同的方式阅读,它将拟凹性与二次可微函数 $Z = f(x_1, \cdots, x_n)$ 约束绝对极大值及约束相对极大值联系起来。图上部的三个椭圆概括了相对约束极大值的一阶和二阶条件。中间那列矩形,同图 11.5 中的那些矩形一样,将相对极大值、绝对极大值、唯一绝对极大值的概念彼此联系起来。

但真正有价值的信息可以在两个菱形和通过菱形的加长的 $\Longrightarrow$ 符号中发现。左边的图形表明,一旦一阶条件满足,且如果菱形中所列的两个附加条件得到满足,便得到约束绝对极大值的充分条件。第一个附加条件是函数 f 为显拟凹函数,这是一个新的、我们必须马上加以定义的概念。

当且仅当
$$f(v) > f(u) \Longrightarrow f[\theta u + (1-\theta)v] > f(u),$$
拟凹函数 f 为显拟凹函数。

这个定义性质表明,只要曲面上的点 $f(v)$ 高于另一个点 $f(u)$,那么,

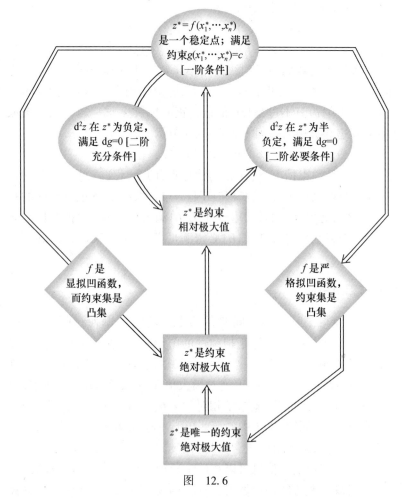

图 12.6

所有中间的点(位于定义域中线段 uv 正上方曲面上的点)必定也高于 $f(u)$。这个规定的作用在于排除曲面上除了顶部的高原之外的任何水平平面部分。[①] 注意,显拟凹性条件并不像严格拟凹性条件那样强,因为后者要求 $f[\theta u+(1-\theta v)]>f(u)$,即便对 $f(v)=f(u)$

[①] 令曲面包含水平平面部分 P 使得 $f(u)\in P, f(v)\notin P$。那么这些位于 P 上的中间的点的高度将等于 $f(u)$,因而违背第一个附加条件的要求。

也是如此,这意味着非水平平面也被排除了。① 左边菱形的附加条件是集合$\{(x_1,\cdots,x_n)|g(x_1,\cdots,x_n)=c\}$为凸集。当这两个附加条件都满足时,我们就将研究位于定义域中凸集正上方不含水平区域的曲面(或超曲面)。在这个曲面的子集中求得的局部极大值必定为绝对约束极大值。

图12.6右边的菱形包含比严格拟凹性更强的条件。严格拟凹函数必定为显拟凹函数,尽管反之不成立。因此,当严格拟凹性代替显拟凹性时,仍能保证存在绝对约束极值。但这时绝对约束极值必定也是唯一的,因为曲面上任何地方均无平面部分存在从根本上排除了多重约束极大值的可能性。

练习12.4

1 绘出有如下特征的严格拟凹曲线 $z=f(x)$:
   (a) 也是拟凸的   (b) 不是拟凸的
   (c) 不是凸的   (d) 不是凹的
   (e) 既非凹也非凸的   (f) 既凹又凸的

2 下面的函数是拟凹的吗?是严格拟凹的吗?先用图形进行检验,再用(12.20)进行代数检验。假设 $x \geq 0$。
   (a) $f(x)=a$ (b) $f(x)=a+bx \ (b>0)$
   (c) $f(x)=a+cx^2 \ (c<0)$

3 (a) 令 $z=f(x)$ 可绘成斜率为负,形状像第一象限内钟形曲线右半部分的那样一条曲线,并通过点 $(0,5),(2,4),(3,2),(5,1)$。令 $z=g(x)$ 是斜率为正的 $45°$ 线。$f(x)$ 和 $g(x)$ 为拟凹的吗?
   (b) 现在绘出 $f(x)+g(x)$ 的图形。此种函数是拟凹函数吗?

4 通过考察图形并运用(12.21),检验下列函数是如下情况中的哪一种:拟凹;拟凸;既是拟凹,又是拟凸;既非拟凹,也非拟凸。
   (a) $f(x)=x^3-2x$ (b) $f(x_1,x_2)=6x_1-9x_2$
   (c) $f(x_1,x_2)=x_2-\ln x_1$

---

① 令曲面包含斜平面部分 P',使得 $f(u)=f(v)$ 均位于 P' 上。那么,所有中间的点也将位于 P' 上,且高度等于 $f(u)$,因而违背严格拟凹性的要求。

5. (a) 验证三次函数 $z = ax^3 + bx^2 + cx + d$ 一般情况下既非拟凹函数,也非拟凸函数。

   (b) 对于 $x \geq 0$,有可能对参数施加某些限制,使得函数变成既是拟凹,又是拟凸吗?

6. 运用(12.22)检验 $z = x^2$ $(x \geq 0)$ 的拟凹性和拟凸性。

7. 证明 $z = xy$ $(x, y \geq 0)$ 不是拟凸的。

8. 运用加边行列式检验下列函数的拟凹性和拟凸性:

   (a) $z = -x^2 - y^2$ $(x, y > 0)$　　(b) $z = -(x+1)^2 - (y+2)^2$ $(x, y > 0)$

12.5　效用最大化与消费需求

我们在12.1节曾引用效用函数的最大化作为约束最优化的例子。现在我们来更详尽地讨论这一问题。为简单计,我们仍假设消费者仅选择两种物品,它们都有连续的正的边际效用函数。两种物品的价格均由市场决定,因而是外生的,尽管我们在本节将省略价格符号的零下标。若消费者的购买力为给定数量 B,那么要解决的问题是最大化平滑(指数)效用函数

$$U = U(x, y), \quad (U_x, U_y > 0)$$

满足

$$xP_x + yP_y = B.$$

一阶条件

最优化模型的拉格朗日函数是

$$Z = U(x, y) + \lambda(B - xP_x - yP_y)$$

作为一阶条件,我们得到一组联立方程

$$\begin{aligned} Z_\lambda &= B - xP_x - yP_x = 0, \\ Z_x &= U_x - \lambda P_x = 0, \\ Z_y &= U_y - \lambda P_y = 0, \end{aligned} \quad (12.31)$$

因最后两个方程等价于

$$\frac{U_x}{P_x} = \frac{U_y}{P_y} = \lambda, \quad (12.31')$$

所以一阶条件实际上要求,在预算约束——(12.31)中的第一个方程下,满足(12.31′)。(12.31′)所表述的不过是在经典消费者理论中所熟悉的命题:为使效用最大化,消费者必须分配其预算以使每一物品的边际效用与价格之比率相等。具体地说,在均衡或最优状态,这些比率应有共同值 λ^*。正如我们前面所知道的那样,λ^* 度量约束常数对目标函数最优值的比较静态效应。因此,在这里 $\lambda^* = (\partial U^*/\partial B)$;即拉格朗日乘数的最优值可以解释成当消费者效用最大化时,货币(预算货币)的边际效用。

若我们将(12.31′)中的条件重述如下

$$\frac{U_x}{U_y} = \frac{P_x}{P_y}, \tag{12.31″}$$

则按照无差异曲线的概念,我们可以对一阶条件进行新的解释。

无差异曲线是指能够产生相同效用水平 U 的 x 与 y 组合的点的轨迹。这意味着在一条无差异曲线上必然有

$$dU = U_x dx + U_y dy = 0,$$

它隐含着 $dy/dx = -U_x/U_y$。因此,若我们在 xy 平面上绘出一条无差异曲线,如图 12.7,那么,其斜率 dy/dx 必定等于边际效用比率的负值(因为我们假定 $U_x, U_y > 0$,无差异曲线的斜率必定为负)。注意,无差异曲线斜率的负值 U_x/U_y 被称为两物品间的边际替代率。

P_x/P_y 是何含义呢?正如我们将要看到的那样,此比率表示预算约束线斜率的负值。预算约束 $xP_x + yP_y = B$,还可以写成

$$y = \frac{B}{P_y} - \frac{P_x}{P_y}x,$$

所以当像图 12.7 中那样在 xy 平面上绘出预算线时,它是一条斜率为 $-P_x/P_y$,纵截距为 B/P_y 的直线。

因此,一阶条件的新形式——(12.31″)加上预算约束——揭示出要使效用最大化,消费者必须对其预算进行分配,以使预算线的斜率(消费者必须将其支出控制在预算线上)等于无差异曲线的斜率。图 12.7(a)中的 E 点,即预算线与无差异曲线的切点,满足这一条件。

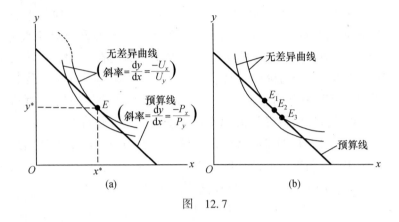

图 12.7

二阶条件

若上述问题的海塞加边行列式为正,即如果

$$|\bar{H}| = \begin{vmatrix} 0 & P_x & P_y \\ P_x & U_{xx} & U_{xy} \\ P_y & U_{yx} & U_{yy} \end{vmatrix} = 2P_xP_yU_{xy} - P_y^2U_{xx} - P_x^2U_{yy} > 0$$

(12.32)

(所有导数均在临界值 x^* 和 y^* 处计值),那么,U 的稳定值必然是极大值。(12.32) 中存在导数 U_{xx},U_{yy} 和 U_{xy} 清楚表明,满足这些条件要对效用函数,因而对无差异曲线的形状施加某些限制。这些限制是什么呢?

首先考察无差异曲线的图形。我们可以证明正的 $\bar{H}$ 意味着向下倾斜的无差异曲线在切点 E 严格凸。正如负的 $dy/dx \,(= -U_x/U_y)$ 可以保证无差异曲线向下倾斜一样,正的 d^2y/dx^2 也可以保证无差异曲线的严格凸性。为得到表达式 d^2y/dx^2,我们可以将 $-U_x/U_y$ 对 x 求导。但在求导时我们必须记住,U_x 和 U_y(作为导数)都是 x 和 y 的函数,而且在给定的无差异曲线上,y 本身也是 x 的函数。因而 U_x 与 U_y 都可以仅看做是 x 的函数。因此,我们可以得到全导数

$$\frac{d^2y}{dx^2} = \frac{d}{dx}\left(-\frac{U_x}{U_y}\right) = -\frac{1}{U_y^2}\left(U_y\frac{dU_x}{dx} - U_x\frac{dU_y}{dx}\right), \quad (12.33)$$

因 x 不仅能直接影响 U_x 和 U_y,而且通过 y 作中介,也能对其产生间接影响,所以有

$$\frac{\mathrm{d}U_x}{\mathrm{d}x} = U_{xx} + U_{yx}\frac{\mathrm{d}y}{\mathrm{d}x}, \quad \frac{\mathrm{d}U_y}{\mathrm{d}x} = U_{xy} + U_{yy}\frac{\mathrm{d}y}{\mathrm{d}x}, \quad (12.34)$$

其中 $\mathrm{d}y/\mathrm{d}x$ 是无差异曲线的斜率。现在,在切点 E——与讨论的二阶条件有关的唯一的点——无差异曲线斜率与预算线斜率相等;即 $\mathrm{d}y/\mathrm{d}x = -P_x/P_y$。因此可将(12.34)重写成

$$\frac{\mathrm{d}U_x}{\mathrm{d}x} = U_{xx} - U_{yx}\frac{P_x}{P_y}, \quad \frac{\mathrm{d}U_y}{\mathrm{d}x} = U_{xy} - U_{yy}\frac{P_x}{P_y}, \quad (12.34')$$

将(12.34')代入(12.33),并利用信息

$$U_x = \frac{U_y P_x}{P_y}, \quad [\text{由}(12.31'')]$$

再提取公因子 U_y/P_y^2,最终可将(12.33)化为

$$\frac{\mathrm{d}^2 y}{\mathrm{d}x^2} = \frac{2P_x P_y U_{xy} - P_y^2 U_{xx} - P_x^2 U_{yy}}{U_y P_y^2} = \frac{|\bar{H}|}{U_y P_y^2}. \quad (12.33')$$

显然,当满足二阶充分条件(12.32)时,(12.33')中的二阶导数为正,相关的无差异曲线在切点为严格凸。在这里,无差异曲线在切点的严格凸性也意味着满足充分条件(12.32)。这是因为,给定处处无稳定点的无差异曲线的斜率为负,$\mathrm{d}^2 y/\mathrm{d}x^2$ 在严格凸曲线上取零值的可能性被排除,因而现在严格凸性仅能产生正的 $\mathrm{d}^2 y/\mathrm{d}x^2$,因此由(12.33'),只能产生正的 $|\bar{H}|$。

但是回忆一下,$|\bar{H}|$ 中的导数仅在临界值 x^* 和 y^* 处计算其值。因此,无差异曲线的严格凸性作为充分条件,仅适合于切点。如图12.7(a)中虚线所示,在离开切点 E 的地方,曲线中包含一段凹弧也是可以接受的。另一方面,如果已知效用函数为平滑、递增的拟凹函数,那么,每一无差异曲线将处处严格凸。这样的效用函数具有像图12.4(b)中那样的曲面。当这样的曲面被与 xy 平面平行的平面横切时,每次相切,我们都得到一个横截面,此截面投射到 xy 平面时,便成为一条严格凸、向下倾斜的无差异曲线。在此情况下,无论切点在无差异曲线的什么位置出现,二阶充分条件总是满足的。此外,无差异曲线上仅存在一个给定预算线能够达到的唯一绝对最大效用

水平的切点。这个结果与图 12.6 右边的菱形的结论是完全一致的。

我们曾反复提醒读者二阶充分条件并非必要条件。这里我们用 (12.32) 不成立时的效用最大化问题来阐释这一点。如图 12.7(b) 所示,假设相关的无差异曲线包含一段与预算线重合的线段。那么,很明显,我们有多重极大值,因为现在一阶条件 $U_x/U_y = P_x/P_y$ 在无差异曲线的线段部分处处得到满足,比如 E_1、E_2 和 E_3 等。实际上,它们都是约束绝对极大值。但因为在线段上 d^2y/dx^2 为零,由 (12.33′) 我们有 $|\overline{H}| = 0$。因此,尽管在此情况下违背二阶充分条件 (12.32),依然达到了极大化。

无差异曲线上出现线段表明效用曲面上存在倾斜的平面部分。当效用函数为显拟凹而不是严格拟凹时,就会出现这种情况。如图 12.7(b) 所示,点 E_1、E_2、E_3 均位于可实现的最高的无差异曲线上,在给定线性预算约束下产生同样的绝对最大效用。参考图 12.6,我们注意到这一结果与左边菱形传递的信息完全一致。

比较静态分析

在我们的消费者模型中,价格 P_x 和 P_y 以及预算 B,均是外生的。如果假设二阶充分条件满足,那么我们可以在一阶条件 (12.31) 基础上分析模型的比较静态性质。将 (12.31) 视为一组方程 $F^j = 0(j = 1, 2, 3)$,其中函数 F^j 具有连续偏导数。如 (12.19) 所指出的那样,这组方程内生变量的雅可比行列式必与海塞加边行列式有相同的值,即 $|J| = |\overline{H}|$。因此,当满足二阶条件 (12.32),$|J|$ 必为正,且在原始最优状态下不为零。因而可应用隐函数定理,且我们可将内生变量的最优值表示成外生变量的隐函数:

$$\begin{aligned} \lambda^* &= \lambda^*(P_x, P_y, B), \\ x^* &= x^*(P_x, P_y, B), \\ y^* &= y^*(P_x, P_y, B), \end{aligned} \quad (12.35)$$

我们知道,它们具有能够给出比较静态信息的连续偏导数。特别地,后两个函数 x^* 和 y^* 的导数描述了消费者的需求行为,它可以揭示消费者如何对价格和预算变化做出反应。但要求出那些导数,必须首先将(12.31)转换成如下均衡恒等式：
$$B - x^* P_x - y^* P_y \equiv 0,$$
$$U_x(x^*, y^*) - \lambda^* P_x \equiv 0, \quad (12.36)$$
$$U_y(x^*, y^*) - \lambda^* P_y \equiv 0,$$

通过对每个恒等式依次取全微分(允许每个变量变化)，并注意到 $U_{xy} = U_{yx}$，则我们得到线性方程组

$$-P_x dx^* - P_y dy^* = x^* dP_x + y^* dP_y - dB,$$
$$-P_x d\lambda^* + U_{xx} dx^* + U_{xx} dy^* = \lambda^* dP_x,$$
$$-P_y d\lambda^* + U_{yx} dx^* + U_{yy} dy^* = \lambda^* dP_y.$$
$$(12.37)$$

为研究预算规模(也指消费者收入)变化的影响，令 $dP_x = dP_y = 0$，但令 $dB \neq 0$。那么，以 dB 通除(12.37)，并将微分的比率解释成偏导数，我们可以写出矩阵方程①

$$\begin{bmatrix} 0 & -P_x & -P_y \\ -P_x & U_{xx} & U_{xy} \\ -P_y & U_{yx} & U_{yy} \end{bmatrix} \begin{bmatrix} (\partial \lambda^*/\partial B) \\ (\partial x^*/\partial B) \\ (\partial y^*/\partial B) \end{bmatrix} = \begin{bmatrix} -1 \\ 0 \\ 0 \end{bmatrix}, \quad (12.38)$$

读者可以验证，系数矩阵中元素的排列恰与雅可比行列式 $|J|$ 中元素排列相同，$|J|$ 与 $|\overline{H}|$ 的值相同，尽管 $|\overline{H}|$ 的第一行和第一列中是 P_x 和 P_y(而非 $-P_x$ 和 $-P_y$)。根据克莱姆法则，我们可解出三个比较静态导数，但我们将注意力集中于如下两个导数：

$$\left(\frac{\partial x^*}{\partial B}\right) = \frac{1}{|J|} \begin{vmatrix} 0 & -1 & -P_y \\ -P_x & 0 & U_{xy} \\ -P_y & 0 & U_{yy} \end{vmatrix} = \frac{1}{|J|} \begin{vmatrix} -P_x & U_{xy} \\ -P_y & U_{yy} \end{vmatrix},$$
$$(12.39)$$

$$\left(\frac{\partial y^*}{\partial B}\right) = \frac{1}{|J|} \begin{vmatrix} 0 & -P_x & -1 \\ -P_x & U_{xx} & 0 \\ -P_y & U_{yx} & 0 \end{vmatrix} = \frac{-1}{|J|} \begin{vmatrix} -P_x & U_{xx} \\ -P_y & U_{yx} \end{vmatrix},$$
$$(12.40)$$

---

① 将(12.36)对 B 求全微分，也可得到矩阵方程(12.38)，但微分时要记住隐式解(12.35)。

根据二阶条件,$|J|=|\overline{H}|$同P_x和P_y一样,均为正。遗憾的是,没有P_x,P_y及U_{ij}相对大小的额外信息,我们仍难以确定这两个比较静态导数的符号。这意味着当消费者预算增加时,其最佳购买量x^*和y^*可能增加,也可能减少。当B增加,x^*减少时,产品x被称作<u>劣等品</u>(相对于正常品而言)。

其次,我们可以分析P_x变化的影响。这次令$dP_y=dB=0$,但使$dP_x\neq 0$,然后以dP_x通除(12.37),我们得到另一个矩阵方程

$$\begin{bmatrix} 0 & -P_x & -P_y \\ -P_x & U_{xx} & U_{xy} \\ -P_y & U_{yx} & U_{yy} \end{bmatrix} \begin{bmatrix} (\partial \lambda^*/\partial P_x) \\ (\partial x^*/\partial P_x) \\ (\partial y^*/\partial P_x) \end{bmatrix} = \begin{bmatrix} x^* \\ \lambda^* \\ 0 \end{bmatrix}, \quad (12.41)$$

由此,得到下列比较静态导数:

$$\left(\frac{\partial x^*}{\partial P_x}\right) = \frac{1}{|J|} \begin{vmatrix} 0 & x^* & -P_y \\ -P_x & \lambda^* & U_{xy} \\ -P_y & 0 & U_{yy} \end{vmatrix}$$

$$= \frac{-x^*}{|J|} \begin{vmatrix} -P_x & U_{xy} \\ -P_y & U_{yy} \end{vmatrix} + \frac{\lambda^*}{|J|} \begin{vmatrix} 0 & -P_y \\ -P_y & U_{yy} \end{vmatrix}$$

$$\equiv T_1 + T_2, \quad [T_i \text{代表第} i \text{项}] \quad (12.42)$$

$$\left(\frac{\partial y^*}{\partial P_x}\right) = \frac{1}{|J|} \begin{vmatrix} 0 & -P_x & x^* \\ -P_x & U_{xx} & \lambda^* \\ -P_y & U_{yx} & 0 \end{vmatrix}$$

$$= \frac{x^*}{|J|} \begin{vmatrix} -P_x & U_{xx} \\ -P_y & U_{yx} \end{vmatrix} - \frac{\lambda^*}{|J|} \begin{vmatrix} 0 & -P_x \\ -P_y & U_{yx} \end{vmatrix}$$

$$\equiv T_3 + T_4. \quad (12.43)$$

如何解释这两个结果?第一个结果$(\partial x^*/\partial P_x)$表明$P_x$的变化如何影响$x$的最优购买量,因此它为我们研究消费者对$x$的需求函数提供了基础。$P_x$变化的影响包括两项。第一项$T_1$,运用(12.39)可重写成$-(\partial x^*/\partial B)x^*$。这样,$T_1$似乎是$B$(预算或收入)变化对最优购买量$x^*$的影响的度量,且$x^*$本身充当加权因子,但因此导数

显然与价格变化相关,所以,必须将 T_1 解释成价格变化的收入效应。当 P_x 上升时,消费者实际收入的下降将会对 x^* 产生类似于 B 实际下降而产生的影响,因此用 $-(\partial x^*/\partial B)$ 表示。可以理解,商品 x 在预算中的地位越突出,收入效应将越大——因此在 T_1 中出现加权因子 x^*。这个解释还可以通过以微分 $\mathrm{d}B = -x^*\mathrm{d}P_x$ 表示的消费者有效收入的减少,来更正式地加以证明。则有

$$x^* = -\frac{\mathrm{d}B}{\mathrm{d}P_x}$$

和

$$T_1 = -\left(\frac{\partial x^*}{\partial B}\right)x^* = \left(\frac{\partial x^*}{\partial B}\right)\frac{\mathrm{d}B}{\mathrm{d}P_x}, \quad (12.44)$$

它表明,T_1 是 $\mathrm{d}P_x$ 通过 B 对 x^* 影响的度量,亦即收入效应的度量。

如果我们现在以数量上等于 $\mathrm{d}B$ 的现金支付来补偿消费者的实际收入减少,那么,由于收入效应的抵消作用,比较静态导数 $(\partial x^*/\partial P_x)$ 中余下的项,即 T_2,将度量完全由于价格变化引致的一种商品对另一种商品的替代而出现的 x^* 变化;即 T_2 将度量 P_x 变化的替代效应。为更清楚起见,我们回到(12.37),考察收入补偿如何改变这种情况。当仅研究 $\mathrm{d}P_x$ 的影响时($\mathrm{d}P_y = \mathrm{d}B = 0$),(12.37)中的第一个方程可写成 $-P_x\mathrm{d}x^* - P_y\mathrm{d}y^* = x^*\mathrm{d}P_x$。因为消费者实际收入的减少就标示于表达式 $x^*\mathrm{d}P_x$ 中(顺便提一句,它仅在第一个方程中出现),所以,对消费者进行补偿,亦即令该项等于零。若这样,(12.41)中的常数向量就应由 $\begin{bmatrix} x^* \\ \lambda^* \\ 0 \end{bmatrix}$ 变为 $\begin{bmatrix} 0 \\ \lambda^* \\ 0 \end{bmatrix}$,且导数$(\partial x^*/\partial P_x)$ 的补偿收入形式将为

$$\left(\frac{\partial x^*}{\partial P_x}\right)_{\text{补偿}} = \frac{1}{|J|}\begin{vmatrix} 0 & 0 & -P_y \\ -P_x & \lambda^* & U_{xy} \\ -P_y & 0 & U_{yy} \end{vmatrix}$$

$$= \frac{\lambda^*}{|J|}\begin{vmatrix} 0 & -P_y \\ -P_y & U_{yy} \end{vmatrix} = T_2,$$

因此,可将(12.42)表示成如下形式

$$\left(\frac{\partial x^*}{\partial P_x}\right) = T_1 + T_2 = \underbrace{-\left(\frac{\partial x^*}{\partial B}\right)x^*}_{\text{收入效应}} + \underbrace{\left(\frac{\partial x^*}{\partial P_x}\right)_{\text{补偿}}}_{\text{替代效应}}, \quad (12.42')$$

这个结果将比较静态导数($\partial x^*/\partial P_x$)分解成收入效应和替代效应两部分,此即所谓的"斯拉茨基方程"的两物品形式。

那么,如何讨论($\partial x^*/\partial P_x$)的符号呢? 替代效应 T_2 明显为负,因为$|J|>0, \lambda^*>0$[见(12.31')]。而收入效应 T_1,按照(12.39),则是不确定的。若 T_1 为负,则 T_2 便会得到强化;在此情况下,P_x 增加必将导致减少购买 x,效用最大化消费者的需求曲线斜率为负。若 T_1 为正,但其值相对于 T_2 要小,则它将弱化替代效应,虽然总的结果依然以向下倾斜的需求曲线表示。但在 T_1 为正且超过 T_2 时(比如当 x^* 为消费者预算中之主要项目,因而提供了一个优势加权因子时,便属于这种情况),P_x 上升实际上会导致 x 购买的增加。具有这种需求特征的商品称作吉芬商品。当然,正常情况下,我们可以预期($\partial x^*/\partial P_x$)为负。

最后,我们考察(12.43)中的比较静态导数,($\partial y^*/\partial P_x$) = T_3 + T_4,它与 x 价值变化对 y 的最优购买量的交叉影响有关。T_3 项与 T_1 项非常类似,仍可解释为收入效应。① 注意,这里的加权因子仍为 x^* 而非 y^*,这是因为我们在研究 P_x 变化对实际收入的影响,这种影响的大小取决于 x^*(而非 y^*)在消费者预算中的相对重要性。自然,剩下的一项 T_4,仍然是替代效应的度量。

按照(12.40),T_3 的符号由诸如 U_{xx}, U_{yx} 等因子决定,如果不对模型加以进一步限定,就不能确定其符号。但替代效应 T_4 在模型中必然为正,因为 λ^*, P_x, P_y 及 $|J|$ 均为正。这意味着在两商品模型中,除非为更大的负收入效应所抵消,否则 x 价格的上升总会增加

---

① 若读者希望更进一步确定 T_3 代表收入效应,那么,可运用(12.40)和(12.44)写出

$$T_3 = -\left(\frac{\partial y^*}{\partial B}\right)x^* = \left(\frac{\partial y^*}{\partial B}\right)\frac{\mathrm{d}B}{\mathrm{d}P_x},$$

因而 T_3 表示 P_x 变化通过收入因子 B 对 y^* 的影响。

y 的购买。换言之,在现在的模型中(其中消费者仅有两种商品可供选择),这两种商品间存在替代关系。

尽管上面的分析仅涉及 P_x 变化的影响,但我们的结论完全适用于 P_y 变化的情况。我们的模型恰好是变量 x 和 y 完全对称的模型。所以,要推出 P_y 变化的影响,只需将上面得到的结果中的 x 和 y 的角色互换即可。

价格与收入成比例的变化

考察当所有三个参数 P_x, P_y 和 B 按同一比例变化时, x^* 和 y^* 受到何种影响,也是一件有意义的工作。这种问题虽仍属比较静态学的领域,但与上面的分析有所不同,现在的研究涉及所有参数同时变化。

当两种物品价格与收入一道,均为原来的 j 倍时,预算约束的每一项均增加 j 倍,变成

$$jB - jxP_x - jyP_y = 0,$$

但由于公因子 j 可以消去,这个新的约束实质上与原来是一样的。而效用函数则与参数无关。因此, x 和 y 原来的均衡水平仍然有效,即在我们的模型中,消费者均衡状态不受价格与收入等比例变化的影响。因此,在现在的模型中,消费者没有任何"货币幻觉"。

这种情况可用下述方程表示

$$x^*(P_x, P_y, B) = x^*(jP_x, jP_y, jB),$$
$$y^*(P_x, P_y, B) = y^*(jP_x, jP_y, jB).$$

具有上述不变性质的函数 x^* 和 y^* 不是普通函数,它们是被称为齐次函数的一类特殊函数中的一例。齐次函数具有重要的经济意义,我们下一节将对其进行考察。

练习 12.5

1 给定 $U = (x+2)(y+1)$ 及 $P_x = 4, P_y = 6, B = 130$:
  (a) 写出拉格朗日函数。

(b) 求最优购买水平 x^* 和 y^*。
(c) 满足极大值二阶充分条件吗?
(d) (b)部分的答案给出比较静态信息了吗?

2 仍假设 $U = (x+2)(y+1)$,但不为价格和收入参数设定具体数值。
(a) 写出拉格朗日函数。
(b) 求 x^*, y^* 及 λ^*(以参数 P_x, P_y 和 B 表示)。
(c) 检验极大值的二阶充分条件。
(d) 令 $P_x = 4, P_y = 6$ 及 $B = 130$,检验你对问题 1 的回答的正确性。

3 练习 12.5-2 的解(x^* 和 y^*)能够产生比较静态信息吗? 求出所有比较静态导数,确定其符号,并解释其经济意义。

4 由练习 12.5-2 的效用函数 $U = (x+2)(y+1)$ 和约束 $xP_x + yP_y = B$,我们已求得 U_{ij} 和 $|\overline{H}|$,以及 x^* 和 λ^*,而且回忆起来 $|J| = |\overline{H}|$。
(a) 将这些结果代入(12.39)和(12.40)求 $(\partial x^*/\partial B)$ 和 $(\partial y^*/\partial B)$。
(b) 将这些结果代入(12.42)和(12.43)求 $(\partial x^*/\partial P_x)$ 和 $(\partial y^*/\partial P_x)$。
这些结果验证了在练习 12.5-3 中所得到的结论吗?

5 评价下述论断的正确性:"如果导数$(\partial x^*/\partial P_x)$为负,那么,$x$ 不可能是劣等品"。

6 在研究 dP_x 的单独影响时,(12.37)中的第一方程简化为 $-P_x dx^* - P_y dy^* = x^* dP_x$,且当我们放弃 $x^* dP_x$ 项以补偿消费者实际收入损失时,方程变成 $-P_x dx^* - P_y dy^* = 0$,证明最后一个结果还可以通过另一种补偿方式实现,通过这种方式我们可以保持最优效用水平 U^*(而非实际收入)不变,从而使 T_2 项还可以解释成$(\partial x^*/\partial P_x)_{U^* = 常数}$。[提示:运用(12.31″)。]

7 (a) 物品 x 和 y 的边际效用递减假设意味着无差异曲线严格凸吗?
(b) 无差异曲线的严格凸性意味着物品 x 和 y 的边际效用递减吗?

12.6 齐次函数

若以常数 j 乘以函数的每一自变量,使函数变为原来的 j^r 倍,即若

$$f(jx_1, \cdots, jx_n) = j^r f(x_1, \cdots, x_n),$$

则称此函数为 r 次齐次函数。一般而言,j 可取任意值。但为使上述方程有意义,$(jx_1, \cdots, jx_n)$ 必须在函数 f 的定义域内。为此,在经济

应用中常数 j 通常取正值,因为绝大多数经济变量一般不取负值。

例1 给定函数 $f(x,y,w) = x/y + 2w/3x$,若以 j 乘以每个变量,得到

$$f(jx,jy,jw) = \frac{(jx)}{(jy)} + \frac{2(jw)}{3(jx)}$$

$$= \frac{x}{y} + \frac{2w}{3x} = f(x,y,w) = j^0 f(x,y,w),$$

在这个特定的例子中,所有自变量等比例变化,函数值不受影响;或者说用倍数 $j^0 (=1)$ 乘每个自变量,函数值不变。这样函数 f 是零次齐次函数。

读者可以观察到上一节末的函数 x^* 和 y^* 均是零次齐次函数。

例2 若以 j 乘以函数

$$g(x,y,w) = \frac{x^2}{y} + \frac{2w^2}{x}$$

的每个变量,得到

$$g(jx,jy,jw) = \frac{(jx)^2}{(jy)} + \frac{2(jw)^2}{(jx)}$$

$$= j\left(\frac{x^2}{y} + \frac{2w^2}{x}\right) = jg(x,y,w),$$

此函数为一次(或第一次)齐次函数。若以 j 乘每个变量,函数值也恰好增加 j 倍。

例3 现在考察函数 $h(x,y,w) = 2x^2 + 3yw - w^2$。这次以 j 相乘得到

$$h(jx,jy,jw) = 2(jx)^2 + 3(jy)(jw) - (jw)^2 = j^2 h(x,y,w),$$

这样函数 h 是二次齐次函数,例如在本例中,所有变量加倍,函数值将变为4倍。

线性齐次性

在讨论生产函数时,广泛使用的是一次齐次生产函数。它们通常被称为线性齐次函数(linearly homogeneous functions)。副词"线性地"(linearly)一词是修饰形容词"齐次的"(homogeneous)。但某些作者似乎愿意使用某些易使人误解的词"线性的(linear)齐次函数"

(linear homogeneous functions),或者"线性的和齐次的函数"(linear and homogeneous functions)等。这些词往往会传递错误的信息,使人误以为这些函数本身是线性的。由上面例 2 中的函数可以知道,一次齐次函数并不必然是线性函数。所以读者不应使用"线性的齐次函数"或"线性的和齐次的函数",当然,除非所研究的函数确实是线性的。但要注意,谈及"线性的齐次性"(linear homogeneity)并非错误,它意指一次齐次性,因为修饰名词"齐次性"(homogeneity)的确要求使用形容词"线性的"(linear)。

因为线性齐次函数应用的主要领域为生产理论,所以我们采用如下形式的生产函数作为讨论的框架:

$$Q = f(K, L), \tag{12.45}$$

无论是在宏观还是在微观水平上,线性齐次性的数学假设总是与不变规模收益的经济假设一致的,因为线性齐次性意味着所有投入(自变量)增加 j 倍,总是使产出(函数值)恰好也增加 j 倍。

什么性质表示线性齐次生产函数的特征呢?

性质 I 给定线性齐次生产函数 $Q = f(K, L)$,劳动的平均物质产品(APP_L)和资本的平均物质产品(APP_K)可以表示成资本劳动比率 $k \equiv K/L$ 的函数。

为证明这一点,我们将(12.45)中的每个自变量都乘以一个因子 $j = 1/L$。根据线性齐次性,这将使产出由 Q 变成 $jQ = Q/L$。相应地,(12.45)的右侧将变成

$$f\left(\frac{K}{L}, \frac{L}{L}\right) = f\left(\frac{K}{L}, 1\right) = f(k, 1),$$

因为原函数中的变量 K 和 L 已分别被 k 和 1 所替换(无论 K 和 L 何时出现),实际上方程右边变成仅是资本劳动比率的函数,比如 $\phi(k)$,它是一个单一变量 k 的函数,尽管两个自变量 K 和 L 实际上包含在变量 k 中。令左右两边相等,有

$$\text{APP}_L \equiv \frac{Q}{L} = \phi(k), \tag{12.46}$$

于是可求得 APP_K 的表达式为

$$\text{APP}_K \equiv \frac{Q}{K} = \frac{Q}{L}\frac{L}{K} = \frac{\phi(k)}{k}. \tag{12.47}$$

因为两个平均产量仅取决于 k,线性齐次性意味着,只要比率 K/L 保持不变(无论 K 和 L 的绝对水平是多少),那么,平均产量也将保持不变。因此,尽管生产函数是一次齐次性的,但 APP_L 和 APP_K 均是变量 K 和 L 的零次齐次函数,因为 K 和 L 的等比例变化(保持 k 为常数)将不会改变平均产量的大小。

性质 II 给定线性齐次生产函数 $Q=f(K,L)$,边际物质产品 MPP_L 和 MPP_K 可以仅表示成 k 的函数。

为求得边际产量,我们将总产量写成

$$Q = L\phi(k), \quad [\text{由}(12.46)] \quad (12.45')$$

然后将 Q 对 K 和 L 求导。为此,我们先求出如下两个初步结果以供使用

$$\frac{\partial k}{\partial K} = \frac{\partial}{\partial K}\left(\frac{K}{L}\right) = \frac{1}{L}, \quad \frac{\partial k}{\partial L} = \frac{\partial}{\partial L}\left(\frac{K}{L}\right) = \frac{-K}{L^2}, \quad (12.48)$$

求导的结果为

$$\text{MPP}_K \equiv \frac{\partial Q}{\partial K} = \frac{\partial}{\partial K}[L\phi(k)]$$

$$= L\frac{\partial \phi(k)}{\partial K} = L\frac{\mathrm{d}\phi(k)}{\mathrm{d}k}\frac{\partial k}{\partial K} \quad [\text{链式法则}]$$

$$= L\phi'(k)\left(\frac{1}{L}\right) = \phi'(k), \quad [\text{由}(12.48)] \quad (12.49)$$

$$\text{MPP}_L \equiv \frac{\partial Q}{\partial L} = \frac{\partial}{\partial L}[L\phi(k)]$$

$$= \phi(k) + L\frac{\partial \phi(k)}{\partial L} \quad [\text{积的求导法则}]$$

$$= \phi(k) + L\phi'(k)\frac{\partial k}{\partial L} \quad [\text{链式法则}]$$

$$= \phi(k) + L\phi'(k)\frac{-K}{L^2} \quad [\text{由}(12.48)]$$

$$= \phi(k) - k\phi'(k), \quad (12.50)$$

它确实表明 MPP_L 和 MPP_K 仅是 k 的函数。

像平均产量一样,只要资本劳动比率不变,边际产量亦保持不变,它们是变量 K 和 L 的零次齐次函数。

性质 III(欧拉定理) 若 $Q=f(K,L)$ 为线性齐次函数,则

$$K\frac{\partial Q}{\partial K} + L\frac{\partial Q}{\partial L} \equiv Q.$$

证明

$$\begin{aligned}
K\frac{\partial Q}{\partial K} + L\frac{\partial Q}{\partial L} &= K\phi'(k) + L[\phi(k) - k\phi'(k)] \\
&\qquad\qquad\qquad\qquad\qquad [\text{由}(12.49),(12.50)] \\
&= K\phi'(k) + L\phi(k) - K\phi'(k) \qquad [k \equiv K/L] \\
&= L\phi(k) = Q. \qquad\qquad\qquad [\text{由}(12.45')]
\end{aligned}$$

注意,对任意 K 和 L 值,此结论均成立。这是上式被写成恒等式的原因。这个性质表明线性齐次函数的值总可以表示成若干项的和,其中每一项是一个自变量与 Q 对该自变量的一阶偏导数之乘积,而不管实际采用的两种投入是多少。但应仔细区分恒等式 $K\frac{\partial Q}{\partial K} + L\frac{\partial Q}{\partial L} \equiv Q$ [欧拉定理,仅适用于 $Q = f(K,L)$ 为不变规模收益的情况] 和方程 $\mathrm{d}Q = \frac{\partial Q}{\partial K}\mathrm{d}K + \frac{\partial Q}{\partial L}\mathrm{d}L$ [任意函数 Q 的全微分] 的区别。

在经济上,这个性质表示在不变规模收益条件下,如果每种投入要素按其边际产品数量获得报酬,那么,每种投入要素获得的分配份额之和恰好等于总产出,或者说,净经济利润为零。因为这种情况是对完全竞争条件下长期均衡的描述,所以曾有人认为,在经济学中只有线性齐次函数才有意义。当然,情况并非如此。在长期均衡中的零经济利润是由于厂商进入与退出带来的竞争所致,而与实际存在的生产函数的具体性质无关。因此,具有产品为任何和所有生产要素 (K,L) 所分配完毕的生产函数,并非是必需的。而且当要素市场存在不完全竞争时,每种要素所获得的报酬可能不等于边际产品,结果,欧拉定理可能与分配情况无关。但由于我们知道线性齐次生产函数具有许多有特色的数学性质,因而便于应用。

柯布-道格拉斯生产函数

在经济分析中广泛使用的一种具体生产函数是柯布-道格拉斯生产函数:

$$Q = AK^\alpha L^{1-\alpha}, \qquad (12.51)$$

其中 A 为正常数,α 为正分数。我们这里首先要考察的是此函数的一般化形式

$$Q = AK^{\alpha}L^{\beta}, \qquad (12.52)$$

其中 β 为另一个正分数,它可能等于也可能不等于 $1-\alpha$。此函数的一些主要特性是:(1) 它是 $(\alpha+\beta)$ 次齐次函数;(2) 在 $(\alpha+\beta)$ 等于 1 的特定情况下,它是线性齐次函数;(3) 对于正的 K 值和 L 值,其等产量曲线是一条斜率处处为负的严格凸曲线;(4) 对于正的 K 值和 L 值,它是严格拟凹的。

它的齐次方程可以很容易从这一事实中看到:如果将 K 和 L 分别变成 jK 和 jL,产出就会变成

$$A(jK)^{\alpha}(jL)^{\beta} = j^{\alpha+\beta}(AK^{\alpha}L^{\beta}) = j^{\alpha+\beta}Q,$$

由此很容易看出此函数的齐次性,即此函数是 $(\alpha+\beta)$ 次齐次函数。在 $(\alpha+\beta)=1$ 的情况下,将有不变规模收益,因为函数是线性齐次的(但要注意,此函数不是线性的,要避免将其与"线性的齐次的函数"及"线性的和齐次的函数"相混淆)。其等产量曲线斜率为负且为严格凸可以由导数 dK/dL 和 d^2K/dL^2 的符号(或者 dL/dK 及 d^2L/dK^2 的符号)来验证。对于正的产出 Q_0,(12.52)可以写成

$$AK^{\alpha}L^{\beta} = Q_0, \quad (A, K, L, Q_0 > 0)$$

对两边取自然对数并移项,求得

$$\ln A + \alpha \ln K + \beta \ln L - \ln Q_0 = 0,$$

此方程将 K 定义为 L 的隐函数。① 根据隐函数法则和对数的求导法则,我们有

$$\frac{dK}{dL} = -\frac{\partial F/\partial L}{\partial F/\partial K} = -\frac{(\beta/L)}{(\alpha/K)} = -\frac{\beta K}{\alpha L} < 0,$$

则由此得

$$\frac{d^2K}{dL^2} = \frac{d}{dL}\left(-\frac{\beta K}{\alpha L}\right) = -\frac{\beta}{\alpha}\frac{d}{dL}\left(\frac{K}{L}\right) = -\frac{\beta}{\alpha}\frac{1}{L^2}\left(L\frac{dK}{dL} - K\right) > 0,$$

这些导数的符号确定了对于正的 K 和 L 值,在 LK 平面上(任意)等

---

① 因为 F(左边表达式)具有连续偏导数,而且对正的 K 值,$\partial F/\partial K = \alpha/K \neq 0$,所以满足隐函数定理的条件。

产量曲线斜率处处为负且严格凸。当然,这是我们对一个对于正的 K 和 L 为严格拟凹的函数唯一所能期望的。对于此函数的严格拟凹特征,可参见 12.4 节例 5,那里讨论了一个类似的函数。

现在考察 $\alpha+\beta=1$(严格的柯布-道格拉斯生产函数)的情况,以验证前面提出的线性齐次性的三个性质。首先,此特定情况下的总产量可以表示成

$$Q = AK^\alpha L^{1-\alpha} = A\left(\frac{K}{L}\right)^\alpha L = LAk^\alpha, \tag{12.51'}$$

其中表达式 Ak^α 是前面使用的一般表达式 $\phi(k)$ 的具体形式。因此,平均产量为

$$\text{APP}_L = \frac{Q}{L} = Ak^\alpha,$$

$$\text{APP}_K = \frac{Q}{K} = \frac{Q}{L}\frac{L}{K} = \frac{Ak^\alpha}{k} = Ak^{\alpha-1}, \tag{12.53}$$

二者现在均仅为 k 的函数。

其次,对 $Q = AK^\alpha L^{1-\alpha}$ 求导数,得到边际产量:

$$\frac{\partial Q}{\partial K} = A\alpha K^{\alpha-1} L^{-(\alpha-1)} = A\alpha\left(\frac{K}{L}\right)^{\alpha-1} = A\alpha k^{\alpha-1},$$

$$\frac{\partial Q}{\partial L} = AK^\alpha(1-\alpha)L^{-\alpha} = A(1-\alpha)\left(\frac{K}{L}\right)^\alpha = A(1-\alpha)k^\alpha,$$

$$\tag{12.54}$$

它们也都仅是 k 的函数。

最后,我们运用(12.54)验证欧拉定理:

$$K\frac{\partial Q}{\partial K} + L\frac{\partial Q}{\partial L} = KA\alpha k^{\alpha-1} + LA(1-\alpha)k^\alpha$$

$$= LAk^\alpha\left(\frac{K\alpha}{Lk} + 1 - \alpha\right)$$

$$= LAk^\alpha(\alpha + 1 - \alpha) = LAk^\alpha = Q. \quad [\text{由}(12.51')]$$

在线性齐次柯布-道格拉斯生产函数中,指数 α 和 $(1-\alpha)$ 具有重要的经济意义。如果假设每种投入按其边际产量获得报酬,那么,资本在总产量中的相对份额将为

$$\frac{K(\partial Q/\partial K)}{Q} = \frac{KA\alpha k^{\alpha-1}}{LAk^\alpha} = \alpha,$$

类似地,劳动的相对份额为

$$\frac{L(\partial Q/\partial L)}{Q} = \frac{LA(1-\alpha)k^\alpha}{LAk^\alpha} = 1-\alpha.$$

因此,每种投入变量的指数表示该投入在总产量中的相对份额。从另一个角度看,我们也可以将每种投入变量的指数解释成产出对该投入的偏弹性。这是因为上面给出的资本份额表达式等价于 $\frac{\partial Q/\partial K}{Q/K} \equiv \varepsilon_{QK}$,类似地,上面的劳动份额表达式等价于 ε_{QL}。

那么,常数 A 是何含义呢?对于给定的 K 值和 L 值,A 将对产出水平 Q 产生与 A 大小成比例的影响。因此可以视 A 为一个效率参数,即作为反映技术水平的指标。

结果的推广

我们已就生产函数的特定情况讨论了线性齐次性,但是只要将变量 K、L 及 Q 重新作适当解释,那么,上面所提到的性质在其他情况下依然成立。

还可以将上述结果推广到两个以上变量的情况。由线性齐次函数

$$y = f(x_1, x_2, \cdots, x_n),$$

将每个变量以 x_1 除(即乘以 $1/x_1$),得到结果

$$y = x_1\phi\left(\frac{x_2}{x_1}, \frac{x_3}{x_1}, \cdots, \frac{x_n}{x_1}\right), \quad [一次齐次性]$$

它与 (12.45′) 具有可比性。而且欧拉定理也可以很容易推广到如下形式

$$\sum_{i=1}^n x_i f_i \equiv y, \quad [欧拉定理]$$

其中原函数 f 的偏导数(即 f_i)如同两变量情况一样,依然是变量 x_i 的零次齐次函数。

实际上,上述结果还可以轻松推广至 r 次齐次函数的情况。首先,根据齐次性的定义,现在可以写成

$$y = x_1^r \phi\left(\frac{x_2}{x_1}, \frac{x_3}{x_1}, \cdots, \frac{x_n}{x_1}\right), \quad [r 次齐次性]$$

修正的欧拉定理以下述形式出现

$$\sum_{i=1}^{n} x_i f_i \equiv ry, \quad [\text{欧拉定理}]$$

其中乘积常数 r 附属于右边自变量 y。最后，原函数 f 的偏导数 f_i，是变量 x_i 的 $(r-1)$ 次齐次函数。因此，读者可以看到，线性齐次性只不过是 $r=1$ 时的一种特例。

练习 12.6

1. 确定下列函数是否是齐次函数。若是，是几次齐次函数？
   (a) $f(x,y) = \sqrt{xy}$
   (b) $f(x,y) = (x^2 - y^2)^{1/2}$
   (c) $f(x,y) = x^3 - xy + y^3$
   (d) $f(x,y) = 2x + y + 3\sqrt{xy}$
   (e) $f(x,y,w) = \dfrac{xy^2}{w} + 2xw$
   (f) $f(x,y,w) = x^4 - 5yw^3$

2. 证明(12.45)不仅可以表示成 $Q = L\phi\left(\dfrac{K}{L}\right)$，还可以表示成

$$Q = K\psi\left(\dfrac{L}{K}\right)。$$

3. 在固定规模收益情况下，由欧拉定理推出：
   (a) 当 $\text{MPP}_K = 0$ 时，$\text{APP}_L = \text{MPP}_L$。
   (b) 当 $\text{MPP}_L = 0$ 时，$\text{APP}_K = \text{MPP}_K$。

4. 在(12.46)至(12.50)的基础上，检验在固定规模收益条件下，下列结论是否成立。
   (a) 可以对作为自变量的 $k(=K/L)$ 绘出一条 APP_L 曲线 (k 作为横轴)。
   (b) APP_L 曲线的斜率可以度量 MPP_K。
   (c) APP_L 曲线的矢径的斜率可以度量 APP_K。
   (d) $\text{MPP}_L = \text{APP}_L - k(\text{MPP}_K) = \text{APP}_L - k(\text{APP}_L \text{的斜率})$。

5. 运用(12.53)和(12.54)证明柯布-道格拉斯生产函数服从上一题 (b)、(c)、(d) 部分所描述的关系。

6. 给定生产函数 $Q = AK^\alpha L^\beta$，证明
   (a) $(\alpha + \beta) > 1$ 意味着规模收益递增。
   (b) $(\alpha + \beta) < 1$ 意味着规模收益递减。
   (c) α 和 β 分别是产出对资本与劳动投入的偏弹性。

7 令产出是三种投入的函数：即 $Q = AK^a L^b N^c$。
   (a) 此函数是齐次的吗？如果是，是几次齐次？
   (b) 在何条件下会存在不变规模收益？递增的规模收益？
   (c) 如果按边际产品的数量获得支付，求投入 N 应获得的产品份额。

8 令 $Q = g(K, L)$ 是二次齐次生产函数。
   (a) 写出表示此函数二次齐次函数性质的方程。
   (b) 根据 (12.45′) 的形式，以 $\phi(k)$ 写出 Q 的表达式。
   (c) 求 MPP_K 函数。MPP_K 仍像线性齐次性的情况一样，只是 k 的函数吗？
   (d) MPP_K 是 K 和 L 的齐次函数吗？若是，是几次的？

12.7 投入的最小成本组合

作为约束最优化的另一个例子，我们讨论求产出为给定水平 Q_0 的最小成本投入组合问题。这个给定的产出水平也许是为某顾客的订货而生产的。这里我们使用一般生产函数，但后面，也将涉及齐次生产函数。

一阶条件

假设有一平滑的具有两种可变投入的生产函数 $Q = Q(a, b)$，其中 $Q_a > 0$，$Q_b > 0$，并假设两种投入价格均为外生的（尽管仍舍弃零下标），这样我们就可以构建一个问题：使成本

$$C = aP_a + bP_b$$

最小化，满足产出约束

$$Q(a, b) = Q_0.$$

因此，拉格朗日函数为

$$Z = aP_a + bP_b + \mu[Q_0 - Q(a, b)].$$

为满足最小化 C 的一阶条件，投入水平（选择变量）必定满足如下联立方程

$$Z_\mu = Q_0 - Q(a, b) = 0,$$
$$Z_a = P_a - \mu Q_a = 0,$$

$$Z_b = P_b - \mu Q_b = 0,$$

上面第一个方程只不过是约束条件的重述,后两个方程意味着条件

$$\frac{P_a}{Q_a} = \frac{P_b}{Q_b} = \mu, \qquad (12.55)$$

在最优投入组合点,投入价格与边际产出的比率对每一投入必定相同。因为此比率度量该投入的单位边际产出的支出数量,所以拉格朗日乘数可以被解释成为最优状态下的产品边际成本。当然,这个解释同前面在(12.16)中发现的拉格朗日乘数的最优值是比较静态影响的度量完全一致。此影响即约束方程中的常数对目标函数最优值的影响,即 $\mu^* = (\S C^*/\S Q_0)$,其中符号 § 表示它是一个偏全导数。

方程(12.55)还可以写成以下形式

$$\frac{P_a}{P_b} = \frac{Q_a}{Q_b}, \qquad (12.55')$$

读者可将其与(12.31″)相比较。以这种形式出现,一阶条件还可以按照等产量曲线和等成本曲线来解释。正如我们在(11.36)中已经知道的那样,Q_a/Q_b 是等产量曲线斜率的负值,即它是 a 对 b 边际技术替代率(MRTS_{ab})的度量。在现在的模型中,产出水平设定为 $\bar{Q}_0$,因此仅涉及一条等产量曲线,如图12.8所示,其斜率为负。

而比率 P_a/P_b 则表示等成本曲线(可将其与消费者理论中的预算线相比较)斜率的负值。等成本曲线定义为具有相同总成本的投入组合的轨迹。它可用下述方程表示

$$C_0 = aP_a + bP_b \quad \text{或} \quad b = \frac{C_0}{P_b} - \frac{P_a}{P_b}a,$$

其中 C_0 代表(参数)成本数字。因此,如图12.8所示,当在 ab 平面绘出等成本曲线时,产生斜率为 $-P_a/P_b$(和纵截距为 C_0/P_b)的一族直线。所以,两个比率相等相当于等产量曲线的斜率与所选定的等成本曲线的斜率相等。因为我们必须维持在给定等产量曲线上,这个条件使我们得到切点 E 和投入组合 (a^*, b^*)。

二阶条件

在一阶条件满足后,只要有负的海塞加边行列式,即有

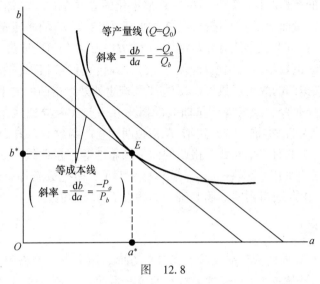

图 12.8

$$|\bar{H}| = \begin{vmatrix} 0 & Q_a & Q_b \\ Q_a & -\mu Q_{aa} & -\mu Q_{ab} \\ Q_b & -\mu Q_{ba} & -\mu Q_{bb} \end{vmatrix}$$

$$= \mu(Q_{aa}Q_b^2 - 2Q_{ab}Q_aQ_b + Q_{bb}Q_a^2) < 0.$$

那么,便足以保证最小成本。因为 μ(边际成本)的最优值为正,这样使条件变为在 E 点计值时,括号中的表达式为负。

由(11.44),我们可以回忆起等产量曲线的曲率是以二阶导数来表示的

$$\frac{d^2b}{da^2} = \frac{-1}{Q_b^3}(Q_{aa}Q_b^2 - 2Q_{ab}Q_aQ_b + Q_{bb}Q_a^2),$$

其中出现了与前面相同的括号内的表达式。由于 Q_b 为正,二阶充分条件的满足意味着 d^2b/da^2 为正——即等产量曲线为严格凸——在切点处。在这里,等产量曲线的严格凸性也意味着满足二阶充分条件。因为等产量曲线斜率为负,严格凸性只能意味着正的 d^2b/da^2(在等产量曲线的稳定点处,d^2b/da^2 为零也是可能的),进而又可以保证 $|\bar{H}| < 0$。但还应当记住,充分条件在切点处 $|\bar{H}| < 0$(因而等产

量曲线的严格凸性)实质上并非 C 最小化的必要条件。具体地,即使当等产量曲线是非严格凸时,在类似于图 12.7(b) 的多重最小值情况下,在每个最小值有 $d^2b/da^2 = 0$ 和 $|\bar{H}| = 0$,C 仍可能取最小值。

在讨论效用最大化模型(见 12.5 节)时,我们曾指出,平滑、递增、严格拟凹的效用函数可以在 xy 平面产生处处严格凸的向下倾斜的无差异曲线。因为等产量曲线的概念几乎与无差异曲线是一致的①,我们可以类推,平滑、递增、严格拟凹的生产函数 $Q = Q(a, b)$ 也可以在 ab 平面产生处处严格凸的向下倾斜的等产量曲线。如果假设存在这样的生产函数,那么,显然总是满足二阶充分条件。而且,很明显,由此而得到的 C 将是唯一的约束绝对极小值。

扩张路径

现在转向此模型的比较静态分析方面。假定投入价格固定,我们让 Q_0 持续递增(升至越来越高的等产量曲线),追寻这对最小成本组合 b^*/a^* 的影响。当然等产量曲线的每次移动将与更高的等成本曲线产生一个新的切点。这些切点的轨迹被称作厂商的扩张路径,它描述生产不同产出水平 Q_0 所需的最小成本组合。两种可能的扩张路径形状如图 12.9 所示。

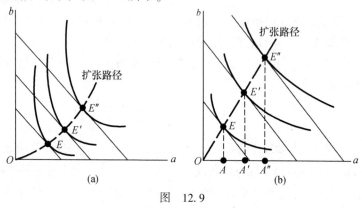

图 12.9

---

① 二者实质上均是"等值"曲线。它们的不同仅在于所应用的领域不同。无差异曲线应用于消费模型,而等产量曲线应用于生产模型。

若我们假设等产量曲线具有严格凸性,因而满足二阶条件,则扩张路径可直接从条件(12.55′)推导出来。我们用一般形式的柯布-道格拉斯生产函数对此进行描述。

条件(12.55′)要求投入价格比率与边际产量比率相等。对于函数 $Q = Aa^\alpha b^\beta$,这意味着扩张路径的每一点必定满足

$$\frac{P_a}{P_b} = \frac{Q_a}{Q_b} = \frac{A\alpha a^{\alpha-1} b^\beta}{Aa^\alpha \beta b^{\beta-1}} = \frac{\alpha b}{\beta a}, \quad (12.56)$$

这意味着最优投入比率应为

$$\frac{b^*}{a^*} = \frac{\beta P_a}{\alpha P_b} = \text{常数}. \quad (12.57)$$

因为 α、β 和投入价格均为常数。因此,扩张路径上所有点必定表示相同的固定的投入比率,即扩张路径必定为一条自原点出发的直线。这种关系描述在图 12.9b 中,其中在不同的切点(AE/OA,AE'/OA',AE''/OA'')的投入比率都相等。

线性扩张路径是一般化的柯布-道格拉斯生产函数的特征,而与 $\alpha + \beta$ 是否等于 1 无关,因为结果(12.57)的推导并不依赖于 $\alpha + \beta = 1$ 的假设。事实上,任何齐次生产函数(不必一定是柯布-道格拉斯生产函数)对于每一组投入价格都会产生线性扩张路径,原因如下:如果此生产函数是 r 次齐次的,那么其边际产量函数 Q_a 和 Q_b 必是投入 a 和 b 的 $(r-1)$ 次齐次函数,因此两种投入增加 j 倍将使 Q_a 和 Q_b 的值变化 j^{r-1} 倍,但比率 Q_a/Q_b 没有任何变化。因此,若一个特定投入组合 (a_0, b_0) 在给定投入价格下满足一阶条件 $P_a/P_b = Q_a/Q_b$,那么,投入组合 (ja_0, jb_0) 必定也满足——恰如图 12.9(b) 的线性扩张路径所描述的那样。

尽管任意齐次生产函数均可产生线性扩张路径,但齐次性的次数不同,却使在对扩张路径进行解释时产生很大的不同。在图 12.9(b) 中,我们绘出的距离 OE 等于 EE',从而 E' 的刻度为 E 的两倍。现在生产函数若是一次齐次的,那么,E' 的产出必定为 E 的二倍($2^1 = 2$)。但若生产函数是二次齐次的,E' 的产出则是 E 的四倍($2^2 = 4$)。这样,对于 $Q = 1, Q = 2, \ldots\ldots$ 等产量曲线的间隔对于不同的齐次性而言是有很大不同的。

位似函数

我们已经解释了给定一组投入价格,(任意次)齐次生产函数会产生线性扩张路径。但线性扩张路径并不仅为齐次生产函数所特有;一种更一般类型的函数,即所谓位似函数,也能产生线性扩张路径。

位似函数是一个形式如下的复合函数:

$$H = h[Q(a,b)], \quad [h'(Q) \neq 0] \quad (12.58)$$

其中 $Q(a,b)$ 是 r 次齐次的。尽管 $H = H(a,b)$ 源于齐次函数,但一般而言它并不是变量 a 和 b 的齐次函数。然而,$H(a,b)$ 的扩张路径,像 $Q(a,b)$ 的扩张路径一样,都是线性的。这一结论的关键之点在于,在 ab 平面上的任意给定点,H 的等产量曲线与 Q 的等产量曲线具有相同的斜率:

$$H \text{ 的等产量曲线的斜率} = -\frac{H_a}{H_b} = -\frac{h'(Q)Q_a}{h'(Q)Q_b}$$

$$= -\frac{Q_a}{Q_b} = Q \text{ 的等产量曲线的斜率}, (12.59)$$

现在 $Q(a,b)$ 扩张路径的线性意味着条件

$$\text{对于任意给定的} \frac{b}{a}, \ -\frac{Q_a}{Q_b} = \text{常数},$$

且此条件也意味着 $Q(a,b)$ 的扩张路径为线性。但根据(12.59),立即有

$$\text{对于任意给定的} \frac{b}{a}, \ -\frac{H_a}{H_b} = \text{常数}, \quad (12.60)$$

这确定了 $H(a,b)$ 也会产生线性扩张路径。

位似性是一个比齐次性更一般的概念。事实上,每个齐次函数均是位似函数族中的一员,但位似函数则可能不是齐次函数。其实齐次函数总是位似函数可由(12.58)看出。在(12.58)中,如果我们令函数 $H = h(Q)$ 取特定形式 $H = Q[$ 有 $h'(Q) = dH/dQ = 1]$,则函数 Q 与函数 H 相同,它显然是位似函数。关于位似函数不一定是齐次函数在下面例2中阐述。

在定义位似函数 H 时,我们在(12.58)中设定 $h'(Q) \neq 0$。这可以使我们免于在(12.59)中分母为零。设定 $h'(Q) \neq 0$ 仅是数学处理上的要求,而从经济角度考虑,则要求更强的限制 $h'(Q) > 0$。因为如果 $H(a,b)$ 像 $Q(a,b)$ 一样作为生产函数,即如果 H 表示产出,那么,H_a 和 H_b 应分别像 $Q(a,b)$ 函数中的 Q_a 和 Q_b 那样按同方向变化。因此,$H(a,b)$ 需被限定为 $Q(a,b)$ 的单调递增变换。

位似函数,包括其特例齐次函数,具有这样一种重要性质:最优投入水平对产出水平的偏弹性对所有投入而言都是相同的。为证明这一点,回顾一下,位似函数扩张路径的线性意味最优投入比率 b^*/a^* 不受外生产出水平 H_0 的影响。因此 $\partial(b^*/a^*)/\partial H_0 = 0$,或者

$$\frac{1}{a^{*2}}\left(a^* \frac{\partial b^*}{\partial H_0} - b^* \frac{\partial a^*}{\partial H_0}\right) = 0, \quad [商的求导法则]$$

以 $a^{*2} H_0$ 通乘并重排,得到

$$\frac{\partial a^*}{\partial H_0} \frac{H_0}{a^*} = \frac{\partial b^*}{\partial H_0} \frac{H_0}{b^*} \quad 或 \quad \varepsilon_{a^* H_0} = \varepsilon_{b^* H_0},$$

这正是我们上面所下的结论。

例 1 令 $H = Q^2$,其中 $Q = Aa^\alpha b^\beta$。因为 $Q(a,b)$ 是齐次的,且 $h'(Q) = 2Q$ 对于正的产出为正,所以对于 $Q > 0$,$H(a,b)$ 是位似函数。我们将证明它满足(12.60)。首先通过替代,我们有:

$$H = Q^2 = (Aa^\alpha b^\beta)^2 = A^2 a^{2\alpha} b^{2\beta},$$

因此 H 的等产量线的斜率可以表示成

$$-\frac{H_a}{H_b} = -\frac{A^2 2\alpha a^{2\alpha-1} b^{2\beta}}{A^2 a^{2\alpha} 2\beta b^{2\beta-1}} = -\frac{\alpha b}{\beta a}, \quad (12.61)$$

此结果满足(12.60)且意味着线性扩张路径。将(12.61)与(12.56)比较也可以证明函数 H 满足(12.59)。

在本例中,$Q(a,b)$ 是 $(\alpha+\beta)$ 次齐次函数。而且 $H(a,b)$ 也是齐次函数,但次数为 $2(\alpha+\beta)$。但从规律上看,位似函数不一定是齐次函数。

例 2 令 $H = e^Q$,其中 $Q = Aa^\alpha b^\beta$。因为 $Q(a,b)$ 是齐次函数,且 $h'(Q) = e^Q$ 为正,所以 $H(a,b)$ 是位似函数。由此函数

$$H(a,b) = \exp(Aa^\alpha b^\beta),$$

很易求得

$$-\frac{H_a}{H_b} = -\frac{A\alpha a^{\alpha-1} b^\beta \exp(Aa^\alpha b^\beta)}{Aa^\alpha \beta b^{\beta-1} \exp(Aa^\alpha b^\beta)} = -\frac{\alpha b}{\beta a}.$$

当然,这个结果与例 1 中的(12.61)是一致的。但这次位似函数不是齐次函数,因为

$$\begin{aligned}H(ja,jb) &= \exp[A(ja)^\alpha (jb)^\beta] = \exp(Aa^\alpha b^\beta j^{\alpha+\beta}) \\ &= [\exp(Aa^\alpha b^\beta)]^{j^{\alpha+\beta}} = [H(a,b)]^{j^{\alpha+\beta}} \neq j^r H(a,b).\end{aligned}$$

396 替代弹性

比较静态分析的另一方面是分析比率 P_a/P_b 变化对能够生产出相同的给定产出水平 Q_0(即维持在相同的等产量曲线上)的最小成本投入组合 b^*/a^* 的影响。

当(外生的)投入价格比率 P_a/P_b 提高时,一般可以预期最优投入比率 b^*/a^* 也会提高,因为现在相对便宜的投入 b 将倾向于替代投入 a。替代的方向是清楚的,但替代的程度如何呢?投入的替代程度可以用以下点弹性表达式表示的所谓替代弹性来度量,替代弹性记作 σ(小写希腊字母 sigma,表示"替代"):

$$\sigma \equiv \frac{(b^*/a^*) \text{ 的相对变化}}{(P_a/P_b) \text{ 的相对变化}} = \frac{\dfrac{\mathrm{d}(b^*/a^*)}{b^*/a^*}}{\dfrac{\mathrm{d}(P_a/P_b)}{P_a/P_b}} = \frac{\dfrac{\mathrm{d}(b^*/a^*)}{\mathrm{d}(P_a/P_b)}}{\dfrac{b^*/a^*}{P_a/P_b}},$$

(12.62)

σ 的值位于 0 至 ∞ 之间;σ 越大,两种投入的替代能力越强。$\sigma=0$ 这种极限情况表示两种投入必须按固定比例互补使用。σ 为无限大的另一种极限情况表明两种投入具有完全的替代性。注意,若 (b^*/a^*) 被视为 (P_a/P_b) 的函数,那么,弹性 σ 仍将是边际函数对平均函

数的比率。[1]

下面我们说明如何计算一般化的柯布-道格拉斯生产函数的替代弹性。我们前面知道,对于这种情况,最小成本投入组合由

$$\left(\frac{b^*}{a^*}\right) = \frac{\beta}{\alpha}\left(\frac{P_a}{P_b}\right) \quad [\text{由}(12.57)]$$

所规定。此方程的形式为 $y = ax$,对于这个方程 dy/dx(边际)和 y/x(平均)均等于常数 a,即

$$\frac{d(b^*/a^*)}{d(P_a/P_b)} = \frac{\beta}{\alpha} \quad \text{和} \quad \frac{b^*/a^* F}{P_a/P_b} = \frac{\beta}{\alpha},$$

将这些值代入(12.62),立即求得 $\sigma = 1$;即一般化的柯布-道格拉斯生产函数是以不变的单位替代弹性为特征的。注意,此结论的推导完全不依赖于 $\alpha + \beta = 1$ 的假设。因此,生产函数 $Q = Aa^\alpha b^\beta$ 的替代弹性即使在 $\alpha + \beta \neq 1$ 时也是 1。

CES 生产函数

最近,人们常采用另一种形式的生产函数,虽然这种生产函数仍以不变替代弹性(constant elasticity of substitution,简写为 CES)为特征,但 σ 值也可能不等于 1。[2] 此函数的方程,即所谓 CES 生产函数,是

$$Q = A[\delta K^{-\rho} + (1-\delta)L^{-\rho}]^{-1/\rho},$$
$$(A > 0; 0 < \delta < 1; -1 < \rho \neq 0) \quad (12.63)$$

其中 K 和 L 表示两种生产要素,A,δ 和 ρ(小写希腊字母 rho)为三个

---

[1] 还有一种表示 σ 的方式。因为在切点,我们总有

$$\frac{P_a}{P_b} = \frac{Q_a}{Q_b} = \text{MRTS}_{ab},$$

等价地,替代弹性可以定义为

$$\sigma = \frac{(b^*/a^*)\text{的相对变化}}{\text{MRTS}_{ab}\text{的相对变化}} = \frac{\dfrac{d(b^*/a^*)}{b^*/a^*}}{\dfrac{d(Q_a/Q_b)}{Q_a/Q_b}} = \frac{\dfrac{d(b^*/a^*)}{d(Q_a/Q_b)}}{\dfrac{b^*/a^*}{Q_a/Q_b}}. \quad (12.62')$$

[2] K. J. Arrow, H. B. Chenery, B. S. Minhas, and R. M. Solow, "Capital-Labor Substitution and Economic Efficiency," *Review of Economics and Statistics*, August 1961, pp. 225—250.

参数。参数 A(效率参数)与柯布-道格拉斯生产函数中的系数 A 起相同作用,是一个用于反映技术水平的指标。参数 δ(分配参数)类似于柯布-道格拉斯生产函数中的 α,与产品中的相对要素份额有关。参数 ρ(替代参数,在柯布-道格拉斯生产函数中并无其对应物)是不变替代弹性的值,后面将证明这一点。

首先,我们注意到这种函数是一次齐次函数。若以 jK 和 jL 分别替代 K 和 L,产出将由 Q 变成

$$A[\delta(jK)^{-\rho} + (1-\delta)(jL)^{-\rho}]^{-1/\rho}$$
$$= A\{j^{-\rho}[\delta K^{-\rho} + (1-\delta)L^{-\rho}]\}^{-1/\rho}$$
$$= (j^{-\rho})^{-1/\rho} Q = jQ.$$

结果,CES 生产函数,像线性齐次生产函数一样,表现为不变规模收益,符合应用欧拉定理的条件,且具有平均产量和边际产量函数,它们都是 K 和 L 的零次齐次函数。

我们也应注意到,CES 生产函数产生的等产量曲线斜率总是为负,且对正的 K 和 L 值为严格凸。为证明这一点,我们首先求边际产量 Q_L 和 Q_K 的表达式。以符号 $[\cdots]$ 表示 $[\delta K^{-\rho} + (1-\delta L^{-\rho})]$ 的简写形式,有

$$\begin{aligned} Q_L \equiv \frac{\partial Q}{\partial L} &= A\left(-\frac{1}{\rho}\right)[\cdots]^{-(1/\rho)-1}(1-\delta)(-\rho)L^{-\rho-1} \\ &= (1-\delta)A[\cdots]^{-(1+\rho)/\rho}L^{-(1+\rho)} \\ &= (1-\delta)\frac{A^{1+\rho}}{A^\rho}[\cdots]^{-(1+\rho)/\rho}L^{-(1+\rho)} \\ &= \frac{(1-\delta)}{A^\rho}\left(\frac{Q}{L}\right)^{1+\rho} > 0. \quad [\text{由}(12.63)] \end{aligned} \qquad (12.64)$$

类似地,

$$Q_K \equiv \frac{\partial Q}{\partial K} = \frac{\delta}{A^\rho}\left(\frac{Q}{K}\right)^{1+\rho} > 0, \qquad (12.65)$$

它们是对正的 K 和 L 而定义的。因此等产量曲线(K 为纵轴,L 为横轴)为

$$\frac{dK}{dL} = -\frac{Q_L}{Q_K} = -\frac{(1-\delta)}{\delta}\left(\frac{K}{L}\right)^{1+\rho} < 0, \quad [\text{见}(11.36)]$$

$$(12.66)$$

很容易验证 $d^2K/dL^2 > 0$(其证明留与读者作练习)意味着等产量曲线对正的 K 和 L 为严格凸的。

还可以证明,CES 生产函数对正的 K 和 L 是拟凹的。对(12.64)及(12.65)进一步求导,可以证明此函数的二阶导数符号如下

$$Q_{LL} = \frac{\partial}{\partial L}Q_L = \frac{(1-\delta)(1+\rho)}{A^\rho}\left(\frac{Q}{L}\right)^\rho \frac{Q_L L - Q}{L^2} < 0,$$

[根据欧拉定理,$Q_L L - Q < 0$]

$$Q_{KK} = \frac{\partial}{\partial K}Q_K = \frac{\delta(1+\rho)}{A^\rho}\left(\frac{Q}{K}\right)^\rho \frac{Q_K K - Q}{K^2} < 0,$$

[根据欧拉定理,$Q_K K - Q < 0$]

$$Q_{KL} = Q_{LK} = \frac{(1-\delta)(1+\rho)}{A^\rho}\left(\frac{Q}{L}\right)^\rho \frac{Q_K}{L} > 0,$$

对于正的 K 和 L 成立的这些导数符号,使我们得以检验拟凸性的充分条件(12.26)。正如读者可以证明的那样

$$|B_1| = -Q_K^2 < 0$$

且 $\quad |B_2| = 2Q_K Q_L Q_{KL} - Q_K^2 Q_{LL} - Q_L^2 Q_{KK} > 0,$

因此,CES 生产函数对于正的 K 和 L 是拟凹的。

最后,我们运用边际产量(12.64)和(12.65)求 CES 生产函数的替代弹性。为满足最小成本组合条件 $Q_L/Q_K = P_L/P_K$,其中 P_L 和 P_K 分别表示劳动的价格(工资率)和资本的价格(资本品的租金),必须有

$$\frac{1-\delta}{\delta}\left(\frac{K}{L}\right)^{1+\rho} = \frac{P_L}{P_K}, \quad [见(12.66)]$$

因此,最优投入比率为(引入简写符号 c)

$$\left(\frac{K^*}{L^*}\right) = \left(\frac{\delta}{1-\delta}\right)^{1/(1+\rho)}\left(\frac{P_L}{P_K}\right)^{1/(1+\rho)} \equiv c\left(\frac{P_L}{P_K}\right)^{1/(1+\rho)}, \quad (12.67)$$

取 (K^*/L^*) 为 (P_L/P_K) 的函数,我们求得有关的边际函数和平均函数如下:

$$边际函数 = \frac{d(K^*/L^*)}{d(P_L/P_K)} = \frac{c}{1+\rho}\left(\frac{P_L}{P_K}\right)^{1/(1+\rho)-1},$$

$$\text{平均函数} = \frac{K^*/L^*}{P_L/P_K} = c\left(\frac{P_L}{P_K}\right)^{1/(1+\rho)-1},$$

因此,替代弹性为:①

$$\sigma = \frac{\text{边际函数}}{\text{平均函数}} = \frac{1}{1+\rho}. \qquad (12.68)$$

此式表明,σ 是一个常数,其大小取决于参数 ρ 的值:

$$\left.\begin{array}{r}-1<\rho<0,\\ \rho=0,\\ 0<\rho<\infty\end{array}\right\}\Rightarrow\left\{\begin{array}{l}\sigma>1,\\ \sigma=1,\\ \sigma<1.\end{array}\right.$$

作为 CES 生产函数特例的柯布-道格拉斯生产函数

在上面最后一个结果中,那个中间情况 $\rho=0$ 导致单位替代弹性,而这正是柯布-道格拉斯生产函数的特征。这表明,(线性齐次)柯布-道格拉斯生产函数是(线性齐次)CES 生产函数的一个特征。困难的是,CES 生产函数[如(12.63)给出的那样],当 $\rho=0$ 时是没有意义的,因为以零作除数是不可能的。然而,可以证明,当 $\rho\to 0$ 时,CES 生产函数趋近于柯布-道格拉斯生产函数。

为证明这一点,我们需借助于所谓的洛必达法则的方法。此法则与函数 $f(x)=\dfrac{m(x)}{n(x)}$ 当 $x\to a$ 时的极限的计算有关(其中 a 可以为有限,也可以为无限),当分子 $m(x)$ 和分母 $n(x)$ 有如下情况之一时:(1) 当 $x\to a$ 时,二者均趋于零,因而产生一个 $0/0$ 形式的表达式;或者(2) 当 $x\to a$ 时,二者均趋于 $\pm\infty$,因而产生一个形式为 ∞/∞(或 $\infty/-\infty$,或 $-\infty/\infty$,或 $-\infty/-\infty$)的表达式。尽管 $f(x)$ 的极限在上述两种情况下难以直接计算,但运用下述公式却可计算出其极值

---

① 当然,首先对(12.67)两边取对数,我们也可以得到这一结果

$$\ln\left(\frac{K^*}{L^*}\right)=\ln c+\frac{1}{1+\rho}\ln\left(\frac{P_L}{P_K}\right)$$

然后应用(10.28)中的弹性公式,得到:

$$\sigma=\frac{\mathrm{d}(\ln K^*/L^*)}{\mathrm{d}(\ln P_L/P_K)}=\frac{1}{1+\rho}.$$

$$\lim_{x \to a} \frac{m(x)}{n(x)} = \lim_{x \to a} \frac{m'(x)}{n'(x)}. \quad [洛必达法则] \quad (12.69)$$

例3 求当 $x \to 1$ 时，$(1-x^2)/(1-x)$ 的极限。这里，当 $x \to 1$ 时，$m(x)$ 和 $n(x)$ 均趋近于零，因此，符合上面的情况(1)。因为 $m'(x) = -2x, n'(x) = -1$，我们可以写出

$$\lim_{x \to 1} \frac{1-x^2}{1-x} = \lim_{x \to 1} \frac{-2x}{-1} = \lim_{x \to 1} 2x = 2,$$

此答案与 6.4 节用另一种方法得到的结果是一致的。

例4 求当 $x \to \infty$ 时，$(2x+5)/(x+1)$ 的极限。当 $x \to \infty$ 时，本例中的 $m(x)$ 和 $n(x)$ 均为无穷大，因而是上面情况(2)的一个例子。因为 $m'(x) = 2, n'(x) = 1$，所以可以写成

$$\lim_{x \to \infty} \frac{2x+5}{x+1} = \lim_{x \to \infty} \frac{2}{1} = 2,$$

同样，这个答案与 6.4 节例3 以另一种方法得到的答案是一致的。

可以证明，(12.69) 右边的表达式仍可能像左边的表达式一样，出现 0/0 或 ∞/∞ 的形式。在这种情况下，我们可以再应用洛必达法则，即考察当 $x \to a$ 时，$m''(x)/n''(x)$ 的极限，并取此极限为我们的答案。也可能出现这种情况：虽然我们希望求其极值的给定函数 $f(x)$ 最初不是 $m(x)/n(x)$ 的形式，即在取极值时不是 0/0 或 ∞/∞ 的形式，但经适当变换仍可使 $f(x)$ 适于应用法则 (12.69)。这种可能性可以通过求 CES 生产函数 (12.63) 当 $\rho \to 0$ 时的极值来加以说明。现在将 (12.63) 视作函数 $Q(\rho)$。

正如已给定的那样，Q_ρ 并不是 $m(\rho)/n(\rho)$ 的形式。但以 A 除 (12.63) 的两边，并取自然对数，我们确实可以得到符合洛必达法则形式的函数，即

$$\ln \frac{Q}{A} = \frac{-\ln[\delta K^{-\rho} + (1-\delta)L^{-\rho}]}{\rho} \equiv \frac{m(\rho)}{n(\rho)}. \quad (12.70)$$

进而，当 $\rho \to 0$ 时，可求得 $m(\rho) \to \ln[\delta + 1 - \delta] = -\ln 1 = 0$，及 $n(\rho) \to 0$。因此，洛必达法则可用于求 $\ln(Q/A)$ 的极限。若如此，Q 的极限也可求出：因为 $Q/A = e^{\ln(Q/A)}$，所以 $Q = Ae^{\ln(Q/A)}$，由此得

$$\lim Q = \lim Ae^{\ln(Q/A)} = Ae^{\lim \ln(Q/A)}. \quad (12.71)$$

由 (12.70)，我们首先按洛必达法则的需要，求出 $m'(\rho)$ 和

$n'(\rho)$。后者仅为 $n'(\rho) = 1$。前者是

$$m'(\rho) = \frac{-1}{[\delta K^{-\rho} + (1-\delta)L^{-\rho}]} \frac{d}{d\rho}[\delta K^{-\rho} + (1-\delta)L^{-\rho}] \quad [链式法则]$$

$$= \frac{-[-\delta K^{-\rho}\ln K - (1-\delta)L^{-\rho}\ln L]}{[\delta K^{-\rho} + (1-\delta)L^{-\rho}]}, \quad [由(10.21')]$$

因此,由洛必达法则,有

$$\lim_{\rho \to 0} \ln \frac{Q}{A} = \lim_{\rho \to 0} \frac{m'(\rho)}{n'(\rho)}$$

$$= \frac{\delta \ln K + (1-\delta)\ln L}{1} = \ln(K^{\delta}L^{1-\delta}),$$

根据这一结果,当 e 被自乘到 $\lim_{\rho \to 0} \ln(Q/A)$ 次幂时,结果仅是 $K^{\delta}L^{1-\delta}$。因此,由(12.71),最终得到这一结果

$$\lim_{\rho \to 0} Q = AK^{\delta}L^{1-\delta},$$

它表明,当 $\rho \to 0$ 时,CES 生产函数确实趋向于柯布-道格拉斯生产函数。

练习 12.7

1 假设图 12.9(b)中的等产量曲线是由一个特定的齐次生产函数 $Q = Q(a,b)$ 推导出来的。注意,$OE = EE' = E'E''$,若函数 Q 是

(a) 一次齐次的　　(b) 二次齐次的

那么,由三个等产量曲线所表示的产出水平间的比率是多少?

2 对于一般化的柯布-道格拉斯生产函数,如果我们对比率 P_a/P_b 绘出比率 b^*/a^*,会得到何种类型的曲线?这个结果依赖于假设 $\alpha + \beta = 1$ 吗?从图上读出此曲线的替代弹性。

3 对于所有正的投入水平,CES 生产函数对每一投入具有收益递减的特征吗?

4 证明在 CES 生产函数等产量曲线上,$d^2K/dL^2 > 0$。

5 (a) 对于 CES 生产函数,若每一生产要素按其边际产量获得报酬,那么,劳动获得的产品份额与资本获得的产品份额的比率是多少?δ 越大意味着资本获得的相对份额越大吗?

(b) 对于柯布-道格拉斯生产函数,劳动获得的产品份额与资本获得的产

品份额的比率依赖于比率 K/L 吗？同样的答案适用于 CES 生产函数吗？

6　(a) CES 生产函数排除了 $\rho = -1$ 的情况。但若 $\rho = -1$，对于正的 K 和 L，等产量曲线一般会是什么形状？

(b) 对于 $\rho = -1$，σ 有意义吗？当 $\rho \to -1$ 时，σ 的极限是多少？

(c) 解释上述结果的经济含义。

7　证明：把 CES 生产函数写成 $Q = A[\delta K^{-\rho} + (1-\delta)L^{-\rho}]^{-r/\rho}$，其中 $r > 0$ 是一个新参数，我们可以引入递增的规模收益和递减的规模收益。

8　求下列极限

(a) $\lim\limits_{x \to 4} \dfrac{x^2 - x - 12}{x - 4}$　　(b) $\lim\limits_{x \to 0} \dfrac{e^x - 1}{x}$

(c) $\lim\limits_{x \to 0} \dfrac{5^x - e^x}{x}$　　(d) $\lim\limits_{x \to \infty} \dfrac{\ln x}{x}$

9　运用洛必达法则，证明

(a) $\lim\limits_{x \to \infty} \dfrac{x^n}{e^x} = 0$　(b) $\lim\limits_{x \to 0^+} x \ln x = 0$　(c) $\lim\limits_{x \to 0^+} x^x = 1$

第 13 章　最优化问题的其他主题

本章主要讨论两个主题,首先是非线性规划,这里将通过把不等式约束引入规划问题来扩展第 12 章所说的有约束优化技术。在第 12 章中,约束限制必须为严格的等式,即约束总是起作用的。现在我们将考虑约束可能不一定起作用,比如在求解中可以是不等式的情况。

本章的第二部分,我们回到经典的约束最优化领域来讨论一些题目,这些问题在前面的章节中未接触过,这些问题包括间接目标函数、包络定理和对偶概念。

13.1　非线性规划和库恩-塔克条件

在方法论发展的历史上,第一次处理非等式约束的尝试,主要集中在线性问题上。当约束条件和目标函数都是线性时,有效的方法相当自然地就是采用线性规划。尽管存在线性这一局限,我们仍可以明确地假设选择变量是非负,这在多数经济分析中都是恰当的,代表着重大发展。后来发展出来的非线性规划,使得处理非线性不等式约束和非线性目标函数变得可能。因而在优化方法论上,它占据一个非常重要的位置。

在经典优化问题中,没有对选择变量符号施加明确约束限制,并且在约束条件中没有不等式约束。对于这类问题,相对极值的一阶条件就是拉格朗日函数对于各个选择变量的一阶偏导数以及拉格朗日乘数为 0。在非线性规划中,存在类似的一阶条件,就是库恩-塔克条件。[①] 然而,正如我们所看见的,尽管经典一阶条件总是必要

[①]　H. W. Kuhn and A. W. Tucker, "Nonlinear Programming," in J. Neyman (ed.), *Proceedings of the Second Berkeley Symposium on Mathematical Statistics and Probability*, University of California Press, Berkeley, California, 1951, pp. 481—492.

的,除非某一前提条件满足,库恩-塔克条件是无法和必要条件相符合的。另一方面,在某些具体情况之下,库恩-塔克条件是充分条件,甚至是充分必要条件。

因为库恩-塔克条件在非线性规划中是唯一最重要的分析结果,因此,我们有必要对那些条件及其含义进行适当理解。为便于说明,我们将通过两个步骤探讨这些条件。

第一步:非负约束的效果

作为第一步,考虑对选择变量有非负约束问题,但没有其他约束。考虑单变量情况,我们有

$$\text{Max } \pi = f(x_1)$$
$$\text{s.t. } x_1 \geq 0, \quad (13.1)$$

那里假设函数 f 是可微的。由于约束条件 $x_1 \geq 0$,也许会出现三种可能的情况。第一种可能的情况,如果局部极大值 π 出现在图 13.1 阴影部分内部,譬如点图 13.1 中的点 A,我们就得到一个内解。在这种情况下,一阶条件是 $d\pi/dx_1 = f'(x_1) = 0$,这和经典问题一样。第二种情况,就像图 13.1 中的 B 点,一个局部极大值也可能出现在纵轴上,那时 $x_1 = 0$。即使在这第二种情况下,我们得到一个边界解,但是一阶条件 $f'(x_1) = 0$ 依然是有效的。但是,作为第三种可能性,一个局部极大值可以出现在图 13.1 中的点 C 或点 D 的位置,因为作为问题(13.1)中的一个局部极大值,候选点必须比可行域中的邻近点高。对于这最后一种可能性而言,像问题(13.1)这样的极大值点不仅可以用 $f'(x_1) = 0$ 来描绘,而且可以用不等式 $f'(x_1) < 0$ 来描述。注意另一方面,当曲线是向上弯曲的时候,那相反不等式 $f'(x_1) > 0$ 就能安全地被排除,在这种情况下,即使那点位于纵轴,譬如图 13.1 的点 E,我们也不可能找到一个最大值。

对于上面的讨论进行一个总结,为了在问题(13.1)中找到一个使 π 取局部极大值的 x_1,必须满足以下三个条件中的一个:

$$f'(x_1) = 0 \quad \text{且} \quad x_1 > 0, \quad [A \text{点}] \quad (13.2)$$

$$f'(x_1) = 0 \quad \text{且} \quad x_1 = 0, \quad [B \text{点}] \quad (13.3)$$

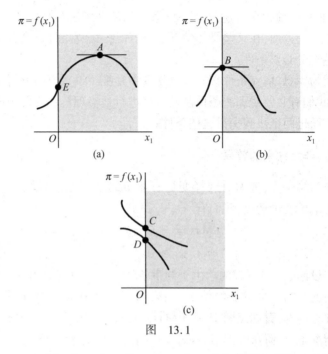

图 13.1

$$f'(x_1) < 0 \quad 且 \quad x_1 = 0, \quad [C 点和 D 点] \qquad (13.4)$$

实际上,这三种情况可被合成一个论述:

$$f'(x_1) \leq 0, \quad x_1 \geq 0 \quad 且 \quad x_1 f'(x_1) = 0. \qquad (13.5)$$

(13.5)中的第一个不等式是关于$f'(x_1)$的,是通过对(13.2)到(13.4)计算得到的信息的总结。第二个不等式是一个关于x_1的类似的总结,实际上,它仅仅重申问题的非负约束。(13.5)中的第三个等式表达了一个从(13.2)到(13.4)的重要的共同特点,即,x_1和$f'(x_1)$至少有一个是零,因此两者的乘积一定是零。这个特点是指x_1和$f'(x_1)$互补松弛。总而言之,(13.5)的三个部分构成了在选择变量必须非负的条件下求一个局部极大值问题的一阶必要条件。更进一步,我们可以把这些条件看成是整体极大化问题的必要条件。这是因为一个整体极大值也是局部极大值,因而必须同样地满足局部极大化问题的必要条件。

当问题包含n个选择变量:

$$\text{Max } \pi = f(x_1, x_2, \cdots, x_n)$$
$$\text{s.t. } x_j \geq 0, \quad (j = 1, 2, \cdots, n) \tag{13.6}$$

经典一阶条件 $f_1 = f_2 = \cdots = f_n = 0$ 必须相应地被修改。我们可以通过与(13.5)同样的推理过程来对各选择变量进行推导。从图上看,图13.1 水平轴上的数据代表了各 x_j。一阶条件必须作如下修改:

$$f_j \leq 0, \; x_j \geq 0 \quad 且 \quad x_j f_j = 0, \quad (j = 1, 2, \cdots, n) \tag{13.7}$$

其中 $f_j = 0$ 是偏导数 $\partial \pi / \partial x_j$。

第二步:不等式约束效应

在上述背景下,我们现在再前进一步,引入不等式约束。为简化,让我们先来处理三个选择变量 ($n = 3$) 和两个约束条件 ($m = 2$) 的问题:

$$\text{Max } \pi = f(x_1, x_2, x_3)$$
$$\text{s.t. } g^1(x_1, x_2, x_3) \leq r_1$$
$$g^2(x_1, x_2, x_3) \leq r_2$$
$$且 \quad x_1, x_2, x_3 \geq 0, \tag{13.8}$$

在两个虚拟变量 s_1 和 s_2 的帮助下,上述问题可以被变换成等价形式:

$$\text{Max } \pi = f(x_1, x_2, x_3)$$
$$\text{s.t. } g^1(x_1, x_2, x_3) + s_1 = r_1$$
$$g^2(x_1, x_2, x_3) + s_2 = r_2$$
$$且 \quad x_1, x_2, x_3, s_1, s_2 \geq 0, \tag{13.8'}$$

如果没有非负约束,我们也许可以根据经典方法,形成拉格朗日函数:

$$Z' = f(x_1, x_2, x_3) + \lambda_1 [r_1 - g^1(x_1, x_2, x_3) - s_1]$$
$$+ \lambda_2 [r_2 - g^2(x_1, x_2, x_3) - s_2], \tag{13.9}$$

得到一阶条件

$$\frac{\partial Z'}{\partial x_1} = \frac{\partial Z'}{\partial x_2} = \frac{\partial Z'}{\partial x_3} = \frac{\partial Z'}{\partial s_1} = \frac{\partial Z'}{\partial s_2} = \frac{\partial Z'}{\partial \lambda_1} = \frac{\partial Z'}{\partial \lambda_2} = 0,$$

但由于 x_j 和 s_i 变量必须是非负的,这些变量的一阶条件必须修改以

便和(13.7)相一致。因此,我们得到如下条件集合:

$$\frac{\partial Z'}{\partial x_j} \leq 0, \ x_j \geq 0 \quad \text{且} \quad x_j \frac{\partial Z'}{\partial x_j} = 0,$$
$$\frac{\partial Z'}{\partial s_i} \leq 0, \ s_i \geq 0 \quad \text{且} \quad s_i \frac{\partial Z'}{\partial s_i} = 0, \quad \begin{pmatrix} i = 1,2 \\ j = 1,2,3 \end{pmatrix}$$
$$\frac{\partial Z'}{\partial \lambda_i} = 0, \tag{13.10}$$

注意,导数 $\partial Z'/\partial \lambda_i$ 仍将严格等于零。(为什么?)

(13.10)中各行与不同的变量类型相关联。不过,我们可以把最后两行合并成一个,以把一阶条件中的虚拟变量 s_i 去掉。由于 $\partial Z'/\partial s_i = -\lambda_i$,(13.10)的第二行告诉我们,必然有 $-\lambda_i \leq 0, s_i \geq 0$ 且 $-s_i \lambda_i = 0$ 或等价地

$$s_i \geq 0, \ \lambda_i \geq 0 \quad \text{且} \quad s_i \lambda_i = 0, \tag{13.11}$$

但第三行约束——(13.8′)的约束条件的重述——意味着 $s_i = r_i - g^i(x_1, x_2, x_3)$。通过把后者代入(13.11),因此,我们可以把(13.10)中第二行和第三行合并,得到:

$$r_i - g^i(x_1, x_2, x_3) \geq 0, \ \lambda_i \geq 0 \quad \text{且} \quad \lambda_i [r_i - g^i(x_1, x_2, x_3)] = 0,$$

这使我们可以用没有虚拟变量的等价形式来表达(13.10)的一阶条件。用 g_j^i 表示 $\partial g^i/\partial x_j$,得到

$$\frac{\partial Z'}{\partial x_j} = f_j - (\lambda_1 g_j^1 + \lambda_2 g_j^2) \leq 0, \quad x_j \geq 0 \quad \text{且} \quad x_j \frac{\partial Z'}{\partial x_j} = 0,$$
$$r_i - g^i(x_1, x_2, x_3) \geq 0, \quad \lambda_i \geq 0 \quad \text{且} \quad \lambda_i [r_i - g^i(x_1, x_2, x_3)] = 0,$$
$$\tag{13.12}$$

那么,问题(13.8)中的库恩-塔克条件,或者更加准确地,是库恩-塔克条件的一种形式,可以通过(13.9)中拉格朗日函数 Z' 表达出来。

现在我们知道了结果,尽管通过使用其他拉格朗日函数可以更直接地获得同样的一组条件。假设问题为(13.9),让我们忽略非负约束和约束条件中的不等号,写出拉格朗日函数 Z' 的纯经典形式:

$$Z = f(x_1, x_2, x_3) + \lambda_1 [r_1 - g^1(x_1, x_2, x_3)]$$
$$+ \lambda_2 [r_2 - g^2(x_1, x_2, x_3)], \tag{13.13}$$

然后(1) 令偏导数 $\partial Z/\partial x_i \leq 0$,但 $\partial Z/\partial \lambda_i \geq 0$,(2) 给 x_j 和 λ_i 施加非负约束,并且(3) 要求在每个变量和 Z 对这些变量的偏导数之间要存在互补松弛,即,要求它们的乘积为零。因此,得到结果,即

$$\frac{\partial Z}{\partial x_j} = f_j - (\lambda_1 g_j^1 + \lambda_2 g_j^2) \leq 0, \quad x_j \geq 0 \quad 且 \quad x_j \frac{\partial Z}{\partial x_j} = 0,$$

$$\frac{\partial Z}{\partial \lambda_i} = r_i - g^i(x_1, x_2, x_3) \geq 0, \quad \lambda_i \geq 0 \quad 且 \quad \lambda_i \frac{\partial Z}{\partial \lambda_i} = 0,$$

(13.14)

和(13.12)完全相同。库恩-塔克条件也可以通过拉格朗日函数 Z(与 Z' 比较)的形式表示。注意,从 Z' 转换到 Z,我们不仅能更加直接地得到库恩-塔克条件,而且确认了 $r_i - g^i(x_1, x_2, x_3)$ [在(13.12)中没有命名的部分] 是 $\partial Z/\partial \lambda_i$ 的偏导数。因此,在随后的讨论中,我们只将使用(13.14)中根据拉格朗日函数得到的库恩-塔克条件的形式。

例 1 如果把熟悉的效用最大化问题放到非线性规划模型中,我们就会得到如下不等式约束问题:

$$\text{Max } U = U(x, y)$$
$$\text{s.t. } P_x x + P_y y \leq B$$
$$且 \quad x, y \geq 0,$$

注意,在不等式约束情况下,消费者不再被要求花费 B 的全部数额。

但是,为了增加问题的难度,让我们假设给商品 X 施加 X_0 的配额。这样消费者会面对第二个约束,并且问题改变成

$$\text{Max } U = U(x, y)$$
$$\text{s.t. } P_x x + P_y y \leq B$$
$$x \leq X_0$$
$$且 \quad x, y \geq 0,$$

拉格朗日函数是

$$Z = U(x, y) + \lambda_1(B - P_x x - P_y y) + \lambda_2(X_0 - x),$$

库恩-塔克条件是

$$Z_x = U_x - P_x\lambda_1 - \lambda_2 \leq 0, \quad x \geq 0 \quad 且 \quad xZ_x = 0,$$
$$Z_y = U_y - P_y\lambda_1 \leq 0, \quad y \geq 0 \quad 且 \quad yZ_y = 0,$$
$$Z_{\lambda_1} = B - P_x y - P_y y \geq 0, \quad \lambda_1 \geq 0 \quad 且 \quad \lambda_1 Z_{\lambda_1} = 0,$$
$$Z_{\lambda_2} = X_0 - x \geq 0, \quad \lambda_2 \geq 0 \quad 且 \quad \lambda_2 Z_{\lambda_2} = 0,$$

检查库恩-塔克条件的第三行的含义是很有用的。$\lambda_1 Z_{\lambda_1} = 0$ 条件要求

$$\lambda_1(B - P_x x - P_y y) = 0,$$

所以,我们必须有

$$\lambda_1 = 0 \quad 或 \quad B - P_x x - P_y y = 0.$$

如果我们把 λ_1 解释成预算资金(收入)的边际效用,并且预算约束没有全部满足(满足不等式约束条件,即有些资金留下来没有被花掉),那么 B 的边际效用应该是零($\lambda_1 = 0$)。

类似地,条件 $\lambda_2 Z_{\lambda_2} = 0$ 要求

$$\lambda_2 = 0 \quad 或 \quad X_0 - x = 0,$$

λ_2 可以被解释成放松约束的边际效用,我们看见配额约束并没有完全被满足,那么,放松约束的边际效用等于0($\lambda_2 = 0$)。

这个被称为互补松弛的特点,在求解过程中发挥基本的作用。我们现在将通过数字例子来说明这一点。

$$\text{Max } U = xy$$
$$\text{s.t. } x + y \leq 100$$
$$x \leq 40$$
$$且 \quad x, y \geq 0,$$

拉格朗日函数是

$$Z = xy + \lambda_1(100 - x - y) + \lambda_2(40 - x),$$

库恩-塔克条件是

$$Z_x = y - \lambda_1 - \lambda_2 \leq 0, \quad x \geq 0 \quad 且 \quad xZ_x = 0,$$
$$Z_y = x - \lambda_1 \leq 0, \quad y \geq 0 \quad 且 \quad yZ_y = 0,$$
$$Z_{\lambda_1} = 100 - x - y \geq 0, \quad \lambda_1 \geq 0 \quad 且 \quad \lambda_1 Z_{\lambda_1} = 0,$$
$$Z_{\lambda_2} = 40 - x \geq 0, \quad \lambda_2 \geq 0 \quad 且 \quad \lambda_2 Z_{\lambda_2} = 0,$$

解一个非线性规划问题,典型的方法是通过试错法来求解。例如,开

始尝试选择变量为零,给选择变量赋值为零,可以通过消除某些项来使条件简化。如果适当的非负拉格朗日乘数可以满足所有边际不等式,那么零解将是最优的。另一方面,如果零解违反一些不等式,那么我们可以尝试让一个或更多选择变量为正数。对于每个正的选择变量,那么我们可以通过互补松弛的办法使弱不等式边际条件转换为严格等式边际条件。通过适当地求解,这样的等式条件要么使我们得到解,要么得出矛盾,迫使我们尝试其他的解。如果解存在,这样试错最终将使我们得到它。我们还可以通过假设某些约束取不等号开始求解。然后,通过互补松弛使得相关的拉格朗日乘数为零,这样我们就可以消除一个选择变量。如果这个假定导致矛盾,我们必须将该约束视为严格等式,然后再进行测算。

对于当前这个例子而言,假设 $x=0$ 或 $y=0$ 没有意义,因为这样会有 $U=xy=0$。我们因此假设 x 和 y 都是非零的,并通过互补松弛推出 $Z_x = Z_y = 0$。这意味着

$$y - \lambda_1 - \lambda_2 = x - \lambda_1 (=0),$$

所以

$$y - \lambda_2 = x.$$

现在,假设在求解中配额限制并没有用尽,这暗示 $\lambda_2 = 0$。那么有 $x = y$,由于给定的预算 $B = 100$,得出测试解 $x = y = 50$。但这一解违反配额约束 $x \leq 40$。因此我们必须采用另一个假设,即 $x^* = 40$,配额约束完全满足。那么,预算约束允许消费者有 $y^* = 60$。而且,因为互补松弛得到 $Z_x = Z_y = 0$,我们可以计算出 $\lambda_1^* = 40$ 和 $\lambda_2^* = 20$。

库恩–塔克条件的解释

库恩–塔克条件(13.14)中的某些部分仅仅是给定问题的某些方面的重申。例如,$x_j \geq 0$ 仅仅重申了非负约束,条件 $\partial Z / \partial \lambda_i = 0$ 仅仅重申约束而已。然而,把这些包括在(13.14)中,最重要的好处是可以更加清楚地看到两个变量 x_j(选择变量)和 λ_i(拉格朗日乘数)之间值得关注的对称性。在各类中的每一个变量,都有最优解满足对应的边际条件:$\partial Z / \partial x_j \leq 0$ 或者 $\partial Z / \partial \lambda_i \geq 0$,每个变量也必须是非负的,并且最终,每个变量都具有对拉格朗日函数 Z 的偏导数的互

补松弛性的特征。这意味着,对于每一个 x_j,我们发现在最优解时,要么像经典问题那样边际条件等式成立,要么选择变量是零,或者两者同时成立。近似地,对于各 λ_i 而言,我们发现在最优解时,要么边际条件等式成立,这说明第 i 个约束恰好完全满足,要么拉格朗日乘数是零,或者两者同时成立。

当我们来看(13.14)中 $\partial Z/\partial x_j$ 或者 $\partial Z/\partial \lambda_i$ 的展开式的时候,能够给出一个更加明确的解释。假设此问题是我们熟悉的生产问题,那么:

$f_j \equiv$ 第 j 种产品的边际毛利,

$\lambda_i \equiv$ 第 i 种资源的影子价格(使用每单位 i 资源的机会成本),

$g_j^i \equiv$ 生产第 j 种产品的边际单位所消耗的第 i 种资源的量,

$\lambda_i g_j^i \equiv$ 生产第 j 种产品的边际单位所消耗第 i 种资源的边际投入成本,

$\sum_i \lambda_i g_j^i \equiv$ 生产第 j 种产品的总边际投入成本,

因此,边际条件

$$\frac{\partial Z}{\partial x_j} = f_j - \sum_i \lambda_i g_j^i \leq 0$$

要求第 j 种产品的边际毛利不能大于它总体边际投入成本,即不允许出现投入不足的情况。那么,互补松弛就意味着,如果最优解存在时要求生产第 j 种产品($x_j^* > 0$),那么边际毛利必须恰好等于总边际投入成本($\partial Z/\partial x_j^* = 0$),这和经典优化问题一样。另一方面,如果边际毛利小于总边际投入成本($\partial Z/\partial x_j^* < 0$),所以存在过量的投入,那么就不能生产出产品来($x_j^* = 0$)。后面这种情况是绝对不可能发生在经典问题中的,因为如果边际毛利比边际投入成本还要少,那么产出就会被减少,直到边际条件满足等式为止。那么,导致 $\partial Z/\partial x_j^* < 0$ 作为最优解条件的是在目前的框架中明确提到的非负前提。因此,我们在减少产出方面能做到的是将生产降低到 $x_j^* = 0$,如果我们仍然发现 $\partial Z/\partial x_j^* < 0$,那么我们也只能如此,无能为力了。①

至于剩下的条件,其都与变量 λ_i 相关,含义就更加容易看出了。

---

① 记住,给定等式 $ab = 0$,其中 a 和 b 是实数,那么我们就可以推断出 $a \neq 0$ 隐含着 $b = 0$,但 $a = 0$ 暗示 $b \neq 0$ 就不一定正确了,因为 $b = 0$ 和 $a = 0$ 也是一致的。

首先,边际条件 $\partial Z/\partial \lambda_i \geq 0$ 要求企业将产量保持在每种资源的生产能力限度以内。互补松弛条件规定,如果第 i 种资源在最优解($\partial Z/\partial \lambda_i^* > 0$)的情况下并没有得到充分利用,那么这种资源的影子价格(不允许为负)就是零($\lambda_i^* = 0$)。另一方面,如果在最优解的情况下,资源有一正的影子价格($\lambda_i^* > 0$),那么这种资源得到完全使用($\partial Z/\partial \lambda_i^* = 0$)。

当然,我们还可以采取拉格朗日乘数 λ_i^* 来度量目标函数的最优值是如何对第 i 种约束的轻微的放松做出反应的。在这种情况下,互补松弛意味着如果第 i 种约束并不受最优化约束($\partial Z/\partial \lambda_i^* > 0$),那么放松这个特殊约束条件不会对总利润的最优值产生影响($\lambda_i^* = 0$)。正如放松并未束紧的腰带并不能带来更多的舒适感,另一方面,如果稍微放松第 i 个约束条件(增加 i 资源的存量)的确增加了总利润($\lambda_i^* > 0$),那么在最优解时,资源约束一定有约束力的($\partial Z/\partial \lambda_i^* = 0$)。

n 个变量、m 个约束的情形

上述讨论可以直接的方式应用于 n 个选择变量和 m 个约束条件的问题。拉格朗日函数 Z 将以更一般的形式出现。

$$Z = f(x_1, x_2, \cdots, x_n) + \sum_{i=1}^{m} \lambda_i [r_i - g^i(x_1, x_2, \cdots, x_n)],$$

(13.15)

库恩-塔克条件简化成

$$\frac{\partial Z}{\partial x_j} \leq 0, \; x_j \geq 0 \quad \text{且} \quad x_j \frac{\partial Z}{\partial x_j} = 0, \; (\text{最大化})$$

$$\frac{\partial Z}{\partial \lambda_i} \geq 0, \; \lambda_i \geq 0 \quad \text{且} \quad \lambda_i \frac{\partial Z}{\partial \lambda_i} = 0,$$

$$\begin{pmatrix} i = 1, 2, \cdots, m \\ j = 1, 2, \cdots, n \end{pmatrix}$$

(13.16)

这里,为了避免显得凌乱,我们并未写出偏导数 $\partial Z/\partial x_j$ 或者 $\partial Z/\partial \lambda_i$ 的展开式。但是,读者最好能够把库恩-塔克条件写成一个更加详细的表述,就好像(13.14)那样。注意,除在问题的维度上有变化之外,库恩-塔克条件整个地保持原样。对这些条件的解释自然也保持不变。

如果问题是求极小值,那么该如何办?一个处理的办法是将它转换成极大化问题,然后应用(13.6)来求解。使 C 极小化与使 $-C$ 极大化是等价的,因此这样转换总是可行的。当然,我们在这种转换时必须将每个约束不等式都乘以 -1。除了这种转换过程以外,我们还可以使用如(13.15)所定义的拉格朗日函数 Z 来求极小值,直接应用库恩-塔克条件的极小化问题形式,得到

$$\frac{\partial Z}{\partial x_j} \geq 0,\ x_j \geq 0 \quad \text{且} \quad x_j \frac{\partial Z}{\partial x_j} = 0,\ (\text{极小化}) \quad \begin{pmatrix} i = 1,2,\cdots,m \\ j = 1,2,\cdots,n \end{pmatrix}$$

$$\frac{\partial Z}{\partial \lambda_i} \leq 0,\ \lambda_i \geq 0 \quad \text{且} \quad \lambda_i \frac{\partial Z}{\partial \lambda_i} = 0,$$

(13.17)

读者可以将其和(13.16)比较。

按水平的方向(行的方向)来解读(13.16)和(13.17),我们可以看见库恩-塔克条件在极大化和极小化问题中都包括了一组与选择变量 x_j(第一行)和与拉格朗日乘数 λ_i(第二行)相关的条件。从垂直的方向(列的方向)来解读,我们注意到,对于每一个 x_j 和 λ_i,都有一个边际条件(第一列)、一个非负约束(第二列)和一个互补松弛条件(第三列)。在任一个给定的问题下,与选择变量相关的一组边际条件与拉格朗日乘数的一组边际条件在不等号方向上是不同的。

若满足在13.2节提出的前提,库恩-塔克极大化条件(13.16)和极小化条件(13.17)分别是局部极大值和局部极小值的必要条件。但因为总体极大值(极小值)必须是局部极大值(极小值),那么若满足同一条件,库恩-塔克条件可以作为总体极大值(极小值)的必要条件。

例2 让我们应用库恩-塔克条件来解极小化问题:

$$\text{Min } C = (x_1 - 4)^2 + (x_2 - 4)^2$$
$$\text{s.t. } 2x_1 + 3x_2 \geq 6$$
$$-3x_1 - 2x_2 \geq -12$$
$$\text{且} \quad x_1, x_2 \geq 0,$$

这个问题的拉格朗日函数是

$$Z = (x_1 - 4)^2 + (x_2 - 4)^2 + \lambda_1(6 - 2x_1 - 3x_2)$$
$$+ \lambda_2(-12 + 3x_1 + 2x_2).$$

因为这是一个极小化问题，那么适用的条件是(13.17)，包括下面四个边际条件

$$\frac{\partial Z}{\partial x_1} = 2(x_1 - 4) - 2\lambda_1 + 3\lambda_2 \geq 0,$$

$$\frac{\partial Z}{\partial x_2} = 2(x_2 - 4) - 3\lambda_1 + 2\lambda_2 \geq 0,$$

$$\frac{\partial Z}{\partial \lambda_1} = 6 - 2x_1 - 3x_2 \leq 0, \quad (13.18)$$

$$\frac{\partial Z}{\partial \lambda_2} = -12 + 3x_1 + 2x_2 \leq 0,$$

加上非负约束和互补松弛条件。

为了找到答案，尽管意识到开始的一些尝试也许会把我们领入一条死胡同，我们还是再次使用试错方法。假设我们首先尝试 $\lambda_1 > 0$ 和 $\lambda_2 > 0$，并检查是否能求出满足两个约束条件的对应的 x_1 和 x_2 的值。如果拉格朗日乘数为正，那么必须有 $\partial Z/\partial \lambda_1 = \partial Z/\partial \lambda_2 = 0$。从(13.18)最后两行，我们可以得到

$$2x_1 + 3x_2 = 6 \quad \text{和} \quad 3x_1 + 2x_2 = 12,$$

这两个等式产生试验解 $x_1 = 4\frac{4}{5}$ 和 $x_2 = -1\frac{1}{5}$，这违反了 x_2 非负的约束条件。

接下来，让我们尝试 $x_1 > 0$ 和 $x_2 > 0$ 的情形，这意味着通过互补松弛使得 $\partial Z/\partial x_1 = \partial Z/\partial x_2 = 0$。那么，根据(13.18)的前两行，我们得到

$$2(x_1 - 4) - 2\lambda_1 + 3\lambda_2 = 0 \quad \text{和} \quad 2(x_2 - 4) - 3\lambda_1 + 2\lambda_2 = 0,$$
$$(13.19)$$

第一个等式乘上2，第二个等式乘上3，并把后者代入前者，消去 λ_2，得到

$$4x_1 - 6x_2 + 5\lambda_1 + 8 = 0.$$

进一步假设 $\lambda_1 = 0$，我们能获得 x_1 和 x_2 之间的如下关系：

$$x_1 - \frac{3}{2}x_2 = -2, \tag{13.20}$$

然而,为了求解这两个变量,我们需要知道 x_1 和 x_2 之间的其他关系。为此,让我们假设 $\lambda_2 \neq 0$,因此 $\partial Z/\partial \lambda_2 = 0$。因此,(13.18)的最后两行可以写成(重新排列后)

$$3x_1 + 2x_2 = 12. \tag{13.21}$$

由(13.20)和(13.21)得到另一个试验解:

$$x_1 = \frac{28}{13}\left(= 2\frac{2}{13}\right) > 0, \quad x_2 = \frac{36}{13}\left(= 2\frac{10}{13}\right) > 0,$$

把这些解代入(13.19),求解拉格朗日乘数,得到

$$\lambda_1 = 0, \quad \lambda_2 = \frac{16}{13}\left(= 1\frac{3}{13}\right) > 0.$$

因为四个变量的解都是非负并且满足两个约束条件,因此我们接受这两个解作为最终解。

练习 13.1

1 对极小化问题画出类似于图 13.1 这样的一系列图,推导出对应于(13.2)到(13.4)的一系列局部极小化的必要条件,然后把这些条件合并为(13.5)那样的单个论述。

2 (a) 证明在(13.16)中,m 个独立条件:

$$\lambda_i \frac{\partial Z}{\partial \lambda_i} = 0, \quad (i = 1, \cdots, m)$$

写成如下一个等式就足够了:

$$\sum_{i=1}^{m} \lambda_i \frac{\partial Z}{\partial \lambda_i} = 0.$$

(b) 我们能否对于下面的一组条件进行同样的改写?

$$x_j \frac{\partial Z}{\partial x_j} = 0. \quad (j = 1, \cdots, n)$$

3 根据习题 2 所采用的推理,(13.17)中哪些条件可以合并成一个等式?

4 假设问题是:

$$\text{Min } C = f(x_1, x_2, \cdots, x_n)$$
$$\text{s.t. } g^i(x_1, x_2, \cdots, x_n) \geqslant r_i$$

且 $x_j \geq 0$, $\begin{pmatrix} i = 1,2,\cdots,m \\ j = 1,2,\cdots,n \end{pmatrix}$

写出其拉格朗日函数,得出偏导数 $\partial Z/\partial x_j$ 或者 $\partial Z/\partial \lambda_i$,并写出库恩-塔克极小化条件(13.17)的展开式。

5 把习题4中的极小化问题转化为极大化问题,写出拉格朗日函数,对 x_j 和 λ_i 求导数,并应用(13.16)中的库恩-塔克条件。得到的结果是不是和习题4得到的结果一致?

13.2 约束规范

只有满足特定条件时,库恩-塔克条件才是必要条件。这条件叫做约束规范(constraint qualification)。约束规范是对非线性规划中的约束函数施加的某些限制,目的是为了排除可行集边界上的某些不规则性,这些不规则性可能会违背能够产生最优解的库恩-塔克条件。

边界点的不规则性

我们先用一些具体例子来说明这种不规则性的性质

例1

$$\text{Max } \pi = x_1$$
$$\text{s.t. } x_2 - (1-x_1)^3 \leq 0$$
$$\text{且 } x_1, x_2 \geq 0$$

如图13.2所示,可行区域是第一象限中位于曲线 $x_2 = (1-x_1)^3$ 上及其下方的点的集合。

因为目标函数告诉我们,要使 x_1 最大,最优解是点(1,0)。但这个解不满足库恩-塔克极大化条件。为了检验这一点,我们首先写出拉格朗日函数

$$Z = x_1 + \lambda_1[-x_2 + (1-x_1)^3],$$

作为第一个边际条件,我们应得到

$$\frac{\partial Z}{\partial x_1} = 1 - 3\lambda_1(1-x_1)^2 \leq 0.$$

事实上,因为 $x_1^* = 1$ 为正,当在点 $(1,0)$ 计值时,互补松弛要求该导数等于零。但我们得到的实际值恰巧为 $\partial Z/\partial x_1^* = 1$,因此,违背了上面的边际条件。

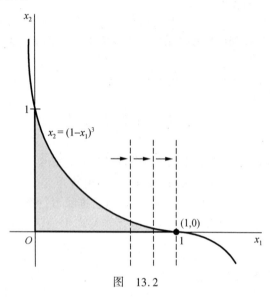

图 13.2

这种异常产生的原因在于本例的最优解 $(1,0)$ 出现在向外指的歧点(cusp)。它构成了使库恩-塔克条件在边界的最优解失效的一种不规则性。当曲线突然反向,使在该点一边的斜率等于该点另一边的斜率时,所形成的尖点(sharp point)就是歧点。这里,可行区域的边界首先顺着约束曲线行走,当到达点 $(1,0)$ 时,突然向西转,此后,再沿着水平方向前进。因为在点 $(1,0)$ 处弯曲的边界和水平的边界的斜率都是零,所以该点为歧点。

歧点是最经常引用的使库恩-塔克条件失效的原因,但事实上歧点的出现既不是库恩-塔克条件在最优解失效的必要条件,也不是充分条件。下面两个例子就可证实这一点。

例2 对于前一例子的问题,我们加上新的约束条件

$$2x_1 + x_2 \leq 2,$$

其边界为 $x_2 = 2 - 2x_1$,在图 13.2 中绘出其图形是一条斜率为 -2 且通过最优点的直线。显然,可行区域仍然同以前一样,最优解也出现

在歧点。但如果我们写出新的拉格朗日函数
$$Z = x_1 + \lambda_1[-x_2 + (1-x_1)^3] + \lambda_2[2 - 2x_1 - x_2],$$
和边际条件
$$\frac{\partial Z}{\partial x_1} = 1 - 3\lambda_1(1-x_1)^2 - 2\lambda_2 \leq 0,$$
$$\frac{\partial Z}{\partial x_2} = -\lambda_1 - \lambda_2 \leq 0,$$
$$\frac{\partial Z}{\partial \lambda_1} = -x_2 + (1-x_1)^3 \geq 0,$$
$$\frac{\partial Z}{\partial \lambda_2} = 2 - 2x_1 - x_2 \geq 0,$$

这表明 $x_1^* = 1, x_2^* = 0, \lambda_1^* = 1$ 及 $\lambda_2^* = \frac{1}{2}$ 的确满足上面四个不等式，而且也满足非负限制和互补松弛条件。事实上，λ_1^* 可被赋予任意非负值(不只等于1)，所有条件仍然满足。这就说明了拉格朗日乘数的最优值不一定是唯一的。但重要的是，本例说明尽管有歧点，但库恩-塔克条件仍然成立。

例 3 问题
$$\text{Max } \pi = x_2 - x_1^2$$
$$\text{s.t. } -(10 - x_1^2 - x_2)^3 \leq 0$$
$$-x_1 \leq -2$$
$$\text{且 } x_1, x_2 \geq 0$$

的可行区域如图 13.3 所示，任何地方都不含歧点。但在最优解 $(2,6)$，库恩-塔克条件仍然不成立。拉格朗日函数为
$$Z = x_2 - x_1^2 + \lambda_1(10 - x_1^2 - x_2)^3 + \lambda_2(-2 + x_1),$$
第二个边际条件要求
$$\frac{\partial Z}{\partial x_2} = 1 - 3\lambda_1(10 - x_1^2 - x_2)^2 \leq 0,$$

因 x_2^* 为正，这个导数在点 $(2,6)$ 计值时，确实等于零。但无论 λ_1 被赋予何值，实际上都得到 $\partial Z/\partial x_2^* = 1$。因此，库恩-塔克条件甚至在没有歧点的情况下，亦即当可行区域是图 13.3 中的凸集时，也可能

不成立。对于库恩-塔克条件的失效,歧点的存在既不是必要条件,也不是充分条件,其基本原因在于上面所提到的不规则性与可行区域本身的形状无关,而与约束函数本身的形式有关。

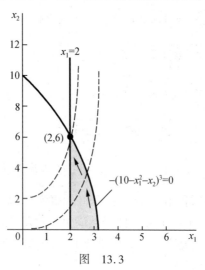

图 13.3

约束规范

如果满足某一约束规范,则边界的不规则性(有歧点或没有歧点的不规则性)就不可能出现。

为了解释这一点,令 $x^* \equiv (x_1^*, x_2^*, \cdots, x_n^*)$ 是可行区域边界上的一个(可能的解)点,并令 $dx \equiv (dx_1, dx_2, \cdots, dx_n)$ 表示由所提到的边界点移动的特定方向。将向量 dx 解释为移动的方向,这与我们前面把向量解释为方向线段(箭头)是一致的,但这里的起点是点 x^*,而不是原点,因而向量 dx 不具有矢径的性质。现在我们对向量 dx 附加两个要求。第一,如果第 j 个选择变量在点 x^* 处取零值,那么只允许在 x_j 轴上有非负变化,即

$$\text{如果} \quad x_j^* = 0, \quad \text{那么} \quad dx_j \geq 0。 \quad (13.22)$$

第二,如果在点 x^* 处恰好满足第 i 个约束条件的等式约束,那么将只允许 $dx_1, \cdots, dx_n$ 的取值使约束函数值 $g^i(x^*)$ 不增加(对极大化问题),或不减少(对极小化问题),即

$$\mathrm{d}g^i(x^*) = g^i_1 \mathrm{d}x_1 + g^i_2 \mathrm{d}x_2 + \cdots + g^i_n \mathrm{d}x_n \begin{cases} \leq 0(\text{极大化}) \\ \geq 0(\text{极小化}) \end{cases},$$

$$\text{如果} \quad g^i(x^*) = r_i \quad (13.23)$$

其中所有偏导数 g^i_j 都在 x^* 处计值。如果向量 $\mathrm{d}x$ 满足(13.22)和(13.23)，则我们称其为测试向量(test vector)。最后，如果存在满足下列条件的可微弧:(1) 从点 x^* 出发；(2) 整个包含在可行区域内；(3) 与已知测试向量相切，则我们把这样的弧段称为该测试向量的规范弧。有了这些预备知识后，约束规范可简单地表述如下：

如果对可行区域边界上的任意点 x^*，对每一测试向量 $\mathrm{d}x$，存在一规范弧，那么，就满足约束规范。

例 4 证明在图 13.2 中的例 1 的最优点 $(1,0)$ 不满足库恩-塔克条件，也不满足约束规范。在该点 $x^*_2 = 0$，于是测试向量满足

$$\mathrm{d}x_2 \geq 0, \quad [\text{由}(13.22)]$$

进而，因在点 $(1,0)$，这个(唯一)约束 $g^1 = x_2 - (1-x_1)^3 \leq 0$ 恰好得到满足，所以必令

$$g^1_1 \mathrm{d}x_1 + g^1_2 \mathrm{d}x_2 = 3(1-x^*_1)^2 \mathrm{d}x_1 + \mathrm{d}x_2 = \mathrm{d}x_2 \leq 0,$$
$$[\text{由}(13.23)]$$

这两个要求意味着我们必须令 $\mathrm{d}x_2 = 0$。相反，我们可任选 $\mathrm{d}x_1$。因此，例如向量 $(\mathrm{d}x_1, \mathrm{d}x_2) = (2,0)$，像 $(\mathrm{d}x_1, \mathrm{d}x_2) = (-1,0)$ 一样，是一个可接受的测试向量。测试向量 $(\mathrm{d}x_1, \mathrm{d}x_2) = (-1,0)$ 在图 13.2 中表现为一个由点 $(1,0)$ 出发并指向正西方向的箭头(没有画出)，显然可以对其绘出一个符合要求的规范弧(可行区域的弯曲边界可以作为一个规范弧)。另一方面，测试向量 $(\mathrm{d}x_1, \mathrm{d}x_2) = (2,0)$ 可以绘成一个始于 $(1,0)$ 并指向正东方向的箭头(没有绘出)。因为没法绘出一个平滑弧与此向量相切并完全位于可行区域内，所以不存在合格的规范弧。因此，最优解点 $(1,0)$ 违背了约束规范。

例 5 关于上面的例 2，在把附加约束条件 $2x_1 + x_2 \leq 2$ 加到图 13.2 中后，我们说明点 $(1,0)$ 将满足约束规范，从而再证明库恩-塔克条件。

正如在例 4 中那样，我们必要求 $\mathrm{d}x_2 \geq 0$(因 $x^*_2 = 0$) 和 $\mathrm{d}x_2 \leq 0$

(因满足第一个约束条件的等式约束),于是,$dx_2 = 0$。但也满足第二个约束条件的等式约束,因而要求

$$g_1^2 dx_1 + g_2^2 dx_2 = 2dx_1 + dx_2 = 2dx_1 \leq 0 \qquad [由(13.23)]$$

具有非正的 dx_1 和为零的 dx_2,唯一可接受的容许测试向量(除零向量本身以外)是从图 13.2 中的点 $(1,0)$ 出发,指向正西的向量。所有这些向量都位于可行区域的横轴上,对每个测试向量在这里一定能找到规范弧。因此,这一次的确满足约束规范。

线性约束条件

前面在例 3 中说明过,可行集的凸性并不能保证库恩-塔克条件能够作为必要条件。但如果可行区域是仅由线性约束形成的凸集,那么约束规范总是满足,且库恩-塔克条件在最优解处总成立。如果是这种情况,讨论具有线性约束条件的非线性规划,或者作为特例,讨论原本就是线性规划的规划问题时,我们就不用担心边界的不规则性了。

例 6 我们来说明在两个变量和两个线性约束条件的结构中线性约束的结果。对于一个极大化问题,线性约束可以写成

$$a_{11}x_1 + a_{12}x_2 \leq r_1,$$
$$a_{21}x_1 + a_{22}x_2 \leq r_2,$$

其中,所有参数取正值。如图 13.4 所示,第一个约束边界的斜率为 $-a_{11}/a_{12} < 0$,第二个斜率为 $-a_{21}/a_{22} < 0$。阴影可行区域的边界点可分为五类:(1) 原点,它是两坐标轴的交点;(2) 位于一坐标轴线段上的点,例如点 J 和点 S;(3) 一轴与一约束边界的交点,即点 K 和点 R;(4) 位于单个约束边界上的点,如点 L 和点 N;(5) 两个约束边界的交点 M。对于上述各类点的满足约束规范的情况,我们依次进行简单的检验。

1. 在原点,一个约束条件也不满足,因而,我们可以忽略 (13.23)。但因 $x_1 = x_2 = 0$,由 (13.22),我们必须选择 $dx_1 \geq 0$ 和 $dx_2 \geq 0$ 的测试向量。因此,所有从原点出发的测试向量如图 13.4 所描述的,必指向正东、正北或东北方向。这些向量恰好都落在可行集以内,显然,对每个测试向量都可找出规范弧。

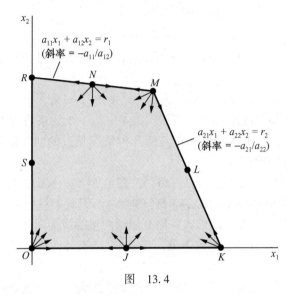

图 13.4

2. 像在点 J 这样的点,我们又可以忽略(13.23)。$x_2=0$ 表示我们必须选择 $\mathrm{d}x_2 \geqslant 0$,但 $\mathrm{d}x_1$ 可任意选取。因此,除指向正南的向量 ($\mathrm{d}x_2 < 0$)外,所有向量都是可接受的测试向量,都落在可行区域内,且对每个测试向量都存在规范弧。对点 S 的分析也是类似的。

3. 在点 K 和点 R 处,必须同时考虑(13.22)和(13.23)。具体地说,在 K 处因 $x_2=0$,我必选 $\mathrm{d}x_2 \geqslant 0$,因而我们必须排除向南的所有箭头。当满足第二个约束条件的等式约束时,点 K 的测试向量必满足

$$g_1^2 \mathrm{d}x_1 + g_2^2 \mathrm{d}x_2 = a_{21}\mathrm{d}x_1 + a_{22}\mathrm{d}x_2 \leqslant 0, \qquad (13.24)$$

因为在点 K 处也有 $a_{21}x_1 + a_{22}x_2 = r_2$(第二个约束边界),我们可把这个等式加到(13.24),把测试向量的限制修改成如下形式:

$$a_{21}(x_1 + \mathrm{d}x_1) + a_{22}(x_2 + \mathrm{d}x_2) \leqslant r_2, \qquad (13.24')$$

如果把 $(x_j + \mathrm{d}x_j)$ 解释为在测试向量箭头处得到的 x_j 的新值,那么可把(13.24′)解释为表示所有测试向量的箭头必须位于第二个约束边界上或其下方。因此,所有这些向量也必落在可行区域以内,因而对每个测试向量可求出其规范弧。点 R 的分析是类似的。

4. 像在 N 和 L 这样的点上,变量都不为零,(13.22)都可以忽

略。但对点 N，(13.23)表明
$$g_1^1 dx_1 + g_2^1 dx_2 = a_{11} dx_1 + a_{12} dx_2 \leq 0, \quad (13.25)$$
因为点 N 满足 $a_{11} x_1 + a_{12} x_2 = r_1$（第 1 个约束边界），可把这个等式加到(13.25)，写成
$$a_{11}(x_1 + dx_1) + a_{12}(x_2 + dx_2) \leq r_1, \quad (13.25')$$
这就要求测试向量的箭头位于图 13.4 中第一个约束边界上或其下方。这样，我们实际上得到在其他几种情况见过的同样结果。点 L 的分析也是类似的。

5. 在点 M，我们又可以忽略(13.22)，但这一次(13.23)要求所有测试向量同时满足(13.24)和(13.25)。因我们可把后者修改为(13.24′)和(13.25′)的形式。所有测试向量的箭头现在必位于第一和第二个约束边界上或其下方。于是，这结果又同前面的情况完全一样。

在本例中非常碰巧，对所考虑的每种边界点，所有的测试向量都位于可行区域之内。虽然这种位置上的特征使规范弧容易求出，但绝不是规范弧存在的先决条件。特别是，在含有非线性约束边界的问题中，约束边界本身也可用作位于可行区域之内的某个测试向量的规范弧。在下面的练习中，可以找到一个这样的例子。

练习 13.2

1 检验例 3 中的点 $(x_1^*, x_2^*) = (2,6)$ 是否满足约束规范。

2 Max $\pi = x_1$

    s.t. $x_1^2 + x_2^2 \leq 1$

    且 $x_1, x_2 \geq 0$，

用图解法解此题。并检验最优解点是否满足(a) 约束规范；(b) 库恩-塔克极大化条件。

3 Min $C = x_1$

    s.t. $x_1^2 - x_2 \geq 0$

    且 $x_1, x_2 \geq 0$，

用图解法解此规划。最优解在歧点出现吗？检验最优解是否满足：(a) 约束规

范;(b) 库恩-塔克极小化条件。

4 Min $C = x_1$
s.t. $-x_2 - (1-x_1)^3 \geq 0$
且 $x_1, x_2 \geq 0$,

证明:(a) 最优解$(x_1^*, x_2^*) = (1,0)$的确不满足库恩-塔克条件;(b) 当引进新乘数$\lambda_0 \geq 0$,把拉格朗日函数修改成如下形式

$$Z_0 = \lambda_0 f(x_1, x_2, \cdots, x_n) + \sum_{i=1}^{m} \lambda_i [r_i - g^i(x_1, x_2, \cdots, x_n)],$$

则在点$(1,0)$处满足库恩-塔克条件。(注意:关于乘数的库恩-塔克条件只能推广到$\lambda_1, \cdots, \lambda_m$,不能到$\lambda_0$。)

13.3 经济应用

战争时期配额供应

在战争时期,国内居民在基本的消费品的供应上易遭受配额供应。通常,配额供应是通过由政府发行使用可赎回的消费券的方法来开展的。政府每月分配消费券给每个消费者。反过来,消费者在购买被定量供应的商品时,通过兑换消费券的办法来进行。这就意味着消费者在购买商品时必须支付两个价格。他或她在购买被定量供应的商品时支付消费券价格和金钱价格。这要求为了买一单位被定量供应的商品时,消费者必须有充足的资金和充足的消费券。

考虑两件物品,x和y,这两种商品都被定量供应。假设消费者的效用函数是$U = U(x,y)$。消费者有固定的货币预算B,并面临外生的价格P_x和P_y。进一步,消费者有消费券的配额,用C表示,可以按消费券价格c_x和c_y购买x或y。所以消费者的最大化问题是

Max $U = U(x, y)$
s.t. $P_x x + P_y y \leq B$
     $c_x x + c_y y \leq C$
且 $x, y \geq 0$,

问题的拉格朗日函数是

$$Z = U(x,y) + \lambda_1(B - P_x x - P_y y) + \lambda_2(C - c_x x + c_y y),$$

其中 λ_1 和 λ_2 是拉格朗日乘数。因为两个约束条件都是线性的,因此约束规范被满足,并且库恩-塔克条件是必要条件:

$$Z_x = U_x - \lambda_1 P_x - \lambda_2 c_x \leq 0, \quad x \geq 0, \quad xZ_x = 0,$$
$$Z_y = U_y - \lambda_1 P_y - \lambda_2 c_y \leq 0, \quad y \geq 0, \quad yZ_y = 0,$$
$$Z_{\lambda_1} = B - P_x x - P_y y \geq 0, \quad \lambda_1 \geq 0, \quad \lambda_1 Z_{\lambda_1} = 0,$$
$$Z_{\lambda_2} = C - c_x x - c_y y \geq 0, \quad \lambda_2 \geq 0, \quad \lambda_2 Z_{\lambda_2} = 0.$$

例1 假设效用函数是 $U = xy^2$。更进一步,令 $B = 100$ 和 $P_x = P_y = 1$,而 $C = 120, C_x = 2$ 且 $C_y = 1$。

拉格朗日函数取以下形式:

$$Z = xy^2 + \lambda_1(100 - x - y) + \lambda_2(120 - 2x - y),$$

库恩-塔克条件是

$$Z_x = y^2 - \lambda_1 - 2\lambda_2 \leq 0, \quad x \geq 0, \quad xZ_x = 0,$$
$$Z_y = 2xy - \lambda_1 - \lambda_2 \leq 0, \quad y \geq 0, \quad yZ_y = 0,$$
$$Z_{\lambda_1} = 100 - x - y \geq 0, \quad \lambda_1 \geq 0, \quad \lambda_1 Z_{\lambda_1} = 0,$$
$$Z_{\lambda_2} = 120 - 2x - y \geq 0, \quad \lambda_2 \geq 0, \quad \lambda_2 Z_{\lambda_2} = 0.$$

求解过程再次涉及相当数量的试错。我们可以首先令当中一个约束条件不起作用,然后来求解 x 和 y。求得解后,再使用这些解值来检验没有起到作用的约束条件是否被违反了。如果是,然后再用同样的做法,令其他约束条件不起作用。如果再次违反没有起作用的约束条件,那么我们就可以假设两个约束条件都发挥其作用,且解只由这些约束条件确定。

步骤1 假设,第二个(定量配额)约束条件是没有发挥作用的,那么通过互补松弛性得到 $\lambda_2 = 0$。但是,让 x, y 和 λ_1 为正,那么互补松弛性会得出以下三个等式:

$$Z_x = y^2 - \lambda_1 = 0,$$
$$Z_y = 2xy - \lambda_1 = 0,$$
$$Z_{\lambda_1} = 100 - x - y = 0,$$

求解 x 和 y 得到一个测试解:

$$x = 33\tfrac{1}{3}, \quad y = 66\tfrac{2}{3},$$

但是,当我们将这些解代入消费券约束条件中时,我们发现

$$2(33\tfrac{1}{3}) + 66\tfrac{2}{3} = 133\tfrac{1}{3} > 120$$

这个解违反了消费券约束条件,因此必须被拒绝。

步骤 2 现在让我们改变对 λ_1 和 λ_2 的假设以便使 $\lambda_1 = 0$,但让 $\lambda_2, x, y > 0$。然后,根据边际条件,我们得到

$$Z_x = y^2 - 2\lambda_2 = 0,$$
$$Z_y = 2xy - \lambda_2 = 0,$$
$$Z_{\lambda_1} = 120 - 2x - y = 0,$$

求解上述等式得到另一个试验解

$$x = 20, \quad y = 80,$$

这隐含着 $\lambda_2 = 2xy = 3\,200$。这些解的值,与 $\lambda_1 = 0$ 一起,满足预算和配额供应约束限制。因而我们能接受它们作为库恩-塔克条件的最后的解。

然而,这个最优解包含令人惊奇的异常情况。当解使预算约束取等号时,我们通常会期待相关拉格朗日乘数是正的,但是实际上,我们得到 $\lambda_1 = 0$。这样,在这个例子中,尽管预算约束在数学上发生约束作用(在解中满足严格等式),但是它经济上是不发生约束作用的(并没有得到正的货币边际效用)。

尖峰价格

尖峰价格和非尖峰价格及其计划问题,对于具有产能约束的生产过程的企业而言是很正常的事情。通常企业针对某个特定主要市场来投资产能。但是,也可能存在一个次级市场,在那里企业也可以出售它的产品。被购买为企业的主要市场服务的资本设备也很自然可以(在产能足够时)服务次级市场。一个典型的例子是适应白天需要的学校和大学(尖峰),也可以提供夜校学习(非尖峰);提供晚上演出的剧院(尖峰)也可以提供午后的演出(非尖峰);有固定路线的卡车公司可以选择进入"回程运输"市场。因为产能成本是一个针对尖峰市场赢利最大化时所做出的决定,并且已经得到补偿,那么就不应该成为影响通常更小的非尖峰市场计算最优价格和数量的因

素。但是,如果次级市场的需求与主要市场规模接近时,那么能力约束也就会是问题,特别是在非尖峰时期进行价格歧视和收取低价时。即使次级市场比主要市场规模小,它还是有可能由于更低的(利润最大化)价格使非尖峰需求超过产能。在这种情况下,产能选择必须同时考虑这两个市场,从而形成一个经典非线性规划问题。

考虑一个面对以下平均收益曲线的利润最大化企业:

$$P_1 = P^1(Q_1), \quad 白天(尖峰)$$

$$P_2 = P^2(Q_2), \quad 晚上(非尖峰)$$

为了使这种政策得以实施,不管是白天还是晚上,企业必须为每单位产品支付 b。此外,企业必须用单位成本 c 来购买产能。让 K 表示以 Q 的单位数度量的总产能。企业必须为产能支付成本,无论它是否在非高峰期间运作。那么,谁应该为产能成本付费呢?是尖峰时期的顾客,非尖峰时期的顾客,还是两者?企业的最大化问题是

$$\underset{Q_1,Q_2,K}{\text{Max}} \pi = P_1 Q_1 + P_2 Q_2 - b(Q_1 + Q_2) - cK$$

$$\text{s.t.} \quad Q_1 \leq K$$

$$Q_2 \leq K$$

其中 $P_1 = P^1(Q_1)$

$$P_2 = P^2(Q_2)$$

且 $Q_1, Q_2, K \geq 0$,

Q_i 的总收益

$$R_i \equiv P_i Q_i = P^i(Q_i) Q_i$$

是只有 Q_i 的函数,因此我们能够将其简化成如下问题:

$$\text{Max} \, \pi = R_1(Q_1) + R_2(Q_2) - b(Q_1 + Q_2) - cK$$

$$\text{s.t.} \quad Q_1 \leq K$$

$$Q_2 \leq K$$

且 $Q_1, Q_2, K \geq 0$,

注意两个约束都是线性的;因而约束规范得到满足,并且库恩-塔克条件也是必要条件。

拉格朗日函数是

$$Z = R_1(Q_1) + R_2(Q_2) - b(Q_1 + Q_2) - cK$$
$$+ \lambda_1(K - Q_1) + \lambda_2(K - Q_2),$$

库恩–塔克条件是

$$Z_1 = MR_1 - b - \lambda_1 \leq 0, \quad Q_1 \geq 0, \quad Q_1 Z_1 = 0,$$
$$Z_2 = MR_2 - b - \lambda_2 \leq 0, \quad Q_2 \geq 0, \quad Q_2 Z_2 = 0,$$
$$Z_K = -c + \lambda_1 + \lambda_2 \leq 0, \quad K \geq 0, \quad K Z_K = 0,$$
$$Z_{\lambda_1} = K - Q_1 \geq 0, \quad \lambda_1 \geq 0, \quad \lambda_1 Z_{\lambda_1} = 0,$$
$$Z_{\lambda_2} = K - Q_2 \geq 0, \quad \lambda_2 \geq 0, \quad \lambda_2 Z_{\lambda_2} = 0,$$

其中 MR_i 是 $Q_i (i = 1, 2)$ 的边际收益。

求解过程再次用到试错方法。首先假设 Q_1, Q_2 和 $K > 0$。然后，通过互补松弛性，我们得到

$$\begin{aligned} MR_1 - b - \lambda_1 &= 0, \\ MR_2 - b - \lambda_2 &= 0, \\ -c + \lambda_1 + \lambda_2 &= 0, \quad (\lambda_1 = c - \lambda_2) \end{aligned} \quad (13.26)$$

通过消除 λ_1 后得到两个等式：

$$\begin{aligned} MR_1 &= b + c - \lambda_2, \\ MR_2 &= b + \lambda_2. \end{aligned} \quad (13.26')$$

然后，我们再分两步进行。

第一步：因为非尖峰市场是一个次级市场，它的边际收益函数 (MR_2) 应位于主要市场的边际收益函数 (MR_1) 之下，正如图 13.5 所示。而且，对于次级市场而言，产能约束更可能是不发挥限制作用，因此 λ_2 更可能是零。因此，我们首先来尝试 $\lambda_2 = 0$。那么 (13.26′) 就成为

$$\begin{aligned} MR_1 &= b + c, \\ MR_2 &= b, \end{aligned} \quad (13.26'')$$

次级市场吸收了整个产能成本 c 的事实，隐含 $Q_1 = K$。但是，我们仍然需要检查约束条件 $Q_2 \leq K$ 是否依然得到满足。如果那样，那么我们就发现了一个有效解。图 13.5(a) 演示了在解中 $Q_1 = K$ 和 $Q_2 < K$ 的例子。MR_1 曲线与 $b + c$ 线相交在点 E_1，并且 MR_2 曲线与 b 线相交在点 E_2。

如果前面的试错解使 $Q_2 > K$，若 MR_2 曲线和 MR_1 曲线靠得比较近的时候，结果导致 MR_2 曲线在产量大于 K 的点与 b 线相交，那么

就会出现这种情况。当然,第二个约束条件就会被违反,并且我们必须拒绝 $\lambda_2 = 0$ 的假设,前进到第二步。

第二步:现在让我们假设拉格朗日乘子为正,那么 $Q_1 = Q_2 = K$,这样就可以从(13.26)中消除所有变量,得到

$$\begin{aligned} \mathrm{MR}_1 &= b + \lambda_1, \\ \mathrm{MR}_2 &= b + \lambda_2, \\ c &= \lambda_1 + \lambda_2, \end{aligned} \quad (13.26''')$$

图 13.5(b)演示了这种情况,点 E_1 和 E_2 满足 (13.26''') 的前两个等式。从第三个等式开始,我们发现产能成本 c 是拉格朗日乘数的和。这意味着 λ_1 和 λ_2 分别代表两个市场所承担的产能成本。

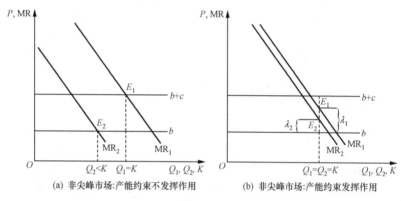

图 13.5

例 2 假设尖峰时期的平均收益函数是

$$P_1 = 22 - 10^{-5} Q_1,$$

那么在非尖峰时期的平均收益函数是

$$P_2 = 18 - 10^{-5} Q_2,$$

每半天生产单位产出要求单位产能成本是每天 8 分。无论是在尖峰时期使用还是在非尖峰时期使用,每单位产能成本是一样的。在产能本身之外,每半天生产 1 个单位产出(无论是白天还是夜晚),它都花费 6 分的营业成本(劳动力和燃料)。

如果我们假设,在次级市场上产能约束是没有发挥作用的($\lambda_2 = 0$),那么给定的库恩-塔克条件就成为

$$\lambda_1 = c = 8,$$
$$22 - 2 \times 10^{-5} Q_1 = b + c = 14,$$
$$\underbrace{18 - 2 \times 10^{-5} Q_2}_{\text{边际收益}} = \underbrace{b}_{\text{边际成本}} = 6,$$

求解这个系统得到

$$Q_1 = 400\,000,$$
$$Q_2 = 600\,000,$$

这违反第二个约束条件没有发生作用的假定，因为 $Q_2 > Q_1 = K$。

因此，我们假设两个约束条件都发生作用。那么 $Q_1 = Q_2 = Q$，库恩-塔克条件是

$$\lambda_1 + \lambda_2 = 8,$$
$$22 - 2 \times 10^{-5} Q = 6 + \lambda_1,$$
$$18 - 2 \times 10^{-5} Q = 6 + \lambda_2,$$

于是，得到下面的解：

$$Q_1 = Q_2 = K = 500\,000,$$
$$\lambda_1 = 6, \quad \lambda_2 = 2,$$
$$P_1 = 17, \quad P_2 = 13,$$

因为在两个市场上，产能约束都发生作用，所以主要市场支付产能成本是 $\lambda_1 = 6$，而次要市场支付的成本是 $\lambda_2 = 2$。

练习 13.3

1 假设例 2 中单位产能成本是 3 分一天。

(a) 那么使利润最大化的尖峰价格和非尖峰价格及其数量是多少？

(b) 拉格朗日乘数的值是多少？如何解释这些值？

2 一个消费者生活在一个小岛上，那里只生产两种产品，x 和 y，生产可能前沿是 $x^2 + y^2 \leq 200$，她消费所有的产品，她的效用函数是：

$$U = xy^3,$$

这个消费者同时面临环境对于她所能生产的两种产品总额上的约束，约束条件是 $x + y \leq 20$。

(a) 写出库恩-塔克一阶条件。
(b) 求出消费者最优的 x 和 y,确定约束条件是否发挥限制作用。

3　一家电子公司在外国设立一个发电站,现在需要规划其产能。电力的尖峰时刻的需求是 $P_1 = 400 - Q_1$,非尖峰时刻的需求是 $P_2 = 380 - Q_2$。变动成本是每单位 20(两个市场都要支付),产能成本是每单位 10,只要一次支付并且可以同时在两个时期中使用。
(a) 写出这个问题的拉格朗日条件和库恩-塔克条件。
(b) 求出这个问题中的最优产量和产能。
(c) 每个市场分别为产能支付了多少(即 λ_1 和 λ_2 的值是多少)?
(d) 现在假设产能成本是每单位 30(只需要支付一次)。求出数量、产能以及每个市场为产能所支付的费用(即 λ_1 和 λ_2)。

13.4　非线性规划中的充分性定理

在前面几节,我们介绍了库恩-塔克条件,说明了它们在有不等式约束的最优化问题中作为必要条件的应用。在某些情况之下,库恩-塔克条件也可以被作为充分条件。

库恩-塔克充分性定理:凹规划

在古典最优化问题中,极大值和极小值的充分条件传统上是按照二阶导数或微分的符号来表达的。但正如我们已在 11.5 节中证明的那样,这些二阶条件总是与目标函数的凹凸性有密切关系。这里,在非线性规划中,充分条件的表述也包含凹性和凸性的概念,只是现在这些概念不仅应用到目标函数,而且还要应用到约束函数 $g^i(x)$。

对于极大化问题,库恩和塔克给出下面的充分条件(充分性定理)。

给定非线性规划:

$$\text{Max } \pi = f(x)$$
$$\text{s.t. } g^i(x) \leq r_i \quad (i = 1, 2, \cdots, m)$$
$$\text{且} \quad x \geq 0,$$

如果满足下列诸条件:

(a) 目标函数 $f(x)$ 在非负正交分划体中可微,且为凹函数;
(b) 每个约束函数 $g^i(x)$ 在非负正交分划体中可微,且为凸函数;
(c) 点 x^* 满足库恩-塔克极大化条件。

那么,x^* 为 $\pi = f(x)$ 的整体极大值点。

注意,在这个定理中,没有一处提到约束规范。这是因为在条件(c)中我们已假设库恩-塔克条件在 x^* 处满足,因此约束规范的问题便不需要提及了。

依此情况,上述定理表明条件(a)、(b)和(c)是使 x^* 成为最优解的充分条件。但从不同角度看时,我们也可把它解释为:如果给定条件(a)和(b),那么库恩-塔克极大化条件就是极大值的充分条件。从上一节我们知道,库恩-塔克条件本身虽然不是必要条件,但当满足约束规范时,就成为必要条件了。把这个认识与充分性定理结合起来,现在可表述为:如果满足约束规范,且满足条件(a)和(b),那么库恩-塔克极大化条件就是极大化的充分必要条件。例如,当所有约束都是线性不等式,且充分满足约束规范时,就属于这种情况。后面,我们将介绍另外一些情况,即使函数 $g(x)$ 不全是线性的,也能保证满足约束规范。

在上面的充分性定理中讨论的极大化问题,通常称为凹规划。这个名称的产生是因为库恩和塔克在每个约束条件中用不等号"$\geq$"代替不等号"$\leq$"的缘故。因而条件(b)要求所有的函数 $g^i(x)$ 像函数 $f(x)$ 一样,都是凹函数,但是我们对表述进行了修改,以表达以下意思:即在极大化问题中,约束条件用以"控制"(因此 $\leq$)上升到目标函数的更高的点的企图。尽管形式不同,这两种表述在形式上不同,其实质是等价的,为简洁起见,我们省略了证明。

如上所述,充分性定理仅对极大化问题进行了讨论。但对极小化问题同样也是适用的。除了定理适当变化以反映问题本身的反向变化以外,我们只需在条件(a)和(b)中把凹和凸两字互换,在条件(c)中使用库恩-塔克极小化条件即可(见练习 13.4-1)。

阿罗-恩索文充分性定理:拟凹规划

为了应用库恩-塔克充分性定理,必须满足某些凹凸性规定。这是非常严格的要求。这里要介绍的另一个充分性定理——阿罗-恩索文充分性定理①——则弱化了这些要求。它只要求目标函数和约束函数具有拟凹性和拟凸性。由于对凸凹性的要求减弱了,充分条件的应用范围相应地就扩大了。

在阿罗-恩索文的原始论文中,问题为极大化问题,约束不等式形式为≥,函数$f(x)$和$g^i(x)$一律都是拟凹函数,以便使定理能够应用。这就产生了拟凹规划这个名称。但这里的讨论中,我们在极大化问题的约束中仍使用≤的不等式,在极小化问题的约束中,仍使用≥的不等式。

定理叙述如下:

已知非线性规划

$$\text{Max } \pi = f(x)$$
$$\text{s.t. } g^i(x) \leq r_i \quad (i=1,2,\cdots,m)$$
$$\text{且} \quad x \geq 0,$$

如果满足下列条件:

(a) 在非负正交分划体中目标函数$f(x)$可微且是拟凹函数。

(b) 在非负正交分划体中每个约束函数$g^i(x)$可微,且是拟凸函数。

(c) 点x^*满足库恩-塔克极大值条件。

(d) 满足下列诸条件中任意一个:

 (d-i) 至少对某个变量x_j有$f_j(x^*)>0$。

 (d-ii) 对某个可取正值而不违背约束的变量x_j有$f_j(x^*)>0$。

 (d-iii) n个导数$f_j(x^*)$不全为零,函数$f(x)$在x^*的邻域内二阶可微[即在x^*处,$f(x)$的所有二阶偏导数都存在。]

 (d-iv) 函数$f(x)$为凹函数。

那么x^*给出函数$\pi = f(x)$的整体极大值。

因为这个定理的证明有些复杂,在这里我们就省略了。但希望读者对这个定理的几个重要特征给予关注。首先,尽管阿罗和恩索文成功地把凹凸性的规定相应地减弱到拟凹拟凸的要求,但他们发现附加新要求(d)也是必要的。不过要注意,为了组成一组完全的

---

① Kenneth J. Arrow and Alain C. Enthoven, "Quasi-concave programming," *Econometrica*, October, 1961, pp.779—800.

充分条件,只要求(d)项中四个可供选择的条件中一个成立即可。因此,事实上,上面定理含有四组不同的极大充分条件。在(d-iv)的情况下,$f(x)$为凹函数,看来好像阿罗-恩索文充分性定理与库恩-塔克充分性定理是一致的。但这是不正确的,因为阿罗和恩索文只要求约束函数$g^i(x)$是拟凸函数,所以其充分条件仍然是较弱的。

如前所述,定理是把条件(a)到条件(d)并在一起作为一组充分条件的。但也可解释为:当满足条件(a)、(b)和(d)时,那么库恩-塔克极大化条件变成极大化的充分条件。而且,如果又满足约束规范,那么库恩-塔克条件变成极大化的充分必要条件。

像库恩-塔克定理一样,也很容易使阿罗-恩索文定理适合于极小化的结构。除了需要调换最优化的方向这个明显变化以外,我们只需在条件(a)和(b)中互换拟凹和拟凸这两个词,用极小化条件取代库恩-塔克极大化条件;把(d-i)和(d-ii)中的不等式反号;且在(d-iv)中把凹字变为凸字。

约束规范的检验方法

13.2节已提到过,如果所有约束函数是线性的,那么约束规范就会得到满足。如果函数$g^i(x)$是非线性的,那么在确定是否满足约束规范方面,阿罗和恩索文提出的下列检验法也是有用的:

对极大化问题,如果

(a) 每个约束函数$g^i(x)$可微且为拟凸函数。

(b) 在非负正交分划体存在一点x^0,使在x^0处满足作为严格不等式的所有约束条件。

(c) 下列条件中的一个成立:

    (c-i) 每个函数$g^i(x)$为凸函数。

    (c-ii) 每个$g^i(x)$的偏导数在可行区域中的每点x计值时,不全为零。

那么,约束规范得到满足。

而且,我们也很容易使这个检验法适用于极小化问题。为此,只要在条件(a)中把拟凸这个词变为拟凹;在(c-i)中把凸这个字改为凹。这个检验法的应用将在后面举例说明。

练习 13.4

1 给定：
$$\text{Min } C = F(x)$$
$$\text{s.t. } G^i(x) \geq r_i, \quad (i = 1, 2, \cdots, m)$$
$$\text{且} \quad x > 0,$$

(a) 把它转变成极大化问题。

(b) 库恩-塔克充分性定理中的函数 f 和 g^i 在这一问题中的对应形式是什么？

(c) 因此，为了得到可应用的极大化的充分条件，哪些凹-凸条件需要追加在 F 和 G^i 上？

(d) 根据上面论述，你如何论述极小化问题的库恩-塔克充分性定理？

2 对于下面问题，库恩-塔克充分定理是否适用？

(a) $\text{Max } \pi = x_1$
  s.t. $x_1^2 + x_3^2 \leq 1$
  且 $x_1, x_2 \geq 0$

(b) $\text{Min } C = (x_1 - 3)^2 + (x_2 - 4)^2$
  s.t. $x_1 + x_2 \geq 4$
  且 $x_1, x_2 \geq 0$

(c) $\text{Min } C = 2x_1 + x_2$
  s.t. $x_1^2 - 4x_1 + x_2 \geq 0$
  且 $x_1, x_2 \geq 0$

3 下面哪些函数可以在数学上被接受为极大化问题的目标函数，这些极大化问题适用阿罗-思索文充分性定理。

(a) $f(x) = x^3 - 2x$

(b) $f(x_1, x_2) = 6x_1 - 9x_2$

(c) $f(x_1, x_2) = x_2 - \ln x_1$（提示：见练习 12.4-4）

4 给定下面的极大化问题的约束条件，阿罗-思索文约束规范是否得到满足？

(a) $x_1^2 + (x_2 - 5)^2 \leq 4$ 和 $5x_1 + x_2 < 10$

(b) $x_1 + x_2 \leq 8$ 和 $-x_1 x_2 \leq -8$（注意：$-x_1 x_2$ 不是凸的。）

13.5　极大值函数和包络定理[①]

极大值函数是当选择变量都是最优值的时候的目标函数。这些选择变量的最优值是外生变量和参数的函数。一旦选择变量的最优值代入到原目标函数中，那么目标函数就间接地成为参数的函数（通过参数对选择变量的最优值的影响）。因此，极大值函数也称间接目标函数。

无约束最优化问题的包络定理

间接目标函数有何意义呢？对于任何最优化问题，间接目标函数在一组给定的参数下极大化（或者极小化）。间接目标函数是当参数发生变化的时候，目标函数极大值变化的轨迹。因此，间接目标函数是一系列由于参数发生变化而引起的直接目标函数最优值的变化的"包络"。对于经济学的学生而言，最直接关于包络的概念来自短期成本曲线和长期成本曲线的比较。学生一般被告知，长期平均成本曲线是所有短期平均成本曲线函数的包络线（在这个例子中，哪个参数沿着包络线发生变化了呢？）。这一节要做的是正式推导该概念。

为了阐释这一概念，考察下面的无约束最优化问题，其中包含两个变量 x, y 以及一个参数 ϕ：

$$\text{Max } U = f(x, y, \phi), \tag{13.27}$$

一阶条件是

$$f_x(x, y, \phi) = f_y(x, y, \phi) = 0, \tag{13.28}$$

如果二阶条件得到满足，那么这两个等式隐含地定义了解

$$x^* = x^*(\phi), \quad y^* = y^*(\phi). \tag{13.29}$$

如果我们把这些解代入目标函数，我们得到一个新函数：

[①] 本节回顾了包络定理，对于这个概念更详细的论述请参见 Eugene Silberberg and Wing Suen, *The Structure of Economics: A Mathematical Analysis* (3rd ed.), Chapter 7, McGraw-Hill, 2001。

$$V(\phi) = f(x^*(\phi), y^*(\phi), \phi), \tag{13.30}$$

这里,该函数是 x 和 y 为极大化 $f(x,y,\phi)$ 的值时函数 f 的值。因此,$V(\phi)$ 是极大值函数(或间接目标函数)。

如果将 V 对其唯一的变量 ϕ 求导数,得到

$$\frac{dV}{d\phi} = f_x \frac{\partial x^*}{\partial \phi} + f_y \frac{\partial y^*}{\partial \phi} + f_\phi, \tag{13.31}$$

但是,从一阶条件我们得到 $f_x = f_y = 0$。因此,前两项为零,得到

$$\frac{dV}{d\phi} = f_\phi. \tag{13.31'}$$

这一结果说明,在最优点,随着 ϕ 的变化,x^* 和 y^* 也随之调整,那么 $dV/d\phi$ 得到与 x^* 和 y^* 为常数时同样的结果。注意 ϕ 在三个地方进入了(13.30)的极大值函数:一处直接、两处间接(通过 x^* 和 y^*)。等式(13.31′)表明,在最优点,只有 ϕ 对目标函数的直接效应是相关的。这就是包络定理的基本涵义。包络定理指出,即使在外生变量可能作为内生选择变量的解的一部分间接进入极大值函数的情况下,也只有外生参数变化的直接效应才需要考虑。

利润函数

让我们通过极大值函数来推导出竞争性企业的利润函数。假设一个企业用两种投入品:资本 K 和劳动力 L,那么利润函数就是

$$\pi = Pf(K,L) - wL - rK, \tag{13.32}$$

其中 P 是产出价格,w 和 r 分别是工资和租金。

一阶条件是

$$\pi_L = Pf_L(K,L) - w = 0,$$
$$\pi_K = Pf_K(K,L) - r = 0, \tag{13.33}$$

这定义了投入需求方程:

$$L^* = L^*(w,r,P),$$
$$K^* = K^*(w,r,P), \tag{13.34}$$

把解 K^* 和 L^* 代入目标函数中,得到

$$\pi^*(w,r,P) = Pf(K^*,L^*) - wL^* - rK^*, \tag{13.35}$$

这里 $\pi^*(w,r,P)$ 是利润函数(间接目标函数)。利润函数将最大利

润定义为外生变量 w, r 和 P 的函数。

现在来考虑 w 变化对于企业利润的影响。如果我们将初始利润函数(13.32)对 w 求导数,保持其他变量不变,那么我们得到

$$\frac{\partial \pi}{\partial w} = -L, \tag{13.36}$$

但是,这个结果并没有考虑利润最大化企业能够用资本替代劳动力,进而调整产出来得到利润最大化的行为。

相反,因为 $\pi^*(w,r,P)$ 是对于任何 w, r 和 P 值的利润最大值,由 w 的变化引起的 π^* 的变化应考虑了所有资本替代劳动力的可能。为了评估由于 w 变化导致的最大利润函数的变化,我们将 $\pi^*(w,r,P)$ 对于 w 求导数,得到

$$\frac{\partial \pi^*}{\partial w} = (Pf_L - w)\frac{\partial L^*}{\partial w} + (Pf_K - r)\frac{\partial K^*}{\partial w} - L^*, \tag{13.37}$$

从一阶条件(13.33)可知,括号中的两项等于零。因此,上式变为

$$\frac{\partial \pi^*}{\partial w} = -L^*(w,r,P). \tag{13.38}$$

这个结果说明,在利润最大化点,无论要素投入是否随要素的价格变化而变化,工资率发生变化而导致的利润变化是一样的。在这个例子中,(13.38)表明利润最大化函数对于 w 的导数就是要素需求函数 $L^*(w,r,P)$ 的相反数。根据前面的步骤,我们可以得到附加的比较静态结果:

$$\frac{\partial \pi^*(w,r,P)}{\partial r} = -K^*(w,r,P), \tag{13.39}$$

$$\frac{\partial \pi^*(w,r,P)}{\partial P} = f(K^*,L^*). \tag{13.40}$$

等式(13.38),(13.39)和(13.40)合起来称为霍特林引理。通过使 K^* 和 L^* 随任何参数变化调整,我们可以从利润函数中得到比较静态导数。但是,我们不难发现,假设 K^* 和 L^* 保持不变,如果我们把利润函数(13.35)对于每个参数求偏导数,也能够得到相同的结果。霍特林引理是我们在(13.31′)中碰到的包络定理的另一种表述。

交互性条件

再来考察两个变量的无约束极大化问题

$$\text{Max } U = f(x, y, \phi), \quad [从(13.27)]$$

其中 x 和 y 是选择变量,ϕ 是参数。一阶条件是 $f_x = f_y = 0$,这隐含着 $x^* = x^*(\phi)$ 和 $y^* = y^*(\phi)$。

我们对于 $x^*(\phi)$ 和 $y^*(\phi)$ 随着 ϕ 的变化而发生变化,以及对于极大值函数的影响的比较静态变化分析感兴趣。极大值函数是

$$V(\phi) = f[x^*(\phi), y^*(\phi), \phi], \quad (13.41)$$

由定义,$V(\phi)$ 是 f 对于任意 ϕ 的极大值的函数。

现在,考虑一个新的函数,这个函数刻画了实际值和极大值 U 之间的差异:

$$\Omega(x, y, \phi) = f(x, y, \phi) - V(\phi). \quad (13.42)$$

当 $x = x^*$ 和 $y = y^*$ 时,这个新函数 Ω 的极大值是零。对于任何 $x \neq x^*, y \neq y^*$,那么 $f \leq V$。在这个框架下,$\Omega(x, y, \phi)$ 可以看成是三个独立变量 x, y 和 ϕ 的函数。$\Omega(x, y, \phi) = f(x, y, \phi) - V(\phi)$ 的极大值可以通过一阶和二阶条件来决定。

一阶条件是

$$\Omega_x(x, y, \phi) = f_x = 0,$$
$$\Omega_y(x, y, \phi) = f_y = 0, \quad (13.43)$$
$$\Omega_\phi(x, y, \phi) = f_\phi - V_\phi = 0. \quad (13.44)$$

我们可以把(13.43)中新函数 Ω 的一阶条件看成只是(13.28)中 $f(x, y, \phi)$ 的初始极大化条件,而(13.44)中的条件只是重复了(13.31′)中的包络定理而已。当 $x = x^*(\phi)$ 和 $y = y^*(\phi)$ 时,一阶条件成立。如果 Ω 的海塞矩阵

$$H = \begin{vmatrix} f_{xx} & f_{xy} & f_{x\phi} \\ f_{yx} & f_{yy} & f_{y\phi} \\ f_{\phi x} & f_{\phi y} & f_{\phi\phi} - V_{\phi\phi} \end{vmatrix}$$

具有如下特征:

$$f_{xx} < 0, \quad f_{xx}f_{yy} - f_{xy}^2 > 0, \quad H < 0,$$

那么其二阶充分条件得到满足。

在推导上述海塞矩阵时,我们根据(x,y,ϕ)的次序来列出变量。结果,在二阶条件的第一项,$(\Omega_{xx} =)f_{xx} < 0$ 与变量 x 相关。如果我们采用另一种排序方法,那么第一项就是$(\Omega_{yy} =)f_{yy} < 0$,或者

$$\Omega_{\phi\phi} = f_{\phi\phi} - V_{\phi\phi} < 0, \tag{13.45}$$

这表明 (13.45) 可以让我们得到一个得出比较静态结论的快速途径。首先,我们从(13.41)知道

$$V_\phi(\phi) = f_\phi[x^*(\phi), y^*(\phi), \phi],$$

两边都对 ϕ 求导数,得到

$$V_{\phi\phi} = f_{\phi x}\frac{\partial x^*}{\partial \phi} + f_{\phi y}\frac{\partial y^*}{\partial \phi} + f_{\phi\phi}, \tag{13.46}$$

使用(13.45)和杨氏定理,我们能得到

$$V_{\phi\phi} - f_{\phi\phi} = f_{x\phi}\frac{\partial x^*}{\partial \phi} + f_{y\phi}\frac{\partial y^*}{\partial \phi} > 0. \tag{13.47}$$

假设 ϕ 只是进入关于 x 的一阶条件,那么 $f_{y\phi} = 0$。这样,(13.47)就变成

$$f_{x\phi}\frac{\partial x^*}{\partial \phi} > 0, \tag{13.48}$$

这隐含着 $f_{x\phi}$ 和 $\partial x^*/\partial \phi$ 有同样的符号。因此,只要我们看到参数 ϕ 只出现在与 x 相关的一阶条件上,同时一旦从目标函数 $U = f(x,y,\phi)$ 中推导出 $f_{x\phi}$ 的符号,那么我们也就不需进一步推导,而立即可以得到比较静态导数 $\partial x^*/\partial \phi$ 的符号。

例如,在利润最大化模型中

$$\pi = Pf(K,L) - wL - rK,$$

一阶条件是

$$\pi_L = Pf_L - w = 0,$$
$$\pi_K = Pf_K - r = 0,$$

外生变量 w 只进入一阶条件 $Pf_L - w = 0$,且

$$\frac{\partial \pi_L}{\partial w} = -1,$$

因此,通过(13.48),我们能够得到 $\partial L^*/\partial w$ 是负数的结论。

另外,如果我们将包络定理和杨氏定理结合起来使用,那么我们能够推导出被称为交互性条件的关系:$\partial L^*/\partial r = \partial K^*/\partial w$。从间接利润函数中,霍特林引理让我们得到

$$\pi_w^* = \frac{\partial \pi^*}{\partial w} = -L^*(w,r,P),$$

$$\pi_r^* = \frac{\partial \pi^*}{\partial r} = -K^*(w,r,P),$$

再一次求导数并应用杨氏定理,我们得到

$$\pi_{wr}^* = -\frac{\partial L^*}{\partial r} = -\frac{\partial K^*}{\partial w} = \pi_{rw}^*$$

或 $$\frac{\partial L^*}{\partial r} = \frac{\partial K^*}{\partial w}. \qquad (13.49)$$

这一结果就是交互性条件,因为这显示了一种投入的价格对于另一种投入的需求的比较静态交叉影响是对称的。具体而言,在比较静态层面,r(资本 K 的租金率)对于劳动力 L 的最优需求的影响与 w(劳动力工资率)对于资本 K 的最优需求的影响是一样的。

约束最优化的包络定理

包络定理也可以从约束最优化的情形中推导出来。同样,我们有一个目标函数(U)、两个变量(x 和 y)和一个参数(ϕ);另外,我们引入下面的约束:

$$g(x,y,\phi) = 0,$$

问题变成

$$\begin{aligned}\text{Max } U &= f(x,y,\phi) \\ \text{s.t. } g(x,y,\phi) &= 0.\end{aligned} \qquad (13.50)$$

这个问题的拉格朗日函数是

$$Z = f(x,y,\phi) + \lambda[0 - g(x,y,\phi)], \qquad (13.51)$$

一阶条件是

$$Z_x = f_x - \lambda g_x = 0,$$
$$Z_y = f_y - \lambda g_y = 0,$$
$$Z_\lambda = -g(x,y,\phi) = 0,$$

解上述方程系统得到
$$x = x^*(\phi), \quad y = y^*(\phi), \quad \lambda = \lambda^*(\phi),$$
把解代入目标函数,我们得到
$$U^* = f[x^*(\phi), y^*(\phi), \phi] = V(\phi), \tag{13.52}$$
其中 $V(\phi)$ 是间接目标函数,即极大值函数。这是关于任何满足约束条件的 ϕ, x 和 y 的 U 的极大值。

当 ϕ 变化时,$V(\phi)$ 该如何变化呢? 首先,我们在 V 中对于 ϕ 求导数,得到
$$\frac{dV}{d\phi} = f_x \frac{\partial x^*}{\partial \phi} + f_y \frac{\partial y^*}{\partial \phi} + f_\phi, \tag{13.53}$$
但是,在这个例子中,(13.53) 不会简化成 $dV/d\phi = f_\phi$,因为在约束最优化问题中,$f_x = f_y = 0$ 不一定总成立(见表 12.1)。但是如果把 x 和 y 的解代入约束条件(得到一个恒等式),我们得到
$$g(x^*(\phi), y^*(\phi), \phi) \equiv 0,$$
把它对 ϕ 求导数,得到
$$g_x \frac{\partial x^*}{\partial \phi} + g_y \frac{\partial y^*}{\partial \phi} + g_\phi \equiv 0, \tag{13.54}$$
如果我们用 λ 乘以 (13.54),并且把结果和 (13.53) 合并,重新排列,得到
$$\frac{dV}{d\phi} = (f_x - \lambda g_x) \frac{\partial x^*}{\partial \phi} + (f_y - \lambda g_y) \frac{\partial y^*}{\partial \phi} + f_\phi - \lambda g_\phi = Z_\phi, \tag{13.55}$$
这里 Z_ϕ 是在其他变量保持不变的前提下,拉格朗日函数对于 ϕ 的偏导数。结果与 (13.31) 类似,由一阶条件,我们能够得到:
$$\frac{dV}{d\phi} = Z_\phi, \tag{13.55'}$$
这代表的是约束最优化结构中的包络定理。不过,注意在现在这个例子中,在推导间接目标函数过程中,拉格朗日函数代替了目标函数。

尽管 (13.55) 的结果和无约束情况下的结论非常类似,但是重要的是比较静态的一些结果依赖于是否参数只进入目标函数,还是只进入约束条件,还是同时进入两者。如果参数只进入目标函数,那

么比较静态结果与无约束情况下的比较静态结果相同。但是,如果参数进入了约束条件,那么

$$V_{\phi\phi} \geq f_{\phi\phi}$$

就不再成立。

434 拉格朗日乘数的解释

在第 12 章的消费者选择问题中,我们得到以下结果——拉格朗日乘数 λ 代表了当消费者预算约束发生变化时拉格朗日函数的变化。我们把 λ 解释成收入的边际效用。现在,让我们在包络定理的帮助下来推导出拉格朗日乘数更一般性的解释。考虑下面问题

$$\text{Max } U = f(x,y)$$
$$\text{s.t. } g(x,y) = c,$$

其中 c 是常数。这个问题的拉格朗日函数是

$$Z = f(x,y) + \lambda[c - g(x,y)], \quad (13.56)$$

一阶条件是

$$Z_x = f_x(x,y) - \lambda g_x(x,y) = 0,$$
$$Z_y = f_y(x,y) - \lambda g_y(x,y) = 0, \quad (13.57)$$
$$Z_\lambda = c - g(x,y) = 0.$$

从 (13.57) 的前两个等式中,我们得到

$$\lambda = \frac{f_x}{g_x} = \frac{f_y}{g_y}, \quad (13.58)$$

这给出以下条件,即目标函数的水平曲线(无差异曲线)的斜率在最优点处等于约束线的斜率。

方程 (13.57) 隐含地定义了如下解:

$$x^* = x^*(c), \quad y^* = y^*(c), \quad \lambda^* = \lambda^*(c), \quad (13.59)$$

把 (13.59) 代入拉格朗日函数得到极大值函数,

$$V(c) = Z^*(c) = f(x^*(c), y^*(c))$$
$$+ \lambda^*(c)\{c - g[x_1^*(c), y^*(c)]\}. \quad (13.60)$$

对 c 求导,得到

$$\frac{dV}{dc} = \frac{dZ^*}{dc} = f_x \frac{\partial x^*}{\partial c} + f_y \frac{\partial y^*}{\partial c} + \{c - g[x^*(c), y^*(c)]\} \frac{\partial \lambda^*}{\partial c}$$

$$-\lambda^*(c)g_x\frac{\partial x^*}{\partial c} - \lambda^*(c)g_y\frac{\partial y^*}{\partial c} + \lambda^*(c)\frac{\mathrm{d}c}{\mathrm{d}c},$$

重新整理,得到

$$\frac{\mathrm{d}Z^*}{\mathrm{d}c} = (f_x - \lambda^* g_x)\frac{\partial x^*}{\partial c} + (f_y - \lambda^* g_y)\frac{\partial y^*}{\partial c}$$

$$+ [c - g(x^*, y^*)]\frac{\partial \lambda^*}{\partial c} + \lambda^*.$$

根据(13.57),在括号中的三项都等于零。因此,上述表述就简化成:

$$\frac{\mathrm{d}V}{\mathrm{d}c} = \frac{\mathrm{d}Z^*}{\mathrm{d}c} = \lambda^*, \tag{13.61}$$

这说明最优值 λ^* 度量的是当 c 发生变化时,目标函数极大值的变化率,因此也称其为 c 的"影子价格"。注意,在这个例子中,c 只进入约束条件。它不是初始目标函数的变量。

13.6 对偶和包络定理

消费者支出函数和其间接效用函数说明了极小值函数和极大值函数之间的对偶问题。① 支出函数说明对于给定的效用函数和商品价格,为了获得固定的效用而所需要付出的最小支出。间接效用函数说明了对于给定的价格、收入和效用函数,所能达到的最大效用。

基本问题

令 $U(x,y)$ 是效用函数,其中 x 和 y 是消费品。消费者有预算 B,面临的 x 和 y 的市场价格分别是 P_x 和 P_y,这一问题被称为基本问题:

$$\begin{aligned}\text{Max } U &= U(x,y)\\ \text{s. t. } P_x x &+ P_y y = B,\end{aligned} \quad [\text{基本问题}] \tag{13.62}$$

---

① 经济理论中的对偶是两个约束最优化问题之间的联系。如果一个问题要求约束极大化,另一个问题要求约束极小化。那么,任意一个问题的结构和解能为另一个问题的结构和解提供信息。

对于这个问题,我们有熟悉的拉格朗日函数

$$Z = U(x,y) + \lambda(B - P_x x - P_y y),$$

一阶条件是

$$\begin{aligned} Z_x &= U_x - \lambda P_x = 0, \\ Z_y &= U_y - \lambda P_y = 0, \\ Z_\lambda &= B - P_x x - P_y y = 0, \end{aligned} \quad (13.63)$$

这个方程系统隐含地定义了 x^m, y^m 和 λ^m 作为外生变量 B, P_x 和 P_y 的解:

$$\begin{aligned} x^m &= x^m(P_x, P_y, B), \\ y^m &= y^m(P_x, P_y, B), \\ \lambda^m &= \lambda^m(P_x, P_y, B), \end{aligned}$$

x^m, y^m 的解是消费者的普通需求函数,有时叫作马歇尔需求函数(Marshallian demand function),因此采用 m 作为上标。

把解 x^m, y^m 代入到效用函数中,得到

$$U^* = U^*(x^m(P_x, P_y, B), y^m(P_x, P_y, B)) \equiv V(P_x, P_y, B), \tag{13.64}$$

这里 V 是间接效用函数——是体现问题(13.62)中最大效用的极大值函数。我们以后还会回到这一函数。

对偶问题

现在,考虑一个消费者的对偶问题,其目标是维持从(13.64)的基本问题中推导出来的固定效用水平 U^*,同时最小化在两种商品 x 和 y 上的支出。即

$$\begin{aligned} &\text{Min } E = P_x x + P_y y \\ &\text{s.t. } U(x,y) = U^*, \end{aligned} \quad [\text{对偶问题}] \quad (13.65)$$

拉格朗日函数是

$$Z^d = P_x x + P_y y + \mu[U^* - U(x,y)],$$

一阶条件是

$$\begin{aligned} Z^d_x &= P_x - \mu U_x = 0, \\ Z^d_y &= P_y - \mu U_y = 0, \end{aligned}$$

$$Z_\lambda^d = U^* - U(x,y) = 0, \quad (13.66)$$

上述方程系统隐含地定义了 x^h, y^h 和 λ^h 的解：

$$x^h = x^h(P_x, P_y, U^*),$$
$$y^h = y^h(P_x, P_y, U^*),$$
$$\mu^h = \mu^h(P_x, P_y, U^*),$$

这里 x^h 和 y^h 是补偿需求函数("真实"收入保持不变)，一般称其为希克斯需求函数(Hicksian demand function)，因此用 h 作为上标。

把 x^h 和 y^h 代入对偶问题中的目标函数，得到

$$P_x x^h(P_x, P_y, U^*) + P_y y^h(P_x, P_y, U^*) \equiv E(P_x, P_y, U^*),$$
$$(13.67)$$

其中 E 是支出函数，是表示为了获得效用 U^* 所需要的最低支出的极小值函数。

对偶

如果我们把(13.63)和(13.64)[①]中的前两个等式一起考虑，消去拉格朗日乘子，得到

$$\frac{Px}{Py} = \frac{Ux}{Uy}, \quad (13.68)$$

这是切点条件，在该点消费者选择最优的商品组合，消费者无差异曲线和预算约束曲线的斜率相同。两个问题的切点条件是一样的。那么，当极小化问题中的目标效用水平等于极大化问题中得到的目标效用水平 U^* 时，我们得到

$$x^m(P_x, P_y, B) = x^h(P_x, P_y, U^*),$$
$$y^m(P_x, P_y, B) = y^h(P_x, P_y, U^*),$$
$$(13.69)$$

即，极大化问题和极小化问题得到的 x 和 y 的解相同。但是，这些解是不同的外生变量的函数，因此比较静态分析会产生不同的结果。

在基本问题和其对偶问题中，同样的无差异曲线和预算约束曲线的切点决定了 x 和 y 的解的这个事实说明，在对偶问题中的最小

---

① 原文如此，从下文看，此处有误，应为"(13.66)"。

支出等于基本问题中给定的预算 B:

$$E(P_x, P_y, U^*) = B, \qquad (13.70)$$

这个结果与(13.64)中的结果类似,那个结果显示在基本问题中最大效用 V 等于其对偶问题中给定的效用水平 U^*。

尽管在两个问题中,x 值和 y 值是一样的,但是各自的拉格朗日乘数不一定相同。根据(13.63)和(13.66),我们可以计算 $\lambda = U_x/P_x$,但是 $\mu = P_x/U_x$。因此,λ 和 μ 的解互为倒数关系。

$$\lambda = \frac{1}{\mu} \quad \text{或} \quad \lambda^m = \frac{1}{\mu^h}。 \qquad (13.71)$$

罗伊恒等式

包络定理的一个应用是推导出罗伊恒等式。罗伊恒等式表明个体消费者的马歇尔需求函数等于极大值函数的两个偏导数的比率的相反数。

把最优值 x^m, y^m 和 λ^m 代入(13.62)的拉格朗日函数,得到

$$V(P_x, P_y, B) = U(x^m, y^m) + \lambda^m (B - P_x x^m - P_y y^m). \qquad (13.72)$$

(13.72)中对 P_x 求偏导,得到

$$\frac{\partial V}{\partial P_x} = (U_x - \lambda^m P_x)\frac{\partial x^m}{\partial P_x} + (U_y - \lambda^m P_y)\frac{\partial y^m}{\partial P_x}$$

$$+ (B - P_x x^m - P_y y^m)\frac{\partial \lambda^m}{\partial P_x} - \lambda^m x^m,$$

在最优点,一阶条件(13.63)使我们能够把上式简化成

$$\frac{\partial V}{\partial P_x} = -\lambda^m x^m.$$

下一步,把值函数对 B 求偏导,得到

$$\frac{\partial V}{\partial B} = (U_x - \lambda^m P_x)\frac{\partial x^m}{\partial B} + (U_y - \lambda^m P_y)\frac{\partial y^m}{\partial B}$$

$$+ (B - P_x x^m - P_y y^m)\frac{\partial \lambda^m}{\partial B} + \lambda^m,$$

再一次,在最优点,根据(13.63)我们把其简化成

$$\frac{\partial V}{\partial B} = \lambda^m.$$

将这两个偏导数相除，我们发现

$$\frac{\partial V/\partial P_x}{\partial V/\partial B} = -x^m, \qquad (13.73)$$

这个结果被称为罗伊恒等式，表明对于商品 x 的马歇尔需求函数等于极大值函数分别对于 P_x 和 B 的偏导数的比率的相反数。由于问题中 x 和 y 的对称性，可以得到对于 y^m（对于 y 的马歇尔需求函数）的与(13.73)类似的结果。当然，这个结果可以通过应用包络定理来直接得到。

谢泼德引理

在 13.5 节中，我们推导出霍特林引理，它表明利润函数极大值的偏导数得到公司的投入需求函数和供给函数。类似的方法可以应用到支出函数，得到谢泼德引理。

考察(13.65)中的消费者极小化问题，得到拉格朗日函数

$$Z^d = P_x x + P_y y + \mu[U^* - U(x, y)],$$

由一阶条件隐含地定义了下面的解：

$$x^h = x^h(P_x, P_y, U^*),$$
$$y^h = y^h(P_x, P_y, U^*),$$
$$\mu^h = \mu^h(P_x, P_y, U^*),$$

把这些解代入拉格朗日函数，得到支出函数

$$E(P_x, P_y, U^*) = P_x x^h + P_y y^h + \mu^h[U^* - U(x^h, y^h)],$$

把这个函数分别对 P_x 和 P_y 求偏导，在最优点对它们取值，我们发现 $\partial E/\partial P_x$ 和 $\partial E/\partial P_y$ 分别代表消费者的希克斯需求：

$$\frac{\partial E}{\partial P_x} = (P_x - \mu^h U_x)\frac{\partial x^h}{\partial P_x} + (P_y - \mu^h U_y)\frac{\partial y^h}{\partial P_x}$$

$$+ [U^* - U(x^h, y^h)]\frac{\partial \mu^h}{\partial P_x} + x^h$$

$$= (0)\frac{\partial x^h}{\partial P_x} + (0)\frac{\partial y^h}{\partial P_x} + (0)\frac{\partial \mu^h}{\partial P_x} + x^h = x^h \qquad (13.74)$$

和

$$\frac{\partial E}{\partial P_y} = (P_x - \mu^h U_x) \frac{\partial x^h}{\partial P_y} + (P_y - \mu^h U_y) \frac{\partial y^h}{\partial P_y}$$

$$+ [U^* - U(x^h, y^h)] \frac{\partial \mu^h}{\partial P_y} + y^h$$

$$= (0) \frac{\partial x^h}{\partial P_y} + (0) \frac{\partial y^h}{\partial P_y} + (0) \frac{\partial \mu^h}{\partial P_y} + y^h = y^h, \quad (13.74')$$

最后,将 E 对 U^* 求导得到 μ^h,即约束的边际成本:

$$\frac{\partial E}{\partial U^*} = (P_x - \mu^h U_x) \frac{\partial x^h}{\partial U^*} + (P_y - \mu^h U_y) \frac{\partial y^h}{\partial P_y}$$

$$+ [U^* - U(x^h, y^h)] \frac{\partial \mu^h}{\partial U^*} + \mu^h$$

$$= (0) \frac{\partial x^h}{\partial U^*} + (0) \frac{\partial y^h}{\partial U^*} + (0) \frac{\partial \mu^h}{\partial U^*} + \mu^h = \mu^h,$$

$$(13.74'')$$

这三个偏导数(13.74)、(13.74′)和(13.74″)一起被称为谢泼德引理。

例1 考虑一个效用函数是 $U = xy$ 的消费者,他面临的预算约束是 B,给定商品价格是 P_x 和 P_y。

选择问题是
$$\text{Max } U = xy$$
$$\text{s.t. } P_x x + P_y y = B,$$

拉格朗日函数是
$$Z = xy + \lambda(B - P_x x - P_y y),$$

一阶条件是
$$Z_x = y - \lambda P_x = 0,$$
$$Z_y = x - \lambda P_y = 0,$$
$$Z_\lambda = B - P_x x - P_y y = 0,$$

求解一阶条件得到
$$x^m = \frac{B}{2P_x}, \quad y^m = \frac{B}{2P_y}, \quad \lambda^m = \frac{B}{2P_x P_y},$$

其中 x^m 和 y^m 是消费者马歇尔需求函数。对于二阶条件,因为海塞加边行列式是

$$|\bar{H}| = \begin{vmatrix} 0 & 1 & -P_x \\ 1 & 0 & -P_y \\ -P_x & -P_y & 0 \end{vmatrix} = 2P_x P_y > 0,$$

因此,得到的解确实是最大值。①

我们能够通过把 x^m 和 y^m 代入效用函数,从问题中推导出间接效用函数:

$$V(P_x, P_y, B) = \left(\frac{B}{2P_x}\right)\left(\frac{B}{2P_y}\right) = \frac{B^2}{4P_x P_y}, \quad (13.75)$$

其中 V 表示最大效用。因为 V 表示最大效用,我们在(13.75)中设 $V = U^*$,得到 $B^2/4P_x P_y = U^*$,重新调整得到 B 的表达式:

$$B = (4P_x P_y U^*)^{1/2} = 2P_x^{1/2} P_y^{1/2} U^{*1/2}.$$

现在,来思考消费者的对偶问题支出最小化问题。在其对偶问题中,最小支出函数 E 应该等于基本问题中给定的预算 B。因此,我们能够立刻从前面的等式中得出如下结论:

$$E(P_x, P_y, U^*) = B = 2P_x^{1/2} P_y^{1/2} U^{*1/2}. \quad (13.76)$$

我们现在用这个例子来证明罗伊恒等式(13.73):

$$x^m = -\frac{\partial V/\partial P_x}{\partial V/\partial B},$$

算出 V 的相关偏导数,我们发现

$$\frac{\partial V}{\partial P_x} = -\frac{B^2}{4P_x^2 P_y} \quad \text{和} \quad \frac{\partial V}{\partial B} = \frac{B}{2P_x P_y},$$

这两个偏导数的比率的相反数是

$$-\frac{\dfrac{\partial V}{\partial P_x}}{\dfrac{\partial V}{\partial B}} = -\frac{\left(\dfrac{B^2}{4P_x^2 P_y}\right)}{\left(\dfrac{B}{2P_x P_y}\right)} = \frac{B}{2P_x} = x^m,$$

这样我们就发现罗伊恒等式的确成立。

---

① 这里所写的海塞加边行列式(和在下面例2中的海塞加边行列式)的边在第三行和第三列,而不是像(12.19)那样在第一列和第一行。这是把拉格朗日乘数列为最后一个变量而不像在以前的章节中那样列为第一个变量的结果。练习12.3-3表明这两种海塞加边行列式的形式可以通过初等行变换相互转换而不影响其值。但是,当两个以上的变量出现在问题中的时候,最好使用(12.19)的形式,因为这样更加容易写出加边主子式。

例 2 现在来考察给定例 1 中的效用水平而得到的对偶问题——成本最小化问题。令 U^* 表示目标效用水平,那么问题是

$$\text{Min } P_x x + P_y y$$
$$\text{s.t. } xy = U^*,$$

问题的拉格朗日函数是

$$Z^d = P_x x + P_y y + \mu(U^* - xy),$$

一阶条件是

$$Z_x^d = P_x - \mu y = 0,$$
$$Z_y^d = P_y - \mu x = 0,$$
$$Z_\mu^d = U^* - xy = 0,$$

求解这个方程系统的 x, y 和 μ,得到

$$x^h = \left(\frac{P_y U^*}{P_x}\right)^{\frac{1}{2}},$$
$$y^h = \left(\frac{P_x U^*}{P_y}\right)^{\frac{1}{2}}, \quad (13.77)$$
$$\mu^h = \left(\frac{P_x P_y}{U^*}\right)^{\frac{1}{2}},$$

其中 x^h 和 y^h 是消费者的补偿(希克斯)需求函数。检查极小值的二阶条件,我们发现

$$|\overline{H}| = \begin{vmatrix} 0 & -\mu & -y \\ -\mu & 0 & -x \\ -y & -x & 0 \end{vmatrix} = -2xy\mu < 0,$$

因此极小值的充分条件是满足的。

把 x^h 和 y^h 代入初始目标函数,得到极小值函数或者支出函数:

$$E = P_x x^h + P_y y^h = P_x \left(\frac{P_y U^*}{P_x}\right)^{1/2} + P_y \left(\frac{P_x U^*}{P_y}\right)^{1/2}$$
$$= (P_x P_y U^*)^{1/2} + (P_x P_y U^*)^{1/2}$$
$$= 2 P_x^{1/2} P_y^{1/2} U^{*1/2}, \quad (13.76')$$

注意这一结果与例 1 中的(13.76)相同,唯一的差别在于推导结果的过程不同,等式(13.76′)是直接从支出极小化问题中直接得到的,

而(13.76)从效用极大化问题中通过对偶关系间接得到的。

我们现在使用这个例子来检验谢泼德引理(13.74)、(13.74′)和(13.74″)的有效性。把(13.76′)中的支出函数分别对 P_x, P_y 和 U^* 求偏导数,并和(13.77)的偏导数联系起来,得到

$$\frac{\partial E(P_x, P_y, U^*)}{\partial P_x} = \frac{P_y^{1/2} U^{*1/2}}{P_x^{1/2}} = x^h,$$

$$\frac{\partial E(P_x, P_y, U^*)}{\partial P_y} = \frac{P_x^{1/2} U^{*1/2}}{P_y^{1/2}} = y^h,$$

$$\frac{\partial E(P_x, P_y, U^*)}{\partial U^*} = \frac{P_x^{1/2} P_y^{1/2}}{U^{*1/2}} = \mu^h,$$

因此,这个例子中谢泼德引理是成立的。

练习 13.6

1 一个消费者具有如下效用函数:$U(x,y) = x(y+1)$,其中 x 和 y 是两种商品的数量,它们的价格分别是 P_x 和 P_y。消费者的预算约束是 B,因此,消费者的拉格朗日函数是

$$x(y+1) + \lambda(B - P_x x - P_y y).$$

(a) 从一阶条件中找出需求函数的表达式。说明商品 y 是哪种商品? 尤其当 $P_y > B$ 的时候,会出现哪种情况?

(b) 通过检查二阶条件来证明这是一个极大值。把 x^* 和 y^* 代入到效用函数中,找出间接效用函数的表达式:

$$U^* = U(P_x, P_y, B),$$

并推导出支出函数的表达式:

$$E = E(P_x, P_y, U^*).$$

(c) 这个问题可以用如下对偶问题来表述:

Min $P_x x + P_y y$

s.t. $x(y+1) = U^*,$

求出这个最小化问题的 x 和 y 的解,并证明 x 和 y 的解值分别等于支出函数的偏导数 $\partial E/\partial P_x$ 和 $\partial E/\partial P_y$。

13.7 一些结论性评论

在本书的这一部分,我们讨论了最优化的基本技术。这次费劲的旅行带给我们(1)从单个选择变量到更加一般的 n 个选择变量,(2)从多项式目标函数到指数和对数目标函数,和(3)从无约束到有约束的极值。

这次讨论的大部分内容由"经典"的最优化方法组成,以微积分作为主流,各阶导数作为主要工具。微积分方法在优化问题中的一个弱点是其本质上是短视的。尽管根据导数和微分得到的一阶和二阶条件可以容易地找出相对或局部极值,但往往还需要其他信息或进一步的分析来确认绝对或整体极值。我们所详细探讨的凹、凸、拟凹和拟凸概念,是从相对极值到绝对极值过渡的基石。

微积分方法的一个更加严重的局限是它无法处理不等式约束的情况。因此,比如在效用极大化模型中的预算约束,是以总支出恰好等于(不是"小于等于")特定值来描述的。换句话说,微积分方法的局限必然导致否定消费者有节省可利用的资金的选择。并且,出于同样原因,经典方法不允许我们显性地设定选择变量非负,而这在许多经济分析中是恰当的。

幸运的是,我们通过引入非线性规划这种现代最优化技术,得以从这些局限中解放出来。这里,我们允许不等式约束,包括对选择变量的非负约束,进入问题。这明显地代表最优化问题的一大进步。

但是,在非线性规划中,分析框架依然是静态的。问题和它的解只与某一时点上的最优状态有关系,无法处理这样的问题——在指定的情况下,最优化的行为人在一个时间段内应如何行动。后一问题属于动态优化领域,在我们学会了动态分析的基本方法——分析变量随着时间的推移而变化的方法——之前,我们无法处理它。实际上,除它在动态优化的应用之外,动态分析本身就是经济分析的一个重要分支。因此,我们现在将注意力转移到第五部分的动态分析上来。

第五篇

动态分析

第14章 动态经济学与积分学

把动态学这一术语应用于经济分析时,在不同的时间以及对不同的经济学家,都有不同的含义。① 然而在今天的标准用法中,它是指这样一种分析类型:其目的是探寻和研究变量的具体时间路径,或者是确定在给定的充分长的时间内,这些变量是否会趋向收敛于某一(均衡)值。这方面的研究是非常重要的,因为它可以弥补静态学和比较静态学的严重不足。在比较静态学中,我们总是武断地假设:经济调节过程不可避免地导致均衡。而在动态分析中,我们直接面对均衡的"可实现性"问题,而不是假设它必然能够实现。

动态分析的一个显著特征是确定变量的时间,这就把时间因素明确纳入分析范围。有两种方式可以做到这一点:我们可以将时间视为连续变量,也可以将其视为离散变量。在前一种情况下,变量在每一时点都要发生某些变化(如在连续计算复利时那样);而在后一种情况下,变量仅在某一时段内才发生某些变化(如仅在每六个月末才计入利息)。这两个不同的时间概念在不同的内容中各具优势。

我们将首先讨论连续时间的情况,它与积分学及微分方程等数学方法有关。在第17、18章,我们再讨论离散时间的情况,那里将运用差分方程的方法。

14.1 动态学与积分

一般而言,静态模型中的问题是要求出满足某些特定均衡条件的内生变量的值。把静态学应用于最优化模型时,任务变成求使目

---

① Fritz Machlup, "Statics and Dynamics: Kaleidoscopic Words," *Southern Economic Journal*, October 1959, pp. 91—110;重印于 Machlup, *Essays on Economic Semantics*, Prentice-Hall, Inc., Englewood Cliffs, N. J., 1963, pp. 9—42。

标函数最大化(或最小化)的选择变量的值——而一阶条件充当均衡条件。与此相对照的是,动态模型涉及的问题是,在已知变化模式的基础上(比如,给定瞬时变化率),描述某些变量的变化时间路径。

举个例子或许会使问题更清楚。假定已知人口规模 H 随时间以速率

$$\frac{dH}{dt} = t^{-1/2} \qquad (14.1)$$

变化。则我们要求的是:人口 $H = H(t)$ 的何种时间路径可以产生(14.1)的变化率?

读者将会认识到,如果我们起初便知道函数 $H = H(t)$,那么可以通过求导求得 dH/dt。但我们现在面临的问题恰恰相反:要从已知的导数求出原函数,而不是从原函数求出其导数。在数学上,我们现在需要与微分法或微分学完全相反的方法。

这种方法称作积分法或积分学,我们下面将对其进行研究。现在,我们满足于如下观察:$H(t) = 2t^{1/2}$ 确实有形式为(14.1)的导数,因此显然可以作为我们的问题的解。但麻烦的是,还存在类似的函数,如 $H(t) = 2t^{1/2} + 15$ 或 $H(t) = 2t^{1/2} + 99$,更一般地,

$$H(t) = 2t^{1/2} + c, \quad (c \text{ 为任意常数}) \qquad (14.2)$$

它们均与(14.1)有完全相同的导数。这样就不能确定唯一的时间路径,除非常数值 c 能以某种方式确定下来。为此,模型必须以所谓初始条件或边界条件的形式,引入额外的信息。

如果我们知道初始人口 $H(0)$(即 H 在 $t = 0$ 时的值,假设 $H(0) = 100$),则常数 c 的值可以确定了。令(14.2)中的 $t = 0$,得到

$$H(0) = 2(0)^{1/2} + c = c,$$

但若 $H(0) = 100$,则 $c = 100$,且(14.2)变成

$$H(t) = 2t^{1/2} + 100, \qquad (14.2')$$

其中的常数不再是任意的。更一般地,对于任意给定初始人口 $H(0)$,时间路径将为

$$H(t) = 2t^{1/2} + H(0), \qquad (14.2'')$$

因此,在现在的例子中,任意时点的人口规模由初始人口 $H(0)$ 与另一个包含时间变量 t 的项的和组成。这一时间路径的确描述了变量

H 随时间变化的过程,因此确实构成了此动态模型的解。[方程(14.1)也是 t 的函数。为什么它不能被视为模型的解呢?]

人口问题的例子虽然简单,但却揭示了动态经济学问题的实质:给定变量随时间变化的行为模式,设法求出描述变量时间路径的函数。在此过程中,我们将遇到一个或多个任意常数,但我们若有作为初始条件的充分的额外信息,就有可能确定那些任意常数的值。

相对简单的问题,比如上面给出的例子,解可用积分方法求出。积分是一种由已知导函数反求原函数的方法。在更复杂的情况中,我们还可以借助于被称作微分方程的方法,微分方程是一个与积分密切相关的数学分支。因为微分方程被定义为包含微分或导数表达式的任意方程,所以(14.1)显然是一个微分方程。因此,通过求其解,我们实际上已经解出了一个微分方程,尽管它是一个极其简单的微分方程。

现在我们开始学习积分学的基本概念。因为我们在讨论微积分时使用 x(而非 t)作自变量,为对称起见,这里仍将使用 x。但为方便计,我们在这里的讨论中分别以 $F(x)$ 和 $f(x)$ 表示原函数和导函数,而不是使用一撇"'"来区分它们。

14.2 不定积分

积分的性质

我们曾提过,积分是微分的逆过程。若给定原函数 $F(x)$,对其微分得到导数 $f(x)$,假设可以得到适当的信息以确定在积分过程中产生的任意常数,那么,我们就可以"积分" $f(x)$ 以求得 $F(x)$。函数 $F(x)$ 被称作 $f(x)$ 的积分或反导数。因此这两种运算过程类似于研究家谱的两种方法:积分就是追溯函数 $f(x)$ 的家系或出身,而微分则是寻找 $F(x)$ 的后裔。但要注意两者的区别:尽管可微原函数总是产生一个后代,即唯一的导数 $f(x)$,但导数 $f(x)$ 的积分,则可能追溯到无数个可能父母;因为若 $F(x)$ 是 $f(x)$ 的积分,则正如我们在(14.2)所看到的那样,$F(x)$ 加上任意常数也是 $f(x)$ 的积分。

我们需要一个特殊符号来表示所求的 $f(x)$ 对 x 的积分。标准符号为

$$\int f(x)\,dx,$$

左边加长的 S 形符号(它有和的含义,后面再解释)称作积分符,而 $f(x)$ 部分则称作被积函数,dx 部分,类似于微分算子 d/dx 中的 dx 部分,则提示我们运算是对 x 进行的。但读者也可以把 $f(x)dx$ 视为一个整体,并将其解释成原函数 $F(x)$ 的微分[即 $dF(x) = f(x)dx$]。那么,前面的积分符号可以看做是逆微分过程的指示符。有了这个新的符号便可以写出

$$\frac{d}{dx}F(x) = f(x) \Longrightarrow \int f(x)\,dx = F(x) + c, \qquad (14.3)$$

其中任意积分常数 c,用以表示被积函数的多重亲系。

更具体地,积分 $\int f(x)$ 被称作 $f(x)$ 的不定积分(与 14.3 节要讨论的定积分相对照),因为它没有确定的数值。由于它等于 $F(x) + c$,其值随 x 的变化而变化(即便 c 是确定的)。因此同导数一样,不定积分本身是 x 的函数。

积分的基本法则

同存在一些求导法则一样,我们也可以提出一些积分法则。正如所预期的那样,积分法则极大地依赖于我们已熟悉的求导法则。例如,由如下幂函数的导数公式

$$\frac{d}{dx}\left(\frac{x^{n+1}}{n+1}\right) = x^n, \quad (n \neq -1)$$

我们看到表达式 $x^{n+1}/(n+1)$ 是导函数 x^n 的原函数。因此,用它们代替(14.3)中的 $F(x)$ 和 $f(x)$,我们可以表述如下积分法则。

法则 I (幂函数积分法则)

$$\int x^n\,dx = \frac{1}{n+1}x^{n+1} + c. \quad (n \neq -1)$$

例 1 求 $\int x^3\,dx$。这里,我们有 $n = 3$。因此有

$$\int x^3 dx = \frac{1}{4}x^4 + c.$$

例 2 求 $\int x dx$。因为 $n=1$,所以有

$$\int x dx = \frac{1}{2}x^2 + c.$$

例 3 求 $\int 1 dx$。为求此积分,我们回忆一下, $x^0 = 1$;因此,在幂函数积分法则中可令 $n=0$,得到

$$\int 1 dx = x + c.$$

[有时 $\int 1 dx$ 被写成 $\int dx$,因为 $1 dx = dx$。]

例 4 求 $\int \sqrt{x^3} dx$。因 $\sqrt{x^3} = x^{3/2}$,所以有 $n = 3/2$,因此,

$$\int \sqrt{x^3} dx = \frac{x^{5/2}}{\frac{5}{2}} + c = \frac{2}{5}\sqrt{x^5} + c.$$

例 5 求 $\int \frac{1}{x^4} dx, (x \neq 0)$。因 $1/x^4 = x^{-4}$,所以有 $n = -4$。这样,积分为

$$\int \frac{1}{x^4} dx = \frac{x^{-4+1}}{-4+1} + c = -\frac{1}{3x^3} + c.$$

注意,积分结果的正确性总可以通过微分来检验;若积分是正确的,那么,积分的导数必然等于被积函数。

我们已给出简单指数和对数函数的求导公式为

$$\frac{d}{dx}e^x = e^x \quad \text{和} \quad \frac{d}{dx}\ln x = \frac{1}{x}, \quad (x > 0)$$

由此可得出两个基本的积分法则。

法则 II (指数函数的积分法则)

$$\int e^x dx = e^x + c.$$

法则 III (对数函数的积分法则)

$$\int \frac{1}{x} dx = \ln x + c. \quad (x > 0)$$

令人感兴趣的是,法则 III 中所包含的被积函数是 $1/x = x^{-1}$,它是幂函数 x^n 中当 $n = -1$ 的特殊形式。这个特殊的被积函数难以按幂函数积分法则求积分,但现在却完全可以通过对数函数的积分法则来处理。

如上所述,对数函数积分法则被置以约束 $x > 0$,因为 x 的非正值不存在对数。该法则的可以处理 x 负值的更一般的公式为

$$\int \frac{1}{x} dx = \ln|x| + c, \quad (x \neq 0)$$

此式如 $(d/dx)\ln|x| = 1/x$ 一样,也意味着 $(d/dx)\ln|x| = 1/x$。读者应当确信,以 $|x|$(具有限制 $x \neq 0$)代替 x(具有限制 $x > 0$)丝毫不影响公式的正确性。

还应指出,作为一个符号,积分 $\int \frac{1}{x} dx$ 还可以写成 $\int \frac{dx}{x}$。

作为法则 II 和法则 III 的变形,我们还有如下两个法则。

法则 IIa

$$\int f'(x) e^{f(x)} dx = e^{f(x)} + c.$$

法则 IIIa

$$\int \frac{f'(x)}{f(x)} dx = \ln f(x) + c, \quad [f(x) > 0]$$

或

$$\ln|f(x)| + c. \quad [f(x) \neq 0]$$

在求导法则(10.20)中可以找到这两个法则的基础。

运算法则

上面给出的三个法则充分说明了积分的所有法则所依赖的精神实质,即每个法则总是对应于一个求导公式,而且每个积分公式后面都附加一个任意常数(尽管通过运用给定的边界条件,可以使其确定下来),以表示原函数的整个族系都可以产生给定的被积函数。

但为处理更复杂的被积函数,我们还需求出如下两个对积分有帮助的运算法则:

法则 IV(和的积分) 有限个函数的和的积分,等于这些函数积分之和。对于两个函数的情况,这意味着

$$\int [f(x) + g(x)]\,dx = \int f(x)\,dx + \int g(x)\,dx.$$

此法则是下述事实之必然结果

$$\underbrace{\frac{d}{dx}[F(x) + G(x)]}_{A} = \underbrace{\frac{d}{dx}F(x) + \frac{d}{dx}G(x)}_{B} = \underbrace{f(x) + g(x)}_{C},$$

由于 $A = C$,基于 (14.3),可以写出

$$\int [f(x) + g(x)]\,dx = F(x) + G(x) + c, \quad (14.4)$$

但由 $B = C$,可得

$$\int f(x)\,dx = F(x) + c_1 \quad \text{和} \quad \int g(x)\,dx = G(x) + c_2,$$

这样,通过相加可得到

$$\int f(x)\,dx + \int g(x)\,dx = F(x) + G(x) + c_1 + c_2, \quad (14.5)$$

因为常数 c, c_1, c_2 均为任意值,我们可令 $c = c_1 + c_2$,则方程 (14.4) 与 (14.5) 的右边相等,这样,其左边必然也相等。由此证明了法则 IV。

例 6 求 $\int (x^3 + x + 1)\,dx$。由法则 IV,此积分可以表示成三个积分的和:$\int x^3\,dx + \int x\,dx + \int 1\,dx$。因为此三个积分的值已分别在例 1、2、3 中求出,只需将其结果合起来,便得到:

$$\int (x^3 + x + 1)\,dx = \left(\frac{x^4}{4} + c_1\right) + \left(\frac{x^2}{2} + c_2\right) + (x + c_3)$$

$$= \frac{x^4}{4} + \frac{x^2}{2} + x + c,$$

在最后的答案中,我们已将三个附下标的常数归并成一个常数 c。

作为一种通用的做法,积分过程中出现的所有相加的任意积分常数,都可以在最终答案中归并成一个任意常数。

例 7 求 $\int \left(2e^{2x} + \frac{14x}{7x^2 + 5}\right)dx$。

根据法则 IV,我们可以对被积函数中两个相加的项分别积分,然后将其结果相加。因为 $2e^{2x}$ 项在积分法则 IIa 中的形式为 $f'(x)e^{f(x)}$,其中 $f(x) = 2x$,所以积分为 $e^{2x} + c_1$,类似地,另一项,$14x/(7x^2 + 5)$,取形式 $f'(x)/f(x)$,有 $f(x) = 7x^2 + 5 > 0$。因此,由法

则 IIIa,积分为 $\ln(7x^2+5)+c_2$。因此,可以写出

$$\int\left(2e^{2x}+\frac{14x}{7x^2+5}\right)dx = e^{2x}+\ln(7x^2+5)+c,$$

其中,我们已将 c_1 和 c_2 合并为一个任意常数 c。

法则 V(倍数的积分) 一个常数 k 与被积函数的积的积分,等于常数 k 与被积函数积分的乘积。以符号表示,即

$$\int kf(x)dx = k\int f(x)dx.$$

从运算角度看,此法则意味着乘积常数可以从积分符号中"提取"出去(但要注意,含变量的项不能像这样提取出去)。为证明此法则(对于 k 为整数的情形),我们回忆一下,k 乘以 $f(x)$ 仅意味着使 $f(x)$ 相加 k 次,因而由法则 IV,有

$$\int kf(x)dx = \int \underbrace{[f(x)+f(x)+\cdots+f(x)]}_{k\text{项}}dx$$
$$= \underbrace{\int f(x)dx + \int f(x)dx + \cdots + \int f(x)dx}_{k\text{项}}$$
$$= k\int f(x)dx.$$

例 8 对 $\int -f(x)dx$,这里 $k=-1$,因此,

$$\int -f(x)dx = -\int f(x)dx,$$

此即函数相反数的积分,等于函数积分的相反数。

例 9 求 $\int 2x^2 dx$。提取出 2 并应用法则 I,有

$$\int 2x^2 dx = 2\int x^2 dx = 2\left(\frac{x^3}{3}+c_1\right) = \frac{2}{3}x^3+c.$$

例 10 求 $\int 3x^2 dx$。在本例中,提取乘积常数后得到

$$\int 3x^2 dx = 3\int x^2 dx = 3\left(\frac{x^3}{3}+c_1\right) = x^3+c,$$

注意,与上面一个例子相反,最终答案中的项 x^3 不带有任何分数。这个简洁结果的出现是因为被积函数中的乘积常数 3 恰好等于 2

(函数的幂)加1。参考幂函数积分法则(法则 I),我们看到乘数常数$(n+1)$在此情况下恰好消掉分数$1/(n+1)$,因此得到答案$(x^{n+1}+c)$。

一般而言,只要我们有被积函数$(n+1)x^n$,便没有必要提取常数$(n+1)$,然后再积分x^n,只需写出答案$x^{n+1}+c$即可。

例 11 求$\int \left(5e^x - x^{-2} + \dfrac{3}{x}\right)dx, (x \neq 0)$。这个例子同时说明法则 IV 和 V;实际上,它也说明了前三个法则:

$$\int \left(5e^x - \frac{1}{x^2} + \frac{3}{x}\right)dx = 5\int e^x dx - \int x^{-2}dx + 3\int \frac{1}{x}dx$$

$$[\text{由法则 IV 和 V}]$$

$$= (5e^x + c_1) - \left(\frac{x^{-1}}{-1} + c_2\right) + (3\ln|x| + c_3)$$

$$= 5e^x + \frac{1}{x} + 3\ln|x| + c,$$

此结果的正确性也可以通过微分来验证。

涉及代换的法则

现在,我们来介绍两个在适当情况下,可以通过代换原积分变量,从而使积分过程得以简化的法则。只要新引进的积分变量使积分过程比原来更简单,那么,这些法则就是有用的。

法则 VI(代换法则) $f(u)(du/dx)$对变量x的积分,是$f(u)$对变量u的积分:

$$\int f(u)\frac{du}{dx}dx = \int f(u)du = F(u) + c,$$

其中,运算$\int du$已经代替了运算$\int dx$。

此法则对应于积分学中的链式法则,也可以通过链式法则本身来加以证明。给定函数$F(u)$,其中$u = u(x)$,链式法则表明

$$\frac{d}{dx}F(u) = \frac{d}{du}F(u)\frac{du}{dx} = F'(u)\frac{du}{dx} = f(u)\frac{du}{dx},$$

因为$f(u)(du/dx)$是$F(u)$的导数,由(14.3)可知前者的积分(反导

数)必为

$$\int f(u) \frac{du}{dx} dx = F(u) + c$$

读者也许会注意到,这个结果实际上也可以通过消去左边的两个 dx 表达式而得到。

例 12 求 $\int 2x(x^2+1) dx$。此题答案可以通过先乘开被积函数而得到:

$$\int 2x(x^2+1) dx = \int (2x^3+2x) dx = \frac{x^4}{2} + x^2 + c,$$

但现在,我们运用代换法则来解它。令 $u = x^2+1$,则 $du/dx = 2x$,或 $dx = du/2x$。以 $du/2x$ 代换 dx,得到

$$\int 2x(x^2+1) dx = \int 2xu \frac{du}{2x} = \int u\, du = \frac{u^2}{2} + c_1$$
$$= \frac{1}{2}(x^4+2x^2+1) + c_1 = \frac{1}{2}x^4 + x^2 + c,$$

其中 $c = 1/2 + c_1$。以 du/dx 代换 $2x$,也可以得到同样的结果。

例 13 求 $\int 6x^2(x^3+2)^{99} dx$。本例中的被积函数很难乘开,因而现在是展示代换法则有效性的极好机会。令 $u = x^3+2$,则 $du/dx = 3x^2$,从而

$$\int 6x^2(x^3+2)^{99} dx = \int \left(2\frac{du}{dx}\right) u^{99} dx = \int 2u^{99} du$$
$$= \frac{2}{100} u^{100} + c = \frac{1}{50}(x^3+2)^{100} + c.$$

例 14 求 $\int 8e^{2x+3} dx$。令 $u = 2x+3$,那么,$du/dx = 2$,或 $dx = du/2$,因此

$$\int 8e^{2x+3} dx = \int 8e^u \frac{du}{2} = 4\int e^u du = 4e^u + c = 4e^{2x+3} + c.$$

正如这些例子所表明的那样,只要我们审慎选择函数 $u = u(x)$,将被积函数(x 的函数)表示成 $f(u)$(u 的函数)和 du/dx(我们选择的 u 函数的导数)的积。那么,这个法则是很有用的,而且,像后两

个例子所表明的那样，当原被积函数被变换成 $f(u)(\mathrm{d}u/\mathrm{d}x)$ 与常数的乘积时，还可以运用此法则。因为常数因子可以从积分符号中提取出去，留下形式为 $f(u)(\mathrm{d}u/\mathrm{d}x)$ 的被积函数，它正符合代换法则的要求。但是，当变量代换得到变量乘以 $f(u)(\mathrm{d}u/\mathrm{d}x)$，比如，$x$ 乘 $f(u)(\mathrm{d}u/\mathrm{d}x)$ 时，就不能提出乘积因子，应用代换法则。事实上，不存在一般的公式可以将两个函数乘积用两个函数各自的积分来表示；也没有一般的公式将两个函数商的积分，用两个函数单独的积分来表示。这就是为什么从总体上看积分较微分更困难一些，以及为什么对于复杂的被积函数，在现成的积分表中查找答案较之自己独自进行计算要方便一些的原因。

法则 VII(分部积分) v 对 u 的积分等于 uv 减去 u 对 v 的积分：

$$\int v\,\mathrm{d}u = uv - \int u\,\mathrm{d}v,$$

此法则的实质是以运算 $\int \mathrm{d}v$ 代替运算 $\int \mathrm{d}u$。

这个结果的合理性是相对易于说明的。首先，由微分的乘积法则可知：

$$\mathrm{d}(uv) = v\,\mathrm{d}u + u\,\mathrm{d}v,$$

若我们对方程两边积分(即对每一微分积分)，可得到一个新方程

$$\int \mathrm{d}(uv) = \int v\,\mathrm{d}u + \int u\,\mathrm{d}v$$

或

$$uv = \int v\,\mathrm{d}u + \int u\,\mathrm{d}v,$$

[方程左边不需加上常数(为什么?)]

然后在两边减去 $\int u\,\mathrm{d}v$，上述结论得证。

例 15 求 $\int x(x+1)^{1/2}$。本例有别于例 12 和例 13，不能利用法则 VI 的代换法(为什么?)。但我们可以将给定积分视为 $\int v\,\mathrm{d}u$ 的形式，并应用法则 VII，为此，令 $v = x$，这意味着 $\mathrm{d}v = \mathrm{d}x$，且可令 $u = 2/3(x+1)^{3/2}$，从而 $\mathrm{d}u = (x+1)^{1/2}\mathrm{d}x$。则我们可以求得积分

$$\int x(x+1)^{1/2}dx = \int vdu = uv - \int udv$$
$$= \frac{2}{3}(x+1)^{3/2}x - \int \frac{2}{3}(x+1)^{3/2}dx$$
$$= \frac{2}{3}(x+1)^{3/2}x - \frac{4}{15}(x+1)^{5/2} + c.$$

例 16 求 $\int \ln x dx, (x > 0)$。这里不能应用对数法则,因为此法则所涉及的是被积函数 $1/x$,而非 $\ln x$。也不能应用法则 VI。但若令 $v = \ln x$,便有 $dv = (1/x)dx$,再令 $u = x$,从而有 $du = dx$,则积分过程如下

$$\int \ln x dx = \int vdu = uv - \int udv$$
$$= x\ln x - \int dx = x\ln x - x + c = x(\ln x - 1) + c.$$

例 17 求 $\int xe^x dx$。在本例中,仅令 $v = x, u = e^x$,从而有 $dv = dx$, $du = e^x dx$。应用法则 VII,则有

$$\int xe^x dx = \int vdu = uv - \int udv$$
$$= e^x x - \int e^x dx = e^x x - e^x + c = e^x(x-1) + c,$$

同上面所有例子一样,此结果的正确性完全可通过微分来加以检验。

练习 14.2

1　求下列积分:

(a) $\int 16x^{-3}dx \, (x \neq 0)$ 　　(b) $\int 9x^8 dx$

(c) $\int (x^5 - 3x)dx$ 　　(d) $\int 2e^{-2x}dx$

(e) $\int \frac{4x}{x^2 + 1}dx$ 　　(f) $\int (2ax + b)(ax^2 + bx)^7 dx$

2　求下列积分:

(a) $\int 13e^x dx$ (b) $\int \left(3e^x + \dfrac{4}{x}\right)dx (x>0)$

(c) $\int \left(5e^x + \dfrac{3}{x^2}\right)dx (x \neq 0)$ (d) $\int 3e^{-(2x+7)} dx$

(e) $\int 4xe^{x^2+3} dx$ (f) $\int xe^{x^2+9} dx$

3 求

(a) $\int \dfrac{3dx}{x}(x \neq 0)$ (b) $\int \dfrac{dx}{x-2}(x \neq 2)$

(c) $\int \dfrac{2x}{x^2+3} dx$ (d) $\int \dfrac{x}{3x^2+5} dx$

4 求

(a) $\int (x+3)(x+1)^{1/2} dx$ (b) $\int x\ln x dx (x>0)$

5 给定 n 个常数 $k_i (i=1,2,\cdots,n)$ 和 n 个函数 $f_i(x)$,根据法则 IV 和 V 推导出

$$\int \sum_{i=1}^{n} k_i f_i(x) dx = \sum_{i=1}^{n} k_i \int f_i(x) dx.$$

14.3 定 积 分

定积分的含义

上一节所列出的所有积分均属于不定积分:每个积分都是变量的函数,因而没有确定的数值。现在,对于连续函数 $f(x)$ 的已知不定积分

$$\int f(x) dx = F(x) + c,$$

若我们选择 x 定义域中的两个值,比如 a 和 $b(a<b)$,依次将其代入方程右边,并形成差

$$[F(b)+c] - [F(a)+c] = F(b) - F(a),$$

从而得到一个不再包含变量 x 及任意常数 c 的具体数值。此值称作 $f(x)$ 从 a 至 b 的定积分,其中 a 为积分下限,b 为积分上限。

为标示出积分上下限,我们将积分符号修改成这种形式 $\int_a^b$。则

可用符号将定积分的计算步骤表示如下：

$$\int_a^b f(x)\mathrm{d}x = F(x)\Big]_a^b = F(b) - F(a), \quad (14.6)$$

其中符号 $]_a^b$（也可以写成 $|_a^b$ 或 $[\cdots]_a^b$）表示用 a 和 b 依次代替积分结果中的 x 以得到 $F(b)$ 和 $F(a)$，然后再取其差，如 (14.6) 右边所示。作为第一步，我们必须先求出不定积分，但可以省略常数 c，因为在取差的过程中可将其消掉。

例 1 计算 $\int_1^5 3x^2\mathrm{d}x$。因为不定积分为 $x^3 + c$，所以定积分的值为

$$\int_1^5 3x^2\mathrm{d}x = x^3\Big]_1^5 = (5)^3 - (1)^3 = 125 - 1 = 124.$$

例 2 计算 $\int_a^b k\mathrm{e}^x\mathrm{d}x$。这里，积分的上下限是以符号形式给出的，因而，积分的结果也以符号表示：

$$\int_a^b k\mathrm{e}^x\mathrm{d}x = k\mathrm{e}^x\Big]_a^b = k(\mathrm{e}^b - \mathrm{e}^a).$$

例 3 计算 $\int_0^4 \left(\dfrac{1}{1+x} + 2x\right)\mathrm{d}x, (x \neq -1)$。不定积分是 $\ln|1+x| + x^2 + c$，因此，答案是

$$\int_0^4 \left(\dfrac{1}{1+x} + 2x\right)\mathrm{d}x = [\ln|1+x| + x^2]_0^4$$
$$= (\ln 5 + 16) - (\ln 1 + 0)$$
$$= \ln 5 + 16. \quad [因为 \ln 1 = 0]$$

重要的是，要认识到积分的上下限 a 和 b 均是变量 x 定义域中的值。如果在积分时运用变量代换法（法则 VI 和法则 VII），并引入变量 u，就不能把 a 和 b 视为 u 的积分限。下面的例子将说明这一点。

例 4 计算 $\int_1^2 (2x^3 - 1)^2(6x^2)\mathrm{d}x$。令 $u = 2x^3 - 1$，则 $\mathrm{d}u/\mathrm{d}x = 6x^2$，或 $\mathrm{d}u = 6x^2\mathrm{d}x$。注意，当 $x = 1$ 时，u 等于 1，但当 $x = 2$ 时，u 为 15。换言之，变量 u 的积分限将为 1（下限）和 15（上限）。因此，将

给定的积分以 u 的形式重写,不会得到 $\int_1^2 u^2 \,du$,而是

$$\int_1^{15} u^2 \,du = \frac{1}{3}u^3 \Big]_1^{15} = \frac{1}{3}(15^3 - 1^3) = 1124\frac{2}{3},$$

此外,我们还可以将 u 变换回 x,然后运用原来的积分限 1 和 2 以得到相同的答案:

$$\left[\frac{1}{3}u^3\right]_{u=1}^{u=15} = \left[\frac{1}{3}(2x^3 - 1)^3\right]_{x=1}^{x=2} = \frac{1}{3}(15^3 - 1^3) = 1124\frac{2}{3}.$$

作为曲线下的面积的定积分

每个积分均有一个确定的值。在几何上,此值可以解释为一条给定曲线下的特定面积。

连续函数 $y = f(x)$ 的图形绘在图 14.1 中。若我们试图度量由曲线和横轴围起来的,位于定义域中两点 a 和 b 之间的面积 A(图中阴影部分),我们可以采纳如下步骤:首先,将区间 $[a, b]$ 划分成 n 个子区间(长度可以不相等)。图 14.1(a) 中绘出了四个子区间(即 $n = 4$),第一个是 $[x_1, x_2]$,最后一个是 $[x_4, x_5]$。因为其中的每一个都表示 x 的变化,所以可以分别将其视为 $\Delta x_1, \cdots, \Delta x_4$。现在,我们在这些区间上作出四个矩形块,使得每个矩形的高度等于函数在该矩形中可达到的最大值(这里恰好等于每个矩形的左边界)。因此,第一个矩形的高度为 $f(x_1)$,宽度为 Δx_1;一般地,第 i 个矩形块的高为 $f(x_i)$,宽为 Δx_i。这组矩形的总面积 A^* 等于和

$$A^* = \sum_{i=1}^{n} f(x_i) \Delta x_i \text{(在图 14.1a 中,} n = 4\text{)},$$

尽管它显然不是我们要求的曲线下的面积,但它是曲线下的面积的一个大致的近似。

A 的真实值与 A^* 的差别在于矩形块中未加阴影的部分,这部分使 A^* 大于 A。但如果可以减缩阴影面积并使其趋于零,则相应地,近似值 A^* 也可以趋于真实值 A。当我们将区间 $[a, b]$ 分割得越来越细,从而使 n 无限增大,Δx_i 无限缩小时,这个结果就可以成为现实。这样,上述的那种矩形块将变得越来越细长,曲线外的长出部分就越

来越小;从图14.1(b)中我们可以见到这一点。这种使矩形"苗条化"的运算,在极限情况下成为

$$\lim_{n\to\infty}\sum_{i=1}^{n}f(x_i)\Delta x_i = \lim_{n\to\infty}A^* = 面积A, \qquad (14.7)$$

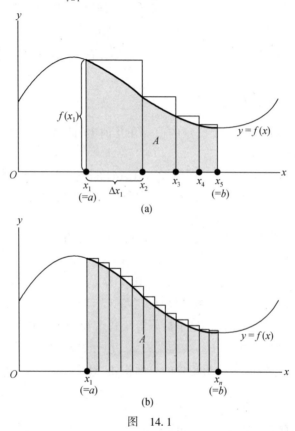

图 14.1

如果此极限存在的话,而在本例中,极限确实存在。此方程实际上就是曲线下面积的正式定义。

(14.7)中的和表达式 $\sum_{i=1}^{n}f(x_i)\Delta x_i$ 与定积分表达式 $\int_{a}^{b}f(x)\mathrm{d}x$ 有某种相似之处。事实上,后者是以前者为基础的。按照前面在8.1节对"近似"的讨论同样的思路,我们可以用微分 $\mathrm{d}x$ 代替 Δx_i。因

此,我们可以将 $f(x_i)\Delta x_i$ 重写成 $f(x)\,dx$。求和符号怎么办呢？求和符号 $\sum_{i=1}^{n}$ 表示有限项之和。当 $n\to\infty$,并取和的极限时,这个经常使用的符号就有些累赘了。因此需要一个更简单的替代符号。这个替代符号即 $\int_{a}^{b}$,其中加长的 S 符号也表示和, a 和 b (相当于 $i=1$ 和 $i=n$)用于设定此和的下限和上限。总之,定积分是和的极限表达式(14.7)的简写。即

$$\int_{a}^{b}f(x)\,dx \equiv \lim_{n\to\infty}\sum_{i=1}^{n}f(x_i)\Delta x_i = \text{面积 }A.$$

因此,上面所说的定积分(称作黎曼积分)现在则有了面积的含义及和的含义,因为 $\int_{a}^{b}$ 是与离散的 $\sum_{i=1}^{n}$ 概念对应的连续的概念。

在图14.1中,我们力图通过细分区间 $[a,b]$ 来系统地减少过剩近似面积 A^* ,使之近似表示面积 A 。由此而产生的矩形块面积的和的极限,称作上积分,它是从曲线上方趋近于 A 的近似值。我们也可以从曲线下方作内接于曲线而不伸出曲线外的矩形块来近似面积 A (见练习14.3-3)。这组新的矩形块的总面积 A^{**} 会低估面积 A ,但随着区间 $[a,b]$ 越来越细分,我们又可求得 $\lim_{n\to\infty}A^{**}=A$ 。这个矩形块面积和的极限称作下积分。当且仅当上积分和下积分的值相等时,黎曼积分 $\int_{a}^{b}f(x)\,dx$ 才有定义,而函数 $f(x)$ 则称作黎曼可积的。存在一些定理来设定函数 $f(x)$ 可积的条件。按照微积分的基本定理,如果函数在区间 $[a,b]$ 连续,则它在该区间中便可积。因此,只要我们讨论的是连续函数,就不必担心是否可积的问题。

还有一点要注意。虽然图14.1中的面积 A 恰好完全位于曲线 $y=f(x)$ 的递减部分,但对于向上倾斜的曲线下的面积,定积分的概念也完全适用。实际上,曲线的向上和向下倾斜可以同时存在,例如,我们可以以 $\int_{0}^{b}f(x)\,dx$ 来计算图14.1中曲线下 Ob 间的面积。

注意,如果我们以定积分 $\int_{a}^{b}f(x)\,dx$ 计算图14.2中的面积 B ,结

果会是负值,因为该面积中所包含的矩形块的高度均是负值。这就产生了负面积的概念,它是已知曲线上方,x 轴下方的面积。在我们感兴趣的是面积的数值,而非面积的代数值的情况下,我们就取相关定积分的绝对值。另一方面,面积 $C = \int_c^d f(x) \, dx$ 是正值,尽管它位于 x 轴的负值区域,因为当由 c 移至 d 时,每个矩形块的高和宽均是正值。由此可知,通过改变移动方向互换积分上下限,将改变 Δx_i 的符号和定积分的符号,这个含义是很明显的。应用于面积 B,我们看到定积分 $\int_b^a f(x) \, dx$(由 b 至 a)将给出面积 B 的度量。它将度量这个面积的数值。

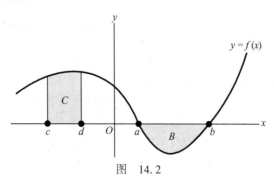

图 14.2

定积分的性质

上一小节的讨论,使我们得到如下定积分的性质。

性质 I 定积分上下限的互换,使定积分的符号改变:
$$\int_b^a f(x) \, dx = -\int_a^b f(x) \, dx.$$

此性质证明如下:
$$\int_b^a f(x) \, dx = F(a) - F(b) = -[F(b) - F(a)] = -\int_a^b f(x) \, dx.$$

定积分还有其他重要性质。

性质 II 当一个定积分的上限与下限相等时,该定积分的值为零。
$$\int_a^a f(x) \, dx = F(a) - F(a) = 0.$$

按照"面积"的解释,这意味着定义域中任意一点以上,曲线以下的面积等于零。这也应当如此,因为在 x 轴上某点的上方,只能绘出一条(一维的)直线,不能绘出(二维的)面积。

性质 III 一个定积分可以表示成如下有限个子定积分的和:

$$\int_a^d f(x)\,dx = \int_a^b f(x)\,dx + \int_b^c f(x)\,dx + \int_c^d f(x)\,dx.$$

$$(a < b < c < d)$$

在此方程中只给出三个子积分,但该性质对 n 个子积分的情况同样成立。有时也称此性质为可加性。

根据面积的解释,这意味着 x 轴上面区间 $[a,d]$ 的面积可以通过相加子区间 $\{[a,b],[b,c],[c,d]\}$ 的面积得到。注意,因为这里讨论的是闭集,所以边界点 b 和 c 每次都被包括在两个面积中。这是否涉及双重计算问题? 确实如此。但幸运的是,这不会造成任何不利影响,因为根据性质 II,单一点上的面积为零,因此双重计算对结果不会产生任何影响。但是,毋庸置疑,任何区间的双重计算是绝不允许的。

前面,我们曾提到任何连续函数均是黎曼可积的。现在,根据性质 III,我们还可以求得某些不连续函数的定积分(面积)。考察图 14.3(a) 中的分段函数。尽管此函数在区间 $[a,c]$ 中的点 b 不连续,我们可以由如下和

$$\int_a^b f(x)\,dx + \int_b^c f(x)\,dx$$

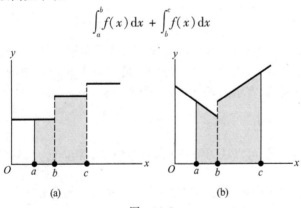

图 14.3

求得阴影面积。这也可以应用于图 14.3(b) 中的曲线。

性质 IV

$$\int_a^b -f(x)\,dx = -\int_a^b f(x)\,dx.$$

性质 V

$$\int_a^b kf(x)\,dx = k\int_a^b f(x)\,dx.$$

性质 VI

$$\int_a^b [f(x) + g(x)]\,dx = \int_a^b f(x)\,dx + \int_a^b g(x)\,dx.$$

性质 VII （分步积分） 给定 $u(x)$ 和 $v(x)$，

$$\int_{x=a}^{x=b} v\,du = uv\Big|_{x=a}^{x=b} - \int_{x=a}^{x=b} u\,dv.$$

这四个性质均借自不定积分法则，无需进一步解释。

对不定积分的进一步考察

通过给不定积分加上两个积分限的方式，我们引入了定积分。现在我们已知道了定积分的含义，我们再来考察如何从定积分的含义反推不定积分的含义。

假设我们不是把积分上限固定在 b，而是让它为一个变量，称为 x。那么积分将取这种形式

$$\int_a^x f(x)\,dx = F(x) - F(a),$$

它现在是 x 的函数，表示 $f(x)$ 曲线下的可变面积。但因为右边最后一项是一个常数，因此这个积分必定是原函数 $f(x)$ 族中的一员，在前面，我们将其表示为 $F(x) + c$。若令 $c = -F(a)$，则上述积分恰好变成不定积分 $\int f(x)\,dx$。

据此，我们可以认为符号 $\int$ 与符号 $\int_a^x$ 具有相同含义，只要我们将 $\int_a^x$ 中的积分下限理解为以方程 $c = -F(a)$ 表示的积分常数。

练习 14.3

1. 计算如下定积分

    (a) $\int_1^3 \frac{1}{2}x^2 \, dx$

    (b) $\int_0^1 x(x^2+6) \, dx$

    (c) $\int_1^3 3\sqrt{x} \, dx$

    (d) $\int_2^4 (x^3 - 6x^2) \, dx$

    (e) $\int_{-1}^1 (ax^2 + bx + c) \, dx$

    (f) $\int_4^2 x^2\left(\frac{1}{3}x^3 + 1\right) dx$

2. 计算如下定积分

    (a) $\int_1^2 e^{-2x} \, dx$

    (b) $\int_{-1}^{e-2} \frac{dx}{x+2}$

    (c) $\int_2^3 (e^{2x} + e^x) \, dx$

    (d) $\int_e^6 \left(\frac{1}{x} + \frac{1}{1+x}\right) dx$

3. 在图 14.1(a) 中，取在每个子区间中函数的最小值作为矩形块的高度，即取 $f(x_2)$ 而非 $f(x_1)$ 作为第一个矩形块的高，但仍以 Δx_i 为矩形块的宽；对其他矩形块也作类似处理。

    (a) 写出新的矩形的总面积 A^{**} 的求和表达式。

    (b) A^{**} 是高估还是低估了所求的面积 A。

    (c) 如果进一步细分区间 $[a,b]$，A^{**} 是趋近还是偏离 A？[提示：用图形描述。]

    (d) 在极限情况下，当子区间数 n 趋于无穷大时，近似值 A^{**} 是否像 A^* 那样，趋近于真实值 A？

    (e) 根据上述讨论，关于图 14.1a 中函数 $f(x)$ 的黎曼可积性，可以得出什么结论？

4. 定积分 $\int_a^b f(x) \, dx$ 表示某曲线下的面积，这条曲线是指被积函数 $f(x)$，还是原函数 $F(x)$？若我们绘出函数 $F(x)$ 的图形，我们如何在这个图形上表示出上述定积分？是一个面积、一个线段、还是一个点？

5. 证明常数 c 可以等价地表示为

    (a) $c \equiv \int_0^b \frac{c}{b} \, dx$

    (b) $c \equiv \int_0^c 1 \, dt$

14.4 广义积分

某些积分被称作"广义积分"。我们将简要讨论其中的两种类型。

无穷极限积分

当我们有如下形式的定积分

$$\int_a^\infty f(x)\,dx \quad \text{和} \quad \int_{-\infty}^b f(x)\,dx,$$

其中有一个积分限是无穷大时,则我们称此积分为广义积分。在这种情况下,不能用如下方式分别计算积分

$$F(\infty) - F(a) \quad \text{和} \quad F(b) - F(-\infty),$$

因为 ∞ 不是一个数,因此,它不能替代函数 $F(x)$ 中的 x。所以,我们必须再一次借助于极限的概念。

上面列出的第一个积分可以定义为另一个积分当其积分上限趋于无穷大时的极限,即

$$\int_a^\infty f(x)\,dx \equiv \lim_{b\to\infty}\int_a^b f(x)\,dx, \tag{14.8}$$

若此极限存在,则称此广义积分收敛,且此取极值的过程会产生积分值。若极限不存在,则称此广义积分发散,因而是无意义的。同理,我们可以定义

$$\int_{-\infty}^b f(x)\,dx \equiv \lim_{a\to-\infty}\int_a^b f(x)\,dx, \tag{14.8'}$$

它也有同样的收敛与发散的判别标准。

例1 计算广义积分 $\int_1^\infty \dfrac{dx}{x^2}$。先要注意

$$\int_1^b \frac{dx}{x^2} = \left.\frac{-1}{x}\right]_1^b = \frac{-1}{b} + 1,$$

因此,按照(14.8),所求积分为

$$\int_1^\infty \frac{dx}{x^2} = \lim_{b\to\infty}\int_1^b \frac{dx}{x^2} = \lim_{b\to\infty}\left(\frac{-1}{b} + 1\right) = 1,$$

此广义积分的确收敛,且其值为 1。

因为极限表达式写起来有些麻烦,有些人宁愿省略"lim"符号,仅写成

$$\int_1^\infty \frac{dx}{x^2} = \frac{-1}{x}\bigg]_1^\infty = 0 + 1 = 1,$$

即便写成这种形式,广义积分仍要解释成极限概念。

从图形上看,广义积分仍具有面积的含义。但因在此情况下积分上限可取不断递增的值,所以右边界必然向东无限延伸,如图 14.4(a)所示。尽管如此,我们仍可视此面积具有确定的(极限)值 1。

例 2 计算 $\int_1^\infty \frac{dx}{x}$。同前面一样,我们先求

$$\int_1^b \frac{dx}{x} = \ln x \bigg]_1^b = \ln b - \ln 1 = \ln b,$$

当我们令 $b \to \infty$ 时,由(10.16′)我们有 $\ln b \to \infty$。因此,这个广义积分是发散的。

图 14.4(b)给出了函数 $1/x$ 的图形,以及对应于给定积分的面积。这次,右边界向右无限延伸,将使面积无限增大,尽管此积分的图形非常类似于图 14.4(a)的图形。

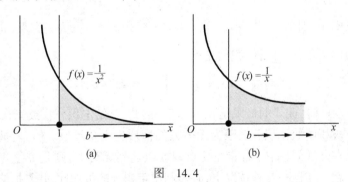

图 14.4

如果积分的上、下限均为无穷大,又将如何呢?(14.8)和(14.8′)的直接推广将给出如下定义

$$\int_{-\infty}^{\infty} f(x)\,dx = \lim_{\substack{b \to +\infty \\ a \to -\infty}} \int_a^b f(x)\,dx, \tag{14.8″}$$

同样,当且仅当此广义积分的极限存在时,则称此广义积分是收敛的。

无穷被积函数

既使具有确定的积分限,如果被积函数在积分区间 $[a,b]$ 中的某处变得无穷大,那么,这个积分仍是广义积分。要计算这样的积分,我们仍需依靠极限概念。

例3 计算 $\int_0^1 \frac{1}{x} dx$ 。因为如图 14.4(b) 所示,此被积函数在积分下限为无穷大(当 $x\to 0^+$ 时,$1/x \to \infty$),所以,此积分是广义积分。因此,我们先求积分

$$\int_a^1 \frac{1}{x} dx = \ln x \Big]_a^1 = \ln 1 - \ln a = -\ln a, \quad [由于 a > 0]$$

然后计算当 $a \to 0^+$ 时的极限:

$$\int_0^1 \frac{1}{x} dx \equiv \lim_{a \to 0^+} \int_a^1 \frac{1}{x} dx = \lim_{a \to 0^+} (-\ln a)$$

因为此极限不存在(当 $a \to 0^+$ 时,$\ln a \to -\infty$),所以,此积分是发散的。

例4 计算 $\int_0^9 x^{-1/2} dx$ 。当 $x \to 0^+$,被积函数 $1/\sqrt{x}$ 为无穷大,此积分为广义积分。同样,我们先求

$$\int_a^9 x^{-1/2} dx = 2x^{1/2} \Big]_a^9 = 6 - 2\sqrt{a},$$

当 $a \to 0^+$ 时,此式的极限是 $6 - 0 = 6$。因此,该给定积分收敛于6。

被积函数在积分上限为无穷大的情形也完全类似。但是,被积函数在开区间 (a,b) 而非在 a 点或 b 点达到无穷大,则是完全不同的命题。在这种意外情况下,必须利用定积分的可加性,并先把给定区间分割成子区间。假设当 $x \to p$ 时 $f(x) \to \infty$,其中 p 是区间 (a,b) 中的点,则由可加性,我们有

$$\int_a^b f(x) dx = \int_a^p f(x) dx + \int_p^b f(x) dx,$$

当且仅当每个子区间有极限时,上式左边的给定区间才可以视为收

敛的。

例 5 计算 $\int_{-1}^{1} \frac{1}{x^3} dx$。当 $x \to 0$ 时，被积函数趋于无穷大。因此，必须将给定区间写成和

$$\int_{-1}^{1} x^{-3} dx = \int_{-1}^{0} x^{-3} dx + \int_{0}^{1} x^{-3} dx, \quad (即, \equiv I_1 + I_2)$$

积分 I_1 是发散的，因为

$$\lim_{b \to 0^-} \int_{-1}^{b} x^{-3} dx = \lim_{b \to 0^-} \left[\frac{-1}{2} x^{-2} \right]_{-1}^{b} = \lim_{b \to 0^-} \left(-\frac{1}{2b^2} + \frac{1}{2} \right) = -\infty.$$

因此，无须计算 I_2，我们便可以马上得出结论：此给定区间是发散的。

练习 14.4

1 考察练习 14.3-1 和 14.3-2 给出的定积分，确定其中的积分是否是广义积分。如果是，属于哪类广义积分？

2 下列积分哪个是广义积分？为什么？

   (a) $\int_{0}^{\infty} e^{-t} dt$ (b) $\int_{2}^{3} x^4 dx$ (c) $\int_{0}^{1} x^{-2/3} dx$

   (d) $\int_{-\infty}^{0} e^{t} dt$ (e) $\int_{1}^{5} \frac{dx}{x-2}$ (f) $\int_{-3}^{4} 6 dx$

3 计算上题中所有的广义积分。

4 计算例 5 中的积分 I_2，证明它也是发散的。

5 (a) 对于非负的 $t, (c > 0)$，绘出函数 $y = ce^{-t}$ 的图形，并绘出曲线下的阴影面积。

   (b) 写出此面积的数学表达式，并确定它是否是有限的面积。

14.5 积分的经济应用

在经济分析中以各种不同方式应用积分。我们将在本节介绍一些简单应用，然后在下一节介绍其在多马增长模型中的应用。

从边际函数到总函数

给定一个总函数(比如总成本函数),对其微分则会产生边际函数(比如边际成本函数)。由于积分过程与微分过程恰好相反,所以它使我们可以从已知的边际函数反推出总成本函数。

例1 如果厂商的边际成本(MC)是产出的下述函数:$C'(Q) = 2e^{0.2Q}$,若固定成本 $C_F = 90$,求总成本函数 $C(Q)$。将 $C'(Q)$ 对 Q 积分,我们求得

$$\int 2e^{0.2Q} dQ = 2\frac{1}{0.2}e^{0.2Q} + c = 10e^{0.2Q} + c, \qquad (14.9)$$

此结果可以视为所求的 $C(Q)$ 函数,但有一点除外,即由于任意常数 c,此答案似乎是未确定的。幸运的是,信息 $C_F = 90$ 可以作为确定常数 c 的初始条件。当 $Q = 0$ 时,总成本 C 将仅含有 C_F。令 (14.9) 中的 $Q = 0$,得到一个值 90,即 $10e^0 + c = 90$,这意味着 $c = 90 - 10 = 80$。因此,总成本函数为

$$C(Q) = 10e^{0.2Q} + 80,$$

注意,这里与 (14.2) 中的情况不同。(14.2) 中的任意常数 c 同变量 $H(0)$ 的初始值相同。在本例中,我们有 $c = 80$,但 $C(0) \equiv C_F = 90$,因而二者取不同的值。一般而言,不应假定任意常数 c 总是等于总函数的初始值。

例2 如果边际储蓄倾向(MPS)是收入的如下函数:$S'(Y) = 0.3 - 0.1Y^{-1/2}$,若当收入 $Y = 81$ 时,总储蓄 $S = 0$,求储蓄函数 $S(Y)$。因为 MPS 是 S 函数的导数,现在的问题是求 $S'(Y)$ 的积分:

$$S(Y) = \int (0.3 - 0.1Y^{-1/2}) dY = 0.3Y - 0.2Y^{1/2} + c,$$

根据当 $Y = 81$ 时,$S = 0$,可以求出任意常数 c 的具体值。尽管严格地讲,这并不是一个初始条件(与 $Y = 0$ 不相关),但将此信息代入上述积分可以确定 c 的值。因为

$$0 = 0.3(81) - 0.2(9) + c \Longrightarrow c = -22.5,$$

所求的储蓄函数为

$$S(Y) = 0.3Y - 0.2Y^{1/2} - 22.5.$$

上述两个例子介绍的方法可直接推广至由已知边际函数求总函数(如总收益函数、总消费函数)的其他问题。还应重申的是,在这类问题中,答案(积分)的正确性,总可以通过微分来加以检验。

投资与资本形成

资本形成是增加给定资本存量的过程。将此过程视为一个连续过程,我们可以将资本存量表示成时间的函数 $K(t)$,并以导数 dK/dt 表示资本形成率。① 但是,在时间 t 的资本形成率与以 $I(t)$ 表示的净投资(流量)率相等。因此,资本存量 K 和净投资 I 通过如下两个方程联系起来:

$$\frac{dK}{dt} \equiv I(t)$$

和

$$K(t) = \int I(t) dt = \int \frac{dK}{dt} dt = \int dK,$$

上面第一个方程是一个恒等式,它说明净投资与资本增加意义相同。因为 $I(t)$ 是 $K(t)$ 的导数,显然 $K(t)$ 是 $I(t)$ 的积分或反导数,正如第二个方程所示。后一个方程中的被积函数的变换也是易于理解的:从 I 转变为 dK/dt 是根据定义,后一个变换则是消去两个相等的微分,即根据代换法则。

有时总投资的概念也与净投资一起在模型中使用。我们以 I_g 表示总投资,I 表示净投资,二者可通过方程

$$I_g = I + \delta K$$

联系起来。其中 δ 表示资本折旧率,δK 表示重置投资率。

例 3 假设净投资流量以方程 $I(t) = 3t^{1/2}$ 表示,在时间 $t = 0$ 时的初始资本存量是 $K(0)$。何谓资本 K 的时间路径?将 $I(t)$ 对 t 积分,我们得到

$$K(t) = \int I(t) dt = \int 3t^{1/2} dt = 2t^{3/2} + c.$$

---

① 作为一个符号,变量对时间的导数通常也以在变量上置一点来表示,比如 $\dot{K} \equiv dK/dt$。在动态分析中,经常出现对时间的导数,使用这一更简洁的符号可以使符号表示更简明扼要。但是,这个符号只是一个小点,容易被忽略或放错位置。因此,在使用这种符号时应加倍小心。

其次,令最左边和最右边表达式中的 $t=0$,求得 $K(0)=c$。因而,K 的时间路径为

$$K(t) = 2t^{3/2} + K(0), \qquad (14.10)$$

注意观察结果(14.10)和(14.2″)间的基本相似性。

当有人期望求某一时间区间的资本形成数量(而非资本 K 的时间路径)时,就需使用定积分的概念。因为 $\int I(t)\,dt = K(t)$,我们可以写出定积分

$$\int_a^b I(t)\,dt = K(t)\Big]_a^b = K(b) - K(a)$$

来表示时间区间 $[a,b]$ 的总资本积累。当然,它也可以表示 $I(t)$ 曲线下的面积。但应注意,在 $K(t)$ 函数的图形中,定积分表示一段垂直距离,更具体地说,表示两个垂直距离 $K(b)$ 与 $K(a)$ 之差(参见练习 14.3-4)。

为更充分地理解 $K(t)$ 与 $I(t)$ 之间的不同,我们强调资本 K 是一个存量的概念,而投资 I 是一个流量的概念。因而,$K(t)$ 表示在每一时点存在的 K 的数量,而 $I(t)$ 则给出每年或某一时期的净投资率,该投资率在该时期内是一致的。因此,为计算所进行的净投资数量(资本积累),我们必须首先设定所涉及的时期的长度。当我们将恒等式 $dK/dt \equiv I(t)$ 重写为 $dK \equiv I(t)\,dt$ 时,也可以看到这一事实。$dK \equiv I(t)\,dt$ 表明,K 的增量 dK 不仅以流量变化率 $I(t)$ 为基础,而且以逝去的时间 dt 为基础。正是由于表达式 $I(t)\,dt$ 中设定时期的需要,才要进行定积分,并以它来表示 $I(t)$ 曲线[与 $K(t)$ 曲线相对]下的面积。

例 4 若净投资是一个不变流量 $I(t) = 1000$(美元/年),那么,在一年内,即由 $t=0$ 至 $t=1$ 的总净投资(资本形成)是多少?显然,答案是 1000 美元;正式地,此结果可以如下方式得出:

$$\int_0^1 I(t)\,dt = \int_0^1 1000\,dt = 1000t\Big]_0^1 = 1000,$$

读者可以验证,如果所涉及的年份是 $t=1$ 至 $t=2$,答案依然相同。

例 5 若 $I(t) = 3t^{1/2}$(千美元/年),这是一个可变流量。那么,时期 $[1,4]$,即第二、第三、第四年间的资本形成为多少?答案为定

积分

$$\int_1^4 3t^{1/2}dt = 2t^{3/2}\Big]_1^4 = 16 - 2 = 14.$$

在上例的基础上,我们可以用定积分

$$\int_0^t I(t)dt = K(t)\Big]_0^t = K(t) - K(0),$$

表示对于投资率 $I(t)$,在时间区间 $[0,t]$ 的资本积累数量。图 14.5 描述了时期 $[0,t_0]$ 的情况。从另一个角度看,上述方程产生了对于时间路径 $K(t)$ 的如下表达式

$$K(t) = K(0) + \int_0^t I(t)dt,$$

在任意时间 t 的 K 的数量,等于原始资本加上自那时起的总资本积累。

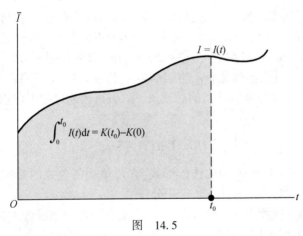

图 14.5

资金流量的现值

我们前面对贴现和现值问题的讨论,仅局限于单一的未来值 V 的情况,得到的贴现公式是

$$A = V(1+i)^{-t} \quad [离散的情况]$$

和

$$A = Ve^{-rt}, \quad [连续的情况]$$

现在,我们假设有一个未来值的流——在未来各个时间可获得的一

系列收益,或在各个时间要支付的成本。那么,我们如何计算整个现金流的现值呢?

在离散情况下,若我们假设有三个在 t 年末可获得的收益数字 $R_t(t=1,2,3)$,每年的利息率为 i,那么,R_t 的现值分别为

$$R_1(1+i)^{-1}, \quad R_2(1+i)^{-2}, \quad R_3(1+i)^{-3},$$

由此得总现值为和

$$\Pi = \sum_{t=1}^{3} R_t(1+i)^{-t} \tag{14.11}$$

(Π 是大写希腊字母 pi,这里表示现在)。此式与单一值公式的差别仅在于以 R_t 代替了 V,并加入了 $\sum$ 符号。

和的思想很容易引入到连续现金流的情况,但在后一种情况下,$\sum$ 符号必定为定积分符号所代替。考察收益率为 $R(t)$ 美元的连续收入流。这意味着在 $t=t_1$,收益率为每年 $R(t_1)$ 美元,但在另一时点 $t=t_2$,收益率为每年 $R(t_2)$ 美元——视 t 为连续变量。在任意时点 t,时期 $[t,t+dt]$ 的收益量可以写成 $R(t)dt$ [参见前面对 $dK \equiv I(t)dt$ 的讨论]。当按年贴现率 r 连续贴现时,其现值应为 $R(t)e^{-rt}dt$。若我们要求的是三年收入流的总现值,那么,可以通过如下定积分获得答案:

$$\Pi = \int_0^3 R(t)e^{-rt}dt, \tag{14.11$'$}$$

此式是(14.11)中的和的连续形式,它与单一值公式的差别仅在于以 $R(t)$ 替换了 V,并加入了定积分符号。①

例 6 连续收入流按每年按 D 美元不变收益率持续 y 年,将其按年利息率 r 贴现,其现值为多少?按照(14.11$'$),有

$$\Pi = \int_0^y De^{-rt}dt = D\int_0^y e^{-rt}dt = D\left[\frac{-1}{r}e^{-rt}\right]_0^y$$

$$= \frac{-D}{r}e^{-rt}\bigg]_{t=0}^{t=y} = \frac{-D}{r}(e^{-ry}-1) = \frac{D}{r}(1-e^{-ry}), \tag{14.12}$$

---

① 应注意,和上限指标与积分上限指标都是 3,但和下限指标 1 与积分下限 0 不同。这是因为根据假设,离散收入流的第一笔收益直至 $t=1$(第一年末)方能收到,但连续情况下的收入流在 $t=0$ 以后便可以出现。

因此，Π 取决于 D, r 和 y。若 $D = 3000$ 美元，$r = 0.06, y = 2$，我们有

$$\Pi = \frac{3000}{0.06}(1 - e^{-0.12}) = 50000(1 - 0.8869) = \$5655,$$

[近似地]

Π 值自然总为正，这是由 D, r 及 $(1 - e^{-ry})$ 为正推出来的（数 e 自乘至任何负幂总会产生一个正的分数值，由图 10.3(a) 中的第 II 象限可以看到这一点）。

例 7 在 10.6 节酒的窖藏问题中，我们假定窖藏成本为零。当时采用这样一个简化假设，是因为我们不知道计算成本流量现值的方法。现在，我们已消除了这种无知，所以可以允许酒商发生窖藏成本。

令酒商现在发生的采购成本为 C；其未来销售额随时间变化而变化，一般可以表示成 $V(t)$，其现值为 $V(t)e^{-rt}$。虽然销售额仅是一个未来值（在本例中仅有一次销售交易），但窖藏成本则是一个支出流。假设成本是一个每年为固定比率 s 美元的不变支出流，在 t 年中所发生的窖藏成本的总现值等于

$$\int_0^t se^{-rt}dt = \frac{s}{r}(1 - e^{-rt}), \qquad [\text{参见}(14.12)]$$

因此，酒商力求最大化的净现值可以表示成

$$N(t) = V(t)e^{-rt} - \frac{s}{r}(1 - e^{-rt}) - C$$

$$= \left[V(t) + \frac{s}{r}\right]e^{-rt} - \frac{s}{r} - C,$$

它是只有一个选择变量 t 的目标函数。

为使 $N(t)$ 最大化，必须选择 t 值以使 $N'(t) = 0$。这个一阶导数为

$$N'(t) = V'(t)e^{-rt} - r\left[V(t) + \frac{s}{r}\right]e^{-rt} \qquad [\text{积的求导法则}]$$

$$= [V'(t) - rV(t) - s]e^{-rt},$$

当且仅当

$$V'(t) = rV(t) + s,$$

此一阶导数为零。因此，最后一个方程可以视为选择销售时间 t^* 的最优化的必要条件。

此条件的经济解释很容易直观推导出来：$V'(t)$ 表示若销售延迟一年销售额的变化率，或者 V 的增量，方程右边的两项分别表示由于延迟销售而导致的利息成本增量和窖藏成本增量（收益和成本均在时间 t^* 计算）。所以，令方程两边相等的思想对我们而言不过是"新瓶装旧酒"，因为它只不过是条件 MC = MR 的另一种形式而已。

470 持久流量的现值

如果资金流量永远持续——比如从持久债券获得的利息或从如土地等恒久资产获得的收益——资金流的现值将为

$$\Pi = \int_0^\infty R(t)e^{-rt}dt,$$

它是一个广义积分。

例 8 求每年按不变比率 D 美元获得的恒久收入，按贴现率 r 连续贴现的现值。因为在计算广义积分时，我们仅取正常积分的极限，所以 (14.12) 中的结果仍是有益的。具体地，我们可以写出

$$\Pi = \int_0^\infty De^{-rt}dt = \lim_{y \to \infty} \int_0^y De^{-rt}dt$$

$$= \lim_{y \to \infty} \frac{D}{r}(1 - e^{-ry}) = \frac{D}{r}.$$

注意，表示年份的 y 参数在最终答案中已消失。它也理应如此，因为我们这里讨论的是持久流量。读者也许可以注意到，我们的结果（现值 = 收益率/贴现率）恰好我们熟悉的持久收入领域中的所谓资产的"资本化"公式相对应。

练习 14.5

1 给定如下边际收益函数：

 (a) $R'(Q) = 28Q - e^{0.3Q}$ (b) $R'(Q) = 10(1+Q)^{-2}$

求每一题的总收益函数 $R(Q)$。为确定积分常数需引入什么初始条件？

2 (a) 给定边际进口倾向 $M'(Y) = 0.1$，及当 $Y = 0$ 时 $M = 20$，求进口函数 $M(Y)$。

(b) 给定边际消费倾向 $C'(Y) = 0.8 + 0.1Y^{-1/2}$，以及当 $Y = 100$ 时，$C = Y$，求消费函数 $C(Y)$。

3 假设以 $I(t) = 12t^{1/3}$ 描述投资率，且 $K(0) = 25$：
(a) 求资本存量的时间路径。
(b) 分别求时期 $[0,1]$ 和 $[1,3]$ 的资本积累量。

4 给定年固定收益率为 1 000 美元的连续收入流：
(a) 若收入流持续 2 年，按年利率 0.05 连续贴现，那么，现值 Π 为多少？
(b) 若收入流恰好在 3 年后终止，且贴现率为 0.04，现值 Π 又为多少？

5 下列持久资金流量的现值为多少？
(a) 每年 1 450 美元，按 $r = 5\%$ 贴现。
(b) 每年 2 460 美元，按 $r = 8\%$ 贴现。

14.6 多马增长模型

在 (14.1) 和 (14.2) 的人口增长问题及在 (14.10) 中的资本形成问题中，共同的目标是在已知变量变化模式的基础上描述时间路径。而多马教授的经典增长模型①的思想则是规定要满足某些均衡经济条件所需要的时间路径的类型。

多马增长模型的框架

多马模型的基本假设前提如下：

1. 年投资 (流量) 比率 $I(t)$ 的任意变化会产生双重效果——它将影响总需求及该经济体的生产能力。
2. $I(t)$ 变化的需求效应通过乘数过程立即发挥作用。因此，$I(t)$ 的提高会通过 $I(t)$ 增量的乘数作用增加年收入流量比率 $Y(t)$。乘数是 $k = 1/s$，其中 s 表示已知的边际储蓄倾向，假设 $I(t)$ 是唯一的影响收入流量比率的 (参数的) 支出流

---

① Evsey D. Domar, "Capital Expansion, Rate of Growth, and Employment," *Econometrica*, April 1946, pp. 137—147; 重印于 Domar, *Essays in the Theory of Economic Growth*, Oxford University Press, Fair Lawn, N.J., 1957, pp. 70—82。

量,则我们可以写出

$$\frac{dY}{dt} = \frac{dI}{dt}\frac{1}{s}. \qquad (14.13)$$

3. 投资的生产能力效应通过该经济能够生产的潜在产出能力的变化来度量。假定能力-资本比率不变,我们可以写出:

$$\frac{\kappa}{K} \equiv \rho, \quad (=常数)$$

其中 κ(希腊字母 kappa)表示生产能力或每年的潜在产出流量,ρ(希腊字母 rho)表示已知能力-资本比率。当然,这意味着资本存量为 $K(t)$ 的经济体每年能够生产的产出或收入,等于 $\kappa \equiv \rho K$ 美元。注意,由 $d\kappa = \rho dK$(生产函数),可得

$$d\kappa = \rho dK \quad 和 \quad \frac{d\kappa}{dt} = \rho\frac{dK}{dt} = \rho I. \qquad (14.14)$$

在多马模型中,均衡被定义为生产能力得到充分利用的状态。因此,为达到均衡,要求总需求恰好等于该年度能够生产的潜在产出,即 $Y = \kappa$。但是,若我们从均衡状态出发,则要求生产能力变化与总需求变化相等,即

$$\frac{dY}{dt} = \frac{d\kappa}{dt}, \qquad (14.15)$$

何种投资 $I(t)$ 的时间路径能够时时满足这一均衡条件?

求解

为回答此问题,我们先将(14.13)和(14.14)代入均衡条件(14.15)。结果得到如下微分方程:

$$\frac{dI}{dt}\frac{1}{s} = \rho I \quad 或 \quad \frac{1}{I}\frac{dI}{dt} = \rho s, \qquad (14.16)$$

因为(14.16)设定了 I 变化的确定模式,我们应当能够由此式求出均衡的(或所求的)投资路径。

在这个简单的例子中,直接将(14.16)中的第二个方程的两边对 t 积分,便可得到解。事实上,方程两边相等,可以保证其积分也相等。因此,

$$\int \frac{1}{I}\frac{dI}{dt}dt = \int \rho s dt,$$

根据代换法则和对数法则,方程左边给出

$$\int \frac{\mathrm{d}I}{I} = \ln|I| + c_1, \quad (I \neq 0)$$

而右边则给出(ρs 为常数)

$$\int \rho s \mathrm{d}t = \rho s t + c_2$$

令两个结果相等并合并常数,有

$$\ln|I| = \rho s t + c \tag{14.17}$$

为从 $\ln|I|$ 求得 $|I|$,我们要进行被称为"取反对数"的运算,这要利用公式 $e^{\ln x} = x$。令(14.17)的每一边成为常数 e 的指数,得到

$$e^{\ln|I|} = e^{(\rho s t + c)}$$

或 $\quad |I| = e^{\rho s t} e^c = A e^{\rho s t}, \quad$ 在此 $A \equiv e^c$,

若我们取投资为正,则 $|I| = I$,从而上述结果成为 $I(t) = Ae^{\rho s t}$,其中 A 为任意值。为消去这个任意常数,令方程 $I(t) = Ae^{\rho s t}$ 中的 $t = 0$,以得到 $I(0) = Ae^0 = A$。此式定义了常数 A,使我们可以将解,即所求的投资路径表示成

$$I(t) = I(0)e^{\rho s t}, \tag{14.18}$$

其中 $I(0)$ 表示初始投资率。[1]

此结果含有不平常的经济意义:为使生产能力和需求在不同时间保持平衡,投资流量比率必须严格按照指数 ρs,沿着图 14.6 描述的路径增长。显然,所要求的投资增长率越高,生产能力-资本比率

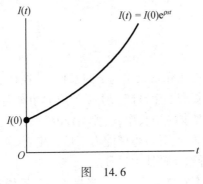

图 14.6

---

[1] 即使令结果 $|I| = Ae^{\rho s t}$ 中的投资为负,解(14.18)依然正确。参见练习 14.6-3。

和边际储蓄倾向也应越大。但是,无论如何,一旦 ρ 和 s 的值已知,所要求的投资增长路径便完全确定了。

刃锋

现在我们可以问这样一个问题:如果实际投资增长率(称其为比率 r)与所要求的比率 ρs 不同,会出现何种情况呢?

多马的方法是定义一个利用系数:

$$u = \lim_{t \to \infty} \frac{Y(t)}{\kappa(t)}, \quad [u = 1 \text{ 意味着生产能力的充分利用}]$$

并证明 $u = r/\rho s$,从而当 $r \gtreqless \rho s$ 时,$u \gtreqless 1$。换言之,如果实际的和所要求的比率间存在差距($r \neq \rho s$),那么,我们最终(当 $t \to \infty$)将发现或者生产能力不足($u > 1$),或者生产能力过剩($u < 1$),具体情况视 r 是大于还是小于 ρs 而定。

但是,我们可以证明,关于生产能力短缺或过剩的结论可以在任意时间 t 应用,而不是仅在 $t \to \infty$ 时才能应用。增长率为 r 意味着

$$I(t) = I(0)e^{rt} \quad \text{和} \quad \frac{dI}{dt} = rI(0)e^{rt},$$

因此,由(14.13)和(14.14),我们有

$$\frac{dY}{dt} = \frac{1}{s}\frac{dI}{dt} = \frac{r}{s}I(0)e^{rt},$$

$$\frac{d\kappa}{dt} = \rho I(t) = \rho I(0)e^{rt},$$

这两个导数间的比率

$$\frac{dY/dt}{d\kappa/dt} = \frac{r}{\rho s},$$

应当能够揭示出在实际增长率为 r 的条件下,在任意时间 t,投资的需求创造效应与投资的生产能力生成效应的相对大小。如果实际投资增长率 r 大于要求的增长率 ρs,则 $dY/dt > d\kappa/dt$,那么,需求效应将超过生产能力效应,导致生产能力不足。相反,若 $r < \rho s$,将存在总需求不足,从而导致生产能力过剩。

这一结论的奇特之处在于:如果投资的实际增长率快于所要求的比率($r > \rho s$),那么,最终将导致生产能力短缺而非过剩。同样令

人费解的是：如果实际投资增长滞后于所要求的比率（$r<\rho s$），我们将面临生产能力过剩而非短缺。的确，由于这样一个相悖的结果，如果我们现在让厂商按照其目前的生产能力状况调整其实际投资增长率r（到目前为止，视r为常量），厂商多半会做出"错误"的调整决策。比如，在$r>\rho s$情况下，严重的生产能力短缺会刺激更快的投资增长率，而这意味着r的增加，而非在此情形下所要求的r的减少。结果，两个增长率之间的偏差不仅不会缩小，而且还会扩大。

最终的结果是：给定参常数ρ和s，则避免生产能力短缺或过剩的唯一方法是谨慎地控制投资流，使其沿着均衡路径，以增长率$r^*=\rho s$增长。而且，正如我们已经证明的那样，任何对这个"刃锋"时间路径的偏离都将导致多马在此模型中所设想的生产能力充分利用标准永远不能得到满足。这个前景可能不太令人感到鼓舞。幸运的是，如果对多马模型中的某些假定进行修正，则可能得到一些更为灵活的结论。我们会从下一章将要讨论的索洛教授的增长模型中看到这一点。

练习 14.6

1　多马模型明确考察了多少种生产要素？对生产中的资本劳动比率而言，这一事实意味着什么？

2　在 10.2 节中我们知道，指数函数Ae^{rt}中的常数r表示函数的增长率。将其应用于(14.16)，并在不通过积分的情况下导出(14.18)。

3　证明：即使令方程$|I|=Ae^{\rho st}$中的投资为负，但通过定义任意常数A，我们仍可得到最后的解(14.18)。

4　证明：(14.18)中的结论还可以通过另一种方式得到，即以$t=0$和$t=t$为积分限，将(14.16)

$$\frac{1}{I}\frac{dI}{dt}=\rho s$$

对变量t求定积分，并令两边相等。记住，当我们将积分变量由t变为I时，积分限将由$t=0$和$t=t$分别变为$I=I(0)$和$I=I(t)$。

第15章 连续时间：一阶微分方程

在多马增长模型中，我们已通过直接积分解了一个简单的微分方程。对于更复杂的微分方程，也有各种现成的解法。但是，即便在后一种情况下，微分方程解法依赖的基本思想依然是积分的方法。因此，解微分方程通常也称为该方程的积分。

本章仅讨论一阶微分方程。在这里，"阶"是指在微分方程中所出现的导数（或微分）的最高阶数。因此，一阶微分方程仅包含一阶导数，比如 dy/dt。

15.1 具有常系数和常数项的一阶线性微分方程

一阶导数 dy/dt 是在一阶微分方程中出现的唯一导数，但它可能以不同的幂数出现：dy/dt，$(dy/dt)^2$ 或 $(dy/dt)^3$。方程中导数所达到的最高幂数称为微分方程的次。在导数 dy/dt 仅为一次，因变量 y 也是一次，而且没有积 $y \cdot (dy/dt)$ 等形式出现的情况下，此方程便称为线性的。因此，一阶线性微分方程的一般形式为①

$$\frac{dy}{dt} + u(t)y = w(t), \qquad (15.1)$$

其中 u 和 w 同 y 一样，都是 t 的函数。但是，与 dy/dt 和 y 相反，对自变量 t 没有任何限制。因此，函数 u 和 w 可以非常好地表示诸如 t^2、e^t 或 t 的更复杂的函数。另一方面，u 和 w 也可以表示常数。

上述内容的最后一点引导我们对方程作进一步分类。当函数 u（因变量 y 的系数）为常数，且当函数 w 是一个可加性常数项时，(15.1) 简化为具有常数系数和常数项的一阶线性微分方程的特殊

---

① 注意，(15.1) 中的导数项 dy/dt 具有单位系数。这并不意味着永远不会有不是1的系数，然而，当不为1的系数出现时，我们总可以用该系数相除而使方程"正规化"。因此，(15.1) 给出的方程可以视为一个一般的表达式。

情况。本节,我们将只讨论这类简单的微分方程。

齐次方程的情况

若 u 和 w 为常函数,且如果 w 恰好恒为零,(15.1)将变成

$$\frac{\mathrm{d}y}{\mathrm{d}t} + ay = 0, \qquad (15.2)$$

其中 a 为一常数。考虑到常数项为零,此微分方程被称作齐次方程(与齐次方程组相比较)。更确切地讲,此方程是齐次方程的原因在于所有的变量(这里是 $\mathrm{d}y/\mathrm{d}t$ 和 y)被一个给定常数乘,方程仍然成立。常数项为 0 时,这一特征也存在,但若常数项不为 0,这一特征则不存在了。

方程(15.2)还可以写成

$$\frac{1}{y}\frac{\mathrm{d}y}{\mathrm{d}t} = -a, \qquad (15.2')$$

但读者应认识到,我们在多马模型中遇到的微分方程(14.16)恰好也属于这种形式。因此,类似地,我们可以立即将(15.2)和(15.2′)的解写出如下:

$$y(t) = A\mathrm{e}^{-at}, \quad [通解] \qquad (15.3)$$

或

$$y(t) = y(0)\mathrm{e}^{-at}, \quad [特解] \qquad (15.3')$$

在(15.3)中出现一个任意常数 A,因此,它是一个通解。当 A 为任意具体值代替时,此通解便成为(15.2)的特解。此特解有无数个,对于每个可能的 A 值,包括 $y(0)$,都有一个特解。但是后一个值具有特殊意义:$y(0)$ 是使解满足初始条件的唯一值。因为它表示使任意常数确定化的结果,所以,我们将(15.3′)称作微分方程(15.2)或(15.2′)的定解。

关于微分方程的解,读者应观测到两点:(1)解不是一个数值,而是一个函数 $y(t)$——若 t 表示时间,那么,它表示时间路径;(2)解 $y(t)$ 不含有任何导数或微分表达式,所以只要将 t 的具体值代入此解,就可以直接算出相应的 y 值。

非齐次函数的情况

当(15.2)中的零为非零常数所取代,我们便得到非齐次线性微

分方程：

$$\frac{dy}{dt} + ay = b, \quad (15.4)$$

此方程的解将由两项之和构成，其中一项称作余函数，以 y_c 表示；另一项称作特别积分，以 y_p 表示。后面将要表明，这两项均具有重要的经济意义。这里我们将仅给出方程的解法，关于解法的合理性，后面自然会清楚。

尽管我们的目标是解非齐次方程(15.4)，但我们要常常将其视为如(15.2)所示的齐次形式。为便于表述，我们将其称作(15.4)的简化方程。相应地，(15.4)本身被称作完备方程，由此可知，余函数 y_c 只不过是简化方程的通解，而特别积分 y_p 只是完备方程的任意特解。

前面对齐次方程已经给出了简化方程的通解，因而我们可以给出

$$y_c = Ae^{-at}. \quad [\text{由}(15.3)]$$

那么，特别积分又如何呢？因为特别积分是完备方程的任意特解，所以我们首先试求最简单的可能的解，即 y 为某常数（$y=k$）时的解。若 y 是常数，则由此得 $dy/dt=0$，且(15.4)成为 $ay=b$，有解 $y=b/a$。因此，只要 $a \neq 0$，常数解便成立。在此情况下，我们有

$$y_p = \frac{b}{a}, \quad (a \neq 0)$$

则余函数和特别积分的和构成了完备函数(15.4)的通解

$$y(t) = y_c + y_p = Ae^{-at} + \frac{b}{a}, \quad [\text{通解}, a \neq 0 \text{ 的情况}] \quad (15.5)$$

上式成为通解是由于任意常数 A 的存在。当然，我们可以利用初始条件确定这个常数。当 $t=0$ 时，令 y 的值为 $y(0)$。则令(15.5)中的 $t=0$，可求得

$$y(0) = A + \frac{b}{a} \quad \text{和} \quad A = y(0) - \frac{b}{a},$$

因此，可将(15.5)重写成

$$y(t) = \left[y(0) - \frac{b}{a}\right]e^{-at} + \frac{b}{a},$$

$$[\text{定解}, a \neq 0 \text{ 的情况}] \quad (15.5')$$

应注意,利用初始条件确定任意常数是——而且应当是在求得完备方程的通解后的最后一个步骤。因为 y_c 和 y_p 的值均与 $y(0)$ 的值相联系,所以,在确定常数 A 时,必须将二者都考虑进去。

例1 解方程 $dy/dt + 2y = 6$,初始条件 $y(0) = 10$。这里,我们有 $a = 2, b = 6$,因此,由(15.5′),解为

$$y(t) = [10 - 3]e^{-2t} + 3 = 7e^{-2t} + 3.$$

例2 解方程 $dy/dt + 4y = 0$,初始条件 $y(0) = 1$。因为 $a = 4$,$b = 0$,我们有

$$y(t) = [1 - 0]e^{-4t} + 0 = e^{-4t},$$

由齐次方程情况下的公式(15.3′)可以得到同样的答案。齐次方程(15.2)只是非齐次方程(15.4)当 $b = 0$ 时的一个特例。因而,公式(15.3′)也是公式(15.5′)在 $b = 0$ 情况下的一个特例。

如果 $a = 0$,从而解(15.5′)未有定义,会怎么样呢? 在此情况下,微分方程是一种极简单的形式。

$$\frac{dy}{dt} = b, \tag{15.6}$$

通过直接积分,可以求得其通解为

$$y(t) = bt + c, \tag{15.7}$$

其中 c 为任意常数。事实上,(15.7)中的两项也可以分别被视为已知微分方程的余函数和特别积分。因为 $a = 0$,余函数可以表示成

$$y_c = Ae^{-at} = Ae^0 = A, \quad (A \text{ 为任意常数})$$

至于特别积分,在本例 $a = 0$ 的情况下,常数解 $y = k$ 不成立这一事实表明,我们将会求得一个非常数解。下面,我们考察一种最简单的类型,即 $y = kt$ 的情况。若 $y = kt$,则 $dy/dt = k$,完备方程(15.6)将简化为 $k = b$,从而可以写出

$$y_p = bt, \quad (a = 0)$$

新的试探解的确成立! 因而,(15.6)的通解为

$$y(t) = y_c + y_p = A + bt, \quad [\text{通解}, a = 0 \text{ 的情况}] \tag{15.7′}$$

它与(15.7)的结果是一致的,因为 c 和 A 只不过是任意常数的另一个符号而已。但要注意,在本例中,y_c 是一个常数,而 y_p 是时间的函

数,这恰与(15.5)中的情形相反。

通过确定任意常数,可以求得定解为

$$y(t) = y(0) + bt. \quad [特解, a = 0 \text{ 的情况}] \quad (15.7'')$$

例3 解方程 $dy/dt = 2$,初始条件 $y(0) = 5$。由(15.7''),解为

$$y(t) = 5 + 2t.$$

解的检验

的确,所有微分方程的解的正确性都可以通过微分来检验。如果要对(15.5′)进行检验,我们可以得到导数

$$\frac{dy}{dt} = -a\left[y(0) - \frac{b}{a}\right]e^{-at},$$

将此 dy/dt 表达式和(15.5′)中所示的 $y(t)$ 表达式代入微分方程(15.4)的左边,如果此方程的解正确,则代入上述表达式的左边应当恰好等于(15.4)右边的常数项 b。进行上述替代后,我们的确得到

$$-a\left[y(0) - \frac{b}{a}\right]e^{-at} + a\left\{\left[y(0) - \frac{b}{a}\right]e^{-at} + \frac{b}{a}\right\} = b,$$

因此,如果此解也满足初始条件,那么,它便是正确的。为检验它是否满足初始条件,我们令(15.5′)中的 $t=0$。因为

$$y(0) = \left[y(0) - \frac{b}{a}\right] + \frac{b}{a} = y(0)$$

是一个恒等式,所以确定满足初始条件。

应注意的是,作为解微分方程的最后一个步骤,读者应通过如下习惯检验答案的正确性:(1)保证时间路径 $y(t)$ 的导数与已知微分方程相一致。(2)确保定解满足初始条件。

练习 15.1

1 给定如下微分方程,求 y_c、y_p、通解、定解:

(a) $\dfrac{dy}{dt} + 4y = 12; y(0) = 2$ (b) $\dfrac{dy}{dt} - 2y = 0; y(0) = 9$

(c) $\dfrac{dy}{dt} + 10y = 15; y(0) = 0$ (d) $2\dfrac{dy}{dt} + 4y = 6; y(0) = 1\dfrac{1}{2}$

2 检验上题答案的正确性。

3 运用正文中提出的适当公式，求下列每个方程的解：

(a) $\dfrac{dy}{dt} + y = 4; y(0) = 0$ (b) $\dfrac{dy}{dt} = 23; y(0) = 1$

(c) $\dfrac{dy}{dt} - 5y = 0; y(0) = 6$ (d) $\dfrac{dy}{dt} + 3y = 2; y(0) = 4$

(e) $\dfrac{dy}{dt} - 7y = 7; y(0) = 7$ (f) $3\dfrac{dy}{dt} + 6y = 5; y(0) = 0$

4 检验上题答案的正确性。

15.2 市场价格的动态学

在(宏观)多马增长模型中，我们认识了一阶线性齐次微分方程的一个应用。为介绍非齐次方程的应用，我们给出一个(微观的)动态市场模型。

框架

对某一特定商品，假设其需求与供给函数如下

$$Q_d = \alpha - \beta P, \quad (\alpha, \beta > 0)$$

$$Q_s = -\gamma + \delta P, \quad (\gamma, \delta > 0), \quad (15.8)$$

则根据(3.4)，均衡价格应为①

$$P^* = \dfrac{\alpha + \gamma}{\beta + \delta}, \quad （某一确定常数） \quad (15.9)$$

如果初始价格 $P(0)$ 恰好在 P^* 水平，市场显然处于早已达到的均衡状态，无需进行动态分析。但是，在 $P(0) \neq P^*$ 的更重要的情况下，P^* 仅在经过适当的调整过程之后才能达到；在调整过程中，不仅价格随时间变化，而且，作为价格 P 的函数，Q_d 和 Q_s 也必然随时间的

---

① 我们已将(3.4)中的符号 (a, b, c, d) 变换成 $(\alpha, \beta, \gamma, \delta)$，以避免与使用 a 和 b 为参数的微分方程相混淆。我们在这里将把(15.4)应用于市场模型。

变化而变化。从这个角度看,价格和数量变量都可以视为时间的函数。

我们的动态问题是:给定调整过程所需要的充分时间,能够将价格调整至均衡水平 P^* 吗?亦即,当 $t\to\infty$ 时,时间路径 $P(t)$ 趋向收敛于 P^* 吗?

时间路径

为回答上述问题,我们必须先求出时间路径 $P(t)$。而这又要求我们先描述价格变化的具体形式。一般而言,价格变化是由市场中供给和需求的相对强度决定的。为简化起见,我们假设在某一时刻价格对时间的变化率总是在该时刻存在的超额需求的比例。这个价格变化模式可用公式表示成

$$\frac{dP}{dt} = j(Q_d - Q_s), \quad (j>0) \tag{15.10}$$

其中 j 表示不变调整系数。根据这个变化模式,当且仅当 $Q_d = Q_s$ 时,我们有 $dP/dt = 0$。在这方面,注意到术语均衡价格的两种含义是有启发的:跨期意义(P 不随时间变化)和市场出清意义(均衡价格是使 Q_d 和 Q_s 相等的价格)。在现在的模型中,这两种含义恰好是相互重合的,但在其他模型却未必如此。

根据(15.8)的需求和供给函数,我们可以将(15.10)具体表示成如下形式:

$$\frac{dP}{dt} = j(\alpha - \beta P + \gamma - \delta P) = j(\alpha+\gamma) - j(\beta+\delta)P$$

或

$$\frac{dP}{dt} + j(\beta+\delta)P = j(\alpha+\gamma), \tag{15.10'}$$

因为它恰好是微分方程(15.4)的形式,且因为 P 的系数非零,我们可以应用解的公式(15.5′),并将解——价格的时间路径——写成

$$P(t) = \left[P(0) - \frac{\alpha+\gamma}{\beta+\delta}\right]e^{-j(\beta+\delta)t} + \frac{\alpha+\gamma}{\beta+\delta}$$

$$= [P(0) - P^*]e^{-kt} + P^*. \quad [由(15.9), k \equiv j(\beta+\delta)]$$

$$\tag{15.11}$$

均衡的动态稳定性

这样,最初提出的问题,即当 $t \to \infty$ 时,$P(t)$ 是否趋近于 P^*,相当于这样一个问题:当 $t \to \infty$ 时,(15.11)右边的第一项是否趋近于零? 因为 $P(0)$ 和 P^* 均为常数,所以关键因素是指数表达式 e^{-kt}。考虑到 $k > 0$,当 $t \to \infty$ 时,此指数式确定趋于零。因而,在模型假设的基础上,时间路径确实使价格趋于均衡状态。在相关变量 $P(t)$ 的时间路径收敛于 P^* 水平(这里将其解释成跨期均衡而非市场出清均衡)这类情形中,我们把这种均衡称为动态稳定的均衡。

动态稳定性是一个非常重要的概念。下面,我们对(15.11)作更详尽的分析,以便对这一概念作进一步考察。解(15.11)依赖于 $P(0)$ 和 P^* 的相对大小,包含三种可能的情况:第一种情况 $P(0) = P^*$,这意味着 $P(t) = P^*$。在此情况下,价格的时间路径可像图 15.1 那样,绘成一条水平的直线。如前面所提到的那样,在这种情况下均衡可立即达到。第二种情况是 $P(0) > P^*$。在此情况下,(15.11)右边第一项为正,但当 t 增加使 e^{-kt} 值下降时,第一项的值将减小。因此,时间路径将从上方趋向于均衡水平 P^*,其情形如图 15.1 最上边一条曲线所示。第三种情况与第二种情况恰好相反,$P(0) < P^*$;如图 15.1 最下面一条曲线所示,时间路径将从下方趋向于均衡价格水平 P^*。一般而言,要具备动态稳定性,时间路径与均衡的偏差,或者是等于零(如第一种情况),或者随时间而递减(如第二、三种情况)。

(15.11)与(15.5′)的比较表明,对应于 b/a 的 P^* 项,只不过是特别积分 y_p,而指数是(已确定的)余函数 y_c。因此,我们现在有了 y_c 和 y_p 的经济解释:y_p 表示相关变量的跨期均衡水平,y_c 表示均衡偏差。动态稳定性要求当 $t \to \infty$ 时,余函数渐近为零。

在此模型中,特别积分为常数,从而有跨期意义上的稳定均衡,以 P^* 表示。如果特别积分不是常数,如(15.7′)中那样,那么,我们可以将其解释为移动均衡。

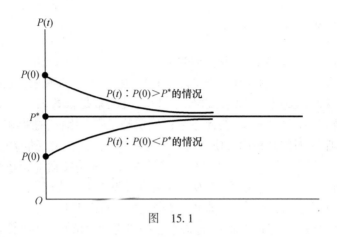

图 15.1

模型的另一种应用

我们上面所做的工作是在给定某些参数符号的情况下,分析均衡的动态稳定性(时间路径的收敛性)。另一类问题是:要保证动态稳定性,对参数要施加何种具体限制?

此问题的答案包含在解(15.11)中。如果我们允许 $P(0) \neq P^*$,可以看到当且仅当 $k > 0$,即当且仅当

$$j(\beta + \delta) > 0$$

时,在 $t \to \infty$ 时,(15.11)中的第一项(y_c)才趋于零。因此,我们可以将上述不等式作为对参数 j(价格调整系数)、β(需求曲线斜率的负值,其中 Q 是纵轴)、δ(供给曲线的斜率,同样把 Q 绘成纵轴)的限制。

在价格调整为"正常"的情形,即当 $j > 0$,超额需求将驱使价格上升而非下降的情况下,这个约束意味着 $(\beta + \delta) > 0$,或者,等价地

$$\delta > -\beta,$$

在此情况下,为实现动态稳定性,供给曲线的斜率必须超过需求曲线的斜率。当供给曲线和需求曲线如图(15.8)那样,是正常倾斜($-\beta < 0, \delta > 0$)时,这个要求显然是满足的。但是,即使其中的一条曲线倾斜方向"反常",如当 $\delta = 1$ 和 $-\beta = 1/2$(斜率为正的需求曲线)时,这个条件仍可能得到满足。图 15.2 描述了这种情况,其中

均衡价格 P^* 同以往一样,仍由两条曲线的交点决定。如果初始价格恰好在 P_1,则 Q_d(距离 P_1G)将超过 Q_s(距离 P_1F),并且超额需求(FG)将驱使价格上升。另一方面,若初始价格在 P_2,则存在负的超额需求 MN,这将驱使价格下降。因此,如图中的两个箭号所示,价格调整在此情况下将趋于均衡,而与从 P^* 的哪一边开始无关。但我们应当强调,尽管箭头可以表明调整方向,却不能表明变化的大小。因此,图 15.2 从本质上看基本上是静态的,而不是动态的,它只能用于说明而不是替代上面所提出的动态分析。

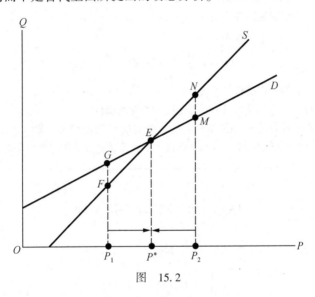

图 15.2

练习 15.2

1 如果图 15.2 中的需求曲线和供给曲线的斜率均为负,要具备动态稳定性,哪条曲线应更陡一些?你的答案是否与判别标准 $\delta > -\beta$ 一致?

2 证明(15.10′)可重写成 $dP/dt + k(P - P^*) = 0$。如果令 $P - P^* \equiv \Delta$(表示偏差),则有 $d\Delta/dt = dP/dt$,进而微分方程可以重写成

$$\frac{d\Delta}{dt} + k\Delta = 0,$$

求时间路径 $\Delta(t)$,讨论动态稳定性的条件。

3 本节所讨论的动态市场模型是模仿 3.2 节的静态模型所构建的。将静态模型转化为动态模型需要何种新的特性?

4 令需求与供给函数为
$$Q_d = \alpha - \beta P + \sigma \frac{dP}{dt}, \quad Q_s = -\gamma + \delta P. \quad (\alpha,\beta,\gamma,\delta > 0)$$

(a) 假设价格对时间的变化率恰好是超额需求的比例,求时间路径 $P(t)$(通解)。

(b) 何为跨期均衡价格?何为市场出清均衡价格?

(c) 要保证动态稳定性,应对参数 σ 施加各种限制?

5 令需求与供给函数为
$$Q_d = \alpha - \beta P - \eta \frac{dP}{dt}, \quad Q_s = \delta P. \quad (\alpha,\beta,\eta,\delta > 0)$$

(a) 假设市场在每一时点都是出清的,求时间路径 $P(t)$。

(b) 该市场是否具有动态稳定的跨期均衡价格?

(c) 现在的模型中,对所有的 t, $Q_d = Q_s$ 的假设与 3.2 节中静态市场模型的假设是一致的。但这里的模型仍是动态模型。为什么?

15.3 可变系数和可变项

在更一般的一阶线性微分方程中
$$\frac{dy}{dt} + u(t)y = w(t), \tag{15.12}$$

$u(t)$ 和 $w(t)$ 分别表示可变系数和可变项。在这种情况下,如何求出时间路径 $y(t)$?

齐次方程的情况

对于齐次方程的情况,其中 $w(t)=0$,方程的解很容易求出。因为微分方程的形式为
$$\frac{dy}{dt} + u(t)y = 0 \quad \text{或} \quad \frac{1}{y}\frac{dy}{dt} = -u(t), \tag{15.13}$$

两边依次对 t 积分,得到

左边 $= \int \frac{1}{y}\frac{dy}{dt}dt = \int \frac{dy}{y} = \ln y + c$，（假定 $y > 0$）

右边 $= \int -u(t)dt = -\int u(t)dt$，

后一个方程难以进行进一步的积分，因为 $u(t)$ 未给出具体形式。因此，我们不得不满足于一个一般积分表达式。当方程两边相等时，结果成为：

$$\ln y = -c - \int u(t)dt,$$

则所求的 y 路径可以通过求 $\ln y$ 的反对数得到：

$$y(t) = e^{\ln y} = e^{-c}e^{-\int u(t)dt} = Ae^{-\int u(t)dt}, \quad \text{在此 } A \equiv e^{-c}$$
(15.14)

这是微分方程(15.13)的通解。

为突出系数 $u(t)$ 的可变性质，我们已明确地写出了变量 t。但为了简化书写符号，我们从现在起省略自变量，并将 $u(t)$ 简化为 u。

将常数系数方程的通解(15.3)与(15.14)相比较，(15.14)中唯一的修正是以更复杂的表达式 $e^{-\int udt}$ 代替了 e^{-at}。如果我们将 e^{-at} 中的 at 解释成 $\int adt = at$（加上一个可纳入 A 项中的常数，因为 e 自乘常数幂仍为常数），我们可以更好地理解这种变化的合理性。由此看来，这种差别就变成相似性了。因为在两种情况下，我们都取微分方程中 y 项的系数（在一种情况中为常数项 a，在另一种情况中为可变项 u），并将 y 对 t 积分，然后再取所得积分的负值作为 e 的指数。

一旦得到通解，根据适当的初始条件求得定解，便是一个相对简单的事了。

例 1 求方程 $\frac{dy}{dt} + 3t^2y = 0$ 的通解。这里 $u = 3t^2$，且 $\int udt = \int 3t^2dt = t^3 + c$。因此，由(15.14)，我们可以把解写成

$$y(t) = Ae^{-(t^3+c)} = Ae^{-t^3}e^{-c} = Be^{-t^3}, \quad \text{在此 } B \equiv Ae^{-c},$$

注意，如果省去积分常数 c，我们不会丢失任何信息，因为那样我们会得到 $y(t) = Ae^{-t^3}$，它与上式是相同的解，因为 A 和 B 均表示任意

常数。换言之，指数式 e^{-c}（其中常数仅出现 c）总可以归入另一个常数 A 中。

485 非齐次方程的情况

对于非齐次方程的情况，其中 $w(t) \neq 0$，解方程就有些难度了。我们将通过下一节将要讨论的恰当微分方程的概念试求其解。但在这里先给出结果并无任何害处：给定微分方程(15.12)，通解为

$$y(t) = e^{-\int u dt} \left(A + \int w e^{\int u dt} dt \right), \qquad (15.15)$$

其中 A 为如果具有适当的初始条件，便可以确定的任意常数。

有趣的是，这个通解像常数系数、常数项一样，也包含两个相加的项。而且两项中的一项，$Ae^{-\int u dt}$，不过是前面导出的简化（齐次）方程的通解(15.14)，因此实质上是一个余函数。

例 2 求方程 $\dfrac{dy}{dt} + 2ty = t$ 的通解。因此我们有

$$u = 2t, \quad w = t \quad 和 \quad \int u dt = t^2 + k, \quad (k \text{ 为任意常数})$$

所以由(15.15)，有

$$\begin{aligned}
y(t) &= e^{-(t^2+k)} \left(A + \int t e^{t^2+k} dt \right) \\
&= e^{-t^2} e^{-k} \left(A + e^k \int t e^{t^2} dt \right) \\
&= A e^{-k} e^{-t^2} + e^{-t^2} \left(\frac{1}{2} e^{t^2} + c \right) \quad [e^{-k} e^k = 1] \\
&= (A e^{-k} + c) e^{-t^2} + \frac{1}{2} \\
&= B e^{-t^2} + \frac{1}{2}, \quad 在此 B \equiv A e^{-k} + c \text{ 是任意常数},
\end{aligned}$$

此解的正确性也可通过微分来检验。

注意到这一点是有趣的：在本例中，我们仍可省略积分常数 k 及积分常数 c，而不影响最终结果，这是因为 k 和 c 均可归入最终解中的任意常数 B。希望读者试验不使用常数 k 和 c 的应用(15.15)的过程，并验证会得到相同的解。

例3 解方程 $\dfrac{dy}{dt}+4ty=4t$。这次我们将省去积分常数。因为

$$u = 4t, \quad w = 4t \quad 和 \quad \int u\,dt = 2t^2, \quad [省去常数]$$

由(15.15),通解为

$$y(t) = e^{-2t^2}\left(A + \int 4te^{2t^2}dt\right) = e^{-2t^2}(A + e^{2t^2}) \quad [省去常数]$$

$$= Ae^{-2t^2} + 1,$$

正如所预期的那样,省略积分常数可以极大地简化运算步骤。

(15.12)中的微分方程 $\dfrac{dy}{dt}+uy=w$ 是一个比(15.4)中的 $\dfrac{dy}{dt}+ay=b$ 更具一般性的微分方程,因为 u 和 w 不必像 a 和 b 那样,一定为常数。相应地,解的公式(15.15)也是比(15.5)更具一般性的解。事实上,当我们令 $u=a, w=b$ 时,应当能把(15.15)简化为(15.5)。事实也确实如此。因为若我们有

$$u = a, \quad w = b \quad 和 \quad \int u\,dt = at, \quad [省去常数]$$

则(15.15)变成

$$y(t) = e^{-at}\left(A + \int b e^{at}dt\right) = e^{-at}\left(A + \frac{b}{a}e^{at}\right) \quad [省去常数]$$

$$= Ae^{-at} + \frac{b}{a},$$

它与(15.5)是一致的。

练习15.3

解下列一阶线性微分方程。如果给定初始条件,确定任意常数:

1. $\dfrac{dy}{dt}+5y=15$

2. $\dfrac{dy}{dt}+2ty=0$

3. $\dfrac{dy}{dt}+2ty=t; y(0)=\dfrac{3}{2}$

4 $\dfrac{dy}{dt} + t^2 y = 5t^2; y(0) = 6$

5 $2\dfrac{dy}{dt} + 12y + 2e^t = 0; y(0) = \dfrac{6}{7}$

6 $\dfrac{dy}{dt} + y = t$

15.4 恰当微分方程

我们现在将引入恰当微分方程的概念,并运用这种解法解微分方程(15.12)以得到解的公式(15.15)。尽管我们现在的目的是解线性微分方程,但恰当微分方程本身可以是线性的,也可以是非线性的。

恰当微分方程

给定二元函数 $F(y,t)$,其全微分为

$$dF(y,t) = \frac{\partial F}{\partial y}dy + \frac{\partial F}{\partial t}dt,$$

令此微分等于零,所得到的方程

$$\frac{\partial F}{\partial y}dy + \frac{\partial F}{\partial t}dt = 0,$$

被称作恰当微分方程,因为其左边恰好是 $F(y,t)$ 的微分。例如,给定

$$F(y,t) = y^2 t + k, \quad (k \text{ 为常数})$$

全微分为

$$dF = 2yt\,dy + y^2 dt,$$

因此微分方程

$$2yt\,dy + y^2 dt = 0 \quad \text{或} \quad \frac{dy}{dt} + \frac{y^2}{2yt} = 0 \qquad (15.16)$$

是恰当微分方程。

一般而言,微分方程

$$M\,dy + N\,dt = 0, \qquad (15.17)$$

当且仅当存在一个函数 $F(y,t)$ 使得 $M = \partial F/\partial y$ 和 $N = \partial F/\partial t$ 时,便是恰当的。然而,根据杨氏定理,$\partial^2 F/\partial t\partial y = \partial^2 F/\partial y\partial t$,我们还可以表明,当且仅当

$$\frac{\partial M}{\partial t} = \frac{\partial N}{\partial y} \tag{15.18}$$

时,(15.17)是恰当的。上面的方程使我们得以对微分方程的恰当性进行简单的检验。将其应用于(15.16),其中 $M = 2yt, N = y^2$,此检验产生 $\partial M/\partial t = 2y = \partial N/\partial y$,因此,所提微分方程的恰当性得到验证。

注意,我们对 M 和 N 项关于变量 y 出现的方式并未施加任何限制。因此,恰当微分方程完全可以(对 y)是非线性的。然而,它总是一阶和一次的方程。

作为恰当方程,微分方程只是表明

$$dF(y,t) = 0,$$

因此,其通解的形式显然为

$$F(y,t) = c,$$

所以,解恰当微分方程基本上是求原函数 $F(y,t)$,并令其等于任意常数。下面,我们对方程 $Mdy + Ndt = 0$,介绍求 $F(y,t)$ 的方法。

解法

首先,因为 $M = \partial F/\partial y$,所以函数 F 必定包含 M 对变量 y 的积分;这样,我们可以将初步结果以未确定的形式,表示如下:

$$F(y,t) = \int M dy + \psi(t), \tag{15.19}$$

这里,偏导数 M 将仅对 y 积分,即 t 在积分过程中将被视为常数,正如它在 $F(y,t)$ 的偏微分从而产生 $M = \partial F/\partial y$ 的过程中被作为常数一样。[①] 因为在 $F(y,t)$ 对 y 偏微分过程中,任何仅含有变量 t 和(或)某些常数(不含有 y)的相加的项会消失,因此,我们现在在积分过程中必须加以小心,以恢复这些项。这可以解释为什么在

[①] 某些作者使用算符 (……) ∂y 以强调仅对 y 积分。我们在这里仍使用符号 $\int$ (……) dy,因为几乎不存在混淆的可能性。

(15.19)中我们引入了一个一般项 $\psi(t)$ 的原因。尽管它并非恰好与积分常数相同,但它确实与积分常数发挥同样的作用。得到 $\int M dy$ 是相对容易的,但我们如何确定 $\psi(t)$ 项的确切形式呢?

诀窍在于利用 $N = \partial F/\partial t$。但最好还是通过例子来具体解释。

例1 解恰当微分方程

$$2ytdy + y^2 dt = 0, \quad [(15.16) \text{ 的重写}]$$

在此方程中,有

$$M = 2yt \quad \text{和} \quad N = y^2.$$

第一步:由(15.19),我们可以首先写出初步结果

$$F(y,t) = \int 2yt dy + \psi(t) = y^2 t + \psi(t),$$

注意,我们已省略了积分常数,因为它能自动包含在表达式 $\psi(t)$ 中。

第二步:若我们将上述结果对 t 求偏导数,可以得到

$$\frac{\partial F}{\partial t} = y^2 + \psi'(t),$$

但因 $N = \partial F/\partial t$,我们可以使 $N = y^2$ 和 $\partial F/\partial t = y^2 + \psi'(t)$,得到

$$\psi'(t) = 0.$$

第三步:对上述结果积分,得出

$$\psi(t) = \int \psi'(t) dt = \int 0 dt = k,$$

则我们有了 $\psi(t)$ 的具体形式。在本例中,$\psi(t)$ 恰好仅是一个常数。在更一般的情况下,它可以是 t 的非常数函数。

第四步:将第一步和第三步的结果结合起来可以得到

$$F(y,t) = y^2 t + k,$$

则恰当微分方程的解应为 $F(y,t) = c$。但因常数 k 可以纳入 c 中,我们可以简单地将解写成

$$y^2 t = c \quad \text{或} \quad y(t) = ct^{-1/2},$$

其中 c 为任意常数。

例2 解方程 $(t+2y)dy + (y+3t^2)dt = 0$。我们首先检验它是否是恰当微分方程。令 $M = t + 2y, N = y + 3t^2$,可求得 $\partial M/\partial t = 1 = \partial N/\partial y$。因此,方程通过了恰当性检验。为求其解,我们仍遵循例1

的步骤。

第一步：应用(15.19)并写成
$$F(y,t) = \int (t+2y)\,dt + \psi(t) = yt + y^2 + \psi(t).$$
[常数合并于 $\psi(t)$ 中]

第二步：将此结果对 t 求导，得到
$$\frac{\partial F}{\partial t} = y + \psi'(t),$$
则令其等于 $N = y + 3t^2$，可求得
$$\psi'(t) = 3t^2.$$

第三步：将最后结果积分，得到
$$\psi(t) = \int 3t^2\,dt = t^3. \qquad [\text{常数可以省略}]$$

第四步：将第一步和第三步的结果合并，以得到函数 $F(y,t)$ 的完备形式：
$$F(y,t) = yt + y^2 + t^3,$$
这意味着给定微分方程的解为
$$yt + y^2 + t^3 = c,$$
读者可以验证，令此方程的全微分等于零，确实会产生给定的微分方程。

这四个步骤可以用于解任何恰当微分方程。有意思的是，甚至当给定方程不是恰当的时候，也可以应用这四个步骤。但要看到这一点，我们必须首先引入积分因子这个概念。

积分因子

有时，将微分方程的每一项都乘以一个特定的公因子，非恰当的微分方程也可以成为恰当微分方程。这样的因子称作积分因子。

例3 微分方程
$$2t\,dy + y\,dt = 0$$
不是恰当的，因为它并不满足(15.18)：
$$\frac{\partial M}{\partial t} = \frac{\partial}{\partial t}(2t) = 2 \neq \frac{\partial N}{\partial y} = \frac{\partial}{\partial y}(y) = 1.$$

但是,如果将给定方程的每项均乘以 y,它便变成(15.16),从而成为恰当微分方程。因此,y 是本例给出的微分方程的积分因子。

当可以求得一个非恰当方程的积分因子时,总可以使其成为恰当的微分方程,这样便可以应用四个解题步骤了。

一阶线性微分方程的解

一般的一阶线性微分方程

$$\frac{dy}{dt} + uy = w,$$

按(15.17)的形式,可以表示成

$$dy + (uy - w)dt = 0, \qquad (15.20)$$

具有积分因子

$$e^{\int udt} \equiv \exp\left(\int udt\right).$$

这个形式非常不直观的积分因子可以通过如下办法"发现":令 I 为尚属未知的积分因子。以 I 通乘(15.20)可以将其变为恰当微分方程:

$$\underset{M}{I dy} + \underset{N}{I(uy - w)}dt = 0, \qquad (15.20')$$

恰当性检验表明 $\partial M/\partial t = \partial N/\partial y$。观察 M 和 N 表达式可知,因为 M 仅由 I 构成,且因 u 和 w 仅是 t 的函数,所以,如果 I 也只是 t 的函数,恰当性检验将简化为非常简单的条件。那时,检验变成

$$\frac{dI}{dt} = Iu \quad \text{或} \quad \frac{dI/dt}{I} = u.$$

因此,如果 I 与 u[或更具体地说,$u(t)$]具有相同的增长率,那么,特定形式 $I = I(t)$ 确实成立。相应地,$I(t)$ 应取如下具体形式:

$$I(t) = Ae^{\int udt}, \quad [参见(15.13) 和(15.14)]$$

但是,很容易验证,可令常数 A 等于 1 而不影响 $I(t)$ 满足恰当性检验的能力。因此,我们可以使用更简单的形式 $e^{\int udt}$ 为积分因子。

将此积分因子代入(15.20'),可以产生恰当微分方程

$$e^{\int udt} dy + e^{\int udt}(uy - w)dt = 0, \qquad (15.20'')$$

则此式可以通过上述四步骤方法解出。

第一步：首先应用(15.19)得到

$$F(y,t) = \int e^{\int udt} dy + \psi(t) = y e^{\int udt} + \psi(t),$$

此结果以这种简单形式出现，是因为被积函数独立于变量 y。

第二步：其次，将上述结果对 t 求导，得到

$$\frac{\partial F}{\partial t} = y u e^{\int udt} + \psi'(t), \quad [链式法则]$$

而且，因为此式可以等于 $N = e^{\int udt}(uy - w)$，我们有

$$\psi'(t) = -w e^{\int udt}.$$

第三步：现在直接微分产生

$$\psi(t) = -\int w e^{\int udt} dt,$$

由于未给出函数 $u = u(t), w = w(t)$ 的具体形式，难以进行进一步的积分，而且我们必须满足于 $\psi(t)$ 这个非常一般的表达式。

第四步：将此 $\psi(t)$ 表达式代入第一步的结果，可以求得

$$F(y,t) = y e^{\int udt} - \int w e^{\int udt} dt,$$

从而，恰当微分方程(15.20″)——以及等价的，但非恰当的一阶线性微分方程(15.20)——的通解为

$$y e^{\int udt} - \int w e^{\int udt} dt = c.$$

整理，并以 A 代替（任意常数）符号 c，上式可以写成

$$y(t) = e^{-\int udt} \left(A + \int w e^{\int udt} dt \right), \tag{15.21}$$

它恰好是前面(15.15)给出的结果。

练习 15.4

1 验证下列微分方程是恰当的，并通过四步法解方程
  (a) $2yt^3 dy + 3y^2 t^2 dt = 0$

(b) $3y^2 t\,dy + (y^3 + 2t)\,dt = 0$

(c) $t(1+2y)\,dy + y(1+y)\,dt = 0$

(d) $\dfrac{dy}{dt} + \dfrac{2y^4 t + 3t^2}{4y^3 t^2} = 0$ [提示：首先转换成(15.17)的形式]

2　下列微分方程是恰当的吗？如果不是，尝试让 t、y 及 y^2 作为可能的积分因子。

(a) $2(t^3 + 1)\,dy + 3yt^2\,dt = 0$

(b) $4y^3 t\,dy + (2y^4 + 3t)\,dt = 0$

3　将四步法应用于一般恰当微分方程 $Mdy + Ndt = 0$，推导出一个恰当微分方程通解的如下公式

$$\int M\,dy + \int N\,dt - \int\left(\dfrac{\partial}{\partial t}\int M\,dy\right)dt = c.$$

15.5　一阶一次非线性微分方程

在线性微分方程中，我们不仅将导数 dy/dt、因变量 y 限定为一次的，而且也不允许出现乘积 $y(dy/dt)$。当 y 以高于一次幂形式出现时，即便方程只含有一次导数 dy/dt，它也是非线性方程。一般而言，如下形式的方程

$$f(y,t)\,dy + g(y,t)\,dt = 0, \qquad (15.22)$$

或

$$\dfrac{dy}{dt} = h(y,t), \qquad (15.22')$$

其中对 y 和 t 的幂数没有限制，构成了一阶一次非线性微分方程。其中某些类型的方程，用近乎常规的方法就可以相对容易地解出。我们将简单讨论三种类型。

恰当微分方程

我们首先讨论现在已经熟悉了的恰当微分方程。正如前面已指出的那样，y 变量可在恰当方程中以更高的幂数出现，如在(15.16)的 $2yt\,dy + y^2\,dt = 0$ 那样［读者可将其与(15.22)相比较］。确实，从方程左边的两项中消去公共因子 y 将使方程简化为线性形式，但在

此情况下方程将失去其恰当性质。因此,作为恰当微分方程,必须将其视为非线性方程。

因为我们已讨论过恰当微分方程的解法,所以无需作进一步说明。

可分离变量

微分方程(15.22)
$$f(y,t)\mathrm{d}y + g(y,t)\mathrm{d}t = 0,$$
可能恰好具有这样的方便性质:函数 f 仅有变量 y,而 g 仅含有变量 t,所以方程可以简化为特殊形式
$$f(y)\mathrm{d}y + g(t)\mathrm{d}t = 0, \qquad (15.23)$$
在这种情况下,便称变量是可分离的,因为包含 y[合并在 $f(y)$ 中]的项在数学上可与包含 t 的项[合并在 $g(t)$ 项中]相分离。解这种特殊类型的方程,只需简单的积分法。

例1 解方程 $3y^2\mathrm{d}y - t\mathrm{d}t = 0$。首先将方程重写成
$$3y^2\mathrm{d}y = t\mathrm{d}t,$$
将方程两边(均是微分)积分,并令所得结果相等,得到
$$\int 3y^2\mathrm{d}y = \int t\mathrm{d}y \quad \text{或} \quad y^3 + c_1 = \frac{1}{2}t^2 + c_2,$$
因此,可将通解写成
$$y^3 = \frac{1}{2}t^2 + c \quad \text{或} \quad y(t) = \left(\frac{1}{2}t^2 + c\right)^{1/3}.$$

这里值得注意的是,每一项的积分均是对不同变量进行的。正是这一点才使得可分离变量方程比较易解。

例2 解方程 $2t\mathrm{d}y + y\mathrm{d}t = 0$。初看起来,这个微分方程似乎不属于这种类型,因为它不符合(15.23)的一般形式。具体地说,$\mathrm{d}y$ 和 $\mathrm{d}t$ 的系数似乎包含了"错误的"变量。然而,通过一种简单的转换,即以 $2yt(\neq 0)$ 通除各项,便可以将方程转化为可分离变量形式
$$\frac{1}{y}\mathrm{d}y + \frac{1}{2t}\mathrm{d}t = 0,$$

根据源于例 1 的经验,可由如下步骤求解(无须首先移项):①

$$\int \frac{1}{y}dy + \int \frac{1}{2t}dt = c.$$

所以 $\quad \ln y + \frac{1}{2}\ln t = c \quad$ 或 $\quad \ln(yt^{1/2}) = c.$

因此,解为

$$yt^{1/2} = e^c = k \quad \text{或} \quad y(t) = kt^{-1/2},$$

其中 k 正如符号 c 和 A 一样,是一个任意常数。

注意,例 2 中的方程也可以用另一种方法来解:首先通过积分因子 y 将其转变成为恰当微分方程,然后再按解恰当微分方程的办法来解它。其解我们已在 15.4 节的例 1 中得到,当然,它与刚刚用变量分离法得到的结果一致。问题在于一个给定的微分方程往往不仅只有一种解法,因此,人们可以选择所使用的方法。在其他情况下,不适合特定解法的微分方程,经适当变换,也可能适用这种解法。

可简化为线性的方程

如果微分方程 $dy/dt = h(y,t)$ 恰好取特定的非线性形式:

$$\frac{dy}{dt} + Ry = Ty^m, \tag{15.24}$$

其中 R 和 T 是两个 t 的函数,m 是不为 0 和 1 的任意数(若 $m=0$ 或 $m=1$ 会如何),则此方程——称作伯努利方程——总可以简化为线性微分方程,并且可按线性微分方程的解法去解它。

转化为线性方程的步骤是相对简单的。首先以 y^m 除(15.24),得到

$$y^{-m}\frac{dy}{dt} + Ry^{1-m} = T,$$

若我们采用如下简写变量

$$z = y^{1-m}, \quad \left[\text{则}\frac{dz}{dt} = \frac{dz}{dy}\frac{dy}{dt} = (1-m)y^{-m}\frac{dy}{dt}\right],$$

---

① 严格地讲,我们应将积分结果写成 $\ln|y|$ 和 $1/2\ln|t|$。如果能把 y 和 t 假设为正(在多数经济问题中,这样假设是合适的),那么,就可以得出文中给出的结果。

则上述方程可以写成
$$\frac{1}{1-m}\frac{dz}{dt} + Rz = T,$$
进而,在以 $(1-m)dt$ 通乘并重排方程后,我们可将方程转化为
$$dz + [(1-m)Rz - (1-m)T]dt = 0, \quad (15.24')$$
可以看出,这是与(15.20)形式一致的一阶线性微分方程,其中变量 z 取代了变量 y。

显然,我们可以应用公式(15.21)去求其解 $z(t)$。最后,再用逆代换,将 z 变换成 y。

例3 解方程 $dy/dt + ty = 3ty^2$。这是一个伯努利方程,其中 $m=2$(给出 $z = y^{1-m} = y^{-1}$),$R = t, T = 3t$。因此,由(15.24'),我们可以写出如下线性微分方程
$$dz + (-tz + 3t)dt = 0,$$
应用公式(15.21),可求得解为
$$z(t) = A\exp\left(\frac{1}{2}t^2\right) + 3.$$
(作为练习,请读者自己写出得到此解的具体步骤)

因为我们原来感兴趣的是得到解 $y(t)$ 而非 $z(t)$,所以,我们必须用方程 $z = y^{-1}$ 或 $y = z^{-1}$ 进行逆变换。因此,取 $z(t)$ 的倒数,得到所求的解
$$y(t) = \frac{1}{A\exp\left(\frac{1}{2}t^2\right) + 3},$$
因为存在任意常数 A,所以它是一个通解。

例4 解方程 $dy/dt + (1/t)y = y^3$。这里我们有 $m=3$(因此 $z = y^{-2}$),$R = 1/t, T = 1$。因此,方程可以线性化为
$$dz + \left(\frac{-2}{t}z + 2\right)dt = 0,$$
读者可以验证,根据公式(15.21),此微分方程的解为
$$z(t) = At^2 + 2t,$$
由此可知,通过逆变换 $y = z^{-1/2}$,原变量的通解可以写成
$$y(t) = (At^2 + 2t)^{-1/2}.$$

作为一练习,读者可通过微分检验上述两个例子解的正确性。

练习 15.5

1 确定下列每个方程(1)是否是可分离变量方程;(2)是否是线性的或可线性化的。

(a) $2t\,dy + 2y\,dt = 0$

(b) $\dfrac{y}{y+t}dy + \dfrac{2t}{y+t}dt = 0$

(c) $\dfrac{dy}{dt} = -\dfrac{t}{y}$

(d) $\dfrac{dy}{dt} = 3y^2 t$

2 取 y 和 b 为正,运用分离变量法解练习 15.5-1 中的(a)和(b)题。

3 将练习 15.5-1 中的(c)题作为可分离变量方程和伯努利方程,分别解之。

4 将练习 15.5-1 中的(d)题作为可分离变量方程和伯努利方程,分别解之。

5 通过证明例 4 的中间解 $z(t) = At^2 + 2t$ 的导数 dz/dt 与线性化的微分方程相一致,来验证中间解 $z(t) = At^2 + 2t$ 的正确性。

15.6 定性图解法

前面讨论的几种非线性微分方程(恰当微分方程、可分离变量方程及伯努利方程)均可定量解出。亦即在每种情况下,我们都求得了时间路径方程 $y(t)$;对于每个 t 值,该方程确定了具体对应的 y 值。

有时,我们难以求出给定微分方程的定量解。然而,在这种情况下,通过直接观察微分方程或者分析其图形,有可能确定时间路径的定性性质[主要指 $y(t)$ 是否收敛]。而且,即使能够得到定量解,但如果我们主要关心的是时间路径的定性性质,那么,我们仍可使用定性分析方法。

相位图

给定一般形式的一阶微分方程

$$\frac{dy}{dt} = f(y),$$

它是变量 y 的线性或非线性方程。在图 15.3 中,我们绘出了 dy/dt 对 y 的曲线。只要 dy/dt 仅是 y 的函数,便可以用几何方式表示,称其为相位图;而表示函数 f 的曲线,称作相位线。(时间变量 t 不是函数 f 的分离变量的那种形式的微分方程,称作自治微分方程。)一旦相位线已知,其图形将给出关于时间路径 $y(t)$ 的重要信息。这种定性的信息概括在如下两个结论中:

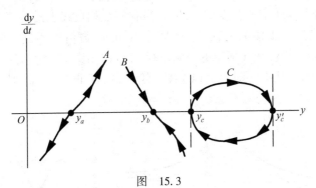

图 15.3

1. 在横轴上方任意点(其中 $dy/dt > 0$),y 必随时间而递增,而且对 y 轴而言,y 必由左向右移动。同理,横轴下方的任意点必与 y 向左移动相联系,因为 dy/dt 为负意味着 y 随时间而递减。这些方向的趋势解释了图 15.3 中的相位图中的箭头之所以那样画的原因。在横轴上方,箭头均指向右方——东北、东南或正东,具体指向视情况而定。在 y 轴下方,则情况恰恰相反。而且,这些结果与 y 的代数符号无关;即便相位线 A(或其他相位线)移至纵轴左边,对箭头的方向也无影响。

2. 如果 y 的均衡水平(跨期意义上的均衡)存在的话,也仅能存在于横轴上,此处 $dy/dt = 0$(y 对时间稳定)。因此,为求出均衡水平,只须考察相位线与横轴的交点。① 另一方面,为检验均衡的动态稳定性,不管 y 的初始状态如何,我们还应检验相位线在所说的交点是否总是指向均衡位置。

时间路径的类型

在上述概括的基础上,由图 15.3 所示的相位线中,我们可以观察到三种时间路径的类型。

相位线 A 在点 y_a 有个均衡。但在这点的上部和下部,箭头总是指向偏离均衡的方向。因此,尽管如果恰好 $y(0) = y_a$,可以达到均衡;但更一般的 $y(0) \neq y_a$ 的情况,将导致 y 不断增加 $[$ 若 $y(0) > y_a]$,或不断减少 $[$ 若 $y(0) < y_a]$。此外,在这种情况下,y 对 y_a 的偏离趋向于以递增的速度增长,因为当我们在相位线上沿着箭头移动时,将会进一步偏离 y 轴,因而遇到 dy/dt 的数值也不断增加的情况。因此,相位线 A 所指的时间路径 $y(t)$ 可用图 15.4(a) 所示的曲线来表示。其中的图形是以 y 对 t 绘成的,而非以 dy/dt 对 y 绘成的。均衡 y_a 为动态不稳定。

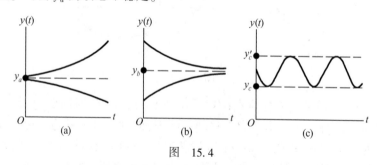

图 15.4

相反,相位线 B 在 y_b 存在稳定均衡。如果 $y(0) = y_b$,可以立即达到均衡。但相位线 B 的重要特征在于,即使 $y(0) \neq y_b$,然而沿着相位线的移动将使 y 趋向于 y_b 水平。因而,对应于这种相位线的时间路径 $y(t)$ 的形式如图 15.4(b),它使我们联想到动态市场模型。

---

① 但并非所有交点都代表均衡状态。在讨论图 15.3 中的相位线 C 时,将会看到这一点。

上述讨论表明：一般而言，相位线在其交点处的斜率是决定均衡动态稳定性或者时间路径收敛性的关键。(有限)正斜率，比如在点 y_a，会产生动态不稳定性；(有限)负斜率，比如在点 y_b，意味着动态稳定性。

甚至无需绘出微分方程的相位线，上述概括也能帮助我们推断其定性结论。比如，以(15.4)中的线性微分方程为例，

$$\frac{dy}{dt} + ay = b \quad \text{或} \quad \frac{dy}{dt} = -ay + b,$$

因为相位线显然具有不变斜率 $-a$(这里假定为非零)，我们可以立即推断出(无需绘出相位线)

$$a \gtreqless 0 \Leftrightarrow y(t) \begin{cases} \text{收敛于} \\ \text{偏离于} \end{cases} \text{均衡},$$

正如我们可以预期的那样，此结果与此方程的定量解

$$y(t) = \left[y(0) - \frac{b}{a}\right]e^{-at} + \frac{b}{a} \quad [\text{由}(15.5')]$$

所揭示的结论完全一致。我们已经知道，从非均衡状态出发，$y(t)$ 的收敛性取决于当 $t \to \infty$ 时，$e^{-at} \to 0$。但此结果当且仅当 $a > 0$ 时才会发生。若 $a < 0$，则当 $t \to \infty$ 时，$e^{-at} \to \infty$，因而 $y(t)$ 不能收敛。因此，无论是定量分析还是定性分析，我们的结论是一致的，相同的。

相位线 C 尚有待于讨论。它是与横轴交叉的闭合环状曲线，它不是一个函数，只表明 dy/dt 和 y 之间的关系。[①] 在此情况下，出现的一个重要的新因素是时间路径具有周期波动的可能性。从绘出的相位线 C 的图形看，我们可以看到 y 在两个值，即 y_c 及 y_c' 之间不断波动。为了产生周期波动，环状曲线须以这种方式与横轴交叉，从而使 dy/dt 交替出现正值和负值。此外，在两个交点 y_c 和 y_c'，相位线的斜率应为无穷大，否则交点就类似 y_a 或 y_b，在 y_a 和 y_b 都不允许箭号连续移动。对应于环形相位线的时间路径在图15.4(c)中作了说明。注意，只要 $y(t)$ 达到上界 y_c' 或下界 y_c，总有 $dy/dt = 0$(局部极

---

① 此关系产生于二次微分方程 $(dy/dt)^2 = f(y)$。

值),但毫无疑问,这些值不表示 y 的均衡值。根据图 15.3,这意味着相位线与 y 轴的所有交点并不都是均衡位置。

总之,为研究均衡的动态稳定性(或时间路径的收敛性),我们既可以求出时间路径本身,也可以从其相位线简单推断。我们将用索洛增长模型说明后一方法的应用。接下来,我们将用 $\bar{y}$ 表示 y 的跨期均衡值,以与 y^* 相区别。

练习 15.6

1 绘出下列每一方程的相位线,并讨论其定性含义:

   (a) $\dfrac{dy}{dt} = y - 7$ (b) $\dfrac{dy}{dt} = 1 - 5y$

   (c) $\dfrac{dy}{dt} = 4 - \dfrac{y}{2}$ (d) $\dfrac{dy}{dt} = 9y - 11$

2 绘出下列每一方程的相位线,并对其进行解释:

   (a) $\dfrac{dy}{dt} = (y+1)^2 - 16 \quad (y \geq 0)$

   (b) $\dfrac{dy}{dt} = \dfrac{1}{2}y - y^2 \quad (y \geq 0)$

3 给定 $dy/dt = (y-3)(y-5) = y^2 - 8y + 15$

   (a) 请推断:y 的可能的均衡水平有两个,一个是在 $y = 3$,另一个在 $y = 5$。

   (b) 分别求 $\dfrac{d}{dy}\left(\dfrac{dy}{dt}\right)$ 在 $y = 3$ 和 $y = 5$ 的符号。由此你能推断出何结论?

15.7 索洛增长模型

诺贝尔奖获得者索洛教授的增长模型[①]的意义之一在于证明了多马模型的刃锋增长路径主要是模型所采用的特殊生产函数假设的结果,还证明了在其他情况下,也许不会产生对敏感均衡的需要。

[①] Robert M. Solow, "A Contribution to the Theory of Economic Growth," *Quarterly Journal of Economics*, February 1956, pp. 65—94.

框架

在多马模型中,产出明确表述为仅是资本的函数;$\kappa = \rho K$(生产能力或潜在产出,是资本存量的常数倍数)。生产函数中没有劳动投入表明这样一种含义:劳动与资本总按固定比例组合,因而只需考察一种生产要素。与此相反,索洛试图分析资本和劳动按可变比例组合的情况。因此,其生产函数的形式为

$$Q = f(K, L), \quad (K, L > 0)$$

其中 Q 为产出(不含折旧),L 为劳动,K 为资本——所有变量均在宏观意义上使用。假设 f_K 和 f_L 为正(边际产量为正),f_{KK} 和 f_{LL} 为负(每种投入的边际收益递减)。进而,假设生产函数 f 为线性齐次函数(不变规模收益)。所以,能够写成

$$Q = Lf\left(\frac{K}{L}, 1\right) = L\phi(k), \quad \text{在此 } k \equiv \frac{K}{L}, \quad (15.25)$$

考虑到假设的 f_K 和 f_{KK} 的符号,新引进的 ϕ 函数(注意,它只有单一变数 k)必具有一阶导数为正,二阶导数为负的特征。为验证此结论,回顾(12.49)可知

$$f_K \equiv \text{MPP}_K = \phi'(k),$$

因此,$f_K > 0$ 必然意味着 $\phi'(k) > 0$。则因

$$f_{KK} = \frac{\partial}{\partial K}\phi'(k) = \frac{\mathrm{d}\phi'(k)}{\mathrm{d}k}\frac{\partial k}{\partial K} = \phi''(k)\frac{1}{L},$$

[见(12.48)]

假设 $f_{KK} < 0$ 直接引出结论 $\phi''(k) < 0$。因此,ϕ 函数——按照(12.46),它给出了每一资本劳动比率的 APP_L——是一个按递减速率随 k 递增的函数。

给定 Q 取决于 K 和 L,现在有必要规定后两个变量本身是如何决定的。索洛的假设是:

$$\dot{K}\left(\equiv \frac{\mathrm{d}K}{\mathrm{d}t}\right) = sQ, \quad [Q \text{ 的固定比例用于投资}] \quad (15.26)$$

$$\frac{\dot{L}}{L}\left(\equiv \frac{\mathrm{d}L/\mathrm{d}t}{L}\right) = \lambda \quad (\lambda > 0), \quad [\text{劳动力呈指数增长}](15.27)$$

符号 s 表示(不变)边际储蓄倾向,λ 表示(不变)劳动增长率。注意这些假设的动态性质,它们不但规定了 K 和 L 的水平是如何决定的,而且也设定了其变化率是如何决定的。

方程(15.25)、(15.26)、(15.27)构成了一个完整的模型。为解此模型,我们需要首先将其变换成一个单变量方程。将(15.25)代入(15.26),得到

$$\dot{K} = sL\phi(k), \qquad (15.28)$$

因 $k \equiv K/L, K \equiv kL$,所以将后一恒等式微分,可以得到 $\dot{K}$ 的另一表达式:

$$\dot{K} = L\dot{k} + k\dot{L}\,[\text{积的微分法则}]$$
$$= L\dot{k} + k\lambda L, \quad [\text{由}(15.27)] \qquad (15.29)$$

令(15.29)等于(15.28),并消去公因子 L,出现结果

$$\dot{k} = s\phi(k) - \lambda k, \qquad (15.30)$$

这个以 k 为变量,具有两个参数 s 和 λ 的微分方程,是索洛增长模型的基本方程。

定性图解分析

因为(15.30)是以一般函数形式表述的,不能得到具体的定量解。但我们可以对其进行定性分析。为此,我们需要给出以 $\dot{k}$ 为纵轴,以 k 为横轴的相位线。

因(15.30)的右边包含两项,所以,首先将其绘成两条各自独立的曲线。λk 项,是 k 的线性函数,在图 15.5(a)中显然是一条向右上方倾斜的直线,其纵截距为零,斜率为 λ。$s\phi(k)$ 项,可以绘成一条以递减速率递增的曲线。因为 $s\phi(k)$ 只是 $\phi(k)$ 的固定比例。若我们将 K 视为必不可少的生产要素,$s\phi(k)$ 曲线必须起自原点,这是因为若 $K=0$,因而 $k=0$,必然有 Q 为零,$\phi(k)$ 及 $s\phi(k)$ 也为零。曲线实际绘出的方式也反映了这样一个隐含的假设:存在着一个 k 值的集合,使得 $s\phi(k)$ 超过 λk,从而使得两条曲线在 k 的某个正值,比如 $\bar{k}$,相交。

基于上述两条曲线,对于每个 k 值,$\dot{k}$ 值可以由两条曲线间的纵向距离来度量。像图 15.5(b) 那样,对 k 绘出 $\dot{k}$ 的值,便会产生我们需要的相位线。注意,当资本劳动比率为 $\bar{k}$ 时图(a)中的两条曲线相交,图(b)中的相位线必在 $\bar{k}$ 与横轴相交。这标志着 $\bar{k}$ 为(跨期)均衡资本劳动比率。

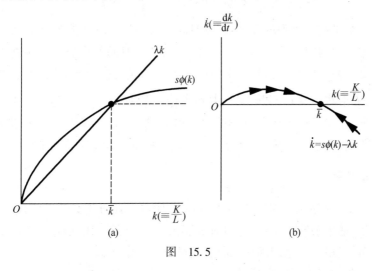

图 15.5

由于相位线在 $\bar{k}$ 的斜率为负,均衡显然是稳定均衡。给定任意正的初始值 k,模型的动态运动必然使之收敛于均衡水平 $\bar{k}$。重要的一点是,一旦达到均衡,则由定义,资本劳动比率不随时间而变化,则资本必随劳动以同一比例 λ 迅速增长。这又意味着净投资必定以比率 λ(参见练习 15.7-2)增长。但要注意,这里使用"必定"一词并不含有"要求"的含义,而是指"自动"的意思。因此,索洛模型说明,给定劳动增长率 λ,无需按照多马模型的敏感均衡方式,该经济体本身也会达到稳定增长的均衡状态,在这种均衡状态中,投资同 K 和 L 一样,也以比率 λ 增长。而且,为满足(15.25),Q 必须也以同样的比率增长,因为当资本劳动比率在 $\bar{k}$ 水平保持不变时,$\phi(k)$ 是一个常数。这种所有有关变量均按同一比率增长的状态,称作稳定状态

(steady state)——这是静止状态(stationary state)概念的推广(在静止状态中,相关变量保持不变,换言之,其增长率为零)。

注意,在上述分析中,为方便起见,假定生产函数不随时间而变化。但如果技术状况得到改善,那么,生产函数必须作适当修正。比如,可以将其写成这种形式

$$Q = T(t)f(K,L), \quad \left(\frac{dT}{dt} > 0\right)$$

其中 T 是技术水平的度量;它是时间的增函数。由于相乘的项 $T(t)$ 随时间而递增,K 和 L 不变也会使未来某一时间的产出大于现在的产出。在此情况下,图 15.5 中的 $s\phi(k)$ 曲线将持续向上移动,使之与 λk 射线的交点不断上升,并使 $\bar{k}$ 值不断增大。因此,随着技术的进步,在连续稳定状态中,该经济体中的每个工人可利用的资本设备的数量日益增多,从而使生产力日益提高,这一切都将是可能的。

定量解释

由于模型中存在一般函数 $\phi(k)$,所以上述分析必然是定性的。但是,如果我们设定一种具体形式的生产函数,比如线性齐次的柯布-道格拉斯生产函数,那么,便可以求得定量解。

我们将生产函数写成

$$Q = K^{\alpha}L^{1-\alpha} = L\left(\frac{K}{L}\right)^{\alpha} = Lk^{\alpha},$$

从而 $\phi(k) = k^{\alpha}$。则(15.30)变成

$$\dot{k} = sk^{\alpha} - \lambda k \quad \text{或} \quad \dot{k} + \lambda k = sk^{\alpha},$$

它是以 k 为变量[见(15.24)],有 $R = \lambda, T = s, m = \alpha$ 的伯努利方程。令 $z = k^{1-\alpha}$,我们得到其线性形式:

$$dz + [(1-\alpha)\lambda z - (1-\alpha)s]dt = 0,$$

或

$$\frac{dz}{dt} + \underbrace{(1-\alpha)\lambda}_{a} z = \underbrace{(1-\alpha)s}_{b},$$

这是一个具有常系数 a 和常数项 b 的线性微分方程。因此,由公式(15.5′),我们有

$$z(t) = \left[z(0) - \frac{s}{\lambda}\right]e^{-(1-\alpha)\lambda t} + \frac{s}{\lambda},$$

代入 $z = k^{1-\alpha}$ 便会得到最终解

$$k^{1-\alpha} = \left[k(0)^{1-\alpha} - \frac{s}{\lambda}\right]e^{-(1-\alpha)\lambda t} + \frac{s}{\lambda},$$

其中 $k(0)$ 为资本劳动比率 k 的初始值。

此解确定 k 的时间路径。回顾一下，$(1-\alpha)$ 和 λ 均为正，可以看到当 $t\to\infty$ 时，指数式将趋于零，因而

$$k^{1-\alpha} \to \frac{s}{\lambda} \quad \text{或} \quad k \to \left(\frac{s}{\lambda}\right)^{1/(1-\alpha)}, \quad \text{当 } t \to \infty,$$

于是，资本劳动比率将趋近于一个常数均衡值。此均衡或者稳定状态值 $(s/\lambda)^{1/(1-\alpha)}$ 与边际储蓄倾向 s 正相关，与劳动力的增长率 λ 负相关。

练习 15.7

1　以 k 通除 (15.30)，按照 k、K、L 的增长率解释所得到的方程。

2　证明：如果资本按比率 λ 增长（即 $K = Ae^{\lambda t}$），净投资 I 必然也按比率 λ 增长。

3　索洛模型中的原投入变量为 K 和 L，但基本方程 (15.30) 只集中于资本劳动比率 k，模型中的哪个（些）假设与这种变量转换有关（或使其可能）？试解释。

4　绘出下列每个方程的相位图，并讨论时间路径 $y(t)$ 的定性性质：

(a) $\dot{y} = 3 - y - \ln y$　　　(b) $\dot{y} = e^y - (y+2)$

第16章 高阶微分方程

在第15章,我们讨论了解一阶微分方程的方法。在一阶微分方程中,不存在阶数高于1的导数或微分。但有时,设定的模型可能包括二阶甚至更高阶的导数。比如,我们可能得到一个描述收入 Y 的"变化率的变化率"的函数:

$$\frac{\mathrm{d}^2 Y}{\mathrm{d} t^2} = kY,$$

我们需要由其求得 Y 的时间路径。在此情况下,给定函数构成了二阶微分方程,求时间路径 $Y(t)$ 即解二阶微分方程。本章关心的是这样的高阶微分方程的解法及其经济应用,但我们仍只讨论线性的情况。

一类简单的 n 阶线性微分方程的形式如下:

$$\frac{\mathrm{d}^n y}{\mathrm{d} t^n} + a_1 \frac{\mathrm{d}^{n-1} y}{\mathrm{d} t^{n-1}} + \cdots + a_{n-1} \frac{\mathrm{d} y}{\mathrm{d} t} + a_n y = b, \quad (16.1)$$

或用另一种符号表示

$$y^{(n)}(t) + a_1 y^{(n-1)}(t) + \cdots + a_{n-1} y'(t) + a_n y = b, \quad (16.1')$$

因为方程中的第 n 阶导数(左边第一项)是最高阶导数,所以它是 n 阶方程。它还是线性方程,因为因变量 y 及所有导数都是一次的,而且,不出现 y 和其任意阶导数相乘的乘积项。此外,读者还应注意,这个微分方程特征在于常系数(各个 a)和常数项(b)。系数为常数是本章始终保持的假设。但我们只是在这里作为第一步采纳 b 为常数项这一假设,在16.5节,我们将放弃这一假设,而采用可变项。

16.1 具有常系数和常数项的二阶线性微分方程

为便于教学,我们首先讨论二阶线性微分方程的解法。有关微分方程就是这样一种简单形式

$$y''(t) + a_1 y'(t) + a_2 y = b, \qquad (16.2)$$

其中 a_1, a_2 及 b 均为常数。若 b 恒为零,则得到齐次方程,但若 b 为非零常数,则方程为非齐次方程。我们的讨论是在(16.2)为非齐次的假设下进行的;在解非齐次方程(16.2)时,自然会产生一个副产品,即齐次方程的解。

在这方面,我们回顾一下在15.1节引入且在这里同样可以应用的命题:如果 y_c 是余函数,亦即简化方程(16.2)的通解(具有任意常数),如果 y_p 是特解,即完备方程(16.2)的任意特解(不含任意常数),则 $y(t) = y_c + y_p$ 是完备方程的通解。正如前面所解释的那样,y_p 部分使我们得到了该项跨期意义上变量 y 的均衡值,而 y_c 则揭示了在每一时点,时间路径 $y(t)$ 与均衡的偏离。

特别积分

对于常系数和常数项的情况,特别积分是相对容易求出的。因为特别积分可以是(16.2)的任何一个解,即满足此非齐次方程的任意 y 值,所以我们总可以试用最简单的函数形式,即 $y = $ 常数。如果 $y = $ 常数,由此得到

$$y'(t) = y''(t) = 0,$$

从而(16.2)实际变成 $a_2 y = b$,解为 $y = b/a_2$。因此,所求的特别积分为

$$y_p = \frac{b}{a_2}, \quad (a_2 \neq 0) \qquad (16.3)$$

因为求 y_p 值的过程中涉及条件 $y'(t) = 0$,所以,将 y_p 值视为跨期均衡,其合理性是不言自明的。

例1 求方程

$$y''(t) + y'(t) - 2y = -10$$

的特别积分。这里,相关的系数是 $a_2 = -2, b = -10$。因此,特别积分为 $y_p = -10/(-2) = 5$。

如果 $a_2 = 0$,从而 b/a_2 未有定义,情况会怎么样?在此情况下,因为 y_p 的常数解不成立,所以必须尝试解的非常数形式。取最简单的可能形式,可令 $y = kt$。因为 $a_2 = 0$,现在微分方程为

$$y''(t) + a_1 y'(t) = b$$

但若 $y = kt$,这意味着 $y'(t) = k, y''(t) = 0$,此方程简化为 $a_1 k = b$。这确定了 k 值为 b/a_1,因而给出特定积分

$$y_p = \frac{b}{a_1} t, \quad (a_2 = 0; a_1 \neq 0) \tag{16.3'}$$

在此情况下,由于 y_p 是时间的非常数函数,所以,我们将其视为移动均衡。

例2 求方程 $y''(t) + y'(t) = -10$。这里,我们有 $a_2 = 0, a_1 = 1$ 及 $b = -10$。因此,由(16.3'),我们可以写出

$$y_p = -10t.$$

若 a_1 恰好也为零,则解的形式 $y = kt$ 也不成立,因为 bt/a_1 现在也未有定义。那么,我们应尝试形式为 $y = kt^2$ 的解。由于 $a_1 = a_2 = 0$,微分方程简化为一种极其简单的形式

$$y''(t) = b,$$

若 $y = kt^2$,有 $y'(t) = 2kt, y''(t) = 2k$,可将微分方程写成 $2k = b$。因此求得 $k = b/2$,且特别积分为

$$y_p = \frac{b}{2} t^2, \quad (a_1 = a_2 = 0) \tag{16.3''}$$

此特别积分所表示的均衡也是移动均衡。

例3 求 $y''(t) = -10$ 的 y_p。因为系数为 $a_1 = a_2 = 0, b = -10$,公式(16.3'')适用。所以答案为 $y_p = -5t^2$。

余函数

(16.2)的余函数定义为其简化(齐次)方程

$$y''(t) + a_1 y'(t) + a_2 y = 0 \tag{16.4}$$

的通解。这就是为什么我们表明齐次函数的解总是解完备方程过程的副产品的原因。

尽管我们以前从未接触到这样的方程,但求一阶微分方程余函数的经验可以给我们提供有益的启示。由解(15.3)、(15.3')、(15.5)及(15.5')可知,指数表达式 Ae^{rt} 在常系一阶微分方程的余函数中起着非常重要的作用。那么,为什么不在二阶微分方程中也

试用 $y = Ae^{rt}$ 这种解的形式呢？

若我们采用试探解 $y = Ae^{rt}$，则必有 y 的导数

$$y'(t) = rAe^{rt} \quad \text{和} \quad y''(t) = r^2 Ae^{rt}$$

在 $y, y'(t), y''(t)$ 表达式的基础上，可将微分方程(16.4)变换为

$$Ae^{rt}(r^2 + a_1 r + a_2) = 0, \quad (16.4')$$

只要我们选择的那些 A 值和 r 值满足(16.4')，则试探解 $y = Ae^{rt}$ 应成立。这意味着我们或者令 $A = 0$，或者看到 r 满足方程

$$r^2 + a_1 r + a_2 = 0, \quad (16.4'')$$

但因为任意常数 A 可以运用问题的初始条件来确定，所以我们不能简单地随意令 $A = 0$。因此，有必要求满足(16.4'')的 r 值。

方程(16.4'')被称作齐次方程(16.4)或完备方程(16.2)的特征方程(或辅助方程)。因为它是 r 的二次方程，所以产生如下两个根(解)(这里称其为特征根)：①

$$r_1, r_2 = \frac{-a_1 \pm \sqrt{a_1^2 - 4a_2}}{2}, \quad (16.5)$$

这两个根之间具有一种简单而又重要的关系，它可以作为检验我们计算结果的一种方法：两个根的和总是等于 $-a_1$，而其积总是等于 a_2。此结论的证明很简单：

$$r_1 + r_2 = \frac{-a_1 + \sqrt{a_1^2 - 4a_2}}{2}$$

$$+ \frac{-a_1 - \sqrt{a_1^2 - 4a_2}}{2} = \frac{-2a_1}{2} = -a_1, \quad (16.6)$$

$$r_1 r_2 = \frac{(-a_1)^2 - (a_1^2 - 4a_2)}{4} = \frac{4a_2}{4} = a_2.$$

这两个根是我们可赋予解 $y = Ae^{rt}$ 中的 r 的仅有的值。但这实际上意味着存在着两个成立的解，即

$$y_1 = A_1 e^{r_1 t} \quad \text{和} \quad y_2 = A_2 e^{r_2 t},$$

---

① 注意，二次方程(16.4'')是标准化形式。r^2 的系数是 1。在应用公式(16.5)以求微分方程特征根时，我们必须首先确定特征方程确实是标准化形式。

其中 A_1 和 A_2 为两个任意常数,r_1,r_2 为由(16.5)求得的特征根。但因我们仅需一个通解,所以有一个解似乎是多余的。我们现在有两种选择:(1) 随机地选择 y_1 或 y_2;(2) 将其以某种方式合并。

第一种方式虽简单,但却难以接受。因为在 y_1 或 y_2 中仅有一个任意常数,但要作为二阶微分方程的通解,式中必须含有两个任意常数。这个要求产生于如下事实:在由函数 $y(t)$ 产生二阶导数 $y''(t)$ 的过程中,我们在两轮求导过程中"失去"两个常数,所以由二阶微分方程回复到原函数 $y(t)$ 时,应恢复两个常数。这使我们只能选择 y_1 和 y_2 组合的形式,从而使常数 A_1 和 A_2 均包含在内。所以,我们可以简单地取 y_1+y_2 作为(16.4)的通解。下面,我们来证明:如果 y_1 和 y_2 分别满足(16.4),则和 (y_1+y_2) 也将满足(16.4)。若 y_1 和 y_2 确实是(16.4)的解,则将每个解代入(16.4),必然发现如下两个方程成立:

$$y_1''(t) + a_1 y_1'(t) + a_2 y_1 = 0,$$

$$y_2''(t) + a_1 y_2'(t) + a_2 y_2 = 0,$$

将两个方程相加,求得

$$\underbrace{[y_1''(t) + y_2''(t)]}_{=\frac{d^2}{dt^2}(y_1+y_2)} + \underbrace{a_1[y_1'(t) + y_2'(t)]}_{=\frac{d}{dt}(y_1+y_2)} + a_2(y_1+y_2) = 0.$$

因此,像 y_1 或 y_2 一样,和 (y_1+y_2) 也满足(16.4)。相应地,齐次方程(16.4)的通解,或完备方程(16.2)的余函数一般可写成 $y_c = y_1 + y_2$。

对特征根公式(16.5)的更深入考察表明,就 r_1 和 r_2 的值而论,会产生三种可能的情况。在有些情况下,有必要对结果 $y_c = y_1 + y_2$ 进行修改。

第一种情况(不同的实根) 当 $a_1^2 > 4a_2$ 时,(16.5)中的平方根为实数,两个根 r_1 和 r_2 取不同的实数值,因为 r_1 等于 $-a_1$ 加上平方根,而 r_2 等于 $-a_1$ 减去平方根。在此情况下,我们的确能写成

$$y_c = y_1 + y_2 = A_1 e^{r_1 t} + A_2 e^{r_2 t}, \quad (r_1 \neq r_2) \tag{16.7}$$

因为两个根不同,因而两个指数式必定线性无关(没有一个根是另一个的倍数),因而 A_1 和 A_2 总是独立的。我们便得到了所需要的两

个常数。

例4 解微分方程
$$y''(t) + y'(t) - 2y = -10,$$
此方程的特别积分早已在例1中求出,为 $y_p = 5$。现在我们求其余函数。因为方程的系数为 $a_1 = 1, a_2 = -2$,由(16.5),特征根为
$$r_1, r_2 = \frac{-1 \pm \sqrt{1+8}}{2} = \frac{-1 \pm 3}{2} = 1, -2,$$
(检验:$r_1 + r_2 = -1 = -a_1; r_1 r_2 = -2 = a_2$。)因为根为不同的实根,所以余函数为 $y_c = A_1 e^t + A_2 e^{-2t}$。因此,通解可以写成
$$y(t) = y_c + y_p = A_1 e^t + A_2 e^{-2t} + 5. \qquad (16.8)$$

为确定常数 A_1 和 A_2,现在需要两个初始条件。令这两个条件为 $y(0) = 12, y'(0) = -2$。即当 $t=0$ 时,$y(t)$ 和 $y'(t)$ 分别为12和 -2。令(16.8)中的 $t=0$,求得
$$y(0) = A_1 + A_2 + 5,$$
将(16.8)对 t 求导,然后令导数中的 $t=0$,可求得
$$y'(t) = A_1 e^t - 2A_2 e^{-2t} \quad \text{和} \quad y'(0) = A_1 - 2A_2,$$
因此,为满足两个初始条件,必须令 $y(0) = 12, y'(0) = -2$,得到如下两个联立方程
$$A_1 + A_2 = 7,$$
$$A_1 - 2A_2 = -2,$$
其解为 $A_1 = 4, A_2 = 3$。因此,微分方程的定解为
$$y(t) = 4e^t + 3e^{-2t} + 5. \qquad (16.8')$$

同以前一样,我们可以通过微分检验此解的正确性。$(16.8')$ 的一阶和二阶导数为
$$y'(t) = 4e^t - 6e^{-2t} \quad \text{和} \quad y''(t) = 4e^t + 12e^{-2t},$$
当将它们与 $(16.8')$ 一起代入给定微分方程时,得到等式 $-10 = -10$。因此解是正确的。读者可以轻松地验证,$(16.8')$ 也满足两个初始条件。

第二种情况(重实根) 当微分方程中的系数使得 $a_1^2 = 4a_2$,(16.5)中的特征根等于零,两个特征根取相等的值

$$r(= r_1 = r_2) = -\frac{a_1}{2},$$

这样的根称为重根，或多重根(在这里为二重根)。

如果我们力图将余函数写成 $y_c = y_1 + y_2$，则在此情况下，两项合作为一项：

$$y_c = A_1 e^{rt} + A_2 e^{rt} = (A_1 + A_2) e^{rt} = A_3 e^{rt},$$

从而只含有一个常数。这使我们难以从二阶微分方程回复到其原函数。唯一的办法是求出和的另一个适当的项——它能满足(16.4)并与 $A_3 e^{rt}$ 线性无关，从而防止这样的"合并"。

满足这些要求的一个表达式是 $A_4 t e^{rt}$。因为变量 t 在该式中以积的形式存在，所以它显然与 $A_3 e^{rt}$ 线性无关。这样，它使我们可以引入另一个常数项 A_4。但 $A_4 t e^{rt}$ 是(16.4)的合适的解吗？如果我们试将其作为(16.4)的解，则由积的微分法则，可求出其一阶及二阶导数为

$$y'(t) = (rt + 1) A_4 e^{rt} \quad \text{和} \quad y''(t) = (r^2 t + 2r) A_4 e^{rt},$$

将 y, y', y'' 的表达式代入(16.4)的左边，得到表达式

$$[(r^2 t + 2r) + a_1(rt + 1) + a_2 t] A_4 e^{rt},$$

由于在这里，我们有 $a_1^2 = 4a_2, r = -a_1/2$，所以，最后一个表达式恒为零，因而总与(16.4)的右边相等。这证明 $A_4 t e^{rt}$ 确实可作为(16.4)的解。

因此，二重根情况下的余函数可以写成

$$y_c = A_3 e^{rt} + A_4 t e^{rt}. \tag{16.9}$$

例5 解微分方程

$$y''(t) + 6y'(t) + 9y = 27.$$

这里，系数为 $a_1 = 6, a_2 = 9$。因 $a_1^2 = 4a_2$，所以其根为重根。按照公式(16.5)，我们有 $r = -a_1/2 = -3$。因此，与(16.9)的结果一致，余函数可以写成

$$y_c = A_3 e^{-3t} + A_4 t e^{-3t}.$$

现在，给定函数的通解便容易求出了。试求特别积分的常数解，得到 $y_p = 3$。由此得完备方程的通解为

$$y(t) = y_c + y_p = A_3 e^{-3t} + A_4 t e^{-3t} + 3.$$

两个任意常数的值同样可以根据两个初始条件来确定。假设初始条件为 $y(0) = 5, y'(0) = -5$。令上述通解中的 $t = 0$,我们应求得 $y(0) = 5$,即

$$y(0) = A_3 + 3 = 5,$$

由此得 $A_3 = 2$,其次,对通解求导,再令 $t = 0$ 及 $A_3 = 2$,必有 $y'(0) = -5$。即

$$y'(t) = -3A_3 e^{-3t} - 3A_4 t e^{-3t} + A_4 e^{-3t}$$

和

$$y'(0) = -6 + A_4 = -5,$$

由此得 $A_4 = 1$。因此,我们最终可将给定方程的定解写成

$$y(t) = 2e^{-3t} + t e^{-3t} + 3.$$

第三种情况(复根) 关于系数 a_1 和 a_2 的相对大小,还存在第三种可能性,即 $a_1^2 < 4a_2$。当这种可能性万一发生时,公式(16.5)中将包含负数的平方根,在引入虚数和复数的概念以前,我们还不能处理这样的问题。由于这个原因,我们将满足于这种分类,并将其留待 16.2 节和 16.3 节详细讨论。

上述三种情况在图 16.1 中以三条曲线加以说明,每条曲线都表示二次函数 $f(r) = r^2 + a_1 r + a_2$ 的不同形式。正如我们已了解到的那样,当令此函数等于零时,结果是二次方程 $f(r) = 0$,解此方程仅是"求二次函数的零值"。从图形上看,这意味着方程的根可在横轴上 $f(r) = 0$ 处求得。

图 16.1 中的曲线最下面那条曲线与横轴相交两次,因而我们可以求得两个根 r_1 和 r_2,二者均满足二次方程 $f(r) = 0$,且均为实数值。因此这条曲线说明了第一种情况。下面转向中间那条曲线,我们注意到它与横轴仅相交于一点 r_3。r_3 是满足方程 $f(r) = 0$ 的唯一的值,因此,中间这条曲线说明了第二种情况。最后,我们注意到最上面那条曲线与横轴不相交,不存在满足方程 $f(r) = 0$ 的实数根。在此情况下,尽管不存在实数根,但仍存在两个复数满足这个方程。我们在下一节将证明这一点。

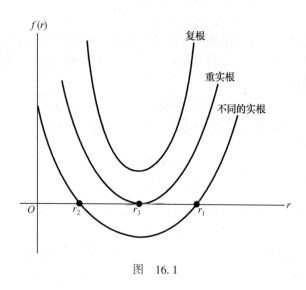

图 16.1

均衡的动态稳定性

对于第一、二种情况,均衡的动态稳定性仍取决于特征根的代数符号。

对于第一种情况,余函数(16.7)由两个指数式 $A_1 e^{r_1 t}$ 和 $A_2 e^{r_2 t}$ 构成。系数 A_1 和 A_2 为任意常数,其值取决于问题的初始条件。因此,无论初始条件如何,我们可以确定,当且仅当两个根 r_1 和 r_2 均为负,方可达到动态稳定均衡(当 $t \to \infty$ 时,$y_c \to 0$)。我们强调"两个"一词,是因为动态稳定性的条件甚至不允许其中的一个根为正或者为零。比如,如果 $r_1 = 2$,而 $r_2 = -5$,初看起来,第二个根有较大的绝对值,似乎可以超过第一个。但实际上,是这个正根最终将起支配作用,因为当 t 增大时,e^{2t} 将会增大,而 e^{-5t} 则会逐渐变小。

对于第二种重根的情况,余函数(16.9)不仅包含我们熟悉的 e^{rt} 指数式,而且包含乘积式 te^{rt},不管初始条件如何,e^{rt} 趋近于零的充要条件是 $r<0$。但是什么条件能保证 te^{rt} 为零呢?实际上,te^{rt}(或更一般地,$t^k e^{rt}$)与 e^{rt}($r \neq 0$)拥有相同类型的一般时间路径。因此,条件 $r<0$ 确实是当 $t \to \infty$ 时,整个完备方程趋近于零,产生跨期动态稳定均衡的充要条件。

练习 16.1

1. 求每个方程的特别积分：
   (a) $y''(t) - 2y'(t) + 5y = 2$
   (b) $y''(t) + y'(t) = 7$
   (c) $y''(t) + 3y = 9$
   (d) $y''(t) + 2y'(t) - y = -4$
   (e) $y''(t) = 12$

2. 求每个方程的余函数：
   (a) $y''(t) + 3y'(t) - 4y = 12$
   (b) $y''(t) + 6y'(t) + 5y = 10$
   (c) $y''(t) - 2y'(t) + y = 3$
   (d) $y''(t) + 8y'(t) + 16y = 0$

3. 求上题每个微分方程的通解，然后运用初始条件 $y(0) = 4, y'(0) = 2$，求其定解。

4. 上题所求得的跨期均衡是动态稳定的吗？

5. 验证例 5 的定解确实：(a) 满足两个初始条件；(b) 具有与给定微分方程一致的一阶和二阶导数。

6. 证明当 $t \to \infty$ 时，若 $r < 0$，则 te^{rt} 的极限为零；但若 $r \geq 0$，则其极限为无穷大。

16.2 复数和三角函数

当二阶线性微分方程 $y''(t) + a_1 y'(t) + a_2 y = b$ 的系数使得 $a_1^2 < 4a_2$ 时，特征根公式(16.5)要求取负的平方根。因为任意正实数或负实数的平方均为正，而零的平方仍为零，所以只有非负实数才会产生实数值平方根。因此，如果我们仅将注意力集中于实数体系，正如我们迄今一直所做的那样，那么就没有特征根适用于这种情况(上节中的第三种情况)。这驱使我们去考察实数体系以外的数。

虚数与复数

就概念而言，我们可以定义一个数 $i \equiv \sqrt{-1}$，其平方等于 -1。由于 i 是负数的平方根，所以它显然不是一个实数。因而，我们称其为虚数。根据这个定义,我们还可以写出许多其他虚数,如 $\sqrt{-9} = \sqrt{9}\sqrt{-1} = 3i$ 及 $\sqrt{-2} = \sqrt{2}i$ 等。

进一步扩展虚数概念的应用,我们还可以构造另一种数——一种既包含实数部分,也包含虚数部分的数,比如 $(8+i)$ 和 $(3+5i)$。我们将这种数称作复数,一般可以用 $(h+vi)$ 的形式来表示,其中 h 和 v 为两个实数。① 当然,当 $v=0$ 时,复数就简化为实数,而若 $h=0$,则复数就化为虚数。因此,所有实数的集合(称其为 **R**)构成了所有复数的集合(称为 **C**)的一个子集。类似地,所有虚数的集合(称其为 **I**)也构成了 **C** 的一个子集。即 $\mathbf{R} \subset \mathbf{C}$ 和 $\mathbf{I} \subset \mathbf{C}$。而且因为"实"与"虚"这两个术语相互排斥,所以集合 **R** 和 **I** 必不相交,即 $\mathbf{R} \cap \mathbf{I} = \varnothing$。

复数 $(h+vi)$ 在几何上可通过阿拉贡图来表示,如图 16.2 所示,把 h 水平地绘在实轴上,v 垂直地绘在虚轴上,这样,复数 $(h+vi)$ 可以点 (h,v) 来表示,在图中我们还将此点标为 C。当然,h 和 v 值具有代数符号,若 $h<0$,点 C 位于原点的左边;类似地,负的 v 意味着点 C 位于横轴下方。

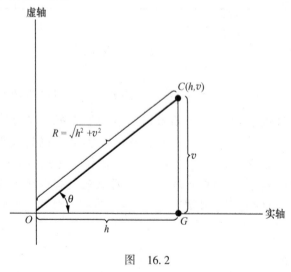

图 16.2

---

① 在一般复数符号中,我们使用符号 h(表示横向,horizontal)和 v(表示纵向,vertical),因为我们将在二维图形的横轴和纵轴上分别描绘 h 和 v 的值。

给定 h 和 v 值,运用毕达哥拉斯定理,即直角三角形斜边的平方等于另外两边平方之和,我们也可以计算出直线 OC 的长度。以 R(表示矢径)表示 OC 的长度,我们有

$$R^2 = h^2 + v^2 \quad \text{和} \quad R = \sqrt{h^2 + v^2}, \qquad (16.10)$$

其中平方根总取正值。R 的值有时也称作复数 $(h+vi)$ 的绝对值或模(注意,改变 h 和 v 的符号对复数的绝对值 R 无影响)。同 h 和 v 一样,R 也是实数值,但与其不同的是,R 总为正。我们将发现,数 R 在下面的讨论中具有重要意义。

复根

在此过程中,让我们回到公式(16.5),考察复特征根的情况。当二阶微分方程的系数使得 $a_1^2 < 4a_2$ 时,平方根表达式(16.5)可以写成

$$\sqrt{a_1^2 - 4a_2} = \sqrt{4a_2 - a_1^2}\sqrt{-1} = \sqrt{4a_2 - a_1^2}\,\mathrm{i},$$

因此,若采用简写符号

$$h = \frac{-a_1}{2} \quad \text{和} \quad v = \frac{\sqrt{4a_2 - a_1^2}}{2}$$

则两个根可用一对共轭复数来表示:

$$r_1, r_2 = h \pm v\mathrm{i},$$

这两个复根之所以称作"共轭",是因为二者总是同时出现,一个是 h 与 $v\mathrm{i}$ 的和,另一个为 h 与 $v\mathrm{i}$ 的差。注意,它们具有相同的绝对值 R。

例1 求特征方程 $r^2 + r + 4 = 0$ 的根。应用熟悉的公式,得到

$$r_1, r_2 = \frac{-1 \pm \sqrt{-15}}{2} = \frac{-1 \pm \sqrt{15}\sqrt{-1}}{2} = \frac{-1}{2} \pm \frac{\sqrt{15}}{2}\mathrm{i},$$

它们构成了一对共轭复数。

同以前一样,可以使用(16.6)来验证我们的计算结果。若计算正确,则我们应有 $r_1 + r_2 = -a_1(=-1)$ 和 $r_1 r_2 = a_2(=4)$。因为确实可求得

$$r_1 + r_2 = \left(\frac{-1}{2} + \frac{\sqrt{15}\mathrm{i}}{2}\right) + \left(\frac{-1}{2} - \frac{\sqrt{15}\mathrm{i}}{2}\right)$$

$$= \frac{-1}{2} + \frac{-1}{2} = -1$$

和 $r_1 r_2 = \left(\frac{-1}{2} + \frac{\sqrt{15}i}{2}\right)\left(\frac{-1}{2} - \frac{\sqrt{15}i}{2}\right)$

$$= \left(\frac{-1}{2}\right)^2 - \left(\frac{\sqrt{15}i}{2}\right)^2 = \frac{1}{4} - \frac{-15}{4} = 4,$$

所以,我们的计算结果是正确的。

即使在复根的情况下(上节中的第三种情况),我们仍可按(16.7)来表示微分方程的余函数。即

$$y_c = A_1 e^{(h+vi)t} + A_2 e^{(h-vi)t} = e^{ht}(A_1 e^{vit} + A_2 e^{-vit}), \quad (16.11)$$

但这里已引进了一个新的特点:数 i 出现在括号中两个指数的表达式中。我们如何解释这个虚指数函数呢?

为便于解释,先将这些指数式转化为等价的三角函数是有益的。正如我们将要看到的那样,三角函数具有变量周期波动的特征。因此,作为可转化为三角函数的余函数(16.11),可以预期它将产生周期性的时间路径。

三角函数

如图 16.3 所示,考察以原点为圆心,以 R 为半径的圆。假设半径像时针一样逆时针由 OA 开始旋转,逐渐旋转到 OP,再依次旋转到位置 OB,OC 及 OD,最后再旋转至 OA。以后,圆又可以重复旋转。

当时针旋转至某一特定位置,比如 OP 时,与线段 OA 形成定角 θ,时针的端点(P)确定垂直距离 v 和水平距离 h。在旋转过程中,当角度 θ 变化时,尽管 R 不变,但 v 和 h 会发生变化。这样,比率 v/R 和 h/R 必随 θ 变化而变化,即此两个比率均是角 θ 的函数。具体地说,v/R 和 h/R 分别称作 θ 的正弦(函数)和余弦(函数)。

$$\sin\theta = \frac{v}{R}, \quad (16.12)$$

$$\cos\theta = \frac{h}{R}, \quad (16.13)$$

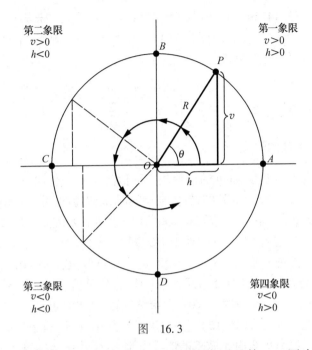

图 16.3

由于这些函数与圆相联系,所以它们被称作圆函数。又因为它们还与三角形有关,所以也被称为三角函数。它们还有另一个别致的名称——类正余弦函数。正弦函数和余弦函数并非仅有的三角函数,另一个常见的三角函数是正切函数,定义为

$$\tan\theta = \frac{\sin\theta}{\cos\theta} = \frac{v}{h}, \quad (h \neq 0)$$

但我们这里主要关心的是正弦函数和余弦函数。

三角函数的自变量是角 θ,因而这里的映射是从角到两个距离比率的映射。通常,角以度数(如 $30°, 45°, 90°$ 等)来度量,但在分析工作中,用弧度来度量更方便一些。弧度度量的优点源于下述事实:当 θ 以弧度度量时,三角函数的导数会产生更简洁的表达式——这非常类似于以 e 为底的指数函数和对数函数。但一弧度等于多少呢?为解释这一问题,我们再回到图 16.3,在图中我们已绘出了点 P,使得弧 AP 的长度恰好等于半径 R 的长度。以这样的弧长 R 所定义的角 θ 的大小,称作 1 弧度(简写为 rad)。因为圆周长等于 $2\pi R$

(其中 $\pi = 3.14159\cdots$),所以一个完整的圆必定等于 2π 弧度。但按度数来度量,一个完整的圆为 $360°$。因此,令 $360°$ 等于 2π 弧度,我们可以得到下述换算表:

度数	360	270	180	90	45	0
弧度	2π	$\dfrac{3\pi}{2}$	π	$\dfrac{\pi}{2}$	$\dfrac{\pi}{4}$	0

正、余弦函数的性质

给定 R 的长度,$\sin\theta$ 的值取决于 v 值随角 θ 变化的方式。在起点 OA,$v=0$。当时针沿逆时针方向旋转时,v 值递增,并取正值,当时针与 OB 重合,即当 $\theta = \pi/2$($=90°$)时,达到最大值 $v=R$。继续旋转,v 值开始递减,直至时针处于 OC,即 $\theta = \pi$($=180°$)时,v 值变为零。当时针进入第三象限,v 开始取负值,在 OD 处,$v=-R$。在第四象限,v 仍为负,但当时针返回到 OA 时,它从负值($-R$)增至 $v=0$,即当 $\theta = 2\pi$($=360°$)时,$v=0$。再继续旋转,结果会重复。

当把 v 值代入(16.12)时,可得到在表 16.1 中"$\sin\theta$"一行表示的结果。但为更全面地描述正弦函数,请参看图 16.4(a)中的图形。在该图中依据 θ 值(以弧度表示)绘出 $\sin\theta$ 的值。

表 16.1

θ	0	$\dfrac{1}{2}\pi$	π	$\dfrac{3}{2}\pi$	2π
$\sin\theta$	0	1	0	-1	0
$\cos\theta$	1	0	-1	0	1

与此相反,$\cos\theta$ 的值取决于随 θ 而变化的 h 值。在起始位置 OA,有 $h=R$。然后,h 逐渐减小,当 $\theta = \pi/2$(位置 OB)时,$h=0$。在第二象限,h 为负,当 $\theta = \pi$(位置 OC)时,$h=-R$。在第三象限,h 由 $-R$ 增至零,当 $\theta = 3\pi/2$(位置 OD)时,$h=0$。在第四象限,h 又变为正值,当时针返回到位置 OA 时($\theta = 2\pi$),我们又有 $h=R$。然后圆又重新旋转。

将上面那些 h 值代入(16.13),得到表 16.1 中最下边一行的结果,但图 16.4(b)对余弦函数给出了更全面的描述。

函数 $\sin\theta$ 和 $\cos\theta$ 具有相同的定义域,即所有实数(θ 的弧度度量)的集合。在这方面,也许我们应该指出,负角不过意味着时针顺时针旋转。比如,在图 16.3 中,从 OA 到 OD 的顺时针旋转,产生 $-\pi/2$ 弧度($= -90°$)。这两个函数也有共同的值域,即闭区间 $[-1,1]$。因此,图 16.4 中 $\sin\theta$ 和 $\cos\theta$ 的图形限定在一定的水平带内。

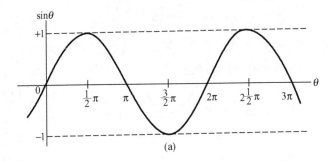

(a)

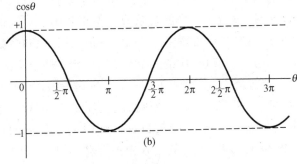

(b)

图 16.4

正弦函数和余弦函数的主要特征是它们均具有周期性,角 θ 旋转 2π 弧度,函数值重复一次。因此,我们可以说,每个函数以 2π 为周期。基于这种周期性特征,下列方程成立(对任意整数 n):

$$\sin(\theta + 2n\pi) = \sin\theta, \quad \cos(\theta + 2n\pi) = \cos\theta,$$

即任意角 θ 加上或减去 2π 的任意整数倍,对 $\sin\theta$ 和 $\cos\theta$ 的值均无影响。

正、余弦函数的图形表明,函数在每一波动周期都有固定的波动幅度,即 ± 1。所以我们有时也以函数的波幅为 1 来描述这种特征。

由于 $\sin\theta$ 和 $\cos\theta$ 的波幅相等,周期相同,所以,我们看到,如果将 $\cos\theta$ 曲线右移 $\dfrac{\pi}{2}$,则它将与 $\sin\theta$ 曲线恰好重合。因此,我们说这两条曲线的差别仅在于周相不同,即在每个周期中峰值的位置不同。这个事实用符号可用下列方程来描述:

$$\cos\theta = \sin\left(\theta + \frac{\pi}{2}\right).$$

正弦和余弦函数满足某些恒等式。其中比较常见的有

$$\sin(-\theta) \equiv -\sin\theta,$$
$$\cos(-\theta) \equiv \cos\theta, \tag{16.14}$$
$$\sin^2\theta + \cos^2\theta \equiv 1\,[\,\text{其中}\ \sin^2\theta \equiv (\sin\theta)^2,\text{以此类推}\,],$$
$$\sin(\theta_1 \pm \theta_2) \equiv \sin\theta_1\cos\theta_2 \pm \cos\theta_1\sin\theta_2, \tag{16.15}$$
$$\cos(\theta_1 \pm \theta_2) \equiv \cos\theta_1\cos\theta_2 \mp \sin\theta_1\sin\theta_2, \tag{16.16}$$

(16.14)中的两个恒等式用于强调这一事实:余弦函数是关于纵轴对称的(即 θ 与 $-\theta$ 得到同样的余弦值),但正弦函数对纵轴是非对称的。(16.15)中的恒等式表明,对任意 θ 值,其正弦和余弦函数的平方和恒等于 1。(16.16)中的一组恒等式给出了两个角 θ_1 和 θ_2 的和与差的正弦与余弦。这些恒等式在后面的讨论中是极其有益的。

最后,谈一下导数。正、余弦函数均是连续、平滑和可导的。当 $\Delta\theta \to 0$,分别取微商 $\Delta(\sin\theta)/\Delta\theta$,$\Delta(\cos\theta)/\Delta\theta$ 的极限,便可得到导数 $\mathrm{d}(\sin\theta)/\mathrm{d}\theta$ 和 $\mathrm{d}(\cos\theta)/\mathrm{d}\theta$。这里仅叙述结果,不加以证明:

$$\frac{\mathrm{d}}{\mathrm{d}\theta}\sin\theta = \cos\theta, \tag{16.17}$$

$$\frac{\mathrm{d}}{\mathrm{d}\theta}\cos\theta = -\sin\theta, \tag{16.18}$$

但应强调的是,仅当 θ 以弧度来度量时,导数公式才成立。若以度数来度量,(16.17)会变成 $\mathrm{d}(\sin\theta)/\mathrm{d}\theta = (\pi/180)\cos\theta$。正是为了去掉因子 $(\pi/180)$,所以在分析工作中宁愿选用弧度,而不用度数作为度量单位。

例 2 求 $\sin\theta$ 曲线在 $\theta = \pi/2$ 的斜率。正弦曲线的斜率由其导数 $(=\cos\theta)$ 给出。因此,在 $\theta = \pi/2$,斜率应等于 $\cos(\pi/2) = 0$。读

者可由图16.4来验证这一结果。

例3 求 $\sin\theta$ 的二阶导数。由(16.17),我们知道,$\sin\theta$ 的一阶导数为 $\cos\theta$,因此,所求一阶导数为

$$\frac{d^2}{d\theta^2}\sin\theta = \frac{d}{d\theta}\cos\theta = -\sin\theta.$$

欧拉关系

在9.5节中,我们已证明任意具有有限、连续直至所需阶导数的函数可以展开成一个多项式函数。而且,如果所产生的泰勒级数(在任意点 x_0 展开)或麦克劳林级数(在 $x_0 = 0$ 处展开)的余项,在项数 n 变得无穷大时恰好为零,则该多项式可以写成无穷级数。现在我们先展开正弦和余弦函数,然后再设法证明我们在(16.11)中所遇到的虚指数式可以变换成具有相同展开式的三角函数。

对于正弦函数,写成 $\phi(\theta) = \sin\theta$。由此得 $\phi(0) = \sin 0 = 0$。连续求导,得到

$$\left.\begin{aligned}\phi'(\theta) &= \cos\theta, \\ \phi''(\theta) &= -\sin\theta, \\ \phi'''(\theta) &= -\cos\theta, \\ \phi^{(4)}(\theta) &= \sin\theta, \\ \phi^{(5)}(\theta) &= \cos\theta, \\ &\vdots\end{aligned}\right\} \Rightarrow \begin{cases}\phi'(0) = \cos 0 = 1, \\ \phi''(0) = -\sin 0 = 0, \\ \phi'''(0) = -\cos 0 = -1, \\ \phi^{(4)}(0) = \sin 0 = 0, \\ \phi^{(5)}(0) = \cos 0 = 1, \\ \vdots\end{cases}$$

当将其代入(9.14),其中 θ 现在代替了 x,得到如下带余项的麦克劳林展开式:

$$\sin\theta = 0 + \theta + 0 - \frac{\theta^3}{3!} + 0 + \frac{\theta^5}{5!} + \cdots + \frac{\phi^{(n+1)}(p)}{(n+1)!}\theta^{n+1},$$

现在,最后一项(余项)中的 $\phi^{(n+1)}(p)$,表示 $(n+1)$ 阶导数在 $\theta = p$ 处计算的值,仅能取 $\pm\cos p$ 或 $\pm\sin p$ 的形式,因此,无论 n 的值多大,其仅能在区间 $[-1,1]$ 中取值。另一方面,当 $n \to \infty$ 时 $(n+1)!$ 会迅速增加——事实上,当 n 增加时,$(n+1)!$ 要比 θ^{n+1} 增加得更快。因此,当 $n \to \infty$ 时,余项将趋于零,因此,我们可以将麦克劳林级数表示成一个无穷级数:

$$\sin\theta = \theta - \frac{\theta^3}{3!} + \frac{\theta^5}{5!} - \frac{\theta^7}{7!} + \cdots. \qquad (16.19)$$

类似地,若记 $\psi(\theta) = \cos\theta$,则 $\psi(0) = \cos 0 = 1$,其各阶导数依次为

$$\left.\begin{aligned}\psi'(\theta) &= -\sin\theta, \\ \psi''(\theta) &= -\cos\theta, \\ \psi'''(\theta) &= \sin\theta, \\ \psi^{(4)}(\theta) &= \cos\theta, \\ \psi^{(5)}(\theta) &= -\sin\theta, \\ &\vdots \end{aligned}\right\} \Rightarrow \begin{aligned}\psi'(0) &= -\sin 0 = 0, \\ \psi''(0) &= -\cos 0 = -1, \\ \psi'''(0) &= \sin 0 = 0, \\ \psi^{(4)}(0) &= \cos 0 = 1, \\ \psi^{(5)}(0) &= -\sin 0 = 0, \\ &\vdots \end{aligned}$$

基于这些导数,可将 $\cos\theta$ 展开如下:

$$\cos\theta = 1 + 0 - \frac{\theta^2}{2!} + 0 + \frac{\theta^4}{4!} + \cdots + \frac{\psi^{(n+1)}(p)}{(n+1)!}\theta^{n+1},$$

因为当 $n \to \infty$ 时,余项仍趋近于零,则余弦函数也可以表示成如下无穷级数:

$$\cos\theta = 1 - \frac{\theta^2}{2!} + \frac{\theta^4}{4!} - \frac{\theta^6}{6!} + \cdots. \qquad (16.20)$$

读者一定注意到,有了(16.19)和(16.20)式,对所有可能的 θ 值(弧度),我们现在可以构造一个正弦值和余弦值的表。但我们眼前关心的是求出虚指数式与三角函数的关系。为此,我们现在展开两个指数式 $e^{i\theta}$ 和 $e^{-i\theta}$。读者将会认识到它们是式 e^x 的特殊形式。在(10.6)中已给出了 e^x 的展开式

$$e^x = 1 + x + \frac{1}{2!}x^2 + \frac{1}{3!}x^3 + \frac{1}{4!}x^4 + \cdots,$$

因此,令 $x = i\theta$,立即得到

$$\begin{aligned}e^{i\theta} &= 1 + i\theta + \frac{(i\theta)^2}{2!} + \frac{(i\theta)^3}{3!} + \frac{(i\theta)^4}{4!} + \frac{(i\theta)^5}{5!} + \cdots \\ &= 1 + i\theta - \frac{\theta^2}{2!} - \frac{i\theta^3}{3!} + \frac{\theta^4}{4!} + \frac{i\theta^5}{5!} - \cdots \\ &= \left(1 - \frac{\theta^2}{2!} + \frac{\theta^4}{4!} - \cdots\right) + i\left(\theta - \frac{\theta^3}{3!} + \frac{\theta^5}{5!} - \cdots\right),\end{aligned}$$

类似地,令 $x = -i\theta$,可得到如下结果

$$e^{-i\theta} = 1 - i\theta + \frac{(-i\theta)^2}{2!} + \frac{(-i\theta)^3}{3!} + \frac{(-i\theta)^4}{4!} + \frac{(-i\theta)^5}{5!} + \cdots$$

$$= 1 - i\theta - \frac{\theta^2}{2!} + \frac{i\theta^3}{3!} + \frac{\theta^4}{4!} - \frac{i\theta^5}{5!} - \cdots$$

$$= \left(1 - \frac{\theta^2}{2!} + \frac{\theta^4}{4!} - \cdots\right) - i\left(\theta - \frac{\theta^3}{3!} + \frac{\theta^5}{5!} - \cdots\right),$$

将(16.19)和(16.20)代入上述两个结果,便可确立如下两个恒等式(称作欧拉关系):

$$e^{i\theta} \equiv \cos\theta + i\sin\theta, \qquad (16.21)$$

$$e^{-i\theta} \equiv \cos\theta - i\sin\theta, \qquad (16.21')$$

这两个公式使我们可以将任意虚指数函数转换成等价的正弦和余弦函数的线性组合,反之亦然。

例4 求 $e^{i\pi}$ 的值。我们首先将此式转换成三角函数式。令(16.21)中的 $\theta = \pi$,可求得 $e^{i\pi} = \cos\pi + i\sin\pi$。因 $\cos\pi = -1, \sin\pi = 0$,由此得 $e^{i\pi} = -1$。

例5 证明 $e^{-i\pi/2} = -i$。令(16.21')中的 $\theta = \pi/2$,我们有:

$$e^{-i\pi/2} = \cos\frac{\pi}{2} - i\sin\frac{\pi}{2} = 0 - i(1) = -i.$$

复数的另一种表示方式

迄今为止,我们一直把一对共轭复数以一般形式 $(h \pm vi)$ 来表示。因为在一个阿拉贡图形的笛卡儿坐标系中,h 和 v 表示横坐标与纵坐标,所以,表达式 $(h \pm vi)$ 表示一对共轭复数的笛卡儿形式。作为讨论三角函数和欧拉关系的副产品,我们现在可以另外两种方式表示 $(h \pm vi)$。

参考图16.2,一旦 h 和 v 的值确定,则角 θ 和 R 的值也就确定了。因为已知的 θ 和 R 可共同在阿拉贡图中确定一个点,所以,我们可使用 θ 和 R 确定一对特定的共轭复数。将正弦函数(16.12)和余弦函数(16.13)的定义重写成

$$v = R\sin\theta \quad \text{和} \quad h = R\cos\theta, \qquad (16.22)$$

共轭复数 $(h \pm vi)$ 可以变换如下:

$$h \pm vi = R\cos\theta \pm R i\sin\theta = R(\cos\theta \pm i\sin\theta),$$

在变换时,我们实际上已由复数的笛卡儿坐标(h 和 v)转换为所谓的极坐标(R 和 θ)。相应地,上面方程右边的表达式给出了共轭复数的极形式。

进而,由欧拉关系,极形式也可以写成如下指数形式:$R(\cos\theta \pm i\sin\theta) = Re^{\pm i\theta}$。因此,我们有共轭复数的三种可供选择的表达方式:

$$h \pm vi = R(\cos\theta \pm i\sin\theta) = Re^{\pm i\theta}. \quad (16.23)$$

若已知 R 和 θ 的值,我们可利用(16.22)中的两个方程,直接变换为 h 和 v。那么,逆变换又如何呢?根据已知的 h 和 v 值,求相应的 R 值并无困难,它等于 $\sqrt{h^2+v^2}$。但求 θ 则有些困难,所求的 θ 值(弧度)满足两个条件 $\cos\theta = h/R$ 和 $\sin\theta = v/R$,但对给定的 h 和 v 值,θ 不是唯一的(为什么?)。好在这个问题并不严重,把我们的注意力集中于定义域区间 $(0, 2\pi)$,不确定性便可以解决。

例 6 求复数 $5e^{3i\pi/2}$ 的笛卡儿形式。这里我们有 $R = 5, \theta = 3\pi/2$,因此,根据(16.22)和表 16.1,

$$h = 5\cos\frac{3\pi}{2} = 0 \quad \text{和} \quad v = 5\sin\frac{3\pi}{2} = -5,$$

因此,笛卡儿形式为 $h + vi = -5i$。

例 7 求 $(1+\sqrt{3}i)$ 的极形式和指数形式。在本例中,我们有 $h = 1, v = \sqrt{3}$,因此 $R = \sqrt{1+3} = 2$。这次表 16.1 中的值对确定 θ 值无帮助,但列出了另外一些 $\sin\theta$ 和 $\cos\theta$ 值的表 16.2 是有帮助的。具体地说,我们在求使得 $\cos\theta = h/R = 1/2$ 和 $\sin\theta = v/R = \sqrt{3}/2$ 的 θ 值。值 $\theta = \pi/3$ 满足这一要求。因此,根据(16.23),所求变换为

$$1 + \sqrt{3}i = 2\left(\cos\frac{\pi}{3} + i\sin\frac{\pi}{3}\right) = 2e^{i\pi/3}.$$

在结束这个话题以前,我们还需注意一下结果(16.23)的一个重要推广。假设我们有一个复数的 n 次幂,比如 $(h+vi)^n$,那么,我们如何写出其极形式和指数形式?指数形式是很容易推导的。因为 $h + vi = Re^{i\theta}$,由此得

$$(h+vi)^n = (Re^{i\theta})^n = R^n e^{in\theta},$$

类似地,我们可以写出

$$(h - v\mathrm{i})^n = (R\mathrm{e}^{-\mathrm{i}\theta})^n = R^n \mathrm{e}^{-\mathrm{i}n\theta},$$

注意,幂数 n 带来了两种变化:(1) R 现在变成了 R^n;(2) θ 现在变成了 $n\theta$。将这两种变化加入(16.23)的极形式中时,我们求得

$$(h \pm v\mathrm{i})^n = R^n(\cos n\theta \pm \mathrm{i}\sin n\theta), \quad (16.23')$$

即 $\quad [R(\cos\theta \pm \mathrm{i}\sin\theta)]^n = R^n(\cos n\theta \pm \mathrm{i}\sin n\theta),$

此即棣莫弗定理(De Moivre's Theorem)。该定理表明,复数自乘 n 次幂,只需修正极坐标如下: R 自乘 n 次幂,并以 n 乘 θ。

表 16.2

θ	$\dfrac{\pi}{6}$	$\dfrac{\pi}{4}$	$\dfrac{\pi}{3}$	$\dfrac{3\pi}{4}$
$\sin\theta$	$\dfrac{1}{2}$	$\dfrac{1}{\sqrt{2}}\left(=\dfrac{\sqrt{2}}{2}\right)$	$\dfrac{\sqrt{3}}{2}$	$\dfrac{1}{\sqrt{2}}\left(=\dfrac{\sqrt{2}}{2}\right)$
$\cos\theta$	$\dfrac{\sqrt{3}}{2}$	$\dfrac{1}{\sqrt{2}}\left(=\dfrac{\sqrt{2}}{2}\right)$	$\dfrac{1}{2}$	$\dfrac{-1}{\sqrt{2}}\left(=\dfrac{-\sqrt{2}}{2}\right)$

练习 16.2

1. 求如下二次方程的根:
   (a) $r^2 - 3r + 9 = 0$
   (b) $r^2 + 2r + 17 = 0$
   (c) $2x^2 + x + 8 = 0$
   (d) $2x^2 - x + 1 = 0$

2. (a) 一弧度等于多少度?
   (b) 一度等于多少弧度?

3. 参考图 16.3,并运用毕达哥拉斯定理,证明
   (a) $\sin^2\theta + \cos^2\theta \equiv 1$
   (b) $\sin\dfrac{\pi}{4} = \cos\dfrac{\pi}{4} = \dfrac{1}{\sqrt{2}}$

4. 运用恒等式(16.14),(16.15)及(16.16),证明:
   (a) $\sin 2\theta \equiv 2\sin\theta\cos\theta$
   (b) $\cos 2\theta \equiv 1 - 2\sin^2\theta$
   (c) $\sin(\theta_1 + \theta_2) + \sin(\theta_1 - \theta_2) \equiv 2\sin\theta_1\cos\theta_2$
   (d) $1 + \tan^2\theta \equiv \dfrac{1}{\cos^2\theta}$
   (e) $\sin\left(\dfrac{\pi}{2} - \theta\right) \equiv \cos\theta$

(f) $\cos\left(\dfrac{\pi}{2} - \theta\right) \equiv \sin\theta$

5 运用链式求导法则:

(a) 写出 $\dfrac{d}{d\theta}\sin f(\theta)$ 和 $\dfrac{d}{d\theta}\cos f(\theta)$ 的导数公式,其中 $f(\theta)$ 为 θ 的函数。

(b) 求 $\cos\theta^3, \sin(\theta^2 + 3\theta), \cos e^{\theta}$ 及 $\sin(1/\theta)$ 的导数。

6 由欧拉关系,导出:

(a) $e^{-i\pi} = -1$ (b) $e^{i\pi/3} = \dfrac{1}{2}(1 + \sqrt{3}\,i)$

(c) $e^{i\pi/4} = \dfrac{\sqrt{2}}{2}(1 + i)$ (d) $e^{-3i\pi/4} = -\dfrac{\sqrt{2}}{2}(1 + i)$

7 求下列每个复数的笛卡儿形式:

(a) $2\left(\cos\dfrac{\pi}{6} + i\sin\dfrac{\pi}{6}\right)$ (b) $4e^{i\pi/3}$ (c) $\sqrt{2}\,e^{-i\pi/4}$

8 求下列复数的极式和指数形式:

(a) $\dfrac{3}{2} + \dfrac{3\sqrt{3}}{2}i$ (b) $4(\sqrt{3} + i)$

16.3 复根情况的分析

掌握了复数和三角函数的概念以后,我们现在准备分析在 16.1 节中提到的复根的情况(第三种情况)。读者回忆一下,根据特征根的性质所划分的三种类型仅与微分方程的余函数有关。所以,我们将注意力继续集中于简化方程

$$y''(t) + a_1 y'(t) + a_2 y = 0. \quad [(16.4)\text{ 的重述}]$$

余函数

当系数 a_1 和 a_2 使得 $a_1^2 < 4a_2$ 时,特征根将是一对共轭复数

$$r_1, r_2 = h \pm vi,$$

其中 $h = -\dfrac{1}{2}a_1$ 和 $v = \dfrac{1}{2}\sqrt{4a_2 - a_1^2}$,

则正如我们早已看到的那样,余函数的形式为

$$y_c = e^{ht}(A_1 e^{vit} + A_2 e^{-vit}), \quad [(16.11) \text{ 的重述}]$$

首先,我们将括号中的虚指数表达式变换为等价的三角函数表达式,从而可以将余函数解释为三角函数。利用欧拉关系可完成这一变换。令(16.21)和(16.21′)中的 $\theta = vt$,我们可以求得

$$e^{vit} = \cos vt + i\sin vt \quad \text{和} \quad e^{-vit} = \cos vt - i\sin vt,$$

由此可知,(16.11)中的余函数可以重写成

$$y_c = e^{ht}[A_1(\cos vt + i\sin vt) + A_2(\cos vt - i\sin vt)]$$
$$= e^{ht}[(A_1 + A_2)\cos vt + (A_1 - A_2)i\sin vt], \quad (16.24)$$

进而,若我们运用简写符号

$$A_5 \equiv A_1 + A_2 \quad \text{和} \quad A_6 \equiv (A_1 - A_2)i,$$

可以将(16.24)简化为①

$$y_c = e^{ht}(A_5 \cos vt + A_6 \sin vt), \quad (16.24')$$

其中 A_5 和 A_6 为新的任意常数,它们有待于在后面加以确定。

细心的读者会感觉到,在前面的步骤中以 vt 代替 θ 有些不自然。变量 θ 是角度的度量,而 vt 则是 t 单位(在这里是时间)的大小。那么,我们怎能作 $vt = \theta$ 这种代换呢?这个问题可以根据图16.5中的单位圆(半径 $R = 1$ 的圆)来解释。确实,我们一直以 θ 来表示角,但因为角是以弧度为单位来度量的,所以 θ 值总是弧 AB 的长度与半径 R 的比率。当 $R = 1$ 时,具体地有

$$\theta \equiv \frac{\text{arc}AB}{R} \equiv \frac{\text{arc}AB}{1} \equiv \text{arc}AB,$$

换言之,θ 不仅是角的弧度度量,而且也是弧 AB 长度的度量。而弧 AB 是一个数而非一个角。如果过去的时间不是像描述时间序列那样标在直线上,而是标在单位圆(逆时针)的圆周上,那么,将时间的流逝视为角 θ 弧度的增加,还是看成弧 AB 长度的增加,是没有什么差别的。而且,即使 $R \neq 1$,也可以应用同样的原理,只不过在此情况

---

① A_6 的定义中包含虚数 i,这并不意味着我们试图"将垃圾盖在地毯下面"。因为 A_6 为一任意常数,所以它既可以取虚数,也可以取实数。根据定义,它不一定必须取虚数。实际上,若 A_1 和 A_2 为一对共轭复数,比如 $m \pm ni$,则 A_5 和 A_6 将均为实数:

$$A_5 = A_1 + A_2 = (m + ni) + (m - ni) = 2m,$$
$$A_6 = (A_1 + A_2)i = [(m + ni) - (m - ni)]i = 2(ni)i = -2n.$$

下,$\theta = (\text{弧 } AB)/R$,即角 θ 和弧 AB 维持固定比例,而不是彼此相等。因此,代换 $\theta = vt$ 的确是合理的。

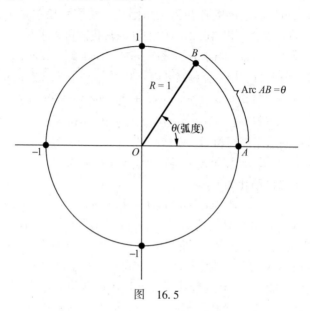

图 16.5

解法的一个例子

我们求微分方程

$$y''(t) + 2y'(t) + 17y = 34$$

的解,其初始条件为 $y(0) = 3, y'(0) = 11$。

因为 $a_1 = 2, a_2 = 17, b = 34$,马上可以求得特别积分为

$$y_p = \frac{b}{a_2} = \frac{34}{17} = 2, \quad [\text{由}(16.3)]$$

进而,因为 $a_1^2 = 4 < 4a_2 = 68$,所以,特征根为一对共轭复数($h \pm vi$),其中

$$h = -\frac{1}{2}a_1 = -1 \quad \text{和} \quad v = \frac{1}{2}\sqrt{4a_2 - a_1^2} = \frac{1}{2}\sqrt{64} = 4,$$

因此,由(16.24′),余函数为

$$y_c = e^{-t}(A_5 \cos 4t + A_6 \sin 4t),$$

合并 y_c 和 y_p,可将通解表示成

$$y(t) = e^{-t}(A_5\cos4t + A_6\sin4t) + 2.$$

我们运用两个初始条件来确定常数 A_5 和 A_6。首先,令通解中的 $t=0$,我们求得

$$y(0) = e^0(A_5\cos0 + A_6\sin0) + 2$$
$$= (A_5 + 0) + 2 = A_5 + 2, \quad [\cos0 = 1;\sin0 = 0]$$

运用初始条件 $y(0)=3$,我们可以确定 $A_5=1$。其次,将通解对 t 求导[运用积的求导法则和导数公式(16.17)、(16.18),并记住链式法则(练习16.2-5)],以求得 $y'(t)$,进而求 $y'(0)$:

$$y'(t) = -e^{-t}(A_5\cos4t + A_6\sin4t)$$
$$+ e^{-t}[A_5(-4\sin4t) + 4A_6\cos4t],$$

从而

$$y'(0) = -(A_5\cos0 + A_6\sin0) + (-4A_5\sin0 + 4A_6\cos0)$$
$$= -(A_5 + 0) + (0 + 4A_6) = 4A_6 - A_5,$$

运用第二个初始条件 $y'(0)=11$,并考虑到 $A_5=1$,则可知道 $A_6=3$。[①] 因此,定解为

$$y(t) = e^{-t}(\cos4t + 3\sin4t) + 2. \quad (16.25)$$

同以前一样,$y_p(=2)$ 可以解释为 y 的跨期均衡水平,而 y_c 则表示与均衡水平的偏差。由于 y_c 中存在三角函数,所以,可以预期时间路径(16.25)能够表现出波动形式。但它会包含何种具体波动形式呢?

时间路径

我们已经熟悉了图16.4所示的简单的正弦和余弦函数的路径。现在,我们必须研究正弦、余弦函数的某些变形和组合的路径,从而使我们能够一般地解释余函数(16.24′)

$$y_c = e^{ht}(A_5\cos vt + A_6\sin vt),$$

特别地,能够解释(16.25)的 y_c 部分。

---

① 注意,这里的 A_6 实际上是一个实数,尽管在其定义中包含虚数 i。

我们首先考察$(A_5 \cos vt)$项。$(\cos vt)$本身是vt的三角函数,其周期为2π,波幅为1。周期为2π意味着(vt)每增加2π,函数的图形就要重复一次。但当仅把t视为自变量时,每当t增加$2\pi/v$时,图形便重复一次,所以相对于t(在动态经济分析中是恰当的),我们将$(\cos vt)$的周期视为$2\pi/v$(但波幅仍为1)。现在,当$(\cos vt)$前附加乘积常数A_5时,会导致波幅由± 1变为$\pm A_5$。因此,尽管周期不受此常数的影响,但波幅现在却变为A_5。简言之,$(A_5 \cos vt)$是t的余弦函数,周期是$\dfrac{2\pi}{v}$,波幅为A_5。同理,$(A_6 \sin vt)$是t的正弦函数,周期为$2\pi/v$,波幅为A_6。

由于有相同的周期,当t增加$2\pi/v$时,和$(A_5 \cos vt + A_6 \sin vt)$也会表现出重复的循环。为更严格地证明这一点,我们需注意,对于给定的A_5和A_6值,我们总可以求得两个常数A和ε,使得

$$A_5 = A\cos\varepsilon \quad \text{和} \quad A_6 = -A\sin\varepsilon,$$

因此,我们可将所提到的和表示成

$$A_5\cos vt + A_6\sin vt = A\cos\varepsilon\cos vt - A\sin\varepsilon\sin vt$$
$$= A(\cos vt\cos\varepsilon - \sin vt\sin\varepsilon)$$
$$= A\cos(vt + \varepsilon), \quad [\text{由}(16.16)]$$

这是一个修正的t的余弦函数,波幅为A,周期为$2\pi/v$,因为t每增加$2\pi/v$,$(vt + \varepsilon)$便增加2π,在余弦曲线上便完成了一个波动周期。

如果y_c仅由$(A_5\cos vt + A_6\sin vt)$所构成,则其含义应为:$y$的时间路径永无终结,围绕着$y$的均衡值(以$y_p$表示),以不变波幅波动。但实际上,还存在着一个乘积项e^{ht}需要考虑。e^{ht}是非常重要的一项,因为正如我们将要看到的那样,它是决定时间路径是否收敛的关键。

若$h > 0$,则e^{ht}的值将随t的增加持续增加。这将对$(A_5\cos vt + A_6\sin vt)$的波幅产生放大效应,并依次在各个周期中导致与均衡的越来越大的偏离。如图16.6(a)所示,在此情况下,时间路径具有发散波动的特征。另一方面,若$h = 0$,则$e^{ht} = 1$,余函数仅为$(A_5\cos vt + A_6\sin vt)$,我们已知道它有固定的波幅,在这种情况下,它具有如图16.6(b)所示的时间路径,在每个周期中表现出与均衡均匀的偏离模式。所以,这是一个均匀波动的时间路径。最后,若$h < 0$,e^{ht}将会

随 t 的增加而持续递减,在依次各循环中,每个周期的波幅均比前一个周期的波幅要小,就像波纹逐渐消失一样。这种情形描绘在图 16.6(c) 中,这种时间路径具有衰减波动的特征。(16.25)中的解,有 $h = -1$,是这种情况的一个例子。很清楚,只有这种衰减波动的情况才会产生收敛的时间路径,在其他两种情况下,时间路径是非收敛的或发散的。①

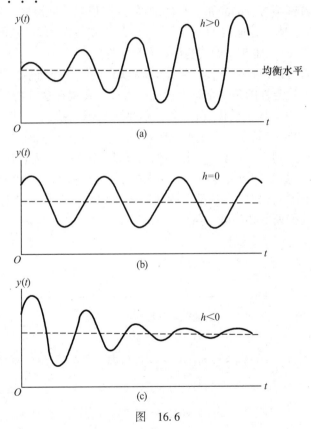

图 16.6

在图 16.6 中的三个图形中,假定跨期均衡是静态的。如果跨期

---

① 我们将交替使用非收敛和发散这两个词,尽管发散一词用于发散波动较之于非收敛的均匀波动要更严格一些。

均衡是移动均衡,那么,所描述的三种时间路径仍将围绕它波动,但因移动均衡一般描绘成一条曲线而非水平的直线,所以这种波动具有经济周期长期波动的性质。

均衡的动态稳定性

变量时间路径收敛性的概念与该变量跨期均衡的动态稳定性的概念有着密不可分的联系。具体地说,当且仅当时间路径是收敛的时,均衡才是动态稳定的。因此,$y(t)$ 路径收敛性的条件,即 $h<0$(图16.6(c)),也是 y 的均衡的动态稳定性的条件。

读者可以回顾一下,对于特征根为实根的第一种和第二种情况,均衡动态稳定性的条件是每个特征根为负。在现在这种情况(第三种情况),由于具有复根,所以条件似乎更特殊一些,它只规定复根 $(h \pm vi)$ 的实数部分 (h) 为负。但是,统一三种情况,并将看来不同的条件合并到一个一般的可应用的条件是可能的。只需将任意实根 r 看成一个虚数部分为零 $(v=0)$ 的复根,便可以做到这一点。这样,条件"每个特征根的实数部分为负",便可以应用于所有三种情况,并成为我们所需要的唯一条件。

练习 16.3

求下列每一方程的 y_c, y_p,通解以及定解:

1 $y''(t) - 4y'(t) + 8y = 0; y(0) = 3, y'(0) = 7$

2 $y''(t) + 4y'(t) + 8y = 2; y(0) = 2\frac{1}{4}, y'(0) = 4$

3 $y''(t) + 3y'(t) + 4y = 12; y(0) = 2, y'(0) = 2$

4 $y''(t) - 2y'(t) + 10y = 5; y(0) = 6, y'(0) = 8\frac{1}{2}$

5 $y''(t) + 9y = 3; y(0) = 1, y'(0) = 3$

6 $2y''(t) - 12y'(t) + 20y = 40; y(0) = 4, y'(0) = 5$

7 上述6个微分方程哪个能产生(a)衰减波动;(b)均匀波动;(c)发散波动的时间路径?

16.4 具有价格预期的市场模型

在前面形成的动态市场模型中，Q_d 和 Q_s 均只取为现期价格 P 的函数。但是有时买者和卖者不仅将其市场行为建立在现期价格的基础上，而且建立在当时价格趋势的基础上。因为价格趋势可能使买者和卖者对未来价格做出某些预期，而这些价格预期又会影响其供求决策。

价格趋势与价格预期

在连续时间情况下，价格趋势信息基本上可由两个导数 $\mathrm{d}P/\mathrm{d}t$（价格是否上升）和 $\mathrm{d}^2P/\mathrm{d}t^2$（价格是否以递增速率上升）得到。为将价格趋势纳入考察范围，我们现在将这两个导数作为需求和供给函数的额外变量：

$$Q_d = D[P(t), P'(t), P''(t)],$$
$$Q_s = S[P(t), P'(t), P''(t)],$$

若我们仅限于讨论供求函数的线性形式，并将自变量简写为 P,P' 和 P''，则我们可以写出

$$Q_d = \alpha - \beta P + mP' + nP'', \quad (\alpha, \beta > 0)$$
$$Q_s = -\gamma + \delta P + uP' + wP'', \quad (\gamma, \delta > 0) \quad (16.26)$$

其中参数 $\alpha, \beta, \gamma, \delta$ 是原来的市场模型就有的，而 m, n, u 和 w 是新的参数。

这四个尚未限定其符号的新参数，体现了买者和卖者的价格预期。例如，若 $m > 0$，价格上升将导致 Q_d 增加。这也许表明，买者预期价格会持续上升，因此，宁愿在现在价格相对较低时增加其购买。而若 $m < 0$，表示买者的价格预期与前面正相反，所以他宁愿削减目前的购买而等待价格降低时再购进。函数中包含参数 n 使得买者的行为也取决于 $\mathrm{d}P/\mathrm{d}t$ 的变化率。因此，新的参数 m 和 n 将价格投机这一因素纳入模型。从卖者的角度看，参数 u 和 w 也具有类似的含义。

一个简化的模型

为简化起见,我们假设仅需求函数含有价格预期因素。具体而言,令(16.26)中的 m 和 n 不为零,但令 $u=w=0$。进而假定在每一时点,市场均是出清的。然后,我们便可令需求和供给函数相等以得到(在正规化后)微分方程

$$P'' + \frac{m}{n}P' - \frac{\beta+\delta}{n}P = -\frac{\alpha+\gamma}{n}, \qquad (16.27)$$

此方程为(16.2)经如下代换后的形式:

$$y = P, \quad a_1 = \frac{m}{n}, \quad a_2 = -\frac{\beta+\delta}{n}, \quad b = -\frac{\alpha+\gamma}{n},$$

因为 P 的变化模式涉及二阶导数 P'' 及一阶导数 P',所以现在的模型显然有别于15.2节提出的动态市场模型。

但要注意,现在的模型与以前的模型还有另一种不同。在15.2节,存在一种动态调节机制,$dP/dt = j(Q_d - Q_s)$。因为该方程意味着当且仅当 $Q_d = Q_s$ 时,$dP/dt = 0$,所以在该模型中,跨期意义上的均衡和市场出清意义上的均衡是一致的。与此相反,现在的模型假设在每一时刻市场均是出清的,因此,市场所达到的每一个价格均是市场出清意义上的均衡价格,但它不一定是跨期均衡价格。换言之,两种意义的均衡现在是分离的。但也要注意,调节机制 $dP/dt = j(Q_d - Q_s)$ 含有一个导数,正是它使前面的市场模型成为动态模型。在现在的模型中不具有调节机制,模型的动态性质源于预期项 mP' 和 nP''。

价格的时间路径

此模型的跨期均衡价格——特别积分 P_p(前面记为 y_p)——很容易用(16.3)求得。它是

$$P_p = \frac{b}{a_2} = \frac{\alpha+\gamma}{\beta+\delta},$$

因为特别积分是一个正常数,所以它表示一个稳定均衡。

至于余函数 P_c(前面记为 y_c),存在三种可能的情况。

第一种情况（不同的实根）

$$\left(\frac{m}{n}\right)^2 > -4\left(\frac{\beta+\delta}{n}\right),$$

由(16.7)，这种情况的余函数为

$$P_c = A_1 e^{r_1 t} + A_2 e^{r_2 t},$$

其中

$$r_1, r_2 = \frac{1}{2}\left[-\frac{m}{n} \pm \sqrt{\left(\frac{m}{n}\right)^2 + 4\left(\frac{\beta+\delta}{n}\right)}\right], \quad (16.28)$$

相应地，通解为

$$P(t) = P_c + P_p = A_1 e^{r_1 t} + A_2 e^{r_2 t} + \frac{\alpha+\gamma}{\beta+\delta}. \quad (16.29)$$

第二种情况（二重实根）

$$\left(\frac{m}{n}\right)^2 = -4\left(\frac{\beta+\delta}{n}\right),$$

在此情况下，特征根取一个值

$$r = -\frac{m}{2n},$$

因此，由(16.9)，通解可以写成

$$P(t) = A_3 e^{-mt/2n} + A_4 t e^{-mt/2n} + \frac{\alpha+\gamma}{\beta+\delta}. \quad (16.29')$$

第三种情况（复根）

$$\left(\frac{m}{n}\right)^2 < -4\left(\frac{\beta+\delta}{n}\right),$$

在第三种情况下，特征根是一对共轭复数。

$$r_1, r_2 = h \pm vi,$$

其中

$$h = -\frac{m}{2n} \quad \text{和} \quad v = \frac{1}{2}\sqrt{-4\left(\frac{\beta+\delta}{n}\right) - \left(\frac{m}{n}\right)^2},$$

因此，由(16.24')，我们有通解

$$P(t) = e^{-mt/2n}(A_5 \cos vt + A_6 \sin vt) + \frac{\alpha+\gamma}{\beta+\delta}. \quad (16.29'')$$

可由这些结果推出一对通解。首先，若 $n > 0$，则 $-4(\beta+\delta)/n$

必定为负,因而小于$(m/n)^2$。所以可立即排除第二、三种情况。进而,由于n为正(同β和δ一样),所以(16.28)中平方根号下的表达式必然大于$(m/n)^2$,因此,其平方根必然大于$|m/n|$。那么,(16.28)中的±号会产生一个正根(r_1)和一个负根(r_2)。结果,跨期均衡是动态不稳定的,除非(16.29)中确定了的常数A_1的值恰好为零。

其次,若$n<0$,则三种情况均是可行的。在第一种情况下,若m为负,则我们可以确定两个根均为负(为什么?)。有趣的是,如果m为负,第二种情况下的重根也将为负。而且,因为第三种情况下的复根的实数部分h,与第二种情况下的重根r取相同的值,所以,m为负也可以保证h为负。总之,对于所有这三种情况,当参数m和n均为负时,均衡的动态稳定性是可以保证的。

例1 令需求与供给函数为

$$Q_d = 42 - 4P - 4P' + P'',$$
$$Q_s = -6 + 8P,$$

初始条件为$P(0)=6, P'(0)=4$。假设在每一时点市场均是出清的,求时间路径$P(t)$。

在本例中,参数值为

$$\alpha = 42, \quad \beta = 4, \quad \gamma = 6, \quad \delta = 8, \quad m = -4, \quad n = 1,$$

因为n为正,所以我们前面的讨论表明,只有第一种情况是可能的,且两个(实)根r_1和r_2将取相反的符号。将参数值代入(16.28)的确可以证实这一点,因为

$$r_1, r_2 = \frac{1}{2}(4 \pm \sqrt{16+48}) = \frac{1}{2}(4 \pm 8) = 6, -2$$

则由(16.29),通解为

$$P(t) = A_1 e^{6t} + A_2 e^{-2t} + 4,$$

进而,考虑到初始条件,求得$A_1 = A_2 = 1$,从而定解为

$$P(t) = e^{6t} + e^{-2t} + 4,$$

由于正根$r_1 = 6$,所以跨期均衡($P_p = 4$)是动态不稳定的。

上面的解是运用公式(16.28)、(16.29)求出的。此外,还可以首先令给定需求函数和供给函数相等,以得到微分方程

$$P'' - 4P' - 12P = -48,$$

然后将这一方程作为(16.2)的特例,解此方程,也可以得到解。

例2 已知需求函数和供给函数
$$Q_d = 40 - 2P - 2P' - P'',$$
$$Q_s = -5 + 3P,$$
初始条件 $P(0) = 12, P'(0) = 1$,在市场总为出清的假设条件下求 $P(t)$。

这里,参数 m 和 n 均为负。因此,按照前面的一般论述,跨期均衡应为动态稳定的。为求出具体解,我们可以首先令 Q_d 与 Q_s 相等以得到如下微分方程(在以 -1 通乘后)
$$P'' + 2P' + 5P = 45,$$
由特别积分给出跨期均衡
$$P_p = \frac{45}{5} = 9,$$
由微分方程的特征方程
$$r^2 + 2r + 5 = 0,$$
可以求得复根
$$r_1, r_2 = \frac{1}{2}(-2 \pm \sqrt{4 - 20}) = \frac{1}{2}(-2 \pm 4i) = -1 \pm 2i,$$
这意味着 $h = -1, v = 2$,从而通解为
$$P(t) = e^{-t}(A_5 \cos 2t + A_6 \sin 2t) + 9.$$
为确定任意常数 A_5 和 A_6,令通解中的 $t = 0$,得到
$$P(0) = e^0(A_5 \cos 0 + A_6 \sin 0) + 9$$
$$= A_5 + 9, \quad [\cos 0 = 1; \sin 0 = 0]$$
进而,对通解求导,然后令 $t = 0$,求得
$$P'(t) = -e^{-t}(A_5 \cos 2t + A_6 \sin 2t)$$
$$+ e^{-t}(-2A_5 \sin 2t + 2A_6 \cos 2t),$$
[积的求导法则和链式法则]
和 $\quad P'(0) = -e^0(A_5 \cos 0 + A_6 \sin 0)$
$$+ e^0(-2A_5 \sin 0 + 2A_6 \cos 0)$$
$$= -(A_5 + 0) + (0 + 2A_6) = -A_5 + 2A_6,$$

因此,利用初始条件 $P(0) = 12, P'(0) = 1$,有 $A_5 = 3, A_6 = 2$。因而,定解为

$$P(t) = e^{-t}(3\cos2t + 2\sin2t) + 9.$$

这个时间路径显然是一个周期波动的时间路径,周期为 $2\pi/v = \pi$。即 t 每增加 $\pi = 3.14159\cdots$,便存在一个完整的周期。考虑到乘积项 e^{-t},可知波动是衰减的。始于初始价格 $P(0) = 12$ 的时间路径,以循环方式收敛于跨期均衡价格 $P_p = 9$。

练习 16.4

1 令 (16.26) 中的参数 m, n, u 和 w 均不为零。
  (a) 假设在每一时点市场均出清,写出该模型的新的微分方程。
  (b) 求跨期均衡价格。
  (c) 在什么条件下,可以排除周期波动?

2 令需求函数和供给函数与 (16.26) 中的需求函数和供给函数相同,且同文中讨论的一样,有 $u = w = 0$。
  (a) 若市场并非总是出清的,而是按

$$\frac{dP}{dt} = j(Q_d - Q_s) \quad (j > 0)$$

进行调整,写出新的适当的微分方程。
  (b) 求跨期均衡价格 $\bar{P}$ 和市场出清均衡价格 P^*。
  (c) 写出波动价格路径的条件。在 $n > 0$ 情况下能发生波动吗?

3 令需求函数和供给函数为

$$Q_d = 9 - P + P' + 3P'', \quad Q_s = -1 + 4P - P' + 5P'',$$

且有 $P(0) = 4$ 及 $P'(0) = 4$。
  (a) 假设市场在每一时点都出清,求价格路径。
  (b) 时间路径收敛吗? 具有波动吗?

16.5 通货膨胀与失业的相互作用

本节介绍应用二阶微分方程的一个宏观模型,该模型涉及通货

膨胀与失业问题。

菲利普斯关系

在通货膨胀与失业问题的现代分析中,最广泛使用的一个概念是菲利普斯关系。① 菲利普斯原来的公式是描述货币工资率与失业率之间的负的经验关系:

$$w = f(U), \quad [f'(U) < 0] \qquad (16.30)$$

其中小写字母 w 表示货币工资 W 的增长率(即 $w = \dot{W}/W$),U 表示失业率。所以,它仅与劳动市场有关。但在后来的应用中,已将菲利普斯关系调整为一种将通货膨胀率(而非 w)与失业率联系起来的函数。这种调整或许以这种观点为基础:成本加成定价是普遍存在的,从而正的 w 反映增长的货币工资成本,这必然带有通货膨胀的含义。而这又使得通货膨胀率像 w 一样,是 U 的函数。但正的 w 导致的通货膨胀压力可能被(假定为外生并以 T 表示的)劳动生产率的增长所抵消。具体而言,通货膨胀效应仅当货币工资增长快于生产率增长时方能具体表现出来。以小写字母 p 表示通货膨胀率(即价格水平 P 的增长率,$p = \dot{P}/P$),则可写出

$$p = w - T, \qquad (16.31)$$

合并(16.30)和(16.31),并采用 $f(U)$ 函数的线性形式,则我们可以得到调整的菲利普斯关系:

$$p = \alpha - T - \beta U. \quad (\alpha, \beta > 0) \qquad (16.32)$$

附加预期的菲利普斯关系

最近,经济学家喜欢采用附加预期的菲利普斯关系:

$$w = f(U) + g\pi, \quad (0 < g \leq 1) \qquad (16.30')$$

其中 π 表示预期的通货膨胀率。正如诺贝尔奖获得者弗里德曼教

---

① A. W. Phillips, "The Relationship Between Unemployment and the Rate of Change of Money Wage Rates in the United Kingdom, 1861—1957", *Economica*, November 1958, pp. 283—299.

授所描述的那样[1]，(16.30′)所包含的思想是：如果通货膨胀趋势在相当长时期内存在，人们便会形成某种通货膨胀预期，并力图将这种预期纳入其货币工资需求。因此，w 应为 π 的增函数。将这种思想纳入到(16.32)中，产生如下方程

$$p = \alpha - T - \beta U + g\pi, \quad (0 < g \leq 1) \quad (16.33)$$

我们已引入一个新的变量来表示预期的通货膨胀，所以有必要假设通货膨胀预期是如何具体形成的。[2] 我们这里采用适应性预期假设：

$$\frac{d\pi}{dt} = j(p - \pi), \quad (0 < j \leq 1) \quad (16.34)$$

注意，此方程并不解释 π 的绝对大小，而是描述其随时间变化的方式。如果实际通货膨胀率 p 超过预期通货膨胀率 π，那么，现在已证明是过低的 π 将会向上调整($d\pi/dt > 0$)。反之，若 p 低于 π，则 π 就会向下调整。在形式上，(16.34)非常类似于市场模型的调节机制 $dP/dt = j(Q_d - Q_s)$。但在这里，驱动调整的力量是实际通货膨胀与预期通货膨胀的偏差，而非 Q_d 与 Q_s 的偏差。

从通货膨胀到失业的反馈

可以认为，(16.33)和(16.34)构成了一个完整的模型。但是，由于在两个方程中存在三个变量，所以，其中的一个变量必须视为外生的。比如，若我们将 π 和 p 视为内生的，则必须将 U 视为外生的。还有一个更满意的选择是引入第三个方程来解释变量 U，这样，模型会包含更丰富的行为特征。更重要的是，这将为我们提供一个考虑通货膨胀对失业的反馈效果的机会。方程(16.33)告诉我们 U 如何影响 p（主要从该经济的供给方面考察）。但 p 无疑又会影响 U。例如，通货膨胀率可能会影响公众的消费储蓄决策，因而影响到对国内产品的总需求，而这又会影响到失业率。甚至在政府需求管理政策

---

[1] Milton Friedman, "The Role of Monetary Policy," *American Economic Review*, March 1968, pp.1—17.

[2] 这与 16.4 节相反。在 16.4 节讨论价格预期时，未引入新的变量来表示预期价格。因而，关于预期形成的假设暗含于(16.26)中的参数 m, n, u 和 w 中。

的指导下,通货膨胀率也会使得政策效果不同。在不同的通货膨胀率条件下,一个给定的货币支出水平(财政政策)可能会转化为不同的实际支出水平,同样,一个给定的名义货币扩张(货币政策)可能产生不同的实际货币扩张率。而这些,又会对产出和失业产生不同的影响。

为简便计,我们仅考察通过货币政策传递的反馈。以 M 表示名义货币余额,名义货币余额的增长率以 $m \equiv \dot{M}/M$ 来表示,我们假设①

$$\frac{dU}{dt} = -k(m-p), \quad (k>0) \qquad (16.35)$$

回忆一下(10.25),并反向应用该式,我们得到表示实际货币增长率的 $(m-p)$ 的表达式:

$$m - p = \frac{\dot{M}}{M} - \frac{\dot{p}}{p} = r_M - r_P = r_{(M/P)},$$

因此,(16.35)规定了 dU/dt 与实际货币余额增长率负相关。由于变量 p 现在成为 dU/dt 的一个决定因素,所以模型现在包含了从通货膨胀到失业的反馈。

π 的时间路径

(16.33),(16.34)及(16.35)构成了一个包含三个变量 π、p 和 U 的封闭模型。但是,消去其中的两个变量,我们可以将模型化简为一个单变量的微分方程。假设我们令单变量为 π,则可首先将(16.33)代入(16.34)得到

$$\frac{d\pi}{dt} = j(\alpha - T - \beta U) - j(1-g)\pi, \qquad (16.36)$$

如果此方程含有表达式 dU/dt 而非 U,我们可以直接将(16.35)代入。但正如(16.36)所表明的那样,我们必须首先将(16.36)对 t 求导以得到 dU/dt 项:

$$\frac{d^2\pi}{dt^2} = -j\beta \frac{dU}{dt} - j(1-g)\frac{d\pi}{dt}, \qquad (16.37)$$

---

① 在前面的讨论中,我们曾以 M_s 表示货币供给,使之与货币需求 M_d 相区别。在这里,因为不必担心造成混淆,我们可以直接使用不带下标的字母 M。

将(16.35)代入此式,则产生

$$\frac{d^2\pi}{dt^2} = j\beta km - j\beta kp - j(1-g)\frac{d\pi}{dt}, \qquad (16.37')$$

这里仍有一个变量 p 有待于消去。为消去它,我们注意到,(16.34)意味着

$$p = \frac{1}{j}\frac{d\pi}{dt} + \pi, \qquad (16.38)$$

将此结果代入(16.37'),化简,便可得到所求的仅含变量 π 的微分方程

$$\frac{d^2\pi}{dt^2} + \underbrace{[\beta k + j(1-g)]}_{a_1}\frac{d\pi}{dt} + \underbrace{(j\beta k)}_{a_2}\pi = \underbrace{j\beta km}_{b}. \qquad (16.37'')$$

此方程的特别积分为

$$\pi_p = \frac{b}{a_2} = m,$$

因此,预期通货膨胀率的跨期均衡值只取决于名义货币的增长率。

对于余函数,同前面一样,两个根为

$$r_1, r_2 = \frac{1}{2}(-a_1 \pm \sqrt{a_1^2 - 4a_2}), \qquad (16.39)$$

其中,a_1 和 a_2 均为正[由(16.37″)可知],由于事先不可能确定 a_1^2 是大于、等于、还是小于 $4a_2$,所以特征根三种可能的情况——不同的实根、重实根、复根——均有可能产生。然而,无论出现哪种情况,在现在的模型中,跨期均衡总是动态稳定的。这是因为:首先,假设出现第一种情况,有 $a_1^2 > 4a_2$,则(16.39)中的平方根会产生一个实数。因为 a_2 为正,$\sqrt{a_1^2 - 4a_2}$ 必然小于 $\sqrt{a_1^2} = a_1$。由此知 r_1 为负,r_2 也为负,这意味着动态稳定均衡。若 $a_1^2 = 4a_2$(第二种情况)会如何呢?在此情况下,平方根为零,从而 $r_1 = r_2 = -a_1/2 < 0$。负重根同样意味着动态稳定性。最后,对于第三种情况,复根的实数部分为 $h = -a_1/2$。因为此值与第二种情况下的重根相同,所以,关于动态稳定性会得出同样的结论。

尽管我们只研究了 π 的时间路径,但模型无疑也会得出其他变量的信息。比如,为求出变量 U 的时间路径,我们既可以将模型化

为仅含 U 而非 π 的微分方程(参见练习16.5-2),也可以由已求出的 π 的路径推导出 U 的路径(参见例1)。

例1 令模型的三个方程取如下具体形式

$$p = \frac{1}{6} - 3U + \pi, \qquad (16.40)$$

$$\frac{\mathrm{d}\pi}{\mathrm{d}t} = \frac{3}{4}(p - \pi), \qquad (16.41)$$

$$\frac{\mathrm{d}U}{\mathrm{d}t} = -\frac{1}{2}(m - p), \qquad (16.42)$$

则我们有参数值 $\beta = 3, h = 1, j = 3/4, k = 1/2$。因此,参照(16.37″),求得

$$a_1 = \beta k + j(1 - g) = \frac{3}{2}, \; a_2 = j\beta k = \frac{9}{8} \; 和 \; b = j\beta km = \frac{9}{8}m,$$

特别积分为 $b/a_2 = m$。由于 $a_1^2 < 4a_2$,所以特征根为复根:

$$r_1, r_2 = \frac{1}{2}\left(-\frac{3}{2} \pm \sqrt{\frac{9}{4} - \frac{9}{2}}\right)$$

$$= \frac{1}{2}\left(-\frac{3}{2} \pm \frac{3}{2}i\right) = -\frac{3}{4} \pm \frac{3}{4}i,$$

即 $h = -3/4, v = 3/4$。结果,预期通货膨胀率的通解为

$$\pi(t) = e^{-3t/4}\left(A_5 \cos \frac{3}{4}t + A_6 \sin \frac{3}{4}t\right) + m, \qquad (16.43)$$

它描述了一个围绕均衡值 m 衰减波动的时间路径。

由此,我们还可以推出变量 p 和 U 的时间路径。根据(16.41),p 可以表示成 π 和 $\mathrm{d}\pi/\mathrm{d}t$ 的方程

$$p = \frac{4}{3}\frac{\mathrm{d}\pi}{\mathrm{d}t} + \pi,$$

通解(16.43)的 π 的路径意味着导数

$$\frac{\mathrm{d}\pi}{\mathrm{d}t} = -\frac{3}{4}e^{-3t/4}\left(A_5 \cos \frac{3}{4}t + A_6 \sin \frac{3}{4}t\right)$$

$$+ e^{-3t/4}\left(-\frac{3}{4}A_5 \sin \frac{3}{4}t + \frac{3}{4}A_6 \cos \frac{3}{4}t\right),$$

[积的求导法则和链式法则]

用(16.43)的解及其导数,我们可以推出

$$p(t) = e^{-3t/4}\left(A_6\cos\frac{3}{4}t - A_5\sin\frac{3}{4}t\right) + m, \qquad (16.44)$$

同预期的通货膨胀率 π 一样，实际通货膨胀率 p 也具有收敛于均衡值 m 的波动的时间路径。

至于变量 U，由 (16.40) 可知，它可以用 π 和 p 表示如下：

$$U = \frac{1}{3}(\pi - p) + \frac{1}{18},$$

因此，利用解 (16.43) 和 (16.44)，我们可将失业的时间路径写成

$$U(t) = \frac{1}{3}e^{-3t/4}\left[(A_5 - A_6)\cos\frac{3}{4}t + (A_5 + A_6)\sin\frac{3}{4}t\right] + \frac{1}{18}, \qquad (16.45)$$

此路径同样是一个衰减波动路径。U 的动态稳定跨期均衡值 $\overline{U}$ 为 1/18。

由于 π 和 p 的跨期均衡值都等于货币政策参数 m，m 的值（名义货币增长率）提供了一个轴，π 和 p 的时间路径均围绕此轴波动。如果 m 发生变化，那么，π 和 p 的新的均衡值会立即取代原来的值，且无论 π 变量和 p 变量在货币政策变化时恰好取何值，都将成为新的 π 和 p 路径产生的初始值。

相反，U 的跨期均衡值 $\overline{U}$ 并不依赖于 m。根据 (16.45)，无论名义货币增长率为多少，从而无论均衡通货膨胀率为多少，U 都收敛于常数 1/18。这个不变的 U 的均衡值称作自然失业率。自然失业率与任何均衡通货膨胀率相一致这一事实，可以在 Up 空间中以一条平行于 p 轴的纵直线来表示。此垂线将 U 和 p 的均衡值联系起来，称作长期菲利普斯曲线。但是这条曲线的垂直形状，是由本例特定的参数值所决定的。当这些参数值改变时，如像 16.5-4 那样，长期菲利普斯曲线也许不再是垂直的。

练习 16.5

1 在通货膨胀和失业模型中，保留 (16.33) 和 (16.34)，但删去 (16.35)，并令 U 为外生的。

(a) 现在会产生何种微分方程？

(b) 会得到几个特征根？现在余函数还可能具有周期性波动的特征吗？

2 在正文的讨论中，我们将通货膨胀失业模型化为以 π 为变量的微分方程。证明：模型还可以化为一个变量 U 的二阶微分方程，此方程与(16.37″)具有同样的系数 a_1 和 a_2，但有不同的常数项 $b = kj[\alpha - T - (1-g)m]$。

3 令适应性预期假设(16.34)为所谓的"完美预期"假设 $\pi = p$ 所代替，保留(16.33)和(16.35)。

(a) 导出以 p 为变量的微分方程。

(b) 导出以 U 为变量的微分方程。

(c) 这些方程与我们在适应性预期假设条件下所得到的方程有何根本不同？

(d) 为使新的微分方程有意义，对参数的限制必须作何变化？

4 在例 1 中，保留(16.41)和(16.42)，但以下式代替(16.40)

$$p = \frac{1}{6} - 3U + \frac{1}{3}\pi.$$

(a) 求 $p(t), \pi(t)$ 和 $U(t)$。

(b) 这些时间路径仍为波动的吗？仍收敛吗？

(c) p 和 U 的跨期均衡值 p^* 和 U^* 为多少？

(d) U^* 和 p^* 仍不存在函数关系吗？若我们现在用长期菲利普斯曲线将两个均衡值联系起来，我们仍能得到一条垂线吗？那么，例 1 中的哪个假设对导出垂直的长期菲利普斯曲线有决定作用？

16.6 具有可变项的微分方程

在 16.1 节考察的微分方程

$$y''(t) + a_1 y'(t) + a_2 y = b$$

中，右边的那项 b 是一个常数。若该项不是 b，而是一个可变项，即 t 的某个函数，如 bt^2, e^{bt} 或 $b\sin t$，那么，会如何呢？答案是，那时我们必须修正特别积分 y_p。幸运的是，余函数不因可变项的存在而受影响，因为 y_c 仅涉及右边始终为零的简化方程。

待定系数法

我们将介绍一种求 y_p 的方法。这种方法称作待定系数法。只要可变项及其逐次导数仅含有有限的不同的表达式(乘积常数除外),就可以应用它去解常系数可变项的微分方程。我们最好通过具体例子来说明这一点。

例1 求微分方程

$$y''(t) + 5y'(t) + 3y = 6t^2 - t - 1 \qquad (16.46)$$

的特别积分。根据定义,特别积分是满足给定方程的 y 值,即无论 t 为何值,均使方程的左边恒等于右边的 y 值。因为方程的左边包含函数 $y(t)$ 和导数 $y'(t)$ 及 $y''(t)$——而右边含有 t^2 及 t 的倍数、常数——我们问:何种形式的一般函数 $y(t)$,及其一阶、二阶导数,会给出三种类型的表达式 t^2, t 和一个常数呢?显然,答案是形式为 $B_1 t^2 + B_2 t + B_3$(其中 B_i 为待定的系数)的函数,因为若我们将特别积分写成

$$y(t) = B_1 t^2 + B_2 t + B_3,$$

可以导出

$$y'(t) = 2B_1 t + B_2 \quad \text{和} \quad y''(t) = 2B_1, \qquad (16.47)$$

这三个方程确实包含所说的表达式的类型。将其代入(16.46)并合并各项,得到

$$\text{左边} = (3B_1)t^2 + (10B_1 + 3B_2)t + (2B_1 + 5B_2 + 3B_3),$$

当此式与(16.46)右边的各项逐项相等时,我们可确定系数 B_i 如下:

$$\left. \begin{array}{l} 3B_1 = 6, \\ 10B_1 + 3B_2 = -1, \\ 2B_1 + 5B_2 + 3B_3 = -1, \end{array} \right\} \Longrightarrow \left\{ \begin{array}{l} B_1 = 2, \\ B_2 = -7, \\ B_3 = 10, \end{array} \right.$$

因此,所求特别积分可以写成

$$y_p = 2t^2 - 7t + 10.$$

仅当表达式的类型为有限个时,方能应用这种方法(参见练习16.6-1)。一般而言,当此前提条件满足时,特别积分可以视为包含所有给定可变项及其导数的所有不同类型表达式的线性组合。特别

要注意,如果原可变项及其各阶导数含有常数项,那么,特别积分中也应包括常数项。

例 2 作为进一步的解释说明,我们来求适于可变项($b\sin t$)的特别积分的一般形式,在此情况下,反复求导会产生逐阶导数($b\cos t$),($-b\sin t$),($-b\cos t$),($b\sin t$)等等,它们仅包含两种类型的表达式。因此,我们可以试验形式为($B_1\sin t + B_2\cos t$)的特别积分。

一个修正

在某些情况下,应用这种方法会产生一些复杂情况。当给定微分方程中 y 项的系数为零,比如像下式那样,
$$y''(t) + 5y'(t) = 6t^2 - t - 1,$$
前面使用的 y_p 的试探形式,即 $B_1 t^2 + B_2 t + B_3$ 不能够再应用。导致其失效的原因在于 $y(t)$ 项不存在,因而如(16.47)所示,只有 $y'(t)$ 和 $y''(t)$ 可代入方程左边,所以方程左边没有 $B_1 t^2$ 项与方程右边 $6t^2$ 项相等。排除这一困难的方法是运用试探解 $t(B_1 t^2 + B_2 t + B_3)$;若此试探解也失效,则使用 $t^2(B_1 t^2 + B_2 t + B_3)$,如此等等。

同样的方法还可以应用于下例所描述的另一种困难的环境。

例 3 求
$$y''(t) + 3y'(t) - 4y = 2e^{-4t} \quad (16.48)$$
的特别积分。这里,可变项的形式为 e^{-4t},而其各阶导数,即 $-8e^{-4t}$, $32e^{-4t}$, $-128e^{-4t}$等,也取同样的形式。若我们尝试解
$$y(t) = Be^{-4t},$$
[具有 $y'(t) = -4Be^{-4t}$ 和 $y''(t) = 16Be^{-4t}$]
并将其代入(16.48),得到一个不太理想的结果
$$\text{左边} = (16 - 12 - 4)Be^{-4t} = 0, \quad (16.49)$$
它显然不等于方程右边的项 $2e^{-4t}$。

导致这一结果的原因是,可变项的指数系数恰好是(16.48)的特征方程的一个根:
$$r^2 + 3r - 4 = 0, \quad (根 r_1, r_2 = 1, -4)$$

回顾一下,特征方程是通过求导过程得到的。① 而(16.49)中的式(16-12-4)也是通过同样的过程导出的。因此,毫不奇怪,(16-12-4)只不过是(r^2+3r-4)当 $r=-4$ 的一种特殊形式。因为 -4 恰好为特征根,所以二次表达式

$$r^2+3r-4=16-12-4$$

必然恒为零。

为克服这一问题,我们尝试解

$$y(t)=Bte^{-4t},$$

它具有导数

$$y'(t)=(1-4t)Be^{-4t} \quad \text{和} \quad y''(t)=(-8+16t)Be^{-4t},$$

将其代入(16.48)会得到:方程左边 $=-5Be^{-4t}$。当它与方程右边相等时,可确定系数为 $B=-2/5$。因而,所求的(16.48)的特别积分为

$$y_p=\frac{-2}{5}te^{-4t}.$$

练习 16.6

1. 证明:待定系数法不能应用于微分方程 $y''(t)+ay'(t)+by=t^{-1}$。
2. 运用待定系数法求下列每一方程的特别积分:
   (a) $y''(t)+2y'(t)+y=t$
   (b) $y''(t)+4y'(t)+y=2t^2$
   (c) $y''(t)+y'(t)+2y=e^t$
   (d) $y''(t)+y'(t)+3y=\sin t$

16.7 高阶线性微分方程

上面介绍的解法很容易推广到 n 阶线性微分方程的情况。具有

---

① 参见正文中导出(16.4″)的讨论。

常系数和常数项的微分方程一般可以写成

$$y^{(n)}(t) + a_1 y^{(n-1)}(t) + \cdots + a_{n-1} y'(t) + a_n y = b. \quad (16.50)$$

求解

在具有常系数和常数项的情况下,高阶导数的存在对上面所讨论的求特别积分的方法并无实质影响。

若我们采用最简单的试探解 $y = k$,可以看到,从 $y'(t)$ 到 $y^{(n)}(t)$ 的所有导数均为零。因此,(16.50) 简化为 $a_n k = b$,且我们可以写出

$$y_p = k = \frac{b}{a_n} \quad (a_n \neq 0), \quad [参见(16.3)]$$

但是,在 $a_n = 0$ 的情况下,我们必须尝试形式为 $y = kt$ 的解。则因 $y'(t) = k$,而所有更高阶导数将为零,所以,(16.50) 可以简化为 $a_{n-1} k = b$,因而产生特别积分

$$y_p = kt = \frac{b}{a_{n-1}} t, \quad (a_n = 0; a_{n-1} \neq 0)$$

$$[参见(16.3')]$$

若恰好出现 $a_n = a_{n-1} = 0$,则上面这个解也将无效。因而必须试探形式为 $y = kt^2$ 的解。这个方法的进一步修正应是很显然的。

至于余函数,微分方程中包含高阶导数会产生提高特征方程次数的效果。余函数被定义为简化方程

$$y^{(n)}(t) + a_1 y^{(n-1)}(t) + \cdots + a_{n-1} y'(t) + a_n y = 0 \quad (16.51)$$

的通解。以 $y = Ae^{rt} (\neq 0)$ 作为试探解,并利用 $y'(t) = rAe^{rt}, y''(t) = r^2 Ae^{rt}, \cdots, y^{(n)}(t) = r^n Ae^{rt}$,可将 (16.51) 重写成

$$Ae^{rt}(r^n + a_1 r^{n-1} + \cdots + a_{n-1} r + a_n) = 0$$

满足如下(n 次多项式)特征方程

$$r^n + a_1 r^{n-1} + \cdots + a_{n-1} r + a_n = 0 \quad (16.51')$$

的任意 r 值,也满足上面 (16.51) 的改写形式,当然,此多项式方程有 n 个根,其中每个根均应包含于 (16.51) 的通解中。因此,我们的余函数的一般形式为

$$y_c = A_1 e^{r_1 t} + A_2 e^{r_2 t} + \cdots + A_n e^{r_n t}. \quad \left(= \sum_{i=1}^{n} A_i e^{r_i t} \right)$$

但同以前一样,在 n 个根并不都是实根及不同的根的情况下,必须作某些修正。首先,假设存在重根,比如 $r_1 = r_2 = r_3$,则为避免"重叠",我们必须将解的前三项写成 $A_1 e^{r_1 t} + A_2 t e^{r_1 t} + A_3 t^2 e^{r_1 t}$ [参见(16.9)]。在我们有 $r_4 = r_1$ 的情况下,第四项必须调整为 $A_4 t^3 e^{r_1 t}$,依此类推。

其次,假设其中的两个根为复根,比如

$$r_5, r_6 = h \pm vi,$$

则上述解中的第五、六项应合并成如下表达式:

$$e^{ht}(A_5 \cos vt + A_6 \sin vt), \quad [参见(16.24')]$$

同理,若求得两个不同的复根,则必然存在两个(具有不同的 h 和 v 值,且二者均有两个任意常数)三角表达式。① 作为进一步的可能性,如果恰好存在两对重复根,则我们应采用 e^{ht} 作为其中一对根的乘积项,采用 te^{ht} 作为另一对根的乘积项。而且,即使 h 和 v 在重复根中具有相等的值,也应给每一对复根以不同的一对任意常数。

一旦求得 y_p 和 y_c,完备方程(16.50)便可以轻松求出。同前面一样,它不过是余函数与特别积分的和: $y(t) = y_p + y_c$。在此通解中,我们可以算出共有 n 个任意常数。因此,要得到定解,需要 n 个初始条件。

例 1 求

$$y^{(4)}(t) + 6y'''(t) + 14y''(t) + 16y'(t) + 8y = 24$$

的通解。此四阶方程的特别积分为

$$y_p = \frac{24}{8} = 3,$$

由(16.51'),其特征方程为

$$r^4 + 6r^3 + 14r^2 + 16r + 8 = 0,$$

它可分解成如下形式

$$(r + 2)(r + 2)(r^2 + 2r + 2) = 0,$$

---

① 注意到这一点是重要的:由于复根总是以共轭对形式出现,所以我们可以确定,当微分方程为奇数阶,即当 n 为一个奇数时,我们至少可以得到一个实根。

由前两个加括号的表达式,我们可以得到两个根 $r_1 = r_2 = -2$,而最后一个二次表达式产生了一对复根 $r_3, r_4 = -1 \pm i$,有 $h = -1, v = 1$。因而余函数为

$$y_c = A_1 e^{-2t} + A_2 t e^{-2t} + e^{-t}(A_3 \cos t + A_4 \sin t),$$

通解为

$$y(t) = A_1 e^{-2t} + A_2 t e^{-2t} + e^{-t}(A_3 \cos t + A_4 \sin t) + 3,$$

当然,若我们有四个初始条件,可以确定四个常数 A_1, A_2, A_3 和 A_4。

注意,本例中所有的特征根或者为负的实根,或者为具有负的实部的复根。因此,时间路径必然为收敛的,且跨期均衡为动态稳定的。

收敛性与罗斯定理

解高次特征方程并非总是一个轻松的任务。因此,若我们能找到一种无需解得特征根便可确定时间路径的敛散性的办法,将有巨大的益处。幸运的是,确实存在这样一种方法,这种方法可对微分方程进行定性(但不是图形)的分析。

这种方法见诸于罗斯定理。[①] 表述如下:
当且仅当如下行列式序列

$$|a_1|; \quad \begin{vmatrix} a_1 & a_3 \\ a_0 & a_2 \end{vmatrix}; \quad \begin{vmatrix} a_1 & a_3 & a_5 \\ a_0 & a_2 & a_4 \\ 0 & a_1 & a_3 \end{vmatrix}; \quad \begin{vmatrix} a_1 & a_3 & a_5 & a_7 \\ a_0 & a_2 & a_4 & a_6 \\ 0 & a_1 & a_3 & a_5 \\ 0 & a_0 & a_2 & a_4 \end{vmatrix}; \quad \cdots$$

的前 n 个行列式都为正时,n 次多项式方程

$$a_0 r^n + a_1 r^{n-1} + \cdots + a_{n-1} r + a_n = 0$$

的所有根的实数部分为负。

在应用此定理时,应记住 $|a_1| \equiv a_1$。而且应理解,对于 $m > n$,我们应取 $a_m = 0$。例如,给定一个三次多项式方程($n = 3$),我们需要考察上述行列式中前三个行列式的符号,为此,我们应令 $a_4 = a_5 = 0$。

[①] 关于此定理的讨论和其简单证明,参见 Paul A. Samuelson, *Foundations of Economic Analysis*, Harvard University Press, 1947, pp. 429—435, 以及该书中的参考文献。

当我们回顾一下，要使时间路径 $y(t)$ 收敛，无论初始条件恰好为什么，微分方程的特征根都必须有负的实数部分，那么，便应知道，此定理与收敛性的相关性是不言自明的。因为特征方程($16.51'$)是一个 n 次多项式方程，并有 $a_0 = 1$，所以罗斯定理对检验收敛性具有直接的帮助。事实上，我们注意到特征方程($16.51'$)的系数与给定微分方程(16.51)的系数完全一致，所以，假设我们总是取 $a_0 = 1$，则将(16.51)的系数直接代入罗斯定理所示的用于检验的行列式序列，是完全可以接受的。由于定理所列的条件是在"当且仅当"的基础上给出的，所以，这些条件显然构成了充要条件。

例2 以罗斯定理检验例1中的微分方程是否具有收敛的时间路径。此方程为四次方程，从而 $n = 4$。系数为 $a_0 = 1, a_1 = 6, a_2 = 14, a_3 = 16, a_4 = 8, a_5 = a_6 = a_7 = 0$。将其代入前四个行列式，可求得其值分别为 6、68、800 和 6 400。由于它们均为正，所以，我们可以断定，时间路径是收敛的。

练习 16.7

1. 求下面每一方程的特别积分：
   (a) $y'''(t) + 2y''(t) + y'(t) + 2y = 8$
   (b) $y'''(t) + y''(t) + 3y'(t) = 1$
   (c) $3y'''(t) + 9y''(t) = 1$
   (d) $y^{(4)}(t) + y''(t) = 4$

2. 求下列方程的 y_p 和 y_c（以及通解）：
   (a) $y'''(t) - 2y''(t) - y'(t) + 2y = 4$
       [提示：$r^3 - 2r^2 - r + 2 = (r-1)(r+1)(r-2)$]
   (b) $y'''(t) + 7y''(t) + 15y'(t) + 9y = 0$
       [提示：$r^3 + 7r^2 + 15r + 9 = (r+1)(r^2 + 6r + 9)$]
   (c) $y'''(t) + 6y''(t) + 10y'(t) + 8y = 8$
       [提示：$r^3 + 6r^2 + 10r + 8 = (r+4)(r^2 + 2r + 2)$]

3. 在上题所求得的特征根符号的基础上，分析均衡的动态稳定性。然后再运用罗斯定理检验你的答案。

4. 无需求出下列微分方程的特征根，确定它们是否产生收敛的时间路径？

(a) $y'''(t) - 10y''(t) + 27y'(t) - 18y = 3$

(b) $y'''(t) + 11y''(t) + 34y'(t) + 24y = 5$

(c) $y'''(t) + 4y''(t) + 5y'(t) - 2y = -2$

5 由罗斯定理推导出,对于二阶线性微分方程 $y''(t) + a_1 y'(t) + a_2 y = b$,无论初始条件如何,当且仅当系数 a_1 和 a_2 均为正时,解的路径才是收敛的。

第17章 离散时间：一阶差分方程

在连续时间情况下，变量 y 的变化模式体现于 $y'(t)$，$y''(t)$ 等导数中。所涉及的时间变化是连续的。然而，如果将时间视为离散变量，因而变量 t 仅取整数值，则导数的概念显然不再适用了。因此，正如我们将要看到的那样，变量 y 的变化模式必须通过 $y(t)$ 的"差分"，而非其导数或微分的概念来描述。相应地，微分方程的方法也需让位于差分方程的方法。

在涉及离散时间情况下，仅当变量 t 由一个整数值变为另一个整数值时，比如由 $t=1$ 变为 $t=2$ 时，变量 y 的值才会变化。此时，对 y 不作什么假设。在这一点，将 t 值解释成时期，而非时点（$t=1$ 表示第1期，$t=2$ 表示第2期如此等等）是很方便的。这样，我们便可以仅将 y 视为在每一时期具有唯一值的量。基于这样的解释，离散时间的动态经济学常被称作期分析。但应强调的是，这里使用的"时期"并非日历意义上的时期，而是分析意义上的时期。因此，一个时期在一个具体模型中可能包括一段日历时间，但在另一个模型中则可能包含完全不同的日历时间，而且即使在同一模型中，每一连续时期也不必解释成相等的日历时间。在分析意义上，一个时期仅意味着在变量 y 变化前所逝去的一段时间。

17.1 离散时间、差分与差分方程

尽管问题的形式必然会变化，但由连续时间到离散时间的改变，对动态分析的基本性质并无影响。我们的动态问题基本上仍是由已知的变量 y 随时间变化的模式，求出时间路径。但现在的变化模式应以差商 $\Delta y/\Delta t$ 来表示，$\Delta y/\Delta t$ 是导数 dy/dt 在离散时间情况下的对应物。但回忆一下可知，t 现在仅取整数值，这样，当我们将两个连续时期的 y 值相比较时，必然有 $\Delta t=1$。因此，差商 $\Delta y/\Delta t$ 可以简

化为 Δy,可称其为 y 的一阶差分。符号 Δ 表示差,可以作为取(y)的一阶差分的指示。因此,它成为算符 d/dt 在离散时间情况下的对应物。

当然,表达式 Δy 可取不同的值,具体取值视取差分(或差分)时所涉及的连续时期而定。为免于模糊,我们给 y 加上时间下标,并将一阶差分更具体地定义如下

$$\Delta y_t \equiv y_{t+1} - y_t, \qquad (17.1)$$

其中 y_t 表示 t 期的 y 值,y_{t+1} 是紧接着 t 期的那个时期的 y 值。运用这些符号,我们可以将 y 的变化模式以诸如这样的方程

$$\Delta y_t = 2, \qquad (17.2)$$

或

$$\Delta y_t = -0.1 y_t \qquad (17.3)$$

来表示。这类方程称作差分方程。读者一方面应注意上面两个方程的相似之处,另一方面要注意上面两个方程与微分方程 $dy/dt = 2$ 及 $dy/dt = -0.1t$ 之间的相似性。

尽管差分方程这个名称源于像 Δy_t 这样的差式,但仍存在不含 Δ 表达式且更便于使用的其他方程形式。根据(17.1),我们可将(17.2)改写成

$$y_{t+1} - y_t = 2, \qquad (17.2')$$

或

$$y_{t+1} = y_t + 2, \qquad (17.2'')$$

至于(17.3),相应的等价形式为

$$y_{t+1} - 0.9 y_t = 0, \qquad (17.3')$$

或

$$y_{t+1} = 0.9 y_t, \qquad (17.3'')$$

当由已知的上一期的 y 值计算本期 y 值时,(17.2″)和(17.3″)那种形式是方便的。但在后面的讨论中,我们将更经常地使用(17.2′)和(17.3′)那种形式。

注意到在差分方程中,时间下标的选择多少有些任意性是重要的。例如,将(17.2′)改写成 $y_t - y_{t-1} = 2$,其中($t-1$)表示 t 期前面的那个时期,这丝毫不改变方程的意义。或者,我们可以将其等价地

表示成 $y_{t+2} - y_{t+1} = 2$。

还应指出的是，尽管我们一致地使用带下标的 y 符号，但使用符号 $y(t), y(t+1)$ 及 $y(t-1)$ 等，也是可以的。但是为避免在连续时间和离散时间两种情况下均使用符号 $y(t)$，在期分析的讨论中，我们将坚持使用带下标的符号。

与微分方程类似，差分方程可以是线性的，也可以是非线性的；可以是齐次的，也可以是非齐次的；既可以是一阶的，也可以是二阶或更高阶的。以 (17.2′) 为例，可以将其分类如下：(1) 它是线性的，因为没有任意一期的 y 项自乘至二次或更高次幂，也没有 y 项与另一期的 y 项相乘。(2) 它是非齐次的，因为方程右边（其中不含 y 项）为非零。(3) 它是一阶的，因为仅存在一阶差分 Δy_t，仅含有一期时滞（将在第 18 章中讨论的二阶差分方程则与此相反，它包含两期时滞，因而含有三个 y 项：y_{t+2}, y_{t+1} 及 y_t）。

实际上，(17.2′) 也具有含常系数和常数项的特征。因为常系数是我们要考察的唯一情况，所以这个特征是毫无疑问的。常数项这一特征也将贯穿本章始终，而处理可变项情况的方法则在第 18 章中讨论。

考察方程 (17.3′) 可以发现，它也是线性的、一阶的，但与 (17.2′) 不同，它是齐次的。

17.2 解一阶差分方程

在解微分方程时，我们的目标是求出时间路径 $y(t)$。正如我们所知道的那样，此时间路径是时间的函数，它不含任何导数或微分表达式，并与给定微分方程及其初始条件完全一致。我们由差分方程所求出的时间路径也具有类似的性质。它也应是 t 的函数——一个在每个时期中定义 y 值的公式——它与给定的差分方程及其初始条件是一致的。此外，它一定不含诸如 Δy_t（或像 $y_{t+1} - y_t$）等的任何差分表达式。

在最终分析中，解微分方程是一个积分问题。那么，解差分方程呢？

迭代法

在提出解差分方程的一般方法之前,我们首先介绍一种相对平淡的方法,迭代法;尽管这种方法相对粗糙,但能深刻地揭示所谓"解"的实质。

在本章我们仅涉及一阶差分方程的情况。因此,差分方程仅描述两个连续时期间的 y 的变化模式。一旦这样的变化模式给定,如以(17.2″)那种方式给定,给定初始值 y_0,则由方程求出 y_1 便没有问题。类似地,一旦求得 y_1,则通过重复应用(迭代)差分方程所设定的变化模式,马上就可以得到 y_2,等等。这样,迭代的结果便使我们得以导出时间路径。

例1 求差分方程(17.2)的解,假定初始值 $y_1 = 15$。为完成迭代过程,运用(17.2″)这种形式的差分方程,即 $y_{t+1} = y_t + 2$,$y_0 = 15$ 这种形式,要更方便一些。由此方程,我们可一步步导出

$$y_1 = y_0 + 2,$$
$$y_2 = y_1 + 2 = (y_0 + 2) + 2 = y_0 + 2(2),$$
$$y_3 = y_2 + 2 = [y_0 + 2(2)] + 2 = y_0 + 3(2),$$
$$\cdots\cdots\cdots\cdots\cdots\cdots\cdots\cdots\cdots\cdots$$

一般而言,对任意时期 t

$$y_t = y_0 + t(2) = 15 + 2t, \tag{17.4}$$

上面的方程给出了任意时期的 y 值(包括起始时期 $t = 0$ 的 y 值);因此,它构成了(17.2)的解。

迭代过程是粗糙的,它对应于以直接积分粗糙地解简单微分方程的方法,但它可以明确指出产生时间路径的方式。一般而言,y_t 值以设定的方式依赖于紧邻的上一期的 y 值(y_{t-1})。因此,一个已知的初始值 y_0 可通过所描述的变化模式,依次导致 $y_1, y_2, \cdots$

例2 解差分方程(17.3)。这次,不设定初始值,仅以 y_0 表示之。同样,处理另一种形式(17.3″)即 $y_{t+1} = 0.9y_t$ 要更方便一些。通过迭代,我们有

$$y_1 = 0.9y_0,$$

$$y_2 = 0.9y_1 = 0.9(0.9y_0) = (0.9)^2 y_0,$$
$$y_3 = 0.9y_2 = 0.9(0.9)^2 y_0 = (0.9)^3 y_0,$$
....

可将其概括成解

$$y_t = (0.9)^t y_0. \tag{17.5}$$

为提高读者的兴趣,我们可以给此例赋予一些经济意义。在简单的乘数分析中,第 0 期的一次投资会导致诸轮支出,这依次又会在随后各期产生不同的收入增量。用 y 表示收入增量,我们有 y_0 = 第 0 期的投资量;但下一期的收入增量将取决于边际消费倾向(MPC)。若 MPC = 0.9,且若每期收入仅在下一时期消费,则 90% 的 y_0 将在第 1 期消费,导致时期 1 的收入增量 $y_1 = 0.9y_0$。通过类似推理,可求得 $y_2 = 0.9y_1$,等等。我们可以看到,这恰好是上述迭代过程的结果。换言之,产生收入的乘数过程可以通过像(17.3″)这样的差分方程来描述,而像(17.5)这样的解则可告诉我们在任意时期 t,收入增量的大小。

例 3 解齐次差分方程

$$my_{t+1} - ny_t = 0,$$

通过正规化并移项,此方程可以写成

$$y_{t+1} = \left(\frac{n}{m}\right) y_t,$$

除了以 n/m 代替了 0.9 以外,此方程与例 2 中的(17.3″)基本相同。因此,通过类比可知,解应为

$$y_t = \left(\frac{n}{m}\right)^t y_0.$$

考察 $\left(\frac{n}{m}\right)^t$ 项。正是通过这项,不同的 t 值将产生其对应的 y 值。因此,它对应于微分方程解中的表达式 e^{rt}。若我们更一般地将其写成 b^t(b 为底)并加上更一般的乘积常数 A(而非 y_0),我们可以看到一般齐次差分方程例 3 的解的形式为

$$y_t = Ab^t,$$

我们将发现，Ab^t 式在差分方程中所起的作用与 Ae^{rt} 式在微分方程中所起的作用同样重要。① 但是，尽管二者均为指数表达式，但前者的底为 b，后者的底为 e。由此可以推断，正如连续时间路径 $y(t)$ 的类型极大地依赖于 r 值一样，离散时间路径 y_t 主要依赖于 b 值。

一般方法

读者现在对微分方程和差分方程间的各种相似性必然留有深刻的印象。可以推测，现在将要解释的差分方程的一般解法与微分方程的一般解法也将有很多的相似之处。

假设我们正在试图求解一阶差分方程

$$y_{t+1} + ay_t = c, \tag{17.6}$$

其中 a 和 c 为两个常数。其通解将由两部分的和构成：特别解 y_p，[它是完备非齐次方程(17.6)的任意解，]以及余函数 y_c [它是(17.6)的简化方程的通解]。(17.6)的简化方程为：

$$y_{t+1} + ay_t = 0, \tag{17.7}$$

y_p 部分仍表示 y 的跨期均衡水平，y_c 部分表示时间路径与均衡的偏差。y_p 与 y_c 的和构成了差分方程的通解，这是由于存在一个任意常数。同以前一样，要得到定解，则需知道初始条件。

我们首先讨论余函数。解例 3 的经验表明，我们可以试探形式为 $y_t = Ab^t$ ($Ab^t \neq 0$，否则 y_t 会成为位于 t 轴上的一条水平线) 的解；在此情况下，我们也有 $y_{t+1} = Ab^{t+1}$。如果 y_t 和 y_{t+1} 这些值成立，则齐次方程(17.7)变成

$$Ab^{t+1} + aAb^t = 0,$$

消去非零的公共因子 Ab^t，产生

$$b + a = 0 \quad \text{或} \quad b = -a,$$

这意味着要使试探解成立，我们必须令 $b = -a$。因此余函数可以写成

---

① 读者可能会指出例 1 的解(17.4)并不包含形式为 Ab^t 项，因而反对这一观点。但事实上，这一结果的产生只是由于在例 1 中，我们有 $b = n/m = 1/1 = 1$，因而 Ab^t 项简化为常数而已。

$$y_c(=Ab^t) = A(-a)^t.$$

现在我们来求与完备方程(17.6)相联系的特别解。对这个问题,例 3 没有任何帮助,因为它仅与齐次方程有关。但我们要注意,对于 y_p,我们可以选择(17.6)的任何解。因此,若形式最为简单的试探解 $y_t = k$(常数)成立,则我们便不会遇到实质的困难。现在,若 $y_t = k$,则 y 会在不同时间保持同样的常数值,因此我们必然有 $y_{t+1} = k$。将这些值代入(17.6)得到

$$k + ak = c \quad \text{和} \quad k = \frac{c}{1+a},$$

因为此特定的 k 值满足方程,所以特别解可以写成

$$y_p(=k) = \frac{c}{1+a}, \quad (a \neq -1)$$

这是一个常数,所以在这种情况下它是一个稳定均衡。

但是,若像例 1 中那样,恰好 $a = -1$,那么,特别解 $c/(1+a)$ 没有定义,这样必须求非齐次方程(17.6)的其他解。在这种情况下,我们采用现在已经熟悉了的形式为 $y_t = kt$ 的试探解。当然,这意味着 $y_{t+1} = k(t+1)$。将其代入(17.6),求得

$$k(t+1) + akt = c \quad \text{和} \quad k = \frac{c}{t+1+at} = c,$$

$$[因为 a = -1] \quad 因此 y_p(=kt) = ct,$$

这种形式的特别解是 t 的非常数函数,因此它表示移动均衡。

将 y_c 与 y_p 加在一起,我们现在可将通解写成如下两种形式中的一种:

$$y_t = A(-a)^t + \frac{c}{1+a}, \quad [通解, a \neq -1 \text{ 的情况}] \quad (17.8)$$

$$y_t = A(-a)^t + ct = A + ct, \quad [通解, a = -1 \text{ 的情况}]$$
$$(17.9)$$

由于存在任意常数 A,这两个解没有一个是完全确定的。为消除任意常数,我们借助于初始条件当 $t=0$ 时,$y_t = y_0$,令(17.8)中的 $t=0$,我们有

$$y_0 = A + \frac{c}{1+a} \quad \text{和} \quad A = y_0 - \frac{c}{1+a},$$

因而,(17.8)的确定形式为

$$y_t = \left(y_0 - \frac{c}{1+a}\right)(-a)^t + \frac{c}{1+a}, \quad [定解, a \neq -1 的情况]$$

另一方面,令(17.9)中的 $t=0$,求得 $y_0 = A$,从而(17.9)的确定形式为

$$y_t = y_0 + ct, \quad [定解, a = -1 的情况] \qquad (17.9')$$

若将最后一个结果应用于前面例 1,那么,所得到的解与迭代解 (17.4)是完全相同的。

读者可以通过如下两个步骤,检验上述每个解的正确性。首先, 令(17.8′)中的 $t=0$,可以看到此方程化简为等式 $y_0 = y_0$,表明它满足初始条件。其次,将 y_t 的公式(17.8′)和类似的 y_{t+1} 的公式(通过将(17.8′)中的 t 置换成 $t+1$,便可得到)代入(17.6),可以看到 (17.6)化简为等式 $c = c$,表明时间路径与给定差分方程是一致的。 对解(17.9′)的正确性的检验也是类似的。

例 4 解一阶差分方程

$$y_{t+1} - 5y_t = 1, \quad \left(y_0 = \frac{7}{4}\right)$$

根据推导(17.8′)的步骤,我们可通过试探解 $y_t = Ab^t$(它意味着 $y_{t+1} = Ab^{t+1}$,)可求得 y_c。将这些值代入齐次形式 $y_{t+1} - 5y_t = 0$,并消去公因子 Ab^t,得到 $b = 5$。因此,

$$y_c = A(5)^t$$

为求得 y_p,试探解 $y_t = k$,这意味着 $y_{t+1} = k$。将其代入完备差分方程,求得 $k = -\frac{1}{4}$。因此

$$y_p = -\frac{1}{4},$$

由此可知,通解为

$$y_t = y_c + y_p = A(5)^t - \frac{1}{4},$$

令 $t=0$,并运用初始条件 $y_0 = \frac{7}{4}$,得到 $A=2$。因此,最终定解可以写成

$$y_t = 2(5)^t - \frac{1}{4}.$$

因为本例给出的差分方程是(17.6)在 $a = -5, c = 1$ 及 $y_0 = 7/4$ 时的特例,又因为(17.8′)是这类差分方程的解的"公式",所以,我们也可以在(17.8′)中加入具体参数值而求得我们要求的解,结果为

$$y_t = \left(\frac{7}{4} - \frac{1}{1-5}\right)(5)^t + \frac{1}{1-5} = 2(5)^t - \frac{1}{4},$$

它与前面的答案完全一致。

注意,(17.6)中的 y_{t+1} 项具有单位系数。若已知差分方程中的这项不具有单位系数,在运用解公式(17.8′)前必须将其正规化。

练习 17.2

1 将下列差分方程变换为(17.2″)的形式:
(a) $\Delta y_t = 7$ (b) $\Delta y_t = 0.3 y_t$ (c) $\Delta y_t = 2 y_t - 9$

2 用迭代法解下列差分方程
(a) $y_{t+1} = y_t + 1$ ($y_0 = 10$)
(b) $y_{t+1} = \alpha y_t$ ($y_0 = \beta$)
(c) $y_{t+1} = \alpha y_t - \beta$ (当 $t = 0$ 时, $y_t = y_0$)

3 按(17.6)式改写上题中的差分方程,并用公式(17.8′)或(17.9′)解之(哪个方便用哪个)。答案与用迭代法求得的答案一致吗?

4 对于下列每个差分方程,运用推导(17.8′)和(17.9′)所描述的步骤,求 y_c 和 y_p,以及定解:
(a) $y_{t+1} + 3 y_t = 4$ ($y_0 = 4$)
(b) $2 y_{t+1} - y_t = 6$ ($y_0 = 7$)
(c) $y_{t+1} = 0.2 y_t + 4$ ($y_0 = 4$)

17.3 均衡的动态稳定性

在连续时间情况下,均衡的动态稳定性取决于余函数中的 $A e^{rt}$ 项。在期分析中,余函数中的 $A b^t$ 则起着同样的作用。因为 $A b^t$ 的解释要

比 Ae^t 稍微复杂一些,所以我们在进行下一步之前首先澄清其含义。

b 的意义

均衡是否是动态稳定的问题也就是当 $t\to\infty$ 时余函数是否趋于零的问题。从根本上看,我们必须分析当 t 无限增大时 Ab^t 项的路径。显然, b 值(指数项的底)在这方面具有关键作用。我们首先抛开系数 A(假设 $A=1$),单独考察 b 的含义。

为分析之目的,我们首先将 b 的可能的值域 $(-\infty, +\infty)$ 分成七个不同的区域,按照 b 值的递减顺序,列在表 17.1 的前两列中。这些区域也标在图 17.1 纵轴 b 的刻度上,并以 $+1,0$ 和 -1 作为分界点。事实上,这三个点本身构成了区域 II,IV 和 VI。而区域 III 和 V 分别对应所有正分数和所有负分数的集合。余下的两个区域 I 和 VII,则是 b 的绝对值超过 1 的区域。

表 17.1 b 值的分类

区域	b 值		b^t 的值	不同时期的 b^t 值				
				$t=0$	$t=1$	$t=2$	$t=3$	$t=4\cdots$
I	$b>1$	$(\|b\|>1)$	例如 $(2)^t$	1	2	4	8	16
II	$b=1$	$(\|b\|=1)$	$(1)^t$	1	1	1	1	1
III	$0<b<1$	$(\|b\|<1)$	例如 $\left(\dfrac{1}{2}\right)^t$	1	$\dfrac{1}{2}$	$\dfrac{1}{4}$	$\dfrac{1}{8}$	$\dfrac{1}{16}$
IV	$b=0$	$(\|b\|=0)$	$(0)^t$	0	0	0	0	0
V	$-1<b<0$	$(\|b\|<1)$	例如 $\left(-\dfrac{1}{2}\right)^t$	1	$-\dfrac{1}{2}$	$\dfrac{1}{4}$	$-\dfrac{1}{8}$	$\dfrac{1}{16}$
VI	$b=-1$	$(\|b\|=1)$	$(-1)^t$	1	-1	1	-1	1
VII	$b<-1$	$(\|b\|>1)$	例如 $(-2)^t$	1	-2	4	-8	16

在每个不同的区域,指数式 b^t 产生了不同的时间路径。在表 17.1 和图 17.1 中已分别举例说明。在区域 I(其中 $b>1$), b^t 必然随 t 以递增的速度增加。因此时间路径的图形绘成图 17.1 最上面的图形。注意,这个图形绘成阶梯函数而非平滑曲线,这是因为我们研究的是期分析问题。在区域 II($b=1$)中,对所有的 t 值, b^t 均为 1。因此其图形为一条水平直线。接下来,在区域 III 中, b^t 表示正分数自乘至整数幂。当幂数增加时,尽管 b^t 仍然为正,但必然递减。在区

域 IV, $b=0$ 的情况与 $b=1$ 的情况极为类似,但这里我们有 $b^t=0$ 而非 $b^t=1$,因而其图形与横轴重合。但这种情况仅具有表面意义,因为前面我们已采纳了 $Ab^t \neq 0$ 的假设,这意味着 $b \neq 0$。

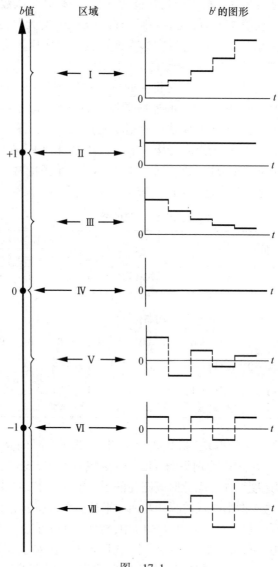

图 17.1

当移至负的区域时,产生了一种有趣的现象:从一个时期到下一个时期,b^t 值交替变换正负号。这一事实清楚地在表 17.1 的后三行和图 17.1 中下面的三个图形中给出。在区域 V,b 为负分数,交替变换的时间路径越来越趋近于横轴(参见区域 III 中的正分数)。相反,当 $b = -1$(区域 VI)时,则会产生在 $+1$ 和 -1 间持久变换的时间路径。最后,当 $b < -1$ 时,(区域 VII),交替变换的时间路径会越来越远离横轴。

引人注意的是,时间路径波动的现象虽然不可能仅由 Ae^{rt} 项产生(二阶微分方程的复根情况要求一对复根),但是,波动却可能仅由单个的 b^t(或 Ab^t)产生。但要注意,波动的特征却有些不同;有别于三角函数的波动模式,图 17.1 所描述的波动是非平滑的。由于这个原因,我们将使用振荡一词来表示这种新的非平滑的波动形式,尽管很多作者确实不加区别地使用"波动"与"振荡"这两个词。

上面讨论的实质可通过如下一般陈述来表达:

若 $\begin{cases} b > 0, \\ b < 0, \end{cases}$ 则 b^t 的时间路径将是 $\begin{cases} \text{非振荡的}, \\ \text{振荡的}. \end{cases}$

若 $\begin{cases} |b| > 1, \\ |b| < 1, \end{cases}$ 则 b^t 的时间路径将是 $\begin{cases} \text{发散的}, \\ \text{收敛的}. \end{cases}$

注意到这一点是重要的:虽然 e^{rt} 式的收敛性取决于 r 的符号,但 b^t 式的收敛性却依赖于 b 的绝对值。

A 的作用

迄今为止,我们一直谨慎地将乘积常数 A 排除在外。但其影响(共有两方面)是相对易于考虑的。首先,A 的大小用于"放大"(比如 $A = 3$)或"缩小"(比如若 $A = 1/5$)b^t 的值。即它不改变时间路径的基本图形,但能产生标度效应。而 A 的符号确实从根本上影响时间路径的图形,因为若 b^t 与 $A = -1$ 相乘,则图 17.1 所示的时间路径将为其自身对横轴的镜像所置换。因此,负的 A 可以产生镜像效应及标度效应。

收敛于均衡

上述讨论对余函数中的 Ab^t 项进行了解释,即它表示与某均衡水平的偏差。若在 Ab^t 项上加上一项,比如 $y_p = 5$,则时间路径必然垂直上移常数 5。这丝毫不影响时间路径的敛散性,但却改变了测定收敛或发散时所参照的水平。图 17.1 所描述的是 Ab^t 式收敛(或不收敛)于零。但当包含 y_p 时,便变成了时间路径 $y_t = y_c + y_p$ 收敛于均衡水平 y_p 的问题。

关于这一问题,我们再对 $b = 1$ 的特殊情况(区域 II)多作一点解释。下面的时间路径

$$y_t = A(1)^t + y_p = A + y_p$$

给人一种收敛的印象,因为乘积项 $(1)^t = 1$ 不产生任何发散的效果。但观察一下,y_t 现在取值 $(A + y_p)$,而非均衡值 y_p;实际上,它永远也不可能达到 y_p,除非 $A = 0$。作为对这种情况的一种解释,我们引用 (17.9) 中的时间路径,它涉及一个移动均衡 $y_p = ct$。这个时间路径是一个发散的路径,但不是因为在特别解中出现 t,而是因为非零的 A,从而与移动均衡存在一个固定的偏差。因此,在规定时间路径 y_t 对均衡 y_p 的收敛条件时,必须排除 $b = 1$ 的情况。

总之,当且仅当 $|b| < 1$ 时,解

$$y_t = Ab^t + y_p$$

是一个收敛的路径。

例 1 $y_t = 2\left(-\dfrac{4}{5}\right)^t + 9$ 表示哪类时间路径?因为 $b = -4/5 < 0$,所以时间路径是振荡的。但是因为 $|b| = \dfrac{4}{5} < 1$,所以振荡是衰减的,且时间路径收敛于均衡水平 9。

读者应小心区别 $2(-4/5)^t$ 和 $-2\left(\dfrac{4}{5}\right)^t$。它们表示完全不同的时间路径图形。

例 2 如何描述时间路径 $y_t = 3(2)^t + 4$ 的特征?因为 $b = 2 > 0$,所以不会产生振荡。但因 $|b| = 2 > 1$,所以时间路径将发散于均衡水平 4。

练习 17.3

1. 讨论下列时间路径的性质：

   (a) $y_t = 3^t + 1$

   (b) $y_t = 2\left(\dfrac{1}{3}\right)^t$

   (c) $y_t = 5\left(-\dfrac{1}{10}\right)^t + 3$

   (d) $y_t = -3\left(\dfrac{1}{4}\right)^t + 2$

2. 在练习 17.2-4 中求得的每个差分方程的时间路径具有何种性质？

3. 求下列方程的解，并确定时间路径是否是振荡且收敛的：

   (a) $y_{t+1} - \dfrac{1}{3}y_t = 6$ $(y_0 = 1)$

   (b) $y_{t+1} + 2y_t = 9$ $(y_0 = 4)$

   (c) $y_{t+1} + \dfrac{1}{4}y_t = 5$ $(y_0 = 2)$

   (d) $y_{t+1} - y_t = 3$ $(y_0 = 5)$

17.4 蛛网模型

为介绍一阶差分方程在经济分析中的应用，我们将引证两个单一商品市场模型的变形。第一个变形称作蛛网模型，它与我们前面介绍的市场模型的不同之处在于：它不将 Q_s 作为现期价格的函数，而作为前一期价格的函数。

模型

考察这样一种情境：生产者的产出决策必须在实际销售之前做出——比如农业生产，种植必须比收获及产出的销售早一个适当的时期。我们假设 t 期的产出决策是基于当时流行的价格 P_t。但因产出直到 $(t+1)$ 期方能销售，所以，P_t 不能确定 Q_{st}，只能确定 $Q_{s,t+1}$。

因此，我们现在有了一个"滞后"供给函数①

$$Q_{s,t+1} = S(P_t)$$

或者等价地，后移一期时间下标

$$Q_{st} = S(P_{t-1}),$$

当这个供给函数与形式为

$$Q_{dt} = D(P_t)$$

的需求函数相互作用时，便会产生一种有趣的动态价格模式。

取线性形式的(滞后)供给函数和(非滞后)的需求函数，并假定每一时期的市场价格均处于市场出清时的价格水平，则我们有含如下三个方程的市场模型

$$Q_{dt} = Q_{st},$$
$$Q_{dt} = \alpha - \beta P_t, \quad (\alpha, \beta > 0)$$
$$Q_{st} = -\gamma + \delta P_{t-1}, \quad (\gamma, \delta > 0) \tag{17.10}$$

但是，将后两个方程代入第一个方程，模型可以化为一个一阶差分方程

$$\beta P_t + \delta P_{t-1} = \alpha + \gamma$$

为解此方程，应首先将其正规化，并将时间下标向前移一期 [即变 t 为 $(t+1)$，等等]。结果有

$$P_{t+1} + \frac{\delta}{\beta} P_t = \frac{\alpha + \gamma}{\beta}, \tag{17.11}$$

它是作了如下代换的(17.6)的复制品：

$$y = P, \quad a = \frac{\delta}{\beta} \quad \text{和} \quad c = \frac{\alpha + \gamma}{\beta},$$

由于 δ 和 β 均为正，所以 $a \neq -1$。因而，我们可以应用公式(17.8′)，得到时间路径

$$P_t = \left(P_0 - \frac{\alpha + \gamma}{\beta + \delta}\right)\left(-\frac{\delta}{\beta}\right)^t + \frac{\alpha + \gamma}{\beta + \delta}, \tag{17.12}$$

其中 P_0 表示初始价格。

---

① 我们这里作了一个隐含的假设：一个时期的产出将全部投放市场，不留存货。当所研究商品属易坏商品或未曾有存货的商品时，作此假设是合适的。含有存货的模型将在 17.5 节考察。

蛛网

关于此模型,可以观测到以下三点:首先,$(\alpha+\gamma)/(\beta+\delta)$ 式构成了差分方程的特别解,可以将其视为模型的跨期均衡价格:①

$$\bar{P} = \frac{\alpha+\gamma}{\beta+\delta},$$

因为它是一个常数,所以是稳定均衡。将 $\bar{P}$ 代入解中,可将时间路径 P_t 表示成另一种形式

$$P_t = (P_0 - \bar{P})\left(-\frac{\delta}{\beta}\right)^t + \bar{P}, \qquad (17.12')$$

此方程引出了第二点,即表达式 $(P_0 - \bar{P})$ 的意义。因为 $(P_0 - \bar{P})$ 对应于 Ab^t 项中的常数 A,所以,$(P_0 - \bar{P})$ 的符号决定时间路径是从均衡水平以上开始还是从以下开始(镜像效应),而其大小则决定与均衡水平的远近(标度效应)。最后一点,表达式 $(-\delta/\beta)$ 对应于 Ab^t 中的 b 部分。根据模型的设定,$\beta>0$,$\delta>0$,我们可导出一个振荡的时间路径。正是这一事实导致了我们即将看到的蛛网现象。当然,此模型可能产生三种可能类型的振荡。根据表 17.1 或图 17.1 可知,

$$若\ \delta\ \begin{matrix}>\\=\\<\end{matrix}\ \beta,振荡将为\begin{cases}放大振荡\\单位振荡\\衰减振荡\end{cases}$$

其中"单位振荡",是指区域 VI 的路径类型。

为使蛛网直观化,我们将模型(17.10)绘在图 17.2 中。(17.10)中的第二个方程绘成了一条向下倾斜的线性需求曲线,其斜率在数值上等于 β。类似地,斜率为 δ 的线性供给曲线可由第三个方程绘出,当然,这时 Q 轴要表示滞后的供给量。$\delta>\beta$(S 陡于 D)和 $\delta<\beta$(S 比 D 平坦)的情况分别绘在图 17.2(a) 和图 17.2(b) 中。但在每种情况下,D 和 S 的交点都将产生跨期均衡价格 $\bar{P}$。

---

① 就市场出清意义的均衡而言,在每一时期所达到的价格都是均衡价格,因为我们已假设,对于每个 t,$Q_{dt} = Q_{st}$。

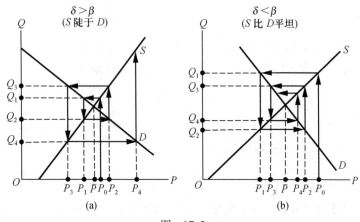

图 17.2

如图 17.2(a), 当 $\delta > \beta$ 时, 供求的相互作用将会产生如下放大振荡。给定初始价格 P_0(这里假设高于 $\bar{P}$), 顺着箭头, 我们可在 S 曲线上读出下一期的供给量(第 1 期)将为 Q_1。为使市场出清, 第 1 期的需求量必须也为 Q_1, 而这当且仅当价格确定在 P_1 时, 方能做到(见向下的箭头)。现在, 根据 S 曲线, 价格 P_1 会导致在第 2 期产生 Q_2 的供给量, 且为使市场在第 2 期出清, 按照需求曲线, 价格必须定在 P_2 水平。重复这一推理, 顺着图中的箭头, 我们便可以依次推出以后各期的价格和数量, 围绕着供求曲线结成"蛛网"。比较价格水平 $P_0, P_1, P_2, \cdots$ 我们不仅可以观察到振荡的变化模式, 而且也可以观测到, 随着时间的推移, 价格与均衡价格 $\bar{P}$ 的偏离不断扩大的倾向。具有这种由内向外结成的蛛网的时间路径是发散的, 振荡是放大的。

与其相对照的是, 在图 17.2(b) 中, $\delta < \beta$, 会结成一个指向中心的网。若我们顺着箭头从 P_0 出发, 我们将越来越接近于供求曲线的交点, 即价格水平为 $\bar{P}$ 的位置。价格路径虽然是振荡的, 但却是收敛的。

在图 17.2 中, 我们未绘出第三种可能性, 即 $\delta = \beta$ 时的图形。但它所涉及的图形分析方法与前两种情况是完全类似的。因此, 我们把它留给读者作为练习。

上述讨论仅涉及 P 的时间路径(P_t)。但在求得 P_t 后, 稍作努力,便可得到 Q 的时间路径。(17.10)的第二个方程将 Q_{dt} 与 P_t 联系起来,从而,若将(17.12)或(17.12′)代入需求方程,便可马上得到 Q_{dt} 的时间路径。进而,因为在每一时期,Q_{dt} 必定等于 Q_{st} (市场出清),所以我们可以将此时间路径仅称作 Q_t 而非 Q_{dt}。在图17.2中,这种替代的合理性是很容易看出的。D 曲线上的每一个点将 P_i 与同期的 Q_i 联系起来,因而需求函数能够将价格的时间路径映射到数量的时间路径上去。

读者应注意,图17.2的图形方法即便在 D 曲线和 S 曲线为非线性时,也是可以应用的。

练习17.4

1 在(17.10)的基础上,求出 Q 的时间路径,分析其收敛性的条件。

2 绘出类似于图17.2的图形,并证明,在 $\delta = \beta$ 的情况下,价格路径将是既不衰减也不放大的单位振荡。

3 给定蛛网模型的如下需求和供给函数,求跨期均衡价格,并确定均衡是否稳定:

(a) $Q_{dt} = 18 - 3P_t$ $Q_{st} = -3 + 4P_{t-1}$

(b) $Q_{dt} = 22 - 3P_t$ $Q_{st} = -2 + P_{t-1}$

(c) $Q_{dt} = 19 - 6P_t$ $Q_{st} = 6P_{t-1} - 5$

4 在模型(17.10)中,令条件 $Q_{dt} = Q_{st}$ 及需求函数不变,但供给函数变成

$$Q_{st} = -\gamma + \delta P_t^*,$$

其中 P_t^* 表示 t 期的预期价格。进而,假定卖者具有"适应性"价格预期:①

$$P_t^* = P_{t-1}^* + \eta(P_{t-1} - P_{t-1}^*) \quad (0 < \eta \leq 1)$$

其中 η(希腊字母 eta)为预期调整系数。

(a) 给出上述方程的经济解释。它与适应性预期方程(16.34)在哪些方面类似,哪些方面不同?

(b) 若 η 取其极大值,会出现何结果?我们可将蛛网模型视为现在模型的一个特例吗?

---

① 参见 Marc Nerlove,"Adaptive Expectations and Cobweb Phenomena," *Quarterly Journal of Economics*, May 1958, pp. 227—240.

(c) 证明：这个新的模型可通过一阶差分方程

$$P_{t+1} - \left(1 - \eta - \frac{\eta\delta}{\beta}\right)P_t = \frac{\eta(\alpha + \gamma)}{\beta}$$

来表示。[提示：解供给函数求 P_t^*，然后再运用 $Q_{st} = Q_{dt} = \alpha - \beta P_t$ 这一信息。]

(d) 求价格的时间路径。此时间路径必然是振荡的吗？它能够振荡吗？在什么条件下能振荡？

(e) 证明：时间路径 P_t 如果是振荡的，则仅当 $1 - 2/\eta < -\delta/\beta$ 时，才会是收敛的。与蛛网模型的解(17.12)或(17.12′)相比，新模型中导致稳定的 $-\dfrac{\delta}{\beta}$ 的值域是宽了还是窄了？

5 蛛网模型，同前面遇到的动态市场模型一样，实质上是以 3.2 节给出的静态市场模型为基础的。在现在的模型中，何种经济假设是其动态化的关键？请解释之。

17.5 一个具有存货的市场模型

在前一个模型中，我们假设价格以出清每期产出的方式来确定。该假设的含义是：该商品或者是易坏、不能储存的，若者是虽可储存，但未曾留有存货。现在我们来构建一个卖者保有商品存货的模型。

模型

我们作如下假设：

1. 需求量 Q_{dt} 和现期产出量 Q_{st} 均是价格 P_t 的非滞后线性函数。
2. 价格调整不是通过每期市场出清来进行的，而是通过卖者的定价过程来实现的：在每期的开始，卖者在考虑到存货状况以后为该期确定一个价格。如果上期价格使存货积累下来，则确定一个比上期低一些的价格；但若存货告罄，则确定一个比上期高的价格。
3. 从一期到另一期的价格调整与观测到的存货变化成反比。根据这些假设，我们可以写出如下方程

$$Q_{dt} = \alpha - \beta P_t, \qquad (\alpha, \beta > 0)$$
$$Q_{st} = -\gamma + \delta P_1, \qquad (\gamma, \delta > 0)$$
$$P_{t+1} = P_t - \sigma(Q_{st} - Q_{dt}) \quad (\sigma > 0) \qquad (17.13)$$

其中 σ 表示存货引致的价格调整系数。注意,(17.13)其实是 15.2 节市场模型在离散时间条件下的对应物,只不过现在的价格调整过程是按存货($Q_{st} - Q_{dt}$)而非按超额需求($Q_{dt} - Q_{st}$)来表示的。但分析结果已有很大不同;因为在离散时间情况下,我们可能遇到振荡现象。下面,我们来推导并分析时间路径 P_t。

时间路径

把前两个方程代入第三个方程,模型可以化为一个差分方程:
$$P_{t+1} - [1 - \sigma(\beta + \delta)]P_t = \sigma(\alpha + \gamma), \qquad (17.14)$$
其解由(17.8′)给出:
$$P_t = \left(P_0 - \frac{\alpha + \gamma}{\beta + \delta}\right)[1 - \sigma(\beta + \delta)]^t + \frac{\alpha + \gamma}{\beta + \delta} \qquad (17.15)$$
$$= (P_0 - \bar{P})[1 - \sigma(\beta + \delta)]^t + \bar{P},$$

因此,模型的动态稳定性显然取决于 $1 - \sigma(\beta + \delta)$ 式。为简便计,我们将此式以 b 表示。

参照表 17.1,我们看到,在分析指数式 b^t 时,b 值可定义为七个不同的区域。但因为模型设定 $\sigma, \beta, \delta > 0$,这实际上已排除了前两个区域,所以只留下了列在表 17.2 中的五种可能的情况。对于每个区域,第二列对 b 值的设定可以等价地转化为第三列所示的对 σ 值的设定。例如,在区域 III,b 设定为 $0 < b < 1$,因此,可以写出
$$0 < 1 - \sigma(\beta + \delta) < 1$$
$$-1 < -\sigma(\beta + \delta) < 0, \quad [三项均减去 1]$$
和
$$\frac{1}{\beta + \delta} > \sigma > 0, \quad [以 -(\beta + \delta) 通除各项]$$

最后一式给出了所求的对于区域 III 的关于 σ 值的规定。对于其他区域的变换也可按类似步骤完成。因为在每一区域中,时间路径的类型早已从图 17.1 知道,所以,σ 值的设定可以使我们由已知的 σ,β 和 δ 值识别时间路径 P_t 的一般性质,如表 17.2 的最后一行所示。

表 17.2　时间路径的类型

区域	$b \equiv 1 - \sigma(\beta+\delta)$ 的值	σ 值	时间路径 P_t 的性质
III	$0 < b < 1$	$0 < \sigma < \dfrac{1}{\beta+\delta}$	非振荡与收敛
IV	$b = 0$	$\sigma = \dfrac{1}{\beta+\delta}$	保持在均衡状态*
V	$-1 < b < 0$	$\dfrac{1}{\beta+\delta} < \sigma < \dfrac{2}{\beta+\delta}$	具有衰减振荡
VI	$b = -1$	$\sigma = \dfrac{2}{\beta+\delta}$	具有均匀振荡
VII	$b < -1$	$\sigma > \dfrac{2}{\beta+\delta}$	具有发散振荡

* 价格在此情况下将保持在均衡状态这一事实,也可以直接由(17.14)看出来。$\sigma = 1/(\beta+\delta)$ 时,P_t 的系数变为零,(17.14)简化为 $P_{t+1} = \sigma(\alpha+\gamma) = (\alpha+\gamma)/(\beta+\delta) = \bar{P}$。

例1 若我们模型中的卖者总是按照存货减少(增加)数量的10%来提(降)价,且若需求曲线斜率为 -1,供给曲线斜率为 15(斜率均是相对于价格轴的),那么,我们将会求出何种时间路径?

这里,我们有 $\sigma = 0.1, \beta = 1, \delta = 15$。因为 $1/(\beta+\delta) = 1/16$, $2/(\beta+\delta) = 1/8$, $\sigma(=1/10)$ 的值位于上面两个值之间,因此,它属于区域 V 中的情况。时间路径具有衰减振荡的特征。

结果的图示总结

表 17.2 包含五种关于 σ 值设定的可能的情况,如果以图形表示这些结果,则更易于把握。由于 σ 值的设定实质上是参数 σ 和 $(\beta+\delta)$ 相对大小的比较,所以,我们像图 17.3 那样,对 $(\beta+\delta)$ 绘出 σ 的图形。注意,我们只关心正的象限,因为根据模型的设定,σ 和 $(\beta+\delta)$ 均为正值。由表 17.2 显然可以知道,区域 IV 和 VI 是分别由方程 $\sigma = 1/(\beta+\delta)$ 和 $\sigma = 2/(\beta+\delta)$ 设定的。因为每个方程都可以绘成一个等轴双曲线,所以这两个区域在图 17.3 中可由两条双曲线来表示。而且一旦我们有了这两条双曲线,其他三个区域便可以马上确定了。比如,区域 III 只是低于下面的那条双曲线的点的集合,在此区域中,$\sigma < 1/(\beta+\delta)$。类似地,区域 V 表示位于两条双曲线间的

点的集合,而位于上面那条双曲线以上的点则属于区域 VII。

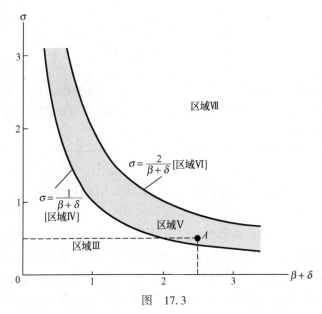

图 17.3

例 2 若 $\sigma=1/2, \beta=1, \delta=3/2$,模型(17.3)含产生收敛的时间路径 P_t 吗?给定的参数值对应于图 17.3 中的点 A。因为它位于区域 V 中,所以路径是振荡收敛的。

读者应注意,在刚才介绍的两个模型中,我们的分析结果在每一情况下均表述成若干可供选择的可能情况——蛛网模型有三种振荡路径,存货模型中则有五种时间路径。当然,这种分析结果的丰富性源于模型的参数形成。而且,我们的分析结果不能用单一的明确的答案来描述是一个优点,而非缺陷。

练习 17.5

1 在解(17.14)时,为什么运用公式(17.8′)而不用(17.9′)?

2 在表 17.2 的基础上,检验从区域 IV 至区域 VII,由 b 值设定向 σ 值设定转换的正确性。

3 若模型(17.13)具有如下数值形式：

$$Q_{dt} = 21 - 2P_t,$$
$$Q_{st} = -3 + 6P_t,$$
$$P_{t+1} = P_t - 0.3(Q_{st} - Q_{dt})$$

求时间路径 P_t，并确定它是否收敛。

4 假定在模型(17.13)中，假设每期供给是一个固定数量，比如 $Q_{st} = k$，而非价格的函数。分析价格随时间变化的行为。要使解具有经济意义，对 k 值应施加何种限制？

17.6 非线性差分方程——定性图解法

迄今为止，我们在模型中仅采用线性差分方程的形式。然而，现实经济生活并不总是符合这种方便的线性形式。幸运的是，当一阶差分方程中出现非线性情况时，仍存在一种在非常一般的情况下就可以应用的容易的分析方法。这种具有图示性质的分析方法与 15.6 节介绍的一阶微分方程的定性分析方法，有着极大的相似之处。

相位图

仅有变量 y_{t+1} 和 y_t 的非线性差分方程，如

$$y_{t+1} + y_t^3 = 5 \quad \text{或} \quad y_{t+1} + \sin y_t - \ln y_t = 3$$

等，可统一以方程

$$y_{t+1} = f(y_t), \tag{17.16}$$

来表示。其中 f 只要仅是 y_t 的函数，而不把 t 作为另一个变量，复杂到何种程度都无所谓。把两个变量 y_{t+1} 和 y_t 作为两轴在笛卡儿坐标系中绘出，所产生的图形构成了相位图，对应于 f 的曲线为相位线。由此图便可以通过迭代过程分析变量的时间路径。

这里使用的相位图和相位线这两个术语与微分方程中的情况类似，但在构图时有一点不相似之处要加以注意。在微分方程情况下，我们像在图 15.3 中那样，将 dy/dt 对 y 绘出，因而，为使现在情况与

之完全类似,我们应将 Δy_t 标在纵轴上,将 y_t 标在横轴上。这样做并非不可能,但如图 17.4 那样,将 y_{t+1} 置于纵轴上要方便得多。注意,在图 17.4 中的每个图中都绘出了一条 45°线,我们会认识到这条线对我们进行图解分析具有极大的帮助。

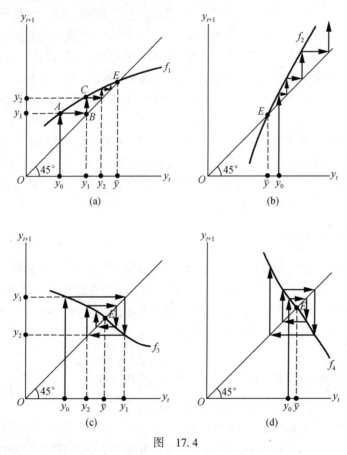

图 17.4

我们现在介绍包含于图 17.4(a) 中的方法,在图 17.4(a) 中我们已绘出了表示特定差分方程 $y_{t+1}=f_1(y_t)$ 的相位线(标为 f_1)。若我们已知初始值 y_0(绘在横轴上),所以通过迭代,我们可以求出 y 的所有后期值。首先,因为相位线 f_1 按照方程

$$y_1 = f_1(y_0),$$

将初始值 y_0 映射于 y_1。我们可由 y_0 直接向上至相位线,与之交于点 A,并在纵轴上读出其高度为 y_1。其次,我们设法按方程

$$y_2 = f_1(y_1),$$

将 y_1 映射于 y_2。为此,我们必须首先将 y_1 绘在横轴上——与 y_0 的第一次映射过程类似。欲将 y_1 由纵轴转绘至横轴,运用 45°线便很容易完成。45°线的斜率为 1,是到横轴和纵轴距离相等的点[如 $(2,2)$ 及 $(5,5)$ 等]的轨迹。因此,要从纵轴转绘 y_1,只需由 y_1 绘水平线与 45°线交于点 B,然后直接向下拐至横轴,便确定了点 y_1。重复这一过程,通过相位线上的点 C,我们可将 y_1 映射至 y_2,然后再通过 45°线转绘 y_2,等等。

现在,迭代的性质已清楚了。我们可以观察到,迭代过程只需通过如下步骤实现:顺着箭头由 y_0 到 A(在相位线上),到 B(在 45°线上),再到 C(在相位线上)等等——总是在相位线和 45°线间交替——而无需借助于坐标轴。

时间路径的类型

当然,刚才描述的图形迭代同样可以应用于图 17.4 中另外三个图形。实际上,图 17.4 中的四个图描述了相位线的四种基本类型,每条相位线代表不同的时间路径、前两条相位线 f_1 和 f_2 具有斜率为正的特征,其中一条斜率小于 1,而另一条斜率大于 1:

$$0 < f_1'(y_t) < 1 \quad \text{和} \quad f_2'(y_t) > 1,$$

而剩下的两条相位线斜率为负。具体地,我们有

$$-1 < f_3'(y_t) < 0 \quad \text{和} \quad f_4'(y_t) < -1.$$

在图 17.4 中,y 的跨期均衡值(即 $\bar{y}$)位于相位线与 45°线的交点上,我们将其标为 E。跨期均衡值之所以位于交点上,是因为相位线上的点 E,同时为 45°线上的点,会将 y_t 映射到等值的 y_{t+1};根据定义,当 $y_{t+1} = y_t$ 时,y 必处于跨期均衡状态。我们的主要任务是确定,给定初始值 $y_0 \neq \bar{y}$,由相位线所隐含的变化模式是会将我们自始至终引向 $\bar{y}$(收敛),还是会引向背离 $\bar{y}$ 的方向(发散)。

对于相位线 f_1,迭代过程在一个稳定的路径上由 y_0 引向 $\bar{y}$,没有

振荡。读者可以验证,若将 y_0 置于 $\bar{y}$ 的右边,仍会稳定地移向 $\bar{y}$,但方向是向左边移动。这些时间路径收敛于均衡,且其一般图形与图 17.1 区域 III 所示的图形的类型应相同。

相位线 f_2 的斜率大于 1,会出现离散的时间路径。由大于 $\bar{y}$ 的初始值 y_0 出发,箭头总是指向背离均衡的越来越高的 y 值。读者可以验证,小于 $\bar{y}$ 的初始值也会产生类似的稳定的发散运动,但方向同上面相反。

当相位线像 f_3 和 f_4 那样,斜率为负时,振荡将会代替稳定运动,而且现在会出现相对于均衡的过度调整(overshooting)现象。在图 17.4(c)中,y_0 指向 y_1,y_1 大于 $\bar{y}$;紧接着 y_1 的是 y_2,而 y_2 又小于 $\bar{y}$,如此等等。在这种情况下,时间路径的收敛性由相位线斜率的绝对值小于 1 所决定。此即相位线 f_3 的情况,这里过度调整的范围在依次各期中逐渐递减。而相位线 f_4 的绝对值大于 1,出现相反的倾向,导致离散的时间路径。

由相位线 f_3 和 f_4 所生成的振荡时间路径使人联想起图 17.2 中的蛛网。但在图 17.4(c)或(d)中,蛛网是围绕着相位线(它包含时滞)和 45°线结成的,而不是围绕着需求曲线和(滞后)供给曲线结成的。在这里,45°线用作转绘 y 值的辅助机制,而在图 17.2 中,D 曲线(起类似于图 17.4 中 45°线的作用)是模型本身的整体部分。具体地说,一旦 Q_{st} 在供给曲线上确定了,我们便让箭头与 D 曲线相交,以便找到使"市场出清"时的价格,这是蛛网模型的博弈法则。因而在标出两个轴时存在一个基本不同:在图 17.2 中,存在两个完全不同的变量 P 和 Q,但在图 17.4 中,坐标轴表示同一变量 y 在两个紧邻时期的值。但要注意,若我们分析差分方程(17.11)的图形(它概括了蛛网模型),而非(17.10)中单独的需求函数和供给函数,则所得到的图形将是如图 17.4 所示的相位线。换言之,确实存在两种蛛网模型的图形分析方法,且均能得到相等的结果。

由对相位线的上述考察,可得出这样一个基本法则:相位线斜率的代数符号决定是否存在振荡,而其斜率的绝对值则决定收敛性问题。如果某相位线即包括正斜率的部分,也包括负斜率的部分,且如果其斜率的绝对值在某些点大于 1,而在某些点小于 1,那么,时间路径自然会变得非常复杂。但即使在这种情况下,图形迭代分析仍一样容易应用。当然,在迭代过程开始之前,我们必须得到一个初始值。实际上,在那些更为复杂的情况下,不同的初始值可能引致完全不同的时间路径(见练习 17.6-2 和 17.6-3)。

具有价格上限的市场

我们现在介绍一个非线性差分方程的例子。在图 17.4 中,四个非线性相位线恰好都是平滑的。在现在的例子中,我们将给出非平滑相位线的例子。

首先,我们取蛛网模型的线性差分方程(17.11),并将其写成

$$P_{t+1} = \frac{\alpha + \gamma}{\beta} - \frac{\delta}{\beta} P_t, \quad \left(\frac{\delta}{\beta} > 0\right) \qquad (17.17)$$

此方程为 $P_{t+1} = f(P_t)$ 的形式,有 $f'(P_t) = -\delta/\beta < 0$。在斜率绝对值大于 1,即放大振荡的假设下,我们在图 17.5 中绘出了这个线性相位线。

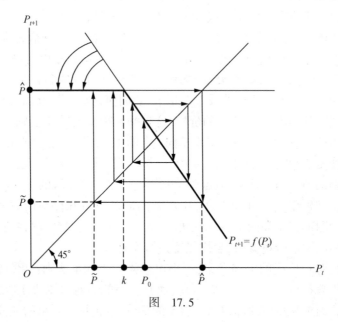

图 17.5

现在,假设存在一个法定价格上限 $\bar{P}$。它在图 17.5 中表现为一

条水平直线,因为无论 P_t 还是 P_{t+1},都不允许超过 $\hat{P}$ 水平。这便造成位于 $\hat{P}$ 以上的那部分相位线失效,或者从另一个角度看,这使得 $\hat{P}$ 以上的相位线弯折至 $\hat{P}$ 水平,因而产生了一个"弯折"相位线。① 考虑到这个弯折,这条新的(粗)的相位线不仅是非线性的,而且是非平滑的。像阶梯函数一样,这个弯折线需要不止一个方程来表达:

$$P_{t+1} = \begin{cases} \hat{P}, & (\text{对于 } P_t \leq k) \\ \dfrac{\alpha + \gamma}{\beta} - \dfrac{\delta}{\beta}P_t, & (\text{对于 } P_t > k) \end{cases} \quad (17.17')$$

其中 k 表示在弯折处的值。

假设初始价格为 P_0,我们用图形迭代来求出价格的时间路径。在迭代的第一阶段,当相位线向下倾斜的部分起作用时,必然会表现出放大振荡的倾向。但在几个时期以后,箭头开始接触价格上限,此后,时间路径进入在 $\hat{P}$ 和价格下限 $\check{P}$ 之间持久循环运动。因此,由于价格上限,模型固有的放大倾向实际上仍存在,而曾经存在的放大振荡现在则驯化成一种被称为限制周期的均匀振荡。

这个结果的意义在于:虽然在线性相位线情况下,当且仅当相位线斜率为 -1 时,才会产生均匀振荡,但现在引入非线性之后,即使相位线的斜率不为 -1,仍能产生同样的分析结果。这个结论具有非常重要的经济含义。若有人观测到一个变量的时间路径多少有些均匀振荡,并试图用线性模型来解释它,那么,他不得不依赖于一种非常特殊的——且难以置信的——模型设定,即相位线斜率恰好为 -1。但若引入非线性,无论是平滑还是非平滑的类型,那么便可以采用许多更为合理的假设,每个假设都可给观察到的均匀振荡以合理的解释。

练习 17.6

1 在差分方程模型中,变量 t 仅取整数值。这是否意味着在图 17.4 的相位图中,必须将变量 y_t 和 y_{t+1} 视为离散变量?

---

① 严格地讲,我们也应"弯折"水平轴上点 $\hat{P}$ 右边的那部分相位线。但只要另一边已被弯折,像现在这样也没什么不妥,因为 P_{t+1} 转绘至横轴会自动地将上限 $\hat{P}$ 移至 P_t 轴。

2　把一个倒 U 形曲线的左半部分作为一条相位线,并使此倒 U 形曲线与 45°线相交于两点 L(左边)和 R(右边)。

(a) 这种情况是多重均衡吗?

(b) 若初始值 y_0 位于 L 的左边,会得到何种类型的时间路径?

(c) 若初始值位于 L 和 R 之间呢?

(d) 若初始值位于 R 的右边呢?

(e) 对在 L 和 R 的均衡的动态稳定性,分别可以得出什么结论?

3　使用倒 U 形曲线作为相位线。令其向上倾斜的部分与 45°线交于点 L,令其向下倾斜的部分与 45°线交于点 R。回答上题提出的五个问题。(注意:你的答案取决于绘出相位线的具体方式;要考虑到各种可能性)

4　在图 17.5 中,废除法定价格上限,引入最低价格 P_m。

(a) 相位线会产生何种变化?

(b) 它还会是弯折的吗? 还是非线性的吗?

(c) 还会产生价格的均匀振荡运动吗?

5　参考(17.17′)和图 17.5,证明常数 k 可以表示成

$$k = \frac{\alpha + \gamma}{\delta} - \frac{\beta}{\delta} P.$$

第18章 高阶差分方程

第17章的经济模型由那些将 P_t 与 P_{t-1} 联系起来的差分方程构成。因为一个时期的 P 值可唯一地确定下一时期的 P 值,所以,一旦初始值 P_0 给定,则 P 的时间路径便完全确定了。但是也可能出现这种情况:t 期的经济变量,比如 y_t,不仅取决于 y_{t-1},而且取决于 y_{t-2}。这样便引出了二阶差分方程。

严格地讲,二阶差分方程是一个包含表达式 $\Delta^2 y_t$(读作 y_t 的二阶差分),但不含高于二阶差分的方程。符号 Δ^2 是符号 d^2/dt^2 在离散时间情况下的对应物,表示"取二阶差分"如下:

$$\Delta^2 y_t = \Delta(\Delta y_t) = \Delta(y_{t+1} - y_t) \qquad [由(17.1)]$$
$$= (y_{t+2} - y_{t+1}) - (y_{t+1} - y_t) \qquad [仍由(17.1)]①$$
$$= y_{t+2} - 2y_{t+1} + y_t.$$

因此,y_t 的二阶差分可以转换为包含两期时滞的项的和。因为像 $\Delta^2 y_t$ 和 Δy_t 这样的表达式写起来很麻烦,所以我们将二阶差分方程重新定义为包含变量的两期时滞的方程。类似地,三阶差分方程为包含三期时滞的方程;等等。

我们首先集中讨论二阶差分方程的解法,然后在18.4节中将其推广至高阶差分方程。为控制讨论的范围,在本章,我们仅讨论常系数线性差分方程。但对常数项和可变项两种形式,均作考察。

---

① 即,若我们将 $(y_{t+1} - y_t)$ 中的下标向前移一个时期,得到新表达式 $(y_{t+2} - y_{t+1})$;然后再从后一个式中减去原表达式。注意,因所得的差分可以写成 $\Delta y_{t+1} - \Delta y_t$,所以可以推出如下运算法则:

$$\Delta(y_{t+1} - y_t) = \Delta y_{t+1} - \Delta y_t.$$

它使我们联想起可应用于和或差的求导法则。

18.1 具有常系数和常数项的二阶线性差分方程

一类简单的二阶差分方程的形式为

$$y_{t+2} + a_1 y_{t+1} + a_2 y_t = c. \qquad (18.1)$$

读者应注意到,此方程为线性、非齐次,且具有常系数(a_1, a_2)和常数项 c 的差分方程。

特别解

同以前一样,可以预期(18.1)的解具有两部分:表示 y 的跨期均衡水平的特别解 y_p,表示每一时期与均衡的偏差的余函数 y_c。特别解定义为完备方程的任意解,有时通过试探形式为 $y_t = k$ 的解便可以求出。将 y 的这个常数值代入(18.1),我们得到

$$k + a_1 k + a_2 k = c \quad \text{和} \quad k = \frac{c}{1 + a_1 + a_2},$$

因此,只要$(1 + a_1 + a_2) \neq 0$,特别解为

$$y_p (= k) = \frac{c}{1 + a_1 + a_2}. \quad (a_1 + a_2 \neq -1 \text{ 的情况}) \quad (18.2)$$

例 1 求 $y_{t+2} - 3y_{t+1} + 4y_t = 6$ 的特别解。这里我们有 $a_1 = -3, a_2 = 4, c = 6$。因为 $a_1 + a_2 \neq -1$,由(18.2)可得如下特别解

$$y_p = \frac{6}{1 - 3 + 4} = 3.$$

在 $a_1 + a_2 = -1$ 的情况下,试验解 $y_t = k$ 不成立,所以,必须再试探 $y_t = kt$。将 $y_t = kt$ 代入(18.1),并记住我们现在有 $y_{t+1} = k(t+1), y_{t+2} = k(t+2)$,我们求得

$$k(t+2) + a_1 k(t+1) + a_2 kt = c,$$

和 $\quad k = \dfrac{c}{(1 + a_1 + a_2)t + a_1 + 2} = \dfrac{c}{a_1 + 2}.$

$$[\text{因为 } a_1 + a_2 = -1]$$

因此,我们可将特别解写成

$$y_p (= kt) = \frac{c}{a_1 + 2} t, \quad (a_1 + a_2 = -1; a_1 \neq -2 \text{ 的情况})$$

$$(18.2')$$

例2 求 $y_{t+2} + y_{t+1} - 2y_t = 12$ 的特别解。这里，$a_1 = 1$，$a_2 = -2$，$c = 12$。显然，不能应用公式（18.2），但可应用（18.2′）。因此，

$$y_p = \frac{12}{1+2}t = 4t.$$

此特别解表示移动均衡。

若 $a_1 + a_2 = -1$，但同时 $a_1 = -2$（即若 $a_1 = -2$，$a_2 = 1$），则我们可采用形式为 $y_t = kt^2$ 的试探解，这意味着 $y_{t+1} = k(t+1)^2$，等等。如读者可以验证的那样，在此情况下特别解为

$$y_p = kt^2 = \frac{c}{2}t^2, \quad (a_1 = -2; a_2 = 1 \text{ 的情况}) \quad (18.2'')$$

但是，因为此公式仅能应用于差分方程为 $y_{t+2} - 2y_{t+1} + y_t = c$ 这种情况，所以其适用性是非常有限的。

余函数

为求出余函数，我们必须集中讨论简化方程

$$y_{t+2} + a_1 y_{t+1} + a_2 y_t = 0. \qquad (18.3)$$

解一阶差分方程的经验告诉我们，Ab^t 在这种方程的通解中起非常重要的作用。因此，我们先试探形式为 $y_t = Ab^t$ 的解，它自然意味着 $y_{t+1} = Ab^{t+1}$，等等。我们的任务便是确定 A 和 b 的值。

将试探解代入（18.3），方程变成

$$Ab^{t+2} + a_1 Ab^{t+1} + a_2 Ab^t = 0,$$

或在消去（非零）共同因子 Ab^t 后，有

$$b^2 + a_1 b + a_2 = 0. \qquad (18.3')$$

此二次方程——（18.3）或（18.1）的特征方程——与（16.4″）具有可比性。它具有两个特征根：

$$b_1, b_2 = \frac{-a_1 \pm \sqrt{a_1^2 - 4a_2}}{2}. \qquad (18.4)$$

对解 Ab^t 中的 b 而言，上述每个根都是可接受的。事实上，b_1 和 b_2 均应在齐次差分方程（18.3）的通解中出现，恰如在微分方程中的情况一样，此通解必然包括两个线性无关的部分，每一部分都有自

己的乘积任意常数。

关于特征根,视平方根式(18.4)的情况,可能遇到三种可能的情形。读者会发现,这与16.1节对二阶微分方程的分析极其相似。

第一种情况(不同的实根) 当 $a_1^2 > 4a_2$ 时,(18.4)中的平方根为实数,b_1 和 b_2 为不同的实根。在这种情况下,b_1^t 和 b_2^t 线性无关,余函数可以简单地写成 b_1^t 和 b_2^t 的线性组合,即

$$y_c = A_1 b_1^t + A_2 b_2^t. \tag{18.5}$$

读者可将其与(16.7)相比较。

例3 求 $y_{t+2} + y_{t+1} - 2y_t = 12$ 的解。此方程的系数为 $a_1 = 1$,$a_2 = -2$。由(18.4),可求得特征根为 $b_1 = 1, b_2 = -2$。因此,余函数为

$$y_c = A_1(1)^t + A_2(-2)^t = A_1 + A_2(-2)^t.$$

因为在例2中,给定差分方程的特别解已求得为 $y_p = 4t$,所以,我们可将通解写成

$$y_t = y_c + y_p = A_1 + A_2(-2)^t + 4t.$$

仍有两个任意常数 A_1 和 A_2 有待确定。要确定这两个值,必须有两个初始条件。假设我们有 $y_0 = 4$ 和 $y_1 = 5$。则依次令通解中的 $t = 0$ 和 $t = 1$,我们求得

$$y_0 = A_1 + A_2 (= 4, 由第一个初始条件),$$

$$y_1 = A_1 - 2A_2 + 4 (= 5, 由第二个初始条件),$$

任意常数可以确定为 $A_1 = 3, A_2 = 1$。则最终可将定解写成

$$y_t = 3 + (-2)^t + 4t.$$

第二种情况(重实根) 当 $a_1^2 = 4a_2$ 时,平方根(18.4)为零,特征根为重根:

$$b(= b_1 = b_2) = -\frac{a_1}{2}.$$

现在,若我们将余函数表示为(18.5)的形式,则两部分将合并为一项:

$$A_1 b_1^t + A_2 b_2^t = (A_1 + A_2) b^t \equiv A_3 b^t.$$

此式无效,因为现在缺一个常数。

为补上缺失的部分(我们回顾一下,这部分应与 A_3b^t 项线性无关),还需重施故技,以变量 t 乘 b^t。这样这个新的项可取 A_4tb^t 这种形式。它与 A_3b^t 线性无关应是很明显的,因为我们永远不能给 A_3b^t 加上一个常系数而得到 A_4tb^t。A_4tb^t 像 A_3b^t 一样,确实可以作为齐次方程(18.3)的合格解这一事实,可以很容易得到验证:只需将 $y_t = A_4tb^t$[和 $y_{t+1} = A_4(t+1)b^{t+1}$ 等]代入(18.3)①,便可以看到(18.3)简化为一个恒等式 $0 = 0$。

因此,重根情况下的余函数为

$$y_c = A_3b^t + A_4tb^t, \qquad (18.6)$$

读者可将其与(16.9)相比较。

例 4 求 $y_{t+2} + 6y_{t+1} + 9y_t = 4$ 的余函数。系数为 $a_1 = 6, a_2 = 9$,可求得特征根为 $b_1 = b_2 = -3$。这样我们有

$$y_c = A_3(-3)^t + A_4t(-3)^t.$$

若我们再进一步,可很容易求得 $y_p = 1/4$,则给定差分方程的通解为

$$y_t = A_3(-3)^t + A_4t(-3)^t + \frac{1}{4},$$

若给定两个初始条件,便可以确定 A_3 和 A_4 的值。

第三种情况(复根) 在最后一种可能,$a_1^2 < 4a_2$ 情况下,特征根为共轭复根。具体地,根的形式为

$$b_1, b_2 = h \pm vi,$$

其中

$$h = -\frac{a_1}{2} \text{ 和 } v = \frac{\sqrt{4a_2 - a_1^2}}{2}. \qquad (18.7)$$

因此,余函数变成

$$y_c = A_1b_1^t + A_2b_2^t = A_1(h+vi)^t + A_2(h-vi)^t.$$

上式表明,解释 y_c 并不容易。但幸运的是,由于在(16.23′)中给

---

① 代入时应注意,此时有 $a_1^2 = 4a_2$ 及 $b = -a_1/2$。

出的棣莫弗定理,此余函数很容易化为三角函数,而三角函数我们已知道如何解释。

根据棣莫弗定理,可以写出
$$(h \pm vi)^t = R^t(\cos\theta t \pm i\sin\theta t).$$
由(16.10)可知,其中的 R 值(总取正值)为:
$$R = \sqrt{h^2 + v^2} = \sqrt{\frac{a_1^2 + 4a_2 - a_1^2}{4}} = \sqrt{a_2}, \quad (18.8)$$
其中 θ 为 $(0, 2\pi)$ 内的角,以弧度度量。它满足条件
$$\cos\theta = \frac{h}{R} = \frac{-a_1}{2\sqrt{a_2}} \quad \text{和} \quad \sin\theta = \frac{v}{R} = \sqrt{1 - \frac{a_1^2}{4a_2}}.$$
$$(18.9)$$
因此,余函数可以变换如下
$$\begin{aligned} y_c &= A_1 R^t(\cos\theta t + i\sin\theta t) + A_2 R^t(\cos\theta t - i\sin\theta t) \\ &= R^t[(A_1 + A_2)\cos\theta t + (A_1 - A_2)i\sin\theta t] \\ &= R^t(A_5 \cos\theta t + A_6 \sin\theta t), \quad (18.10) \end{aligned}$$
其中我们采用了简写符号
$$A_5 \equiv A_1 + A_2 \quad \text{和} \quad A_6 \equiv (A_1 - A_2)i.$$

余函数(18.10)与其在微分方程中的对应物(16.24′)有两点重要区别。首先,表达式 $\cos\theta t$ 和 $\sin\theta t$ 已取代了原来使用的 $\cos vt$ 和 $\sin vt$。其次,乘积因子 R^t (以 R 为底的指数)已取代了自然指数式 e^{ht}。总之,我们已由复根的笛卡儿坐标系(h 和 v)转换到极坐标系(R 和 θ)。一旦 h 和 v 已知,则 R 和 θ 的值可由(18.8)和(18.9)确定。如果我们能够首先确定 $a_1^2 < 4a_2$,根确实为复根,则也有可能通过(18.8)和(18.9),直接由参数 a_1 和 a_2 计算 R 和 θ 的值。

例 5 求 $y_{t+2} + \frac{1}{4}y_t = 5$ 的通解。这里,系数 $a_1 = 0$ 和 $a_2 = \frac{1}{4}$,这是一个 $a_1^2 < 4a_2$ 的复根的例子。由(18.7)可知,根的实部和虚部分别为 $h = 0, v = \frac{1}{2}$。由(18.8)可得

$$R = \sqrt{0 + \left(\frac{1}{2}\right)^2} = \frac{1}{2}.$$

因为 θ 值可满足两个方程

$$\cos\theta = \frac{h}{R} = 0 \quad \text{和} \quad \sin\theta = \frac{v}{R} = 1,$$

由表 16.1 可得出结论

$$\theta = \frac{\pi}{2}.$$

因而,余函数为

$$y_c = \left(\frac{1}{2}\right)^t \left(A_5 \cos\frac{\pi}{2}t + A_6 \sin\frac{\pi}{2}t\right).$$

为求 y_p,我们在完全方程中尝试常数解 $y_t = k$。这产生 $k = 4$,因此,$y_p = 4$,且通解可以写成

$$y_t = \left(\frac{1}{2}\right)^t \left(A_5 \cos\frac{\pi}{2}t + A_6 \sin\frac{\pi}{2}t\right) + 4. \quad (18.11)$$

例 6 求 $y_{t+2} - 4y_{t+1} + 16y_t = 0$ 的通解。首先,很容易求得特别解为 $y_p = 0$。这意味着通解 $y_t(=y_c + y_p)$ 将与 y_c 一致。为求得 y_c,我们注意到系数 $a_1 = -4$ 和 $a_2 = 16$,确实能够产生复根。因此,我们可直接将 a_1 和 a_2 的值代入 (18.8) 和 (18.9) 以得到

$$R = \sqrt{16} = 4,$$

$$\cos\theta = \frac{4}{2\cdot 4} = \frac{1}{2} \quad \text{和} \quad \sin\theta = \sqrt{1 - \frac{16}{4\cdot 16}} = \sqrt{\frac{3}{4}} = \frac{\sqrt{3}}{2},$$

根据后两个方程,由表 16.2 可知

$$\theta = \frac{\pi}{3}.$$

由此可知,余函数(这里也是通解)为

$$y_c(=y_t) = 4^t \left(A_5 \cos\frac{\pi}{3}t + A_6 \sin\frac{\pi}{3}t\right). \quad (18.12)$$

时间路径的收敛性

同在一阶差分方程中的情况一样,时间路径 y_t 的收敛性仅取决于当 $t \to \infty$ 时,y_c 是否趋近于零。因此,我们在图 17.1 中所了解的关于 b^t 式的各种图形仍可应用,尽管在这里我们必须考察两个

特征根,而非一个特征根。

首先考察不同实根的情况: $b_1 \neq b_2$。若 $|b_1|>1$, $|b_2|>1$,则余函数(18.5)中的两项 $A_1 b_1^t$ 和 $A_2 b_2^t$ 将是放大的,因此 y_c 必然是发散的。相反,若 $|b_1|<1$, $|b_2|<1$,当 t 无限增大时, y_c 中的两项将收敛于零, y_c 也将收敛于零。但若 $|b_1|>1$ 而 $|b_2|<1$,会如何呢?在这种中间情况下,很明显, $A_2 b_2^t$ 项将会"消失",而另一项会越来越偏离零值。由此可知, $A_1 b_1^t$ 最终必将控制局势,并使路径发散。

我们将绝对值较大的那个根称作强根(dominant root)。由此看来,实际决定时间路径的特征,至少是关于其敛散性这一特征的是强根。实际情况也的确如此。因此,我们可以这样表述:无论初始条件如何,当且仅当强根的绝对值小于 1 时,时间路径将是发散的。读者可以验证,在两个根的绝对值都大于 1 或小于 1 的情况下(上面讨论过),以及在一个根的绝对值恰好为 1 的情况下(上面未曾讨论),这个结论都是成立的。但要注意,尽管收敛性最终仅取决于强根,但非强根也会对时间路径施加一定的影响,至少在起始阶段是如此。因此, y_t 的确切图形仍取决于两个根。

其次考察重根的情况,我们发现如(18.6)所示,余函数包含项 $A_3 b^t$ 和 $A_4 t b^t$。前者我们早已熟悉,但对后者(它包含一个乘积因子 t)仍需作一点解释。如果 $|b|>1$, b^t 项将放大,而乘积项 t 随着 t 的增加,会进一步增强放大性。另一方面,如果 $|b|<1$,则 b^t 部分(当 t 增加时,它趋于零)和 t 部分变化方向相反,即 t 值将会抵消而非强化 b^t。那么,哪种力量更强一些呢?答案是, b^t 的衰减力量总是会超过 t 的放大力量。因此,在重根情况下对收敛性的基本要求仍是根的绝对值小于 1。

例 7　分析上面例 3 和例 4 的解的收敛性。例 3 的解为
$$y_t = 3 + (-2)^t + 4t,$$
其根分别为 1 和 -2, $[3(1)^t = 3]$,而且这里存在一个移动均衡 $4t$。强根为 -2,时间路径是发散的。

对于例 4,其解为
$$y_t = A_3(-3)^t + A_4 t(-3)^t + \frac{1}{4},$$

其中$|b|=3$,时间路径也是发散的。

现在我们考察复根的情况。由余函数的一般形式(18.10),
$$y_c = R^t(A_5\cos\theta t + A_6\sin\theta t),$$
显然可知,括号中的表达式,像(16.24′)中的表达式一样,将产生一种周期性波动形式。但因在这里,变量t仅取整数值$0,1,2,\cdots$,我们仅能捕捉并利用三角函数图形中点的子集。在每个这样的点上,直到达到下一个相关的点以前,y值在一个完整的时期内都是有效的。如图18.1所描述的那样,所产生的路径既不是通常的振荡形式(在紧邻的时期中,不在y_p值的上下交替),也不是通常的波动形式(非平滑),而是表现出一种阶梯波动。就收敛性而言,尽管决定性的因素实际上是R^t项,它像(16.24′)中的e^{ht}项一样,将确定阶梯波动在t增加时是得到强化,还是受到削弱。在现在这种情况下,当且仅当$R<1$时,波动才能逐渐缩减。因为根据定义,R是共轭复根($h \pm vi$)的绝对值,所以,收敛性的条件仍是特征根的绝对值小于1。

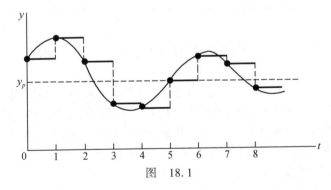

图 18.1

概言之,对于特征根的所有三种情况,无论初始条件为如何,当且仅当每个根的绝对值小于1时,时间路径将会收敛于(一个稳定的或移动的)跨期均衡。

例8 时间路径(18.11)和(18.12)收敛吗? 在(18.11)中,我们有$R=1/2$,所以时间路径将收敛于一个稳定均衡($=4$)。而在(18.2)中,我们有$R=4$,所以时间路径不再收敛于均衡($=0$)。

练习 18.1

1. 写出下列每个方程的特征方程,并求出特征根:

    (a) $y_{t+2} - y_{t+1} + \frac{1}{2}y_t = 2$ 　　(b) $y_{t+2} - 4y_{t+1} + 4y_t = 7$

    (c) $y_{t+2} + \frac{1}{2}y_{t+1} - \frac{1}{2}y_t = 5$ 　　(d) $y_{t+2} - 2y_{t+1} + 3y_t = 4$

2. 对于上题中的每个差分方程,根据特征根判定时间路径是否包含振荡或阶梯波动,以及时间路径是否是放大的。

3. 求练习 18.1-1 中的方程的特别解。它们表示稳定均衡或移动均衡吗?

4. 解下列差分方程:

    (a) $y_{t+2} + 3y_{t+1} - \frac{7}{4}y_t = 9$ 　　($y_0 = 6; y_1 = 3$)

    (b) $y_{t+2} - 2y_{t+1} + 2y_t = 1$ 　　($y_0 = 3; y_1 = 4$)

    (c) $y_{t+2} - y_{t+1} + \frac{1}{4}y_t = 2$ 　　($y_0 = 4; y_1 = 7$)

5. 分析上题所得到的时间路径。

18.2 萨缪尔森乘数-加速数相互作用模型

我们引用保罗·萨缪尔森教授的经典的相互作用模型,作为描述二阶差分方程在经济学中应用的一个例子。此模型探索当加速原理与凯恩斯乘数一起发生作用时,收入决定的动态过程。[①] 此外,此模型还证明,仅仅是乘数和加速数的相互作用,就能够产生内生的周期性波动。

结构

假设国民收入 Y_t 由三种支出流组成:消费 C_t,投资 I_t,政府

[①] Paul A. Samuelson, "Interactions between the Multiplier Analysis and the Principle of Acceleration," *Review of Economic Statistics*, May 1939, pp. 75—78; 重印于 American Economic Association, *Readings in Business Cycle Theory*, Richard D. Irwin, Inc., Homewood, Ill., 1944, pp. 261—269。

支出 G_t。C_t 被看成上期收入 Y_{t-1} 的函数,而非本期收入的函数。为简单起见,假设 C_t 严格地与 Y_{t-1} 成比例。作为一个"引致"变量,投资是消费者现行支出倾向的函数。当然,正是通过这一引致投资,加速原理才得以进入模型。具体地,我们假设 I_t 与消费增量 $\Delta C_{t-1} = C_t - C_{t-1}$ 成固定比例。而第三个支出流 G_t,则可视为外生变量。事实上,我们将假设它是一个常数,并以 G_0 表示之。

这些假定可以转换成如下方程组:
$$Y_t = C_t + I_t + G_0,$$
$$C_t = \gamma Y_{t-1}, \qquad (0 < \gamma < 1) \qquad (18.13)$$
$$I_t = \alpha(C_t - C_{t-1}), \quad (\alpha > 0)$$

其中 γ(希腊字母 gamma)表示边际消费倾向,α 表示加速数(加速系数的简写)。注意,如果从模型中剔除引致投资,我们就得到一个描述动态乘数过程的一阶差分方程(参见 17.2 节例 2)。但若模型中包含引致投资,我们便得到一个描述乘数与加速数相互作用的二阶差分方程。

利用第二个方程,我们可用收入将 I_t 表示如下:
$$I_t = \alpha(\gamma Y_{t-1} - \gamma Y_{t-2}) = \alpha\gamma(Y_{t-1} - Y_{t-2}),$$
将此式与 C_t 代入(18.13)中的第一个方程并整理,模型可以化简为一个方程
$$Y_t - \gamma(1 + \alpha)Y_{t-1} + \alpha\gamma Y_{t-2} = G_0,$$
或者等价地(将下标前移两个时期),
$$Y_{t+2} - \gamma(1 + \alpha)Y_{t+1} + \alpha\gamma Y_t = G_0. \qquad (18.14)$$
由于它是一个具有常系数和常数项的二阶线性差分方程,所以可用刚才学过的方法解之。

解法

作为特别解,由(18.2),我们有
$$Y_p = \frac{G_0}{1 - \gamma(1 + \alpha) + \alpha\gamma} = \frac{G_0}{1 - \gamma}.$$
读者也许注意到,表达式 $1/(1 - \gamma)$ 只是不存在引致投资时的乘数。

因此,$G_0/(1-\gamma)$(外生支出乘以乘数)应在下述意义上给出均衡收入 Y^*:此收入水平满足均衡条件"国民收入 = 总支出"[参见(3.24)]。然而,作为此模型的特别解,它也给出跨期均衡收入 $\bar{Y}$。

关于余函数,存在三种可能的情况。在这里,第一种情况($a_1^2 > 4a_2$)的特征为

$$\gamma^2(1+\alpha)^2 > 4\alpha\gamma \quad \text{或} \quad \gamma(1+\alpha)^2 > 4\alpha$$

或

$$\gamma > \frac{4\alpha}{(1+\alpha)^2},$$

类似地,要描述第二、三种情况的特征,我们只需将上面最后一个不等式中的">"号分别变成"="号和"<"号即可。在图18.2中,我们绘出了方程 $\gamma = 4\alpha/(1+\alpha)^2$ 的图形。根据上面的讨论,恰好位于此曲线上的(α,γ)数偶属于第二种情况。而位于该曲线上面(包含较大的γ值)的(α,γ)数偶属于第一种情况,位于该曲线下面的(α,γ)数偶属于第三种情况。

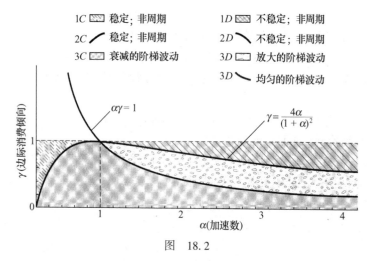

图 18.2

图18.2表示的三重分类是重要的,因为它清楚地揭示了这样一些条件,在此条件下乘数与加速数的相互作用可内生地产生周期性波动。但这种分类并未谈及Y的时间路径的敛散性。因此,在每一

情况下,我们还需要区分衰减与放大两种子情况。当然,我们可以通过引用一些数字例子来简单地说明这种子情况,这是处理这一问题的简单方式。不过我们还是设法求出收敛性和发散性的一般条件;尽管这很麻烦,但却更有价值。

收敛性与发散性

差分方程(18.14)具有特征方程
$$b^2 - \gamma(1+\alpha)b + \alpha\gamma = 0,$$
它产生两个根
$$b_1, b_2 = \frac{\gamma(1+\alpha) \pm \sqrt{\gamma^2(1+\alpha)^2 - 4\alpha\gamma}}{2},$$
因为收敛性与发散性取决于 b_1 和 b_2 的值,又因为 b_1 和 b_2 值取决于参数 α 和 γ 的值,所以,收敛与发散的条件应当可以用 α 和 γ 值表示。为此,我们可以利用这一事实:由(16.6),两个特征根总可以通过如下两个方程联系起来:
$$b_1 + b_2 = \gamma(1+\alpha), \tag{18.15}$$
$$b_1 b_2 = \alpha\gamma, \tag{18.15'}$$
在这两个方程的基础上,我们可以观察到
$$(1-b_1)(1-b_2) = 1 - (b_1 + b_2) + b_1 b_2$$
$$= 1 - \gamma(1+\alpha) + \alpha\gamma = 1 - \gamma. \tag{18.16}$$
鉴于模型设定 $0 < \gamma < 1$,有必要对这两个根施加条件
$$0 < (1-b_1)(1-b_2) < 1. \tag{18.17}$$

现在,我们来考察第一种情况下的收敛性问题,其中两个根为不同的实根。因为根据假设,α 和 γ 均为正,(18.15′)表明 $b_1 b_2 > 0$,这意味着 b_1 和 b_2 具有相同的代数符号。进而,因为 $\gamma(1+\alpha) > 0$,所以,(18.15)表明 b_1 和 b_2 必为正。因此,在第一种情况下,时间路径 Y_t 不会产生振荡。

尽管已知 b_1 和 b_2 的符号,但在第一种情况下至少存在五种 (b_1, b_2) 值的组合,每种组合关于 α 和 γ 的对应值如下:

(i) $0 < b_2 < b_1 < 1 \Rightarrow 0 < \gamma < 1, \alpha\gamma < 1;$

(ii) $0 < b_2 < b_1 = 1 \Rightarrow \gamma = 1;$

(iii) $0 < b_2 < 1 < b_1 \Rightarrow \gamma > 1;$

(iv) $1 = b_2 < b_1 \Rightarrow \gamma = 1;$

(v) $1 < b_2 < b_1 \Rightarrow 0 < \gamma < 1, \alpha\gamma > 1.$

579 可能性 i(其中 b_1 和 b_2 为正分数)完全满足条件(18.17),并与模型设定 $0 < \gamma < 1$ 一致。在此可能性下,两根之积必然也为正分数,由(18.15′)这意味着 $\alpha\gamma < 1$。相反,接下来的三种可能性都违背条件(18.17),并产生不可接受的 γ 值(参见练习 18.2-3),因此,必须将它们排除掉。但可能性 v 是可接受的。由于 b_1 和 b_2 均大于 1,(18.17)仍然得到满足,但这次,由(18.15′),我们有 $\alpha\gamma > 1$(而非 $\alpha\gamma < 1$)。结果在第一种情况下,只有两种可接受的子可能性。第一种子可能性(可能性 i)包含分数根 b_1 和 b_2,因而产生了 Y 的一个收敛时间路径。另一种子情况(可能性 v)的根大于 1,因而产生一个发散的时间路径。但就 α 和 γ 的值而言,收敛性与发散性的问题仅取决于 $\alpha\gamma < 1$ 还是 $\alpha\gamma > 1$。这个结论概括在表 18.1 中最上面的部分,其中收敛的子情况标为 $1C$,发散的子情况标为 $1D$。

对于第二种情况——重根情况的分析,实质上是类似的。现在根为 $b = \gamma(1 + \alpha)/2$,其符号为正,因为 α 和 γ 均为正。因此仍然不存在振荡。这里我们只需将 b 值分为三种可能性:

(vi) $0 < b < 1 \Rightarrow \gamma < 1, \alpha\gamma < 1;$

(vii) $b = 1 \Rightarrow \gamma = 1;$

(viii) $b > 1 \Rightarrow \gamma < 1, \alpha\gamma > 1.$

在可能性 vi,$b(= b_1 = b_2)$ 为正分数,因此,关于 α 和 γ 的含义与第一种情况下可能性 I 的情形完全一致。与此类似,可能性 viii(其 $b(= b_1 = b_2)$ 大于 1)仅在 $1 < b < 2$ 时满足(18.17);如果是这样,它与可能性 v 的结果相同。而可能性 vii 违背(18.17),必须被排除。所以只有两种可接受的子情况。第一种子情况(可能性 vi)产生一个收敛的时间路径,而另一种子情况(可能性 viii)则产生一个发散的时间路径。关于 α 和 γ,收敛与发散的子情况仍然是分别与 $\alpha\gamma < 1$ 和

$\alpha\gamma > 1$ 相联系的。这些结论列在表 18.1 的中部,其中两种子情况分别标为 $2C$(收敛)和 $2D$(发散)。

表 18.1 萨缪尔森模型的各种可能情形

情况	子情况	α 和 γ 的值	时间路径 Y_t
1 不同的实根			
$\gamma > \dfrac{4\alpha}{(1+\alpha)^2}$	$1C: 0 < b_2 < b_1 < 1$ $1D: 1 < b_2 < b_1$	$\alpha\gamma < 1$ $\alpha\gamma > 1$	非振荡与非波动
2 重实根			
$\gamma = \dfrac{4\alpha}{(1+\alpha)^2}$	$2C: 0 < b < 1$ $2D: b > 1$	$\alpha\gamma < 1$ $\alpha\gamma > 1$	非振荡与非波动
3 复根			
$\gamma < \dfrac{4\alpha}{(1+\alpha)^2}$	$3C: R < 1$ $3D: R \geq 1$	$\alpha\gamma < 1$ $\alpha\gamma \geq 1$	具有阶梯波动

最后,在第三种(复根)情况下,我们得到阶梯波动,因而具有内生的商业周期。在此情况下,我们应当考察绝对值 $R = \sqrt{a_2}$ [见 (18.8)] 作为判定收敛性与发散性的线索,其中 a_2 则是差分方程 (18.1) 中 y_t 项的系数。在本模型中,我们有 $R = \sqrt{\alpha\gamma}$,它产生如下三种可能性:

$$(\text{ix}) \quad R < 1 \quad \Rightarrow \quad \alpha\gamma < 1;$$
$$(\text{x}) \quad R = 1 \quad \Rightarrow \quad \alpha\gamma = 1;$$
$$(\text{xi}) \quad R > 1 \quad \Rightarrow \quad \alpha\gamma > 1.$$

尽管上述几种可能性都是可接受的(参见练习 18.2-4),但仅有 $R < 1$ 这种可能性具有收敛的时间路径,在表 18.1 中列为子情况 $3C$。而另外两种情况在表 18.1 中一并标为子情况 $3D$。

总之,由表 18.1 我们可以得出结论:当且仅当 $\alpha\gamma < 1$ 时,可以得到收敛的时间路径。

用图形对上述分析结果进行总结

上述分析采用了较为复杂的情况与子情况的分类方式。如果我们有更为直观的分类图形表示,则会有很大的帮助。图 18.2 便提供了这种图形表示。

在图 18.2 中,模型中所有可接受的有序偶 (α,γ) 的集合以各种不同的阴影矩形面积来表示。因为要排除 $\gamma=0$ 和 $\gamma=1$ 的值,正如要排除掉 $\alpha=0$ 的值一样,所以阴影的面积是一种无边的矩形。我们已绘出方程 $\gamma=4\alpha/(1+\alpha)^2$ 的图形,以区分表 18.1 中的三种主要情况:在曲线上的点属于第二种情况;位于曲线北面上的点(表示较大的 γ 值)属于第一种情况;位于曲线南面的点(表示较小的 γ 值)则属于第三种情况。为区别收敛与发散的子情况,我们现在加上 $\alpha\gamma=1$ 的图形(等轴双曲线),作为另一条分界线。位于该等轴双曲线北面的点满足不等式 $\alpha\gamma>1$,而位于该曲线下面的点则对应于 $\alpha\gamma<1$。这样就可能很容易区分子情况了。在第一种情况下,位于双曲线下面的虚线阴影区域,对应于子情况 1C,而实线阴影区域则与子情况 1D 相联系。在第二种情况下,即点位于曲线 $\gamma=4\alpha/(1+\alpha)^2$ 的情况下,子情况 2C 包括该曲线向上倾斜的部分,而子情况 2D 则对应该曲线向下倾斜的部分。最后,对于第三种情况,等轴双曲线用于区分小点阴影区域(子情况 3C)和小石子阴影区域(子情况 3D)。读者应注意到,后者也包含位于等轴双曲线上的点本身,因为设定的是弱不等式 $\alpha\gamma\geq1$。

因为图 18.2 包含了模型中所有定性的结论,所以如果给定任意有序偶 (α,γ),通过在图形中绘出该有序偶,我们总可以在图形上找到正确的子情况。

例 1 若加速数为 0.8,边际消费倾向为 0.7,会产生何种相互作用的时间路径?有序偶 $(0.8,0.7)$ 位于小点阴影区域内,属于子情况 3C,因此时间路径以衰减的阶梯波动为特征。

例 2 $\alpha=2$ 和 $\gamma=0.5$ 表明哪类相互作用的时间路径?有序偶 $(2,0.5)$ 恰好位于等轴双曲线上,属于子情况 3D。Y 的时间路径仍表现出阶梯波动,但它既非放大,亦非衰减。将其与均匀振荡和均匀波动的情形相比较,我们可以将这种情形称之为"均匀阶梯波动"。但是,后一种情况下的均匀特征一般不能期望它是完美的,因为类似于图 18.1 中的图形,我们只能采纳那些对应于 t 的整数值的在正弦或余弦曲线上的点,但在每一波动周期中,这些 t 值可能会碰到曲线上完全不同的点。

练习 18.2

1 参见图 18.2,求下列每组 α 和 γ 值所属的子情况,并定性地描述相互作用的时间路径:
   (a) $\alpha = 3.5; \gamma = 0.8$
   (b) $\alpha = 2; \gamma = 0.7$
   (c) $\alpha = 0.2; \gamma = 0.9$
   (d) $\alpha = 1.5; \gamma = 0.6$

2 由上题(a)和(c)部分所给出的 α 和 γ 值,求每一情况下特征根的数值,并分析时间路径的性质。你的结果与前面获得的结果一致吗?

3 验证第一种情况下的可能性(ii),(iii)和(iv),意味着不可接受的 γ 值。

4 证明在第三种情况下,我们不会遇到 $\gamma \geqslant 1$ 的情形。

18.3 离散时间条件下的通货膨胀与失业

前面在连续时间框架下讨论的通货膨胀与失业的相互作用,也可以在离散时间条件下加以表达。在本节,我们将使用基本相同的假设,描述如何将模型重构为差分方程模型。

模型

前面的连续时间表述(16.5 节)由三个微分方程构成

$$p = \alpha - T - \beta U + g\pi, \quad [\text{附加预期的菲利普斯关系}] \quad (16.33)$$

$$\frac{\mathrm{d}\pi}{\mathrm{d}t} = j(p - \pi), \quad [\text{适应性预期}] \quad (16.34)$$

$$\frac{\mathrm{d}U}{\mathrm{d}t} = -k(m - p), \quad [\text{货币政策}] \quad (16.35)$$

三个内生变量为:p(实际通货膨胀率),π(预期通货膨胀率),U(失业率)。在模型中出现 6 个参数,参数 m(名义货币增长率,或者货币扩张率)与其他参数的不同之处在于其大小是由政策决定的。

当把上述方程纳入时期分析模式时,菲利普斯关系(16.33)变成

$$p_t = \alpha - T - \beta U_t + g\pi_t, \quad (\alpha, \beta > 0; 0 < g \leqslant 1) \quad (18.18)$$

在适应性预期方程中,导数必然为差分方程所取代:

$$\pi_{t+1} - \pi_t = j(p_t - \pi_t), \quad (0 < j \leq 1) \quad (18.19)$$

同理,货币政策也将变成①

$$U_{t+1} - U_t = -k(m - p_{t+1}), \quad (k > 0) \quad (18.20)$$

这三个方程构成了通货膨胀-失业模型的新形式。

以 p 为变量的差分方程

作为分析新模型的第一步,我们仍设法将模型化简为一个具有单一变量的方程。令该变量为 p。相应地,我们把注意力集中于(18.18)。但是,因为(18.18)不同于其他两个方程,它本身不能描述一种变化模式,因而需要我们来创造这样一种模式。我们可以通过对 p_t 取差分,即取 p_t 的一阶差分来做到这一点。根据定义

$$\Delta p_t \equiv p_{t+1} - p_t.$$

取一阶差分需要两个步骤:首先,将(18.18)中的时间下标前移一个时期,得到

$$p_{t+1} = \alpha - T - \beta U_{t+1} + g\pi_{t+1}, \quad (18.18')$$

然后从(18.18′)中减去(18.18),以得到 p_t 的一阶差分,它能够描述所需的变化模式:

$$\begin{aligned} p_{t+1} - p_t &= -\beta(U_{t+1} - U_t) + g(\pi_{t+1} - \pi_t) \\ &= \beta k(m - p_{t+1}) + gj(p_t - \pi_t), \quad [由(18.20)和(18.19)] \end{aligned} \quad (18.21)$$

注意,在(18.21)的第二行,(18.19)和(18.20)给出的另外两个变量的变化模式已被纳入到 p 变量的变化模式中去了。因此,(18.21)现在包容了本模型的所有信息。

但是,π_t 项对 p 的研究无关紧要,需将其从上述方程中剔除。为此,我们利用这一事实

$$g\pi_t = p_t - (\alpha - T) + \beta U_t, \quad [由(18.18)] \quad (18.22)$$

将其代入(18.21),合并同类项,得到

---

① 我们曾假定,U_t 的变化取决于 $(t+1)$ 期的实际货币增长率 $(m - p_{t+1})$。另一种选择是,有可能使其取决于 t 期的实际货币增长率 $(m - p_t)$(参见练习 18.3-4)。

$$(1+\beta k)p_{t+1} - [1-j(1-h)]p_t + j\beta U_t = \beta km + j(\alpha - T),$$
(18.23)

但现在又出现了一个有待于删除的 U_t 项。为此,差分(18.23)以得到 $(U_{t+1} - U_t)$ 项,然后再利用(18.20)消去 $(U_{t+1} - U_t)$。只有经过这样一个冗长的代换过程,我们才能得到所求的仅含 p 变量的差分方程,经过正规化后,其形式为

$$p_{t+2} - \underbrace{\frac{1+hj+(1-j)(1+\beta k)}{1+\beta k}}_{a_1} p_{t+1} + \underbrace{\frac{1-j(1-h)}{1+\beta k}}_{a_2} p_t = \underbrace{\frac{j\beta km}{1+\beta k}}_{c}.$$
(18.24)

p 的时间路径

由(18.24)的特别解给出的 p 的跨期均衡值为

$$\bar{p} = \frac{c}{1+a_1+a_2} = \frac{j\beta km}{\beta kj} = m, \quad [\text{由}(18.2)]$$

因此,同连续时间模型中的情况一样,均衡的通货膨胀率恰好等于货币扩张率。

至于余函数,依 a_1^2 和 $4a_2$ 的相对大小而定,会产生不同的实根(第一种情况),重根(第二种情况),或者复根(第三种情况)。在本模型中

$$a_1^2 \gtreqless 4a_2$$

当且仅当

$$[1+gj+(1-j)(1+\beta k)]^2 \gtreqless 4[1-j(1-g)](1+\beta k).$$
(18.25)

比如,如果 $g=1/2, j=1/3, \beta k=5$,则 $a_1^2 = \left(5\frac{1}{6}\right)^2$,而 $4a_2 = 20$,那么便会出现第一种情况。但若 $g=j=1$,则 $a_1^2 = 4$,而 $4a_2 = 4(1+\beta k) > 4$,那么便会产生第三种情况。然而,考虑到本模型中包含较多的参数,不可能像萨缪尔森模型中那样,构建一个如图18.2那样的分类图形。

不过,收敛性的分析仍可按18.2节的路线来进行。具体地,由(16.6)可知,两个特征根 b_1 和 b_2 必定满足下列两种关系

$$b_1 + b_2 = -a_1 = \frac{1+gj}{1+\beta k} + 1 - j > 0, \quad [见(18.24)] \quad (18.26)$$

$$b_1 b_2 = a_2 = \frac{1-j(1-g)}{1+\beta k} \in (0,1), \quad (18.26')$$

进而,在本模型中我们有

$$(1-b_1)(1-b_2) = 1 - (b_1+b_2) + b_1 b_2 = \frac{\beta jk}{1+\beta k} > 0. \quad (18.27)$$

现在考察两个根 b_1, b_2 为不同实根的情况。因为积 $b_1 b_2$ 为正,所以 b_1 与 b_2 必取相同的符号。进而,因为 b_1 与 b_2 的和为正,所以它们必然均为正,这意味着不会产生振荡。由(18.27)我们可以推断 b_1 与 b_2 均不等于1,否则 $(1-b_1)(1-b_2)$ 将会等于0,与不等式所表明的含义相违。这表明,按照在萨缪尔森模型中所列举的关于 (b_1, b_2) 组合的各种可能性,这里不会出现可能性 ii 和 iv。一个根大于1,另一个根小于1的情形也是不可接受的,否则,$(1-b_1)(1-b_2)$ 将为负。因此可能性 iii 也被排除了。由此可知,b_1 与 b_2 或者二者均大于1,或者均小于1。然而,若 $b_1 > 1, b_2 > 1$(可能性 v),将违背(18.26'),结果,最终只有可能性 i,即 b_1, b_2 均为正分数,从而 p 的时间路径为收敛。

对第二种情况的分析并没有什么根本的不同。通过同样的推理,我们可以断定重根 b 在本模型中只能为正分数;即可能性 vi 是可接受的,但可能性 vii 和 viii 则不成立。在第二种情况下,p 的时间路径依然是非振荡且收敛的。

至于第三种情况,收敛性要求 R(复根的绝对值)小于1。根据(18.8),$R = \sqrt{a_2}$。由于 a_2 为正分数 [见(18.26')],所以确实有 $R < 1$。因此,在第三种情况下,p 的时间路径也是收敛的,尽管这次会出现阶梯波动。

关于 U 的分析

如果要分析失业率的时间路径,我们可以以(18.20)为出发点。为排除方程中的 p 项,我们首先将(18.18')代入(18.20),得到

$$(1 + \beta k)U_{t+1} - U_t = k(\alpha - T - m) + kg\pi_{t+1}, \quad (18.28)$$

其次，为代换另一个方程作准备，我们对(18.28)取差分以求得

$$(1 + \beta k)U_{t+2} - (2 + \beta k)U_{t+1} + U_t = kg(\pi_{t+2} - \pi_{t+1}).$$

$$(18.29)$$

鉴于方程右边存在 π 的差分表达式，我们可以用一个前移形式的适应性预期方程来代替它。结果

$$(1 + \beta k)U_{t+2} - (2 + \beta k)U_{t+1} + U_t$$
$$= kgj(p_{t+1} - \pi_{t+1}). \quad (18.30)$$

本模型中的所有信息均包含在此方程中。

然而，在适当的关于 U 的差分方程产生以前，我们必须先剔除 p 和 π 变量。为此，由(18.20)我们注意到

$$kp_{t+1} = U_{t+1} - U_t + km, \quad (18.31)$$

进而，以 $(-kj)$ 通乘(18.22)，并前移时间下标，我们可以写成

$$-kjg\pi_{t+1} = -kjp_{t+1} + kj(\alpha - T) - \beta kjU_{t+1}$$
$$= -j(U_{t+1} - U_t + km) + kj(\alpha - T) - \beta kjU_{t+1}$$

[由(18.31)]

$$= -j(1 + \beta k)U_{t+1} + jU_t + kj(\alpha - T - m). \quad (18.32)$$

这两个结果以 U 变量来表示 p_{t+1} 和 π_{t+1}，可以使我们将其代入(18.30)，最终得到仅有 U 变量的差分方程：

$$U_{t+2} - \frac{1 + gj + (1-j)(1+\beta k)}{1+\beta k}U_{t+1} + \frac{1-j(1-g)}{1+\beta k}U_t$$
$$= \frac{kj[\alpha - T - (1-g)m]}{1+\beta k}. \quad (18.33)$$

值得注意的是，方程左边的两个常系数与 p 的差分方程[即(18.24)]中的常系数是一致的。因此，前面关于 p 路径的余函数的分析同样可以应用到这里。但(18.33)右边的常数项确实有别于(18.24)中的常数项。结果两种情况下的特别解便不相同。这也应当如此，除了巧合因素外，并无内在的原因可以预期跨期的均衡失业率与均衡通货膨胀率相同。

585 长期菲利普斯关系

我们已经验证,跨期均衡失业率为

$$\bar{U} = \frac{1}{\beta}[\alpha - T - (1-g)m],$$

但因已求得均衡通货膨胀率为 $\bar{p}=m$,我们可以通过如下方程将 $\bar{U}$ 与 $\bar{p}$ 联系起来

$$\bar{U} = \frac{1}{\beta}[\alpha - T - (1-g)\bar{p}]. \quad (18.34)$$

因为此方程仅与均衡的失业率和通货膨胀率有关,所以我们认为它描述了长期的菲利普斯关系。

(18.34)的一个特例引起了经济学家的广泛关注:即 $g=1$ 的情况。若 $g=1$,则 $\bar{p}$ 项的系数为零,因而会从方程中消失。换言之,$\bar{U}$ 将变成 $\bar{p}$ 的常函数。在标准的菲利普斯图形中(失业率被绘成横轴),这个结果产生了一个垂直的菲利普斯曲线。在此情况下的 $\bar{U}$ 值,被称为自然失业率,它与均衡的通货膨胀率是一致的。这个结论具有明显的政策含义:在长期中,通货膨胀与失业这对孪生魔鬼并不存在像短期中所存在的那种替代关系。

但若 $g<1$,又会如何呢?在此情况下,(18.34)中 $\bar{p}$ 的系数为负,长期的菲利普斯曲线将向下倾斜,因而通货膨胀与失业之间存在替代关系。因此长期菲利普斯曲线是垂直还是斜率为负,关键取决于参数 g 的值。按附加预期的菲利普斯关系,g 度量预期的通货膨胀率与工资结构和实际通货膨胀率相一致的程度。读者对这些应当是非常熟悉的,因为在 16.5 节例 1 中我们曾讨论过这一问题,而且读者在练习 16.5-4 中也曾处理过这类问题。

练习 18.3

1 给出由(18.23)推导出(18.24)的中间步骤。

2 证明若本节所讨论的模型化为变量 π 的差分方程,除了以 π 替代 p 外,结果与(18.24)将会是相同的。

3. 在本节讨论的模型中,p 和 U 的时间路径总是收敛的。如果我们抛掉 $g \leq 1$ 的假设,能产生发散的时间路径吗?如果答案是肯定的,那么,在第一、二、三种情况下,哪种发散的"可能性"是可行的?

4. 保留方程(18.18)和(18.19),但将(18.20)变为
$$U_{t+1} - U_t = -k(m - p_t),$$
(a) 导出变量 p 的新的差分方程。
(b) 新的差分方程能产生不同的 $\bar{p}$ 吗?
(c) 假定 $j = g = 1$。求特征根分别属于第一、二、三种情况的条件。
(d) 令 $j = g = 1$。当 $\beta k = 3, 4$ 和 5 时,分别描述 p 的时间路径(包括收敛性或发散性)。

18.4 推广到可变项和高阶方程

现在,我们准备将我们的方法向两个方向推广:一是向可变项方向推广,二是向高阶差分方程方向推广。

形式为 cm^t 的可变项

当(18.1)中的常数项为一个可变项(某个 t 的函数)代替时,仅仅会对特别解产生影响。(为什么?)为求出新的特别解,我们仍可以应用待定系数法。在有关微分方程的内容中(16.6 节),待定系数法要求可变项及其逐阶导数一起(除乘积常数外)仅取有限个不同类型的表达式。将其应用于差分方程,这个要求应修改为"可变项及其逐次差分一起(除乘积常数外)仅取有限个不同类型的表达式"。我们通过一个具体的例子,先取形式为 cm^t 的可变项,其中 c 和 m 为常数,来介绍这种方法。

例 1 求下列方程的特别解

$$y_{t+2} + y_{t+1} - 3y_t = 7^t.$$

这里,我们有 $c = 1$ 和 $m = 7$。首先,我们来确定可变项 7^t 在逐次差分时是否会产生有限的表达式类型。按照差分法则($\Delta y_t = y_{t+1} - y_t$),$7^t$ 的一阶差分为

$$\Delta 7^t = 7^{t+1} - 7^t = (7 - 1)7^t = 6(7)^t,$$

类似地,二阶差分,$\Delta^2(7^t)$,可以表示成

$$\Delta(\Delta 7^t) = \Delta 6(7^t) = 6(7)^{t+1} - 6(7)^t = 6(7-1)7^t = 36(7)^t,$$

而且可以验证,所有各阶差分像一阶和二阶差分一样,均为 7^t 的倍数。因为仅有一种表达式类型,所以我们可以试探 $y_t = B(7)^t$ 作为特别积分,其中 B 为待定系数。

将试探解及 $(t+1)$ 期、$(t+2)$ 期的对应形式代入给定的差分方程,得到

$$B(7)^{t+2} + B(7)^{t+1} - 3B(7)^t = 7^t \quad \text{或} \quad B(7^2 + 7 - 3)(7)^t = 7^t,$$

因此,

$$B = \frac{1}{49 + 7 - 3} = \frac{1}{53}.$$

可将特别解写成

$$y_p = B(7)^t = \frac{1}{53}(7)^t.$$

当然,它表示移动均衡。读者可以这样验证解的正确性:将其代入差分方程,从而看到产生恒等式 $7^t = 7^t$。

例 1 中所得到的结果很容易由可变项 7^t 推广至 cm^t。根据经验,我们可以预期 cm^t 所有各阶差分的表达式具有相同的形式:即 Bm^t,其中 B 为某一乘积常数。因此,当给定差分方程

$$y_{t+2} + a_1 y_{t+1} + a_2 y_t = cm^t, \tag{18.35}$$

我们可以试探解 $y_t = Bm^t$ 作为特别解。运用试探解 $y_t = Bm^t$,这意味着 $y_{t+1} = Bm^{t+1}$,等等,我们可以将 (18.35) 重写成

$$Bm^{t+2} + a_1 Bm^{t+1} + a_2 Bm^t = cm^t$$

或

$$B(m^2 + a_1 m + a_2)m^t = cm^t,$$

因此,试探解中的系数 B 应当为

$$B = \frac{c}{m^2 + a_1 m + a_2}.$$

而且所求的 (18.35) 的特别解可以写成

$$y_p = Bm^t = \frac{c}{m^2 + a_1 m + a_2} m^t \quad (m^2 + a_1 m + a_2 \neq 0).$$

$$\tag{18.36}$$

注意,B 的分母不允许等于零。如果它恰好为零,①那么,我们必须使用试探解 $y_t = Btm^t$,如果这个试探解也不行,则试探 $y_t = Bt^2m^t$。

形式为 ct^n 的可变项

现在我们考察形式为 ct^n 的可变项,其中 c 是任意常数,n 为正整数。

例 2　求方程
$$y_{t+2} + 5y_{t+1} + 2y_t = t^2$$
的特别解。求出 t^2(ct^n 当 $c=1$ 和 $n=2$ 时的特例)的前三阶差分如下:②

$$\Delta t^2 = (t+1)^2 - t^2 = 2t + 1,$$
$$\Delta^2 t^2 = \Delta(\Delta t^2) = \Delta(2t+1) = \Delta 2t + \Delta 1$$
$$= 2(t+1) - 2t + 0 = 2, \quad [\Delta \text{ 常数} = 0]$$
$$\Delta^3 t^2 = \Delta(\Delta^2 t^2) = \Delta 2 = 0.$$

因为进一步差分只能得到零,所以共有三种不同类型的表达式:t^2 (源于可变项本身),t 和常数(源于可变项的各阶差分)。

因此,我们试用解
$$y_t = B_0 + B_1 t + B_2 t^2$$
作为特别解,待定系数为 B_0,B_1 和 B_2。注意,此解意味着
$$y_{t+1} = B_0 + B_1(t+1) + B_2(t+1)^2$$
$$= (B_0 + B_1 + B_2) + (B_1 + 2B_2)t + B_2 t^2,$$
$$y_{t+2} = B_0 + B_1(t+2) + B_2(t+2)^2$$
$$= (B_0 + 2B_1 + 4B_2) + (B_1 + 4B_2)t + B_2 t^2,$$

---

① 与 16.6 节中例 3 的情形类似,当常数 m 恰好等于差分方程的特征根时,这种可能性就会成为现实。上述差分方程的特征根为满足方程 $b^2 + a_1 b + a_2 = 0$ 的 b 值。如果一个特征根恰好等于 m,则必然可以导出 $m^2 + a_1 m + a_2 = 0$。

② 这些结果可与 t^2 的前三阶导数相比较:
$$\frac{d}{dt}t^2 = 2t \quad \frac{d^2}{dt^2}t^2 = 2 \quad \text{和} \quad \frac{d^3}{dt^3}t^2 = 0.$$

将其代入差分方程时,得到
$$(8B_0 + 7B_1 + 9B_2) + (8B_1 + 14B_2)t + 8B_2t^2 = t^2,$$
使方程两边逐项相等,我们看到所求待定系数满足如下联立方程:
$$8B_0 + 7B_1 + 9B_2 = 0,$$
$$8B_1 + 14B_2 = 0,$$
$$8B_2 = 1.$$
因此,待定系数值为 $B_0 = 13/256$, $B_1 = -7/32$, $B_2 = 1/8$,给出特别解
$$y_p = \frac{13}{256} - \frac{7}{32}t + \frac{1}{8}t^2.$$

我们可以把处理可变项 t^2 的方法推广至 ct^n 的情况。在新的试探解中,显然应有一项 $B_n t^n$,与给定的可变项相对应。进而,因该项的逐阶差分产生不同的表达式 $t^{n-1}, t^{n-2}, \cdots, t, B_0$(常数),所以可变项 ct^n 情况下的新的试探解应写成
$$y_t = B_0 + B_1 t + B_2 t^2 + \cdots + B_n t^n,$$
但其余的步骤是完全相同的。

必须补充的是,这样的试探解也可能不成立。在这种情况下,我们还需要采用前面经常使用的技巧,即以 t 的更高的幂数乘以原试探解。也就是说,我们可以试探 $y_t = t(B_0 + B_1 t + B_2 t^2 + \cdots + B_n t^n)$ 等等。

高阶线性差分方程

差分方程中的阶表示方程中差分的最高阶数,但它也表明所包含的滞后期的最大数量。因此,一个具有常系数和常数项的 n 阶线性差分方程一般可以写成:
$$y_{t+n} + a_1 y_{t+n-1} + \cdots + a_{n-1} y_{t+1} + a_n y_t = c. \quad (18.37)$$
求其特别解的方法与前面的方法并无本质区别。首先,我们仍可试用 $y_t = k$(静态跨期均衡的情况)。如果此试探解不成立,则依次试探 $y_t = kt$, $y_t = kt^2$,等等。

但在求余函数时,我们会遇到 n 次多项式的特征方程
$$b^n + a_1 b^{n-1} + \cdots + a_{n-1} b + a_n = 0, \quad (18.38)$$
这样会有 n 个特征根 $b_i (i = 1, 2, \cdots, n)$,所有的特征根都将进入余

函数

$$y_c = \sum_{i=1}^n A_i b_i^t, \qquad (18.39)$$

当然,这要假设所有根为不同实根。在存在重实根(比如 $b_1 = b_2 = b_3$)时,则和(18.39)中的前三项应修正为

$$A_1 b_1^t + A_2 t b_1^t + A_3 t^2 b_1^t, \quad [\text{参见}(18.6)]$$

进而,如果存在一对共轭复根,比如 b_{n-1}, b_n,那么,和(18.39)中的最后两项应合并为表达式

$$R^t(A_{n-1}\cos\theta t + A_n\sin\theta t),$$

对其他任意一对共轭复根,也可以给出类似的表达式。但在存在两对重根的情况下,必须将其中的一对重根给予乘积因子 tR^t,而不是 R^t。

在求出 y_p 和 y_c 以后,将二者相加,便可以得到完全差分方程(18.37)的通解,即

$$y_t = y_p + y_c,$$

但因为在此解中含有 n 个任意常数,确定这个解至少需要 n 个初始条件。

例3 求三阶差分方程

$$y_{t+3} - \frac{7}{8}y_{t+2} + \frac{1}{8}y_{t+1} + \frac{1}{32}y_t = 9$$

的通解。通过试探解 $y_t = k$,可以很容易求得 $y_p = 32$。
至于余函数,因为三次特征方程

$$b^3 - \frac{7}{8}b^2 + \frac{1}{8}b + \frac{1}{32} = 0$$

可以分解成如下形式:

$$\left(b - \frac{1}{2}\right)\left(b - \frac{1}{2}\right)\left(b + \frac{1}{8}\right) = 0,$$

所以其根为 $b_1 = b_2 = 1/2$ 和 $b_3 = -1/8$。我们可以写出

$$y_c = A_1\left(\frac{1}{2}\right)^t + A_2 t\left(\frac{1}{2}\right)^t + A_3\left(-\frac{1}{8}\right)^t.$$

注意,上式第二项包含一个乘积因子 t,这是由于存在重根的缘故。这样,给定差分方程的通解不过是 y_c 与 y_p 的和而已。

在本例中,三个特征根的绝对值恰好都小于 1,因此我们可以推断,得到的解表示收敛于静态均衡水平 32 的时间路径。

收敛性与舒尔(Schur)定理

当我们有一个难解的高阶差分方程时,不必努力求其实际定量解,我们仍可能确定有关时间路径的收敛性。读者可以回忆一下,当且仅当特征方程的每个根的绝对值均小于 1 时,时间路径才是收敛的。鉴于这一点,可直接应用如下定理(舒尔定理):①

n 次多项式方程

$$a_0 b^n + a_1 b^{n-1} + \cdots + a_{n-1} b + a_n = 0$$

所有根的绝对值小于 1,当且仅当下列 n 个行列式

$$\Delta_1 = \begin{vmatrix} a_0 & a_n \\ a_n & a_0 \end{vmatrix}, \quad \Delta_2 = \begin{vmatrix} a_0 & 0 & a_n & a_{n-1} \\ a_1 & a_0 & 0 & a_n \\ a_n & 0 & a_0 & a_1 \\ a_{n-1} & a_n & 0 & a_0 \end{vmatrix}, \cdots,$$

$$\Delta_n = \begin{vmatrix} a_0 & 0 & \cdots & 0 & a_n & a_{n-1} & \cdots & a_1 \\ a_1 & a_0 & \cdots & 0 & 0 & a_n & \cdots & a_2 \\ \cdots \\ a_{n-1} & a_{n-2} & \cdots & a_0 & 0 & 0 & \cdots & a_n \\ a_n & 0 & \cdots & 0 & a_0 & a_1 & \cdots & a_{n-1} \\ a_{n-1} & a_n & \cdots & 0 & 0 & a_0 & \cdots & a_{n-2} \\ \cdots \\ a_1 & a_2 & \cdots & a_n & 0 & 0 & \cdots & a_0 \end{vmatrix}$$

均为正。

注意,因为定理中的条件是在"当且仅当"的基础上给出的,所以它是充分必要条件。因此,完全差分方程中的舒尔定理与前面在

---

① 关于此定理及其历史的讨论,请参阅 John S. Chipman, *The Theory of Inter-Sectoral Money Flows and Income Formation*, The Johns Hopkins Press, Baltimore, 1951, pp. 119—120。

微分方程中所介绍的罗斯定理是完全一致的。

这些行列式的构建并不复杂。利用虚线把行列式分成四个区域，就可以对其进行解释。第 k 个行列式 Δ_k 的每个区域，总是由 $k \times k$ 子行列式构成。左上方区域的对角元素均为 a_0，对角线上方的元素均为零，对角元素下方，每列中各元素的下标依次逐步增大。转置左上方区域中的元素，就可以得到右下方区域。现在再考察右上方区域，对角元素仅由 a_n 构成，对角线以下的元素均为零，当我们自对角元素沿每列向上时，各系数的下标依次变小。将此区域中的元素转置，便得到左下方区域。

可以直接应用此定理。因为特征方程的系数与出现在原差分方程左边的系数是相同的，所以，可直接将其引入上面所提及的行列式。注意，在这里，我们总有 $a_0 = 1$。

例4 方程
$$y_{t+2} + 3y_{t+1} + 2y_t = 12$$
的时间路径收敛吗？这里我们有 $n = 2$，系数为 $a_0 = 1, a_1 = 3, a_2 = 2$，因此有

$$\Delta_1 = \begin{vmatrix} a_0 & a_2 \\ a_2 & a_0 \end{vmatrix} = \begin{vmatrix} 1 & 2 \\ 2 & 1 \end{vmatrix} = -3 < 0,$$

因为它已违背了收敛性的条件，所以不必再推导 Δ_2。

实际上，此差分方程的特征根很容易求得为 $b_1, b_2 = -1, -2$，它确实意味着发散的时间路径。

例5 运用舒尔定理，验证 $y_{t+2} + \dfrac{1}{6}y_{t+1} - \dfrac{1}{6}y_t = 2$ 的时间路径是收敛的。这里的系数为 $a_0 = 1, a_1 = 1/6, a_2 = -1/6(n=2)$。因此有

$$\Delta_1 = \begin{vmatrix} a_0 & a_2 \\ a_2 & a_0 \end{vmatrix} = \begin{vmatrix} 1 & -\dfrac{1}{6} \\ -\dfrac{1}{6} & 1 \end{vmatrix} = \dfrac{35}{36} > 0,$$

$$\Delta_2 = \begin{vmatrix} a_0 & 0 & a_2 & a_1 \\ a_1 & a_0 & 0 & a_2 \\ a_2 & 0 & a_0 & a_1 \\ a_1 & a_2 & 0 & a_0 \end{vmatrix} = \begin{vmatrix} 1 & 0 & -\frac{1}{6} & \frac{1}{6} \\ \frac{1}{6} & 1 & 0 & -\frac{1}{6} \\ -\frac{1}{6} & 0 & 1 & \frac{1}{6} \\ \frac{1}{6} & -\frac{1}{6} & 0 & 1 \end{vmatrix}$$

$$= \frac{1176}{1296} > 0.$$

它们确实满足收敛性的充分必要条件。

练习 18.4

1 应用差分符号 Δ 的定义,求
  (a) Δt (b) $\Delta^2 t$ (c) Δt^3
并将这些差分的结果与微分的结果相比较。

2 求下列方程的特别解:
  (a) $y_{t+2} + 2y_{t+1} + y_t = 3^t$
  (b) $y_{t+2} - 5y_{t+1} - 6y_t = 2(6)^t$
  (c) $3y_{t+2} + 9y_t = 3(4)^t$

3 求下列方程的特别解:
  (a) $y_{t+2} - 2y_{t+1} + 5y_t = t$
  (b) $y_{t+2} - 2y_{t+1} + 5y_t = 4 + 2t$
  (c) $y_{t+2} + 5y_{t+1} + 2y_t = 18 + 6t + 8t^2$

4 当可变项取 $m^t + t^n$ 形式时,你能断定试探解的形式为 $B(m)^t + (B_0 + B_1 t + \cdots + B_n t^n)$ 吗?为什么?

5 求下列方程的特征根和余函数:
  (a) $y_{t+3} - \frac{1}{2}y_{t+2} - y_{t+1} + \frac{1}{2}y_t = 0$
  (b) $y_{t+3} - 2y_{t+2} + \frac{5}{4}y_{t+1} - \frac{1}{4}y_t = 1$

$\left[\text{提示:在每个特征方程提取公因子}\left(b - \frac{1}{4}\right)\right]$

6 用舒尔定理检验下列差分方程的解的收敛性：

(a) $y_{t+2} + \frac{1}{2}y_{t+1} - \frac{1}{2}y_t = 3$

(b) $y_{t+2} - \frac{1}{9}y_t = 1$

7 在三阶差分方程
$$y_{t+3} + a_1 y_{t+2} + a_2 y_{t+1} + a_3 y_t = c$$
情况下,什么是舒尔定理所要求的行列式的确切形式?

第19章 联立微分方程与差分方程

迄今为止,我们对经济动态学的讨论还只限定于对单个动态(微分或差分)方程的分析。在本章,我们将介绍分析联立动态方程组的方法。因为解联立方程组需要同时处理多个变量,所以读者可以预期会遇到更为复杂的情况。但毫无疑问,我们已经掌握的关于单一动态方程的方法完全可以拓展到联立动态方程组中。例如,动态方程组的解仍然由一组特别积分或特别解(各变量的跨期均衡值)和余函数(与均衡的偏离)构成。余函数仍以简化方程,即方程组中的齐次方程为基础。方程组的动态稳定性仍取决于余函数中的特征根的符号(如果是微分方程组)或者绝对值(如果是差分方程组)。因此,动态方程组的问题只不过比单个动态方程组稍微复杂一点而已。

19.1 动态方程组的起源

有两种产生动态方程组的一般方式。一种可能源于一组给定的相互作用变化模式。另一种可能源于某一给定的变化模式,如果这种变化模式包含一个二阶或更高阶动态方程的话。

相互作用的变化模式

最常见的一组给定的相互作用变化模式是多部门模型。模型中的每个部门,正如动态方程所描述的那样,至少与另外一个部门紧密联系。例如,动态的投入产出模型可能包含 n 个产业,一个产业产出的变化会对其他产业产生动态的影响。因此,它便构成了一个动态方程组。类似地,一个动态一般均衡市场模型可能包括 n 种在价格调整方面相互联系的商品。因此,它也构成了一个动态方程组。

然而,也可能在单一部门模型中找到相互作用变化模式。在此模型中的各个变量不再表示不同的部门或不同的商品,而是表示一个经济体的不同方面。不过,在其动态行为中,这些不同的方面能够互相影响,从而产生一种相互作用的网络。① 这种情况的具体例子实际上在 18 章中我们已经遇到过。在通货膨胀-失业模型中,预期的通货膨胀 π 所遵从的变化模式(18.19)不仅依赖于 π,而且也依赖于失业率 U(通过实际通货膨胀率 p)。反过来看,U 的变化模式(18.20)则取决于 π(也通过 p)。因此,π 和 U 的动态过程必定为联合决定的。因此,回过头来看,通货膨胀-失业模型可以被视为联立方程动态模型。而且这样还可以免去代入和消元以将方程化为单个变量的方程的冗长过程。在后面 19.4 节中,我们还将再研究这一模型,不过这次是将其作为动态方程组来研究。同时,同样一个模型既可以按照单一方程来分析,也可以作为方程组来分析,为我们讨论得到动态方程组的第二种方法提供一个自然线索。

高阶动态方程的变换

假定我们有一个 n 阶单变量微分(或差分)方程。那么,正如将要证明的那样,总可能将此方程变换为在数学上等价的包含 n 个变量的 n 个联立一阶微分(或差分)方程组。特别地,一个二阶微分方程可重写为两个双变量联立一阶微分方程组。② 因此,即使我们恰好仅由一个(高阶)动态方程起步,我们还是可以通过数学变换的方法推导出一个动态方程组。顺便指出,这一事实具有非常重要的意义:在后面对动态方程组的讨论中,我们只需关注一阶方程组。因为若存在高阶方程,我们总可以首先将其变换为一组一阶方程。这会导致方程组中方程的数量增加,但却可把阶降至最低。

为介绍变换方法,我们考察一个差分方程:

---

① 注意,如果我们有两个关于变量 y_1 和 y_2 的动态方程,使得 y_1 的变化模式完全取决于 y_1 本身,y_2 的变化模式仅取决于 y_2 自身,那么,我们实际上并没有得到一个联立方程组,所得到的只不过是两个独立的动态方程,每一个均可独立进行分析,没有必要将其"联立"起来。

② 反之,两个双变量一阶微分(或差分)方程组也可以化为一个单变量二阶方程,如我们在 16.5 节和 18.3 节所做的那样。

$$y_{t+2} + a_1 y_{t+1} + a_2 y_t = c, \qquad (19.1)$$

若我们创造一个新的人工变量,定义为

$$x_t \equiv y_{t+1}, \quad (\text{意味着 } x_{t+1} \equiv y_{t+2})$$

则我们可以用两个一阶联立(一期时滞)方程将原二阶方程表示如下:

$$\begin{aligned} x_{t+1} + a_1 x_t + a_2 y_t &= c, \\ y_{t+1} - x_t &= 0. \end{aligned} \qquad (19.1')$$

容易看出,只要定义变量 x_t 的第二个方程得到满足,那么,第一个方程与原给定方程是一致的。通过类似的方法并运用更多的人工变量,我们可以将一个更高阶数的方程变换为一个等价的一阶联立方程组。例如,读者可以验证,三阶方程

$$y_{t+3} + y_{t+2} - 3y_{t+1} + 2y_t = 0 \qquad (19.2)$$

可以表示成

$$\begin{aligned} w_{t+1} + w_t - 3x_t + 2y_t &= 0, \\ x_{t+1} - w_t &= 0, \\ y_{t+1} - x_t &= 0, \end{aligned} \qquad (19.2')$$

其中 $x_t \equiv y_{t+1}$(从而 $x_{t+1} \equiv y_{t+2}$),$w_t \equiv x_{t+1}$(从而 $w_{t+1} \equiv x_{t+2} \equiv y_{t+3}$)。

通过完全类似的步骤,我们还可以将一个 n 阶微分方程变换为一个由 n 个一阶方程组成的方程组。例如,给定二阶微分方程

$$y''(t) + a_1 y'(t) + a_2 y(t) = 0, \qquad (19.3)$$

我们可以引入一个新的变量 $x(t)$,定义为

$$x(t) \equiv y'(t), \quad [\text{意味着 } x'(t) \equiv y''(t)]$$

则(19.3)可以重写为由两个一阶方程组成的方程组

$$\begin{aligned} x'(t) + a_1 x(t) + a_2 y(t) &= 0, \\ y'(t) - x(t) &= 0. \end{aligned} \qquad (19.3')$$

读者可能会注意到,同(19.1′)中的第二个方程一样,(19.3′)中的第二个方程起着定义新引入的变量 x 的作用。还可以用同样的步骤来变换更高阶的微分方程,唯一需要修正的是,在变换过程中需要相应地引进更多的新变量。

19.2 解联立动态方程

解联立微分方程和联立差分方程的方法是极为相似的,所以我们在本节将一起对其进行讨论。为此,我们将讨论仅限定在具有常系数的线性方程。

联立差分方程

假设我们有如下线性差分方程组:

$$x_{t+1} + 6x_t + 9y_t = 4,$$
$$y_{t+1} - x_t = 0. \tag{19.4}$$

我们如何求 x 和 y 的时间路径,从而使得方程组中的两个方程均能得到满足呢?实质上,我们的任务就是求出特别解和余函数,将二者相加便可以得到所要求的两个变量的时间路径。

因为特别解表示跨期均衡值,所以我们以 $\bar{x}$ 和 $\bar{y}$ 表示之。同前面一样,首先试探常数解,即 $x_{t+1} = x_t = \bar{x}$ 和 $y_{t+1} = y_t = \bar{y}$ 是明智的。在本例中,这种做法确实有效,因为将那些试探解代入(19.4),得到

$$\left.\begin{array}{r}7\bar{x} + 9\bar{y} = 4 \\ -\bar{x} + \bar{y} = 0\end{array}\right\} \Rightarrow \bar{x} = \bar{y} = \frac{1}{4} \tag{19.5}$$

(但在这种常数解不成立时,我们则需试探形式为 $x_t = k_1 t, y_t = k_2 t$ 的解,等等)。

根据以往的经验,对于余函数,我们应采用形式为

$$x_t = mb^t \quad \text{和} \quad y_t = nb^t \tag{19.6}$$

的试探解,其中 m 和 n 为任意常数,底 b 代表特征根。则它自然意味着

$$x_{t+1} = mb^{t+1} \quad \text{和} \quad y_{t+1} = nb^{t+1}. \tag{19.7}$$

注意,为使问题简化,对两个变量我们使用相同的底 $b \neq 0$,但允许其系数有所不同。我们的目的就是求出 b, m 和 n 的值,使试探解(19.6)满足(19.4)的简化(齐次)形式。

将这些试探解代入(19.4)的简化形式,并消去共同因子 $b^t \neq 0$,我们可以得到两个方程

$$(b+6)m + 9n = 0,$$
$$-m + bn = 0, \quad (19.8)$$

可以将其视为两变量 m 和 n 的线性齐次方程组——如果我们愿意将 b 暂时视为参数的话。因为方程组 (19.8) 是齐次的，所以如果其系数矩阵是非奇异的（参见 5.5 节表 5.1），那么它将仅能产生零解 $m = n = 0$。在此情况下，(19.6) 中的余函数均将等于零，表明 x 和 y 与其跨期均衡值 $\bar{x}$ 和 $\bar{y}$ 不会出现偏离。因为这是一个没有什么意义的特例，我们应通过要求方程组的系数矩阵为奇异的，以设法排除零解。即，我们将要求矩阵的行列式为零：

$$\begin{vmatrix} b+6 & 9 \\ -1 & b \end{vmatrix} = b^2 + 6b + 9 = 0 \quad (19.9)$$

由此二次方程，我们发现 $b(= b_1 = b_2) = -3$ 是使 (19.8) 中的 m 和 n 均免于同时为零的唯一值，因此我们将仅使用这个 b 值。方程 (19.9) 被称作给定联立差分方程组的特征方程，其根被称作给定联立差分方程组的特征根。

一旦我们得到 b 的具体值，(19.8) 便会给出对应的 m 和 n 的解值。然而，作为一个齐次方程组，实际上将会出现无穷多个 (m, n) 的解，可用方程 $m = kn$ 表示之，其中 k 为常数。事实上，对于每一个根 b_i，一般总会有不同的方程 $m_i = k_i n_i$。即使在重根 $b_1 = b_2$ 时，我们仍然在余函数中使用两个这样的方程 $m_1 = k_1 n_1$ 和 $m_2 = k_2 n_2$。并且，在重根的情况下，由 (18.6) 可知，余函数应写成

$$x_t = m_1(-3)^t + m_2 t(-3)^t,$$
$$y_t = n_1(-3)^t + n_2 t(-3)^t.$$

当然，m_i 和 n_i 之间的比例因子必须满足给定的方程组 (19.4)，其要求 $y_{t+1} = x_t$，即

$$n_1(-3)^{t+1} + n_2(t+1)(-3)^{t+1} = m_1(-3)^t + m_2 t(-3)^t,$$

两边同除以 $(-3)^t$，得到

$$-3n_1 - 3n_2(t+1) = m_1 + m_2 t,$$

整理后，得到

$$-3(n_1 + n_2) - 3n_2 t = m_1 + m_2 t.$$

令两边含 t 的项和不含 t 的项分别相等，得到

$$m_1 = -3(n_1 + n_2) \quad \text{和} \quad m_2 = -3n_2.$$

如果我们令 $n_1 = A_3, n_2 = A_4$,则有
$$m_1 = -3(A_3 + A_4), \quad m_2 = -3A_4,$$

因此,余函数可以写成
$$\begin{aligned} x_c &= -3(A_3 + A_4)(-3)^t - 3A_4 t(-3)^t \\ &= -3A_3(-3)^t - 3A_4(t+1)(-3)^t, \end{aligned} \quad (19.10)$$
$$y_c = A_3(-3)^t + A_4 t(-3)^t,$$

其中 A_3, A_4 为任意常数。将刚求得的余函数与(19.5)中的特别解结合起来,很容易可求得通解。剩下的工作就是利用适当的初始或边界条件来确定任意常数 A_3 和 A_4。

上述解的一个显著特征是,因为两个时间路径中具有一致的 b^t 表达式,所以它们必然同时收敛或者发散。在一个具有动态的相互作用的变量的模型中,这具有特殊的意义,因为除非在方程组中不存在任何动态运动,否则不可能获得一般跨期均衡。本例具有重根 $b = -3$,x 和 y 的时间路径均表现为放大振荡。

矩阵符号

为揭示单个方程与方程组解法之间的相似性,我们前面进行描述时没有使用矩阵符号。现在我们来看如何应用这些符号。虽然把矩阵符号应用到仅含两个方程的简单方程组似乎没有多大意义,但由于存在将其推广至含 n 个方程的情况的可能性,所以这是一个值得做的练习。

首先,已知方程(19.4)可以表示成
$$\begin{bmatrix} 1 & 0 \\ 0 & 1 \end{bmatrix} \begin{bmatrix} x_{t+1} \\ y_{t+1} \end{bmatrix} + \begin{bmatrix} 6 & 9 \\ -1 & 0 \end{bmatrix} \begin{bmatrix} x_t \\ y_t \end{bmatrix} = \begin{bmatrix} 4 \\ 0 \end{bmatrix}, \quad (19.4')$$

或更简洁地
$$Iu + Kv = d, \quad (19.4'')$$

其中 I 为 2×2 单位矩阵,K 为 x_t 和 y_t 项的 2×2 系数矩阵,u, v 和 d

为定义如下的列向量:①

$$u = \begin{bmatrix} x_{t+1} \\ y_{t+1} \end{bmatrix} \quad v = \begin{bmatrix} x_t \\ y_t \end{bmatrix} \quad d = \begin{bmatrix} 4 \\ 0 \end{bmatrix}.$$

读者可能发现一个令人迷惑的特征:因为我们已知道 $Iu = u$,那为什么不去掉 I 呢? 原因是,虽然 I 现在看起来是多余的,但在后面的运算中仍需使用单位矩阵,因此我们仍像在(19.4″)中那样保留它。

当我们试探常数解 $x_{t+1} = x_t = \bar{x}$ 和 $y_{t+1} = y_t = \bar{y}$ 作为特别解时,实际上我们是在令 $u = v = \begin{bmatrix} \bar{x} \\ \bar{y} \end{bmatrix}$;这将使(19.4″)简化为

$$(I + K)\begin{bmatrix} \bar{x} \\ \bar{y} \end{bmatrix} = d,$$

如果逆 $(I+K)^{-1}$ 存在,我们可以将这一特别解表述为

$$\begin{bmatrix} \bar{x} \\ \bar{y} \end{bmatrix} = (I + K)^{-1} d, \tag{19.5′}$$

当然这是一般的公式,因为只要 $(I+K)^{-1}$ 存在,它对任意矩阵 K 和向量 d 都成立。将其应用于我们的数字例子,我们有

$$(I + K)^{-1} d = \begin{bmatrix} 7 & 9 \\ -1 & 1 \end{bmatrix}^{-1} \begin{bmatrix} 4 \\ 0 \end{bmatrix} = \begin{bmatrix} \frac{1}{16} & -\frac{9}{16} \\ \frac{1}{16} & \frac{7}{16} \end{bmatrix} \begin{bmatrix} 4 \\ 0 \end{bmatrix} = \begin{bmatrix} \frac{1}{4} \\ \frac{1}{4} \end{bmatrix},$$

因此,$\bar{x} = \bar{y} = 1/4$,它与(19.5)一致。

转到余函数,我们看到试探解(19.6)和(19.7)给出 u 和 v 向量的具体形式

$$u = \begin{bmatrix} mb^{t+1} \\ nb^{t+1} \end{bmatrix} = \begin{bmatrix} m \\ n \end{bmatrix} b^{t+1} \quad 和 \quad v = \begin{bmatrix} mb^t \\ nb^t \end{bmatrix} = \begin{bmatrix} m \\ n \end{bmatrix} b^t,$$

当将其代入简化方程 $Iu + Kv = 0$ 时,这些试探解将后者变成

$$I\begin{bmatrix} m \\ n \end{bmatrix} b^{t+1} + K\begin{bmatrix} m \\ n \end{bmatrix} b^t = 0$$

---

① 这里符号 v 表示向量。不要将其与复数符号 $h \pm v_i$ 中的 v 相混淆。复数符号中的 v 表示标量。

或者以 b^{-t}(一个标量)通乘并提取公因子后,得到
$$(bI + K)\begin{bmatrix} m \\ n \end{bmatrix} = 0, \qquad (19.8')$$
其中 0 为零向量。我们正是要由此齐次方程组求出将在试探解中使用的 b, m, n 的合适的值,从而使试探解明确下来。

为避免 m 和 n 的零解,需要
$$|bI + K| = 0, \qquad (19.9')$$
这是将会给出特征根 b_i 的特征方程。读者可以验证,如果我们将
$$bI = \begin{bmatrix} b & 0 \\ 0 & b \end{bmatrix} \quad \text{和} \quad K = \begin{bmatrix} 6 & 9 \\ -1 & 0 \end{bmatrix}$$
代入方程,结果便是能够产生重根 $b = -3$ 的方程(19.9)。

一般而言,每个根 b_i 将由(19.8′)无数 m 和 n 解值中的特定的一组给出,m 和 n 的解值由方程 $m_i = k_i n_i$ 联系起来。因此,对每个 b_i 值可能写出
$$n_i = A_i \quad \text{和} \quad m_i = k_i A_i,$$
其中 A_i 为有待于确定的任意常数。将其代入试探解,这些 n_i 和 m_i 的表达式及 b_i 值会引出一个特殊形式的余函数。若所有的根均为不同的实数,则我们可应用(18.5)并写成
$$\begin{bmatrix} x_c \\ y_c \end{bmatrix} = \begin{bmatrix} \sum m_i b_i^t \\ \sum n_i b_i^t \end{bmatrix} = \begin{bmatrix} \sum k_i A_i b_i^t \\ \sum A_i b_i^t \end{bmatrix}.$$
但在重根情况下,我们则必须应用(18.6),结果,余函数将包含含有额外的乘子 t 的项,如 $m_1 b^t + m_2 t b^t$(对 x_c)和 $n_1 b^t + n_2 t b^t$(对 y_c)。m_i 和 n_i 之间的比例因子将由给定方程组规定的变量 x 和 y 之间的关系所决定,如我们的数值例子(19.10)所阐释的。最后,在复根情况下,应按其原型(18.10)那样写出余函数。

最后,为得到通解,只需求和
$$\begin{bmatrix} x_t \\ y_t \end{bmatrix} = \begin{bmatrix} x_c \\ y_c \end{bmatrix} + \begin{bmatrix} \bar{x} \\ \bar{y} \end{bmatrix},$$
则余下的工作只是确定任意常数 A_i。

将此方法推广至 n 元方程组应是不言自明的。但当 n 较大时,

不容易定量解出特征方程(n 次多项式方程)。在此情况下,我们仍需借助于舒尔定理,来得出方程组中变量的时间路径的定性结论。我们记得,在试探解中,所有变量都被赋予同样的底 b,所以最后在余函数中有相同的 b_i^t 式,且具有同样的收敛性。这样,只需一次应用舒尔定理,就可以确定方程组中每个变量的时间路径的敛散性。

联立微分方程

刚才介绍的解法也可以应用于一阶线性微分方程组。所需进行的唯一重要的修正是将试探解变成

$$x(t) = me^{rt} \quad \text{和} \quad y(t) = ne^{rt}, \quad (19.11)$$

这意味着

$$x'(t) = rme^{rt} \quad \text{和} \quad y'(t) = rne^{rt}, \quad (19.12)$$

与我们原来使用符号习惯相一致,特征根现在以 r 而非以 b 表示。

假设我们有如下方程组

$$\begin{aligned} x'(t) + 2y'(t) + 2x(t) + 5y(t) &= 77, \\ y'(t) + x(t) + 4y(t) &= 61, \end{aligned} \quad (19.13)$$

首先,我们将其改写为矩阵形式

$$Ju + Mv = g, \quad (19.13')$$

其中矩阵为

$$J = \begin{bmatrix} 1 & 2 \\ 0 & 1 \end{bmatrix}, \quad u = \begin{bmatrix} x'(t) \\ y'(t) \end{bmatrix},$$

$$M = \begin{bmatrix} 2 & 5 \\ 1 & 4 \end{bmatrix}, \quad v = \begin{bmatrix} x(t) \\ y(t) \end{bmatrix}, \quad g = \begin{bmatrix} 77 \\ 61 \end{bmatrix}.$$

注意,鉴于 (19.13) 第一个方程中存在 $2y'(t)$ 项,我们必须使用矩阵 J 代替 (19.4″) 中的单位矩阵 I。当然,若 J 为非奇异的(从而 J^{-1} 存在),则我们可以 J^{-1} 左乘 (19.13′) 各项,使其在某种意义上正规化,以得到

$$J^{-1}Ju + J^{-1}Mv = J^{-1}g \quad \text{或} \quad Iu + Kv = d.$$

$$(K \equiv J^{-1}M; d \equiv J^{-1}g) \quad (19.13'')$$

这个新的形式与 (19.4″) 完全一致,但必须记住向量 u 和 v 在两种情况下具有完全不同的意义。在后面的推导中,我们将始终使用

(19.13′)中给出的公式 $Ju + Mv = g$。

为求出特别积分,我们试探常数解 $x(t) = \bar{x}$ 和 $y(t) = \bar{y}$——这意味着 $x'(t) = y'(t) = 0$。若这两个解成立,则向量 u 和 v 将变成 $v = \begin{bmatrix} \bar{x} \\ \bar{y} \end{bmatrix}$, $u = \begin{bmatrix} 0 \\ 0 \end{bmatrix}$,且(19.13′)会化简为 $Mv = g$。因此,$\bar{x}$ 和 $\bar{y}$ 的解可以写成

$$\begin{bmatrix} \bar{x} \\ \bar{y} \end{bmatrix} = v = M^{-1}g, \qquad (19.14)$$

读者可将其与(19.5′)相比较。用数字表示,本题得到如下特别积分

$$\begin{bmatrix} \bar{x} \\ \bar{y} \end{bmatrix} = \begin{bmatrix} 2 & 5 \\ 1 & 4 \end{bmatrix}^{-1} \begin{bmatrix} 77 \\ 61 \end{bmatrix} = \begin{bmatrix} \frac{4}{3} & -\frac{5}{3} \\ -\frac{1}{3} & \frac{2}{3} \end{bmatrix} \begin{bmatrix} 77 \\ 61 \end{bmatrix} = \begin{bmatrix} 1 \\ 15 \end{bmatrix}.$$

其次,我们来求余函数。运用(19.11)和(19.12)中所提示的试探解,向量 u 和 v 变成

$$u = \begin{bmatrix} m \\ n \end{bmatrix} re^{rt} \quad \text{和} \quad v = \begin{bmatrix} m \\ n \end{bmatrix} e^{rt},$$

将其代入简化方程

$$Ju + Mv = 0,$$

产生结果

$$J \begin{bmatrix} m \\ n \end{bmatrix} re^{rt} + M \begin{bmatrix} m \\ n \end{bmatrix} e^{rt} = 0,$$

或在以标量 e^{-rt} 通乘并提取公因子后,

$$(rJ + M) \begin{bmatrix} m \\ n \end{bmatrix} = 0, \qquad (19.15)$$

读者可将其与(19.8′)相比较。因为我们的目的是求出 m 和 n 的非零解(因而我们的试探解也将是非零的),所以必须有

$$|rJ + M| = 0, \qquad (19.16)$$

与(19.9′)类似,最后这个方程(已知方程组的特征方程)将会产生我们要求的根 r_i,则我们可以求出相应的(非零的) m_i 和 n_i 值。

在本例中,特征方程为

$$|rJ+M| = \begin{vmatrix} r+2 & 2r+5 \\ 1 & r+4 \end{vmatrix} = r^2+4r+3 = 0, \quad (19.16')$$

其根为 $r_1 = -1, r_2 = -3$。将其代入 (19.15)，得到

$$\begin{bmatrix} 1 & 3 \\ 1 & 3 \end{bmatrix} \begin{bmatrix} m_1 \\ n_1 \end{bmatrix} = 0, \quad （对于 r_1 = -1）$$

$$\begin{bmatrix} -1 & -1 \\ 1 & 1 \end{bmatrix} \begin{bmatrix} m_2 \\ n_2 \end{bmatrix} = 0, \quad （对于 r_2 = -3）$$

由此得到 $m_1 = -3n_1, m_2 = -n_2$，它们也可表示成

$$\begin{aligned} m_1 &= 3A_1 & \text{和} && m_2 &= A_2 \\ n_1 &= -A_1 & && n_2 &= -A_2, \end{aligned}$$

现在 r_i, m_i, n_i 均已求出，则余函数可以写成如下指数式的线性组合：

$$\begin{bmatrix} x_c \\ y_c \end{bmatrix} = \begin{bmatrix} \sum m_i \mathrm{e}^{r_i t} \\ \sum n_i \mathrm{e}^{r_i t} \end{bmatrix}, \quad [\text{不同的实根}]$$

且通解的形式为

$$\begin{bmatrix} x(t) \\ y(t) \end{bmatrix} = \begin{bmatrix} x_c \\ y_c \end{bmatrix} + \begin{bmatrix} \bar{x} \\ \bar{y} \end{bmatrix},$$

在本例中，解为

$$\begin{bmatrix} x(t) \\ y(t) \end{bmatrix} = \begin{bmatrix} 3A_1 \mathrm{e}^{-t} + A_2 \mathrm{e}^{-3t} + 1 \\ -A_1 \mathrm{e}^{-t} - A_2 \mathrm{e}^{-3t} + 15 \end{bmatrix},$$

进而，如果已知初始条件 $x(0) = 6, y(0) = 12$，则可求得任意常数为 $A_1 = 1, A_2 = 2$。可用它们来确定上面的解。

我们可以再一次观测到，因 $\mathrm{e}^{r_i t}$ 式为时间路径 $x(t)$ 和 $y(t)$ 所共有，所以 $x(t)$ 和 $y(t)$ 必然或者均为收敛或者均为发散。本例中的根为 -1 和 -3，所以两个时间路径分别收敛于其均衡值，即 $\bar{x} = 1$ 和 $\bar{y} = 15$。

尽管本例仅是一个由两个方程组成的方程组，但处理此方程组的方法无疑可以推广到含 n 个方程的一般方程组。虽然 n 很大时，很难求出定量解，但一旦求出特征方程，便可以利用罗斯定理进行定

性分析。

对特征方程的进一步说明

"特征方程"这个术语我们现在已在三种不同场合中遇到过:在 11.3 节,我们谈到矩阵的特征方程;在 16.1 节和 18.1 节,这一术语又被应用于单个的线性微分方程和差分方程;现在在本节,我们已介绍了线性差分或微分方程组的特征方程。这三者之间存在某种联系吗?

这三者之间确有联系,而且联系密切。首先,给定单个方程和等价的方程组[以方程(19.1)和方程组(19.1′),或方程(19.3)和方程组(19.3′)为例],其特征方程必然是一致的。为便于说明,考察差分方程(19.1),$y_{t+2} + a_1 y_{t+1} + a_2 y_t = c$。我们前面已学过,直接将其常系数移植到二次方程中便可写出特征方程:

$$b^2 + a_1 b + a_2 = 0,$$

那么,等价的(19.1′)又如何呢?如在(19.4″)中那样,取方程组的形式为 $Iu + Kv = d$,我们有矩阵 $K = \begin{bmatrix} a_1 & a_2 \\ -1 & 0 \end{bmatrix}$。从而特征方程为

$$|bI + K| = \begin{vmatrix} b + a_1 & a_2 \\ -1 & b \end{vmatrix}$$

$$= b^2 + a_1 b + a_2 = 0, \quad [由(19.9′)] \quad (19.17)$$

它与单个方程的特征方程是完全一致的。自然,在微分方程框架中,同样的结果也是成立的,唯一的差别是,根据习惯在后一种框架中我们要以符号 r 代替符号 b。

将差分(或微分)方程组的特征方程与特殊方阵(称之为 D)的特征方程联系起来也是可能的。参照(11.14)中的定义,但在差分方程框架中使用符号 b(而非 r),我们可写出矩阵 D 的特征方程如下:

$$|D - bI| = 0. \quad (19.18)$$

一般而言,若以 -1 乘行列式 $|D - bI|$ 中的每一元素,如果矩阵 D 包含偶数行(或列),则行列式的值不变;如果矩阵 D 包含奇数行或列,则行列式改变符号。但在这里,因为 $|D - bI|$ 等于零,以 -1 乘以每

个元素没有什么意义,无论矩阵 D 的维数如何。但以 -1 乘行列式 $|D-bI|$ 的每一元素相当于在取矩阵 $(D-bI)$ 的行列式之前乘以 -1 (参见 5.3 节例 6)。因此,(19.18) 可以重写为

$$|bI - D| = 0 \qquad (19.18')$$

使之与 (19.17) 相等时,若我们选择矩阵 $D = -K$,则其特征方程将与方程组 (19.1') 的特征方程恒等。此矩阵 $-K$ 具有特殊意义:若我们取方程组的简化型 $Iu + Kv = 0$,并将其表示为 $Iu = -Kv$,或简单地 $u = -Kv$,则我们看到 $-K$ 在这个特殊方程中是一个可将向量 $v = \begin{bmatrix} x_t \\ y_t \end{bmatrix}$ 转化为向量 $u = \begin{bmatrix} x_{t+1} \\ y_{t+1} \end{bmatrix}$ 的矩阵。

同样的推理也适用于微分方程组 (19.3')。但是在方程组 (19.13') $Ju + Mv = g$ 的情况下 [不同于方程组 (19.3'),其第一项为 Ju 而非 Iu],特征方程的形式是

$$|rJ + M| = 0. \quad [参看 (19.16')]$$

这种情况下,如果我们想求矩阵 D 的表达式,我们必须首先将方程 $Ju + Mv = g$ 正规化为 (19.13″) 的形式,然后再取 $D = -K = -J^{-1}M$。

总之,给定 (1) 单个差分或微分方程,及 (2) 一个等价的方程组,由此方程组我们也可得到 (3) 一个适当的矩阵 D,如果我们设法求出三种情况的特征方程,那么,其结果必然是完全一致的。

练习 19.2

1 验证差分方程组 (19.4) 与单个方程 $y_{t+2} + 6y_{t+1} + 9y_t = 4$ 等价,此方程已在 18.1 节例 4 中解出。如何比较用两种不同方法所得到的解?

2 证明差分方程 (19.2) 的特征方程与等价方程组 (19.2') 的特征方程是完全一致的。

3 解下列差分方程组:

(a) $x_{t+1} + x_t + 2y_t = 24$

$y_{t+1} + 2x_t - 2y_t = 9$ (其中 $x_0 = 10$ 和 $y_0 = 9$)

(b) $x_{t+1} - x_t - \frac{1}{3}y_t = -1$

$$x_{t+1} + y_{t+1} - \frac{1}{6}y_t = 8\frac{1}{2} \quad (\text{其中 } x_0 = 5 \text{ 和 } y_0 = 4)$$

4 解下列差分方程组：

(a) $x'(t) - x(t) - 12y(t) = -60$
$y'(t) + x(t) + 6y(t) = 36$ ［其中 $x(0) = 13$ 和 $y(0) = 4$］

(b) $x'(t) - 2x(t) + 3y(t) = 10$
$y'(t) - x(t) + 2y(t) = 9$ ［其中 $x(0) = 8$ 和 $y(0) = 5$］

5 以微分方程组(19.13)为基础，求与该方程组有相同特征方程的矩阵 D。验证这两个特征方程确实相同。

19.3 动态投入-产出模型

投入产出分析首先遇到的问题是：每个产业究竟生产多少产品，才能恰好满足所有产业的投入需求，以及(开放系统)的最终需求？这是一个静态的、解联立方程组以求所有产业的均衡产出水平的问题。当把某些额外的经济条件纳入模型时，投入产出系统会表现出动态特征，从而产生 19.2 节讨论过的差分或微分方程组。

这里需要考察三种动态条件。但为使表述简洁，我们将仅说明两个部门的开放系统。然而因为我们将使用矩阵符号，所以将其推广到 n 产业部门的情况并不会产生困难，只需适当改变矩阵的维数便可以做到这一点。为便于推广，使用符号 $x_{1,t}$ 和 $x_{2,t}$ 而非 x_t 和 y_t 要更明智一些，因为当需要时，我们便可以将符号推广至 $x_{n,t}$。读者可以回顾一下，在投入-产出分析的有关内容中，x_i 表示第 i 个产业部门的产出（以美元度量）；而现在新的下标 t 则把时间因素加到相应的产业部门。投入系数符号 a_{ij} 仍表示生产一美元的第 j 种商品所需要的第 i 种商品的美元价值，d_i 仍表示第 i 种商品的最终需求。

生产中的时滞

在静态的两产业开放系统中，产业 I 的产业应确定在如下需求水平：

$$x_1 = a_{11}x_1 + a_{12}x_2 + d_1.$$

现在假设生产时滞为一个时期,因而时期 t 的需要量不是决定现期产出,而是 $(t+1)$ 期的产出。为描述这种新的情况,我们必须将上述方程修正为以下形式

$$x_{1,t+1} = a_{11}x_{1,t} + a_{12}x_{2,t} + d_{1,t}, \qquad (19.19)$$

类似地,我们可以写出产业 II 的方程

$$x_{2,t+1} = a_{21}x_{1,t} + a_{22}x_{2,t} + d_{2,t}, \qquad (19.19')$$

这样我们现在有了一个联立差分方程组。它构成了投入产出模型的动态形式。

用矩阵符号,方程组由下列方程构成:

$$x_{t+1} - Ax_t = d_t, \qquad (19.20)$$

其中

$$x_{t+1} = \begin{bmatrix} x_{1,t+1} \\ x_{2,t+1} \end{bmatrix}, \quad x_t = \begin{bmatrix} x_{1,t} \\ x_{2,t} \end{bmatrix},$$

$$A = \begin{bmatrix} a_{11} & a_{12} \\ a_{21} & a_{22} \end{bmatrix}, \quad d_t = \begin{bmatrix} d_{1,t} \\ d_{2,t} \end{bmatrix}.$$

显然,(19.20) 与 (19.4″) 形式一致,但有两点例外。首先,不同于向量 u,向量 x_{t+1} 并没有单位矩阵 I 作为其"系数",但正如前面所解释的那样,这并无分析上的差别。其次,也是更为实质的一点是,具有时间下标的向量 d_t 意味着最终需求向量被视为时间的函数。如果此函数不为常数,则求特别解的方法需要修正,尽管余函数不受影响。下面的例子可说明修正的步骤。

例 1 已知指数式最终需求向量

$$d_t = \begin{bmatrix} \delta^t \\ \delta^t \end{bmatrix} = \begin{bmatrix} 1 \\ 1 \end{bmatrix}\delta^t, \quad (\delta = \text{一个正标量})$$

求动态投入-产出模型 (19.20) 的特别解。根据 18.4 节介绍的待定系数法,我们将试探形式为 $x_{1,t} = \beta_1 \delta^t$ 和 $x_{2,t} = \beta_2 \delta^t$ 的解,其中 β_1 和 β_2 为待定系数。即,我们应试探

$$x_t = \begin{bmatrix} \beta_1 \delta^t \\ \beta_2 \delta^t \end{bmatrix} = \begin{bmatrix} \beta_1 \\ \beta_2 \end{bmatrix}\delta^t, \qquad (19.21)$$

它意味着①

$$x_{t+1} = \begin{bmatrix} \beta_1 \delta^{t+1} \\ \beta_2 \delta^{t+1} \end{bmatrix} = \begin{bmatrix} \beta_1 \delta \\ \beta_2 \delta \end{bmatrix} \delta^t = \begin{bmatrix} \delta & 0 \\ 0 & \delta \end{bmatrix} \begin{bmatrix} \beta_1 \\ \beta_2 \end{bmatrix} \delta^t.$$

如果所提出的试探解成立，那么(19.20)将变成

$$\begin{bmatrix} \delta & 0 \\ 0 & \delta \end{bmatrix} \begin{bmatrix} \beta_1 \\ \beta_2 \end{bmatrix} \delta^t - \begin{bmatrix} a_{11} & a_{12} \\ a_{21} & a_{22} \end{bmatrix} \begin{bmatrix} \beta_1 \\ \beta_2 \end{bmatrix} \delta^t = \begin{bmatrix} 1 \\ 1 \end{bmatrix} \delta^t,$$

或者消去标量公因子 $\delta^t \neq 0$，

$$\begin{bmatrix} \delta - a_{11} & -a_{12} \\ -a_{21} & \delta - a_{22} \end{bmatrix} \begin{bmatrix} \beta_1 \\ \beta_2 \end{bmatrix} = \begin{bmatrix} 1 \\ 1 \end{bmatrix}. \tag{19.22}$$

假定最左边的系数矩阵为非奇异的，我们可以根据克莱姆法则求出 β_1 和 β_2 为

$$\beta_1 = \frac{\delta - a_{22} + a_{12}}{\Delta} \quad \text{和} \quad \beta_2 = \frac{\delta - a_{11} + a_{21}}{\Delta}, \tag{19.22'}$$

其中 $\Delta \equiv (\delta - a_{11})(\delta - a_{22}) - a_{12}a_{21}$。因为 β_1 和 β_2 现在完全以已知参数表示，我们仅需将其代入试探解(19.21)，以得到特别解的确定表达式。

这里讨论的最终需求向量的更一般的形式将在练习 19.3-1 中给出。

求(19.20)的余函数的步骤与上一节所介绍的方法没有什么不同。因方程组的齐次形式为 $x_{t+1} - Ax_t = 0$，所以特征方程应为

$$|bI - A| = \begin{vmatrix} b - a_{11} & -a_{12} \\ -a_{21} & b - a_{22} \end{vmatrix} = 0, \quad [\text{参见}(19.9')]$$

由此我们可以求出特征根 b_1 和 b_2，并继续求解过程剩下的步骤。

---

① 读者应注意到向量 $\begin{bmatrix} \beta_1 \delta \\ \beta_2 \delta \end{bmatrix}$ 可以重写成好几种等价的形式：

$$\begin{bmatrix} \beta_1 \\ \beta_2 \end{bmatrix} \delta \quad \text{或} \quad \delta \begin{bmatrix} \beta_1 \\ \beta_2 \end{bmatrix} \quad \text{或} \quad \delta \begin{bmatrix} 1 & 0 \\ 0 & 1 \end{bmatrix} \begin{bmatrix} \beta_1 \\ \beta_2 \end{bmatrix} = \begin{bmatrix} \delta & 0 \\ 0 & \delta \end{bmatrix} \begin{bmatrix} \beta_1 \\ \beta_2 \end{bmatrix},$$

这里我们选择第三种形式，因为下一步需要把 $\begin{bmatrix} \delta & 0 \\ 0 & \delta \end{bmatrix}$ 加到另一个 2×2 的矩阵中去。前两种可供选择的形式要求问题满足维数可相乘条件。

超额需求与产出调整

(19.20)中的模型表达式也可产生于不同的经济假设。考察这样一种情况:对每一产品的超额需求会引致产出增量等于超额需求。因为在时期 t 对第一种产品的超额需求等于

$$\underbrace{a_{11}x_{1,t} + a_{12}x_{2,t} + d_{1,t}}_{(需求)} - \underbrace{x_{1,t}}_{(供给)},$$

必使产出调整(增量) Δx_1 恰好等于该水平:

$$\Delta x_{1,t}(\equiv x_{1,t+1} - x_{1,t}) = a_{11}x_{1,t} + a_{12}x_{2,t} + d_{1,t} - x_{1,t}.$$

但若我们在方程两边同时加上 $x_{1,t}$,其结果将与(19.19)相同。类似地,对第二个产业部门,我们的产出调整假设将给出一个与(19.19′)相同的方程。简言之,同样的数学模型可以来自不同的假设。

至此,我们一直在离散时间框架下考察投入-产出系统。为了比较,我们现在在连续时间模式下考察产出调整过程。

在连续时间框架下,要求使用符号 $x_i(t)$ 以代替 $x_{i,t}$,使用导数 $x_i'(t)$ 以代替 $\Delta x_{i,t}$。根据这些变化,产出调整假设可以表示成如下两个微分方程:

$$x_1'(t) = a_{11}x_1(t) + a_{12}x_2(t) + d_1(t) - x_1(t),$$
$$x_2'(t) = a_{21}x_1(t) + a_{22}x_2(t) + d_2(t) - x_2(t).$$

在任意时间 $t = t_0$,符号 $x_i(t_0)$ 表示在该时刻的单位时间(比如,每月)的产出流量率, $d_i(t_0)$ 表示那一时刻每月的最终需求。因此每个方程等号右边的和表示在 $t = t_0$ 度量的每月的超额需求率。而左边的导数 $x_i'(t_0)$ 表示在 $t = t_0$ 的超额需求所引起的月产出调整率。只有在超额需求和产出调整均保持在现在的比率时,这个调整过程才会在一个月的时间内消除超额需求并导致均衡。实际上,超额需求像引致的产出调整一样,将随时间的变化而变化,从而产生"猫追老鼠"的游戏。方程组的解构成产出 x_i 的时间路径,成为这场"追逐"的记录者。如果解是收敛的,那么,"猫"(产出调整)最终会逐渐追上"鼠"(超额需求)(当 $t \to \infty$ 时)。

经过适当重排,此微分方程组可按(19.13′)的形式表示如下:

$$Ix' + (I - A)x = d, \qquad (19.23)$$

其中

$$x' = \begin{bmatrix} x_1'(t) \\ x_2'(t) \end{bmatrix}, \quad x = \begin{bmatrix} x_1(t) \\ x_2(t) \end{bmatrix},$$

$$A = \begin{bmatrix} a_{11} & a_{12} \\ a_{21} & a_{22} \end{bmatrix}, \quad d = \begin{bmatrix} d_1(t) \\ d_2(t) \end{bmatrix}.$$

(符号"$'$"表示导数,而非转置。)余函数可以通过前面讨论的方法求出。特别地,特征根可由如下方程求出

$$|rI + (I - A)| = \begin{vmatrix} r + 1 - a_{11} & -a_{12} \\ -a_{21} & r + 1 - a_{22} \end{vmatrix} = 0.$$

[参见(19.16)]

至于特别积分,如果最终需求向量包含时间的非常数函数 $d_1(t), d_2(t)$ 作为其元素,则求解方法必须作调整和修正。下面我们介绍一个简单的例子。

例 2 已知最终需求向量

$$d = \begin{bmatrix} \lambda_1 e^{\rho t} \\ \lambda_2 e^{\rho t} \end{bmatrix} = \begin{bmatrix} \lambda_1 \\ \lambda_2 \end{bmatrix} e^{\rho t},$$

其中 λ_i 和 ρ 为常数,求动态模型(19.23)的特别积分。运用待定系数法,我们可以试探形式为 $x_i(t) = \beta_i e^{\rho t}$ (当然,这意味着 $x_i'(t) = \rho \beta_i e^{\rho t}$)的解。用矩阵符号,可将其写成

$$x = \begin{bmatrix} \beta_1 \\ \beta_2 \end{bmatrix} e^{\rho t} \qquad (19.24)$$

和 $x' = \rho \begin{bmatrix} \beta_1 \\ \beta_2 \end{bmatrix} e^{\rho t} = \begin{bmatrix} \rho & 0 \\ 0 & \rho \end{bmatrix} \begin{bmatrix} \beta_1 \\ \beta_2 \end{bmatrix} e^{\rho t},$ [参见本节例 1 注]

代入(19.23)并消去公共(非零)标量乘子 $e^{\rho t}$,得到

$$\begin{bmatrix} \rho & 0 \\ 0 & \rho \end{bmatrix} \begin{bmatrix} \beta_1 \\ \beta_2 \end{bmatrix} + \begin{bmatrix} 1 - a_{11} & -a_{12} \\ -a_{21} & 1 - a_{22} \end{bmatrix} \begin{bmatrix} \beta_1 \\ \beta_2 \end{bmatrix} = \begin{bmatrix} \lambda_1 \\ \lambda_2 \end{bmatrix}$$

或

$$\begin{bmatrix} \rho + 1 - a_{11} & -a_{12} \\ -a_{21} & \rho + 1 - a_{22} \end{bmatrix} \begin{bmatrix} \beta_1 \\ \beta_2 \end{bmatrix} = \begin{bmatrix} \lambda_1 \\ \lambda_2 \end{bmatrix}, \qquad (19.25)$$

607 如果最左边的矩阵为非奇异的,则可应用克莱姆法则并确定系数 β_i 的值为

$$\beta_1 = \frac{\lambda_1(\rho + 1 - a_{22}) + \lambda_2 a_{12}}{\Delta},$$

$$\beta_2 = \frac{\lambda_2(\rho + 1 - a_{11}) + \lambda_1 a_{21}}{\Delta}, \qquad (19.25')$$

其中 $\Delta \equiv (\rho + 1 - a_{11})(\rho + 1 - a_{22}) - a_{12}a_{21}$。这样,待定系数确定以后,我们便可以将其值代入试探解(19.24)以得到所求的特别积分。

资本形成

使用动态投入–产出系统的另一个经济考虑是资本形成,其中包括存货积累。

在静态的讨论中,我们仅考虑用于满足当前需求的每种产品的产出水平,对存货积累或资本形成的需要或者被忽视了,或者被归入最终需求向量。为揭开资本形成的奥秘,我们现在考察投入系数矩阵 $A = [a_{ij}]$ 和资本系数矩阵

$$C = [c_{ij}] = \begin{bmatrix} c_{11} & c_{12} \\ c_{21} & c_{22} \end{bmatrix},$$

其中 c_{ij} 表示第 j 个产业部门由于产出增加 1 美元而需要的第 i 种商品的美元价值,这种对第 i 种商品的需要是作为新的资本(或者是设备,或者是存货,视商品的性质而定)而出现的。例如,如果软饮料产业(第 j 个产业)产出增加 1 美元,导致装瓶设备(第 i 种商品)价值增加 2 美元,则 $c_{ij} = 2$。因此,这种资本系数表示某种边际资本产出比,此比率仅限定为一类资本(第 i 种商品)。像投入系数 a_{ij} 一样,假定资本系数也是固定的。对于一个经济体,它生产的每一产品的产量不仅要满足投入需求加最终需求,而且要满足资本形成对它的需求。

如果时间是连续的,则产出增量以导数 $x_i'(t)$ 表示;这样每个产业的产出应确定为

$$x_1(t) = a_{11}x_1(t) + a_{12}x_2(t) + c_{11}x_1'(t) + c_{12}x_2'(t) + d_1(t),$$

$$x_2(t) = \underbrace{a_{21}x_1(t) + a_{22}x_2(t)}_{\text{投入需求}} + \underbrace{c_{21}x_1'(t) + c_{22}x_2'(t)}_{\text{资本需求}} + \underbrace{d_2(t)}_{\text{最终需求}},$$

用矩阵符号,可以表示成方程
$$Ix = Ax + Cx' + d$$
或
$$Cx' + (A - I)x = -d. \quad (19.26)$$

如果时间是离散的,t 期的资本需求则会建立在产出增量 $x_{i,t} - x_{i,t-1}$($\equiv \Delta_{i,t-1}$)的基础之上。产出水平应确定为

$$\begin{bmatrix} x_{1,t} \\ x_{2,t} \end{bmatrix} = \underbrace{\begin{bmatrix} a_{11} & a_{12} \\ a_{21} & a_{22} \end{bmatrix} \begin{bmatrix} x_{1,t} \\ x_{2,t} \end{bmatrix}}_{\text{投入需求}}$$

$$+ \underbrace{\begin{bmatrix} c_{11} & c_{12} \\ c_{21} & c_{22} \end{bmatrix} \begin{bmatrix} x_{1,t} - x_{1,t-1} \\ x_{2,t} - x_{2,t-1} \end{bmatrix}}_{\text{资本需求}} + \underbrace{\begin{bmatrix} d_{1,t} \\ d_{2,t} \end{bmatrix}}_{\text{最终需求}},$$

或者
$$Ix_t = Ax_t + C(x_t - x_{t-1}) + d_t,$$

但是,将时间下标前移一期,合并同类项,我们可将此方程写成这种形式:
$$(I - A - C)x_{t+1} + Cx_t = d_{t+1}. \quad (19.27)$$

当然,微分方程(19.26)和差分方程(19.27)均可由 19.2 节提出的方法来解。毫无疑问,将矩阵重新定义并相应改变矩阵维数,就可以将这两个矩阵方程推广至 n 个产业的情况。

前面,我们已经讨论了对时滞和调节机制的考虑是如何引出动态投入-产出模型的。把同样的考虑应用于一般均衡市场模型时,它也会以极为类似的方式变成动态模型。但因这种模型的形成与投入-产出模型实质上是相似的,所以我们免去形式上的讨论,读者可以参考练习 19.3-6 和 19.3-7 所介绍的例子。

练习 19.3

1 在例 1 中,若最终需求向量变为 $d_t = \begin{bmatrix} \lambda_1 \delta^t \\ \lambda_2 \delta^t \end{bmatrix}$,那么,特别解会如何变化?得出答案后,请证明例 1 中的答案仅是在 $\lambda_1 = \lambda_2 = 1$ 时的一个特例。

2 (a) 证明(19.22)可更简洁地写成
$$(\delta I - A)\beta = u.$$
(b) 在上面使用的 5 个符号中,哪个是标量?向量?矩阵?
(c) 假设$(\delta I - A)$为非奇异的,以矩阵形式写出 β 的解。

3 (a) 证明(19.25)可更简洁地写成
$$(\rho I + I - A)\beta = \lambda.$$
(b) 这 5 个符号中,哪些符号分别表示标量、向量或者矩阵?
(c) 假设$(\rho I + I - A)$为非奇异的,以矩阵形式写出 β 的解。

4 对于离散时间的生产滞后投入 - 产出模型(19.20),已知 $A = \begin{bmatrix} \frac{3}{10} & \frac{4}{10} \\ \frac{3}{10} & \frac{2}{10} \end{bmatrix}$ 和 $d_t = \begin{bmatrix} \left(\frac{12}{10}\right)^t \\ \left(\frac{12}{10}\right)^t \end{bmatrix}$,求(a) 特别解;(b) 余函数;(c) 假定初始产出为 $x_{1,0} = \frac{187}{39}, x_{2,0} = \frac{72}{13}$,求确定的时间路径。(在所有计算中均使用分数,不要使用小数。)

5 对于连续时间的产出调整投入 - 产出模型(19.23),已知 $A = \begin{bmatrix} \frac{3}{10} & \frac{4}{10} \\ \frac{3}{10} & \frac{2}{10} \end{bmatrix}$ 和 $d = \begin{bmatrix} e^{t/10} \\ 2e^{t/10} \end{bmatrix}$,求:(a) 特别积分;(b) 余函数;(c) 假设初始条件为 $x_1(0) = \frac{53}{6}$ 和 $x_2(0) = \frac{25}{6}$,求确定的时间路径。(在所有计算中均使用分数而不使用小数。)

6 在一个 n 种商品的市场中,所有的 Q_{di} 和 $Q_{si}(i = 1, 2, \cdots, n)$均可视为 n 种价格 $P_1, \cdots, P_n$ 的函数,从而对每一商品的超额需求 $E_i \equiv Q_{di} - Q_{si}$ 也是这些价格的函数。假定函数为线性的,我们可以写出
$$E_1 = a_{10} + a_{11}P_1 + a_{12}P_2 + \cdots + a_{1n}P_n,$$
$$E_2 = a_{20} + a_{21}P_1 + a_{22}P_2 + \cdots + a_{2n}P_n,$$
$$\cdots\cdots\cdots\cdots\cdots\cdots\cdots\cdots\cdots\cdots\cdots\cdots\cdots\cdots\cdots$$
$$E_n = a_{n0} + a_{n1}P_1 + a_{n2}P_2 + \cdots + a_{nn}P_n.$$
或矩阵形式
$$E = a + AP.$$
(a) 最后这 4 个字母代表什么?标量?向量?还是矩阵?
(b) 将所有价格视为时间的函数,并假定 $dP_i/dt = \alpha_i E_i (i = 1, 2, \cdots, n)$,

那么,上面这组方程的经济解释是什么?

(c) 写出表明每个 dP_i/dt 为 n 种价格的线性函数的微分方程。

(d) 证明,若令 P' 表示导数 dP_i/dt 的 $n \times 1$ 列向量,若 α 表示 $n \times n$ 对角矩阵,主对角线上的元素依次为 $\alpha_1, \alpha_2, \cdots, \alpha_n$,其余元素为零,那么,我们可以将上述微分方程用矩阵符号写成 $P' - \alpha A P = \alpha a$。

7 对于上题中的 n 商品市场,其离散时间形式由一组差分方程 $\Delta P_{i,t} = \alpha_i E_{i,t} (i = 1, 2, \cdots, n)$ 构成,其中 $E_{i,t} = a_{i0} + a_{i1} P_{1,t} + a_{i2} P_{2,t} + \cdots + a_{in} P_{n,t}$。

(a) 写出超额需求方程组,并证明它可以用矩阵符号表示成 $E_t = a + A P_t$。

(b) 证明价格调整方程可以写成 $P_{t+1} - P_t = \alpha E_t$,其中 α 为上题所定义的 $n \times n$ 对角矩阵。

(c) 证明离散时间模型的差分方程组可以以 $P_{t+1} - (I + \alpha A) P_t = \alpha a$ 的形式表示。

19.4 对通货膨胀-失业模型的进一步讨论

在介绍了多部门投入产出模型的动态方程组以后,我们现在来介绍一个单部门联立动态方程的经济例子。为此,我们把已在不同题目下遇到过两次的通货膨胀-失业模型再一次召回。

联立微分方程

在 16.5 节,通货膨胀-失业模型是在连续时间框架下通过如下三个方程给出的:

$$p = \alpha - T - \beta U + g\pi, \quad (\alpha, \beta > 0; 0 < g \leq 1) \quad (16.33)$$

$$\frac{d\pi}{dt} = j(p - \pi), \quad (0 < j \leq 1) \quad (16.34)$$

$$\frac{dU}{dt} = -k(\mu - p), \quad (k > 0) \quad (16.35)$$

这里我们用希腊字母 μ 替换了 (16.35) 中的 m 以避免与我们在 19.2 节讨论方法时所用的 m 相混淆。在 16.5 节,我们还不具备处理联立动态方程的能力,我们是通过将模型化为一个单变量方程来解决这一问题的,这需要冗繁的代换与消元过程。现在,考虑

到在模型中共存 π 和 U 的两个已知的变化模式,我们将其作为一个由两个联立微分方程构成的模型。

把(16.33)代入另两个方程并把导数 $d\pi/dt \equiv \pi'(t)$ 和 $dU/dt \equiv U'(t)$ 更简洁地写成 π' 和 U' 后,模型的形式为

$$\pi' + j(1-g)\pi + j\beta U = j(\alpha - T),$$
$$U' - kh\pi + k\beta U = k(\alpha - T - \mu), \quad (19.28)$$

或者用矩阵符号表示为

$$\underbrace{\begin{bmatrix} 1 & 0 \\ 0 & 1 \end{bmatrix}}_{J} \begin{bmatrix} \pi' \\ U' \end{bmatrix} + \underbrace{\begin{bmatrix} j(1-g) & j\beta \\ -kh & k\beta \end{bmatrix}}_{M} \begin{bmatrix} \pi \\ U \end{bmatrix} = \begin{bmatrix} j(\alpha - T) \\ k(\alpha - T - \mu) \end{bmatrix}.$$
$$(19.28')$$

由此方程组,可立即求得 π 和 U 的时间路径。而且,如果需要的话,我们还可以通过(16.33)导出 p 的路径。

解的路径

为求得特别积分,我们可令(19.28′)中的 $\pi' = U' = 0$(使 π 和 U 对时间稳定)并解出 π 和 U。在前面(19.14)的讨论中,这样的解是通过矩阵求逆的方法求出的,当然克莱姆法则必然是要用到的。运用这两种方法中的哪一种,我们都能求得

$$\bar{\pi} = \mu \quad \text{和} \quad \bar{U} = \frac{1}{\beta}[\alpha - T - (1-g)\mu]. \quad (19.29)$$

$\bar{\pi} = \mu$(预期的均衡通货膨胀率等于货币扩张率)这个结果与16.5节所得到的结果是一致的。至于失业率 U,我们在那一节并没有试图求出其均衡水平。但如果我们作这种尝试的话(在练习16.5-2给出的 U 的微分方程的基础上),答案与(19.29)中的解 $\bar{U}$ 没什么差别。

现在转到余函数,这些余函数是以试探解 me^{rt} 和 ne^{rt} 为基础的,由下列简化矩阵方程我们可以确定 m, n 和 r:

$$(rJ + M)\begin{bmatrix} m \\ n \end{bmatrix} = 0. \quad [由(19.15)]$$

在这里,它取如下形式

$$\begin{bmatrix} r + j(1-g) & j\beta \\ -kg & r + k\beta \end{bmatrix} \begin{bmatrix} m \\ n \end{bmatrix} = \begin{bmatrix} 0 \\ 0 \end{bmatrix}, \quad (19.30)$$

为避免 m 和 n 为此齐次方程组的零解,系数矩阵的行列式必定为零。即我们要求

$$|rJ + M| = r^2 + [k\beta + j(1-g)]r + k\beta j = 0, \quad (19.31)$$

此二次方程是特征方程 $r^2 + a_1 r + a_2 = 0$ 的一个特殊形式,其系数为

$$a_1 = k\beta + j(1-h) \quad \text{和} \quad a_2 = k\beta j,$$

而且正如我们预期的那样,这两个系数恰好是(16.37″)中的 a_1 和 a_2 的值。而(16.37″)是我们现在模型的以 π 为变量的单一方程形式。因此,我们以前关于特征根三种情况的分析应用到这里应当是同样成立的。在其他的结论中,我们还记得,无论根恰好是实根还是复根,在现在的模型中根的实部将总是负的。因此解的路径总是收敛的。

例1 已知参数值

$$\alpha - T = \frac{1}{6}, \quad \beta = 3, \quad g = 1, \quad j = \frac{3}{4}, \quad k = \frac{1}{2},$$

求 π 和 U 的时间路径。因为这些参数值与16.5节中例1的参数值相同,所以现在的分析结果可以用于验证16.5节的结果。

首先,容易确定特别积分为

$$\bar{\pi} = \mu \quad \text{和} \quad \bar{U} = \frac{1}{3}\left(\frac{1}{6}\right) = \frac{1}{18}, \quad [\text{由}(19.29)] \quad (19.32)$$

特征方程为

$$r^2 + \frac{3}{2}r + \frac{9}{8} = 0, \quad [\text{由}(19.31)]$$

两个根为复根

$$r_1, r_2 = \frac{1}{2}\left(-\frac{3}{2} \pm \sqrt{\frac{9}{4} - \frac{9}{2}}\right) = -\frac{3}{4} \pm \frac{3}{4}i. \quad (19.33)$$

$$(\text{其中 } h = -\frac{3}{4} \text{ 和 } v = \frac{3}{4})$$

将两个根与参数值一起代入(19.30),分别得到矩阵方程

$$\begin{bmatrix} -\frac{3}{4}(1-i) & \frac{9}{4} \\ -\frac{1}{2} & \frac{3}{4}(1+i) \end{bmatrix} \begin{bmatrix} m_1 \\ n_1 \end{bmatrix} = \begin{bmatrix} 0 \\ 0 \end{bmatrix}, \quad [\text{由 } r_1 = -\frac{3}{4} + \frac{3}{4}i]$$

$$(19.34)$$

$$\begin{bmatrix} -\frac{3}{4}(1+i) & \frac{9}{4} \\ -\frac{1}{2} & \frac{3}{4}(1-i) \end{bmatrix} \begin{bmatrix} m_1 \\ n_1 \end{bmatrix} = \begin{bmatrix} 0 \\ 0 \end{bmatrix}, \quad [\text{由 } r_2 = -\frac{3}{4} - \frac{3}{4}i]$$

$$(19.34')$$

因为通过(19.31), r_1 和 r_2 被设计成使系数矩阵为奇异矩阵,所以,上述两个矩阵方程中的每一个方程实际上只包含一个独立方程,它可以在任意常数 m_i 和 n_i 之间确定一种比例关系。具体地,我们有

$$\frac{1}{3}(1-i)m_1 = n_1 \quad \text{和} \quad \frac{1}{3}(1+i)m_2 = n_2,$$

相应地,余函数可以表示成

$$\begin{bmatrix} \pi_c \\ U_c \end{bmatrix} = \begin{bmatrix} m_1 e^{r_1 t} + m_2 e^{r_2 t} \\ n_1 e^{r_1 t} + n_2 e^{r_2 t} \end{bmatrix}$$

$$= e^{ht} \begin{bmatrix} m_1 e^{vit} + m_2 e^{-vit} \\ n_1 e^{vit} + n_2 e^{-vit} \end{bmatrix} \quad [\text{由}(16.11)]$$

$$= e^{ht} \begin{bmatrix} (m_1 + m_2)\cos vt + (m_1 - m_2)i\sin vt \\ (n_1 + n_2)\cos vt + (n_1 - n_2)i\sin vt \end{bmatrix}, \quad [\text{由}(16.24)]$$

为使记法简单,如果我们定义新的任意常数

$$A_5 \equiv m_1 + m_2 \quad \text{和} \quad A_6 \equiv (m_1 - m_2)i,$$

则由此可得①

---

① 此结论可由下式看出:

$$n_1 + n_2 = \frac{1}{3}(1-i)m_1 + \frac{1}{3}(1+i)m_2$$
$$= \frac{1}{3}[(m_1 + m_2) - (m_1 - m_2)i]$$
$$= \frac{1}{3}(A_5 - A_6),$$
$$(n_1 - n_2)i = \left[\frac{1}{3}(1-i)m_1 - \frac{1}{3}(1+i)m_2\right]i$$
$$= \frac{1}{3}[(m_1 - m_2) - (m_1 + m_2)i]i$$
$$= \frac{1}{3}(A_6 + A_5) \quad [i^2 \equiv -1].$$

$$n_1 + n_2 = \frac{1}{3}(A_5 - A_6), \quad (n_1 - n_2)\mathrm{i} = \frac{1}{3}(A_5 + A_6),$$

运用这些结果,并将(19.33)的 h 和 v 值纳入余函数,从而得到

$$\begin{bmatrix} \pi_c \\ U_c \end{bmatrix} = \mathrm{e}^{-3t/4} \begin{bmatrix} A_5 \cos\frac{3}{4}t + A_6 \sin\frac{3}{4}t \\ \frac{1}{3}(A_5 - A_6)\cos\frac{3}{4}t + \frac{1}{3}(A_5 + A_6)\sin\frac{3}{4}t \end{bmatrix}$$

$$(19.35)$$

最后,将特别积分(19.32)与上述余函数合并,我们可以得到 π 和 U 的解路径。正如所预期的那样,这些路径与 16.5 节中的路径(16.43)和(16.45)完全相同。

联立差分方程

离散时间条件下通货膨胀-失业模型的处理与前面对连续时间情况下的讨论是大致相似的。因此,我们这里仅给出其要点。

如 18.3 节给出的那样,要研究的模型由三个方程组成,其中的两个方程分别描述 π 和 U 的变化模式:

$$p_t = \alpha - T - \beta U_t + g\pi_t, \quad (18.18)$$
$$\pi_{t+1} - \pi_t = j(p_t - \pi_t), \quad (18.19)$$
$$U_{t+1} - U_t = -k(\mu - p_{t+1}), \quad (18.20)$$

消去 p,合并同类项,我们可以将模型重写成差分方程组:

$$\underbrace{\begin{bmatrix} 1 & 0 \\ -kg & 1+\beta k \end{bmatrix}}_{J} \begin{bmatrix} \pi_{t+1} \\ U_{t+1} \end{bmatrix} + \underbrace{\begin{bmatrix} -(1-j+jg) & j\beta \\ 0 & -1 \end{bmatrix}}_{K} \begin{bmatrix} \pi_t \\ U_t \end{bmatrix}$$
$$= \begin{bmatrix} j(\alpha - T) \\ k(\alpha - T - \mu) \end{bmatrix}. \quad (19.36)$$

解的路径

如果存在静态均衡,(19.36)的特别解可以表示成 $\bar{\pi} = \pi_t = \pi_{t+1}$ 和 $\bar{U} = U_t = U_{t+1}$。将 $\bar{\pi}$ 和 $\bar{U}$ 代入(19.36),并通过矩阵求逆或克莱姆法则解方程组,得到

$$\bar{\pi} = \mu \quad \text{和} \quad \bar{U} = \frac{1}{\beta}[\alpha - T - (1-g)\mu], \quad (19.37)$$

$\overline{U}$ 值与我们在 18.3 节所求得的值是相同的。尽管我们在 18.3 节中没有求出 $\overline{\pi}$ 值,但练习 18.3-2 中的信息表明 $\overline{\pi}=\mu$,这与(19.37)是一致的。读者或许注意到,结果(19.37)与在连续时间框架(19.29)中得到的跨期均衡值也是一致的。

求以试探解 mb^t 和 nb^t 为基础的余函数涉及简化矩阵方程

$$(bJ+K)\begin{bmatrix}m\\n\end{bmatrix}=0,$$

或写成(19.36)的形式,

$$\begin{bmatrix}b-(1-j+jg) & j\beta \\ -bkg & b(1+\beta k)-1\end{bmatrix}\begin{bmatrix}m\\n\end{bmatrix}=\begin{bmatrix}0\\0\end{bmatrix}. \quad (19.38)$$

为避免此齐次方程组的零解,我们要求

$$\begin{aligned}|bJ+K|&=(1+\beta k)b^2-[1+gj+(1-j)(1+\beta k)]b\\&+(1-j+jg)=0\end{aligned} \quad (19.39)$$

此二次方程的正规化形式是特征方程 $b^2+a_1b+a_2=0$,系数 a_1 和 a_2 与 18.3 节中(18.24)及(18.33)的系数相同。因而,18.3 节对特征根三种情况的分析应同样适用于这里。

对于每个根 b_i,(19.38)为我们提供了任意常数 m_i 与 n_i 之间的一个特定的比例关系,而且它们可以使我们将 U 的余函数中的任意常数与 π 的余函数中的任意常数联系起来。进而,把余函数和特别解合并,便可以得到 π 和 U 的时间路径。

练习 19.4

1 运用克莱姆法则验证(19.29)。

2 验证:在方程组(19.34)中,无论我们使用一阶方程还是二阶方程,m_1 和 m_2 之间都会存在同样的比例关系。

3 求 π 和 U 的时间路径(通解),已知

$$p=\frac{1}{6}-2U+\frac{1}{3}\pi,$$

$$\pi'=\frac{1}{4}(p-\pi),$$

$$U' = -\frac{1}{2}(\mu - p).$$

4 求 π 和 U 的时间路径(通解), 已知:

(a) $p_t = \frac{1}{2} - 3U_t + \frac{1}{2}\pi_t,$

$\pi_{t+1} - \pi_t = \frac{1}{4}(p_t - \pi_t),$

$U_{t+1} - U_t = -(\mu - p_{t+1}).$

(b) $p_t = \frac{1}{4} - 4U_t + \pi_t,$

$\pi_{t+1} - \pi_t = \frac{1}{4}(p_t - \pi_t),$

$U_{t+1} - U_t = -(\mu - p_{t+1}).$

19.5 双变量相位图

上节我们研究了如何获得线性动态方程组的定量解。在本节, 我们将讨论非线性微分方程组的定性图解(相位图)分析。更确切地, 我们将把注意力集中于双变量一阶微分方程组, 其一般形式为

$$x'(t) = f(x, y),$$
$$y'(t) = g(x, y),$$

注意, 时间导数 $x'(t)$ 和 $y'(t)$ 仅取决于 x 和 y, 变量 t 并不作为独立变数进入 f 和 g 函数。这一特征使方程组成为一个自治系统。它是应用相位图分析方法的前提条件。①

同 15.6 节介绍的单变量相位图一样, 双变量相位图的局限性在于, 它只能回答定性的问题, 即那些关于跨期均衡的位置及动态稳定性的问题。但是, 依旧同单变量相位图一样, 它也具有一个补偿性的优势, 即它可以像处理线性问题一样方便地处理非线性方程组, 而且, 能够像用具体函数形式一样容易地用一般函数形式表达问题。

相空间

当构建一个(自治)微分方程 $dy/dt = f(y)$ 的单变量相位图时, 我们只需在两维空间中的两轴上对 y 绘出 dy/dt 即可。但现在变量

---

① 在 15.6 节介绍的单变量相位图中, 方程 $dy/dt = f(y)$ 也被限制为自治的, 变量 t 不能作为函数 f 的显性变量。

数加倍了,我们如何安排,才能满足对更多坐标轴的明显需要呢? 幸运的是,二维空间已经完全能够满足这种需要。

要了解为什么二维空间是可行的,需要认识到构建相位图的最重要的任务,是确定变量随时间而运动的方向。正如图 15.3 的箭头所表示的那样,正是运动方向这一信息,使我们得以推断出最终的定性结论。因为绘出所说的箭头,只需要两个条件:(1) 一条分界线,称之为"$dy/dt = 0$"线,它为任何预期的均衡提供一个发生的地点;更重要的是,它把相空间分成两个区域,一个为 $dy/dt > 0$ 的区域,另一个为 $dy/dt < 0$ 的区域;(2) 一条实线。在此线上,可以标示出由 dy/dt 的任意非零值所反映的 y 的递增和递减。在图 15.3 中,上面第一项所说的分界线是横轴,但实际上横轴也是上面第二点所说的实线。这意味着如果我们关注的是在 $dy/dt > 0$ 的区域和 $dy/dt < 0$ 的区域间作出区分,比如给前者加上加号,给后者加上减号,那么,放弃纵轴 dy/dt 也不会产生什么负面影响。一个轴的可省略性使得在二维空间中置放双变量相位图成为可行。我们现在需要两条实线而非一条实线,而二维图形中的标准的 x 轴和 y 轴可以自动地满足这一点。我们还需要两条分界线,一条是 $dx/dt = 0$ 线,另一条是 $dy/dt = 0$ 线。而这两条线在二维相空间中均是可以绘出的。而一旦绘出这些分界线,确定在这些线的哪一边应标上加号,哪一边应标上减号,也就不再困难了。

分界曲线

已知如下自治微分方程组

$$x' = f(x,y),$$
$$y' = g(x,y), \quad (19.40)$$

其中 x' 和 y' 为时间导数 $x'(t)$ 和 $y'(t)$ 的简写形式,两条分界线(以 $x' = 0$ 和 $y' = 0$ 表示)表示如下两个方程的图形:

$$f(x,y) = 0, \quad [x' = 0 \text{ 曲线}] \quad (19.41)$$
$$g(x,y) = 0. \quad [y' = 0 \text{ 曲线}] \quad (19.42)$$

如果 f 函数的具体形式为已知,那么,由(19.41)可对 x 解出 y,而且绘在 xy 平面上的解可以作为 $x' = 0$ 曲线。即便不能,我们还可以借

助于隐函数法则,确定 $x'=0$ 曲线的斜率为

$$\left.\frac{\mathrm{d}y}{\mathrm{d}x}\right|_{x'=0} = -\frac{\partial f/\partial x}{\partial f/\partial y} = -\frac{f_x}{f_y}, \quad (f_y \neq 0) \qquad (19.43)$$

只要知道偏导数 f_x 和 $f_y(\neq 0)$ 的符号,就可以由(19.43)得到 $x'=0$ 曲线斜率的定性线索。同理,$y'=0$ 曲线的斜率可由导数

$$\left.\frac{\mathrm{d}y}{\mathrm{d}x}\right|_{y'=0} = -\frac{g_x}{g_y} \quad (g_y \neq 0) \qquad (19.44)$$

推断出来。

为介绍得更具体,我们假设

$$f_x < 0, \quad f_y > 0, \quad g_x > 0 \quad 和 \quad g_y < 0, \qquad (19.45)$$

则 $x'=0$ 和 $y'=0$ 曲线的斜率均为正。若进一步假定

$$-\frac{f_x}{f_y} > -\frac{g_x}{g_y}, \quad [x'=0 \text{ 曲线陡于 } y'=0 \text{ 曲线}]$$

则会出现如图 19.1 所示的情形。注意现在分界线可能是曲线。还要注意,现在不再要求它们与轴重合。

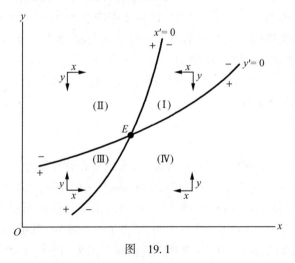

图 19.1

两条分界线在点 E 相交,将相空间分成四个标记为 Ⅰ 到 Ⅳ 的四个区域。点 E(此处 x 和 y 均为稳定的,$x'=y'=0$)表示方程组的跨期均衡。但在其他任何点,无论 x 还是 y,都会随时间而变化,变化的方向由时间导数 x' 和 y' 在该点的符号来确定。在本例中,我们恰

好在 $x'=0$ 曲线的左边(右边)有 $x'>0(x'<0)$,因此该曲线左边(右边)为正号(负号)。这些符号以下述事实为基础

$$\frac{\partial x'}{\partial x} = f_x < 0, \quad [\text{由}(19.40) \text{和}(19.45)] \quad (19.46)$$

它意味着当我们在相位空间中持续由西向东移动时(当 x 增加时),x' 稳定减少,从而 x' 的符号必定依次经过三个阶段:+,0,-。类似地,导数

$$\frac{\partial y'}{\partial y} = g_y < 0, \quad [\text{由}(19.40) \text{和}(19.45)] \quad (19.47)$$

意味着当我们持续由南向北移动时(当 y 增加时),y' 稳定减少,从而 y' 的符号必定依次经过三个阶段:+,0,-。因而我们在图19.1中 $y'=0$ 曲线的下面加上正号,在其上面加上负号。

在这些正负号的基础上,我们可以绘出一组带有方向的箭头,以指示 x 和 y 的跨期运动方向。在区域Ⅰ中的任意点。x' 与 y' 均为负,因而 x' 与 y' 必随时间而递减,x 会向西运动,y 则向南运动。如图区域Ⅰ中的两个箭头所示,给定区域Ⅰ中的起始点,跨期运动的一般方向必然是指向西南。区域Ⅲ的情况恰好与区域Ⅰ相反,x',y' 均为正,变量 x,y 必随时间而增加。在区域Ⅱ中,x',y' 的符号不同,x' 为正,y' 为负,x 应向东移动,y 应向南移动。而区域Ⅳ则表现出与区域Ⅱ恰好相反的趋势。

流线

为更好地理解方向箭头的含义,我们可在相位图中绘出一系列的流线。这些流线也称作相轨道(phase trajectories),简称轨道,或者相路径(phase paths),它们可以表示出系统从任意可接受的起始点的动态运动。我们在图19.2中绘出了一些流线,其中的 $x'=0$ 曲线与 $y'=0$ 曲线与(19.1)中的曲线相同。因为相空间中的每一点必定位于某一流线上,所以应存在无数条流线,所有的流线均与每一区域中 xy 箭头所规定的方向要求一致。但对于描述相位图的一般定性特征而言,少数代表性的流线就已足够了。

对图19.2中的流线,应注意以下几个特征:第一,所有流线均指

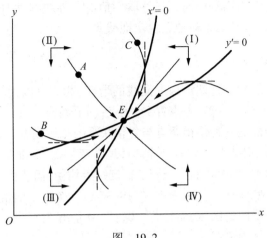

图 19.2

向 E 点。这使得 E 成为一个稳定(这里是整体稳定)跨期均衡点。后面,我们还会遇到其他类型的流线图形。第二,尽管某些流线不会位于某一单个区域之外(如通过点 A 的流线),但另外一些流线却可能从一个区域穿过另一个区域(比如通过点 B 和 C 的两条流线)。第三,一条跨区域的流线必定或者具有无穷大的斜率(跨越 $x'=0$ 曲线),或者具有零斜率(跨越 $y'=0$ 曲线)。这是因为沿着 $x'=0(y'=0)$ 线,$x(y)$ 对时间稳定,因而当穿过 $x'=0(y'=0)$ 线时,流线必定不会有任何水平(垂直)移动。为保证这些斜率要求始终能够得到满足,只要一把分界线放在合适的位置上,便在穿越 $x'=0$ 曲线处加上一条短的垂直虚线,在穿越 $y'=0$ 曲线处加上一条短的水平虚线,以作为绘制流线的指引。① 第四,尽管流线确实明确地指出了 x,y 随时间运动的方向,但它们不能提供任何关于运动速度与加速度的具体信息,因为相位图中并不存在 t(时间)轴。当然,正是由于这一原因,流线有了另一个名称相路径,以与时间路径相对照。关于速度,我们能观察到的唯一信息本质上是定性的:当我们沿着流线越来越趋近于 $x'=0(y'=0)$ 线时,在水平(垂直)方向趋近的速度必定逐渐

---

① 为帮助记忆,应注意与 $x'=0$ 曲线交叉的虚线应垂直于 x 轴。类似地,与 $y'=0$ 交叉的虚线应垂直于 y 轴。

递减。这是因为当我们向 $x'(y')$ 取零值的分界线移动时, 导数 $x' \equiv \mathrm{d}x/\mathrm{d}t (y' \equiv \mathrm{d}y/\mathrm{d}t)$ 的绝对值会稳定地减少。

均衡的类型

根据围绕特定跨期均衡的流线的形状, 我们可以把均衡分成四种类型: (1) 结点; (2) 鞍点; (3) 焦点; (4) 涡旋。

结点均衡是一种使得所有与之相联系的流线或者是非循环地流向均衡点(稳定结点), 或者是非循环地背离均衡点(非稳定结点)的均衡。在图 19.2 中我们已遇到了稳定结点均衡, 而非稳定结点均衡则如图 19.3(a) 所示。注意, 在图 19.3(a) 这个特定的情况下, 流线恰好不跨越不同的区域, 而且 $x'=0, y'=0$ 恰好为直线。事实上, 它们本身也恰好为流线。

鞍点均衡是一种具有双重特性的均衡: 它在某些方向是稳定的, 在另一些方向是不稳定的。更确切地说, 参照图 19.3(b), 一个鞍点均衡恰好具有一对流线(称作鞍点的稳定枝)始终直接流向均衡点, 恰好有另一对流线(非稳定枝)始终直接背离均衡点。所有其他最初指向鞍点的轨道迟早都要背离它。当然, 正是这种双重特性使其得到了"鞍点"这一名称。因为稳定性只有从稳定枝才能观察到, 它并不具备必然性, 所以鞍点均衡一般被视为非稳定均衡。

第三种类型的均衡是焦点均衡。其特征是具有涡旋轨道, 这些涡旋轨道或者循环性地流向焦点(稳定焦点), 或者是循环性地背离焦点(非稳定焦点)。图 19.3(c) 描绘了一个稳定焦点, 只明确地绘出一条流线以避免凌乱。是什么因素导致涡旋运动呢? 答案在于 $x'=0, y'=0$ 曲线定位的方式。在图 19.3(c) 中, 两条分界线是以这样一种方式倾斜的: 它们依次封锁流线按特定的 xy 箭头所确定的方向流动, 结果流线被迫从一个区域穿过另一个区域, 作螺旋形的运动。我们是能得到一个稳定的焦点平衡(如这里的情况), 还是一个非稳定的焦点平衡, 取决于两条分界线的相对位置。但无论在哪种情况下, 流线在交叉点的斜率必定或者是无穷大(交于 $x'=0$), 或者是零(交于 $y'=0$)。

最后是涡旋(中心)均衡。这种均衡同样具有涡旋流线, 但这些

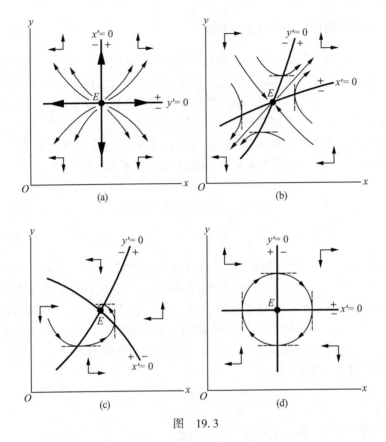

图 19.3

流线现在形成一组环形(同心圆或椭圆),围绕着均衡进行永恒的运动。在图 19.3(d)中给出了这种均衡的一个例子,但在图中我们依然只绘出了一条流线。由于在 E 点以外的任何初始位置均不可能达到这种均衡,所以涡旋均衡自然属于非稳定均衡。

图 19.3 所介绍的情况只有唯一均衡。但若存在足够的非线性,两条分界线会交叉多次,从而产生多重均衡。在这种情况下,上面所述的不同类型的跨期均衡的组合可能会出现在一个相位图中。尽管这样可能会出现四个以上的区域,但相位图分析所依赖的主要原理依然是基本相同的。

奥比斯特的通货膨胀与货币规则

为给出一个两变量相位图的经济例子,我们介绍奥比斯特教授提出的一个模型。① 此模型的目的是证明在通货膨胀调节机制发挥作用的情况下,传统的反周期货币政策规则是无效的,因而需要新的货币政策规则。此模型与我们前面对通货膨胀的讨论相反,它不去研究给定货币扩张率的影响,而是考察两种不同货币规则的功效。每种货币规则都描述在面临不同通胀条件下所采取的一组不同的货币行动。

此模型的一个关键假设是通货膨胀调节机制

$$\frac{dp}{dt} = h\left(\frac{M_s - M_d}{M_s}\right) = h\left(1 - \frac{M_d}{M_s}\right), \quad (h > 0) \quad (19.48)$$

此式表明,超额货币供给的效果在于提高通货膨胀率 p,而非价格水平 P。因而,货币市场出清不意味着价格的稳定,而是意味着一个稳定的通货膨胀率。为便于分析,(19.48)中的第二个等式可帮助我们将注意力由超额货币供给转移到货币的需求-供给比率 M_d/M_s 上。我们后面将以 μ 表示 M_d/M_s。假设 M_d 直接与名义国民产品 PQ 成比例,则可写成

$$\mu \equiv \frac{M_d}{M_s} = \frac{aPQ}{M_s}, \quad (a > 0)$$

几个相关变量的增长率则可以由

$$\frac{d\mu/dt}{\mu} = \frac{da/dt}{a} + \frac{dP/dt}{P} + \frac{dQ/dt}{Q} - \frac{dM_s/dt}{M_s}$$

$$[由(10.24) 和(10.25)]$$
$$\equiv p + q - m \quad [a = 常数] \quad (19.49)$$

联系起来,其中小写字母 p, q 和 m 分别表示通货膨胀率、外生的实际国民产品增长率和货币扩张率。

如果这次我们把 m 视为外生的,那么方程(19.48)和(19.49),

---

① Norman P. Obst, "Stabilization Policy with an Inflation Adjustment Mechanism," *Quarterly Journal of Economics*, May 1978, pp.355—359. 奥比斯特的文章中没有相位图,但可由其模型很容易地构建相位图。

两个微分方程的组合,可共同确定 p 和 μ 的时间路径。使用符号 p' 和 μ' 表示时间导数 $p'(t)$ 和 $\mu'(t)$,我们可将方程组更简洁地表示成

$$p' = h(1-\mu),$$
$$\mu' = (p+q-m)\mu, \qquad (19.50)$$

给定 h 为正,当且仅当 $1-\mu=0$ 时,我们可以有 $p'=0$。类似地,因为 μ 总为正,所以当且仅当 $p+q-m=0$ 时,$\mu'=0$。因此 $p'=0$ 和 $\mu'=0$ 分界线与方程

$$\mu = 1 \qquad [p'=0 \text{ 曲线}] \qquad (19.51)$$
$$p = m-q \qquad [\mu'=0 \text{ 曲线}] \qquad (19.52)$$

相联系。如图 19.4(a)所示,分界线被分别绘成水平线和垂直线,在 E 点产生唯一的均衡。均衡值 $\bar{\mu}=1$ 意味着均衡时的 M_d 与 M_s 相等,从而使货币市场出清。均衡的通货膨胀率表示为正这一事实反映了一个隐含的假设:$m>q$。

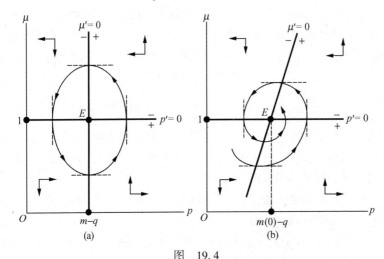

图 19.4

因为 $p'=0$ 曲线对应于我们前面讨论中的 $x'=0$ 曲线,所以它应具有垂直的虚线。而另一分界线则应具有水平的虚线。由 (19.50),可以求得

$$\frac{\partial p'}{\partial \mu} = -h < 0 \quad \text{和} \quad \frac{\partial \mu'}{\partial p} = \mu > 0. \qquad (19.53)$$

它表明这样一种含义:穿过 $p'=0$ 曲线向北移动,p' 的符号依次取 $(+,0,-)$;穿过 $\mu'=0$ 曲线向东移动,μ' 的符号依次取 $(-,0,+)$。因此,我们获得四组如图所示的方向箭头,它们产生围绕均衡点 E 逆时针旋转的流线(图中仅绘出一条)。这使得 E 成为涡旋均衡。除非该经济恰好始于 E 点,否则不可能达到均衡。它们会处于永不停息的波动状态。

但是,上面的结论是外生货币扩张率的结果。如果我们通过反通货膨胀货币规则使 m 内生化,会出现何种结果呢?"传统"货币规则要求货币扩张率与通货膨胀率反向运动:

$$m = m(p), \quad m'(p) < 0, \quad [\text{传统的货币规则}] \quad (19.54)$$

此规则使(19.50)中的第二个方程修正为

$$\mu' = [p + q - m(p)]\mu, \quad (19.55)$$

并把(19.52)变为

$$p = m(p) - q, \quad [\text{传统货币规则下的 } \mu'=0 \text{ 曲线}] \quad (19.56)$$

已知 $m(p)$ 是单调的,仅存在一个 p 值(比如 p_1)可以满足此方程。因此新的 $\mu'=0$ 曲线必定会是一条垂线,尽管具有不同的水平截距 $p_1 = m(p_1) - q$。进而,由(19.55),可以求得

$$\frac{\partial \mu'}{\partial p} = [1 - m'(p)]\mu > 0, \quad [\text{由}(19.54)]$$

它与(19.53)中的导数在定性意义上并无差别。由此可知,其方向箭头必然也与图 19.4(a) 中的方向箭头相同。总之,我们以得到一个同以前一样的涡旋均衡而告终。

奥比斯特所提出的另一货币规则是,按通货膨胀率的变化率(而不是其水平)来调整 m:

$$m = m(p'), \quad m'(p') < 0, \quad [\text{另一种货币规则}] \quad (19.57)$$

在此规则下,(19.55) 和 (19.56) 分别变成

$$\mu' = [p + q - m(p')]\mu, \quad (19.58)$$

$$p = m(p') - q, \quad [\text{另一种货币规则下的 } \mu'=0 \text{ 曲线}]$$
$$(19.59)$$

这次 $\mu'=0$ 线变成一条向上倾斜的曲线。根据链式法则将(19.59)对 μ 求导,得到

$$\frac{\mathrm{d}p}{\mathrm{d}\mu} = m'(p') \frac{\mathrm{d}p'}{\mathrm{d}\mu} = m'(p')(-h) > 0. \quad [由(19.50)]$$

根据反函数法则,$\mathrm{d}\mu/\mathrm{d}p(\mu'=0$ 线的斜率)也为正。这种新的情况被描绘在图19.4(b)中,其中为简便起见,$\mu'=0$ 曲线被绘成一条直线,它具有一个任意确定的斜率。① 尽管斜率是变化的,由(19.53)知,导数

$$\frac{\partial \mu'}{\partial p} = \mu > 0 \quad [由(19.58)]$$

是不变的,从而 μ 的符号应与图19.4(a)中原来的方向相同。流线(图中仅绘出一条)将朝着在 $\bar{\mu}=1$ 和 $\bar{p}=m(0)-q$ 的均衡点向内旋转,其中 $m(0)$ 表示在 $p'=0$ 计值的 $m(p')$。因此,这种货币规则看起来能够将涡旋均衡转化为稳定的焦点均衡,从而有可能逐渐地消除通货膨胀率的永久波动。事实上,如果具有足够平坦的 $\mu'=0$ 曲线,甚至有可能将涡旋均衡转化为稳定的结点均衡。

练习 19.5

1. 证明:如果模型仅由一个二阶微分方程 $y''(t)=f(y',y)$ 构成,而不是由两个一阶方程构成,那么,仍可运用两变量相位图分析。

2. 图19.1 中 $x'=0$ 和 $y'=0$ 曲线两边所附的正号和负号是分别建立在偏导数 $\partial x'/\partial x$ 和 $\partial y'/\partial y$ 的基础上的。可以由导数 $\partial x'/\partial y$ 和 $\partial y'/\partial x$ 得出同样的结论吗?

3. 运用图19.2 验证,在穿过 $x'=0(y'=0)$ 曲线时,如果流线不具有无穷大(零)的斜率,就必然会违背由 xy 箭头所施加的方向限制。

4. 作为微分方程组(19.40)的一个特例,假设
   (a) $f_x=0, f_y>0, g_x>0$ 和 $g_y=0$;
   (b) $f_x=0, f_y<0, g_x<0$ 和 $g_y=0$。
   对于每一种情况,构建合适的相位图,绘出流线,确定均衡的性质。

5. (a) 证明如果 $f_x<0, f_y>0, g_x<0$ 及 $g_y<0$,那么可能从微分方程组

---

① 斜率与 $m'(p')$ 的绝对值成反比。货币扩张率 m 对通货膨胀率的变化率 p' 的反应越敏感,图19.4(b)中的 $\mu'=0$ 曲线就越平坦。

(19.40)或者产生稳定结点均衡,或者是稳定的焦点均衡。

(b) 在你构建的相位图中,什么特点对结果(结点或是焦点)的差别起决定性作用?

6 参考奥比斯特模型,验证在图19.4(b)中,如果斜率为正的 $\mu' = 0$ 曲线足够平坦,那么,尽管流线仍具有交叉的特征,但它们会以结点而非焦点的方式收敛于均衡。

19.6 非线性微分方程组的线性化

分析非线性微分方程组的另一个定性方法是从该方程组的线性近似中作出推断,这种线性近似是由给定方程组围绕其均衡的泰勒展开推导出来的。① 在9.5节中我们知道,对任意函数 $\phi(x)$ 的线性(或者一个高阶多项式)近似可以在展开点给出 $\phi(x)$ 的精确值,但当我们离展开点越来越远时,就会出现逐渐增大的近似误差。对非线性方程组的线性近似也是一样的。在展开点(这里是均衡点 E),线性近似可像原来的非线性方程组一样,精确地确定同样的均衡。在 E 的足够小的邻域内,线性近似应与原方程组具有相同的一般流线图形。因此,只要我们愿意将我们的稳定性推断限定在均衡的紧密邻域内,那么,线性近似可成为一个充足的信息源。这种分析称为局部稳定性分析,它既可以独立运用,也可以运用于相位图分析。这里仅涉及两变量的情况。

泰勒展开与线性化

给定一个任意(连续可微)单变量函数 $\phi(x)$,围绕点 x_0 的泰勒展开给出级数

$$\phi(x) = \phi(x_0) + \phi'(x_0)(x - x_0) + \frac{\phi''(x_0)}{2!}(x - x_0)^2 + \cdots$$
$$+ \frac{\phi^{(n)}(x_0)}{n!}(x - x_0)^n + R_n,$$

---

① 在存在多重均衡的情况下,每个均衡需要单独的线性近似。

其中包含$(x-x_0)$的各次幂的多项式出现在等号右边。双变量函数$f(x,y)$围绕(x_0,y_0)的泰勒展开式也具有类似的特征。但是在存在两个变量时,所产生的多项式将包含$(y-y_0)$及$(x-x_0)$的各次幂,事实上,也包含这两个表达式的积:

$$\begin{aligned} f(x,y) = & f(x_0,y_0) + f_x(x_0,y_0)(x-x_0) + f_y(x_0,y_0)(y-y_0) \\ & + \frac{1}{2!}[f_{xx}(x_0,y_0)(x-x_0)^2 + 2f_{xy}(x_0,y_0)(x-x_0) \\ & \times (y-y_0) + f_{yy}(x_0,y_0)(y-y_0)^2] + \cdots + R_n, \end{aligned}$$
(19.60)

注意,现在$(x-x_0)$和$(y-y_0)$的系数是均在展开点(x_0,y_0)计值的f的偏导数。

由函数的泰勒级数,舍弃掉阶数高于 1 的各项,就可以得到线性近似(或简称为线性化)。因此,对于单变量的情况,线性化是 x 的如下线性函数:

$$\phi(x_0) + \phi'(x_0)(x-x_0).$$

类似地,(19.60)的线性化是 x 和 y 的如下线性函数:

$$f(x_0,y_0) + f_x(x_0,y_0)(x-x_0) + f_y(x_0,y_0)(y-y_0).$$

此外,用函数符号 g 代替此结果中的 f,我们还可以得到对应的 $g(x,y)$ 的线性化。由此可知,给定非线性方程组

$$\begin{aligned} x' &= f(x,y), \\ y' &= g(x,y), \end{aligned}$$
(19.61)

其围绕展开点(x_0,y_0)的线性化可以写成

$$\begin{aligned} x' &= f(x_0,y_0) + f_x(x_0,y_0)(x-x_0) + f_y(x_0,y_0)(y-y_0), \\ y' &= g(x_0,y_0) + g_x(x_0,y_0)(x-x_0) + g_y(x_0,y_0)(y-y_0). \end{aligned}$$
(19.62)

如果函数 f 和 g 的具体形式为已知,那么 $f(x_0,y_0),f_x(x_0,y_0),f_y(x_0,y_0)$及$g(x_0,y_0),g_x(x_0,y_0),g_y(x_0,y_0)$均可以被赋予具体值,而且线性方程组(19.62)可以定量解出。但是,只要f_x,f_y,g_x,g_y的符号是可以确定的,那么,即使 f 函数和 g 函数是以一般形式给出的,仍可以对其进行定性分析。

625 约简线性化

根据局部稳定性分析的目的,线性化(19.62)可以简化为更简单的形式。首先,因为展开点将是均衡点$(\bar{x},\bar{y})$,所以我们应以$(\bar{x},\bar{y})$代替(x_0,y_0)。而且更根本地,因为由定义,在均衡点我们有$x'=y'=0$,由此得

$$f(\bar{x},\bar{y}) = g(\bar{x},\bar{y}) = 0 \quad [\text{由}(19.61)]$$

从而在(19.62)每个方程中等号右边的第一项可以省略掉。进行这种变化后,再乘开(19.62)右边余下各项并重排,我们得到线性化的另一种形式:

$$x' - f_x(\bar{x},\bar{y})x - f_y(\bar{x},\bar{y})y = -f_x(\bar{x},\bar{y})\bar{x} - f_y(\bar{x},\bar{y})\bar{y},$$
$$y' - g_x(\bar{x},\bar{y})x - g_y(\bar{x},\bar{y})y = -g_x(\bar{x},\bar{y})\bar{x} - g_y(\bar{x},\bar{y})\bar{y}.$$
$$(19.63)$$

注意,在(19.63)中,等号右边的每一项表示一个常数。我们不辞辛苦地分离出这些常数项是为了可以将其全部省略,从而得到约简的线性化方程。这个结果可用矩阵符号写成

$$\begin{bmatrix} x' \\ y' \end{bmatrix} - \begin{bmatrix} f_x & f_y \\ g_x & g_y \end{bmatrix}_{(\bar{x},\bar{y})} \begin{bmatrix} x \\ y \end{bmatrix} = \begin{bmatrix} 0 \\ 0 \end{bmatrix}, \quad (19.64)$$

它构成了(19.61)的约简线性化。由于定性分析仅依赖于对特征根的了解,而对特征根的了解又仅依赖于简化方程组,所以(19.64)足以满足我们局部稳定性分析的全部需要。

再进一步,可以观测到,约简线性化唯一的可识别的性质存在于在均衡$(\bar{x},\bar{y})$处计值的偏导数矩阵(非线性方程组的雅可比矩阵)中。因此,在最终的分析中,均衡的局部稳定性或非稳定性仅是根据上面提到的雅可比矩阵的结构而预测出来的。在后面的讨论中为了符号上的方便,我们以J_E表示在均衡点计值的雅可比矩阵,以a,b,c,d表示其元素:

$$J_E \equiv \begin{bmatrix} f_x & f_y \\ g_x & g_y \end{bmatrix}_{(\bar{x},\bar{y})} \equiv \begin{bmatrix} a & b \\ c & d \end{bmatrix}. \quad (19.65)$$

我们假定两个微分方程在函数上不相关,这样我们总有$|J_E| \neq 0$。

(对于$|J_E|=0$的某些情况,请参见练习19.6-4。)

局部稳定性分析

按照(19.16)并运用(19.65),约简线性化的特征方程应为

$$\begin{vmatrix} r-a & -b \\ -c & r-d \end{vmatrix} = r^2 - (a+d)r + (ad-bc) = 0,$$

显然,特征根关键取决于式$(a+d)$和$(ad-bc)$。后者只不过是雅可比矩阵(19.65)的行列式:

$$ad - bc = |J_E|,$$

而前者表示雅可比矩阵主对角元素的和,被称作J_E的迹(trace),以符号$\text{tr}J_E$表示:

$$a + d = \text{tr}J_E,$$

相应地,特征根可以表示成

$$r_1, r_2 = \frac{\text{tr}J_E \pm \sqrt{(\text{tr}J_E)^2 - 4|J_E|}}{2},$$

$(\text{tr}J_E)^2$与$4|J_E|$的相对大小将决定两个根是实根还是复根,即x和y的时间路径是稳定的还是波动的。另一方面,为检验均衡的动态稳定性,我们需要确定两个根的代数符号。如下两个关系对实现这个目的是极有价值的:

$$r_1 + r_2 = \text{tr}J_E, \tag{19.66}$$

$$r_1 r_2 = |J_E|. \quad [参见(16.5)和(16.6)] \tag{19.67}$$

第一种情况 $(\text{tr}J_E)^2 > 4|J_E|$。在此情况下,根为不同实根,不可能出现波动。因此均衡或者是结点均衡,或者是鞍点均衡,但不可能是焦点或涡旋均衡。考虑到$r_1 \neq r_2$,存在三种不同的符号组合的可能性:两根均为负、两根均为正、两根的符号相反。[1] 考虑到(19.66)和(19.67)中的信息,这三种可能性具有如下特征:

(i) $r_1 < 0, r_2 < 0 \Rightarrow |J_E| > 0, \text{tr}J_E < 0$;

(ii) $r_1 > 0, r_2 > 0 \Rightarrow |J_E| > 0, \text{tr}J_E > 0$;

(iii) $r_1 > 0, r_2 < 0 \Rightarrow |J_E| < 0, \text{tr}J_E \gtreqless 0$.

---

[1] 因我们排除了$|J_E|=0$的情况,所以没有根取零值。

在可能性 i 情况下，两个根均为负，当 t 趋于无穷大时，余函数 x_c 和 y_c 均趋向于零。因此均衡为稳定的结点。可能性 ii 恰好与 i 相反，它描述了一种非稳定的结点。在两根符号相反的可能性 iii 情况下则产生了鞍点均衡。

为更清楚地了解最后一种可能性，我们回顾一下，在第一种情况下两变量的余函数取如下一般形式

$$x_c = A_1 e^{r_1 t} + A_2 e^{r_2 t},$$
$$y_c = k_1 A_1 e^{r_1 t} + k_2 A_2 e^{r_2 t},$$

其中任意常数 A_1 和 A_2 有待于根据初始条件来确定。如果初始条件使得 $A_1 = 0$，那么正根 r_1 会被舍弃掉，留下负根 r_2 会使均衡稳定。这样的初始条件从属于位于鞍点稳定枝上的点。另一方面，如果初始条件使得 $A_2 = 0$，负根 r_2 将消失，留下正根 r_1，使得均衡不稳定。这样的初始条件则与位于非稳定枝上的点有关。由于其他的初始条件还包括 $A_1 \neq 0$，它们必然也会产生发散的余函数。因此可能性 iii 会产生鞍点均衡。

第二种情况 $(\text{tr} J_E)^2 = 4 |J_E|$。因为在此情况下的根为重根，所以仅可能发现两种符号组合的可能性：

(iv) $r_1 < 0, r_2 < 0 \Rightarrow |J_E| > 0, \text{tr} J_E < 0;$

(v) $r_1 > 0, r_2 > 0 \Rightarrow |J_E| > 0, \text{tr} J_E > 0.$

这两种可能性只是可能性 i 和 ii 的翻版。因此，它们分别指向稳定的结点和非稳定的结点。

第三种情况 $(\text{tr} J_E)^2 < 4 |J_E|$。这种情况下有复根 $h \pm vi$，存在周期性波动，而且我们必定是或者遇到焦点均衡，或者遇到涡旋均衡。在(19.66)和(19.67)基础上，在现在情况下我们有

$$\text{tr} J_E = r_1 + r_2 = (h + vi) + (h - vi) = 2h,$$
$$|J_E| = r_1 r_2 = (h + vi)(h - vi) = h^2 + v^2.$$

因此，$\text{tr} J_E$ 必然与 h 符号相同，而 $|J_E|$ 必然恒为正。结果会出现三种可能的结果：

(vi) $h < 0 \Rightarrow |J_E| > 0, \text{tr} J_E < 0;$

(vii) $h > 0 \Rightarrow |J_E| > 0, \text{tr} J_E > 0;$

(viii) $h = 0 \Rightarrow |J_E| > 0, \text{tr} J_E = 0.$

它们分别与衰减波动、放大波动以及均匀波动相联系。换言之,可能性 vi 意味着稳定的焦点;可能性 vii 意味着非稳定的焦点;而可能性 viii 则意味着涡旋。

为便于根据 $|J_E|$ 和 $\text{tr}J_E$ 的符号进行定性推断,我们把上面讨论的结论概括在表 19.1 中。该表有三个特点值得注意。第一,负的 $|J_E|$ 仅与鞍点均衡相联系,所以我们可以将 $|J_E|<0$ 作为鞍点均衡的充分必要条件。第二,$\text{tr}J_E$ 仅在两种情况下出现零值——即在鞍点或涡旋的情况下出现零值。而这两种情况根据 $|J_E|$ 的符号是可区分的。相应地,$\text{tr}J_E$ 为零且 $|J_E|$ 为正,是涡旋的充分必要条件。第三,尽管 $\text{tr}J_E$ 为负是动态稳定性的必要条件,但考虑到鞍点均衡的可能性,它还不是充分条件。然而,$\text{tr}J_E$ 为负且有 $|J_E|$ 为正,则是动态稳定性的充分必要条件。

对非线性方程组的线性近似所进行的有关讨论都已概括在表 19.1 中了。但是,表 19.1 中的内容显然也可以应用于起初便是线性的方程组的定性分析。在后一种情况下,雅可比矩阵的元素是一组已知常数,因而没有必要在均衡点计算其值。因为不涉及近似过程,所以稳定性推断本质上不再是局部的,而是具有整体的有效性。

表 19.1 双变量非线性微分方程组的局部稳定性分析

情况	$\|J_E\|$ 的符号	$\text{tr}J_E$ 的符号	均衡的类型
1 $(\text{tr}J_E)^2 > 4\|J_E\|$	+	−	稳定结点
	+	+	非稳定结点
	−	+,0,−	鞍点
2 $(\text{tr}J_E)^2 = 4\|J_E\|$	+	−	稳定结点
	+	+	非稳定结点
3 $(\text{tr}J_E)^2 < 4\|J_E\|$	+	−	稳定焦点
	+	+	非稳定焦点
	+	0	涡旋

例1 分析非线性方程组

$$x' = f(x,y) = xy - 2$$
$$y' = g(x,y) = 2x - y \quad (x,y \geqslant 0)$$

的局部稳定性。首先,令 $x' = y' = 0$,并注意到 x 和 y 的非负性,我们在 $(\bar{x}, \bar{y}) = (1, 2)$ 求得单一均衡。然后,通过取 x' 和 y' 的偏导数,且在 E 点计算其值,我们得到

$$J_E = \begin{bmatrix} f_x & f_y \\ g_x & g_y \end{bmatrix}_{(\bar{x}, \bar{y})} = \begin{bmatrix} y & x \\ 2 & -1 \end{bmatrix}_{(1,2)} = \begin{bmatrix} 2 & 1 \\ 2 & -1 \end{bmatrix},$$

因为 $|J_E| = -4$ 为负,所以我们可以立刻得出结论,均衡是局部鞍点均衡。

注意,尽管雅可比矩阵的第一行最初包含变量 x 和 y,但第二行却不包含 x 和 y。存在这种差别的原因在于给定方程组中的第二个方程原来就是线性的,无需进行线性化。

例2　给定非线性方程组

$$x' = x^2 - y,$$
$$y' = 1 - y,$$

令 $x' = y' = 0$,我们可以求得两个均衡点:$E_1 = (1, 1)$ 和 $E_2 = (-1, 1)$。因此我们需要两个单独的线性化。在两个均衡点依次计算雅可比矩阵 $\begin{bmatrix} 2x & -1 \\ 0 & -1 \end{bmatrix}$ 的值,我们得到

$$J_{E_1} = \begin{bmatrix} 2 & -1 \\ 0 & -1 \end{bmatrix} \quad 和 \quad J_{E_2} = \begin{bmatrix} -2 & -1 \\ 0 & -1 \end{bmatrix}.$$

第一个矩阵具有一个负的行列式,因此 $E_1 = (1, 1)$ 是一个局部的鞍点。由上面第二个矩阵,我们得到 $|J_{E_2}| = 2$ 和 $\text{tr} J_{E_2} = -3$。因此根据表19.1可知,$E_2 = (-1, 1)$ 是第一种情况下的局部稳定结点。

例3　线性方程组

$$x' = x - y + 2$$
$$y' = x + y + 4$$

具有稳定的均衡吗?为回答此定性问题,我们可以仅集中于简化方程,并忽略常数2和4。正如由线性方程组可以预期的那样,雅可比矩阵 $\begin{bmatrix} 1 & -1 \\ 1 & 1 \end{bmatrix}$ 的四个元素均为常数。由于其行列式和迹均等于2,所以均衡属于第三种情况,是一个不稳定的焦点。注意,得到此结论毋须解得均衡。还要注意,在此情况下的结论是整体有效的。

例4 分析奥比斯特模型(19.50)的局部稳定性：
$$p' = h(1-\mu),$$
$$\mu' = (p+q-m)\mu,$$
假定货币扩张率 m 是外生的(不遵从货币规则)。按照图 19.4(a)，此模型的均衡发生于点 $E=(\bar{P},\bar{\mu})=(m-q,1)$。在 E 点计值的雅可比矩阵为

$$J_E = \begin{bmatrix} \dfrac{\partial p'}{\partial p} & \dfrac{\partial p'}{\partial \mu} \\ \dfrac{\partial \mu'}{\partial p} & \dfrac{\partial \mu'}{\partial \mu} \end{bmatrix}_E = \begin{bmatrix} 0 & -h \\ \mu & p+q-m \end{bmatrix}_{(m-q,1)} = \begin{bmatrix} 0 & -h \\ 1 & 0 \end{bmatrix},$$

因为 $|J_E|=h>0$, $\text{tr} J_E=0$, 表 19.1 表明，均衡是一个局部的涡旋均衡。这个结论与上一节相位图分析所得出的结论是一致的。

例5 假设可供选择的货币规则如下：
$$p' = h(1-\mu), \quad [源于(19.50)]$$
$$\mu' = [p+q-m(p')]\mu, \quad$$
$$[源于(19.58)]$$

分析奥比斯特模型的局部稳定性。注意，因 p' 是 μ 的函数，所以在现在的模型中，函数 $m(p')$ 也是 μ 的函数。在均衡点 E 处，$p'=\mu'=0$，我们有 $\bar{\mu}=1$ 和 $\bar{p}=m(0)-q$。因此，在 E 点计值的雅可比矩阵为

$$J_E = \begin{bmatrix} 0 & -h \\ \mu & p+q-m(p')-m'(p')(-h)\mu \end{bmatrix}_E$$
$$= \begin{bmatrix} 0 & -h \\ 1 & m'(0)h \end{bmatrix},$$

其中由 (19.57) 知，$m'(0)$ 为负。按照表 19.1，在 $|J_E|=h>0$ 和 $\text{tr} J_E = m'(0)h<0$ 时，我们能得到稳定的焦点还是稳定的结点，要视 $(\text{tr} J_E)^2$ 和 $4|J_E|$ 的相对大小而定。具体而言，导数 $m'(0)$ 的绝对值越大，$\text{tr} J_E$ 的绝对值将越大，$(\text{tr} J_E)^2$ 越有可能超过 $4|J_E|$，从而产生稳定的结点而非稳定的焦点。这个结论与我们前面相位图分析所得到的结论同样是一致的。

练习 19.6

1. 分析下列每个非线性方程组的局部稳定性：

    (a) $x' = e^x - 1$
    $y' = y e^x$

    (b) $x' = x + 2y$
    $y' = x^2 + y$

    (c) $x' = 1 - e^y$
    $y' = 5x - y$

    (d) $x' = x^3 + 3x^2 y + y$
    $y' = x(1 + y^2)$

2. 给定

    (a) $f_x = 0, f_y > 0, g_x > 0$ 和 $g_y = 0$,

    (b) $f_x = 0, f_y < 0, g_x < 0$ 和 $g_y = 0$,

    (c) $f_x < 0, f_y > 0, g_x < 0$ 和 $g_y < 0$,

运用 19.1 确定一个非线性方程组具有的局部均衡的类型。你的结果与你在练习 19.5-4, 19.5-5 所得到的结果一致吗？

3. 假设遵守传统的货币规则，分析奥比斯特模型的局部稳定性。

4. 如下两个方程组均具有零值的雅可比行列式。构建每一方程组的相位图，并推断存在的所有均衡的位置：

    (a) $x' = x + y$
    $y' = -x - y$

    (b) $x' = 0$
    $y' = 0$

第 20 章 最优控制理论

在第 13 章的最后,我们提到,我们不准备去涉及动态优化这类问题,因为我们还没有常微分方程之类的动态分析工具。现在,我们已经掌握了这些工具,因此我们最后来尝试处理动态优化问题。

动态优化中的经典方法是变分法,但是,随着方法论的发展,这种方法为另一种更加有力的方法所替代,这种方法就是最优控制理论。因此,在本章我们将注意力集中在最优控制理论中,解释其基本特征,介绍最大值原理这个主要的求解工具,并在基本经济模型中展示其应用。[①]

20.1 最优控制的特性

在静态最优化问题中,目标是给每个选择变量找到一个单一值,使得目标函数的值极大或者极小,就像例子中所列举的那样。这类问题回避了时间维度。相反,时间明显地进入动态优化问题中。在这类问题中,我们总是考虑一个计划期间,比如从初始点 $t=0$ 到终点 $t=T$,试图发现在这个时间段中的最佳行动过程。因此,每个变量的解将不是一个值,而是一条时间路径。

假设问题是一段时间内的利润最大化问题。那么,在时间 t 的任何一点,我们必须选择控制变量 $u(t)$,它可以通过所谓的运动方程来影响状态变量 $y(t)$。而后,$y(t)$ 决定利润 $\pi(t)$。因为我们的目标是实现整个期间内的利润最大化,因此目标函数应该是 π 在 $t=0$

---

① 想要更详细地了解最优控制理论(和"变分法"),学生可以去参考蒋中一(Alpha C. Chiang)的《动态优化基础》(*Elements of Dynamic Optimization*),纽约:麦格劳-希尔出版公司(McGraw-Hill)1992 年版。现在该书由伊利诺伊州魏兰出版社(Waveland Press Inc.)出版。本章内容很大程度上来自该书。

到 $t=T$ 期间的积分形式。为了实现这个目标,问题还需要确定状态变量 y 的初始值 $y(0)$ 和 y 的终值 $y(T)$,或者 $y(T)$ 能够取值的范围。

考虑上述因素,我们能够写出最简单的最优控制问题:

$$\text{Max} \int_0^T F(t,y,u)\,\mathrm{d}t$$

$$\text{s.t.} \quad \frac{\mathrm{d}y}{\mathrm{d}t} \equiv y' = f(t,y,u)$$

$$y(0)=A,\ y(T) \text{ 是自由的}$$

$$\text{且}\quad u(t) \in U, \text{对所有 } t \in [0,T]. \qquad (20.1)$$

(20.1)的第一行目标函数,是一个积分,被积函数 $F(t,y,u)$ 定义了在时间 t,控制变量 u 和其所决定的 t 时刻的 y,如何共同决定 t 时刻目标函数的最大值。第二行是状态变量 y 的运动方程。这一方程提供了控制变量 u 的选择可以转化为状态变量 y 特定的运动模式的机制。一般,u 和 y 之间的联系足以通过一阶微分方程 $y'=f(t,y,u)$ 来体现。但是,如果状态变量的变化模式需要一个二阶微分方程,那么我们必须把这个方程改写成两个一阶微分方程。在这种情况下,还要再加一个状态变量。被积函数 F 和运动方程都假设对于所有变量都是连续的,对于状态变量 y 和时间 t 都拥有一阶偏导数,但是对于控制变量 u 而言就不一定了。在第三行中,我们给定初始状态,$t=0$ 时 y 的值是固定值 A,但是终点值 $y(T)$ 是没有限制的。最后,第四行显示 u 可能的选择被限制在控制域 U 中。当然,也有可能 $u(t)$ 不被限制。

举例:一个简单的宏观经济模型

假设一个经济通过投入资本 K 和固定数量的劳动 L 来生产产出 Y,生产函数为

$$Y = Y(K,L),$$

此外,产出要么用于消费 C,要么用于投资 I。如果忽略折旧的可能,那么

$$I \equiv \frac{\mathrm{d}K}{\mathrm{d}t},$$

也就是说,投资是资本存量在时间上的变化。这样,我们能够把投资写成

$$I = Y - C = Y(K,L) - C = \frac{dK}{dt},$$

这给出了关于变量 K 的一阶微分方程。

如果我们的目标是在一个固定的计划期内使社会效用最大化,那么问题就变成

$$\text{Max} \int_0^T U(C)\,dt$$

$$\text{s.t.} \quad \frac{dK}{dt} = Y(K,L) - C$$

$$\text{且} \quad K(0) = K_0, \quad K(T) = K_T. \tag{20.2}$$

这里 K_0 和 K_T 分别是 K 值的初始值和最终值(目标值)。注意在(20.2)中,终点值是固定的,不像(20.1)那样是没有限制的。这里 C 是控制变量,K 是状态变量。问题是选择最优控制路径 $C(t)$,使得它对产出 Y 和资本 K 产生的影响,以及这些影响对 C 本身的反作用,这些一起使计划期间内的总体效用最大化。

庞特里亚金最大值原理

最优控制理论的关键是被称为最大值原理的一阶必要条件。[①] 最大值原理的表述方法类似于拉格朗日函数和拉格朗日乘数变量。对于最优控制问题,这些称为哈密尔顿函数和协状态变量,我们接下来要阐述这些概念。

哈密尔顿函数

在(20.1)中,有三个变量:时间 t,状态变量 y 和控制变量 u。我们现在介绍一个被称为协状态变量的新变量,用 $\lambda(t)$ 来表示。就像

[①] "最大值原理"这一术语是由庞特里亚金(L. S. Pontryagin)和其同事提出的,经常被称为庞特里亚金最大值原理。请参考 *The Mathematical Theory of Optimal Control Processes* by L. S. Pontryagin, V. G. Boltyanskii, R. V. Gamkrelidze, and E. F. Mishchenko, Interscience, New York, 1962 (由 K. N. Trirogoff 翻译)。

拉格朗日乘数一样,这个协状态变量度量状态变量的影子价格。

协状态变量通过哈密尔顿函数而进入最优控制问题。哈密尔顿函数如下定义:

$$H(t,y,u,\lambda) \equiv F(t,y,u) + \lambda(t)f(t,y,u) \quad (20.3)$$

这里 H 表示哈密尔顿函数,是四个变量:t, y, u 和 λ 的函数。

最大值原理

最大值原理——解决最优控制问题的主要工具——之所以被这样称呼是因为作为一阶必要条件,它要求我们在每个时点都选择 u 使哈密尔顿函数 H 达到最大值。

由于除了控制变量 u 以外,H 还涉及状态变量 y 和协状态变量 λ,因此最大值原理的表述也需要规定 y 和 λ 如何通过状态变量 y 的运动方程(简称状态方程)以及协状态变量 λ 的运动方程(简称协状态方程)而随着时间变化,状态方程总是作为问题本身的一部分而出现的,就像在(20.1)中第二个等式一样。但是(20.3)隐含着 $\partial H/\partial \lambda = f(t,y,u)$,最大值原理描述了状态方程

$$y' = f(t,y,u), \text{当} y' = \frac{\partial H}{\partial \lambda} \text{时}。 \quad (20.4)$$

相反,λ 并不出现在(20.1)中,它的运动方程只是作为最优化条件才出现在问题中。协状态方程是

$$\lambda' \left(\equiv \frac{d\lambda}{dt} \right) = -\frac{\partial H}{\partial y}, \quad (20.5)$$

注意两个移动方程都是根据 H 的偏导数定义的,这意味着某种对称性,但是在(20.5)中 $\partial H/\partial y$ 有个负号。

等式(20.4)和(20.5)构建了一个由两个微分方程所组成的系统。因此,我们需要两个边界条件来定义在求解过程中出现的两个任意常数。如果初始状态 $y(0)$ 和终点状态 $y(T)$ 都是固定的,那么这些设定可以用来确定常数。但是,如果像(20.1)那样,终点状态是不固定的,那么在最大值原理中必须包括所谓的横截性条件,这样才能填补边界条件缺失留下的缺口。

总结上述所言,我们可以列出问题(20.1)的最大值原理的组成

部分,具体如下:

(i) $H(t,y,u^*,\lambda) \geqslant H(t,y,u,\lambda)$, 对所有 $t \in [0,T]$,

(ii) $y' = \dfrac{\partial H}{\partial \lambda}$, (状态方程)

(iii) $\lambda' = -\dfrac{\partial H}{\partial y}$, (协状态方程)

(iv) $\lambda(T) = 0$, (横截性条件)

(20.6)

在(20.6)中的条件(i)表明控制变量的最优值 $u(t)$ 必须在每一个时刻 t 都是在所有可能选择的 $u(t)$ 中使哈密尔顿函数的值最大的。在哈密尔顿函数对 u 可微,能得到内解的情形下,那么条件 i 可以写成:

$$\dfrac{\partial H}{\partial u} = 0.$$

但是,如果控制区域是个闭集,那么边界解就有可能出现,那么 $\partial H/\partial u = 0$ 可能不成立。事实上,最大值原理并不要求哈密尔顿函数对 u 可微。

最大值原理的条件(ii)和(iii), $y' = \partial H/\partial \lambda$ 和 $\lambda' = -\partial H/\partial y$,给了我们两个运动方程,被称为给定问题的哈密尔顿系统。条件(iv), $\lambda(T) = 0$,是只适用于自由终点状态的横截性条件。

例1 为了演示最大值原理的使用,让我们首先考虑一个简单的非经济例子——找到一条从给定的 A 点到给定的一条直线的最近的路径。在图20.1中,我们已经在 ty 平面的纵轴画出点 A,并在 $t = T$ 点画出一条垂直线。图中画出三条可能的路径(有无数条路径),每一条具有不同的长度。每条路径的长度都是小路径片断的汇总,每个小路径片断都可以被看成稍微移动一下 dt 和 dy 而形成的三角形的斜边。用 dh 来表示这个斜边,由毕达哥拉斯定理,我们能够得到

$$dh^2 = dt^2 + dy^2,$$

把两边都除以 dt^2 并开方,得到

$$\dfrac{dh}{dt} = \left[1 + \left(\dfrac{dy}{dt}\right)^2\right]^{1/2} = [1 + (y')^2]^{1/2}, \qquad (20.7)$$

774 数理经济学的基本方法

路径的总长度可以由(20.7)对 t 从 $t=0$ 到 $t=T$ 求积分来计算。如果我们令 $y'=u$ 是控制变量，那么(20.7)可以写成

$$\frac{dh}{dt} = (1+u^2)^{1/2}, \qquad (20.7')$$

为了使(20.7′)的积分最小，那么就等于使(20.7′)的积分的负值最大。这样，最短路径问题就是

$$\text{Max} \int_0^T -(1+u^2)^{1/2} dt$$

$$\text{s. t.} \quad y' = u$$

且 $y(0) = A$, $y(T)$ 自由,

根据(20.3)，这个问题的哈密尔顿函数是

$$H = -(1+u^2)^{1/2} + \lambda u.$$

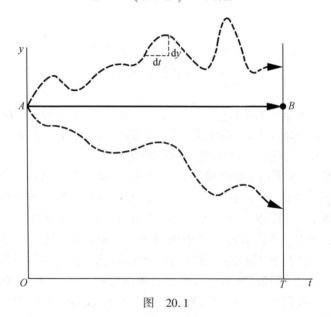

图 20.1

因为 H 对 u 是可微的，而 u 是没有约束限制的，那么下面一阶条件就可以使 H 最大化：

$$\frac{\partial H}{\partial u} = -\frac{1}{2}(1+u^2)^{-1/2}(2u) + \lambda = 0 \quad \text{或} \quad u(t) = \lambda(1-\lambda^2)^{-1/2},$$

检查二阶条件,我们可以发现

$$\frac{\partial^2 H}{\partial u^2} = -(1+u^2)^{-3/2} < 0,$$

这证明了 $u(t)$ 的解的确使哈密尔顿函数最大化了。由于 $u(t)$ 是 λ 的函数,那么我们需要对协状态变量求解。根据一阶条件,协状态变量的运动方程是

$$\lambda' = -\frac{\partial H}{\partial y} = 0,$$

因为 H 独立于 y。这样,λ 是常数。为了确定这个常数,我们需要采用横截性条件 $\lambda(T) = 0$。由于 λ 只能取一个值,现在知道是零,那么我们实际上对于所有 t,都使 $\lambda(t) = 0$。这样,我们能够得到:

$$\lambda^*(t) = 0, \text{ 所有 } t \in [0, T],$$

从而,最优控制变量值是

$$u^*(t) = \lambda^* [1 - (\lambda^*)^2]^{-1/2} = 0,$$

最后,应用状态变量的运动方程,我们得到

$$y' = u = 0 \quad \text{或} \quad y^*(t) = c_0,$$

与初始条件进行合并,得到

$$y(0) = A,$$

我们能够得出结论 $c_0 = A$,并写出

$$y^*(t) = A.$$

图 20.1 中,这条路径是线 AB。最短的路径是零斜率的直线。

例 2 找出满足下面条件的最优路径

$$\text{Max} \int_0^1 (y - u^2) \, dt$$

$$\text{s.t.} \quad y' = u$$

且 $y(0) = 5$,$y(1)$ 自由,

除了 u 是无约束的以外,这个问题与 (20.1) 的形式相同。

这个问题的哈密尔顿函数是

$$H = y - u^2 + \lambda u,$$

对于 u 是凹的,并且 u 是没有任何限制的,所以我们能通过应用一阶条件(由于 H 的凹性也是充分条件)使 H 最大化:

$$\frac{\partial H}{\partial u} = -2u + \lambda = 0.$$

从中我们得到

$$u(t) = \frac{\lambda}{2} \quad \text{或} \quad y' = \frac{\lambda}{2}, \qquad (20.8)$$

λ 的运动方程是

$$\lambda' = -\frac{\partial H}{\partial y} = -1, \qquad (20.8')$$

这个问题的最后两个等式构成了微分方程系统。

我们通过对(20.8′)直接积分,首先能够解出 λ,

$$\lambda(t) = c_1 - t, \quad (c_1 \text{ 是任给的})$$

而且,通过(20.6)中的横截性条件,我们一定有 $\lambda(1)=0$。在上面的等式中让 $t=1$,得到 $c_1=1$。这样,最优协状态变量的路径是

$$\lambda^*(t) = 1 - t,$$

因此由(20.8)得到 $y' = \frac{1}{2}(1-t)$,通过积分,得到

$$y(t) = \frac{1}{2}t - \frac{1}{4}t^2 + c_2, \quad (c_2 \text{ 是任给的})$$

通过初始条件 $y(0)=5$,我们就可以确定这个任意给定的常数。在前面的等式中让 $t=0$,我们得到 $5=y(0)=c_2$。这样,状态变量的最优路径就是

$$y^*(t) = \frac{1}{2}t - \frac{1}{4}t^2 + 5,$$

对应的最优控制路径是

$$u^*(t) = \frac{1}{2}(1-t).$$

例 3 找出满足下面条件的最优控制路径:

$$\text{Max} \int_0^2 (2y - 3u) \, dt$$

$$\text{s.t.} \quad y' = y + u$$

$$y(0) = 4, \, y(2) \text{ 自由}$$

$$\text{且} \quad u(t) \in [0, 2],$$

控制变量限制在闭集$[0,2]$中,这导致了可能的边界解。

哈密尔顿函数
$$H = 2y - 3u + \lambda(y + u) = (2 + \lambda)y + (\lambda - 3)u$$
是关于u的线性函数。如果我们在uH平面对u画出H的图形,可以得到斜率是$\partial H/\partial u = \lambda - 3$的直线。如果$\lambda > 3$,那么这个斜率就是正的(线1);如果$\lambda < 3$,那么这个斜率就是负的(线2),就是图20.2所画的那样。如果在任何时候,λ超过3,那么最大值会出现在控制域的上边界上,那样,我们必须使$u = 2$。另一方面,如果λ小于3,那么为了使H最大化,我们必须选择$u = 0$。简而言之,$u^*(t)$以如下关系依赖于$\lambda(t)$:

$$u^*(t) = \begin{Bmatrix} 2 \\ 0 \end{Bmatrix}, \quad \text{如果} \quad \lambda(t) \begin{Bmatrix} > \\ < \end{Bmatrix} 3 。 \qquad (20.9)$$

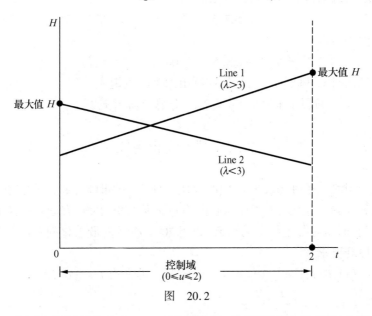

图 20.2

因此,关键是找出$\lambda(t)$。要这样做,我们需要从协状态方程中开始:
$$\lambda' = -\frac{\partial H}{\partial y} = -2 - \lambda \quad \text{或} \quad \lambda' + \lambda = -2,$$

这个方程的通解是

$$\lambda(t) = Ae^{-t} - 2, \quad [由(15.5)]$$

这里 A 是任意常数。通过横截性条件 $\lambda(T) = \lambda(2) = 0$，我们得到 $A = 2e^2$。因此，λ 的定解是

$$\lambda^*(t) = 2e^{2-t} - 2, \tag{20.10}$$

这是一个关于 t 的减函数，从初值 $\lambda^*(0) = 2e^2 - 2 = 12.778$ 一直递减到终值 $\lambda^*(2) = 2e^0 - 2 = 0$。这意味着 λ^* 必须在某个关键时点 τ 通过 $\lambda = 3$，这时最优值 u 必须从 $u^* = 2$ 变成 $u^* = 0$。

为了找出这个关键时点 τ，我们令(20.10)中的 $\lambda^*(\tau) = 3$：

$$3 = \lambda^*(\tau) = 2e^{2-\tau} - 2 \quad 或 \quad e^{2-\tau} = \frac{5}{2} = 2.5,$$

对于两边求自然对数，我们得到

$$\ln e^{2-\tau} = \ln 2.5 \quad 或 \quad 2 - \tau = \ln 2.5,$$

这样

$$\tau = 2 - \ln 2.5 = 1.084, \quad (近似值)$$

并且在时间区间 $[0,2]$，最优控制由两个阶段组成：

$$阶段 1: u^*[0,\tau] = 2, \quad 阶段 2: u^*[\tau,2] = 0.$$

20.2 其他终止条件

当终止条件与(20.1)中的终止条件不同的时候，最大值原理会是怎样的？在(20.1)中，我们面临一条垂直终止线，有固定的终止时间，但是对终止状态无约束，如图20.1所示。最大化问题的最大值原理要求：

(i) $H(t,y,u^*,\lambda) \geqslant H(t,y,u,\lambda)$，对所有 $t \in [0,T]$，

(ii) $y' = \dfrac{\partial H}{\partial \lambda}$,

(iii) $\lambda' = -\dfrac{\partial H}{\partial y}$,

横截性条件是

(iv) $\lambda(T) = 0$,

在另一种终止条件下,条件(i),(ii)和(iii)保持不变,但是条件(iv)(横截性条件)必须进行适当改变。

固定终点

如果终点是固定的,那么终止条件就是 $y(T) = y_T$,其中 T 和 y_T 都是给定的,那么终止条件自身就提供确定常数的信息。在这个例子中,不需要横截性条件。

水平终止线

假设终止状态是固定在某个给定的目标水平 y_T,但是终止时间 T 是自由的,那么我们在到达目标的进程上具有弹性,可以快一点,也可以慢一点。那么,我们就有如图 20.3(a)所示的水平终止线,这允许我们能够在 T_1, T_2 和 T_3,或者其他的时间到达目标水平 y。在这种情况下,横截性条件是对 $t = T$ 点的哈密尔顿函数(而不是协状态变量)的一个限制:

$$H_{t=T} = 0. \qquad (20.11)$$

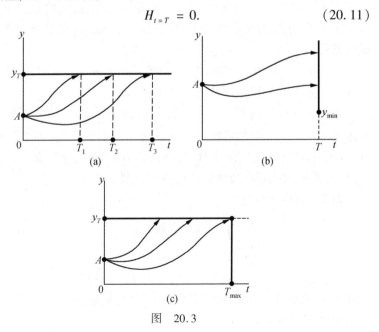

图 20.3

截短的垂直终止线

如果我们有固定的终止时间 T,终止状态是自由的,但是有限制 $y_T \geq y_{\min}$,这里 $y_{\min}$ 表示给定的最小允许水平 y,那么我们面临一个被截短的垂直终止线,就像图 20.3(b) 所画的那样。

这种情况下的横截性条件可以像库恩-塔克条件中的互补松弛条件那样表述:

$$\lambda(T) \geq 0, \quad y_T \geq y_{\min}, \quad (y_T - y_{\min})\lambda(T) = 0. \quad (20.12)$$

在实际中,解决这类方法的途径首先是让 $\lambda(T) = 0$ 作为横截性条件,并检验结果 y_T^* 是否满足约束条件 $y_T^* \geq y_{\min}$。如果是,问题就解决了。如果不是,那么把这个问题看成以 $y_{\min}$ 为终止状态的给定终点问题。

截短的水平终止线

当终止状态被固定在 y_T,并且终止时间是自由的,但是受到 $T \leq T_{\max}$ 的约束,这里 $T_{\max}$ 是到达给定的状态 y_T 的最后允许的时间(底线),那么我们面临如图 20.3(c) 所示的一个截短的水平终止线。横截性条件是:

$$H_{t=T_{\max}} \geq 0, \quad T \leq T_{\max}, \quad (T - T_{\max})H_{t=T_{\max}} = 0, \quad (20.13)$$

这又一次是以互补松弛条件的形式出现。

实际求解这种问题的方法是首先让 $H_{t=T_{\max}} = 0$。如果结果得到的解是 $T^* \leq T_{\max}$,那么问题就得到解决了。如果不是,那么我们必须把 $T_{\max}$ 看成是固定的终止时间,并根据给定的 y_T,来定义一个固定终点,进而将此问题视为固定终点问题求解。

例1 在以下问题中

$$\text{Max} \int_0^1 (y - u^2) \, dt$$
$$\text{s.t.} \quad y' = u$$
$$\text{且} \quad y(0) = 2, \quad y(1) = a,$$

尽管 $y(1)$ 被赋予一个参数而不是一个数值,但是终点还是固定的。

哈密尔顿函数

$$H = y - u^2 + \lambda u$$

对于 u 是凹的,这样我们能够令 $\partial H/\partial u = 0$ 使 H 最大化:

$$\frac{\partial H}{\partial u} = -2u + \lambda = 0,$$

因此

$$u = \frac{\lambda}{2},$$

这表明为了求解 $u(t)$,我们首先需要求解 $\lambda(t)$。

  这两个运动方程是

$$y'(=u) = \frac{\lambda}{2},$$

$$\lambda'\left(=-\frac{\partial H}{\partial y}\right) = -1,$$

对后一个等式直接积分得到

$$\lambda(t) = c_1 - t, \quad (c_1 \text{ 为任意常数})$$

这隐含着

$$y' = \frac{1}{2}c_1 - \frac{1}{2}t,$$

再次直接积分,我们得到

$$y(t) = \frac{c_1}{2}t - \frac{1}{4}t^2 + c_2, \quad (c_2 \text{ 为任意常数})$$

为了确定这两个任意常数,我们需要使用初始条件 $y(0)=2$ 和终止条件 $y(1)=a$,在前面的方程中分别令 $t=0$ 和 $t=1$,我们得到

$$2 = y(0) = c_2, \quad a = y(1) = \frac{c_1}{2} - \frac{1}{4} + c_2,$$

因此,$c_2 = 2, c_1 = 2a - \frac{7}{2}$。

从而,能够写出这个问题的最优路径:

$$y^*(t) = \left(a - \frac{7}{4}\right)t - \frac{1}{4}t^2 + 2,$$

$$\lambda^*(t) = 2a - \frac{7}{2} - t,$$

$$u^*(t) = a - \frac{7}{4} - \frac{1}{2}t.$$

例2 问题

$$\text{Max} \int_0^T -(t^2 + u^2)\,dt$$

$$\text{s.t.} \quad y' = u$$

且 $y(0) = 4$, $y(T) = 5$, T 自由

说明了水平终止线的情形,其中,终止状态是固定的,但是到达 y 的目标水平的时间是没有限制的。事实上,求解 T 的最优值是我们的工作之一。

因为哈密尔顿函数

$$H = -t^2 - u^2 + \lambda u$$

对于 u 是凹的,因此我们就可以再一次通过一阶条件来使 H 最大化:

$$\frac{\partial H}{\partial u} = -2u + \lambda = 0,$$

得到

$$u = \frac{\lambda}{2}. \tag{20.14}$$

H 的凹性使得不必要检查二阶条件,但是如果我们想这样做,那么也很容易得到 $\partial^2 H/\partial u^2 < 0$,满足 H 最大化的充分条件。

λ 的运动方程是

$$\lambda' = -\frac{\partial H}{\partial y} = 0,$$

这隐含着 λ 是一个常数。但是我们现在还不能确定其值。

y 的运动方程是

$$y' = u = \frac{\lambda}{2}, \quad [\text{由}(20.14)]$$

直接积分,我们能够得到

$$y(t) = \frac{\lambda}{2}t + c, \tag{20.15}$$

因为 $y(0) = 4$,我们可以得出 $c = 4$。此外,(20.11)中的横截性条件

要求

$$H_{t=T} = -T^2 - \frac{\lambda^2}{4} + \frac{\lambda^2}{2} = -T^2 + \frac{\lambda^2}{4} = 0, \quad [由(20.14)]$$

对 T 求解此方程,并取正的平方根,我们得到

$$T = \frac{\lambda}{2}, \tag{20.16}$$

由于 λ 是常数,T 也是常数。我们现在要去确定其具体值。

对(20.15)应用终止状态条件 $y(T) = 5$,引入 $c = 4$,我们得到

$$y(T) = \frac{\lambda}{2}T + 4 = 5,$$

根据(20.16),上述方程可以写成 $T^2 = 1$。因此,通过开方,我们能够得到如下最优到达时间

$$T^* = 1, \quad (负根不可接受)$$

据此,我们可以推导出:

$$\lambda^*(t) = 2T^* = 2, \quad [由(20.16)]$$

$$u^*(t) = \frac{\lambda}{2} = 1, \quad [由(20.14)]$$

$$y^*(t) = t + 4. \quad [由(20.15)]$$

最后的结果表明,在这个例子中,y 的最优路径是从给定初始点到水平终止线的一条直线。

练习 20.2

找出下面问题的控制变量、状态变量和协状态变量的最优路径:

1. Max $\int_0^1 (y - u^2) \, dt$

   s.t. $y' = u$

   且 $y(0) = 2, y(1)$ 自由

2. Max $\int_0^8 6y \, dt$

   s.t. $y' = y + u$

   $y(0) = 10, y(8)$ 自由

   且 $u(t) \in [0, 2]$

3. $\text{Max} \int_0^T -(au + bu^2)\,dt$

   s.t. $y' = y - u$

   且 $y(0) = y_0$, $y(t)$ 自由

4. $\text{Max} \int_0^T (-yu - u^2 - y^2)\,dt$

   s.t. $y' = u$

   且 $y(0) = y_0$, $y(t)$ 自由

5. $\text{Max} \int_0^{20} -\frac{1}{2}u^2\,dt$

   s.t. $y' = u$

   且 $y(0) = 10$, $y(20) = 0$

6. $\text{Max} \int_0^4 3y\,dt$

   s.t. $y' = y + u$

   $y(0) = 5$, $y(4) \geq 300$

   且 $0 \leq u(t) \leq 2$

7. $\text{Max} \int_0^1 -u^2\,dt$

   s.t. $y' = y + u$

   且 $y(0) = 1$, $y(1) = 0$

8. $\text{Max} \int_1^2 (y + ut - u^2)\,dt$

   s.t. $y' = u$

   且 $y(1) = 3$, $y(2) = 4$

9. $\text{Max} \int_0^2 (2y - 3u - au^2)\,dt$

   s.t. $y' = u + y$

   且 $y(0) = 5$, $y(2)$ 自由

20.3 自治问题

在一般控制问题框架中,变量 t 可以直接进入目标函数和状态方程,一般的设定如下:

$$\text{Max} \int_0^T F(t,y,u)\,dt$$
$$\text{s.t.} \quad y' = f(t,y,u)$$
$$\text{及} \quad \text{边界条件,}$$

这里 t 直接出现在 F 和 f 中意味着时间起作用了。也就是说,行动 $u(t)$ 所产生的价值不仅取决于行动水平,而且还取决于行动开展的时间。

如果 t 不出现在目标函数和状态方程中,问题如下:

$$\text{Max} \int_0^T F(y,u)\,dt$$
$$\text{s.t.} \quad y' = f(y,u)$$
$$\text{及} \quad \text{边界条件,}$$

这类问题被称为自治问题。在这类问题中,因为哈密尔顿函数

$$H = F(y,u) + \lambda f(y,u)$$

并不包括 t 作为变量,运动方程就更容易求解。并且,它们适宜于相位图分析。

在另一类例子中,即另一类自治问题中,时间 t 作为贴现因子 e^{-rt} 的一部分进入问题中,但是在其他地方不出现,因此目标函数取以下形式:

$$\int_0^T G(y,u)e^{-rt}\,dt,$$

严格地说,这类问题不是自治问题。但是,通过采用所谓的现值哈密尔顿函数可以很容易地把这个问题转化成自治问题。所谓现值哈密尔顿函数是

$$H_c \equiv H e^{rt} = G(y,u) + \mu f(y,u), \qquad (20.17)$$

其中,
$$\mu \equiv \lambda e^{rt} \qquad (20.18)$$

是现值哈密尔顿乘子。通过集中于现值(未贴现),我们能够从初始哈密尔顿函数中消去 t。

用 H_c 代替 H,我们把最大值原理修改成:

(i) $H_c(y,u^*,\mu) \geq H_c(y,u,\mu)$,对所有 $t \in [0,T]$,

(ii) $y' = \dfrac{\partial H_c}{\partial \mu}$,

$$\text{(iii)} \quad \mu' = -\frac{\partial H_c}{\partial y} + r\mu, \tag{20.19}$$

(iv) $\mu(T) = 0$ （对于垂直终止线而言）

或 $[H_c]_{t=T} = 0.$ （对于水平终止线而言）

20.4 经济应用

终生效用最大化

假设一个消费者具有效用函数 $U(C(t))$，这里 $C(t)$ 是时间 t 时的消费。消费者的效用函数是凹的，具有如下属性：

$$U' > 0, \quad U''' < 0,$$

消费者具有初始财富存量，或者说是资本 K_0，从资本中获得的收入流如下：

$$Y = rK,$$

这里 r 是市场利率。消费者用收入去购买 C。另外，消费者可以消费资本存量。任何没有消费掉的收入都作为投资加入到资本存量中，因此，

$$K' \equiv I = Y - C = rK - C.$$

消费者的终生效用最大化问题是：

$$\text{Max} \int_0^T U(C(t)) e^{-\delta t} dt$$

$$\text{s.t.} \quad K' = rK(t) - C(t)$$

$$\text{且} \quad K(0) = K_0, \quad K(T) \geq 0,$$

其中 δ 是消费者的个人时间偏好率（$\delta > 0$）。假设对于所有的 t 都有 $C(t) > 0$ 和 $K(t) > 0$。

哈密尔顿函数是

$$H = U(C(t)) e^{-\delta t} + \lambda(t)[rK(t) - C(t)]$$

其中 C 是控制变量，K 是状态变量。因为 $U(C)$ 是凹的，并且约束是对于 C 是线性的，我们知道哈密尔顿函数是凹的，并且可以简单令

$\partial H/\partial C = 0$,得出 H 的最大值。因此,我们有

$$\frac{\partial H}{\partial C} = U'(C)\mathrm{e}^{-\delta t} - \lambda = 0, \qquad (20.20)$$

$$K' = rK(t) - C(t), \qquad (20.20')$$

$$\lambda' = -\frac{\partial H}{\partial K} = -r\lambda. \qquad (20.20'')$$

(20.20)表明贴现的边际效用等于追加一个单位的资本的影子价格的现值。把(20.20)对 t 求导,我们得到

$$U''(C)C'\mathrm{e}^{-\delta t} - \delta U'(C)\mathrm{e}^{-\delta t} = \lambda', \qquad (20.21)$$

根据(20.20)和(20.20″),我们有

$$\lambda' = -r\lambda = -rU'(C)\mathrm{e}^{-\delta t},$$

把它代入(20.21)中得到

$$U''(C)C'(t)\mathrm{e}^{-\delta t} - \delta U'(C)\mathrm{e}^{-\delta t} = -rU'(C)\mathrm{e}^{-\delta t},$$

或者,在消去公共因子 $\mathrm{e}^{-\delta t}$ 后,重新整理,得到

$$\frac{-U''(C(t))}{U'(C(t))}C'(t) = r - \delta,$$

因为 $U' > 0$ 和 $U'' < 0$,所以导数 $C'(t)$ 和 $(r-\delta)$ 的符号是相同的。因此,如果 $r > \delta$,那么最优消费会随着时间的推移而增加;如果 $r < \delta$,那么最优消费会随着时间的推移而减少。

求解(20.20″)得到

$$\lambda(t) = \lambda_0 \mathrm{e}^{-rt},$$

其中 $\lambda_0 > 0$ 是积分常数。和(20.20)一起,我们可以得到

$$U'(C(t)) = \lambda \mathrm{e}^{\delta t} = \lambda_0 \mathrm{e}^{(\delta-r)t},$$

这表明如果 $r > \delta$,那么消费的边际效用将随着时间的增加而减少;但是,如果 $r < \delta$,那么消费的边际效用将随着时间的增加而增加。

因为终止条件 $K(T) \geq 0$ 表明现在问题有截短的垂直终止线,根据(20.12),其恰当的横截性条件是

$$\lambda(T) \geq 0, \quad K(T) \geq 0, \quad K(T)\lambda(T) = 0,$$

关键条件是类似于互补松弛的条件,这意味着要么在终止点资本 K 被消耗光,要么在终止点资本的影子价格 λ 等于零。由假设,$U'(C) > 0$,边际效用不能等于零。因此,资本的边际价值也不可能

等于零。这隐含着在这个模型中,在终止点资本必须被消耗光。

可耗尽的资源

让 $s(t)$ 表示一种可耗尽资源的存量,$q(t)$ 表示在任意时间 t 的消耗率,这样

$$s' = -q.$$

这种被消耗的资源产出最终产品 c:

$$c = c(q), \quad \text{其中} \quad c' > 0, c'' < 0, \tag{20.22}$$

这种消费品是代表性消费者的效用函数唯一的变量,该效用函数具有如下特征:

$$U = U(c), \quad \text{其中} \quad U' > 0, U'' < 0. \tag{20.22'}$$

消费者希望在给定的时间段 $[0, T]$ 最大化效用函数。因为 c 是 q 的函数,那么消耗率 q 就是控制变量。为了简单起见,我们忽略贴现因素。那么,这个动态问题就变成了在状态变量 $s(t)$ 非负的约束下,选择最优的消耗率使效用函数最大化,表述如下:

$$\begin{aligned} &\text{Max} \int_0^T U(c(q)) \, \mathrm{d}t \\ &\text{s.t.} \quad s' = -q \\ &\text{且} \quad s(0) = s_0, \, s(T) \geq 0, \end{aligned} \tag{20.23}$$

其中 s_0 和 T 是给定的。

这个问题的哈密尔顿函数是

$$H = U(c(q)) - \lambda q,$$

由于模型中 $U(c(q))$ 函数的设定,H 对于 q 是凹的,我们通过设定 $\partial H/\partial q = 0$ 使 H 最大化:

$$\frac{\partial H}{\partial q} = U'(c(q))c'(q) - \lambda = 0, \tag{20.24}$$

H 的凹性确保(20.24)使 H 最大化,我们能够很容易检查其二阶条件并确认 $\partial^2 H/\partial q^2$ 是负的。

最大值原理规定

$$\lambda' = -\frac{\partial H}{\partial s} = 0,$$

这隐含着
$$\lambda(t) = c_0 \text{ 为常数.} \qquad (20.25)$$

为了确定 c_0，我们引入横截性条件。因为模型设定 $K(T) \geq 0$，因此它有截短的垂直终止线，应用(20.12)得到
$$\lambda(T) \geq 0, \quad s(T) \geq 0, \quad s(T)\lambda(T) = 0,$$
在实际应用中，第一步尝试 $\lambda(T) = 0$，求解 q，看这个解是否成立。因为 $\lambda(T)$ 是常数，$\lambda(T) = 0$ 意味着对于所有 t 都有 $\lambda(t) = 0$，因此 (20.24) 中的 $\partial H/\partial q$ 简化成
$$U'(c)c'(q) = 0,$$
这(在原则上)可以求解 q。因为 t 不是 U 或者 c 的显变量，那么 q 的解的路径不随时间变化:
$$q^*(t) = q^*.$$
现在，我们来检查 q^* 是否满足约束 $s(T) \geq 0$。如果 q^* 是常数，那么其运动方程是
$$s' = -q,$$
可以直接进行积分，得到
$$s(t) = -qt + c_1, \quad [c_1 = \text{积分常数}]$$
使用初始条件 $s(0) = s_0$，得到积分常数的一个解
$$c_1 = s_0,$$
那么，最优状态路径是
$$s(t) = s_0 - q^*t. \qquad (20.26)$$

如果不指定 U 和 c 的函数形式，就不能求出 q^* 的具体数值。但是，从横截性条件中，我们能够得出结论：如果 $s(T) \geq 0$，那么推导出这个解的 q^* 是可以接受的。但是，对于给定的 q^*，如果 $s(T) < 0$，那么消耗率就太高了，我们需要去找出另一个不同的解。因为试验解 $\lambda(T) = 0$ 不成立，那么我们现在需要尝试另一个解 $\lambda(T) > 0$。即使在这个例子中，由于 (20.25)，λ 是常数。从 (20.24)(在原则上)仍然能够得到一个不同的常数解值 q_2^*，并且 (20.26) 仍然成立。但是这次，$\lambda(T) > 0$，横截性条件 (20.12) 表明 $s(T) = 0$，根据 (20.26) 得到，
$$s_0 - q_2^*T = 0,$$

这样,我们能够得到修改后的(常数)最优消耗率

$$q_2^* = \frac{s_0}{T},$$

这个新解代表一个更低的消耗率,这个消耗率不会违反 $s(T) \geqslant 0$ 的边界条件。

练习 20.4

1. Max $\int_0^T (K - \alpha K^2 - l^2) \mathrm{d}t$, $(\alpha > 0)$

   s.t. $K' = l - \delta K$, $(\delta > 0)$

   且 $K(0) = K_0$ $K(T)$ 自由

2. 求解下面可耗尽资源问题的最优消耗路径:

   Max $\int_0^T \ln(q) \mathrm{e}^{-\delta t} \mathrm{d}t$

   s.t. $s' = -q$

   且 $s(0) = s_0, s(t) \geqslant 0$

20.5 无限时间跨度

在本节中,我们介绍在无限计划期间内的动态优化问题。和前面所讲的不同,无限时间跨度模型将在横截性条件和最优时间路径上引入复杂性。这里我们不讨论这些问题,而是通过新古典最优增长模型的一个版本来介绍这类模型的方法。

新古典最优增长模型

标准的新古典生产函数将产出 Y 表示为两种投入的函数:劳动力 L 和资本 K。它的一般形式是

$$Y = Y(K, L),$$

其中 $Y(K, L)$ 是线性齐次函数,具有如下特征:

$$Y_L > 0, \quad Y_K > 0, \quad Y_{LL} < 0, \quad Y_{KK} < 0.$$

按照人均项来重新写出生产函数,得到
$$y = \phi(k), \quad \phi'(k) > 0 \quad \text{且} \quad \phi''(k) < 0,$$
这里 $y = Y/L, k = K/L$。总产出 Y 被用作消费 C 或者总投资 I。令 δ 为资本存量 K 的折旧率,那么净投资或者资本存量的变化就是
$$K' = I - \delta K = Y - C - \delta K,$$
将人均消费记作 $c \equiv C/L$,可以得到,
$$\frac{1}{L}K' = y - c - \delta k. \tag{20.27}$$
(20.27) 的右边是人均项,但是左边不是。为了统一,我们注意到
$$K' = \frac{\mathrm{d}k}{\mathrm{d}t} = \frac{\mathrm{d}}{\mathrm{d}t}(kL) = k\frac{\mathrm{d}L}{\mathrm{d}t} + L\frac{\mathrm{d}k}{\mathrm{d}t}, \tag{20.28}$$
如果人口增长率是①
$$\frac{\mathrm{d}L/\mathrm{d}t}{L} = n, \quad \text{则} \quad \frac{\mathrm{d}L}{\mathrm{d}t} = nL,$$
那么 (20.28) 就变成
$$K' = knL + Lk' \quad \text{或} \quad \frac{1}{L}K' = kn + k',$$
把它代入 (20.27) 中,并把后者整个变成人均项的函数,得到
$$k' = y - c - (n + \delta)k = \phi(k) - c - (n + \delta)k. \tag{20.27'}$$
令 $U(c)$ 是社会福利函数(也是以人均项表述),其中
$$U'(c) > 0 \quad \text{且} \quad U''(c) < 0,$$
为了消除角解的出现,我们假设
$$U'(c) \to \infty, \quad \text{当} \quad c \to 0,$$
$$U'(c) \to 0, \quad \text{当} \quad c \to \infty,$$
如果 ρ 代表社会贴现率,并且将最初的人口标准化为 1,那么目标函数能表述成
$$V = \int_0^\infty U(c)\mathrm{e}^{-\rho t}L_0\mathrm{e}^{nt}\mathrm{d}t = \int_0^\infty U(c)\mathrm{e}^{-(\rho-n)t}\mathrm{d}t$$
$$= \int_0^\infty U(c)\mathrm{e}^{-rt}\mathrm{d}t, \quad \text{其中} \quad r = \rho - n$$

---

① 在这个模型中,我们假设劳动力和人口是一回事。

在新古典最优增长模型的这一版本中,效用是通过人口来加权的,而人口以速度 n 持续增加。但是,如果 $r = \rho - n > 0$,那么模型在数学上与没有人口权重但是有一个正的贴现率 r 是一样的。

最优增长问题现在可以表述成

$$\text{Max} \int_0^\infty U(c) e^{-rt} dt$$
$$\text{s.t.} \quad k' = \phi(k) - c - (n+\delta)k \tag{20.29}$$
$$k(0) = k_0$$
$$\text{且} \quad 0 \leq c(t) \leq \phi(k),$$

其中 k 是状态变量,c 是控制变量。

这个问题的哈密尔顿函数是

$$H = U(c)e^{-rt} + \lambda[\phi(k) - c - (n+\delta)k],$$

因为 H 对 c 是凹的,那么 H 的最大值对应于控制域 $[0 < c < f(k)]$ 中的一个内解,因此我们能够由下式找出 H 的最大值:

$$\frac{\partial H}{\partial c} = U'(c)e^{-rt} - \lambda = 0$$
$$\text{或} \quad U'(c) = \lambda e^{rt}. \tag{20.30}$$

(20.30) 的经济解释是,沿着这个最优路径,人均消费的边际效用等于资本的影子价格 (λ) 乘以 e^{rt}。检查其二阶条件,我们得到

$$\frac{\partial^2 H}{\partial c^2} = U''(c)e^{-rt} < 0,$$

因此,哈密尔顿函数被最大化。

根据最大值原理,我们有两个运动方程:

$$k' = \frac{\partial H}{\partial \lambda} = \phi(k) - c - (n+\delta)k$$

和

$$\lambda' = -\frac{\partial H}{\partial k} = -\lambda[\phi'(k) - (n+\delta)],$$

这两个运动方程和 $U'(c) = \lambda e^{rt}$ 合在一起,在原则上就定义了 c, k 和 λ 的解。但是,在现在这种一般的水平,我们只能从定性的角度理解这个模型。任何更多的理解都需要效用函数和生产函数的特定形式。

现值哈密尔顿函数

由于上述模型是自治问题的一个例子(t 不是效用函数或者状态函数的变量,只是出现在贴现率中),因此我们可以用现值哈密尔顿函数

$$H_c = He^{rt} = U(c) + \mu[\phi(k) - c - (n+\delta)k], \quad [见(20.17)]$$

其中 $\mu = \lambda e^{rt}$。

根据最大值原理,得到

$$\frac{\partial H_c}{\partial c} = U'(c) - \mu = 0 \quad 或 \quad \mu = U'(c), \quad (20.31)$$

$$k' = \frac{\partial H_c}{\partial \mu} = \phi(k) - c - (n+\delta)k, \quad (20.31')$$

$$\mu' = -\frac{\partial H_c}{\partial k} + r\mu = -\mu[\phi'(k) - (n+\delta)] + r\mu$$

$$= -\mu[\phi'(k) - (n+\delta+r)], \quad (20.31'')$$

等式(20.31′)和等式(20.31″)组成了自治微分方程系统。这就使得通过相位图进行定性分析成为可能。

构建相位图

微分方程(20.31′)和(20.31″)的变量是 k 和 μ。因为(20.31)涉及一个关于 c 的函数,即 $U'(c)$,而不是 c 自身。在 kc 空间构建相位图比在 $k\mu$ 空间构筑相位图更加容易。要构建这样的相位图,我们首先要消去 μ。因为 $\mu = U'(c)$,通过(20.31),将它对 t 求导数,得到

$$\mu' = U''(c)c',$$

把 μ 和 μ' 的表达式代入(20.31″)中,得到

$$c' = -\frac{U'(c)}{U''(c)}[\phi'(k) - (n+\delta+r)],$$

这是一个关于 c 的微分方程。我们现在得到自治微分方程系统

$$k' = \phi(k) - c - (n+\delta)k, \quad (20.31')$$

$$c' = -\frac{U'(c)}{U''(c)}[\phi'(k) - (n+\delta+r)], \quad (20.32)$$

为了在 kc 空间构建相位图,我们首先需要画出 $k'=0$ 和 $c'=0$ 曲线,这些曲线由如下方程定义:

$$c = \phi(k) - (n+\delta)k, \quad (k'=0) \qquad (20.33)$$

$$\text{和} \quad \phi'(k) = n + \delta + r, \quad (c'=0), \qquad (20.34)$$

这两条曲线如图 20.4 所示。$k'=0$ 曲线的方程(20.33)与索洛增长模型的基本方程(15.30)的结构相同。因此,$k'=0$ 曲线与图 15.5(b) 中的曲线具有类似的形状。另一方面,$c'=0$ 曲线是一条垂直线,因为给定模型的设定 $\phi'(k) > 0$ 和 $\phi''(k) < 0$,$\phi(k)$ 是一条向上倾斜的凹曲线,在曲线的每一个点都有不同的斜率,因此只有一个独一无二的 k 值可以满足(20.34)。上述两条曲线的交点 E 确定了 k 和 c 的跨期均衡值,因为在点 E,k 和 c 都不会随着时间的变化而变化,导致一个稳定状态。我们可以用 $\bar{k}$ 和 $\bar{c}$ 来代表均衡值,但是我们采用 k^* 和 c^* 来表示,因为它们也代表最优增长的均衡值。

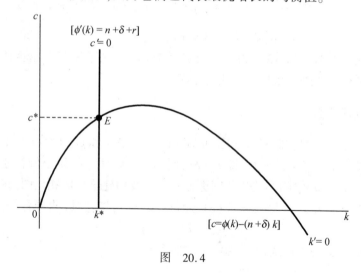

图 20.4

分析相位图

图 20.4 中的交点 E 给了我们一个独一无二的稳定状态。但是,如果我们的初始位置在点 E 以外的其他点,那么又会出现哪种情况呢?回到(20.31′)和(20.32)的一阶微分方程系统,我们能够推出

结论:

$$\frac{\partial k'}{\partial c} = -1 < 0 \quad \text{和} \quad \frac{\partial c'}{\partial k} = -\frac{U'(c)}{U''(c)}\phi''(k) < 0,$$

因为 $\partial k'/\partial c < 0$,所以所有低于 $k'=0$ 线的点都以 $k'>0$ 为特征;同样,所有高于 $k'=0$ 线的点都以 $k'<0$ 为特征。类似地,因为 $\partial c'/\partial k < 0$,所有在 $c'=0$ 线左侧的点都以 $c'>0$ 为特征,而在其右侧的点都以 $c'<0$ 为特征。因此,$k'=0$ 线和 $c'=0$ 线把相空间分成四个部分,每一个部分都有其各自成对的 c' 和 k'符号。这些都通过直角箭头反映在图 20.5 中。

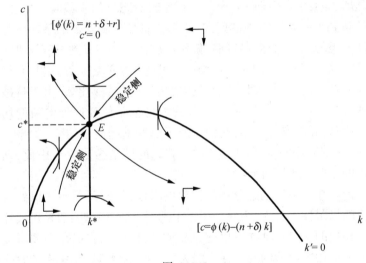

图 20.5

在每个区域中的直角箭头下的流线告诉我们点 E 的稳定状态是个鞍点。如果我们的初始点位于鞍点的两个稳定枝的一个之上,那么系统的动态就会引导我们到点 E。但是,对任何不处于稳定枝的初始点,那么动态系统就会让它要么围绕点 E 转动而永远不能达到点 E,要么让它稳定地远离点 E。如果我们遵循后一种情况的流线运动,那么我们最终(当 $t\to\infty$)要么得到 $k=0$(资本耗尽),要么得到 $c=0$(人均消费等于零)。这两者在经济上都是不可接受的。这样,唯一可行的选择就是选择一对 (k,c),使我们的经济体处于一条稳定枝上，即一条"黄金路"，这将把我们引导到 E 点的稳定状态。我们还没有明确考虑横截性条件，但是如果我们考虑，那么这将指引我们到点 E，在那里人均消费将维持在一个固定的水平。

20.6 动态分析的局限性

本书第二篇所介绍的静态分析仅讨论这样的问题：在模型给定的条件下，如何确定均衡的位置？主要的问题是：如果达到均衡，那么什么值是变量恒久不变的均衡值呢？但均衡位置的可达到性被视为理所当然的。当我们进入第三篇比较静态学的领域时，关注的中心转移到另一个更有趣的问题：均衡位置如何随参数的某些变化而移动？但均衡的可达到性问题依然被撇在一边。直到第五篇进入动态分析的王国时，我们才正视均衡的可达到性问题。在这里，我们具体地问这样的问题：如果我们最初偏离均衡位置（比如，由于打破均衡的参数的新变化），模型中的各种力量会驱使我们走向新的均衡吗？而且，在动态分析中，我们还能了解变量趋向于均衡（如果它存在的话）的路径的特征（是稳定的、波动的还是振荡的），因此，动态分析的重要性是不言而喻的。

但是在结束对动态分析的讨论的时候，我们还需要认识到动态分析的局限性。首先，为使分析易于把握，动态模型一般是按线性方程来构建的。尽管这样可以获得简洁性，但线性假定在许多情况下会极大地损害模型的现实性。因为与线性模型有密切关系的时间路径并不总是近似于对应的非线性模型的时间路径，正如我们在 17.6 节中价格上限的例子中所看到的那样，所以，在解释和应用线性动态模型的结果时，必须保持足够的谨慎。但在这方面，定性图示法可能会发挥更大的作用，因为这种方法可在非常一般的条件下把非线性纳入模型，却没有使分析增加更多的复杂性。

动态经济模型另一个常见的缺点是在微分或差分方程中使用常系数。由于系数的主要作用是设定模型的参数，所以，系数的不变性（这也是为了数学上的可处理性）实质上是"冻结了"所研究问题的经济环境。换言之，这意味着模型的内生调整是在某种经济真空中进行研究的,以致不允许外生因素干扰。当然,在某些情况下,这一问题并不十分严重,因为许多经济参数确实在较长的时期内相对稳定。在另一些情况下,我们可以进行比较动态分析,以考察变量的时间路径如何被某些参数的变化所影响。然而,在解释趋向于遥远未来的时间路径时,如果模型进行了简化的常系数假设,那么,我们一定要非常谨慎,对时间路径在更远的时期中的有效性不能过于自信。

当然,读者应当认识到,我们这里指出动态分析的局限性,绝不是为了贬低动态分析。事实上,大家还记得,对于迄今所介绍的每一种分析方法,我们都介绍了其局限性的一面。因此,只要动态分析能够被恰当地解释和适当地应用(同其他类型的分析一样),那么,它就能在研究经济现象中发挥重要作用。特别地,在本章中,动态分析技术使我们能够将对优化问题的研究延伸到动态优化领域,在这里,我们所寻求的解不再是一个静止的最优状态,而是一条完整的最优时间路径。

附录 I 希腊字母

A	α	alpha
B	β	beta
Γ	γ	gamma
Δ	δ	delta
E	ε	epsilon
Z	ζ	zeta
H	η	eta
Θ	θ	theta
I	ι	iota
K	κ	kappa
Λ	λ	lambda
M	μ	mu
N	ν	nu
Ξ	ξ	xi
O	o	omicron
Π	π	pi
P	ρ	rho
Σ	σ	sigma
T	τ	tau
Υ	υ	upsilon
Φ	ϕ(或 φ)	phi
X	χ	chi
Ψ	ψ	psi
Ω	ω	omega

附录 II 数学符号

1. 集合

$a \in S$	a 是集合 S 中的元素（属于 S）
$b \notin S$	b 不是集合 S 中的元素（不属于 S）
$S \subset T$	集合 S 是集合 T 的子集（包含于 T）
$T \supset S$	集合 T 包括集合 S
$A \cup B$	集合 A 与集合 B 的并集
$A \cap B$	集合 A 与集合 B 的交集
$\tilde{S}$	集合 S 的补集
$\{\}$ 或 ϕ	零集（空集）
$\{a,b,c\}$	具有元素 a、b、c 的集合
$\{x \mid x$ 具有性质 $P\}$	具有性质 P 的所有个体的集合
$\min\{a,b,c\}$	特定集合的最小元素
R	所有实数的集合
R^2	2 维实空间
R^n	n 维实空间
(x,y)	有序偶
(x,y,z)	有序三元组
(a,b)	从 a 到 b 的开区间
$[a,b]$	从 a 到 b 的闭区间

2. 矩阵与行列式

A' 或 A^T	矩阵 A 的转置
A^{-1}	矩阵 A 的逆
$\mid A \mid$	矩阵 A 的行列式
$\mid J \mid$	雅可比行列式

$\lvert H \rvert$	海塞行列式
$\lvert \bar{H} \rvert$	海塞加边行列式
$r(A)$	矩阵 A 的秩
$\operatorname{tr}(A)$	矩阵 A 的迹
0	零矩阵
$u \cdot v$	向量 u 和 v 的内积(点积)
$u'v$	两个向量的标量积

3. 微积分

已知 $y = f(x)$ 为单变量 x 的函数：

$\lim\limits_{x \to \infty} f(x)$	当 x 趋于无穷时，$f(x)$ 的极限
$\mathrm{d}y$	y 的一阶微分
$\mathrm{d}^2 y$	y 的二阶微分
$\dfrac{\mathrm{d}y}{\mathrm{d}x}$ 或 $f'(x)$	函数 $y = f(x)$ 的一阶导数
$\left. \dfrac{\mathrm{d}y}{\mathrm{d}x} \right\rvert_{x = x_0}$ 或 $f'(x_0)$	在 $x = x_0$ 处的一阶导数
$\dfrac{\mathrm{d}^2 y}{\mathrm{d}x^2}$ 或 $f''(x)$	$y = f(x)$ 的二阶导数
$\dfrac{\mathrm{d}^n y}{\mathrm{d}x^n}$ 或 $f^{(n)}(x)$	$y = f(x)$ 的 n 阶导数
$\int f(x) \, \mathrm{d}x$	$f(x)$ 的不定积分
$\int_a^b f(x) \, \mathrm{d}x$	$f(x)$ 从 $x = a$ 到 $x = b$ 的定积分

已知 $y = f(x_1, x_2, \cdots, x_n)$：

$\dfrac{\partial y}{\partial x_i}$ 或 f_i	f 对 x_i 的偏导数
$\nabla f \equiv \operatorname{grad} f$	f 的梯度
$\dfrac{\mathrm{d}y}{\mathrm{d}x_i}$	f 对 x_i 的全导数
$\dfrac{\S y}{\S x_i}$	f 对 x_i 的偏全导数

4. 微分方程与差分方程

$\dot{y} \equiv \dfrac{\mathrm{d}y}{\mathrm{d}t}$ y 对时间的导数

Δy_t y_t 的一阶差分

$\Delta^2 y_t$ y_t 的二阶差分

y_p 特别积分

y_c 余函数

5. 其他符号

$\sum_{i=1}^{n} x_i$ 当 i 由 1 至 n 时，x_i 的和

$p \Rightarrow q$ 仅当 q，则 p（p 意味着 q）

$p \Leftarrow q$ 若 q，则 p（q 意味着 p）

$p \Leftrightarrow q$ 当且仅当 q，则 p

iff   当且仅当

$|m|$ m 的绝对值

$n!$ n 的阶乘 $\equiv n(n-1)(n-2)\cdots(3)(2)(1)$

$\log_b x$ 以 b 为底 x 的对数

$\log_e x$ 或 $\ln x$ x 的自然对数（以 e 为底）

e   自然对数和自然指数函数的底

$\sin\theta$ θ 的正弦函数

$\cos\theta$ θ 的余弦函数

R_n 包含 n 次多项式的泰勒级数的余项

附录Ⅲ 主要参考文献

Abadie, J. (ed.): *Nonlinear Programming*, North-Holland Publishing Company, Amsterdam, 1967. (A collection of papers on certain theoretical and computational aspects of nonlinear programming; Chapter 2, by Abadie, deals with the Kuhn-Tucker theorem in relation to the constraint qualification.)

Allen, R. G. D.: *Mathematical Analysis for Economists*, Macmillan & Co., Ltd., London, 1938. (A clear exposition of differential and integral calculus; determinants are discussed, but not matrices; no set theory, and no mathematical programming.)

―――: *Mathematical Economics*, 2d ed., St. Martin's Press, Inc., New York, 1959. (Discusses a legion of mathematical economic models; explains linear differential and difference equations and matrix algebra.)

Almon, C.: *Matrix Methods in Economics*, Addison-Wesley Publishing Company, Inc., Reading, Mass., 1967. (Matrix methods are discussed in relation to linear-equation systems, input-output models, linear programming, and nonlinear programming. Characteristic roots and characteristic vectors are also covered.)

Baldani, J., J. Bradfield, and R. Turner: *Mathematical Economics*, The Dryden Press, Orlando, 1996.

Baumol, W. J.: *Economic Dynamics: An Introduction*, 3d ed., The Macmillan Company, New York, 1970. (Part IV gives a lucid explanation of simple difference equations; Part V treats simultaneous difference equations; differential equations are only briefly discussed.)

Braun, M.: *Differential Equations and Their Applications: An Introduc-*

tion to Applied Mathematics, 4th ed., Springer-Verlag, Inc., New York, 1993. (Contains interesting applications of differential equations, such as the detection of art forgeries, the spread of epidemics, the arms race, and the disposal of nuclear waste.)

Burmeister, E., and A. R. Dobell: *Mathematical Theories of Economic Growth*, The Macmillan Company, New York, 1970. (A thorough exposition of growth models of varying degrees of complexity.)

Chiang, Alpha C.: *Elements of Dynamic Optimization*, McGraw-Hill Book Company, 1992, now published by Waveland Press, Inc., Prospect Heights, Ill.

Clark, Colin W.: *Mathematical Bioeconomics: The Optimal Management of Renewable Resources*, 2nd ed., John Wiley & Sons, Inc., Toronto, 1990. (A thorough explanation of optimal control theory and its use in both renewable and nonrenewable resources.)

Coddington, E. A., and N. Levinson: *Theory of Ordinary Differential Equations*, McGraw-Hill Book Company, New York, 1955. (A basic mathematical text on differential equations.)

Courant, R.: *Differential and Integral Calculus* (trans. E. J. McShane), Interscience Publishers, Inc., New York, vol. I, 2d ed., 1937, vol. II, 1936. (A classic treatise on calculus.)

_____, and F. John: *Introduction to Calculus and Analysis*, Interscience Publishers, Inc., New York, vol. I, 1965, vol. II, 1974. (An updated version of the preceding title.)

Dorfman, R., P. A. Samuelson, and R. M. Solow: *Linear Programming and Economic Analysis*, McGraw-Hill Book Company, New York, 1958. (A detailed treatment of linear programming, game theory, and input-output analysis.)

Franklin, J.: *Methods of Mathematical Economics: Linear and Nonlinear Programming, Fixed-Point Theorems*, Springer-Verlag, Inc., New York, 1980. (A delightful presentation of mathematical programming.)

Frisch, R.: *Maxima and Minima: Theory and Economic Applications* (in collaboration with A. Nataf), Rand McNally & Company, Chicago, Ill., 1966. (A thorough treatment of extremum problems, done primarily in the classical tradition.)

Goldberg, S.: *Introduction to Difference Equations*, John Wiley & Sons, Inc., New York, 1958. (With economic applications.)

Hadley, G.: *Linear Algebra*, Addison-Wesley Publishing Company, Inc., Reading, Mass., 1961. (Covers matrices, determinants, convex sets, etc.)

―――――:*Linear Programming*, Addison-Wesley Publishing Company, Inc., Reading, Mass., 1962. (A clearly written, mathematically oriented exposition.)

―――――: *Nonlinear and Dynamic Programming*, Addison-Wesley Publishing Company, Inc., Reading, Mass., 1964. (Covers nonlinear programming, stochastic programming, integer programming, and dynamic programming; computational aspects are emphasized.)

Halmos, P. R.: *Naive Set Theory*, D. Van Nostrand Company, Inc., Princeton, N. J., 1960. (An informal and hence readable introduction to the basics of set theory.)

Hands, D. Wade: *Introductory Mathematical Economics*, 2nd ed., Oxford University Press, New York, 2004.

Henderson, J. M., and R. E. Quandt: *Microeconomic Theory: A Mathematical Approach*, 3d ed., McGraw-Hill Book Company, New York, 1980. (A comprehensive mathematical treatment of microeconomic topics.)

Hoy, M., J. Livernois, C. McKenna, R. Rees, and T. Stengos: *Mathematics for Economics*, 2nd ed., The MIT Press, Cambridge, Mass. 2001.

Intriligator, M. D.: *Mathematical Optimization and Economic Theory*, Prentice Hall, Inc., Englewood Cliffs, N. J., 1971. (A thorough discussion of optimization methods, including the classical techniques, linear and nonlinear programming, and dynamic optimization; also applications to the theories of the consumer and the firm, general equilibrium and welfare economics, and theories of growth.)

Kemeny, J. G., J. L. Snell, and G. L. Thompson: *Introduction to Finite Mathematics*, 3d ed., Prentice Hall, Inc., Englewood Cliffs, N. J., 1974. (Covers such topics as sets, matrices, probability, and linear programming.)

Klein, Michael W.: *Mathematical Methods for Economics*, 2nd ed., Addison-Wesley Publishing Company, Inc., Reading, Mass. 2002.

Koo, D.: *Elements of Optimization: With Applications in Economics and Business*, Springer-Verlag, Inc., New York, 1977. (Clear discussion of classical optimization methods, mathematical programming as well as optimal control theory.)

Koopmans, T C. (ed.): *Activity Analysis of Production and Allocation*, John Wiley & Sons, Inc., New York, 1951, reprinted by Yale University Press, 1972. (Contains a number of important papers on linear programming and activity analysis.)

————: *Three Essays on the State of Economic Science*, McGraw-Hill Book Company, New York, 1957. (The first essay contains a good exposition of convex sets; the third essay discusses the interaction of *tools* and *problems* in economics.)

Lambert, Peter J., *Advanced Mathematics for Economists: Static and Dynamic Optimization*, Blackwell Publishers, New York, 1985.

Leontief, W. W.: *The Structure of American Economy*, 1919 – 1939, 2d ed., Oxford University Press, Fair Lawn, N. J., 1951. (The pioneering work in input-output analysis.)

Samuelson, P. A.: *Foundations of Economic Analysis*, Harvard University Press, Cambridge, Mass., 1947. (A classic in mathematical economics, but very difficult to read.)

Silberberg, Eugene, and Wing Suen: *The Structure of Economics: A Mathematical Analysis*, 3rd ed., McGraw-Hill Book Company, New

York, 2001. (Primarily a microeconomic focus, this book has a strong discussion of the envelope theorem and a wide variety of applications.)

Sydsæter, Knut, and Peter Hammond: *Essential Mathematics for Economic Analysis*, Prentice Hall, Inc., London, 2002.

Takayama, A.: *Mathematical Economics*, 2nd ed., The Dryden Press, Hinsdale, Ill., 1985. (Gives a comprehensive treatment of economic theory in mathematical terms, with concentration on two specific topics: competitive equilibrium and economic growth.)

Thomas, G. B., and R. L. Finney: *Calculus and Analytic Geometry*, 9th ed., Addison-Wesley Publishing Company, Inc., Reading, Mass., 1996. (A clearly written introduction to calculus.)

附录 IV　部分习题答案

练习 2.3

1 (a) $\{x \mid x > 34\}$

3 (a) $\{2,4,6,7\}$　(c) $\{2,6\}$　(e) $\{2\}$

8 具有 16 个子集

9 提示：区分符号 $\notin$ 和 $\not\subset$。

练习 2.4

1 (a) $\{(3,a),(3,b),(6,a),(6,b),(9,a),(9,b)\}$

3 否。

5 值域 $= \{y \mid 8 \leqslant y \leqslant 32\}$

练习 2.5

2 (a)和(b)的斜率符号不同；(a)与(c)的截距不同。

4 允许出现负值时，还需使用第Ⅲ象限。

5 (a) x^{19}

6 (a) x^6

练习 3.2

1 $P^* = 2\dfrac{3}{11}$, 和 $Q^* = 14\dfrac{2}{11}$

3 注：在 2(a)中，$c = 10$(不是6)。

5 提示：$b + d = 0$ 意味着 $d = -b$。

练习 3.3

1 (a) $x_1^* = 5$, 和 $x_2^* = 3$

3 (a) $(x-6)(x+1)(x-3)=0$, 或 $x^3-8x^2+9x+18=0$

5 (a) $-1, 2$ 和 3 (c) $-1, \dfrac{1}{2}$ 和 $-\dfrac{1}{4}$

练习 3.4

3 $P_1^* = 3\dfrac{6}{17}$ $P_2^* = 3\dfrac{8}{17}$ $Q_1^* = 11\dfrac{7}{17}$ $Q_2^* = 8\dfrac{7}{17}$

练习 3.5

1 (b) $Y^* = (a - bd + I_0 + G_0)/[1 - b(1-t)]$

$T^* = [d(1-b) + t(a + I_0 + G_0)]/[1 - b(1-t)]$

$C^* = [a - bd + b(1-t)(I_0 + G_0)]/[1 - b(1-t)]$

3 提示：在把后两个方程代入第一个方程后，将所得到的方程视为变量 $w = Y^{\frac{1}{2}}$ 的二次方程。只有一个根 $w_1^* = 11$ 是可接受的，它给出 $Y^* = 121$ 和 $C^* = 91$。另一个根会导致负的 C^*。

练习 4.1

1 常数列向量的元素为：$0, a, -c$。

练习 4.2

1 (a) $\begin{bmatrix} 7 & 3 \\ 9 & 7 \end{bmatrix}$ (c) $\begin{bmatrix} 21 & -3 \\ 18 & 27 \end{bmatrix}$

3 在此特定情况下，AB 恰好等于 $BA = \begin{bmatrix} 1 & 0 & 0 \\ 0 & 1 & 0 \\ 0 & 0 & 1 \end{bmatrix}$。

4 (b) $\begin{bmatrix} 49 & 3 \\ 4 & 3 \end{bmatrix}_{(2\times 2)}$ (c) $\begin{bmatrix} 3x + 5y \\ 4x + 2y - 7z \end{bmatrix}_{(2\times 1)}$

5 (a) $x_2 + x_3 + x_4 + x_5$ (c) $b(x_1 + x_2 + x_3 + x_4)$

6 (b) $\sum_{i=2}^{4} a_i(x_{i+1} + i)$ (d) 提示：$x^0 = 1$ 对于 $x \neq 0$

练习 4.3

1 (a) $uv' = \begin{bmatrix} 15 & 5 & -5 \\ 3 & 1 & -1 \\ 9 & 3 & -3 \end{bmatrix}$ (c) $xx' = \begin{bmatrix} x_1^2 & x_1x_2 & x_1x_3 \\ x_2x_1 & x_2^2 & x_2x_3 \\ x_3x_1 & x_3x_2 & x_3^2 \end{bmatrix}$

(e) $u'v = 13$ (g) $u'u = 35$

3 (a) $\sum_{i=1}^{n} P_i Q_i$ (b) $P \cdot Q$ 或 $P'Q$ 或 $Q'P$

5 (a) $2v = \begin{bmatrix} 0 \\ 6 \end{bmatrix}$ (c) $u - v = \begin{bmatrix} 5 \\ -2 \end{bmatrix}$

7 (a) $d = \sqrt{27}$

9 (c) $d(v, 0) = (v \cdot v)^{1/2}$

练习 4.4

1 (a) $\begin{bmatrix} 5 & 17 \\ 11 & 17 \end{bmatrix}$

2 否；应当为 $A - B = -B + A$。

4 (a) $k(A + B) = k[a_{ij} + b_{ij}] = [ka_{ij} + kb_{ij}] = [ka_{ij}] + [kb_{ij}] = k[a_{ij}] + k[b_{ij}] = kA + kB$ （你可以验证每一步骤吗？）

练习 4.5

1 (a) $AI_3 = \begin{bmatrix} -1 & 5 & 7 \\ 0 & -2 & 4 \end{bmatrix}$ (c) $I_2 x = \begin{bmatrix} x_1 \\ x_2 \end{bmatrix}$

3 (a) 5×3 (c) 2×1

4 提示：自乘已知对角阵，并检验所得积矩阵的幂等条件。

练习 4.6

1 $A' = \begin{bmatrix} 0 & -1 \\ 4 & 3 \end{bmatrix}$ 和 $B' = \begin{bmatrix} 3 & 0 \\ -8 & 1 \end{bmatrix}$

3 提示：定义 $D \equiv AB$，并应用(4.11)。

5 提示：定义 $D \equiv AB$，并应用(4.14)。

练习 5.1

1 (a) (5.2)　　(c) (5.3)　　(e) (5.3)

3 (a) 是的。　　(d) 否。

5 (a) $r(A) = 3, A$ 为非奇异矩阵。　(b) $r(B) = 2, B$ 为奇异矩阵。

练习 5.2

1 (a) -6　　(c) 0　　(e) $3abc - a^3 - b^3 - c^3$

3 $|M_b| = \begin{vmatrix} d & f \\ g & i \end{vmatrix}$　　$|C_b| = -\begin{vmatrix} d & f \\ g & i \end{vmatrix}$

4 (a) 提示：按第 3 列展开。

5 $20(不是 -20)$

练习 5.3

3 (a) 性质 IV。　(b) 性质 III(两行均应用)。

4 (a) 奇异的。　(c) 奇异的。

5 (a) 秩 <3　(c) 秩 <3

7 A 是非奇异矩阵，因为 $|A| = 1 - b \neq 0$。

练习 5.4

1 $\sum_{i=1}^{4} a_{i3} |C_{i2}|$　　$\sum_{j=1}^{4} a_{2j} |C_{4j}|$

3 (a) 互换 A 的两个对角元素；以 -1 乘 A 的两个非对角元素。

(b) 用 $|A|$ 除。

4 (a) $E^{-1} = \dfrac{1}{20} \begin{bmatrix} 3 & 2 & -3 \\ -7 & 2 & 7 \\ -6 & -4 & 26 \end{bmatrix}$　(c) $G^{-1} = \begin{bmatrix} 1 & 0 & 0 \\ 0 & 0 & 1 \\ 0 & 1 & 0 \end{bmatrix}$

练习 5.5

1 (a) $x_1^* = 4, x_2^* = 3$ (c) $x_1^* = 2, x_2^* = 1$

2 (a) $A^{-1} = \dfrac{1}{7}\begin{bmatrix} 1 & 2 \\ -2 & 3 \end{bmatrix}; x^* = \begin{bmatrix} 4 \\ 3 \end{bmatrix}$

  (c) $A^{-1} = \dfrac{1}{15}\begin{bmatrix} 1 & 7 \\ -1 & 8 \end{bmatrix}; x^* = \begin{bmatrix} 2 \\ 1 \end{bmatrix}$

3 (a) $x_1^* = 2, x_2^* = 0, x_3^* = 1$, (c) $x^* = 0, y^* = 3, z^* = 4$

4 提示：应用(5.8)和(5.13)。

练习 5.6

1 (a) $A^{-1} = \dfrac{1}{1-b+bt}\begin{bmatrix} 1 & 1 & -b \\ b(1-t) & 1 & -b \\ t & t & 1-b \end{bmatrix}$

$\begin{bmatrix} Y^* \\ C^* \\ T^* \end{bmatrix} = \dfrac{1}{1-b+bt}\begin{bmatrix} I_0 + G_0 + a - bd \\ b(1-t)(I_0+G_0) + a - bd \\ t(I_0+G_0) + at + d(1-b) \end{bmatrix}$

  (b) $|A| = 1 - b + bt$
  $|A_1| = I_0 + G_0 - bd + a$
  $|A_2| = a - bd + b(1-t)(I_0+G_0)$
  $|A_3| = d(1-b) + t(a + I_0 + G_0)$

练习 5.7

1 $x_1^* = 69.53, x_2^* = 57.03, x_3^* = 42.58$

3 (a) $A = \begin{bmatrix} 0.10 & 0.50 \\ 0.60 & 0 \end{bmatrix}$; 矩阵方程为 $\begin{bmatrix} 0.90 & -0.50 \\ -0.60 & 1.00 \end{bmatrix}\begin{bmatrix} x_1 \\ x_2 \end{bmatrix} = \begin{bmatrix} 1\,000 \\ 2\,000 \end{bmatrix}$。

  (b) $x_1^* = 3\,333\dfrac{1}{3}, x_2^* = 4\,000$

4 元素 0.33：生产 1 美元的商品 I 需要 33 美分的商品 II 作为投入。

练习 6.2

1 (a) $\Delta y/\Delta x = 8x + 4\Delta x$　(b) $dy/dx = 8x$　(c) $f'(3) = 24$, $f'(4) = 32$

3 (a) $\Delta y/\Delta x = 5$；一个常值函数

练习 6.4

1 左极限 = 右极限 = 15；极限值为 15。

3 (a) 5　(b) 5

练习 6.5

1 (a) $-3/4 < x$　(c) $x < 1/2$

3 (a) $-7 < x < 5$　(c) $-4 \leqslant x \leqslant 1$

练习 6.6

1 (a) 7　(c) 17

3 (a) $2\frac{1}{2}$　(c) 2

练习 6.7

2 (a) $N^2 - 5N - 2$　(b) 是的。　(c) 是的。

3 (a) $(N+2)/(N^2+2)$　(b) 是的。　(c) 定义域内连续。

6 是的，每个函数是连续、平滑的。

练习 7.1

1 (a) $dy/dx = 12x^{11}$　(c) $dy/dx = 35x^4$　(e) $dw/du = -2u^{-1/2}$

3 (a) $f'(x) = 18$；$f'(1) = f'(2) = 18$　(c) $f'(x) = 10x^{-3}$；$f'(1) = 10, f'(2) = 1\frac{1}{4}$

练习 7.2

1 $VC = Q^3 - 5Q^2 + 14Q$; MC 函数是 $\dfrac{dVC}{dQ} = 3Q^2 - 10Q + 14$。

3 (a) $3(27x^2 + 6x - 2)$ (c) $12x(x+1)$ (e) $-x(9x + 14)$

4 (b) $MR = 60 - 6Q$

7 (a) $(x^2 - 3)/x^2$ (c) $30/(x+5)^2$

8 (a) a (c) $-a/(ax+b)^2$

练习 7.3

1 $-2x[3(5-x^2)^2 + 2]$

3 (a) $18x(3x^2 - 13)^2$ (c) $5a(ax+b)^4$

5 $x = \dfrac{1}{7}y - 3,\; dx/dy = \dfrac{1}{7}$

练习 7.4

1 (a) $\partial y/\partial x_1 = 6x_1^2 - 22x_1 x_2,\; \partial y/\partial x_2 = -11x_1^2 + 6x_2$

(c) $\partial y/\partial x_1 = 2(x_2 - 2),\; \partial y/\partial x_2 = 2x_1 + 3$

3 (a) 12 (c) 10/9

5 (a) $U_1 = 2(x_1 + 2)(x_2 + 3)^3,\; U_2 = 3(x_1 + 2)^2 (x_2 + 3)^2$

练习 7.5

1 $\partial Q^*/\partial a = d/(b+d) > 0 \quad \partial Q^*/\partial b = -d(a+c)/(b+d)^2 < 0$

$\partial Q^*/\partial c = -b/(b+d) < 0 \quad \partial Q^*/\partial d = b(a+c)/(b+d)^2 > 0$

2 $\partial Y^*/\partial I_0 = \partial Y^*/\partial \alpha = 1/(1 - \beta + \beta\delta) > 0$

练习 7.6

1 (a) $|J| = 0$;函数相关。

(b) $|J| = -20x_2$;函数不相关。

练习 8.1

1 (a) $dy = -3(x^2+1)dx$ (c) $dy = [(1-x^2)/(x^2+1)^2]dx$

3 (a) $dC/dY = b, C/Y = (a+b_Y)/Y$

练习 8.2

2 (a) $dz = (6x+y)dx + (x-6y^2)dy$

3 (a) $dy = [x_2/(x_1+x_2)^2]dx_1 - [x_1/(x_1+x_2)^2]dx_2$

4 $\varepsilon_{QP} = 2bP^2/(a+bP^2+R^{1/2})$

6 $\varepsilon_{XP} = -2/(Y_f^{1/2}P^2+1)$

练习 8.3

3 (a) $dy = 3[(2x_2-1)(x_3+5)dx_1$
$\qquad + 2x_1(x_3+5)dx_2 + x_1(2x_2-1)dx_3]$

4 提示：应用微分与全微分的定义。

练习 8.4

1 (a) $dz/dy = x+10y+6y^2 = 28y+9y^2$

  (c) $dz/dy = -15x+3y = 108y-30$

3 $dQ/dt = [a\alpha A/K + b\beta A/L + A'(t)]K^\alpha L^\beta$

4 (b) $\S W/\S u = 10uf_1 + f_2$ $\S W/\S v = 3f_1 - 12v^2 f_2$

练习 8.5

5 (a) 能确定; $dy/dx = -(3x^2-4xy+3y^2)/(-2x^2+6xy) = -9/8$

  (b) 能确定; $dy/dx = -(4x+4y)/(4x-4y^3) = 2/13$

7 在 $(0,0)$ 点违背条件 $F_y \neq 0$。

8 偏导数的积等于 -1。

练习 8.6

1 (c) $(dY^*/dG_0) = 1/(S'+T'-I') > 0$

3 $(\partial P^*/\partial Y_0) = D_{Y_0}/(S_{P^*} - D_{P^*}) > 0 (\partial Q^*/\partial Y_0) = D_{Y_0}S_{P^*}/(S_{P^*} - D_{P^*}) > 0$

$(\partial P^*/\partial T_0) = -S_{T_0}/(S_{P^*} - D_{P^*}) > 0 (\partial Q^*/\partial T_0) = -S_{T_0}D_{P^*}/(S_{P^*} - D_{P^*}) < 0$

练习 9.2

1 (a) 当 $x = 2$ 时,$y = 15$(相对极大值)。

(c) 当 $x = 0$ 时,$y = 3$(相对极小值)。

2 (a) 临界值 $x = -1$ 位于定义域外;临界值 $x = 1$ 导致 $y = 3$(相对极小值)。

4 弹性为 1。

练习 9.3

1 (a) $f''(x) = 2a, f'''(x) = 0$ (c) $f''(x) = 6(1-x)^{-3}, f'''(x) = 18(1-x)^{-4}$

3 (b) 一条直线。

5 $f(x)$ 上的每个点均是稳定点,但是我们知道的 $g(x)$ 上的唯一的稳定点是在 $x = 3$。

练习 9.4

1 (a) $f(2) = 33$ 是极大值。

(c) $f(1) = 5\frac{1}{3}$ 是极大值;$f(5) = -5\frac{1}{3}$ 是极小值。

2 提示:首先按照一个变量(L 或 W)写出面积函数 A。

3 (d) $Q^* = 11$ (e) 最大利润 $= 111\frac{1}{3}$。

5 (a) $k < 0$ (b) $h < 0$ (c) $j > 0$。

7 S 在产出水平 20.37(近似)达到最大。

练习 9.5

1 (a) 120 (c) 4 (e) $(n+2)(n+1)$

2 (a) $1 + x + x^2 + x^3 + x^4$

3 (b) $-63 - 98x - 62x^2 - 18x^3 - 2x^4 + R_4$

练习 9.6

1 (a) $f(0) = 0$ 是一个拐点。 (c) $f(0) = 5$ 是相对极小值

2 (b) $f(2) = 0$ 是相对极小值。

练习 10.1

1 (a) 是的。 (b) 是的。

3 (a) $5e^{5t}$ (c) $-12e^{-2t}$

5 (a) 具有 $a = -1$ 的曲线是具有 $a = 1$ 的曲线对横轴的镜像。

练习 10.2

1 (a) 7.388 (b) 1.649

2 (c) $1 + 2x + \frac{1}{2!}(2x)^2 + \frac{1}{3!}(2x)^3 + \cdots$

3 (a) \$ $70e^{0.15}$ (b) \$ $690e^{0.10}$

练习 10.3

1 (a) 4 (c) 4

2 (a) 7 (c) -3 (e) 6

3 (a) 26 (c) $\ln 3 - \ln B$ (f) 3

练习 10.4

1 要求防止函数退化为一个常值函数。

3 提示：取以 b 为底的对数。

4 (a) $y = e^{(3\ln 8)t}$ 或 $y = e^{6.2385t}$ (c) $y = 5e^{(\ln 5)t}$ 或 $y = 5e^{1.6095t}$

5 (a) $t = (\ln y)/(\ln 7)$ 或 $t = 0.5139 \ln y$

(c) $t = (3\ln 9y)/(\ln 15)$ 或 $t = 1.1078 \ln 9y$

6 (a) $r = \ln 1.05$ (c) $r = 2\ln 1.03$

练习 10.5

1 (a) $2e^{2t+4}$ (c) $2te^{t^2+1}$ (e) $(2ax+b)e^{ax^2+bx+c}$

3 (a) $5/t$ (c) $1/(t+9)$ (e) $1/[x(1+x)]$

5 提示:利用(10.21),并应用链式法则。

7 (a) $3(8-x^2)/[(x+2)^2(x+4)^2]$

练习 10.6

1 $t^* = 1/r^2$

2 $d^2A/dt^2 = -A(\ln 2)/4\sqrt{t^3} < 0$

练习 10.7

1 (a) $2/t$ (c) $\ln b$ (e) $1/t - \ln 3$

3 $r_y = kr_x$

6 $|\varepsilon_d| = n$

10 $r_Q = \varepsilon_{QKrK} + \varepsilon_{QLrL}$

练习 11.2

1 $z^* = 3$ 极小值。

3 $z^* = c$,在情况(a)为极小值,在情况(b)为极大值,在情况(c)为鞍点。

5 (a) 任意非(2,3)的数偶(x,y)产生了一个正的z值。
   (b) 是。 (c) 否。 (d) 是。$(d^2z = 0)$。

练习 11.3

1 (a) $q = 4u^2 + 4uv + 3v^2$ (c) $q = 5x^2 + 6xy$

3 (a) 正定。 (c) 既非正定,也非负定。

5 (a) 正定。 (c) 负定。 (e) 正定。

6 (a) $r_1, r_2 = \frac{1}{2}(7 \pm \sqrt{17})$;$u'Du$ 是正定的。

(c) $r_1, r_2 = \frac{1}{2}(5 \pm \sqrt{61})$; $u'Fu$ 是不定的。

7 $v_1 = \begin{bmatrix} 2/\sqrt{5} \\ 1/\sqrt{5} \end{bmatrix}, v_2 = \begin{bmatrix} -1/\sqrt{5} \\ 2/\sqrt{5} \end{bmatrix}$

练习 11.4

1 $z^* = 0$(极小值)。

3 $z^* = -11/40$(极小值)。

5 $z^* = 2 - e$(极小值),是在$(x^*, y^*, w^*) = (0, 0, 1)$达到的。

6 (b) 提示:见(11.16)。

7 (a) $r_1 = 2$ $r_2 = 4 + \sqrt{6}$ $r_3 = 4 - \sqrt{6}$

练习 11.5

1 (a) 严格凸。 (c) 严格凸。

2 (a) 严格凹   (c) 二者都不是。

3 否。

5 (a) 圆盘。 (b) 是的。

7 (a) 凸组合,具有$\theta = 0.5$, (b) 凸组合,具有$\theta = 0.2$。

练习 11.6

1 (a) 否。(b) $Q_1^* = P_{10}/4$, $Q_2^* = P_{20}/4$

3 $|\varepsilon_{d1}| = 1\frac{5}{8}$ $|\varepsilon_{d2}| = 1\frac{1}{3}$ $|\varepsilon_{d3}| = 1\frac{1}{2}$

5 (a) $\pi = P_0 Q(a, b)(1 + \frac{1}{2}i_0)^{-2} - aP_{a0} - bP_{b0}$

练习 11.7

1 $(\partial a^*/\partial P_{a0}) = P_0 Q_{bb} e^{-rt}/|J| < 0$

$(\partial b^*/\partial P_{a0}) = -P_0 Q_{ab} e^{-rt}/|J| < 0$

2 (a) 4

(b) $(\partial a^*/\partial P_0) = (Q_b Q_{ab} - Q_a Q_{bb})P_0(1+i_0)^{-2}/|J| > 0$

(c) $(\partial a^*/\partial i_0) = (Q_a Q_{bb} - Q_b Q_{ab})P_0^2(1+i_0)^{-3}/|J| < 0$

练习 12.2

1 (a) $z^* = 1/2$,当 $\lambda^* = 1/2, x^* = 1$ 和 $y^* = 1/2$ 时达到。

(c) $z^* = -19$,当 $\lambda^* = -4, x^* = 1$,和 $y^* = 5$ 时达到。

4 $Z_\lambda = -G(x,y) = 0 \quad Z_x = f_x - \lambda G_x = 0 \quad Z_y = f_y - \lambda G_y = 0$

5 提示:区分恒等式和条件等式。

练习 12.3

1 (a) $|\overline{H}| = 4; z^*$ 是极大值。 (b) $|\overline{H}| = -2; z^*$ 是极小值。

练习 12.4

2 (a) 拟凹,但不是严格拟凹。 (c) 严格拟凹。

4 (a) 二者都不是。 (c) 拟凸,但不是拟凹。

5 提示:复习 9.4 节。

7 提示:使用(12.21)或(12.25′)。

练习 12.5

1 (b) $\lambda^* = 3, x^* = 16, y^* = 11$ (c) $|\overline{H}| = 48$;条件满足。

3 $(\partial x^*/\partial B) = 1/2P_x > 0 \quad (\partial x^*/\partial P_x) = -(B+P_y)/2P_x^2 < 0$

$(\partial x^*/\partial P_y) = 1/2P_x > 0$ 等。

5 不正确。

7 (a) 与(b) 均不是,参见(12.32)和(12.33′)。

练习 12.6

1 (a) 一次齐次。 (c) 非齐次的。 (e) 二次齐次。

4 是的。

7 (a) $a+b+c$ 次齐次。

8 (a) $j^2 Q = g(jK, jL)$ (b) 提示:令 $j = 1/L$。

(d) K 与 L 的一次齐次

练习 12.7

1 (a) $1:2:3$　(b) $1:4:9$

2 提示：复习图 8.2 和 8.3。

4 提示：这是一个全导数。

6 (a) 向下倾斜的直线。　(b) 当 $\rho \to -1, \sigma \to \infty$。

8 (a) 7　(c) $\ln 5 - 1$

练习 13.1

3 条件 $x_j\left(\dfrac{\partial z}{\partial x_j}\right)=0$ 和 $\lambda_i\left(\dfrac{\partial z}{\partial \lambda_i}\right)=0$ 可以合并。

5 一致。

练习 13.2

1 对于如 $(dx_1, dx_2) = (1, 0)$ 的测试向量，找不到规范弧。

3 $(x_1^*, x_2^*) = (0, 0)$ 为歧点，约束规范满足（所有的测试向量水平并指向东边）；库恩–塔克条件也满足。

4 选择 $y_0^* > 0, y_1^* \geqslant 0$，所有的条件都满足。

练习 13.4

2 (a) 是　(b) 是　(c) 否

4 (a) 是　(b) 是

练习 14.2

1 (a) $-8x^{-2} + c, (x \neq 0)$　(c) $\dfrac{1}{6}x^6 - \dfrac{3}{2}x^2 + c$

2 (a) $13e^x + c$　(c) $5e^x - 3x^{-1} + c, (x \neq 0)$

3 (a) $3\ln|x| + c, (x \neq 0)$　(c) $\ln(x^2 + 3) + c$

4 (a) $\dfrac{2}{3}(x+1)^{3/2}(x+3) - \dfrac{4}{15}(x+1)^{5/2} + c$

练习 14.3

1 (a) $4\frac{1}{3}$ (b) $3\frac{1}{4}$ (e) $2(\frac{a}{3}+c)$

2 (a) $\frac{1}{2}(e^{-2}-e^{-4})$ (c) $e^2(\frac{1}{2}e^4-\frac{1}{2}e^2+e-1)$

3 (b) 低估。 (e) $f(x)$ 是黎曼积分。

练习 14.4

1 没有。

2 (a),(c),(d) 和 (e)。

3 (a),(c) 和 (d) 收敛;(e) 发散。

练习 14.5

1 (a) $R(Q)=14Q^2-\frac{10}{3}e^{0.3Q}+\frac{10}{3}$ (b) $R(Q)=10Q/(1+Q)$

3 (a) $K(t)=9t^{4/3}+25$

5 (a) 29 000

练习 14.6

1 仅考察资本,因为劳动也是生产所必需的,所以隐含的假设是 K 与 L 总是按固定比例使用。

3 提示:使用(6.8)。

4 提示:$\ln u - \ln v = \ln \frac{u}{v}$

练习 15.1

1 (a) $y(t)=-e^{-4t}+3$ (c) $y(t)=\frac{3}{2}(1-e^{-10t})$

3 (a) $y(t)=4(1-e^{-t})$ (c) $y(t)=6e^{5t}$ (e) $y(t)=8e^{7t}-1$

练习 15.2

1 D 曲线应更陡。

3 价格调整机制产生微分方程。

5 (a) $P(t) = A\exp\left(-\dfrac{\beta+\delta}{\eta}t\right) + \dfrac{\alpha}{\beta+\delta}$ (b) 是的

练习 15.3

1 $y(t) = Ae^{-5t} + 3$

3 $y(t) = e^{-t^2} + \dfrac{1}{2}$

5 $y(t) = e^{-6t} - \dfrac{1}{7}e^{t}$

6 提示：复习 14.2 节，例 17。

练习 15.4

1 (a) $y(t) = (c/t^3)^{1/2}$ (c) $yt + y^2 t = c$

练习 15.5

1 (a) 是可分离变量方程，当写成 $\dfrac{dy}{dt} + \dfrac{1}{t}y = 0$ 时，是线性的。

(c) 可分离。可简化为伯努利方程。

3 $y(t) = (A - t^2)^{1/2}$

练习 15.6

1 (a) 向上倾斜的相位线；动态非稳定均衡。

(c) 向下倾斜的相位线，动态稳定均衡。

3 导数的符号度量相位线的斜率。

练习 15.7

1 $r_k = r_K - r_L$ [参见(10.25)]

4 (a) 绘出 $(3-y)$ 和 $\ln y$ 作为两条分离线,然后相减。存在单一均衡(在 1 与 3 间的某个 y 值),且是动态稳定的。

练习 16.1

1 (a) $y_p = 2/5$ (c) $y_p = 3$ (e) $y_p = 6t^2$

3 (a) $y(t) = 6e^t + e^{-4t} - 3$ (c) $y(t) = e^t + te^t + 3$

6 提示:应用洛必达法则。

练习 16.2

1 (a) $\dfrac{3}{2} \pm \dfrac{3}{2}\sqrt{3}i$ (c) $-\dfrac{1}{4} \pm \dfrac{3}{4}\sqrt{7}i$

3 (b) 提示:当 $\theta = \pi/4$ 时,OP 为 45°线。

5 (a) $\dfrac{d}{d\theta}\sin f(\theta) = f'(\theta)\cos f(\theta)$ (b) $\dfrac{d}{d\theta}\cos\theta^3 = -3\theta^2\sin\theta^3$

7 (a) $\sqrt{3} + i$ (c) $1 - i$

练习 16.3

1 $y(t) = e^{2t}\left(3\cos 2t + \dfrac{1}{2}\sin 2t\right)$

3 $y(t) = e^{-3t/2}\left(-\cos\dfrac{\sqrt{7}}{2}t + \dfrac{\sqrt{7}}{7}\sin\dfrac{\sqrt{7}}{2}t\right) + 3$

5 $y(t) = \dfrac{2}{3}\cos 3t + \sin 3t + \dfrac{1}{3}$

练习 16.4

1 (a) $P'' + \dfrac{m-u}{n-w}P' - \dfrac{\beta+\delta}{n-w} = -\dfrac{\alpha+\gamma}{n-w}$ $(n \neq w)$ (b) $P_p = \dfrac{\alpha+\gamma}{\beta+\delta}$

3 (a) $P(t) = e^{t/2}\left(2\cos\dfrac{3}{2}t + 2\sin\dfrac{3}{2}t\right) + 2$

练习 16.5

1 (a) $\dfrac{d\pi}{dt} + j(1-g) = j(\alpha - T - \beta U)$

(b) 无复根；不波动。

3 (c) 二者均为一阶微分方程。 (d) $g \neq 1$

4 (a) $\pi(t) = e^{-t}\left(A_5 \cos \frac{\sqrt{2}}{4} t + A_6 \sin \frac{\sqrt{2}}{4} t\right) + m$

(c) $\bar{p} = m; \bar{U} = \frac{1}{18} - \frac{2}{9} m$

练习 16.6

2 (a) $y_p = t - 2$ (c) $y_p = \frac{1}{4} e^t$

练习 16.7

1 (a) $y_p = 4$ (c) $y_p = \frac{1}{18} t^2$

3 (a) 发散。 (c) 收敛。

练习 17.2

1 (a) $y_{t+1} = y_t + 7$ (c) $y_{t+1} = 3 y_t - 9$

3 (a) $y_t = 10 + t$ (c) $y_t = y_0 \alpha^t - \beta(1 + \alpha + \alpha^2 + \cdots + \alpha^{t-1})$

练习 17.3

1 (a) 非振荡；发散。 (c) 振荡；收敛。

3 (a) $y_t = -8(1/3)^t + 9$ (c) $y_t = -2(-1/4)^t + 4$

练习 17.4

1 $Q_t = \alpha - \beta(P_0 - \bar{P})(-\delta/\beta)^t - \beta\bar{P}$

3 (a) $\bar{P} = 3$；放大振荡。 (c) $\bar{P} = 2$；单位振荡。

5 供给函数滞后。

练习 17.5

1 $a = -1$

3 $P_t = (P_0 - 3)(-1.4)^t + 3$，具有放大振荡。

练习 17.6

1 否。

2 (b) 非振荡，放大向下运动。
   (d) 衰减，稳定地向下运动到 R。

4 (a) 首先向下倾斜，然后变成水平。

练习 18.1

1 (a) $\frac{1}{2} \pm \frac{1}{2}i$ (c) $\frac{1}{2}, -1$

3 (a) 4(稳定的)   (c) 5(稳定的)

4 (b) $y_t = \sqrt{2}^t \left(2\cos\frac{\pi}{4}t + \sin\frac{\pi}{4}t\right) + 1$

练习 18.2

1 (a) 子情况 1D   (c) 子情况 1C

3 提示：使用(18.16)。

练习 18.3

3 可能性 v, viii, x, 和 xi 将变得可行。

4 (a) $p_{t+2} - [2 - j(1-g) - \beta k]p_{t+1} + [1 - j(1-g) - \beta k(1-j)]p_t$
      $= j\beta km$

   (c) $\beta k \lessgtr 4$

练习 18.4

1 (a) 1   (c) $3t^2 + 3t + 1$

3 (a) $y_p = \frac{1}{4}t$ (c) $y_p = 2 - t + t^2$

5 (a) 1/2, −1 和 1

675 练习 19.2

2 $b^3 + b^2 - 3b + 2 = 0$

3 (a) $x_t = -(3)^t + 4(-2)^t + 7$　　$y_t = 2(3)^t + 2(-2)^t + 5$

4 (a) $x(t) = 4e^{-2t} - 3e^{-3t} + 12$　　$y(t) = -e^{-2t} + e^{-3t} + 4$

练习 19.3

2 (c) $\beta = (\delta I - A)^{-1} u$

3 (c) $\beta = (\rho I + I - A)^{-1} \lambda$

5 (c) $x_1(t) = 4e^{-4t/10} + 2e^{-11t/10} + \dfrac{17}{6} e^{t/10}$

$\qquad x_2(t) = 3e^{-4t/10} - 2e^{-11t/10} + \dfrac{19}{6} e^{t/10}$

练习 19.4

4 (a) $\begin{bmatrix} \pi_c \\ U_c \end{bmatrix} = \begin{bmatrix} A_1 \\ \dfrac{23 - \sqrt{193}}{48} A_1 \end{bmatrix} \left(\dfrac{33 + \sqrt{193}}{64} \right)^t + \begin{bmatrix} A_2 \\ \dfrac{23 + \sqrt{193}}{48} A_2 \end{bmatrix}$

$\qquad \left(\dfrac{33 - \sqrt{193}}{64} \right)^t + \begin{bmatrix} \mu \\ \dfrac{1-\mu}{6} \end{bmatrix}$

练习 19.5

1 单个方程可以写成两个一阶方程。

2 是的。

4 (a) 鞍点。

练习 19.6

1 (a) $|J_E| = 1$ 和 $\text{tr} J_E = 2$；局部非稳定结点。

　(c) $|J_E| = 5$ 和 $\text{tr} J_E = -1$；局部稳定结点。

2 (a) 局部鞍点。

(c) 局部稳定结点或稳定焦点。

4 (a) $x'=0$ 曲线和 $y'=0$ 曲线重合,并提供了一条均衡点的直线。

练习 20.2

1 $\lambda^* = 1-t \quad u^* = \dfrac{1-t}{2} \quad y^* = \dfrac{t}{2} - \dfrac{t^2}{4} + 2$

6 $\lambda^*(t) = 3e^{4t} - 3 \quad u^*(t) = 2 \quad y^*(t) = 7e^t - 2$

练习 20.4

1 $\lambda^* = \delta(\delta^2 + \alpha) \quad k^* = \dfrac{1}{2}(\delta^2 + \alpha)$

附录Ⅴ 索 引

（注：索引中的页码为原版书页码）

A

Abscissa 横坐标 36
Absolute extremum 绝对极值 222—223,291,319,347
Absolute value 绝对值
    of complex numbers 复数的,绝对值 512
    highest, of dominant root 最大的绝对值,强根的绝对值 574
    inequality and 不等式与绝对值 137—138
    marginal rate of technical substitution and 边际技术替代率与绝对值 199
Absorbing Markov chains 吸收马尔可夫链 81
Acceleration coefficient 加速系数 576
Accelerator, interaction with multiplier 加速数与乘数的相互作用 576—581
Adaptive expectations 适应性预期 533,558,581
Additive constant 加和常数 153

Additivity property 可加性 459
Adjoint 伴随性 100
Adjustment coefficient 调整系数 480
Algebraic function 代数函数 23
Alien cofactor 异行余子式 99—100
Amplitude 波幅 516
Antiderivative 反导数 446. See also Integral,参见积分
Antilog 反对数 472
Area under a curve 曲线下面积 455—458
Argand diagram 阿拉贡图 512
Argument 幅度 18
Arrays, matrices as 作为阵列的矩阵 49—50
Arrow-Enthoven sufficiency theorem 阿罗-恩索文充分性定理 425—426
Associative law 结合律
    of matrix operations 矩阵运算的结合律 67,68—69
    of set operations 集合运算的结合律 13
Asymptote 渐近线 23
Autonomous differential equation 自

治微分方程 496
Autonomous problems 自治问题 644—645
Auxiliary equation 辅助方程 506
Average, weighted 加权平均 328
Average cost, vs. marginal cost 平均成本与边际成本 159—160
Average revenue 平均收益
    marginal revenue vs. 边际收益与平均收益 156—158
    in relation to demand 与需求有关的平均收益 332—333

B

Balance of payments 国际收支平衡表 214
Base 底
    of exponential function 指数函数的底 256,259
    of logarithmic function 对数行数的底 267—269
Base conversion 换底 257,274—276
Basis 基 63
Behavioral equation 行为方程 6—7
Bernoulli equation 伯努利方程 493,494,501
Bordered discriminant 加边判别式 358—363
Boundary condition 边界条件 445
Boundary irregularities 边界的不规则性 412—414,415
Boundary solution 边界解 403

Budget constraint 预算约束 348,374—375,418—420

C

Calculus of variations 变分法 631
Capacity constraint 产能约束 420—423
Capital 资本
    dynamics of 资本的动态学 498—502
    investment and 投资与资本 465—467
Capital flows 资本流动 213
Capital formation 资本形成 465—467,607—608
Capitalization formula 资本化公式 470
Cartesian coordinates 笛卡儿坐标 519,572
Cartesian product 笛卡儿积 16
Cash flow, present value of 资金流量的现值 468—469
CES production function CES 生产函数 397—400
    as quasiconcave function 作为拟凹函数的 CES 生产函数 398
    in relation to Cobb-Douglas production function 与柯布-道格拉斯生产函数有关的 CES 生产函数 399—400
Chain rule 链式法则 161—163,190,193,289
Change, rate of. See Rate of change

变化率

Change of official settlement 官方储备的变化 214n

Channel map 通道图 190, 191, 192, 210

Characteristic equations 特征方程 506, 601—602
    of difference equation 差分方程的特征方程 570
    of difference-equation system 差分方程组的特征方程 595, 598
    of differential equation 微分方程的特征方程 506
    of differential-equation system 微分方程组的特征方程 600
    of matrix 矩阵的特征方程 308

Characteristic matrices 特征矩阵 308

Characteristic roots 特征根
    of difference equation 差分方程的特征根 570—573
    of difference-equation system 差分方程组的特征根 595
    of differential equation 微分方程的特征根 506—510
    of differential-equation system 微分方程组的特征根 599
    domination of 特征根的强根 574
    dynamic stability of equilibrium and 特征根与均衡的动态稳定性 510, 527, 573—575

sign definiteness of quadratic form and 特征根与二次型有定符号 307—311

Characteristic vector 特征向量 307, 308

Chiang, A. C. 蒋中一 3, 302n, 631n

Choice variable 选择变量 221

Circular function 圆函数 23, 513—515

Closed input-output model 封闭投入-产出模型 119—120

Closed interval 闭区间 133

Cobb-Douglas production function 柯布-道格拉斯生产函数 337, 386—388, 389
    applications of 柯布-道格拉斯生产函数的应用 393, 501
    elasticity of substitution of 柯布-道格拉斯生产函数的替代弹性 396
    expansion path of 柯布-道格拉斯生产函数的扩张路径 393
    in relation to CES production function 与CES生产函数有关的柯布-道格拉斯生产函数 399—400
    as strictly quasiconcave function 作为严格拟凹函数的柯布-道格拉斯生产函数 386

Cobweb model 蛛网模型 555—558

Coefficient(s) 系数 6
    acceleration 加速数 576

adjustment 调整系数 480
constant 常系数 503
fractional 分数系数 39
input 投入系数 113
undetermined 待定系数 538—540,586—588,604,607
of utilization 利用系数 473
Coefficient matrix 系数矩阵 50
Cofactor 余子式
　alien 异行余子式 99—100
　defined 余子式的定义 91
Cofactor matrix 余子式矩阵 100
Column vector 列向量 50,53,55
Commutative law 交换律
　of matrix operations 矩阵运算的交换律 67
　of set operations 集合运算的交换律 13
Comparative-static derivative. 比较静态导数 See Comparative statics 参见比较静态学
Comparative statics 比较静态学 121,124—125
　of input-decision model 投入决策模型的比较静态学 343—345
　of least-cost-combination model 最小成本组合模型的比较静态学 392—396
　of market models 市场模型的比较静态学 205—207
　of multiproduct firm 多产品厂商的比较静态学 342—343
　of national-income models 国民收入模型的比较静态学 210—213
　total derivative applied to 应用于比较静态学的全导数 209—210
　of utility-maximization model 效用最大化模型的比较静态学 378—382
Complement set 补集 12
Complementary functions 余函数
　dynamic stability of equilibrium and 均衡的动态稳定性与余函数 481,551
　of first-order difference equation 一阶差分方程的余函数 548—549
　of first-order differential equation 一阶微分方程的余函数 477,478
　of higher-order difference equation 高阶差分方程的余函数 569,570—573,594—595
　of higher-order differential equation 高阶微分方程的余函数 504—505,522—524,541
　of simultaneous difference equations 联立差分方程的余函数 597,598,600
　of variable-coefficient differential equation 可变系数微分方程的余函数 485
Complementary slackness 互补松弛性 404,406,407,408—409,419
Completing the square 配方 37,

239n, 303, 305
Complex numbers　复数　511—512
　　alternative expressions for　复数的另一种表示方式　519—521
　　conjugate　共轭复数　512—513
Complex roots　复根　507—510, 512—513, 572—573, 579
Composite-function rule　复合函数（求导）法则　162. See also Chain rule 参见链式法则
Compressing　压缩　258, 274
Concave functions　凹函数　330
　　convex functions vs.　凸函数与凹函数　230—231, 318—320
　　criteria for checking　凹函数的检验标准　320—324
　　in nonlinear programming　非线性规划中的凹函数　424—425
Concave programming　凹规划　425
Conditional equation　均衡条件　7
Conjugate complex numbers　共轭复数　512—513
Constant(s)　常数　302
　　additive　加和常数　153
　　defined　常数的定义　6
　　exponents as　为常数的指数　256
　　of integration　积分常数　446
　　multiplicative　乘子常数　153
　　parametric　参常数　6
Constant coefficients　常系数　503

Constant function　常值函数　20, 21, 148—149, 187
Constant-function rule　常值函数（求导）法则　148—149, 187
Constant returns to scale (CRTS)　不变规模收益　384, 386—387, 390, 397
Constrained extremum.　约束极值
　　See also Linear programming; Nonlinear programming 参见线性规划、非线性规划
　　determinantal test for　约束极值的行列式检验　362
　　In relation to quasiconcavity and quasiconvexity　与拟凹性及拟凸性有关的约束极值　372—374
Constrained optimum　约束最优化　347
Constrained quadratic form　约束二次型　358—359
Constraint　约束
　　budget　预算约束　348, 374—375, 418—420
　　capacity　产能约束　420—423
　　effects of　约束的影响　347—349
　　inequality　不等式约束　404—408
　　linear　线性约束　416—418
　　multiconstraint cases　多重约束的情况　354—355, 362—363
　　in nonlinear programming　非线性规划中的约束　404—408

ration 配额约束 418—420
Constraint qualification 约束规范 412,415—418
Constraint-qualification test 约束规范检验 426—427
Consumption function 消费函数 46,576
Continuity 连续性 141—142
    of derivative function 导函数的连续性 154
    of polynomial function 多项式函数的连续性 142
    of rational function 有理函数的连续性 142—143
    in relation to differentiability 与可导性有关的连续性 143—147
Continuity theorem 连续性定理 142
Continuous growth 连续增长 265—266
Continuous time 连续时间 444
Continuous variable 连续变量 444
Continuously differentiable functions 连续可微函数 154,227
Control variable 控制变量 631
Convergence 收敛性 565
    divergence vs. 发散性与收敛性 578—581
    of improper integral 广义积分的收敛性 461—464
    of series 级数的收敛性 249,261
Convergent time path, 526. See also Dynamic stability of equilibrium
Convex combination 凸组合 328—330
Convex functions 凸函数
    concave functions vs. 凹函数与凸函数 230—231,318—320
    convex set vs. 凸集与凸函数 327—330
    criteria for checking 凸函数的检验标准 320—324
    in nonlinear programming 非线性规划中的凸函数 424
Convex set, vs. convex function 凸集与凸函数 327—330
Coordinate(s) 坐标
    Cartesian 笛卡儿坐标 519,572
    polar 极坐标 520
Cosine function 余弦函数 514
    derivative of 余弦函数的导数 517
    Maclaurin series of 余弦函数的麦克劳林级数 518
    properties of 余弦函数的性质 515—517
    table of values of 余弦函数值表 515,520
Cost(s) 成本
    average vs. marginal 平均成本与边际成本 159—160
    marginal vs. total 边际成本与总成本 128—129,153;464—465
    minimization of 成本最小化

390—401
Cost functions 成本函数 7
 cubic 三次成本函数 238—242
 relation between average and marginal 平均成本函数与边际成本函数之间的关系 159—160
 relation between marginal and total 边际成本函数与总成本函数之间的关系 128—129,153,464—465
Costate equation 协状态方程 633,634,638
Costate variable 协状态变量 633
Counting equations and unknowns 计算方程和未知数个数 44
Courant, R., R. 考伦特 253n
Cramer's rule 克莱姆法则 103—107,605,607
Critical value 临界值 224
Cross effect 交叉影响 381
Cross partial derivatives 交叉偏导数 296
CRTS. See Constant returns to scale (CRTS) 不变规模收益
Cubic equation, vs. cubic function 三次方程与三次函数 35n
Cubic function 三次函数 21,22,38
 cost functions 成本函数 238—242
 cubic equation vs. 三次方程与三次函数 35n

Current-value Hamiltonian function 现值哈密尔顿函数 645,651
Current-value Lagrange multiplier 现值拉格朗日乘数 645
Cusp 岐点 413,414

D

Damped fluctuation 衰减波动 526,561
De Moivre's theorem 棣莫佛定理 521,572
Decay, rate of 缩减率 266
Definite integral 定积分 447,454—461
 as area under a curve 作为曲线下面积的定积分 455—458
 properties of 定积分的性质 458—460
Definiteness, positive and negative 正定与负定 302,306,307,311
Definitional equation 定义方程 6
Degree 阶,次
 of differential equation 微分方程的阶 475
 higher-degree polynomial equations 高次多项式 38—40
 of polynomial function 多项式函数的次数 21
Demand 需求 31,32,35
 average revenue and 平均收益与需求 332—333
 elasticity of 需求弹性 187,335—336
 excess. See Excess demand 超

额需求
  final 最终需求 113
  Hicksian demand functions 希克斯需求函数 436
  input 投入需求 113
  Marshallian 马歇尔需求 435,437,438,439
  with price expectations 具有价格预期的需求 527—528
Demarcation curves 分界曲线 615—617
Demarcation line 分界线 615,616
Denumerable set 可数集合 9
Dependence 相关
  among columns or rows of matrix 矩阵的列或行相关 96
  among equations 函数相关 44—45,85
  linear 线性相关 62—63
Dependent variable 因变量 18
Derivation 求导 143
Derivative(s) 导数 126—127
  comparative-static. 比较静态导数 See Comparative statics 参见比较静态学
  continuity of 导数的连续性 154
  of cosine function 余弦函数的导数 517
  derivative of 导数的导数 227—229
  of exponential functions 指数函数的导数 278—280
  fifth 五阶导数 228
  first 一阶导数 223—226
  fourth 四阶导数 228
  marginal function and 边际函数与导数 128—129,153
  partial. See Partial derivative 偏导数
  partial total 偏全导数 192,193
  rules of. See Differentiation rules 求导法则
  second 二阶导数 227—233
  third 三阶导数 228
  total 全导数 189—194,209—210
Derivative conditions, vs. differential conditions 导数条件与微分条件 291—293
Derivative function 导函数 127
Descartes, R., R. 笛卡儿 16
Determinant 行列式 45,48,88—98
  defined 行列式的定义 88
  factoring 行列式提取公约数 95
  first-order 一阶行列式 137
  Hessian. See Hessian determinant 海塞行列式
  Jacobian. See Jacobian determinant 雅可比行列式
  Laplace expansion of 行列式的拉普拉斯展开 91—93
  nth-order n阶行列式 91—94
  properties of 行列式的性质 94—96,98

second-order 二阶行列式 89
third-order 三阶行列式 89—91
vanishing 零行列式 89,95
zero-value 零值行列式 89,95
Determinantal test 行列式检验
 for relative constrained extremum 相对约束极值的行列式检验 362
 for relative extremum 相对极值的行列式检验 317
 for sign definiteness of quadratic form 二次型有定符号的行列式检验 302—304
Deviation 偏离 244
Diagonal matrix 对角矩阵 69,73
Diagonalization, of matrix 矩阵的对角化 310—311
Diagram(s). 图 See also Phase diagram 参见相位图
 Argand 阿拉贡图 512
 Venn 维恩图 12
Difference 差分
 first 一阶差分 545
 second 二阶差分 568
Difference equation, 差分方程 544. See also Complementary functions; Particular integral; Simultaneous difference equations 参见余函数、特别积分、联立差分方程
 classification of 差分方程的分类 545,568,586,588
 definite vs. general solution of 差分方程的定解与通解 548

iterative method of solving 解差分方程的迭代法 546—548
particular solution of 差分方程的特别解 548
phase diagram for 差分方程的相位图 562—567
Difference quotient 差商 125—126
Differentiability 可微性
 continuity in relation to 与可微性有关的连续性 143—147
 twice 二阶可微性 154,227
Differentiable functions 可微函数 324—327,368—372
Differential 微分(的)
 rules of 求导法则 187—189
 total. See Total differential 全微分
Differential calculus 微分学 125
Differential conditions, vs. derivative conditions 微分条件与导数条件 291—293
Differential equation, 微分方程 446. See also Complementary functions; Particular integral; Simultaneous differential equations 参见余函数、特别积分、联立微分方程
 autonomous 自治微分方程 496
 classification of 微分方程的分类 475—476,483—484,486—487,492,503,540
 definite vs. general solution of 微分方程的定解与通解 476
 degree of 微分方程的阶 475

exact　恰当微分方程　486—490

homogeneous　齐次微分方程　476,478

nonhomogeneous　非齐次微分方程　476—478

normalization of　微分方程的正规化　475n

particular solution of　微分方程的特别解　476

phase diagram for　微分方程的相位图　495—498,500—501

reduced　简化微分方程　477

with separable variables　可分离变量的微分方程　492—493

Differentiation　微分,求导

differentiability vs.　可微性与求导　143

exponential-function rule of　指数函数求导法则　278

total　全微分　185,190

Differentiation rules　求导法则

chain rule　链式求导法则　161—163,190,193

constant-function rule　常值函数求导法则　148—149,187

exponential-function rule　指数函数求导法则　278

implicit-function rule　隐函数求导法则　197—198,202,387

log-function rule　对数函数求导法则　277—278

power-function rule　幂函数求导法则　149—152,187

product rule　积的求导法则　155—156,187

quotient rule　商的求导法则　158—159,187

sum-difference rule　和-差的求导法则　152—155,187

Diminishing returns　收益递减　239,499

Direct product　直积　16

Discount, quantity　数量折扣　13 ln

Discount factor　贴现因子　266

Discounting　贴现　266,283. See also Present value　参见现值

Discrete growth　离散增长　265—266

Discrete time　离散时间　444

difference equations and　差分方程与离散时间　544—545

dynamic stability of equilibrium with　具有离散时间的均衡的动态稳定性　551—554,573—575

Discrete variable　离散变量　444

Discriminant　判别式

bordered　加边判别式　358—363

determinant vs.　行列式与判别式　303

Disjoint set　相交的集合　11

Distance　距离　64—65

Distinct real roots　不同的实根　507—508,570—571

Distribution parameter　分配参数　397

Distributive law 分配律
  of matrix operations 矩阵运算的分配律 67,69
  of set operations 集合运算的分配律 13—14
Divergence, vs. convergence 非收敛性与收敛性 578—581. See also Convergence 参见收敛性
Divergent time path 非收敛的时间路径 526
Domain 定义域 18,19
Domar, E. D., E. D. 多马 471n
Domar growth model 多马增长模型 471—474,475
Dominant root 强根 574
Domination, of characteristic roots 强特征根 74
Dorfman, R., R. 多夫曼 45n
Double roots 二重根 508
Dual problems 对偶问题 435—441
Duality 对偶 435n,436—437
Dunn, Sarah 萨拉·邓恩 79n
Dynamic analysis, limitations of 动态分析的局限性 654
Dynamic equations 动态方程
  high-order, transformation of 高阶动态方程的变换 593—594
  simultaneous, solving 解联立动态方程 594—603
Dynamic instability 动态不稳定性 497
Dynamic optimization 动态优化 442,631
Dynamic stability 动态稳定性 497
Dynamic stability of equilibrium 均衡的动态稳定性 481—482
  with continuous time 连续时间的均衡的动态稳定性 510,525—527
  with discrete time 离散时间的均衡的动态稳定性 551—554,573—575
  local stability of nonlinear system 非线性系统的局部稳定性 623,625—629
  phase diagram and 相位图与均衡的动态稳定性 495—498,562—565,619—620
  Routh theorem and 罗斯定理与均衡的动态稳定性 542—543
Dynamic systems, genesis of 动态方程组的起源 592—594
Dynamics 动态,动态学 444
  of capital 资本的动态 498—502
  of inflation and monetary rule 通货膨胀的动态与货币规则 629
  of inflation and unemployment 通货膨胀与失业的动态学 532—537,581—585,609—614
  of input-output models 动态投入-产出模型 603—609
  integration and 积分与动态学 444—446

of investment 投资的动态 498—502

of market price 市场价格的动态 479—483,527—532,555—562,565—567

of national income 国民收入的动态 576—581

E

e, the number 数e 260—262

Echelon matrix 阶梯矩阵 86—87

Econometrics, vs. mathematical economics 经济计量学与数理经济学 4

Economic model 经济模型 5—7

Economically nonbinding solution 经济上不产生约束作用的解 420

Efficiency parameter, 效率参数 388,397

Eigenvalue 本征值 307n

Eigenvector 本征向量 307n

Elasticity 弹性

 chain rule of 弹性的链式法则 289

 of demand 需求弹性 187,335—336

 of optimal input 最优投入弹性 395

 of output 产出弹性 388

 partial 偏弹性 186,187

 point 点弹性 288—289

Elasticity of substitution 替代弹性

 of CES function CES函数的替代弹性 397

of Cobb-Douglas function 柯布-道格拉斯函数的替代弹性 396

Elimination of variables 变量消去法 33—34,111,116

Endogenous variables 内生变量

 exogenous variables vs. 外生变量与内生变量 5—6

 Jacobian determinant 内生变量的雅可比行列式 203,208,212,343—344,353

Enthoven, A. C., A. C. 恩索文 369n,425n,426n

Envelope theorem 包络定理 428—441

 for constrained optimization 约束最优化的包络定理 432—433

 derivation of Roy's identity and 罗伊恒等式的推导与包络定理 437—438

 maximum-value functions and 极大值函数与包络定理 428—435

 for unconstrained optimization 无约束最优化的包络定理 428—432

Equality 相等

 matrix 矩阵相等 51,56

 of sets 集合的相等 10

Equation(s) 方程

 auxiliary 辅助方程 506

 behavioral 行为方程 6—7

 Bernoulli 伯努利方程 493,

494,501
characteristic. See Characteristic equations 特征方程
conditional 均衡条件 7
costate 协状态方程 633,634,638
cubic 三次方程 35n
definitional 定义方程 6
differential. See Differential equation 微分方程
exponential 指数方程 268,271
homogeneous 齐次方程 476,478
of motion 运动方程 631,633—634
nonhomogeneous 非齐次方程 476—478
quadratic. See Quadratic equation 二次方程
reduced 简化方程 477
state 状态方程 633—634,644—645

Equation system 方程组
consistency and independence in 方程组的相容性与无关性 44—45,85
dynamic. 动态方程 See Simultaneous difference equations; Simultaneous differential equations 参见联立差分方程、联立微分方程
homogeneous 齐次方程组 105—106,119—120,595,598

linear 线性方程组 48,77—78,106—107

Equilibrium 均衡 30—47
defined 均衡的定义 30
dynamic stability of. See Dynamic stability of equilibrium 均衡的动态稳定性
general 一般均衡 40—45
goal 目标均衡 31,220
intertemporal 跨期均衡 480,481
moving vs. stationary 移动均衡与稳定均衡 482
in national-income analysis 国民收入分析中的均衡 46—47
open-economy 开放经济均衡 214—216
partial 局部均衡 31,43
types of 均衡的类型 618—620

Equilibrium analysis. 均衡分析 See Static analysis 参见静态分析
Equilibrium condition 均衡条件 7
Equilibrium identity 均衡恒等式 206,208,211,212
Equilibrium output 均衡产出 236
Equilibrium values 均衡值 32
Euclidean n-space 欧几里得 n 维空间 60,64,65
Euler relations 欧拉关系 517—519
Euler's theorem 欧拉定理 385—386,388—389

Exact differential equation 恰当微分方程 486—490

Excess demand 超额需求 31,41

    output adjustment and 产出调整与超额需求 605—607

    price adjustment and 价格调整与超额需求 480

    in relation to inventory 与存货有关的超额需求 559—560

Exchange rate, fixed 固定汇率 214

Exhaustible resource 可耗尽的资源 647—649

Exogenous variables 外生变量 5—6

exp, 指数, exponential 的缩写 259

Expansion path 扩张路径 392—394

Expectations 预期

    adaptive 适应性预期 533, 558, 581

    inflation 通货膨胀预期 533, 536, 581

    price 价格预期 527—528, 558

Expectations-augmented Phillips relation 附加预期的菲利普斯关系 533—534, 581

Expected rate of inflation 预期通货膨胀率 536

Expected utility from playing 游戏的期望效用 232

Explosive fluctuation 发散波动 525—526

Explosive oscillation 放大震荡 566, 596

Exponent(s) 指数 21, 23—24, 256

Exponential equation 指数方程 268, 271

Exponential function(s) 指数函数 22, 23, 255, 256—267

    base conversion of 指数函数的换底 274—276

    base of 指数函数的底 256, 259

    derivative of 指数函数的导数 278—280

    discounting and 贴现与指数函数 266

    generalized 一般化的指数函数 257—259

    graphical form of 指数函数的图形形状 256—257

    growth and 增长与指数函数 260—267

    interest compounding and 复利计算与指数函数 262—263

    logarithmic functions and 对数函数与指数函数 272—273

    Maclaurin series of 指数函数的麦克劳林级数 261

    natural 自然指数函数 259

Exponential-function rule 指数函数法则

    of differentiation 指数函数求导法则 278

    of integration 指数函数的积分法则 448

Exponential law of growth 指数增长规律 255

Exports, net 净出口 213

Extreme value 极端值 221, 293—301

Extremum 极值 221
    absolute vs. relative 绝对极值与相对极值 222—223, 291, 319, 347
    constrained 约束极值 362, 372—374
    determinantal test for constrained extremum 约束极值的行列式检验 362
    determinantal test for relative constrained extremum 相对约束极值的行列式检验 362
    determinantal test for relative extremum 相对极值的行列式检验 317
    first-order condition for 极值的一阶条件 313
    global vs. local 整体极值与局部极值 222—223
    in relation to concavity and convexity 与凹性和凸形有关的极值 318—320
    in relation to quasiconcavity and quasiconvexity 与拟凹形和拟凸形有关的极值 372—374
    strong vs. weak 强极值与弱极值 318

F

Factor(s) 因子
    discount 贴现因子 266
    integrating 积分因子 489—490

Factorial 阶乘 243

Factoring 提取公约数,因式分解
    of determinant vs. matrix 行列式与矩阵的提取公约数 95
    of integrand 被积函数的提取公约数 450
    of polynomial function 多项式函数的因式分解 38—39

Fair bet 公平赌博 232

Fair game 公平游戏 232

Final demand 最终需求 113

Finite Markov chains 有限马尔可夫链 80

Finite set 有限集合 9

First-derivative test 一阶导数检验 223—226

First-order condition 一阶条件 234, 294—295, 402
    derivative vs. differential form of 导数形式与微分形式的一阶条件 291—292, 293
    for extremum 极值的一阶条件 313
    necessary vs. sufficient 一阶必要条件与一阶充分条件 295

Fiscal policy 财政政策 534

Fixed exchange rate 固定汇率 214

Fixed terminal point 固定终点 639

Flow concept 流量概念 264, 466—467

Fluctuation 波动
    damped 衰减波动 526,561
    explosive 放大波动 525—526
    stepped 阶梯波动 574—575, 579,580,584
    time path with 具有波动的时间路径 525—527,534—537
    uniform 均匀波动 526

Focus 焦点 618—619

Form 型 301

Formby, J. P. 约翰·P. 丰比 240

45-degree line 45度线 564

Fraction 分数 7

Free optimum 自由最优化 347

Friedman, M. M. 弗里德曼 533

Function(s) 函数 17—28
    algebraic vs. nonalgebraic 代数函数与非代数函数 23
    argument of 自变量 18
    circular 三角函数 23,513—515
    Cobb-Douglas. 柯布-道格拉斯函数 See Cobb-Douglas production function 参见柯布-道格拉斯生产函数
    complementary. See Complementary functions 余函数
    concave vs. convex 凹函数与凸函数 230—231,318—320
    constant 常值函数 20,21, 148—149,187
    consumption 消费函数 46, 576
    continuous vs. discontinuous 连续函数与非连续函数 141—142
    continuously differentiable 连续可微函数 154,227
    cubic 三次函数 21,22,35n, 38,238—242
    decreasing vs. increasing 减函数与增函数 163
    defined 函数的定义 17
    derivative 导函数 127
    differentiable 可微函数 324—327,368—372
    domain of 函数的定义域 18, 19
    exponential. See Exponential function(s) 指数函数
    general vs. specific 一般函数与特定函数 27—28
    graphical form of 函数的图形形式 22,516
    Hamiltonian. See Hamiltonian function 哈密尔顿函数
    homogeneous. See Homogeneous functions 齐次函数
    homothetic 位似函数 394—395
    implicit 隐函数 194—199
    inverse 反函数 163,272,622
    Lagrangian. See Lagrangian functions 拉格朗日函数

linear 线性函数 21,22,27

logarithmic. See Logarithmic functions 对数函数

maximum-value 极大值函数 428—435

objective 目标函数 221,313—317,632,644

polynomial. See Polynomial functions 多项式函数

production. See Production functions 生产函数

profit 利润函数 429—430

quadratic 二次函数 21,22,27,35—36

quasiconcave vs. quasiconvex 拟凹函数与拟凸函数 364—371

range of 函数的值域 18,19

rational 有理函数 21—23,142—143

saddle point of 函数的鞍点 295,299,302

sinusoidal 正弦函数 514

social-loss 社会损失函数 69

step 阶梯函数 131,552

Taylor series of 函数的泰勒级数 624

transcendental 超越函数 23

trigonometric 三角函数 23,514

of two variables, extreme values of 两个变量函数的极值 293—301

value of 函数值 18,19

zeros of 函数的零值点 36

Function-of-a-function rule 函数的函数的求导法则 162. See also Chain rule 参见链式法则

G

General-equilibrium analysis 一般均衡分析 43

Giffen goods 吉芬商品 381

Global extremum 整体极值 222—223

Goal equilibrium 目标均衡 31,220

Greek alphabet 希腊字母 655

Gross investment 总投资 466

Growth 增长

   continuous vs. discrete 连续增长与离散增长 265—266

   Domar model of 多马增长模型 471—474,475

   exponential functions and 指数函数与增长 260—267

   exponential law of 指数增长规律 255

   instantaneous rate of 瞬时增长率 263—265,286—288

   negative 负增长 266

   neoclassical optimal model of 新古典最优增长模型 649—651

   rate of 增长率 263—265,286—288

   Solow model of 索洛增长模型 498—502,652

H

Hamiltonian function 哈密尔顿函数
  current-value 现值哈密尔顿函数 645,651
  for optimal control problems 最优控制问题的哈密尔顿函数 633,634,635—638,641,642,651

Hawkins-Simon condition 霍金斯-西蒙条件 116
  economic meaning of 霍金斯-西蒙条件的经济意义 118—119
  principal minor and 主子式与霍金斯-西蒙条件 304,305,306,314

Hessian determinant 海塞行列式 304,314,316
  bordered 海塞加边行列式 358—363,371—372,439n
  Jacobian determinant in relation to 与海塞行列式有关的雅可比行列式 343—344

Hessian matrix 海塞矩阵 314—315

Hicksian demand functions 希克斯需求函数 436

Homogeneous equation 齐次方程 476,478

Homogeneous-equation system 齐次方程组 105—106,119—120,595,598

Homogeneous functions 齐次函数
  economic applications of 齐次函数的经济应用 382,383—390
  linearly 线性齐次函数 383—386,388—389

Homothetic function 位似函数 394—395

Horizontal intercept 横截距 274

Horizontal terminal line 水平终止线 639,640—643

Hotelling's lemma 霍特林引理 430,432,438

Hyperbola, rectangular 等轴双曲线 21—23,561,580

Hypersurface 超平面 26

I

i, the number 数 i 511

Idempotent matrices 幂等矩阵 71,73,78

Identity 恒等式 6
  equilibrium 均衡恒等式 206,208,211,212
  Roy's 罗伊恒等式 437—438,440

Identity matrix 单位矩阵 55,69,70—71

Image, 18. See also Mirror images 像,参见镜像

Imaginary axis 虚轴 512

Imaginary number 虚数 511

Implicit function 隐函数 194—199

Implicit-function rule 隐函数法则 197—198,202,387

Implicit-function theorem 隐函数定理 196, 198n, 199—200, 201
　　application procedure 隐函数定理的应用步骤 216—217
　　applied to national-income models 将隐函数定理应用于国民收入模型 203—204, 210—213
　　applied to optimization models 将隐函数定理应用于最优化模型 343—345, 353—354, 378
Income effect 收入效应 380, 381
Income increment 收入增量 547
Indefinite integral 不定积分 446—454, 460
Independence. See Dependence 无关性, 参见相关性
Independent variable 自变量 18
Indifference curve 无差异曲线 375—378
Induced investment 引致投资 576
Inequality 不等式 136—139
　　absolute values and 绝对值和不等式 137—138
　　continued 连不等式 136
　　rules of 不等式法则 136
　　sense of 不等式的方向 136
　　solution of 不等式的解 138—139
Inequality constraints 不等式约束 404—408
Inferior good 劣等品 379
Infinite integrand 无穷被积函数 463—464

Infinite series 无穷级数 261, 517—519
Infinite set 无限集合 9
Infinite time horizon 无限时间跨度 649—653
Inflation 通货膨胀 533
　　actual vs. expected rate of 实际通货膨胀率与预期通货膨胀率 536
　　monetary 货币通货膨胀 629
　　unemployment and 失业与通货膨胀 532—537, 581—585, 609—614
Inflation expectations 通货膨胀预期 533, 536, 581
Inflection point 拐点 225, 231, 234n, 252, 295
Initial condition 初始条件 445
Inner product 内积 54
Input coefficient 投入系数 113
Input-coefficient matrix 投入系数矩阵 113—114
Input decision 投入决策 336—341
Input-decision model 投入决策模型 343—345
Input demand 投入需求 113
Input-output model 投入-产出模型
　　closed 封闭投入-产出模型 119—120
　　dynamic 动态投入-产出模型 603—609
　　Leontief 里昂惕夫投入-产出模型 112—121

  open 开放投入-产出模型 113—116

  static 静态投入-产出模型 112—121

Instantaneous rate of change 瞬时变化率 126

Instantaneous rate of growth 瞬时增长率 263—265,286—288

Integers 整数 7

Integral 积分 446,475

  definite 定积分 447,454—461

  economic applications of 积分的经济应用 464—470

  improper 广义积分 461—464

  indefinite 不定积分 446—454,460

  lower vs. upper 下积分与上积分 457

  of a multiple 倍数的积分 450—451

  particular. See Particular integral 特别积分

  Riemann 黎曼积分 457,459

  of a sum 和的积分 449—450

Integral calculus 积分学 445

Integral sign 积分符 446

Integrand 被积函数 446

  factoring of 从被积函数中提取乘积常数 450

  infinite 无穷被积函数 463—464

Integrating factor 积分因子 489—490

Integration 积分法 445

  constant of 积分常数 446

  dynamics and 动态学与积分 444—446

  limits of 积分限 454,460,461—463

  by parts 分部积分 452—453,460

Integration rules 积分法则

  exponential rule 指数(函数)的积分法则 448

  integration by parts 分部积分的积分法则 452—453,460

  logarithmic rule 对数(函数)的积分法则 448

  power rule 幂(函数)的积分法则 447

  rules of operations 积分运算法则 448—451

  substitution rule 积分代换法则 451—452

Intercept 截距

  horizontal 横截距 274

  vertical 纵截距 21

Interest compounding 复利计算 262—263

Interior solution 内解 403

Intersection set 交集 11

Intertemporal equilibrium 跨期均衡 480,481

Interval, closed vs. open 区间,闭区间与开区间 133

Invariance property 不变性质 382

Inventory, market model with 存货,

具有存货的市场模型 559—562
Inverse 逆 56
Inverse function 反函数 163,272,622
Inverse matrices 逆矩阵
    finding 求逆矩阵 99—103
    properties of 逆矩阵的性质 75—77
    solution of linear-equation system and 线性方程组的解与逆矩阵 77—78
Investment 投资 211,471—474
    capital formation and 资本形成与投资 465—467
    dynamics of 投资的动态学 498—502
    gross 总投资 466
    induced 引致投资 576
    net 净投资 466,467
    replacement 重置投资 466
Irrational number 无理数 8
Isocost 等成本曲线 391
Isoquant 等产量曲线 339—341,391,392—394
Isovalue curves 等值曲线 392n
Iterative method, for difference equation 差分方程的迭代法 546—548

J

Jacobian determinant 雅可比行列式 45
    endogenous-variable 内生变量雅可比行列式 203,208,212,343—344,353
    in relation to bordered Hessian 与海塞加边行列式有关的雅可比行列式 359
    in relation to Hessian 与海塞行列式有关的雅可比行列式 343—344

K

Keynes, J. M. J. M. 凯恩斯 46,576
Keynesian multiplier 凯恩斯乘数 576
Kuhn, H. W. H. W. 库恩 402n,424
Kuhn-Tucker conditions 库恩-塔克条件 402—412
    economic interpretation of 库恩-塔克条件的经济解释 408—409
    effects of inequality constraints 库恩-塔克条件的不等式约束效应 404—408
    minimization version of 库恩-塔克条件的极小化形式 410
    optimal control theory and 最优控制理论与库恩-塔克条件 640
Kuhn-Tucker sufficiency theorem 库恩-塔克充分性定理 424—425

L

Lag 滞后
    in consumption 消费中的滞后

576
   in production　生产中的滞后
　　603—605
   in supply　供给中的滞后　555
Lagrange, J. L.　J. L. 拉格朗日
　126—127
Lagrange form of the remainder　拉格
　朗日型余项　248—249
Lagrange multiplier　拉格朗日乘数
   economic interpretation of　拉格
　　朗日乘数的经济解释　353—
　　354,375,391
   general interpretation of　拉格朗
　　日乘数的一般解释　434—
　　435
Lagrange-multiplier method　拉格朗
　日乘数法　350—352,353
Lagrangian functions　拉格朗日函数
   in finding stationary values　求
　　稳定值时的拉格朗日函数
　　350—352,354—355
   in nonlinear programming　非线
　　性规划中的拉格朗日函数
　　403,409,410
Laplace expansion　拉普拉斯展开
   by alien cofactors　按异行余子
　　式进行的拉普拉斯展开
　　99—100
   evaluating an nth-order determi-
　　nant by　用拉普拉斯展开计
　　算 n 阶行列式　91—93
Latent root　本征根　307n
Least-cost combination of inputs　投
　入的最小成本组合　390—401

Leibniz, G. W.　G. W. 莱布尼茨
　127
Leontief, W. W.　W. W. 里昂惕夫
　112
Leontief input-output models　里昂惕
　夫投入-产出模型　112—121
Leontief matrix　里昂惕夫矩阵
　115,116
L'Hôpital's rule　洛必达法则
　399,400
Lifetime utility maximization　终生效
　用最大化　645—647
Limit　极限　129—135
   evaluation of　极限的计算
　　131—132
   formal view of　133—135
   of integration　454,460,461—
　　463
   left-side vs. right-side　左极限
　　与右极限　129—131
   of polynomial function　多项式
　　函数的极限　141
Limit theorems　极限定理　139—
　141
Linear approximation, to a function
　函数的线性近似　246—248
Linear combination　线性组合　61,
　62
Linear constraints　线性约束　416—
　418
Linear dependence　线性相关　62—
　63
Linear-equation system　线性方程组
　48,77—78,106—107

Linear form 线性型 301
Linear function 线性函数 21, 22, 27
Linear programming, in relation to nonlinear programming 与非线性规划有关的线性规划 402
Linearization. See Linear approximation 线性化，参见线性近似
Linearly homogeneous functions 线性齐次函数 383—386, 388—389
Linearly homogeneous production functions 线性齐次生产函数 384—386
Literary logic 文字逻辑 3
ln 自然对数 268
Local extremum 局部极值 222—223
Log. See Logarithm(s) 对数
Logarithm(s) 对数 48—49, 257, 260—272
    common vs. natural 常用对数与自然对数 268—269
    conversion formulas 对数换底公式 271
    elasticity and 弹性与对数 289
    meaning of 对数的含义 267—268
    rules of 对数法则 269—271
Logarithmic functions 对数函数 22, 23, 272—277
    base of 对数函数的底 267—269
    exponential functions and 指数函数与对数函数 272—273
Logarithmic-function rule 对数函数法则
    of differentiation 对数函数求导法则 277—278
    of integration 对数函数积分法则 448
Logic, mathematical vs. literary 数学逻辑与文字逻辑 3

M

Maclaurin series 麦克劳林级数 242—243
    convergent 收敛的麦克劳林级数 261
    of cosine function 余弦函数的麦克劳林级数 518
    of exponential function 指数函数的麦克劳林级数 261
    of polynomial function 多项式函数的麦克劳林级数 242—243
    of sine function 正弦函数的麦克劳林级数 518
Mapping 映射 17—18
Marginal cost 边际成本
    average cost vs. 平均成本与边际成本 159—160
    total cost vs. 总成本与边际成本 128—129, 153, 464—465
Marginal physical product 边际物质产品 198
    diminishing 边际物质产品递减 340, 499

of labor 劳动的边际物质产品 163

Marginal product, value of 边际产品价值 339

Marginal propensity to consume 边际消费倾向 46, 211, 547

Marginal propensity to save 边际储蓄倾向 465

Marginal rate of substitution 边际替代率 375

Marginal rate of technical substitution 边际技术替代率 391
    absolute value and 绝对值与边际技术替代率 199
    elasticity of substitution and 替代弹性与边际技术替代率 396n

Marginal revenue 边际收益
    average revenue vs. 平均收益与边际收益 156—158
    upward-sloping 向上倾斜的边际收益线 240—241

Marginal revenue product 边际收益产品 163

Marginal utility of money 货币的边际效用 375

Market models 市场模型 31—44, 107—108
    comparative statics of 市场模型的比较静态学 205—207
    dynamics of 市场模型的动态学 479—483, 527—532, 555—562, 565—567
    with inventory 具有存货的市场模型 559—562

Market price, dynamics of 市场价格的动态学 479—483, 527—532, 555—562, 565—567

Markov chains 马尔可夫链 78—81
    absorbing 吸收马尔可夫链 81
    finite 有限马尔可夫链 80

Markov transition matrix 马尔可夫转移矩阵 79—80

Marshallian demand 马歇尔需求 435, 437, 438, 439

Mathematical economics 数理经济学
    defined 数理经济学的定义 2
    econometrics vs. 经济计量学与数理经济学 4
    nonmathematical economics vs. 非数理经济学与数理经济学 2—4

Mathematical logic 数学逻辑 3

Mathematical model 数学模型 5—7

Mathematical symbols 数学符号 656—658

Mathematically binding solution 数学上的约束解 420

Matrices 矩阵 49—59
    addition of 矩阵的加法 51—52, 67
    as arrays 作为阵列的矩阵 49—50
    characteristic 特征矩阵 308

coefficient 系数矩阵 50
cofactor 余子式矩阵 100
defined 矩阵定义 50
diagonal 对角矩阵 69,73
diagonalization of 矩阵的对角化 310—311
dimension of 矩阵的维 50,53
division of 矩阵的除法 56
echelon 阶梯矩阵 86—87
elements of 矩阵的元素 50
equality 相等的矩阵 51,56
factoring of 矩阵的因式分解 95
Hessian 海塞矩阵 314—315
idempotent 幂等矩阵 71,73,78
identity 单位矩阵 55,69,70—71
inverse 逆矩阵 75—78,99—103
laws of operations on 矩阵运算的法则 67—70
lead vs. lag 前一矩阵与后一矩阵 53,54
Leontief 里昂惕夫矩阵 115,116
Markov transition 马尔可夫转移矩阵 79—80
multiplication of 矩阵的乘法 53—56,58,59—60,68—69
nonsingular. See Nonsingularity 非奇异矩阵,见非奇异性
null 零矩阵 71—72
rank of 矩阵的秩 85—87,97—98
scalar multiplication of 矩阵的标量乘法 52
singular 奇异矩阵 72,75
square 方阵 50,88,96
subtraction of 矩阵的减法 52,67
symmetric 对称矩阵 74
transpose 转置矩阵 73—74
vectors as 作为矩阵的向量 50—51
zero 71—72

Maximum. See Extremum 极大值,见极值
Maximum principle 最大值原理 633—639
Maximum-value functions 极大值函数 428—435
Mean-value theorem 中值定理 248
Metric space 度量空间 65
Minimization of cost 成本最小化 390—401
Minimization version of Kuhn-Tucker conditions 库恩-塔克条件的极小化形式 410
Minimum. See Extremum 极小值,见极值
Minor 子式
  bordered principal 加边主子式 361—362
  principal 主子式 116—118,304,305,306,314
Mirror effect 镜像效应 554,556
Mirror images 镜像

in bordered Hessian　海塞加边行列式中的镜像　363
　　in exponential and log functions　指数函数与对数函数中的镜像　273—274
　　in symmetric matrix　对称矩阵中的镜像　74
　　in time paths　时间路径中的镜像　554
Mixed partial derivatives　混合偏导数　296
Models and modeling　模型和建模
　　closed　封闭模型　119—120
　　of closed economy　封闭经济模型　109—111
　　cobweb　蛛网模型　555—558
　　economic　经济模型　5—7
　　market. See Market models　市场模型
　　mathematical　数学模型　5—7
　　national-income. See National-income models　国民收入模型
　　open　开放模型　113—116
Modulus　模　137,512
Monetary policy　货币政策　534,581
Monetary rule　货币规则　629
Money, marginal utility of　货币的边际效用　375
Money illusion　货币幻觉　381
Motion, equation of　运动方程　631,633—634
Multiconstraint cases　多重约束的情况　354—355,362—363

Multiple roots　多重根　508
Multiplicative constant　乘子常数　153
Multiplier　乘数
　　interaction of, with accelerator　乘数与加速数的相互作用　576—581
　　Keynesian　凯恩斯乘数　576
　　Lagrange. See Lagrange multiplier　拉格朗日乘数
Multiproduct firm　多产品厂商　331—333,342—343

N

n-space　n-空间，n维空间　60,64,65
n-variable　n变量　307,354—355
n-vector　n-向量，n维向量　60
National-income models　国民收入模型　46—47,108—109
　　comparative statics of　国民收入模型的比较静态学　210—213
　　dynamics of　国民收入模型的动态学　576—581
　　equilibrium in analysis of　国民收入模型分析中的均衡　46—47
　　implicit-function theorem applied to　应用于国民收入模型的隐函数定理　203—204,210—213
Natural exponential function　自然指数函数　259

Necessary condition 必要条件 82—84,234—5,237,357—358,424

Necessary-and-sufficient condition 充分必要条件 83,84,425

Negative area 负面积 458

Negative definiteness 负定 306
　　conditions for 负定的条件 307,311
　　definite vs. indefinite 有定与不定 302

Negative growth 负增长 266

Negative semidefiniteness 半负定
　　conditions for 半负定的条件 311
　　definite vs. semidefinite 有定与半定 302

Neighborhood 邻域 133—134

Neoclassical optimal growth model 新古典最优增长模型 649—651

Net exports 净出口 213

Net investment 净投资 466,467

Node 结点 618,626,627,629

Nonalgebraic function 非代数函数 23

Nonconstant solution 非常数解 478

Nonconvergent time path 非收敛的时间路径 526

Nondenumerable set 不可数集合 9

Nongoal equilibrium 非目标均衡 31

Nonhomogeneous equation 非齐次方程 476—478

Nonlinear programming 非线性规划 356n
　　constraints in 非线性规划中的约束 404—408
　　economic applications of 非线性规划的经济应用 418—424
　　in relation to linear programming 与线性规划有关的非线性规划 402
　　sufficiency theorems in 非线性规划中的充分性定理 424—428

Nonmathematical economics, vs. mathematical economics 非数理经济学与数理经济学 2—4

Nonnegative solution 非负解 116—118

Nonnegativity restriction 非负约束 402—403

Nonsingularity 非奇异性 75
　　conditions for 非奇异性条件 84—85,96—97
　　test of 非奇异性的检验 88—94

Nontrivial solution 非零解 106,600

Normal good 正常品 379

Normalization 正规化
　　of characteristic vector 特征向量的正规化 308
　　of differential equation 微分方程的正规化 475n

Nth-derivative test N阶导数检验 253—254

Null matrix 零矩阵 71—72
Null set 零集,空集 10
Null vector 零向量 61,62—63

O

Objective function 目标函数 221
    with more than two variables 多于两个变量的目标函数 313—317
    in optimal control theory 最优控制理论中的目标函数 632,644
Obst, N. P. N. P. 奥比斯特 629
Official settlement, change of 官方储备的变化 214n
One-to-one correspondence 一一对应 16,60,163,165
Open-economy equilibrium 开放经济均衡 214—216
Open input-output model 开放投入-产出模型 113—116
Open interval 开区间 133
Operator symbol 算子符 149
Optimal control 最优控制
    illustration of 最优控制的例子 632—633
    nature of 最优控制的特性 631—639
Optimal control theory 最优控制理论 631—654
    alternative terminal conditions and 其他终止条件与最优控制理论 639—644
    autonomous problems in 最优控制理论中的自治问题 644—645
    economic applications of 最优控制理论的经济应用 645—649
    Pontryagin's maximum principle in 最优控制理论中的庞特里亚金最大值原理 633—639
Optimal growth model 最优增长模型
    neoclassical 新古典最优增长模型 649—651
Optimal input, elasticity of 最优投入的弹性 395
Optimal timing 最优时间安排 282—286
Optimization. See also Constrained extremum 最优化,参见约束极值
    constrained 约束最优化 432—433
    dynamic 动态优化 442,631
    maximization and minimization problems and 极大、极小值问题与最优化 221
    unconstrained 无约束最优化 428—432
Optimization conditions 最优化条件 7
Optimum, constrained vs. free 约束最优化与自由最优化 347
Optimum output 最优产出 236
Optimum value 最优值 221
Ordered n-tuple 有序 n 元数组 50

Ordered pair 有序偶 15—16,17
Ordered sets 有序集合 15
Ordered triple 有序三元组 16
Ordinate 纵坐标 36
Orthant 正交分划体 369
Orthogonal vectors 正交向量 309
Orthonormal vectors 标准正交向量 310
Oscillation 振荡 552,565
 explosive 放大振荡 566,596
 time path with 具有振荡的时间路径 556—558, 561—562,565—567

P

Parabola 抛物线 21
Parallelogram 平行四边形 61—62
Parameter 参数 6
 distribution 分配参数 397
 efficiency 效率参数 388,397
 substitution 替代参数 397
Partial derivative 偏导数
 cross (mixed) 交叉（混合）偏导数 296
 second-order 二阶偏导数 295—297
Partial elasticity 偏弹性 186,187
Partial equilibrium 局部均衡 31,43
Partial total derivative 偏全导数 192,193
Particular integral 特别积分
 of first-order difference equation 一阶差分方程的特别积分 549
 of first-order differential equation 一阶微分方程的特别积分 477,478
 of higher-order difference equation 高阶差分方程的特别积分 569—570
 of higher-order differential equation 高阶微分方程的特别积分 504—505
 intertemporal equilibrium and 跨期均衡与特别积分 481,504
 of simultaneous difference equations 联立差分方程组的特别积分 597
 of simultaneous differential equations 联立微分方程组的特别积分 599
 of variable-term difference equation 可变项差分方程的特别积分 586—588
 of variable-term differential equation 可变项微分方程的特别积分 538—540
Payoff 回报 231
Perfect foresight 完美预期 537
Period 周期、时期 516,544
Period analysis 期分析 544
Perpetual flow, present value of 持久流量的现值 470
Phase 周相 516
Phase diagram 相位图
 analyzing 相位图分析 653

constructing　构建相位图　652—653

for difference equation　差分方程的相位图　562—567

for differential equation　微分方程的相位图　495—498,500—501

for differential-equation system　微分方程组的相位图　614—623

dynamic stability of equilibrium and　均衡的动态稳定性和相位图　495—498, 562—565, 619—620

Phase line　相位线　495,563,565

Phase path　相路径　617

Phase space　相空间　615

Phase trajectory　相轨道　617

Phillips relation　菲利普斯关系　532—533

expectations-augmented　附加预期的菲利普斯关系　533—534,581

long-run　长期菲利普斯关系　537,585

Point concept of time　时点的概念　264,

Point elasticity　点弹性　288—289

Point of expansion　展开点　242

Polar coordinates　极坐标　520

Polynomial equations　多项式方程

higher-degree　高阶多项式方程　38—40

roots of　多项式方程的根　38—40,541

Polynomial functions　多项式函数　20—21

continuity of　多项式函数的连续性　142

degree of　多项式函数的次数　21

factoring of　多项式函数的因式分解　38—39

limit of　多项式函数的极限　141

Maclaurin series of　多项式函数的麦克劳林级数　242—243

Taylor series of　多项式函数的泰勒级数　244—245

Pontryagin, L. S.　L. S. 庞特里亚金　633n

Pontryagin's maximum principle　庞特里亚金最大值原理　633—639

Positive definiteness　正定　306

conditions for　正定的条件　307,311

definite vs. indefinite　有定与不定　302

Positive integers　正整数　7

Positive semidefiniteness　半正定

conditions for　半正定的条件　311

definite vs. semidefinite　有定与半定　302

Power-function rule　幂函数求导法则　149—152

in finding total differential　求幂函数全微分的法则　187

of integration 幂函数积分法则 447
Power series 幂级数 242
Present value 现值 266
    of cash flow 资金流量的现值 468—469
    of perpetual flow 持久流量的现值 470
Price, time path of 价格的时间路径 529—532
Price ceiling 价格上限 566
Price discrimination 价格歧视 333—336
Price expectations 价格预期 527—528,558
Primal problem 基本问题 435
Primary input 基本投入 113
Primitive function 原函数 126
Principal diagonal 主对角线 55
Principal minor 主子式 116—118
    bordered 加边主子式 361—362
    Hawkins-Simon condition and 霍金斯-西蒙条件与主子式 304,305,306,314
Product 积、产品
    Cartesian 笛卡儿积 16
    direct 直积 16
    inner 内积 54
    marginal 边际产品 339
    marginal physical 边际物质产品 163,198,340,499
    marginal revenue 边际收益产品 163

    scalar 标量积 60,66
Product limit theorem 积的极限定理 140
Product rule 积法则 155—156,187
Production functions 生产函数
    CES CES生产函数 397—399
    Cobb-Douglas. See Cobb-Douglas production function 柯布-道格拉斯生产函数
    linearly homogeneous 线性齐次生产函数 384—386
    strictly concave function applied to 应用于生产函数的严格凹函数 341
    strictly quasiconcave function applied to 应用于生产函数的严格拟凹函数 392
Profit, maximization of 利润最大化 235—238
Profit function 利润函数 429—430
Proper subset 真子集 10
Pythagoras' theorem 毕达哥拉斯定理 65,512,635

Q

Quadratic equation 二次方程
    quadratic function vs. 二次函数与二次方程 35—36
    roots of 二次方程的根 36,38—40,507—510
Quadratic forms 二次型 301
    constrained 约束二次型

358—359

  n-variable n-变量二次型 307

  sign definiteness of characteristic root test 二次型有定符号的特征根检验 307—311

  sign definiteness of determinantal test 二次型有定符号的行列式检验 302—304

  three-variable 三变量二次型 305—307

Quadratic formula 二次公式 36—37

Quadratic function 二次函数 21, 22, 27, 35—36

Qualifying arc 规范弧 415, 416

Qualitative information 定性信息 157, 207

Quantitative information 定量信息 157, 207

Quantity discount 数量折扣 13ln

Quasiconcave function 拟凹函数 364—371. See also Strictly quasiconcave function 又见严格拟凹函数

  CES function as 作为拟凹函数的 CES 函数 398

  criteria for checking 判别拟凹函数的标准 367—371

  explicitly 显拟凹函数 372—373, 378

  in nonlinear programming 非线性规划中的拟凹函数 425—426

Quasiconcave programming 拟凹规划 425

Quasiconvex function 拟凸函数 364—371

  criteria for checking 判别拟凸函数的标准 367—371

  in nonlinear programming 非线性规划中的拟凸函数 426

Quotient, difference 差商 125—126

Quotient limit theorem 商的极限定理 140

Quotient rule 商的求导法则 158—159, 187

R

Radian 弧度 514—515

Radius vector 矢径 60

Range 值域 18, 19

Rank 秩 85—87, 97—98

Rate of change 变化率 125

  Instantaneous 瞬时变化率 126

  proportional 变化的比率 286n

Rate of decay 缩减率 266

Rate of growth 增长率

  finding 求增长率 286—288

  instantaneous 瞬时增长率 263—265, 286—288

Ration constraint 配额约束 418—420

Rational function 有理函数 21—23

  continuity of 有理函数的连续

性 142—143
  defined 有理函数的定义 21
Rational number 有理数 8
Razor's edge 刃锋 473—474
Real line 实线 8
Real number system 实数系 7—8
Real roots 实根 507—509
  distinct 不同的实根 507—508, 570—571
  repeated 重实根 508—509, 571, 579, 583
Reciprocal 倒数 56
Reciprocity conditions 交互性条件 430—432
Rectangular hyperbola 等轴双曲线 21—23, 561, 580
Reduced equation 简化方程 477
Reduced-form solutions 简化型解 342—343
Reduced linearization 约简线性化 625
Relation 关系 16
Relative extremum 相对极值 222—223, 291, 347
  determinantal test for 相对极值的行列式检验 317
  Taylor series and 泰勒级数与相对极值 250—253
Remainder 余项
  Lagrange form of 拉格朗日型的余项 248—249
  symbol for 余项的符号 245n
Repeated real roots 重实根 508—509, 571, 579, 583

Replacement investment 重置投资 466
Resource, exhaustible 可耗尽的资源 647—649
Restraint, 348. See also Constraint 限制, 见约束
Returns to scale 规模收益
  constant. See Constant returns to scale (CRTS) 不变规模收益
  decreasing and increasing 递减的规模收益与递增的规模收益 390, 401
Ridge lines 脊线 339
Riemann integral 黎曼积分 457, 459
Risk, attitudes toward 风险态度 231—233
Roots 根
  characteristic. See Characteristic roots 特征根
  complex 复根 507—510, 512—513, 572—573, 579
  dominant 强根 574
  of polynomial equation 多项式方程的根 38—40, 541
  of quadratic equation 二次方程的根 36, 38—40, 507—510
  real 实根 507—509, 570—571, 579, 583
Routh theorem 罗斯定理 542—543, 590
Row vector 行向量 50, 53, 55
Roy's identity 罗伊恒等式 437—

438,440

S

Saddle point 鞍点
 of dynamic system 动态系统的鞍点 618
 of function 函数的鞍点 295,299,302
 stable and unstable branches of 鞍点的稳定枝与非稳定枝 618

Samuelson, P. A. 保罗·A. 萨缪尔森 45n, 542n, 576
Saving function 储蓄函数 185,465
Scalar 标量 52, 59—60
Scalar multiplication 标量乘法 52
Scalar product 标量积 60,66
Scale effect 标度效应 553,554
Schur theorem 舒尔定理 598—599
Second derivative 二阶导数 227—233
Second-derivative test 二阶导数检验 233—234, 252
Second-order condition 二阶条件 298—300, 313—316
 derivative vs. differential form of 二阶条件的导数与微分形式 292—293
 necessary vs. sufficient 二阶必要条件与充分条件 234—235, 298, 299, 357—358
 in relation to concavity and convexity 与凹形及凸性有关的二阶条件 318—331
 in relation to quasiconcavity and quasiconvexity 与拟凹形及拟凸性有关的二阶条件 364—374
 role of, in comparative statics 二阶条件在比较静态学中的作用 345

Second-order total differential 二阶全微分 297—298, 301—302, 356—357
Semilog scale 半对数标度 287n
Series. See also Maclaurin series; Taylor series 级数, 参见泰勒级数、麦克劳林级数
 convergence of 级数的收敛性 249,261
 infinite 无穷级数 261, 517—519
 power 幂级数 242

Set(s) 集合 8—14
 complement of 集合的补 12
 denumerable vs. nondenumerable 可数集合与不可数集合 9
 disjoint 不相交的集合 11
 empty 空集 10
 equality of 集合的相等 10
 finite vs. infinite 有限集合与无限集合 9
 intersection of 集合的交 11
 laws of operations on 集合的运算法则 12—14
 null 零集 10
 operations on 集合的运算

11—14
  ordered 有序集合 15
  relationships between 集合间的关系 9—11
  subset 子集 10
  union of 集合的并 11
  universal 全集 12
Set notation 集合的符号 9
Shephard's lemma 谢泼德引理 438—441
Side relation, 边条件 348. See also Constraint 参见约束
Sign definiteness 有定符号
  characteristic-root test for 有定符号的特征根检验 307—311
  determinantal test for 有定符号的行列式检验 302—304
  positive and negative 正定与负定 302
Simultaneous difference equations 联立差分方程
  applied 应用联立差分方程 603—609, 612—613
  solving 解联立差分方程 594—596
Simultaneous differential equations 联立微分方程
  applied 应用联立微分方程 605—607, 610—612, 614
  solving 解联立微分方程 599—601
Simultaneous-equation approach 联立方程法 207—209

Sine function 正弦函数 514
  derivative of 正弦函数的导数 517
  properties of 正弦函数的性质 515—517
  table of values of 正弦函数值表 515, 520
Singular matrix 奇异矩阵 72, 75
Sinusoidal function 正弦函数 514
Slope 斜率 21
Slutsky equation 斯拉茨基方程 380
Smith, W. J. 詹姆斯·史密斯 240n
Social-loss function 社会损失函数 69
Solow, R. M. 罗伯特·M.索洛 45n, 397n, 474, 498
Solow growth model 索洛增长模型 498—502, 652
Solution 解 33—34
  boundary vs. interior 边界解与内解 403
  economically nonbinding 经济上不产生约束作用的解 420
  of inequality 不等式的解 138—139
  mathematically binding 数学上产生约束作用的解 420
  nonconstant 非常数解 478
  nonnegative 非负解 116—118
  nontrivial 非零解 106, 600
  outcomes for linear-equation sys-

tem 线性方程组解的结果 106—107
  reduced-form 简化型解 342—343
  trivial 零解 105
  verification of 解的检验 478—479
Square matrix 方阵 50,88,96
State equation 状态方程 633—634,644—645
State variable 状态变量 631,633
Static analysis 静态分析
  Leontief input-output models 里昂惕夫投入-产出模型的静态分析 112—121
  limitations of 静态分析的局限性 120—121
Statics, 静态学 31. See also Comparative statics 参见比较静态学
Stationary equilibrium 稳定均衡 482
Stationary point 稳定点 224
Stationary state 静止状态 501
Stationary values 稳定值 224,349—355
Steady state 稳定状态 501
Step function 阶梯函数 131,552
Stock concept 存量概念 264,466
Streamlines 流线 617—618
Strictly concave functions 严格凹函数 318—320
  applied to production functions 应用于生产函数的严格凹函数 341

criteria for checking 严格凹函数的检验标准 320—324
defined 严格凹函数的定义 230
strict vs. nonstrict 严格凹函数与非严格凹函数 318
Strictly convex functions 严格凸函数
  applied to indifference curves 应用于无差异曲线的严格凸函数 376—377
  applied to isoquants 应用于等产量曲线的严格凸函数 341
  criteria for checking 严格凸函数的检验标准 320—324
  defined 严格凸函数的定义 230
  strict vs. nonstrict 严格凸函数与非严格凸函数 318
Strictly quasiconcave function 严格拟凹函数 364—371
  applied to production function 应用于生产函数的严格拟凹函数 392
  applied to utility function 应用于效用函数的严格拟凹函数 377
  Cobb-Douglas function as 作为严格拟凹函数的柯布-道格拉斯函数 386
  criteria for checking 严格拟凹函数的检验标准 367—371
Strictly quasiconvex function 严格拟凸函数 364—371
  criteria for checking 检验严格

拟凸函数的标准 367—371
  strict vs. nonstrict 严格拟凸函数与非严格拟凸函数 364
Subset 子集 10
Subsidiary condition, 附加条件 348.
  See also Constraint 参见约束
Substitutes 替代 41,333,337,338
Substitution 替代
  elasticity of 替代弹性 396,397
  marginal rate of 边际替代率 375
  technical, marginal rate of 边际技术替代率 199,391,396n
Substitution effect 替代效应 380—381
Substitution parameter 替代参数 397
Substitution rule 代换法则 451—452
Sufficiency theorems 充分性定理 424—428
Sufficient condition 充分条件 82—84,234—235,357—358,424,425
Sum-difference limit theorem 和-差极限定理 140
Sum-difference rule 和-差（求导）法则 152—155,187
Σ(sum) notation 求和符号 56—58
Sum of squares 平方和 60,69
Summand 被加数 57
Summation index 求和指数 57
Summation sign 求和符号 56—58
Supply 供给 31,32,35
  lagged 滞后供给 555
  with price expectations 具有价格预期的供给 527
Surface 平面、曲面 25
  concave or convex 凹面或凸面 365
  hypersurface 超平面 26
  utility 效用曲面 377—378
Symbols 符号
  mathematical 数学符号 656—658
  operator 算子符 149
  for remainder 余项的符号 245n
Symmetric matrix 对称矩阵 74

T

Tangent function 正切函数 514
Taylor series 泰勒级数 242
  convergent 收敛的泰勒级数 249
  of functions 函数的泰勒级数 624
  of polynomial functions 多项式函数的泰勒级数 244—245
  relative extremum and 相对极值与泰勒级数 250—253
  with remainder 有余项的泰勒级数 245
Taylor's theorem 泰勒定理 245
Terminal conditions, alternative 终止条件,其他终止条件 639—644

Terminal line 终止线
    horizontal 水平终止线 639
    truncated horizontal 截短的水平终止线 640—643
    truncated vertical 截短的垂直终止线 639—640

Terminal point, fixed 终点, 固定终点 639

Test vector 测试向量 415, 416

Time horizon, infinite 时间跨度, 无限时间跨度 649—653

Time path 时间路径
    convergent 收敛的时间路径 526
    with fluctuation 有波动的时间路径 525—527, 534—537
    mirror images in 时间路径中的镜像 554
    nonconvergent (divergent) 非收敛(发散)的时间路径 526
    nonoscillatory and nonfluctuating 非振荡与非波动的时间路径 579
    with oscillation 振荡的时间路径 556—558, 561—562, 565—567
    phase-diagram analysis of. See Phase diagram 时间路径的相位图分析, 参见相位图
    of price 价格的时间路径 529—532
    steady 稳定的时间路径 481, 583—584
    with stepped fluctuation 具有阶梯波动的时间路径 574—575, 579, 580, 584
    types of 时间路径的类型 496—498, 560, 564—566

Timing, optimal 时间安排, 最优时间安排 282—286

Total derivatives 全导数 189—194
    applied to comparative statics 应用于比较静态学的全导数 209—210
    partial 偏全导数 192, 193

Total differential 全微分 184—187, 352—353
    of saving function 储蓄函数的全微分 185
    second-order 二阶全微分 297—298, 301—302, 356—357

Total differentiation 全微分 185, 190

Trajectory 轨道 617

Transcendental function 超越函数 23

Transformation 变换 17—18, 593—594

Transitivity 传递性 136

Transpose 转置 73—74

Transversality condition 横截性条件 634, 637, 639—640

Triangular inequality 三角不等式 65

Trigonometric function 三角函数 23, 514

Truncated horizontal terminal line 截短的水平终止线 640—643

Truncated vertical terminal line 截短的垂直终止线 639—640

Tucker, A. W. A. W. 塔克 402n, 424

Twice continuously differentiable functions 二次连续可微函数 154, 227

U

Undetermined coefficients, method of 待定系数法 538—540, 586—588, 604, 607

Unemployment 失业
 inflation and 通货膨胀与失业 532—537, 581—585, 609—614
 monetary policy and 货币政策与失业 534
 natural rate of 自然失业率 537, 585

Uniform fluctuation 均匀波动 526

Union set 并集 11

Unit circle 单位圆 523

Unit vector 单位向量 63

Universal set 全集 12

Utility maximization 效用最大化 374—382
 comparative statics of 效用最大化的比较静态分析 378—382
 exhaustible resource and 可耗尽的资源与效用最大化 647—649
 lifetime 终生效用最大化 645—647

Utilization, coefficient of 利用系数 473

V

Value(s) 值
 absolute. 绝对值 See Absolute value 参见绝对值
 critical 临界值 224
 equilibrium 均衡值 32
 extreme 极值 221, 293—301
 of function 函数值 18, 19
 of marginal product 边际产品价值 339
 optimum 最优值 221
 present 现值 266, 468—469, 470
 stationary 稳定值 224, 349—355

Vanishing determinant 零值行列式 89, 95

Variable(s) 变量 302
 choice 选择变量 221
 continuous vs. discrete 连续变量与离散变量 444
 control 控制变量 631
 costate 协状态变量 633
 defined 变量的定义 5
 dependent vs. independent 因变量与自变量 18
 elimination of 变量消去法 33—34, 111, 116
 endogenous vs. exogenous 内生变量与外生变量 5—6
 exponents as 作为变量的指数

256
    state 状态变量 631,633
Vector(s) 向量
    addition of 向量的加法 61—62
    characteristic 特征向量 307,308
    column 列向量 50,53,55
    convex combination of 向量的凸组合 328—330
    geometric interpretation of 向量的几何解释 60—62
    as matrices 作为矩阵的向量 50—51
    null 零向量 61,62—63
    orthogonal 正交向量 309
    orthonormal 标准正交向量 310
    radius 矢径 60
    row 行向量 50,53,55
    test 测试向量 415,416
    unit 单位向量 63
    zero 零向量 61,62—63
Vector difference 向量差 62
Vector space 向量空间 63—65

Venn diagram 维恩图 12
Vertical intercept 纵截距 21
Vertical terminal line, truncated 截短的垂直终止线 639—640
Vortex 极点 619,627

W

Walras, L. L. 瓦尔拉斯 43,45n
Weighted average 加权平均 328
Weighted sum of squares 加权平方和 69
Whole numbers 整数 7

Y

Young's theorem 杨氏定理 296,431,432

Z

Zero matrix 零矩阵 71—72
Zero-value (vanishing) determinant 零值行列式 89,95
Zero vector 零向量 61,62—63
Zeros of a function 函数的零点 36

Alpha C. Chiang, Kevin Wainwright
Fundamental Methods of Mathematical Economics
ISBN: 0-07-123823-9
Copyright © 2005 by McGraw-Hill Companies, Inc.

Original language published by The McGraw-Hill Companies, Inc. All rights reserved. No part of this publication may be reproduced or distributed by any means, or stored in a database or retrieval system, without the prior written permission of the publisher.
Simplified Chinese translation edition jointly published by McGraw-Hill Education (Asia) Co. and Peking University Press.

本书中文简体字翻译版由北京大学出版社和美国麦格劳-希尔教育(亚洲)出版公司合作出版。未经出版者预先书面许可，不得以任何方式复制或抄袭本书的任何部分。

本书封面贴有**McGraw-Hill**公司防伪标签，无标签者不得销售。